DuMont Dokumente:

Eine Sammlung von Originaltexten, Dokumenten und grundsätzlichen Arbeiten zur Kunstgeschichte, Archäologie, Musikgeschichte und Kulturtheorie

Herbert Read (Hrsg.)

DuMont's Künstler-Lexikon

Aktualisiert von Nikos Stangos

Deutsche Überarbeitung und Ergänzung
Karin Thomas

DuMont Buchverlag Köln

Umschlagabbildungen:

Vorderseite:
oben rechts: Duccio di Buoninsegna, *Thronende Muttergottes (Madonna Rucellai)* (Ausschnitt), um 1285

oben links: Wassily Kandinsky, *Im Blau,* 1925

unten rechts: Rembrandt, *Bildnis der Saskia van Uylenburgh* (Ausschnitt), um 1634–42

unten links: Salvador Dalí, *Retrospektive Frauenbüste,* 1933

Umschlaginnenklappe:
oben: Carl Spitzweg, *Auf der Bastei,* um 1860

Mitte links: Piet Mondrian, *Broadway Boogie-Woogie,* 1942/43

Mitte rechts: Pablo Picasso, *Bildnis Daniel-Henri Kahnweiler* (Ausschnitt), 1910

unten links: Edouard Manet, *Frühstück im Grünen,* 1863

unten rechts: Kasimir Malewitsch, *Komposition,* 1919

Umschlagrückseite:
oben links: Francis Picabia, *Federn,* 1921

oben rechts: Jasper Johns, *Flagge auf orangefarbenem Grund,* 1957

unten links: Paul Klee, *U1 (201) ›Burg und Sonne‹* (Ausschnitt), 3/1928

unten rechts: Oskar Schlemmer, *Ornamentale Plastik auf geteiltem Rahmen* (Ausschnitt), 1919/23

Die Deutsche Bibliothek – CIP-Einheitsaufnahme

DuMont's Künstler-Lexikon / Herbert Read (Hrsg.).
Aktualisiert von Nikos Stangos. Dt. Überarb. und Erg. Karin Thomas.
[Aus dem Engl. von Brigitte Wünnenberg unter Mitarb. von Manfred Allié]. –
Köln : DuMont, 1991
(DuMont-Dokumente)
Einheitssacht.: The Thames and Hudson dictionary of art and artists
ISBN 3-7701-2377-8
NE: Read, Herbert [Hrsg.]; Stangos, Nikos [Bearb.];
Thomas, Karin [Bearb.]; Künstler-Lexikon; EST

Aus dem Englischen von Brigitte Wünnenberg unter Mitarbeit von Manfred Allié

Lektorat: Yvonne Paris

Titel der englischen Originalausgabe:
The Thames and Hudson Dictionary of Art and Artists

Satz und Druck: Rasch, Bramsche
Buchbinderische Verarbeitung: Bramscher Buchbinder Betriebe

Printed in Germany ISBN 3-7701-2377-8

Vorwort zur deutschen Ausgabe

Der DuMont Buchverlag möchte mit dem vorliegenden Künstler-Lexikon die bislang bestehende Lücke zwischen den kleinen Nachschlagewerken und den großen, mehrbändigen Speziallexika schließen. Die Stichworteinträge erfassen die bedeutenden Künstler, Künstlervereinigungen, -gruppen und Schulen von der Antike bis zur internationalen Kunstlandschaft der Gegenwart. Der traditionelle lexikografische Bestand wurde in der Bearbeitung für die deutsche Ausgabe durch zahlreiche Stichworte vor allem von Künstlern des deutschsprachigen Kulturkreises sowie der zeitgenössischen Kunst erweitert, die zum Verständnis der aktuellen Kunstszene notwendig sind.

Die Auswahl noch lebender Künstler orientierte sich an deren internationaler Reputation, ausgewiesen durch die Teilnahme an bedeutenden Ausstellungen wie der Documenta in Kassel oder der Biennale Venedig. Die grundlegende Beschränkung auf Künstler der Kunstgattungen Malerei, Bildhauerei, Grafik und angewandte Kunst gilt nicht für das 19. und 20. Jahrhundert, da sich in dieser Zeit das Medienrepertoire der bildenden Kunst entscheidend in neue und intermediäre Bereiche unter Einbezug von Architektur, Fotografie, Film, Performance und Rauminstallation ausgeweitet hat. Darüber hinaus werden einzelne Kunstwerke angeführt, wenn sie für die bildende Kunst eine außergewöhnliche Bedeutung erlangt haben (wie z. B. das Alexandermosaik oder der Teppich von Bayeux).

Um eine gute Lesbarkeit der Texte zu gewährleisten, verzichtete die Redaktion auf eine übermäßige Häufung von Abkürzungen. Im wesentlichen beschränken sich die benutzten Abbreviationen auf Angaben bekannter Standorte von Kunstwerken und auf die im jeweiligen Artikel verwendete Abkürzung des Künstlernamens bzw. der Gruppenbezeichnung.

Die Stichworte wurden mit zahlreichen Abbildungen illustriert, die den Einträgen jeweils unmittelbar zugeordnet sind und das Schaffen des betreffenden Künstlers exemplarisch dokumentieren.

Die Querverweise innerhalb des Lexikons (mit →) öffnen dem Leser den Blick über das epochenspezifische Umfeld auf größere kunstgeschichtliche Zusammenhänge. Den Zugriff auf wertvolle Zusatzinformationen ermöglicht die Konzeption dieses Buches, da in den Einträgen all jene Sachbegriffe (mit ◇) markiert sind, die in dem von Edward Lucie-Smith verfaßten *DuMont's Lexikon der Bildenden Kunst* erläutert werden.

Die Redaktion der deutschen Ausgabe dankt allen Mitarbeitern für Geduld, Sorgfalt und Engagement, die sie dieser Publikation entgegengebracht haben.

Karin Thomas
September 1991

Verzeichnis der Abkürzungen

arab. – arabisch
Bd./Bde. – Band/Bände
bzw. – beziehungsweise
chin. – chinesisch
d. Ä./d. J. – der Ältere/der Jüngere
d. h. – das heißt
ebda. – ebenda
engl. – englisch
frz. – französisch
Ft. – Farbtafel
griech. – griechisch
hebr. – hebräisch
Hl., hl. – Heilige(r), heilige(r)
ital. – italienisch
jap. – japanisch
Jh. – Jahrhundert
lat. – lateinisch
ndl. – niederländisch
pers. – persisch
Prov. – Provinz
russ. – russisch
S. – San, Sant', Santa, Santo, Santi
Slg. – Sammlung
sog. – sogenannte(r)
span. – spanisch
SS. – Santissima, Santissimi
St. – Sankt, Saint
u. a. – unter anderem, und andere
u. ä. – und ähnliche(s)
v. a. – vor allem
vgl. – vergleiche
vorchr. – vorchristlich
z. B. – zum Beispiel
z. T. – zum Teil

◇ – Hinweis auf ein Stichwort in Edward Lucie-Smith, *DuMont's Lexikon der Bildenden Kunst*
→ – Hinweis auf einen weiteren Stichworteintrag im Lexikonteil
Antwerpen – Koninklijk Museum voor Schoone Kunsten, Antwerpen
AP – Bayerische Staatsgemäldesammlungen, Alte Pinakothek, München
Berlin – Berliner Museen*
Bibl. Nat. – Bibliothèque Nationale, Paris
Dresden – Staatliche Kunstsammlungen Dresden, Gemäldegalerie (Alte bzw. Neue Meister)
Eremitage – Staatliche Eremitage, St. Petersburg
KhW – Kunsthistorisches Museum, Wien
Louvre – Musée du Louvre, Paris
MM – Metropolitan Museum of Art, New York
NGL – National Gallery, London
NGW – National Gallery of Art, Washington (D. C.)
NP – Bayerische Staatsgemäldesammlungen, Neue Pinakothek, München
Prado – Museo del Prado, Madrid
Städel – Städelsches Kunstinstitut und Städtische Galerie, Frankfurt a. M.
Uffizien – Galleria degli Uffizi, Florenz
Vatikan – Monumenti, Musei e Gallerie Pontificie, Vatikan
WRM – Wallraf-Richartz-Museum, Köln

* Da die Neuordnung der Berliner Museumsbestände durch die Wiedervereinigung Deutschlands noch nicht geregelt ist, werden mit der allgemeinen Bezeichnung ›Berlin‹ sowohl der Bestand der Stiftung Preußischer Kulturbesitz (Dahlem) erfaßt wie auch die Bestände der alten Nationalgalerie.

Stichwörter, die mit Umlauten beginnen, sind wie die entsprechenden Vokale eingeordnet.
Chinesische Namen sind nach der Pinyin-Umschrift übertragen worden.
Japanische und chinesische Namen werden *immer* in der traditionellen Reihenfolge angeführt: An den Familiennamen schließt sich der Vorname an.

A

Aachen (Achen), Hans von (1552–1615)
Deutscher Maler des ◇Manierismus, Hofmaler Rudolfs II. in Prag (ab 1592). Bekannt v. a. durch seine lebendigen mythologischen und ◇allegorischen Darstellungen. Malte auch ◇Bildnisse und biblische Themen. Obwohl er seine künstlerische Ausbildung in den Niederlanden erwarb, erfolgte der entscheidende Einfluß auf seinen Stil 1574/88 während seines Aufenthaltes in Venedig und Rom (→ Tintoretto, → Michelangelo). In enger Anlehnung an die Antike entwickelte er mit ◇manieristischem Geschick einen sehr persönlichen, graziösen, überlängten Figurenstil (z. B. *Sieg der Wahrheit unter dem Schutze der Gerechtigkeit,* 1598).

Aachener Domschatz, Karolingisches Evangeliar (Schatzkammerevangeliar)
Das Evangeliar gehört zu einer 795/810 entstandenen Gruppe von ◇illuminierten Handschriften, die am karolingischen Kaiserhof in Gebrauch war und die auch unter der Bezeichnung ›Gruppe des Wiener Krönungsevangeliars‹ oder ›Neue Palastschule‹ bekannt ist. Es dürften mehrere Künstler daran beteiligt gewesen sein, deren malerisch ◇illusionistische ◇Landschaftsdarstellung und ◇klassische Architekturdetails darauf hindeuten, daß die frühchristlichen Vorlagen, nach denen sie gearbeitet haben, unter dem Einfluß der Spätantike standen.

Aachener Domschatz, Karolingisches Evangeliar, *Die vier Evangelisten,* 795/810

Aalto, Alvar (1898–1976)
Finnischer Architekt und einer der Hauptvertreter modernen Bauens seit den 1930er Jahren, indem er die Gebäude den Geländegegebenheiten anpaßte und möglichst natürliche Materialien verwendete.

Aaltonen, Väinö (1894–1966)
Finnischer Bildhauer und Maler; treibende Kraft in der modernen finnischen ◇Bildhauerei. Seine Arbeiten in Granit sind trotz ihres monumentalen Charakters ◇klassisch in der Linienführung. Neben einer Anzahl weiblicher ◇Torsi und ◇Porträtköpfe schuf A. öffentliche Denkmäler.

Abbate, Niccolò dell' (um 1512–1571)
In Modena tätiger Maler, der ab 1552 in Frank-

Niccolò dell'Abbate, *Aristaeus und Eurydike* (Ausschnitt), um 1557

reich arbeitete. Mit → Primaticcio wurde er bestimmend für die Schule von → Fontainebleau. A. war stilistisch beeinflußt vom ◇Illusionismus → Mantegnas und von der Weichheit → Correggios, wichtiger jedoch war seine typisch ◇manieristische Landschaftsdarstellung, z. B. im *Raub der Proserpina.* Sein Schaffen zeigt Ähnlichkeiten mit dem → Dosso Dossis, → Pateniers und den Arbeiten der → Antwerpener Schule. A. führte in Frankreich den Manierismus in die ◇Landschaftsmalerei ein. Zu seinen Hauptwerken zählt das Gemälde *Aristaeus und Eurydike.*

Abbati, Giuseppe (1836–1868)
Italienischer Maler, um 1860 in Florenz tätig. A. gehörte zur Gruppe der → Macchiaioli. Seine ◇realistischen, genau beobachteten, jedoch großzügig gemalten Alltagsszenen zeigen sein Interesse an Tonalität und formalen Beziehungen.

Abbey, Edwin Austin (1852–1911)
Amerikanischer ◇Ölmaler, ◇Aquarellist und ◇Buchillustrator, der viel in England arbeitete und 1898 Mitglied der Royal Academy wurde. A. illustrierte Werke von Robert Herrick, Oliver Goldsmith und William Shakespeare mit Federzeichnungen. In der Public Library in Boston (Mass.) schuf er den Wandfries *The Quest of the Holy Grail (Die Suche nach dem hl. Gral).*

Abil(d)gaard, Nicolai Abraham (1743–1809)
Dänischer Maler des ◇Klassizismus. Studierte 1772–79 in Italien; bevorzugte heroische Sujets. Nachdem 1794 sieben ◇allegorische Wandbilder im königlichen Schloß von Kopenhagen, die A. für seine besten Arbeiten hielt, verbrannt waren, malte er nur noch wenig. ◇Skizzen dieser ◇Fresken sind mit anderen Werken in der königlichen Galerie Kopenhagen erhalten. Zu A.s Schülern zählte → Thorwaldsen.

Abrahams, Ivor (* 1935)
Englischer Vertreter der ◇Pop Art, der in Anlehnung an → Dine und → Oldenburg in den 1960er Jahren eine ◇Objektkunst schuf, die das Thema des Konsums in Gestalt von bekleideten Gipsskulpturen ironisierte. In den ausgehenden 1960er Jahren näherte sich A. einer Mischform von ◇Collage und ◇realistischer Malerei anhand von reliefplastischen ◇Landschaftsbildern, bei denen Bäume und Wiesenstücke durch farbige Kunststoffmaterialien ausgeführt sind.

Abramzewo
Russische Künstlerkolonie, die in den 1870er und 1880er Jahren von dem Eisenbahnmagnaten Sawa Mamontow zusammengeführt wurde. Ihre Mitglieder waren u. a. I. → Lewitan, W. → Polenow, I. → Repin, W. A. → Serow, die Gebrüder Wasnezow und M. → Wrubel. Einige gehörten der Gruppe Die → Wanderer (Peredwischniki) an. Die Kolonie war nationalistisch orientiert; die Arbeiten waren beeinflußt von der russischen ◇Volkskunst und der russisch-◇byzantinischen Tradition. Als erste russische Künstler schufen sie Bühnenbilder, hauptsächlich für Mamontows ›Private Oper‹.

Abstraction-Création (frz.)
Schule ◇nichtgegenständlicher Kunst, 1931 in Paris von A. → Pevsner und N. → Gabo gegründet; führende Vertreter waren A. → Herbin und G. → Vantongerloo. Ziel war nicht eine vollständige Synthese der ◇bildenden Künste, sondern eine Verschmelzung von Techniken aus Malerei und ◇Bildhauerei.

Acconci, Vito (* 1940)
Amerikanischer Künstler, der zuerst als Dichter Aufmerksamkeit erregte (1964–68), sich dann aber vom Experimentieren solcher Gruppen wie The Judson Church und Vertretern der ◇Konzeptuellen Kunst wie S. → LeWitt, C. → Andre, R. → Morris, J. → Kosuth, D. → Graham und D. → Oppenheim stark angezogen fühlte. Mit seinen ◇Performances ab 1970 wurde er zu einem der wichtigsten Vertreter der ◇Body Art.

Achenbach, Andreas (1815–1910)
Oswald (1827–1905)
Deutsche ◇Landschaftsmaler, die zunächst der → Düsseldorfer Schule unter dem Einfluß ihres Lehrers J. W. Schirmer nahestanden, dann aber die ◇romantischen Bestrebungen dieser Malerschule zugunsten eines stärkeren ◇Realismus aufgaben. Während Andreas A. neben dem rheinischen Motiv die Nordseeküsten-Landschaft bevorzugte, konzentrierte sich Oswald A. stärker auf italienische Landschaften und entsprechende ◇Genreszenen. Oswald A. war auch im Künstlerverein → Malkasten aktiv tätig.

Achilles-Maler (tätig zwischen 460 und 430 v. Chr.)
Athener ◇Vasenmaler des ◇rotfigurigen Stils, der auch weißgrundige ◇Lekythen geschaffen

hat, ein Schüler des → Berliner Malers. Kennzeichnend für den Stil des A.-M.s ist ein ◇Profil mit kräftiger Nase und ein durchdringender Blick. Die Figuren haben etwas vom Adel der ◇Skulpturen des → Phidias.

AChRR (Assoziation der Künstler des revolutionären Rußlands)
1922 gegründete und 1928 in ›Assoziation der Künstler der Revolution‹ (AChR) umbenannte sowjetische Künstlervereinigung, die 1932 durch Stalin aufgelöst wurde. Der Vereinigung gehörten sowohl die noch lebenden Vertreter der → Wanderer-Bewegung wie auch Realisten der jungen revolutionären Bewegung (Jakowlew, → Brodski) an.

Ackermann, Max (1887–1975)
Deutscher Maler, der in Weimar bei Henry van de → Velde, in Dresden bei Gotthardt → Kuehl und in München bei Franz von → Stuck studierte (1905–09). An der Stuttgarter Kunstakademie wurde er wesentlich von → Hoelzel beeinflußt, dessen Theorie zur ◇abstrakten Komposition fortan die Grundlage für A.s Malweise bildet. 1928 Begegnung mit → Kandinsky; während des Zweiten Weltkriegs enge freundschaftliche Kontakte zu → Baumeister. Nach frühen expressiven Figurationen unter dem Einfluß des ◇Jugendstils und des ◇Expressionismus, in denen sich die Rhythmik des Tanzes verbildlicht, findet A. in den 1930er Jahren zu farbkontrapunktischen abstrakten Kompositionen. Das Spätwerk verarbeitet Einflüsse des amerikanischen ◇Abstrakten Expressionismus und des lyrischen ◇Informel.

Ackermann, Peter (* 1934)
Deutscher Maler des ◇Phantastischen Realismus. In den ausgehenden 1950er Jahren gehörte er zur Schülergruppe um Mac → Zimmermann. Seine Bildthematik konzentriert sich zumeist auf verödete Landschaften, deren Horizont von gewaltigen Ruinen vergangener Kulturen begrenzt wird. Dadurch gewinnt die Landschaft symbolischen Verweischarakter auf die Leere und Entwurzelung des Menschen.

Ackermann, Rudolf (1764–1834)
Deutscher Kunstverleger und Buchhändler, der 1795 auf dem Strand in London einen Laden eröffnete. Er führte 1817 die Kunstlithographie in England ein.

Ada-Gruppe
Karolingische ◇Handschriften mit ◇Buchmalerei, zu deren Hauptwerken das um 800 entstandene Evangeliar Cod. 22 der Stadtbibliothek Trier gehört. Dieser Prunkkodex ist Stiftung einer Ada, die eine Schwester Karls d. Gr. gewesen sein soll. Die Handschriften der A.-G. enthalten ◇Initialen, Randschmuck, Kanontafeln und Evangelistenbilder, die auf spätantike und frühbyzantinische Vorlagen zurückgehen. Ihre lebendige Gestaltung macht sie zu Hauptbeispielen der ◇karolingischen Renaissance. Als Entstehungsort dieser Handschriften vermutet man eine Werkstatt am Hofe Karls d. Gr. in Aachen.

Adam, Lambert-Sigisbert (1700–1759)
Französischer ◇Barock-◇Bildhauer, Sohn des Bildhauers Jacob-Sigisbert A. (1670–1747). In

Lambert-Sigisbert Adam, *Neptun beruhigt die Wellen,* 1737

Rom (1723–33) stand er unter starkem Einfluß von → Bernini. Sein Brunnen *Neptun und Amphitrite* (1740) steht im Park von Versailles.

Adam-Salomon, Antony-Samuel (1818–1881)
Französischer Porträtfotograf und ◇Bildhauer. Seine ◇Fotografien mit starken ◇Chiaroscuro-Effekten wurden wegen ihrer atmosphärischen Annäherung an holländische Gemälde des 17. Jh.s gepriesen.

Adami, Valerio (* 1935)
Italienischer Maler, studierte an der Akademie Brera in Mailand (1953–57). In seiner Frühzeit gehörte er zum Umkreis von → Matta. Während eines Londonaufenthalts 1961–62 erhielt A. wesentliche Impulse von → Bacon sowie der frühen englischen ◇Pop Art und entwickelte in der Folgezeit die für seinen Stil typischen narrativen Bildstreifengeschichten mit einer ◇cartoonhaften, plakativen Zeichnung und einer starken Farbakzentuierung. Trotz dieser Pop-Art-Elemente behält seine Darstellung einen sehr persönlichen Erzähl- und Erlebnischarakter, der oft ins ◇Surreale und Tiefenpsychologische hineinreicht.

Adams, Ansel (1902–1984)
Amerikanischer Fotograf, der sich in seinen Natur- und ◇Stilleben-Aufnahmen hauptsächlich für die Landschaft interessierte. Zur professionellen ◇Fotografie wurde er durch Paul → Strand 1930 angeregt. Mit Edward → Weston und anderen befreundeten Fotografen gehörte A. der Gruppe → f/64 an. A. verteidigte stets die Bedeutung des fotografischen Originals und gab in den Jahren 1948–76 sieben Portfolios mit Originalabzügen heraus. Mit Beaumont Newhall begründete A. die Fotoabteilung des Museum of Modern Art in New York.

Adams, Herbert (1858–1945)
Amerikanischer ◇Bildhauer, der in Paris studierte. Zu seinen Arbeiten gehört das ◇Tympanon der St.-Bartholomew-Kirche in New York (1902).

Adamski, Hans Peter (* 1947)
Deutscher Maler, der in den ausgehenden 1970er und frühen 1980er Jahren zu den Kölner Vertretern der heftigen Malerei (◇Neue Wilde) gehörte. 1980 gründete er mit → Bömmels, → Dahn, → Dokoupil, Kever und Naschberger die Gruppe → Mülheimer Freiheit.

Adler, Jankel (1895–1949)
Polnisch-jüdischer Maler, dessen Figurenstudien von → Picasso und → Léger beeinflußt sind. Er unternahm ausgedehnte Reisen durch Europa, lehrte zusammen mit Paul → Klee an der Düsseldorfer Kunstakademie und gehörte zur Gruppe → Junges Rheinland in Düsseldorf um Mutter → Ey.

Aeken, Jeronimus van siehe → **Bosch,** Hieronymus

Aelst, Willem van (1625/26–1683)
Zu seiner Zeit sehr geschätzter holländischer ◇Stillebenmaler, der mit Vorliebe Wildbret, Fische und ähnliche Jagdbeute darstellte. Er hielt sich in Frankreich (1649) und Italien (1656) auf, wo er für den Großherzog der Toskana tätig war.

Aeppli, Eva (* 1925)
Schweizer Künstlerin, besuchte 1943–45 die Gewerbeschule in Basel; seit 1953 lebt sie in Paris. Bekannt wurde sie mit ihren lebensgroßen Figuren und Figurengruppen aus verschiedenen Textilien, die eine makabre Atmosphäre von Einsamkeit, Vergänglichkeit und Tod beschwören.

Aertsen (Aartsen, Aertszen, Aertsz.), Pieter (genannt de lange Pier) (1507/08–1575)
Holländischer Maler, der in Antwerpen und Amsterdam arbeitete und dessen detaillierte und farbenfrohe ◇Genreszenen und ◇Stilleben an den niederländischen Genreschulen des 17. Jh.s äußerst populär und stilistisch einflußreich waren. Viele seiner religiösen Bilder sind zerstört.

Aeschbacher, Hans (1906–1980)
Schweizer ◇Bildhauer, fand im Anschluß an eine Buchdruckerlehre zunächst zur Malerei, dann 1934 zur ◇Bildhauerei. Nach frühen ◇figurativen Skulpturen entwickelte er ab 1956 eine blockhafte, ◇abstrakte ◇Stelenform, die er in den verschiedensten Steinmaterialien variierte.

Aethelwold-Benediktionale (um 975/980)
Äußerst wertvolle, für Aethelwold († 984), Bischof von Winchester, angefertigte ◇Handschrift. Sie enthält zahlreiche ◇Miniaturen mit viel Gold und lebhafter Farbgebung sowie ein frühes Beispiel der auswuchernden ◇Akanthus-Ränder der sog. Schule von Winchester. Die Ur-

sprünge des Stils sind ◇karolingisch, doch die sensible Linienführung ist typisch für das vornormannische England.

Afro (1912–1976)
Künstlername des Afro Basaldella. Der italienische Maler wurde nach einer frühen ◇postimpressionistischen Periode vom ◇Kubismus → Braques und → Picassos beeinflußt.

Agam, Yaakov (Jacob Gipstein) (* 1928)
In Israel geborener, heute in Paris lebender Vertreter einer ◇kinetischen Kunst, die sich aus ◇Op-Art-Effekten in der Nachfolge → Vasarélys ableitet.

Agasias, Sohn des Dositheos
(tätig 1. Jh. v. Chr.)
Griechischer ◇Bildhauer aus Ephesos, Schöpfer des berühmten (signierten) → Borghesischen Fechters im Louvre.

Agatharchos von Samos
(tätig Ende 5. Jh. v. Chr.)
Griechischer Maler, berühmt als Theatermaler (u. a. Szenerien für Aischylos). Er ist der Verfasser einer Schrift über die Kunst der Bühnenmalerei und hat als erster in größerem Ausmaß die ◇Perspektive angewandt.

Agostino di Duccio, *Engel* (Relief des Tempio Malatestiano, Rimini), 1450–57

Ageladas (tätig 1. Hälfte 5. Jh. v. Chr.)
Griechischer ◇Bildhauer aus Argos, gilt als Lehrer von → Myron, → Polyklet und → Phidias. Zu seinen namentlich bezeugten Werken zählen einige 520/507 v. Chr. entstandene Athletenstatuen aus Olympia. Am berühmtesten war seine von den Messenern in Auftrag gegebene Bronzestatue für das Heiligtum des Zeus Ithomatas, die auf den Münzen von Messene überliefert ist.

Agnolo, Andrea d' siehe → **Andrea del Sarto**

Agorakritos (tätig 2. Hälfte 5. Jh. v. Chr.)
Griechischer ◇Bildhauer aus Paros, Schüler des → Phidias. Sein Hauptwerk ist das berühmte Kultbild der Nemesis, das in Rhamnous aufgestellt wurde. Dort wurde auch ein Fragment des Statuenkopfes gefunden.

Agostino di Duccio (Agostino da Firenze) (1418–nach 1481)
Italienischer ◇Bildhauer und Architekt der Florentiner Frührenaissance, dessen früher Stil unter dem Einfluß des Sienesen della → Quercia stand. 1446 hat er vermutlich in Venedig mit → Buon zusammengearbeitet. Sein Hauptwerk sind die ◇Reliefs für den von → Alberti errichteten Tempio Malatestiano in Rimini (1450–57). Ab 1457 hielt er sich in Perugia auf (Fassadengestaltung von S. Bernardino), zwischen 1462 und 1473 in Florenz. In seinem reiferen Werk, das sich durch eine graziöse, lebendige Linienführung auszeichnet, spiegelt sich seine Bewunderung für die Reliefkunst der Antike wider.

Ahearn, John (* 1951)
Amerikanischer ◇Plastiker, dessen lebensecht bemalte Gipsfiguren die vitale Situation der Slumwirklichkeit in den amerikanischen Industrieballungsgebieten thematisieren. In der spontanen Emotionalität seiner Arbeiten steht A. den expressiven ◇Graffiti-Malereien nahe.

Albani, Francesco (1578–1660)
Italienischer Maler, der in Bologna und Rom wirkte. A.s Zeitgenossen schätzten seine anmu-

tigen, wenn auch etwas sentimentalen, religiösen und mythologischen Gemälde. Seine Ausbildung absolvierte er zuerst bei dem flämischen Maler D. → Calvaert, danach an der Akademie der → Carracci.

Albani-Psalter
Um 1130 entstandene ◇illuminierte Handschrift (heute in der Bibliothek der Godehard-Kirche in Hildesheim), die in Zusammenhang mit der Benediktinerabtei St. Albans (nördlich von London) steht und auf die Beteiligung von zwei oder drei Künstlern hinweist. Der Hauptmeister führte eine Reihe von ganzseitigen Malereien mit biblischen Themen aus. Seine überlängten, monumentalen Figuren und tiefen Farben, die zweifellos auf ◇ottonische und ◇byzantinische Quellen zurückgehen, hatten einen nicht unbedeutenden Einfluß in England und bereiteten den Weg für die → Bury-Bibel.

Alberola, Jean-Michel (* 1953)
In Algerien geborener, heute in Frankreich und Spanien lebender Maler, der sich mit dem Problem der Sichtbarmachung von Unsichtbarem und mit der energetischen Fähigkeit der Vorstellungskraft in verrätselten Bildern auseinandersetzt. Malerei ist für A. Inszenierung und Irritation, die nach dem Ende der Moderne keinen festen Codes mehr unterworfen ist. A. versteht daher seine Malerei als einen nomadischen Streifzug durch die Kunstgeschichte, wobei er die strenge Analytik ◇Konzeptueller Kunst mit metaphorischer Poesie verbindet.

Albers, Josef (1888–1976)
Deutsch-amerikanischer Maler und Designer. Nach einer akademischen Ausbildung in Berlin, Essen und München studierte er am ◇Bauhaus, an das ihn → Gropius später als Lehrer berief. A.' frühes Werk schließt Glasbilder, Möbel und ◇abstrakte Gemälde ein. 1933 emigrierte er in die USA, wo er einen neuen, freien abstrakten Stil entwickelte (Studie *Rot-Violett,* 1935). Später interessierte ihn das Problem der Farbe, was sich in seiner berühmten Folge *Huldigung an das Quadrat* (ab 1949) manifestiert. Hier exemplifizierte A. die Wechselwirkungen der Farbe an der Form des Quadrates in einer Vielzahl von Variationen. Als Lehrer am Black Mountain College in North Carolina (1933–49) und an der Yale University in Connecticut (1950–59) hatte er großen Einfluß auf die junge amerikanische Malerei, v. a. auf die Vertreter der ◇Op Art.

Josef Albers, *Study for Homage to the Square: Mellow,* 1960

Albert, Hermann (* 1937)
Deutscher Maler des Berliner Kritischen Realismus, der die entleerte banale Handlungs- und Verhaltensweise des Wohlstandsbürgers in Ferien und Freizeit persifliert. In neuerer Zeit entstanden Zeichnungen mit Darstellungen von Bauern in ländlicher Umgebung.

Alberti, Leon Battista (1404–1472)
Italienischer Architekt, Schriftsteller und Humanist, dessen Betätigung als Maler und ◇Bildhauer mehr die eines begabten Dilettanten war (das einzige erhaltene Werk ist ein Selbstporträt). A. war der bedeutendste und einflußreichste Kunsttheoretiker des ◇Quattrocento. Seine universale Bildung erwarb er sich bei dem Humanisten Barzizza aus Padua. Nach dem Studium des Kirchenrechts in Bologna und einer Reise mit dem Kardinal Albergati nach Frankreich (1431) kehrte er nach Rom an die Kurie zurück. In Rom widmete er sich zusammen mit → Donatello und → Brunelleschi dem Studium der ◇antiken Denkmäler und schuf damit die Voraussetzung für seine Schrift ›Della Pittura‹ (1453), den ersten Traktat der ◇Renaissance über Malerei. Darin betonte er die besondere Bedeutung und Vorrangstellung der ◇Historienmalerei, der idealen Schönheit, der Anordnung der ◇Primärfar-

ben (aus der ◇griechischen Malerei abgeleitet), des ◇Chiaroscuro, der ◇Proportion und der ◇Perspektive. Er verfaßte ebenfalls einen Traktat über Bildhauerei, ›De Statua‹ (nach 1464), sowie über Baukunst, ›De Re Aedificatoria‹ (1451–52), den er Papst Nikolaus V. verehrte. A.s Kunsttheorien spiegelten sich seit Mitte der 1430er Jahre in den Werken vieler Künstler wider. Da er auch für Mailand, Rimini und Mantua tätig war, verbreiteten sich die Renaissanceideen rasch über die Grenzen von Florenz und Rom.

Albertinelli, Mariotto (1474–1515)
Italienischer Maler, Freund von Fra → Bartolommeo, dem er sich in seinem Stil stark annäherte und mit dem er ab 1508 zusammenarbeitete. 1511 kam es zu einem Bruch zwischen beiden, und bald darauf gab A. die Malerei gänzlich auf. Reinheit, Klarheit und Ausgewogenheit seines Stils kommen am schönsten in der *Heimsuchung* (1503, Uffizien) zum Ausdruck.

Albright, Ivan Le Lorraine (1897–1983)
Amerikanischer Maler, der seine Ausbildung in Chicago und an der National Academy of Design in New York absolvierte. Er entwickelte einen persönlichen, naturalistischen Stil abseits der Hauptströmungen internationaler Kunstentwicklung. In seinen äußerst sorgfältig ausgeführten Bildern schöpfte er aus den Erfahrungen mit den sozialen Problemen seines Lebensbereiches Chicago.

Alcopley (Alfred L. Copley) (* 1910)
Deutsch-amerikanischer Maler, übersiedelte 1937 in die USA, lebte aber 1952–57 in Paris. Seine von Bewegung und Rhythmus geprägte ◇abstrakte Malweise verdankt der östlichen ◇Kalligraphie entscheidende Impulse und steht dem ◇Abstrakten Expressionismus von → Kline und → Tobey nahe.

Aldegrever, Heinrich (H. Trippenmecker) (1502–um 1555)
Deutscher ◇Kupferstecher und Maler, der zu den → Kleinmeistern der deutschen ◇Renaissance zählt. Bekannt wurde A. v. a. durch seine etwa 300 Kupferstiche (hauptsächlich zwischen 1527–41 und 1549–55 entstanden). A.s Kunst war stark von → Dürer beeinflußt, so hat er einige Werke mit einem ähnlichen Monogramm (AG) signiert.

Alechinsky, Pierre (* 1927)
Belgischer Maler, der in Brüssel Malerei und in Paris bei → Hayter ◇grafische Techniken studierte; war 1949–51 Mitglied der internationalen → Cobra-Gruppe. 1951 ging er nach Paris. Seine gestische Zeichensprache, die zum Phantastisch-Grotesken neigt, zeigt Einflüsse östlicher ◇Kalligraphie sowie des ◇surrealistischen Automatismus und der Malaktionen des ◇Action Painting. In seiner Grafik tendiert A. trotz der spontanen, expressiven Gestaltungsweise zu einer figural deutbaren Zeichenstruktur, die oft von poetischen Texten begleitet ist.

Pierre Alechinsky, *Die Kinder haben das Wort,* 1962

Alexander, John White (1856–1915)
In den USA geborener Maler und ◇Illustrator, in den 1880er Jahren ein gefragter ◇Porträtist. In Paris (1890–1901) war A. mit → Whistler und → Rodin befreundet, dort beeinflußte ihn die ◇Art nouveau. In den USA schuf er ◇Wandbilder in der Library of Congress (Nationalbibliothek) in Washington, D.C. (1895–96), sowie im Carnegie Institute in Pittsburgh (1905–15).

Alexandermosaik (Ende 2. Jh. v. Chr.)
Auch die ›Issus-Schlacht‹ genannt. Römisches Meisterwerk der ◇Mosaikkunst, auf dem eine Schlacht zwischen Griechen und Persern mit dem Zweikampf zwischen Alexander d. Gr. und Dareios III. dargestellt ist. Möglicherweise ist dieses Mosaik eine Kopie nach einem Werk des griechischen Malers → Philoxenos von Eretria (4. Jh. v. Chr.). Fundort des Mosaiks ist Pompeji

Alexandermosaik, Ende 2. Jh. v. Chr.

(›Haus des Faun‹; heute Archäologisches Nationalmuseum, Neapel).

Alexandrinische Schule
Kunstschule in der von Alexander d. Gr. 331 v. Chr. gegründeten unterägyptischen Stadt Alexandria, die sich rasch zu einem blühenden Handels- und Kulturzentrum der ◇hellenistischen Zeit entwickelte. Über die künstlerische Produktion in Alexandria selbst besteht wenig Klarheit. Es wurde eine sehr gute ◇Keramik hergestellt, z. B. die Hadra-Vasen, aber die spärlichen Marmorbildwerke lassen darauf schließen, daß es keine bedeutende ◇Skulptur gab, obwohl manche Werke von Gelehrten der A. S. zugeschrieben werden.

Algardi, Alessandro (1602–1654)
Bedeutendster italienischer ◇Bildhauer seiner Zeit neben → Bernini, dessen Antipode er war, obwohl er ihm in Technik und ◇Komposition vieles verdankte. A. war Schüler von L. → Carracci. 1625 ging er nach Rom, wo er sich anfänglich mit der ◇Restaurierung von Antiken und dem ◇Kopieren kleiner ◇Devotionalienfiguren für den Markt befaßte. Seine *Enthauptung des hl. Paulus* (1641–47, S. Paolo, Bologna) ist charakteristisch für seinen Kompositionsstil, der sich eng an ◇antike Vorbilder hält und der ihn zum führenden Vertreter eines ◇barocken ◇Klassizismus machte. Seine hohe Begabung als ◇Porträtist kommt in seinem bedeutendsten Auftragswerk, dem *Attila-Relief* im Petersdom (1646–53), zum Ausdruck, das die Vertreibung Attilas durch Papst Leo I. darstellt und das sich durch seine Dimensionen (etwa 8 m hoch) dem Stil Berninis versöhnlich nähert.

Aliamet, Jean-Jacques (1726–1788)
Französischer ◇Kupferstecher, der Stiche nach C.-J. → Vernet und nach holländischen Malern des 17. Jh.s ausführte, insbesondere nach Arbeiten von N. → Berchem. Sein Bruder François-Germain (1734–1788), ebenfalls Kupferstecher, arbeitete in London unter Sir Robert → Strange.

Alkamenes (tätig um 450/400 v. Chr.)
Griechischer ◇Bildhauer, wahrscheinlich aus Athen, Schüler von → Phidias. Zu seinen berühmtesten Werken gehört eine stehende Figur, die sog. *Aphrodite in den Gärten* für das Dionysos-Heiligtum in der Nähe des Dionysos-Theaters in Athen, sowie sein *Hermes Propylaios* am Eingang zur Akropolis.

Allegri, Antonio siehe → **Correggio**

Allori, Alessandro (1535–1607)
Florentiner Maler. A. nahm nach dem Tod seines Onkels → Bronzino dessen Namen an. Er studierte bei seinem Onkel Bronzino und in Rom bei → Michelangelo. Trotz seiner groben Zeichentechnik und kalten Farbgebung war A. be-

liebt als Maler dekorativer ◇Fresken, in die er ◇Porträts prominenter Zeitgenossen einfügte.

Allori, Cristofano (1577–1621)
Sohn von A. Allori, Vertreter des ◇Manierismus. Seine Malerei vereinigt die reiche Farbgebung der Venezianischen mit der sorgfältigen Zeichnung der Florentiner Schule. Sein bekanntestes Gemälde ist *Judith mit dem Haupt des Holofernes.* Mit der Figur der Judith schuf er ein Bildnis seiner Geliebten Mazzafirra, während er sich im Holofernes selbst porträtiert haben soll.

Cristofano Allori, *Judith mit dem Haupt des Holofernes,* frühes 17. Jh.

Allston, Washington (1779–1843)
Amerikanischer Maler und Schriftsteller. Europaaufenthalte (1801–10 und 1811–18), Studium bei B. → West in London; A. besuchte Paris und Rom, wurde ein enger Freund von S. T. Coleridge, W. Irving und B. → Thorwaldsen. Als erster amerikanischer Künstler, der ◇romantische Landschaften malte, kann er als Vorläufer der → Hudson River School gelten. Er schuf auch ◇Porträts, u. a. von Coleridge, und großformatige dramatische Bilder mit religiösen und ◇klassischen Sujets. A.s ›Lectures on Art‹ erschienen 1850.

Alma-Tadema, Sir Lawrence (1836–1912)
Englischer ◇Historienmaler niederländischer Herkunft, der sich 1870 in London niederließ. Berühmtheit erlangte er durch seine idealisierten, mit großer Detailtreue ausgeführten und brillant kolorierten Szenen aus der ◇griechischen und ◇römischen Antike.

Alpert, Max (1899–1980)
Sowjetischer Fotojournalist, ab 1924 Fotokorrespondent für die ›Arbeiter-Zeitung‹, 1929–31 Mitarbeiter der ›Prawda‹, ab 1931 bis 1940 Fotoreporter der Zeitschrift ›UdSSR im Bau‹. Mitautor der berühmten Foto-Story ›Ein Tag im Leben der Familie Filipow‹. A. war Mitglied der → ROPF (Russische Gesellschaft proletarischer Fotografen). Er gilt als einer der bedeutendsten Vertreter der Reportage- und Dokumentationsfotografie.

Altdorfer, Albrecht (1480–1538)
Deutscher Maler, ◇Zeichner, ◇Grafiker und Baumeister. A. war Bürger von Regensburg (1505), Mitglied des Rates (1519) und Stadtbaumeister (1526). 1503–05 und 1511 unternahm er zwei Reisen donauabwärts. Seine künstlerische Tätigkeit ist seit 1506 belegt. Das Frühwerk (*Christus am Kreuz,* um 1510) steht noch unter dem Einfluß italienischer Drucke (→ Mantegna), doch schon bald entwickelte A. einen eigenen Landschaftsstil mit romantisch-phantastischen Elementen, der für die → Donauschule, als deren Hauptmeister er gilt, kennzeichnend wurde. Seine mit dem Pinsel gezeichneten Bäume und Wälder mit ihrem erregenden linearen Rhythmus sind von einem eigentümlich magischen Leben erfüllt, das über die naturalistische und atmosphärische Landschaftsbeschreibung → Dürers hinausgeht. Dieselben expressiv gesteigerten ◇manieristischen Elemente finden sich auch in den Figuren seines reifen Werkes. A. hat mit seinen Landschaftsvisionen, die in ihrer Einheitlichkeit und Tiefe durchaus klassisch sind, einen neuen Typ von Landschaftsbild geschaffen. Von ihm stammt auch das erste, von menschlichen Figuren völlig freie, reine ◇Landschaftsgemälde in der europäischen Kunst (*Donaulandschaft mit Schloß Wörth bei Regensburg,* um 1520, AP). Sein berühmtestes Werk ist die *Alexanderschlacht* (1529, AP), in der die unzähligen kleinen, minuziös gemalten Figuren, die Landschaft und der dramatisch leuchtende, bewegte Himmel zu einer kosmischen Einheit

Albrecht Altdorfer, *Donaulandschaft mit Schloß Wörth bei Regensburg* (Ausschnitt), um 1520

verschmelzen. Als ◇Kupferstecher war er von wegweisender Bedeutung für die → Kleinmeister des 16. Jh.s. A. war Mitarbeiter am → Gebetbuch Kaiser Maximilians. Sein jüngerer Bruder und Schüler Erhard, v. a. wegen seiner Kupferstiche und ◇Holzschnitte bekannt, setzte A.s Stil fort.

Altenbourg, Gerhard (1926–1989)
Deutscher Maler und ◇Grafiker, studierte 1948–50 an der Weimarer Hochschule. Als einziger Künstler in der ehemaligen DDR praktizierte er schon in den mittleren 1960er Jahren einen ◇phantastisch-realistischen Stil sehr subjektiv-poetischer Prägung.

Altichiero da Zevio (da Verona) (1320/30– nach 1384 [1390?])
Einer der bedeutendsten italienischen Maler des ◇Trecento und Begründer der altveroneser Malerschule. Nach Zeugnissen hat er an ◇Freskenzyklen in Verona und (seit etwa 1370) in Padua zusammen mit einem gewissen Avanzo gearbeitet, dessen Beitrag jedoch ungeklärt ist. In der Weiterentwicklung des Stils von → Giotto gelangte A. zu einem monumentalen Stil. Seine Fresken mit Landschaftsdarstellungen, Architekturkulissen und den typischen Giotto-Figuren sind von einer großartigen Räumlichkeit und Tiefe. Seine Neigung zu einem gewissen Realismus und zur Klassizität unterscheiden ihn vom Stil der aufkommenden Spätgotik.

Altomonte (Hohenberg), Martin (1657–1745)
Führender österreichischer Kirchenmaler des Hochbarock und Hofmaler König Johanns III. Sobieski in Warschau. Seit 1703 arbeitete A. in Wien und schuf ◇Altarbilder und ◇Fresken, darunter sein Hauptwerk, die *Apotheose des Prinzen Eugen* (1716, Österreichische Galerie, Wien).

Alunno di Domenico (ital. ›Schüler des Domenico‹ [→ Ghirlandaio])
Von B. → Berenson einem im späten 15. und frühen 16. Jh. tätigen Florentiner Maler und ◇Illustrator verliehener Name. Sein Werk schließt die ◇Predella für → Ghirlandaios Altartafel *Anbetung der Könige* ein, die dieser 1488 für das Ospedale degli Innocenti in Florenz schuf. Berenson entdeckte später einen Vertrag (1488) über die Anfertigung dieser Predella zwischen dem Vorsteher des Ospedale und einem gewissen Bartolommeo di Giovanni; er hielt dies für den wahren Namen seines Künstlers, behielt jedoch die Bezeichnung Alunno di Domenico als instruktiver bei.

Alviani, Getulio (*1939)
Italienischer ◇Op-Art-Maler und ◇Kinetiker, der ab 1961 durch seine Aluminiumobjekte mit Lichtvibration bekannt wurde. Zur gleichen Zeit war A. auch für verschiedene Modehäuser als Stoffdesigner tätig, wobei er in seinen Mustern häufig mit Op-Art-Effekten spielte. 1969 weitete A. das Prinzip der optischen Täuschung auf dreidimensionale Raumeinheiten aus. In seiner Malerei ordnet A. gegeneinander verkeilte komplementäre Farbbänder in strenger Reihung zu ◇monochrom erscheinenden dynamischen Mischfarbflächen.

Amadeo (Omodeo), Giovanni Antonio (1447–1522)
Italienischer ◇Bildhauer und Architekt, ursprünglich Entwerfer von ◇Terrakotten. Sein frühes Werk steht den → Mantegazza nahe, das spätere, wie etwa die ◇Reliefs für den Dom von Cremona, zeigt toskanischen Einfluß. Weitere

Hauptwerke sind die von ihm entworfene und größtenteils auch ausgeführte Fassade der Certosa in Pavia und die Colleoni-Kapelle in Bergamo (1470–75).

Aman-Jean, Edmond (1860–1936)
Französischer ◇symbolistischer Maler, der in ◇eklektizistischer Manier Tendenzen des ◇Jugendstils und Einflüsse der englischen → Präraffaeliten assimilierte. In seinen zahlreichen Mädchenporträts vereinigen sich Gestalt und Umgebung zu ◇arabeskenhaften, kurvigen Farbflächen, die ein Stimmungsbild von dekorativer, ruhig bewegter Grazie erzeugen. Seine Frauengestalten wirken wie der Salonatmosphäre Oscar → Wildes entlehnt.

Amasis-Maler (tätig um 550 v. Chr.)
Griechischer Töpfer und ◇Vasenmaler, der im ◇schwarzfigurigen Stil arbeitete. Seine Figuren sind geschmeidig, kraftvoll ausgeführt und zeugen von reicher Phantasie (siehe Ft. 1).

Amberger, Christoph (um 1500–um 1561/62)
Bedeutender deutscher ◇Porträtmaler, der unter dem Einfluß von → Burgkmair, → Holbein d. J. und der venezianischen Malerei stand. Er arbeitete in Augsburg, wo er zahlreiche berühmte Persönlichkeiten malte, u. a. Kaiser Karl V. (1532). Seine Porträts zeigen das Modell meist stehend, in halber Körpergröße und in einer für die dargestellte Person typischen Umgebung, wie man es ähnlich von Werken → Bronzinos kennt.

Ambrogio da Predis siehe → **Predis,** Ambrogio da

American Abstract Artists
Amerikanische Malergruppe, die sich 1936 in den USA formierte. Zu den Gründungsmitgliedern zählten George L. K. Morris (* 1905) und Ibrahim Lassaw (* 1913). Ihre jährlichen Ausstellungen hielten die Tradition eines akademischen, wenn auch etwas manierierten ◇Kubismus lebendig.

Amiet, Cuno (1868–1961)
Schweizer Maler, neben → Hodler der bedeutendste ◇Jugendstil-Maler der Schweiz. Schüler von Frank Buchser, studierte an der Münchner Akademie und der Académie Julian in Paris (bei → Bouguereau), wo er → Vallotton, → Sérusier und → Denis begegnete. In Pont-Aven kam er 1892 durch → Bernard und Séguin mit den Ideen → Gauguins in Berührung. 1906 gehörte er vorübergehend der → Brücke an. Ab 1898 lebte A. ständig in der Schweiz. Seine symbolkräftige, farbig und formal stark vereinfachende Ausdrucksweise ging von Gauguin, van → Gogh und den → Nabis aus und gelangte später unter den Einfluß des ◇Fauvismus.

Amman, Jost (1539–1591)
Deutscher Maler, ◇Zeichner und ◇Kupferstecher, seit 1561 in Nürnberg ansässig. A. hat bemerkenswerte farbige Glasfenster geschaffen. In seiner ◇Grafik steht er → Dürer und den → Kleinmeistern → Aldegrever und → Beham nahe. Kulturhistorisch interessant sind seine ◇Buchillustrationen: Bibel (1564–79), ›Turnierbuch‹ (1566), ›Beschreibung aller Stände‹, mit Reimen von Hans Sachs (1568), ›Frauentrachtenbuch‹ (1586), ›Kartenspielbuch‹ (1588). Von seiner beträchtlichen künstlerischen Produktion ist nur ein einziges authentisch belegtes Werk erhalten geblieben, das *Porträt eines Weisen* (1565, Kunstmuseum Basel).

Amman(n)ati, Bartolommeo (1511–1592)
Florentinischer ◇Bildhauer und Architekt, Schüler von → Bandinelli und → Sansovino. In Florenz schuf er sein Meisterwerk, den *Neptunsbrunnen* (1560–75) auf der Piazza della Signoria, einen Höhepunkt der italienischen ◇manieristischen ◇Skulptur, sowie die berühmte *Dreifaltigkeitsbrücke* (1567–69), die nach Kriegszerstörung (1944) wieder aufgebaut wurde. Neben seinen Skulpturen für die Villa Giulia in Rom (Nympheum, 1551–55) und einigen Grabmälern (z. B. Buoncompagni, 1572) schuf A. Anbauten an den Palazzo Pitti (1560–77) und entwarf mehrere Bauwerke in Rom und Lucca. Als Architekt des Übergangs von der ◇Renaissance zum ◇Barock hat er neue Wege gewiesen.

Amsler, Samuel (1791–1849)
Schweizer ◇Kupferstecher, der in München tätig war. Sein Werk umfaßt großartige ◇Reproduktionen von Gemälden → Raffaels und den Kupferstich *Triumphzug Alexanders d. Gr. (Alexanderzug)* nach einer Skulptur von B. → Thorwaldsen.

Amulius oder **Fabullus** (tätig um 50/70 n. Chr.)
Von Plinius erwähnter römischer Maler aus der

Zeit Neros. Er soll eine Minerva gemalt haben, deren Augen dem Betrachter überallhin folgten. A. war auch im berühmten → Domus aurea Neros tätig.

Anatol (* 1931)
Deutscher Künstler. A., Schüler von → Beuys, wurde durch seine Theorie der Kreativität durch Arbeitszeit bekannt. Diese Theorie wie auch sein Konzept einer Freien Akademie Oldenburg entwickelte sich aus dem Beuysschen Kreativitätsbegriff, der jeder menschlichen Tätigkeit die Möglichkeit zuspricht, Kunst zu sein.

Anceschi, Giovanni siehe → **Gruppo T**

Anderson, Eric (* 1942)
Dänischer ◇Happening- und ◇Fluxuskünstler.

Anderson, Laurie (* 1947)
Amerikanische ◇Performance-Künstlerin. Ihr *United States I–IV* (1983), eine zwölfstündige, von ihr allein präsentierte Arbeit, führt das Genre der Musikperformance ins Extrem.

Ando Hiroshige (A. Tokitarō) (1797–1858)
Japanischer Maler und Meister des ◇Farbholzschnitts, Schüler von → Utagawa Toyohiro (1811). Bekannt durch eine Vielzahl stimmungsvoller, naturnaher Landschaftsdarstellungen, deren asymmetrische Bildkompositionen die französischen ◇Impressionisten beeinflußten. Als sein Hauptwerk gelten *Die 53 Stationen des Tōkaidō* (1833), daneben schuf er zahlreiche andere Werke (darunter auch hochformatige Holzschnitte über historische Themen und Legenden), und schließlich übertraf er sogar → Katsukawa Hokusai an Beliebtheit. Zu seinen bedeutenden Werken zählen ferner *Berühmte Stätten der Osthauptstadt* (zwei Folgen, 1831 und 1834), *Acht Ansichten des Biwa-Sees* (um 1834), *69 Stationen des Kisokaidō* (ab 1837, die ersten 24 Blätter von Kanō Eisen) und *100 Ansichten von berühmten Stätten in Edo* (1856–58). A. wechselte mehrmals seinen Namen (u. a. Ando, Ichiyusai, Tōkaidō), andererseits legten sich auch andere Künstler seinen Namen zu, so sein Mitarbeiter und Adoptivsohn Ichiyusai Shigenobu.

Andokides-Maler (tätig um 530/500 v. Chr.)
Griechischer ◇Vasenmaler, der als Erfinder des ◇rotfigurigen Stils gilt.

Ando Hiroshige, *Regen über der Ohashi-Brücke bei Ataka,* 1857

Andre, Carl (* 1935)
Amerikanischer ◇Bildhauer, bedeutender Vertreter der ◇Minimal Art. A. studierte 1951–53 an der Phillips Academy in Andover (Mass.). Beeinflußt von → Brancusi und → Stella schuf A. 1958 die ersten Holzskulpturen. Den Hauptteil seiner Arbeit bilden die ab 1960 entwickelten *Element*

Carl Andre, *Lock Series (Verschluß-Serie),* 1967

Series: Objekte aus gleichartigen Einzelelementen in einfacher, ◇serieller Anordnung, z. B. aneinandergereihte oder übereinandergeschichtete Holzblöcke oder Ziegelsteine und v. a. die aus Metallplatten zusammengesetzten, meist quadratischen Bodenstücke. Daneben entstanden ab 1963 zahlreiche *Poems* (serielle Anordnungen von Wörtern).

Andrea da Firenze (A. di Bonaiuto) (um 1320– nach 1377)
Florentinischer Maler des ◇Trecento. Er gehörte der Künstlergeneration an, die noch unmittelbar unter dem Eindruck der beiden Pestepidemien (1348 und 1369) stand. Sein Hauptwerk ist der ◇Freskenzyklus in der sog. Spanischen Kapelle von S. Maria Novella in Florenz (1365–69). Die Darstellungen auf Wänden und Gewölben, in denen die ◇realistische Räumlichkeit von → Giotto und A. → Lorenzetti aufgegeben wurde, spiegeln die spirituelle Krise der Zeit nach der Pestplage wider. Thema des Zyklus ist der Schutz des orthodoxen christlichen Glaubens durch die ›domini canes‹ (lat. ›Hunde Gottes‹, Wortspiel für Dominikaner).

Andrea del Castagno siehe → **Castagno,** Andrea del

Andrea del Sarto (A. d'Agnolo), ›senza errori‹ (ital. ›der Fehlerlose‹) (1486–1530)
Florentiner Maler mit einem ausgeprägten Gefühl für Ton- und Farbgebung, was eher für die → Venezianische als für die → Florentiner Schule charakteristisch ist. Er wurde 1518 von Franz I. nach Paris berufen, kehrte jedoch 1519 zu seiner Gattin nach Florenz zurück. A.s ◇Fresken *Die Geburt Mariä* (1514) und *Madonna del Sacco* (1525), beide in der Kirche SS. Annunziata in Florenz, können als hervorragende Beispiele für die Malerei der ◇Hochrenaissance gelten. Ein anderes Hauptwerk von seiner Hand ist *Die Harpyienmadonna* (1517) im ◇klassischen Stil; die Hl. Familie war eines seiner Lieblingssujets. Zu seinen Schülern zählten die ◇Manieristen J. → Pontormo und G. B. → Rosso.

Andrea di Cione siehe → **Orcagna,** Andrea

Andrea, John de (* 1941)
Amerikanischer Vertreter der ◇hyperrealistischen skulpturalen ◇Aktfigur, deren Erscheinung sich in ◇realistischer Direktheit auf eine pu-

Andrea del Sarto, *Die Harpyienmadonna* (Ausschnitt), 1517

re Nacktheit reduziert. Infolge grafischer Detailgenauigkeit zeigt A. seine Gestalten in einer Raumposition, die zugleich Intimität und Isolation ausdrückt.

Angelico, Fra (Fra Giovanni da Fiesole) (um 1387?–1455)
Italienischer Maler, der v. a. durch seine ◇Fresken im Kloster S. Marco, Florenz, berühmt wurde. Über seine frühen Studienjahre ist nichts bekannt, seine Arbeiten zeigen jedoch den Einfluß solch internationaler Maler der ◇Gotik wie Lorenzo → Monaco. Um 1428–33 schuf er ein ◇Altarbild (in großem Umfang von Lorenzo di → Credi um 1501 verändert), drei Fresken für den Kapitelsaal von S. Domenico sowie eine *Verkündigung an Maria* für die Kirche S. Domenico in Cortona; diese Arbeiten lassen bereits die Schlichtheit seines reifen Werks ahnen. 1436 erhielt er von Cosimo de' Medici den Auftrag, drei Altarbilder zu malen, darunter für den Hochaltar des Dominikanerklosters S. Marco in Florenz *Maria mit Kind, Engeln und Heiligen, darunter Cosmas und Damian* (1438–40). In diesen Gemälden und der etwas früheren *Krönung Mariä*

Fra Angelico, *Kreuzabnahme,* um 1436

für Fiesole treten die Heiligen- und Engelsfiguren gegenüber der Zentralfigur zurück und markieren damit einen Schritt in der Entwicklung des ◇Sacra-conversazione-Altarbildes. Der Künstler arbeitete auch mit einzelnen Tafeln (anstelle des ◇Triptychons) und verzichtete vollständig auf den gotischen Goldhintergrund; auf dem Altarbild von S. Marco führte er eine Landschaft als Hintergrund ein. Die ◇Predella-Szenen für dieses Altarbild aus dem Leben der Heiligen Cosmas und Damian belegen Fra A.s Meisterschaft als Kolorist und sind wohl seine lebhaftesten narrativen Gemälde. Zu dieser Zeit begann er, die Herstellung von 50 Fresken mit Szenen aus dem Leben Christi für die Zellen des Klosters S. Marco zu überwachen; er selbst führte wahrscheinlich nicht mehr als zehn aus. Ihr Ort und ihr Zweck – sie dienten nicht der Dekoration, sondern als Unterstützung der Meditation – kamen auf ideale Weise der reinen und schlichten Frömmigkeit entgegen, die für Fra A. so charakteristisch ist. 1447 malte er in Orvieto das *Jüngste Gericht,* das → Signorelli vollendete, und im Vatikan führte er dekorative Arbeiten für Papst Nikolaus V. aus. Lediglich seine Fresken in der Privatkapelle von Nikolaus V. (1447–48) sind erhalten geblieben. Vieles in seinem Werk weist zurück auf → Giotto; Fra A. beteiligte sich nicht an den künstlerischen Experimenten und weltlichen Interessen seiner Zeitgenossen, wenngleich er neue Techniken wie die ◇Perspektive durchaus einsetzte, sofern sie dem religiösen Zweck seiner Bilder dienlich schienen. B. → Gozzoli war sein Schüler.

Angermann, Peter (* 1945)
Deutscher Maler, der u. a. 1968–71 an der Düsseldorfer Kunstakademie bei → Beuys studierte. 1969 Mitbegründer der → YIUP-Gruppe und 1979 mit → Kunc und → Knap der Gruppe → Normal. A.s Malerei verzichtet bewußt auf jede Rätselhaftigkeit und betont statt dessen durch ◇comicartige Schematisierung banaler Bildsujets und überpointierte Farbgestik die lapidare Selbstverständlichkeit des Alltags.

Annesley, David (* 1936)
Englischer ◇abstrakter ◇Bildhauer, der von A. → Caro beeinflußt wurde. A.s charakteristische Arbeiten sind aus dünnem, farbig bemaltem Stahlblech gefertigt.

Anonima-Gruppe
Amerikanische Gruppe von ◇Op-Art-Malern (Ernst Benkert, Francis Hewitt, Edwine Mieczkowski), die sich in der zweiten Hälfte der 1960er

Jahre zusammenfand und ähnlich wie → Vasarély und → Riley ihre Bilder mit Hilfe ◇kinetischer Farbkonstellationen gestaltete, die die Netzhaut des Betrachters erregen. Die Künstler bemühten sich dabei um eine optimale methodische Ausschöpfung modernster Technologie.

Anquetin, Louis (1861–1932)
Französischer Maler, Schüler im Atelier Cormon. Gründete mit → Bernard, → Toulouse-Lautrec und van → Gogh 1886/87 die Groupe du Petit Boulevard. A. schloß sich der Schule von → Pont-Aven und den → Nabis an und stellte 1889 mit der Groupe Synthétiste (◇Synthetismus) im Café Volpini aus. Für seinen v. a. durch japanische ◇Farbholzschnitte und → Gauguin beeinflußten Stil fand Dujardin 1888 den Begriff ◇Cloisonnismus, da ihn die flächige, stark konturierte Malerei an Emailarbeiten (◇Cloisonné) erinnerte.

Ansano di Pietro siehe → **Sano di Pietro**

Anselmo, Giovanni (* 1934)
Italienischer Vertreter der ◇Arte povera. Sein Interesse gilt besonders dem Spannungsverhältnis zwischen organischen vergänglichen Stoffen und harten dauerhaften Materialien wie Stein. Daneben entstehen auch Arbeiten wie ›Invisible‹ und ›Infinito‹, die Denkprozesse veranschaulichen. So projizierte bei ›Infinito‹ ein Diaprojektor ein Diapositiv mit der Schrift ›INFINITO‹ an die Wand, wobei der Brennpunkt des Projektors auf unendlich gedreht ist, so daß in der Tat nur eine weiße, diffuse Fläche sichtbar ist: die sichtbare Demonstration des Unendlichen als Manifestation der Unsichtbarkeit des Unendlichen.

Antelami, Benedetto
(tätig ab etwa 1178 – nach 1200)
Bedeutendster oberitalienischer ◇Bildhauer und Baumeister im letzten Viertel des 12. Jh.s. Für den Dom zu Parma schuf A. u. a. das 1178 datierte und signierte ◇Relief der *Kreuzabnahme* sowie den inneren und äußeren ◇Skulpturenschmuck für das ◇Baptisterium.

Antenor (tätig spätes 6., vielleicht noch frühes 5. Jh. v. Chr.)
Bedeutender griechischer ◇Bildhauer und Erzgießer aus Athen, berühmt für seine → *Tyrannenmörder-Gruppe*. Ihm zugeschriebene Arbeiten finden sich heute im Akropolis-Museum in Athen; auch der Giebelschmuck des ◇archaischen Apollontempels in Delphi soll von seiner Hand stammen.

Antes, Horst (* 1936)
Deutscher Maler, studierte bei → Grieshaber an der Karlsruher Akademie (1957–59), an der er seit 1965 selbst lehrt (1967 Professor). Mit seinem stets unverändert gebliebenen Grundthema des ›Kopffüßler‹-Menschen, eines zwergenhaften Wesens in Profilansicht mit meist übereinanderliegenden Augen im Zentrum eines riesigen Kopfes, war A. in den frühen 1960er Jahren einer der ersten Vertreter einer neuen ◇figurativen Malerei in Deutschland.

Horst Antes, *Grüne Figur,* 1963

Antolinez, José Claudio (1635–1675)
Spanischer Maler v. a. religiöser Themen *(Mariä Empfängnis; Maria Magdalena)*. Im Stil dieses glänzenden Koloristen verbindet sich die Farbigkeit → Tizians mit der lebendig-bewegten Komposition → Tintorettos. Seine ◇Porträts stehen unter dem Einfluß von → Velázquez' *Las Meninas*.

Antonello da Messina, *Bildnis eines jungen Mannes,* um 1470

Antonello da Messina (um 1430–1479)
Sizilianischer Maler. Während seines Studiums in Neapel (um 1450) lernte A. den Realismus der frühen Niederländer, v. a. von van → Eyck und van der → Weyden kennen. Er war der erste Maler Italiens, der die ◇Ölmalerei des Nordens in Italien einführte. Bei ihm verbindet sich der italienische Sinn für strenge, zusammenfassende Vereinfachung der Volumen (→ Piero della Fancesca, → Mantegna) und ◇Perspektive mit dem Detailrealismus der flämischen Meister, was besonders in seinen Landschaften zum Ausdruck kommt (*Kreuzigung,* 1475, Antwerpen). Sein wohl typischstes Werk ist das große ◇Altarbild mit Madonna und Heiligen für S. Cassiano, das er 1476–77 in Venedig malte (Fragmente davon im KhW). Bis auf einen kürzeren Aufenthalt in Mailand und Venedig, wo er – insbesondere durch seine Detailbehandlung – einen nicht unbeträchtlichen Einfluß auf die venezianische Malerei (Giovanni → Bellini) ausübte, war A. vorwiegend in Sizilien tätig.

Antwerpener Manieristen
Bei den sog. A. M. handelt es sich um eine Gruppe von Malern, die etwa 1515/25 vorwiegend in Antwerpen tätig war. In der Ablehnung rein naturalistischer Ziele und der Vorliebe für eine phantasievolle Bildszenerie, für Übertreibung exzentrischer Details und hochgesteigerte Farbigkeit war ihr Stil zweifellos ◇ manieristisch. Zu den Hauptvertretern dieser Gruppe, die lediglich aufgrund des ähnlichen Stils und nicht einer Zusammenarbeit oder Werkstättengemeinschaft als Gruppe angesehen wird, gehören Jan de → Beer, der Meister der *Großen Anbetung,* der Meister von 1518 und der ›Pseudo Bles‹ (den man einst für Henri met de → Bles hielt). Ein bevorzugtes Thema war die Anbetung der Hl. Drei Könige, die Anlaß zu raffinierten, ausgeklügelten Architekturanordnungen bot.

Anzinger, Siegfried (* 1953)
Österreichischer Maler, ◇Zeichner und ◇Plastiker, der in der Tradition des österreichischen piktoralen Kolorismus von → Boeckl bis → Attersee die menschliche Gestalt aus der Farbmalerei organisch herausschält, wobei die starke Expressivität der Farbsetzung und der spontanen Figurationsgestik häufig die Groteske streift.

Apelles (tätig um 332 v. Chr.)
Ionischer Grieche aus Kolophon (Kleinasien). Hofmaler Alexanders d. Gr.; galt als bedeutendster Maler der ◇Antike. Originale seiner Gemälde sind nicht erhalten. Am berühmtesten waren – neben Alexanderporträts – seine *Aphrodite* (bzw. *Venus*) *Anadyomene* (die aus dem Meer auftauchende Aphrodite – ein Thema, das später u. a. → Botticelli und → Tizian aufgriffen) und seine ◇allegorische Komposition *Die Verleumdung* (deren Beschreibung bei Lukian wiederum → Dürer und → Raffael anregte). Eine weitere, sehr bekannte Darstellung Alexanders d. Gr. mit einem Blitzstrahl arbeitete mit Hell-Dunkeleffekt. Antike Autoren (z. B. → Plinius d. Ä.) rühmten die Feinheit seiner Linienführung. Im übrigen schreibt man ihm die ›geflügelten Worte‹ »nulla dies sine linea« (kein Tag ohne Pinselstrich) sowie »Schuster, bleib' bei deinem Leisten« zu (letzteres gegen einen Schuster, der eines seiner Gemälde kritisierte).

Aphrodite von Knidos (um 350 v. Chr.)
Berühmte ◇Statue des → Praxiteles für das Aphrodite-Heiligtum der südwest-kleinasiatischen, dorischen Stadt Knidos. Die stehende Göttin ist im Begriff, ihre Kleidung auf einer ◇Hydria neben ihr abzulegen. Es handelt sich bei dieser ◇Aktstatue um das seinerzeit berühmte-

ste Kultbild der Göttin (zahlreiche römische ◇Kopien).

Apoll vom Belvedere
Römische ◇Kopie (Vatikan) einer im Original ◇hellenistischen Bronzestatue, die A. einem Pfeil nachblickend zeigt (vielleicht A. im Kampf mit dem pythischen Drachen oder bei der Vertreibung der Kelten, die bei ihrer Griechenland-Invasion 279 v. Chr. auch den Apollontempel von Delphi angriffen). Als Schöpfer des Originals gilt → Leochares.

Apollinaire, Guillaume (Wilhelm Apollinaris de Kostrowitzky) (1880–1918)
Französischer Dichter und Kritiker (naturalisiert 1914) polnisch-italienischer Abstammung. Er ging 1898 nach Paris und wurde dort zur führenden Persönlichkeit revolutionärer künstlerischer und literarischer Bewegungen. 1908 trat er der Groupe du → Bateau-Lavoir bei, die sich um → Picasso und → Braque gebildet hatte, im gleichen Jahr führte er → Léger in diese Gruppe ein. Mit der Veröffentlichung seines Lyrikzyklus ›Alcools‹ (1913) und des Essays ›Les peintres cubistes‹ wurde seine Bedeutung als Dichter und Theoretiker offensichtlich. Seine Dichtkunst brach mit allen Traditionen und Disziplinen, sowohl in der Thematik als auch im Stil, in der Interpunktion und der Typographie. A.s Abhandlung über den ◇Kubismus trug wesentlich dazu bei, die neue Malrichtung zu definieren. Zu seinen Werken gehören seine Gedichtsammlung ›Calligrammes‹ (1918) und das Theaterstück ›Les Mamelles de Tirésias‹ (1917), das er selbst als »ein surrealistisches Drama« bezeichnete. Für → Delaunays kubistische Malerei prägte A. den Begriff ◇Orphismus. Seine Auseinandersetzung mit de → Chiricos ◇Pittura metafisica führte ihn im Jahre 1917 zur Erfindung des Wortes ◇Surrealismus. Im gleichen Jahr schloß er sich der ◇dadaistischen Bewegung an. Als Publizist und Freund vieler Künstler der ◇Avantgarde hat A. wesentlich zur Durchsetzung und zum Verständnis der modernen Kunst beigetragen.

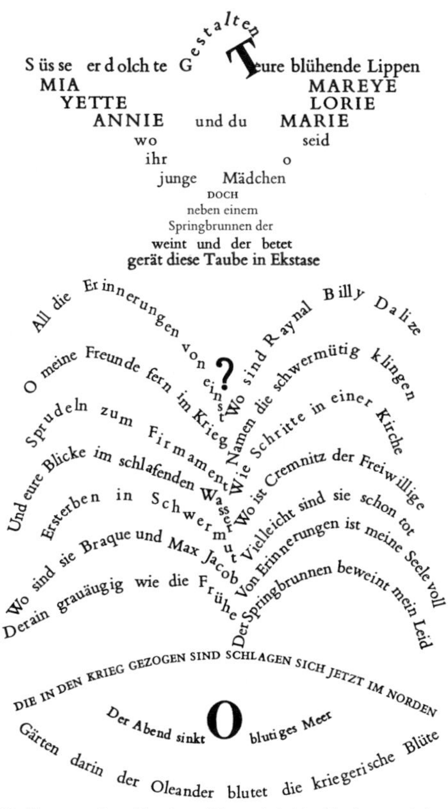

Guillaume Apollinaire, *Die erdolchte Taube und der Springbrunnen*

Apollodoros aus Athen (tätig um 425 v. Chr.)
Griechischer Maler, gilt als Erfinder der ›Schattenmalerei‹ und soll als erster die unterschiedlichen Farbabstufungen in Licht und Schatten richtig erkannt und zur Darstellung von Tiefenwirkung benutzt haben (daher sein Beiname ›Schattenmaler‹). Sein Schüler war → Zeuxis, an dessen Werken man gleichfalls die durchdachte Wiedergabe von Licht und Schatten rühmte. A. wurde damit zum Begründer der ◇perspektivischen Malerei.

Apollonios, Sohn des Nestor (1. Jh. v. Chr.)
Griechischer ◇Bildhauer. Seine Signatur, die auf das mittlere 1. Jh. v. Chr. verweist, ist an dem Felsensitz des berühmten → Belvederischen Torso (Vatikan) erhalten. A. ist als ◇Eklektiker bekannt und hat auch für diese ◇Statue auf ein früheres Vorbild zurückgegriffen.

Apoxyomenos (griech. ›der Schabende‹) (2. Hälfte 4. Jh. v. Chr.)
Laut Plinius (›Naturgeschichte‹ 34, 62) berühmte ◇Statue des → Lysipp, die einen sich mit einem Schabegerät reinigenden Athleten zeigt. Allgemein hält man eine Marmorstatue eines

von seinem rechten Arm Öl abkratzenden Jünglings (Vatikan) für eine ◇Kopie des Bildwerks.

Appel, Karel (* 1921)
Niederländischer Maler. Er bereiste ganz Europa und wurde 1948 zu einer der führenden Persönlichkeiten der niederländischen Reflex-Gruppe, aus der sich noch im gleichen Jahr die internationale → Cobra-Gruppe entwickelte. Seine Arbeiten zeichnen sich durch kraftvolle Farben und einen leidenschaftlichen, auf van → Gogh und den ◇Expressionisten aufbauenden Stil aus.

Apt, Ulrich d. Ä. (um 1460–1532)
Deutscher Maler, stilistisch → Holbein d. Ä verwandt. Er wurde 1481 Meister. Aus dem Jahr 1491 stammt sein großes Fresko des *Hl. Christophorus* im Augsburger Dom. Seine *Anbetung der Hirten* (Altarflügel in Karlsruhe) zeigt im Stil den ganzen Formenreichtum der italienischen ◇Renaissance, ebenso seine zwölf ◇Porträts von Vertretern der Webergilde.

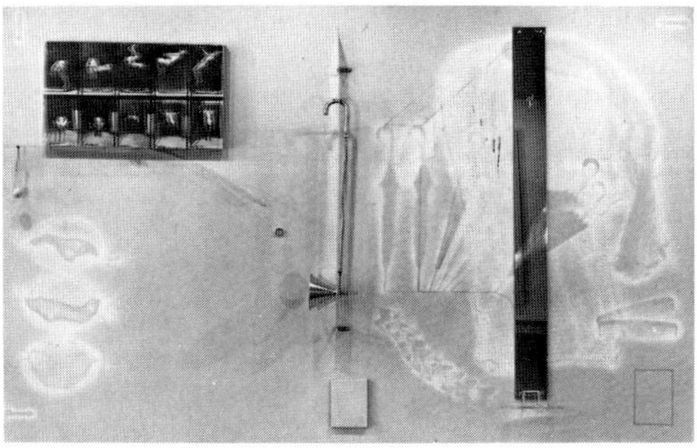

Arakawa Shūsaku, *As He was Somersaulting through the Air...,* 1964

Arakawa Shūsaku (* 1936)
Japanischer Maler. 1958 in Tokio Mitbegründer einer ◇neodadaistischen Künstlergruppe. 1961 Übersiedlung nach New York. In seinen meist einförmig grauen Bildern mit Texten in schwarzer Schablonenschrift, Diagrammen, Grundrissen und ◇Collage-Elementen zeigt sich die doppelbödige Ironie, die gleichermaßen den ◇Dadaismus →Duchamps wie auch den Zen-Buddhismus zur Quelle hat. A. sucht die doppeldeutige Mitteilung, die das Gesagte mit der Übermittlung im Bilde wieder in Zweifel zieht.

Arbus, Diane (1923–1971)
Amerikanische Fotografin, die sich nach anfänglicher Spezialisierung auf den Modesektor in den 1960er Jahren mit einer psychologisierenden ◇Fotografie beschäftigte. Ihre Sujets entstammen der großstädtischen Subkultur, v. a. aber konzentrierte sich D. A. auf die Archetypen der Ausgestoßenen und Abnormen, die sie mit tiefem Einfühlungsvermögen darstellte.

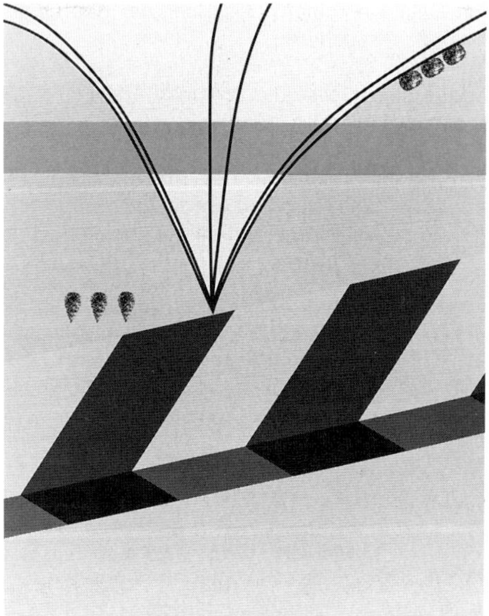

Allan d'Arcangelo, *Highway,* 1967

Arcangelo, Allan d' (* 1930)
Amerikanischer Maler, der Elemente der ◇Farbfeldmalerei mit der werbehaften Zeichensprache der ◇Pop Art verbindet. Sein Sujet ist v. a. das Verkehrsschild als Prototyp der modernen Signale einer durchtechnisierten Großstadtumwelt, die ein eigenes Zeichenrepertoire entwikkelt.

Archer, Frederic Scott (1813–1857)
Englischer ◇Fotograf und Erfinder des Kollodium-Negativ-Verfahrens (1851), das die ◇Daguerreotypie ersetzte. A. arbeitete auch als ◇Bildhauer.

Archipenko, Alexander (1887–1964)
In Rußland geborener ◇Bildhauer, der 1908 nach Paris übersiedelte und dort Kontakt mit den

Alexander Archipenko, *Femme drapée,* 1911

men, Gemüse, Tieren, Büchern und anderen Gegenständen zusammensetzen und die ihn als einen Vorläufer des ◇Surrealismus erscheinen lassen.

Giuseppe Arcimboldo, *Der Sommer,* 1563

◇Kubisten aufnahm; sein Werk gehört zu den bedeutendsten in der Entwicklung der neuen Stile in der Bildhauerei des 20. Jh.s. Von wesentlich kubistischen Ansätzen ausgehend, bildete er neue Techniken aus; A.s Verzicht auf das naturalistische Vorbild und auf plastische Volumen unterstützte er durch die Verwendung von neuen unplastischen Materialien und Mitteln (Glas, Metall, Holz, ◇Collage, Bemalung), was 1914 zu seiner ›Sculpto-Peinture‹ führte. 1928, unter Einfluß des ◇Konstruktivismus, erfand er die ›Archipentura‹, eine Art ›beweglicher Malerei‹. Seit 1946 experimentierte er mit von innen beleuchteten Plexiglasplastiken, sog. Lichtmodulatoren.

Arcimboldo (Arcimboldi), Giuseppe (1527–1593)
Italienischer Maler des ◇Manierismus. Bis 1562 entwarf er in Zusammenarbeit mit seinem Vater in Mailand Glasfenster und ◇Wandteppiche. 1562–87 war er Hofmaler von Ferdinand I. und später von Rudolf II. in Prag. Sein Ruhm gründet sich v. a. auf seine bizarren menschlichen ◇Porträtdarstellungen, die sich aus Früchten, Blu-

Ardon, Mordechai (Max Bronstein) (* 1896)
Israelischer Maler polnischer Herkunft. Studierte in München und am ◇Bauhaus bei → Klee, → Kandinsky, → Feininger und → Itten (1920–25). 1933 emigrierte A. nach Israel. In seiner poetischen, von traumhafter Phantasie erfüllten Malerei ist der Einfluß von Klee und Feininger wirksam geblieben.

Aristion-Stele (wohl um 510 v. Chr.)
Von einem ◇Bildhauer namens Aristokles signierte ◇Stele eines an zeitgenössische Vasenbilder des späten 6. Jh.s v. Chr. erinnernden bewaffneten Kriegers im Nationalmuseum in Athen. Man erkennt noch Spuren der ursprünglichen Bemalung.

Armajani, Siah (* 1939)
In Teheran geborener amerikanischer Künstler, der in den USA Philosophie, Anthropologie und Mathematik studierte und sich selbst als »public artist«, als ein im öffentlichen Raum arbeitender Künstler, bezeichnet. 1974 begann A. mit der Erstellung eines ›Wörterbuchs des Bauens‹ in Form von über 2000 Karton- und Holzmodellen,

mit denen er sowohl systematisch wie auch intuitiv jeden mit dem Bauvorgang verbundenen Gegenstand untersuchte. Ziel des Wörterbuchs war die Analyse der konkreten Wahrnehmung und der Funktionsbedingungen von Gegenständen unter Einschluß ihrer lyrischen, sozialen und utopischen Dimensionalität (Projekt *Study Garden,* 1987, realisiert in Münster).

Arman, *Home sweet home,* 1960

Arman (Arman Fernandez) (* 1936)
Französischer ◇Objektkünstler, bedeutender Vertreter des 1960 von ihm mitbegründeten ◇Nouveau Réalisme. A. studierte in Paris u. a. an der Ecole des Arts décoratifs. Unter dem Einfluß der Arbeiten von →Schwitters gelangte er von ◇neodadaistischen Experimenten wie seinen *Cachets* (Stempelabdrücke), *Allures* (Abdrücke von in Farbe getauchten Gegenständen) und *Colères* (zertrümmerte und dann aufgeklebte Gegenstände, u. a. Streichinstrumente) zu den *Poubelles* (der in Plexiglaskästen gefüllte Inhalt von Papierkörben, ab 1959/60) und den sich daraus entwickelnden *Accumulations* (Anhäufungen von gleichen Gegenständen in Plexiglaskästen, z. B. Kannen, Uhren, Kämme oder Knöpfe). In diesen Ansammlungen von Objekten des täglichen Konsums wurde der einseitige Verbrauchscharakter dieser industriellen Massenprodukte ironisch in Frage gestellt.

Armando (* 1929)
Niederländischer Künstler, studierte Kunstgeschichte und war als Journalist tätig. Seine Arbeiten entsprechen in ihrem künstlerischen Anliegen den Zielen der Gruppe → Nul, deren Mitglied er war.

Armitage, Kenneth (* 1916)
Englischer ◇Bildhauer. Studierte in Leeds und an der Slade School in London, 1946–56 lehrte er an der Bath Academy of Art. Mit → Butler und → Chadwick gehört er zur Bildhauergeneration, die unter dem Einfluß von → Moore nach 1945 tätig wurde. In seinen stark abstrahierenden Bronzeplastiken, die Menschen oder Menschengruppen darstellen, ragen dünne Glieder und winzige Köpfe aus flachen silhouettenhaften Körpermassen hervor.

Armleder, John (* 1948)
Schweizer Künstler, der an der Ecole des Beaux Arts in Genf studierte. 1969 war A. Mitbegründer der ›Groupe Ecart‹, die Ausstellungen, Bücher und ◇Aktionen gemeinsam mit anderen Künstlern organisierte, 1977 Mitbegründer der Künstlerkooperative ›Laboratio‹, Mailand. A.s Kunst ist eine Auseinandersetzung mit den ◇avantgardistischen Positionen der Kunstgeschichte vom ◇Suprematismus bis zur ◇Konzeptuellen Kunst der 1970er Jahre, die er mit ironischen Mitteln dekonstruiert. Seine ›Furniture Sculptures‹ (*Ohne Titel [FS 241],* 1990) kombinieren Möbel, Gegenstände und Malerei mit- und gegeneinander, wobei Bilder und Objekte jeweils einer bestimmten Stilrichtung und einem unterschiedlichen kulturellen Kontext angehören. Der ästhetische Stellenwert der ◇Installationen resultiert aus der spannungsreichen Konfrontation dieser kunstgeschichtlichen Positionen.

Armstrong, John (1893–1973)
Englischer Maler; Mitglied (1933) der Gruppe → Unit One. Sein teilweise vom ◇Surrealismus beeinflußtes Werk schließt auch ◇Wandbilder und Bühnenbild-Entwürfe ein.

Arnolfo di Cambio (A. di Firenze)
(um 1245–1302?)
Einer der bedeutendsten mittelitalienischen ◇Bildhauer und Baumeister seiner Zeit, der der Werkstatt von → Pisano angehörte und dessen Mitarbeit an der Kanzel des Sieneser Doms und an dem Grabmal in S. Domenico 1265 erstmals erwähnt wird. 1277 stand er im Dienst von Karl von Anjou in Rom, wo er eine große sitzende ◇Protrātfigur schuf. Sicher belegte weitere Wer-

Arnolfo di Cambio, *Die Anbetung des Kindes durch die Könige,* (Teil der ›Presepio‹ [Krippen]-Gruppe in S. Maria Maggiore, Rom), um 1285

ke von ihm sind die Grabmäler in Rom und Orvieto sowie die (signierten) steinernen ◇Tabernakel für S. Paolo fuori le Mura (1285) und S. Cecilia di Trastevere (1293). Nach seiner Rückkehr nach Florenz (1296) war er Leiter der Dombauhütte (von seinem ersten, unvollendet gebliebenen Fassadenentwurf für den Dom sind einige ◇Skulpturen erhalten) und Baumeister an S. Croce und der Badia (Abteikirche). Sein Stil, eine Weiterentwicklung des Stils von Pisano, wurde sowohl von der nordischen ◇Gotik wie von den ◇klassischen Zeugnissen des antiken Roms beeinflußt. Seine massigen Figuren mit ihren plastischen Körpervolumen weisen charakteristische Züge auf. Oft verwendete er dekorative Elemente der Gotik. Seine Grabmalentwürfe haben in Italien neue Maßstäbe für diesen Typ gesetzt.

Arp, Hans (Jean) (1887–1966)
Deutsch-französischer ◇Bildhauer, Maler und Dichter. Nach Anfängen als Lyriker studierte er bis 1908 Malerei in Weimar und Paris. Kontakte mit → Klee (1909) und dem → Blauen Reiter (1912). 1916–18 war er aktiv an der Züricher ◇Dada-Bewegung beteiligt und begann gleichzeitig mit der Entwicklung einer neuen ◇abstrakten Formensprache; von einfachen geometrischen ◇Collagen gelangte er zu Holzreliefs mit organisch fließenden Formen, die bereits seinen späteren Stil ankündigten. 1920 begründete er zusammen mit Max → Ernst den Kölner Dada. Seit 1922 vorwiegend in Paris lebend, beteiligte er sich an der ◇surrealistischen Bewegung und den Aktivitäten von → Abstraction-Création. 1925 gab er mit → Lissitzky ›Die Kunstismen‹ heraus. Nach mehreren Ansätzen (seit etwa 1910) wendete sich Arp ab 1930/31 endgültig der Bildhauerei zu. Die fließende, von Rundungen bestimmte und oft zum Humorvollen neigende Formensprache seiner ◇Plastik, die nach der ›universalen Urform‹ strebt, hält ein feines Gleichgewicht zwischen abstrakten (er bevorzugte den Ausdruck ›konkret‹) und organisch-naturhaften Formen. Mit seiner surrealen Poesie (›Die Wolkenpumpe‹, 1920; ›Wortträume und schwarze Sterne‹, 1953) und seiner abstrakt-organischen Plastik war A. einer der anregendsten Geister des 20. Jh.s.

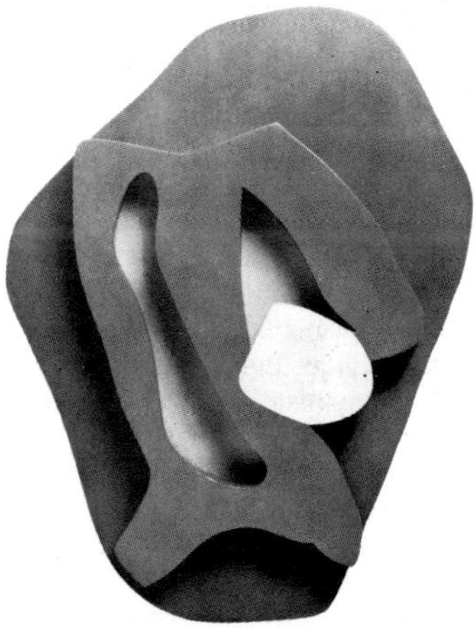

Hans Arp, *Enaks Zähre: Irdische Formen,* 1916–17

Arpino, Cavaliere d' (Giuseppe Cesari) (1568–1640)
Einer der letzten und konservativsten italienischen ◇Manieristen. Er entwarf die ◇Mosaiken für den Petersdom in Rom und malte die ◇Fresken in der Certosa di S. Martino, Neapel (1589–91), außerdem eine Serie großformatiger ◇Historienbilder im Palazzo dei Conservatori in Rom (1591–1636). → Caravaggio war sein Schüler.

Eduardo Arroyo, *Vélazquez, mon père (Vingt-cinq années de paix),* 1964

Arroyo, Eduardo (* 1937)
Spanischer Maler eines politisch engagierten ◇Realismus. Emigrierte 1958 nach Paris. Den Gestalten A.s fehlen zumeist individuelle Gesichtszüge; sie stellen vielmehr typische Charaktere bestimmter sozialer Schichten dar. Daneben malt A. Bilder, die ähnlich wie die → Equipo Cronica kunsthistorische Bildzitate ironisch verfremden.

Art & Language (engl. ›Kunst und Sprache‹)
Gruppe englisch-amerikanischer Künstler, die – seit Mitte der 1960er Jahre und z. T. unabhängig voneinander – mit ihren Arbeiten den konventionellen hermetischen Zustand des Kunstobjekts in Frage stellten. Unter besonderer Berücksichtigung der Analogien zwischen Kunst und Sprache (daher ›A. & L.‹) und mit Hilfe linguistischer Methoden befaßten sie sich mit der Konzeption von Kunst. 1968 gründeten die englischen Künstler Terry Atkinson (* 1939), David Bainbridge (* 1941), Michael Baldwin (* 1945) und Harold Hurrell (* 1940) die A. & L. Press. Ab 1969 erschien ihre Zeitschrift ›Art-Language‹, in der sie ihre Texte veröffentlichten. 1969 wurde Joseph → Kosuth American Editor, 1971 kamen Ian Burn (* 1939) und Mel Ramsden (* 1944) als redaktionelle Mitarbeiter in New York hinzu. Spannungen in der Gruppe – v. a. nach Einbeziehung marxistischen Gedankenguts – führten zur Auflösung bzw. Aufspaltung in rivalisierende Gruppen. A. & L. verkörpert die extremste Form der ◇Konzeptuellen Kunst.

Arts and Crafts Movement
Englische Bewegung, die eine Reform des Kunsthandwerks im 19. Jh. anstrebte. In den 1850er Jahren hatte → Ruskin bereits versucht, die Idee der mittelalterlichen ◇Gilden wiederzuerwecken. Ähnliche Bemühungen, die in den 1880er Jahren unternommen wurden, gipfelten in der Gründung der Arts and Crafts Exhibition (1888), deren Ziel es war, zwischen Künstlern und Handwerkern wieder ein Zusammengehörigkeitsgefühl zu entwickeln. Alle diese durch das Vorbild von William → Morris ermutigten Bestrebungen waren darauf gerichtet, den ◇angewandten Künsten wieder den Rang zukommen zu lassen, den sie im Mittelalter neben Architektur, Malerei und ◇Skulptur einmal besaßen. Obwohl der Gesichtspunkt der sozialen Reform in der Bewegung eine große Rolle spielte, gelang es ihr nicht, ihre Ziele auch auf die industrielle Massenproduktion auszudehnen. Das A.a.C.M. hatte auch Einfluß in den USA sowie auf die angewandte Kunst in Deutschland und Österreich.

Artschwager, Richard (* 1923)
Amerikanischer Künstler, der nach einem Biologiestudium eine Möbeltischlerlehre absolvierte und 1950–52 die Amedée-Ozenfant-Studio-School in New York besuchte. Nachdem man A.s Werk in den 1960er und 1970er Jahren den verschiedensten Stilrichtungen von der ◇Pop- und ◇Minimal Art bis zur ◇Konzeptuellen Kunst zugerechnet hatte, gilt er heute als Wegbereiter einer zwischen Alltagsgegenstand und ◇Skulptur angesiedelten ◇Objekt- und ◇Installationskunst. Schon frühe Objekte der 1960er Jahre benutzten den billigen Kunststoff ›Formica‹, dessen Simulation von Holzmaserung eine starke Künstlichkeit ausstrahlt. Mit diesem Material wurden Gegenstände der banalen Alltagswelt durch Vereinfachung stark monumentalisiert, so daß sie Reflexionen über die Selbstverständlichkeit gewohnter Erfahrungen auslösten. A.s Arbeiten der 1980er und frühen 1990er Jahre führen derartige ◇Trompe-l'œil-Effekte weiter, indem sie den Widerspruch zwischen Form und

Material thematisieren (*Door,* 1990). Kennzeichnend für A.s Objekte und ◇Installationen sind die Irritation scheinbar gesicherter Wahrnehmung und das subversive Unterlaufen verfestigter Stilpositionen, wie sie die klassische Moderne vertrat.

Asam, Cosmas Damian (1686–1739)
Egid Quirin (1692–1750)
Söhne des bayerischen Freskenmalers und ◇Stukkateurs Hans Georg A. (1648–1711); Hauptmeister des süddeutschen Spätbarock. Cosmas Damian A. war Freskenmaler und Baumeister an der Klosterkirche Weltenburg (1716–21). In seiner Malerei führt er den ◇Illusionismus bis ins Extrem, so z. B. in seinen ◇Fresken in der Kirche St. Maria de Victoria von Ingolstadt (1732–36) und im Alteglofsheimer Schloß bei Regensburg (1730). Mit seinen hellen Farben tendiert sein Stil zum ◇Rokoko. Wie auch sein Bruder bekleidete er hohe Positionen an süddeutschen Fürstenhöfen. Egid Quirin A. war Stukkateur, ◇Bildhauer und Baumeister; zu den von ihm gestalteten Kirchen zählen die Klosterkirche von Rohr (1717–21) und die Johann-Nepomuk-Kirche (die sog. Asam-Kirche) in München (1733–46). Egids bedeutende ◇Skulpturen wurden sämtlich für Kirchen geschaffen; als seine besten Arbeiten gelten seine ◇Plastiken *Himmelfahrt Mariä* (1718–22) in Rohr und der *hl. Georg* (1721) in Weltenburg. Die Brüder arbeiteten in solcher Harmonie, daß es gewöhnlich schwerfällt, ihre Werke auseinanderzuhalten. Sie erhielten Aufträge zur Neugestaltung ◇romanischer und ◇gotischer Kirchen (wie des Freisinger Doms 1723–24 oder St. Emmeram in Regensburg), als ihr Meisterwerk kann jedoch die Johann-Nepomuk-Kirche in München angesehen werden, in der die Malereien, ◇Skulpturen, ◇Stuckarbeiten und die Architektur die Verbindung von Realem und Imaginärem vermitteln.

Gebrüder Asam, Innendekoration der St. Anna-Klosterkirche am Lehel, München (1727–29 von J. M. Fischer erbaut)

Ash Can School (engl. ›Mülltonnenmaler‹)
Bezeichnung für eine Gruppe amerikanischer Maler des frühen 20. Jh.s, die an den ◇Realismus von Thomas → Eakins anknüpften. Zu ihnen gehörten auch einige Mitglieder der Gruppe The → Eight, wie George → Bellows und Jerome Myers. Grund für die Benennung war die Thematik dieser Künstler. Sie konzentrierten sich auf die ungeschönte Darstellung der häßlichen und bedrückenden Aspekte des großstädtischen Lebens in Amerika mit seinen Hinterhöfen, den Slums und Betrunkenen.

Asher, Michael (* 1943)
Amerikanischer Künstler, der bekannt wurde durch großangelegte Veränderungen von Räumen (Abschlagen des Putzes von allen Wänden; Einfärben einer Raumhälfte in Schwarz, der anderen in Weiß), mit denen er ein Höchstmaß an Strukturveränderung und damit Bewußtseinserneuerung beim Rezipienten der Raumgestaltung erzielt.

Asmus, Dieter (* 1939)
Deutscher Maler, der 1965 mit Peter → Nagel, Nikolaus Störtenbecker und Dietmar Ullrich die Gruppe → Zebra begründete und eine realistische Figuration in der Opposition zum ◇Tachismus vertrat. Typisch für A. war in den 1960er und 1970er Jahren eine Malerei nach fotografischen ◇Reproduktionen. Die Fotovorlage wurde jedoch nicht realistisch kopiert, sondern zu einem verfremdeten, oft sogar grotesk unwirklichen Raumgefüge und Figurenarrangement stilisiert.

Asper, Familie
Bedeutende Künstlerfamilie, die im 16. Jh. in Zürich wirkte. Der bekannteste von ihnen war Hans A. (1499–1571), Stadtmaler von Zürich und Mitglied des Großen Rates (1545). Von seinen zahlreichen Arbeiten in öffentlichen Gebäuden ist keine erhalten geblieben. Geschätzt werden v. a. seine spätgotischen ◇Porträts im Stile von → Holbein d. J.

Asselyn (Asselijn), Jan (1610–1652)
Holländischer Maler. Nach seiner Romreise malte er als einer der ersten in Holland Landschaften im italienischen Stil nach Art → Claude Lorrains. Seine bekannteste, wenn auch nicht charakteristischste Arbeit ist *Der bedrohte Schwan* (Rijksmuseum, Amsterdam), eine ◇Allegorie der holländischen Unabhängigkeit.

ASSO, ARBKD (Assoziation revolutionärer Bildender Künstler Deutschlands)
Kommunistisch orientierte deutsche Künstlerorganisation, die 1928 gegründet wurde und einen expressiv-realistischen Stil sowie klassenkämpferische Inhalte bevorzugte. Zu ihren Mitgliedern zählten u. a. Hans und Lea → Grundig, Wilhelm Lachnit, Kurt Querner, Otto Griebel und Eugen Hoffmann. Wichtige Zentren waren um 1930 Berlin und Dresden.

Atelier 17
In Paris 1927 von dem englischen ◇Grafiker und Maler S. W. → Hayter gegründet zur Erforschung neuer grafischer Techniken. Aus dem Atelier 17 entwickelte sich eine der einflußreichsten Schulen für ◇grafische Kunst.

Atget, Eugène (1856–1927)
Französischer Fotograf, der um die Jahrhundertwende als Vorlagenfotograf für Maler arbeitete, die nach seinen Fotos ihre Bilder malten. Aus diesem Grunde richtete sich die Motivwahl seiner ◇Fotografie hauptsächlich auf das Pariser Straßenmilieu mit Läden, Schaufenstern, Parkanlagen und typischen Vorstadtmenschen.

Atkinson, Lawrence (1873–1931)
Britischer Maler, ◇Bildhauer, Schriftsteller und Musiker. Er arbeitete zuerst als Maler, konzentrierte sich jedoch später auf die Bildhauerei. Er gehörte zu den Unterzeichnern des ◇Vortizistischen Manifestes, das 1914 in der Zeitschrift ›BLAST‹ veröffentlicht wurde.

Atkinson, Terry siehe → **Art & Language**

Attersee, Christian Ludwig (* 1940)
Österreichischer Maler und ◇Grafiker, studierte 1957–63 an der Akademie für angewandte Kunst in Wien. Seine grotesk-phantastischen Bilder und Zeichnungen voll erotischer Anspielungen sind bevölkert von monströsen Fabelwesen.

Auberjonois, René (1872–1957)
Schweizer ◇Porträt- und ◇Landschaftsmaler, der seinen Stil im Anschluß an den französischen ◇Neoimpressionismus und insbesondere an → Derain entwickelte.

Aubertin, Bernard (* 1934)
Französischer ◇Kinetiker, der 1958 zunächst mit ◇monochromen roten Bildern begann. 1960 folgten rote Nagelbilder, 1961 kinetische Experimente mit Feuer in Gestalt von Streichholz-◇Colllagen, rotierenden Feuerscheiben, Feuerwegen und Feuerbüchern, die diverse pyrotechnische ◇Aktionsprogramme enthielten.

Audran, Familie
Französische ◇Kupferstecherfamilie des 17. und 18. Jh.s, deren berühmtestes Mitglied Gérard A. war (1644–1703), ein Schüler von → Lebrun und einer der bedeutendsten ◇Reproduktionsstecher seiner Zeit (vor allem ◇Historienbilder Lebruns). Sein Großneffe Michel A. (1701–1771) war ein bekannter ◇Gobelinentwerfer.

Audubon, John James (1785–1851)
Amerikanischer Naturforscher und Künstler, der 435 ◇Aquarelle von Vögeln, häufig in Bewegung, nach der Natur malte, die in farbiger ◇Aquatinta von Robert Havell jr. reproduziert und in London als ›The Birds of America‹ von 1827 bis 1838 in vier Bänden publiziert wurden.

Auerbach, Frank (* 1931)
In Berlin geboren, emigrierte er 1939 nach England. Er studierte an der St. Martin's School of Art in London sowie am Royal College of Art. Sein Lehrer David → Bomberg beeinflußte ihn und bestärkte ihn darin, jenseits des ◇Kubismus auf → Cézanne zurückzuschauen. Sein Werk ist modern, steht allerdings in der Tradition von → Géricault, → Delacroix, → Ingres, → Courbet und → Daumier; er gilt als einer der fähigsten

◇figurativen Künstler seiner Generation. In seinen sehr ◇pastos gemalten ◇Landschaftsbildern und expressiven ◇Porträts geht es A. weniger um das Sujet als vielmehr um den Malprozeß selbst, der sich im sichtbaren Übereinander verschiedener Malschichten protokolliert.

Augustin, Jacques-Jean-Baptiste (1759–1832)
Französischer ◇Miniaturmaler, der diese Kunst in Frankreich wiederbelebte. Seine Gemälde zeigen starke reine Farben und lassen Sicherheit sowie eine hohe Perfektion in der Ausführung erkennen.

Autun siehe → **Gislebertus**

Aved, Jacques André Joseph (1702–1766)
Französischer ◇Porträtmaler, der in Amsterdam studierte und – im Gegensatz zu seinen französischen Zeitgenossen – seine Personen gewöhnlich in normaler Kleidung und Umgebung abbildete. Auf sein Drängen hin wurde sein Freund J.-B. → Chardin ebenfalls Porträtmaler; die Werke dieser beiden Künstler sind bisweilen verwechselt worden.

Avedon, Richard (* 1923)
Amerikanischer Fotograf, der durch seine Mode-, Werbe- und Porträtfotografie bekannt wurde. Wichtig für die Entwicklung der ◇Fotografie sind v. a. seine psychologisierenden ◇Porträts von berühmten Persönlichkeiten.

Hendrik Avercamp, *Winterlandschaft mit Eisläufern,* um 1620

Avercamp, Hendrik (1585–1634)
Holländischer ◇Landschaftsmaler, der sich auf Winterlandschaften mit zahlreichen winzigen Figuren spezialisierte.

Averlino, Antonio di Pietro siehe → **Filarete,** Antonio

Schule von Avignon, *Pietà,* um 1460

Avery, Milton Clark (1893–1965)
Amerikanischer ◇figurativer Künstler, der Matisse' abstrahierende Tendenzen und flächige Farbhäufungen fortsetzte und weiterentwickelte. In der Schlichtheit der Darstellung, der Kraft und Klarheit des Bildguts sowie der Anordnung aus Flächen reiner Farbe können A.s Arbeiten wie *Mutter und Kind* (1944), *Schwimmer und Sonnenbadende* (1945) als Vorläufer des ◇Abstrakten Expressionismus angesehen werden: So wurde A. auch von A. → Gottlieb, H. → Hofmann und M. → Rothko sehr geschätzt.

Avignon, Schule von
Französische Malschule des 15. Jh.s, deren uns bekannter führender Meister Enguerrand → Charonton war; das hervorragendste Werk dieser Schule ist die wunderschöne und erhabene anonyme *Pietà von Avignon.* Die Malereien der Schule von A. repräsentieren die Endphase der Blüte des kulturellen Aufstiegs der Stadt Avignon im 14. Jh. und 15. Jh. während der Exilregierung der Päpste (siehe Abb. S. 31).

Avramidis, Joannis (* 1922)
Österreichischer Bildhauer griechischer Abstammung, studierte in Batum und Athen. 1943 emigrierte er nach Wien. In seinem ◇skulpturalen Werk entwickelte A. eine eigenwillige, archetypisch anmutende ◇abstrakte ◇Stelenform, die wie ein urbildhafter Rohentwurf der menschlichen Gestalt erscheint. Vertikale Längsschnitte durch diese Stelenfigur führen dann zu variablen Bauelementen, die als Grundformel einer tempelhaften Säulenarchitektur dienen, deren Maßstab der Mensch ist.

Aycock, Alice (* 1946)
Amerikanische Künstlerin. Ihren architekturhaften Bauten liegt einerseits die Erfahrung frühmittelalterlicher und indianischer Architektur zugrunde, andererseits das Bedürfnis, Bauten und Räume als physische Herausforderung bereitzustellen, in denen der Benutzer Funktionen für sich entdecken soll. Die Bauten sind nie fertig, sondern bieten Ausgangspunkte und Wege für eine individuelle strukturelle Weiterführung.

Ay-O (Takao Iyima) (* 1931)
Japanischer ◇Happening- und ◇Fluxuskünstler, studierte bis 1954 an der Kyoiku-Universität in Tokio. 1968 ging er nach New York, wo er bereits ab 1962 an Fluxus-Aktionen teilnahm. Bekannt wurde er 1966 durch sein ◇Environment *Rainbow tactile room.*

B

Baader, Johannes (1876–1955)
Mitglied des ›Club Dada‹, der um 1920 von Richard → Huelsenbeck in Zusammenarbeit mit Raoul → Hausmann, George → Grosz, Walter Mehring und den Brüdern → Herzfeld in Berlin gegründet wurde. B. ernannte sich ironisch zum agitatorischen ›Ober-Dada‹ dieses Clubs und verdammte in seinem ›Dadaistischen Manifest‹ von 1918 den ◇Expressionismus wegen seiner Introvertiertheit. Er forderte statt dessen das ◇bruitistische Lautgedicht und die Verwendung neuartiger Materialien in der Malerei (◇Dada). B. schuf vornehmlich ◇Collagen und ◇Fotomontagen (z. B. *Dada-Milchstraße,* 1918–20).

Baargeld, Johannes Theodor (Alfred Grunwald) (1891–1927)
Zusammen mit Max → Ernst Vertreter der Kölner ◇Dadaszene um 1920, die nach einigen spektakulären Aktionen in den ◇Surrealismus der Pariser ◇Avantgarde um → Breton einmündete. B. steht mit seinen Objektkombinationen aus Fundmaterialien den ◇Assemblagen von → Schwitters nahe.

Baburen, Dirck van (um 1590/95–1624)
Holländischer Maler, eines der wichtigsten Mitglieder der → Utrechter Schule. Kurze Zeit wirkte er in Rom, wo das Werk → Caravaggios ihn beeinflußte; als einer der ersten führte B. Caravaggios ◇Chiaroscuro-Technik in den Niederlanden ein (◇Tenebrismus).

Bacchiacca (Francesco d'Ubertino) (1495–1557)
Florentiner Maler, wahrscheinlich ein Schüler von → Perugino, jedoch mit einem stark von → Andrea del Sarto beeinflußten ◇eklektischen Stil. Er malte religiöse Motive und schuf dekorative Verkleidungen für Wände und Möbel, außerdem entwarf er ◇Wandteppiche.

Baciccia (Baciccio)
Spitzname des Giovanni Battista Gaulli (1639–1709), eines der besten ◇Porträt- und Dekorationsmaler des italienischen ◇Barock. Sein Stil wurde beeinflußt von → Rubens und van → Dyck. Während seiner Schaffenszeit in Rom, wo er mit → Bernini befreundet war, brachte er Meisterwerke ◇illusionistischer Dekorationskunst hervor, u. a. die Deckenfresken in der römischen Kirche Il Gesù (1668–83).

Backer, Jacob Adriaensz. (1608–1651)
Holländischer Maler, Schüler von Lambert Jacobsz. in Leeuwarden und in den frühen 1630er Jahren von → Rembrandt in Amsterdam, dessen Einfluß seine ◇Porträts, ◇Schützen- und ◇Regentenstücke prägten. Später näherte B. sich dem Stil van der → Helsts.

Backhuysen (Backhuisen), Ludolf (1631–1708)
Holländischer Maler, vorrangig von ◇Seestükken; seine *Schiffe im Sturm* haben möglicherweise → Turner beeinflußt. Er erteilte Zar Peter d. Gr. Unterricht in Malerei.

Backof(f)en, Hans (um 1470/75?–1519)
Deutscher ◇Bildhauer der Spätgotik, wirkte seit 1505 in Mainz. Zu B.s Hauptwerken gehören das Grabmal des Erzbischofs Uriel von Gemmingen († 1514) im Mainzer Dom sowie die Kreuzigungsgruppe im Dom zu Frankfurt a. M.

Bacon, Francis (* 1909)
Englischer Maler. Begann 1930 neben seiner Tätigkeit als Möbeldesigner und Innenarchitekt autodidaktisch zu malen und widmete sich erst seit 1944 gänzlich der Malerei. Er ist neben → Sutherland der bedeutendste Vertreter einer visionären, vom ◇Surrealismus beeinflußten Malweise in England. Seine bildnerischen Visionen sind Ausdruck tiefster Hoffnungslosigkeit und Todesangst. Seine dargestellten Figuren, die in einem leeren, Platzangst verursachenden Innenraum oder in käfigartigen Gehäusen eingeschlossen sind, wirken auf unheimliche Weise verzerrt und verstümmelt. Quellen seiner Inspiration sind Schlachthäuser, Medizinbücher und Pressefotos, aber auch Werke von Malern wie → Blake, → Bosch, → Füßli oder van → Gogh, die ihn oft zu berühmten Bildserien angeregt haben: 1951 Variationen über das → Velázquez-Gemälde *Papst Innozenz X.,* 1957 über van Goghs *Vincent geht zur Arbeit.* B.s Einfluß auf die zeitgenössische Kunst in England und Europa ist bedeutend (siehe Abb. S. 34).

Badura, Michael (* 1938)
Deutscher ◇Objektkünstler, der nach frühen Aktionen zum Thema Umwelt und ◇neodadaisti-

schen Objekten (*Eingeweckte Welt,* 1966) zur von ihm so genannten ›Story Art‹ fand, in der er anhand von ◇Fotografien, gesammelten Belegen und Indizien Geschichten erzählt.

Francis Bacon, *Papst II,* 1951

Baechler, Donald (* 1956)
Amerikanischer Maler, der in den 1980er Jahren unter dem Einfluß der ◇Graffiti-Straßenkunst die Spraydose mit dem Malpinsel vertauschte und ◇comicartige, stark grafische Bilder malt, die auf eine witzig-komische Pointe abzielen.

Baertling, Olle (1911–1989)
Schwedischer Maler und ◇Bildhauer, der eine ◇neoplastizistische Kunst im Sinne → Mondrians vertrat. In seiner frühen Malerei herrschte eine straffe Konstruktion aus rechtwinkligen Formen vor, die später von spitzen Diagonalteilen aufgebrochen und in räumliche Dynamik vertieft wurde. Derselbe dynamische Ausdruckswille prägt die plastischen Konstruktionen aus geschweißtem und lackiertem Eisen, die mit ihren feinlinigen Formen den Raum strukturieren. B. war Mitbegründer der Pariser ›Groupe Espace‹ (1952).

Baglione, Giovanni (um 1573–1644)
Italienischer spätmanieristischer Maler und Kunstschriftsteller. Verfasser eines Quellenwerks über die zu seinen Lebzeiten in Rom tätigen Künstler (›Le vite de'pittori, scultori, architetti ed intagliatori . . .‹, 1642). Trotz seiner ablehnenden Haltung gegenüber → Caravaggio weist seine eigene um 1660 entstandene Malerei oberflächliche Ähnlichkeit mit dem Werk dieses Meisters auf. Er gehörte zu den von Papst Paul V. beauftragten Künstlern, die die Kirche S. Maria Maggiore in Rom mit ◇Fresken ausmalten.

Baier, Jean (* 1932)
Schweizer Maler, der in der Tradition → Bills und → Calderaras eine Malweise der ◇konkreten Abstraktion in Gestalt von verkeilten Farbflächen vertritt, die oft den Bildrand zu durchbrechen scheinen. Dadurch entsteht die Optik winklig geschachtelter Farbebenen, die den Bildern eine plastische Wirkung geben.

Bailey, William (* 1930)
Amerikanischer Maler, studierte bei → Albers an der Yale University, wo er 1969 selbst einen Lehrauftrag erhielt. Seine ◇figurative Malweise ist in ihrer statuarischen Entrücktheit und klassischen Idealisierungstendenz der ◇Pittura metafisica verbunden.

Baily, Edward Hodges (1788–1867)
Englischer ◇Bildhauer, der bei → Flaxman studierte. Von ihm stammen die ◇Reliefs am Marble Arch in London und die Statue Nelsons auf dem Trafalgar Square.

Bainbridge, David siehe → **Art & Language**

Baj, Enrico (* 1924)
Italienischer Maler, Mitbegründer des ◇Movimento Nucleare (1951 mit Dangelo). Seine neofigurativen ◇Collagenbilder aus verschiedenen Materialien – Tapeten, Schnüren, Hölzern, Metall – in der Tradition → Picassos und → Dubuffets zeigen eine phantasievolle, naiv-groteske Figurenwelt.

Bakst, Léon (Lew Samojlowitsch Rosenberg) (1866–1924)

Russischer Maler und Bühnenbildner. Nach seinem Studium in Paris kehrte er 1893 nach St. Petersburg zurück, wo er zusammen mit A. → Benois und S. → Diaghilew für die Zeitschrift → ›Mir Iskusstwa‹ (russ. ›Welt der Kunst‹) arbeitete. 1909 ging er nach Paris, wo er sich Diaghilews Ballets russes anschloß. Seine Bühnenbilder für die Ballettstücke ›Cléopâtre‹ (1909) und v. a. ›Shéhérazade‹ (1910) erregten großes Aufsehen. In seinen Entwürfen, gekennzeichnet durch expressive Farben und phantasievolle Formen, verschmolzen erstmals Kostüme und Kulissen zu einer visuellen Einheit. B. entwarf auch Bühnenbilder für Nijinskijs Ballett ›Le Spectre de la Rose‹ (1911), G. D'Annunzios Stück ›La Pisanelle ou La Mort Parfumée‹ sowie für das Ballett ›Dornröschen‹ (1921).

Baldessari, John (* 1931)
Amerikanischer Künstler, studierte am San Diego State College. Seine zur ◇Narrative Art der 1970er Jahre gezählten Arbeiten aus Fotos mit erläuternden Texten übermitteln Geschichten, die sich meist als Kunstparabeln verstehen (*Tugend und Laster. Für Giotto,* 1981). B. geht es in seinen Arbeiten stets darum, die mythische Infrastruktur der Kunst als Vergeistigung des Materiellen, als Entgrenzung der Sprache und als Möglichkeit des Überschreitens der Grenzen zwischen Wahrheit und Fiktion aufzudecken und erfahrbar zu machen.

Baldinucci, Filippo (um 1624–1696)
Florentiner Kunsthistoriker. Im Rahmen seiner Studien legte er eine umfassende Sammlung von Zeichnungen an (heute in den Uffizien). Als Autor von Viten italienischer Künstler verwandte er Dokumente in weit größerem Umfang, als es → Vasari getan hatte. Sein Hauptwerk, ›Notizie dei professori del disegno...‹ (1681–1728, 6 Bde.), beschäftigt sich mit dem Zeitraum von 1260 bis 1670.

Baldovinetti, Alesso (um 1425–1499)
Florentiner Maler, der bei → Domenico Veneziano studierte. An seinem erhaltenen Meisterwerk, dem ◇Fresko *Geburt Christi* (1460–62) im Klosterhof von SS. Annunziata, Florenz, wird sein Interesse an Landschaften, die ruhige Heiterkeit seiner Figuren und die Sensibilität seiner Farbgebung deutlich. Der Künstler schuf auch ◇Glasmalereien und ◇Mosaiken. Er beeinflußte → Ghirlandaio.

Alesso Baldovinetti, *Die hl. Jungfrau* (Ausschnitt aus der *Geburt Christi*), 1460–62

Baldung, genannt **Grien,** Hans (1484/85–1545)
Deutscher Maler, ◇Kupferstecher, ◇Holzschnittzeichner und Entwerfer von Glasfenstern, in seiner Jugend vermutlich in der Werkstatt → Dürers tätig, der sein künstlerisches Werk entscheidend geprägt hat. 1508 wird er erstmals in Straßburg erwähnt. Ab etwa 1512 hielt sich B. in → Freiburg i. Br. auf, wo er Glasfensterentwürfe und den großen ◇Hochaltar für das Münster schuf. Seit 1517 arbeitete er wieder ausschließlich in Straßburg. Ausgehend von Dürer und dem dramatisch erregten Landschaftsstil der → Donauschule, entwickelte B. einen höchst expressiven Ausdrucksstil. Manche seiner Bildmotive sind in ihrer Bedeutung bis heute unbekannt geblieben. Seine besondere Vorliebe für die Darstellung von Hexen und Szenen, die den Menschen in der Gewalt übernatürlicher Kräfte zeigen, findet in der farbig hochgesteigerten, erregten Malerei und in der kühnen, kräftigen Lineatur seiner Holzschnitte ihren vollkommenen Ausdruck. B. war auch Mitarbeiter am → Gebetbuch Kaiser Maximilians (siehe Abb. S. 36).

Baldwin, Michael siehe → **Art & Language**

Balen, Hendrik van (1575–1632)
Flämischer Maler. Meister kleinformatiger, reiz-

voller Landschaftsansichten und ◇allegorischer, biblischer und mythologischer Szenen. Er arbeitete zusammen mit J. → Bruegel d. Ä., → Momper und → Vrancx. Van B. war der Lehrer von A. van → Dyck und F. → Snyders.

Hans Baldung Grien, *Die drei Grazien* oder *Harmonie,* 1529

Ball, Hugo (1886–1927)
Deutscher Schriftsteller, Schauspieler und Dramaturg, der in seiner Arbeit für die Münchner Kammerspiele die ◇Expressionisten förderte. 1916 ging er mit seiner Frau Emmy Ball-Hennings in die Schweiz, wo er mit → Arp, → Huelsenbeck, → Tzara und → Janco als scharfer Zeitkritiker und Pazifist das Zürcher → ›Cabaret Voltaire‹ und die Galerie ›Dada‹ eröffnete (◇Dada).

Balla, Giacomo (1871–1958)
Italienischer Maler und Innenarchitekt. B. war bereits ein erfolgreicher akademischer Maler, als er auf einer Reise nach Paris den ◇Impressionismus und ◇Divisionismus kennenlernte und sich mit Licht- und Farbproblemen auseinanderzusetzen begann. Er machte → Severini und → Boccioni mit den divisionistischen Ideen bekannt. Gemeinsam mit ihnen unterzeichnete er 1910 → Marinettis ›Futuristisches Manifest‹. Sein zwei Jahre später entstandenes Bild *Bewegungsrhythmus eines Hundes an der Leine* (Museum of Modern Art, New York), das großes Aufsehen erregte, war der erste Versuch einer ◇futuristischen Bewegungsanalyse. 1913–16 kam er zu fast ◇abstrakten, auf Dynamik und Rhythmik basierenden Bildern. Seit 1930 malte B. wieder gegenständlich.

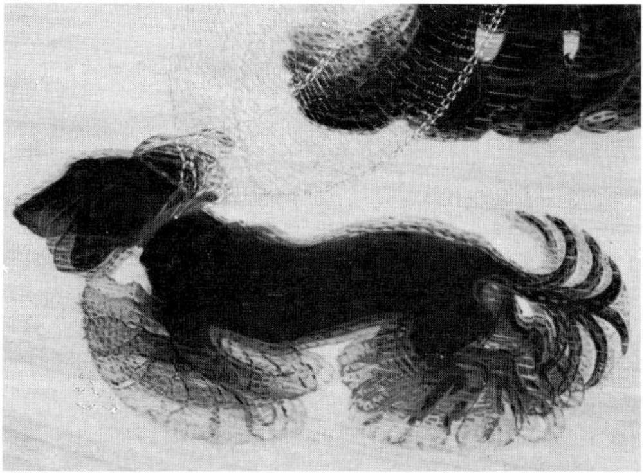

Giacomo Balla, *Bewegungsrhythmus eines Hundes an der Leine* (Ausschnitt), 1912

Balthus (Balthazar Klossowski de Rola) (* 1908)
Französischer Maler polnischer Abstammung. Sein Frühwerk steht in der Nachfolge → Bonnards und der → Nabis, denen er viel verdankte. Später bildete er unter dem Einfluß → Courbets und → Derains einen naturalistischen und doch modernen Stil mit gelegentlichen ◇surrealistischen Anklängen aus. In seiner gedämpften Palette malte er bemerkenswerte ◇Landschaften, ◇Porträts und ◇Interieurszenen voll unterschwelliger Erotik, deren Sujet meist heranreifende Mädchen sind (siehe Abb. S. 37).

Bamboccio, il (Pieter Jacobsz. van Laer) (1592–1642)
Holländischer ◇Genremaler, Freund von → Poussin und → Claude Lorrain, der lange in Rom tätig war (etwa 1627–39), wo man ihm we-

gen seines kleinen Wuchses den Spitznamen ›Bamboccio‹ (Knirps) gab. B. machte die Gattung des realistischen und zugleich malerischen bäuerlichen Genrebildes erstmals in Italien bekannt. Während seines römischen Aufenthaltes scharte sich um ihn eine Gruppe von Künstlern – ebenfalls meist aus dem Norden –, die man allgemein die ›Bamboccianti‹ nannte. Zu ihnen gehörten u. a. Michelangelo Cerquozzi (1602–1666) und Jan Miel (1599–1663/64). Ihre Werke bezeichnete man als ›Bambocciade‹ (ital. ›bambocciata‹). Von den Vertretern der ›höheren Kunst‹, die sowohl ihre kleinbürgerlichen, bäuerlichen Bildthemen wie auch ihre bohemehafte Lebensführung verabscheuten, wurden sie heftig attackiert. Ihre Bilder waren nichtsdestoweniger bei Sammlern sehr beliebt, und ihr Figurenstil fand nach und nach auch Eingang in die ◇Landschaftsmalerei (der frühe Claude Lorrain, → Both, → Berchem u. a.).

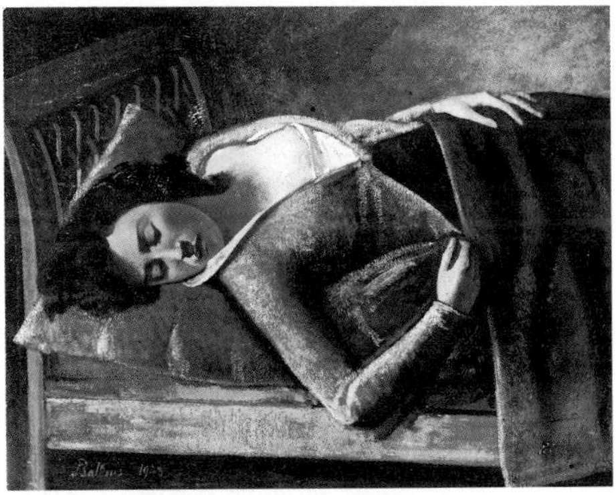

Balthus, *Schlafendes Mädchen,* 1943

Bandinelli, Baccio (Bartolommeo B.) (1493–1560)
Florentiner ◇Bildhauer, Maler und ◇Goldschmied, der äußerst verhaßte Konkurrent des Benvenuto → Cellini und nach eigener Meinung → Michelangelo ebenbürtig. Er führte eine Reihe von Marmorreliefs für den Dom in Florenz aus und gründete zwei der frühesten ◇Akademien, die erste im Vatikan (1531), die zweite in Florenz (um 1550).

Bandini, Giovanni di Benedetto, da Castello (genannt Giovanni dell'Opera del Duomo) (1540–1599)
Italienischer ◇Bildhauer, Schüler von → Bandinelli, dessen Beiname auf seine an der Piazza del Duomo in Florenz gelegene Werkstatt zurückgeht. Er führte Flachreliefs am Chor des Domes aus und später die Statuen des hl. Philipp und des hl. Jacobus minore. Eine ruhige, die Architektur symbolisierende Figur (1568) schmückt das Grabmal → Michelangelos in S. Croce, Florenz.

Barbari, Jacopo de' (im Norden als Jakob Walch bekannt) (um 1440/50 – vor 1516)
Italienischer Maler und ◇Kupferstecher, Bewunderer von → Dürer. Verbrachte seine letzten Lebensjahre in Deutschland (ab etwa 1500) als ◇Porträtist und ◇Miniaturenmaler im Dienst Maximilians I. und in den Niederlanden (ab 1510). Seine Kupferstiche haben vermutlich van → Leyden beeinflußt. Sein Rebhuhnstilleben (1504) gilt als das erste ◇Stilleben, das seit der Antike gemalt wurde. B.s Bedeutung liegt in der Vermittlerrolle zwischen der Frührenaissance in Italien und den nordischen Ländern. Auf Dürers Kunsttheorie hat er gewissen Einfluß ausgeübt.

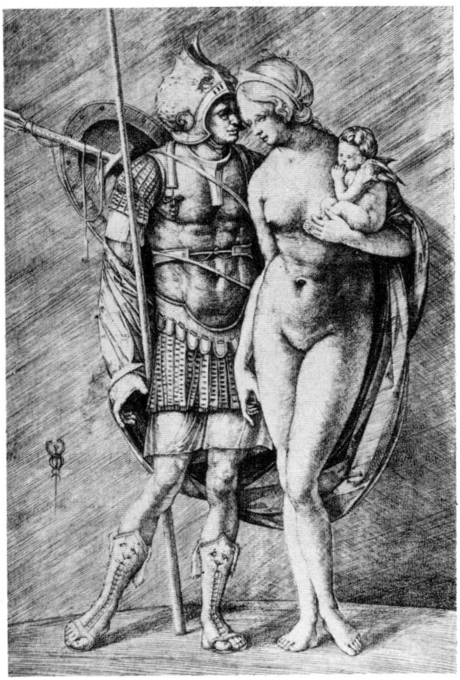

Jacopo de'Barbari, *Mars und Venus,* vor 1504

Barbatelli, Bernardino siehe → **Poccetti,** Bernardino Barbatelli

Barbieri, Giovanni Francesco siehe → **Guercino,** il

Barbizon, Schule von
Bezeichnung für eine Gruppe von französischen Malern, die im Wald von Fontainebleau bei Barbizon direkt vor der Natur malte und sich dort auch z. T. angesiedelt hatte. Zum inneren Kern der Gruppe gehörten → Diaz, → Dupré, → Millet, Th. → Rousseau und → Troyon, während → Daubigny und der wesentlich ältere → Corot nur lose assoziiert waren. Sie alle hatten mit der klassischen ◇akademischen ◇Ateliermalerei gebrochen und suchten in der ◇Pleinairmalerei nach neuen Ausdruckformen. Vorbilder waren v. a. → Constable und die englische ◇ Landschaftsmalerei, auf deren Spuren sie die französische Landschaft entdeckten und als Thema ausstellungswürdig machten. Die Verherrlichung der Natur und des einfachen ländlichen Lebens hatte einen sozialkritischen Unterton, der sich gegen die moderne industrielle Entwicklung und das künstliche, hektische Leben der Großstädte richtete. Ihre republikanischen Sympathien zeitigten einen gewissen Erfolg nach der Revolution von 1848, als der ◇Realismus die ◇romantischen Sujets verdrängte. Obwohl die B.-maler mit ihrer Pleinairmalerei und v. a. dem Studium der Lichterscheinungen in der Natur den ◇Impressionisten den Weg bereiteten, unterscheiden sie sich grundsätzlich von ihnen in ihrer eher melancholischen Bildthematik, die dem alten arkadischen Landschaftsideal näher steht als der optimistischen Begeisterung der Impressionisten für die moderne Zeit.

Barendsz., Dirk (1534–1592)
Holländischer Maler, Sohn und vermutlich Schüler von Barend Dircksz. Nach van → Mander hat er bei → Tizian in Venedig studiert, bevor er um 1562 nach Amsterdam zurückkehrte. Sein ◇Triptychon mit der *Geburt Christi* im Mittelteil (Gouda) ist stark italienisch beeinflußt, steht jedoch in der intimen Empfindung und scharfen Beobachtung menschlicher Charaktere, ebenso wie seine ◇Porträts, der nordischen Kunst nahe.

Barfuss, Ina (* 1949)
Deutsche Malerin, die 1968–74 an der Hochschule für bildende Künste in Hamburg studierte. Seit 1978 künstlerische Tätigkeit in Berlin, dabei auch Gemeinschaftsarbeiten mit Thomas → Wachweger. Gehörte in den 1980er Jahren zu den → Neuen Wilden der Berliner Szene. I. B.s Malweise ist von einer stenogrammhaften Gestik geprägt, die wie eine spontane halbautomatische Körpersprache anmutet. Ihre chiffrierten Sujets sind meist auf das erotisch-sexuelle Spannungsfeld zwischen Mann und Frau bezogen und haben häufig obsessiven Charakter.

Bargheer, Eduard (1901–1979)
Deutscher Maler, der in seiner frühen Phase dem ◇Expressionismus nahestand. 1939 verlegte B. seinen Wohnsitz nach Ischia. Dort entwickelte er v. a. in seinen Landschaftsaquarellen einen hellfarbigen, kristallinen Stil, der ihn in der Kombination von ◇Abstraktion und ◇Figuration mit → Klee und → Gilles verbindet.

Barlach, Ernst (1870–1938)
Deutscher ◇expressionistischer ◇Bildhauer, ◇Grafiker und Dichter. Studium an der Hamburger Kunstgewerbeschule (1888–91), der Dresdener Akademie und an der Académie Julian in

Ernst Barlach, *Stehende Bäuerin (Steppenweib),* 1921

Paris (1895–96). Mitarbeiter an den Zeitschriften ›Jugend‹ und ›Simplizissimus‹. Eine Rußlandreise 1906 vermittelte ihm entscheidende Eindrücke durch die russische ◇Volkskunst. Nach 1910 ließ sich B. in Güstrow nieder, wo er bis zu seinem Tode – trotz der Verfemung im Dritten Reich – tätig war. In seinem Werk suchte B. nach einfacher, monumentaler Form und expressivem Ausdruck. Quellen seiner Inspiration, auch seines literarischen Schaffens, waren der Expressionismus, die russische Volkskunst, die mittelalterliche Mystik und Dostojewskijs Welt der armen, gedemütigten, leidenden menschlichen Kreatur. Seine ◇Holzschnitte und ◇Lithographien illustrieren häufig die eigene expressionistisch-visionäre Dichtung (›Der arme Vetter‹, 1918; ›Der tote Tag‹). Seine schweren, massigen, von innerem Ausdruck beseelten Holz- und Bronzefiguren genossen stets große Popularität (u. a. *Lesende Mönche; Der Rächer; Fries der Lauschenden; Güstrower Ehrenmal:* ein Neuguß der schwebenden Figur befindet sich seit 1942 in der Antoniterkirche in Köln).

Barna da Siena (tätig Mitte des 14. Jh.s)
Von → Duccio und Simone → Martini beeinflußter Sieneser Maler, bekannt für seinen hochdramatischen Stil. Die ◇Fresken mit Szenen aus dem Leben Jesu in der Kirche S. Maria Assunta zu S. Gimignano gelten als sein Hauptwerk; → Vasari zufolge stürzte B. von einem Gerüst zu Tode, als er an seinen Fresken arbeitete.

Barnaba da Modena (tätig 1361–1383)
Italienischer Maler der venezianisch-◇byzantinischen Tradition, dessen Schaffen, wenn auch nur gering, von → Giotto beeinflußt war.

Barocci(o), Federigo (F. Fiori) (um 1535–1612)
Italienischer Maler der Übergangszeit vom ◇Manierismus zum ◇Barock, der in Urbino und Pesaro lernte und dessen Frühwerk sowohl durch die römische wie die venezianische Malerei beeinflußt wurde. In den 1550er Jahren geriet er in Rom unter den Einfluß → Raffaels und seines Freundes → Zuccaro. 1560–63 Deckendekorationen im Landhaus von Papst Pius IV., dann Rückkehr nach Urbino. Bis 1567 hinderte ihn eine Krankheit am Schaffen. Nach 1567 steht sein Werk völlig unter dem Einfluß → Correggios, obwohl sich ein Besuch B.s in Parma nicht nachweisen läßt. Seine in ganz Italien verbreiteten ◇Altarbilder weisen mit ihrer starken Bewegtheit bereits auf das beginnende Barock hin, während die leuchtende Farbe noch typisch manieristisch ist.

Barry, James (1741–1806)
Irischer ◇Historien- und ◇Porträtmaler. Von Burke gefördert, studierte er in Italien und wurde 1782 Professor für Malerei an der Royal Academy. 1799 wurde er ausgeschlossen, weil er andere Mitglieder der Akademie und sogar → Reynolds angegriffen hatte. Er starb mittellos.

Barry, Robert (* 1936)
Amerikanischer Künstler, bedeutender Vertreter der ◇Konzeptuellen Kunst, an dessen Werk sich der Entmaterialisierungsprozeß der Kunst in der Mitte der 1960er Jahre exemplarisch verfolgen läßt: Nach Bildern in der Art des ◇Systemic Painting und ◇Skulpturen aus Nylonfäden (1968) gelangte er über Arbeiten mit unsichtbarem Material (Gas und Radiowellen, 1969) zu Sätzen, die rein gedankliche Phänomene, v. a. das Unbewußte, betreffen. Auch seine späteren Arbeiten entziehen sich der unmittelbaren Inbesitznahme und lassen sich nur durch gedanklich-assoziative Prozesse in der Vorstellung des Betrachters verwirklichen (*Invitation Piece,* 1973–74). Bekannt wurde er besonders durch umfangreiche Arbeiten mit Wörtern, die sich oft als tautologische Beschreibungen ihrer selbst und gleichzeitig als Kunstparabeln verstehen lassen, später auch in Form von Dia-Projektionen, bei denen dann vielfach optische Signale (geometrische Formen, ◇Fotografien) – abwechselnd mit den Wörtern – verwendet werden.

Bartoli, Taddeo siehe → **Taddeo di Bartolo**

Bartolo di Fredi (um 1330–um 1410)
Sieneser Maler, Schüler von A. → Lorenzetti. Seine beiden besten ◇Freskenzyklen sind in S. Gimignano zu finden; einer der Zyklen in der Kirche S. Maria Assunta behandelt alttestamentarische Themen (1356), der andere (1366) in der Kirche S. Agostino zeigt Szenen aus dem Leben Mariä, darunter *Geburt Mariä* und *Tod Mariä.*

Bartolom(m)eo, Fra (da S. Marco), (B. di Pagolo del Fattorino, genannt [Baccio] della Porta) (1472–1517)
Italienischer Maler der ◇Hochrenaissance, der – vermutlich erschüttert durch das Schicksal Sa-

Fra Bartolom(m)eo, *Anbetung des Kindes,* um 1500

vonarolas – Dominikanermönch wurde (um 1500). Bezeichnenderweise stellt eines seiner ersten Werke das *Jüngste Gericht* dar (1499, S. Marco), das von Einfluß auf → Raffaels *Disputà* war. Die um 1508 entstandene *Vision des hl. Bernhard* zeichnet sich durch die Klarheit der Komposition und den in Licht getauchten Landschaftshintergrund aus. Ein Ergebnis seiner Freundschaft mit Raffael und eines Aufenthaltes in Venedig 1508 ist sein ◇Altarbild *Gottvater erscheint zwei weiblichen Heiligen* (Lucca), dessen ruhige Harmonie bereits Raffaels *Sixtinische Madonna* antizipiert. 1509–12 arbeitete er mit → Albertinelli in S. Marco zusammen. 1514–15 ging er nach Rom, nahm den Kontakt mit Raffael wieder auf und schuf mit seinem klassizisierenden Bild des *Auferstandenen Christus und vier Evangelisten* (1517) ein typisches Zeugnis der römischen Hochrenaissance. Seine großartigen ◇Kreide- und ◇Rötelzeichnungen hatten starken Einfluß auf die jüngere Künstlergeneration in Florenz.

Bartolommeo di Giovanni siehe → **Alunno di Domenico**

Bartolozzi, Francesco (1727–1815)
Italienischer ◇Mezzotinto-Kupferstecher, ◇Miniaturmaler und ◇Zeichner, der sich 1764 in England niederließ und zu den Gründungsmitgliedern der Royal Academy zählte. 1802 wurde er Direktor der Nationalakademie in Lissabon. Mit der von ihm meisterlich beherrschten ◇Punktiermanier verlieh B. seinen ◇Kupferstichen Weichheit und Leuchtkraft; in Kombination mit ihrer eleganten Zartheit brachten ihm diese Arbeiten große Popularität ein.

Barye, Antoine-Louis (1796–1875)
Französischer ◇Bildhauer und Maler der ◇Romantik, der Sohn eines Goldschmieds. Eine Zeitlang ging er dem Beruf seines Vaters nach und fertigte Statuetten von Raubtieren an. Dieses Motiv interessierte ihn sein Leben lang, seine Behandlung dieses Themas besitzt die Kraft der Romantiker → Delacroix, mit dem B. befreundet war, und → Géricault, obwohl ihm die Ausdrucksstärke und die Verve ihrer Arbeiten fehlt. Außerdem schuf er die Steingruppe *Napoleon I. als Beherrscher der Geschichte und der Künste* (1855–57) im Pavillon de l'Horloge, Louvre, sowie die bronzene Reiterstatue Napoleons in Ajaccio (1860).

Basaiti, Marco (tätig 1496–1530)
Venezianischer Maler vielleicht griechischer Abstammung, möglicherweise ein Schüler von A. → Vivarini. Der Stil seines Frühwerks ähnelt oft demjenigen Giovanni → Bellinis; eines seiner bekanntesten Bilder, *Christus beruft die Söhne des Zebedäus* (1510), zeigt jedoch Vivarinis Einfluß in den harten Umrißlinien der Figuren und der Behandlung des Lichts. Der Begriff ›Pseudo-Basaiti‹, geprägt zur Beschreibung von Gemälden, die weder Bellini noch Basaiti eindeutig zugeschrieben werden können, wird heute allerdings als ungerechtfertigte Bezeichnung bewertet.

Baselitz, Georg (* 1938)
Deutscher Maler, der an der Hochschule für bildende und angewandte Kunst in Ostberlin (1956/57) und im Anschluß an seine Übersiedlung nach Westberlin 1957–64 an der Hochschule für bildende Künste Berlin bei → Trier studierte. 1977–83 Professur an der Kunstakademie in Karlsruhe, 1983–88 an der Hochschule der bildenden Künste, Berlin. Erstes Aufsehen erregte B. mit dem provokativen Gemälde eines onanierenden Mannes (*Die große Nacht im Eimer,* 1962/63, Museum Ludwig, Köln). In der dämonischen Expressivität, v. a. in der visionären

Georg Baselitz, *Brückechor,* 1983

Verzerrung der menschlichen Gestalt, zeigt sein Stil Einflüsse des deutschen ◇Expressionismus. Doch ist B. nicht an anekdotischer Darstellung interessiert, die Sujets sind vielmehr Anlaß für eine expressive gestische Malerei, die sich selbst als solche thematisiert. Seit 1966 werden die Sujets durch Schnitte fragmentarisiert, ab 1969 auf den Kopf gestellt, wodurch B. die Blickrichtung weg von der Bildmotivik und hin auf die Malweise mit Nachdruck akzentuiert. Neben Malerei, ◇Zeichnungen, ◇Holzschnitten und ◇Grafik entstehen seit 1980 auch expressive, roh behauene und mit Farbakzenten versehene Holzskulpturen.

Baskin, Leonard (* 1922)
Amerikanischer ◇figurativer ◇Bildhauer, ◇Grafiker und Lehrer. Er sieht die Rolle des Künstlers als eine moralische an, sein Hauptthema ist die ›Landschaft des Todes‹, die der moderne Mensch geschaffen hat. Zu seinem Werk gehören wuchtige ◇Skulpturen aus Stein, Holz oder Bronze, wie z. B. *The Great Dead Man* (1956). Als ◇Illustrator arbeitete er mit dem englischen Lyriker Ted Hughes zusammen.

Bassá, Ferrer (um 1290 – nach 1348)
Maler der Katalanischen Schule, der erste bedeutende Maler Spaniens. Bis zum frühen 20. Jh. waren die einzigen bekannten Dokumente über ihn Eintragungen in den Verbrecherkarteien des Königreichs Aragon (wegen Vergewaltigung und anderer Straftaten). Die ◇Wandmalereien im Franziskanerinnenkloster von Pedralbes (gemalt 1345–46) gelten heute als sein gesichertes Werk. An ihnen wird deutlich, daß B. das Werk der Sieneser Schule gekannt hat, besonders die Arbeiten von Simone → Martini.

Ferrer Bassá, *Kreuzabnahme,* um 1345

Bassano (da Ponte), Familie
Francesco d. Ä. (um 1475–1539)
Jacopo (1517/18–1592)
Francesco d. J. (um 1549–1592)
Leandro (1557–1622)
Gerolamo (1566–1621)
Venezianische Malerfamilie, deren bedeutendstes Mitglied Jacopo war, Sohn von Francesco da Ponte, einem unbedeutenden, in Bassano tätigen Maler. Jacopo, der ebenfalls sein Leben lang in Bassano tätig war, stand unter dem beherrschenden Einfluß der venezianischen Malerei. Ein gutes Beispiel für seinen recht charakteristischen Stil ist die *Anbetung der hl. drei Könige* (National Gallery, Edinburgh), in der sich verschiedene typische Merkmale seines Schaffens vereinigen: stämmige, kraftvolle männliche Figuren, genau beobachtete Tiere, reiche, prachtvolle Stoffe und anmutige Landschaften. Sein Bild *Das irdische Paradies* (Galleria Doria Pamphilj, Rom) zeigt seine Vorliebe für stürmisch bewegte Bildszenerien mit hell beleuchteten, oft von hinten gesehenen Figuren und für kostbar gemalte Oberflächenstrukturen. Seine drei Söhne Francesco, Leandro und Gerolamo waren als Maler in Venedig tätig. Francesco war das Haupt des venezianischen Familienbetriebes bis zu seinem Selbstmord, dann übernahm Leandro

Jacopo Bassano, *Porträt eines Unbekannten,* um 1535

die Werkstatt und vollendete verschiedene Bilder von Francesco. Als erfolgreicher ◇Porträtmaler wurde er vom Dogen in den Ritterstand erhoben. Im Stil standen seine Bildnisse denen von → Tintoretto nahe. Gerolamo war als Maler unbedeutend.

Bastien-Lepage, Jules (1848–1884)
Französischer Maler, der mit seinen ◇Genreszenen des ländlichen Lebens wie *Heuernte* (1877, Musée d'Orsay, Paris) große Popularität gewann. Obwohl seine Technik vom ◇Impressionismus beeinflußt ist, steht die Grundstimmung seiner Bilder in der Tradition von G. → Courbet und J.-F. → Millet.

Bateau-Lavoir, Groupe du
Bezeichnung für eine Gruppe von Malern und Schriftstellern, die seit 1904 in Paris zusammenfand. Ihr gehörten u. a. → Apollinaire, → Braque, → Gris, → Picasso und Gertrude Stein an. Der Name (übersetzbar mit ›Waschboot‹) rührt von der Bezeichnung für ein altes Pariser Mietshaus auf dem Montmartre, in dem viele Künstler ihre Wohnung und ihr Atelier unterhielten. Hier entstand 1907 der ◇Kubismus, als Picasso sein Gemälde *Les Demoiselles d'Avignon* vollendete.

Bat(t)oni, Pompeo Girolamo (1708–1787)
Italienischer Maler, der neben A. R. → Mengs in der Mitte des 18. Jh.s zu den führenden römischen Malern gehörte. Hauptsächlich schuf er ◇Porträts von ausländischen Rombesuchern (insbesondere von Briten auf deren ›Grand Tour‹), die er meistens vor ◇klassischen Monumenten darstellte. Er wandte sich auch religiösen, mythologischen und historischen Sujets zu. Maria Theresia adelte B. für sein 1769 in Rom geschaffenes Doppelporträt, auf dem Kaiser Joseph II. und dessen Nachfolger Leopold II. abgebildet sind.

Bauchant, André (1873–1958)
Französischer ◇primitiver Maler, der von → Diaghilew beauftragt wurde, die Bühnendekoration für Strawinskys Ballett ›Apollon-Musagète‹ (1928) zu entwerfen. Ursprünglich war B. Baumschulgärtner, begann jedoch als Soldat im Ersten Weltkrieg zu malen. In den frühen 1930er Jahren machte er die Malerei zu seinem Hauptberuf. Anfänglich wählte er historische Motive, schuf aber später ◇Genreszenen, ◇Landschaften und poetische ◇Blumenstücke.

Baudelaire, Charles (1821–1867)
Französischer Dichter und Kunstkritiker. Seine Forderung nach Schönheit, selbst im Bösen, Makabren und Häßlichen, hatte einen großen Einfluß auf den literarischen und künstlerischen ◇Symbolismus, ebenso wie seine Theorie von den ›Korrespondenzen‹, von den Entsprechungen, d. h. daß z. B. Töne Farben suggerieren können und umgekehrt, oder daß Farbe aus sich heraus Vorstellungen zu erwecken vermag. Tatkräftig förderte er → Delacroix und → Guys und war ein Freund von → Courbet und → Manet.

Baudry, Paul (Jacques Aimé) (1828–1886)
Französischer Maler, der 1850 als Rompreisträger nach Italien ging und dort → Correggio und die venezianischen Meister studierte. Berühmt wurde B. v. a. durch seine eleganten ›barocken‹ Wanddekorationen in der Pariser Oper.

Baumeister, Willi (1889–1955)
Maler, ◇Grafiker und Bühnenbildner, der 1909 die Malklasse des Farbtheoretikers → Hoelzel an der Stuttgarter Kunstakademie besuchte. Begegnung mit → Schlemmer, unter dessen Einfluß die Maschinen- und Sportbilder entstanden, ungegenständliche, dem ◇Konstruktivismus

sich nähernde Darstellungen. Um 1919 malte B. die ersten ›Mauerbilder‹, die für die Entwicklung seines Stils von entscheidender Bedeutung sind und in denen die plastische Form des ◇Reliefs mit der Malerei verbunden ist. Während des Krieges schrieb B. das Buch *Das Unbekannte in der Kunst,* das 1947 erstmals erschien. In den Jahren der Verfemung als ›entarteter Künstler‹ nach 1933 widmete sich B. prähistorischen und altorientalischen Studien, die den wesentlichen Motivfundus seiner ›Eidos‹-Bilder und ›Ideogramme‹ darstellen. Ab 1946 war B. Professor an der Stuttgarter Kunstakademie.

Willi Baumeister, *Tennisspieler,* 1935

Baumgarten, Lothar (* 1944)
Deutscher Künstler aus dem Umfeld der ◇Individuellen Mythologien. Er wurde bekannt mit Arbeiten, die sich mit der Kultur und den Mythen der Indianer Südamerikas beschäftigen. Für die documenta 7 konzipierte B. das *Monument für die indianischen Nationen Südamerikas* (1982), das aus einer friesartigen Anordnung südamerikanischer Indianerstamm-Namen bestand, die der totalen Ausrottung zum Opfer gefallen waren. Neben der Würdigung dieser ›primitiven‹ Kulturen verstand B. seine stille Arbeit auch als Versuch, »innerhalb des klassischen Gebäudes (Fridericianum), an signifikantem Ort in der klassischen Form des Frieses« die Architektur des Hauses sichtbar zu machen. Solche Abstimmung des künstlerischen Konzepts auf den Ort der Ausstellung vollzog B. 1987 auch mit dem Projekt *Drei Irrlichter* für die Ausstellung ›Skulptur Projekte Münster‹. Drei Drahtkäfige, nachts beleuchtet, am Turm der Kirche St. Lambert, bezogen sich auf die grausame Zurschaustellung, die 1535 an den Leichnamen der Münsteraner Wiedertäufer am gleichen Ort vollzogen worden war.

Bawden, Edward (* 1903)
Englischer Maler, ◇Aquarellist, ◇Illustrator und Designer. Er studierte bei P. → Nash am Royal College of Art, wo er E. → Ravilious begegnete, mit dem er an ◇Wandbildern arbeitete und später eine Künstlergruppe gründete, die unter dem Namen Great Bardfield School bekannt ist.

Bayer, Herbert (1900–1985)
Österreichischer Maler, Architekt und ◇Designer. Studierte und lehrte von 1921 bis 1928 am ◇Bauhaus. B.s Schaffen umfaßt ◇Fotomontagen, ◇Plakate, z. B. für die Ausstellung des ◇Deutschen Werkbundes 1930 in Paris, und Werbegrafik. Seit 1938 arbeitete er in den USA, wo er die Verbreitung der Bauhaus-Ideen unterstützte.

Bayeu y Subías, Francisco (1734–1795)
Spanischer Maler des ◇Klassizismus, der besonders als ◇Freskomaler hervortrat. Unter A. R. → Mengs arbeitete er an den Freskodekorationen für den königlichen Palast in Madrid. 1777 folgte er Mengs als Direktor der Königlichen Teppichmanufaktur. B. war der Schwager und Lehrer → Goyas, der auch ein ◇Porträt von ihm schuf.

Bayeux, Teppich von
(spätes 11. Jh., um 1070/77)
Der wohl berühmteste, älteste erhaltene ◇Wandteppich des Mittelalters, ein friesartiger gewebter Leinenstreifen von 70,4 m Länge und 50,8 cm Höhe mit farbiger Wollstickerei. In einer Szenenfolge mit begleitendem Text in lateini-

Teppich von Bayeux (Ausschnitt), um 1070/77

scher Sprache sind Ereignisse aus dem Leben Harolds II. von England und die Eroberung Englands durch die Normannen (1066) dargestellt; die Schmuckbordüren zeigen u. a. Szenen aus Fabeln und dem täglichen Leben. Der Wandteppich wird erstmals 1476 in einem Inventarverzeichnis der Kathedrale von Bayeux erwähnt, in deren ◇Langhaus er zu bestimmten Zeiten ausgehängt wurde. Auftraggeber des Teppichs ist vermutlich Bischof Odo von Bayeux, der Halbbruder Wilhelms des Eroberers; nicht gesichert ist jedoch, ob es sich um eine normannische oder angelsächsische Arbeit handelt. Der Teppich wird heute im Musée de la Reine Mathilde in Bayeux aufbewahrt.

Bayrle, Thomas (* 1937)
Deutscher Maler und ◇Grafiker. Mit ◇neodadaistischen und ◇Pop-Art-Stilmitteln arbeitend, entwickelte er in den 1960er Jahren ein Strukturraster der Darstellung, das aus vielen gleichen Elementen ein Großbild zusammensetzt (z. B. einen Stuhl aus vielen kleinen Bildern des gleichen Stuhls).

Bazaine, Jean (* 1904)
Französischer Maler und Kunsttheoretiker, neben → Manessier bedeutendster Vertreter der ◇Ecole de Paris in den 1950er Jahren. B.s Stil könnte man als abstrakten ◇Impressionismus bezeichnen. Vom Natureindruck ausgehend, setzte er das Motiv in immer abstrakter werdende bewegte Farbmuster um (ähnlich wie der späte → Monet in seinem *Seerosen*-Zyklus). B. entwarf auch Glasfenster, so z. B. für die Kirche in Assy (1944–46), und ◇Mosaiken (für das UNESCO-Gebäude in Paris, 1958). 1948 erschien seine Schrift ›Notes sur la peinture d'aujourd'hui‹.

Bazille, Jean-Frédéric (1841–1870)
Französischer Maler des frühen ◇Impressionismus. Noch als Schüler im Atelier →Gleyres begegnete er 1862 → Renoir (mit dem er anschließend ein Atelier in Paris teilte), → Monet und → Sisley, durch die er wiederum → Manet kennenlernte. Er malte im Freien, wobei er besonderes Interesse an der Korrelation von Hauttönen und Landschaftsfarben entwickelte. Seine vielversprechenden Ambitionen als ◇Pleinairmaler wurden jedoch durch seinen frühen Tod als Soldat im Deutsch-Französischen Krieg (1870/71) zunichte gemacht (siehe Abb. S. 45).

Baziotes, William (1912–1963)
Amerikanischer Maler, Vertreter eines ◇abstrakten ◇Surrealismus. Seit 1933 in New York. Studierte an der National Academy (1933), arbeitete 1936–41 für → WPA und gründete 1948 zusammen mit → Motherwell, → Rothko und →

Newman eine eigene Kunstschule. Sein reifer Stil, den amöbenhafte, biomorphe Formen, ◇kalligraphische Linien und eine eigenartige, poetische Unterwasseratmosphäre kennzeichnen, erinnert ein wenig an → Klee, weshalb er auch manchmal der ›amerikanische Klee‹ genannt wurde.

Bazzi, Giovanni Antonio siehe → **Sodoma,** il

Beal, Jack (* 1931)
Amerikanischer Maler. B. vertritt eine ◇realistische Malweise, die im Rückgriff auf den sachlichen ◇Verismus → Sheelers die geometrische Linienführung betont. Dadurch entsteht eine reportagehafte Präzision der Darstellung, die nur durch die eigenwillige Setzung von Hell- und Dunkelwerten subjektive Akzente erhält.

Beardsley, Aubrey Vincent (1872–1898)
Englischer ◇Zeichner und ◇Illustrator, dessen Werk die dekadente Atmosphäre der 1890er Jahre widerspiegelt. Seine Illustrationen zu J. M. Dents Ausgabe von Sir Thomas Malorys ›Morte d'Arthur‹ (1892) zeigen den starken Einfluß von → Burne-Jones. 1893 wurden B.s von japanischen ◇Holzschnitten beeinflußte Arbeiten in der ersten Nummer der ◇Art-nouveau-Zeitschrift ›The Studio‹ publiziert. 1894 illustrierte B. Oscar → Wildes Drama ›Salome‹ und wurde künstlerischer Herausgeber des berühmten ›The Yellow Book‹, trat jedoch 1895 von dieser Position zurück. 1896 wurde er Herausgeber der neugegründeten Zeitschrift ›The Savoy‹, in der seine Illustrationen zu Popes ›The Rape of the Lock‹ und zu seinem eigenen Fragment ›Under the Hill‹ erschienen. In diesen Arbeiten sind die starren Schwarzweiß-Blöcke aufgebrochen, sie zeugen von B.s Interesse an der französischen Illustrationskunst des 18. Jh.s. Eine Tuberkuloseerkrankung ließ ihn 1897 nach Mentone übersiedeln, wo er im Jahr darauf starb.

Jean-Frédéric Bazille, *Das rosarote Kleid,* um 1864

Aubrey Vincent Beardsley, *Der Pfauenmantel* (Illustration zu ›Salome‹), 1894

Beaton, Cecil (1904–1980)
Britischer ◇Fotograf, ◇Zeichner, Bühnenbildner, Kostümentwerfer und Buchautor. B. lichtete zahlreiche Berühmtheiten der Politik und des kulturellen Lebens in England, Frankreich und in den USA mit sehr persönlicher Interpretation ab. 1937 war er Hoffotograf des englischen Königshauses und während des Zweiten Weltkriegs arbeitete er als Dokumentarfotograf für das englische Informationsministerium.

Beauneveu, André (tätig 1316–1403/13)
Französischer ◇Buchmaler und ◇Bildhauer der ◇Gotik. B. fertigte 1364 im Auftrag König Karls V. mehrere Grabstatuen für die Abtei Saint-Denis an, von denen sich einige erhalten haben. 1374 arbeitete er am Grabmal Louis' de Mâle in Courtrai; um 1390 trat er in den Dienst des Herzogs Jean de Berry, für den er u. a. 1380/85 einen lateinisch-französischen ◇Psalter mit 24 Erzengeln, Aposteln und Propheten ◇illuminierte.

Beccafumi, Domenico (genannt il Mecarino) (um 1486–1551)
Sieneser Maler, ein Hauptvertreter des ◇Manierismus, der den Nachnamen seines Förderers, Lorenzo Beccafumi, annahm und bei Mecarino studierte. Zu seinen Meisterwerken zählen die ◇Fresken für das Oratorio di S. Bernardino in Siena (1518). B. arbeitete auch in Genua und Pisa. Sein zarter, für die Sieneser Schule typischer Frühstil zeigt in seiner kompositorischen Kohärenz den Einfluß → Raffaels. Seine späteren Werke, die sich durch Ausdruckskraft und Kühnheit auszeichnen, sind von → Michelangelo beeinflußt.

Becher, Bern(har)d (* 1931)
Hilla (* 1934)
Deutsche Fotografen. Bernd B. studierte an der Akademie in Stuttgart Malerei, wandte sich aber seit 1956 der ◇Fotografie zu; Hilla B. war nach einer Fotolehre als Werbefotografin tätig. Beide studierten 1959–61 an der Düsseldorfer Akademie. Anknüpfend an analoge Werkkomplexe bei → Blossfeldt und → Sander, arbeiten sie seitdem zusammen an der systematischen Wiedergabe und dokumentarischen Bestandsaufnahme industrieller Bauten des 19. und 20. Jh.s (Kühl-, Wasser-, Fördertürme, Fachwerkbauten usw.). Aufgrund der Verwandtschaft ihrer Arbeitsweise zur ◇Konzeptuellen Kunst wurden sie ab Mitte der 1960er Jahre in den Kunstkontext integriert.

Bechtle, Robert (* 1932)
Amerikanischer Maler, der nach dem Studium zunächst als ◇Grafiker tätig war, bis er ab 1965 Lehraufträge an verschiedenen amerikanischen Colleges übernahm. Schon in den frühen 1960er Jahren vertrat B. in Opposition zum ◇Abstrakten Expressionismus eine ◇realistische Malerei, die in ihrer anonymen Optik und perspektivelosen Raumstaffelung an die ◇Neue Sachlichkeit erinnert. Bevorzugte Themen B.s sind menschenleere Straßen, parkende Autos und Häuserfronten in einer diffusen Atmosphäre.

Beckmann, Max (1884–1950)
Deutscher Maler und ◇Grafiker. Nach dem Besuch der Weimarer Akademie (1899–1903) und Aufenthalten in Paris, Genf und Florenz ließ sich B. 1907 in Berlin nieder und schloß sich der dortigen ◇Sezession an. 1915 übersiedelte er nach Frankfurt a. M., wo er bis 1933 an der Städel-Kunstschule lehrte. Sein Frühstil stand unter dem Einfluß des deutschen ◇Impressionismus, v. a. → Corinths. Das Kriegserlebnis führte ihn zu einem ◇expressionistischen Ausdrucksstil, der sich aber, ähnlich wie bei → Grosz und → Dix, in seiner harten Dingbestimmung der ◇Neuen Sachlichkeit näherte. 1937 emigrierte B. nach Holland, 1948 übersiedelte er in die USA. Sein Stil war seit den 1920er Jahren durch einen starken Individualismus geprägt, der eine intensive Auseinandersetzung mit der Dingwirklichkeit und ein expressives, die Form umreißendes grafisches Gerüst hervorbrachte. Hauptthema ist der einsame, bedrohte Mensch in einer apokalyptischen Welt. Das Spätwerk mündet in große, symbolbeladene, mythologische ◇Triptychen (*Argonauten,* 1950, NGW).

Max Beckmann, *Odysseus und Kalypso,* 1943

Beer, Jan de (1475–1536)
Flämischer Maler, Haupt der → Antwerpener Manieristen, deren Gemälde häufig diesem Meister zugeschrieben wurden. Eine Zeichnung, die seinen Namen trägt, erlaubt die Zuschreibung eines gemalten ◇Triptychons an B. (*Anbetung der hl. drei Könige,* Pinacoteca di Brera, Mailand).

Beerstraten
Name zweier holländischer ◇Landschaftsmaler. Anthonie B. (tätig 1639–1665) malte hauptsächlich Winterlandschaften, die eine gewisse Ähnlichkeit mit denen H. → Avercamps aufweisen; Jan Abrahamsz. B. (1622–1666) bevorzugte eher konventionelle Motive. Er schuf ◇topographische Ansichten von holländischen Städten, Schlössern und imaginären Seehäfen, ebenfalls häufig als Winterbilder.

Bega, Cornelis (1620–1664)
Holländischer ◇Genremaler, Schüler von Adriaen van → Ostade, malte bäuerliche Küchen- und Wirtshausszenen. Seine ◇Radierungen zeichnen sich durch die eigentümliche Verwendung des ◇Chiaroscuro aus, bei der sich die Silhouetten der Figuren vor dem dunklen Hintergrund abheben.

Begarelli, Antonio (um 1499–1565)
Italienischer ◇Bildhauer, der durch seine 1524 gefertigte große Pietà-Gruppe für S. Agostino in Modena schnell berühmt wurde. Die Weichheit im Ausdruck seiner Figuren resultiert aus der Übertragung des Malstils von → Correggio auf die ◇Plastik.

Begas, Reinhold (1831–1911)
Deutscher ◇Bildhauer, Schüler von → Rauch, Hauptvertreter der pathetischen ◇neobarocken ◇Plastik in Berlin, wo er 1876–1903 ein Meisteratelier an der Akademie leitete. Zu seinen Werken zählen in Berlin die Denkmäler Alexander von Humboldts (1883), Kaiser Wilhelms I. (1897), Bismarcks vor dem Reichstagsgebäude (1901) und der *Neptunsbrunnen* am Schloß (1891, heute am Alexanderplatz) sowie in Potsdam das Grabmal Kaiser Friedrichs III. im Mausoleum.

Beggarstaff Brothers
Pseudonym, das die beiden ◇Plakatkünstler Sir William → Nicholson und James → Pryde für ihre gemeinsamen Arbeiten benutzten. Sie schufen in den 1890er Jahren die schönsten englischen Plakate, deren Kennzeichen flächige, silhouettenhafte Formen und kühne Schriftzüge sind.

Beham, Hans Sebald (1500–1550)
Deutscher ◇Radierer, ◇Kupferstecher, Maler und ◇Holzschneider, Schüler von A. → Dürer und Hauptkünstler der Nürnberger → Kleinmeister, er schuf über 1000 ◇Buchillustrationen. Sowohl seine Kupfer- als auch Holzarbeiten zeichnen sich durch Kraft, Beherrschtheit und ebenso durch technische Meisterschaft aus. Es sind nur wenige Gemälde von seiner Hand bekannt. Sein Bruder Barthel B. (1502–1540), ebenfalls Kupferstecher, Maler und Holzschneider, der eine Zeitlang Hofmaler Herzog Wilhelms IV. in München war, übersiedelte 1535 nach Italien, wo er auch starb. Zu seinen in München geschaffenen Gemälden gehört die *Erprobung des hl. Kreuzes* (1530).

Behrens, Peter (1868–1940)
Deutscher Maler, ◇Designer und Architekt. Er schöpfte als einer der ersten die ästhetischen Möglichkeiten der Industriearchitektur aus und zählte zu den Vorkämpfern einer neuen funktionalen Baukunst. Tätig in Düsseldorf, Wien und Berlin. Von 1907 bis 1912 war er leitender Architekt und künstlerischer Berater der Elektrofirma AEG. Seine Designentwürfe für Haushaltsgeräte, Lampen und andere Massenprodukte zeichneten sich durch zweckmäßige, einfache Formen aus. Zu seinen Schülern zählten die ◇Bauhauskünstler → Mies van der Rohe und → Gropius. Als Maler stand B. in der Bevorzugung ausdrucksstarker Linien dem ◇Symbolismus nahe.

Bell, Larry (* 1939)
Amerikanischer ◇Bildhauer, dessen Werke die Intentionen der ◇Farbfeldmalerei auf die ◇Plastik übertragen. Bereits in den frühen 1960er Jahren entwickelte B. für seine farbigen Kunststoff- und Glaswürfel mit Hilfe der Technologie der Luftfahrtindustrie ein neues Farbbeschichtungsverfahren, das es ermöglicht, Glas und durchsichtigen Kunststoff mit hauchdünnen Farbschichten zu überziehen. Die aufgeschweißten Farbmuster erhalten intensive Leuchtkraft und erzeugen bei auffallendem Licht eine kristallartige Lichtreflexion.

Bell, Vanessa (1879–1961)
Englische Malerin und ◇Designerin, die für die → Omega-Workshops tätig war. Sie gehörte zu den Mitgliedern der → Bloomsbury Group und zur → London Group. Virginia Woolf war ihre Schwester. Von 1912 bis 1918 experimentierte sie mit ◇postimpressionistischen Stilen. Mit Duncan → Grant arbeitete sie an unterschiedlichen dekorativen Projekten.

Bellano, Bartolommeo (um 1434–1496/97)
Italienischer ◇Bildhauer und Baumeister aus Padua, vermutlich Schüler von → Donatello, den er nach Florenz begleitete. 1469 kehrte er nach Padua zurück. In den 1470er Jahren hielt er sich in Venedig auf und reiste 1479 zusammen mit Gentile → Bellini nach Konstantinopel. Trotz einer gewissen Grobheit (z. B. die zehn Bronzereliefs von S. Antonio, 1483–88) findet sich in seinem Werk doch etwas vom Geist des Paduanischen Humanismus und der tiefen Menschlichkeit Donatellos wieder.

Bellegambe, Jean (um 1470/80– um 1535)
Flämischer Maler. Berühmt für seine ◇Altarbilder. B., der den Beinamen ›Maître des Couleurs‹ trug, wirkte in Douai, vermutlich auch in Amiens. An Werken wie seinem großen ◇Polyptychon für die Abtei von Anchin (1511–20) zeigt sich die für ihn typische prächtige Farbgebung.

Belling, Rudolf (1886–1972)
Deutscher ◇Bildhauer, studierte an der Berliner Akademie (1911–12). Gründungsmitglied der → Novembergruppe (1918). 1919 entstand seine berühmte ◇abstrakte ◇Plastik *Dreiklang,* die von ähnlich revolutionierender Wirkung war wie → Marcs *Turm der blauen Pferde.* 1937 ging B. durch Vermittlung von Poelzig als Lehrer an die Akademie nach Istanbul (bis 1966). In seiner ◇Skulptur, einer Synthese aus ◇kubistischen (→ Archipenko) und ◇expressionistischen Stilprinzipien, strebte B. nach Gestaltung rhythmischer Energien. Zu seinen wichtigsten Werken zählen die strengen, verknappten ◇Porträts der 1920er Jahre (*Bildnis Alfred Flechtheim,* 1927).

Bellini, Gentile (1429–1507)
Italienischer Maler, ältester Sohn von Jacopo → Bellini. Sein Ruhm gründete sich v. a. auf seine ◇Porträts und Darstellungen des religiösen Lebens in Venedig, wofür seine *Prozession auf der Piazza S. Marco* (1496) ein eindrucksvolles Beispiel ist. Er wurde ausersehen, Sultan Mehamed II. in Konstantinopel zu malen (um 1480). In seinen Werken verbinden sich sorgfältige Zeichenkunst und ein hervorragendes Gespür für die architektonische ◇Komposition mit einer reichen Farbgebung.

Bellini, Giovanni (genannt Giambellino) (um 1430–1516)
Schüler seines Vaters Jacopo → Bellini, dem er anfangs gemeinsam mit seinem Bruder Gentile → Bellini bei den großen dekorativen (heute zerstörten) Werken für die ›Scuole‹ (Laienbruderschaften) assistierte. Da ihm das Interesse an ◇klassischen Motiven fehlte, die gerade populär wurden, wählte er vornehmlich religiöse Themen, die er mit der andächtigen Beherrschtheit früherer Meister behandelte. Nichtsdestoweniger revolutionierte er die venezianische Malerei, indem er die Technik der ◇Ölmalerei übernahm und nach und nach die lineare Formkonzeption verließ. Er beeinflußte die nachfolgende Entwicklung der europäischen Kunst über seine berühmtesten Schüler, → Giorgione und → Tizian. Nur langsam fand B. zu seinem eigenen Stil, den er stetig weiterentwickelte. In Padua (1458–60)

Giovanni Bellini, *Der Doge Leonardo Loredan,* um 1501–05

wurde er stark von → Mantegna beeinflußt, wenn sein Werk auch niemals den skulpturenhaften und dramatischen Charakter dieses Malers annahm, was z. B. an ihrer jeweiligen Darstellung Jesu im Garten Gethsemane deutlich wird, bei der sich beide Künstler auf eine ◇Skizze von Jacopo B. stützten. B.s Version zeigt einen naturalistischen Landschaftshintergrund (eines der frühesten Beispiele für die ◇Landschaftsmalerei); das Bild belegt Giovannis Fähigkeit, eine lyrische Affinität zwischen den Figuren und der Szenerie zu schaffen. Andere frühe Arbeiten, vermutlich im gleichen Zeitraum entstanden, sind mehrere Madonnen- und ◇Pietàdarstellungen. Diese Madonnen besitzen bereits jene gelassene Ruhe, Zartheit und Individualität, die typisch für sein Spätwerk ist. Auch das strahlende Licht und das Brustbild-Format sind charakteristisch für seinen Stil. 1460 kehrte B. nach Venedig zurück. Vier ◇Triptychen (um 1460–61) für die Kirche S. Maria della Carità waren seine ersten großen Arbeiten, gefolgt von dem *Vincenz-Ferrer*-Polyptychon (um 1464) für die Kirche SS. Giovanni e Paolo, ein Werk, das berühmt ist wegen der Stilunterschiede zwischen den einzelnen Tafeln. 1470 arbeitete er mit seinem Bruder Gentile an der Ausschmükkung der Scuola Grande di S. Marco und besuchte Rimini und Pesaro. Dort sah er Ölbilder von Rogier van der → Weyden, deren Realismus und differenzierte ◇Tonwerte ihn sehr beeindruckten. Er selbst erlernte die Öltechnik der flämischen Malerei durch Vermittlung von → Antonello da Messina im Jahre 1475; B.s *Auferstehung* (1475–80) war das erste venezianische Gemälde, das in ◇Lasuren aus reiner ◇Ölfarbe ausgeführt wurde. Hatte er in Rimini noch in einer Mischung aus Öl und ◇Tempera gearbeitet, ist die Pinselführung der *Pietà mit dem hl. Johannes* schon typisch für die reine Ölmalerei. Seine Arbeiten verloren zunehmend ihre scharfen Konturen und drückten Form und ◇Plastizität mit Hilfe feinabgestufter Ton- und Farbwerte aus, wie sein *Sacra-conversazione*-◇Altarbild aus S. Giobbe (um 1487–88) belegt. Die Möglichkeiten dieser Arbeitsweise wurden später von Tizian stärker ausgeschöpft. Ein großer Teil von B.s Wirken nach 1497 war der ◇Restauration der Dekorationen im Saal des Großen Rats im Dogenpalast, Venedig, gewidmet, einer Arbeit, die Gentile B. begonnen hatte. Zu B.s ◇Porträts gehört das berühmte Bildnis *Der Doge Leonardo Loredan* (um 1501–05). Mythologische Motive malte er nur selten, das bekannteste jedoch, *Das Festmahl der Götter* (1514), geschaffen für das Studierzimmer des Alfonso I. von Ferrara, war für seine Zeit noch unüblich, da die Götter als gewöhnliche Menschen dargestellt sind, möglicherweise als Angehörige des Hofes von Ferrara. Tizian vollendete diese Arbeit, wobei er den Landschaftshintergrund übermalte.

Bellini, Jacopo (um 1400– um 1470/71)
Vater von Gentile und Giovanni → Bellini, Anhänger und Nachfolger von A. → Pisanello und → Gentile da Fabriano. Seine wenigen erhaltenen Gemälde weisen ihn als einen zwar begabten, aber nicht herausragenden Künstler aus, seine Bedeutung ist eher in seinem Interesse an der Rückwendung zur Antike und an dem neuen wissenschaftlichen Zugang zu den Sujets der Malerei zu suchen. Es existieren zwei wertvolle Skizzenbücher von seiner Hand. Viele dieser ◇Skizzen, darunter Figurenstudien für größere Kompositionen, dokumentieren B.s Interesse an ◇Landschaften, architektonischen Details und an Fragen der ◇Perspektive. Sie wurden von seinen Söhnen und seinem Schwiegersohn → Mantegna verwandt.

Bellmer, Hans (1902–1975)
Deutsch-französischer ◇Zeichner, ◇Grafiker, ◇Objektkünstler und Schriftsteller, der ab 1938 in Paris lebte, wo er sich den ◇Surrealisten anschloß. 1933 schuf er sein ›künstliches Mädchen‹, eine lebensgroße nackte Puppe, die er in erotischen Posen fotografierte. In technisch sehr ausgefeilten Zeichnungen und Grafiken, z. B. *Le Bon Sens* (1964), setzte er seine obsessive Erforschung des weiblichen Körpers fort.

Bellori, Giovanni Pietro (1615–1696)
Italienischer Sammler und Altertumsforscher, Autor eines bedeutenden Werkes über den zeitgenössischen römischen Kunstbetrieb, ›Le vite de' pittori, scultori ed architetti moderni‹ (1672), bei dessen Niederschrift → Poussin mitarbeitete. In dieser Abhandlung vertritt B. eine klassisch-idealistische Ästhetik, in der er der Antike Modellcharakter für Werturteile zuspricht. Das Buch beeinflußte sowohl die französische Akademie als auch die englische Royal Academy; es wurde zum theoretischen Fundament des ◇Klassizismus, wie ihn → Winckelmann vertrat.

Bellotto, Bernardo siehe → **Canaletto**

Bellows, George Wesley (1882–1925)
Amerikanischer Maler von ◇Porträts, ◇Landschaften und Szenen des städtischen Lebens. Er studierte bei R. → Henri. Sein Werk schildert das zeitgenössische amerikanische Alltagsleben mit kompromißlosem Realismus. Er war Mitglied der → Ash Can School und stellte auf der ◇Armory Show 1913 aus. Bekannt sind v. a. seine Sport-Gemälde.

Belvederischer Torso
Im Vatikan befindliche, überlebensgroße Sitzfigur eines Athleten, die die Inschrift des griechischen Bildhauers → Apollonios, Sohn des Nestor, trägt, der im 1. Jh. v. Chr. in Rom arbeitete. Von gleicher Hand ist der bronzene Faustkämpfer des römischen Thermenmuseums.

Benedetto da Maiano (1442–1497)
Florentinischer ◇Bildhauer und Baumeister, dessen frühe ◇Reliefs unter dem Einfluß von → Ghiberti, → Rossellino und → Desiderio da Settignano standen. Die reich skulptierte Marmorkanzel von S. Croce in Florenz erinnert an den sorgsamen Naturalismus der Malerei → Ghirlandaios. B. schuf außerdem bemerkenswerte ◇Porträtbüsten (*Pietro Mellini,* 1474, Museo Nazionale del Bargello, Florenz). Seine Mitarbeiter waren seine Brüder → Giuliano da M. und Giovanni.

Bening, Familie
Familie flämischer ◇Buchillustratoren und ◇Miniaturmaler des 15. und 16. Jh.s, deren bekanntestes Mitglied Simon → Bening war.

Bening (Benig), Simon (um 1483/84–1561)
Flämischer ◇Miniaturmaler, Mitglied einer Familie von Handschriften-◇Illuminatoren, zu der sein Vater Alexander († 1519), sein jüngerer Bruder Paul und seine Tochter Lievine († nach 1570) gehörten. Er war Mitglied der Brügger ◇Gilde seit 1508 und etwa 1514–17 in Antwerpen tätig. Die Miniaturen B.s, der vermutlich durch die Stiche → Dürers beeinflußt wurde, zeichnen sich durch eine ungewöhnliche Tiefe und überzeugende Bewegtheit aus.

Benois, Alexandre (Alexander Nikolajewitsch Benua) (1870–1960)
Russisch-französischer Maler und Bühnenbildner, einer der Begründer der St. Petersburger Bewegung → Mir Iskusstwa (›Welt der Kunst‹). 1926 ging B. nach Paris, wo er für → Diaghilews ›Ballets russes‹ die Bühnendekoration entwarf, z. T. zusammen mit → Bakst. Er war auch als ◇Illustrator, Kritiker und Kunstschriftsteller tätig (›Histoire de l'Art Russe‹, 1912–17).

Benson, Ambrosius
(tätig ab etwa 1518; † 1556)
Aus der Lombardei stammender Maler, der sich 1519 in Brügge niederließ. B. malte im flämischen Stil, der insbesondere den Einfluß von G. → David widerspiegelt. Viele seiner Bilder befinden sich in Spanien; B. war auch bekannt als der ›Meister von Segovia‹.

Bent, Bentvueghels (ndl. ›Zugvögel‹)
Spottbezeichnung für eine Gruppe holländischer und flämischer Maler in Rom, die sich 1623 zu einer Künstlergenossenschaft zusammenschlossen. Wegen ihres skandalösen Benehmens wurde die Gemeinschaft auf einen päpstlichen Erlaß hin aufgelöst (1720).

Benton, Thomas Hart (1889–1975)
Amerikanischer Maler, führender Vertreter des ◇Regionalismus und einer der wortreichsten Streiter gegen den europäischen ◇Modernismus und seine Anhänger in der nordamerikanischen Kunst. Arbeiten wie z. B. *Roasting Ears* (1938–39) und *Cattle Loading, West Texas* (1930) zeigen die für ihn typischen Szenen des amerikanischen Landlebens. Berühmt wurde B. für seine ◇Wandgemälde aus den 1930er Jahren, die er u. a. für die New School for Social Research in New York und für das State House in Jefferson City (Missouri) schuf.

Benvenuto di Giovanni (di Meo del Guasta) (1436– um 1518)
Sieneser Maler, Schüler → Vecchiettas. Zu seinen Gemälden zählen eine *Verkündigung an Maria* (1466), eine *Geburt Christi* (1470) und eine *Himmelfahrt Mariä.*

Bérard, Christian (1902–1949)
Französischer Maler und Bühnenbildner. Seine stilvollen, eleganten und den Geist der Epoche widerspiegelnden Arbeiten übten sowohl auf das französische ◇Design als auch auf die Mode in den 1940er Jahren nachhaltigen Einfluß aus.

Berchem (Berghem, Berrighem), Nicolaes Claes Pietersz. (1620–1683)

Holländischer italianisierender ◇Landschaftsmaler und ◇Radierer. Entscheidend prägte ihn ein Italienaufenthalt (1642–45); von da an zeigten seine besten Arbeiten lichtdurchflutete arkadische Landschaften, nach Art des → Claude Lorrain in zarter Malweise ausgeführt. Bisweilen erhielt B. von J. van → Ruisdael und → Hobbema den Auftrag, ihre Landschaften mit Figuren- und Tierstaffagen zu beleben.

Berckheyde, Gerrit Adriaensz. (1638–1698)
Holländischer Maler, Schüler seines Bruders Job → Berckheyde und beeinflußt vom Stil P. J. → Saenredams. Gerrit B. schuf v. a. kleinformatige Ansichten von Straßen, Kanälen und Plätzen in Haarlem, Amsterdam und Den Haag. Er zählt zu den bedeutendsten Vertretern der holländischen ◇Vedutenmalerei.

Gerrit Berckheyde, *Das Rathaus von Amsterdam,* 1673

Berckheyde, Job Adriaensz. (1630–1693)
Holländischer Maler von Stadtansichten. Er war ein kraftvollerer ◇Kolorist als sein Bruder Gerrit → Berckheyde.

Berenson, Bernard (1865–1959)
Amerikanischer Kunstkritiker und Kunsthistoriker, außerdem der Berater des Kunsthändlers Joseph Duveen (1907–36). Seine zahlreichen Schriften über Geschichte und Ästhetik der italienischen ◇Renaissancemalerei, v. a. seine Essaysammlung ›Italian Painters of the Renaissance‹ (1932; zuerst als einzelne Aufsätze 1894–1907 publiziert), verschafften ihm den Ruf eines Experten für die italienische Kunst. Andere wichtige Werke B.s sind ›Drawings of the Florentine Painters‹ (1903 und 1938) und ›Aesthetics and History in the Visual Arts‹ (1948).

Berghe, Frits van den (1883–1939)
Belgischer ◇expressionistischer Maler und ◇Grafiker, führende Persönlichkeit der Gruppe → Laethem-Saint-Martin. Den Ersten Weltkrieg verbrachte er in Holland, wo er Le Fauconnier kennenlernte und über ihn stark vom deutschen Expressionismus Franz → Marcs beeinflußt wurde. Später (1926/27) wandte er sich einer ◇surrealen Darstellung zu, die in ihrer Phantastik von → Bosch und → Ensor inspiriert war.

Bergognone (Borgognone), il (Ambrogio da Fossano) (um 1455–1523)
Italienischer Maler der lombardischen Schule, dessen zurückhaltende und subtile Farbgebung → Berenson veranlaßte, ihn den »Whistler der Renaissance« zu nennen. Er malte mehrere ◇Altarbilder und ◇Fresken für die Certosa in Pavia (1488–94 und 1514) sowie Fresken (um 1515) in der Kirche S. Simpliciano, Mailand. B. war ein traditioneller, ursprünglich von → Foppa beeinflußter Maler, der sich gegenüber den Neuerungen → Leonardos verschloß.

Berlewi, Henryk (1894–1967)
Polnischer Maler, der in Warschau, Antwerpen und Paris studierte. Vertreter einer ◇Konstruktivistischen Malerei, die auf dem ◇Suprematismus → Malewitschs und den de-◇Stijl-Ideen beruht.

Berliner Maler (tätig 1. Hälfte 5. Jh. v. Chr.)
Führender ◇attischer ◇Vasenmaler (streng ◇rotfigurig), Schüler des → Euthymides, Wegbereiter der Frühklassik. Benannt nach einer in Berlin befindlichen großen Bauchamphora (◇Vasenformen, griechische). Typisch für ihn sind Aufgabe des gerahmten Bildfeldes und Bevorzugung des einfigurigen Dekorationsprinzips. Die Gefäße sind dunkelwandig, mit freistehenden, hochbeinigen, schlank-muskulösen Einzelfiguren, die augenscheinlich stark von der ◇Skulptur seiner Zeit beeinflußt sind.

Bermejo, Bartolomé (tätig 1474–1498)
Spanischer Maler aus Córdoba, dessen Werk flämische Einflüsse aufweist; wirkte in Aragon (1474–77) und Barcelona. Als sein Meisterwerk gilt die *Pietà des Kanonikus Desplá* in der Kathedrale von Barcelona, 1490 datiert und signiert.

Emile Bernard, *Die Brücke von Asnières,* 1887

Bernard, Emile (1868–1941)
Französischer Maler und Kunstschriftsteller, der für sich beanspruchte, der Urheber des ◇Cloisonismus zu sein, wie er von → Gauguin angewandt wurde. Innerhalb der künstlerischen Bewegung des ◇Symbolismus besaß B. eine führende Position, im Alter setzte er sich für die Wiederbelebung religiöser Kunst ein. Er war mit van → Gogh und → Cézanne befreundet, mit denen er in Briefwechsel stand; an ihn ist Cézannes berühmter Brief von 1905 gerichtet, in dem dieser schreibt: »Alles in der Natur modelliert sich wie Kugel, Kegel und Zylinder.«

Bernini, Gianlorenzo (Giovanni Lorenzo) (1598–1680)
In Neapel geborener italienischer ◇Bildhauer und Architekt, Sohn des in Rom arbeitenden Bildhauers und Malers Pietro B. Schon in frühester Jugend zeigte er große Kunstfertigkeit als Bildhauer. Sein Förderer war Kardinal Scipione Borghese, für dessen Park B. vier Skulpturengruppen schuf, darunter *Äneas und Anchises* (1618–19) und *Apoll und Daphne* (1622–25). In Rom führte er im Auftrag der Päpste Urban VIII., Innozenz X. und Alexander VII. zahlreiche große öffentliche Arbeiten aus: den Umbau des Palazzo Barberini (1625–33), das Bronzetabernakel (1624–33) und die Cathedra Petri (1657–65) in der Petersbasilika, B.s wohl großartigste architektonische Leistung, und die ◇Kolonnaden des Petersplatzes (1657–67). Weitere bedeutende städtebauliche Arbeiten sind der berühmte *Vierströmebrunnen* auf der Piazza Navona (1647–52) sowie die Barockkirche S. Andrea al Quirinale. Das ◇barocke Stadtbild verdankt Rom maßgeblich ihm. B. war ein tiefgläubiger Mann und der führende Künstler der katholischen Gegenreformation. Sowohl als Architekt wie auch als Bildhauer beeindruckte er die Zeitgenossen des 17. Jh.s, einerseits durch seinen Genius, andererseits auch durch sein Geschick, Konkurrenten in den Hintergrund zu drängen (z. B. → Algardi und → Duquesnoy). In seinen zahlreichen ◇Porträtbüsten, darunter Bildnisse von Kardinal Scipione Borghese (1632), Constanza Buonarelli (um 1635) und Herzog Franz I. d'Este (1650/61), zeigt sich B.s hervorragendes Gespür für die Wiedergabe von Charakteren und zugleich seine technische Virtuosität. 1640–41 schuf er eine Büste von Kardinal Richelieu nach einem Porträt von Philippe de → Champaigne. Diese Arbeit trug ihm den Ruf an den französischen Hof ein (1665). Das Ergebnis dieses Frankreichaufenthaltes ist seine Marmorbüste von Ludwig XIV. (1665). Auf der Höhe seines Ruhmes prophezeite B. den Verfall seines Ansehens, und tatsächlich stieß noch zu seinen Lebzeiten eine 1673 vollendete Reiterstatue Ludwigs XIV. auf so große Ablehnung, daß das Werk von → Girardon 1688 umgearbeitet wurde. B.s bildhauerischer Stil war z. T. von → Mi-

Gianlorenzo Bernini, *Die Verzückung der hl. Therese,* 1645–52

chelangelo beeinflußt, z. T. von der Ausdruckskraft → Caravaggios und Annibale → Carraccis, die er sehr bewunderte. B.s Betonung der Einheit von ◇Skulptur und Raum liegt seinen berühmten Grabmälern zugrunde, z. B. seinem *Grabmal Alexanders VII.* (1671–78) mit der Skelettfigur des Todes, die die marmornen ◇Draperien hebt (siehe Ft. 8), und dem *Grabmal der hl. Ludovica Albertoni* (1675–76). Sein Meisterwerk in der religiösen ◇Plastik, zugleich auch ein brillantes Beispiel für B.s Verwendung unterschiedlicher Materialien, ist die *Verzückung der hl. Therese* (1645–52) in der Cornaro-Kapelle der Kirche S. Maria della Vittoria in Rom. B. befreite die Skulptur von der klassischen Konzeption eines Blocks, der nur von einer Seite zu betrachten ist. Die Lebhaftigkeit in der Ausführung, aber auch die unruhigen Posen seiner Figuren verlangten nach mehreren unterschiedlichen Standpunkten; diese Spannung wurde jedoch oft gelöst in der klar umrissenen Energie und Bewegtheit von Gruppen wie *Apoll und Daphne.* Die ›unklassische‹ Betroffenheit des Betrachters angesichts der Kraft und Emotion, die von solchen Figuren ausgeht, zeigt, wie stark B. der befruchtende Genius (und in großem Maße der Schöpfer) des ◇Barockstils war.

Alonso Berruguete, *Abraham und Isaak,* 1526–32

Berruguete, Alonso (um 1488–1561)
Der bedeutendste spanische ◇Bildhauer des 16. Jh.s, der außerdem als Maler arbeitete, Sohn von Pedro → Berruguete; er war hauptsächlich in Valladolid tätig. Von etwa 1504 bis um 1517 lebte er in Italien, wo er v. a. das Werk → Michelangelos studierte, dessen Einfluß in B.s *Auferstehung* sichtbar wird, einem Alabasterrelief in der Kathedrale von Valencia. Weitere Hauptwerke B.s sind die Altäre für das Kloster La Mejorada (1526) und für die Kirche S. Benito (1527–32), heute beide im Skulpturenmuseum Valladolid, sowie das hölzerne Chorgestühl (1539–48) für die Kathedrale von Toledo. B. wandte sich als erster Spanier vehement gegen das Ideal der ◇Hochrenaissance, die Formperfektion. Er war vom ◇Manierismus beeinflußt, setzte jedoch bewußt Verzerrungen oder unausgewogene ◇Kompositionen ein, um seine Emotionen oder die Ängste und Ekstasen des religiösen Lebens auszudrücken.

Berruguete, Pedro (um 1450–1503/04)
Kastilischer Maler, Vater des Alonso → Berruguete. Er wirkte in Avila, war an der Ausführung der ◇Fresken in der Kathedrale von Toledo (1483) beteiligt und als Hofmaler für die Katholischen Könige Ferdinand und Isabella von Spanien tätig. B. war der erste spanische Maler, der sich stilistisch nach Italien orientierte. Einer Überlieferung nach soll er in Urbino studiert haben, worauf der Stil einiger seiner Bilder schließen läßt.

Bertoldo di Giovanni (um 1420–1491)
Italienischer ◇Bildhauer, vorwiegend Kleinplastiker, Schüler und Gehilfe von → Donatello, später Lehrer von → Michelangelo. B. war Leiter der Antikensammlung des Lorenzo de'Medici und erster Direktor von dessen Akademie. Für L. de' Medici schuf B. auch sein bedeutendstes erhalten gebliebenes Werk, das *Schlachtenrelief,* das in Pisa entstand.

Besnard, Paul Albert (1849–1934)
Französischer Maler, der eine Ausbildung im Sinne des von → Ingres vertretenen ◇Klassizis-

mus bei J. Brémond absolvierte. Ab 1883 zeigen seine Arbeiten in Lichtführung und Farbgebung Einflüsse der ◇Impressionisten. Die intensive Farbigkeit seiner Indienbilder (1912) fand große Beachtung. B. schuf auch ◇Fresken, ◇Pastellzeichnungen und ◇Radierungen.

Beuckelaer, Joachim (um 1533–um 1573)
Flämischer Maler, der den größten Teil seiner aktiven Zeit als Gehilfe anderer Künstler arbeitete, u. a. für A. → Mor, möglicherweise auch für P. → Aertsen, mit dem B. durch Heirat verwandt war und der ihn wahrscheinlich auch unterrichtete. Seine wenigen selbständigen Werke zeigen zumeist Markt- und Küchenszenen.

Beuys, Joseph (1921–1986)
Deutscher ◇Objektkünstler und Zeichner, studierte an der Düsseldorfer Akademie (1947–51; ab 1949 Meisterschüler von → Mataré), an der er 1961–72 selbst lehrte. 1962 trat B. erstmals mit ◇Happenings an die Öffentlichkeit und stellte 1963 mit der internationalen ◇Fluxus-Gruppe aus. B. versuchte in seinem Leben und in seinem Werk eine Wiederherstellung der verlorengegangenen Einheit von Natur und Geist und setzte dem zweckdeterministischen Rationalismus ein Denken entgegen, das archetypische, mythische und magisch-religiöse Zusammenhänge einbezieht (Vergleich der eigenen künstlerischen Tätigkeit mit der des Schamanen). Die breite Fülle seiner Ausdrucksformen enthält oft Gegenbilder, die aus der individuellen Auseinandersetzung mit dem Kosmos entstehen und eine dialektische Symbolsprache besitzen. Diese Gegenbilder konkretisieren sich dabei in anschaulichen Materialien wie Kupfer als leitendes Element (Sender) und Fett oder Filz als aufladendes Element (Speicher), an denen die Vielschichtigkeit des Lebens als Spannung zwischen dem organischen und kristallinen Prinzip (im Anschluß an Rudolf Steiners Anthropologie) nicht mit abstrakt-rationaler Begrifflichkeit, sondern mit der sprechenden Bildlichkeit der Objekte ablesbar wird. In der Vereinigung aller Existenzbedingungen wird das Kunstwerk seinerseits für B. zum »Sprecher« und »Sender« des plastischen Grundprinzips »Kreativität«, das sich in den Aktionen (*Wie man dem toten Hasen die Bilder erklärt,* 1965; *Kojote,* 1974) ebenso wie in den ◇Zeichnungen, Objektinstallationen (*Zeige deine Wunde,* 1976) und in den diagrammartigen Notaten materialisiert. Die Bestrebung von B., die künstlerische Kreativität (an der für ihn alle Menschen teilhaben können) auf alle Lebensbereiche zu übertragen, führte in den 1970er Jahren zu vielfältigen politischen Aktionen wie z. B. zur Gründung des ›Büros für direkte Demokratie‹ und der ›Freien Hochschule für Kreativität und interdisziplinäre Forschung‹ (documenta 6, 1977). Mit Baumpflanzaktionen (u. a. *5000 Eichen*) verwies B. auch auf die ökologischen Probleme der Naturzerstörung und zeigte Wege der praktischen Kreativität auch in diesem Bereich auf.

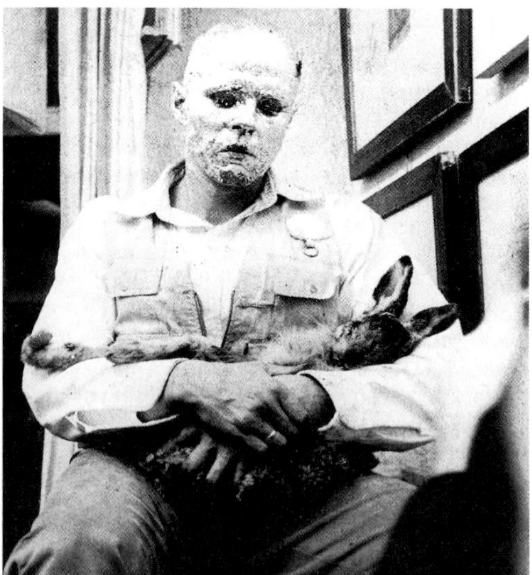

Joseph Beuys, *Wie man dem toten Hasen die Bilder erklärt,* 1965

Bewick, Thomas (1753–1828)
Englischer ◇Holzschneider und ◇Buchillustrator; am bekanntesten sind seine Tier- und Vogelstudien. B. gilt als der Erfinder des ◇Holzstichs. Für seine Druckstöcke verwandte er das besonders harte Buchsbaumholz. Er führte auch ◇grafische Techniken ein, die die tonale Bandbreite der Holzschnitte um ein Vielfaches erweiterten. Zu seinem Werk gehören der bekannte Holzstich *Wilder Bulle bei Chillingham,* eine der Illustrationen zu R. Beilbys ›A General History of Quadrupeds‹ (1790), und die ›History of British Birds‹ (2 Bde., 1797 und 1840). Seine besten

Thomas Bewick, *Die Hausgans,* aus ›History of British Birds‹, 1797

Arbeiten sind die zahlreichen Buch-◇Vignetten englischer Landschaften.

Beyeren (Beijeren), Abraham Hendricksz. van (1620/21–1690)
Holländischer Maler, der berühmt ist für seine virtuos ausgeführten, opulenten ◇Stilleben, insbesondere seine ›Bankettstücke‹, mit ihren Arrangements aus Früchten, Fischen, Schalentieren, silbernem und goldenem Tafelgeschirr, Glasgegenständen und effektvoll drapierten Tischdecken.

Bicci di Lorenzo (1373–1452)
Florentiner Maler, dessen künstlerisches Schaffen beeinflußt war von Lorenzo → Monaco, → Gentile da Fabriano und Fra → Angelico. Seine Werke sind in zahlreichen Gemäldegalerien vertreten, ◇Fresken von seiner Hand sind in S. Francesco, Arezzo, und in mehreren Kirchen in Florenz zu finden.

Bickerton, Ashley (* 1959)
Amerikanischer Künstler, der am California Institute of Arts studierte. Trotz der Verwendung von hochkomplexen High-Tech-Materialien sind B.s ◇Installationen und Objekte im klassischen Sinne als Landschaften, ◇Stilleben und ◇Porträts konzipiert (*Nasse Landschaft Nr. 3,* 1990; *Kleines Selbstporträt,* 1988). Ihre auf optische Wirkung ausgelegte Poesie resultiert aus dem leicht ironischen Miteinander natürlicher Materialien und komplizierter Digitalapparate.

Bierstadt, Albert (1830–1902)
Amerikanischer ◇Landschaftsmaler deutscher Herkunft. Nach Studien in Europa (1853–57) schloß er sich einer Vermessungsexpedition in die Rocky Mountains an (1858). Von da an schuf er zahlreiche großformatige Bilder, in denen er dieses Gebirge und die Landschaft des amerikanischen Westens darstellte. Diese Arbeiten trugen B. große Popularität und Auszeichnungen aus Europa ein. B.s Malstil spiegelt den Einfluß der deutschen ◇Romantik wider.

Albert Bierstadt, *Sonnenaufgang im Yosemite Valley,* um 1870

Bihzād (Behsād), Kemāl ad-Din (um 1450/60 – um 1536)
Bedeutendster persischer ◇Miniaturenmaler, der 1488 am Timuridenhof in Herat, später in Täbris arbeitete. Seine Illustrationen zeichnen sich durch bewegte Kompositionen, eine vielfältige Farbpalette, eine ausgewogene Tongebung sowie eine präzise, realistische Darstellung aus. B. illustrierte u. a. Werke der persischen Dichter Nisāmī, Sa'di und Djami und fertigte auch ◇Porträts von Angehörigen des Timuridenhofes an. Erhaltene Manuskripte sind das ›Bustan‹ des Sa'di (1488, heute in der Ägyptischen Bibliothek in Kairo), die Doppelseite des ›Gulistan‹ (um 1485/90) sowie einige Miniaturen in der Epensammlung ›Khamsa‹ des Dichters Nisāmī (um 1494–95, heute im British Museum, London).

Bilibin, Iwan Jakolewitsch (1876 – 1942)
Russischer ◇Buchillustrator, der der → ›Mir Iskusstwa‹-Gruppe angehörte. Sein Schaffen wurzelt in der russischen Tradition des 19. Jh.s und ist hervorzuheben, da es auch Elemente der russischen ◇Volkskunst umfaßt. Neben seinen Illustrationen zu russischen Märchen zeichnete B. auch antizaristische ◇Karikaturen.

Bill, Max (* 1908)
Schweizer ◇Bildhauer, Maler, Architekt, Industriedesigner und Kunsttheoretiker, der entscheidend von den ◇Bauhaus-Ideen einer Einheit aller Künste und einer funktions- und materialgerechten Form geprägt wurde. 1932 Mitglied der Gruppe → Abstraction-Création, 1951–56 Rektor der Hochschule für Gestaltung in Ulm, deren Gebäude er auch entwarf (1953–55). Er unterstützte van → Doesburgs Theorie der ◇Konkreten Kunst in seiner Malerei und Bildhauerei, aber auch in kunsttheoretischen Schriften und indem er Ausstellungen wie ›Konkrete Kunst‹ (1944 in Basel) organisierte. In ›Die mathematische Denkweise in der Kunst unserer Zeit‹ (1949) vertrat er eine neue, auf mathematischen Konzepten aufbauende Vorstellung künstlerischer Kreativität.

George Caleb Bingham, *Die Rückkehr der Trapper,* 1845

Bingham, George Caleb (1811–1879)
Amerikanischer Maler. Kurze Ausbildung an der Pennsylvania Academy in Philadelphia (1837–38). 1844 ließ er sich in Missouri nieder. Hier entstanden B.s berühmte Szenen aus dem Leben der amerikanischen Siedler, der Pelzhändler und Flößer am Mississippi und Missouri sowie zahlreiche politische ◇Genrebilder. Nach einer Europareise (1856–59), auf der er mit der → Düsseldorfer Schule in Berührung kam, schuf B. vorwiegend offizielle ◇Porträts und widmete sich seinen politischen Ämtern.

Bioulès, Vincent siehe → **Supports/Surfaces**

Birnbaum, Dara (* 1946)
Amerikanische ◇Videokünstlerin, die bis 1969 ein Architekturstudium in Pittsburgh und bis 1973 ein Malereistudium am San Francisco Art Institute absolvierte; anschließend bis 1976 Ausbildung am Video Study Center of Globul Village der New School for Social Research in New York. In ihren frühen Videotapes setzte sich B. mit dem Fernsehen auseinander, indem sie mit einer verfremdenden ◇Collage-Fragmentarisierung auf die unendliche Bilderflut des öffentlichen Fernsehens verwies. Gegen diese konfektionierte Bilderflut setzt B. in ihren Video-◇Installationen seit 1984 eine bewußte Suche nach Individualität, die sie in eindringlichen Bildfolgen von Blick- und Handfragmenten konzentriert (*Damnation of Faust,* 1984–87).

Birolli, Renato (1906–1959)
Italienischer Maler, eines der führenden Mitglieder der Künstlervereinigung ›Corrente‹ (1938) und prominenter Antifaschist. Während des Krieges schuf er eine ◇Serie von Zeichnungen mit dem Titel *Italia 1944,* in denen er gegen die Schrecken des Krieges protestierte. Er gehörte zu den Gründern der → ›Fronte Nuovo delle Arti‹ (1948). B.s späte Arbeiten zeichnen sich aus durch eine kräftige, leuchtende Farbgebung und einen ◇abstrakten Stil, der sich dennoch nie vollkommen vom Gegenständlichen löst (z. B. die berühmte Bildserie von *Feuersbrünsten,* 1955–56).

Bissier, Julius (1893–1965)
Deutscher Maler, der nach dem Ersten Weltkrieg zu einer ◇Landschaftsmalerei im Stil der ◇Neuen Sachlichkeit fand. Seine Freundschaft mit dem Sinologen Ernst Grosse bereitete ihm den Zugang zur Kunst Ostasiens, die ihn ihrerseits zur Abstraktion in Gestalt von meditativen Zeichenformen führte. Nach 1945 entwickelte B. eine ◇kalligraphische Tuschmalerei, die in ihrer schriftornamentalen Struktur an fernöstliche Pinseltuschzeichnungen erinnert und die neben den ›Eidos‹-Bildern seines Freundes → Baumeister großen Einfluß auf die erste deutsche Generation ◇informeller Maler in den 1950er Jahren ausübte. 1961 Freundschaft mit → Tobey.

Bissière, Roger (1888–1964)
Französischer Maler, studierte in Bordeaux und ließ sich 1910 in Paris nieder. Lernte 1921 →

Braque kennen und bemühte sich in den folgenden Jahren um eine ›Humanisierung‹ des ◇Kubismus. 1925–38 Lehrer an der Académie Ranson; vorübergehende Erblindung zwang ihn 1939–45 das Malen aufzugeben. In dieser Zeit entstanden Holzskulpturen und → Klee nahestehende ◇Bildteppiche aus zusammengenähten Stoffetzen. Ab 1957 entwarf er auch Glasfenster (z. B. für die Kathedrale von Metz). Mit seiner Bilderfolge *Images sans titres* leistete B. in den 1950er Jahren einen Beitrag zum französischen ◇Tachismus.

Blake, Peter (* 1932)
Englischer Maler. Studierte am Londoner Royal College of Art (1953–56). Mit R. → Hamilton und R. → Smith gehört B. nach einer frühen Periode ◇realistischer Malerei zu den Wegbereitern der englischen ◇Pop Art. V. a. seine ◇Collagen nach Fund- und Erinnerungsstücken zeigen in der Liebe zum Detail eine sehr persönliche Poesie. Seine Motive entlehnt er häufig dem Bereich des Varietés, Sportwettkämpfen u. ä.

Blake, William (1757–1827)
Englischer Dichter, Maler und ◇Grafiker. B. begann schon als Kind von zehn Jahren zu zeichnen und ging mit 15 Jahren bei einem ◇Kupferstecher in die Lehre, während er bereits dichterisch tätig war. Seine ersten Gedichtsammlungen, die er nach einer selbst erfundenen Methode druckte und farbig illustrierte, waren die *Songs of Innocence* (1789) und die *Songs of Experience* (1794). B., der die ◇Ölmalerei ablehnte, verwendete eine besondere ◇Temperatechnik, den Farbdruck, das ◇Aquarell oder die konventionelle Umrißradierung. Außer für eigene Werke hat B. auch Illustrationen für die Bibel sowie für Werke von Milton, Shakespeare und Dante geschaffen, die er in recht eigenwilliger Weise interpretierte. Seine Kunst kennzeichnet ein esoterischer Symbolismus, eine stark visionäre Weltschau und die kompromißlose Verwendung der Linie. B. bewunderte alle ›linearen‹ Künstler wie → Michelangelo oder → Dürer, während er die ›Koloristen‹, wie → Tizian oder → Rubens, verachtete. Obwohl er nicht ganz so isoliert war, wie man annahm (B. war u. a. befreundet mit → Flaxman und → Füßli), stand er doch im Widerstreit mit der öffentlich anerkannten herrschenden Kunst seiner Zeit. Sein Glaube an die Inspiration und an den Genius stellen ihn an die Seite der ◇Romantiker. B.s Kunst war von großem Einfluß auf die ◇Buchillustration (Einheit von Schrift und Bild) sowie auf die → Präraffaeliten, den ◇Symbolismus und den ◇Jugendstil.

William Blake, *Der Alte der Tage,* 1794

Blakelock, Ralph Albert (1847 – 1919)
Amerikanischer Maler, Autodidakt. Seine ◇Landschaftsbilder vom amerikanischen Westen sind in satten dunklen Farben ausgeführt und spiegeln die Stimmungen des Künstlers wider.

Der Blaue Reiter
1911 in München gegründete Künstlergruppe, die aus der ›Neuen Künstlervereinigung‹ hervorging und deren wichtigste Mitglieder → Jawlensky, → Kandinsky, → Klee, → Macke, → Marc und Gabriele → Münter waren. Die Bezeichnung für die Gruppe und das gleichnamige Jahrbuch (erschienen 1912) ging auf ein Bild Kandinskys zurück. Die Gruppe war eine lockere Verbindung gleichgesinnter Künstler, die in ihrer Zielsetzung und künstlerischen Ausdrucksfähigkeit jedoch viel unterschiedlicher waren als etwa die Künstler der anderen großen Künstlergruppierung des deutschen ◇Expressionismus, der → Brücke. Sie standen auch den Einflüssen inter-

nationaler ◇avantgardistischer Strömungen, wie ◇Kubismus, ◇Futurismus und ◇Orphismus, sehr viel aufgeschlossener gegenüber und nahmen Anregungen aus verschiedensten Bereichen – z. B. der russischen und bayrischen ◇Volkskunst, der Laienmalerei, der Kinderzeichnung – auf. Bezeichnend für die breite Skala der künstlerischen Ausdrucksmöglichkeiten innerhalb der Gruppe ist die Tatsache, daß auf der ersten programmatischen Ausstellung am 18. 11. 1911 in der Galerie Thannhauser neben Werken der Mitglieder auch Bilder von zwei so extremen Exponenten der französischen Kunst wie → Delaunay und Henri → Rousseau gezeigt wurden, die für Kandinsky die beiden Pole einer zukünftigen Kunst – das ›Große Abstrakte‹ und das ›Große Reale‹ – verkörperten. Die stilistischen Bemühungen der Künstler des B. R.s, die eher intellektuell und analytisch geprägt waren und unter der geistigen Führung Kandinskys zur ◇Abstraktion tendierten, hatten einen spirituellen und mystischen Unterton (Marc, *Turm der Blauen Pferde*). 1912 erschien Kandinskys wegweisendes Buch ›Über das Geistige in der Kunst‹, in dem er den autonomen, vom Gegenstand unabhängigen Ausdruck von Form und Farbe postulierte. Der Ausbruch des Ersten Weltkrieges, in dem Marc und Macke fielen, setzte dem gemeinsamen Streben ein Ende. Der Geist des B. R.s wirkte jedoch in den Ideen des ◇Bauhauses, an dem Kandinsky und Klee später als Meister tätig waren, weiter fort.

Blaue Rose (russ. ›Golubaja rosa‹)
Eine Gruppe ◇avantgardistischer russischer Künstler, die seit etwa 1907 die Nachfolge der → Mir-Iskusstwa-Bewegung antrat. Die Gruppe stand unter dem Einfluß von → Wrubel, → Serow und → Borissow-Mussatow; ihre bedeutendsten Mitglieder waren → Kusnezow, Krymow, → Matwejew, M. → Sarjan u. a.; Sprachrohr der Künstlervereinigung war die von dem Moskauer Fabrikanten Nikolai Rjabuschinski herausgegebene Zeitschrift ›Das Goldene Vlies‹ (›Solotoje runo‹; 1906–09), die ab 1908 bedeutende Ausstellungen moderner Kunst veranstaltete, wobei neben Werken russischer Künstler (u. a. N. → Gontscharowa, → Larionow) v. a. Arbeiten der französischen ◇Fauvisten (→ Matisse, → Derain), aber auch ◇Impressionisten (→ Pissarro, → Sisley) und ◇Postimpressionisten (van → Gogh, → Cézanne, → Gauguin) gezeigt wurden.

Die Blauen Vier
Ungefähr zehn Jahre lang (ab 1924) stellten die vier Künstler → Feininger, → Jawlensky, → Kandinsky und → Klee unter diesem Namen in Europa und den USA ihre Arbeiten aus.

Blechen, Karl (1798 – 1840)
Deutscher Maler, der sich nach seiner Tätigkeit als Bühnenbildner am Königstädtischen Theater in Berlin (1824–27) gänzlich der ◇Landschaftsmalerei zuwandte. Stark durch → Friedrich beeinflußt, nimmt sie mit ihrer eigentümlich beunruhigenden Einbeziehung der Realität eine Sonderstellung zwischen ◇Romantik und ◇Realismus ein. Sein *Eisenwalzwerk von Neustadt-Eberswalde* (1834) war die erste Industrielandschaft der deutschen Malerei. Auf einer Italienreise 1828–29 kam er zu einer neuen, fast ◇›impressionistischen‹ Farbgebung.

Karl Blechen, *Tiberiusfelsen auf Capri,* 1828/29

Bleckner, Ross (* 1949)
Amerikanischer Maler, der an der New York University und 1971–73 am California Institute of the Arts, Valencia (Kalifornien), studierte. B.s zyklisch angelegte, optisch wirkungsvolle Malerei besteht aus konzentrischen Punktreihen, die trotz ihrer geometrisch-ornamentalen Struktur die Assoziation von kosmischen Landschaften hervorrufen. Diese Wirkung resultiert aus der komplexen Malweise, die – ausgehend von Hell-Dunkel-Kontrasten – durch die mehrfache Übereinanderlagerung von mit Feuer, Wachs und Firnis behandelten Farbschichten eine fast schwebende Leuchtkraft erzeugt (*Kuppel,* 1990/91).

Bles, Herri met de (um 1480 – nach 1550)
Antwerpener Maler von Landschaften und reli-

giösen Bildern, dessen Stil dem des J. → Patenier ähnelt; B.' Werk, v. a. seinen Bergwerks-Landschaften wie z. B. *Das Kupferbergwerk,* ist ein phantastischer Zug eigen. Er war wahrscheinlich mit Patenier verwandt und ist vermutlich identisch mit einem in der Antwerpener Gilde 1535 verzeichneten Meister Herry de Patenier. ›Bles‹ mag sein Spottname gewesen sein, den er wegen eines weißen Haarbüschels über der Stirn erhielt. In Italien war er als ›Henrico Civetta‹ bekannt, so genannt nach dem Eulen-Emblem, mit dem er seine Bilder signierte.

Bloemaert, Abraham (1564 – 1651)
Holländischer Maler. Sein Werk umfaßt religiöse wie auch mythologische ◇Historienbilder, ◇Porträts und ◇Stilleben. Nach einigen Reisen, u. a. nach Paris (1580–83) und Amsterdam (1591), ließ er sich in Utrecht nieder, wo er 1592 die → Utrechter Malerschule mitbegründete. Er war sehr berühmt, zu seinen Atelierbesuchern zählten → Rubens und Elisabeth, Königin von Böhmen. Zu B.s Schülern gehörten J. G. → Cuyp, G. → Honthorst und H. → Terbrugghen. Über die im italienischen Stil arbeitenden holländischen Maler wurde er beeinflußt vom ◇Manierismus und von → Caravaggios ◇Chiaroscuromalerei.

Bloemen, Jan Frans van (genannt Orizzonte) (1662 – 1749)
Flämischer Maler, der seit Anfang der 1680er Jahre in Rom lebte und dessen reizvolle Landschaftsdarstellungen der römischen Campagna von G. → Dughet beeinflußt waren. Den Spitznamen ›Orizzonte‹ verdankte er den feinen Abstufungen von räumlichen Distanzen in seinen Bildern.

Bloemen, Pieter van (1657 – 1720)
Flämischer ◇Genre- und ◇Landschaftsmaler, Bruder des J. F. van → Bloemen; ungefähr 1674 bis 1693 lebte und arbeitete er in Rom.

Bloomsbury Group
Ein Intellektuellenzirkel, der sich im Londoner Stadtteil Bloomsbury in den beiden Häusern der Stephen-Familie (zu der Virginia Woolf und Vanessa → Bell gehörten) seit ungefähr 1907 traf. Unter den Mitgliedern dieses Kreises waren der Philosoph G. E. Moore, der Ökonom Keynes, der Künstler Duncan → Grant sowie die Schriftsteller Clive Bell, E. M. Forster, Roger Fry, G. L. Strachey und Arthur Waley.

Blossfeldt, Karl (1865 – 1932)
Deutscher ◇Fotograf, ◇Bildhauer und Kunstpädagoge. Angeregt durch Studienaufenthalte in Italien, Griechenland und Afrika sammelte und präparierte B. Pflanzen, die er anschließend häufig in Ausschnittvergrößerung im Stil der ◇Neuen Sachlichkeit fotografierte.

Blume, Bernhard Johannes (* 1937)
Deutscher Künstler, studierte an der Düsseldorfer Akademie und an der Kölner Universität (Philosophie). Ab 1971 entwickelte er sein System der ›Ideoplastie‹. In Zeichnungen und Fotosequenzen erzählt er magisch-skurrile Geschichten von eigenartig befremdlichen Erfahrungen mit der Dingwelt.

Blume, Peter (* 1906)
In Rußland geborener Maler des ◇Magischen Realismus, der in seinen zumeist ◇allegorischen Gemälden bestimmte ◇surrealistische Techniken (Phantasiemotive, Traumbilder, freie Assoziation) mit sozialem Engagement verknüpft, etwa in *Die ewige Stadt* (1934–37). B.s frühe Arbeiten, z. B. *Parade* (1930), kennzeichnet ein eng an den ◇Präzisionismus von C. → Demuth und C. → Sheeler angelehnter Stil.

Bluth, Manfred (* 1926)
Deutscher Maler des Berliner ◇Kritischen Realismus. B. ist stets ein Einzelgänger geblieben, der für sich die Tradition realistischer Darstellung von ◇ stillebenhaften Elementen der ◇Neuen Sachlichkeit bis zu ◇surrealer Magie fruchtbar macht. Seine Bilder sind ironische Rätsel, in denen sich Erinnerung und Gegenwart skeptisch und romantisch zugleich verquicken.

Böblinger, Matthäus († 1505)
Deutscher Baumeister und Steinmetz, wahrscheinlich in Köln ausgebildet; 1474 in Eßlingen beschäftigt (Riß eines Ölbergs für das Ulmer Münster). 1480 wurde er Dombaumeister in Ulm, wo er das obere Viereckgeschoß des Ulmer Münsterturms erbaute.

Boccaccino, Boccaccio
(um 1465/66–1524/25)
Italienischer Maler. Nachdem er in Genua, Ferrara und Venedig gearbeitet hatte, ließ er sich in Cremona nieder; im Dom zu Cremona schuf er zahlreiche ◇Fresken, darunter sein Meisterwerk, einen Freskenzyklus mit *Szenen aus dem*

Leben Mariä (1510–19); B.s Werke, v. a. seine Marienbilder, sind von Giovanni → Bellini beeinflußt.

Boccioni, Umberto (1882 – 1916)
Italienischer Maler, ◇Bildhauer und Schriftsteller, führender Vertreter des ◇Futurismus. Studierte bei G. → Balla in Rom. Inspiriert von → Marinettis ›Futuristischem Manifest‹ (1909), veröffentlichte B. 1910 das ›Technische Manifest der futuristischen Malerei‹ und zwei Jahre später das ›Technische Manifest der futuristischen Bildhauerei‹. Er nahm 1912 an der ersten Ausstellung futuristischer Kunst in Paris teil und faßte die Ideale dieser Kunstrichtung in seinem Buch ›Pittura, scultura futuriste: dinamismo plastico‹ (1914) zusammen. In seiner Malerei und ◇Skulptur suchte B. nach einer Synthese von Zeit, Ort, Form, Farbe und Ton, nach einer Simultaneität aller sinnlichen Eindrücke, die Objekt und Umwelt umfassen. Charakteristische Arbeiten B.s sind das Gemälde *Die Stadt erhebt sich* (1910) und die Bronzeplastik *Urformen der Bewegung im Raum* (1913), die auch die russischen ◇Kubofuturisten beeinflußte.

Umberto Boccioni, *Urformen der Bewegung im Raum,* 1913

Bochner, Mel (* 1940)
Amerikanischer Maler der Generation der Postminimalisten. Sein Werk, das Gebrauch macht von geometrischen Mischformen, ist in seinem extensiven Einsatz von Systemen, Zahlen, ja sogar in der Art, wie Form und Farbe behandelt sind, rationalistisch zu nennen. An Arbeiten sind u. a. zu erwähnen: *Axiom of Exhaustion* (1971), farbige Tusche auf Kreppband auf dem Fußboden, und vier Gemälde: *Mental Exercise Estimating: a Circle, a Centered Vertical, Corner to Corner, The Center* (1972).

Boeckl, Herbert (1894 – 1966)
Österreichischer Maler, der in einem expressiven Stil arbeitete, der von → Cézanne, → Corinth und → Kokoschka beeinflußt war. Von 1935 bis 1966 war B. Professor an der Wiener Kunstakademie. Sein Hauptwerk, der ◇Freskenzyklus der *Apokalypse* (1952–60) in der Kapelle der Benediktinerabtei Seckau, stellt einen wichtigen Beitrag zur religiösen Kunst des 20. Jh.s dar.

Böcklin, Arnold (1827 – 1901)
Schweizer Maler, der an der Düsseldorfer Kunstakademie bei J. W. Schirmer, in Genf bei A. → Calame und in Paris studierte. Sein Frühwerk im Stil der deutschen ◇romantischen ◇Landschaft zeichnet sich durch eine melancholische Grundstimmung aus. Seine späteren Arbeiten, z. B. *Triton und Nereide* (1873–74), sind bevölkert von Gestalten aus dem Bereich der klassischen Mythologie. Fiktive Landschaften wie *Die Toteninsel* (1880–86, fünf Fassungen) in der Nachfolge C. D. → Friedrichs kreieren eine übernatürliche und theatralische Atmosphäre. Trotz einer gewissen Derbheit seiner Malerei und einer Neigung zum Trivialen hatte B.s Werk Einfluß auf ◇symbolistische Kreise, auf de ◇Chirico und einige ◇Surrealisten (siehe Abb. S. 61).

Boëthos
Name von zwei, wahrscheinlich sogar drei griechischen ◇Bildhauern. Am besten belegt ist B. aus Kalchedon (Chalkedon) (tätig 1. Hälfte 2. Jh. v. Chr.) mit Inschriften auf Delos (um 165 v. Chr.) und durch seine Bronzeskulptur *Der Ganswürger,* eine Arbeit, von der römische ◇Repliken existieren.

Boetti, Alighiero (* 1940)
Italienischer Künstler. Nach Arbeiten im Stil der

◇Arte povera beschäftigt er sich mit der Visualisierung von Gegensätzen (wie Ordnung – Unordnung) und ihrer Aufhebung im Sinne einer höheren (Lebens-)Harmonie.

Boilly, Louis-Léopold (1761 – 1845)
Französischer Maler und ◇Lithograph, der berühmt ist für seine ◇Porträts, ◇Historien- und ◇Genrebilder. Zu seinen Arbeiten gehören der *Triumph Marats* (um 1794) und *Die Ankunft der Postkutsche* (1803, Louvre).

Bol, Ferdinand (1616 – 1680)
Holländischer Maler, vor 1640 ein Schüler → Rembrandts, dem viele von B.s Gemälden zugeschrieben wurden, da B. seinen Lehrmeister perfekt nachahmte. In den 1660er Jahren verlor seine Arbeit an Qualität, als er sich dem Geschmack der breiteren Öffentlichkeit anpaßte und in einem eleganteren und dekorativeren Stil zu malen begann.

Arnold Böcklin, *Die Toteninsel,* 1880

Bol, Hans (1534–1593)
Flämischer Maler und ◇Miniaturist von ◇Landschaften und Stadtansichten, die sich durch eine sehr feine und detaillierte Wiedergabe auszeichnen.

Bolgi, Andrea (1604 – 1656)
Italienischer ◇Bildhauer, der ab 1626 in Rom in → Berninis Atelier arbeitete und die Statue der hl. Helena im Petersdom schuf (1629–49). Sein Stil war nicht lebhaft genug, um dem Geschmack des Hochbarock zu gefallen, so daß er mit der Zeit in Rom seine Popularität einbüßte.

Bologna, Giovanni da siehe → **Giovanni da Bologna**

Bologna, Schule von
Italienische Malerschule, die im 16. und 17. Jh. das Zentrum des ◇Klassizismus war, wie er an der Akademie der → Carracci gelehrt wurde. Zu den herausragenden Bologneser Malern gehören → Albani, → Domenichino, → Guercino, → Lanfranco, → Reni und → Sassoferrato; einige dieser Künstler hatten großen Einfluß auf die Entwicklung des ◇Barockstils in Rom.

Boltanski, Christian (* 1944)
Französischer Künstler, der in seinen frühen, seinerzeit der ◇Spurensicherung zugerechneten Arbeiten die eigene Kindheit rekonstruiert (›Nachforschung und Darstellung all dessen, was von meiner Existenz von 1944–50 blieb‹, publiziert 1969) oder Lebensspuren anderer durch das Medium ◇Fotografie konserviert. Seit 1973 Erschaffung fiktiver Personen, deren ›Existenz‹ aus aufgelesenen Gegenständen konstruiert wird, und seit 1982 marionettenähnliche Figurinen. Auf der documenta 7 Ausstellung der ◇Installation *Die Reserven* (1987), ein aus drei Gängen bestehendes Zimmer mit 350 grobgerahmten unregelmäßigen Schwarzweißfotos namenloser wie austauschbarer Personen. Erst in den engen Gängen des Zimmers werden die Fotos ›erkennbar‹. Assoziationen an die Anonymität der bürokratisch verwalteten Welt paaren sich mit solchen von Friedhöfen und mittelalterlichen ◇Kolumbarien. Das Durchschnittliche, Allgemeine wird dabei im Sinne des Strukturalismus zum Signifikanten, zum Symbol für das ›Leben‹, das den Tod einschließt und – da beliebig auf alle übertragbar – für die Gleichrangigkeit der Menschen plädiert.

Boltraffio (Beltraffio), Giovanni Antonio (1466/67 – 1516)
Italienischer Maler, ein Schüler von Leonardo da → Vinci in Mailand. Zu seinen Werken gehören mehrere Darstellungen der *Maria mit Kind* und das berühmte *Bildnis eines Knaben,* das beispielhaft für B.s meisterliche ◇Porträts ist.

Bolus, Michael (* 1934)
In Südafrika geborener ◇Bildhauer, der seit 1957 in England arbeitet. Er studierte von 1958 bis 1962 bei A. → Caro an der St. Martin's School of Art. Zu seinen Werken gehören ◇ab-

strakte Stahl- und Aluminiumkonstruktionen, bei denen die Farbe die Form unterstreicht.

Bombelli, Sebastiano (1635 – 1716)
Venezianischer ◇Historien- und ◇Porträtmaler, der stark von → Veronese beeinflußt war. B. lockerte die strenge aristokratische Porträtdarstellung durch eine zwanglosere Haltung auf. Er arbeitete auch in Deutschland und Österreich.

Bomberg, David (1890 – 1957)
In Polen geborener britischer Maler, der von 1911 bis 1913 an der Slade School in London studierte und 1945–53 am Borough Polytechnikum in London als Lehrer tätig war. Seine großformatigen geometrischen Kompositionen, z. B. *Das Moorbad* (um 1913–14), fanden bei den Künstlern der ◇Avantgarde des frühen 20. Jh.s Beachtung. Spätere Arbeiten B.s sind eher repräsentativ; seit etwa 1929 wandte B. ◇expressionistische Techniken an.

Bombois, Camille (1883 – 1966)
Französischer Laienmaler, einer der fünf frühen ›klassischen Naiven‹, die Wilhelm Uhde entdeckte (1922) und ausstellte. Er arbeitete als Landarbeiter, Lastenträger und Zirkusathlet, während er sich nebenher autodidaktisch als Maler weiterbildete. Erst ab 1924 konnte er sich ganz der Malerei widmen. Mit massiver, derb zupackender Realistik schilderte er v. a. das lebendige, bunte Milieu von Zirkus und Jahrmarkt sowie Szenen aus dem ländlichen Leben.

Bömmels, Peter (* 1951)
Deutscher Maler, der zunächst Soziologie, Politologie und Pädagogik in Köln studierte und 1977–80 in einem Kinderladen arbeitete. 1980 Zugehörigkeit zur Künstlergruppe → Mülheimer Freiheit und Mitherausgeber der Musikzeitschrift ›Spex‹. B. zählte in den 1980er Jahren zu den Vertretern der → Neuen Wilden. Seine expressive Bildsprache dient ihm dazu, subjektive Bildobsessionen ohne Rücksicht auf Stilprobleme im Malprozeß zu entäußern. Malerei ist hier Metamorphose von visionären Träumen in Bildern, deren Chiffrierung den Betrachter seinerseits zu Assoziationen herausfordern soll.

Bonanus von Pisa (Bonanno Pisano) (tätig spätes 12. Jh.)
Italienischer ◇Bildhauer und Architekt. B. schuf die Bronzetüren für den Dom zu Pisa (1179; die des Hauptportals wurde 1595 zerstört, nur die Tür an der Südseite des Domes ist erhalten) und für den Dom von Monreale (1185). Man nimmt an, daß auch der Schiefe Turm von Pisa unter B.s architektonischer Leitung begonnen worden ist.

Bonampak
In Chiapas, Südmexiko, gelegener Fundort von ◇Wandgemälden der Maya aus der klassischen Periode ◇präkolumbischer Kunst, die ins 8. Jh. n. Chr. zu datieren sind. Die Malereien, die sich durch eine breite Farbpalette auszeichnen, u. a. enthalten sie einen außergewöhnlichen Blauton, stellen Prozessionen, Eroberungszüge und die Tötung von Gefangenen bei rituellen Opferungen dar.

Bone, Sir Muirhead (1876 – 1953)
Schottischer ◇Zeichner und ◇Radierer, der sich 1901 in London niederließ und sich auf architektonische Sujets spezialisierte, z. B. *The Demolition of St. James's Hall* (1905) und *Ruins of London from St. Bride's* (Zweiter Weltkrieg).

Bonfigli, Benedetto (um 1420 – 1496)
Stark von → Gozzoli beeinflußter italienischer Maler, der hauptsächlich in Perugia wirkte, wo sich u. a. ein ◇Freskenzyklus von seiner Hand in der Cappella dei Priori im Rathaus befindet.

Bonheur, Rosa (Marie-Rosalie) (1822–1899)
Französische, zu ihren Lebzeiten weithin gefeierte Tiermalerin. In ihren besten Bildern, häufig Darstellungen von Pferden, kombiniert sie einen lebhaften Pinselstrich mit der präzisen Wiedergabe von Details. Diese Arbeiten haben oft ungewöhnlich große Formate; so stellt eines zehn lebensgroße Pferde dar. Für ihre wichtigste Arbeit, *Pferdemarkt* (1853), verkleidete sie sich als Mann, um vor Ort das richtige ›Lokalkolorit‹ einfangen zu können.

Bonifazio de' Pitati (Bonifazio Veronese) (1487 – 1553)
Italienischer Maler der → Venezianischen Schule, dessen Gemälde stark an die Arbeiten → Giorgiones und → Tizians erinnern. Viele Bilder im Stil dieser Künstler sind B. zugeschrieben worden; es ist jedoch nur ein von ihm signiertes erhalten, eine *Madonna und Kind mit Heiligen* (1553).

Bonington, Richard Parkes (1802 – 1828)
Hochtalentierter englischer ◇Landschaftsmaler, ◇Historienmaler und ◇Lithograph, der hauptsächlich in Calais lebte und arbeitete. Er war mit → Delacroix und → Lawrence befreundet. Auf dem Pariser ◇Salon 1824 erhielt er zusammen mit → Constable eine Goldmedaille. In seinem Werk verbindet sich die englische Tradition ◇topographischer Landschaften mit dem Geist der französischen ◇Romantik. Seine ◇Ölgemälde und ◇Aquarelle mit Marinemotiven, ausgeführt in heller Palette und einem freien Pinselduktus, gelten als seine besten Arbeiten. Trotz seines frühen Todes übte er beträchtlichen Einfluß auf die zeitgenössische und die nachfolgende Landschaftsmalerei, besonders in Frankreich (→ Barbizon-Maler), aus. Er wird als einer der ersten Maler angesehen, die mit der Tradition J.-L. → Davids brachen.

Bonnard, Pierre (1867–1947)
Französischer Maler, wandte sich nach einem Studium der Rechte (1885–88) der Malerei zu und besuchte die Ecole des Beaux-Arts und die Académie Julian in Paris. Zusammen mit → Sérusier, → Denis und → Vuillard gründete er 1889 die symbolistische Gruppe der → Nabis, die aus dem Künstlerkreis von → Pont-Aven hervorging und unter dem Einfluß der Ideen → Gauguins stand. Auf einer gemeinsamen Ausstellung von ◇Symbolisten und ◇Impressionisten bei Le Barc de Boutteville zeigte er kleine, dunkeltonige Bilder. Nach seiner ersten Einzelausstellung (1896) hellte sich die Palette auf und wurde leuchtender; die asymmetrische und flächig-dekorative Anordnung verrät den starken Eindruck, den der japanische ◇Farbholzschnitt auf ihn machte. Sein lockerer Pinselstrich scheint die Gegenstandsform definieren zu wollen, die Formgrenzen sind jedoch so fließend, als führe die Farbe ein vom Gegenstand unabhängiges Eigenleben. B.s Thematik kreist v. a. um den weiblichen ◇Akt und die Schönheit der schimmernden, perlmuttfarbenen Fleischtöne. Trotz der flächig-dekorativen Einbindung der Figuren in das Bildganze strahlen sie eine vitale Sinnlichkeit aus. Neben seiner Malerei hat B. ein bedeutendes grafisches Werk geschaffen, u. a. ◇Illustrationen für die symbolistische Zeitschrift ›Revue Blanche‹ und für Verlaines ›Parallèlement‹ (1900), das die moderne Buchgrafik stark beeinflußt hat. B., der seit 1925 in Le Cannet lebte, war ein wichtiges Bindeglied zwischen

Pierre Bonnard, *Mann und Frau,* 1900

dem Impressionismus, dessen farbig vibrierender Oberflächenstruktur er durch die dekorative Form einen ›Stil‹ geben wollte, und dem ◇Fauvismus (→ Matisse).

Bonnat, Léon Joseph Florentin (1833 – 1922)
Französischer Maler und ◇Radierer, studierte in Frankreich und Spanien und stellte 1857 erstmals im ◇Salon aus. Nach einem dreijährigen Romaufenthalt machte er sich seit den 1860er Jahren als ◇Historienmaler und ◇Porträtist einen Namen. Sein dunkeltoniger, realistischer Stil geht auf den Einfluß → Courbets und der spanischen Schule zurück. Besonders geschätzt wurden seine ◇Wandgemälde (u. a. im Pantheon, Paris). Als Lehrer an der Pariser Akademie übte er eine fruchtbare Wirkung aus.

Bono da Ferrara (tätig Mitte 15. Jh.)
Maler aus Ferrara, Schüler von → Pisanello, stand unter dem Einfluß von → Squarcione. Für den Herzog von Ferrara schuf B. Dekorationen für die Schlösser Migliaro und Belfiore (1450–52). 1461 war er vermutlich an der Ausmalung

des Doms von Siena beteiligt. Sein etwas trokkener Stil verdankt manches → Mantegna.

Bono, Michele di Taddeo siehe → **Giambono**

Bontecou, Lee (* 1931)
Amerikanische ◇Bildhauerin und ◇Grafikerin, studierte in den frühen 1950er Jahren bei Hovannes und Zorach an der ◇Art Students' League, bereiste 1957–58 Italien und Griechenland. Die eigenwilligen abstrakten Konstruktionen aus Metall, Draht und Leinwand mit ihren konkaven und konvexen Formen sind von einer bewußt häßlichen, aggressiven Symbolhaftigkeit.

Bonvicino, Alessandro siehe → **Moretto da Brescia**

Bonvin, François (1817 – 1887)
Französischer ◇Genremaler und ◇Radierer, der sich autodidaktisch bildete und erstmals 1847 im ◇Salon ausstellte. Seine meist kleinformatigen ◇Interieurs verraten eine intensive Auseinandersetzung mit den Bildern → Chardins sowie mit de → Hooch und → Metsu, deren Werke er auf mehreren Hollandreisen kennenlernte.

Bor, Paulus (um 1600 – 1669)
Holländischer Maler von ◇allegorischen, biblischen und ◇pastoralen Szenen. Während seiner Tätigkeit in Rom in den 1620er Jahren gehörte er dem Kreis der → Bentvueghels an. Später war B. Mitglied der → Utrechter Malerschule.

Bordone, Paris (1500 – 1571)
Venezianischer Maler der ◇Hochrenaissance, Schüler von → Tizian, dessen Werkstatt er jedoch im Streit verließ. Er hat vermutlich in Augsburg für die Fugger gearbeitet, was ein im Louvre befindliches Bild von 1590 mit der Inschrift ›Augusta‹ zu bestätigen scheint, und hielt sich wohl auch kurze Zeit in Paris auf. Sein Haupttätigkeitsfeld war jedoch Venedig, wie auch seine Malerei, die mit ihrer reichen, blühenden Farbigkeit und dem sinnlichen Charme → Giorgione und → Tizian nahesteht, typisch venezianisch ist. Sein berühmtestes Werk ist das Bild *Fischer übergibt dem Dogen einen Ring* (um 1533–35, Accademia, Venedig). Seine späteren Bilder wurden zunehmend ◇manieristischer.

Borduras, Paul-Emile (1905 – 1960)
Kanadischer Maler. Vertreter des ◇Tachismus. 1940 gründete er in Montreal gemeinsam mit → Riopelle die Gruppe ›Les Automatistes‹, die 1948 das Manifest ›Refus Global‹ veröffentlichte. B. wurde der führende Maler der kanadischen ◇Avantgarde.

Borghesischer Fechter
Im Louvre befindliche Marmorstatue des griechischen Bildhauers → Agasias, der im 1. Jh. v. Chr. in Ephesos arbeitete. Sie stellt einen angreifenden und sich gleichzeitig mit einem Schild schützenden Kämpfer dar. Der ◇Klassizismus des Stils legt Einflüsse der Werke → Lysipps auf diese ◇Statue nahe.

Borglum, Gutzon (John Borglum de la Mothe) (1867 – 1941)
Amerikanischer ◇Bildhauer. Berühmt sind B.s Arbeiten mit gigantischen Ausmaßen, insbesondere seine ◇Reliefs an Berghängen, die mit Dynamit und Preßluftbohrern herausgearbeitet wurden, wie z. B. sein Hauptwerk, das Relief in der 152 m hohen Felswand des Mount Rushmore in den Black Hills von South Dakota mit den ◇Porträts der amerikanischen Präsidenten Washington, Jefferson, Lincoln und Roosevelt.

Borgognone, il siehe → **Courtois,** Guillaume und → **Courtois,** Jacques

Borissow-Mussatow, Wiktor (1870 – 1905)
Russischer Maler des ◇Symbolismus, der in Paris im Atelier von G. → Moreau arbeitete (1895); → Puvis de Chavannes beeindruckte ihn zutiefst. Er kehrte 1899 nach Rußland zurück und

Wiktor Borissow-Mussatow, *Der Weiher,* 1902

malte in der Nähe von Saratow melancholische Szenen, auf denen verfallene ◇klassizistische Villen und traurige Figuren zu sehen sind. Sowohl als Künstler wie auch als Mensch war B.-M. ein Einzelgänger. Er beeinflußte die russische Künstlergruppe → Blaue Rose.

Borofsky, Jonathan (* 1942)
Amerikanischer Künstler, der in Pittsburgh und an der Yale School of Art and Artists, New Haven, studierte. 1969–77 Lehrtätigkeit an der School of Visual Arts, New York, und 1977–80 am California Institute of Arts in Los Angeles. Grundstock für B.s komplexes Werk aus Wandzeichnungen, Gemälden, Objekten und beweglichen ◇Installationen im Sinne des Gesamtkunstwerks ist eine bei 1 beginnende, auf Stapel von Papierbögen notierte Fortschreibung von Zahlen, die B. in den 1970er Jahren realisierte und die als Erkenntnis die Erfahrung subsumiert: »All is One«. Dieser Aspekt wird in den folgenden Arbeiten in Gestalt komplexer Installationen aus Wandzeichnungen und hängenden, fliegenden, schreitenden oder hämmernden Figurensilhouetten verarbeitet (*Ich träumte, ein Hund lief auf einem Drahtseil bei 2, 715, 345,* Los Angeles County Museum of Art, 1981). In der Figur des *Ballerina-Clown,* 1981 in einer ◇Zeichnung konzipiert und 1983 erstmals als Installation realisiert (seit 1989 als 10 m hohe Version an einem Gebäude in Venice), geht es B. um die in der Kunst symbolisch vollzogene Verbindung zweier in der Lebenswirklichkeit grundverschiedener Existenzformen, dem männlichen und dem weiblichen Verhalten.

Borrassa, Luis (nachweisbar 1380 – 1426)
Spanischer Maler, der den Stil der internationalen ◇Gotik als dritte Periode der spanischen gotischen Malerei in Barcelona einführte. Sein großes ◇Altargemälde, das er für die Kirche S. Clara in Vich schuf (1415), ist ein gutes Beispiel für den Phantasiereichtum und das reiche ◇Kolorit, die seine Altarbilder auszeichnen.

Bosch, Hieronymus (Jeronimus van Aeken) (um 1450 – 1516)
Altniederländischer Maler. Gesicherte Dokumente bringen ihn zu unterschiedlichen Zeiten zwischen 1480 und 1516 mit seinem Geburtsort 's-Hertogenbosch (Bois-le-Duc) in Verbindung, wo er der Bruderschaft Unserer Lieben Frau angehörte. Er entwarf die Glasfenster und ein Kruzifix für die Kapelle der Bruderschaft (1511–12) und war mit Sicherheit ein angesehenes Mitglied der Gemeinschaft, in deren Sterberegister er als »sehr berühmter Maler« bezeichnet wird. Seine Berühmtheit bestätigt auch der Auftrag für den Altar mit dem *Jüngsten Gericht,* den Philipp der Schöne von Burgund ihm 1504 erteilte. B. war ein religiöser Maler mit einem starken Hang zur phantastischen, manchmal grotesk-satirischen Vision, zu pessimistischem Kommentar und mit großem Interesse für das Alltagsleben. Das machte sein Werk, das eine Einheit von Form und Inhalt darstellt, zu einer der letzten profunden Artikulationen mittelalterlicher Weltsicht. Landschaften spielen eine bedeutende Rolle in B.s Kompositionen, sie schaffen die Stimmung und sind sehr direkt wahrgenommen. Die religiöse ◇Ikonographie wurde von B. neuinterpretiert; die ungehemmte Phantasie des Künstlers widmete sich nicht so sehr der Welt des Unterbewußtseins, sondern galt vielmehr der Verbildlichung jedes Themas, jeder Anspielung und

Hieronymus Bosch, *Das Jüngste Gericht* (Ausschnitt aus dem Mittelbild des Triptychons), um 1504

jedes ◇Symbols, die seinen Zeitgenossen geläufig waren. Zu B.s Lebzeiten waren seine Arbeiten daher keine Suchbilder, sondern ›Bilderbücher‹, die gelesen und auch verstanden werden konnten. Erst als die Tradition und das Verständnis verlorengegangen waren, erforderten diese Bilder zunehmend eine Interpretation; mit dem Aufkommen des ◇Surrealismus wurde z. B. der Versuch unternommen, B.s Werk mittels der Traumanalyse zu ›erklären‹. Spätere Generationen bezeichneten den Künstler bisweilen auch als einen Häretiker. Es ist unmöglich, seine Werke in chronologischer Folge zu datieren und zu ordnen, da viele seiner Originalarbeiten heute verloren sind und zahlreiche Kopien noch zu B.s Lebzeiten angefertigt wurden; selbst seine Signatur wurde gefälscht. Die ◇Triptychen *Der Heuwagen* und *Der Garten der Lüste* sind in ihrer Urheberschaft allerdings vollständig gesichert, ebenso das ◇Tafelbild des Escorial, das ehemals zum persönlichen Besitz Philipps II. von Spanien gehörte. Weitere bedeutende Gemälde von B. sind: *Schaustellung Christi vor dem Volke* und *Das Narrenschiff* (siehe Ft. 11), eines jener Werke, mit denen B. zum Bahnbrecher des zeitgenössischen ◇Sittenbildes wurde.

Boshier, Derek (* 1937)
Englischer Maler und ◇Bildhauer, gehörte mit → Hockney und → Jones zu den Studenten des Royal College of Art in London, die in den frühen 1960er Jahren die englische ◇Pop Art begründeten. Unter Richard → Smith' Einfluß kam er zu einer ◇Op-Art-Malerei mit pseudoperspektivischen Effekten.

Bosschaert, Ambrosius (1573 – 1621)
Flämischer Blumen- und ◇Stillebenmaler, vermutlich von Jan → Bruegel beeinflußt, der den größten Teil seines Lebens in Holland verbrachte und in Den Haag starb. Seine Arbeiten sind außergewöhnlich in ihrer subtilen Farbgebung, ihrer Detailtreue und ihrer feinen Ausführung.

Bosse, Abraham (1602 – 1676)
Französischer ◇Kupferstecher und ◇Radierer, dessen Technik von → Callot beeinflußt war, illustrierte Francinis ›Livre d'Architecture‹ (1633). Kulturgeschichtlich interessant für die Zeit Ludwigs XIII. sind seine Darstellungen des bürgerlichen häuslichen Lebens. B. hat auch Traktate über den Kupferstich (1649) und über die ◇Perspektive (1665) verfaßt.

Boštík, Václav (* 1913)
Tschechischer Maler, der 1937–39 an der Akademie der bildenden Künste in Prag studierte. In den 1940er Jahren Mitglied der progressiven Künstlergruppe ›UB 12‹. Beeinflußt von den ◇kubistischen Formexperimenten → Fillas wandte sich B. schon in den 1930er Jahren der ◇Abstraktion zu. Nach dem Zweiten Weltkrieg gehörte er als inoffizieller Maler zu denjenigen tschechischen Künstlern, die sich konsequent vom ◇Sozialistischen Realismus abwandten und einen eigenständigen Weg beschritten. B. entwickelte eine reine Farbmalerei, in der sich die lichtenergetische Qualität von Farbe anhand von kreisförmigen oder linearen Strukturen thematisiert.

Botero, Fernando (* 1932)
Kolumbianischer Maler. Seine mit großer Raffinesse gemalten Bilder zeigen grotesk-naive, dickleibige Wesen in Konfrontation zur New Yorker ◇Pop Art, die Botero 1955 kennenlernte. Mit der technischen Perfektion der spanischen ◇Renaissancemeister → Goya und → Velázquez gestaltet B. in blassen Farben seine Figuren zu bewegungsunfähigen Fleischmonstren mit riesigen Köpfen als Blasphemien einer degenerierten Kolonialbourgeoisie.

Both, Andries (1608 – 1649)
Jan (um 1618 – 1652)
Holländische Maler, Schüler von A. → Bloemaert. Andries' ◇Genreszenen aus dem ländlichen Leben sind im Stil der ◇Bambocciata ausgeführt; Jans Landschaften stehen → Claude Lorrain nahe. Während ihrer Zeit in Venedig und Rom (1635) sollen sie gelegentlich gemeinsam an ihren Gemälden gearbeitet haben, wobei Andries die Figuren in den Landschaftsbildern seines Bruders malte. Nach Andries' Tod kehrte Jan nach Holland zurück, wo er mit seinen italianisierenden Szenen einer der führenden ◇Landschaftsmaler wurde.

Boto, Martha (* 1925)
Argentinische Vertreterin der ◇Kinetischen Kunst, die seit 1961 in Paris lebt. Vertritt mit → Vardanega die Ideen der → Nouvelle Tendance vom ›Chromocinétisme‹. Durch das Licht, das die formalen Strukturen des Objekts repetiert, versucht sie, hypnotische Effekte zu erzielen. Rasche Bewegung und starke Helligkeit erzeugen beim Sehen intensive Nachbilder.

Botticelli, Sandro (Alessandro di Mariano Filipepi) (um 1415 – 1510)
Italienischer, in Florenz geborener Maler. B.s Schaffen fällt in die Zeit der intellektuellen und künstlerischen Blütezeit der Stadt unter der Regierung von Lorenzo de'Medici (il Magnifico) (1449–92). Nach einer Goldschmiedelehre war B. um 1459 Schüler von Fra Filippo → Lippi und wurde später von → Verrocchio, → Mantegna sowie den Brüdern → Pollaiuolo beeinflußt. 1470 führte er seine erste Auftragsarbeit aus, die *Allegorie der Tapferkeit,* für die Serie von sieben Tugenddarstellungen, die P. Pollaiuolo in Florenz schuf. B. besaß ein hohes zeichnerisches Talent und ein ungewöhnliches Temperament. Kunsttheoretiker des 19. Jh.s sahen in ihm die Verkörperung des ◇Renaissancemalers schlechthin. Er arbeitete hauptsächlich in Florenz für die Familie Medici und für den Vatikan in Rom. B. malte religiöse Bilder, mythologisch-◇allegorische Darstellungen und ◇Porträts. Zu B.s berühmtesten Gemälden mit ◇klassisch-mythologischen Themen zählen *Die Geburt der Venus* (um 1485–86), *Frühling* (um 1478; siehe Ft. 7), *Pallas Athene bändigt den Kentauren* und *Venus und Mars,* in denen er eine lebendige Vorstellung von den Mythen der klassischen ◇Antike vermittelt hat. Ebensolchen Ruhm erwarb B. mit seinen Madonnen *(Madonna del Magnificat,* um 1481–82) und großformatigen religiösen Arbeiten wie *Anbetung der Könige* (zwischen 1470 und 1480). Die sorgenvolle Gestalt Johannes' des Täufers in seinem *S. Barnaba*-Altarbild kommt ähnlichen Figurendarstellungen A. del → Castagnos nahe. Als Vertreter der Frührenaissance entwickelte B. seine Bilder aus einem System ausgewogener Linienbeziehungen, die in phantasievollem Spiel die zartgliedrigen Körper, die Gewänder und das Haar seiner Gestalten in ornamentalen Gleichklang bringen *(Die Geburt der Venus).* Von 1481 bis 1489 beteiligte er sich mit anderen führenden Meistern seiner Zeit an der ◇Freskenausmalung in der Sixtinischen Kapelle im Vatikan und betonte auch hier seine Figuren durch eine sinnenfreudige, renaissancehafte Daseinsbejahung, die in seinem Spätwerk durch eine grüblerische Bedrücktheit und Erregung abgelöst wird *(Die Geburt Christi,* 1500–01). Diese Wandlung steht im Zusammenhang mit der Verbrennung des Priors von S. Marco, Savonarola (1498), der einen religiösen ›Kreuzzug‹ gegen die weltliche Eitelkeit der Renaissancezeit führte und dessen

Sandro Botticelli, *Die Geburt der Venus* (Ausschnitt), um 1485–86

Anhänger B. war. Zu Beginn der 1490er Jahre schuf er die Illustrationen zu Dantes ›Göttlicher Komödie‹, von denen nahezu 100 Zeichnungen überliefert sind *(Beatrice und Dante im Paradies).* Gegen Ende des 15. Jh.s unterhielt B. eine große Werkstatt. Die revolutionären Entwicklungen in der Malerei, die von →Leonardo da Vinci und →Michelangelo ausgingen, und die schlechte Gesundheit B.s im Alter trugen jedoch zum Absinken seiner Popularität bei.

Botticini, Francesco di Giovanni (um 1446 – 1497)
Florentiner Maler, der den Stil so hervorragender zeitgenössischer Maler wie → Verrocchio und → Botticelli nachahmte; es besteht daher beträchtliche Uneinigkeit darüber, welche Arbeiten ihm zugeschrieben werden können. Mit Sicherheit stammt von seiner Hand ein ◇Tabernakel (1484 in Auftrag gegeben), das sich im Museo della Collegiata, Empoli, befindet.

Bouchardon, Edmé (1698 – 1762)
Französischer ◇Bildhauer, Schüler von G. → Coustou. B. gewann 1722 den Rompreis und

hielt sich zehn Jahre in Rom auf, wo er stark von ◇klassischen ◇Skulpturen beeinflußt wurde. Nach seiner Rückkehr aus Italien wurde er Hofbildhauer Ludwigs XV., für den er auch ein Reiterstandbild schuf (nicht erhalten). Zu seinen Arbeiten gehören u. a. der Brunnen in der Rue de Grenelle, Paris (1739–46), und die ◇Putten am *Neptunsbrunnen* in Versailles. Sein Bruder und Schüler Jacques-Philippe (1711 – 1753) arbeitete am schwedischen Königshof.

François Boucher, *Madame de Pompadour,* 1759

Boucher, François (1703 – 1770)
Französischer Maler, einer der Hauptmeister des ◇Rokoko-Stils in Frankreich. Er studierte bei F. → Lemoyne und begann seine künstlerische Tätigkeit mit ◇Kupferstichen nach Gemälden von → Watteau. Während eines Italienaufenthaltes (1727–31) beeindruckte ihn die Kunst → Tiepolos. In den 1740er Jahren gewann er die Protektion der Madame de Pompadour, die er mehrfach porträtierte und durch deren Einfluß er 1765 zum Ersten Hofmaler Ludwigs XV. ernannt wurde. Seine etwas oberflächlichen, jedoch anmutigen, zart kolorierten, erotisch gestimmten und überaus einfallsreichen Darstellungen von Schäfer- und mythologischen Szenen entsprachen dem gekünstelten Geschmack der Rokozeit. B. entwarf auch Vorlagen für Beauvais- und ◇Gobelin- ◇Tapisserien. J.-H. → Fragonard war sein Schüler.

Boucicaut-Meister (tätig frühes 15. Jh.)
Französischer ◇Miniaturist, benannt nach seinem ◇Stundenbuch (Musée Jacquemart André, Paris), das er für den Maréchal de Boucicaut schuf. Das Stundenbuch ist ein Beispiel privaten Mäzenatentums im späten Mittelalter. Die Miniatur des *Hl. Georg mit dem Drachen* (um 1405/10) entsprach dem ritterlichen und romantischen Wesen des Mäzens. Die Umrandung der Miniatur ist eine stilisierte Form der naturalistischeren Zierränder des 14. Jh.s.

Boudin, (Louis) Eugène (1824 – 1898)
Französischer Maler, der hauptsächlich in und um Deauville und Trouville arbeitete und berühmt ist für seine ◇Marinebilder mit unruhiger See, bewegtem Himmel und den vornehmen Badegästen. Er malte im Freien und brachte → Monet die Technik des Malens vor der Natur nahe. Der Tradition → Corots verpflichtet, lassen sich im Stil B.s bereits Stilelemente des ◇Impressionismus erkennen. 1874 nahm B. an der ersten Ausstellung der ◇Impressionisten teil.

Eugène Boudin, *Strand von Trouville,* um 1863

Bouguereau, Adolphe William (1825 – 1905)
Erfolgreichster französischer Maler seiner Zeit, Schüler von Picot und Rompreisträger (1850), der bis 1854 Italien bereiste. Er war geradezu das Symbol des starr an den Traditionen der ◇Akademie festhaltenden Malers, aber zugleich auch ein guter, gewissenhafter Lehrer, der 25 Jahre lang an der Ecole des Beaux-Arts unterrichtete. Seine höchst perfekt gemalten mytho-

logischen, biblischen und historischen Bilder und ländlichen ◇Genreszenen entstanden nach lebendigen ◇Ölskizzen, die von einer meisterhaften Sicherheit zeugen.

Bourdelle, Emile-Antoine (1861 – 1929)
Französischer ◇Bildhauer, Schüler von Falguière und Assistent im Atelier von → Rodin, dessen Einfluß, neben dem der griechischen Antike, sein gesamtes Schaffen bestimmte. 1885 stellte er erstmals im ◇Salon aus. Auf den Internationalen Ausstellungen in Paris von 1889 und 1900 wurde er ausgezeichnet. Auch auf den Ausstellungen der ◇Sezession in München (1903) und Berlin (1907) war er vertreten. Seine monumentale ◇Plastik neigt zum ◇Symbolhaften und ◇Allegorischen. Zu den bekanntesten Werken gehören der *Herakles* (1909), die kraftvolle *Beethoven-Büste* (21 Fassungen) und die Flachreliefs am Théâtre des Champs-Elysées (1912). Als Lehrer in seinem Privatatelier hatte er großen Einfluß auf seine Schüler (→ Richier, → Giacometti).

Emile-Antoine Bourdelle, *Herakles,* 1909

Bourdichon, Jean (um 1457 – 1521)
Französischer Hofmaler (seit 1484) und ◇Illuminator, Anhänger von J. → Fouquet. Von B.s religiösen Gemälden und ◇Porträts ist nur ein ◇Triptychon *(Marientriptychon* im Palazzo di Capodimonte, Neapel) als sein Werk identifiziert; sein Ruhm stützt sich auf von ihm illuminierte Handschriften, z. B. das *Große Stundenbuch der Anne der Bretagne,* das Hauptwerk der französischen ◇Buchmalerei dieser Epoche (1508 vollendet). Teilweise folgen diese Malereien dem ◇gotischen Stil der Illuminatoren des 15. Jh.s, B.s Szenen sind allerdings häufig naturalistischer und zeigen bisweilen den deutlichen Einfluß italienischer Gemälde, insbesondere der Werke → Peruginos. B. gilt als der erste von der italienischen ◇Renaissance beeinflußte französische Künstler.

Bourdon, Sébastien (1616 – 1671)
Französischer Maler. Sein Schaffen umfaßt ◇Porträts, ◇Landschaften, Bilder mit historischen und religiösen Sujets. In Rom (1634–37) schuf er ◇Pasticcios nach → Castiglione, P. van → Laer, → Claude Lorrain und N. → Poussin. Nach seiner Rückkehr nach Paris erwarb er mit Gemälden im italianisierenden Stil großen Ruhm; er erhielt zahlreiche Aufträge für ◇Altarbilder und mythologische ◇Wandbildzyklen. B. war Gründungsmitglied der Académie Royale in Paris (1648). Von 1652 bis 1654 war er Hofmaler der Königin Christine von Schweden.

Bourgeois, Louise (* 1911)
In Paris geborene, seit 1938 in New York ansässige amerikanische ◇Bildhauerin, die an der Sorbonne, an der Ecole du Louvre, an der Ecole des Beaux-Arts in Paris u. a. bei → Léger und (ab 1938) an der ◇Art Students' League in New York studierte. In den 1950er Jahren wurde B. mit ◇abstrakten ◇Skulpturen bekannt, deren symbolischer Kontext auf den entfremdeten anonymen Großstadtmenschen verwies. Seit den 1960er Jahren Hinwendung zu skulpturalen Kompositionen aus Holz sowie Auseinandersetzung mit den gegensätzlichen Werkstoffen Plastik und Marmor, wobei B. die jeweilige Formgebung aus dem Erlebnis der Materialeigenschaften des Werkstoffes konzipiert.

Bourke-White, Margaret (1904 – 1971)
Amerikanische Vertreterin der Dokumentarfotografie. Berühmt sind ihre Aufnahmen aus dem

befreiten Konzentrationslager Buchenwald, ihre Bildserien über Gandhis gewaltlosen Widerstand und zur südafrikanischen Apartheid-Problematik.

Bouts, Aelbrecht (um 1455 – 1549)
Altniederländischer Maler, Sohn von Dieric → Bouts, wirkte in seiner Heimatstadt Löwen. Es werden ihm zahlreiche Werke zugeschrieben, als gesichert gilt die *Himmelfahrt Mariä* (Brüssel). Sein Stil, der bei seinem Vater anknüpft, zeigt Einflüsse von van der → Goes.

Bouts, Dieric (Dirk) (um 1410/20 – 1475)
Altniederländischer Maler, der in seinem Werk den Einfluß der Brüder van → Eyck und Rogier van der → Weydens, der vielleicht B.' Lehrer war, vereinte. Als um Objektivität bemühter Maler ging es ihm um eine distanzierte Beobachtung der Realität und um einen intellektuellen Zugang zu Problemen des Raumes, der ◇Perspektive und der ◇Komposition. Das wird offensichtlich an seinem Hauptwerk, dem *Sakramentsaltar* der Peterskirche von Löwen (1468 vollendet). Die Mitteltafel, *Einsetzung des hl. Abendmahls* (1464–67), zeigt eine zeitgenössische Festmahlszene, die durch strenge, festgefügte Symmetrie das Pathos des Abendmahls vermittelt. Es ist das erste perspektivisch konstruierte Bild der altniederländischen Malerei. B. schuf außerdem das ◇Triptychon *Jüngstes Gericht,* dessen Flügel *(Zug der Seligen, Höllensturz der Verdammten)* erhalten sind, während das Mittelbild verlorengegangen ist (s. Abb. S. 71).

Boyle, Mark (* 1934)
Englischer Künstler, gründete zusammen mit Joan Hills ›The Sense Laboratory Ltd.‹: bestimmte physikalische oder organische Vorgänge wurden untersucht und in ◇Events bzw. ◇Performances demonstriert (u. a. in der Form von Light Shows in Zusammenarbeit mit Rock-Musikern wie Jimi Hendrix und The Soft Machine). Besonders bekannt wurden die ›Earthprobes‹: in der Tradition des ◇Objet trouvé (aber durch Zufallsverfahren) ermittelte geographische Punkte, deren Oberfläche in einem mikroskopisch akkuraten Verfahren abgenommen und fixiert wird (seit 1964).

Boys, Thomas Shotter (1803 – 1874)
Englischer Maler, der in den 1820er Jahren bei R. → Bonington in Paris studierte. Neben seiner leuchtend farbigen ◇Aquarellmalerei mit Ansichten von Städten wie Paris und London beruht seine Bedeutung auf seinem ◇lithographierten Illustrationswerk *Picturesque Architecture in Paris, Ghent, Antwerp and Rouen* (1839), mit dem er zum Wegbereiter der Farblithographie wurde.

Bracquemond, Félix (1833–1914)
Französischer Maler, nahm neben einer Lehre als ◇Lithograph Zeichenunterricht und studierte anschließend bei Guichard, einem Schüler von → Ingres. Sein erstes ausgestelltes ◇Porträt erregte 1852 im Salon Aufmerksamkeit, dagegen wurde sein nach → Holbein radiertes Erasmus-Porträt 1863 vom Salon abgelehnt. Die Anerkennung dieses unabhängigen Künstlers vollzog sich nur allmählich. 1900 erhielt er für seine ◇impressionistische Grafik den Grand Prix. Sein Buch über Zeichnung und Farbe (1885) war von großer Bedeutung für van → Gogh. Darüber hinaus war B. der erste, der den japanischen ◇Farbholzschnitt für sich entdeckte (1856, ein Band aus → Hokusais *Mangwa*) und nachdrücklich auf dessen künstlerischen Wert hinwies.

Bramante, Donato (D. d'Angelo Lazzari) (1444–1514)
Italienischer Architekt und Maler der ◇Hochrenaissance. Ursprünglich als Maler ausgebildet, erlernte B. ab 1568 wahrscheinlich in Urbino bei Luciano da Laurana die Kunst des Bauens. 1476–99 hielt er sich in Mailand auf, wo er das Querhaus und die Sakristei von S. Maria presso S. Satiro (seit 1479) sowie den Chor von S. Maria delle Grazie (1492–97) baute. In Mailand war er zunächst auch noch in der Werkstatt → Mantegnas als Maler tätig. Nach dem Franzoseneinfall in Mailand ging B. 1499 nach Rom. Zu seinen berühmtesten römischen Bauwerken gehören der ›Tempietto‹ im Klosterhof von S. Pietro in Montorio (1502), der zu den wenigen wirklich ausgeführten ◇Zentralbauten der ◇Renaissance gehört, der Klosterhof mit ◇Kreuzgang von S. Maria della Pace sowie der 1506 begonnene Neubau von St. Peter. Als B. starb, standen nach seinen Entwürfen nur die Kuppelpfeiler, die auch bei späterer Bauplanänderung erhalten blieben. B.s Bautätigkeit in Rom erfolgte gleichzeitig mit dem Wirken von → Raffael und → Michelangelo; seine Bauwerke verkörpern im Ausdruck von idealer Harmonie und Klarheit den Höhepunkt der Renaissancebaukunst.

Dieric Bouts, *Die Einsetzung des hl. Abendmahls,* 1464–67

Constantin Brancusi, *Mlle Pogany II,* 1920

Bramantino (Bartolommeo Suardi) (um 1460–1530)
Italienischer Maler und Baumeister, Hofmaler von Francesco Maria Sforza (ab 1525). Er stand unter dem Einfluß von → Leonardo und → Bramante und dürfte bei → Butinone studiert haben. Seine Vatikanfresken sind verlorengegangen. Zu den erhalten gebliebenen Werken gehören die *Geburt Christi* (Biblioteca Ambrosiana, Mailand) und die *Anbetung der hl. drei Könige* (NGL).

Brancusi, Constantin (1876–1957)
Rumänisch-französischer ◇Bildhauer. Nach einer Schreinerlehre und Studien in Krakau, Bukarest und München ließ sich B. 1904 in Paris nieder. Um 1906 schloß er sich vorübergehend → Rodin an; eine tiefe Freundschaft von wechselseitigem Einfluß verband ihn ab 1907 mit → Modigliani. 1912 und 1913 stellte er im ◇Salon des Indépendants aus. 1937 reiste er nach Rumänien, wo er im Auftrag der Regierung die 33 m hohe *Endlose Säule* errichtete. Sein Atelier, das er einschließlich der ◇Skulpturen dem französischen Staat vermachte, befindet sich heute (rekonstruiert) vor dem Centre Beaubourg Georges Pompidou, Paris. B. konzentrierte sich in seinem Werk auf wenige Themen (z. B. Ruhe oder Bewegung), die er ständig variierte: so gibt es etwa 13 Versionen von seinem *Vogel im Raum* (ab 1923) in verschiedenen Materialien. Von frühen ◇jugendstilhaften Bemühungen gelangte B. zu geschlossenen, ◇monolithischen Skulpturen wie *Der Kuß* (1912), der von Einfluß auf die ◇kubistische Skulptur war. Die durch Reduzierung von Naturformen gewonnenen, in sich geschlossenen Grundformen (›Urformen‹) bedeuteten für ihn höchste Konzentration des Ausdrucks und symbolische Bedeutung zugleich. Spätere Arbeiten sind oft symmetrisch konzipiert *(Der große Hahn,* 1949). B. ist einer der bedeutendsten Bildhauer des 20. Jh.s.

Brangwyn, Sir Frank (1867 – 1956)
Englischer Maler, ◇Wandmaler und ◇Grafiker. B. studierte bei W. → Morris, 1891–95 besuchte

er die Académie Julian in Paris, wo die Bekanntschaft mit den → Nabis, v. a. mit → Denis, für sein Schaffen bedeutsam wurde. B.s Wandbilder sind in der Royal Exchange (Börse), Skinner's Hall und Lloyd's Register in London, im Missouri State Capital, und im Rockefeller Center, New York, zu sehen. Neben Zeichnungen, Gemälden und ◇Radierungen entwarf er auch ◇Keramik, Möbel und Textilien.

Braque, Georges (1882–1963)
Französischer Maler. Ab 1889 arbeitete er in Le Havre als Lehrling bei seinem Vater, einem Dekorationsmaler. 1900 siedelte B. nach Paris über, wo er von 1902–04 an der Académie Humbert studierte. Auf dem Pariser ◇Salon d'Automne (1905) beeindruckte ihn der Raum mit ◇fauvistischen Gemälden zutiefst (in dem u. a. Bilder von → Matisse, → Derain, → Friesz und → Dufy ausgestellt waren). B.s frühe Landschaften, die er 1906 und 1907 in Antwerpen (*Antwerpen,* 1906), L'Estaque und Le Ciotat malte, zeichnen sich durch einen freien, gebrochenen Pinselstrich und eine satte Farbgebung aus. 1907 begegnete er im Anschluß an seinen Besuch der Cézanne-Gedächtnisausstellung → Picasso und sah dessen programmatisches Bild *Les Demoiselles d'Avignon,* dessen revolutionäre Methode, die Wirklichkeitsillusion an die malerische Fläche zu binden, B.s Arbeiten entscheidend beeinflußte. Beispiele dafür sind seine auf geometrische Formen reduzierten Landschaften und Figuren, die B. in den folgenden beiden Jahren schuf (darunter sein *Akt,* 1907/08). Gemeinsam entwickelten Picasso und B. ab 1907 den ◇Kubismus über die ◇analytische zur synthetischen Phase, indem sie den Realitätsbezug zunehmend aufgaben, bis das Sujet sich nahezu in farbige und formale Strukturen auflöste und kaum noch erkennbar war (1912). Die enge Zusammenarbeit mit Picasso wurde jedoch von B.s Einberufung in den Krieg (1914) unterbrochen. Nach einer schweren Kriegsverwundung kehrte B. 1917 nach Paris zurück, wo er auch, bis auf seine Sommeraufenthalte in Varengeville, den Rest seines Lebens verbrachte. Seine frühesten Nachkriegsbilder kehrten zum synthetischen Kubismus zurück, jedoch mit einer kräftigeren Farbpalette (*Die Musikerin,* 1917/18). Obwohl er weiterhin seinen kubistischen Erfahrungen und ihrem formalen Experimentalcharakter verbunden blieb, wurden seine Gemälde ab 1920 malerischer und realitätsbezogener. In dieser Zeit entstanden Arbeiten wie *Gitarre und Krug* (1927), die die Eigenschaften belegen, die B.s kubistische Arbeiten von denen Picassos unterscheiden – im fließenden Malstil und dem subtilen ◇Kolorit. Das ◇Stilleben ist ein Hauptthema der Nachkriegsmalerei B.s, von der *Guéridon*-Serie (1927–30) bis zu der Serie der *Atelier*-Bilder (1949–55), die einen Höhepunkt in seinem Schaffen darstellen. Die Stimmung seines künstlerischen Gesamtwerks – abgesehen von seinem kurzen Ausflug in den ◇Surrealismus zu Beginn der 1930er Jahre – ist ruhevoll und harmonisch. Es zeichnet sich durch Sinn für Maß und Disziplin, Geschmack, harmonische Linienführung und ungewöhnliche Tonwerte aus. B. schuf auch Kleinplastiken (ab 1920) sowie Grafik, Keramikentwürfe, Bühnenbilder und Glasfenster. 1948 veröffentlichte er seine ›Cahiers‹ (Aufzeichnungen seit 1917).

Georges Braque, *Violine und Krug,* 1910

Brassai (1899–1984)
Gebürtiger Ungar, der sich 1923 als Maler und Bildjournalist in Paris niederließ. Seit 1923 war

B. Mitglied der Pariser ◇Surrealisten-Gruppe und arbeitete als Zeichner für die Zeitschrift ›Minotaure‹. Ab 1929 widmete er sich ganz der ◇Fotografie und wurde durch die Fotopublikation ›Paris de Nuit‹ weltberühmt (Nahaufnahmen der Unter- und Halbwelt von Paris). In den 1930er Jahren konzentrierte sich B. auf fotografische Aufnahmen von ◇Graffiti und trivialen Figurationen auf Mauern, die er in ihrer poetischen Aussagekraft präsentierte.

Brauer, Erich (Arik) (* 1929)
Österreichischer Maler, Schüler von Albert Paris Gütersloh an der Wiener Akademie der bildenden Künste. Mit seiner ◇phantastischen Malerei gehört B. zur ◇Wiener Schule, die mit altmeisterlichen Techniken und ◇jugendstilnaher Ornamentik eine visionär-mythische Lebensdeutung vermittelt. Dabei paaren sich ◇surreale erotische Imaginationen mit apokalyptisch-chaotischen Träumen.

Braun, Matthias Bernhard Braun von (1684–1738)
Bedeutendster böhmischer ◇Bildhauer seiner Zeit. Seine Ausbildung in der Tradition → Berninis erfolgte in Italien. In Prag wurde er durch den Grafen von Sporck, einen intellektuell und künstlerisch gebildeten Mäzen, gefördert. B. führte für ihn verschiedene Aufträge aus, darunter einige aus dem Fels gemeißelte und bemalte Figurengruppen im gräflichen Forst. Werke in der Prager Nikolauskirche, auf der Karlsbrücke und am Palast Clam-Gallas (Atlanten am Portal) zeigen seinen dynamischen und äußerst ausdrucksstarken Stil.

Brauner, Victor (1903–1966)
Rumänischer Maler, der vornehmlich in Frankreich arbeitete. 1933 stieß er in Paris zur Bewegung des ◇Surrealismus. V. a. von → Klee, de → Chirico und Max → Ernst beeinflußt, erfand B. eine eigene bildnerische Sprache mit flächig-ornamentalen Formen magischen Charakters, die meist Metamorphosen von Mensch-Tierwesen darstellen. Während der 1940er Jahre Experimente mit ◇Skulptur und Auseinandersetzung mit der ◇Wachstechnik.

Bravo, Claudio (* 1936)
Chilenischer Maler, der 1961 nach Madrid übersiedelte. In den 1960er Jahren wurde seine ◇figurative Malerei von ◇surrealistischen Elementen bestimmt. Nach einem Aufenthalt in New York 1970 näherte sich B. dann ◇hyperrealistischen Stilprinzipien. B. arbeitet jedoch im Gegensatz zu den meisten Malern des Hyperrealismus nicht nach fotografischen Vorlagen, sondern nach der Natur. Seine Bilder (meist ◇Stilleben) sind von einer magisch-irritierenden Wirkung, die aus der Vermischung von Natürlichkeit und modellhafter Künstlichkeit resultiert.

Bray (Braij), Jan de (um 1627–1697)
Holländischer ◇Porträtmaler und Architekt, Sohn und Schüler von Salomon de B. (1597–1664), der ebenfalls Maler und Architekt war. Jan arbeitete in Haarlem. Zu seinen besten Werken zählen die Bildnisse von jungen Frauen oder Frauengruppen, wie z. B. *Die Vorsteherinnen des Kinderspitals* (1664).

Brecht, George (* 1926)
Amerikanischer Künstler, eigentlich Chemiker, war schon ab 1959 an den entscheidenden ◇Happening- und ◇Fluxusaktionen in New York, Düsseldorf, Kopenhagen usw. beteiligt.

Bredero, Gerbrand Adriaensz. (1585–1618)
Holländischer Dichter und – in seiner Jugend – Maler, dessen Stil zum ◇Realismus neigte. In seinen Liedern beschreibt er mit einer genialen Gabe für Charakterisierungen das einfache, volkstümliche Leben, wie D. → Teniers d. Ä. es gemalt hat. Zu seinen Komödien gehört ›De Spaansche Brabander‹ (1618). B. verfaßte auch Liebesgedichte, die im Sprachstil höfischen Konventionen entsprechen, sich aber zugleich durch Spontaneität auszeichnen.

Breer, Robert (* 1926)
Amerikanischer ◇Bildhauer und Filmemacher, der an der Stanford University studierte. Während eines mehrjährigen Parisaufenthalts in den 1950er Jahren erhielt B. wesentliche Impulse von der europäischen ◇Kinetik. In den mittleren 1960er Jahren entstanden motorisierte ◇Skulpturen aus Styroschaum, deren Elemente sich wie kriechende Tiere durch den Raum bewegten und jedem Hindernis selbständig ausweichen konnten. In seiner filmischen Arbeit steht B. unter dem Einfluß des abstrakten ◇Films von H. → Richter und → Eggeling bis Len Lye, wobei es ihm selbst um eine abstrakte, handlungslose Folge von Bildern geht, die er aus Zeichnungen zusammenstellt.

Breker, Arno (1900–1991)
Deutscher ◇Bildhauer und Architekt in der akademischen Tradition von → Rodin, → Maillol (der B. den »deutschen Michelangelo« nannte) und → Bourdelle. 1927–33 lebte er in Paris, ab 1933 in Berlin, wo er 1938–45 Professor an der Staatlichen Hochschule für bildende Künste war. Als einer der typischsten Vertreter des heroisierenden ◇Neoklassizismus wurde B. vom Nationalsozialismus gefördert (u. a. Monumentalskulpturen für das Berliner Olympiastadion, 1936, und die Neue Reichskanzlei, 1938). Nach dem Krieg entstanden u. a. großangelegte Bauten und zahlreiche ◇Porträtbüsten im Auftrag von Industriellen, aber auch Künstlern (u. a. → Cocteau, Ezra Pound und → Dalí, 1975).

Bresdin, Rodolphe (1825–1885)
Französischer ◇Grafiker, ›Chien-Caillou‹ genannt. Diesen Spitznamen verdankte er Champfleury, der ihn zum Gegenstand seines ›Chien-Caillou‹ (1847) machte, einer Geschichte um einen ◇Kupferstecher. B. führte ein exzentrisches, rastloses Leben. Sein Erfolg stellte sich 1861 durch die Veröffentlichung von zwölf ◇Radierungen in der ›Revue Fantaisiste‹ ein. B.s Arbeiten, die einen Hang zum Mysteriösen und Makabren haben, wurden von Murger und → Baudelaire geschätzt.

Breton, André (1896–1966)
Französischer Dichter, Begründer und wichtigster Theoretiker des ◇Surrealismus, Mitglied der Pariser ◇Dadabewegung und Chefredakteur der Zeitschrift ›Littérature‹ (1919–22). B. suchte die Erkenntnisse der Freudschen Psychoanalyse, z. B. zum Unterbewußten, auf Kunst und Literatur zu übertragen, was ihn 1924 zur Publikation seines ersten Surrealistischen Manifestes führte (zwei weitere 1930 und 1934). 1928 erschien sein theoretisches Hauptwerk, ›Le Surréalisme et la Peinture‹. Bis zu seinem Tode beherrschten die Ideen B.s die surrealistische Bewegung und waren für ihre führenden Vertreter von maßgebender Bedeutung. Zu seinen Dichtungen gehören die Lyriksammlungen ›Mont-de-piété‹ (1919), ›Les pas perdus‹ (1924) und ›Poèmes 1919–48‹ (1948) sowie die z. T. autobiographische Erzählung ›Nadja‹ (1928).

Brett, John (1830–1902)
Englischer ◇Landschaftsmaler, der sich ab 1870 auf Ansichten von der Küste Cornwalls spezialisierte. Unter dem Einfluß der → Präraffaeliten wurde es sein Bestreben, eine exakte, detaillierte Nachahmung der Natur zu erreichen. B.s Arbeiten *Der Steinklopfer* (1857–58) und *Val d'Aosta* (1859) erregten bei → Ruskin große Bewunderung.

Breu, Jörg d. Ä. (um 1475/76 – 1534)
Augsburger Maler und Zeichner, der ◇Porträts, ◇Altar- und ◇Schlachtenbilder schuf. Er bereiste Österreich (1500–02); eines seiner frühesten dort entstandenen Werke ist der von ihm signierte *Aggsbacher Altar* für das Augustiner-Chorherrenstift Herzogenburg (1501/02). Später besuchte B. Italien, ab 1502 war er in Augsburg tätig. Sein Stil steht dem H. → Burgkmairs nahe, neben dem B. ein Hauptvertreter des Augsburger ◇Renaissancestils war.

Breuer, Peter (1472/73–1541)
Deutscher Bildschnitzer, der seine entscheidenden Anregungen auf der Wanderschaft von → Riemenschneider in Würzburg und → Erhart in Ulm erhielt. Ab 1502 selbständiger Meister in Zwickau, wo sich auch seine bedeutendsten Werke befinden. Später verflachte B.s Herstellung von Heiligenfiguren und Flügelaltären in einem ausgedehnten Werkstattbetrieb.

Breughel siehe → **Bruegel**

Bril(l), Mathijs (1550–1583)
Paul (1554 – 1626)
Flämische ◇Landschaftsmaler, die in Rom unter päpstlicher Protektion arbeiteten. Sie entwickelten einen Stil, der zwischen den panoramaartigen Szenen flämischer Künstler und den idealen ◇Landschaften von N. → Poussin und → Claude Lorrain anzusiedeln ist. Paul B.s auf Kupfer gemalte Landschaften waren von → Elsheimer und den → Carracci beeinflußt. Er gilt als einer der Stammväter der ›idealen Landschaft‹, wie sie sich in Rom ausbildete. Paul B. führte in Rom außerdem große ◇Freskenzyklen aus.

Brock, Bazon (* 1936)
Deutscher Künstler, Kunsttheoretiker und Ästhetiker, studierte in Hamburg und Frankfurt Philosophie, Literaturwissenschaft und Politologie. 1959 realisierte B. mit → Hundertwasser in Hamburg das Projekt der Hamburger Linie. Neben seiner Beteiligung an verschiedenen ◇Happening-Aktionen betätigte sich B. in den frühen

1960er Jahren als Dramaturg und Publizist der Happening-Szene.

Brodski (Brodskij), Isaak Israilowitsch (1884–1939)
Russischer Maler und ◇Grafiker, der in Odessa und St. Petersburg studierte. B. schloß sich frühzeitig der revolutionären Bewegung an, war Mitglied der Gruppe → AChRR und wurde mit seinen Revolutions- und Aufbauszenen zum Chronisten der frühen Sowjetentwicklung. Bekannt sind seine ◇realistischen ◇Porträts von Maxim Gorki und Lenin, die fast fotografischen Charakter besitzen. Ab 1934 war er Direktor der Akademie der Künste der UdSSR.

Brodwolf, Jürgen (* 1932)
Schweizer ◇Objektkünstler. 1959 entwickelte er aus ausgedrückten Farbtuben eine ◇torsoartige Kunstfigur – für ihn Symbolgestalt des geschundenen, kaputten Lebens –, die er seitdem in stets neuen ◇Assemblagen und mit den verschiedensten Materialien variiert. Seine bandagierten Leinwandfiguren setzen einerseits die Thematik des Verfalls fort, rufen aber in ihren schichtenhaften Verhüllungen zugleich Assoziationen an den Arbeitsprozeß des Archäologen wach.

Broederlam, Melchior (tätig 1381 – um 1409)
In Ypern geborener altniederländischer Maler. Um 1385 wurde er der Hofmaler Philipps des Kühnen, Herzog von Burgund, der ihn mit der Herstellung von zwei Flügeln für einen Altar in der Kartause Champmol bei Dijon (1394–99) beauftragte. Auf diesen sind die *Verkündigung an Maria, Heimsuchung Mariä,* die *Darbringung im Tempel* und die *Flucht nach Ägypten* dargestellt. Diese ◇Temperabilder gelten als frühe Beispiele des internationalen ◇gotischen Stils; sie gehören zu den bedeutendsten altniederländischen ◇Tafelmalereien vor den Brüdern van → Eyck.

Bronzino, il (Agnolo Tori, A. di Cosimo) (1503–1572)
Florentiner Maler, einer der Hauptmeister des ◇Manierismus, Schüler von Raffaelino del → Garbo und J. da Pontormo. B. war Maler am Hof Cosimos I. de'Medici (nach 1550), für den er dekorative Arbeiten – u. a. ◇Fresken für die Kapelle der Eleonore von Toledo, Gattin Cosimos I. (1545–64) – sowie zahlreiche bedeutende Porträts ausführte, z. B. das der *Eleonore von Toledo mit ihrem Sohn Giovanni de'Medici* (um 1545) und das Bildnis der *Lucrezia Panciatichi* (1540). Er verwandte feine, satte Farben, wobei er seine Modelle in angespannter Haltung und mit verschlossen-kühler Miene porträtierte. Seine ◇allegorischen und religiösen Gemälde, die bar jedes tiefen und religiösen Gefühls scheinen, zeigen die für den Manierismus typischen überlängten Figuren. Werke wie *Christus in der Vorhölle* (1552) und *Allegorie* mit den Darstellungen von Venus, Cupido, Torheit und Zeit sind hervorzuheben wegen des harten, metallisch wirkenden Inkarnats, das sich von einem leuchtend blauen Hintergrund abhebt. Neben seiner Tätigkeit als Maler verfaßte B. auch Gedichte.

Bronzino, *Bildnis Lodovico Capponi,* um 1550–55

Broodthaers, Marcel (1924–1976)
Belgischer Künstler. Nach ◇Akkumulationen mit organischem Material (Eier, Muscheln) in der Art des ◇Nouveau Réalisme schuf er ein umfangreiches Œuvre, in dem er die spezifische Tradition des belgischen ◇Surrealismus (→ Magritte) mit analytischer Haltung (→ Duchamp) und literarischen Bezügen (→ Mallarmé) verknüpfte. Zu seinen Stilmitteln gehörte das poetisch-ironische Zitieren (v. a. auch ◇typographischer Art)

von Erscheinungsformen des 19. Jh.s *(Un jardin d'hiver,* 1974). Ein großer Teil seiner Arbeiten hing zusammen mit dem 1968 in Brüssel gegründeten (fiktiven) *Musée d'Art Moderne, Département des Aigles* und dessen verschiedenen Abteilungen (u. a. *Section XIXième Siècle,* 1968–69; *Section Cinéma,* 1971; *Section des Figures,* Ausstellung Kunsthalle Düsseldorf 1972).

Brooks, James (* 1906)
Amerikanischer Maler des ◇Abstrakten Expressionismus, malte gegen Ende der 1930er Jahre zunächst ◇Wandbilder für die staatliche Organisation → WPA. In den 1940er Jahren entwickelte er unter dem Einfluß von → Pollock und de → Kooning eine Form des ◇Action Painting ohne gewaltsame Hektik, die das aktionelle Moment dieser Kunstrichtung durch überlegte Farbwahl und ruhige Flächengestaltung relativiert.

Brouwer, Adriaen (um 1605–1638)
Flämischer Maler. B. schuf ◇Genrebilder, v. a. Szenen aus dem Leben der einfachen Bauern, und ◇Landschaften. Er lernte bei F. → Hals und war beeinflußt von P. → Bruegel d. Ä. Nach einem ausschweifenden Leben starb er in Antwerpen an der Pest. In seinen realistischen und häufig dramatischen Wirtshausszenen ist die Vulgarität und die Derbheit seiner Modelle unverfälscht wiedergegeben. B.s Genreszenen zeichnen sich durch eine dunkle Tonigkeit, einen pastosen Farbauftrag und einen lebendigen, dabei sparsamen Pinselduktus aus. In seinen letzten Jahren malte er sensible, fast schon ◇impressionistisch anmutende Landschaften.

Adriaen Brouwer, *Kartenspielende Bauern in einer Schenke,* um 1631–32

Seine Genrebilder hatten großen Einfluß auf D. → Teniers d. J. und A. van → Ostade.

Brouwn, Stanley (* 1935)
Seit 1957 in den Niederlanden lebender ◇Happening- und ◇Fluxus-Künstler, der seit den frühen 1960er Jahren mit den europäischen und amerikanischen Fluxus-Vertretern zusammenarbeitete. Bekannt wurden ◇Aktionen wie *This Way Brouwn* (Zeichnungen von Passanten, die er nach dem Weg fragte), sein Projekt, in jedem Land der Erde 1 qm Boden zu kaufen, oder das Abmessen der Länge seiner Schritte.

Brown, Ford Madox (1821–1893)
In Frankreich geborener englischer Maler, der in Antwerpen, Paris und Rom studierte. In Rom begegnete er dem → Nazarener J. F. → Overbeck. B. ließ sich 1846 in London nieder; 1848 wurde → Rossetti sein Schüler und machte ihn mit den → Präraffaeliten bekannt, die Einfluß auf B.s Werk nahmen, ablesbar an Gemälden wie *Der letzte Blick auf England* (1852–55). B. wurde jedoch selbst nie deren Mitglied. Er war Mitbegründer des kunsthandwerklichen Betriebes von W. → Morris, Marshall, Faulkner & Co., und entwarf auch Möbel, Glasfenster und Kacheln.

Bruch, Klaus vom (* 1952)
Deutscher ◇Videokünstler, der 1975/76 am California Institute of The Arts, Valencia (Kalifornien), bei → Baldessari studierte, nachdem er 1974 mit ersten Videoexperimenten begonnen hatte. Seine Videotapes thematisieren die Fernsehrealität mit ihren Auswirkungen auf das Individuum, indem Dokumentaraufnahmen und Werbeelemente collagiert werden. Seit den 1980er Jahren beschäftigt sich B. auch mit Video-◇Installationen, die mehrteilig aus Sender- und Empfänger-Elementen bestehen *(Angriff und Verteidigung,* 1986). Stärker thematisch bestimmt ist dagegen die auf der documenta 8 erstmals gezeigte Installation *Coventry – War Requiem,* 1987, die zur Darstellung des kriegsbedingten Generationenkonflikts über zwei separierte Monitore den Zustand der Entfremdung zwischen Vater und Sohn mit beklemmender Eindringlichkeit zur Anschauung bringt.

Die Brücke
1905 in Dresden gegründete deutsche Künstlergruppe. Zu ihren Gründungsmitgliedern gehörten Ernst Ludwig → Kirchner, Fritz → Bleyl,

Erich → Heckel und Karl → Schmidt-Rottluff. Die Gründung markiert den Beginn des deutschen ◇Expressionismus und war die erste Manifestation einer echten deutschen ◇Avantgarde. Durchdrungen von revolutionärem Bewußtsein, wurzelten die B.-Künstler doch tief in der deutschen ◇Gotik und hatten einen Hang zum Ursprünglich-Primitiven und zu unmittelbarem Gefühlsausdruck. Ihre Malereien und Holzschnitte zeigen einen kraftvollen, vereinfachenden Stil, der anfänglich von van → Gogh, dann von → Matisse beeinflußt wurde. Als erste deutsche Künstlergemeinschaft im 20. Jh. schufen sie einen Stil, der aggressiv, archaisch und antibürgerlich das zukunftsfreudige Sendungsbewußtsein der damaligen Jugend verkörperte. Ihre breitflächige, leidenschaftliche Malerei entsprach dem Wunsch, der Farbe eine neue Bedeutung zu geben, Bilder ganz in reiner Farbe aufzubauen. Die ersten Ausstellungen fanden, von der Öffentlichkeit kaum beachtet, 1906/07 in einer Lampenfabrik außerhalb Dresdens statt. Auf Einladung Schmidt-Rottluffs trat 1906 Emil → Nolde der B. bei, der die Gruppe allerdings nach eineinhalb Jahren wieder verließ. Im gleichen Jahr wurden Max → Pechstein, der Schweizer Cuno → Amiet, der Finne Axel Gallén-Kallela und der Holländer L. Zyl Mitglieder. 1908 folgten vorübergehend Kees van → Dongen und Franz Nölken. Otto → Mueller trat 1910 bei. Pechstein übersiedelte 1908 nach Berlin, wohin ihm Kirchner, Heckel und Schmidt-Rottluff 1911 folgten, weil ihnen die Hauptstadt bessere Chancen als Dresden bot. In Herwarth → Waldens ›Sturm‹ erschienen regelmäßig ihre Grafiken, und namhafte Kunstsalons nahmen sich ihrer an. 1912 beteiligten sich die B.-Maler an der Internationalen ◇Sonderbundausstellung in Köln. Heckel, Kirchner, Pechstein und Mueller lieferten grafische Beiträge zu → Kandinskys Almanach ›Der → Blaue Reiter‹. Im gleichen Jahr, 1912, verließ Pechstein die Künstlergemeinschaft. Wegen persönlicher Differenzen unter den Gründungsmitgliedern wurde die B. 1913 aufgelöst.

Bruegel (Brueghel, Breugel, Breughel), Jan d. Ä. (1568–1625)
Flämischer Maler, Sohn von Pieter → B. d. Ä. Er malte Blumenstilleben, ◇Landschaften, darunter Szenen aus dem Garten Eden (*Das Paradies*), in einer auf sorgfältige Detailausführung angelegten Malweise. Wegen der von ihm bevorzugten Motive wurde er ›Blumen-B.‹ bzw. wegen der sanften Farbtöne seiner Arbeiten auch ›Sam(me)t-B.‹ genannt.

Bruegel (Brueghel, Breugel, Breughel), Jan d. J. (1601–1678)
Flämischer Maler, der in direkter Nachfolge seines Vaters Jan → B. d. Ä. arbeitete. Seine fein ausgeführten ◇Blumenstücke und ◇Landschaften malte er häufig auf Kupfer.

Bruegel (Brueghel, Breugel, Breughel), Pieter d. Ä. (1525/30–1569)
Einer der bedeutendsten unter den altniederländischen Malern. Er wurde wahrscheinlich nach seinem Geburtsort benannt, es ist jedoch nicht sicher, welches der drei in Frage kommenden Dörfer tatsächlich seine Heimat war. Er selbst signierte seine Werke mit ›Bruegel‹ (ab etwa 1559) oder ›Brueghel‹, von Kunsthistorikern erhielt er später den Beinamen ›Bauernbruegel‹ zur Unterscheidung von anderen Mitgliedern der Malerdynastie, die er begründete. B.s genaues Geburtsjahr ist ebenfalls ungewiß, ebenso wie Einzelheiten seiner Lehrzeit. Früh beeinflußte ihn offensichtlich das Werk von H. → Bosch. Vermutlich war B. Lehrling bei P. → Coecke van Aelst, dessen Tochter er 1563 heiratete. 1551 ist er als ein Meister der Antwerpener Gilde verzeichnet. In den Jahren 1552/54 bereiste er Italien bis nach Messina, seinen Heimweg wählte er durch Graubünden und Tirol. Nach seiner Heirat siedelte er nach Brüssel um. B. hat fast alle Kategorien der späteren flämischen Malerei festgelegt, mit seinen Gemälden erlangte er in seiner Zeit große Berühmtheit. Doch trotz der Bewunderung, die ihm z. B. → Rubens zollte, und trotz der Tatsache, daß die meisten seiner Werke von königlichen Sammlungen erworben wurden, verfiel B.s Ruhm bis zum Wiederaufleben des Interesses an seinem Schaffen zu Beginn des 20. Jh.s. Seinen Lebensunterhalt verdiente er viele Jahre mit Zeichnungen für Stiche, die der Kunstverleger Hieronymus Cock publizierte. B. malte diese – verlorengegangenen – Arbeiten wahrscheinlich in Wasserfarben. Erhalten sind dagegen etwa 40 in ◇Öl und einige in ◇Tempera auf Leinen ausgeführte Gemälde. Das herausragende Kennzeichen seines Stils ist die Unabhängigkeit von italienischen Vorbildern, zu einer Zeit, als die meisten niederländischen Maler schon von südlichen Stilen beeinflußt waren. Bei der Farbgebung bevorzugte er

Pieter Bruegel d. Ä., *Der bethlehemitische Kindermord* (Ausschnitt), um 1564 (?)

eine gedämpfte Palette aus blaugrünen, blaugrauen und einer großen Skala von braunen Tönen. Häufig belebte er das Bild mit Flächen aus reiner Farbe, oft in Gelb oder Rot. Er weitete das Feld der Motive aus auf die Darstellung von Landschaften zu allen Jahreszeiten, in allen Stimmungen und bei jedem Wetter, was ihn zu einem Nachfolger der Schöpfer mittelalterlicher ◇Stundenbücher und ◇Wandteppiche machte. Um 1563 wurde die Welt der Bauern ein zentrales Darstellungssujet B.s; das Leben der Landbevölkerung schilderte er in seinen Bildern unmittelbar mit liebenswürdigem Humor, wobei es ihm gelang, die Beziehung zwischen den Menschen und ihrer Umgebung zu verbildlichen, z. B. in seinen Gemälden *Heimkehr der Jäger* (1565), *Die Kornernte* (1565) und *Der bethlehemitische Kindermord* (um 1564?). Bisweilen scheint die Landschaft die menschlichen Aktivitäten fast zu überwältigen, etwa die Gebirgswelten im *Selbstmord Sauls* (1562) und in der *Bekehrung Pauli* (1567), oder das aufgewühlte Meer in *Der Seesturm* (1568/69). Bilder wie *Der Bauerntanz* (um 1567/68; siehe Ft. 12) und die *Bauernhochzeit* (um 1568) liefern geradezu ›Großaufnahmen‹ der fröhlicheren Stunden der Landbevölkerung. Sein Leben lang zog B. seine persönlichen, wohldurchdachten Lehren über die Conditio humana aus alltäglichen Redensarten und Sprichwörtern. Die zunehmende Meisterschaft, mit der er seine Sujets darstellte, wird deutlich im Vergleich seiner frühen figurenreichen Arbeit *Niederländische Sprichwörter (Die verkehrte Welt)* (1559) mit dem brillant komponierten Spätwerk *Das Gleichnis von den Blinden* (1568). Zwei Arbeiten, die B.s außergewöhnliche Vorstellungskraft belegen, sind die *Dulle Griet* (1562?) und *Der Triumph des Todes* (um 1562). Das erste Bild, eine Höllenlandschaft, bevölkert mit allen Ungeheuern und Dämonen der mittelalterlichen Geschichten und Legenden, hat Dichter und Maler, ja sogar Filmemacher des 20. Jh.s angeregt, während der *Triumph des Todes* mit seiner fast mechanisch anmutenden Zerstörung unzähliger Menschenleben in grausiger Weise auf Aspekte unserer eigenen Zeit zu passen scheint.

Bruegel (Brueghel, Breugel, Breughel), Pieter d. J. (um 1564 – um 1638)
Flämischer Maler, Sohn von Pieter → B. d. Ä. Er ahmte die Phantasiesujets seines Vaters nach, die ihm auch den Beinamen ›Höllenbruegel‹ einbrachten. Trotz fehlender Originalität war er ein höchst geschickter Handwerker und lebendiger ◇Kolorist. F. → Snyders war sein Schüler; sein Sohn Pieter B. III. war ebenfalls Maler.

Brüggemann, Hans (um 1485/90 – um 1540)
Deutscher Bildschnitzer der Spätgotik. Sein Stil verdankt manches der von → Notke herstammenden Lübecker Tradition sowie den ◇Holzschnitten von → Dürer. Sein bedeutendstes Werk ist der große *Bordesholmer Altar* (1514–21, seit 1666 im Schleswiger Dom), dessen über 400 Figuren die Passionsgeschichte darstellen.

Brunelleschi, Filippo (1377–1446)
Italienischer Baumeister und ◇Bildhauer, der zunächst das ◇Goldschmiedehandwerk erlernte. Als Entdecker der ◇perspektivischen Konstruktion wurde B. zur bedeutendsten Persönlichkeit der italienischen Frührenaissance in der Überwindung der ◇Gotik durch klare Gliederung und harmonische Raumkonzeption. Sein Bronzerelief *Die Opferung Isaaks* (1401/02), das er anläßlich der Teilnahme am Wettbewerb für die Bronzetür des Baptisteriums zu Florenz schuf, läßt eine Beschäftigung mit ◇antiken Werken ebenso erkennen wie eine Tendenz zur Realistik. 1420 erhielt B. zusammen mit → Ghiberti den Auftrag zur Ausführung der Domkuppel von S. Maria del Fiore (Weihe 1436, Laterne nach B.s Entwürfen 1446–67); bedeutend ist ferner das Findelhaus in Florenz (1419–24).

Brüning, Peter (1929–1970)
Deutscher Künstler, studierte von 1949 bis 1952 an der Stuttgarter Akademie bei → Baumeister; ab 1969 lehrte er als Professor an der Düsseldorfer Akademie. B., Vertreter einer ◇semantischen Malerei, kombinierte seit den 1960er Jahren kartographische Zeichen zu diagrammartigen Landschaften. Mit seinem signalhaften Bildalphabet baute B. künstliche Landschaften, die eine harmonische Integration von Natur und Technik anstreben.

Brus, Günter (* 1938)
Österreichischer Vertreter des ◇Wiener Aktionismus. B. begann mit *Aktionsmalereien* (1961), denen 1964 *Selbstbemalungen* und 1965 *Selbstverstümmelungen* folgten. Bei seinen ◇Aktionen, die theatralisch inszeniert sind, bedient sich B. zumeist der Foto- oder Filmaufzeichnung (Kren-Filme), wie auch der verbalen Erklärung, um den Demonstrationscharakter seiner Aktionen zu unterstreichen.

Brusselmans, Jean (1884–1953)
Belgischer Maler des ◇Expressionismus, der sich, ausgehend vom ◇Postimpressionismus, strengen, formalisierten Kompositionen zuwandte, die sein Werk mit ◇primitiver flämischer Malerei verbanden.

Brygos-Maler, *Priamos löst die Leiche Hektors aus,* um 490 v. Chr.

Brygos-Maler (tätig um 495/470 v. Chr.)
Berühmter ◇attischer ◇Vasenmaler (◇rotfiguriger Stil) des frühen 5. Jh.s. v. Chr., der seinen Namen erhielt, weil 13 von ihm bemalte Schalen die Inschrift des Töpfers mit den Worten ›Brygos epoiesen‹ (griech. ›von Brygos gemacht‹) tragen. Etwa 170 Gefäße sind als von ihm bemalt identifiziert worden. Charakteristika seines Stils sind heftige Bewegtheit, Zartheit der Linienführung in der Darstellung von Gewandfalten und sparsamer Einsatz von Linien bei der Wiedergabe nackter Gestalten. Seine Malweise wurde häufig nachgeahmt.

Bruyn, Bartholomäus d. Ä. (Bartel) (1493–1555)

Deutscher Maler, seit 1515 in Köln tätig. Sein frühestes religiöses Werk, die *Geburt Christi* (1516), zeigt den Einfluß von Joos van → Cleve. Seit etwa 1530 wurde dieser Einfluß von dem Jan van → Scorels und Maerten van → Heemskercks überlagert. B. war ein hervorragender ◇Porträtist. Er gründete in Köln eine Schule und erhielt viele Aufträge vom wohlhabenden Mittelstand. Die ruhig-gemessenen Porträtfiguren sind fein und sensibel erfaßt. B.s Sohn, Bartholomäus B. d. J. (bezeugt 1550–1606), setzte die Tradition des Vaters fort.

Buchheister, Carl (1890–1964)
Deutscher Maler, Autodidakt, dessen Stil bei → Klee ansetzte und zu einer ◇puristischen Abstraktion gelangte (um 1925). 1923 war er neben → Schwitters Mitbegründer einer ◇abstrakten Künstlergruppe in Hannover, 1932 Mitglied von → Abstraction-Création. Seine gewebeartig strukturierten Abstraktionen erzeugen die Vorstellung von pflanzlichem und insektenhaftem Leben.

Buffet, Bernard (* 1928)
Französischer Maler, der seine Ausbildung an der Ecole des Beaux-Arts in Paris absolvierte, Mitglied der anti-◇abstrakten Künstlergruppe ›L'homme Témoin‹. Die expressive Zeichenkunst seiner frühen, nahezu ◇monochromen Gemälde, Elendsbilder des Menschen in der Großstadt, wurde unter dem Druck seines phänomenalen Erfolges bald zu einer modischen Manier.

Buon (Bon, Bono), Bartolommeo di Giovanni (um 1374–1467)
Venezianischer ◇Bildhauer und Architekt, der mit seinem Vater Giovanni B. die bedeutendste Bildhauerwerkstatt der 1. Hälfte des 15. Jh.s in Venedig besaß. Ihr Hauptwerk ist die *Porta della Carta* (1442 vollendet), eine der letzten Ergänzungen am Außenbau des Dogenpalastes in Venedig. Stilistisch steht B. am Übergang von der ◇Gotik zur venezianischen Frührenaissance.

Buonarroti, Michelangelo siehe → **Michelangelo Buonarroti**

Buonconsiglio, Giovanni
(genannt il Marescalco) (15.–16. Jh.)
Von → Antonello da Messina und Giovanni → Bellini beeinflußter italienischer Maler, der in Vicenza und Venedig wirkte. Als sein Meisterwerk gilt eine *Pietà*.

Buontalenti, Bernardo (B. della Girandole) (1536–1608)
Italienischer Architekt, ◇Bildhauer und Maler, ein führender Vertreter des ◇Manierismus, Schüler von → Michelangelo. Das von B. erbaute Casino Mediceo (heute der Palazzo dei Tribunali) in Florenz (1568–74) zeigt Charakteristika wie ein Portal mit aus Stein gearbeiteten Ziernägeln, ein muschelförmiges ◇Tympanon, ◇Bossenmauerwerk, einen ◇Schlußstein in Form eines Wappens, aus dem Stein-›Draperien‹ entspringen, die wiederum einen Balkon tragen, und sog. ›kniende‹ Fenster. B. war außerdem an den Fassaden von S. Trinità, Florenz, und S. Stefano de' Cavaliere, Pisa, beteiligt. B., der seinen Namen mit Recht trug, gestaltete auch großartige Bühneninszenierungen, indem er z. B. Bühnenbilder für Dramen und musikalische Aufführungen entwarf.

Burchfield, Charles Ephraim (1893–1967)
Amerikanischer Maler. In frühen ◇Aquarellen rief er mit ◇expressionistischer Intensität die Szenen und Gefühle seiner Kindheit in Salem (Ohio) wach. Später begann er, in einem realistischeren Stil Architekturmotive zu malen. In den 1940er Jahren erschien ein phantastisches Element in seinen Bildern, das diese wieder mit den Arbeiten seiner frühen Periode verknüpft.

Burden, Chris (* 1946)
Amerikanischer Vertreter der ◇Body Art. In seinen ◇Aktionen, die er seit 1971 ausführte, thematisierte er anfangs seine physischen Beziehungen zu Objekten, experimentierte dann aber in steigendem Maße mit körperlichen Grenzsituationen, weit über das Maß von → Acconci hinaus. Typisch sind so extreme Arbeiten wie *Velvet Water* (Eintauchen des Kopfes in Wasser und wiederholte Versuche, zu atmen, 1974) und *Transfixed* (mit Nägeln durch die Handflächen an einen Volkswagen ›gekreuzigt‹, 1974).

Buren, Daniel (* 1938)
Französischer Künstler, Mitbegründer der kurzlebigen Gruppe BMPT, die ab 1965 versuchte, in ihren Arbeiten die Malerei auf Grundstrukturen zu reduzieren, im Fall von B. senkrechte, 8,7 cm breite, abwechselnd weiße und farbige Streifen. Die ursprünglich gemalten Bilder wurden schon

bald durch handelsübliche Markisenstoffe ersetzt (in dem Fall die beiden äußeren Streifen noch einmal mit weißer Farbe übermalt) bzw. durch farbig bedruckte Papierbögen (seit 1974 auch Plastikfolie). Da die Arbeiten wegen ihrer Neutralität (oder Anonymität) als solche keine spezifische Aussagekraft besitzen, verlagert sich der Akzent ganz auf die Kontextfrage, materiell (der reale Ort) wie geistig (das System Kunst). Die Variabilität der einzelnen Komponenten Farbe (von Arbeit zu Arbeit verschieden), Format (vom jeweiligen Raum bestimmt) und oft noch Zeit (Arbeiten mit in bestimmten Zeitabständen wechselnder Farbe), dazu die Möglichkeit, daß die Arbeiten als Untergrund für andere dienen können oder als ›Rahmen‹, läßt ein dichtes Netz äußerst komplexer Bezüge entstehen, dessen verschiedene Aspekte B. in zahlreichen Textveröffentlichungen auch theoretisch behandelt hat.

Burgin, Victor (* 1941)
Englischer Künstler, neben → Art & Language der bekannteste Vertreter der ◇Konzeptuellen

Hans Burgkmair d. Ä., *Bildnis der Barbara Schellenberger, geb. Ehem,* 1507

Kunst in England. Nach ◇Skulpturen und frühen tautologischen Arbeiten mit Raumbeziehungen entstanden – neben wichtigen theoretischen Texten – ab 1971 Werke linguistisch-soziologischer Natur unter Verwendung von (meist aus der Werbung stammenden) ◇Fotografien.

Burgkmair, Hans d. Ä. (1473–1531)
Deutscher Maler von ◇Porträts und religiösen Themen, Zeichner für den ◇Holzschnitt. B. studierte bei seinem Vater Thomas B. (1444–1523) und bei M. → Schongauer (um 1488–90) und war mit → Dürer befreundet. In den späten 1490er Jahren hielt er sich vermutlich in Italien auf, sicher um 1515 in Venedig. Er gilt als einer der ersten deutschen Maler, deren Werk italienische Einflüsse aufweist, und trug insbesondere zur Verbreitung des Formengutes der venezianischen ◇Renaissance im Augsburger Raum bei. Berühmt sind v. a. seine bahnbrechenden Zeichnungen für Holzschnitte zu den künstlerischen Projekten Kaiser Maximilians I., darunter die beiden Zyklen *Triumphzug Kaiser Maximilians I.,* bestehend aus 135, und *Weißkunig* aus 327 Holzschnitten. Unter seinen religiösen Arbeiten sind eine Reihe von ◇Altartafeln (Johannesaltar, 1518) und Gemälde, z. B. *Esther vor Ahasver* (1528).

Burgundische Bauschule
◇Romanische Baukunstschule in Burgund, die in engem Kontakt zu den Cluniazensern stand. Typisch für die B. B. ist die Verwendung von Spitzbogen (◇Bogen) und antikisierenden ◇Ornamentformen sowie die reiche Ausgestaltung der Kirchen durch figürlichen Schmuck (Vézelay, Autun).

Burljuk, David (Dawid Dawidowitsch B.) (1882–1967)
Russisch-amerikanischer Maler, der u. a. in Odessa, dann bei Ažbé in München Malerei studierte. 1907 kam er in Moskau in Kontakt mit → Exter, → Gontscharowa und → Larionow, mit denen er eine Reihe kleiner Ausstellungen organisierte (→ Blaue Rose). 1910 lieferte er Beiträge zur ersten Anthologie ◇futuristischer russischer Prosa. Befreundet mit → Kandinsky, schloß er sich 1910 dem → Blauen Reiter an. 1912 war sein Moskauer Haus Mittelpunkt der russischen Futuristen um → Majakowski; gemeinsam widmeten sie sich dem Schreiben und Propagieren der ›neuen Kunst‹. 1918 verließ B.

Rußland und arbeitete später in einem ◇primitivistischen Stil in den USA.

Burn, Ian siehe → **Art & Language**

Burne-Jones, Sir Edward (1833–1898)
Englischer Maler und ◇Grafiker, dessen Frühwerk unter dem Einfluß von D. G. → Rossetti stand. Er wird mit der zweiten, der ›romantischen‹ Phase der → Präraffaeliten assoziiert. Auf seinen Italienreisen (1859 und 1862) wurde er tief beeindruckt vom Werk → Botticellis und → Mantegnas. Es fehlten ihm die Energie und die sozialen Ideale der Präraffaeliten; basierend auf literarischen Motiven, insbesondere aus der griechischen Mythologie, den Dichtungen Geoffrey Chaucers und Thomas Malorys, stellten seine mythischen, romantischen und zeitlosen Bilder eine Traumwelt dar, die Ausdruck der Flucht vor der Industrialisierung im 19. Jh. ist. Er arbeitete in gedämpften Farbtönen und einem dekorativen linearen Stil, der den ◇Jugendstil entscheidend beeinflußte. Für die Kunstgewerbefirma seines Freundes W. → Morris, für den B.-J. auch Bücher, z. B. die Chaucer-Ausgabe der Kelmscott Press (1890 gegründet), illustrierte, schuf er erfolgreiche Entwürfe u. a. für Buntglasfenster und Teppiche.

Burra, Edward (1905–1976)
Englischer Maler und Bühnenbildner, Mitglied der Gruppe → Unit One (1933). Das Werk → Signorellis und → Goyas, → Grosz' und der ◇Surrealisten beeinflußte die Entwicklung seiner phantasiereichen Kunst, die seine Liebe zu Spanien und Mexiko widerspiegelt. In seinen frühen Arbeiten mit Szenen der Unterwelt werden die Dekadenz und die desillusionierte Stimmung der Zeit zwischen den beiden Weltkriegen sichtbar, aber auch B.s Freude am Extravagant-Prunkvollen und Bizarren. Nach dem Spanischen Bürgerkrieg wurde seine Malerei ernster und unheilvoller. Er malte in ◇Wasserfarben, meist in großen Formaten.

Burri, Alberto (* 1915)
Italienischer Maler, der seinen Arztberuf nach dem Zweiten Weltkrieg (1946) aufgab und sich der Malerei zuwandte. B.s Kriegserfahrungen wirkten sich stark auf seine Arbeiten aus. Dies spiegelt sich in der Wahl solch scheinbar undankbarer Materialien wie zerrissenen Stoff- und Sackfetzen, rostigem Metall und angesengtem Holz, z. B. in *Legno Nero e Rosso* (1960), und eingeschmolzenen Plastikfolien, die B. in seinen ◇informellen ◇Materialbildern mit gemalten Farbflächen verbindet. Im Gegensatz zur ◇dadaistischen Materialcollage erhalten die Fundobjekte bei B. die poetische Funktion subjektiver Stimmungsträger.

Edward Burne-Jones, *Pygmalion* (Ausschnitt), 1869–79

Burton, Scott (* 1939)
Amerikanischer Künstler, der 1957–59 Malerei bei Hans → Hofmann in Princetown und 1959–62 Literatur an der Columbia University in New York studierte. Mitte der 1970er Jahre wurde B. durch die ◇Performance-Reihe ›Behaviour Tableaux‹ bekannt. Wie ein Theaterregisseur plazierte der Künstler in dieser Serie vorgefundene Objekte zu ›Tableaux‹; die Dinge erhielten durch die Rauminszenierung einen individuellen

Charakter. Im Anschluß an diese Serie entstanden Möbelskulpturen – vorwiegend Tische, Stühle und Bänke aus Stein –, deren architektonische Gestaltung aus den Bedingungen des späteren Standortes heraus definiert wird. Damit sucht B. den Anschluß an klassische Traditionen der Interieur- und Landschaftsgestaltung.

Bury-Bibel
Anfangsteil einer um 1140 von Meister Hugo, einem Künstler, der auch Metallarbeiten schuf, illustrierten englischen Bibel. Die Eleganz der Ausführung, die Form- und die Farbgebung sind ihrem Ursprung nach ◇byzantinisch. Charakteristisch sind die einfachen, farbigen Hintergründe. Der sog. ◇Damp Fold Style der Faltenwurfwiedergabe hat Metallarbeiten aus dem Bereich der sog. ◇Maas-Kunst zum Vorbild.

Bury, Pol (* 1922)
Belgischer Künstler, malte unter dem Einfluß von → Magritte und → Tanguy anfänglich ◇surrealistische Bilder. Gegen 1954 wandte er sich der Herstellung von ◇kinetischen Objekten zu, wobei ihn vor allem Raum-Zeit-Verschiebungen interessieren, etwa mit Hilfe von Kugeln, die sich kaum wahrnehmbar auf einer planen Fläche bewegen. Seine handwerklich sorgfältig bearbeiteten Holz- und Metallkonstruktionen zeichnen sich durch Sensibilität, Humor und eine taktile Qualität von großer Anziehungskraft aus.

Busch, Wilhelm (1832–1908)
Deutscher Maler, Dichter und ◇Karikaturist, Mitarbeiter an den ›Fliegenden Blättern‹ (ab 1859) und den ›Münchner → Bilderbogen‹. Er studierte in Antwerpen, München und Düsseldorf. Sein malerisches Werk steht sowohl im genrehaften Sujet wie im breiten Pinselstrich unter dem Einfluß von → Rubens, → Brouwer, → Hals und → Teniers. Ruhm und Popularität erlangte er jedoch durch seine satirischen Zeichnungen und Bilderfolgen *(Max und Moritz,* 1865; *Die fromme Helene,* 1872, u. a.), in denen der knappe, treffende Strich und die begleitenden Verse menschliche Schwächen und Eitelkeiten mit Humor und psychologischem Scharfblick entblößen.

Bustamente, Jean-Marc (* 1952)
Französischer Künstler, der 1983–87 unter dem Namen ›Bazilebustamente‹ zusammen mit Bernard Bazile an Video- und Fotokonzepten sowie an ◇Performances arbeitete. Ab 1987 eigenständige ◇Installationen mit skulpturalen Möbelobjekten aus Alltagsmaterialien, deren meditativ-auratische Wirkung durch Isolation im Raum und eine ostentative Funktionsverweigerung provoziert wird. Die Isolation im Raum akzentuiert B. durch Großfotos von menschenleeren Landschaften, Blumen und Interieurs, die kontrapunktisch zu den Möbelobjekten in deutlichem Abstand zu den realen Raumwänden plaziert werden. Das Miteinander von Fotos und Objekten schafft die verfremdende Distanz zur Alltagswirklichkeit.

Bustelli, Franz Anton (1723–1763)
Deutscher Porzellanplastiker italienisch-schweizerischer Herkunft, der als Modellmeister an der Nymphenburger Porzellanmanufaktur tätig war und neben → Kändler als der bedeutendste Vertreter der deutschen ◇Rokoko-Porzellanplastik gilt. Seine bevorzugten Motive waren ◇Putten, oft mit mythologischen Attributen versehen, und Figuren aus der ◇Commedia dell'arte.

Buthe, Michael (* 1944)
Deutscher Maler und ◇Objektkünstler, studierte an der Werkkunstschule in Kassel (1964–67). B. wurde erstmals bekannt mit großformatigen Arbeiten aus zerrissenen weißen Tüchern; ab 1971 wandte er sich einer Kunstform im Sinne der ◇Individuellen Mythologien zu: Seine ◇Environments stellen kultische Refugien – aus dem Alltag entrückte Paradiese – dar. Dabei verbinden sich die verschiedensten Einzelsymbole zu einem alchimistischen Mythenlabyrinth, das sich einer geschlossenen Deutung bewußt entzieht.

Butinone, Bernardino (tätig 1484–1507)
Italienischer Maler, der in Treviglio und Mailand wirkte. Schon früh wurde er von → Mantegna beeinflußt, später von Vicenzo → Foppa, sein Werk behält jedoch die Züge der lombardischen ◇Gotik. In Zusammenarbeit mit B. → Zenale malte er in S. Pietro in Gessate, Mailand, ◇Fresken (1489–93) und für S. Martino in Treviglio ein ◇Altarbild (1484–1507). Außerdem schuf er ein *Marien-Triptychon* (1484) für S. Maria del Carmine in Mailand.

Butler, Reg(inald) (1913–1981)
Englischer ◇Bildhauer, der ausgebildet war als

Architekt. 1944 kam er zur Bildhauerei und zeigte seine Arbeiten in seiner ersten Einzelausstellung 1949. 1953 gewann er den internationalen Wettbewerb ›Unknown Political Prisoner‹ (›Der unbekannte politische Gefangene‹). Mit → Chadwick und → Armitage gehörte B. zur ersten Generation von Metallplastikern in England. Seine anfänglich insektenhaften, dann menschlichen Figuren sind häufig in ein architekturhaftes Liniengerüst eingespannt, z. B. *Mädchen* (1953/54).

Büttner, Werner (* 1954)
Deutscher Künstler aus dem Umfeld der → Neuen Wilden, der zunächst Jura an der Freien Universität Berlin studierte. 1976 Gründung der ›Liga zur Bekämpfung des widersprüchlichen Verhaltens‹ mit A. → Oehlen. 1977 Übersiedlung von Berlin nach Hamburg und dort in den frühen 1980er Jahren gemeinsame ◇Aktionen und Ausstellungskonzeptionen mit → Kippenberger und den Brüdern Oehlen, die bewußt einen naiv-subjektivistischen Dilettantismus sowie zynische Provokation und anarchistische Persiflage praktizierten.

Buytewech, Willem Pietersz. (1591/92 – 1624)
Holländischer ◇Genremaler; einer der wenigen bedeutenden Landschaftsradierer vor → Rembrandt.

Byars, James Lee (* 1932)
Amerikanischer ◇Performance-Künstler, der sich, angeregt durch zahlreiche Japanaufenthalte seit 1957, intensiv mit der fernöstlichen Tradition der Zen-Philosophie beschäftigt hat. Schon in seinen frühen ◇Aktionen verfolgte B. das Ziel, mit relativ unscheinbaren Materialien wie Tüchern und Papier »Schönheit an sich« in meditativ-konzentrierter Stille zur Wirkung zu bringen. B.' Performances entwickelten sich dann zunehmend zu zelebrierten Ritualen, in denen die optische Inszenierung der Materialien mit der Gestik seiner phantastisch gewandeten und zuweilen mystisch-verrätselten (durch Augenbinde) Person zusammenwirkt. In seinen Objekten benutzt B. vorwiegend reduzierte Formen mit starker, aber offener Symbolik wie Kegel, Kreis, Sichel und Quader, wobei eine festliche Farbgebung durch Rot, Gold oder Schwarz die mystische Dimension vertieft. B.' Aktionen sind utopisch-idealisierte Entwürfe eines Wirklichkeitszustands, der Vollkommenheit, Schönheit und Immaterialität zugleich besitzt. Während sein Konzept eines 333 m in den Himmel hineinragenden Goldenen Turms (1974) bis heute Utopie bleiben mußte, realisierte B. 1990 im Lichthof des Gropiusbaus in Berlin den 10 m hohen *Golden Tower with Changing Tops.*

C

Cabanel, Alexandre (1823–1889)
Französischer Maler in der Tradition von → Ingres, Schüler von Picot an der Ecole des Beaux-Arts, ging 1845 als Rompreisträger für fünf Jahre nach Rom. Nach frühen, meist historischen, ◇allegorischen und mythologischen Bildern wandte er sich um 1855 populäreren Themen zu, v. a. der Darstellung eleganter weiblicher Schönheiten, die er mit einer an → Boucher geschulten, etwas süßlichen Palette malte. C. war einer der berühmtesten akademischen Maler seiner Zeit. Als Lehrer an der Pariser Akademie (ab 1863) zählte er zu seinen Schülern u. a. → Couture und → Gleyre.

Cabaret Voltaire
Von Hugo Ball für Künstler und Schriftsteller der ◇Avantgarde gegründet, eröffnete es am 5. März 1916 im Meierei-Café in Zürich. Hier trafen sich u. a. H. → Arp, M. → Janco, T. → Tzara und R. → Huelsenbeck, die eine Zeitschrift mit dem Titel ›C. V.‹ als Sprachorgan der damaligen Avantgarde herausgaben: Neben Beiträgen der Züricher Gruppe erschienen hier Texte von → Kandinsky, → Apollinaire und → Marinetti. Die literarischen Abende des C. V. erregten durch ihre progressiven Experimente einer interdisziplinären Kunstdarbietung großes Aufsehen (Geräuschmusik, Simultangedichtlesungen verbunden mit Tanz) und hatten großen Einfluß auf die Pariser Veranstaltungen der ◇Surrealisten.

Caccini, Giovanni (1556–1612/13)
Italienischer ◇Bildhauer, Baumeister und Antikenrestaurator, der bei Dosio als Architekt ausgebildet wurde. C. ist der Schöpfer der beiden Figuren Sommer und Herbst auf der Brücke S. Trinità in Florenz sowie einiger Skulpturporträts, hauptsächlich der Medici-Familie. Sein bedeutendster Auftrag waren die ◇Reliefs für das Mittelportal am Dom von Pisa.

Cage, John (* 1912)
Amerikanischer Komponist, der mit seinen revolutionären Ideen und Kompositionen – ähnlich wie → Duchamp auf dem Gebiet der ◇bildenden Kunst – das überkommene Verständnis von Musik radikal in Frage stellte, am schärfsten in *4'33"* (d. h. 4 Minuten, 33 Sekunden, 1952), der Komposition von Stille (»No sounds are intentionally produced.«). Das Moment der indirekten Mitwirkung des Publikums an der Aufführung (durch unwillkürlich erzeugte Geräusche) wurde weiterentwickelt und führte – in Zusammenarbeit mit → Johns und → Rauschenberg – zu frühen Formen des ◇Happenings. Durch seine methodische Arbeit mit Zufallsoperationen (entstanden aus der Beschäftigung mit buddhistischem und konfuzianischem Gedankengut, v. a. dem ›Buch der Wandlungen‹ [›I Ging‹]), durch neue (grafische) Notationsformen, ungewöhnliche oder zweckentfremdete Instrumente, neue Medien (Tonbänder, Computer), ›Komposition‹ von Texten und Übernahme szenischer Elemente in Musik trug er entscheidend zur Auflösung der Disziplinbeschränkungen und zur Entwicklung des ◇Mixed Media bei. Auf dem Gebiet der Kunst wirkte er stark auf ◇Fluxus-Künstler wie → Paik.

Caillebotte, Gustave (1848–1894)
Französischer Maler, Schüler von → Bonnat, bei dem er im akademischen Sinne ausgebildet wurde. Durch → Degas kam C. mit den ◇Impressionisten in Berührung, denen er sich anschloß und die er unterstützte, indem er ihre Bilder kaufte und Ausstellungen organisierte. Seine impressionistischen ◇Landschaften und Pariser Szenen sind in ihrer Komposition von der ◇Fotografie und japanischen ◇Drucken beeinflußt. Seine umfangreiche impressionistische Sammlung vermachte er dem französischen Staat (heute z. T. im Musée d'Orsay, Paris).

Caldara, Polidoro siehe → **Polidoro da Caravaggio**

Calder, Alexander (1898–1976)
Amerikanischer ◇Bildhauer, ursprünglich gelernter Techniker (Ingenieurstudium). Im Paris der 1930er Jahre beeindruckten ihn die Arbeiten → Mondrians und → Mirós. Mit seinen Figuren aus geformtem Draht erschloß er der ◇Skulptur neue Gebiete. An die Stelle seiner *Stabiles* – so nannte H. → Arp C.s statische Metallplastiken – trat bald ein neues Skulpturenkonzept: Ab etwa 1931 entstanden C. s. ›Constructions animées et sonores‹, für die → Duchamp den Begriff *Mobiles* prägte – sorgfältig im Gleichgewicht ausgewogene Konstruktionen aus organisch geformten Metallscheiben, die durch Stäbe, Drähte und

Alexander Calder, *Schwarzer Halbmond,* 1960

Gelenke miteinander verbunden sind. In Bewegung gesetzt wurden sie entweder durch Luftzug, mit mechanischen Mitteln oder durch leichte Berührung. Mit ihren ständig wechselnden Konfigurationen lieferten sie dem räumlich arbeitenden Künstler ein neues Medium (◇Kinetische Kunst). C. war auch als Buchillustrator und Bühnenbildner tätig.

Calderara, Antonio (1903–1978)
Italienischer Maler, Autodidakt, widmete sich nach einem Ingenieurstudium ab 1924 ganz der Malerei. Nach einer ersten langen Schaffensperiode mit trocken-◇realistischen Bildern gab er die Gegenständlichkeit auf (*La Sposa,* 1958) und entwickelte ab 1959 einen → Albers nahestehenden, zartfarbigen ◇abstrakten Stil.

Caliari, Paolo siehe → **Veronese**

Callot, Jacques (1592/93–1635)
Französischer Zeichner, ◇Kupferstecher und Meister in der Technik der ◇Radierung, die er innerhalb der ◇bildenden Künste erstmals zu einer eigenständigen Kunstgattung gemacht hat. Er verbrachte ungefähr zehn Jahre in Rom (1608–11) und Florenz, wo er für die Medici tätig war, arbeitete jedoch ab 1622 hauptsächlich in Nancy. Er schuf grafische Folgen von Höflingen, Bettlern und Figuren der ◇Commedia dell'arte (*Capricci,* 1617) in einem spätmanieristischen, grotesken Stil. Sein Ruhm gründet sich v. a. auf seine Serie von Radierungen *Les Grandes Misères de la Guerre* (zwei Folgen 1632–33), in denen er die Grausamkeiten des 30jährigen Kriegs darstellte. Sein Einsatz der Radierung anstelle des linearen Stichs ermöglichte ihm eine extensive Anwendung der ◇Luftperspektive.

Calvaert, Denijs (genannt Dionisio Fiammingo) (um 1545–1619)
Flämischer Maler von ◇Landschaften und religiösen Motiven. Mit ungefähr 20 Jahren ging C. nach Italien, wo er in Bologna und Rom studierte und sich an → Michelangelo und → Raffael schulte. In Bologna gründete er eine → Akademie (nach 1572), die als Vorläufer der Akademie der → Carracci gelten kann. Zu seinen Schülern zählten F. → Albani, → Domenichino und G. → Reni. In seinem Werk verbinden sich der italienische ◇Manierismus und die flämische Tradition; seine Arbeiten waren wegen ihrer leuchtenden Farbigkeit und sensiblen Pinselführung äußerst beliebt.

Calvert, Edward (1799–1883)
Englischer ◇Kupferstecher und Maler, zur Mitte der 1820er Jahre Mitglied des Kreises um S. → Palmer und W. → Blake. Die Poesie und ›visionäre‹ Kraft seiner frühen, von Blake beeinflußten Kupferstiche und ◇Holzschnitte verschwanden schnell. Schwache spätere Gemälde (seit den 1830er Jahren) gaben seinem Ideal eines ◇hellenistischen Heidentums Ausdruck.

Cambio, Arnolfo di siehe → **Arnolfo di Cambio**

Camden Town Group
Von W. R. → Sickert initiierte und 1911 von englischen Malern gegründete Künstlergruppe, die den ◇Postimpressionismus in England verbreitete. 1913 verschmolz die Gruppe mit der → London Group. Die bedeutendsten Mitglieder der C. T. G. waren H. → Gilman, C. Ginner und F. S. → Gore.

Camoin, Charles (1879–1965)
Französischer Maler, der als Schüler im Atelier von → Moreau → Matisse und → Marquet begegnete und sich dem ◇Fauvismus anschloß. Beeinflußt von → Cézanne, den er persönlich kannte, und von → Signac und → Cross, war

sein Stil nie so heftig wie der seiner Freunde und wurde unter der Anregung von → Renoir nach 1916 noch anmutiger.

Campagna, Gerolamo (1549/50–1626)
Italienischer ◇Bildhauer, Schüler von → Cattaneo, dem er bei dem Loredan-Grabmal (SS. Giovanni et Paolo, Venedig) assistierte. Die meisten seiner ◇Skulpturen befinden sich in Venedig, wo er hauptsächlich tätig war, darunter der ◇Hochaltar von S. Giorgio Maggiore (1591) und der Sakramentsaltar in S. Giuliano, Arbeiten von großem Format, die die Kraft seiner ruhigen Empfindung zeigen.

Campagnola, Giulio (1482– nach 1515)
Italienischer ◇Kupferstecher, der bei → Mantegna studierte. C.s Kopien von Werken A. → Dürers machten den deutschen Künstler in Italien bekannt. Einige Gemälde von C.s Adoptivsohn, Domenico C. (1500–1564), wurden fälschlicherweise → Tizian zugeschrieben.

Campendonk, Heinrich (1889–1957)
Deutscher Maler, Schüler von → Thorn-Prikker und Mitglied des → Blauen Reiters (1911). Er ließ sich besonders von den Tierdarstellungen → Marcs, die er in dekorativem und märchenhaftem Sinne interpretierte, sowie vom ◇Kubismus anregen. Gehörte zur Gruppe der → ›Rheinischen Expressionisten‹, die 1913 in Düsseldorf ausstellte. Ab 1926 lehrte er an der Düsseldorfer Akademie, bis er 1933 in die Niederlande emigrierte.

Heinrich Campendonk, *Der rote Mäher,* um 1917/18

Campi, Familie
Galeazzo (um 1470–1536)
Giulio (um 1500–1572)
Antonio (um 1525–1587)
Vincenzo (um 1525/30–1591)
Malerfamilie aus Cremona. Galeazzo bildete seinen Sohn Giulio aus, der wiederum seine Brüder Antonio und Vincenzo unterrichtete. Seine Weiterbildung betrieb Giulio in Rom, wo er sich mit der ◇Antike und → Raffael auseinandersetzte, sowie als Schüler von → Romano in Mantua. Seine Stellung in der Campi-Familie entsprach etwa der von Annibale → Carracci. Antonio war, wie Giulio, Baumeister, darüber hinaus aber auch ◇Bildhauer, ◇Grafiker und Au-

Robert Campin (Meister von Flémalle), *Mérode-Altar,* um 1425

tor der ›Cronaca di Cremona‹ (1585). Vincenzo kopierte Giulios klassischen ◇Manierismus, den er mit dem ausdrucksvollen ◇Chiaroscuro Antonios verband; er ist auch bekannt als Maler reizvoller Szenen mit Obstverkäufern und kunstvoll arrangierten ◇Stillebengruppen.

Campin, Robert (Meister von Flémalle) (1375/80–1444)
Niederländischer Maler, der seit 1406 in Tournai nachweisbar ist. C. gehört mit Jan van → Eyck zu den Begründern der altniederländischen Malerei. Das bürgerliche Milieu tritt bei C. stark in den Vordergrund, und seine Gestalten werden durch eine scharfe Licht-Schatten-Modulation plastisch herausgearbeitet. Übernatürliche Dinge stellt er natürlich dar, so z. B. den Heiligenschein als strohgeflochtenen Kaminschirm in dem Gemälde *Madonna mit dem Jesuskind* (NGL). Aus C.s Werkstatt ist Rogier van der → Weyden hervorgegangen, dessen Stil merklich auf die letzten Schöpfungen C.s zurückwirkte. C. wurde von der neueren Forschung mit dem → Meister von Flémalle identifiziert.

Campus, Peter (* 1937)
Amerikanischer ◇Videokünstler, der 1955–60 (Experimentelle Psychologie) an der Ohio State University in Columbus und 1961–62 am City College Film Institute in New York studierte. C. gilt heute als einer der Klassiker der Videokunst (Closed-Circuit-Installationen). Nach kommerziellen Film- und Fernsehproduktionen begann er 1968 mit der künstlerischen Videoarbeit. Mit Kamera und Schwarzweißprojektionen schafft C. in seinen ◇Installationen Erfahrungsräume für den Zuschauer, indem sich dieser auf überraschend neue Weise abgelichtet sieht. Eine spezifische Anmutung des Videobildes steht für C. im Vordergrund der künstlerischen Absicht, so daß es eine logische Konsequenz ist, daß sich C. in jüngster Zeit zunehmend mit dem statischen Bild der ◇Fotografie beschäftigt.

Canaletto (Bel[l]otto Bernardo) (1721–1780)
Neffe und Schüler von G. A. → Canaletto, nach dem er sich auch nannte. Nach vielen Reisen innerhalb Italiens und neben einem kurzen Aufenthalt am Hofe Maria Theresias in Wien (1758–60) war er 1747–66 als sächsischer Hofmaler in Dresden tätig. 1767 übersiedelte er nach Warschau, wo er ab 1768 im Dienste Stanislaus' II. Poniatowski stand. Seine im venezianischen Stil gemalten Städtebilder von Warschau und Dresden, deren Eigentümlichkeit in der bis ins Detail gehenden Exaktheit der Architekturperspektive liegt, bilden in ihrer malerischen Auffassung – mit denen seines Onkels bzw. Francesco → Guardis von Venedig – einen Höhepunkt der ◇Vedutenmalerei im 18. Jh.

Canaletto (Giovanni A. Canal), *Der Canal Grande in Venedig,* um 1753

Canaletto (Giovanni Antonio Canal) (1697–1768)
Berühmtester und produktivster italienischer ◇Vedutenmaler des 18. Jh.s. Er entstammte einer Familie von Bühnenbildnern und war selber bis 1719 für das Theater tätig, was noch in seinen späteren kulissenhaft inszenierten Städtebildern bemerkbar ist. Daneben verdankt er manches → Pannini und seinem venezianischen Vorläufer → Carlevaris. Sein besonderes Geschick in der Verbindung ◇topographischer Treue mit der lebendigen Wiedergabe natürlicher Lichtwirkungen fand Gefallen bei einer Gruppe von britischen Emigranten, darunter Owen McSwinney und Konsul Joseph Smith, die ihn förderten und ihm in den 1720er und 1730er Jahren zum Erfolg bei ausländischen Sammlern verhalfen. Ein Bild wie die *Ansicht der Carità* (1726/27) zeigt seine außerordentliche künstlerische Kraft. Spätere Bilder wirken oft wie mechanisch bevölkerte, kulissenhafte Szenerien. Besuche in England (1746 bis etwa 1756) haben seinem Stil keine Bereicherung mehr gebracht. Die originellsten Werke seiner Spätzeit sind die ◇Capricci, die nach Ansicht → Algarottis auf ideale Weise ›Natur und Kunst‹ miteinander verschmelzen (siehe Abb. S. 88).

Cane, Louis (*1943)
Französischer Maler, Mitglied der Gruppe → Supports/Surfaces, studierte an den Ecoles des Arts Décoratifs in Nizza bzw. Paris. C. versucht in seinen Arbeiten eine Analyse der Malerei als kunstgeschichtliches wie auch als faktisches (Herstellen eines ›Bildes‹) Phänomen. In seinen theoretischen Schriften (Katalog- und Zeitschriftenbeiträge) wird die Situation des Künstlers aus gesellschaftlich-historischen Bedingungen und eine Funktionsbestimmung des Bildes aus dem dialektischen Materialismus abgeleitet.

Cano, Alonso (1601–1667)
Spanischer Hofmaler, Architekt und ◇Bildhauer, der in Sevilla und Madrid lebte und wegen seiner Vielseitigkeit der »Michelangelo Spaniens« genannt wurde. Wie → Velázquez studierte er bei F. → Pacheco. Er führte seine ◇Porträts und seine religiösen Motive in weichen goldbraunen Tönen aus, häufig jedoch versah er sie mit harten ◇Konturen. Als Bildschnitzer (Schüler von → Montañés) gehört er mit seinen für die Capilla Mayor der Kathedrale von Granada geschaffenen, oft zur Naturalistik neigenden, ◇polychrom

Antonio Canova, *Pauline Bonaparte Borghese als ruhende Venus,* 1805–07

bemalten Skulpturen zu den bedeutendsten spanischen Künstlern seiner Epoche. Mit der architektonischen Gestaltung der Fassade der Kathedrale von Granada (1703 vollendet) wendete er sich vom ◇Desornamentado-Stil ab und dem Barock zu.

Canogar, Rafael (* 1934)
Spanischer Maler, gründete 1957 zusammen mit → Saura und → Millares die Gruppe El → Paso. Nach einer Phase ◇abstrakt-expressionistischer Malerei entwickelte C. unter dem Einfluß der amerikanischen ◇Pop Art ab 1964 einen politisch engagierten Realismus, der die Technik der ◇Fotomontage mit einer plakativen Farbgebung verbindet, um den provokativen Charakter der Bildthematik stilistisch zu unterstreichen.

Canova, Antonio (1757–1822)
Italienischer ◇Bildhauer, der zum gefeiertsten Hauptvertreter der ◇klassizistischen ◇Plastik wurde. In Rom (seit 1781), wo C. den größten Teil seines Lebens verbrachte, schuf er die

Grabmäler der Päpste Clemens XIII. (1784–92, im Petersdom) und Clemens XIV. (1783–87, in S. Apostoli), in Wien das Grabmal der Erzherzogin Marie Christine (1798–1805, Augustinerkirche). Auf Einladung Kaiser Napoleons, den C. sehr bewunderte, besuchte er Paris (1802, 1810, 1815) und porträtierte den Kaiser und dessen Familie (*Pauline Bonaparte Borghese als ruhende Venus,* 1805–07). Ein weiteres Hauptwerk von seiner Hand ist die anmutige Skulpturengruppe *Amor und Psyche* (1793).

Cantarini, Simone (genannt Simone da Pesaro oder il Pesarese) (1612–1648)
Italienischer Maler von ◇Porträts und religiösen Sujets (*Kains Brudermord,* 1630–35; *Heilung des Lahmen,* 1638–40), der im Stil des G. → Reni arbeitete.

Cao Zhibo (1272–1355)
Chinesischer Maler aus Songjiang (Prov. Jiangsu), eng mit → Huang Gongwang und → Ni Zan befreundet. Wiewohl er ein Dichter und Maler hohen Ranges war, erlangten seine Werke nicht das gleiche Ansehen wie die seiner Freunde. Seine erhaltenen Arbeiten, hauptsächlich ◇Tuschmalereien, lassen eine deskriptive, unaufdringliche Malweise erkennen, deren beste Leistungen Baumdarstellungen sind (*Zwei Kiefern,* National Palace Museum, Taipeh).

Capa, Robert (1913–1954)
Ungarischer ◇Fotograf, der bis zur nationalsozialistischen Machtergreifung in Berlin als Fotoassistent tätig war und 1933 nach Paris ging. 1936 Tätigkeit als Kriegsberichterstatter im Spanischen Bürgerkrieg sowie 1938 in China nach der japanischen Invasion. Während des Zweiten Weltkriegs Reportertätigkeit auf europäischen Kriegsschauplätzen für die Zeitschrift ›Life‹. 1947 Mitbegründer der Gruppe → ›Magnum‹.

Čapek, Josef (1887–1945)
Tschechischer Maler und Buchillustrator, dessen Frühwerk unter dem Einfluß von ◇Expressionismus und ◇Kubismus stand. In den 1920er Jahren wandte sich C. dem modernen ◇Genrebild zu und malte Typen der Großstadtperipherie. Nach der Besetzung der Tschechoslowakei betätigte sich C. als politischer ◇Karikaturist.

Cap(p)elle, Jan van de (1624/25–1679)
Holländischer ◇Marinemaler in der Nachfolge von S. de → Vlieger. Als wohlhabender Mann konnte er zu seinem eigenen Vergnügen malen, er war vermutlich Autodidakt. Charakteristika seiner Bilder sind die Beschränkung der Farbpalette auf graubraune Töne, die stimmungsvolle Wiedergabe sich auftürmender Wolkengebilde sowie des reflektierten Sonnenlichts. Daneben malte er auch einige Winterlandschaften, die stilistisch von A. van der → Neer beeinflußt sind.

Capogrossi, Giuseppe (1900–1972)
Italienischer Maler, begann nach einem Studium der Rechtswissenschaft autodidaktisch zu malen. 1927–32 lebte er in Paris und war nach seiner Rückkehr Gründungsmitglied der ›Gruppo Romano‹. Von einem atmosphärischen Realismus kam C. um 1941 zur ◇Abstraktion und entwickelte eine an → Dubuffet erinnernde Zeichensprache aus sich verzahnenden, kammähnlichen ◇Hieroglyphen.

Caracciolo, Giovanni Battista (genannt Battistelo) (1570–1637)
Italienischer Maler, einer der ersten Künstler Neapels, der von → Caravaggio geprägt wurde. Unter dem Einfluß der Bologneser Kunst befreite er sich später davon und entwickelte einen eigenen Stil. In seinem Spätwerk griff er jedoch wieder einige caravaggeske Elemente, wie das stark betonte ◇Chiaroscuro und den tiefliegenden Blickpunkt, auf.

Caravaggio (Michelangelo Merisi, Amerighi da C.) (1573–1610)
Italienischer Maler, Hauptmeister des frühen ◇Barock. Er lernte bei dem Mailänder ◇Manieristen → Peterzano (1584–88), vermutlich speziell ◇Stillebenmalerei, und ging 1590 nach Rom, wo er anfangs in der Werkstatt von → Arpino arbeitete. Aus dieser Zeit stammen v. a. ◇Halbfigurenbilder von Jünglingen (bisweilen mit Stilleben, *Jugendlicher Bacchus,* um 1589, Uffizien) und ◇genrehafte Szenen (*Die Wahrsagerin,* 1588–89, Louvre), die in ihrer naturnahen Sachlichkeit bereits eine eigene Sprache erkennen lassen. Er wurde bald von einigen Patriziern gefördert, u. a. von Kardinal del Monte, in dessen Haus er lebte (ab 1594/95) und der ihm höchstwahrscheinlich seinen ersten großen Auftrag verschaffte, die Matthäusbilder für die Contarelli-Kapelle in S. Luigi dei Francesi in Rom (*Hl. Matthäus mit dem Engel,* um 1596; *Berufung des hl. Matthäus,* 1598–1601; *Martyrium des hl.*

Caravaggio, *Jugendlicher Bacchus,* um 1589

Matthäus, 1599–1603). In ihnen und den Seitenbildern für die Cerasi-Kapelle in S. Maria del Popolo (*Die Bekehrung Pauli,* 1601 [siehe Ft. 10], und *Kreuzigung Petri,* 1601) findet er zu seinem spezifischen Stil, indem er einfache, aus dem Alltagsleben gegriffene Modelle ohne jede Idealisierung darstellt – auch bei Heiligen (*Tod Mariä,* 1605–06, Louvre), was einen beträchtlichen Skandal verursachte – und ein scharfes, unnatürliches, schräg einfallendes Licht sowie starke dramatische Verkürzungen bevorzugt. Sein hitziges, leidenschaftliches Temperament verstrickte ihn immer wieder in Händel und zwang ihn zu wechselnden Aufenthalten: 1606 floh er, nachdem er einen Gegner im Streit getötet hatte, nach Süden, wo er fieberhaft tätig war, u. a. in Neapel (*Die sieben Werke der Barmherzigkeit,* 1607), Malta (1608) und Sizilien (große ◇Altarbilder in Syracus, Messina und Palermo) und wieder Neapel, ständig auf der Flucht vor der römischen Polizei. Sein Spätwerk neigt zum ◇Monochromen, Frieshaften und ist von außerordentlicher Ausdruckskraft. Nach seiner Begnadigung (1610) starb er auf dem Heimweg nach Rom in Porto Ercole an der Malaria. C. s. spezifischer, dem Akademismus etwa der → Carracci diametral entgegengesetzter Realismus, die bis dahin ungeahnte dramatische Verwendung des ◇Chiaroscuro und die neuartige, ungewöhnlich kühne psychologische Interpretation bekannter Bildthemen (*Die Opferung Isaaks,* Uffizien; *Judith und Holofernes,* 1592, Slg. Coppi, Rom; *Amor als Sieger,* 1602, Berlin; *David mit dem Haupte Goliaths,* 1605–06, Galleria Borghese, Rom), die oft zur Ablehnung von seiten der Auftraggeber und zu einer zweiten Fassung führten (so mußte er z. B. von seinem Altarbild des hl. Matthäus eine zweite Version anfertigen) machten ihn zu einem Bahnbrecher der Malerei des 17. Jh.s und beeinflußten Künstler in ganz Europa, besonders über die Verbreitung durch die → Caravaggisten.

Caravaggisten
Bezeichnung für Maler des 17. Jh.s in der Nachfolge → Caravaggios. Das gemeinsame Merkmal ihres keineswegs homogenen Stils – hell beleuchtete Figuren vor einem dunklen Hintergrund – hielt sich in den meisten Fällen kaum über 1620 hinaus. Beliebt waren vornehmlich Szenen, wie sie Caravaggio in seinen Werken aus römischer Zeit populär gemacht hatte, etwa David und Goliath oder Kartenspielszenen mit Falschspielern. Der Stil breitete sich von Rom her aus und führte in Europa zu Schulbildungen, z. B. in Utrecht, Frankreich, Lothringen, Spanien und v. a. Neapel, wo sich eine besonders starke Tradition entwickelte (vgl. → Caracciolo, O. → Gentileschi, → Honthorst, Georges de → La Tour, → Manfredi, → Ribera, → Terbrugghen, → Valentin, → Velázquez, → Zurbarán).

Carducho (Carducci),
Bartolomé (Bartolommeo) (um 1560–1608)
Vincencio (Vincenzo) (1576–1638)
Italienische Maler, Brüder, die 1585 Federigo → Zuccari nach Spanien begleiteten. Bartolomé wurde Hofmaler von Philipp III. (1598). Mit seinem Bild *Tod des hl. Franziskus* (1593) hat er wahrscheinlich das erste echte ◇Barockbild in Spanien geschaffen. – Vincencio war in ganz Spanien tätig (1609 Hofmaler) und veröffentlichte 1633 seine ›Diálogos de la pintura‹, in denen er den neuen, auf → Caravaggio fußenden Realismus verurteilte. Eindrucksvoller als seine ◇Altarbilder sind seine erstaunlich freien, phantasievollen ◇Ölskizzen, die er für eine Folge von 52 Bildern für den Kartäuserorden in El Paular schuf (um 1632).

Cariani, Giovanni (G. de'Busi) (um 1480–1548)
Maler aus Bergamo, vermutlich überwiegend in

Venedig tätig. Sein schwierig zu bestimmender Stil orientiert sich an → Giorgione, → Palma Vecchio und → Tizian, ohne allerdings deren Subtilität zu erreichen.

Carlevaris, Luca ›da Ca'Zenobio‹ (1663–1729)
Italienischer Maler und ◇Radierer, der ab 1679 in Venedig lebte und arbeitete. Seine Darstellungen von Venedig mit ihrer Vorliebe für perspektivische Anordnung, erzählerischen Bericht und prunkvolles Schauspiel machen ihn zum eigentlichen Erfinder der venezianischen ◇Vedute des 18. Jh.s und zum Vorläufer von G. A. → Canaletto. 1703 veröffentlichte er eine Folge von 100 Radierungen mit Ansichten Venedigs.

Carlsund, Otto Gustaf (1897–1948)
Schwedischer Maler, der als Pionier der modernen Kunst in seinem Heimatland wirkte. Von → Mondrian beeinflußt, wandte er sich dem ◇Neoplastizismus zu. 1930 rief er mit Theo van → Doesburg, Jean → Hélion und Tutundjan die ◇Art-concret-Bewegung ins Leben.

Caro, Anthony (* 1924)
Englischer ◇Bildhauer, lernte nach einem Ingenieurstudium Bildhauerei an den Royal Academy Schools (1947–52) und war 1951–53 Assistent von H. → Moore, dessen Einfluß seine frühen Bronzefiguren prägte. Nach einem Besuch in Amerika und der Begegnung mit D. → Smith (1959) wandte er sich der ◇Abstraktion zu und schuf Konstruktionen aus starkfarbig bemalten, oft weit in den Raum ausladenden Stahlplatten und -röhren. Als Bildhauer wie auch als Lehrer (an der St. Martin's School of Art in London) hat C. starken Einfluß auf die junge englische Bildhauerei ausgeübt.

Carolus-Duran, Emile Auguste (1837–1917)
Französischer Maler, studierte in Paris, Rom und Spanien und wurde nach seiner Rückkehr nach Paris (1869) v. a. als ◇Porträtist bekannt, obwohl er auch ◇Historienbilder, ◇Landschaften, ◇Genreszenen und ◇Skulpturen schuf.

Carpaccio, Vittore (um 1460/65–1523/26)
Venezianischer Maler, Gehilfe von Giovanni → Bellini, stand jedoch hauptsächlich unter dem Einfluß von Gentile → Bellini, dessen erzählerischen, panoramaartigen und durch zahllose Menschen und Detailszenen charakterisierten Darstellungsstil er weiterentwickelte. Seine Szenen aus dem venezianischen Leben sind voll genauer Detailbeobachtungen, die bei aller Fülle durch eine strenge formale Ordnung klar und übersichtlich gegliedert sind. Sein lebendiger Erzählstil kommt hervorragend in seinen beiden bedeutendsten Auftragsarbeiten zum Ausdruck, in der *Legende der hl. Ursula* (um 1490/95, Accademia, Venedig) und dem Bilderzyklus für die Scuola di S. Giorgio degli Schiavoni (1502–07). In diesen Bildern treten sowohl die Farbe wie auch das orientalische Element stärker hervor als bisher, was vermuten läßt, daß C. Dalmatien und den Nahen Osten besucht hat.

Vittore Carpaccio, *Zwei Kurtisanen* (Ausschnitt), um 1515 (?)

Carpeaux, Jean-Baptiste (1827–1875)
Französischer ◇Bildhauer, Maler und ◇Radierer, Schüler von → Rudé. Zeigte auf dem Salon von 1852 sein Flachrelief *Madame Delerne,* erhielt

1854 den Rompreis für *Hektor und Astyanax* und fand 1863 im Salon mit *Ugolino und seine Kinder,* einem Übergang zur Rundskulptur, große Anerkennung. Die folgenden ◇Porträtbüsten der zeitgenössischen Gesellschaft zeigen eine Kräftigung seines malerischen, ◇realistischen Stils sowie die Hinwendung zu einem eleganten ›Zweiten ◇Rokoko‹. Von Napoleon III. gefördert, war C. der bevorzugte Bildhauer des Zweiten Kaiserreichs. Zu seinen späten Großskulpturen gehören der Skulpturenschmuck des Pavillon de Flore im Louvre (1863–66), *Der Tanz* für die Fassade der Pariser Oper (1869) und die *Fontaine de l'Observatoire.*

Carr, Emily (1871–1945)
Kanadische Malerin, die in San Francisco (1889–95), London (um 1899–1904) und Frankreich (1910–11) studierte. E.C. befand sich anfänglich unter dem Einfluß des ◇Fauvismus, dann unter dem → Tobeys und der → Group of Seven (v. a. → Harris'). Mit der Expressivität ihrer kraftvollen totemistischen Zeichensprache und ihrem starken Naturgefühl bereitete E.C. der kanadischen Malerei den Weg.

Carrà, Carlo (1881–1966)
Italienischer Maler. Nach kurzem Studium in Mailand 1900 erster Aufenthalt in Paris. 1909 begegnete er in Mailand → Marinetti und → Boccioni und entwickelte gemeinsam mit ihnen den ◇Futurismus (1910 Unterzeichnung des ›Manifests der futuristischen Malerei‹). 1911 traf C. in Paris mit den ◇Kubisten und → Apollinaire zusammen. Nach 1915 wandte er sich einem ◇archaisierenderen Stil zu, der nach seiner Begegnung mit de → Chirico in Ferrara 1917 in der ◇Pittura metafisica gipfelte. Ab 1919 stand er der Bewegung → Valori Plastici nahe und malte in einem sich an → Masaccio anlehnenden Stil, der – in Abkehr vom internationalen ◇Modernismus – eine Wiederbelebung der klassischen ›italianità‹ zu realisieren versuchte.

Carracci, Agostino (1557–1602)
Italienischer ◇Reproduktionsstecher, Maler und ◇Zeichner. Bruder von Annibale → C. Von ihm stammt die theoretische Fundierung der C.-Schule. Sein malerisches Œuvre ist nicht gesichert, nachweisbar ist nur die Arbeit an dem Altar *Kommunion des hl. Hieronymus* (um 1591–93) in Bologna mit seiner Anlehnung an → Correggio. Ihm werden aber auch ◇Porträtbildnisse und erotische Szenen zugeschrieben.

Carracci, Annibale (1560–1609)
Italienischer Maler, Bruder von Agostino → C., lernte bei seinem Vetter Lodovico → C. Er gilt als Begründer und Hauptmeister der frühen römischen ◇Barockmalerei, und seine vielseitige Gestaltungsweise hebt sich überlegen aus der C.-Schule heraus. Er bildete sich nach → Correggio und → Tintoretto sowie in Rom v. a. nach → Michelangelo und → Raffael. Seine frühe Tätigkeit ist bestimmt von der Leitung der C.-Werkstatt sowie von ◇Freskenzyklen für mehrere Palazzi in Bologna, die er zusammen mit Lodovico C. ausführte. Früheste Altäre zeigen ihn noch unter

Annibale Carracci, *Die Flucht nach Ägypten,* um 1603

dem Einfluß des ◇Manierismus, von dem er sich später befreite. 1595 Übersiedlung nach Rom. Dort entstand sein Hauptwerk, die mythologischen Fresken im Palazzo Farnese (1597–1604). Aus zahlreichen Entwürfen und Einzelstudien erwuchs ein einheitliches System von ◇Wand- und Gewölbemalerei in Verbindung mit ◇Stukkaturen. Seine großgebauten, ruhigen Landschaften erlangten mit ihrer Klarheit und Harmonie bahnbrechende Bedeutung für die ◇Landschaftsmalerei.

Carracci, Lodovico (1555–1619)
Vetter der Brüder Agostino und Annibale → C. Mitbegründer der C.-Schule und beteiligt an den ◇Freskenzyklen der Bologneser Palazzi. Trotz des Studiums von → Correggio und → Tizian blieb er ein ◇manieristischer ◇Eklektiker, der sich von dem Einfluß Annibale C.s nicht befreien konnte. Seine besten Arbeiten entstanden 1585–95 (*Thronende Madonna mit Heiligen,* 1588) und fallen besonders durch ihren kühl-zeremoniellen Charakter auf.

Carreño de Miranda, Juan (1614–1685)
Spanischer Maler, Hofmaler Philipps IV. (ab 1671, Nachfolger von → Velázquez). C. war der berühmteste Hofmaler nach Velázquez, welcher seinen Stil beeinflußte. Er schuf ◇Fresken für den Alcázar in Madrid, zahlreiche bedeutende religiöse und historische Bilder und eine Reihe von ◇Porträts der königlichen Familie.

Carriera, Rosalba (1675–1757)
Venezianische ◇Porträtmalerin. Mit ihren reizvollen, im Stil des ◇Rokoko ausgeführten ◇Pastellbildnissen wurde sie hochberühmt in ganz Europa. 1721 hielt sie sich am Hof von Paris auf, wo sie u. a. so bedeutende Pastellmaler wie Maurice-Quentin de → La Tour beeinflussen konnte.

Carrière, Eugène (1849–1906)
Französischer Maler und ◇Grafiker, Schüler von → Cabanel, stellte erstmals 1876 im Salon aus. Seine Bilder, hauptsächlich ◇Porträts und familiäre Szenen, sind meist in ◇monochromen graubraunen Tönen gehalten und mit ziehenden Pinselstrichen gemalt, wobei die Form in einem geheimnisvollen Dämmerlicht verschwimmt. C. gehört wie → Moreau und → Puvis de Chavannes zu den älteren Malern des Pariser ◇Symbolistenkreises.

Carstens, Asmus Jakob (1754–1798)
Deutscher Maler, der in Kopenhagen, Lübeck, Berlin und Italien (seit 1792 lebte C. in Rom) tätig war. Neben ◇Porträts malte er v. a. große ◇allegorische, mythologische und historische Kompositionen in einem ◇romantisch-◇klassizistischen Stil, der an → Füßli und → Thorwaldsen erinnert.

Cartier-Bresson, Henri (* 1908)
Französischer ◇Fotograf, der sich in seinen Aufnahmen auf die Erfassung des »entscheidenden Augenblicks« konzentrierte. Nach einer Malerausbildung im Atelier von André → Lhote und einer kurzfristigen Regieassistenz bei dem Filmregisseur Jean Renoir begann C. 1930 mit der Reportagefotografie. 1947 war er Mitbegründer der Gruppe → ›Magnum‹. Auf seinen zahlreichen Reisen machte C. meisterhafte Aufnahmen, die das Leben und das Wesen der Menschen sowie die spezifische Atmosphäre ihrer Umwelt treffend widerspiegeln.

Carus, Carl Gustav (1789–1869)
Deutscher Maler, Arzt und Schriftsteller, Freund und Biograph Goethes. Als Maler (Autodidakt) stand er unter dem Einfluß von C. D. → Friedrich

Carl Gustav Carus, *Kahnfahrt auf der Elbe,* 1827

und malte in einem ◇romantischen Stil hauptsächlich Wald-, Mondschein- und Ideallandschaften. Von Friedrich und Goethe ausgehend, entwickelte C. eine Theorie der ◇Landschaftsmalerei (›Neun Briefe über Landschaftsmalerei‹, 1815–24, erschienen 1831).

Cassandre (Adolphe Jean Marie Mouron) (1901–1968)
In der Ukraine geborener französischer Werbegrafiker, der in den 1920er Jahren mit seinen Plakatentwürfen berühmt wurde. Seine ◇Plakatkunst weist Verwandtschaft mit dem ◇Orphismus auf und antizipiert Elemente der ◇Op Art.

Cassatt, Mary (1845–1926)
Amerikanische Malerin und ◇Grafikerin, die nach einem Studium an der Pennsylvania Academy (1866) nach Europa übersiedelte und sich 1873 in Paris niederließ. Dort studierte sie bei → Degas, der sie mit dem ◇Impressionismus bekannt machte. Hauptsächlich unter dem Einfluß von → Manet malte sie mit lichten Farben liebevoll beobachtete, unsentimentale häusliche Szenen, meist Mütter mit Kindern, z. B. *Junge Mutter mit Kind beim Nähen* (um 1890), *Mutter

Mary Cassatt, *Dame am Teetisch,* 1885

und Kind* (um 1890), *Das Bad* (1910). Ihre grafischen Arbeiten (Studien des Alltagslebens), in ◇Kaltnadeltechnik und ◇Aquatinta ausgeführt, fanden große Beachtung.

Castagno, Andrea del (um 1421/23–1457)
Italienischer Maler, bedeutender Vertreter der

Andrea del Castagno, *Boccaccio* (Ausschnitt aus dem Freskenzyklus *Berühmte Persönlichkeiten),* um 1450 (?)

florentinischen Frührenaissance, der von → Masaccio, → Domenico Veneziano und v. a. von → Donatello beeinflußt war. Er selbst übte bedeutende Wirkung auf die späteren florentinischen Künstler aus, aber auch auf Giovanni → Bellini und → Piero della Francesca. Sein monumentaler Stil zeichnet sich durch ◇Plastizität der Form, klaren Umriß, überraschende Farbwirkungen, eine ausdrucksvolle Gebärdensprache sowie eine Vorliebe für ◇perspektivische Verkürzungen aus. 1442 hielt er sich in Venedig auf, wo er in S. Zaccaria an einem Deckenfresko *(Gottvater mit Heiligen)* mitarbeitete. 1451–53 schuf er ◇Fresken für S. Egidio, Florenz (Szenen aus dem Marienleben).

Castelli, Luciano (* 1951)
Schweizer Künstler, wurde bekannt mit kleinen Objekten aus Ton, Glimmer, Federn usw. sowie Fotoarbeiten aus dem Transformer-Problemkreis. In den ausgehenden 1970er und frühen 1980er Jahren Zusammenarbeit mit → Salomé und Ausbildung einer expressiven heftigen Malerei mit erotischer, teils auch obsessiver Thematik.

Castiglione, Giovanni Benedetto (genannt il Grechetto) (1610?–1665)
Genueser Maler und ◇Radierer, ab 1648 Hofmaler in Mantua. C. schuf ◇Genrebilder und große religiöse wie auch mythologische Werke im ◇barocken Stil. Seine frühen Gemälde, meist ◇Landschaften mit Tieren, weisen die verschiedensten Einflüsse auf (van → Dyck, → Rembrandt, → Poussin, → Bernini). Seine etwa 70 Radierungen erinnern in der außerordentlichen Kraft der Phantasie an → Rosa. Zudem ist C. als Erfinder der ◇Monotypie bekannt.

Castiglione, Giuseppe (chin. Lang Shining) (1688–1766)
Italienischer Jesuitenmissionar und Maler, der sich um 1715 in China niederließ, wo er am Hofe des Qianlong-Kaisers der Qing (regierte 1735–96) wirkte. C. studierte die ◇chinesische Malerei (◇chinesische Kunst) und entwickelte einen Stil, in dem er europäische und chinesische Techniken verband. Seine Bilder genossen in Frankreich große Popularität zu einer Zeit, als die Kunst des Fernen Ostens besonders beliebt in Westeuropa war (◇Chinoiserie). Viele seiner Arbeiten sind erhalten.

Catena (di Biagio), Vincenzo (um 1480–1531)
Venezianischer Maler. Seine frühen Werke weisen große Ähnlichkeit mit den Arbeiten Giovanni → Bellinis und → Cimas auf. Später stand er unter stärkerem Einfluß von → Giorgione, → Tizian und → Palma Vecchio. Einer Inschrift auf der Rückseite von Giorgiones *Laura* (1506) zufolge, arbeitete C. mit diesem Meister zusammen (Giorgione wird hier als »Kollege« C.s bezeichnet). Sein signiertes *Porträt eines Mannes mit Buch* (um 1520) zeigt einen kraftvoll-derben Stil, der sich bereits von der Malerei des ◇Quattrocento zu lösen beginnt und die Grandeur der ◇Hochrenaissance ankündigt. Das Bildnis des Dogen Andrea Gritti, das früher Tizian zugeschrieben wurde, ist ebenfalls ein Werk C.s.

Catlin, George (1796–1872)
Amerikanischer Ethnograph und Maler, der 1820–29 als ◇Miniaturist in Philadelphia und New York tätig war und 1832–39 das Leben der Indianer im amerikanischen Westen erforschte. 1841 publizierte er seine ›Letters and notes on the manners, customs and conditions of the North American Indians‹ (2 Bde. mit rund 300 ◇Stahlstichen), in denen er u. a. über den Charakter und die Gebräuche der Indianer genauen und spannenden, aber auch von tiefem Verständnis und Respekt zeugenden Bericht gibt. Außerdem schuf C. etwa 470 Ölgemälde, darunter zahlreiche Ganzkörperbildnisse von Indianerhäuptlingen.

Cattaneo, Danese (um 1509–1573)
Italienischer ◇Bildhauer und Dichter, Schüler von J. → Sansovino in Rom, bis er 1527 während des ›Sacco di Roma‹ erst nach Florenz und dann nach Venedig floh, wo er wieder als Gehilfe von Sansovino tätig wurde. Zu seinen großen Auftragswerken gehören das Fregoso-Grabmal in S. Anastasia, Verona, und das Loredan-Grabmal in Venedig (vollendet von → Campagna). Bekannt ist er v. a. wegen seiner ◇Porträtskulpturen und Kleinbronzen.

Caulfield, Patrick (* 1936)
Englischer Maler, der an der Chelsea School of Art (1956–60) und zusammen mit D. → Boshier, D. → Hockney, A. → Jones, R. B. → Kitaj, P. → Phillips am Royal College of Art (1960–63) studierte. Neben dem Einfluß der amerikanischen ◇Pop Art nahm er auch Anregungen von → Gris und → Dufy auf. Seine Distanz zur Wirklichkeit verfremdet die vertrauten Gegenstände im Bild. C. vereinfacht die Form, indem er sie in eine zweidimensionale Linearität umsetzt, und verwendet eine flächige, reiche Farbe.

Cavallini, Pietro (Pietro dei Cerroni) (um 1250 – nach 1325)
Italienischer Maler, der vermutlich um 1270 ◇Fresken in S. Paolo fuori le Mura, Rom, schuf, die nur in Kopien erhalten sind. Unsicher ist der Anteil C.s an der Ausmalung der Oberkirche von S. Francesco zu Assisi. Die ◇Mosaikenfolge in der ◇Apsis von S. Maria in Trastevere, Rom, mit Szenen aus dem Marienleben (1291 vollendet) zeigt neben der ◇byzantinischen Tradition bereits ein Bemühen C.s um ◇Plastizität und Räumlichkeit, das ihn als einen der bedeutend-

sten Wegbereiter italienischer Maler vor → Giotto ausweist. Erhalten sind von seiner Hand darüber hinaus auch Fragmente eines Freskos des *Jüngsten Gerichts* (um 1293, S. Cecilia in Trastevere, Rom).

Cavallino, Bernardo (1616–1656)
Neapolitanischer Maler, Schüler von → Stanzione; v. a. von → Caravaggio, aber auch von der venezianischen Malerei und van → Dyck beeinflußt. C. malte hauptsächlich religiöse Sujets, wobei sein höchst eigenwilliger Stil sich durch überlängte Figuren, ausdrucksvolle Gesten und lebhafte Farbigkeit auszeichnet (*Christus vertreibt die Händler aus dem Tempel,* NGL). Seine Hintergrundlandschaften stehen Salvator → Rosa nahe. C. starb 1656 an der Pest.

Cederström, Gustav Olaf (1845–1933)
Schwedischer Maler und ◇Zeichner, der im Stil der → Düsseldorfer Schule Bilder aus der schwedischen Geschichte malte und von → Courbets sozialkritischer Thematik beeinflußt war.

Cellini, Benvenuto (1500–1571)
Italienischer ◇Bildhauer und Goldschmied des ◇Manierismus, lebte 1519–40 in Rom und setzte sich mit → Michelangelo, → Raffael und der ◇antiken ◇Skulptur auseinander. 1537 und 1540–45 hielt er sich am Hof von → Fontainebleau auf, wo er für Franz I. tätig war und seine berühmteste ◇Goldschmiedearbeit, ein Salzfaß (1539–43), sowie seine erste Großskulptur, die *Nymphe von Fontainebleau* (1543–44) schuf. Um dem König die Feinheiten seiner Bronzen deutlich zu machen, führte er sie ihm bei Kerzenschein vor, ein für die manieristische Neigung zum Theatralischen bezeichnender Kunstgriff. Nach seiner Rückkehr nach Florenz (1545) arbeitete er für Cosimo I. In Florenz entstanden seine beiden bedeutendsten Bronzearbeiten, die ◇Büste von Cosimo I. und die bekannteste und für ihn charakteristischste Figur, der *Perseus mit dem Medusenhaupt* (1545–54, Loggia dei Lanzi). Den aufregenden Vorgang des Gießens dieser Bronze schilderte C. in seiner kulturhistorisch bedeutsamen Autobiographie (1558–62, 1803 von → Goethe ins Deutsche übersetzt). Eine seiner wenigen Marmorskulpturen, ein Kruzifix, das ursprünglich für sein eigenes Grabmal bestimmt war, befindet sich heute im Escorial (bei Madrid).

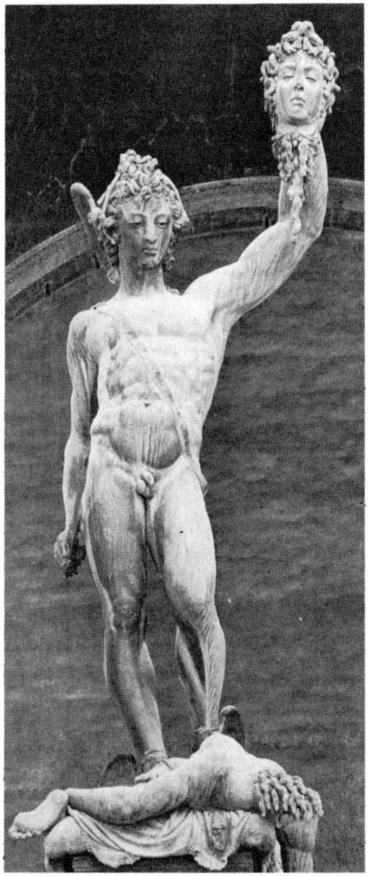

Benvenuto Cellini, *Perseus mit dem Medusenhaupt,* 1545–54

Cennini, Cennino d'Andrea
(um 1370 – frühes 15. Jh.)
Italienischer Maler, Schüler von Agnolo → Gaddi in der Nachfolge → Giottos. Das einzige Werk, das ihm mit Sicherheit zugeschrieben werden kann, ist ein ◇Fresko der Madonna mit Heiligen für das Spital S. Giovanni Battista in Florenz. Bekannt wurde C. v. a. durch sein ›Trattato della pittura‹ in dem er über den Ausbildungsgang, die Techniken und die zeitgenössische Auffassung von der Malerei des ◇Trecento berichtet.

Cerano, il (Giovanni Battista Crespi)
(1575–1632)
Italienischer Maler der Mailänder Schule, der einen eigenen mystischen ◇manieristischen Stil

entwickelte. Er war gleichzeitig Baumeister, ◇Bildhauer, Schriftsteller und ◇Radierer und leitete ab 1629 die Bildhauerarbeiten am Mailänder Dom.

Ceroli, Mario (* 1938)
Italienischer ◇Bildhauer, studierte in Rom am Istituto d'Arte. Seit den mittleren 1960er Jahren verfertigte er ◇Skulpturen, die überwiegend aus rohen Kistenbrettern bestehen, wobei zunächst vergrößerte Objekte des täglichen Lebens und später auch Umrisse der menschlichen Figur entstanden. Seit 1967 weitete er diese Konzeption zu käfigartigen Gehäusen und möbelhaften Gebilden aus, die der ◇Arte povera nahestehen.

César (C. Baldaccini) (* 1921)
Französischer ◇Bildhauer, studierte an den Akademien von Marseille (1935–39) und Paris (1943–47). Nach dem Vorbild → Picassos und → González' verschweißte er ab 1956 Schrottteile zu ◇figurativen oder halbabstrakten ◇Plastiken, die sich durch Phantasie und Humor auszeichnen. Im Geist des ◇Nouveau Réalisme entstanden ab 1960 seine ›Compressions dirigées‹ (durch eine Metallpresse zusammengedrückte Autokarosserien oder Metallobjekte aller Art). Unter dem Einfluß der ◇Pop Art arbeitete C. in den ausgehenden 1960er Jahren auch mit farbigen Kunststoffen, die er im Gußverfahren zu ironischen Dingfetischen gestaltet (u. a. seine *Daumen,* documenta IV).

Céspedes, Pablo de (Paolo Cedaspe) (um 1538–1608)
Spanischer ◇manieristischer Maler, Gelehrter, Kunstkritiker, Dichter und Geistlicher, der 1559–77 in Italien lebte, wo er mit den Brüdern → Zuccari zusammenarbeitete. C. war ein glühender Bewunderer von → Michelangelo und → Raffael und bewegte sich auf den Spuren Danieles da Volterra (um 1509–1566). Sein Hauptwerk ist das *Abendmahl,* ein ◇Altarbild für die Kathedrale von Córdoba (heute in Sevilla).

Cézanne, Paul (1839–1906)
Französischer Maler, als Sohn eines wohlhabenden Bankiers finanziell unabhängig. Besuchte nach seinem Jurastudium in Aix die Académie Suisse in Paris und bildete sich durch das Kopieren von Werken ◇barocker Meister sowie von → Delacroix, → Daumier und → Courbet weiter. Die Bilder dieser frühen Zeit, meist romantische, düstere, voller Leidenschaft gemalte Figurenbilder, zeigen dunkle, ◇pastose, mit dem ◇Palettenmesser aufgetragene Farben. Durch seinen Jugendfreund → Zola lernte er die ◇Impressionisten kennen und kam v. a. durch → Pissarro, der ihn 1873 mit zum Malen nach Auvers-sur-Oise nahm, zu einer helleren Palette und einer neuen Seh- und Malweise (*Das Haus des Gehenkten,* 1873). Obwohl er sich an zwei impressionistischen Ausstellungen beteiligte (1874, 1877), gingen seine Bestrebungen weit über den Impressionismus hinaus. Auf der Suche nach einer neuen Bildstruktur arbeitete er ganz isoliert und versuchte in zahllosen Interpretationen der provenzalischen Landschaft rund um den Mont Sainte-Victoire oder in raffinierten ◇Stillebenanordnungen Raum und Form in sorgfältig gesetzten Pinseltupfern zu definieren. Seine analytische Methode, die die Naturgestalten auf die Grundformen Kugel, Kegel und Zylinder reduzierte und in die Bildfläche einband, zeigt sich am deutlichsten in seinen späten ◇Ölbildern (*Die Badenden,* 1900–05) und den unvollendeten ◇Aquarellen. C. hat nicht nur die Form von ihrer gegenständlichen Bedeutung befreit und ihr zu autonomem Ausdruck verholfen, sondern auch die Farbe, deren Modulierung er zu höchster Feinheit brachte (C.: »Wenn die Farbe ihren ganzen Reichtum entfaltet, ist auch die Form ge-

Paul Cézanne, *Selbstbildnis,* um 1873–74

funden«). Für die Entwicklung der Kunst des 20. Jh.s, v. a. für den von → Picasso und → Braque ausgearbeiteten ◇Kubismus, war C. von grundlegender Bedeutung.

Cha Shibiao (1615–1698)
Chinesischer Maler aus Haiyang (Prov. Anhui), der wie mancher seiner Zeitgenossen während des Falls der Ming-Dynastie (1644) zu malen begann. Seine bedeutendsten Anregungen empfing er von den Yuan-Meistern sowie Huang Gongwang und → Ni Zan, desgleichen von → Mi Fu und dessen Sohn aus der Song-Dynastie (960–1279). So sparsam er bei seinen Malereien mit Tusche umging, so bedeutende Wirkungen erzielte er durch die Darstellung von Nebel und Atmosphäre.

Chadwick, Lynn (* 1914)
Englischer ◇Bildhauer, wandte sich erst nach einem Architekturstudium der Bildhauerei zu und gehörte neben → Butler und → Armitage zu den bekanntesten englischen Metallplastikern (Gußeisen, Stahl, Kupfer, Bronze, Metallstuck) der ersten Zeit nach dem Zweiten Weltkrieg. Seine frühen ◇Mobiles und skeletthaften Konstruktionen standen unter dem Einfluß von → Calder und J. → González. Ab 1953 etwa entwickelte C. einen halb ◇abstrakten, halb ◇figurativen Stil mit seltsamen Mischwesen zwischen Mensch, Vogel und Krustentier.

Chagall, Marc (1887–1985)
Russisch-französischer Maler und ◇Illustrator aus jüdischer Familie. Nach der Malausbildung in Witebsk und an der Petersburger Akademie bei → Bakst löste er sich 1910–14 während eines Parisaufenthalts vom ◇Impressionismus und integrierte ◇kubistische und ◇fauvistische Stilmerkmale in seine Malerei. Nach Rußland zurückgekehrt, entwickelte C. seinen eigenen Stil aus Elementen der russischen ◇Volkskunst und der jüdisch-religiösen Erlebniswelt seiner Kindheit. Nach der Oktoberrevolution stattete er 1919 unter der Förderung von Lunatscharskij das Jüdische Theater in Moskau aus. 1922/23 emigrierte er über Berlin nach Paris. In Paris entstanden, im Auftrag des Kunsthändlers A. Vollard, seine Illustrationen zu Gogols ›Die toten Seelen‹, an denen C. bis 1927 arbeitete (96 ◇Radierungen). Außerdem begann er 1927 mit der Ausführung einer Serie von Illustrationen zu La Fontaines ›Fabeln‹ (100 Radierungen). Von

Marc Chagall, *Selbstbildnis mit sieben Fingern* (Ausschnitt), 1912–13

1930 an arbeitete er an seinen Bibelillustrationen (105 Blätter, 1930–39) und unternahm Reisen nach Palästina, Syrien, Ägypten, Holland, England und Spanien. 1941 floh C. vor der Okkupation in die USA, wo er die Kostüme und Bühnenbilder für Tschaikowskys Ballett ›Aleko‹ (1942) und Strawinskys ›Feuervogel‹ (1945) entwarf. 1947 kehrte er nach Frankreich zurück, wo er seit 1950 in Vence lebte. Das Werk C.s ist gekennzeichnet durch starke, glühende Farben und eine phantastische, irreale Zusammenfügung symbolischer Bildmotive. Seine bevorzugten Themen sind die jüdische Mystik, das bäuerliche Rußland, die Zirkuswelt (*Die Liebenden auf dem Pferd [Zirkusreiterin],* 1931), Liebespaare, Blumen (*Blumenstrauß mit Liebespaar und Geiger,* 1928) und Tiere. Neben Gemälden fertigte C. ein umfangreiches ◇grafisches Œuvre an sowie Glasfensterentwürfe (Kirche von Assy, 1957; Kathedrale von Metz, 1958; Hadassah-Klinik, Jerusalem, 1962), ◇Keramik und ◇Plastik.

Chaissac, Gaston (1910–1964)
Französischer Objektmacher, der bereits in den 1940er Jahren skelettartige Objektfigurinen aus

bemalten Holzfundstücken schuf, deren bizarrer, an Totempfähle erinnernder Ausdruck direkte Nähen zur ◇Art brut → Dubuffets und der → Cobra-Gruppe aufweist.

Chamberlain, John Angus (* 1927)
Amerikanischer ◇Bildhauer, studierte am Art Institute of Chicago (1950–52) und am Black Mountain College (1955–56). Anfänglich von David → Smith geprägt, gelangte C. unter dem Einfluß des ◇Nouveau Réalisme von einer linearen Abstraktion zu dynamischen Konstruktionen aus bemalten, verbogenen und zusammengepreßten Automobilteilen. 1966/67 entstanden Arbeiten aus zusammengeschnürtem Schaumstoff sowie aus galvanisierten Metallen und Plexiglas.

Champaigne (Champagne), Philippe de (1602–1674)
Flämischer Maler, seit 1621 in Paris, wo er mit → Poussin, der ihn beeinflußte, das Palais du Luxembourg ausgestaltete. Er war im Dienst von Maria de' Medici, dann in den 1630er Jahren hauptsächlich für Richelieu tätig (1628 Hofmaler). C. schuf zahlreiche religiöse Bilder, wurde aber v. a. als ◇Porträtmaler geschätzt. Seine Brustbilder in ihrem psychologischen Realismus und mit ihrem unmittelbaren Kontakt zum Betrachter (meist durch einen ◇illusionistischen Fensterrahmen erzeugt) verraten seine Verbindung zum Jansenismus (nach 1643). Auch seine ganzfigürlichen Darstellungen des höfischen Adels zeigen bei aller eleganten Perfektion einen schweren Ernst, der ihn von seinen Zeitgenossen unterscheidet. Sein Bildnis zweier Nonnen (*Exvoto von 1662,* Louvre), eine Komposition von feiner Geometrie und Psychologie, offenbart seinen tief religiösen Charakter und seine klassischen Neigungen. C. war Mitbegründer der Académie Royale.

Champfleury, Jules (Jules Fleury-Husson) (1821–1889)
Französischer Schriftsteller und Kunstkritiker, der seine eigene Dichtung mit dem Begriff ›realistisch‹ beschrieb. In seinen Rezensionen über die Ausstellungen des ◇Salon setzte er sich für die ◇Avantgarde ein, in den 1840er Jahren für → Delacroix, in den 1850er Jahren für → Courbet, dessen begeisterter Anhänger er war. Sein Manifest ›Le réalisme‹ (1857) war eine der ersten Untersuchungen über den ◇Realismus. Neben anderen kunsthistorischen Schriften, verfaßte er 1864 eine Geschichte der ◇Karikatur.

Chardin, Jean-Baptiste Siméon (1699–1779)
Französischer Maler, ein Meister des ◇Stillebens und des ◇Genrebildes. Als Sohn eines Handwerkers absolvierte er seine Ausbildung bei dem ◇Historienmaler Pierre-Jacques Cazes und Noël-Nicolas → Coypel. C. assistierte → Van Loo bei der ◇Restaurierung der → Primaticcio- und → Rosso- ◇Fresken in Fontainebleau. Seine Bilder der 1730er Jahre, die das bescheidene Leben des Kleinbürgertums schildern, interpretieren den Stil des holländischen Kabinettstücks des 17. Jh.s im Sinne des zeitgenössischen französischen Geschmacks. Seine Genreszenen und Stilleben sind mit außerordentlicher Klarheit und Sparsamkeit gemalt, ihre stille Poesie ist das Resultat einer strengen, einfachen ästhetischen Vorstellung, die C.s Kunst zu einer Ausnahmeerscheinung innerhalb der französischen Malerei des 18. Jh.s machte. 1728 wurde er Mitglied der Académie Royale als ›Genremaler von Tieren und Früchten‹. Mit dem Abklingen der Popularität der höfischen Kunst des 18. Jh.s stieg sein Ruhm; so wurde er schon zu Lebzeiten von den großen Sammlern geschätzt, deren Geschmack an → Boucher und → Watteau geschult war. Die Schlichtheit seiner Kompositionen und seine Motivwahl – typisch für ihn waren als Einzelfigur dargestellte Küchenmägde bei der Arbeit und

Jean-Baptiste Siméon Chardin, *Selbstbildnis,* 1771

ins Spiel vertiefte Kinder – gewannen Einfluß auf die Maler des Alltagslebens im 19. Jh. So war z. B. → Manet, wie vor ihm schon → Courbet, von der zurückhaltenden Brillanz seiner Stilleben beeindruckt. C. gilt als der Hauptmeister des Küchenstücks.

Chargesheimer (Karl-Heinz Hargesheimer) (1924–1972)
Deutscher ◇Fotograf, seit 1955 freischaffend tätig. Seine Vorliebe galt dem ◇Porträt, das er mit kühner Eigenwilligkeit in seinen Serien über Menschen aus dem Kölner Raum und dem Ruhrgebiet gestaltete. C. gehört auch zu den bedeutenden Experimentatoren mit dem abstrakten ◇Fotogramm.

Charlet, Nicolas Toussaint (1791–1845)
Französischer Maler und ◇Lithograph, Schüler von A.-J. → Gros (ab 1817) und mit → Géricault befreundet. In seinen Gemälden schilderte er das Leben der napoleonischen Ära. Erfolgreich war C. v. a. mit seinen Lithographien und ◇Holzschnitten, in denen er Szenen aus dem Militärleben in der ›Großen Armee‹ Napoleons festhielt.

Charonton (Quarton), Enguerrand (um 1410–1461?)
Französischer Maler, bedeutender Meister der Spätgotik, in Avignon tätig (1447–61). Von ihm sind zwei Werke sicher bezeugt, die *Schutzmantelmadonna* (1452, Chantilly), die in Zusammenarbeit mit Pierre Villatte entstand, und die *Marienkrönung* (1454), ein großes, phantasievolles ◇Tafelbild mit einer weiten provenzalischen Landschaft im unteren Bildteil, das als ein Hauptwerk der französischen Malerei des 15. Jh.s gilt. Die berühmte *Piéta von Avignon* aus der Schule von →Avignon wird heute von einigen Gelehrten C. zugeschrieben.

Chase, William Merritt (1849–1916)
Amerikanischer Maler, studierte in München bei → Piloty. Er war Lehrer an der ◇Art Students' League in New York (1878–96, 1907–12), gründete die New Yorker School of Art und machte ausgedehnte Reisen durch Europa. Seine eleganten ◇Porträts, ◇Stilleben und Atelierinterieurs spiegeln den Einfluß von → Whistler und → Velázquez. Sie zeigen einen virtuosen Pinselstrich, Spontaneität und eine gewisse heitere, geschmackvolle Oberflächlichkeit, die ihn in die Nähe des bedeutenderen → Sargent stellen.

Théodore Chassériau, *Susanna im Bade,* 1839

Chassériau, Théodore (1819–1856)
Französischer Maler und ◇Grafiker. In Sainte-Barbe-de-Samana geboren (heute Dominikanische Republik), studierte er in Paris und Rom, hauptsächlich bei → Ingres, wurde jedoch seit 1838 stark von → Delacroix und den französischen ◇Romantikern beeinflußt, besonders hinsichtlich seiner Farbgebung und Motivwahl. In seinen Bildern verbindet C. den ◇klassisch-linearen Stil seines Lehrers Ingres mit der Farbgebung und exotischen Thematik Delacroix', etwa in seinen nordafrikanischen Szenen (1846 besuchte er Algier). C. malte große ◇Wandbilder für eine Reihe Pariser Kirchen (Saint-Merri, 1843; Saint-Roch, 1854; Saint-Philippe-du-Roule, 1854) und im Rechnungshof des Palais d'Orsay (1844–48). Außerdem schuf er mehrere Serien von ◇Kupferstich-◇Illustrationen zu den Werken Shakespeares.

Chen Hongshou (1599–1652)
Chinesischer Maler am Ende der Ming- (1368–1644) und zu Anfang der Qing-Dynastie (1644–1911/12) aus Zhuji (Prov. Zhejiang). Früh verwaist, lernte er malen, indem er grafische ◇Reproduktionen alter Meisterwerke in einer Abreibetechnik kopierte. Daher weist seine Li-

nienführung auch später noch oft eine gewisse für ihn typische Schärfe auf, und seine Gestalten, denen er später seinen Ruhm verdanken sollte, haben etwas Archaisches an sich. Zahlreiche seiner ◇Zeichnungen dienten als Vorlage für Holzdruck-Buchillustrationen. Aber auch seine Landschaftsbilder verraten Meisterschaft. Das zeigt ein Blatt aus einem Album für den Gelehrten Zhou Lianggong (1612–1672) aus Nanjing, der mehr als 50 solcher Alben sammelte, die Freunde und Zeitgenossen ihm widmeten (British Museum, London). Er seinerseits gedachte der Künstler in Form biographischer Notizen in seinem ›Tuhualu‹ (Bericht über die Malerdichtung).

Chéret, Jules (1836–1932)
Französischer ◇Lithograph, der mit der Herausgabe dreifarbiger Plakate (gelb, rot, blau) die moderne ◇Plakatkunst als Kunstrichtung begründete. C. schuf u. a. eine Plakatserie für den Circus Rancy (Mitte der 1880er Jahre). Seine flächigen, ineinandergreifenden Formen und seine Art des Farbgebrauchs finden sich in Werken wie → Seurats *Der Zirkus* (1891, Louvre) wieder.

Chia, Sandro (* 1946)
Italienischer Maler und ◇Bildhauer, der an der Florentiner Kunstakademie studierte und seit den ausgehenden 1970er Jahren zu den bekanntesten Vertretern der ◇Transavanguardia gehört. In seinen Bildern und häufig farbig bemalten ◇Skulpturen bringt C. durch kunsthistorische Zitate heroische Tragik in ekstatischer Pose zum Ausdruck. Die Palette seiner Malerei ist leuchtend bunt, und die Figuren seiner Skulpturen zeigen antikisierende muskulöse Körperlichkeit mit einer manierierten Pathetik.

Sandro Chia, *Insalata estàtica,* 1980

Eduardo Chillida, *Gesto,* 1959

Chillida, Eduardo (E. C. Juantegui) (* 1924)
Spanischer ◇Bildhauer, wandte sich nach einem Architekturstudium in Madrid (1942–47) der Bildhauerei zu. Von Steinfiguren kam er unter dem Einfluß von J. → González allmählich zu Eisenplastiken (etwa ab 1950), später arbeitete er auch mit Holz (ab 1959). C.s Interesse gilt mehr dem Raum als dem plastischen Volumen. Seine Arbeiten zeichnen sich durch figurenhafte Formunterteilungen und durch die Homogenität des Materials aus.

Chirico, Giorgio de (1888–1974)
Italienischer Maler, studierte nach einem Ingenieurstudium Malerei in Athen und München (1906–09), wo er sich für → Böcklin und → Klinger begeisterte. 1911–15 lebte er in Paris und befreundete sich mit → Apollinaire, der ihn als den »erstaunlichsten Maler seiner Zeit« bezeichnete. Seine traumähnlichen italienischen Stadtansichten mit ihren leeren, nur von ◇Statuen und später den ›manichini‹ (Gliederpuppen) belebten Plätzen, den Arkaden und Türmen (*Das Rätsel eines Tages,* 1914; *Großes metaphysisches Interieur,* 1917) haben auf die Entstehung des ◇Surrealismus starken Einfluß aus-

Giorgio de Chirico, *Geheimnis und Schwermut einer Straße,* 1914

geübt. 1917 begegnete C. in Ferrara → Carrà. Gemeinsam entwickelten sie die ◇Pittura metafisica. Durch Isolierung oder ungewöhnliche Gegenüberstellung von Gegenständen sowie durch eine widersprüchliche ◇Perspektive verfremdete C. die Dingwelt und enthüllte ihren magischen Charakter, ihre ›metaphysische Psychologie‹. 1918 schloß er sich in Rom der Gruppe → ›Valori Plastici‹ an, 1924 übersiedelte er wieder nach Paris, begeistert empfangen von den Surrealisten, an deren Ausstellungen er sich beteiligte. 1929 erschien sein visionärer Roman ›Hebdomeros‹. In der Folge wurde seine Malerei immer literarischer und akademischer, 1930 brach er völlig mit seiner Vergangenheit und wandte sich einer pathetischen ◇barocken Malweise zu. Seit 1939 lebte C. wieder in Italien.

Chodowiecki, Daniel Nikolaus (1726–1801)
Deutscher ◇Radierer und Maler polnischer Herkunft, Schüler von → Rode, wurde anfänglich als ◇Emailmaler ausgebildet. C., ein Hauptvertreter des ◇ Zopfstils, studiert in ◇genrehaften Szenen das Alltagsleben des deutschen Bürgertums. Sein zarter Realismus stand im Gegensatz zur herrschenden ◇Rokokomalerei und kündigte bereits das ◇Biedermeier an. Seine bedeutendste Leistung liegt jedoch in seinem über 2000 Radierungen umfassenden ◇grafischen Werk, meist ◇Illustrationen zu Werken von → Lessing, Schiller, Goethe und Klopstock. C. war seit 1764 Mitglied und seit 1797 Direktor der Berliner Akademie.

Christiansen, Henning (* 1932)
Dänischer Musiker und Künstler, studierte 1950–55 am Konservatorium Kopenhagen, war dann als Klarinettist und Komponist tätig, wandte sich aber ab 1960 dem ◇Happening zu und veranstaltete zahlreiche Aktionen, u. a. in Zusammenarbeit mit → Köpcke und → Beuys.

Christo (Christo Jawatschew) (* 1935)
Bulgarischer Künstler, ging nach dem Studium an den Akademien in Sofia und Wien 1958 nach Paris und schloß sich dem ◇Nouveau Réalisme an. C. wurde bekannt durch seine Pakete und verpackten Objekte (ab 1958), Assemblagen aus Ölfässern in Köln (1961) und Paris (*Iron Curtain,* 1962) sowie durch seine überdimensionalen Verpackungsaktionen von Gebäuden (Kunsthalle Bern, 1968) und Landschaften (*Wrapped Coast,* Little Bay bei Sydney, 1969). Weltweite Beachtung fanden auch die Großraumprojekte *Valley Curtain* (Rifle/Colorado, 1970–72), *Running Fence,* 1976 in Kalifornien installiert – letzteres wurde von C. selbst beschrieben als »40 km durchscheinenden weißen Stoffs, der über den Hügeln verläuft, aus dem Meer auftaucht und wieder im Meer verschwindet« –, sowie *Surrounded Islands* (Biscayne Bay/Florida, 1980–83) und *The Pont Neuf Wrapped* (Paris, 1976–85). C. lebt seit 1964 in New York.

Christus (Christi, Cristus), Petrus
(um 1410/20–1472/73)
Altniederländischer Maler, vermutlich Schüler von Jan van → Eyck, ab 1444 Meister in Brügge. Historisch bildet C. das Bindeglied zwischen van Eyck und → Memling. Er war ein handwerklich ausgezeichneter Maler und ein guter ◇Porträtist, bezog seine kompositiollen Einfälle jedoch von anderen Künstlern. Besonderen Einfluß auf ihn hatte neben van Eyck (*Exeter Madonna,* 1444, Berlin) Rogier van der → Weyden (*Beweinung Christi,* 1465). Seine Porträts (z. B. *Junges*

Petrus Christus, *Junges Mädchen,* um 1450

Mädchen, um 1450; *Edward Grymestone,* 1446, NGL) sind fein und sensibel gemalt, wenn ihnen auch die Unmittelbarkeit der van Eyckschen Bildnisse fehlt. Ungeklärt ist, ob er eine Reise nach Italien unternahm und so zur Übermittlung der stilistischen und technischen Errungenschaften der besten nördlichen Malerei an → Antonello da Messina und andere italienische Maler beitrug.

Church, Frederick Edwin (1826–1900)
Amerikanischer ◇Landschaftsmaler in der ◇romantischen Tradition der → Hudson River School. Er lebte und arbeitete mit T. → Cole (1844–48) in Catskill. Seine riesigen Darstellungen exotischer Landschaften verbinden häufig genaueste Beobachtung mit religiöser Ehrfurcht, geraten aber oft ins Bombastische.

Churriguer(r)a, Familie
José Benito (1665–1725)
Joaquín (1674–1724)
Alberto (1676–1750)
Ursprünglich aus Katalonien stammende spanische Baumeister- und ◇Bildhauerfamilie, die sich um 1670 in Madrid niederließ. Die Begründer der Dynastie waren Stukkateure und schufen ◇Altarbilder. José Benito C. wandte sich als erstes Familienmitglied der Architektur zu. Er entwarf die Stadt Nuevo Baztán (1709–13) mit Palast, Kirche und Manufaktur, außerdem schuf er zahlreiche Altarbilder (in Kirchen in Madrid sowie in Salamanca), von denen eines über 27,5 m hoch ist. Sein Bruder Joaquín entwarf die ungewöhnliche Kuppel der Neuen Kathedrale von Salamanca mit ◇Salomónica-Säulen und Nischen, die mit Muschelmotiven verziert waren (1755 demontiert). Der dritte der Brüder, Alberto, entwarf die Plaza Mayor und die Kirche S. Sebastian in Salamanca, ebenso Gebäudeteile anderer Kirchen, einschließlich der Kathedrale. Auch die nachfolgende Generation brachte bedeutende Künstler hervor, so daß die gesamte Spätphase des spanischen ◇Barock (etwa zwischen 1690 und 1798) nach dieser Familie als Churriguer(r)ismus bezeichnet wird; dieser Stil ist gekennzeichnet durch überreiche Verwendung ornamentaler Dekorationselemente (◇Reliefornamentik, ◇Stuck- und Goldverzierungen).

Cibber, Caius Gabriel (1630–1700)
Dänisch-englischer ◇Bildhauer. Nach einem Romaufenthalt übersiedelte er vor der Restauration (1666) nach London, wo er Hofbildhauer wurde. Er schuf das Denkmal zur Erinnerung an den großen Brand und arbeitete in Chatsworth, Hampton Court und der St. Paul's Cathedral. Seine hauptsächlich durch die italienische ◇Skulptur des ◇Manierismus und ◇Barock beeinflußte Bildhauerei spiegelte später zeitgenössische niederländische Tendenzen wider.

Cicéri, Pierre-Luc-Charles (1782–1868)
Französischer Dekorationsmaler, leitender Bühnen- und Kostümbildner der Pariser Oper. In Frankreich beeinflußte sein ausgefallener, romantisierender Stil die Gestaltung der Bühnenbilder bis zum Ende des Zweiten Empire. Sein Sohn Eugène C. (1813–1890) war ein ◇romantischer ◇Landschaftsmaler und ◇Lithograph.

Cignani, Carlo (1628–1719)
Italienischer Maler des Spätbarock, Schüler von → Albani, später von → Reni beeinflußt. Er schuf ◇Freskenzyklen für die Familie Farnese in Livorno, Rom und Parma. Nach 1686 ließ er sich in Forlì nieder, wo er eine Kapelle des Domes ausmalte. Er war ein bedeutender Lehrer und soll etwa 64 Schüler ausgebildet haben.

Cima da Conegliano (Giovanni Battista Cima) (um 1459 – um 1517/18)
Italienischer Maler der venezianischen Frührenaissance, der nacheinander Einflüsse von → Antonello da Messina, Giovanni → Bellini und → Giorgione aufnahm. Sein Hauptanliegen war die harmonische Verschmelzung von Figur, Landschaft und Architektur, die er durch das auf den warmen Farben spielende weiche, diffuse Licht erzielte. Ein Vergleich zwischen Bildern wie der *Taufe Christi* (1494, Venedig) und dem *Ungläubigen Thomas* (1504, NGL) zeigt seinen stilistischen Wandel.

Cimabue, Giovanni (Cenni di Pepo) (um 1240 – nach 1302)
Florentiner Maler. Sein Ruf als erster Künstler der italienischen ◇Renaissance geht auf Dante zurück, der ihn in einer berühmten Passage beschreibt: »Cimabue glaubte, er beherrsche das Feld der Malerei, jetzt aber ist der Ruf nach Giotto zu hören, so daß sich der Ruhm des Vorgenannten verdunkelt.« Die Tradition mag recht haben, wenn sie in C. den Lehrer → Giottos sieht. → Vasari u. a. hielten ihn auch für den Schöpfer der *Madonna Rucellai* (um 1285, Uffizien), die von den meisten Fachleuten heutzutage als gesichertes Werk → Duccios angesehen wird. Trotz der Schwierigkeiten bei der Festlegung der Urheberschaft scheint es jedoch gesichert, daß C. die Erneuerung der strengen Malkonventionen der ◇byzantinischen Kunst einleitete; so erfüllte er die byzantinische Formensprache mit neuem Leben, indem er der natürlichen Form größeren Spielraum gab und seine Motive aus einem breiteren Themenspektrum wählte. Dokumente belegen, daß C. sich 1272 in Rom aufhielt und 1301–02 an dem ◇Mosaik des hl. Johannes in der ◇Apsis des Doms von Pisa arbeitete. Seinen hohen künstlerischen Rang bezeugen das *Kruzifixus* von S. Domenico (1260–65, Arezzo), ein weiteres *Kruzifixus* (um 1272–74) für S. Croce in Florenz, die *Thronende Maria mit Kind* (1272–74, Uffizien) sowie die – stark beschädigten – ◇Fresken in der Oberkirche (u. a. eine *Kreuzigung Christi*) und das Fresko *Thronende Maria mit Engeln und dem hl. Franziskus* (um 1280) in der Unterkirche von S. Francesco in Assisi.

Cimabue, *Thronende Maria mit Kind* (Ausschnitt), 1272–74

Cione, Andrea di siehe → **Orcagna,** Andrea

Cipriani, Giovanni Battista (1727–1785)
Italienischer Maler und Zeichner, in England der erste Vertreter eines eleganten, aber eher oberflächlichen ◇Klassizismus. Nachdem er Sir W. Chambers und J. Wilton in Rom begegnet war, begleitete er sie 1755 nach England, wo er sich niederließ und als ◇Restaurator (von Werken → Verrios in Windsor und → Rubens' in Whitehall) tätig war. C.s Schaffen erstreckte sich von mythologischen Malereien bis zu Entwürfen von Exlibris.

Citroen, Paul (1896–1983)
Niederländischer ◇Fotograf, Maler und ◇Grafiker, der in seiner frühen Schaffenszeit enge Kontakte zur ◇Dada-Bewegung unterhielt. 1927 wirkte er in Holland als Buch- und Kunsthändler. Nach dem Ersten Weltkrieg experimentierte er unter dem Einfluß der Berliner Dadaisten mit der ◇Fotomontage. 1922–24 Studium am ◇Bauhaus bei Johannes → Itten und 1933–37 Leiter der ›Nieuwe Kunstschool‹ in Amsterdam nach

den kunstpädagogischen Methoden des Bauhauses.

Čiurlionis, Mykolajus Konstantinas (Mykolas Konstantas) (1875–1911)
Litauischer Maler und Komponist, studierte in Warschau Musik am Konservatorium, dann Malerei an der Akademie. Lebte in Wilna, ab 1909 in St. Petersburg. In seinen ◇symbolistischen, ornamentalen Bildern, in denen er Musik und Malerei zur Synthese zu bringen versuchte, gelangte C. wahrscheinlich noch vor → Kandinsky zur ◇Abstraktion. 1912 präsentierte die → Mir Iskusstwa eine Sonderschau seiner Werke.

Claesz, Pieter (1597/98–1661)
Holländischer ◇Stillebenmaler, der insbesondere das Genre des Frühstücksbildes populär gemacht hat. C. besaß die besondere Fähigkeit, aus den alltäglichsten Gegenständen – auf einer Anrichte oder einem Tisch angeordnet – eine fast mystisch zu nennende Harmonie zwischen Objekten und schlicht gehaltenem Hintergrund zu schaffen. Seine Bilder zeichnen sich durch die Tonigkeit der gedämpften Farben, sorgfältige Verteilung der Gegenstände im Raum und dichte Atmosphäre aus.

Claude Lorrain (Claude Gellée, auch Le Lorrain genannt) (1600–1682)
Französischer Maler ◇idealer Landschaften, von nachhaltigem Einfluß auf die ◇Landschaftsmalerei des 18. Jh.s, besonders in England. C. kam mit 14 Jahren nach Rom, wo er Schüler und dann Gehilfe von Agostino → Tassi war. Zwischen 1619 und 1624 verbrachte er zwei Jahre in Neapel, ließ sich aber 1626/27 endgültig in Rom nieder. Er begann als Maler dekorativer ◇Fresken, entwickelte jedoch unter dem Einfluß von → Bril, → Elsheimer und Annibale → Carracci seit Mitte der 1630er Jahre einen ihm eigenen lyrisch-romantischen Stil, der v. a. durch eine neuartige Darstellung von Licht und Atmosphäre gekennzeichnet ist: Der *Hafen bei Sonnenaufgang* (1634, Eremitage) enthält die erste Wiedergabe einer sichtbaren, das ganze Bild bescheinenden Sonne. Insbesondere diese Hafenszenen mit ihren stimmungsvollen, verschleierten Beleuchtungen des Morgen- oder Abendlichtes, mit schimmernden Meeresflächen und sonnenbeglänzten Fernen sind Meisterleistungen einer bis dahin unbekannten Lichtpoesie. Unter dem Einfluß von → Domenichino bzw. →

Claude Lorrain, *Landschaft. Hagar und der Engel,* 1646

Poussin bevölkerte er seit den 1640er Jahren den Bildvordergrund gern mit Gestalten aus der Bibel (*Hochzeit von Isaak und Rebekka,* 1648, NGL) bzw. der klassischen Mythologie (*Küstenlandschaft mit Acis und Galathea,* 1657, Dresden; siehe auch Ft. 16). C. bewahrt in seinen geistvoll komponierten Landschaften zwar ein klassisches Kompositionsschema mit fest umrahmter Bildbühne und in die Tiefe des Raumes führenden Elementen, löst sich aber mehr und mehr von dem im ◇Barock üblichen diagonalen Bildaufbau zugunsten hintereinander gestaffelter Raumschichten, die seinen Bildern eine größere Ruhe verleihen. Geheimnisvolle, feierliche Bilder von starkem Stimmungsgehalt in kühlen, grau-silbernen Tönen kennzeichnen die in den 1660er Jahren einsetzende Stilperiode. C. war darüber hinaus ein bemerkenswerter ◇Zeichner; sein Buch ›Liber Veritatis‹ (British Museum, London) enthält 195 Zeichnungen nach eigenen Bildern, die sein Werk vor Fälschungen schützen sollten (als ◇Mezzotinto-Stichfolge, London, 1777). Seine mit ◇Kreide oder Feder und ◇Tusche gezeichneten ◇Skizzen nach der Natur dienten ihm als Vorlagen für seine Bilder.

Claus, Carlfriedrich (* 1930)
Deutscher ◇Zeichner und ◇Grafiker, der seit

1951 im Bereich Experimenteller Poesie in Verbindung mit Bildschrift und Klängen arbeitet, seit 1959 auch experimentelle Sprechprozesse auf Tonband. Seit 1968 grafische Vervielfältigung, erst durch Umdruck-◇Lithographien, dann durch Zinkographien und ◇Radierungen (Mappe *Aurora,* 1977). C. bezeichnet seine poetisch-◇kalligraphischen Bildnotate als »Sprachblätter«. Neben ihrer lyrischen Bildwirkung enthalten diese Sprachblätter konkrete philosophische Aussagen, die sich mit sozialen Utopien im Sinne eines idealisierten Kommunismus beschäftigen.

Clegg & Guttmann
(Michael Clegg) (* 1957)
(Martin Guttmann) (* 1957)
Amerikanische ◇Fotografen, die seit 1980 zusammenarbeiten und durch inszenierte Porträtaufnahmen bekannt wurden. Diese Fotos zeigen (meist männliche) Einzelpersonen, Paare oder Gruppen in für sie typischen Herrschaftsposen (als Manager, als Reicher etc.). Seit 1986 erweiterte sich das Themenrepertoire von C. & G. um ◇Stilleben, Landschaften mit kunsthistorischen Zitaten und neuerdings auch um repräsentative Bibliotheksinnenräume. Kennzeichnend für die fotografische Konzeption von C. & G. ist das sorgfältige inszenatorische Arrangement und das Selbstverständnis als Auftragskünstler.

Clemente, Francesco (* 1952)
Italienischer Maler und ◇Zeichner, der sich im Laufe der 1980er Jahre zu einem der bekanntesten Vertreter der ◇Transavanguardia entwickelte. C. gehört zu jenen Künstlern, die unter Betonung der inhaltlichen Möglichkeiten von ◇figurativer Malerei dem Widersprüchlichen und Absurden des Lebens dadurch nachgehen, daß sie ihre eigenen Begierden, Träume und Assoziationen in imaginierten Bildfindungen entäußern. Dabei spielt der eigene – fragmentarisierte – Körper eine zentrale Rolle. In seinen zahlreichen und komplexen Stilzitaten kennt C. keine Scheu vor einem fast willkürlichen Miteinander von gefühlsbetonten Romantizismen und verhaltener Klassik, wie sie in den italienischen ◇Fresken zu finden ist. Dabei entgeht C. einem chaotischen ◇Eklektizismus durch seine individuelle Poesie, die das Widersprüchliche der Inhalte und die Kontraste der Stilanleihen mit traumwandlerischer Sicherheit in eine jeweils bildimmanente Harmonie verwandelt.

Joos van Cleve, *Tod Mariä* (Ausschnitt aus dem Mittelbild des Flügelaltars), 1515

Cleve (Cleef), Joos van (Jan van der Beke) (um 1485–1540/41)
Altniederländischer Maler, 1511 Meister in Antwerpen, wo er eine große Werkstatt leitete. Als geschätzter ◇Porträtist war er 1530/35 in Frankreich Hofmaler von Franz I. (Porträts des Königs und der Königin Eleonore); 1536 malte er in England ein Porträt Heinrichs VIII. Seine frühesten datierten religiösen Bilder, zwei Tafeln von *Adam* und *Eva* (1507, Louvre), zeigen den Einfluß G. → Davids, während sein späteres Werk (*Madonna und Kind,* Fitzwilliam Museum, Cambridge) stark von → Leonardo geprägt ist. C., auch von den → Antwerpener Manieristen und → Memling beeinflußt, war kein Neuerer, entwickelte jedoch einen lockeren, flüssigen ◇manieristischen Stil mit oft unruhigen Figuren, die sich in übertriebenen Posen vor einer weiten anmutigen Landschaft bewegen. Seine beiden ◇Triptychen vom *Tod Mariä* (1515, WRM bzw. AP, danach früher auch ›Meister des Todes Mariä‹ genannt) zeigen sein bemerkenswertes Geschick in der Behandlung des Innenlichtes.

Clodion (Claude Michel) (1738–1814)
Französischer ◇Bildhauer, der 1755 nach Paris kam und von 1762 bis 1771 in Rom lebte. Mit

seinen – überwiegend erotischen – Kleinplastiken (u. a. Modelle für die Porzellanmanufaktur in Sèvres) gilt C. als ein Hauptmeister des französischen ◇Rokoko. Sein Schaffen fand mit der französischen Revolution ein vorläufiges Ende, aber nach 1806 erhielt er noch einmal bedeutende Aufträge, darunter für den *Arc de Triomphe du Carrousel.*

Close, Chuck (* 1940)
Amerikanischer Künstler, studierte u. a. an den Kunstschulen der University of Washington (1958–62) und der Yale University (1962–64). Ab 1967 lehrte er an der School of Visual Arts in New York und ab 1970 an der New York University. C., einer der bedeutendsten Vertreter des ◇Hyperrealismus, entwickelte einen ◇Porträtstil, der mit geradezu klinischer Akribie feinste Details (wie Poren, Falten, Barthaare) des überdimensional vergrößerten Gesichtes in überscharfer Deutlichkeit auf riesigen Leinwandflächen registriert.

Clouet, François (auch Janet genannt) (um 1510/20–1572)
Französischer ◇Porträtmaler, Zeichner und ◇Miniaturist. Sohn und Schüler von Jean → Clouet, dem er 1541 als Hofmaler folgte. Werke wie C.s früheste signierte Arbeit, das Bildnis *Der Apotheker Pierre Quthe* (1562), zeigen den Einfluß der ◇manieristischen Florentiner Porträtmalerei (→ Bronzino, → Salviati). Sein Porträt *Karl IX. von Frankreich* steht → Cranach und → Seisenegger nahe. Viele seiner mit größter Sorgfalt ausgeführten Porträtzeichnungen sind erhalten geblieben. Von seinen Zeitgenossen wurde C. sehr geschätzt.

Clouet, Jean (genannt Janet) (um 1485–1540/41)
Französischer ◇Porträtmaler, ◇Miniaturist und Zeichner, Vater von François → Clouet und wahrscheinlich Sohn eines Jean Clouet, der Hofmaler des Herzogs von Burgund war. Hofmaler Franz' I. (ab 1516 in Tours, ab 1529 in Paris). C. genoß zu Lebzeiten großen Ruhm. Seine Porträts in ihrer scharfen, genauen Beobachtung, der feinen Modellierung und der soliden statischen Anordnung stehen in der älteren flämischen Tradition. Seine etwa 130 Porträtzeichnungen (schwarze ◇Kreide und ◇Rötel), die kaum Umrißlinien verwenden, sondern die Form mit feinen Strichen und einem an → Leonardo erinnernden Einsatz von Licht und Schatten herausmodellieren, gehören mit den Zeichnungen → Holbeins d. J. zu den wertvollsten Dokumenten der Porträtkunst der ◇Renaissance nördlich der Alpen.

Jean Clouet, *Franz I. von Frankreich,* um 1527

Cobra
1948 in Paris von niederländischen und skandinavischen Künstlern gegründete Gruppe, deren Name sich aus den Anfangsbuchstaben der Heimatstädte der Künstler zusammensetzt (CO = Copenhagen, BR = Brüssel, A = Amsterdam). Die wichtigsten Mitglieder waren → Alechinsky, → Appel, → Constant, → Corneille und → Jorn. Gemeinsames Ziel war der spontane, expressive Ausdruck eines inneren Zustands, der sich in einer ◇automatistischen, wilden Malgestik äußerte. Die Gruppe, die bedeutende Ausstellungen veranstaltete (1949 im Stedelijk Museum, Amsterdam) und eine gleichnamige Zeitschrift herausgab, kann als eine Parallelbewegung zum amerikanischen ◇Abstrakten Expressionismus gesehen werden. Um 1951 löste sich die Gruppe auf.

Coburn, Alvin Langdon (1882–1966)
Amerikanischer ◇Fotograf, der v. a. durch seine Fotoarbeiten mit Mehrfachbelichtung bekannt

wurde. Mit der Methode des ◇Fotogramms und der Vortographie schuf C. bedeutende Künstlerporträts, u. a. 1916 das Porträt von Ezra Pound.

Cochin, Familie
Nicolas (1610–1686)
Noël (1622–1695)
Charles-Nicolas d. Ä. (1688–1754)
Charles-Nicolas d. J. (1715–1790)
Französische Künstlerfamilie. Nicolas C. war ein ◇Kupferstecher in der Tradition J. → Callots; sein Bruder Noël, Maler und Kupferstecher, ließ sich in Venedig nieder. Charles-Nicolas d. Ä. fertigte Stiche nach Arbeiten zeitgenössischer Meister wie → Chardin, → Lancret und → Watteau an, sein Sohn und Schüler, der Kupferstecher und Kunstschriftsteller Charles-Nicolas d. J., war berühmt für seine ◇Illustrationen und Szenen von höfischen Festen. 1749 bereiste er Italien, und 1755 veröffentlichte er seine Schrift ›Supplication aux orfèvres‹, die die Bewegung gegen die ◇Rokoko-Ornamentik einleitete.

Cocteau, Jean (Maurice Eugène Clèment) (1889–1963)
Französischer Dichter, Maler und Regisseur, als einer der vielseitigsten und experimentierfreudigsten Künstler seiner Generation (befreundet u. a. mit → Diaghilew, Gide, Proust und Rilke) eine zentrale Figur des Pariser Kulturlebens, besonders zwischen den Weltkriegen. Er war in den verschiedensten Medien und Stilen tätig, wurde aber – trotz ◇dadaistischer und ◇surrealistischer Experimente – v. a. zu einem Anreger des ◇Neoklassizismus (›Le coq et l'harlequin‹, 1919, Essays). In seinen Romanen, Dramen, Libretti (›Parade‹ für Diaghilew, Musik Satie, Ausstattung → Picasso; ›Oedipus rex‹, Strawinsky, 1928), Plakaten, ◇Keramiken, ◇Fresken (Chapelle Saint-Pierre, Villefranche-sur-Mer, 1956; Salle de Mariage, Menton, 1956–57) und besonders in seinen ◇Filmen (›Le sang d'un poète‹, 1931; ›La belle et la bête‹, 1946; ›Orphée‹, 1950) schuf er oft neue, geistreiche Interpretationen von Stoffen aus der antiken Mythologie.

Codde, Pieter (1599–1678)
Holländischer ◇Genremaler. C. schuf v. a. kleinformatige, lebhafte Trinkszenen und ◇Gesellschaftsstücke. Seiner stilistischen Anpassungsfähigkeit verdankte er den Auftrag, das 1637 unvollendet gebliebene Amsterdamer ◇Schützenstück von Frans → Hals fertigzustellen.

Coecke van Aelst, Pieter (1502–1550)
Flämischer Maler, Buchillustrator und Entwerfer von ◇Bildteppichen und Glasfenstern, vermutlich ein Schüler von B. van → Orley in Brüssel. C. unternahm weite Reisen. Seine bekannten ◇Zeichnungen von türkischen Szenen wurden später gestochen und publiziert. Von seinem *Abendmahl* (1527) gibt es mindestens 40 Kopien. Obwohl als Maler recht mittelmäßig, war C. eine bedeutende künstlerische Persönlichkeit seiner Zeit; er leitete eine große Werkstatt, übersetzte Serlios Architekturtraktat ins Niederländische und gilt als der Lehrer von P. → Bruegel d. Ä.

Coello, Alonso Sánchez siehe → **Sánchez Coello,** Alonso

Coello, Claudio (1642–1693)
Spanischer Maler portugiesischer Abstammung, der sich an Bildern von → Tizian, → Rubens und van → Dyck in der spanischen königlichen Sammlung weiterbildete und 1685, in der Nachfolge von J. → Carreño de Miranda, zum Hofmaler ernannt wurde. Sein bedeutendstes Werk ist das eigentümlich ◇illusionistische, über 50 ◇Porträts enthaltende ◇Altarbild *Karl II. in Anbetung der Hostie* (1685–90, Escorial).

Cohen, Bernard (* 1933)
Englischer Maler, Bruder von H. → Cohen, studierte an der St. Martin's School of Art und an der Slade School in London (1951–54). Vertreter einer ◇semantischen Malerei, dessen Bilder auf einem Geflecht endloser Linien beruhen. Einflüsse von → Pollock sind unverkennbar, obwohl das Liniengeflecht bei C. weniger improvisatorisch als vielmehr formal-dekorativ erscheint.

Cohen, Harold (* 1928)
Englischer Maler, Bruder von Bernard → Cohen, studierte an der Slade School in London (1948–52), wo er auch seit 1962 unterrichtete. Anfänglich vom ◇Abstrakten Expressionismus beeinflußt, bis er 1959 nach New York kam und seine Malerei einer strengen, auf das Wesentliche reduzierten Revision unterzog. Strenge Horizontalität mit flächigen Zonen von Farben und nackter Leinwand kennzeichnen die Bilder dieser Zeit. Nach seiner Rückkehr nach London (1961) entwickelte er ein breiteres malerisches Vokabular mit amöbenhaften farbigen Formen und wellen- oder spiralförmigen Linien.

Thomas Cole, *Blick auf den Weißen Berg,* 1825

Cole, Thomas (1801–1848)
Amerikanischer Maler englischer Abstammung, ließ sich 1819 in Ohio nieder und arbeitete als ◇Kupferstecher, ◇Landschafts- und ◇Porträtmaler. Seit 1823 in New York ansässig, dann in Catskill (ab 1836). Auf zwei Europareisen (1829–32, 1841–42) empfing er tiefe Eindrücke durch → Claude Lorrain und die antiken Stätten Italiens. C., Haupt der → Hudson River School, verlieh seinen Landschaften den grandiosen Ausdruck reiner unberührter Natur (*Die Flußschleife,* 1836). Seine Darstellungen erweckten erstmals das Interesse an der amerikanischen Landschaft. In seinen späteren ◇allegorischen Visionen traten ethische Vorstellungen in den Vordergrund und drängten die Realität zurück (Zyklus *Aufstieg und Fall eines Reiches; Der Traum des Architekten,* 1840).

Colla, Ettore (1889–1969)
Italienischer ◇Bildhauer, Assistent von → Despiau, → Laurens und → Brancusi in Paris (1923). Neben → Burri und → Capogrossi Mitgründer der Gruppe ›Origine‹; seit 1939 in Rom tätig. Seine ◇abstrakten Eisenplastiken, die sich aus Abfällen der technischen Zivilisation zusammensetzen, stehen in der Tradition von → Picasso und J. → González und spiegeln seine Beziehung zu D. → Smith wider.

Collins, Charles Allston (1828–1873)
Englischer ◇Landschaftsmaler und Schriftsteller, Bruder des Schriftstellers Wilkie Collins, Sohn von William → Collins. Er war beeinflußt durch den → präraffaelitischen Stil von → Millais, z. B. in seinem Bild *Convent Thoughts* (1850). C. gab später die Malerei auf und veröffentlichte mehrere Romane.

Collins, William (1788–1847)
Englischer ◇Landschaftsmaler, Vater von Charles Allston → Collins, befreundet mit Sir D. → Wilkie. Seine frühesten Werke sind Ansichten der Gegend von Millbank. Großen Erfolg hatte er mit rührenden ◇Genreszenen aus der Kinderwelt. Sein späteres Schaffen wurde v. a. von reinen Landschaftsdarstellungen oder Strandszenen in ◇Öl- oder ◇Aquarellfarben beherrscht.

Collinson, James (1825–1881)
Englischer Maler, der in idealer Weise den Typ des Künstlers verkörperte, der den Stil der → Präraffaeliten auf das von → Wilkie sich herleitende ◇Genrebild anwendete. C. gehörte zu den Gründungsmitgliedern der präraffaelitischen Bruderschaft (1848). 1851 verließ er die Gruppe und wurde Priester.

Colombe, Jean († nach 1489)
Französischer ◇Buchmaler, vermutlich Bruder von Michel → Colombe, hauptsächlich in Bourges tätig (ab 1467). 1484 wurde er von Herzog Karl I. von Savoyen damit beauftragt, das unvollendet gebliebene ◇Stundenbuch *Les très riches heures du Duc de Berry* der Brüder von → Limburg zu Ende zu führen. Zu seinen Hauptwerken zählt ferner das Stundenbuch für Louis de Laval (1480–89, Paris). Stilistisch den Brüdern von

Limburg und → Fouquet verpflichtet, zeigen seine dichten Bilder leuchtende Farben und eine reich geschmückte ◇gotische ◇Staffage.

Colombe, Michel (um 1430– nach 1512)
Französischer ◇Bildhauer, der letzte traditionelle Vertreter der französischen ◇Gotik. In Dokumenten wird seine Tätigkeit für führende Familien zwischen Bourges und Tours erwähnt. Zwei mit Sicherheit nachweisbare Werke von ihm sind das Grabmal für Franz II. von Bretagne und dessen Gemahlin Margarete von Foix im Dom von Nantes (1502–07) sowie ein ◇Relief des *Hl. Georg mit dem Drachen* (1508–09, Louvre).

Colville, David Alexander (* 1920)
Kanadischer Maler. Während des Zweiten Weltkriegs arbeitete C. als Kriegszeichner. C., der gern als ◇magischer Realist bezeichnet wird, malt mit genauester Detailbeschreibung, feinster handwerklicher Ausführung und unter ungewöhnlichen Blickpunkten stille, rätselhafte Bilder von eigenartiger Symbolik.

Conca, Sebastiano (1680–1764)
Italienischer Maler des ◇Barock, der in Neapel bei F. → Solimena studierte. Ab 1706 Aufenthalt in Rom, wo er im Auftrag von Papst Clemens XI. für S. Clemente arbeitete. Seine in Rom geschaffenen Werke schließen das Deckenfresko *Krönung der hl. Cäcilia* (1725, S. Cecilia) ein. 1751 kehrte er nach Neapel zurück. Berühmt war C. wegen seiner ungewöhnlich schnellen Arbeitsweise und seines Einfallsreichtums.

Conder, Charles (1868–1909)
Englischer Maler und ◇Lithograph. Zunächst als Landvermesser im Dienste der Regierung in Australien tätig, von wo er nach einem Kunststudium und Teilnahme an ◇avantgardistischen Ausstellungen 1890 nach England zurückkehrte. Er ließ sich dann in Frankreich nieder, wo eine Ausstellung seiner Werke (1891) von → Degas und → Pissarro bewundert wurde. Seine koloristisch wie zeichnerisch bemerkenswerten Figurenbilder und ◇Landschaften stehen stilistisch → Watteau, → Whistler und → Beardsley nahe. Seine zarten Zeichnungen mit ländlichen Szenen führte er bisweilen auf weißer Seide aus, häufig als Entwürfe für Fächer.

Coninxloo, Gillis (III.) van (1544–1607)
Flämischer ◇Landschaftsmaler und ◇Kupferstecher, der sich 1595 in Amsterdam niederließ. In seinem Werk vollzog C. den Übergang von der phantastischen, kulissenhaften Landschaftsmalerei des 16. Jh.s zu der realistischeren Darstellung des 17. Jh.s und wurde damit zu einem wichtigen Neuerer der niederländischen Landschaftsmalerei. 1587–95 lebte C. in Frankenthal (Pfalz), wo er das Haupt der → Frankenthaler Malerschule bildete. Er übte bedeutenden Einfluß auf P. → Bril, J. → Bruegel d. Ä., A. → Elsheimer und J. de → Momper aus.

Constable, John (1776–1837)
Englischer ◇Landschaftsmaler, in East Bergholt (Suffolk) als Sohn eines Müllers geboren. Ermuntert von dem Amateurmaler Sir George Beaumont bildete er sich anfänglich autodidaktisch, bevor er um 1795 nach London ging. Dort studierte er ab 1799 an der Royal Academy. Seine frühen Bilder (Ausstellungen ab 1802) zeigen den Einfluß von → Gainsborough, → Ruisdael und → Claude Lorrain, doch um 1810 entwickelte er einen sehr persönlichen Stil von spontaner Unmittelbarkeit, direkter Beobachtung, frischer Farbigkeit, lebendigem Pinselstrich und einem atmosphärischen Licht (bisweilen in Annäherung an → Turner), der seine tiefe Liebe zur englischen Landschaft, wie sie auch in seinen Schriften zum Ausdruck kommt, widerspiegelt. 1821 stellte er sein berühmtestes Bild aus, *Der Heuwagen* (NGL). Obwohl seit 1829 Mitglied der Royal Academy, war C.s Ruhm in England zu seinen Lebzeiten weniger groß als in Frankreich, da seine Kunst neben den Werken der → Präraffaeliten und → Turners als zu ›einfach‹ und zu ›alltäglich‹ empfunden wurde. Auf die französischen Maler übte C. – v. a. nach seiner Ausstellung im Pariser ◇Salon von 1824, wo er für sein *Heuwagen*-Bild eine Goldmedaille gewann – bedeutenden Einfluß aus, nicht nur auf die Maler der → Barbizon-Schule, sondern auch auf die Künstler der ◇Romantik, wie z. B. → Delacroix, der besonders C.s frische Farbe und großzügige Malweise bewunderte. Von außergewöhnlicher Unmittelbarkeit sind die Ölskizzen nach der Natur. C.s Gewohnheit, Ausstellungsbilder durch ◇Skizzen in gleich großem Format vorzubereiten, zeugt von seiner Gründlichkeit. 1888 übergab seine Tochter dem englischen Staat eine Sammlung von über 300 Zeichnungen und Gemälden (heute im Victoria and Albert Museum, London), darunter Skizzen zu vielen seiner bedeutendsten ◇Ölbilder, Wolkenstu-

John Constable, *Brighton Beach, with Colliers,* 1824

dien, ◇Blumenstücke und großformatige ◇Aquarelle (Baumstudien).

Constant (C. Anton Nieuwenhuys) (* 1920)
Niederländischer Maler, ◇Bildhauer und Architekt, der an der Amsterdamer Kunstakademie studierte. 1946 Begegnung mit → Jorn in Paris, Mitarbeit bei der Gruppe ›Reflex‹. Neben ◇abstrakten ◇Plastiken (ab 1945) entstanden erste expressive Bilder, die programmatisch für die → Cobra-Gruppe werden sollten, deren Mitbegründer er 1948 war. Ab 1952 wandte sich C. in zunehmendem Maße Raum- und Architekturproblemen zu, die sich in seinem urbanen Ideal-Projekt ›New-Babylon‹ von 1956 im Modell konkretisierten.

Cooper, Samuel (1609–1672)
Englischer ◇Miniaturist, dessen ◇Porträts sowohl als historische Zeugnisse wie auch als Kunstwerke von großer Bedeutung sind. Seine Lehrzeit verbrachte er – wie sein Bruder Alexander C. (tätig 1630–1660) – bei seinem Onkel J. → Hoskins, einem Miniaturmaler am Hofe Karls I. von England. In den 1640er Jahren besaß C. internationale Reputation und wurde oft als ›van Dyck im Kleinen‹ bezeichnet. Sein Stil ist malerischer als der seiner Vorläufer (→ Hilliard) und zeigt einen stärkeren Sinn für Schattierungen. Nach Horace Walpole war C. »der erste, der der Miniatur die Kraft und Freiheit der Ölmalerei verlieh«. Zu seinen besten Arbeiten (heute z. T. im Victoria and Albert Museum, London) gehören das nach dem Leben gemalte, unvollendete Porträt *Oliver Cromwell* (um 1657, Sammlung Duke of Buccleuch) und *Karl II.* (1665).

Samuel Cooper, *Die Herzogin von Cleveland*

John Singleton Copley, *Tod des Majors Pierson,* 1783

Copley, John Singleton (1783–1815)
C. war der führende ◇Porträtmaler Amerikas, bevor er 1774 einer Einladung → Wests nach London folgte und sich dort für immer niederließ. Die peinlich genaue, detaillierte Charakterschilderung seiner Bildnisse wich unter dem Einfluß von West und → Reynolds einer mehr malerischen Behandlung, die das Detail dem Ganzen harmonisch unterordnete und den Ideen der ◇Grand Manner entsprach. Als ◇Historienmaler befaßte er sich mit der Darstellung zeitgenössischer Geschichte (*Watson und der Haifisch,* 1778; *Tod des Majors Pierson,* 1783).

Coppo di Marcovaldo
(um 1225/30 – nach 1276)
Italienischer Maler, Zeitgenosse des → Guido da Siena. Signiert ist eine *Madonna mit Christuskind (Madonna del Bardone)* in der Kirche S. Maria dei Servi in Siena (1261). Die Gesichter der beiden Hauptfiguren wurden im Stil → Duccios übermalt, doch eine Röntgenuntersuchung brachte die ursprüngliche Malerei wieder ans Licht. Der Faltenwurf mit seinen Goldmustern und das neue Gefühl für Körperlichkeit wurden etwa 20 Jahre später von → Cimabue in seiner *S.-Trinità-Madonna* (1280/85) wieder aufgegriffen. Ein weiteres Hauptwerk C.s ist eine *Madonna mit Christuskind und Engeln* (1265–68) in S. Martino dei Servi in Orvieto.

Coques (Cocx), Gonzales (1614–1684)
Flämischer Maler kleinformatiger Gruppen- und Einzelporträts. Trotz des Einflusses von van → Dyck ist sein Stil durchaus persönlich. Seine anfangs warme Farbgebung wird später kühler, die malerische Ausführung ist von minuziöser Genauigkeit.

Corbusier siehe → **Le Corbusier**

Corinth, Lovis (1858–1925)
Deutscher Maler und ◇Grafiker, neben → Liebermann Hauptvertreter des deutschen ◇Impressionismus. C. erhielt seine Ausbildung an der Königsberger Akademie (1876–80) und ging anschließend für vier Jahre nach München. Nach einem kurzen Aufenthalt in Antwerpen studierte er 1884–87 in Paris an der Académie Julian. Er war Mitglied der Münchner und ab 1899 der Berliner ◇Sezession, seit 1900 in Berlin ansässig. Von einer tonigen, ◇akademischen Malweise kam C. unter dem Einfluß hauptsächlich von → Rubens, → Millet, → Manet und der niederländischen ◇Pleinairmalerei (→ Jongkind) zu einer lichteren ›impressionistischen‹ Palette.

Lovis Corinth, *Thomas in Rüstung,* 1925

Seine Malerei, die die Form einzig aus der Farbe her bestimmte, nahm in der Folge immer expressivere und visionärere Züge an, besonders nach einem Schlaganfall 1911, der ihn vorübergehend lähmte. Seine späten Walchenseebilder mit ihrer wilden, ausdrucksstarken Farbigkeit haben einen bedeutenden Einfluß auf die deutschen ◇Expressionisten (→ Kirchner) ausgeübt. Neben ◇Landschaften und Blumenbildern entstanden in den letzten Jahren eindrucksvolle psychologische ◇Porträts, besonders Selbstporträts. Seit 1911 wandte er sich auch mit größerem Interesse der ◇Grafik zu und schuf eine Fülle von ◇Radierungen und ◇Lithographien (auch Buchillustrationen).

Corneille (Cornelis Guillaume van Beverloo) (* 1922)
Niederländischer Maler, mit → Appel und → Constant Mitglied der niederländischen Reflex-Gruppe (1947–48) und der → Cobra-Gruppe (1948–51). C.s Malerei steht dem Stil der Cobra-Maler nahe, ist jedoch kontrollierter und zeigt im delikaten ◇Kolorit den Einfluß der französischen ›peinture‹.

Corneille de Lyon (tätig 1533/34–1574)
Holländisch-französischer ◇Porträtmaler, der hauptsächlich in Lyon wirkte. Die wenigen erhaltenen, ihm zugeschriebenen Werke, meist Porträtdarstellungen dunkelgekleideter Personen, sind im Stil Joos van → Cleves in dünnen ◇Lasurschichten gemalt. C. war Hofmaler von Heinrich II. und Karl IX. und schuf zahlreiche Porträts der königlichen Familie.

Cornelisz., Cornelis (Kunst) (1493–1544)
Altniederländischer Maler, Sohn von Cornelis → Engebrechtsz. und Bruder von Lucas Cornelisz. (genannt Kock), mit denen er zusammenarbeitete. C. setzte den Stil von van → Leyden fort. Eine ihm heute meist zugeschriebene Gruppe von Bildern ist im Stil ◇manieristisch, die Landschaft erinnert an → Patenier. Am bekanntesten sind seine verschiedenen Darstellungen aus dem Leben des hl. Antonius.

Cornelisz., Cornelis (genannt Cornelis van Haarlem) (1562–1638)
Holländischer ◇Historien- und ◇Porträtmaler, einer der Hauptvertreter des holländischen ◇Manierismus, anfangs von → Spranger beeinflußt. Um 1583 gründete er mit → Goltzius und van → Mander in Haarlem eine ◇Akademie. C. schuf großformatige, vielfigurige biblische und mythologische Szenen mit stark antikisierenden Posen unter besonderer Beachtung der ◇Perspektive (*Der bethlehemitische Kindermord,* 1590, Rijksmuseum, Amsterdam; 1591, Frans-Hals-Museum, Haarlem). Seine beiden Gilden- und ◇Schützenstücke (1583, 1599, Haarlem, ebda.) sind wegen ihrer lebendigen ◇Komposi-

Corneille, *La grande terre,* 1958

tion wichtig für die Entwicklung des Gruppenbildnisses.

Cornelisz., Jacob (auch J. van Oostsanen, J. van Amsterdam) (1470–1533)
Altniederländischer Maler und ◇Holzschneider, dessen ◇Bildnisse und ◇Altartafeln altniederländische Stilformen mit Elementen der ◇Renaissancemalerei verbinden. Typisch für C. sind reich fallende Gewänder und leuchtende Farbigkeit.

Cornelius, Peter von (1783–1867)
Deutscher Maler, führender Vertreter der → Nazarener in Rom (1811–19). 1821 wurde er Direktor der Düsseldorfer, 1825 der Münchner Akademie. Sein besonderes Verdienst liegt in dem Versuch einer Wiederbelebung der monumentalen ◇Freskenmalerei. So schuf er zahlreiche großformatige Fresken in München (Glyptothek: u. a. Fresken im ›Heroen‹- oder ›Trojaner‹-Saal, 1823–30; Ludwigskirche: *Das Jüngste Gericht,* 1836–40).

Cornell, Joseph (1903–1972)
Amerikanischer ◇Objektkünstler, Hauptvertreter des amerikanischen ◇Surrealismus. Bereits um 1930 schuf er poetische ◇Collagen aus unscheinbaren Papierschnitzeln im Stile von → Schwitters. In seinen dreidimensionalen ◇Assemblagen (verglaste, manchmal auch von Spiegeln umschlossene Kästen), die er seit 1933 fertigte, kombinierte C. alltägliche Gegenstände (◇Objets trouvés) zu subjektiven, der Außenwelt verschlossenen, surrealen Welten. Zu seinen Werken gehören die *Medici Slot Machine* (1942) und die *Eclipse Series* (frühe 1960er Jahre).

Corot, Jean-Baptiste-Camille (1796–1875)
Französischer ◇Landschaftsmaler und ◇Grafiker, widmete sich erst 1822 nach einer Tuchhändlerlehre der Malerei. Schon früh ein Anhänger der ◇Pleinairmalerei, zog ihn besonders die Gegend um Fontainebleau an. 1825 reiste er erstmals nach Rom und schuf hier poetisch-stille ◇topographische Ansichten (*Das Kolosseum,* 1825, Louvre; *Das Forum,* 1825, ebda.). Das italienische Licht und die ◇romantischen Ideallandschaften von → Claude Lorrain und → Poussin prägten sein Schaffen nachhaltig, wenn er in den frühen 1830er Jahren auch vorübergehend unter den Einfluß der niederländischen Malerei

Jean-Baptiste-Camille Corot, *Die Frau mit der Perle,* 1870

geriet. 1834–44 hielt sich C. erneut in Italien auf. Seine Landschaftswiedergabe, die ◇perspektivische Raumpläne ablehnte, setzte den Raum in einfache, lichte, flächige Farbzonen um. Lose der → Barbizon-Schule verbunden, wandte er sich zunehmend der ›poetischen Landschaft‹ zu, lyrischen Stimmungsbildern, in denen er besonders das grau-silbrige Zwielicht und die weiche Atmosphäre der Dämmerung bevorzugte. Weniger ◇realistisch als seine Barbizon-Freunde, bevölkerte er seine Bilder oft mit Nymphen oder anderen ◇allegorisch-mythischen Gestalten. Für die Häuser seiner Freunde schuf er dekorative Malereien und 1855 ◇Fresken für die Kirche von Ville d'Avray. Neben den üblichen grafischen Techniken verwendete C. auch das ◇Glasklischee. Im Alter entstanden außerordentlich zarte Frauenbildnisse wie z. B. *Die Frau mit der Perle* (1870, Louvre), in denen die Tradition von → Giorgione und → Vermeer wieder auflebt. Den ◇Impressionisten war ›père C.‹ ein Vorbild im Sehen der Natur, und besonders → Pissarro war von ihm beeindruckt.

Correggio (Antonio Allegri)
(um 1494 [1489?] – 1534)
Italienischer Maler, benannt nach seinem Geburtsort in der Emilia. Sein Leben lang arbeitete er abwechselnd in Correggio und Parma. Wahrscheinlich war er ein Schüler von F. Bianchi Fer-

Correggio, *Himmelfahrt Mariä* (Ausschnitt aus dem Kuppelfresko, Dom zu Parma), 1526–30

rari. C. erhielt wesentliche Anregungen von L. → Costa, → Mantegna, → Leonardo da Vinci, → Raffael und → Michelangelo, überführte jedoch das charaktervolle Schönheitsideal der ◇Hochrenaissance in eine körperlich elegante, weiche Anmut. Den Höhepunkt des Frühwerks bildet die ◇Altartafel *Madonna mit dem hl. Franziskus* für S. Francesco in Correggio (1514–15); ihr folgte eine Reihe poetischer, in der Bewegung gesteigerter Madonnen- und Heiligenbilder in schmeichelndem ◇Sfumato wie auch einige Themen aus der Mythologie (*Jupiter und Antiope,* um 1525; *Die Entführung Ganymeds,* um 1531). In seinen berühmten ◇Deckenmalereien (z. B. *Himmelfahrt Mariä,* 1526–30, Kathedrale von Parma) schuf C. leidenschaftlich-kühne Kompositionen voll ◇illusionistischer Formelemente, indem sich der Bewegungsfluß starker Verkürzungen (◇Sotto in sù), Überschneidungen und diagonaler Richtungslinien bedient. Mit der Beschwingtheit seiner Körperdarstellungen, mit dem komprimierten Figurenaufbau und der ◇emailartig strahlenden Heiterkeit seiner Farben, die sich durch den Wechsel von hell und dunkel (◇Chiaroscuro) steigern, wurde C. zum entscheidenden Wegbereiter der ◇Barockmalerei.

Cortona, Pietro da (P. Berrettini) (1596–1669)
Italienischer Maler und Architekt. Neben → Bernini und Borromini wichtigster Vertreter des römischen Hochbarock. Er wurde anfänglich von der Familie Sacchetti gefördert, trat aber dann in die Dienste der Familie des neuen Papstes Urban VIII., der Familie Barberini (1624). In ihrem Auftrag entstanden die ◇Fresken in S. Bibiena (1624–26) und sein größtes Werk, die ◇Deckenmalerei im Palazzo Barberini (1633–39), ein Höhepunkt der von → Guercino und → Lanfranco bereits entwickelten ◇illusionistischen Malerei. Ein gemaltes architektonisches Rahmenwerk unterteilt die Decke in fünf Felder, die von den ◇Sotto in sù gesehenen Figuren, die triumphierend dem Himmel entgegenschweben, überschnitten werden. Der Darstellung, einer ◇Allegorie auf die göttliche Vorsehung, liegt ein auf die Macht der Barberini anspielendes thematisches Programm zugrunde. Zur gleichen Zeit nahm C. noch andere Arbeiten in Angriff, darunter auch eine Reihe von Fresken für den Palazzo Pitti in Florenz (1640–47). Später malte er Kuppel und Decken der Chiesa Nuova in Rom aus (1648–51) und schuf die Deckenmalerei der Galerie im Palazzo Pamphili. C.s kraftvoller Figurenstil stellt in gewisser Hinsicht eine malerische Parallele zur ◇Skulptur Berninis dar.

Cosimo, Piero di siehe → **Piero di Cosimo**

Cossa, Francesco del (um 1435–1477)
Italienischer Maler aus Ferrara, bedeutender Vertreter der Frührenaissance in Ferrara, der unter dem Einfluß von → Piero della Francesca, → Castagno, → Mantegna, → Pisanello und → Tura stand. Kulturhistorisch interessant sind seine ◇Fresken von ◇Monatsbildern (Darstellungen der Monate März, April, Mai) im Palazzo Schifanoia (1470 vollendet); sie zeigen antike Gottheiten verbunden mit den entsprechenden monatlichen Tätigkeiten und vermitteln einen höchst aufschlußreichen Einblick in das Leben am Hofe der Familie d'Este. Ab 1470 wirkte C. als produktiver und angesehener Künstler in Bologna.

Costa, Lorenzo (um 1460–1535)
Italienischer Maler der Schule von → Ferrara, lernte bei → Tura. Gemeinsam mit F. → Francia arbeitete er am Hof von Bentivoglio in Bologna (1483); er schuf ◇Porträts und religiöse Bilder. 1507 trat er → Mantegnas Nachfolge als Hofmaler in Mantua an, wo er zwei ◇allegorische Werke für Isabella d'Este schuf (*Reich der Musen, Merkur bekämpft die Laster im Olymp,* um 1510, Louvre).

Cosway, Richard (1742–1821)
Englischer ◇Miniaturist und ◇Porträtmaler. Er ließ die Kunst des Miniaturporträts wiederaufleben und machte den Gebrauch von Elfbenbein als Malgrund populär. Seine Arbeiten in ◇Öl- und ◇Aquarellfarben zeichnen sich durch Zartheit, Eleganz und meisterliche Ausführung aus.

Cotán, Juan Sanchez siehe → **Sánchez Cotan,** Juan

Cotes, Francis (1726–1770)
Englischer ◇Porträtmaler, Gründungsmitglied der Royal Academy. C. wurde v. a. durch seine ◇Pastelle bekannt; seine frühen ◇Ölbilder lassen den Einfluß der Pastelltechnik erkennen. In den späten 1750er Jahren begann C., → Reynolds' Stil in seinen Bildnissen nachzuahmen. Eines der besten Beispiele seines Schaffens ist das Porträt des Künstlers *Paul Sandby* (1760/61). C.' Bruder Samuel (1734–1818) war als ◇Miniaturist tätig.

Cotman, John Sell (1782–1842)
Englischer ◇Landschaftsmaler und ◇Kupferstecher. Mit → Crome führender Künstler der → Norwich School, erster Professor für Zeichnen am King's College in London (1834). Seine frühen ◇Aquarelle sind strenge, schmucklose, oft in breiten, großzügigen Pinselstrichen und begrenzter Farbpalette (Gelb, Grün, Braun und Blau) ausgeführte Landschaften. C. besuchte 1817 und erneut 1820 die Normandie, wo er zahlreiche Stiche von Bauwerken anfertigte. Er illustrierte auch Bücher.

Coudenhove-Kalergi, Michael (* 1937)
Tschechischer Maler, der seit 1945 in Österreich lebt und an der Kunstgewerbeschule in Graz sowie an der Wiener Kunstakademie studierte. Seine ◇phantastische Malerei, die stark unter dem Einfluß der → Wiener Schule – v. a. von → Fuchs – steht, erinnert in Stil und Sujet an den ◇Symbolismus.

Courbet, Jean-Désiré Gustave (1819–1877)
Französischer Maler, der führende Vertreter des ◇Realismus in Frankreich. In Ornans (Franche-Comté) geboren, studierte er in Besançon und

John Sell Cotman, *Greta-Brücke,* 1810

Paris (seit 1840), äußerte sich allerdings verächtlich über den Unterricht und bildete sich hauptsächlich autodidaktisch durch das Studium der venezianischen und niederländischen Malerei (→ Hals, → Rembrandt) im Louvre. Anfänglich wählte er seine Motive aus den Pariser Künstlerateliers und aus der ländlichen Umgebung von Ornans. 1850 erregte sein *Begräbnis in Ornans* (Louvre) großes Aufsehen im ◇Salon, in dem er bereits seit 1844 ausstellte. Dieses monumentale Gemälde mit über 30 lebensgroßen Figuren wurde angegriffen, da es die Geistlichkeit angeblich zynisch, die Bauern als verroht darstellte. C. hatte es als ernstes, dabei jedoch nicht – wie es den Konventionen entsprach – idealisierendes Gruppenporträt der Dorfbewohner, unter denen er aufgewachsen war, angelegt. Die in der Folgezeit entstandenen Arbeiten C.s, ◇Seestücke, ◇Landschaften, Blumenstilleben, Tierstudien, ◇Akte und einige großformatige ◇Genrebilder, stießen ebenfalls auf heftige Kritik, die C. mit jenem beißendem Spott beantwortete, für den er berühmt wurde. Viele seiner sinnlichen Aktdarstellungen sind brillant koloriert und kommen → Tizian nahe in der Kontrastierung der Töne und der Wiedergabe der Schattierungen des ◇Inkarnats. Nach der Ablehnung seiner Bilder durch die Jury der Pariser Weltausstellung 1855 – man beschuldigte ihn, in seiner Malerei das Häßliche und Vulgäre verherrlichen zu wollen – errichtete C. seinen eigenen, berühmt gewordenen ›Pavillon du Réalisme‹, der auch sein programmatisches Hauptwerk, *Das Atelier* (1855, Louvre), enthielt und von großem Einfluß auf jüngere Maler (u. a. → Degas, → Manet) war. 1871 arbeitete er als Beauftragter für Kunstschutz in den Organen der Pariser Kommune mit. Deshalb und wegen angeblicher Anstiftung zum Sturz der Vendôme-Säule 1871 wurde er verurteilt und enteignet. Nach seiner Freilassung 1872 emigrierte er in die Schweiz, wo er auch starb.

Courtois (Cortese), Brüder
Jacques (1621–1676)
Guillaume (1628–1679)
Französische Maler, beide unter dem Namen ›il Borgognone‹ bekannt. Jacques, ein ◇Schlachtenmaler, verdankt seine Erfahrungen seiner Anwerbung als Soldat auf der Reise nach Rom. Er malte anfänglich historische Themen, wandte sich dann aber – z. T. unter dem Einfluß von → Giulio Romano – der Schilderung malerischer

Gustave Courbet, *Das Atelier* (Ausschnitt), 1855

Reiterkampfszenen zu (auch in ◇Radierungen). Guillaume, ein ◇Historienmaler, war Schüler von → Cortona, übernahm jedoch später den Stil → Marattas, wenngleich er sich in seiner plastischen Darstellung und den azurfarbenen Hintergründen an den frühen → Guercino anlehnte. Er war in S. Giovanni in Laterano und anderen Kirchen Roms tätig.

Cousin, Jean d. Ä. (um 1490–1560)
Jean d. J. (um 1522–1594)
Französische Maler. Jean d. Ä. stand unter dem Einfluß der Schule von → Fontainebleau, v. a. von → Rosso Fiorentino, obwohl die Art der Komposition an → Leonardo erinnert (*Eva Prima Pandora,* um 1538, Louvre). In Paris hatte er als Entwerfer von ◇Tapisserien Erfolg. Von seinen Glasfenstern befinden sich zwei in der Kathedrale von Sens. C. verfaßte eines der ersten französischen Bücher über ◇Perspektive (›Livre de perspective‹, 1560). Sein Sohn und Schüler Jean d. J. war ein recht produktiver Künstler, von seinem Werk ist jedoch nur wenig erhalten. Seine Zeichnungen (›Livre de fortune‹, 1568) stehen unter dem Einfluß von Rosso. Sein bedeutendstes erhalten gebliebenes Werk, *Das Jüngste Gericht,* erinnert an → Bronzino und die Florentiner ◇Manieristen. Er verfaßte ferner ein

Buch über die ◇Proportionen des menschlichen Körpers (›Livre de pourtraicture‹, 1560).

Coustou, Guillaume d. Ä. (1677–1746)
Französischer ◇Bildhauer, Neffe und Schüler von A. → Coysevox, Bruder des ◇Barock-Bildhauers Nicolas C. (1658–1733). Der barocke Stil übte jedoch nur schwach Einfluß aus auf Guillaumes von ◇klassischer Beherrschtheit bestimmte Arbeiten. Am berühmtesten sind seine *Rossebändiger* (1740–45), die für den Park des Schlosses von Marly bestimmt waren (heute an der Place de la Concorde, Paris). Auch sein Sohn Guillaume d. J. (1716–1777) war Bildhauer; sein Werk umfaßt v. a. religiöse und mythologische ◇Skulpturen, darunter zwei ◇Statuen von Mars und Venus, die er für Schloß Sanssouci in Potsdam schuf.

Couture, Thomas (1815–1879)
Französischer Maler, Schüler von Baron → Gros und → Delaroche, gefeierter ◇Historien- und ◇Genremaler seiner Zeit (Hofmaler Napoleons III.). C. suchte einen Mittelweg zwischen der traditionellen ◇akademischen Malerei und den ◇avantgardistischen Tendenzen. Mit seinem 1847 im ◇Salon ausgestellten Monumentalgemälde *Die Römer der Verfallszeit* (1847, Louvre) errang er sowohl in der Öffentlichkeit wie bei der Kritik beispiellosen Erfolg. Das Bild, dessen ◇klassisches Sujet mit zeitgenössischen politischen Anspielungen durchsetzt ist, bewahrt in seiner Malweise noch etwas von der Spontaneität und Unmittelbarkeit seiner ◇Ölstudien. C.s Werk umfaßt neben ◇Porträts, ◇Landschaften und ◇allegorischen Genreszenen auch religiöse Monumentalmalereien wie die ◇Fresken für Saint-Eustache in Paris. Als Lehrer genoß er einen hervorragenden Ruf. Seinen Schülern (u. a. → Manet, → Puvis de Chavannes und → Feuerbach) vermittelte er eine frische, flüssige Maltechnik, die durch ein Minimum an Übermalung die Spontaneität des ersten Pinselstrichs bewahrte.

Thomas Couture, *Die Römer der Verfallszeit* (Ausschnitt), 1847

Cox, David (1783–1859)
Englischer ◇Landschaftsmaler, der zunächst in ◇Aquarelltechnik arbeitete, die er von J. → Varley erlernte, sich später (ab 1839) der ◇Ölmalerei zuwandte. Sein ›Treatise on Landscape Painting and Effect in Watercolours‹ (1814) und andere Schriften übten während des gesamten 19. Jh.s Einfluß auf andere Künstler aus. Seine eigenen Werke, von denen sich manche durch Unmittelbarkeit und skizzenhafte Frische auszeichnen, deuten bereits auf den französischen ◇Impressionismus voraus.

Coxiё (Coxyen), Michiel van (1499–1592)
Flämischer Maler und ◇Kupferstecher, Schüler von B. van → Orley in Brüssel, mit dem er nach Italien reiste, wo er als einer der ersten flämischen Künstler mit der Ausmalung italienischer Kirchen betraut wurde. Nach seiner Rückkehr nach Mecheln (1539) wurde er Hofmaler für Philipp II. von Spanien. Sein unter dem Einfluß → Raffaels stehendes Werk umfaßt neben religiösen Darstellungen und ◇Porträts auch Entwürfe für ◇Wandteppiche und Glasfenster. In seiner Zeit war C. auch als der ›flämische Raffael‹ bekannt.

Coypel, Familie
Französische Malerfamilie, die im 17. und 18. Jh. tätig war. Ihre bedeutendsten Mitglieder waren Antoine C. und dessen Sohn Charles-Antoine. Von Antoine C. (1661–1722), der auch ◇Gobelin- ◇Tapisserien entwarf, stammen zwei der am deutlichsten dem ◇Barock verpflichteten dekorativen Arbeiten seiner Zeit in Frankreich: die ◇Deckengemälde der Großen Galerie im Palais Royal, Paris (1702), und der Kapelle in Versailles (1708/09), wobei letzteres auf → Baciccias Deckenausmalung in der römischen Kirche

Il Gesù basiert. Antoines Sohn Charles-Antoine C. (1694–1752) war ebenfalls Maler; er schuf ◇Radierungen, ◇Buchillustrationen und ◇Genrebilder im Stil der ◇Bambocciata, v. a. war er als ◇Porträtmaler bekannt. Beide waren Hofmaler und Direktoren der Académie Royale. Noël C. (1628–1707), der ›Stammvater‹ der Malerfamilie, war ein stark von → Poussin beeinflußter Maler, der ebenfalls Gobelin-Tapisserien entwarf. Von 1672–75 Direktor der französischen Akademie in Rom. Sein Sohn Noël-Nicolas (1690–1734), Halbbruder von Antoine C., war ein mittelmäßiger, dennoch populärer Maler religiöser und mythologischer Sujets. → Chardin zählte zu seinen Schülern.

Coysevox, Antoine (1640–1720)
Ein Hauptmeister der französischen Barockskulptur, Hofbildhauer Ludwigs XIV. (ab 1666). Um 1679 in Versailles tätig (Dekorationen im Spiegelsaal des Schlosses), entwickelte er einen ◇barockeren Stil als der dort gleichzeitig wirkende ältere → Girardon (man vergleiche das große ovale ◇Relief des *Siegreichen Frankreich* im Salon de la Guerre). Die zahlreichen ◇Porträtbüsten von Ludwig XIV. sind recht konventionell; erst in seinen späteren intimeren Arbeiten (etwa *Robert de Cotte,* Sainte-Geneviève, Paris) erreichte er eine größere Bewegung und Leichtigkeit.

Cozens, Alexander (um 1717?–1786)
Einer der ersten englischen ◇Landschaftsmaler, der in ◇Aquarelltechnik arbeitete. In Rußland geboren, ließ er sich 1746 in England nieder. Er verfaßte mehrere Bücher, darunter sein einflußreiches ›A New Method of Assisting the Invention in Drawing Original Compositions of Landscape‹ (1785), in dem er seine Methode erläuterte, die Landschaftskomposition aus rhythmisch über die Bildfläche verteilten lockeren Klecksen oder Tupfen zu entwickeln (◇Blot Drawing).

Cozens, John Robert (um 1752–1799)
Englischer Landschaftsaquarellist, Schüler seines Vaters Alexander → Cozens. → Constable nannte ihn das »größte Genie, das je die Landschaftsmalerei anging«. 1776–79 und 1782–83 bereiste er Italien und die Schweiz. Die gedämpften Töne und die atmosphärische Behandlung seiner Motive lassen seine Bilder eher als Ausdruck poetischen Gefühls denn als ◇topographische Dokumente erscheinen, als solche beeinflußten sie auch → Turner, → Girtin und andere englische ◇Landschaftsmaler.

John Robert Cozens, *Ansicht des Eisacktals nahe Brixen (Südtirol),* um 1776 (?)

Cragg, Tony (* 1949)
Englischer Maler und ◇Objektkünstler, der Malerei 1970–73 an der Wimbledon School of Art und ◇Bildhauerei 1973–77 am College of Art, London, studierte. Seit den ausgehenden 1970er Jahren entstanden ◇Skulpturen und Wandreliefs, mit denen C. eine individuelle Ausdrucksweise zwischen Natur und industriellem Werkstoff zu beschreiten sucht. Dabei geht es dem Künstler darum, in der Kunst solche Dinge hervorzubringen, »die weder in der Natur noch in unserer funktionalen Welt existieren«, die aber C.s Empfindungen gegenüber der Welt und der eigenen Existenz widerspiegeln.

Cranach, Lucas d. Ä. (1472–1553)
Maler, Zeichner für den ◇Holzschnitt und ◇Kupferstecher, dessen Leben erst mit einem Aufenthalt in Wien (1503–04) faßbar wird. 1505 wurde C. vom sächsischen Kurfürsten Friedrich dem Weisen als Hofmaler nach Wittenberg berufen, wo er sich mit Luther anfreundete und seine Kunst in den Dienst der Reformationsbewegung stellte. Die von ihm in Wittenberg gegründete Werkstatt machte die Stadt für lange Zeit zum Zentrum sächsischer Malerei. Die Frühwerke C.s mit ihrer Einbeziehung der Landschaft zeigen in der Spannung zwischen Ausdrucksdramatik und idyllischer Lieblichkeit (*Kreuzigung,* 1503, AP; *Ruhe auf der Flucht nach Ägypten,* 1504, Berlin) Merkmale der → Donauschule. In

Wittenberg und zuletzt in Weimar zeichnete sich C. als bedeutender ◇Porträtist aus, der v. a. durch seine Lutherbildnisse (Stiche 1520–21, u. a. *Luther als Junker Jörg,* 1521) bekannt wurde. Das Spätwerk C.s wirkt im Vergleich zum früheren expressiven Stil verflacht und auf thematische Schemata reduziert, die der reich produzierenden C.-Werkstatt vom Hofgeschmack vorgegeben wurden. In den ◇gotisierend-◇manieristischen ◇Aktbildern mit mythologischem Inhalt wie *Venus* (1532) und *Lukretia* (um 1518) gelangt die fragile Körperlichkeit vor dem dunklen Hintergrund jedoch noch einmal zu überraschend reizvoller Wirkung. Als Zeichner für den Holzschnitt ging C. von → Dürer aus (die besten Blätter 1505–09). 1515 war er Mitarbeiter am → Gebetbuch Kaiser Maximilians, ab 1520 widmete er sich überwiegend der ◇Illustration der Bibel und der reformatorischen Schriften.

Lucas Cranach d. Ä., *Caritas,* 1550 (?)

Cranach, Lucas d. J. (1515–1586)
Sohn L. → Cranachs d. Ä., der nach dem Tode des Vaters die Wittenberger Werkstatt in stark ◇manieristischem Stil leitete. Als Arbeiten seiner Hand gelten u. a. die beiden Gegenstücke *Der schlafende Herkules und die Pygmäen* und *Herkules vertreibt die Pygmäen* (1551, Dresden), die Weimarer Altartafel mit der protestantischen *Allegorie der Erlösung* (1555) und das lange Zeit als Selbstbildnis Lucas C.s d. Ä. angesehene ◇Porträt in den Uffizien (1550).

Crane, Walter (1845–1915)
Englischer Maler, ◇Kunstgewerbler und ◇Illustrator, ging bei dem ◇Holzschneider Linton in die Lehre und machte sich zuerst mit den ›Toy Books‹ für Kinder einen Namen. Ihre klaren, flächigen Formen von reiner Farbe verraten den frühen Einfluß (seit etwa 1865) ◇japanischer Kunst. Bei seinem Romaufenthalt geriet er unter den Einfluß → Botticellis und der → Präraffaeliten. Ab 1877 trat er in Ausstellungen der Grosvenor Gallery an die Öffentlichkeit. Als Kunstgewerbler beteiligte er sich in den 1880er Jahren aktiv am → Arts and Crafts Movement und arbeitete mit William → Morris zusammen (um 1890). Er schuf Entwürfe für Teppiche, ◇Tapeten, ◇Plakate, ◇Keramik und ◇Stickereien. Seine besondere Leistung liegt jedoch auf dem Gebiet der Buchgestaltung. Seine künstlerischen Überzeugungen veröffentlichte er in Lehrbüchern wie ›Claims of Decorative Art‹ (1892), ›Of the Decorative Illustration of Books‹ (1898) und ›Line and Form‹ (1900).

Credi, Lorenzo di (um 1456/60–1537)
Italienischer Maler, Sohn eines ◇Goldschmieds. C. lernte in der Werkstatt → Verrocchios, wo er später als Gehilfe alle Malaufträge überwachte (1480–88). Sein Stil wurde wesentlich durch den Einfluß Verrocchios bestimmt, nahm aber auch Anregungen seiner beiden Mitschüler → Leonardo da Vinci und → Pollaiuolo auf. Unter dem Eindruck der Predigten Savonarolas verbrannte C. fast alle seine Bilder mit weltlichen Themen (1497), nur ein Selbstbildnis von 1488 und eine *Venus* (Uffizien) blieben erhalten.

Crespi, Giovanni Battista siehe → **Cerano, il**

Crespi, Giuseppe Maria (genannt lo Spagnuolo) (1665–1747)
Bologneser Maler und ◇Radierer. C. malte religiöse und mythologische Sujets, ◇Porträts und ◇Genrebilder. Von den akademischen Traditionen der → Bologneser Malerschule löste er sich, indem er seine Motive in starkem ◇Chiaros-

Carlo Crivelli, *Verkündigung an Maria mit dem hl. Emidius,* 1486

curo darstellte und mit ◇Lasuren experimentierte. Seine Werke zeichnen sich durch Lebensnähe und Spontaneität aus, wobei er religiöse Themen auf schlichte Weise schilderte (z. B. seine Bilderfolge *Die sieben Sakramente,* 1712–15). Seine Malerei beeinflußte venezianische Künstler, v. a. → Piazzetta, der C.s Schüler war (um 1703). Sein Sohn Luigi (1709–1779) war ebenfalls Maler und außerdem als Biograph tätig (Viten der Bologneser Maler).

Crippa, Roberto (1921–1972)
Italienischer Maler, Schüler von Funi und → Carrà an der Brera-Akademie (Mailand). Neben → Fontana führendes Mitglied des Movimento Spaziale (1948). Von ◇informellen Bildern kam C. später zu ◇Collagen aus Zeitungspapier, Holz und Kork, oft mit sozialer Thematik.

Crivelli, Carlo (um 1430/35 – vor 1500)
Venezianischer Maler. Obwohl er seine Ausbildung wahrscheinlich bei → Vivarini in Venedig erhielt, arbeitete C. sein Leben lang unabhängig von der sich neu entwickelnden venezianischen Tradition (→ Antonello da Messina, → Piero della Francesca). Ab 1457 lebte er in Ancona, Ascoli und anderen Städten der Marken, wo sich noch heute von ihm geschaffene ◇Altarbilder (*Polyptychon,* 1473, Dom von Ascoli) befinden. Sein Stil weist auf unterschiedliche Einflüsse hin. In seiner Verwendung von Fruchtgirlanden und anderen klassischen Motiven folgte er den Malern von Padua (→ Mantegna), sein dekorativer Einsatz von Gold jedoch und die steifen Posen der Figuren entsprechen den Konventionen des Stils der ◇Internationalen Gotik. C. war ein äußerst origineller Künstler, der sehr unterschiedliche Elemente in einem fließenden, sehr dekorativen Zeichenstil kombinierte, wie er sonst vielleicht nur bei → Botticelli zu finden ist. In C.s kleinformatigen ◇Tafelbildern wie z. B. *Maria mit Kind,* aber ebenso in seinen größeren Arbeiten wie dem *Polyptychon Demidoff* (13 Tafeln, 1476), verbindet sich sein ausgeprägter Sinn für Ornamentik mit einer schlichten und reinen Frömmigkeit. Die berühmte *Verkündigung an Maria mit dem hl. Emidius* (1486) ist das herausragende Werk C.s, in dem sich sein Talent noch einmal auf dem Höhepunkt zeigt.

John Crome, *Der Wald von Marlingford*

Crome, John (genannt Old Crome) (1768–1821)
Englischer ◇Landschaftsmaler, der in ◇Öl- und ◇Aquarelltechnik arbeitete. In Norwich geboren, war er Gründer der ›Norwich Society of Artists‹ und neben → Cotman ein führender Vertreter der → Norwich School. Der Einfluß der holländischen Landschaftsmaler des 17. Jh.s (v.a. → Hobbema und → Ruisdael) auf sein Schaffen ist offensichtlich, ebenso sein genaues Studium der Werke → Gainsboroughs und R. → Wilsons. Seine reich kolorierten, sorgfältig komponierten und stimmungsvollen Arbeiten wie z. B. *Mondlicht über dem Yare* (um 1811–16) und *Die Mousehold-Heide bei Norwich* (um 1812, beide NGL) zeugen von der hervorragenden Vorstellungskraft C.s Seine genaue Beobachtung der Tonabstufungen ermöglichte ihm die atmosphärische Wiedergabe von Luft und natürlichem Licht. C. hat auch zahlreiche meisterhafte ◇Radierungen geschaffen. Sein Sohn John Burnay C. (1794–1842), ebenfalls Landschaftsmaler, lehnte sich eng an seinen Stil an (siehe Abb. S. 122).

Cross, Henri-Edmond (H.-E. Delacroix) (1856–1910)
Französischer Maler, neben → Seurat und → Signac Hauptvertreter des ◇Neoimpressionismus. Studierte in Lille Jura und gleichzeitig Malerei. 1881 übersiedelte er nach Paris und stellte im offiziellen ◇Salon aus. 1884 gehörte er zu den Gründungsmitgliedern des Salon des Indépendants und machte die Bekanntschaft der neoimpressionistischen Maler. Unter dem Einfluß Seurats hellte sich seine dunkle Palette auf. Die wissenschaftlich begründete Methode der Farbzerlegung (◇Pointillismus bzw. ◇Divisionismus) übernahm er jedoch im wesentlichen erst nach Seurats Tod (1891). Zu einem persönlicheren und freieren Ausdruck fand er nach seiner Übersiedlung nach Südfrankreich, wo er zusammen mit Signac den späten neoimpressionistischen Stil mit seinen breiten, ◇mosaikartigen Farbflekken entwickelte, der wesentlich zur Entstehung des ◇Fauvismus, aber auch des ◇Kubismus beigetragen hat.

Cruikshank, George (1792–1878)
Bedeutender englischer ◇Grafiker (◇Illustrator und ◇Karikaturist). Seine in der Nachfolge von → Hogarth stehenden Karikaturen aus dem politischen und sozialen Leben (u.a. im ›Punch‹) wirkten auch auf Künstler des Kontinents, wie → Daumier und → Doré. Am bekanntesten wurden seine Buchillustrationen, u.a. zu Dickens' ›Oliver Twist‹ (1837–39) und ›Grimms Märchen‹ (1847). Er hat auch Illustrationen für Chamissos ›Peter Schlemihl‹ geschaffen. Mit seiner grafischen Folge *The Bottle* (1847) und dem Bild *The Worship of Bacchus* (1862, NGL) wandte er sich gegen den Alkoholismus.

George Cruikshank, Illustration zu ›Oliver Twist‹ von Charles Dickens, 1838

Cruz-Díez, Carlos (* 1923)
Venezolanischer Maler, studierte in Caracas an der Schule der Schönen Künste (1940–45) und war zunächst als künstlerischer Leiter einer Werbefirma tätig. 1960 übersiedelte er nach Paris, wo er die Serie seiner ›Physichromies‹ begann. In seinen Bildern und ◇Reliefs, die einer ◇kinetischen ◇Op Art zuzuordnen sind, arbeitet C. mit den optischen Erscheinungsformen der Farbverschmelzung und -vermischung. Transparente Farbstreifen werden von ihm so geschichtet, daß an ihren Randzonen ◇Komplementärfarben entstehen.

Cucchi, Enzo (* 1950)
Italienischer Maler, ◇Zeichner und ◇Bildhauer, der zunächst in Florenz als Restaurator und Landvermesser arbeitete, bevor er sich 1979 künstlerischer Tätigkeit zuwandte. C. gehört zu den Hauptvertretern der ◇Transavanguardia. Seine von visionären Vorstellungen und ◇pasto-

ser Farbigkeit geprägten Gemälde, ◇Materialbilder und ◇Skulpturen sind vom mythologischen Themen beherrscht, in denen archaische Bauten und Feuermetamorphosen einen zentralen Stellenwert besitzen.

Cunningham, Imogen (1883–1976)
Amerikanische Fotografin, die sich zunächst der kommerziellen ◇Fotografie widmete, sich als Mitglied der Gruppe → f/64 aber auch einer künstlerischen Fotografie zunächst mit ◇romantisch-◇impressionistischer, später mit ◇neusachlicher Auffassung zuwandte.

Cunningham, Merce (* 1919)
Amerikanischer Choreograph, der sich in den 1960er Jahren an ◇Mixed-Media-Aktionen beteiligte. In *Variations V* (1965) – aufgeführt in der New Yorker Philharmonic Hall – mit Musik von → Cage, elektronischen Programmen von → Klüver sowie Film- und Fernsehprojektion von → Vanderbeek entwarf C. ein intermediales Tanzstück, das den beteiligten Tänzern eine eigenständige Improvisation des Klangraumes durch ihre Bewegungsabfolge ermöglichte.

Curry, John Stuart (1897–1946)
Nordamerikanischer Maler. Neben T. Hart → Benton und G. → Wood führender Vertreter des amerikanischen ◇Regionalismus. C. schuf Szenen vom ländlichen Leben in Kansas in einem narrativen Stil.

Cuvilliés, François de (1695–1768)
Belgisch-deutscher Architekt und ◇Stukkateur, der seit 1725 als kurfürstlicher Hofbaumeister in München tätig war. Die von ihm geschaffenen Innenausstattungen verbinden Elemente des volkstümlichen bayerischen ◇Barock mit der Klassizität des ◇Louis-quinze zu Meisterwerken des ◇Rokoko (Schloß Amalienburg im Nymphenburger Park, München).

Cuyp, Aelbert (1620–1691)
Holländischer Maler. C. verbrachte sein ganzes Leben in Dordrecht, wo er bei seinem Vater, einem ◇Porträtmaler, lernte. Ließ sich anfänglich von der Tonigkeit van → Goyens anregen, dann von den aus Italien zurückkehrenden holländischen ◇Landschaftsmalern (J. → Both), die unter dem Einfluß von → Claude Lorrain standen. Seine idyllischen, von goldenem Licht erfüllten Landschaften verbinden auf eigentümliche Weise die Darstellung der Wiesen und Felder seiner Heimat mit der von Rindern, Flüssen, Kanälen und fremdartigen Gebirgsketten. C.s Arbeiten fanden großen Anklang bei den englischen Landschaftsmalern des 19. Jh.s.

D

Dachauer Malerschule
Das nahe bei München gelegene Dachau war in den 1830er Jahren beliebter Siedlungsort einer Münchner Malergruppe, zu deren bekannteren Vertretern Ludwig → Dill, Adolf → Hoelzel und Arthur Langhammer gehörten. Wie die Maler von → Worpswede und Willingshausen oder wie in Berlin Walter → Leistikow war die D.M. einer stimmungsvollen, bäuerlichen ◇Landschaftsmalerei verbunden, die sich bewußt gegen die Betriebsamkeit des großstädtischen Lebens wehrte. Die D.M. stand unter dem Einfluß von → Leibl und → Thoma, während ihr Stil deutliche Anleihen des ornamentalen ◇Jugendstils aufweist.

Daddi, Bernardo (um 1290 – um 1349)
Italienischer Maler und führender Künstler der Florentiner Malergeneration nach → Giotto. Seine stark beschädigten ◇Fresken *Martyrium des hl. Laurentius* und *Verurteilung und Martyrium des hl. Stephanus* in der Cappella Pulci in S. Croce, Florenz, kommen dem Stil Giottos sehr nahe. Später stand D. unter großem Einfluß der → Sieneser Schule, insbesondere der Brüder → Lorenzetti, ebenso der französischen und italienischen ◇Plastik, was an einem seiner Hauptwerke, dem mehrteiligen *Marienaltar* (1340–45) aus S. Pancrazio in Florenz, deutlich sichtbar ist. An weiteren bekannten Arbeiten sind u. a. *Thronende Maria zwischen Engeln* aus Or San Michele, Florenz (1346–47), und das ◇Polyptychon *Kreuzigung und Heilige* (1348) zu nennen.

Bernardo Daddi, *Verurteilung und Martyrium des hl. Stephanus* (Ausschnitt), frühes 14. Jh.

Daguerre, Louis Jacques Mandé (1787–1851)
Französischer Maler und Fotograf, der in seiner Jugend als Theatermaler tätig war. 1822 erfand er das ◇Diorama, eine Schaubühne, bei der durch wechselnde Beleuchtung eine Veränderung des Kulissenbildes vorgetäuscht wird. 1837–39 entwickelte er das erste praktisch verwertbare, nach ihm ◇Daguerreotypie genannte ◇fotografische Verfahren.

Dahl, Johan Christian Clausen (1788–1857)
Norwegischer ◇Landschaftsmaler. Beeinflußt durch die alten niederländischen Meister, besonders → Everdingen, sowie durch die neuen Stiltendenzen in Rom. Er war ein enger Freund → Friedrichs und ließ sich 1818 in Dresden nieder. Die spontanen ◇Skizzen seiner Reisen (1820–21 Italien, 1826–50 wiederholt nach Norwegen) haben bisweilen – wie die → Constables – etwas ◇Impressionistisches. D. war von Bedeutung für die Entwicklung der norwegischen Kunst.

Dahl, Michael (1656/59–1749)
Schwedischer ◇Porträtmaler, seit 1689 in London ansässig und neben Sir G. → Kneller der erfolgreichste Porträtist seiner Zeit. Seine Arbeiten sind weniger heroisch, in Farbe und Ausdruck weicher als diejenigen Knellers. Die Qualität seiner Werke leidet jedoch unter den gekünstelten Haltungen der Figuren und dem Mangel an psychologischer Einfühlung.

Dahmen, Karl Fred (1917–1981)
Deutscher Maler und ◇Grafiker, Vertreter einer magisch-expressiven ◇Objektkunst, der Abfallgegenstände des Konsums in Bildmontagen zusammenfügt und diese in Glaskästen von der Außenwelt isoliert. Diese Kästen strömen die Atmosphäre von Verbrauch, Brutalität und Bedrohung aus. D. versteht sie als ◇Symbole einer sich versteckenden, aber stets gegenwärtigen Aggressivität.

Dahn, Walter (* 1954)
Deutscher Maler und Zeichner, der 1971–77

Walter Dahn, *Ohne Titel,* 1984

u. a. bei → Beuys an der Düsseldorfer Kunstakademie studierte. 1980 Zugehörigkeit zu der Kölner Künstlergemeinschaft → ›Mülheimer Freiheit‹ und bis 1984 sog. Gemeinschaftsbilder mit → Dokoupil. Angeregt durch sein Interesse an Pop-Musik, Entwürfe von Schallplattenhüllen. In den frühen 1980er Jahren wurde D. aufgrund einer expressiv-spontanen, zuweilen auch ◇comicartigen Figurenzeichnung den → Neuen Wilden zugerechnet. Das Frühwerk war – unter dem Einfluß Dokoupils – von anarchisch-ironischen Gesten, beliebigen Stilzitaten und von auf die heiter-groteske Bildpointe abzielenden Bildfindungen gekennzeichnet. In den späten 1980er Jahren stärkere konzeptuelle Planung der Bilder durch komplexe Malverfahren (Kombination von Malerei und Polaroidfotografie) sowie Konzentration auf überraschende und unerwartete Bildfindungen, die jedoch zuvor in der ◇Zeichnung sorgfältig vorbereitet werden. D. will Bilder in die Welt setzen, die in der von ihm geschaffenen Form noch nicht existiert haben.

Dai Jin (1388–1462)
Chinesischer Maler aus Qiantang (Prov. Zhejiang), einer der führenden Künstler unter dem Xuande-Kaiser der Ming (Regierungszeit 1425–35), der D. J. als Hofmaler nach Peking berief, wo dieser aber nicht lange blieb, sondern wieder nach Zhejiang zurückkehrte. D. J. gilt als Nachfolger von → Ma Yuan, doch hat sein Stil vielfältige Wurzeln, darunter auch Maler der Yuan-Zeit (1271–1368) wie → Wu Zhen. Seine Malweise, speziell seine Tuschlavierungen, übernahmen auch andere Maler aus Zhejiang, die gemeinsam unter der Bezeichnung → Zhe-Schule bekannt sind.

Dalem, Cornelis van (vor 1535–1573/76 ?)
Flämischer ◇Landschaftsmaler. Nur wenige seiner Werke sind erhalten, darunter die *Landschaft mit Gehöft* (1564), die recht naturalistisch ist und bereits auf Künstler der Jahrhundertwende hinweist. Die Figuren in seinen Kompositionen, meist Landschaften mit gewaltigen Felsen und überhängenden Bäumen, stammen von anderen Malern. Bartholomäus → Spranger war sein Schüler.

Dalí y Domenech, Salvador Felipe Jacinto (1904–1989)
Spanischer Maler, bedeutendster Vertreter eines ◇veristischen ◇Surrealismus. D. studierte an der Madrider Akademie und orientierte sich anfänglich an → Meissonier. Um 1924 geriet er unter den Einfluß von de → Chirico und der ◇Pittura metafisica sowie der Freudschen Psychoanalyse. 1928 ging D. nach Paris, um → Picasso kennenzulernen und schloß sich dort der surrealistischen Bewegung an, deren vehementester Vertreter er wurde. Er lieferte der surrealistischen ›Philosophie‹ einen wichtigen Beitrag durch das von ihm erfundene künstlerische Verfahren der »activité paranoique-critique«, das es ihm ermöglichte, seine außerordentlichen halluzinatorischen Fähigkeiten aufs Äußerste zu steigern und sich in einen tranceartigen, hysterischen, ›paranoischen‹ Zustand zu versetzen. Die aus dem Unbewußten auftauchenden, traumhaften, alogischen Bildvisionen und -assoziationen werden kritisch registriert und mit minuziöser, oft geradezu fotografischer Genauigkeit und anekdotischer Erzähllust festgehalten *(Die Beharrlichkeit der Erinnerung,* 1931; *Weiche Konstruktion...,* 1936), oft unter Einbeziehung von Bildthemen älterer Meister (wie → Raffael, → Vermeer, → Böcklin oder → Millet, v. a. dessen *Angelus*). Charakteristisch für D. sind ferner ◇manieristische Verfahren, wie ›Doppelbilder‹, in denen sich ein Mensch aus Gegenständen zusammensetzt, z. B. ein Gesicht aus

Landschaftselementen (*Der unsichtbare Mensch,* 1929–33; *Die Sixtinische Madonna,* 1958). Die ›paranoisch-kritische‹ Methode prägte alle Aktivitäten D.s – seine Malerei und ◇Grafik, seine Objekte (*Lippensofa von Mae West,* 1936–37; Schmuck, wie *Rubinlippen* oder *Das königliche Herz*) und Schriften, wie auch seine verschiedenen Selbstinszenierungen und ◇Aktionen, mit denen er amüsieren oder schockieren wollte. Zusammen mit Luis Buñuel schuf er zwei surrealistische ◇Filme (›Un chien andalou‹, 1929; ›L'age d'or‹, 1930).

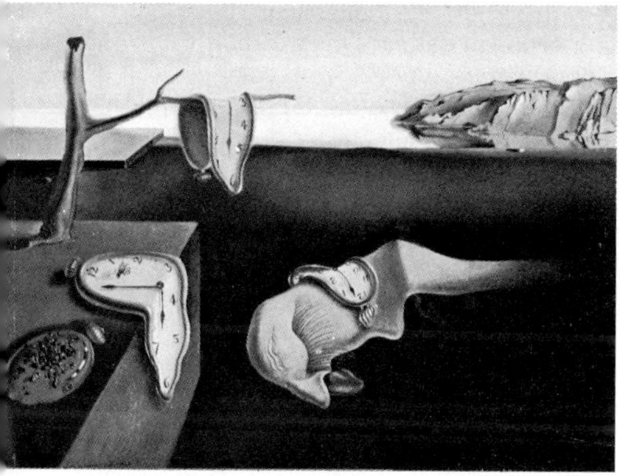

Salvador Dalí, *Die Beharrlichkeit der Erinnerung (Zerrinnende Zeit),* 1931

Dalmau, Lluis († um 1460)
Spanischer Maler, der am Hof Alfons' V. von Aragonien (um 1428) arbeitete und den Einfluß der flämischen Malerei in Spanien verbreiten half. 1431 wurde er im Auftrag des Königs nach Brügge gesandt. Diese Reise nach Flandern prägte seinen rein flämischen, stark von van → Eyck beeinflußten Malstil entscheidend. D.s einzig sicher bezeugte Arbeit ist die Haupttafel des *Ratsherrenaltars* (*Die Ratsherrenmadonna,* 1443–45), die sich heute in Barcelona befindet.

Dalou, Aimé-Jules (1838–1902)
Französischer ◇Bildhauer, Schüler von → Carpeaux, wegen seiner Teilnahme am Aufstand der Kommune 1871 floh er nach England, von wo er erst nach der Amnestie von 1879 zurückkehrte. Er war einer der Förderer des ◇Salons der Dissidenten von 1890, der von der Société des Beaux-Arts auf dem Champ-de-Mars eröffnet wurde. Er schuf lebendige ◇Reliefs und ◇Porträtbüsten sowie eigenwillige Denkmalskompositionen; sein Hauptwerk ist die eindrucksvolle Monumentalgruppe *Triumph der Republik* (1879–99) auf der Place de la Nation in Paris.

Danby, Francis (1793–1861)
Irischer Maler, der in England und in der Schweiz arbeitete. Sein frühestes Werk, kleinformatige ◇Landschaften wie *Blaise Castle Woods* (um 1822), zeichnet sich durch anmutige Wahrhaftigkeit aus. Beeinflußt von → Turner, schuf D. jedoch auch ◇romantische, atmosphärische Bilder von Sonnenuntergängen, darunter einige ◇Seestücke. Eine Zeitlang stellte er auch apokalyptische Sujets dar, z. B. *Die Eröffnung des sechsten Siegels* (1828).

Dan(c)kerts (Dankers), Hendrik (1630?–1680?)
Holländischer ◇Landschaftsmaler und Schöpfer von Porträtstichen. 1653 besuchte er Italien, von 1668 bis 1679 lebte er in England. Er malte Ansichten berühmter Orte für Karl II. von England und einige großformatige ◇klassische Landschaften im Stil → Claude Lorrains.

Daniëls, René (* 1950)
Niederländischer Maler, der sich in seinen Arbeiten hintergründig humorvoll mit der Kunst, dem Kunstbetrieb und dem Ausstellungswesen auseinandersetzt. Mitte der 1980er Jahre beginnt er mit einer Bildserie, die perspektivisch Innenräume mit Bildern zeigt. Jedes Bild hat einen anderen Titel sowie ein anderes Stilkonzept und ist auf einen Fluchtpunkt hin konstruiert (*Palladium,* 1986). Die humorvolle Brechung des tierischen Ernstes, mit dem sich der Kunstbetrieb gewöhnlich präsentiert, erzielt D. durch die irritierende Doppelbödigkeit seiner Verknüpfung von Bild und Bildtitel.

Dannecker, Johann Heinrich von (1758–1841)
Württembergischer Hofbildhauer, der durch ◇Porträtbüsten seines Freundes Friedrich Schiller (1793–94) bekannt wurde. Nach Aufenthalten in Paris (1783–85, Studium bei → Pajou) und Rom (1785, Kontakte zu → Canova) entwickelte sich D. als Direktor der Karlsakademie zum berühmtesten ◇Bildhauer des deutschen ◇Klassizismus. Sein Hauptwerk ist die Marmorgruppe *Ariadne auf dem Panther* (1806–10, zerstört), in der eine ◇realistische Persönlichkeitswiedergabe mit antikisierend-idealistischen Tendenzen verbunden ist.

Danti, Vincenzo (1530–1576)
Italienischer ◇Bildhauer, Architekt, Dichter und Kunsttheoretiker, Verfasser eines Traktats über die Proportionslehre (1567). Zu seinen Werken gehört die Bronzestatue von *Papst Julius III.* vor dem Dom San Lorenzo von Perugia, die D. 1555 schuf. Nach Vollendung des Gusses dieser Statue trat der Künstler in den Dienst von Cosimo de'Medici in Florenz. Hier schuf er für das Baptisterium San Giovanni die Bronzegruppe *Enthauptung Johannes' des Täufers* (1570–71), die den Einfluß → Michelangelos und A. → Sansovinos verrät, dessen Marmorgruppe *Taufe Christi* (1502–05) er vollendete.

Darboven, Hanne (* 1941)
Deutsche Künstlerin, studierte an der Hochschule für bildende Künste in Hamburg, ging 1966 nach New York, wo sie enge Kontakte zu → LeWitt hatte, und lebt seit 1969 in Hamburg. Beeinflußt von der ◇Minimal Art – v. a. von LeWitt – entstanden konstruktionsartige ◇Zeichnungen auf Millimeterpapier sowie geometrische und ausgeschriebene Mengendarstellungen von Zeiträumen aufgrund der Quersumme der Tage nach selbstgewählten ›Indices‹. Ab 1968 reduzierte D. ihre künstlerische Tätigkeit auf die einfachste Form der Mathematik, die Addition von Zahlen (meist Kalenderdaten, strukturiert nach den drei Möglichkeiten Monat, Jahr und Jahrhundert) zu Summen und Quersummen, deren An- und Abschwellen oft auch grafisch in Form von Kästchen oder U-Bögen dargestellt wird. 1969 entstehen ›Sechs Bücher über 1968‹, die sechs verschiedene Methoden des Aufzeichnens resümieren. Ab 1971 konzipiert D. zusätzlich Arbeiten über Literatur (Homers ›Odyssee‹, 1971; Heinrich Heines ›Atta Troll‹, 1975) und über Geschichte (*Schreibzeit,* 1982) als sog. »Wiederaufschreibung« nach eigenen ›Indices‹. In den 1980er Jahren wird das Spektrum der Indices durch bildliche Materialien erweitert.

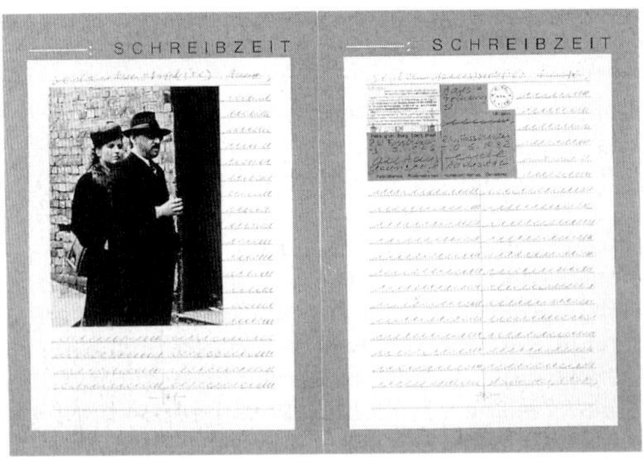

Hanne Darboven, *Für Rainer Werner Fassbinder,* 1982–83

Daret, Jacques (um 1404 – nach 1468)
Altniederländischer Maler, der in Tournai bei → Campin in die Lehre ging (1427). Sein Mitschüler war vermutlich Rogier van der → Weyden. Ein signiertes Altarwerk, das er 1434/35 für das Kloster St. Vaast in Arras schuf (erhalten sind vier Tafeln, die die Außenflügel des Schnitzaltars bildeten, darunter eine *Geburt Christi* und eine *Anbetung der Könige*), zeigt deutlich den Einfluß des → Meisters von Flémalle und liefert ein wichtiges Argument für dessen Identifizierung mit Campin. D. plazierte seine etwas steif gemalten, überlebensgroßen Figuren in eine reizvolle Miniaturlandschaft, wobei er jedoch um einen möglichst ◇realistischen Stil bemüht erscheint.

Darmstädter Künstlerkolonie
Künstlergruppe auf der Darmstädter Mathildenhöhe, die 1899 durch J. M. → Olbrich und den hessischen Großherzog Ernst Ludwig begründet wurde und der → Behrens, Bosselt, Christiansen, Habich, Huber und Bürck angehörten. 1901 fand die erste Ausstellung ›Ein Dokument deutscher Kunst‹ statt, die auf eine programmatische »Lebenserneuerung« abzielte und aus komplett eingerichteten Wohnhäusern bestand. Die Bauten waren stark vom Wiener ◇Sezessionsstil (◇Jugendstil) beeinflußt. 1904 fand die zweite Ausstellung wiederum mit Wohnbauten, 1907 bis 1908 die Erweiterung der Siedlung durch das Ausstellungsgebäude für freie Kunst mit dem Hochzeitsturm statt. Nach dem Tode Olbrichs 1908 verlor die D. K. ihre übergreifende architektonische stilbildende Bedeutung.

Daubigny, Charles-François (1817–1878)
Französischer Maler und ◇Radierer, lernte bei seinem Vater, einem Künstler, war anfänglich als ◇Restaurator und ◇Grafiker tätig und veröffentlichte zahlreiche Radierungen (1850–51). Er war kurze Zeit Schüler von → Delaroche, gab jedoch nach seiner Begegnung mit den Malern von → Barbizon die akademische Malweise auf und wandte sich der ◇Pleinairmalerei zu; 1856 ließ er sich ein Atelierboot bauen, mit dem er die

französischen Flüsse befuhr, eine Idee, die → Monet nachahmte. 1860 ließ sich D. in Auvers nieder, das später zu einer Künstlerkolonie wurde; 1870–71 war er mit Monet in London. Seine späten Bilder spiegeln den Einfluß der ◇Impressionisten wider, während er selbst – ebenso wie → Boudin – beträchtlichen Einfluß auf den Frühimpressionismus hatte.

Daucher, Adolf (1460/65–1523/24)
Deutscher ◇Bildhauer, der seit 1491 in Ulm ansässig war. Sein einziges belegtes Werk ist der Sippen-Altar für die Annenkirche in Annaberg (1522), der neben spätgotischen viele ◇Renaissance-Formen aufweist und im Auftrag des sächsischen Kurfürsten geschaffen wurde.

Honoré Daumier, *Der Verteidiger (Le Défenseur)* (Ausschnitt)

Daumier, Honoré (1808–1879)
Französischer Maler, ◇Bildhauer und ◇Lithograph, kam 1816 nach Paris, wo er sich hauptsächlich autodidaktisch als Zeichner nach den Antiken des Louvre bildete. Als Mitarbeiter des Wochenblattes ›La Caricature‹ wurde er wegen seiner satirischen Angriffe auf die Monarchie 1832 zu sechs Monaten Haft verurteilt. In der Folgezeit wandte er sich mehr sozialen Problemen zu und prangerte mit beißendem Spott die damaligen Mißstände an. Nachdem 1835 ›La Caricature‹ verboten wurde, arbeitete er für ›Le Charivari‹. Nach der Revolution von 1848 setzte er sein politisch-satirisches Werk fort. Mit knapper, gleichnishafter Gestaltung erfaßt er im Individuellen das Typische und verleiht seinen aktuellen Lithographien (über 4000, u. a. *Le Ventre législatif* und *Rue Transnonain le 15 avril 1834)* durch ihren tiefen Wahrheitsgehalt eine innere Monumentalität, die Balzac an → Michelangelo erinnerte und die sie zu den gültigsten Zeugnissen der Epoche macht. D. erhob erstmals die ◇Karikatur zur Kunst. Auch in seinen Bildern (1862–65), ◇Aquarellen, ◇Zeichnungen und ◇Skulpturen setzte er sich mit der Korruptheit der Justiz, dem Alltag der Menschen, aber auch mit literarischen und biblischen Themen auseinander (*Christus und seine Jünger,* 1850). Seine späteren Arbeiten, wie die Folgen von *Don Quijote und Sancho Pansa,* waren freier in der Malweise und weniger skulpturhaft in ihrer Wirkung. D. erblindete gegen Ende seines Lebens zunehmend und wurde finanziell von → Corot unterstützt.

David, Gerard (um 1460–1523)
Altniederländischer Maler, der → Memlings Nachfolge als Haupt der Brügger Schule antrat. In Oudewater (bei Gouda) geboren, wirkte er ab 1483/84 in Brügge, wo er 1484 als selbständiger Meister in das Gildenregister eingetragen wurde. D.s Stil wurde beeinflußt von früheren flämi-

Gerard David, *Taufe Christi* (Ausschnitt aus dem Mittelbild des *Taufe-Christi-Triptychons*), 1502–07

schen Meistern wie van → Eyck und van der → Goes, seine Arbeiten zeigen aber auch enge Verwandtschaft mit der Malerei des → Geertgen tot Sint Jans und den ◇Miniaturisten von Brügge. Obwohl der flämischen Tradition stark verpflichtet, ließ D. sich auch von italienischen Künstlern wie → Mantegna, → Pintoricchio und → Piero della Francesca anregen, was z. B. deutlich wird in der massigen Würde seiner Figurengruppen. Von der Stadt Brügge erhielt er eine Reihe von Aufträgen, u. a. zwei Bilder, die den Beamten als Warnung vor der strengen Bestrafung von Korruption und Ungerechtigkeit dienen sollten: *Kambyses überführt den bestechlichen Richter Sisames* (1498) und *Hinrichtung des Sisames* (1498–99). Weitere bedeutende Arbeiten D.s sind das *Taufe-Christi-Triptychon* (1502–07), die *Hochzeit zu Kana* (um 1500, Louvre) und *Maria mit Kind und Heiligen* (1509, Musée des Beaux-Arts, Rouen), die zu den berühmtesten ◇Sacra-conversazione-Bildern der nördlichen europäischen Malerei zählt. Die besonders fein beobachtete Landschaftskulisse seiner Arbeiten läßt sich aus D.s holländischer Herkunft erklären.

David, Jacques-Louis (1748–1825)
Französischer Maler, Hauptmeister des ◇Klassizismus, der für das wiedererwachende Interesse gegen Ende des 18. Jh.s an der ◇klassischen Antike einen radikal neuen, monumentalen Stilausdruck fand. Schüler von → Vien, dokumentiert sein Frühwerk einen nur allmählichen Wandel von einem ◇rokokohaften Stil zu einer strengen, einfachen, kraftvollen Sprache, wie in seinem in Rom entstandenen Bild *Der Schwur der Horatier* (1875, Louvre), in dem nach Form und Inhalt der Klassizismus in der Malerei sich zum erstenmal ganz rein durchgesetzt hat. D. war aktiver Anhänger der Französischen Revolution (Jakobiner), leitete ab 1792 als Mitglied des Nationalkonvents die großen revolutionären Zeremonien und organisierte die staatliche Kunstpflege. In seinen Darstellungen der historischen Ereignisse seiner Zeit, in die er persönlich tief verstrickt war, entwickelte er eine neue malerische Brillanz, wobei er jedoch die formale Klarheit seiner klassizistischen Kompositionen bewahrte. Dieser Darstellungsstil gipfelt in seinem Bild *Der ermordete Marat* (1793, Musée Royaux des Beaux Arts, Brüssel), in dem ◇Historienbild, ◇realistisches ◇Porträt und Heldenmonument eine ganz einzigartige Verbindung eingehen.

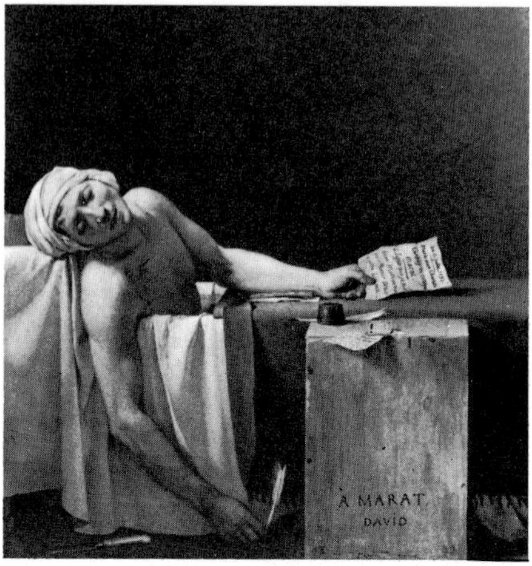

Jacques-Louis David, *Der ermordete Marat,* 1793

Nach dem Sturz Robespierres wurde er zweimal inhaftiert und entging knapp dem Tode, genoß aber seit 1796, begünstigt von Napoleon (der ihn 1804 zum Hofmaler ernannte), wieder höchste Anerkennung. Er verherrlichte nun dessen Aufstieg (*Die Salbung Napoleons I. und die Krönung der Kaiserin Joséphine,* 1805–07, Louvre) und arbeitete an umfangreichen Bildern nach antiken Sujets (*Der Raub der Sabinerinnen,* 1799, ebda.) sowie an klaren, lebendigen Porträts (*Madame Sériziat,* Louvre). Nach der Rückkehr der Bourbonen ging D. 1816 nach Brüssel ins Exil, wo er amouröse Szenen aus der Mythologie und Porträts malte, die sich durch eine neue realistische Note auszeichneten. D.s kunsthistorische Bedeutung beruht nicht nur auf seinen stilistischen (allerdings weniger kompositionellen) Neuerungen, sondern v. a. auch auf seiner Rolle als Lehrer vieler berühmter Künstler seiner Zeit, besonders von → Gérard, → Girodet, → Gros und → Ingres (siehe auch Ft. 19).

Davie, Alan (* 1920)
Schottischer Maler, Schmuckdesigner und Jazzmusiker. Studierte am Edinburgh Art College (1939–40), ließ sich 1949 in London nieder. D. war der erste ◇abstrakt arbeitende britische Maler, der nach dem Zweiten Weltkrieg zu internationalem Ruhm gelangte. In seinen nach 1945 entstandenen farbig-kraftvollen Gemälden entwickelte D. eine ◇emblematische ◇Symbolsprache, die 1948 den entscheidenden Impuls durch

die frühen totemistischen Bilder → Pollocks erhielt.

Davies, Arthur Bowen (1862–1928)
Amerikanischer Maler. Seine frühen Bilder zeigen romantisierende, idyllische Phantasielandschaften mit märchenhaften Wesen, z. B. *Einhörner* (1906). Als Mitglied der Gruppe The → Eight, war er einer der Hauptorganisatoren und Aussteller der ◇Armory Show. Nach dieser Ausstellung arbeitete D. eine Zeitlang in einem ◇kubistischen Stil, über den er zur ◇Abstraktion gelangte.

Davis, Douglas (*1933)
Amerikanischer Kunstkritiker, ◇Videokünstler und Performer, der an der American University in Washington und an der Rutgers State University in New Brunswick studierte. In den ausgehenden 1960er Jahren arbeitete er mit → Paik zusammen an der Entwicklung eines Video-Synthesizers. Die ersten ◇Performances fanden 1967 statt, ab 1970 benutzte D. das Medium Fernsehen direkt als Botschafts- und Kontaktinstrument. Neben seiner künstlerischen Arbeit publizierte D. mehrere Bücher zum Themenkomplex Kunst (Theorie und Praxis) im Verhältnis zur modernen Technologie.

Davis, Stuart (1894–1964)
Amerikanischer Maler, studierte bei → Henri in New York, arbeitete als ◇Karikaturzeichner und stellte 1913 auf der ◇Armory Show aus. 1928–30 war er in Paris, unterrichtete dann an der ◇Art Students' League (1931–32) und malte für → WPA. Er verarbeitete die Einflüsse von ◇Fauvismus, ◇Kubismus, ◇Futurismus und der Malerei → Légers, die er zum Teil erstmals auf der Armory Show kennengelernt hatte, zusammen mit Elementen der Jazzmusik (Kontrapunkt, Synkope, freie Improvisation) zu einem typischen Bild Amerikas. Seine farbig leuchtenden, reklamehaft flächigen Bilder (seit den späten 1930er Jahren) zeigen in abstrahierter, signethafter Form alltägliche Gegenstände, Zeichen, Ziffern und Worte, die sich zu einem dynamischen, rhythmischen Bildmuster verzahnen.

Davringhausen, Heinrich Maria (1894–1970)
Deutscher Maler, der zunächst die Aachener Kunstgewerbeschule besuchte und 1913–14 an der Düsseldorfer Kunstakademie studierte. Gehörte ab 1914 zu den ›Rheinischen Expressionisten‹ und stellte nach dem Ersten Weltkrieg mit der Düsseldorfer Künstlergruppe des → Jungen Rheinlands aus. Mit seinen frühen Porträtstudien intendierte D. unter dem Einfluß von → Dix und → Grosz eine sozialkritische Anklage, im Verlauf der 1920er Jahre wandte er sich dem ◇Magischen Realismus zu. 1933 mußte D. nach Mallorca emigrieren.

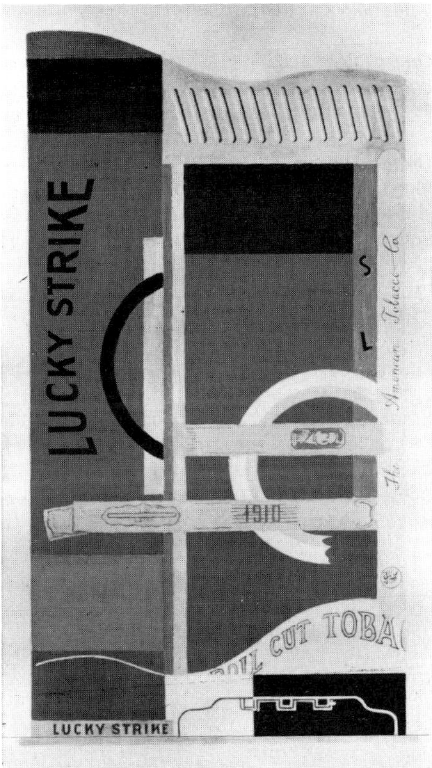

Stuart Davis, *Lucky Strike,* 1921

Debucourt, Philibert-Louis (1755–1832)
Französischer Maler und ◇Kupferstecher. In seinen ◇Sittenbildern, die von seiner scharfen Beobachtungsgabe zeugen, schildert er auf leicht ironische Weise das zeitgenössische Leben der Pariser Aristokratie und Großbourgeoisie. Er war einer der Hauptvertreter des ◇Farbkupferdrucks mit mehreren Platten.

Decamps, Alexandre Gabriel (1803–1860)
Französischer Maler, ◇Lithograph, ◇Karikaturist

und ◇Buchillustrator. Als einer der ersten entdeckte D. den Orient als Sujet für die Malerei. Auf seiner Reise nach Kleinasien (Türkei) 1827–29, die er noch vor →Delacroix' Marokkobesuchen unternahm, sammelte er Motive für seine beliebten exotischen ◇Landschaften und ◇Genrebilder. Erfolglos war er jedoch als Maler von ◇Historienbildern, auf die sich D.s künstlerische Bemühungen in den 1830er und 1840er Jahren konzentrierten.

De Dominicis, Gino (* 1947)
Italienischer Künstler aus dem Umkreis der ◇Arte povera und ◇Konzeptuellen Kunst.

Defregger, Franz von (1835–1921)
Österreichischer Maler, Schüler von → Piloty, wurde durch seine Darstellungen aus der Geschichte des Tiroler Befreiungskampfes gegen Napoleon bekannt. Sein Stil ist von einer pathetisch-anekdotenhaften ◇Historienmalerei bestimmt.

Degas, Edgar (Hilaire Germain Edgar de Gas) (1834–1917)
Französischer Maler, Zeichner, ◇Bildhauer, ◇Grafiker, Sohn eines reichen Bankiers und einer kreolischen Mutter. Er erhielt eine typisch bürgerliche Erziehung, studierte anfänglich Jura, schrieb sich jedoch 1855 an der Ecole des Beaux Arts in Paris ein und ging in das Atelier von Lamothe. Nach einem Italienaufenthalt (1856–59) kehrte er nach Paris zurück, wo er zunächst ◇Porträts und ◇Historienbilder in einem streng ◇klassischen Stil malte (*Junge Spartanerinnen fordern Knaben zum Kampf heraus,* 1860). In den späten 1860er Jahren wandte er sich unter dem Einfluß seines Freundes → Manet der Darstellung des Gegenwartslebens und des Großstadtmilieus zu (*Absinth,* um 1876, Musée d'Orsay, Paris). Seine Hauptthemen wurden Ballett- und Theaterszenen (*Die Tanzstunde,* 1871/74, ebda.), Pferderennen, Frauen beim Baden, Ankleiden und anderen Tätigkeiten (*Bügelnde Frauen,* 1884–86). Diese Bilder begründeten D.' Ruhm. Obwohl er stilistisch andere Ziele verfolgte als die ◇Impressionisten, fühlte er sich dieser Kunstrichtung von ihren Anfängen an verbunden im Protest gegen die ◇akademischen Konventionen. So beteiligte er sich seit 1874 an den Ausstellungen der impressionistischen Maler (bis 1886). D.' Verdienst ist es, die neuen Lebensumstände des Menschen im Industriezeitalter für die Kunst entdeckt zu haben – die städtische Kulisse, das Leben in den Vergnügungslokalen (*Im Konzert-Café ›Les Ambassadeurs‹,* 1876–77; siehe Ft. 21), und am Arbeitsplatz. In seinen Bildern setzte er sich mit den Problemen des Lichts, der Farbe und der Form auseinander. In seinen ungewöhnlichen Blickpunkten, der asymmetrischen ◇Komposition, der alle akademische Überlieferung bewußt verleugnenden Zufälligkeit des Bildausschnitts (scharfes Abschneiden von Randfiguren) und der Betonung der ◇Konturen spiegelt sich der Einfluß der ◇Fotografie und der japanischen ◇Drucke wider. D.' ◇Zeichnungen und v. a. die ◇Pastelle waren von großem Einfluß auf → Toulouse-Lautrec. Seine im Alter zunehmende Sehschwäche führte ihn dabei zu einem freieren, großzügigeren Ausdruck, der sich auch in seinen späten plastischen Bewegungsstudien äußerte (Wachsstatuetten, die später in Bronze gegossen wurden).

Edgar Degas, *Bügelnde Frauen,* 1884–86

Dehne, Christoph (1580/85 – nach 1626)
Deutscher ◇Bildhauer der Spätrenaissance, Vorbereiter des ◇Barockstils im nördlichen Mitteldeutschland. In seinen Arbeiten (Epitaphe, Taufsteine, ◇Kanzeln, davon einige für den Magdeburger Dom) dominieren die mit reichem plastischen Leben erfüllte Figur und das ◇Ornament im ◇Knorpel- und ◇Ohrmuschelstil.

Alexander A. Deineka, *Die Verteidigung von Petrograd,* 1928

Deineka, Alexander Alexandrowitsch (1899–1969)
Sowjetischer Maler, ◇Grafiker und ◇Plastiker. Er studierte an der Charkower Kunstschule, von 1920 bis 1925 am Moskauer Wchutemas-Institut und war ab 1928 in Moskau als Lehrer tätig. Während des Zweiten Weltkriegs kämpfte D. in der Roten Armee und wurde zum leidenschaftlichen Vertreter einer parteilichen Kunst. Sein Frühwerk mit monumentalem Charakter kann mit Eisensteins Filmen verglichen werden bezüglich der Verwendung von ◇Fotomontage-Techniken. 1928 vollendete er sein Gemälde *Die Verteidigung von Petrograd,* das auf motivische Anregungen → Hodlers zurückging und als eines der ersten bedeutenden Werke des ◇Sozialistischen Realismus in der UdSSR gilt.

Dekkers, Ad(riaan) (1938–1974)
Niederländischer Maler, Mitglied der Gruppe → Nul. D. setzte sich in seinen ◇abstrakt-◇konstruktivistischen Bildern und ◇Reliefs mit → Mondrian auseinander. Nach einer Phase systematischer Erkundung verschobener Dreiecke experimentierte er mit Begrenzungen auf einer weißen Grundfläche (grafische Linien als optische Illusion oder reale Schichtungen weißer Flächen in Reliefstrukturen).

Dekkers, Ger (* 1929)
Niederländischer ◇Grafiker, studierte 1950–54 an der Kunstakademie in Enschede. Seit 1972 stellt D. Fotosequenzen von holländischen Landschaften zusammen, wobei sich von Bild zu Bild der Vordergrund verändert, der Horizont aber gleich bleibt (erzielt durch Veränderung der Standortintervalle in gleichen Abständen). Ein konstruktives Element zeigt sich in der allen Fotos eigenen Horizontlinie als waagerechte Mittelachse der quadratischen Bilder.

De Kooning, Willem siehe → **Kooning,** Willem de

Delacroix, Eugène Ferdinand Victor (1798–1863)
Französischer Maler und ◇Grafiker, bedeutendster Vertreter der ◇Romantik in Frankreich, Freund von Chopin und George Sand, bezog seine malerischen Inspirationen vornehmlich aus der Literatur (Dante, Shakespeare, Scott, Byron, Goethe – ◇Lithographien zum ›Faust‹, 1827) oder der Geschichte des Mittelalters und der ◇Renaissance. Er studierte bei → Guérin an der Pariser Akademie, war jedoch ein Bewunderer von → Géricault und von → Rubens, dessen

Eugène Delacroix, *Die Frauen von Algier in ihrem Gemach* (Ausschnitt), 1834

starker Einfluß sich in D.' berühmtem, 1822 im ◇Salon ausgestellten Gemälde *Dante und Vergil in der Hölle* (Louvre) spiegelt. Sein Bild *Das Massaker von Chios* (1824, ebda.), das durch den Aufstand der Griechen gegen die Türken angeregt wurde, begegnete gegensätzlichen Reaktionen, ebenso wie seine Vorliebe für das Exotische, seine leuchtenden Farben, die freie Ausdrucksweise und die konsequente Abkehr von der ◇klassischen französischen Tradition. Er war bereits ein Verehrer → Constables, als er 1825 England einen Besuch abstattete. 1832 unternahm er eine Reise nach Nordafrika, die ihn für den Rest seines Lebens zu Bildstoffen des sog. orientalischen Genres führte *(Die Frauen von Algier in ihrem Gemach,* 1834, Louvre). Sein Stil hatte sich bei seiner Rückkehr so weit durchgesetzt, daß er zahlreiche öffentliche Aufträge erhielt, wie etwa die ◇Fresken für die Bibliotheken im Palais Bourbon und Palais Luxembourg oder die ◇Deckenbemalung im Salon d'Apollon im Louvre. Einen Höhepunkt seines Schaffens bilden seine kleineren, außerordentlich lebendigen und farbig reichen Darstellungen mit Tiermotiven (*Tigerjagd,* 1854, Musée d'Orsay, Paris). D.' Tagebücher (1823–54) sind ein großartiges Zeugnis vom Leben und Schaffen dieses Künstlers (siehe auch Ft. 20).

Delaroche, Paul (Hippolyte D.) (1797–1856)
Bedeutender französischer ◇Historien- und ◇Porträtmaler der ◇Romantik, Schüler von → Gros. Er debütierte im ◇Salon von 1822 mit seinem u. a. von → Géricault bewunderten Bild *Christus steigt vom Kreuz herab.* → Delacroix dagegen mißbilligte D.s ◇akademischen Romantizismus. D.s Arbeiten, wie das im extremen Naturalismus gemalte *Die Prinzen im Tower* (1831), erlangten große Popularität. Die Motive seiner Bilder sind u. a. der Literatur entnommen (Sir Walter Scott, Shakespeare). Sein Hauptwerk ist das halbkreisförmige ◇Fresko *Apotheose der bildenden Künste* in der Ecole des Beaux Arts (1837–39).

Delaunay, Robert (1885–1941)
Französischer Maler, Hauptvertreter des ◇Orphismus, gelernter Theaterdekorateur (1902–03), seit 1910 Gatte der Malerin Sonia → Delaunay-Terk. D. stellte mit den ◇Kubisten (1911) und dem ◇Blauen Reiter (1912) aus. Anfänglich stand er unter dem Einfluß → Cézannes, dann des ◇analytischen Kubismus. Die farbige Zerle-

Robert Delaunay, *Champs de Mars. Der rote Turm,* 1911

gung des Lichtes, die er in seiner Serie der *Eiffeltürme* vornahm (1910–11), beeinflußte → Boccioni. Die 1912 einsetzende Reihe der *Fensterbilder* markierte den Beginn einer auf Farbe und Licht basierenden Stilperiode, die → Apollinaire als ›orphistisch‹ bezeichnete. D.s Auseinandersetzung mit Chevreuls Theorie vom Simultankontrast der Farbe führte ihn bald zur völligen, auf den dynamischen Eigenschaften der reinen prismatischen Farbe beruhenden Abstraktion. Seine *Disques simultanées* und *Formes circulaires* (1913) gelten als die ersten rein ◇abstrakten Bilder eines französischen Künstlers. D. wandte sich vorübergehend wieder (bis 1930) der Gegenständlichkeit zu. Sein Einfluß auf die Maler des Blauen Reiters (→ Macke, → Klee) war bedeutend.

Delaunay-Terk, Sonia (1885–1979)
Russisch-französische Malerin, studierte in St. Petersburg, Karlsruhe und Paris, wo sie sich niederließ und erst mit Wilhelm Uhde (1909), dann mit R. → Delaunay (ab 1910) verheiratet war. Beeinflußt von van → Gogh, → Gauguin und den Theorien Chevreuls, war sie wie Delaunay von der Farbe besessen. D.s Idee des Simultanéisme entwickelte sie in ihren eigenen Bildern weiter (*Prismes électriques,* 1914) und brachte sie auch in ihren Theaterdekorationen und Kostümen (u. a. 1968 für Strawinskys Ballett

›Danses Concertantes‹) sowie in Stoffentwürfen (etwa für Poiret) und anderen kunsthandwerklichen Arbeiten zur Anwendung.

Delvaux, Paul (* 1897)
Belgischer Maler. Neben → Magritte die bekannteste Persönlichkeit unter den belgischen ◇Surrealisten. D. studierte zunächst Architektur, dann Malerei an der Brüsseler Académie Royale des Beaux-Arts (1920–24). Sein Frühwerk stand unter dem Einfluß der belgischen ◇Expressionisten Permeke und de Smet. In den 1930er Jahren gewannen die ◇Pittura metafisica de → Chiricos und der ◇Surrealismus Einfluß auf ihn, er selbst gehörte der surrealistischen Bewegung zwar nie an, nahm aber an ihren internationalen Ausstellungen (1938, 1940) teil. In Gemälden wie *Schlafende Venus* (1944), *Hände* (1941) und *Die Prozession (Le cortège)* (1963) plaziert er weibliche ◇Akte – meist teilnahmslose, statuenhafte Frauengestalten – neben bekleideten Figuren, die sich in eigenartig unstimmigen architektonischen Szenerien traumwandlerisch bewegen. D.' Bilder sind erfüllt von der mysteriösen, beunruhigenden Beziehungslosigkeit eines Traums und strahlen zugleich eine kontemplative, von Erotik erfüllte Atmosphäre aus.

Paul Delvaux, *Hände,* 1941

Demachy, Robert (1859–1938)
Französischer Amateurmaler und -fotograf, der durch Ausnutzung von Edeldrucken, deren Technik er verbesserte, bekannt wurde. In seinem ◇fotografischen Werk vertrat er einen malerisch-◇impressionistischen Stil, den er unter dem Einfluß von → Degas und → Toulouse-Lautrec hauptsächlich in der ◇Porträt- und Aktfotografie verwendete. D.s Fotografien im Edeldruckverfahren sind häufig manuell überarbeitet.

Charles Demuth, *Lancaster,* 1921

Demuth, Charles (1883–1935)
Amerikanischer Maler, studierte an der Pennsylvania Academy (u. a. bei → Henri) und hielt sich 1907 sowie 1912–14 in Paris auf. Neben → Sheeler einer der bedeutendsten Vertreter des ◇Präzisionismus. Seine bevorzugten Sujets waren die Architektur der amerikanischen Kolonialzeit und Industrielandschaften, die sich durch außergewöhnliche Klarheit und Zartheit in Linie und Farbe auszeichnen, was an die präzisen Maschinenbilder → Légers denken läßt. D.s frühe Gemälde, darunter viele ◇Aquarelle, umfassen Kabarettszenen und ◇Blumenstücke. Er betätigte sich auch als ◇Illustrator und gilt als Erfinder eines neuen Bildtyps, des sog. ›poster portrait‹ (Plakatporträt).

Denis, Maurice (1870–1943)
Französischer Maler, studierte an der Académie Julian. Er befreundete sich mit → Sérusier, der ihn mit dem ◇Synthetismus der Maler aus dem Umkreis → Gauguins in → Pont-Aven vertraut

Maurice Denis, *Hommage à Cézanne,* 1900

machte. Mit Sérusier u. a. gründete er 1888 die Gruppe der ◇Nabis, deren wichtigster Theoretiker D. wurde. Im Geiste jener Vereinigung entstanden Bilder mit einfachen Formen, sanftgeschwungenen Linien und blaßfarbenen Flächen, v. a. auch ◇Wandmalereien sowie ◇kunstgewerbliche Arbeiten, ◇Grafiken und ◇Buchillustrationen. D. bemühte sich auch um eine Wiederbelebung der religiösen Kunst und eröffnete 1919 in Paris mit Georges Desvallières die ›Ateliers d'Art Sacré‹ (›Werkstätten für kirchliche Kunst‹). Durch seine Schriften wurde er zum Führer des französischen ◇Symbolismus in der Malerei, war aber gleichzeitig ein bedeutender Schrittmacher für die ◇abstrakte Kunst. Von ihm stammt die berühmte These: »Ein Bild – bevor es ein Schlachtroß, eine nackte Frau oder irgendeine Anekdote ist – ist im wesentlichen eine flache, von Farben in einer bestimmten Anordnung bedeckte Oberfläche.« (Einleitung zu seiner ›Definition des Neotraditionalismus‹, 1890).

Denny, Robin (* 1930)
Englischer Maler, studierte in Paris (1950) sowie in London an der St. Martin's School of Art (1951–54) und dem Royal College of Art (1954–57). Unter dem Einfluß des ◇Abstrakten Expressionismus und der ◇Farbfeldmaler (um 1959), insbesondere von → Rothko, gelangte er zu einer ◇Hard-edge-Malerei von farbig subtilen geometrischen Formen und großformatigen Leinwänden.

Derain, André (1880–1954)
Französischer Maler, studierte an den Akademien Carrière und Julian in Paris. Wichtig wurde für ihn die Bekanntschaft mit → Vlaminck und v. a. → Matisse, mit dem er im Sommer 1905 zusammen in Collioure die farbig expressiven, von → Signac und → Cross beeinflußten Bilder malte, die ihnen auf der Ausstellung im ◇Salon d'Automne die Bezeichnung ›Fauves‹ eintrugen (◇Fauvismus). D.s Malerei dieser Zeit steht der von Matisse sehr nahe, ist allerdings weniger sensibel in Farbgebung und Malweise. Nach 1908 zog er sich aus der Pariser Künstlergemeinschaft zurück, setzte sich mehr mit → Cézanne auseinander und schloß sich eine Zeitlang dem ◇Kubismus an, wobei er seine Palette streng auf Grautöne reduzierte und die Form konstruktiv verfestigte. Dieser als ›gotische Periode‹ bezeichneten Zeit entstammen seine besten und eigenwilligsten Bilder. Nach dem Kriege wandte er sich einem klassischen ◇Realismus zu, der den ◇neoklassizistischen Tendenzen der Zeit entgegenkam. In der Folge entwickelte er einen etwas unverbindlichen, gefälligen Malstil, der den verschiedensten Anregungen von → Renoir bis zur ◇Quattrocento-Malerei folgte.

André Derain, *Bildnis Matisse,* 1905

Deruet, Claude (1588–1660)
Französischer Maler. D.s Werk zeigt den thematischen Einfluß seines lothringischen Landsmanns → Callot. Er schuf ◇dekorative Malereien für die Karmeliterkirche und den herzoglichen Palast in Nancy. Seine ◇Porträts sind in einem steifen, spätmanieristischen Stil gemalt, der keine Beziehung zu den Strömungen der Zeit aufweist.

Desiderio, Monsù (Monsieur)
Pseudonym, hinter dem sich mindestens drei Künstler verbargen. Der bedeutendste unter ihnen war der Lothringer François de Nome (* um 1593 in Metz), der sich nach 1611 in Neapel aufhielt und ◇manieristische Architekturphantasien malte, die vielleicht auf florentinische Theaterentwürfe zurückgingen. Sein Landsmann Didier Barra (nachweisbar 1608 Metz – 1647 Neapel) malte ◇topographische Szenen.

Desiderio da Settignano (D. di Bartolomeo di Francesco detto Frero) (1428/31–1464)
Bedeutender Florentiner ◇Bildhauer der ◇Frührenaissance, der einer Steinmetz- und Holzbildhauerfamilie entstammte. D.s meist aus Marmor gearbeitete ◇Skulpturen – ◇Porträtbüsten (*Büste einer Dame,* um 1445–64, Museo Nazionale del Bargello, Florenz), Grabmäler, v. a. aber seine Flachreliefs (Madonna mit Kind) – zeigen den Einfluß von della → Robbia und besonders von → Donatello, sind jedoch weniger streng und zeichnen sich durch unsentimentale Anmut wie auch große Schönheit aus. Seine Neigung zum Graziösen kommt dabei hauptsächlich in seinen reizvollen Büsten von jungen Mädchen und Kindern zum Ausdruck. D.s Hauptwerke sind das Grabmal des humanistischen Gelehrten Carlo Marsuppini (entstanden zwischen 1453 und 1464) in S. Croce, Florenz, sowie das *Sakramentstabernakel* (um 1460–62) in S. Lorenzo in Florenz.

Desmarées (de[s] Marées), George (1697–1776)
Schwedischer ◇Porträtmaler französisch-niederländischer Abstammung, Schüler seines Onkels, Martin Mytens d. Ä., in Stockholm und G. B. → Piazzettas in Venedig (1725). D. arbeitete hauptsächlich in München, wo er 1731 von Kurfürst Karl Albrecht zum Hofmaler ernannt wurde. Mit seinen vom Geist des ◇Rokoko geprägten höfischen Porträts (*Kurfürst Max III. Joseph und sein Intendant Graf Seeau,* 1755) erlangte er in seiner Zeit großen Ruhm.

Desnoyer, François (1894–1972)
Französischer ◇Landschafts- und ◇Porträtmaler, dessen Malstil die strenge Konstruktion des ◇Kubismus mit der intensiven Farbgebung des ◇Fauvismus verbindet. Bekannt wurde D. v. a. durch seine sehr persönlichen ◇Illustrationen zu La Fontaine.

Despiau, Charles (1874–1946)
Französischer ◇Bildhauer. Er arbeitete von 1907 bis 1914 als Assistent von → Rodin, dem er eine Zeitlang stilistisch folgte. D. entwickelte jedoch bald seine eigene plastische Formensprache, die sich durch Schlichtheit und beherrschte Strenge auszeichnet. Am überzeugendsten sind seine ◇Porträtbüsten, in denen er mit sparsamen formalen Mitteln eine äußerst subtile, psychologische Eindringlichkeit erzielt. In seinem Bemühen um ruhige ◇klassische Formen stand er → Maillol näher als Rodin.

Desportes, Alexandre-François (1661–1743)
Französischer Maler von Tierstilleben und Jagdszenen, ◇Porträtmaler am polnischen Königshof (1695/96), später Hofmaler von Ludwig XIV. und Ludwig XV. Seine ◇Pleinair-◇Skizzen (Öl auf Papier) wirken wie Vorläufer der englischen ◇Landschaftsmaler bzw. der Schule von → Barbizon. D. schuf auch ◇Kartons für ◇Gobelin-Tapisserien, z. B. für die berühmte ◇Wandteppichfolge *Les Nouvelles Indes* (um 1735–41).

Deutsch, Niklaus Manuel (1484–1530)
Schweizer Maler, Dichter und Staatsmann, lernte vermutlich bei einem ◇Glasmaler und war Schüler von → Burgkmair in Augsburg. Nach Auslandsreisen ließ er sich 1509 in Bern nieder und spielte in der Reformation eine bedeutende Rolle sowohl im politischen Leben wie auch als satirischer Schriftsteller. Seine früheren Malereien weisen anfänglich mittelalterliche, dann ◇klassische Züge auf. Kennzeichnend für seinen Stil ist eine dramatische Szenerie sowie eine ◇manieristische, unwirkliche Farbgebung (*Enthauptung Johannes' des Täufers,* 1515–20, Kunstmuseum, Basel). Die grotesk übersteigerte Figurenbehandlung und die üppig wuchernde Landschaft (z. B. in den Bildern vom *Leben des hl. Antonius,* 1520) zeigen eine Verwandtschaft

mit dem frühen Werk von → Cranach und → Grünewald.

Deutscher Künstlerbund
Vereinigung von Künstlern und Kunstfreunden, die 1902 in Weimar von L. Graf Kalckreuth, Harry Graf Keßler, Alfred Lichtwark, Max → Liebermann, Lovis → Corinth, Max → Slevogt und Henry van de → Velde aus Protest gegen die restaurative Kunstpolitik Kaiser Wilhelms II. gegründet wurde. Im Gegensatz zur ›Allgemeinen Deutschen Kunstgenossenschaft‹ (gegründet 1856) umfaßte der D. K. vorwiegend die bisher in lokalen ◇Sezessionen vereinigten progressiven deutschen Künstler der Jahrhundertwende. Der D. K. bestand bis 1936, war aber nur in seinen frühen Existenzjahren von Bedeutung.

Deutscher Werkbund
1907 in München als Vereinigung führender ◇Designer, ◇Kunstgewerbler und Künstler gegründet, um in praktischer Beispielarbeit eine allgemeine Kultivierung der industriellen Werkform zu fördern. Diese Vereinigung, die sehr stark publizistisch unterstützt wurde, hatte großen Einfluß auf die nachfolgenden Designschulen und auf die Ideen des ◇Bauhauses. Unter den 24 Gründungsmitgliedern waren u. a. → Behrens, → Gropius, Josef Hoffmann, → Klimt, Hermann Muthesius, → Paul, Hans Poelzig und Henry van de → Velde. Der D. W. wurde auf Betreiben der Nationalsozialisten 1933 aufgelöst, aber 1946 neu gegründet.

Deutschrömer
1) Kreis deutscher Künstler, darunter zahlreiche → Nazarener, die in der 1. Hälfte des 19. Jh.s in Rom lebten. Ihr geistiger Mittelpunkt war J. A. → Koch.
2) Bezeichnung für die Vertreter des deutschen Neuidealismus (u. a. → Böcklin, → Feuerbach und von → Marées), die auf die ◇klassische Kunst Italiens und besonders auf die Antike zurückgriffen.

Deverell, Walter Howell (1827–1854)
Englischer Maler, seit 1829 in England, lehrte an der staatlichen School of Design (1848). Er war mit → Rossetti befreundet und stand den → Präraffaeliten nahe, war jedoch kein Mitglied der Bruderschaft. In der kurzen Zeit seines Schaffens gelangte D. zu bemerkenswerten Neuerungen (*The Pet,* 1852/53). Seine lockeren ◇Genrebilder geben das Historisierende zugunsten einer feinen, Licht und atmosphärische Reize in der Art des ◇Impressionismus berücksichtigenden Malweise auf.

Devis, Arthur (1711–1787)
Englischer Maler, der sich auf kleine ◇Porträts und Konversationsstücke aus der bürgerlichen Welt spezialisierte. Bis in die 1760er Jahre hatte er mit seinen Arbeiten großen Erfolg, stand dann aber im Schatten von J. → Zoffany. Die Bilder D.', der als einer der ◇Primitiven der englischen Schule bezeichnet wurde, charakterisieren sich durch eine unbekümmert-frische Malweise und eine ruhige Grundstimmung. Wiederentdeckt wurde sein Werk in den 1930er Jahren, ebenso das seines Sohnes Arthur William D. (1762–1822), der ◇Historiengemälde und Porträts schuf, und das seines Halbbruders Anthony D. (1729–1816), der ◇Landschaftsmaler war.

De Wint, Peter siehe → **Wint,** Peter de

Diaghilew, Sergei Pawlowitsch (1872–1929)
Russischer Ballettimpresario, wirkte zunächst als Musikkritiker in St. Petersburg, gründete 1899 die Kunstzeitschrift → Mir Iskusstwa (russ. ›Welt der Kunst‹) und organisierte in den folgenden Jahren Ausstellungen und Konzerte. 1906 ging D. nach Paris, wo er 1909 mit seiner Balletttruppe (mit Tänzern der Kaiserlichen Theater in St. Petersburg und Moskau) triumphale Erfolge feierte und im selben Jahr die ›Ballets russes‹ entstanden, mit denen er Weltruhm erlangte und entscheidenden Einfluß auf die Entwicklung des modernen Balletts nahm. Es gelang ihm, die bedeutendsten Tänzer, Komponisten, Autoren und Maler zu Schöpfungen für seine Truppe anzuregen, darunter → Bakst, → Braque, de → Chirico, → Cocteau, → Delaunay, → Ernst, → Gris, → Matisse, → Picasso.

Diamante, Fra (1430 – um 1498)
Italienischer Maler, Schüler des Fra Filippo → Lippi und dessen Mitarbeiter bei der Schaffung der ◇Fresken im Domchor zu Prato (1452–64) und der ◇Apsisfresken im Dom S. Maria Assunta in Spoleto (1467–69).

Diaz de la Peña, Narcisse Virgile (1808–1876)
Französischer Maler, Sohn spanischer Emigranten. Als ◇Porzellanmaler in der Manufaktur von Sèvres lernte er → Dupré kennen. Er stu-

dierte kurze Zeit bei Souchon und ließ sich in seiner Frühzeit von der ◇romantischen, orientalischen Thematik →Delacroix' anregen, während er sich im ◇Impasto an → Decamps orientierte. In den 1830er Jahren begann er im Wald von Fontainebleau zu malen, lernte dort Théodore → Rousseau kennen und schloß sich unter seinem Einfluß der → Barbizon-Schule an. Seine ◇Landschaften belebte D. gern mit mythologischen weiblichen ◇Akten (Leda, Diana, Venus) im Sinne → Prud'hons und → Correggios. Am schönsten sind seine vom Sonnenlicht durchfluteten Waldinterieurs. Seine kraftvolle, spontane Maltechnik beeinflußte → Monticelli und die jungen ◇Impressionisten, v. a. → Renoir.

Dibbets, Jan (Gerardus Johannes Maria D.) (* 1941)
Niederländischer Künstler, studierte u. a. 1959–63 an der Akademie in Tilburg und 1967 an der St. Martin's School of Art in London, wo er → Long kennenlernte. Mit van → Elk und Reinier Lucassen gründete er 1967 in Amsterdam das ›International Institute for Reeducation of Artists‹. Nach Arbeiten in der Art der ◇Materialkunst befaßte er sich primär mit verschiedenen Kategorien des Visuellen als autonomem Sinnenerlebnis. Insofern sieht er sich zu Recht in der Tradition der Malerei (speziell der niederländischen ◇Landschaftsmalerei), deren Probleme wie ◇Perspektive (*Perspektivkorrektur,* 1968; *Dutch Mountains,* 1971), Licht (*Der kürzeste Tag des Jahres,* 1970) und Schatten (*Abgeklebte Schatten,* 1969) er mit neuen Mitteln darstellt (◇Fotografie, Diaprojektion, ◇Film, ◇Video).

Dickinson, Edwin (1891–1978)
Amerikanischer Maler, studierte bei → Chase an der ◇Art Students' League (1910), unternahm zahlreiche Reisen ins Ausland, v. a. nach Frankreich. D.s eigentümliche und schwer einzuordnende Malerei ist von unheimlicher ◇surrealistischer Phantasie: Aus einem mysteriösen Helldunkel oder rätselhaften Nebelschwaden tauchen reale, sehr genau wiedergegebene Figuren, Gegenstände oder wirbelnde Tücher auf und verschwinden wieder (*Komposition mit Stillleben,* 1933–37, Museum of Modern Art, New York).

Didot, Familie
Französische Drucker- und Buchhändlerfamilie. François Ambroise D. (1730–1804), der ältere Sohn von François D. (1689–1757/59), der seit 1754 Drucker in Paris war, entwickelte das nach ihm benannte typographische Maßsystem (Punktsystem), das seinerseits auf P. S. Fournier (1712–1768) zurückging. Das bedeutendste Mitglied der Familie, Firmin D. (1764–1836), der jüngere Sohn von François Ambroise, war ein ausgezeichneter Schriftgießer und Drucker. Er entwickelte das erste vollkommen funktionstüchtige Stereotypie-Verfahren (um 1795) und verlieh der bereits von seinem Vater entwickelten Schrifttype (siehe ◇Schrift, ◇Schriftart) die heute unter der Bezeichnung ›Didot-Antiqua‹ bekannte Gestalt. Mit seinem Bruder Pierre D. (1761–1853) stellte er eine Vielzahl hervorragender Bücher her. Das Verdienst der D.s ist es, entscheidend an der Entwicklung der ◇klassizistischen ◇Antiqua mitgewirkt zu haben. Die Schrifttypen Firmin D.s fanden dabei in ganz Europa Verbreitung und waren für die zukünftige ◇Typographie von grundlegender Bedeutung.

Diebenkorn, Richard (* 1922)
Amerikanischer Maler, studierte u. a. an der California School of Fine Arts. Unter dem Einfluß von → Still und → Rothko wurde D. zum Haupt des kalifornischen ◇Abstrakten Expressionismus, den er dann jedoch zur Figuration zurückführte. Mit breitem Pinselstrich und starker Farbigkeit malte D. einsame, in sich gekehrte Figuren, Ausdruck für eine Stimmung der Verlorenheit inmitten des kalifornischen Paradieses.

Dill, Ludwig (1848–1940)
Deutscher Maler, der in München 1872/73 bei → Piloty studierte. In seiner frühen ◇Landschaftsmalerei stand er unter dem Einfluß der Schule von → Barbizon. 1894 übersiedelte D. nach Dachau, wo er mit Adolf → Hoelzel die → Dachauer Malerschule begründete und in deutlichem Streben nach Stilisierung und Rhythmisierung der Natur dekorativ-verhaltene landschaftliche Stimmungsbilder mit starken Farbkontrasten schuf.

Dine, Jim (James) (* 1935)
Amerikanischer Maler und ◇Objektkünstler, lehrte u. a. am Royal College of Art in London. Beeinflußt v. a. von → Oldenburg, → Johns, und → Rauschenberg, entstanden 1959/60 ◇Happenings und dann ◇Assemblagen, die Alltagsgegenstände mit Malerei und Zeichnung im Sinne der ◇Pop Art verbinden. In einer vielschichti-

Jim Dine, *Engel für Lorca,* 1966

gen Form der Präsentation werden die Dinge real als ◇Environment gezeigt oder auf meist ◇monochromem Bildhintergrund malerisch dargestellt (*Tennis Shoe,* 1962). D. arbeitete auch mit Schriftstellern zusammen, so z. B. mit R. Padgett bei einer Folge von ◇Lithographien (1970).

Ding Yunpeng (1547–1628)
Chinesischer Maler aus Xiuning (Prov. Anhui), der sich besonders mit figürlichen buddhistischen Sujets beschäftigte.

Dinglinger, Johann Melchior (1664–1731)
Deutscher ◇Goldschmied, seit 1698 Hofgoldschmied Augusts des Starken. D. unterhielt mit seinen Söhnen und Brüdern die berühmteste Goldschmiedewerkstatt seiner Zeit. Von ihm sind im Grünen Gewölbe in Dresden (ehemalige Schatzkammer der sächsischen Kurfürsten im Dresdner Residenzschloß) eine Reihe prunkvoller ◇barocker Kabinettstücke erhalten (u. a. *Der Hofhalt des Großmoguls,* 1701–08; *Das Bad der Diana,* 1705), die zu den bedeutendsten Arbeiten der Goldschmiedekunst des Barock gehören.

Dionissi (Dionysij, Dionysios)
(um 1440 – nach 1502)
Russischer ◇Ikonen- und ◇Freskenmaler, nach → Rubljow der bedeutendste Vertreter der Moskauer Schule am Ende des 15. Jh.s, der die Tradition Rubljows in der leuchtenden Farbgebung fortsetzte. Allerdings bevorzugte er im Gegensatz zu den harmonischen Proportionen der Figuren Rubljows überlängte, zerbrechlich wirkende Gestalten und zeigte eine große Vorliebe für ◇Ornamentik. Zu seinen Hauptwerken zählen die Arbeiten im Ferapontow-Kloster (Wologda, 1500–02).

Dionysios aus Phurna
In den Athosklöstern tätiger Künstler, Verfasser des berühmten ›Malerbuchs vom Berge Athos‹ in der ersten Hälfte des 18. Jh.s (erhalten in einer Abschrift des 18. Jh.s), das angeblich die Methoden Panselinos', eines spätbyzantinischen Malers, wiedergibt, der ebenfalls auf dem Athos arbeitete. D. fußt jedenfalls auf alten Traditionen und benutzt historische Quellen, so daß seine Darstellung wohl z. T. die Praxis ◇byzantinischer Künstler spiegelt.

Disdéri, André Adolphe Eugène (1819–1890)
Französischer ◇Fotograf, der die sog. fotografische Visitenkarte einführte. Dabei handelte es sich um fotografische Porträtstudien, die von Malern – u. a. von → Degas – für deren ◇Porträtmalerei benutzt wurden. D. experimentierte auch mit der ◇Fotomontage.

Disler, Martin (* 1949)
Schweizer Maler und Zeichner. D.s Bilder sind eine Verschmelzung von Werk und Person, da sie stets in ekstatischer Erregung als eruptive Gesten entstehen und im Sinne → Pollocks egozentrische Manifestationen sind. Thematisch nehmen Liebe, Tod und Angstzustände einen breiten Raum in den ◇Zeichnungen und Gemälden D.s ein. 1990/91 entsteht die 66teilige Skulpturengruppe *Häutung und Tanz,* in der sich das »Wesen des Traums« figurativ in kriechenden, tanzenden, liegenden und hockenden Gesten verbildlicht.

Di Suvero, Mark (* 1933)
Amerikanischer ◇Bildhauer italienischer Abstammung, kam 1941 aus China in die USA. Er studierte an der University of California und ließ sich 1957 in New York nieder. Seine frühen

Holzskulpturen (ab 1958) stehen unter ◇konstruktivistischem Einfluß, die ab 1964 entstandenen raumgreifenden Außenskulpturen aus Stahlteilen, -trägern und -seilen sind von starker expressiver Kraft.

Dix, Otto (1891–1967)
Deutscher Maler und ◇Grafiker, studierte nach einer Lehre als Dekorationsmaler in Gera an der Dresdner Kunstgewerbeschule (1909–14) und nach dem Krieg an den Akademien in Dresden und Düsseldorf (1919–25). Seit 1927 Akademieprofessor in Dresden, wurde er 1933 durch die Nazis entlassen und erhielt Ausstellungsverbot. D.' Name ist eng mit der ◇Neuen Sachlichkeit der 1920er Jahre verbunden. Die fast altmeisterlich gemalten, meist sozialkritischen Bilder dieser Zeit sind von einem ◇veristischen, fast fotografischen ◇Realismus (Triptychon *Großstadt,* 1927/28). Hauptthemen sind Armut, Gewalt, Tod und immer wieder der Krieg, den D. als Soldat 1914–18 erlebte (Triptychon *Der Krieg,* 1929–32, Dresden). Sein Alterswerk – meist religiöse Bilder, ◇Landschaften, ◇Porträts, ◇Stilleben – trägt spätexpressionistische Züge. Neben seinen Gemälden schuf D. ein vielseitiges grafisches Werk, darunter die ◇Radierfolge *Der Krieg* in fünf Mappen (1923/24).

Otto Dix, *Selbstporträt,* 1931

Dobson, Frank (1886–1963)
Englischer ◇Bildhauer und Maler, gehörte 1920 mit Percy Wyndham → Lewis zur Group X und ab 1922 zur → London Group. D., der vom ◇Kubismus und von → Brancusi beeinflußt wurde, war ursprünglich der einzige englisch gebürtige Bildhauer der künstlerischen ◇Avantgarde in England von Bedeutung, eine Stellung, die jedoch bald von Henry → Moore übernommen wurde, da D. an seinem massigen, schwellenden Naturalismus festhielt.

Dobson, William (1611–1646)
Englischer Maler, zu dessen bekanntesten Werken die Bildnisse royalistischer Offiziere und des englischen Adels gehören. Ab 1641 war D. – als Nachfolger van → Dycks – Hofmaler Karls I. Seine kraftvollere Malweise unterscheidet sich deutlich von der van Dycks: D.s Stil ist energischer, urwüchsiger und ›venezianischer‹. Das Ganzfigurenporträt *James Compton, 3. Earl of Northhampton* (1644–45) wurde als beste Arbeit ihrer Art bezeichnet, die »je von einem Engländer vor Hogarth gemalt wurde«. Ein weiteres gutes Beispiel der Porträtkunst D.s ist das ◇Halbfigurenbildnis *Endymion Porter* (um 1643–45, Tate Gallery, London).

Doesburg, Theo van (Christiaan Emil Marie Küpper) (1883–1931)
Niederländischer Maler, Architekt und Theoretiker, gelangte durch systematische Abstraktion gegenständlicher Motive (Folgen der *Kartenspieler* bzw. der *Weidenden Kuh,* 1916–17) zu einer gegenstandslosen Malerei ähnlich der → Mondrians. Mit ihm, → Huszar sowie den Architekten J. J. Oud und R. van 't Hoff wurde er zum Initiator der de-◇Stijl-Bewegung, die 1917 die erste Nummer der gleichnamigen Zeitschrift herausgab (bis 1931) und 1918 ihr erstes Manifest veröffentlichte. In zahlreichen Vorträgen verbreitete er die Ideen dieser Gruppe, u. a. auch 1921–23 am ◇Bauhaus in Weimar. Dadurch war er wie → Gropius, → Mies van der Rohe und Erich Mendelsohn stark an der Überwindung der ursprünglich ◇expressionistischen Auffassungen im Bauhaus beteiligt. 1922–23 war er Mitglied der niederländischen ◇Dada-Bewegung und publizierte unter den Pseudonymen I. K. Bonset und Aldo Camini einige Dada-Gedichte. In seinen zahlreichen Schriften (›De nieuwe beweging in de schilderkunst‹, 1917; ›Grundbegriffe der neuen gestaltenden Kunst‹,

1925) entwickelte er die Grundbegriffe einer neuen, funktional gestalteten Kunst, des ◇Elementarismus, der in Abwandlung des Mondrianschen ◇Neoplastizismus die Diagonale als erweiterndes Gestaltungsmittel der rechtwinkligen Konstruktion zuließ (erstes Manifest ›Schilderkunst en plastiek . . .‹, 1926). Neben seiner publizistischen Tätigkeit für die de Stijl-Gruppe und als Herausgeber der (nur in einer Nummer erschienenen) Zeitschrift ›Art Concret‹ (1930, erste Verwendung des Ausdrucks ◇Konkrete Kunst) schuf D. architektonische Entwürfe und nichtgegenständliche Bilder mit geometrischer Linear- und Farbgliederung (*Kompositionen* und *Kontra-Kompositionen;* 1930 die erste *Arithmetische Komposition).* Von D. stammt der Satz, daß nichts konkreter und realer sei als eine Linie, eine Farbe, eine Fläche. Seine Ideen hatten großen Einfluß auf das Bauhaus wie auch auf die Gruppe → Abstraction-Création, die zum Sammelbecken der ◇abstrakten Malerei in den 1930er und 1940er Jahren wurde.

Doidaisas (tätig um 250 v. Chr.)
Bithynischer ◇Bildhauer, schuf das durch Münzbilder und verkleinerte, freie Nachbildungen bekannte Kultbild des Zeus Stratios in Nikomedeia sowie (nach Plinius, ›Naturgeschichte‹ 36, 35) eine ebenfalls oft nachgebildete ›Aphrodite im Bade‹, auch ›Kauernde Aphrodite‹ genannt. Eine derartig kühne Darstellung einer Göttin (die im Bade kauert und offensichtlich einen Wasserguß auf den Rücken erwartet) hatte es bis dahin als rundplastisches Bildwerk noch nicht gegeben. Die ◇Statue brach mit den bildhauerischen Traditionen der ◇Klassik und lehnte sich statt dessen an Motive der Flächenkunst an. (Eine Bronzenachbildung des Werkes befindet sich in Kopenhagen, Marmorkopien existieren u. a. im Vatikan und im Louvre.)

Doisneau, Robert (* 1912)
Französischer Fotograf, der sich auf die Live-◇Fotografie für illustrierte Magazine konzentrierte und durch schlagfertige Komik auf sich aufmerksam machte, ohne dabei soziale Problemstellungen zu vernachlässigen.

Dokoupil, Jiři Georg (* 1954)
In der Tschechoslowakei geborener deutscher Maler, ◇Zeichner und ◇Objektkünstler, der 1976–78 in Köln und Frankfurt a.M. sowie an der Cooper Union, New York, bei H. → Haacke studierte. 1980 Zugehörigkeit zur losen Künstlergruppe → ›Mülheimer Freiheit‹ und bis 1984 zahlreiche sog. ›Gemeinschaftsbilder‹ mit Walter → Dahn, die mit starkem Hang zum Trivialen eine stilpluralistische, ironisch-anarchische Konzeption besaßen. Im Kontext der ›Mülheimer Freiheit‹ galt D. Anfang der 1980er Jahre als einer der Hauptvertreter der → Neuen Wilden. Auch für das weitere Schaffen D.s ist die Zitierung von Kitsch, die Stilausschöpfung der Kunstgeschichte sowie die Störung von Bildkonventionen typisch (Schnuller-Bilder, 1984; Skulpturen aus Markenzeichen, 1985; Jesus- und Sternzeichen-Bilder, 1987).

Dolci, Carlo (1616–1686)
Florentiner Maler, dessen Werk beispielhaft ist für die Malerei des Spätbarock. D.s melancholische, weich modellierte Bildnisse von Madonnen und weiblichen Heiligen, die in ihrer rührenden Frömmigkeit bei seinen Zeitgenossen äußerst beliebt waren – D. wurde in seiner Zeit für den größten lebenden Künstler gehalten – werden von der Nachwelt als sentimental empfunden. D.s frühreifer Porträtstil zeigt sich am besten in seinem Gemälde *Arnolfo de'Bardi* (Palazzo Pitti, Florenz).

Domenichino (Domenico Zampieri) (1581–1641)
Italienischer Maler, lernte in Bologna bei → Calvaert, dann bei den → Carracci. 1602 ging er nach Rom, wo er sich – abgesehen von kurzen Unterbrechungen – bis 1631 aufhielt. Er half Annibale Carracci bei den ◇Fresken im Palazzo Farnese (*Die Jungfrau mit dem Einhorn*) und war nach dessen Tod 1610–20 neben → Reni der bedeutendste Maler Roms (Fresken mit *Szenen aus dem Leben der hl. Cäcilia* in der Kapelle S. Cecilia in S. Luigi dei Francesi, 1612–14; *Die letzte Kommunion des hl. Hieronymus,* 1614, Vatikan). Sein auf → Raffael und dem späten Annibale Carracci basierender Stil kommt am reifsten in den Fresken von S. Andrea della Valle in Rom zum Ausdruck (1624–28), die sich durch klaren Aufbau und strenge Wahrung der architektonischen Grenzen auszeichnen. In den späten 1620er Jahren verlor er trotz Annäherung an den ◇Barock seine Popularität in Rom, wo er von → Lanfranco verdrängt wurde. 1631 ging er nach Neapel, wo er Fresken für S. Carlo ai Catinari und die Schatzkammer des Doms (fünf *Szenen aus dem Leben des hl. Ja-*

Domenichino, *Apoll tötet zwei Zyklopen* (aus den *Szenen aus dem Leben Apolls*), 1616–18

nuarius, 1637–40) schuf. D. wurde, auf den Spuren Annibales, zu einem bedeutenden ◇Landschaftsmaler, der den Stil → Poussins und selbst ◇ Claude Lorrains bereits vorwegnimmt.

Domenico di Bartolo (auch Domenico di B. Ghezzi) (um 1400–1447)
Italienischer Maler, Vertreter der Sieneser Frührenaissance, studierte u. a. bei Taddeo di Bartolo in Siena. Sein Frühwerk steht v. a. unter dem Einfluß → Masaccios, was z. B. in dem Gemälde *Maria mit Kind und musizierenden Engeln* (1433, Pinacoteca Nazionale, Siena) zum Ausdruck kommt. In späteren Arbeiten kehrte er allerdings zu gotisierenden Stilelementen zurück (Freskenzyklus im Ospedale di S. Maria della Scala in Siena, 1440–43).

Domenico Veneziano (1400/10–1461)
Italienischer Maler der Florentiner Schule (vermutlich wurde er jedoch in Venedig geboren; seine Arbeiten zeigen einen stärkeren Sinn für Kolorierung als das Werk der meisten seiner Florentiner Zeitgenossen). Bekannt ist, daß er sich 1438 in Perugia und von 1438/39 bis 1445 in Florenz aufhielt. Die von → Vasari überlieferte Geschichte der Ermordung D.V.s durch → Castagno ist schon durch die Tatsache widerlegt, daß er Castagno überlebte. Erst in jüngerer Zeit erfuhr sein Werk eine Neubewertung, wobei sein Einfluß in der Malerei des → Piero della Francesca nachgewiesen wurde. Das von D. erhaltene, signierte Altarbild aus S. Lucia dei Magnoli, *Madonna mit dem Kinde, den Heiligen Franz von Assisi, Johannes der Täufer, Zenobius und Lucia,* um 1445 (heute Uffizien), gilt als eines der bedeutendsten frühen Beispiele der ◇Sacra conversazione. Das Werk vereint jene stilistischen Eigenschaften, für die D. berühmt ist: kühle, delikate Farbigkeit und meisterhafte Raumbeherrschung.

Domenico Veneziano, *Kopf eines bartlosen Heiligen,* nach 1438

Domela, César (Caesar D. Nieuwenhuis) (* 1900)
Niederländischer Maler und ◇Bildhauer. Anfangs stellte er nichtfigurative Arbeiten mit der ◇Novembergruppe in Berlin aus (1923), schloß

sich dann 1924 der de-◇Stijl-Bewegung an, nachdem er mit → Mondrian und van → Doesburg in Paris in Kontakt gekommen war, und ließ sich 1933 in Paris nieder. Seit den frühen 1940er Jahren befaßte er sich mit ◇Materialbildern (›Tableaux-Objets‹) aus den verschiedensten Bestandteilen (Glas, Plexiglas, Holz, Metall, Rochenhaut), die – anfangs ◇konstruktivistisch – später zunehmend lebendiger werden und in ihrer bewegten, palettenartigen Formensprache bereits die 1950er Jahre erahnen lassen.

Dominguez, Oscar (1906–1957)
Spanischer Maler, ließ sich 1927 in Paris nieder und schloß sich nach der Bekanntschaft mit → Breton und Eluard dem ◇Surrealismus an. Nach anfänglich ◇veristisch-surrealistischen Bildern im Stile → Dalís erfand er für die Realisierung der → automatistischen Schreibweise die Technik des ◇Abklatschverfahrens (›Décalcomanie‹). Mit ihrer Hilfe entstanden phantastische Fels-, Grotten- und Dschungellandschaften, die allerdings später unter dem Einfluß → Picassos und → Lams zugunsten einer magisch-surrealen ◇Objektkunst aufgegeben wurden.

Domus aurea
Prachtvoller Palast, den Kaiser Nero (54–68 n. Chr.) nach dem großen Brand Roms (64 n. Chr.) anlegen ließ. Er befand sich etwa im Bereich Kolosseum-Trajansthermen und zog sich hinauf bis zum Esquilin. Mit ausgedehnten Gärten und einer Art Zoo bildete er eine Welt für sich. Die Malereien waren im vierten Pompejanischen Stil ausgeführt und gelten als Werk des → Amulius. Neros Nachfolger, die Flavier (seit dem Regierungsantritt Vespasians, 69 n. Chr.), zerstörten und überbauten jedoch die Anlage. Ein Teil wurde in die Fundamente der Trajansthermen einbezogen. Zum Schmuck der D. a. soll die berühmte → Laokoon-Gruppe gehört haben, die tatsächlich 1506 hier in einem alten Gewölbe unter einem Weinberg entdeckt wurde.

Donatello (Donato di Niccolò de Betto Bardi) (um 1386–1466)
Italienischer ◇Bildhauer der Florentiner Schule. Wie vermutlich kein anderer Meister beeinflußte er das gesamte künstlerische Schaffen der italienischen ◇Renaissance. Sein eigenes Werk spiegelt die außergewöhnliche Vielseitigkeit und das starke künstlerische Temperament D.s wider: von der lyrischen Freude der tanzenden Cherubim oder Putten bis zu der tiefen Tragik und den Extremen religiöser Leidenschaft, dargestellt etwa in so ausdrucksstarken ◇Plastiken wie der *Maria Magdalena.* Gleichzeitig schuf er in seinem *Bronze-David,* im *Hl. Georg* und im *Gattamelata* ein Bild jenes ungeheuren Vertrauens in sich selbst und sein Schicksal, das für den Menschen der Renaissancezeit charakteristisch war. Wenig nur ist bekannt über D.s Leben. Er wurde in der ◇Goldschmiedekunst u. a. kunsthandwerklichen Techniken ausgebildet, trat mit 17 Jahren in die Werkstatt L. → Ghibertis ein und wurde vermutlich von Nanni di Banco in der Marmor-Bildhauerei unterwiesen. Mit diesem Meister arbeitete er auch an den Skulpturen für Or San Michele (Florenz). Sein frühestes Werk ist wahrscheinlich der *Marmor-David* (1408–09), den D. für den Florentiner Dom schuf (heute Museo Nazionale del Bargello, Florenz). Diese Arbeit steht – wie alle frühen Werke D.s – unter dem Einfluß von Ghiberti und weist daher noch Charakteristika der ◇Gotik auf (z. B. in der Gewandbehandlung). Erstmals wird D. 1406 in den Verzeichnissen der für den Florentiner Dom arbeitenden Künstler erwähnt; für dieses Bauwerk führte er sein Leben lang Aufträge aus. Eine Jugendfreundschaft verband ihn mit → Brunelleschi. Von den Kunsthistorikern wird heute einer Überlieferung Glauben geschenkt, nach der D. gemeinsam mit Brunelleschi eine Reise nach Rom unternahm, umstritten ist lediglich der Zeitpunkt. Im Werk beider Künstler gewinnen ◇klassische Motive und Auffassungen ab den 1420er Jahren an Bedeutung. D.s an die Antike anknüpfenden Hauptwerke waren jedes in seiner Art wegweisend: so die Nischenfiguren des *Hl. Georg* (um 1415–17), die er für Or San Michele schuf (Marmororiginal heute Museo Nazionale del Bargello, Florenz), sowie das erste abgeflachte ◇Relief (›rilievo schiacciato‹) mit ◇linearperspektivischem Hintergrund, der *Drachenkampf des hl. Georg* (1417, am Sockel des *Hl. Georg*). Weitere bedeutende Arbeiten D.s in Florenz sind die in Gemeinschaftsarbeit mit → Michelozzo ausgeführten Wand-Grabtafeln wie z. B. das Grabmal des Gegenpapstes Johannes XXIII. (1424–27) im Baptisterium S. Giovanni, das *Verkündigungstabernakel* in S. Croce (um 1433–35), der *Bronze-David* (um 1433–43), die erste umschreitbare, freistehende Skulptur mit mehreren ›Schauseiten‹ seit dem Ausgang des Altertums (heute Museo Nazionale del Bargello), die Sängerkanzel für den Dom S. Lorenzo

Donatello, *David,* um 1433–43

(1433–39; heute im Dom-Museum), die Bronzegruppe *Judith mit dem Haupt des Holofernes* (1456–60, Palazzo Vecchio), die gewaltige Holzfigur der *Maria Magdalena* (nach 1453, heute im Dom-Museum) und die Kanzel für den Dom (mit einem Relief *Beweinung Christi,* um 1460–67).
In Siena schuf D. die Reliefs am Taufbrunnen des Baptisteriums (1423–27, darunter das *Gastmahl des Herodes*) und in Padua das berühmte Standbild *Gattamelata* (1447–53), das erste profane Reiterdenkmal der Renaissance, sowie den ◇Hochaltar von S. Antonio (1443–53). Der Einfluß D.s zeichnet sich im Werk jedes bedeutenden Florentiner Künstlers ab, insbesondere aber in den Arbeiten → Masaccios und → Castagnos, in gewisser Weise auch in den Gemälden → Botticellis, am deutlichsten jedoch im Werk → Michelangelos. Auch die in Padua wirkenden Künstler unter → Mantegna und sogar die Venezianer schöpften aus dem D.s Schaffen innewohnenden technischen und geistigen Reichtum. Nahezu alle späteren Schulen haben den einen oder anderen Aspekt seiner Kunst aufgegriffen, wie sich z. B. an der Übernahme des ◇Putten-Motivs im ◇Rokoko zeigt oder an → Rodins Wiederentdeckung des hohen künstlerischen Wertes der Plastiken D.s, aber nicht zuletzt auch an der Weise, wie in zahlreichen zeitgenössischen Skulpturen emotionale Spannung wiedergegeben ist.

Donauschule
Der Begriff bezeichnet keine Schule im gewöhnlichen Sinne, sondern einen Malstil, der im ersten Drittel des 16. Jh.s bei den Künstlern des Donauraumes (Regensburg, Passau, Krems, Wien) sehr verbreitet war. Die bekanntesten Vertreter dieses Stils waren → Altdorfer und → Huber, doch haben viele andere Künstler wesentliches zur Stilentwicklung beigetragen. Vorläufer waren → Breu, → Frueauf d. J. und der frühe → Cranach d. Ä. Kennzeichnend für die D. ist ihr besonderer Sinn für die Landschaft, die als romantische, poetische Stimmungslandschaft empfunden wird und in direkte Beziehung zum menschlichen, oft dramatischen Geschehen in biblischen und mythologischen Szenen oder auch ◇Porträtdarstellungen gesetzt wird. Das besondere Verdienst der D. ist es, daß sie erstmals die reine ◇Landschaftsdarstellung als eigene Bildgattung in die Kunst eingeführt hat.

Dong Qichang (1555–1636)
Chinesischer Maler, Dichter, ◇Kalligraph, Kunstkenner und Staatsbeamter. Unzufrieden mit dem Zustand der Malerei seiner Zeit, suchte er durch das Studium erhalten gebliebener Meisterwerke die Geheimnisse der Song- (960–1279) und Yuan-Zeit (1271–1368) zu ergründen. Seine eigenen Landschaften spiegeln die entdeckten Prinzipien in einer ziemlich intellektuellen und abstrakten Malweise wider. Seine kunstgeschichtliche Darstellung der chinesischen Malerei stellt die Tradition der → Literatenmalerei, die sich über → Shen Zhou und die → Vier großen Landschaftsmeister bis auf → Juran, → Dong Yuan und schließlich auf → Wang Wei in der Tang-Zeit (618–907) zurückverfolgen läßt, den Arbeiten von Berufsmalern wie der → Zhe-Schule, → Ma Yuan und → Li Sixun gegenüber, an die man sich nicht halten solle. Er verglich das intuitive Verständnis der Gelehrten (Literaten) mit der ›plötzlichen Erleuchtung‹ des südlichen Zen-Buddhismus und bezeichnete die beiden Traditionen als eine ›nördliche‹ und eine ›südliche‹, ohne weiter auf die geographische Herkunft einzugehen. Seine Theorien und Methoden wurden von seinem

Schüler → Wang Shimin u. a. angewandt und wirkten sich nachhaltig auf die spätere Malerei aus.

Dong Yuan (10. Jh.)
Chinesischer Maler aus Nanjing (Prov. Jiangsu). → Dong Qichang bezeichnete den bedeutenden ◇Landschaftsmaler aus der Zeit der fünf Dynastien (907–960) als einen der größten Meister der →Literatenmaler-Tradition. Während → Li Cheng und → Fan Kuan die strengen Landschaften Nordchinas malten, gab D. Y. die sanften Konturen und Wasserflächen seines heimatlichen Südens wieder, und zwar in einer Malweise, die später die Bezeichnung ›Hanffaser‹ (Cun) erhielt. Diese Technik übernahmen u. a. → Juran und → Wu Zhen.

Dongen, Kees van (1877–1968)
Niederländischer Maler, ◇Plastiker und ◇Keramiker. Seine Entwicklung führte unter dem Einfluß des ◇Impressionismus von → Monet zum ◇Fauvismus, dem er sich 1905 im → Bateau-Lavoir anschloß; 1908 stellte er mit der → Brükke aus. D. beherrscht in seinen Bildern aus dieser Zeit alle typischen Ausdrucksmittel der Fauves: dynamischer Sensualismus, ◇pastos aufgetragene glühende Farben und eine klare, ◇arabeskenhafte Linienführung. In seinen Sujets bevorzugt er die Artistenszene, viele seiner Bilder sind ◇Akte von Schauspielerinnen und Tänzerinnen. Nach 1918 verflachte seine Malweise in dekorativer Pracht, die das mondäne Leben der 1920er und 1930er Jahre plakativ und chronistisch widerspiegelt.

Donner, Georg Raphael (1693–1741)
Bedeutendster österreichischer ◇Barock-◇Bildhauer, der in Salzburg, Preßburg und Wien tätig war. Sein früher, überschwenglicher, von → Michelangelo beeinflußter Stil wich später einem kontrollierteren, linearen Ausdruck, der bereits ◇klassizistische Elemente aufwies. Seine Hauptwerke (*Hl. Martin,* 1732–34, Preßburger Dom; *Pietà,* 1741, Dom zu Gurk) sind in Blei gegossen. Sein bedeutendster Schüler war → Oeser.

Dorazio, Piero (* 1927)
Italienischer Maler. Nach einem Architekturstudium (1945–46) malte D. anfänglich im Stil des ◇Sozialistischen Realismus, von dem er sich aber bald unter dem Einfluß der ◇abstrakten Gruppe ›Forma I‹ abwandte. In seinen geometrisch-abstrakten, dabei jedoch zugleich sensiblen und lyrischen Bildern, in denen sich oftmals Farbbänder verflechten, untersucht D. die optischen Wirkungen von Licht und Farbe.

Doré, Gustave (1832–1883)
Französischer ◇Grafiker, Maler und ◇Bildhauer. Er kam 1847 nach Paris, bildete sich autodidaktisch durch Kopieren im Louvre und arbeitete als ◇Karikaturist für Philippons ›Journal pour rire‹. Zwischen 1847 und 1853 entstanden über 1000 ◇Illustrationen für französische und englische Zeitschriften. Sein erster großer Auftrag für eine Buchillustration war Rabelais' ›Gargantua‹ (1854), für den er – wie für Balzacs ›Contes drôlatiques‹ (1855) – in überschäumender Phantasie kongeniale Entwürfe schuf. Sein Ruhm, den er in den 1860er Jahren mit seinen Prachtausgaben von Dantes ›Inferno‹ (1861), Cervantes' ›Don Quijote‹ (1863) und der Bibel (2 Bde., 1866) noch steigerte, war so groß, daß er zeitweise über 40 Mitarbeiter beschäftigte, die seine Zeichnungen in den ◇Holzstich übertrugen. In seinen späteren Jahren schuf er neben weiteren Illustrationen – u. a. zu Blanchard Jerrolds ›London‹ (1872) und S. Coleridges ›The Rime of the Ancient Mariner‹ (1875) – auch einige plastische Werke und nahm die Malerei wieder auf. In London, wo D. eine Zeitlang lebte (ab 1868), fanden seine in der Doré-Gallery ausgestellten Ölbilder (die Galerie war von den renommierten Kunsthändlern Failers und Beeforth eröffnet worden) begeisterten Zuspruch und zahlreiche Käufer.

Dossi, Dosso (Giovanni di Lutero)
(um 1490–1542)
Italienischer Maler, einer der letzten Hauptmeister der Schule von → Ferrara, vermutlich ein Schüler von → Costa. Obwohl stark beeinflußt von → Giorgione, → Tizian und → Raffael, blieb D. ein ausgesprochen individueller Künstler. Eine seiner bekanntesten Arbeiten, die *Circe* (Galleria Borghese, Rom), erinnert an die ländlichen Szenen Giorgiones, D. ersetzte dessen poetische Suggestivkraft jedoch durch seinen Sinn für Dramatik und weltlichen Glanz (eine zweite Version des Gemäldes befindet sich in der NGW). Seit 1520 entwickelte er einen seltsam exotischen Stil mit bizarrer Landschaftsstaffage, die von reich gekleideten Figuren bevölkert ist. Zahlreiche Werke entstanden in Zusammenarbeit mit seinem Bruder Battista

Dosso Dossi, *Circe* (Ausschnitt), um 1525

(† 1548 Ferrara), mit dem er am Hofe der Este in Ferrara wirkte.

Dou, Gerard (Gerrit) (1613–1675)
Holländischer ◇Porträt- und ◇Genremaler, Begründer der ›fijnschilders‹, der Leidener ›Feinmalerei‹. Zunächst war er Lehrling bei seinem Vater, einem Leidener Glasgraveur, wurde dann Schüler des jungen → Rembrandt (1628–31). Mit dessen Weggang aus Leiden um 1631 wurde D. zum führenden Maler in dieser Stadt. In Werken wie *Der Einsiedler* kommt D. seinem Lehrer stilistisch sehr nahe. Seine minuziös ausgeführten Szenen, häufig dramatisch beleuchtete Interieurs mit Figuren, wie die *Junge Mutter* (1658), waren sehr populär und übten einen bleibenden Einfluß auch außerhalb Hollands aus. Zu D.s Schülern zählten F. van → Mieris d. Ä., G. → Metsu und G. → Schalcken.

Doughty, Thomas (1793–1856)
Amerikanischer Maler und ◇Lithograph, Autodidakt. D. ließ sich nach einer Europareise (1837–38) in New York nieder. Er war Mitbegründer der → Hudson River School und schilderte in seinen Bildern mit subtilen Lichtwirkungen die stille Poesie einsamer Landschaften.

Douvermann, Heinrich (1480/85 – nach 1544)
Niederrheinischer Bildschnitzer, der nachweislich in Kalkar und Xanten arbeitete. Sein Altar der *Sieben Schmerzen Mariä* (1518–21) in der Nikolaikirche zu Kalkar gilt mit seiner handwerklichen Virtuosität als Meisterwerk der ausgehenden Spätgotik.

Dova, Gianni (* 1925)
Italienischer Maler, lebt in Mailand. Sein ◇automatistischer, ◇informeller Stil, der Assoziationen zu organischen, lebendigen Formen erweckt, beeinflußte → Baj und Dangelo, die Begründer der ›nuklearen Kunst‹ (1951; ◇Movimento Nucleare). D. selbst gehört zu der von → Fontana initiierten rivalisierenden Bewegung → Movimento Spaziale.

Dove, Arthur Garfield (1880–1946)
Amerikanischer Maler und – in seiner Jugend – ◇Illustrations- und Pressezeichner. Ursprünglich von → Cézanne und den ◇Fauvisten beeinflußt, begann D. nach einem Italien- und Frankreichaufenthalt (1907–10) seine Experimente auf dem Feld der Abstraktion und wurde zu einem Pionier der ◇abstrakten Malerei in den USA. An bedeutenden Bildern wie *Vollmond-*

Arthur Garfield Dove, *Mond,* 1936

aufgang (1937) wird sichtbar, daß seine Gemälde, trotz ihrer abstrakten Formen, einen deutlichen Bezug zu Naturmotiven aufweisen.

Downing, Tom siehe → **Washington Colour Painters**

Downman, John (1750–1824)
Englischer Maler, der hauptsächlich kleinformatige ◇Porträts in ◇Aquarell- und ◇Pastelltechnik schuf. Er war ein Schüler von Benjamin → West.

Doyle, Richard (1824–1883)
Englischer ◇Zeichner und ◇Illustrator. Seine außergewöhnliche Begabung für das Komisch-Groteske belegt die berühmte Titelseite der ersten Ausgabe des satirischen Wochenblatts ›Punch‹ (1841). D.s skurriler Humor kennzeichnet ebenso seine Illustrationen zu Werken Ruskins und Dickens' wie auch seine komischen Sittengeschichten ›Ye Manners and Customs of Ye Englishe, drawn from ye Quick‹ und ›The Foreign Tour of Brown, Jones and Robinson‹.

Droese, Felix (* 1950)
Deutscher ◇Objektkünstler, Zeichner und ◇Grafiker, der zunächst als Landvermesser arbeitete. 1970–76 Studium an der Düsseldorfer Kunstakademie bei → Brüning und → Beuys. 1977 Anstellung bei einem Landschafts- und Friedhofsgärtner, ab 1981 künstlerische Tätigkeit in Form von ◇holzschnittartigen expressiven ◇Scherenschnitten und ◇Zeichnungen. Danach Objekt- und Rauminstallationen mit diversen Materialien wie Glas und Holz (*Totenbretter*-Serie), die von expressiver ◇Symbolik, starkem sozialen Engagement und mythisch-religiösen Assoziationen geprägt sind.

Richard Doyle, Titelseite des ›Punch‹, 1841

Droeshout, Martin (1601 – nach 1650)
Englischer Kunststecher flämischer Abkunft. Sein berühmtes ◇Kupferstich-Bildnis von William Shakespeare (National Portrait Gallery, London) war der ersten ◇Folioausgabe (1623) der Werke des Dichters vorangestellt und von dessen Freunden und Verlegern, Heminge und Condell, in Auftrag gegeben worden; es gilt als eines der zwei authentischen ◇Porträts Shakespeares. Möglicherweise schuf D. diesen Stich nach einem heute verlorenen Porträt.

Drouais, Familie
Hubert (1699–1767)
François Hubert (1727–1775)
Germain-Jean (1763–1788)
Französische Malerfamilie des 18. Jh.s. Hubert D. war ◇Porträtmaler, der ◇Miniaturbildnisse bevorzugte und von J.-B. van → Loo und → Nattier (*Joseph Christophe,* Louvre) beeinflußt wurde. Sein Sohn François Hubert D. wurde v. a. geschätzt wegen seiner graziösen Frauen- und Kinderporträts, die sich an → Boucher orientierten und mit Bildnissen Nattiers rivalisierten. François D., der auch die königliche Familie (u. a. *Ludwig XV.,* 1773) sowie zahlreiche prominente Vertreter des Adels porträtierte, genoß die Protektion der Marquise de Pompadour und der Mme Dubarry. Germain-Jean D. war zunächst Schüler seines Vaters François D., trat um 1780 in das Atelier von J.-L. → David ein, mit dem er 1784 nach Rom ging. Germain-Jean, wie sein Lehrer David ein Vertreter des ◇Klassizismus, schuf vornehmlich ◇Historienbilder (*Marius in Minturae,* 1785, Louvre).

Drtikol, František (1883–1961)
Tschechischer ◇Fotograf, der unter dem Einfluß von ◇Jugendstil und ◇Symbolismus eine ◇allegorische Porträtfotografie bevorzugte.

Drysdale, George Russell (* 1912)
In England geborener Maler, der seit 1924 in Australien lebt, wo er beachtlichen Ruhm er-

langte. In seinen Bildern, in denen er v. a. das Landesinnere und seine Menschen darstellt, setzt er sowohl halbabstrakte als auch ◇surrealistische Stilmittel ein.

Dubreuil (Du Brueil), Toussaint (1561–1602)
Französischer Maler der zweiten Schule von → Fontainebleau, dessen Werke zumeist zerstört sind. Erhalten sind das *Opfer* (Louvre) und ◇Wandteppichentwürfe mit der *Geschichte der Diana.* Sie zeigen einen lockeren, gemäßigt ◇manieristischen Stil.

Dubroeucq, Jacques (um 1505–1584)
Flämischer ◇Bildhauer und Baumeister, ließ sich nach einem Aufenthalt in Rom (1530/35) in Mons nieder und schuf zahlreiche Grabmäler, Altäre und ◇Lettner. Während seine ◇Reliefs eine lineare Bewegung zeigen, sind seine ◇Statuen (*Fortitude,* um 1548) von italienischer, ◇klassisch ausgewogener Empfindung. D. war der Lehrer von → Giovanni da Bologna.

Dubuffet, Jean (1901–1985)
Französischer Maler, Hauptvertreter der ◇Art brut. D. gab 1918 das Malstudium an der Académie Julian in Paris auf und betätigte sich in verschiedenen Berufen. Erst ab 1942 widmete er sich wieder völlig der Malerei. Unter dem tiefen Eindruck der spontanen Ausdrucksformen von geisteskranken Kindern und Angehörigen primitiver Völker folgte er den ◇Surrealisten in ihrer Ablehnung der ästhetischen und moralischen Wertvorstellungen der westlichen Kultur. Durch Verwendung ◇automatistischer Ausdrucksmittel und schwierig zu bearbeitender Materialien unterstützte er das Irrationale und Zufällige. Bildgründe aus Gips, Sand, Leim, Kitt und anderen Materialien, die gespachtelt, geknetet, geritzt und bekritzelt werden, reizten die Phantasie des Künstlers zu poetischen Ausdeutungen, die das tragikomische Leben des Menschen leidenschaftlich verherrlichen. D.s bildnerisches Vorgehen ist weder naiv noch unkontrolliert ◇expressionistisch, sondern verrät in dem ironischen, liebevoll-zärtlichen Humor eine kultivierte Distanz.

Duccio (D. di Buoninsegna) (1250/60–1318)
Italienischer Maler und führender Meister der Schule von → Siena, dort erstmals 1278 urkundlich erwähnt. Seine künstlerische Entwicklung stand im Zeichen der Loslösung von der ◇byzantinischen Tradition (der ◇Maniera greca, der z. B. → Guido da Siena noch stärker verpflichtet war als er) und der Hinwendung zur unter französischem Einfluß aufkommenden ◇Gotik, wobei wohl ◇Buchmalerei und Elfenbeinarbeiten die Vermittlerrolle spielten. Vermutlich um 1280 kam D. in Assisi mit → Cimabue und so mit der

Duccio di Buoninsegna, *Maestà,* 1308–11

florentinischen Malerei in Berührung, wobei eine gegenseitige Beeinflussung stattgefunden haben muß. D.s persönliche Handschrift mit ihrer lichten Farbgebung und ihrer die Feinheit der ◇Miniaturmalerei aufnehmenden Zartlinigkeit sowie der Vorliebe für Landschaften und anekdotische Details zeigt sich erstmals eindeutig in der Madonna für die Cappella Rucellai in S. Maria Novella (um 1285, heute Uffizien). Sein Hauptwerk ist die für den ◇Hochaltar des Sieneser Doms geschaffene *Maestà* (1308–11). Sie zeigt auf beiden Seiten in 24 Einzeldarstellungen Szenen aus dem Leben Jesu sowie die Krönung Mariens. D.s Werk zeichnet sich durch eine harmonische Rhythmisierung der Figuren und eine differenzierende Gestaltung der Bildinhalte aus, was ihn zum maßgeblichen Neuerer der italienischen Malerei und zum Begründer der Sieneser Schule zu Beginn des ◇Trecento machte.

Duccio, Agostino di siehe → **Agostino di Duccio**

Duchamp, Marcel (1887–1968)
Französischer Künstler, Bruder von Jacques →Villon und Raymond → Duchamp-Villon. Einer der bedeutendsten ◇Avantgardisten und fruchtbarsten Anreger in der Kunst des 20. Jh.s. D. war Volontär in einer Druckerei, arbeitete als Bibliothekar und besuchte 1904–05 die Académie Julian in Paris. Nach Bildern im Stil der ◇Impressionisten und → Cézannes wandte er sich unter dem Einfluß seiner Brüder dem ◇Kubismus zu, den er in seinem berühmten Bild *Akt, eine Treppe hinabsteigend* (1912, Philadelphia Museum of Art) mit dem ◇futuristischen Moment der Bewegung verband. Diese Arbeit stand im Mittelpunkt der ◇Armory Show 1913 in Philadelphia. 1913 stellte D. sein erstes ◇Ready-made her *(Fahrrad-Rad;* weitere Ready-mades waren der *Flaschentrockner,* 1914, und die *Fontäne,* 1917), wandte sich von der konventionellen ◇Ölmalerei ab und widmete sich in Zukunft ganz seinen intellektuellen Überlegungen und konzeptuellen Untersuchungen von Kunst, die in dem ›Großen Glas‹ *Die Neuvermählte, soeben von ihren Junggesellen entkleidet* gipfelten (ab 1915, 1923 endgültig als unvollendet bezeichnet). Als Folge seiner Suche nach einer ›Anti-Kunst‹, die keine ›retinale‹ sondern eine ›Ideen-Kunst‹ sein sollte, schränkte er seine Produktion stark ein, wandte sich dem Schachspiel zu (offi-

Marcel Duchamp, *Akt, eine Treppe hinabsteigend, Nr. 2,* 1912

zieller Vertreter Frankreichs bei Turnieren; 1932 Veröffentlichung eines Lehrbuchs mit V. Halberstadt) und setzte sich mit der Organisation von Ausstellungen für andere Künstler ein (u. a. für → Brancusi). Dennoch sind die wenigen (z. T. unter dem Pseudonym ›Rrose Sélavy‹, einem seiner zahlreichen Wortspiele, wie z. B. auch der Titel seines ◇Films ›Anémic Cinéma‹, 1926), noch entstandenen Arbeiten, etwa das ›Tragbare Museum‹ *Boîte-en-Valise* (fast alle seine Werke in verkleinerter Form, 1938) und sein ›Unbekanntes Meisterwerk‹ *Gegeben sei 1. Der Wasserfall 2. Das Leuchtgas* (1946–66, Philadelphia Museum of Art), dermaßen komplex, daß sie – wie die Ready-mades – das bisherige Kunstverständnis aufs entschiedenste in Frage stellten. Obwohl D. sich stets aus allen Kunstbewegungen heraushielt, ist sein Name eng mit dem ◇Dadaismus und ◇Surrealismus verbunden. Seine Werke nehmen fast alle späteren Entwicklungen vorweg (so beeinflußte er maßgeblich die amerikanischen Künstler der post-◇abstrakt-expressionistischen Generation, wie J. → Johns und R. → Rauschenberg), die theoretischen Implikationen sind v. a. von der ◇Konzeptuellen Kunst wiederaufgegriffen worden.

Duchamp-Villon, Raymond (1876–1918)
Französischer ◇Bildhauer und Architekt, Bruder von Jacques → Villon und Marcel → Duchamp. Nach einem Studium der Medizin wandte er sich 1898 der Bildhauerei zu, die er autodidaktisch erlernte. Anfangs arbeitete er im Stil → Rodins, schloß sich um 1910 aber den ◇Kubisten an. Sein Hauptwerk, das *Pferd* (1914, drei Fassungen) stellt einen Höhepunkt der kubistischen ◇Skulptur dar. D.-V. gelingt hier eine meisterhafte Synthese aus natürlichen und mechanistischen Elementen (Bewegung, Maschine), wobei er mit der Dynamik und Geschlossenheit dieser Arbeit selbst → Archipenko, → Matisse und → Boccioni übertraf.

Raymond Duchamp-Villon, *Pferd,* 1914

Dufrêne, François (* 1930)
Französischer Maler, in der zweiten Hälfte der 1950er Jahre Mitglied der Pariser ◇Lettristen und 1960 Mitbegründer des ◇Nouveau Réalisme. Bekannt wurde D. durch seine *Dessous d'affiche,* Arbeiten, die durch Abreißen übereinandergeklebter Plakatschichten von Plakatwänden entstanden. Im Gegensatz zur Plakatdécollage von → Hains spielte der ästhetische Reiz der einzelnen freigelegten Farbwerte und ihrer Schattierungen für D. eine wichtigere Rolle als das Destruktionsprinzip.

Dufresne, Charles (1896–1938)
Französischer Maler und ◇Designer, der stilistische Einflüsse des ◇Fauvismus und des ◇Kubismus mit ◇romantischen Sujets verknüpfte. Eine Reise nach Algerien (1910–12) weckte sein Interesse für exotische Motive (*Innenhof in Algier,* 1913). Zu seinen späten Werken gehörten u. a. die ◇Wandgemälde im Palais de Chaillot (1937) und in der Ecole de Pharmacie (1938) in Paris.

Dufresnoy, Charles Alphonse (1611–1668)
Französischer ◇Historienmaler, arbeitete erst in Rom für französische Auftraggeber (1633–53), dann in Paris. Seine in lateinischen Versen geschriebene kunsttheoretische Abhandlung ›De arte graphica‹, (1668 posthum veröffentlicht) wurde in verschiedene Sprachen übersetzt und war für die folgenden 100 Jahre ein viel verwendetes akademisches Lehrbuch.

Dufy, Raoul (1877–1953)
Französischer Maler, ◇Grafiker und ◇Designer,

Raoul Dufy, *Drei Badende,* 1919

studierte an der Ecole des Beaux Arts in Paris (bei → Bonnat) und stand zunächst unter dem Einfluß van → Goghs, → Gauguins und der ◇Impressionisten. Unter dem Einfluß von → Matisse, von dessen Gemälde *Luxe, calme et volupté* D. tief beeindruckt war, schloß er sich um 1905 dem ◇Fauvismus an. Seine in dieser Zeit entstandenen Bilder, z. B. *Der Strand von Sainte-Adresse* (1904) zeichnen sich durch kräftige Farbflächen und schwarze ◇Konturen aus. Nach dieser fauvistischen Periode wandte D. sich dem ◇Kubismus und der Malerei → Cézannes zu und entwickelte seinen eigenen Stil. Nach 1920 entstanden seine dekorativen Bilder, deren Charakteristika heitere Farbigkeit und fließende, skizzenhafte Umrißlinien sind (Rennplätze, Strandszenen, Segelregatten, Kasinointerieurs). D. entwarf außerdem bemerkenswerte Stoffmuster (u. a. für den Modeschöpfer Poiret), Bühnenbilder, führte ◇Kartons für ◇Tapisserien aus und war auch als ◇Keramiker tätig. Sein Bruder Jean D.(1888–1964) arbeitete v. a. als ◇Aquarellmaler.

Dughet, Gaspard (genannt G. Poussin) (1615–1675)
Französischer Maler, Schüler und Schwager von N. → Poussin, dessen Namen er annahm. Seine Malerei ist eine glückliche Synthese aus Anregungen von → Domenichino bzw. Poussin und → Claude Lorrain, allerdings weniger streng als Poussin und ohne die weiten Distanzen wie bei Claude. Er war vorwiegend in Rom tätig, wo er zahlreiche heroische ◇Landschaften als ◇Fresken in Villen und Palästen (*Landschaft mit Ruine,* Palazzo Doria Pamphilj, Rom; *Landschaft mit See,* Palazzo Colonna, Rom) malte. Die bedeutendsten befinden sich in der römischen Kirche S. Martino ai Monti (1647). D. wurde von den englischen Landschaftsmalern bewundert und beeinflußte die Gartenarchitektur.

Dujardin, Karel (1622–1678)
Holländisch-italienischer Maler und ◇Radierer, Schüler von N. → Berchem. D. ist v. a. berühmt für seine von leuchtend gelbem Licht erfüllten, italianisierenden Landschaften mit Tier- und Figurstaffagen. Er malte aber auch ◇Genrebilder und ◇Porträts. Seit etwa 1642 bis 1662 und von 1674 bis 1678 hielt er sich in Italien auf.

Dulac, Edmund (1882–1953)
In Frankreich geborener britischer ◇Illustrator, ◇Porträtmaler und ◇Designer. Zu den bekanntesten seiner phantastischen und zugleich feinsinnigen Illustrationen gehören die ◇Aquarelle zu zahlreichen Märchenbüchern, u. a. zu der Sammlung ›Tausendundeine Nacht‹.

Dumas, Marlene (* 1953)
In den Niederlanden lebende südafrikanische Malerin, die von 1972–75 an der Michaelis School of Fine Art der Universität Kapstadt und in den ›Ateliers '63‹ im holländischen Haarlem (1976–78) studierte. Sie malt vorwiegend ◇Porträts, die wie übermalte ◇Fotografien anmuten und das Private in eine für spezifische Emotionen prototypische Gebärdensprache transformieren.

Dumonstier (Dumoustier), Familie
Weitverzweigte französische Künstlerfamilie, deren Mitglieder vom 16. bis ins 18. Jh. tätig waren. Bedeutende Vertreter waren Daniel D. (1574–1646), ein gefragter Gesellschaftsporträtist im Paris zur Zeit Ludwigs XIII. (ab 1602 Hofmaler) und Etienne D. (1540–1603), der u. a. für Königin Katharina von Medici und Heinrich II. arbeitete und wegen seiner hervorragenden farbigen Porträtzeichnungen große Berühmtheit erlangte.

Duncan, David Douglas (* 1916)
Amerikanischer Kunsthistoriker, Korrespondent und ◇Fotograf, der im und nach dem Zweiten Weltkrieg durch Berichte aus Lateinamerika sowie von den Kriegsschauplätzen Japan, Indochina und Palästina bekannt wurde. 1956–59 stellte er eine weltweit beachtete Fotoreportage über Moskau zusammen. 1957 verbrachte er einige Monate gemeinsam mit → Picasso, woraus die international vielbeachtete Fotoserie ›The Private World of Pablo Picasso‹ (1958) hervorging.

Dupré, Jules (1811–1889)
Französischer ◇Landschaftsmaler, eine der führenden Persönlichkeiten der Schule von → Barbizon; zusammen mit T. → Rousseau, → Troyon und → Daubigny arbeitete er im Wald von Fontainebleau. 1831 besuchte er England, wo ihn die Werke → Constables sehr beeindruckten. Seine eigenen Naturbilder zeichnet allerdings ein stärkerer ◇romantischer Zug aus. Zu D.s besten, einflußreichsten Arbeiten gehören seine frühen, nach der Natur gemalten Landschaften.

Duquesnoy, François (genannt il Fiammingo) (1597–1643)
Flämisch-italienischer ◇Bildhauer, der bereits früh von → Rubens gefördert wurde und sich 1618 in Rom niederließ. Zu seinen Hauptwerken zählen die Marmorstatuen des *Hl. Andreas* (1628–40, Peterskirche, Rom) und der *Hl. Susanna* (1629–33, S. Maria di Loreto, Rom), die → Bellori zufolge eine perfekte Verschmelzung von Natur und Antike darstellte. Berühmt war D. wegen seiner Kleinbronzen und ◇Putten, deren Typus von großem Einfluß war. Im Zeitalter des → Berninischen ◇Barock repräsentierte D. die ◇klassische Tradition.

Durand, Asher Brown (1796–1886)
Amerikanischer ◇Landschaftsmaler und ◇Grafiker, der gemeinsam mit T. → Cole die → Hudson River School begründete. Eine erfolgreiche Laufbahn als ◇Kupferstecher beendete er, um sich der Malerei zu widmen; anfänglich schuf er ◇Porträts und biblische wie auch anekdotische Szenen, später ruhige ◇romantische Landschaften. Er war der erste amerikanische Künstler, der unmittelbar vor der Natur arbeitete.

Dürer, Albrecht (1471–1528)
Deutscher Maler, Zeichner und ◇Grafiker, Sohn eines ◇Goldschmieds und Schüler (1486–89) des Malers und ◇Holzschneiders → Wolgemut. In seiner Frühzeit nahm er Einflüsse von → Schongauer und dem → Hausbuchmeister auf. 1490–94 ging er auf Wanderschaft an den Oberrhein (Straßburg, Colmar, Basel), von größerem Einfluß auf ihn waren jedoch seine Italienreisen. Die erste, die er gleich nach seiner Heirat (1494 in Nürnberg) nach Norditalien (Venedig) unternahm (1494–95), verstärkte sein Interesse an der Kunst des ◇Quattrocento, v. a. an → Mantegna, dessen ◇Kupferstiche er kopierte, und machte ihm seine Rolle als schöpferischer Künstler gegenüber dem Kunsthandwerker bewußt (*Selbstbildnis,* 1498, Prado; siehe Ft. 14). Sie förderte jedoch nicht nur seinen Hang zu ◇klassischen Themen, sondern auch sein Verhältnis zur unmittelbaren Umwelt, was in einer Reihe großartiger, freier, genau beobachteter ◇Landschaftsaquarelle zum Ausdruck kam *(Das Weiherhaus,* British Museum, London). Die zweite Reise, die ihn wieder nach Venedig führte (1505–07), bewirkte eine Intellektualisierung seines künstlerischen Vorgehens und regte ihn zur Erforschung der Gesetzmäßigkeit menschlicher ◇Proportionen an. Das Hauptwerk dieser Zeit, das *Rosenkranzfest* (1506, Národní Galerie, Prag), verrät das Bemühen, mit der Farbigkeit der venezianischen Maler in Wettstreit zu treten. Seine Reise in die Niederlande (1520–21) war von geringem Einfluß auf seine Entwicklung, im Gegenteil gingen die Anregungen eher von seinem Werk aus. Besonders stark war D.s Einfluß als Grafiker. Trotz mancher Vorläufer (z. B. Schongauer) war er es, der die Grafik als künstlerische Aussage dem Gemälde ebenbürtig machte. Besonders Holzschnitt und Kupferstich hob er in Technik, Inhalt, Format und geistigem Gehalt weit über den damaligen Stand hinaus. In seiner Holzschnittfolge der *Apokalypse* (1498) verbindet D. den antikisierenden Stil der italienischen Frührenaissance mit einer für die Reformationszeit typischen dramatischen, ungestümen, expressiven Ausdrucksweise. Seine wachsende souveräne Beherrschung von Proportion, ◇Chiaroscuro und technischem Raffinement, die sich in seinen Holzschnittfolgen der *Großen Passion* (1500–11) und des *Marienlebens* (1501–11), der *Kupferstichpassion* (1507–13) und vielen Einzelblättern (*Adam und Eva,* 1504) zeigt, gipfelt in den berühmten, meisterhaften Stichen *Ritter, Tod und Teufel* (1513), *Hieronymus im Ge-*

Albrecht Dürer, *Selbstbildnis,* 1500

häus (1514) und *Melancholie I* (1514), in denen das ◇Gotische und das Antike zu tief symbolischem Ausdruck verschmelzen und die einen Höhepunkt der grafischen Kunst überhaupt darstellen. Seine Malerei zeigt das gleiche Engagement. Ihre thematische Skala erstreckt sich von ◇Porträts *(Jakob Muffel,* 1526, Berlin), in denen seine Liebe zum Detail ebenso groß ist wie sein Hang zu italienischer Ordnung und Harmonie, bis zu religiösen Werken, die esoterisch in ihrer Thematik und von kraftvoller Ursprünglichkeit in ihrer Komposition sind (*Anbetung der Dreifaltigkeit,* 1511, KhW). Neu ist auch D.s Verhältnis zur ◇Zeichnung: Sie ist nicht nur Vorlage für andere Arbeiten, sondern wird oft auch um ihrer selbst willen geschaffen (das erstaunlich frühreife Selbstporträt des Dreizehnjährigen, das erste überhaupt erhaltene Werk, eine Silberstiftzeichnung von 1484, Grafische Sammlung Albertina, Wien). Die Bedeutung der Zeichnung für D. zeigt sich auch an der von keinem anderen Meister der Zeit auch nur annähernd erreichten Zahl von 900 Handzeichnungen (gegenüber etwa 70 Gemälden, 100 Kupferstichen und 350 Holzschnitten). D.s Einstellung zur Kunst, die auf der Überzeugung basierte, daß Gesetze und Methoden niemals die Spontaneität des Ausdrucks unterdrücken dürfen, ist niedergelegt in seinen Traktaten und den bemerkenswert vollständigen Tagebüchern. Er hat sich als erster deutscher Künstler um eine Theorie der ◇bildenden Kunst bemüht und das Problem der Gesetzmäßigkeiten der Gestaltung und der Schönheit in immer neuen Ansätzen theoretisch und praktisch zu lösen versucht (›Underweysung der Messung mit dem Zirckel und Richtscheyt‹, 1525; ›Vier Bücher von menschlicher Proportion‹, 1528). D. genoß die Gunst Kaiser Maximilians, für den er zahlreiche grafische Arbeiten schuf (u. a. für das → Gebetbuch und den *Triumphzug*), und die Karls V. und war mit den bedeutendsten Geistern seiner Zeit (u. a. dem Humanisten Willibald Pirckheimer) befreundet. D.s Bedeutung liegt einerseits in der absoluten Höhe des von ihm Geschaffenen, andererseits aber auch darin, daß er, wie kaum ein anderer, die künstlerischen Bestrebungen seiner Zeit, dieser Begegnung zweier Zeitalter im Übergang von der Spätgotik zur ◇Renaissance, zusammenfaßte und weiterentwickelte. In der Verbindung der Traditionen der deutschen Kunst des 15. Jh.s mit humanistischen Bestrebungen, die sich durch wiederholte Berührung mit Italien und der Renaissancekunst in ihm festigten, fand er zu der ihm eigenen reichen und zugleich schlichten Form, die einen so vollkommenen Ausdruck seiner Zeit bildet, daß sie kunstgeschichtlich oft auch als ›D.-Zeit‹ bezeichnet wird.

Dusart, Cornelis (1660–1704)
Holländischer ◇Genremaler und ◇Kupferstecher, Schüler und enger Freund des A. van → Ostade. Stilistisch folgte D. seinem Lehrer, sein Werk ist jedoch derber und satirischer, mit einer Neigung zum ◇Karikaturhaften. Bei van Ostades Tod erbte D. dessen Bilder und vollendete eine Vielzahl der Arbeiten seines Meisters.

Düsseldorfer Schule
Der Begriff umfaßt eine Gruppe von Künstlern, die um die Mitte des 19. Jh.s in Düsseldorf tätig waren und eine ziemlich ◇akademisch geprägte realistische ◇Genremalerei vertraten. Durch die belgischen ◇Historienmaler Gallait und de Bièfre wurde ein naturalistischer Stil eingeführt, der in offenem Widerspruch zu den heroisch-epischen Darstellungen von → Cornelius stand. E. Bendemann (1811–1889) und E. → Leutze malten moderne geschichtliche Ereignisse in stilistischer Nähe zu → Delaroche. Beide hatten viele Schüler, die ihren Stil fortsetzten. Das anekdotische und illustrative Moment hatte in der Historien- und Genremalerei der Schule einen deutlichen Vorrang vor Problemen der Form. Dörfliches und kleinbürgerliches Leben lieferten den bevorzugten Bildstoff, gestaltet in moralisierender und stimmungsbetonter Manier.

Duveneck, Frank (1848–1919)
Deutsch-amerikanischer Maler, der 1870 nach München übersiedelte, wo er an der Akademie bei W. → Diez studierte. Seine Arbeiten standen unter dem Einfluß → Leibls und dessen Kreises, F. → Hals' sowie der französischen ◇Pleinairmalerei. Als Lehrer an der Münchner Akademie betreute er eine eigene Malklasse, in der einige amerikanische Künstler studierten. Ab 1879 arbeitete er in Italien, 1889 kehrte er in die USA zurück, wo er seit 1900 als Professor an der Art Academy von Cincinnati lehrte.

Duyster, Willem Cornelisz. (1599–1635)
Holländischer ◇Genremaler, der sich auf die Darstellung von Szenen aus dem Soldatenleben spezialisierte (*Die Tricktrack-Spieler* und *Soldatenrauferei,* beide NGL), wobei er eine besonde-

re Fertigkeit in der Wiedergabe textiler Strukturen zeigte. Seine ◇Porträts sind in ihrem Naturalismus und mit ihrem psychologischen Einfühlungsvermögen von beachtlicher Qualität.

Dwischenije (russ. ›Bewegung‹)
1962 von Lew Nusberg in Moskau gegründete Gruppe, zu der Künstler, Techniker, Schauspieler und Musiker gehörten. Das Ziel war, theaterähnliche lichtkinetische ◇Environments zu schaffen. In dem Primat streng geordneter, anonymer Formen, in der Ausweitung der benutzten Medien auf Fernsehen und Projektionen sowie im Interesse an einer aktiven Zuschauerbeteiligung zeigt die Gruppe ähnliche Ziele wie die → Nouvelle Tendance. Zu den bekanntesten ◇Aktionen zählt das lichtkinetische Environment anläßlich der Jubiläumsveranstaltungen der Sowjetunion 1967 in Leningrad (heute St. Petersburg).

Dyce, William (1806–1864)
Schottischer ◇Historienmaler. Bereits 1827 lernte er in Rom die → Nazarener kennen, deren Einfluß sich in seinen Bildern mit religiöser und mythologischer Thematik sowie seinem perfektionierten Stil zeigt und der über ihn auf die → Präraffaeliten in England weiterwirkte. Wenn es seinen in den 1840er Jahren geschaffenen ◇Fresken (u. a. im House of Lords in London) auch an Originalität mangelt, so stellt sein Gemälde *Pegwell Bay in Kent – Eine Erinnerung an den 5. Oktober 1858* (um 1859–60) ein schönes Beispiel des ◇Realismus zur Mitte des 19. Jh.s dar.

Dyck, Sir Anthonis van (1599–1641)
Flämischer Maler, der v. a. durch seine ◇Porträts von englischen Adligen berühmt wurde, obwohl er auch zahlreiche großformatige Bilder mit religiösen, ◇allegorischen und mythologischen Sujets malte. Er erhielt seine Ausbildung von H. van → Balen in Antwerpen und in der Werkstatt → Rubens', dessen Mitarbeiter er war (1616–21). 1620/21 verbrachte er einige Monate in England, im Anschluß daran hielt er sich lange (1621–27) in Italien auf (Venedig, Genua und Rom), wo er Porträts und Aufträge für Kirchen

Anthonis van Dyck, *Karl I., König von England, auf der Jagd* (Ausschnitt), um 1635

ausführte und die Werke → Tizians studierte. Er arbeitete noch einige Zeit in seiner Heimat Flandern, bevor er 1632 Hofmaler von König Karl I. in England wurde. Nach 1635 war van D. nur noch als Porträtmaler tätig. Typisch für seinen feinfühligen und eleganten Porträtstil, der fast allen seinen Modellen mit einem vornehmen und intelligenten Ausdruck schmeichelt, sind die Bildnisse *Philippe le Roy* (1630), *Frans Synders* (um 1620–21), *Karl I.* und das ambitionierte Porträt *Karl I., König von England, auf der Jagd* (um 1635). Mit diesen Arbeiten schuf er einen Bildnistyp, der die englische Porträtkunst für mindestens 200 Jahre beeinflussen sollte. Zu den großen religiösen und mythologischen Werken van D.s gehören: *Kreuzigung Petri, Samson und Dalila, Rinaldo und Armida* (1629) und *Amaryllis und Myrtilos.*

E

Eakins, Thomas (1844–1916)
Amerikanischer Maler, ◇Bildhauer und ◇Fotograf. Studierte in Paris bei → Bonnat und → Gérôme. Unter dem Einfluß von → Velázquez und → Ribera malte er ◇Porträts und Figurenbilder (z. B. seine Studien von operierenden Chirurgen wie *Die Gross-Klinik,* 1875) von fester plastischer Form, dunkelleuchtender Farbigkeit und einem ◇realistischen Ausdruck, der ihn zum populärsten und wohl bedeutendsten amerikanischen Porträtisten und Maler des 19. Jh.s machte. E. schuf auch brillant komponierte Regattabilder. An Amerikas Kunstschulen – E. war ab 1876 Lehrer, später (1882) Direktor der Pennsylvania Academy of the Fine Arts – revolutionierte er den akademischen Lehrbetrieb mit seinem Insistieren auf dem direkten Aktzeichnen nach Modell und dem Erwerb solider anatomischer Kenntnisse. Als Fotograf entwickelte er E. → Muybridges Experimente mit der Bewegungsfotografie weiter.

Thomas Eakins, *Maskiertes weibliches Modell,* um 1886

Earl(e), Ralph (1751–1801)
Amerikanischer Maler der Kolonialzeit, Autodidakt. Seine ◇Schlachtenszenen aus der Zeit des Unabhängigkeitskrieges (*Britische Truppen in Concord,* 1775) brachten ihm den Ruf ein, der erste ◇Historienmaler Amerikas gewesen zu sein. Einige Zeit (1778–85) lebte er in England, wo er bei B. → West studierte. In dieser Schaffensphase ersetzte er die anziehende unverbildete Strenge seiner frühen Bildnisse durch den glatteren Stil der damals modischen englischen ◇Porträtkunst.

Eastlake, Sir Charles Lock (1793–1865)
Englischer Maler und Kunstschriftsteller (übersetzte u. a. → Goethes Farbenlehre). 1816–30 bereiste er Italien und Griechenland und schuf während seines Romaufenthaltes in den 1820er Jahren ◇romantische ◇Genreszenen. Er war Präsident der Royal Academy und erster Direktor (1855–65) der National Gallery in London, wo er sich intensiv dem Aufbau einer der größten Sammlungen italienischer Kunst, insbesondere der sog. italienischen Primitiven, widmete.

Ebersbach, Hartwig (* 1940)
Deutscher Maler und ◇Zeichner, der 1959–64 an der Hochschule für Grafik und Buchkunst in Leipzig u. a. bei Bernhard → Heisig studierte. Während seiner Lehrtätigkeit an der Leipziger Hochschule 1981–83 Zusammenarbeit mit der experimentellen Gruppe für intermediare Kunst ›37,2‹. E. entwickelte in der Abwendung vom ◇Sozialistischen Realismus eine halbautomatische psychologisierende und stark expressive Malweise mit heftigen Pinselgebärden, die sich als Entäußerung der ins Unterbewußte verdrängten Kreativität versteht (Serie der *Kasper*-Bilder).

Ebo-Evangeliar (vor 823) (?)
Mittelalterliche ◇illuminierte Handschrift (heute in der Bibliothèque Municipale, Epernay), Hauptwerk der ◇karolingischen ◇Buchmalerei-Schule von Reims, geschaffen im Kloster Hautvilliers für Erzbischof Ebo von Reims (816–849). Ihre Illuminationen repräsentieren einen Übergangsstil von der malerisch-◇illusionistischen Darstellungsweise der karolingischen ›Neuen Palastschule‹, die auch als ›Gruppe des Wiener Krönungsevangeliars‹ bekannt ist (siehe das Schatzkammerevangeliar im → Aachener Domschatz bzw. das sog. Krönungs- oder →

Reichsevangeliar), zu der linearen Version der gleichen, an ◇frühchristlichen und ◇byzantinischen Vorbildern orientierten Stilart, wie sie z. B. die Schule von Reims vertritt (→ Utrecht-Psalter).

Eckersberg, Christoffer Vilhelm (1783–1853)
Dänischer Maler, Schüler J.-L. → Davids in Paris (1811–13), der sich gemeinsam mit B. → Thorvaldsen von 1813–16 in Rom aufhielt, wo er das berühmte ◇Porträt Thorvaldsens (Kunstakademie Kopenhagen) malte. Bekannt wurde E. durch Porträts, ◇Historienbilder, ◇Seestücke und Sujets aus der Antike, wobei er ◇klassizistische Formen mit lebendigen Naturbeobachtungen verband. E. gilt als Wegbereiter der dänischen ◇Romantik.

Eddy, Don (* 1944)
Amerikanischer Vertreter des ◇Hyperrealismus, studierte in Honolulu und Santa Barbara. Als Sujet seiner Bilder bevorzugt er die Welt der Autos, vor allem Autowracks und -friedhöfe.

Eeckhout, Gerbrand Jansz. van den (1621–1674)
Holländischer Maler. Er schuf ◇Porträts, Darstellungen mit religiösen und antiken Sujets sowie ◇Genrebilder; ein Lieblingsschüler → Rembrandts (1635–40), dessen Stil (aus den 1630er und 1640er Jahren) er übernahm, was an Bildern wie *Die Vorsteher der Weinkäufergilde* (1673) deutlich wird. Um 1665 begann E., Genreszenen zu malen, die Verwandtschaft mit G. → Terborch und J. → Vermeer zeigen.

Effner, Joseph (1687–1745)
Deutscher Architekt, Gartenbaukünstler und Innendekorateur, der als kurfürstlich-bayerischer Hofbaumeister u. a. maßgeblich an der Neugestaltung der Nymphenburger Schloß- und Parkanlage beteiligt war und Schloß Schleißheim (ab 1719) erbaute. E. hatte großen Einfluß auf die Verbreitung französischer Baukunst in Bayern.

Egell, Paul (1691–1752)
Deutscher ◇Bildhauer des Spätbarock, Schüler → Permosers in Dresden (1712–17), wirkte seit 1721 als Hofbildhauer in Mannheim (Altar der Pfarrkirche in Mannheim, 1730/35, heute Berlin). Seine zierliche und feinbewegte Kunst vollzog den Übergang vom Spätbarock zum ◇Rokoko. E. hatte starken Einfluß auf I. → Günther.

Eggeling, Viking (1880–1925)
Schwedischer ◇abstrakter Maler und Filmemacher, studierte in der Schweiz und in Paris und schloß sich dem Züricher ◇Dada (1918–19) an. Seine Theorie von der linearen Orchestrierung basierte auf dem musikalischen Kontrapunkt. Mit seinem Freund Hans → Richter untersuchte er in Experimenten den Faktor Zeit in der visuellen Kunst und schuf (Film-)Rollenbilder (ab 1919) und abstrakte ◇Filme (ab 1920), u. a. ›Symphonie diagonale‹ (◇Rollenfilm).

Eggenschwiler, Franz (* 1930)
Schweizer Künstler, der an der Kunstgewerbeschule in Bern 1944–51 studierte. Nach Bildern, ◇Skulpturen und ◇Grafiken in Anlehnung an den ◇Konstruktivismus begann E. ab 1967, aus Fundgegenständen und Abfällen ◇Assemblagen und Objekte zu gestalten und Schmuck aus Kerngehäusen, Mohnkapseln, Dübeln u. a. zu fertigen. E. entwickelte unter dem Einfluß von →Beuys eine Objektsprache, die sowohl den Symbolfunktionen wie auch der individuellen Poesie der Alltagsdinge nachspürt. Daneben entstanden ◇Druckgrafiken (Holzdrucke) und sog. Telefonskizzen (1980). Seit 1981 hat E. eine Professur an der Düsseldorfer Kunstakademie inne.

Ehrenstrahl, David Klö(c)ker von (1628–1698)
Deutscher ◇Porträtmaler, der als ›Vater der schwedischen Malerei‹ bekannt ist. Von 1654 bis 1658 lebte er in Italien (Venedig, Rom), wo er von den Werken Pietro da → Cortonas und → Claude Lorrains beeinflußt wurde. Hauptsächlich arbeitete er jedoch am schwedischen Hof (ab 1661 Hofmaler), an dem er einen repräsentativen Bildnisstil – mit ◇allegorischen Figuren und ◇Putten – einführte, der ihn zu einem Hauptvertreter der schwedischen ◇Barockmalerei machte. Daneben schuf E. große dekorative Gemälde (u. a. für Schloß Drottningholm).

The Eight (engl. ›Die Acht‹)
Gruppe von acht amerikanischen Malern – → Glackens, → Henri, → Luks, → Shinn, → Sloan (die früheren ›Philadelphia Realists‹) sowie → Davies, → Lawson und → Prendergast. Die Gruppe wurde 1907 aus Protest gegen die National Academy of Design gegründet, die Arbeiten von Glackens, Luks und Shinn abgelehnt hatte. In stilistischer Hinsicht unterschieden sich die Mitglieder erheblich voneinander: Die ersten

fünf waren Realisten der → Ash Can School, die anderen drei malten in einem ◇romantischen bzw. ◇impressionistischen Stil. Die Künstler stellten auch nur einmal gemeinsam aus – 1908 in der Macbeth Gallery in New York. Die Ausstellung der acht Maler zeitigte zwei Wirkungen: einmal wirkte die Bildthematik der Ash-Can School-Maler, die einen Sturm der Entrüstung entfesselte, befruchtend auf die amerikanische Malerei und zum anderen wurde durch diesen ersten freiwilligen Zusammenschluß von Künstlern zum Zweck gemeinsamer Ausstellungen die strangulierende Vormachtstellung der National Academy auf Ausstellungen erstmals gebrochen und ein Präzedenzfall für zukünftige unabhängige, moderne Kollektivausstellungen in Amerika, wie z. B. die ◇Armory Show von 1913, geschaffen.

Einbeck, Konrad von (um 1360 – um 1428)
Deutscher Steinmetz und Baumeister der Spätgotik, der seine Lehrzeit vermutlich in der Prager Bauhütte → Parlers verbrachte. E. soll 1388 die Fundamente der Moritz-Kirche in Halle gelegt haben. Dafür sprechen u. a. die Dekoration der östlichen Fassade, einige Figuren des Innenraums (u. a. *Hl. Mauritius,* 1411; *Schmerzensmann,* 1416) und ein Selbstbildnis, das als eines der frühesten Beispiele dieser Art in der deutschen Kunst gilt. E.s Darstellungsweise ist im Gegensatz zum ◇Weichen Stil von bäuerlich-derber Schwere und starker Leidensdramatik geprägt.

Eisenstaedt, Alfred (* 1898)
Deutscher Dokumentarfotograf, wurde bekannt durch seine Fotoreportage von der Verleihung des Nobelpreises für Literatur an Thomas Mann 1929 in Stockholm. 1936 ging E. in die USA und arbeitete für die Zeitschrift ›Life‹. Auf den Titelseiten von ›Life‹ erschienen viele seiner Fotos von Staatsmännern, Bühnen- und Filmstars sowie von berühmten Persönlichkeiten aus Wissenschaft und Kunst. Zugleich dokumentierte E. auch in eindrucksvollen Aufnahmen die Alltagssituation Amerikas während des Zweiten Weltkriegs.

Eliasz. Pickenoy, Nicolaes (1590/91–1653/56)
Holländischer ◇Porträtmaler. E. war ein gesuchter Maler offizieller Gruppenporträts seiner Zeit, und zwar wegen seiner schlichten und maßvollen Art der Darstellung, die in völligem Gegensatz zu der seines Amsterdamer Zeitgenossen → Rembrandt stand.

Elk, Ger van (* 1941)
Niederländischer Künstler, studierte Kunst und Kunstgeschichte an der Kunstgewerbeschule in Amsterdam (1959–61), dem Immaculate Heart College in Los Angeles (1961–63) und an der Reichsuniversität in Groningen (1965–66). Mit → Dibbets und Lucassen gründete er 1967 in Amsterdam das ›International Institute for Reeducation of Artists‹. Nach Arbeiten, die der ◇Materialkunst nahestehen, aber schon eine besondere Form von Humor erkennen lassen, wandte er sich der ◇Fotografie zu und entwickelte einen sehr persönlichen, ironisch-witzigen Stil (z. B. optische Umsetzungen von Redewendungen oder Begriffen, ◇realistische Arrangements nach ◇Stilleben von → Klee u. a.).

Elsheimer, Adam (1578–1610)
Deutscher Maler und ◇Radierer, der seit 1600 in Rom lebte, bedeutender ◇Landschaftsmaler und Mitschöpfer der idealistischen Landschaftsdarstellung des 17. Jh.s Frühe Einflüsse gingen von seinem ersten Lehrer Uffenbach in Frankfurt und den Malern der →Frankenthaler Schule (→ Coninxloo) aus sowie von → Rottenhammer und der venezianischen Malerei während seines Aufenthaltes in Venedig (1598–1600). In Rom war er mit → Rubens und P. → Bril befreundet und wurde von dem neuen römischen Naturalismus und der Lichtbehandlung → Caravaggios angeregt (◇Chiaroscuro). E.s Originalität lag in der zarten Melancholie und poetischen Anmut seiner Figuren, der dekorativen Detailbehand-

Adam Elsheimer, *Flucht nach Ägypten,* 1609

lung und seiner ›Scheinwerferlicht-Methode‹, mit der er bestimmte Bildbereiche durch mehrere Lichtquellen besonders hervorhob. Seine *Flucht nach Ägypten* (1609, AP) ist die erste Darstellung einer Nachtlandschaft mit Vollmond und Sternen. Seine überwiegend kleinformatigen, meist auf Kupfer gemalten, dämmrigen Landschaften mit mythologischen oder biblischen Szenen hatten starken Einfluß auf die entstehende ◇Barockmalerei (Rubens, → Rembrandt, → Claude Lorrain). Von überraschender Lebendigkeit sind E.s zahlreiche ◇Zeichnungen (Frankfurter *Skizzenbuch*).

Endoios (tätig 6. Jh. v. Chr.)
Galt in der Antike als bedeutendster griechischer ◇Bildhauer seiner Zeit. Von ihm stammt wohl das um 530 v. Chr. entstandene Athena-Sitzbild auf der Akropolis in Athen (Torso, Inselmarmor, 1,47 m hoch, Akropolis-Museum). Auch inschriftliche Erwähnungen seines Namens sind erhalten. V. a. aber kennen wir ihn durch → Pausanias.

Engebrechtsz. (Engelbrechtsz., Engelbertsz., Engelbrechtsen), Cornelis (1468–1533)
Altniederländischer Maler, der in Leiden tätig war (1499–1522), vermutlich ein Schüler von Colin de Coter. Sein Frühstil (*Beweinungsaltar,* 1508, Stedelijk Museum, Leiden) zeigt plastische Figuren und klare Farben. Ab 1515/20 wurden seine Kompositionen unter dem Einfluß der → Antwerpener Manieristen zunehmend komplizierter und überladener, jedoch mit sehr geschickter ◇ornamentaler Detailbehandlung (*Kreuzigungsaltar,* 1520, ebda.). Seine überlängten Figuren (*Die Heiligen Konstantin und Helena,* um 1515/20, AP) sind typisch ◇manieristisch; sein Sinn für Dramatik und Bewegung ist jedoch sehr persönlich. E., der eine große Werkstatt besaß, war der Lehrer seines Sohnes Cornelis → Cornelisz. (Kunst) und des L. van → Leyden.

Ensor, James (1860–1949)
Belgischer Maler und ◇Radierer, als Sohn eines englischen Vaters und einer flämischen Mutter in Ostende geboren. Er studierte an der Brüsseler Akademie (1877–80), kehrte danach jedoch in seine Geburtsstadt zurück, wo er bis zu seinem Tode lebte. Von nahezu niemandem – mit Ausnahme weniger Schriftsteller wie Verhaeren und Maeterlinck – beachtet, wurde ihm erst 1929 eine späte Anerkennung zuteil: Er wurde zum Baron geadelt. Heute wird E. als einer der bedeutendsten Wegbereiter sowohl des ◇Expressionismus als auch des ◇Surrealismus angesehen. Anfänglich malte er düstere Interieurs, ◇Porträts, ◇Landschaften, darunter zahlreiche ◇Seestücke (*Badewagen am Strand,* 1877), auch einige hervorragende ◇Stilleben. Um 1888 veränderte sich seine Palette zugunsten hellerer, brillant kontrastierender Farben. Diese sehr flämische Farbwahl ist erstmals an E.s Variation zu einem Selbstbildnis Rubens' zu beobachten (*Selbstbildnis mit Blumenhut,* 1883 und 1888 überarbeitet). Ab dieser Zeit stellte er in seinen Bildern unter Verwendung einer hellen expressiven Palette eine phantastisch spukhafte Welt dar, bevölkert von dämonischen maskierten Figuren, Skeletten und Harlekins (*Masken im Streit um einen Gehängten,* 1891), die an die Bildwelten → Boschs, P. → Bruegels d. Ä., → Callots, → Goyas und → Magnascos erinnern. Die berühmteste Arbeit dieser Schaffensperiode, *Der Einzug Christi in Brüssel* (1887–88), erregte 1889 einen Proteststurm und führte zum Ausschluß E.s aus der 1883 gegründeten ◇neoimpressionistischen Gruppe Les → Vingt. E.s bedeutendste Arbeiten entstanden 1888–92, ab 1900 erlosch seine visionäre Kraft, und er wiederholte häufig seine alten Bildthemen. Zu seinen bekanntesten Radierungen zählt u. a. *Die Kathedrale* (1891).

James Ensor, *Die Masken und der Tod,* 1897

Eosander, Johann Friedrich von (1670–1729)
Berliner Hofbaumeister schwedischer Abstam-

mung, der 1707 die Nachfolge → Schlüters in der Leitung des Berliner Schloßbaus übernahm. Neben seiner Architektentätigkeit im monumental-◇barocken Stil widmete sich E. aufwendigen Festdekorationen für den preußischen Hof.

Epiktet (tätig um 530/520 – 505/500 v. Chr.)
Neben → Oltos ältester signierender ◇attischer Schalenmaler des ◇rotfigurigen Stils (Frühwerke noch ◇schwarzfigurig). Auf seinen reifen Werken findet sich der Lieblingsname Hipparchos (→ Kleophrades-Maler). E. schuf auf Tellern und im Innern von Schalen neue, lange Zeit vorbildlich bleibende Rundkompositionen. Oft finden sich bei ihm Gestalten zwischen ◇apotropäisch zu deutenden Augenornamenten am Außenrand.

Jacob Epstein, *Adam,* 1938-39

Epstein, Sir Jacob (1880–1959)
In Amerika geborener englischer ◇Bildhauer russisch-polnischer Abkunft, der sich 1905 in London niederließ. Gleichermaßen berühmt und umstritten wurde er mit den 18 in Halbrelief-Technik (◇Relief) ausgeführten Figuren, die er für das British Medical Association Building, Strand and Agar Street in London, anfertigte. Viele seiner in frühen und mittleren Schaffensjahren entstandenen ◇Skulpturen wurden von der breiten Öffentlichkeit abgelehnt und von Kritikern entweder wegen der bewußten Deformation der menschlichen Figur oder aus formalen Gründen angegriffen: Der *Auferstandene Christus* (1919) stellt Christus als Juden dar, in *Ecce Homo* (1934–35) und in dem aus Alabaster gearbeiteten *Adam* (1938–39), einer barbarisch anmutenden und spannungsgeladenen Skulptur, zeigt sich der Einfluß der Kunst der Naturvölker. Die drei bedeutendsten religiösen Auftragsarbeiten seiner letzten Jahre, darunter der *Hl. Michael kämpft mit dem Teufel* (1955–57, Kathedrale von Coventry), stellen eher traditionelle Kompositionen dar. Bemerkenswert sind seine bronzenen ◇Porträtbüsten von Kindern und berühmten Zeitgenossen (Einstein, Churchill).

Equipo Cronica
Spanische Künstlergruppe, gegründet 1964 anläßlich der Ausstellung ›Freies Spanien‹ in Rimini von Manuel Valdes (* 1942) und Rafael Solbes (* 1940). Die Gruppe reproduzierte Meisterwerke der spanischen Kunstgeschichte in einem verfremdenden Stil (akademistische Maltendenzen in Verbindung mit ◇collagehaft zitierten plakativen ◇Pop-Art-Elementen), um die politischen Verhältnisse des Franco-Regimes zu kritisieren.

Equipo 57
Spanische Künstlergruppe, u. a. mit den Mitgliedern Angel Duarte und → Serrano. In ihrer methodisch begründeten, kollektiven Arbeit verfolgte sie auf → Pevsner, → Gabo und → Vasarély basierende ◇konstruktivistische Gestaltungsziele. Die Gruppe löste sich 1961 auf.

Erben, Ulrich (* 1940)
Deutscher Maler, studierte in Hamburg, München, Venedig und Berlin (1958–63). Auf weiß oder ◇monochrom grundierte Leinwand setzt E. farbige Rechtecke, die dann in einem weiteren Malprozeß mit vielen transparenten Schichten weißer ◇Ölfarbe überstrichen werden. Dadurch entsteht auf der Bildfläche eine schwebende ◇illusionistische Räumlichkeit aus der zarten Kontrastspannung zwischen matter Grundierung und transparenter Form, deren Lineatur durch weiche Übergänge ihre geometrische Starre verliert.

Erbslöh, Adolf (1881–1947)
Deutscher Maler und ◇Grafiker des ◇Expressionismus, mit → Kandinsky und → Jawlensky u. a. Gründungsmitglied der → Neuen Künstlerver-

einigung München (1909). Er mißbilligte die zunehmende Tendenz zur ◇Abstraktion in Kandinskys Werk und war z. T. verantwortlich für dessen Ausscheiden aus der Vereinigung im Jahre 1911.

Erfurth, Hugo (1874–1948)
Deutscher Fotograf, der sich nach einem Malereistudium an der Dresdner Kunstakademie um die Jahrhundertwende der ◇Fotografie zuwandte und einen malerisch-◇impressionistischen Fotostil praktizierte. In den 1920er Jahren zählte E. zu den bedeutendsten Porträtisten, die eine psychologisierende Darstellungsweise anstrebten.

Erhart, Gregor (um 1465/70–1540)
Deutscher ◇Bildhauer und Holzschnitzer, Sohn des Bildschnitzers Michel Erhart (um 1440 Ulm – nach 1522 ebda.), bei dem er lernte. 1491 ließ sich E. in Augsburg nieder. Sein Stil, der von der Ulmer Tradition, besonders von → Multscher, ausgeht, steht bereits auf der Schwelle von der Spätgotik zur Frührenaissance und weist Beziehungen zu → Riemenschneider auf. Sein lebensgroßes Reiterstandbild Kaiser Maximilians (um 1500–09) blieb unvollendet, einzig das Pferd wurde in Bronze gegossen. E.s genaue Detailbehandlung und psychologische Einfühlung kommt sehr schön in seiner holzgeschnitzten *Schutzmantelmadonna* (um 1510, Wallfahrtskirche, Frauenstein, Oberösterreich) zum Ausdruck.

Ernst, Max (1891–1976)
Deutsch-amerikanischer Maler, der in Paris und Amerika lebte, Hauptvertreter des Kölner ◇Dada mit → Arp und → Baargeld (1919–20) und der ◇surrealistischen Bewegung in Paris (1924). E., der Kunstgeschichte studiert hat, war als Maler Autodidakt. Schon früh verwendete er die Technik der ◇Collage, kombinierte seltsame, nicht zusammengehörige Objekte oder Bilder – meist Ausschnitte aus alten ◇Illustrationsstichen – und erzeugte auf diese Weise einen neuen, absurden, die poetische Phantasie reizenden Sinn. Diese auf dem Verfremdungseffekt basierenden Experimente gipfelten später in seinen surrealistischen Collageromanen wie ›La femme 100 têtes‹ (1929). Zwischen 1921–24 entstand eine Reihe von Bildern (*Der Elefant Celebes,* 1921), die stark von de → Chirico beeinflußt waren und eine Verbindung darstellen zwischen Dada und Surrealismus (siehe auch Ft. 29). 1925 erfand E., der als Maler den surrealistischen Dichtern vielleicht am nächsten stand, eine dem ◇automatistischen Schreiben adäquate malerische

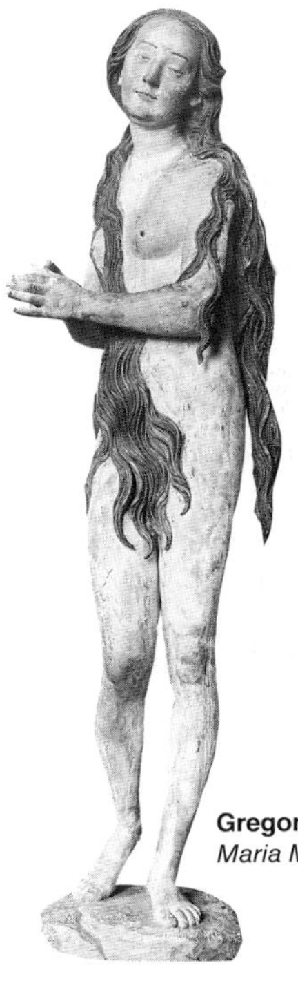

Gregor Erhart,
Maria Magdalena, um 1510

Max Ernst, *Weib, Greis und Blume,* 1923–24

Technik, die ◇Frottage: Er legte ein Stück Papier auf eine strukturierte Fläche – gemasertes Holz, ein geripptes Blatt etc. – und rieb mit einem Bleistift die Strukturen durch, aus denen er dann neue Bildideen gewann. Bilder wie z. B. *La ville entière (Die ganze Stadt),* 1936–37, evozieren mit Hilfe solcher ◇automatistischer Techniken die Bildwelt des Traumes und sind von starker halluzinatorischer Kraft. Bedeutenden Einfluß auf sein Schaffen, v. a. auf seine seit 1930 entstandenen ◇Plastiken, hatte auch die Kunst der Naturvölker. E. war einer der anregendsten Geister der modernen Kunst.

Erró (Gudmundur Gudmundsson) (* 1932)
In Paris lebender isländischer Maler und ◇Grafiker, der mit den stilistischen Mitteln der ◇Pop Art und des ◇Neuen Realismus eine politisch engagierte Malerei vertritt.

E. S., Meister (tätig um 1440–1467)
Deutscher ◇Kupferstecher, der stilistisch und mundartlich dem oberrheinisch-alemannischen Gebiet zugeordnet wird. Aufgrund des ◇Monogramms E. S. werden ihm 317 Stiche, darunter über 90 ◇Unika, zugeschrieben. Die Jahreszahlen 1466 und 1467 (14 Stiche) bezeichnen offensichtlich das Ende seiner Tätigkeit. ◇Handzeichnungen stammen mit Sicherheit nur drei von ihm. Sein Werk weist eine für seine Generation außerordentliche Spannweite auf und zählt zum Bedeutendsten vor → Schongauer. Mit großer Erfindungskraft hat er nicht nur den Themen der christlichen ◇Ikonographie neue Züge abgewonnen, sondern auch eine Vielzahl profaner (einschließlich erotischer) Szenen gestaltet (*Phantastisches Alphabet,* um 1464).

Eselsschwanz (russ. ›Osliny chwost‹)
Ein Zusammenschluß ◇avantgardistischer Künstler, der sich 1911 in Moskau aus einer vom → Karobuben abgespalteten Gruppe bildete. Das leitende Prinzip dieser Künstler war es, die russische Kunst aus ihrer Abhängigkeit vom Westen zu befreien, indem sie sich traditionellen russischen Formen wie den ◇Ikonen und den verschiedenen Arten der ◇Volkskunst zuwandten. Zu den besonders engagierten Mitgliedern zählten M. → Larionow, N. → Gontscharowa, K. → Malewitsch und W. → Tatlin. Larionow wählte als Titel der ersten Ausstellung den Namen ›Eselsschwanz‹, nachdem er gehört hatte, daß französische Künstler einem Esel einen Pinsel an den Schwanz gebunden und das so entstandene Resultat als ›Gemälde‹ ausgestellt hatten.

Estes, Richard (* 1936)
Amerikanischer Vertreter der ◇hyperrealistischen Malerei. Als Sujet bevorzugt E. die Lichtreflexe auf chromblinkenden Autos und auf Schaufensterfassaden, die als Bildmedien einer verschachtelten Realitätswiedergabe dienen.

Estève, Maurice (* 1904)
Französischer Maler, studierte an der Académie Colarossi in Paris (1924) und wurde stark von → Cézanne und dem späten → Léger beeinflußt. Er entwickelte eine Synthese aus ◇kubistischen Formen und ◇fauvistischer Farbe und war in den 1950er Jahren neben → Manessier einer der Hauptvertreter der ◇lyrischen Abstraktion.

Etty, William (1787–1849)
Englischer Maler, der sich 1805 in London niederließ. Er war einer der wenigen englischen Maler, die sich auf die Darstellung des weiblichen ◇Aktes spezialisiert hatten (*Akt,* um 1825, Tate Gallery, London). Viele Jahre lang zeichnete und malte er in der Aktmodellklasse an der Royal Academy. Seine üppigen, oft sorgfältig komponierten Bilder zeigen den Einfluß → Tizians und → Rubens'.

Euphranor (tätig 4. Jh. v. Chr.)
Griechischer Maler, ◇Bildhauer, Kunsttheoretiker und Toreut (Metallbildhauer) aus Isthmos (Korinth?). Schuf u. a. Bilder für die Stoa Eleutherios an der Agora in Athen (Hauptbild ist die Schlacht von Mantineia, 362 v. Chr.). Weitere Themen waren ein Wahnsinn heuchelnder Odysseus, Theseus, Demokratia und Demos. Was den ◇Proportionenkanon angeht, muß er zwischen → Polyklet und → Lysipp eine Mittelstellung eingenommen haben.

Euphronios (tätig um 515–500 v. Chr.)
◇Attischer ◇Vasenmaler des frühen ◇rotfigurigen Stils, datiert durch den Lieblingsnamen Leagros. E. war Rivale des → Euthymides, den er an Erfindungs- und Beobachtungsgabe noch übertraf. Seine Gestalten bewahren bei aller Vorliebe für Details und Linienreichtum monumentale Klarheit.

Euston Road School
Eine Gruppe britischer Künstler, die unter der

Leitung von W. Coldstream, L. Gowing, C. Rogers und V. → Pasmore eine Schule (1938–39) für Malerei und Zeichnen in London unterhielt. Ihre Themen waren realistische Stadtszenen, ◇Landschaften und ◇Interieurs, die sie in Opposition zu den ›extremen‹ Entwicklungen der Kunst der Moderne (z. B. der ◇surrealistischen Malerei) schufen. Die Gruppe, die sich nach dem Sitz der Schule in der Londoner Euston Road nannte, löste sich 1939 formell auf.

Euthykrates (tätig spätes 4. Jh. v. Chr.)
Griechischer ◇Bildhauer aus Sikyon, Sohn und Schüler des ◇Lysipp. Nach → Plinius schloß er sich in seinen ◇Kompositionen und ◇Proportionsverhältnissen an seinen Vater an, allerdings fehlte ihm dessen Anmut. Zu seinen ◇Skulpturen zählen ein Herakles in Delphi sowie eine Darstellung Alexanders d. Gr. auf der Jagd.

Euthymides (tätig um 510–500 v. Chr.)
◇Attischer ◇Vasenmaler des ◇rotfigurigen Stils, Rivale des → Euphronios, Lehrer des → Berliner Malers, desgleichen wohl auch des → Kleophrades-Malers. Zu seinen Werken zählt eine Bauchamphora mit dem Koroneraub. Seine Darstellungen begnügen sich mit wenigen, groß angelegten Figuren mit kräftiger Linienführung in Abkehr von der überladenen spätarchaischen Formenwelt.

Eutychides (tätig nach 300 v. Chr.)
Griechischer ◇Bildhauer, Schüler des → Lysipp und berühmt für seine ◇Statue der Tyche, Schutzgöttin der 300 v. Chr. gegründeten Stadt Antiocheia in Syrien. Mit übereinandergeschlagenen Beinen und aufgestütztem linken Arm sitzt die Göttin auf einem Felsen, zu ihren Füßen schwimmt der Flußgott Orontes. Typisch für den frühen ◇Hellenismus ist die Achsenverstrebung (◇Kontrapost). Zahlreiche Kopien in Bronze und Marmor (besonders in Budapest), aber auch auf ◇Gemmen und auf Münzen (Tigranes I.) sind erhalten.

Evans, Walker (1903–1975)
Amerikanischer Fotograf, der sich erst nach dem Philologiestudium in den USA und in Paris für den Fotografenberuf entschied. In den 1930er Jahren widmete sich E. der spezifischen Südstaatenarchitektur in den USA sowie der schwarzafrikanischen Kunst. Später folgten Reportagen im Rahmen der ›Farm Security Administration‹ über die soziale Situation der infolge der Weltwirtschaftskrise verarmten Baumwollpflücker und Farmer in den Südstaaten. Die Bildauffassung E.' entsprach derjenigen der ◇neusachlichen ◇Fotografie in Deutschland.

Evenepoel, Henri Jacques Edouard (1872–1899)
Belgischer Maler, studierte in Brüssel und 1892 bei Gustave → Moreau, wo er → Matisse und → Rouault begegnete. E.s Name verbindet sich v. a. mit Kinderbildnissen, die von → Toulouse-Lautrec und → Steinlen beeinflußt waren. Seine Pariser Szenen sind im Stile → Degas' gemalt, zeigen aber einen starken Hang zum ◇Karikaturhaften.

Everdingen, Allart van (1621–1675)
Holländischer Maler und ◇Radierer, der unter → Savery und P. de → Molijn arbeitete und ◇Landschaften und ◇Seestücke malte. Unter dem Eindruck einer Reise nach Schweden (1644) schilderte er in seinen Bildern die grandiose nordische Gebirgslandschaft. E. beeinflußte viele seiner holländischen Zeitgenossen, darunter auch J. van → Ruisdael. Sein Bruder Cesar Boetius van E. (†1678) war ebenfalls Maler, der ◇Porträts und mythologische Darstellungen in einer ausgefeilten, caravaggesken Manier schuf.

Evergood, Philip (1901–1973)
Amerikanischer Maler, studierte bei → Tonks an der Slade School of Art, bei → Luks an der ◇Art Students' League (1923) und André → Lhote an der Académie Julian in Paris (1924). Seine ◇Wandbilder für → WPA waren in der Öffentlichkeit umstritten. Unter dem Einfluß der Zeichenkunst von Tonks und der Dramatik El → Grecos malte er sozialkritische, oft satirische, dunkel-◇allegorische Bilder.

Eworth (Ewoutsz.), Hans (Anfang 16. Jh. – nach 1574)
Englischer Maler flämischer Herkunft, der seine künstlerische Ausbildung in Antwerpen erhielt. Ab 1545 arbeitete er in England, wo er für Maria I. und (seit 1572) Elisabeth I. arbeitete. Seinen Gönnern schmeichelte er, indem er sie in kunstvollen, dem Stil der Schule von → Fontainebleau nahestehenden ◇allegorischen Bildern darstellte (*Königin Elisabeth mit Juno, Minerva und Venus,* 1569). E.' höfische ◇Porträts, z. B. *Frances Brandon, Herzogin von Suffolk, und Adrian*

Hans Eworth, *Sir John Luttrell,* 1550

Stokes (1559), zeichnen sich durch subtile Charakterisierung aus. Sein Stil war beeinflußt von → Holbein d. J., → Clouet und A. → Mor.

Exekias (tätig um 550–520 v. Chr.)
◇Attischer Töpfer und Maler des ◇schwarzfigurigen Stils. Überliefert ist von ihm u. a. die vatikanische Bauchamphora mit Achill und Ajax beim Brettspiel sowie die Münchener Augenschale mit dem das Meer befahrenden Dionysos. Mit seinem Pathos gilt E. als Vollender des dramatischen Stils, der bis an die Grenzen der Ausdrucksfähigkeit seines Mediums vordrang. Sein Name ist auf elf Gefäßen inschriftlich bezeugt, zweimal signierte er als Töpfer und Maler zugleich.

Export, Valie (Waltraud Höllinger) (*1940)
Österreichische Filmemacherin, besuchte in Wien die Textilfachschule und kam als Filmkomparsin, Fotomodell und Skriptgirl mit dem Film in Berührung. Seit 1969 veranstaltet sie – oft in Zusammenarbeit mit Peter → Weibel – Expanded-Cinema-◇Aktionen, wobei sie das System der Projektion problematisiert und eine Aufschlüsselung der Filmsprache vornimmt, indem sie die Syntaktik des ◇Films auf andere Ebenen überträgt (z. B. Benutzung der Körperoberfläche als Projektionsmedium). In der Intention einer Sinnesaktivierung und Erweiterung der bewußten Erlebnisfähigkeit treffen sich diese Expanded-Cinema-Aktionen mit denen des ◇Wiener Aktionismus.

Exter, Alexandra (1884–1949)
Russische Malerin, deren Stil vom ◇Kubismus und ◇Futurismus geprägt wurde. Sie gehörte der künstlerischen ◇Avantgarde Moskaus an (◇Russische Avantgarde) und stellte mit der Gruppe der → Blauen Rose aus. Von Bedeutung waren v. a. ihre Bühnenentwürfe (ab 1916), die sie für das Kammertheater in Moskau ausführte, so z. B. zu → Wildes ›Salomé‹ (1917) und Shakespeares ›Romeo und Julia‹ (1920–21). 1924 emigrierte sie nach Frankreich, wo sie sich in Paris niederließ.

Ey, Johanna (1864–1947)
Seit 1883 in Düsseldorf lebende Kauffrau und Mäzenin ◇avantgardistischer Kunst, die mittellosen Studenten der Düsseldorfer Kunstakademie bis in die 1920er Jahre in ihrem Ladenlokal Mittagstisch gewährte und umfangreiche Kunstkäufe v. a. bei den Künstlern des → Jungen Rheinlands tätigte. 1918 begann ›Mutter Ey‹, wie sie von den Künstlern genannt wurde, selbst einen Kunsthandel und gründete die Kunstzeitschrift ›Das Ey‹, 1934 wurde die Galerie von J. E. durch die Nationalsozialisten geschlossen.

Exekias, *›Achill und Ajax beim Brettspiel‹* (Bauchamphora), um 550–525 v. Chr.

Eyck, Hubert van (um 1370–1426)
Altniederländischer Maler, Bruder von Jan van → Eyck. Von ihm ist kein gesichertes Werk überliefert, wenn es auch verschiedene Zuschreibungsversuche gibt (◇Miniaturen im ›Turin-Mailänder Stundenbuch‹, vor 1417–1424; z. T. 1904 verbrannt, erhaltener Teil heute im Museo Civico, Turin). Hauptquelle für einen Nachweis seiner Tätigkeit ist eine Inschrift auf dem *Genter Altar,* die besagt, daß das Werk von Hubert, dem berühmtesten Maler seiner Zeit (»maior quo nemo repertus«), begonnen und von seinem Bruder Jan auf Veranlassung von Jodocus Vyd 1432 vollendet wurde. Die Meinungen über den Beitrag Huberts an diesem Werk gehen weit auseinander; einige Gelehrte halten die Inschrift für eine spätere Hinzufügung und stellen die Existenz von Hubert überhaupt in Frage.

Jan van Eyck, *Mann mit rotem Turban* (Ausschnitt), 1433

Eyck, Jan van (um 1390–1441)
Altniederländischer Maler, seit 1422 Hofmaler Johanns von Bayern in Den Haag, nach dessen Tod ab 1425 Hofmaler Philipps des Guten von Burgund, bei dem er in hohem Ansehen stand und in dessen Auftrag er 1428/29 nach Lissabon reiste, um Prinzessin Isabella, die spätere Gemahlin Philipps, zu porträtieren. Ab 1430/31 lebte er als Hof- und Stadtmaler in Brügge. Die frühesten Jan zugeschriebenen Werke sind die ◇Miniaturen im ›Turin-Mailänder Stundenbuch‹ (vgl. Hubert v. → E.). Seine diesbezüglichen Arbeiten stellen eine Weiterentwicklung des Stils der Brüder von → Limburg dar. Einige ◇Tafelbilder – so z. B. die *Verkündigung an Maria* (NGW) – gelten entweder als Frühwerke Jans oder werden seinem älteren Bruder Hubert zugeschrieben. Zu den Hauptwerken zählt der angeblich von seinem Bruder Hubert begonnene *Genter Altar* (1432 vollendet, St. Bavo, Gent), der eine neue Epoche der nordischen Malerei einleitete. Landschaftsdarstellung, Erfassen des Innenraums und v. a. die Gestaltung des Menschenbildes (die ◇Stifterbildnisse sind die ersten ›realistischen‹ ◇Porträts, Adam und Eva die ersten ›realistischen‹ ◇Akte der Neuzeit, wenn auch noch nicht in der organischen Funktion der Glieder) sind von durchaus neuartigem Ausdruck, der das typisierende Verhältnis des Mittelalters zur Wirklichkeit durch scharfe Beobachtung individueller Eigentümlichkeiten überwindet. Die Auswirkungen auf die altniederländische Malerei, die der *Genter Altar* begründet, und selbst auf die südliche Malerei waren außerordentlich. An weiteren Arbeiten, in denen ebenfalls van E.s Vorliebe für Details, lichtdurchflutete Innenräume, sich in die Ferne dehnende Landschaften und individuelle Porträts zum Ausdruck kommt, sind besonders das Doppelbildnis *Giovanni Arnolfini und seine Frau Giovanna Cenami* (1434, NGL), die *Madonna des Kanonikus Georg van der Paele* (1436, Stedelijk Museum voor Schone Kunsten, Brügge) und die *Madonna des Kanzlers Nicholas Rolin* (Louvre) zu nennen. Die ◇Ölmalerei hat er zwar nicht erfunden, wie van → Mander ihm nachsagt, aber die Mischrezepte, die er anwandte, garantierten eine bis heute nicht verblaßte Leuchtkraft der Farben. Jans Schüler, Petrus → Christus, mag verantwortlich gewesen sein für die Weitergabe der ›Geheimnisse‹ dieser Technik an → Antonello da Messina und die italienische Malerei.

F

›f/64‹
Amerikanische Gruppe von ◇Fotografen, die sich 1932 auf Initiative von E. → Weston formierte. Die Gruppe, zu der u. a. auch A. → Adams gehörte, bemühte sich in ihren fotografischen Arbeiten um eine äußerst präzise Detailzeichnung durch große Tiefenschärfe, die sie mit Hilfe möglichst kleiner Blendenöffnung der Kamera (»focus 64«) erzielte.

Fabritius, Carel (1622–1654)
Holländischer Maler, der bei einer Explosion des Pulvermagazins in Delft ums Leben kam. Viele seiner Gemälde wurden bei diesem Unglück zerstört (so gelten heute nur 13 Bilder als gesichert). Die wenigen erhaltenen Arbeiten weisen ihn als technisch sehr versiert aus. Er war ein Schüler → Rembrandts (1642–43) und vermutlich der Lehrer → Vermeers. Eines seiner interessantesten Gemälde ist eine kleine Stadtansicht von Delft (*Auslage eines Musikinstrumentenhändlers bei der Neuen Kirche in Delft,* 1652), in der die eigenwillig angelegte ◇Perspektive F.' Interesse an der Schaffung optischer Illusionen zeigt. Die Schönheit seines Werkes beruht v. a. auf den dunklen, sich vor einem lichten Hintergrund abhebenden Figuren, der tiefen Perspektive und der mosaikhaften Farbverwendung. Weitere Werke F.' sind der *Mann mit Pelzkappe,* das eindringliche *Selbstbildnis* (um 1650, AP) und der berühmte *Distelfink* (1654). Sein Bruder Barent F. (1624–1673) war vermutlich ebenfalls ein Schüler Rembrandts (1645/50) und imitierte dessen Stil.

Fabro, Luciano (* 1936)
Italienischer Künstler, der mit seinen frühen Arbeiten der ◇Arte povera angehört. In der Serie ›Italie‹ (1968–75) bildete er die kartographische Silhouette Italiens in Fell, Glas, Metall und anderen Werkstoffen nach (auch Darstellungen von Reflexionen über Kunst wie in *Tautologien,* 1968). In den 1980er Jahren ◇Installationen und ◇Environments mit diversen, meist relativ unscheinbaren Materialien, die im künstlerischen Arrangement eine starke Poesie entwickeln (*Regenbogen,* Installation im Museum Folkwang, Essen, 1980).

Fahlström, Öyvind (1928–1976)
Schwedischer Maler und Dichter, der seit 1961 überwiegend in New York lebte, Vertreter des ◇Neuen Realismus. F. entwickelte mit den Bildklischees der ◇Comic strips eine eigenwillige Schablonenmalerei, in der er die Marionettenfunktion und den Tauschmechanismus des modernen Konsums mit ◇surrealistisch-◇dadaistischer Ironie zum Ausdruck brachte.

Falcone, Aniello (1607–1656)
Italienischer Maler, bedeutender Vertreter des Frühbarock in Neapel. F., Schüler von → Ribera, war auch von → Caravaggio und → Domenichino beeinflußt. Er malte religiöse ◇Fresken, ◇Schlachtenbilder und ◇Bambocciaden. Er war Lehrer von → Rosa.

Carel Fabritius, *Selbstbildnis* (Ausschnitt), um 1650

Falconet, Etienne-Maurice (1716–1791)
Französischer ◇Bildhauer, Schüler von J.-B. → Lemoyne und künstlerischer Leiter der Porzellanmanufaktur in Sèvres (1757–66 mit J.-J. Bachelier). Seine ◇rokokohaften ◇Statuen und Kleinplastiken, die er für die französische Aristokratie schuf, stehen in scharfem Kontrast zu seinem Meisterwerk: dem kraftvollen, realistischen

Reiterstandbild Peters des Großen, das er 1766–82 in St. Petersburg unter der Regentschaft von Katharina II. schuf.

Falk, Robert Rafailowitsch (1886–1958)
Russischer Maler, der 1905–09 in Moskau studierte. Mitglied der Künstlervereinigung → Karobube (1910–17), die sich an der Malerei des französischen ◇Kubismus orientierte. F. entwickelte einen flächenhaften, in Linie und Form rhythmischen Stil individueller Prägung, der Elemente des Kubismus und ◇Futurismus in sich vereinigt.

Fan Kuan (Mitte 10. Jh. – nach 1030)
Berühmtester ◇Landschaftsmaler aus der Zeit der Nördlichen Song-Dynastie (960–1126). Er bemühte sich, durch eine Sprache stereotyper Formeln und Konventionen kaum ausdrückbare, gegensatzreiche Naturstimmungen zu erfassen. Als ›Meister der Höhen und Fernen‹ gestaltete er chinesische Berglandschaften in unnachahmlicher Grandiosität. Die ◇›pointillistische‹ Pinsel-Tupfentechnik wird von den Chinesen mit Regentropfen verglichen. Die Zuschreibung der *Reise zwischen Bergen und Flüssen* (National Palace Museum, Taipeh) an ihn kann als ziemlich sicher gelten. Das Werk, dessen Hauptakzent auf der eindrucksvollen Wirkung massiver Felsformationen liegt, enthält alle für ihn typischen Merkmale.

Fanti, Lucio (* 1946)
Italienischer Maler, lebt in Paris, wo er Soziologie und Kunstgeschichte studierte. F. vertritt eine politisch engagierte, ◇realistische Malerei, die mit Bildmontagen und plakativen Farbreizen gesellschaftspolitische Themen der Zeit kritisch interpretiert.

Fantin-Latour, Henri Ignace Jean Théodore (1836–1904)
Französischer Maler und ◇Grafiker, studierte anfänglich bei seinem Vater Théodore, dann im Atelier von → Courbet. Obwohl er sich in den ◇impressionistischen Kreisen seiner Freunde → Manet, → Monet und → Renoir bewegte, hielt er in seinen Gruppenbildern von bekannten zeitgenössischen Malern, Literaten und Musikern (*Hommage à Delacroix,* 1864, Musée d'Orsay, Paris; *Atelier des Batignolles,* 1870, ebda.) sowie in seinen ◇Porträts und den heute besonders geschätzten Blumenstilleben (*Blumen und Früchte,* 1865, Musée d'Orsay) an einer ◇romantisch geprägten, traditionellen Form von ◇Salonmalerei fest. In seiner ›peinture mélomane‹ versuchte er, musikalische Eindrücke wiederzugeben, seine Vorliebe für die Musik Wagners kommt in einigen seiner ◇Lithographien zum Ausdruck (*Der Venusberg; Die Rheintöchter*).

Faßbender, Joseph (1903–1974)
Deutscher Maler und ◇Grafiker, studierte 1926–28 an den Kölner Werkschulen und war ab 1958 Professor an der Düsseldorfer Akademie. Mit seinen von der lyrischen Farb- und Formrhythmik → Winters und → Nays beeinflußten Arbeiten zählt er zur ersten Nachkriegsgeneration des ◇Informel in Deutschland.

Fattori, Giovanni (1825–1908)
Italienischer Maler und ◇Radierer, Professor an den Akademien von Florenz (1869), Rom (1873) und Paris (1875). F. gehörte zu den → Macchiaioli. Er ist bekannt für seine ◇Schlachten- und Soldatenbilder, bäuerlichen ◇Genreszenen und ◇Landschaften.

Fautrier, Jean (1898–1964)
Französischer Maler, Vertreter des ◇Informel. F. kam 1908 nach England, wo er an der Royal Academy und der Slade School of Art in London studierte, und kehrte 1917 nach Frankreich zurück. Von einer dunklen ◇expressionistischen Malerei ausgehend, gelangte er 1943 mit seiner ersten Serie der *Otages (Geiseln)* zu einem ganz persönlichen Stil: auf einem mit dem Palettenmesser, Papier und Gips hergestellten hellen, rissigen Bildgrund mit einer zentralen Form malte er in subtilen, lyrischen Farben und leichten, ◇automatistisch gesetzten Strichen Bilder des bedrängten Menschen.

Federal Arts Project siehe → **WPA**

Federighi de'Tolomei, Antonio di (um 1420 – um 1490)
Italienischer ◇Bildhauer, unter dem Einfluß (Schüler?) von → Jacopo della Quercia. Sein Marmorsitz in der Loggia di S. Paolo in Siena (1464) ist ein Versuch in Stil und Bildwelt der Antike; diese Auffassung zeigt sich noch deutlicher in dem von ihm gestalteten Taufbecken der Kapelle S. Giovanni des Sieneser Doms (nach 1482).

Federle, Helmut (* 1944)
Schweizer Maler, Vertreter einer als Neo-Geo typisierten postkonzeptuellen Malerei der 1980er Jahre. Doch im Gegensatz zur ◇konstruktivistischen Malerei intendiert F. die Darstellung einer spirituellen Transparenz und Immaterialität, um der Vergänglichkeit des Materiellen durch die reine Form die beharrliche Existenz des unvergänglich Zwecklosen entgegenzustellen.

Fedotow, Pawel Andrejewitsch (1815–1852)
Russischer ◇Genremaler. Beeinflußt wurde er durch die holländische Malerei des 17. Jh.s in der Eremitage und durch englische Stiche nach →Wilkie und → Hogarth. In seinen minutiös ausgeführten, kleinformatigen Bildern schilderte er auf satirische Weise die Sitten des Kleinbürgertums, des Adels und des Militärs. Heute erscheint seine Ironie harmlos und so zurückhaltend, daß sie kaum wahrnehmbar ist, zu seiner Zeit jedoch erregte sie die offizielle Zensur. In seiner Wahl alltäglicher Motive brach er mit zeitgenössischen idealistischen Theorien.

Feininger, Lyonel (1871–1956)
Amerikanischer Maler deutscher Abstammung, studierte in Hamburg und Berlin (1887–92) und an der Académie Colarossi in Paris (1892–93). Er begann als ◇Karikaturist und Pressezeichner, bevor er sich 1907 der Malerei zuwandte. Der anfängliche Einfluß der → Nabis wurde durch die Bekanntschaft mit → Delaunay und dem ◇Orphismus verdrängt und führte zur Entwicklung seines sehr charakteristischen persönlichen Stils. Seine Architekturbilder, vorzugsweise alte gotische Städte und Kirchen, und Meerlandschaften mit Segelbooten zeigen eine strenge, prismatische Raumgeometrie, die durch die Transparenz der Flächenpläne und die zarte nächtliche Farbigkeit einen lyrisch-romantischen Ausdruck erhält. F. stellte mit dem → Blauen Reiter aus (1913) und wurde 1919 Lehrer am ◇Bauhaus in Weimar und Dessau (bis 1933). 1924 gründete er mit W. → Kandinsky, P. → Klee und A. von → Jawlensky die Gruppe ›Die → Blauen Vier‹. Von den Nationalsozialisten zum entarteten Künstler deklariert, kehrte F. 1936 in die USA zurück, wo sein Unterricht, seine Schriften und seine späten ◇Aquarelle richtungweisend wurden für die Entstehung der Malerei des ◇Abstrakten Expressionismus.

Lyonel Feininger, *Grützturm,* 1928

Feldmann, Hans-Peter (* 1941)
Deutscher Künstler. Nach dem Studium der Malerei wandte er sich dem fotografierten Bild zu: die unkommentierte ◇Reproduktion banaler, unsere Um- und Vorstellungswelt bestimmender Bildklischees in Form von Heften (ab 1968), Büchern, Postkarten usw. F. enthält sich dabei jeder Interpretation der verwendeten Bildzitate, deren inhaltlicher ›Wahrheitsgehalt‹ einerseits durch die Alltagswirklichkeit bestätigt wird, während andererseits ihr ästhetischer Charakter – durch die schwarzweiße Offsetreproduktion – einen vom Bildsujet unabhängigen Eigenwert annimmt.

Félibien, André, Sieur des Avaux et de Javercy (1619–1695)
Französischer Architekt und Kunstschriftsteller, Freund von N. → Poussin, dessen von F. verfaßte Biographie in einer zusammenhängenden Folge von Lebensbeschreibungen erschien, die auf die Bildung des ◇akademischen Geschmacks in Frankreich großen Einfluß hatte (›Entretiens sur les vies et sur les ouvrages des plus excellents peintres anciens et modernes‹, 5 Bde., 1666–88).

Felixmüller, Conrad (1897–1977)
Deutscher Maler und ◇Grafiker. 1911–12 Studium an der Dresdner Kunstgewerbeschule.

Grafischer Gestalter für die Zeitschriften ›Aktion‹, ›Sturm‹ und ›Menschen‹ während des Ersten Weltkriegs. F.s Kunst ist in ihrer Frühphase durch starke Impulse des ◇Expressionismus bestimmt, den er im sozialkritischen Sinne verstand und bald zu einem expressiven Realismus eigener Prägung umformte. In ◇Holzschnitten von kraftvoll-sensibler Liniensprache hielt er Szenen des alltäglichen Lebens fest. Etwa 1930 setzte eine neue Entwicklung ein, die thematisch durch eine erzählerische, genrehafte Tendenz, formal durch das Streben nach beruhigter Bildsprache mit ◇neoimpressionistischen Mitteln gekennzeichnet ist. Von 1949 bis 1962 war F. Professor an der Universität Halle.

Fénéon, Louis Félix Jules Alexandre (1861–1944)
Französischer Kunstkritiker. Als F. in den 1880er Jahren spürte, daß der ◇Impressionismus in einen Engpaß geraten war, setzte er sich für die wissenschaftlich begründeten Theorien von → Seurat, → Signac und → Pissarro ein. Er legte seine Ideen erstmals in dem Buch ›Les Impressionnistes en 1886‹ dar, dann in vielen Zeitschriftenartikeln (u. a. ›Le Chat Noir‹, ›La Revue Indépendante‹).

Fernandes, Vasco (genannt Grão Vasco) (um 1475 – vor 1542)
Führender portugiesischer Maler, v. a. in Viseu tätig. Altarwerke wie das in der Kathedrale von Lamego bezeugen seine Arbeit in der Werkstatt von Jorge Afonso in Lissabon (1513–15). Hier zeigt sich sein fast flämisches Verständnis für Raum und ◇Texturen. Sein Pfingstbild im Kloster S. Cruz in Coimbra (1535) weist mit seiner gewundenen Figurendarstellung und dramatischen Farbigkeit ◇manieristische Stileigentümlichkeiten auf. F. wurde auch durch die ◇Kupferstiche von van → Leyden beeinflußt.

Fernández (Hernández), Alejo (um 1470–1545)
Spanischer Maler niederrheinischer Herkunft, Hauptvertreter der ◇Renaissancemalerei in Sevilla. Der Hauptaltar der Kathedrale von Sevilla mit den überlängten Figuren und den fließenden Gewändern zeigt seine Verbindung zum → Antwerpener Manierismus. Besonderen Wert legte F. auf raumschaffende Architekturstaffagen.

Fernández (Hernández), Gregorio (um 1576–1636)
Führender spanischer ◇Bildhauer des ◇Barock, der in Valladolid tätig war (nach etwa 1605). Sein Werk, das mit seiner naturalistischen Bemalung die Tradition der ◇polychromen ◇Plastik fortsetzte, ist von bemerkenswerter Ausdruckskraft und Dramatik (*Der tote Christus,* 1605). Viele seiner religiösen ◇Skulpturen, z. B. die *Pietà* (1617) und die *Hl. Veronika,* lebensgroße Figuren (›Pasos‹), waren dazu bestimmt, in Passions-Prozessionen getragen zu werden. F. schuf auch den ◇Hochaltar der Kathedrale zu Plasencia (1624–34).

Fernández de Navarrete, Juan (genannt el Mudo) (um 1526–1579)
Spanischer Maler, wurde bereits vor seinem Besuch in Italien durch die italienische Kunst im Escorial beeinflußt. Sein → Tizian nacheifernder Stil (z. B. *Die heilige Familie,* Bukarest) brachte ihm bedeutende Aufträge von Philipp II. ein.

Ferrara, Malerschule von
Italienische Malerschule, die seit dem 13./14. Jh. unter der Regentschaft des Hauses Este in Ferrara entstand. Ihren künstlerischen Höhepunkt erlebte die Schule in der 2. Hälfte des 15. Jh.s mit dem künstlerischen Schaffen von C. → Tura, F. del → Cossa, Ercole de'Roberti, L. → Costa, → Piero della Francesca und → Pisanello. Sie entwickelten einen eigenen, ausgesprochen strengen Stil, der auch Einflüsse der benachbarten Kunstlandschaften berücksichtigte. Im 16. Jh. waren D. → Dossi und → Garofalo die bedeutendsten Vertreter der M. v. F.

Ferrari, Gaudenzio (um 1475–1546)
Italienischer Maler und ◇Bildhauer, Vertreter der piemontesischen Schule. Zu seinen Hauptwerken, dramatischen und figurenreichen Darstellungen, zählen die ◇Fresken in mehreren Kapellen auf dem Sacro Monte nahe Varallo (darunter eine *Anbetung der Könige,* 1516), die ◇Altarbilder und Fresken (*Szenen aus dem Leben der hl. Maria Magdalena,* 1532) in S. Cristoforo in Vercelli sowie das gewaltige Kuppelfresko *Engelskonzert* (1534) in der Wallfahrtskirche S. Maria dei Miracoli in Saronno.

Ferrata, Ercole (1610–1686)
Italienischer ◇Bildhauer, war in Neapel tätig, bevor er sich in Rom niederließ, wo er häufig → Bernini assistierte. Obwohl stark von ihm beeinflußt, übernahm er doch nie völlig dessen dyna-

mischen Stil, sondern neigte eher zu einem ◇Klassizismus im Sinne → Algardis.

Ferri, Ciro (1634–1689)
Römischer Maler des ◇Barock, Schüler von Pietro da → Cortona, der seinen Stil prägte. Nach dessen Tod vollendete F. die ◇Fresken seines Meisters im Palazzo Pitti in Florenz (1659–64). Sein eigenes Werk umfaßt die großformatigen Fresken für S. Maria Maggiore in Bergamo (1667 fertiggestellt) sowie die Deckenfresken mit den Jahreszeiten in der Villa Falconieri bei Frascati.

Fetti (Feti), Domenico (um 1589–1623)
Italienischer Maler, Schüler von L. Cigoli in Rom (um 1609/10), beeinflußt von → Caravaggio, → Elsheimer und → Saraceni, während seiner Tätigkeit in Mantua (ab 1613 Hofmaler der Gonzaga) auch durch → Rubens. Ab 1622 wirkte er in Venedig. Volle Farben, effektvoll angewandtes ◇Chiaroscuro und frische Erzählweise machen ihn zu einem der Hauptmeister des venezianischen Hochbarock. Bekannt sind v. a. seine kleinen späten Darstellungen von biblischen Gleichnissen.

Fetting, Rainer (* 1949)
In New York lebender deutscher Maler, Vertreter der → Neuen Wilden in den frühen 1980er Jahren, dessen Hauptmotiv der männliche ◇Akt ist *(Duschbilder)*. In seiner Farbigkeit und Malweise greift F. auf ◇expressionistische Traditionen der → Brücke-Malerei zurück. In ihrem Ausdruck vermitteln F.s Bilder ein irritierendes Miteinander von distanzierender Kälte und emotionaler sehnsuchtsvoller Nähe. In der zweiten Hälfte der 1980er Jahre entstehen auch bemalte Bronzeplastiken zur gleichen Thematik.

Feuchtmayer (Faichtmayr, Feichtmayr), Familie
Bayerische Familie von ◇Bildhauern und ◇Stukkateuren des 17. und 18. Jh.s. Die bedeutendsten Mitglieder waren Joseph Anton (1696–1770) und Johann Michael II. (1709/10–1772). Joseph Anton war der Hauptmeister der ◇Rokokoplastik im Bodenseegebiet. Sein wohl bedeutendstes Werk ist die dekorative Innenausstattung der Wallfahrtskirche in Birnau (ab 1748); die großartige Figur des *Honigschleckenden Putto* gehört mit ihrer Lebendigkeit und ihrem Humor zu den Meisterwerken des Rokoko. Johann Michael II. schuf zwei meisterhafte, anmutige Hauptwerke der Rokokostuckplastik: das Treppenhaus und die anliegenden Räume des fürstbischöflichen Palastes in Bruchsal (1751–56, zerstört) sowie die Innenausstattung der Wallfahrtskirche Vierzehnheiligen (nach 1760, beides ◇Barockbauten von Balthasar → Neumann).

Feuerbach, Anselm (1829–1880)
Deutscher Maler. Nach einem Studium an den Akademien in Düsseldorf (bei → Schadow), München und in Antwerpen ging F. 1851 nach Paris, wo er im Louvre kopierte, von → Delacroix und → Courbet beeinflußt wurde und entscheidende Anregungen durch seinen Lehrer → Couture erhielt. Durch ihn entdeckte er nicht nur die venezianische Malerei, sondern v. a. erlernte er von ihm die großzügige malerische Behandlung und spontane Pinselführung. 1855 ging F. nach Venedig und ließ sich dann in Rom nieder, wo er mit → Böcklin und anderen → Deutschrömern in Kontakt stand. 1873 wurde er als Professor für ◇Historienmalerei an die Akademie in Wien berufen, fühlte sich dort aber unverstanden und kehrte 1876 nach Italien zurück. Bis zu seinem Lebensende war er in Venedig tätig, wo er auch

Anselm Feuerbach, *Paolo und Francesca,* 1864

seine ergreifenden Lebenserinnerungen niederschrieb. Italien und die Antike bildeten die Quelle von F.s Kunst. Die Themen seiner meist monumentalen idealisierenden Gemälde entstammen mit Vorliebe der antiken Literatur (*Iphigenie,* 1862, Hessisches Landesmuseum, Darmstadt bzw. 1871, Staatsgalerie, Stuttgart; *Medea auf der Flucht,* 1870, NP). Daneben malte F. auch Landschaften, zahlreiche ◇Porträts (besonders von Nanna Risi) und ◇Selbstbildnisse.

Fiedler, Conrad (1841–1895)
Deutscher Kunsttheoretiker, der ursprünglich Jura studierte; Freund und Förderer von Hans von → Marées in Rom und, in den 1870er Jahren, von → Hildebrand in Florenz. Im Kontakt mit ihnen entwickelte er seine Theorie von der reinen autonomen Form und dem schöpferischen Gestaltungsprozeß, mit der er das formale bildnerische Denken in der deutschen Kunstgeschichte begründete (›Über die Beurteilung von Werken der bildenden Kunst‹, 1876). Seine Ideen hatten großen Einfluß auf Wölfflin.

Fielding, Anthony Vandyke Copley (1787–1855)
Englischer ◇Landschafts- und ◇Marinemaler, der sowohl ◇Aquarelle als auch ◇Ölbilder schuf. Er studierte bei J. → Varley und gewann 1824 die Goldmedaille auf dem Pariser ◇Salon. Seine heute bei Sammlern hochgeschätzten Gemälde fanden wegen ihrer Lebendigkeit und Frische → Ruskins große Bewunderung.

Filarete, Antonio (Antonio di Pietro Aver[u]lino) (um 1400–1469)
Italienischer Baumeister, ◇Bildhauer und Kunsttheoretiker der Frührenaissance, der ab 1451 in Mailand lebte. Er schuf großangelegte Pläne für Palastbauten und die Idealstadt Sforzinda, die nach komplizierten astrologischen Regeln konstruiert waren. Sein ›Trattato d'architettura‹ (1451–64) wurde von → Vasari als »vielleicht das lächerlichste Buch« bezeichnet, das je geschrieben wurde. Zu F.s – noch existierenden – Hauptwerken gehören sein Entwurf für das Ospedale Maggiore in Mailand (1456), in dem sich Stilelemente der ◇Gotik und der ◇Renaissance verbinden, sowie die Bronzetüren im Mittelportal der Peterskirche in Rom (1433–45). Mit seinen Schriften beeinflußte F. die Entwicklung des sakralen ◇Zentralbaus.

Filla, Emil (1882–1953)
Tschechischer Maler. Ab 1910/11 bis in die Mitte der 1930er Jahre blieb sein Stil dem ◇Kubismus und → Picasso verhaftet, dann wandte sich F. in seinen Landschaften, Figurenbildern und Kriegszyklen einer ◇realistisch-◇expressionistischen Malweise zu.

Filliou, Robert (1926–1987)
Französischer ◇Fluxuskünstler, ging 1946 in die USA, wo er u. a. für die Coca-Cola-Company tätig war (1946–48) und an der University of California Ökonomie studierte (1948–51). Wie George → Brecht, mit dem er befreundet war, beteiligte er sich ab 1961 an den entscheidenden internationalen Fluxusveranstaltungen. Seine Arbeiten haben stark literarische Bezüge, seine Ideen konkretisieren sich gern in poetischen Objekten oder in Form von Bilderrätseln, die durch subtilen, ironischen Humor gekennzeichnet sind.

Filonow, Pawel Nikolajewitsch (1883–1941)
Russischer Maler und ◇Grafiker. Studierte 1908–10 an der Akademie in St. Petersburg. Seine künstlerische Anschauung erinnert an → Klee und die ◇Surrealisten. Von Anfang an stand er in Verbindung mit dem russischen ◇Kubo-Futurismus. Zusammen mit Iossif Schkolnik entwarf er das Bühnenbild für Wladimir → Majakowskis ›Tragödie‹ (1913). Er illustrierte auch Bände mit ◇futuristischer Poesie. 1923 war er am Staatlichen Institut für künstlerische Kultur (GINChuK) in Petrograd tätig, 1925 gründete er in Leningrad (heute St. Petersburg) das Kollektiv ›Meister der analytischen Kunst‹, das wie alle derartigen Institutionen in der Sowjetunion Anfang der 1930er Jahre aufgelöst wurde. Seine künstlerischen Auffassungen legte F. u. a. im Manifest ›Gemachte Bilder‹ (1914) und in der ›Deklaration des ›Welterblühens‹‹ (1923) dar.

Fini, Leonor (* 1918)
Italienisch-argentinische Malerin, lebt seit 1933 vorwiegend in Paris. Sie begann autodidaktisch unter dem Einfluß von → Carrà und Funi zu malen. Ihre phantastische, traumhafte Bildwelt mit ihrer morbiden Sinnlichkeit steht den ◇Surrealisten nahe, mit denen sie gemeinsam ausstellte. F. hat zahlreiche Bühnenbilder entworfen.

Finlay, Ian Hamilton (* 1925)
In Nassau (Bahamas) geborener englischer

Künstler. Arbeitete zunächst als Schafhirte in Schottland. In den 1950er Jahren Beginn literarischer Tätigkeit mit Kurzgeschichten, 1959–64 Beteiligung an der internationalen Bewegung der ◇Konkreten Poesie. 1966 Einrichtung eines literarischen Gartens in den schottischen Lowlands unter dem Namen ›Little Sparta‹, in dem Worte wie ›Schiff‹, ›Haus‹, ›Sockel‹ in ◇symbolischen Kontexten die Gartenlandschaft prägen. Seit 1976 komplexe Freilicht-◇Installationen, in denen Sujets wie Krieg und Arkadien, der ◇Klassizismus und das antike Griechenland, Philosophie und Kunst leitmotivisch verknüpft werden. In den 1980er Jahren Auseinandersetzung mit der Französischen Revolution (*A View to the Temple,* 1987), dem Dritten Reich und ◇neoklassizistischer Ästhetik.

Finson (Finsonius), Louis (Ludovicus) (vor 1580–1617)
Flämischer Maler. F. schuf vornehmlich ◇Porträts und Bilder mit religiösen Sujets. Seit etwa 1606/07 hielt er sich in Italien auf, wo er unter → Caravaggio arbeitete. Später führte er in der Provence eine Reihe von ◇Altarbildern aus. Sein Stil, der caravaggeske und ◇manieristische Elemente vereint, beeinflußte das Schaffen der provenzalischen Künstler.

Fischl, Eric (* 1948)
Amerikanischer Maler, der 1970–72 am California Institute of Arts, Valencia (Kalifornien), studierte und 1974–78 als Professor am Nova Scotia College, Halifax (Kanada), lehrte. Das Hauptmotiv in F.s Malerei sind in Einsamkeit und Lethargie befindliche Menschen des amerikanischen Mittelstandes. Eine wesentliche Rolle bei der malerischen Umsetzung der psychologischen Situation spielt die Wahl einer spezifischen Bildperspektive und des Bildausschnitts sowie eine spontan-expressive Malweise.

Fischli, Peter (* 1952)
Schweizer Künstler, der 1975–76 an der Accademia di Belle Arti in Urbino und 1976–77 an der Accademia di Belle Arti in Bologna studierte. Seit 1981 Zusammenarbeit mit David → Weiss, u. a. bei den Filmproduktionen ›Der geringste Widerstand‹, 1981; ›Der rechte Weg‹, 1983, und ›Der Lauf der Dinge‹, 1987. In ihren Bildern, Fotos, ◇Skulpturen und Filmproduktionen werden die kleinen Dinge des täglichen Gebrauchs in überraschend witzige Situationen überführt, aus deren Summe sich ein Panorama des Lebens addiert. Typisch für die gesamte Arbeitskonzeption von F. und Weiss ist eine doppelbödige Oszillierung zwischen Ernst und Unernst, mit der die Gesetze der Normalität auf humorvolle Weise in Frage gestellt werden.

Flanagan, Barry (* 1941)
Britischer ◇Bildhauer, studierte an der St. Martin's School of Art (1964–66), als A. → Caro und P. → King dort lehrten. Anfangs schuf er ◇abstrakte Arbeiten aus verschiedensten Materialien, z. B. Stoff, Seil, Sand, Styropor und Glas, aus denen z. T. ◇Environments entstanden. Daneben fertigte er ◇Zeichnungen und ◇Radierungen an, produzierte ◇Filme und entwarf Mobiliar. In den 1970er Jahren arbeitete F. im Sinne der ◇Materialkunst mit Metall, Stein, Ton und Marmor; in diesen Werken kommt sein ›anarchischer Witz‹ deutlich zum Ausdruck. In den späten 1970er und frühen 1980er Jahren entstanden v. a. Bronzeobjekte: meist Hasen oder Pferde mit Anklängen an eine mythische Vorstellungswelt.

Flannagan, John Bernard (1895–1942)
Amerikanischer ◇Bildhauer, studierte ursprünglich Malerei am Minneapolis Institute of Arts (1914) und in New York und wurde von → Davies gefördert. Von Holzskulpturen (seit 1922) ging er 1928 zum direkten Meißeln in Stein im Sinne → Brancusis über, womit er in Amerika bahnbrechend wirkte. Bei seinen stark vereinfachten Tierdarstellungen machte er sich die natürliche Form von Feldsteinen zunutze, die er nur sparsam bearbeitete.

Flatman, Thomas (1637–1688)
Englischer Dichter und begabter ◇Miniaturmaler. Zu seinen besten Arbeiten zählen ein Bildnis von Karl II. und zwei Selbstporträts. F.s Dichtung war bei seinen Zeitgenossen hochgeschätzt.

Flavin, Dan (* 1933)
Amerikanischer Künstler, studierte Kunstgeschichte an der New School for Social Research (1956) und an der Columbia University (1957–59), als Künstler Autodidakt. Nach Anfängen in konventionellen Medien verwendete er erstmals 1961 Licht (*Icons* aus Glühlampen). Er wurde dann vor allem bekannt für seine ab 1963 entstandenen Arbeiten aus handelsüblichen genormten Leuchtstoffröhren (als erste *The Diago-*

nal of May 25, 1963; im 45°-Winkel auf der Wand befestigt), mit denen er – ohne sie sonst zu verändern – strenge geometrische Formationen an den Wänden (*The Nominal Three,* 1963; *Monuments for V. Tatlin*) oder im Raum (Lichtbarrieren, -schranken, ab 1968) aufbaut. Diese zur ◇Minimal Art zählenden, meist sehr ausgedehnten und für spezielle Räume entworfenen Arbeiten lassen aufgrund der einschneidenden optischen Veränderungen des Raumes durch das weiße oder farbige Licht quasi ›Skulpturen‹ aus Licht, F.s eigentlichem Medium, entstehen.

Flaxman, John (1755–1826)
Englischer ◇Bildhauer, bedeutendster Vertreter des englischen ◇Klassizismus. Sein Stil wurde entscheidend geprägt durch das Studium der klassischen Antike während seines Romaufenthaltes (1787–94) und durch seine Freundschaft mit → Blake, der sein Interesse auch auf die mittelalterliche Kunst lenkte. Seine zahlreichen monumentalen Grabmäler (*Lord Nelson,* 1808–18, St. Paul's Cathedral) und ◇Statuen sind häufig überladen, die kleineren ◇Plastiken, ◇Büsten und ◇Reliefs dagegen freier und lockerer. 1775–87 war F. als Entwerfer für die ◇Steingutfabrik von Wedgwood tätig. Zu internationalem Ruhm gelangte er jedoch mit seinen ◇Illustrationen zu Homers ›Ilias‹ und ›Odyssee‹ (1793), Aischylos' Tragödien und Dantes ›Göttlicher Komödie‹ (1802), deren Umrißzeichnung stark von der griechischen ◇Vasenmalerei beeinflußt wurde. Seine Illustrationen zu Hesiod wurden von Blake radiert.

Flegel, Georg (1566–1638)
Deutscher Maler. Der erste reine ◇Stillebenmaler Deutschlands, der seit etwa 1593/94 in Frankfurt am Main wirkte. Seine Stilleben standen unter dem Einfluß der niederländischen Malerei, wobei in seinen Frühwerken die Gegenstände – Blumen, Früchte, Fische, Insekten, Vögel, Kerzen, Geschirr auf Tischen – gleichwertig auf der Fläche angeordnet sind und von einem hohen Blickpunkt betrachtet werden. F.s späte Arbeiten (1630er Jahre) zeichnen sich durch ausgewogenere, zentriertere ◇Komposition und eine stimmungsvolle Lichtführung aus (*Stilleben mit Kerze,* 1636, WRM).

Fleischmann, Richard Adolf (1902–1968)
Deutscher ◇abstrakter Maler. Ausgehend vom ◇Expressionismus und ◇Kubismus wandte er sich in den späten 1930er Jahren der reinen Abstraktion zu. F. gehörte zusammen mit → Baumeister, → Buchheister, Walter Dexel, Werner Graeff u. a. zu den Vertretern ◇konstruktivistischer Ideen in Deutschland.

John Flaxman, *Grabmal für Lord Mansfield,* 1801

Flémalle, Meister von siehe → **Campin,** Robert

Flinck, Govaert (1615–1660)
Holländischer Maler, der sich 1632 in Amsterdam niederließ und drei Jahre bei → Rembrandt lernte. Seine frühen Werke (◇Schützenstücke und biblische Szenen) standen stark unter dem Einfluß seines Lehrers; später schloß er sich mehr van der → Helst an und malte in einem farbigeren, gefälligen Stil, der ihm große Aufträge einbrachte.

Floris (de Vriendt), Familie
Cornelis (1514–1575)
Frans (1516–1570)

Flämische Künstlerfamilie, die in Antwerpen tätig war. Ihre bedeutendsten Mitglieder waren die Brüder Cornelis und Frans. Beide gingen nach Italien, Cornelis 1538, Frans nach 1541, und wurden später zu führenden Vertretern des ◇romanistischen ◇Renaissancestils in den Niederlanden. Cornelis war Baumeister (Rathaus von Antwerpen 1561–65) und ◇Bildhauer, seit 1539 Meister von Antwerpen; er erlangte seine eigentliche Bedeutung jedoch als ◇Ornamentzeichner: Er erweiterte die römische ◇Groteske durch Hinzufügen anderer Zierglieder wie ◇Kartuschen, ◇Knorpelwerk, ◇Rollwerk, Masken, Fruchtschnüren u. ä. und hatte mit diesen Entwürfen (in Stichfolgen ab 1548 verbreitet) stilbildende Wirkung auf Architektur und Skulptur in Nordeuropa (Florisstil). Als Plastiker schuf er v. a. Grabmäler (*Grabmal des Erzbischofs Adolf von Schauenburg,* 1561, Kölner Dom) und ◇Tabernakel von einem eher zurückhaltenden Stil, bei dem die Figuren der dekorativen Wirkung untergeordnet wurden (Tabernakel von Zoutleeuw, 1550–52). Frans übernahm Elemente der italienischen ◇Manieristen und der venezianischen Malerei und stand unter dem Einfluß seines Lehrers Lambert → Lombard. In einem seiner Hauptwerke, dem *Engelssturz* (1554), dessen ◇Aktfiguren stark von → Michelangelo geprägt sind, erreichte er unter Verzicht auf räumliche Klarheit eine große dynamische Kraft. Daneben entstanden andere kraftvolle, monumentale Werke wie der *Hl. Lukas* (1566) sowie ◇Porträts, die sich durch klare Räumlichkeit, verhaltene Farben und kraftvollen Pinselstrich auszeichnen. Sie waren ebenso einflußreich wie seine eleganteren dem ◇Romanismus zuzurechnenden Werke. Die großen Werkstätten der beiden Brüder bildeten den künstlerischen Mittelpunkt Antwerpens.

Florschütz, Thomas (* 1957)
Deutscher Fotograf, der 1974–76 zunächst eine Lehre als Baufacharbeiter absolvierte. 1979–82 Hilfstätigkeit bei einem Fotografen in Karl-Marx-Stadt (heute wieder Chemnitz), 1982–84 redaktionelle Mitarbeit bei einer populärwissenschaftlichen Zeitung in Ost-Berlin. Als künstlerischer Fotograf Autodidakt. Erarbeitung einer inszenierten ◇Fotografie, die mit fragmentarisierten Körperpartien und Gegenständen in mehrteiligen schwarzweißen Fotoinstallationen psychische Situationen menschlicher Obsessionen ins Bild setzt. Seit den ausgehenden 1980er Jahren Beschäftigung mit der Farbfotografie.

Flötner, Peter (um 1490–1546)
Schweizerisch-deutscher ◇Bildhauer, ◇Holzschneider und ◇Ornamentzeichner, der um 1520 Italien besuchte und ab 1522 in Nürnberg tätig war. Sein Frühwerk ist kraftvoll (*Bronzepferd,* 1520/30, Stuttgart). Nach seinem zweiten Italienaufenthalt (um 1530) entwickelte sein Stil eine fließende Anmut (*Apollobrunnen,* 1532, Nürnberg). V. a. durch seine Ornamententwürfe hat F. entscheidend zur Verbreitung der italienischen ◇Renaissanceformen in Deutschland beigetragen.

Foggini, Giovanni Battista (1652–1737)
Italienischer ◇Bildhauer, Schüler von → Ferrata. Seine zahlreichen Werke in Florenz stehen stilistisch in der Tradition → Berninis; ihrer bewegten ◇Komposition fehlt jedoch meist dessen Einheitlichkeit.

Fohr, Carl Philipp (1795–1818)
Deutscher Maler der ◇Romantik, der nach künstlerischer Ausbildung in Heidelberg, Darmstadt und München 1816 nach Rom kam, wo er Anschluß an die → Deutschrömer und → Nazarener fand und v. a. von → Koch beeinflußt wurde. Trotz seines kurzen Lebens – er ertrank mit 23 Jahren im Tiber – hinterließ er einige reife, streng stilisierte, dunkel leuchtende Landschaften, die ihn als einen der großen ◇Landschaftsmaler der Romantik erscheinen lassen. Bemerkenswert sind auch seine kühn ◇lavierten Zeichnungen (Landschaften und von → Dürer beeinflußte ◇Porträts).

Fontainebleau, Schule von
Bezeichnung (1818 von A. Bartsch geprägt) für eine Künstlergruppe, die von etwa 1530 bis 1560 an der dekorativen Innenausstattung des Valois-Hofes in Fontainebleau beteiligt war. Man unterscheidet eine erste und eine zweite S. v. F.: Die erste, bedeutendere, wurde von Franz I. zusammengerufen, in der Absicht, zur Verherrlichung des französischen Königtums im Stile der italienischen humanistischen Fürsten beizutragen. 1528–58 arbeiteten zahlreiche italienische ◇manieristische Künstler in F., 1531 bzw. 1532 begannen → Primaticcio und → Rosso mit der dekorativen Ausgestaltung der Galerie Franz' I. Rosso starb 1540. 1552 berief Heinrich II. N. dell'→ Abbate. Zu den französischen Mitarbeitern der ersten Schule von F. gehörten u. a. F. → Goujon und Antoine Caron. Eine cha-

rakteristische Erfindung des in F. entwickelten Stils, der die für die französische Kunst jener Zeit typische Sinnlichkeit mit Elementen des italienischen Manierismus verband, war die Kombination von Stuckornamentik mit Malerei. Die höchst ausgeklügelten Mythologien und idyllischen Landschaften hatten in Frankreich wie auch im Ausland einen immensen Einfluß auf die Innenraumgestaltung. Die Entwürfe fanden durch Stiche große Verbreitung. Ende des 16. Jh.s, nach den Religionskriegen, bemühte sich Heinrich IV. um eine Wiederbelebung der S. v. F.; diese zweite Schule, deren Hauptvertreter → Dubreuil und → Fréminet waren, blieb jedoch, trotz ähnlicher Bestrebungen, in ihrer künstlerischen Erfindungskraft weit hinter der ersten zurück.

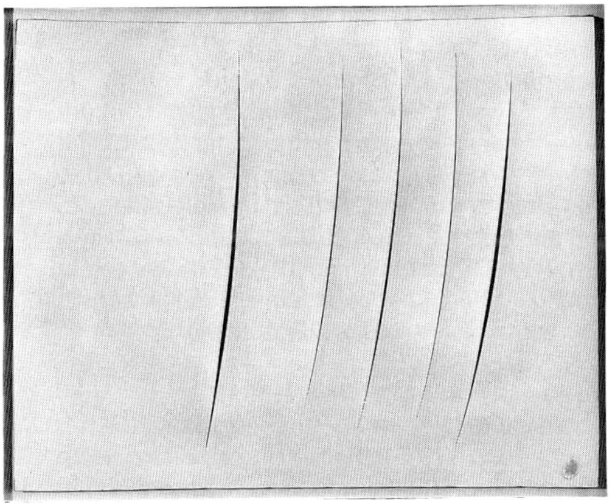

Lucio Fontana, *Raumkonzept: Erwartungen,* 1960/61

Fontana, Annibale (1540 [?] – 1587)
Italienischer ◇Bildhauer, vermutlich in Rom ausgebildet, ursprünglich ◇Gemmenschneider. 1570 war er nachweisbar in Palermo tätig, arbeitete aber hauptsächlich in Mailand, wo er Marmorskulpturen für S. Maria presso S. Celso und Bronzefiguren schuf. Sein ausdrucksvoller, von den → Leoni beeinflußter Stil kündigt bereits → Bernini an.

Fontana, Lavinia (1552–1614)
Italienische ◇Porträtmalerin aus Bologna, die auch – jedoch mit geringem Erfolg – Bilder mit religiösen Motiven schuf. Sie war die Tochter des Prospero F. (1512–1597), einem Schüler → Vasaris und Vertreter der ◇manieristischen Malerei, und ließ sich in Rom nieder, wo sie als Porträtistin der führenden Familien erfolgreich war.

Fontana, Lucio (1899–1968)
In Argentinien geborener italienischer ◇Bildhauer und Maler, studierte an der Akademie Brera in Mailand (1927) und war 1934 in Paris Mitglied der Gruppe → Abstraction-Création. Die Kriegsjahre verbrachte er in Argentinien, wo er 1946 sein ›Manifesto blanco‹ herausgab, in dem er erstmals seine Theorie des Spazialismo entwickelte und bei der Erfindung neuer künstlerischer Ideen und Materialien zur Zusammenarbeit mit der modernen Wissenschaft und Technik aufforderte. Nach seiner Rückkehr nach Mailand (1947) begründete er die Bewegung des → Movimento Spaziale, in der sich Vorstellungen ◇konkreter Kunst mit experimentellen und provokanten Verfahren des ◇Dadaismus verbanden (›Manifesto dell'arte spaziale‹, 1951). Um das ›Leere‹ als positives Element zum Ausdruck zu bringen, zerschlitzte F. (meist ◇monochrome) Leinwände, Keramik- oder Metallplatten.

Foppa, Vincenzo (1427/30–1515/16)
Italienischer Maler, Hauptmeister der ◇lombardischen Schule des 15. Jh.s. Sein Interesse an ◇perspektivischen Problemen geht vermutlich auf die Unterweisung durch → Squarcione zurück sowie auf den Einfluß Giovanni → Bellinis und → Mantegnas. Gefördert durch den Herzog von Mailand, war er v. a. in Pavia tätig. F. war bis zum Wirken → Leonardos der führende lokale Meister. Seinen charakteristischen Stil mit der ihm eigentümlichen Lichtführung und den silbrigen Farben zeigen die ◇Freskenzyklen in S. Maria del Carmine in Brescia und in S. Eustorgio in Mailand (1467–68, Cappella Portinari) sowie das *Marien-Polyptychon* (1476, Pinacoteca di Brera, Mailand).

Forain, Jean-Louis (1852–1931)
Französischer Maler und ◇Grafiker, der in erster Linie als ◇Karikaturist hervortrat. Ab 1876 lieferte er satirische Zeichnungen über das zeitgenössische Pariser Leben für die wichtigsten französischen illustrierten Zeitschriften (u. a. auch für die von ihm mitbegründete Publikation ›Psst!‹). In der Motivwahl folgte er → Daumier (v. a. in seinen Gerichtsszenen ab 1909), → Degas und → Toulouse-Lautrec. F. war außerdem

ein anerkannter, bei → Gérôme ausgebildeter ◇Ölmaler (*Der Witwer,* Musée d'Orsay, Paris), der an Ausstellungen der ◇Impressionisten und des Pariser ◇Salon teilnahm.

Forest, Fred (* 1933)
Französischer Künstler, war u. a. als Zeichner für Pariser Tageszeitungen tätig. Seit 1972 experimentiert er mit den Massenmedien Fernsehen und Zeitung, mit deren Bedingungen er das Publikum durch aktive Beteiligung vertraut macht, um so eine Veränderung des Bewußtseins – der üblichen passiven Hinnahme – zu bewirken.

Förg, Günther (* 1952)
Deutscher Künstler, der 1973–79 an der Akademie der bildenden Künste in München studierte. In thematisch angelegten Serien verbindet F. ◇Fotografie, ◇Malerei und ◇Skulptur zu komplexen ◇Installationen, die sich mit Kunst und Architektur auseinandersetzen. Großfotos, die architektonische Anlagen des ◇Bauhauses oder faschistische Architektur in menschenleerer Situation ablichten, werden mit Porträtfotos oder gerahmten Spiegeln auf ◇monochromen Farbwänden arrangiert. Andere Installationen konfrontieren monochrome ◇Wandmalereien und Bleibilder miteinander, so daß sich Farbe mit Material in Spannung befindet.

Forment, Damián (um 1475–1541)
Spanischer ◇Bildhauer, Vertreter des frühen ◇plateresken Stils. Vermutlich in Florenz ausgebildet und von → Donatello und della → Quercia beeinflußt, seit 1509 hauptsächlich in Saragossa tätig. F. schuf v. a. ◇Hochaltäre (meist aus ◇Alabaster), zu den bedeutendsten zählt der für die Kathedrale von Huesca, eine frühmanieristische Arbeit mit überlängten Figuren und der ernsthaften Bemühung um Einbeziehung von Lichtwirkungen (1520–34). Seine letzte, unvollendete Arbeit war ein ◇Retabel für die Kathedrale von S. Domingo de la Calzada.

Fortuny y Carbó, Mariano José María Bernardo (1838–1874)
Spanischer Maler und ◇Radierer, erhielt 1857 ein Romstipendium. Abgesehen von verschiedenen Studienaufenthalten (Nordafrika), verbrachte er die meiste Zeit seines Lebens in Italien. F. war ein gefeierter ◇Historien- und ◇Genremaler seiner Zeit, dessen Werke Höchstpreise erzielten. Oft von gigantischem Format, stehen sie stilistisch dem Werk → Meissoniers nahe, den F. 1866 in Paris aufsuchte. Ab 1869, nach einem kurzen Aufenthalt in Spanien, wurde sein Stil unter dem Einfluß von Bildern → Goyas reicher und kraftvoller in den tonalen Kontrasten und Farbstrukturen (*Besuchstag im Pfarrhaus,* 1870).

Foschi, Piero Francesco (1502–1567)
Italienischer Maler, Schüler von → Andrea del Sarto. Sein schlichter, glatter Stil wurde jedoch stärker von → Pontormo beeinflußt, dem er 1536 in Careggi assistierte. In den 1540er Jahren malte F. drei von ◇manieristischer Frömmigkeit durchdrungene Altarwerke für S. Spirito in Florenz, wo er auch Gründungsmitglied der Accademia del Disegno war (1563).

Fosse, Charles de la (1636–1716)
Französischer ◇Historienmaler, Schüler von → Lebrun und Freund und Förderer von de → Piles. F. war in Frankreich und England ein angesehener Dekorationsmaler seiner Zeit. Er war unter Lebrun in Versailles tätig (Salon de Diane und Salon d'Apollon) und schuf Malereien u. a. für die Kuppel des Invalidendoms (1702–05). Sein Werk – eigenwilliger als das vieler seiner französischen Zeitgenossen – kündigt bereits den lichteren Klang des ◇Rokoko an.

Foster, Myles Birket (1825–1899)
Englischer Maler und ◇Buchillustrator, z. B. der Werke von H. W. Longfellow und J. Milton. Seine zahlreichen, äußerst populären ◇Zeichnungen und ◇Aquarelle (eine Zeitlang schuf F. auch ◇Ölgemälde), waren fast ausschließlich Szenen des ländlichen Lebens.

Fouquet (Foucquet), Jean
(um 1415/20–1477/81)
Bedeutendster französischer Maler des 15. Jh.s. In Tours geboren, absolvierte er seine erste Ausbildung wahrscheinlich in Paris. Er bereiste Italien (1445/47 Romaufenthalt), wo er sich → Filarete anschloß, vermutlich auch mit Fra → Angelico zusammentraf und sich mit den Werken → Masaccios und den Schriften → Albertis auseinandersetzte. Zurückgekehrt nach Tours (1448), übermittelte er viele Errungenschaften der italienischen Malerei an die französischen Künstler. Er war für Karl VII. tätig (*Madonna mit Engeln,* rechter Teil des ehemaligen ◇Dipty-

chons von Melun, um 1451, Antwerpen; mit dem Bildnis von Agnès Sorel, der Geliebten des Königs, als Madonna) und nach dessen Tod für Ludwig XI. (ab 1461, 1475 ›peintre du roy‹). F. war in erster Linie ◇Miniaturenmaler, sein einziges urkundlich bezeugtes Werk sind die Miniaturen zur französischen Ausgabe von Flavius Josephus' *Antiquités judaïques* (1470/76, Bibl. Nat., Paris), um die sich andere Werke von ihm gruppieren (z. B. sein ◇Stundenbuch für Etienne Chevalier, um 1453, von 70 Miniaturen 47 erhalten, davon 40 in Chantilly; *Grandes chroniques des rois de France,* 1458, 51 Miniaturen, Bibl. Nat., Paris). Sein Werk verbindet Elemente der flämischen Spätgotik (van → Eyck) und der italienischen Frührenaissance, deren Einfluß besonders in seinen ◇Tafelbildern zum Ausdruck kommt (*Etienne Chevalier mit dem hl. Stephan,* linker Teil des ehemaligen Diptychons von Melun, um 1451, Berlin).

Fox, Terry (* 1943)
Amerikanischer Künstler, studierte u. a. an der Accademia di Belle Arti in Rom (1962–63). 1969 begann er mit der Herstellung von Videotapes, in denen er simple Handlungsabläufe mit Gebrauchsgegenständen in eine bewußte Erfahrung überführt. Dabei bemüht sich F. um eine Reduzierung der Objekte, die auf dem Videoband erscheinen, damit die wenigen Dinge, die vorgeführt werden, eine größtmögliche Aufmerksamkeit erfahren.

Fragonard, Jean-Honoré (1732–1806)
Französischer ◇Rokokomaler, der bei → Chardin, → Boucher und C. van → Loo, später in Italien (1756–61) studierte, wo ihn die Arbeiten → Tiepolos, → Murillos und der → Carracci beeinflußten. F. entwickelte einen Landschaftsstil, der dem seines Freundes → Robert verwandt war. Seine zahlreichen Landschaftsdarstellungen aus dieser Zeit – Bleistift-, Feder-, ◇Tusch-, und ◇Rötelzeichnungen – gehören zu F.s schönsten Arbeiten (Landschaftsstudien der Villa d'Este, 1760). 1761 kehrte er nach Paris zurück, wo er zum bevorzugten Maler der aristokratischen Gesellschaft wurde; 1765 wurde er mit dem großformatigen ◇Historiengemälde *Der Großpriester Coresos opfert sich, um Kallirrhoë zu retten* (Louvre) zur Académie Royale zugelassen. Seine ◇Tafelbilder und größeren Dekorationsmalereien zeigen mit Vorliebe galante Schäfer- und Boudoirszenen (*Die Badenden,*

Jean-Honoré Fragonard, *Die Schaukel,* 1767

um 1772/75, Louvre), aber auch religiöse und mythologische Szenen (*Rinaldo in den Gärten Armidas,* um 1763). In ihrer leichten eleganten Strichführung und der delikaten Farb- und Lichtbehandlung verraten sie Einflüsse von Boucher, der venezianischen Malerei und → Rubens. F. war nach → Watteau und Boucher der dritte große Sittenschilderer des ausklingenden französischen absolutistischen Zeitalters. Durch das Heraufkommen des ◇Klassizismus und der Französischen Revolution verlor er die Gunst des Publikums und starb nahezu in Vergessenheit.

Francesca, Piero della siehe → **Piero della Francesca**

Francesco di Giorgio Martini (F. Maurizio di Giorgio di Martino Pollaiuolo) (1439–1501/02)
Italienischer Maler, ◇Bildhauer, Baumeister und Kunsttheoretiker, der von → Donatello, → Vecchietta und → Neroccio, dessen Werkstatt er teilte, beeinflußt wurde. Nach Anfängen als Maler (*Krönung Mariä,* 1472, Pinacoteca Nazionale, Siena) stand F. 1477/82 als Festungsbaumeister im Dienste von Federigo und Guidobaldo da Montefeltro in Urbino. Sein umfassendes Interesse veranlaßte ihn, eine Art Notizbuch mit sorgfältig gezeichneten Entwürfen für verschiedenste Dinge (z. B. Tauchgeräte) zu führen, was

→ Leonardo, dem F. 1490 in Mailand begegnete, zur Nachahmung anregte. Ab 1498 war er Dombaumeister in Siena. F.s Malerei zeichnet sich durch liebliche Anmut, verhaltene Farbigkeit und räumliche Phantasie aus, während die ◇renaissancehaften Aspekte seines Stils stärker in seinen plastischen (Bronzereliefs: *Beweinung Christi,* um 1478, Chiesa del Carmine, Venedig; *Geißelung Christi,* um 1478–81, Galleria Nazionale, Perugia) und architektonischen (S. Maria delle Grazie al Calcinaio, Cortona, ab 1484) Arbeiten zum Ausdruck kommen. Sein ›Trattato dell'architettura civile e militare‹ (1482) ist u. a. durch Pläne zu idealen Stadtanlagen bemerkenswert.

Francheville (Fran[c]queville), Pierre de (ital. Pietro Francavilla) (1548?–1615)
Französischer Maler, ◇Bildhauer und Baumeister des ◇Manierismus. Nach einer zeichnerischen Ausbildung in Paris und einer bildhauerischen in Innsbruck arbeitete F. ab 1572 bei → Giovanni da Bologna in Florenz und schuf viele ◇Skulpturen in ganz Italien. 1601 von Heinrich IV. nach Frankreich zurückgerufen, meißelte er die Figuren der vier Sklaven am Sockel von dessen Reiterstandbild, das Giovanni da Bologna im Auftrag von Maria de'Medici für den Pont-Neuf in Paris schuf (die Statue 1792 zerstört, die Sklaven heute im Louvre). F. war u. a. auch in → Fontainebleau tätig.

Francia, Francesco (F. di Marco di Giacomo Raibolini, genannt il Francia) (um 1450–1517/18)
Bologneser ◇Goldschmied, der seit 1486 auch als Maler in einem ◇eklektizistischen Stil arbeitete, der vornehmlich von → Perugino und L. → Costa, Partner von F. (1483–1507), geprägt war. Das vermutlich bekannteste Werk des Künstlers, der selbst von → Raffael gerühmt wurde, ist das um 1511–16 entstandene ◇Altarbild *Maria mit Kind, der hl. Anna und anderen Heiligen,* das von einer *Pietà*-Darstellung in der ◇Lünette bekrönt wird (NGL).

Franciabigio (Francesco di Cristofano) (1482–1525)
Florentiner Maler, Schüler von → Albertinelli und → Piero di Cosimo. Mit → Andrea del Sarto arbeitete er in Florenz an den ◇Fresken für SS. Annunziata (*Verlöbnis Mariä,* 1513) sowie im Chiostro dello Scalzo (*Szenen aus dem Leben des hl. Johannes d. T.*) und an der Ausmalung des Großen Saals in der Medici-Villa in Poggio a Caiano (bei Florenz), wo F. sein Fresko *Triumph des Cicero* begann (1580 von → Allori beendet). F. stand unter dem Einfluß von → Raffael – F.s *Brunnenmadonna* (um 1505) wurde diesem früher zugeschrieben – und → Leonardo. Zu seinen bedeutendsten Werken gehören seine Bildnisse, z. B. der *Kreuzritter von Rhodos* (NGL).

Francis, Sam (* 1923)
Amerikanischer Maler des ◇Abstrakten Expressionismus, ließ sich 1950 in Paris nieder, wo er sich dem Kreis amerikanischer Maler um → Riopelle anschloß. Sein Interesse für die Malerei entstand während des Zweiten Weltkriegs, als er verletzt im Hospital lag. Seine erste abstrakte Arbeit schuf er 1947, beeinflußt vom Spätwerk → Monets und der fernöstlichen, insbesondere japanischen Kunst. In seinen abstrakten, sehr farbintensiven Kompositionen breiten sich über weißen Bildgründen organisch geformte Farbflecken aus und tropfen in dünnen Rinnsalen auf der Leinwand herab. F.' Werk umfaßt auch ◇Wandbilder für die Kunsthalle Basel (1956–58) und die ›Sofu-Schule für Blumenarrangements‹ in Tokio (1957).

Sam Francis, *Sommer Nr. 1,* 1957

Francken, Familie
Hauptsächlich in Antwerpen und Paris tätige flämische Malerfamilie, deren Begründer Nicolaes Herentals F. war (1520?–1596). Am bedeutendsten waren seine drei Söhne, alle Schüler von Frans → Floris, sowie sein Enkel Hieronymus I. (1540–1610), der in → Fontainebleau arbeitete und später Hofmaler wurde. Frans I. (1542–1616) war ein ◇klassizistischer Maler und Nachfolger von Marten de → Vos. Sein Bruder Ambrosius I. (1544–1618) war ebenfalls in Fontainebleau tätig, schlug aber später in Antwerpen eine öffentliche Laufbahn ein. Von den Söhnen Frans' I. ist v. a. Frans II. (1581–1642) zu erwähnen, ein Maler religiöser und historischer Themen, der jedoch am meisten durch seine ◇Genreszenen und Stillebeninterieurs Einfluß gewann. Sein Sohn Frans III. (1607–1667) stand unter dem Einfluß von → Rubens und malte religiöse Bilder und Kircheninterieurs. Sein Neffe Constantyn (1661–1717), der letzte Künstler der Familie, verbrachte 15 Jahre in Paris und Versailles und war ◇Schlachten- und ◇Porträtmaler.

François-Vase, um 570 v. Chr.
Attischer Volutenkrater (◇Vasenformen, griechische), ein Meisterwerk des ◇schwarzfigurigen Stils, signiert vom Töpfer Ergotimos und vom Maler Kleitias (1844 von A. François bei Chiusi gefunden, heute im Archäologischen Museum Florenz, Nr. 4209). Die Darstellungen zeigen u. a. die Hochzeit des Peleus, die Verfolgung des Troilos durch Achill, den Theseuszyklus und die Rückkehr Hephaistos' in den Olymp. Auf Hals und Lippe: Wagenrennen bei Patroklos' Leichenspielen und die kalydonische Eberjagd, außerdem die Schlacht der Lapithen und Kentauren sowie der Reigen der von Theseus aus dem Labyrinth Befreiten auf Delos. Die Henkelbilder zeigen die Potnia Theron (›Herrin der Tiere‹) und Aias (Ajax) mit der Leiche Achills. Am Fuß: Kampf zwischen Pygmäen und Kranichen.

Frankenthaler, Helen (* 1928)
Amerikanische Malerin des ◇Abstrakten Expressionismus. Beeinflußt v. a. von J. → Pollock (1951), entwickelte sie einen Stil freier, lyrischer Improvisation, wobei sie eine eigene Technik mit dünnflüssigen, die rohe, ungrundierte Leinwand durchtränkenden Farben erfand, die von zahlreichen Malern aufgegriffen wurde (M. → Louis, K. → Noland). Ihre zarten Farben wurden später intensiver, und ihre Formen verfestigten sich.

Frankenthaler Malerschule
1585 unter Führung von van → Coninxloo im pfälzischen Frankenthal gegründete Emigrantenkolonie calvinistischer Maler, die wegen der spanischen Protestantenverfolgungen die Niederlande verlassen mußten. Die F. M. (als Begriff heute nicht unumstritten) bildet in der ◇Landschaftsmalerei den Übergang von der ›romantischen‹ Stilauffassung zur naturnahen, auf realistischer Beobachtung beruhenden Darstellung.

Frazier, Charles (* 1930)
Amerikanischer Künstler, studierte 1952–56 am Chouinard Art Institute, war dann als Trickzeichner für Filmstudios tätig. Nach ◇Pop-Art- und ◇kinetischen Skulpturen arbeitet er seit Mitte der 1960er Jahre mit elektronischen Medien, seit 1973 v. a. mit ◇Video.

Fréminet, Martin (1567–1619)
Französischer Maler, einer der Hauptmeister der zweiten Schule von → Fontainebleau, der etwa 15 Jahre in Italien verbrachte (seit 1588), wo er → Michelangelo und → Parmigianino studierte. 1603 rief ihn Heinrich IV. nach Frankreich zurück, für den er u. a. die ◇Wand- und ◇Dekkenmalereien in der Chapelle de Sainte-Trinité in Fontainebleau schuf (1608–19). F.s Stil steht ganz unter dem Einfluß des florentinischen ◇Manierismus.

French, Daniel Chester (1850–1931)
Amerikanischer ◇Bildhauer, Autodidakt. In den USA war F. gemeinsam mit A. → Saint-Gaudens der bedeutendste Bildhauer seiner Zeit. F.s erster wichtiger Auftrag war die zum Gedenken an die Schlacht von Concord (Mass.) geschaffene ◇Skulptur *The Minute Man* (1875). Außerdem schuf er u. a. Reiterstandbilder von General Grant (Philadelphia), George Washington (Paris), drei Paar Bronzetüren für die Boston Public Library sowie die Statue *Alma Mater* für die Columbia University (New York City). Seine berühmteste Arbeit ist die Marmorstatue Lincolns *(Lincoln-Memorial)* in Washington, D. C., die 1922 entstand.

Freud, Lucian (* 1922)
In Berlin geborener britischer Maler, Enkel von Sigmund Freud. Sein bis in die späten 1950er Jahre entstandenes Frühwerk zeichnet sich durch einen strengen, linearen und ◇realisti-

schen Stil aus, F. schuf jedoch auch Bilder mit ◇surrealem Charakter, deren Sujets geheimnisvolle Beziehungen zwischen Pflanzen und Menschen sind. Seit 1952 arbeitete er vornehmlich an ◇Porträts und ◇Aktdarstellungen, die außergewöhnlich subtil ausgeführt sind. Er gilt als einer der wenigen modernen Erneuerer der gegenständlichen Tradition.

Freund, Gisèle (*1912)
Französische Fotografin deutscher Herkunft, die in Frankfurt a. M. Soziologie und Kunstwissenschaft studierte und 1932 Walter Benjamin begegnete. 1933 Emigration nach Paris, wo sie 1936 die erste Dissertation über die Geschichte der ◇Fotografie an der Sorbonne schrieb. Gleichzeitig Beginn einer Porträtsammlung von Schriftstellern und Künstlern für die Zeitschrift ›Life‹. 1947–54 Mitgliedschaft in der Gruppe → ›Magnum‹.

Freundlich, Otto (1878–1943)
Deutscher Maler, ◇Bildhauer und ◇Grafiker, wandte sich erst 1905 (nach einem Kunstgeschichtsstudium in Berlin und München) der Malerei und ab 1909 der Bildhauerei zu. Seit 1908/09 lebte er vorwiegend in Paris, gehörte zu den Gründungsmitgliedern der kurzlebigen Gruppe ›Cercle et Carré‹ (1929) sowie der Künstlervereinigung → Abstraction-Création und beteiligte sich an Ausstellungen der → Novembergruppe in Berlin. Unter dem Einfluß des ◇Jugendstils kam er in seiner frühen Malerei zu einer dekorativen Abstraktion von ◇symbolistischem Gehalt, der auch seine späteren, auf strenge Urformen reduzierten ◇Plastiken erfüllt.

Friedlander, Lee (* 1934)
Amerikanischer ◇Fotograf, der durch seine Aufnahmen von Stadt- und Straßenlandschaften bekannt wurde, die seine eigene Person durch Spiegeleffekte (Schaufensterspiegelung oder Schattenwirkung) integrieren. Der gewählte bildnerische Wirklichkeitsausschnitt kontrastiert auffällig zu eingefahrenen Bildperspektiven. Künstlerische Zusammenarbeit mit Jim → Dine.

Friedrich, Caspar David (1774–1840)
Deutscher Maler der ◇Romantik. Nach einem Studium an der Akademie in Kopenhagen (1794–98) ließ sich F. in Dresden nieder, wo er, abgesehen von einigen Reisen innerhalb Deutschlands, bis zu seinem Tode lebte. Mit → Runge war er der Mittelpunkt eines Kreises von Romantikern, zu dem die Maler → Carus, → Dahl, → Kersting, → Olivier und die beiden Dichter Novalis und Tieck gehörten. Ab 1816 war er Mitglied der Dresdner Akademie. F. war fast ausschließlich ◇Landschaftsmaler und gilt als der Begründer der romantischen, mit ◇allegorischen und ◇symbolhaften Inhalten befrachteten Stimmungslandschaft, die ein Spiegelbild des menschlichen Schicksals und der Gegenwart Gottes in der Natur ist *(Das Kreuz im Gebirge/›Tetschener Altar‹*, 1808). Der Mensch erscheint in den schwermütigen Bildern meist als einsame, in den Anblick der Natur versunkene Rükkenfigur *(Wanderer über dem Nebelmeer,* um 1818); alte knorrige Eichen, Kirchenruinen *(Abtei im Eichwald,* 1809–10), verfallene Grabstätten (*Klosterfriedhof im Schnee,* um 1810), Schiffsuntergänge (*Das Eismeer/Gescheiterte ›Hoffnung‹*, 1823–24), Wolken- und Meerbilder mit tiefem Horizont (*Der Mönch am Meer,* 1808/10) sind Ausdruck für die Empfindungen der Vergänglichkeit und Unendlichkeit.

Caspar David Friedrich, *Das Kreuz im Gebirge/›Tetschener Altar‹* (Ausschnitt), 1808

Friesz, Henri-Achille-Emile-Othon (1879–1949)
Französischer Maler, studierte kurze Zeit an der Pariser Ecole des Beaux-Arts bei → Bonnat, dann im Atelier → Moreau, wo er → Matisse und → Marquet kennenlernte. 1904 stellte er zusammen mit Matisse und dessen Freunden im ◇Salon

d'Automne aus, wo sie erstmals als ›Fauves‹ bezeichnet wurden. 1906 malte er gemeinsam mit → Braque, dem Freund aus Le Havre, in La Ciotat. Bis 1907/08 war F. mit seinen farbenfreudigen, expressiven Bildern ein begeisterter Vertreter des ◇Fauvismus, dann kehrte er zu einer traditionalistischen ◇Helldunkelmalerei zurück.

Frith, William Powell (1819–1909)
Englischer Maler, studierte in London und stellte erstmals 1838 seine nach literarischen Vorlagen (Shakespeare, Dickens, Cervantes u. a.) gemalten ◇Genrebilder aus. Ab 1851 wandte er sich Szenen des zeitgenössischen Lebens zu. Sein berühmtestes Werk ist *Derby Day* (1858), das in der Farbbehandlung den Einfluß der → Präraffaeliten verrät, die F. jedoch ablehnte.

Fritsch, Katharina (*1956)
Deutsche ◇Objektkünstlerin, die von 1977–83 an der Düsseldorfer Kunstakademie u. a. bei → Schwegler studierte. F. stellt mit ihren ◇Installationen aus trivialen Gegenständen keine ◇Ready-mades zur Schau, sondern sie inszeniert exemplarische Situationen des Lebens derart, daß ihre Arrangements durch das Prinzip der strengen Reihung und sorgfältigen Planung zu Kristallisationspunkten von bewußter Erfahrung werden. Die von F. in Vitrinen eingeschlossenen oder auf Sockeln bzw. Tischen aufgestapelten Alltagsobjekte sind im Vergleich zu ihren Konsumvorlagen in Größe, Form und Farbe leicht verändert, wodurch es der Künstlerin gelingt, die Aufmerksamkeit des Betrachters auf das lapidar Dargestellte zu konzentrieren.

Froben (Frobenius), Johann (um 1460–1527)
Schweizer Buchdrucker und Verleger deutscher Herkunft, Nachfolger von Johann Amerbach (um 1440–1513) in dessen Basler Werkstatt. F. war eine Hauptgestalt des Humanismus und um 1515–20 im deutschen Sprachraum der bedeutendste Buchdrucker. Er veröffentlichte prachtvolle, künstlerisch hochwertig ausgestattete Bücher, darunter eine Ausgabe der Schriften des hl. Hieronymus sowie die Werke des Erasmus von Rotterdam (u. a. ein von diesem ediertes in Griechisch verfaßtes Neues Testament, 1516).

Froment, Nicolas (um 1435–1483/86)
Französischer Maler, bedeutendster Meister der Schule von → Avignon neben → Charonton. F. wirkte in Italien, v. a. aber am Hof des Königs René von Anjou in Avignon, wo er sich 1468 niederließ. Es existieren zwei gesicherte Arbeiten von seiner Hand: das 1461 datierte *Lazarus-Triptychon* (Uffizien), dessen erzählerische Szenen (Mitteltafel mit der *Auferweckung des Lazarus*) in ihrem Realismus fast karikaturhaft überspitzte Formen aufweisen (z. B. in der Darstellung der Gesichter), jedoch auch Köpfe von eindringlicher Individualität zeigen. Diese Fähigkeit der Charakterisierung wird ebenso in dem zweiten Hauptwerk F.s sichtbar, dem ◇Triptychon *Der brennende Dornbusch* (1475–76, heute in der Kathedrale Saint-Sauveur, Aix-en-Provence), das seinen technisch ausgereiften, beträchtlich abgemilderten Stil repräsentiert.

Fromentin, Eugène Samuel Auguste (1820–1876)
Französischer Maler und Schriftsteller, der mit seinen orientalischen Sujets → Decamps, → Delacroix und Marilhat nahestand (*Verdurstende in der Wüste,* Musée d'Orsay, Paris). Bekannt wurde er v. a. mit seiner scharfsinnigen kunstkritischen Schrift zur holländischen und flämischen Malerei (›Les maîtres d'autrefois‹, 1876). F. verfaßte auch mehrere Berichte über seine Nordafrikareisen (1856, 1859) sowie einen psychologischen Roman (›Dominique‹, 1862).

Fronte Nuovo delle Arti (ital. ›Neue Front der Künste‹)
1946 gegründete Gruppe italienischer Künstler, die sich anfangs ›Nuova Secessione artistica italiana‹ nannte und deren Hauptvertreter Birolli, Corpora, → Guttuso, Pizzinato, → Santomaso, → Vedova und → Viani waren. In einem abstrahierenden, prismatisch gegliederten Stil, der vom ◇Orphismus und → Picassos Bildern der späten 1940er Jahre *(Nachtfischen in Antibes)* ausging, versuchten sie, die Wirklichkeit in hermetisch verschlüsselter Form wiederzugeben. Die Gruppe ging 1952 in der ›Gruppo degli Otto Pittori Italiani‹ auf, Guttuso und Pizzinato wandten sich einem expressiven Realismus zu.

Frueauf, Rueland d. Ä. (um 1440–1507)
Deutscher Maler, Vertreter der Salzburger Schule und Bürger von Salzburg, wo seine Tätigkeit nach 1470 bezeugt ist. Sein 1490–91 datiertes Hauptwerk, das mit R. F. signierte Altarwerk mit Passionsszenen (acht Flügelbilder aus

Salzburg, heute Österreichische Galerie, Wien), ermöglichte weitere Zuschreibungen. F. war später in Passau tätig, wo er u. a. ◇Wandmalereien und ◇Tafelbilder für das Rathaus schuf. Sein monumentaler, lebendig erzählender Stil zeigt sowohl Einflüsse von M. → Pacher wie auch der altniederländischen Malerei (R. van der → Weyden).

Frueauf, Rueland d. J. (1465/70 – nach 1545)
Deutscher Maler, dessen Tätigkeit 1496/97–1545 in Passau bezeugt ist, Sohn von Rueland → Frueauf d. Ä. Hauptwerk sind die vier Tafeln des *Leopoldsaltars* (1505, Stiftsmuseum Klosterneuburg bei Wien). Seine stimmungsvollen Landschaften mit ihren tiefen Durchblicken und hochragenden Felsen, die mit starker, fast lebendiger Bewegtheit und leuchtenden Farben gemalt sind (*Der Ausritt des hl. Leopold, Die Sauhatz* [Szenen des *Leopoldsaltars*]), zeigen einen neuartigen ›romantischen‹ Ausdruck, der ihn als einen der Begründer der → Donauschule ausweist.

Fry, Roger Eliot (1866–1934)
Englischer Maler und Kunstkritiker, der sich zunächst mit den Meistern der italienischen ◇Renaissance beschäftigte. Nachdem er 1906 Werke von → Cézanne gesehen hatte, trat er leidenschaftlich für die zeitgenössische Kunst ein. Von bedeutendem Einfluß auf die Entwicklung der englischen Malerei waren die beiden von ihm organisierten Ausstellungen des ◇Postimpressionismus (1910 und 1912), die → Gauguin, Cézanne, van → Gogh, den ◇Symbolismus und den ◇Fauvismus in England bekannt machten. F.s kunstkritische Schriften, Artikel (1910–19 war er Herausgeber des ›Burlington Magazine‹) und Vorlesungen sind gesammelt in ›Vision and Design‹ (1920) und ›Transformations‹ (1926). Von 1913 bis 1919 war er Leiter der von ihm gegründeten ◇Omega Workshops.

Fuchs, Ernst (* 1930)
Österreichischer Maler, der 1946–50 bei Gütersloh in Wien studierte, und Vertreter der → Wiener Schule, deren phantastische Malweise sich technisch an der altmeisterlichen Malfinesse der niederländischen und italienischen Meister orientiert. Der Hang zur Mythologie, zum Fabulösen und zur apokalyptischen Vision vereinigt sich bei F. mit einer süßlichen, ◇jugendstilnahen ◇Ornamentik.

Füger, Heinrich Friedrich (1751–1818)
Deutscher ◇Porträtmaler, der zahlreiche ◇Miniaturbildnisse schuf (*Kaiser Franz Joseph II.,* um 1776). Von 1776 bis 1783 lebte er in Italien, ließ sich dann in Wien nieder, wo er 1795 Akademiedirektor wurde, 1806 Direktor der kaiserlichen Gemäldegalerie. Seine Porträts, die sich durch die subtile Ausführung auszeichnen – F. setzte häufig die ◇Sfumato-Technik ein –, sind der Anmut und Eleganz des englischen Bildnisstils verwandt. Er malte auch ◇Historienbilder mit antiken und biblischen Sujets (*Der sterbende Germanicus,* Österreichische Galerie, Wien), die deutlich den Einfluß der ◇Barockmalerei verraten.

Führich, Joseph Ritter von (1800–1876)
Österreichischer Maler und ◇Grafiker, studierte in Wien und Prag, lebte seit 1827–29 in Rom, wo er sich den → Nazarenern anschloß und unter der Leitung und dem Einfluß von → Overbeck mit an den ◇Fresken des Casino Massimo malte. Seit 1834 lebte F. in Wien; dort lehrte er an der ◇Akademie und schuf seine bedeutendsten Werke (*Kreuzweg*-Fresken in der St.-Johann-Nepomuk-Kirche, 1844–46). Mit seinen biblischen Freskenzyklen, ◇Altarbildern, ◇Holzschnitt- und ◇Radierfolgen wurde er zum bedeutenden Neuerer der religiösen Kunst sowie zum Hauptvertreter der Nazarener in Österreich.

Fujiwara Takanobu (1142–1205)
Japanischer Adliger und Maler, der mit dem fast realistischen ◇Porträt ein neues Element in die japanische Kunst einbrachte. Drei dieser Porträts bekannter Zeitgenossen existieren noch.

Fujiwara Takayoshi (vor 1078 – nach 1156)
Japanischer Maler und Hofbeamter, tätig in Kyōto. Von ihm sind zwar keine eigenhändigen Arbeiten mit Sicherheit überliefert, er muß aber aufgrund der reichen Farbigkeit, der lyrischen Stimmungen und feinen Malweise ein Hauptmeister des höfischen ◇Yamato-e gewesen sein.

Fuller, Richard Buckminster (1895–1983)
Amerikanischer Ingenieur und Architekt, der sich mit den funktionalen Aspekten des technisch-konstruktiven Bauens befaßte. 1927 Entwurf einer *Wohnmaschine* unter rein funktionalen Bedingungen mit Wohnzonen und den dazu gehörigen technischen Vorrichtungen. Kon-

struktion geodätischer Kuppeln (◇Kuppel) aus Holz, Aluminium und Spannbeton, wobei die einzelnen Elemente die Form von Oktaedern oder Tetraedern besitzen (amerikanischer Pavillon auf der Weltausstellung in Montreal 1967).

Fulton, Hamish (* 1946)
Englischer Künstler, ursprünglich Maler, wandte sich aber 1969 der ◇Fotografie zu. Auf der Grundlage von ausgedehnten Wanderungen entstehen Arbeiten (bewußt inszenierte, sorgsam stilisierte Aufnahmen von meist menschenleeren, stillen, ›romantischen‹ Landschaften, dazu ein kurzer erläuternder Text über Ort, Zeit usw.), die auf die Beziehungen zwischen Objekt (Landschaft: realer Ort und reale Zeit) und Subjekt (Mensch: ›erlebter‹ Ort und ›erlebte‹ Zeit) hinweisen.

Furini, Francesco (um 1600/04–1646)
Italienischer Maler. Während seines Romaufenthaltes (ab 1623) geriet er unter den Einfluß von G. → Reni und entwickelte nach seiner Rückkehr nach Florenz (1625) in biblischen und mythologischen Bildern eine ◇Sfumato-Malerei mit sinnlichen ◇Aktdarstellungen (*Büßende Maria Magdalena,* um 1630; *Lot und seine Töchter*). 1633 wurde er zum Priester geweiht und malte von da an überwiegend ◇Altarbilder.

Furniss, Harry (1845–1925)
Britischer ◇Karikaturist, ◇Illustrator und Schriftsteller. 1873 ließ er sich in London nieder, wo er für verschiedene Zeitschriften als Zeichner tätig war, u. a. für das satirische Wochenblatt ›Punch‹. Er illustrierte außerdem Gesamtausgaben von Charles Dickens (1910) und W. M. Thackeray (1911). 1901 veröffentlichte er seine ›Confessions of a caricaturist‹.

Fuseli (Fusely), Henri siehe → **Füßli,** Johann Heinrich

Füßli (Fuessli, Fueslin, Füßlin), Johann Heinrich (in England Henry Fuseli [Fusely]) (1741–1825)
Schweizerisch-englischer Maler und ◇Zeichner. F. war ursprünglich Theologe, Gelehrter und Literat, bevor er 1764, hauptsächlich aus Begeisterung für Shakespeare, nach London ging, wo er sich 1768 unter dem Einfluß → Reynolds' der Malerei zuwandte. Während seines Romaufenthaltes 1770–78 studierte er die Antike, v. a. aber → Michelangelo (Fresken in der Sixtinischen Kapelle), der ihn entscheidend beeinflußte, ebenso wie die ◇Manieristen (→ Bandinelli, → Parmigianino, → Rosso). Seit 1779 lebte er wieder in London. 1787 schloß er Freundschaft mit → Blake, 1790 wurde er ordentliches Mitglied, 1804 Direktor der Royal Academy. F.s Bilderzyklen nach literarischen Vorbildern (Shakespeare, 1786–90; Dante; Milton, 1790–1800; Bibel; ›Nibelungenlied‹), die durch Stiche verbreitet wurden, sind von größter Expressivität (heroisches Pathos, spukhafte Phantastik, dramatische Beleuchtung, düstere Farbigkeit). Der Bildraum wird zerrissen, Dreidimensionalität nur fragmentarisch verwirklicht (jähe Perspektivstürze). Ein gefeierter Maler seiner Zeit, galt er v. a. den Dichtern des Sturm und Drang als ihr malerischer Interpret. 1801–23 verfaßte F. seine Vorlesungen ›Lectures on painting‹.

Johann Heinrich Füßli, *Der Tod des Ödipus,* 1784

Fyt, Jan (1611–1661)
Flämischer ◇Stillebenmaler, der auch Jagdszenen und Tierbilder schuf. F., Schüler von Frans → Snyders, war berühmt für seine prunkvollen Stilleben mit Blumen, Früchten, Jagdtrophäen, die sich durch satte Farbgebung und technische Brillanz auszeichnen, v. a. in der Wiedergabe von Oberflächenstrukturen (*Jagdbeute, Früchte und Musikinstrumente,* AP). Wahrscheinlich führte er einige Tierfiguren in Gemälden von → Jordaens und → Rubens aus.

G

Gabo, Naum (Neemia Borissowitsch Pevsner) (1880–1977)
Russisch-amerikanischer ◇Bildhauer, einer der Hauptvertreter des ◇Konstruktivismus. Nach anfänglichem Medizin- und Ingenieurstudium in München (1910–14), wo er Kontakt mit → Kandinsky und dem → Blauen Reiter hatte, besuchte er 1913–14 Paris und lernte dort die plastischen Bemühungen der ◇Kubisten kennen (→ Archipenko). Bei Kriegsausbruch ging G. nach Oslo, wo seine ersten Reliefkonstruktionen entstanden. 1917–22 gehörte er in Rußland zur ◇Avantgarde und gab mit seinem Bruder A. → Pevsner das berühmte ›Realistische Manifest‹ (1920) heraus, ein Bekenntnis zum Konstruktivismus, das sich jedoch gegen die von → Tatlin geforderte politisch engagierte, utilitaristische Kunst wandte und für eine rein ästhetische Kunst eintrat. 1922 verließ G. Rußland und ging nach Berlin, wo er sich der → Novembergruppe anschloß und Kontakte zum ◇Bauhaus und zur de-◇Stijl-Gruppe unterhielt. Über Paris (1932–33) und London (1933–46) kam er 1946 nach Amerika, wo er sich endgültig niederließ.

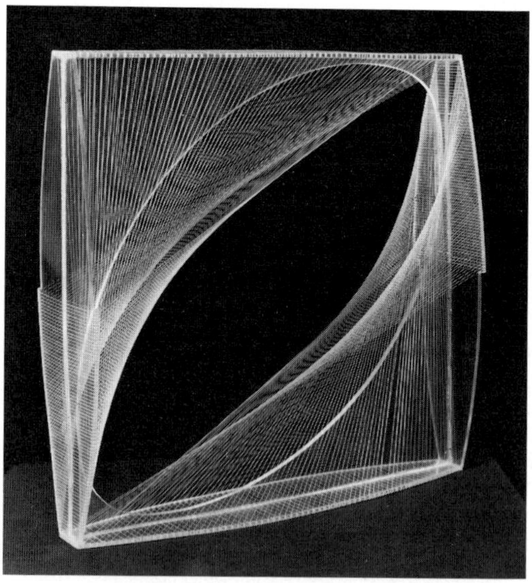

Naum Gabo, *Lineare Konstruktion,* um 1920–21

Seine ersten ◇Skulpturen (ab 1915) waren geometrische, aus sich durchdringenden Holz- oder Metallplatten konstruierte ›Köpfe‹ im Sinne → Boccionis und Archipenkos, die ab 1917 zunehmend abstrakter wurden. 1920 entstanden seine ersten ◇kinetischen Konstruktionen. In seiner Bemühung, die massive Kernskulptur aufzulösen, dem ›leeren Raum‹ Gestalt zu geben, sowie Licht und Bewegung auszudrücken, verwendete G. auch durchsichtiges Plexiglas oder Verspannungen von Nylonfäden, womit er den immateriellen Eindruck seiner Skulpturen steigerte.

Gaddi, Agnolo (um 1350–1396)
Florentinischer Meister, der in seinen ◇Tafelbildern die Tradition seines Vaters Taddeo → Gaddi fortsetzte. G. schuf allerdings auch ◇Fresken; als sein bedeutendster Zyklus gelten die acht Wandfresken mit der *Legende des hl. Kreuzes* in der Hauptchorkapelle von S. Croce in Florenz (um 1390 von G. und seiner Werkstatt ausgeführt). Sie stehen stilistisch zwischen der Schule → Giottos und der Spätgotik. Die motivreichen, fast überladenen Kompositionen mit ihrer verwirrenden Mischung unterschiedlicher Größenverhältnisse und Szenen, filigranartiger Architektur und behutsamer, allerdings unerhört wirkungsvoller Farbgebung haben etwas Traumhaftes. G. war Lehrer von → Lorenzo Monaco.

Gaddi, Taddeo (T. di Gaddo Gaddi) (um 1300–1366)
Schüler → Giottos, in dessen florentinischer Werkstatt er 24 Jahre blieb. Der Stil Giottos wurde von G. ins Anekdotische gewendet und gleichzeitig durch kühne Lichteffekte bereichert. So ist sein ◇Fresko *Verkündigung an die Hirten* (Baroncelli-Kapelle, S. Croce, Florenz) eines seiner frühesten ◇Nachtstücke. Das überidische gelbe Licht, das vom Engel ausgeht, dient gleichzeitig zur Beleuchtung der nächtlichen Szene. Außerdem schuf er – gleichfalls für S. Croce – Fresken mit *Szenen aus dem Leben Mariä und des jungen Christus* (1332–38), eine Darstellung des *Letzten Abendmahls* (im Refektorium) sowie für die Türen eines Sakristeischrankes 26 *Szenen aus dem Leben Jesu und des hl. Franziskus* (1333–34; heute zwei in Berlin, zwei in München und 22 in der Galleria dell'Accademia, Florenz). Neben seinen Licht-Experimenten rühmt man G.s Wiedergabe von Architekturdetails.

Thomas Gainsborough, *Robert Andrews und seine Frau,* um 1749

Gainsborough, Thomas (1727–1788)
Englischer ◇Porträt- und ◇Landschaftsmaler, kam 1740 nach London, lernte wahrscheinlich bei → Gravelot und stand in engem Kontakt zu → Hayman, der großen Einfluß v. a. auf seine Gruppenporträts vor landschaftlichen Hintergründen hatte. Von weiterer Bedeutung für sein Frühwerk war die holländische Landschaftsmalerei des 17. Jh.s (J. van → Ruisdael, J. → Wynants), deren Werke er im Auftrag von Kunsthändlern kopierte und restaurierte. Nach seiner Rückkehr nach Suffolk (1748) entstanden einige seiner schönsten Arbeiten, u. a. das großformatige Landschaftsbild *Cornard Wood,* genannt *Gainsboroughs Wald* (1748, NGL). Obwohl G.s Hauptinteresse stets der Landschaft galt, malte er doch vorwiegend Porträts, die finanziell einträglicher waren. Vermutlich ließ er sich auch aus diesem Grund 1759 in Bath nieder (nachdem er schon vorher nach Ipswich gegangen war), wo er sich mehr Aufträge erhoffte. In Bath machte sich in der größeren Eleganz und Raffinesse seiner Malweise der starke Einfluß von van → Dyck bemerkbar (*Jonathan Buttall – The Blue Boy,* um 1770). 1768 war G. unter den Gründungsmitgliedern der Royal Academy und siedelte 1774 wieder nach London über, wo er zum größten Rivalen → Reynolds' als Porträtmaler der englischen Aristokratie wurde. Mit seiner Spontaneität, Leichtigkeit und frischen, fast ◇impressionistischen Maltechnik ist G. einer der prägnantesten Vertreter des englischen ◇Rokoko. In den letzten Jahren entwickelte er ein neues Genre, für das Reynolds den Begriff »fancy-picture« prägte – bisweilen leicht sentimentale Darstellungen von Figuren, z. B. Bettelkindern, in der Landschaft (*Die Schweinehirtin,* 1782).

Galgario, Fra siehe → **Ghislandi,** Giuseppe

Gallé, Emile (1846–1904)
Französischer Glaskünstler des ◇Jugendstils, gründete 1874 eine Werkstatt und stellte neben Möbeln, die sich durch ornamentale Einlege- und Schmelzflußarbeiten auszeichnen, sog. ◇Überfanggläser her, zu denen er durch ostasiatische Glasarbeiten angeregt wurde. Seine Vasen waren mit einer oder mehreren Glasschichten verschiedener Farben überfangen, aus denen dann nach japanischen Vorbildern Pflanzenmuster herausgeschnitten wurden. Die Farben der Vasen sind nicht sehr kräftig, sondern haben meist helle, gebrochene Tönungen.

Gallego(s), Fernando (um 1440 – nach 1507)
Francisco (tätig um 1500)
Spanische Maler, vermutlich Brüder bzw. Vater und Sohn, die in und um Salamanca tätig waren und unter dem Einfluß der altniederländischen Malerei standen (→ Bouts, van der → Weyden). Fernando war der Lehrer Francisco G.s, dessen Arbeiten stilistisch mit denen seines Meisters identisch sind. Der realistische, derbe, farbig kraftvolle Stil Fernandos prägte die kastilische Malerei des 15. Jh.s. Zu seinen Hauptwerken gehören die ◇Altarbilder des vor 1468 geschaffenen *Ildefonso-Altars* in der Kathedrale von Zamora und des *Laurentius-Altars* in S. Lorenzo in Toro (nach 1492 beendet, Mitteltafel mit *Segnendem Christus* heute im Prado).

Gao Fenghan (1683 – nach 1747)
Chinesischer Maler aus Jiaozhou (Prov. Shandong), einer der ›Acht → seltsamen Meister‹ von Yangzhou. Seine frühen Malereien (Fächer-Serie im British Museum, London) zeigen eine Freiheit und einen Individualismus, die typisch für die Yangzhou-Maler sind.

Gao Kegong (1248–1310)
Chinesischer Maler aus Datong in Shanxi mit klassischer chinesischer Ausbildung und nachfolgender offizieller Karriere als Beamter. In der Malerei hielt er sich an → Mi Fu und → Dong Yuan. Sein Werk *Grüne Hügel und weiße Wolken* (durch eine Inschrift von 1309 G. zugeschrieben; National Palace Museum, Taipeh) läßt sowohl seine Malweise in der Tradition Dong Yuans und → Jurans wie auch eine klare Gliederung erkennen, die typisch für die Landschaftskunst der Yuan-Dynastie (1271–1368) ist.

Gao Qipei (um 1672 – um 1734)
Manju-Maler aus Liaoyang (Manjurei), hauptsächlich als Fingermaler bekannt (benutzte u. a. seinen langen gespaltenen Fingernagel als Feder, mit dem er dünne Linien zeichnete), schuf traditionelle Landschaftsbilder (*Landschaft mit hohen Gipfeln,* Rijksmuseum, Amsterdam) und figürliche Arbeiten.

Garbo, Raffaellino del (R. di Bartolommeo di Giovanni di Carlo [Carli]), (1466 – um 1527)
Italienischer Maler, nach → Vasari Gehilfe von Filippino → Lippi, wurde daneben aber auch von → Perugino beeinflußt. Er blieb stets dem Stil des ◇Quattrocento verhaftet. Bekannt ist er v. a. als Lehrer von → Andrea del Sarto (um 1505) und später von → Bronzino. Zu den ihm zugeschriebenen Werken gehört die *Verkündigung* (Ende 15./Anfang 16. Jh.) für den Hauptaltar in S. Francesco in Fiesole.

Garcia-Rossi, Horacio (* 1929)
Argentinischer Maler, übersiedelte 1959 nach Paris, wo er sich 1960 der → Groupe de Recherche d'Art Visuel anschloß und optisch-kinetische Bilder mit programmierten Vibrationseffekten malte. Ab 1962 entstanden dreidimensionale ◇kinetische Arbeiten mit realer Bewegung, die den Zuschauer zur aktiven Betätigung anregen.

Gargallo, Pablo (1881–1934)
Spanischer ◇Bildhauer, Freund → Picassos, ging nach seinem Studium in Barcelona wiederholt nach Paris und ließ sich 1925 endgültig dort nieder. G. schuf anfänglich massive Steinplastiken im Sinne → Maillols, geriet aber dann durch Picasso zunehmend unter den Einfluß des ◇Kubismus. 1911 entstanden seine ersten Metallplastiken aus ausgeschnittenen, gewölbten, bandartigen Eisen- und Kupferblechen, deren elegante Silhouetten jedoch sehr dem Figürlichen verhaftet blieben und eher Typ und Pose der Figur festhielten, als daß sie die räumlich-plastischen Strukturen im Sinne des Kubismus zum Ausdruck brachten.

Garofalo, il (Benvenuto Tisi da G.) (um 1481–1559)
Italienischer Maler von religiösen und mythologischen Sujets, der letzte Vertreter der Malerschule von → Ferrara. Ausgebildet in der Werkstatt von B. Boccaccino in Cremona (1498–99) und bei L. → Costa in Mantua. Neben seinen Lehrern beeinflußten → Mantegna, → Raffael (ab 1513), → Giorgione und → Dossi G.s Schaffen, was sich in seinen ◇Altartafeln (heute z. T. in der Pinacoteca in Ferrara) und ◇Fresken zeigt.

Gasiorowski, Gérard (1930–1986)
Französischer Maler, Autodidakt. In seiner ◇hyperrealistischen Malerei machte G. die Entfremdung zwischen Realität und Abbild dadurch deutlich, daß er den gemalten Fotoausschnitt in ein einheitliches milchiges Grau tauchte, das zugleich als Sinnbild für die Banalität der Fotooptik steht.

Gaudí, Antonio (1852–1926)
Spanischer Architekt, der aus ◇gotischen und maurischen Konstruktionssystemen einen sehr persönlichen Stil mit bizarren ◇Strebepfeilern und ◇Strebebögen entwickelte. G.s Formelemente sind von vegetabiler ◇Ornamentik und ◇polychromer Farbigkeit geprägt. Die organisch-plastische Raumkonzeption seiner Bauten schafft durch homogene Anpassung von Außengestaltung und Innendekor ein einheitliches Erscheinungsbild im Sinne des Gesamtkunstwerks (Casa Milá, 1905–10; Kathedrale Sagrada Familia, 1900–14, beide Barcelona).

Gaudier-Brzeska, Henri (1891–1915)
Französischer ◇Bildhauer und ◇Zeichner. Fiel im Ersten Weltkrieg (1915); G. hatte bis dahin bereits eine erstaunliche künstlerische Reife er-

Henri Gaudier-Brzeska, *Les oiseaux hérissés,* 1914

langt. Seit 1911 lebte er in London, wo er als Büroangestellter arbeitete, zu künstlerischem Schaffen ermutigt von seiner Lebensgefährtin Sophia Brzeska (deren Namen er annahm). 1913 schloß er sich dem ◇Vortizismus als führendes Mitglied an. Seine urwüchsigen, kraftvollen ◇Skulpturen waren in ihrer Synthese aus Einflüssen des ◇Kubismus, der ◇Plastik der ◇Primitiven und → Brancusis von Bedeutung für die nachfolgende englische Bildhauerei. Heute werden v. a. auch seine virtuosen Umrißzeichnungen von ◇Akten, Vögeln und anderen Tieren geschätzt.

Gauguin, Paul (1848–1903)
Französischer Maler des ◇Postimpressionismus, der neben → Cézanne und van → Gogh als einer der ›Väter‹ der modernen Kunst gilt. Als Kind verbrachte G. einige Jahre bei der Familie seiner Mutter in Lima (Peru), 1864–70 fuhr er zur See (u. a. auf der Südamerikaroute). Ab 1871 war er als Bankkaufmann tätig, bildete sich aber nebenher in Malerei und ◇Bildhauerei. Er trat 1874 in engen Kontakt zu → Pissarro, beteiligte sich 1880–86 an den Ausstellungen der ◇Impressionisten und gab 1883 seinen Beruf auf, um sich ganz der Malerei zu widmen. 1886 ging er erstmals nach → Pont-Aven, wo er → Bernard begegnete und zusammen mit ihm den ◇Synthetismus entwickelte. Im gleichen Jahr lernte er van Gogh kennen. Ihre Zusammenarbeit in Arles (1888) führte zu van Goghs verhängnisvoller Krise. Abgestoßen von der westlichen Zivilisation und auf der Suche nach einem archaischen, ursprünglichen Leben, schiffte sich G. 1891 erstmals nach Tahiti ein, wo er sich 1895 endgültig niederließ. Hier entstanden seine symbolhaftesten Werke, wie die berühmte ◇Allegorie auf das menschliche Leben *Woher kommen*

Paul Gauguin, *›Nevermore‹* oder *Akt der liegenden Pau'ura,* 1897

wir? Was sind wir? Wohin gehen wir? (1897, Museum of Fine Arts, Boston). G. wollte in seiner Malerei nicht den optischen Reiz der Außenwelt wiedergeben, wie die Impressionisten, sondern suchte im großen Figurenbild nach ◇symbolischem Ausdruck für das Innenleben des Menschen. Beeinflußt v. a. durch Cézanne, den japanischen ◇Farbholzschnitt und die Kunst der ◇Primitiven, entwickelte G. einen flächig-dekorativen Stil mit reinen leuchtenden Farben ohne Modellierung und einfachen, zusammenfassenden ◇Konturen. G. schuf auch Farbholzschnitte, ◇Keramik und ◇Skulpturen und war schriftstellerisch tätig; seine wichtigsten Schriften sind das autobiographische Werk ›Noa-Noa‹ (1893) und ›Avant et après‹.

Gaul, August (1869–1921)
Deutscher ◇Bildhauer, studierte in Hanau und in Berlin, ab 1894 als Schüler, später als Assistent von → Begas. Bei seinem Italienaufenthalt 1897–98 geriet er in Rom in den Kreis der → Deutschrömer und wurde mit den von → Marées, → Fiedler und von → Hildebrand entwickelten Ideen von der Einfachheit, Geschlossenheit und Allseitigkeit der plastischen Form vertraut, die er in seinen schlichten, unpathetischen Tierplastiken zu verwirklichen suchte.

Gaul, Winfred (* 1928)
Deutscher Maler, studierte an der Universität Köln und bei → Baumeister an der Stuttgarter Akademie (1949–53). In den 1950er Jahren unter dem Einfluß des ◇Informel, entwickelte er ab 1961 eine eigene, vom Bildvokabular der Verkehrszeichen angeregte, starkfarbige abstrakte Signalbildsprache, die er als Hieroglyphen einer neuen Großstadtkunst versteht. Seine neueren Arbeiten setzen sich im Sinne der Analytischen Malerei mit den Phänomenen Farbe sowie den Autonomien ›Zeichnung‹ und ›Malerei‹ auseinander.

Gaulli, Giovanni Battista siehe → **Baciccia**

Gavarni, Paul (Hippolyte Guillaume Sulpice Chevalier) (1804–1866)
Französischer ◇Zeichner, ◇Grafiker und ◇Aquarellist. Als Illustrator für verschiedene Zeitungen tätig, wurde G. neben → Daumier zum berühmtesten Mitarbeiter (ab 1873) von ›Le Charivari‹. Sein Interesse galt weniger der politischen ◇Karikatur als dem Sittenbild. In seinen ◇Illustrationen schildert er geistreich und treffsicher v. a. die frivole Seite des Pariser Kleinbürgerlebens und der Demimonde. Seine Auseinandersetzung mit dem Elendsleben des Proletariats in den Londoner Slums (G. hielt sich 1847 und 1848–51 in England auf) gipfelte 1849 in seiner berühmten ◇Holzschnittfolge *Gavarni in London.* Sein späterer Stil ist durch einen stärkeren linearen Ausdruck gekennzeichnet (zwei ◇Lithographiefolgen *Masques et Visages,* 1852–53 und 1857–58). G.s grafisches Werk umfaßt mit seinen Buchillustrationen insgesamt 8000 Arbeiten.

Gebetbuch Kaiser Maximilians (1513–15)
Ein 1513 bei Johann Schönsperger d. Ä. in Augsburg gedrucktes Gebetbuch (wohl nur zehn Exemplare, davon fünf erhalten) mit eigens für Kaiser Maximilian zusammengestellten Gebeten, Hymnen und Psalmen. Der Text ist unvollendet, es fehlen u. a. Titel und ◇Kalendarium. Unter Vermittlung Konrad Peutingers wurden die Lagen eines Exemplars (heute z. T. Bayerische Staatsbibliothek, München, und Bibliothèque Municipale, Besançon) an verschiedene Künstler zur ◇Illustration verteilt, von denen → Altdorfer, → Baldung, → Breu d. Ä., → Burgkmair d. Ä., → Cranach d. Ä. und → Dürer identifizierbar sind. Dürer, der mit 50 Seiten auch den größten Anteil an Illustrationen aufweist, war augenscheinlich der Hauptmeister des gesamten Dekorationsprinzips. Seine farbigen Federzeichnungen (meist Randverzierungen, in einer Mischung aus pflanzlichen, tierischen oder abstrakten ◇Ornamenten bzw. christlichen, mythologischen und profanen Bildvorstellungen) gehören zum Schönsten und Kostbarsten der deutschen Zeichenkunst und der Buchillustration (◇Buchmalerei) überhaupt.

Geddes, Andrew (1783–1844)
Schottischer ◇Porträtmaler und ◇Radierer, mit D. → Wilkie befreundet. Das bekannteste seiner Porträts, das den starken Einfluß → Rembrandts auf sein Werk dokumentiert, ist das Bildnis der *Mutter des Künstlers* (1813), von dem G. auch eine Radierung anfertigte.

Geertgen tot Sint Jans (Gerrit van Haarlem, Gérard de Saint-Jean) (1460/65 – um 1495)
Altniederländischer Maler, wahrscheinlich in Leiden geboren, war v. a. für die Johanniter in Haarlem tätig. Er war vermutlich Schüler des A.

van → Ouwater (es gibt keine zeitgenössischen Erwähnungen seines Namens). Sein gesamtes Werk gruppiert sich um die von van → Mander erwähnte *Beweinung Christi* (nach 1484, KhW), ursprünglich die Innenseite eines Flügels des *Kreuzigungsaltars* in der Haarlemer Johanniterkirche. G.s stille religiöse Bilder zeigen einen strengen ◇stillebenhaften Aufbau mit sorgfältiger Tiefenstaffelung und liebevoller Detailschilderung, besonders der Landschaft und der Figuren, die formal bisweilen fast zur geometrischen Abstraktion neigen. Die kleine, mit effektvoller Helldunkelkontrastierung ausgeführte nächtliche Szene *Geburt Christi* (NGL) zeigt ◇ikonographisch erstmals das aus sich strahlende Kind. G.s Stil war von bedeutendem Einfluß auf die altniederländische Malerei, v. a. in Haarlem.

Geiger, Rupprecht (* 1908)
Deutscher Maler, studierte anfänglich Architektur in München und wandte sich erst nach dem Kriege der Malerei zu. 1949 Mitglied der Gruppe → Zen. G.s Bilder zeichnen sich aus durch strenge geometrische Abstraktionen – oft nur ein Kreis oder ein Quadrat auf ◇monochromem Grund –, die in ihrer ruhigen Form und intensiven farblichen Leuchtkraft meditativen Charakter haben.

Gelder, Aert (Arent) de (1645–1727)
Holländischer Maler von biblischen Themen und ◇Porträts, Schüler S. van → Hoogstratens und von etwa 1661 bis 1667 → Rembrandts, dessen Stil er eng verbunden blieb; G. übernahm die religiösen Motive seines Lehrmeisters, dessen Malweise und z. T. auch ◇Kompositionen (*Esther vor ihrem Gang zu Ahasver,* 1684, AP).

Gellée, Claude siehe → **Claude Lorrain**

Genelli, Bonaventura (1798–1868)
Maler und ◇Zeichner, der in Rom (1822–32) mit den → Nazarenern in Verbindung stand und stark von → Michelangelo beeinflußt wurde. Sein Stil ist durch einen ◇manieristischen ◇Klassizismus gekennzeichnet, und die Sujets seiner Bilder entstammen zumeist der Antike (Mythologie, Homer). G. arbeitete in München (für den Grafen Schack) und Weimar (für den Großherzog Karl Alexander). Bekannt wurde v. a.

Gentile da Fabriano, *Die Anbetung der Könige,* 1423

sein Zyklus zu Dantes ›Göttlicher Komödie‹ (1840–46).

Genga, Girolamo (um 1476–1551)
Italienischer Maler und Baumeister. Er studierte bei L. → Signorelli, dem er bei dem berühmten ◇Freskenzyklus *Das Ende der Welt* (1499–1504) in der Cappella Nuova im Dom zu Orvieto assistierte. Unter dem Einfluß → Peruginos, in dessen Werkstatt G. ab 1500 arbeitete, und → Raffaels wurde sein Malstil weicher; um 1517/19 gelangte G. zu einem eigenen ausgeprägten ◇Manierismus (*Auferstehung Christi,* 1519, S. Caterina, Rom). Ab 1520 war er fast nur noch als Baumeister für den Herzog von Urbino tätig: u. a. Ausbau und Innendekoration der Villa Imperiale bei Pesaro; Erweiterung des Palazzo Ducale in Urbino, 1536; Entwurf der Kirche S. Giovanni Battista in Pesaro, 1543.

Genovés, Juan (* 1930)
Spanischer Maler, studierte an der Akademie in Valencia. Seine Bilder schildern in einem kritischen Realismus die anonyme faschistische Gewalt. Die Benutzung von Schablonen und Spritzpistole führt zu einer suggestiven Entindividualisierung der Gestalten, die das politische Engagement des Künstlers als Anklage verstärkt.

Gentile da Fabriano (G. di Niccolò di Giovanni Massi) (um 1360/70–1427)
Italienischer Maler, nach → Vasari Schüler des Fra → Angelico, bedeutendster Repräsentant der Spätgotik. Durch sein Wirken in Venedig (um 1408), Brescia (1414–19), Florenz (*Die Anbetung der Könige,* 1423, Strozzi-Altar in S. Trinità, heute Uffizien; *Quaratesi-Polyptychon,* 1425, heute u. a. Uffizien und NGL), Siena und Rom trug er erheblich zur Verbreitung des ◇Weichen Stils in Nord- und Mittelitalien bei. G. schuf nicht nur ◇Tafelbilder, sondern auch (heute größtenteils zerstört) ◇Fresken (*Maria mit Kind* im Dom zu Orvieto, 1425) und ◇Temperagemälde. Zu seinen Auftraggebern zählte u. a. der Colonna-Papst Martin V. (*Madonna mit Kind,* Galleria Colonna, Rom). Unter G.s Einfluß stand u. a. → Pisanello (siehe Abb. S. 189).

Gentileschi, Orazio (O. Lomi) (1563–1639/40)
Italienischer Maler. G.s frühe Arbeiten (vor 1600) standen unter dem Einfluß des toskanischen ◇Manierismus und → Elsheimers, seit et-

Orazio Gentileschi, *Die Lautenspielerin,* um 1626 (?)

wa 1600 in der Nachfolge → Caravaggios. Obwohl dessen naturalistische ◇Helldunkelmalerei den Haupteinfluß auf G.s Werk ausübte, war G.s Malerei von einer sanfteren Grundstimmung, seine Palette heller und transparenter. G. war auch für den französischen Königshof in Paris tätig (1623–25) und seit 1626 Hofmaler Karls I. von England. Seine Tochter Artemisia (1597–1652/53) war ebenfalls Malerin, die in der Caravaggio-Nachfolge stand (*Judith und Holofernes,* um 1620, Uffizien). 1630 ließ sie sich in Neapel nieder, wo sie hauptsächlich arbeitete.

Genzken, Isa (* 1948)
Deutsche Künstlerin, die 1969–71 Malerei an der Hochschule für bildende Künste in Hamburg, 1971–73 ◇Fotografie und Grafikdesign an der Hochschule für Bildende Künste, Berlin, und 1973–77 Malerei an der Düsseldorfer Kunstakademie bei → Richter studierte. Sie begann ihre künstlerische Arbeit in den ausgehenden 1970er Jahren mit fragilen Bodenplastiken aus bemaltem Holz, die durch ihre Leichtigkeit faszinierten. In den 1980er Jahren entstanden scheinbar unfertige ◇Skulpturen aus rohem Beton mit wenigen Farbakzenten, die, auf hochbeinigen Sockeltischen plaziert, wie Modelle für große Monumente wirken. Dagegen sind die architektonischen Arbeiten im Raum von zerbrechlicher Transparenz gekennzeichnet und

demonstrieren sich als Gegenentwürfe zur häßlichen Betonarchitektur moderner Urbanität.

Gérard, François Pascal Simon (1770–1837)
Französischer Maler des ◇Klassizismus, der v. a. ◇Porträts – auch ◇Miniaturbildnisse – und monumentale ◇Historienbilder schuf. Als Schüler von J.-L. → David milderte er jedoch den Stil seines Meisters ab, so daß seine Malweise der J.-B. → Regnaults nähersteht. Zu G.s berühmten, seinerzeit außerordentlich geschätzten Porträts gehören u. a. *Der Miniaturmaler Jean-Baptiste Isabey mit seiner Tochter* (1795, Louvre) und *Madame Récamier* (1802).

François Gérard, *Madame Récamier,* 1802

Gerdes, Ludger (* 1954)
Deutscher Maler und Installationskünstler, der 1975–82 bei → Baumgarten, → Ulrichs und G. → Richter an der Düsseldorfer Kunstakademie und deren Abteilung Münster studierte. Bekannt wurde G. durch seine monumentale ◇Installation in Münster 1987, *Das Schiff,* die seine Arbeit als ›Kunst im öffentlichen Raum außerhalb der Institutionen‹ definierte. Für G. ist die Kunst in soziale Kontexte eingebunden, sie liefert anschaubare Formen, die sich als offene Denkfiguren einsetzen lassen. Sowohl in seinen Bildern, ◇Zeichnungen, Installationen und Objekten wie auch in seinen theoretischen Abhandlungen über Kunst insistiert G. auf dem modellhaften Charakter der künstlerischen Arbeit (›Autonome, Formalismus & moderne Kunst‹, Kat. Kunstraum München und Kunstverein München, 1990).

Gerhaert(s) von Leyden, Nicolaus (auch Niclaus von Leiden, Niclas von Strasspurgk) (1420/30–1473)
Holländisch-deutscher ◇Bildhauer der Spätgotik, v. a. im deutschen Raum tätig (u. a. Baden-Baden, Trier, Straßburg, Wien, Wiener Neustadt). Sein Stil, der Elemente der niederländischen, französischen und burgundischen ◇Plastik vereint, zeichnet sich aus durch wuchtiges plastisches Volumen, tiefe Aushöhlungen, die den Raum mit einbeziehen, sowie ausdrucksvollen Realismus (*Grabmal des Erzbischofs Jacob von Sierck,* 1462, Trier, Diözesanmuseum). Weitere Hauptwerke G.s sind das sog. *Selbstbildnis* (um 1465, Straßburg) und sein *Christus am Kreuz* (Steinkruzifix; 1467, Baden-Baden, Friedhof St. Peter und Paul). Einer Berufung nach Wien durch Kaiser Friedrich III. (1463) folgte er 1467. Hier schuf er die Deckplatte von dessen Grabtumba (◇Tumba) im Stephansdom.

Géricault, Jean Louis André Théodore (1791–1824)
Französischer Maler und ◇Grafiker, entscheidender Anreger der ◇romantischen Malerei in Frankreich. G. studierte in Paris bei Carle → Vernet und → Guérin, bildete sich aber hauptsächlich unter dem Einfluß von → Gros und durch das Kopieren ◇barocker Meister, v. a. von → Rubens und → Velázquez. Seine frühen monumentalen Darstellungen von Kavallerieoffizieren zeugen bereits von einem ausgeprägten Interesse an Pferden (*Offizier der kaiserlichen Gardejäger beim Angriff,* 1812, Louvre). 1816–18 erhielt G. bei seinem Italienaufenthalt starke Anregungen durch → Michelangelo und den römischen Barock. Im Anschluß an seine Rückkehr nach Paris entstand sein Hauptwerk *Das Floß der Medusa* (1819, ebda.), dem jedoch nicht die öffentliche Anerkennung zuteil wurde, die G. erwartet hatte, was seinen zu Depressionen neigenden Gemütszustand verschlimmerte. Während seines Aufenthaltes in England (1820–22) malte er vorwiegend Pferdebilder (*Das Derby in Epsom,* 1821, Louvre). G.s grandiose, kraftvoll dramatische Gemälde, die eine tiefe innere Unruhe verraten, sind eine Gegenreaktion auf den strengen ◇Klassizismus J.-

Théodore Géricault, *Bildnis einer Verrückten,* 1822–23

L. → Davids und leiten die Romantik (→ Delacroix) ein. Zu seinen eindrucksvollsten Bildern gehören die späten realistischen Studien von Geisteskranken (*Die irrsinnige Spielerin,* um 1822, ebda.). G. war einer der ersten französischen Künstler, der mit der ◇Lithographie als eigenständigem künstlerischem Ausdrucksmittel arbeitete.

Gérôme, Jean Léon (1824–1904)
Französischer Maler und ◇Bildhauer, Schüler von → Delaroche und → Gleyre. Geschätzter akademischer ◇Salonmaler. Seine ◇Historienbilder und ◇Genreszenen zeigen mit Vorliebe Themen aus der griechischen Antike, später aus dem Orient, oft mit einem Hang zum Erotisch-Lasziven *(Sklavinnenmarkt).* Ende der 1870er Jahre wandte er sich mehr der Bildhauerei zu.

Gerstner, Karl (* 1930)
Schweizer Maler, besuchte nach einer Grafikerlehre (1945–50) die Kunstgewerbeschule in Zürich. Ab 1953 entstanden programmierte Farbbilder, die – in der Tradition ◇konkreter Kunst – mit den verschiedensten Farbeffekten experimentieren.

Gertsch, Franz (* 1930)
Schweizer Maler des ◇Hyperrealismus, der (ähnlich wie → Close) seine Bilder von überdimensional vergrößerten Diapositiven abmalt. G. konzentriert sich dabei auf die transparente Wiedergabe des Lichtes, das die Gegenstände seiner Bilder in phosphoreszierende Farbwerte entmaterialisiert. In jüngster Zeit beschäftigt sich G. mit einer komplizierten ◇Holzschnitt-Technik, bei der er mit feinsten, dicht gesetzten Schnittlinien eine fast transparente esoterische Bildwirkung erzielt.

Gerz, Jochen (* 1940)
Deutscher Künstler, lebt seit 1967 in Paris. G. begann mit literarischen Arbeiten (ab 1960), die sich der ◇Konkreten Poesie zurechnen lassen; in seinem Versuch der ›Entgrenzung‹ griff er aber immer stärker auch zu Mitteln der ◇bildenden Kunst. Mit ◇Environments, ◇Aktionen, Videotapes sowie Foto- und Objektserien gilt er als Hauptvertreter der deutschen ◇Prozeßkunst. Sein Werk ist gekennzeichnet von Verweigerung, vom Zweifel an Kommunikation und Mitteilbarkeit: je mehr ›beschrieben‹, je mehr fixiert wird, desto mehr entzieht sich die Möglichkeit des Kontaktes (*Das Auto-Portrait,* 1975). Konsequente Folge ist der totale Verzicht auf die Umwelt im *Transsib.-Projekt* (Reise Moskau-Wladiwostock und zurück bei völlig verdunkelten Fenstern, documenta 6, 1977). Bekannt wurde auch sein an jeder Bewegung gehinderter absurder Zentaur für die Biennale in Venedig, 1976 (*Die Schwierigkeit des Zentaurs, beim vom Pferd steigen*). Mit seiner Frau, der ◇Bild-

Jean Léon Gérôme, *Junge Griechen beim Hahnenkampf* (Ausschnitt), 1846

hauerin Esther Shalev-G. (* 1948), entwarf der Künstler ein 12 m Meter hohes *Mahnmal gegen Faschismus, Krieg, Gewalt – für Frieden und Menschenrechte,* das 1986 in Hamburg-Harburg errichtet wurde. Der Stab aus Blei wird, mit den Unterschriften der Besucher bedeckt, allmählich in den Boden versenkt.

Geßner, Salomon (1730–1788)
Schweizer Dichter, ◇Landschaftsmaler und ◇Radierer, der sowohl seine eigenen literarischen Werke mit ◇Illustrationen ausstattete als auch Ausgaben von Shakespeare und Samuel Butler. Er schuf bukolische Ideallandschaften mit Tempeln, Grotten, Wasserfällen und mythologischen Gestalten (◇Aquarelle, ◇Gouachen und ◇Kupferstichfolgen).

Gette, Paul-Armand (* 1927)
Französischer Künstler, studierte 1946–51 Botanik und Zoologie und war anfangs als Ingenieur tätig. Nach Berührung mit dem ◇Nouveau Réalisme wandte er sich der Kunst zu. Bekannt wurde er mit Arbeiten im Sinne der ◇Spurensicherung, die das wissenschaftliche System der Botanik bzw. der Zoologie umkehren: ›Untersuchungen begrenzter Orte‹ mit höchster wissenschaftlicher Akribie an Pariser Parkplätzen, Beschilderung in der Art eines botanischen Gartens an Unkraut, Vorlesungen lateinischer Käfernamen, als seien sie eine esoterische Form von Poesie.

Gheeraerts, Marcus d. J. († 1636)
Führender flämischer ◇Porträtmaler. Sohn von Marcus G. d. Ä. (1516/21 – vor 1604), eines Malers von historischen und religiösen Sujets; wirkte seit 1568 vorwiegend in England. Die Porträts von Marcus d. J. (tätig ab etwa 1561), stark beeinflußt von der → Antwerpener Schule (v. a. von Frans → Pourbus), charakterisieren die dargestellten Personen in zarter, liebevoller Weise, wobei Stoffen und Schmuck besondere Aufmerksamkeit geschenkt wird. G. malte Elizabeth I. (1592, Welbeck Abbey) und wurde von James I. zum Hofmaler ernannt.

Ghent, Joos van siehe → **Wassenhove,** Joos van

Gherardi, Cristofano (genannt C. dal Borgo und il Doceno) (1508–1556)
Italienischer Maler des ◇Manierismus, Schüler von Raffaellino da Colle und → Rosso, Freund und Gehilfe von → Vasari. Seine Bilder mit Früchten, Gemüsen, Blumen, Vögeln und Tieren zeugen von seiner sensiblen Beobachtungsgabe.

Gheyn (Geyn, Gain), de, Familie
Flämisch-holländische Künstlerfamilie. Jacob I. (um 1532–1582) war in erster Linie ein ◇Glas- und ◇Miniaturenmaler. Sein Sohn Jacques II. (1565–1629), in Antwerpen geboren, war der bedeutendste Künstler der Familie, Schüler von → Goltzius in Haarlem, wo J. de G. seit etwa 1585 lebte. Er war ein brillanter ◇Zeichner; in der ◇Radierung arbeitete er mit einer Technik aus Punkten und ◇Schraffuren, die in ihrer Expressivität nur von → Rembrandt übertroffen wurde. 1597/98 lebte er in Leiden, ab etwa 1603 war er in Den Haag ansässig. 1622 besuchte er London – gemeinsam mit seinem Sohn Jacob III. (1596–1644), der als Zeichner tätig war.

Ghiberti, Lorenzo (1378–1455)
Italienischer ◇Bildhauer, ◇Goldschmied, Maler und Kunsttheoretiker. Beim Wettbewerb für die zweite Bronzetür des Baptisteriums S. Giovanni in Florenz (die erste 1330–36 von Andrea → Pisano) gewann er mit seinem ◇Relief *Die Opferung Isaaks* (1401–02, Museo Nazionale del Bargello, Florenz) u. a. gegen → Brunelleschi und della → Quercia. An der Gestaltung der 28 Reliefbilder der Tür (fast vollplastisch vom Hintergrund abgehobene Figuren; Szenen der Evangelisten, Kirchenlehrer und des Neuen Testaments in ◇Vierpaß-Rahmen) arbeitete er 1403–24. Das Vorhaben erforderte eine große Werkstatt, aus der fast alle Florentiner Bronzebildner seiner Zeit (darunter → Donatello und → Michelozzo) sowie auch Maler (u. a. → Uccello) hervorgingen. Zur gleichen Zeit schuf G. drei lebensgroße Heiligenstatuen für Or S. Michele (*Johannes der Täufer,* 1414; *Hl. Matthäus,* um 1419–23; *Hl. Stephanus,* 1425–29), die ersten Großbronzen der ◇Renaissance, und zwei hervorragend gearbeitete Relieftafeln für den Taufstein im Dom zu Siena (*Taufe Christi, Gefangennahme des Johannes,* 1417–27). All diese Werke weisen ihn als Anhänger des ◇Weichen Stils aus. Von → Alberti wird er in dessen Schrift ›Della Pittura‹ wegen der neuartigen Gestaltung der dritten Baptisteriumstür (deren Bezeichnung ›Paradiestür‹ auf → Michelangelo zurückgeht) erwähnt. Die 1425–52 entstandene

Lorenzo Ghiberti, *Selbstbildnis* (Teil der ›Paradiestür‹ des Baptisteriums in Florenz), 1430–47

Tür zeigt in zehn quadratischen Feldern in ◇Basrelief-Technik gearbeitete Szenen aus dem Alten Testament. Obwohl G. auch als einer der ersten bekannten italienischen Sammler ◇antiker Kunstwerke in die Kunstgeschichte einging und selbst antike Motive und Auffassungen übernahm, löste er sich insgesamt nur zögernd von der ◇Gotik. Seine ›Commentarii‹ (um 1450; eine der wichtigsten Quellenschriften der italienischen Kunstgeschichtsschreibung, deutsch meist als ›Denkwürdigkeiten‹) enthalten u. a. Biographien italienischer Maler des ◇Trecento (ab → Giotto), sie schließen mit G.s Autobiographie.

Ghirlandaio (Bigordi), Familie
Domenico (di Tommaso) (1449–1494)
Davide (1452–1525)
Benedetto (1458–1497)
Ridolfo (1483–1561/62)
Eine der berühmtesten Malerfamilien der italienischen ◇Renaissance, tätig in Florenz. Am bedeutendsten war Domenico G., der vermutlich bei → Baldovinetti lernte und zum führenden ◇Freskenmaler seiner Generation wurde. Zu seinen bekanntesten Zyklen in Florenz zählen die *Szenen aus dem Leben des hl. Franziskus* in der Sassetti-Kapelle von S. Trinità (1482/83–85) sowie die *Szenen aus dem Leben Mariens und Johannes' d. T.* in der Hauptchorkapelle von S. Maria Novella (1486–90). Seine bedeutendste Arbeit in Rom ist das Fresko *Die Berufung der Apostel Petrus und Andreas* in der Sixtinischen Kapelle (1481–82), in das er realistische ◇Porträts von in Rom lebenden Florentinern einfügte; diese besondere Begabung G.s, in seinen religiösen ◇Kompositionen das zeitgenössische Leben des Florentiner Bürgertums prägnant zur Darstellung zu bringen, machte ihn populär. Seine vielfigurigen Gemälde (*Anbetung der Könige,* 1488, Ospedale degli Innocenti, Florenz) mit ihrer klaren räumlichen Gliederung und den architektonischen Hintergründen stehen in der Tradition → Masaccios und → Lippis und verraten v. a. den Einfluß → Verrocchios, während sich in der realistischen Detailbeobachtung (*Bildnis eines Großvaters mit seinem Enkel,* 1488, Louvre) sein Interesse an der altniederländischen Malerei (van der → Goes) widerspiegelt. Eindrucksvoll sind auch G.s ◇Altarbilder, wie der ehemalige ◇Hochaltar für S. Maria Novella (um 1494, heute AP). Domenicos Brüder Davide und Benedetto halfen ihm bei der Führung seiner großen Werkstatt, aus der u. a. → Michelangelo hervorging. Sein v. a. als Porträtmaler beliebter Sohn Ridolfo, Schüler von → Piero di Cosimo, stand unter dem Einfluß → Rafaels und Sebastiano del → Piombos.

Domenico Ghirlandaio, *Bildnis eines Großvaters mit seinem Enkel,* 1488

Ghislandi, Giuseppe (Ordensnamen Fra Vittore, Fra Galgario, Fra Paolotto) (1655–1743)

Einer der bedeutendsten italienischen ◇Porträtmaler im frühen 18. Jh., Franziskaner. Nach einer Lehre bei S. Bombelli in Venedig war er zunächst in Mailand, dann v. a. bei Bergamo (im Kloster Galgario) tätig. In seinen Porträts (u. a. von Geistlichen und Gelehrten) verbindet G. den Farbreichtum der venezianischen Malerei mit einer von G. → Moroni beeinflußten lebensnahen, naturalistischen Darstellung.

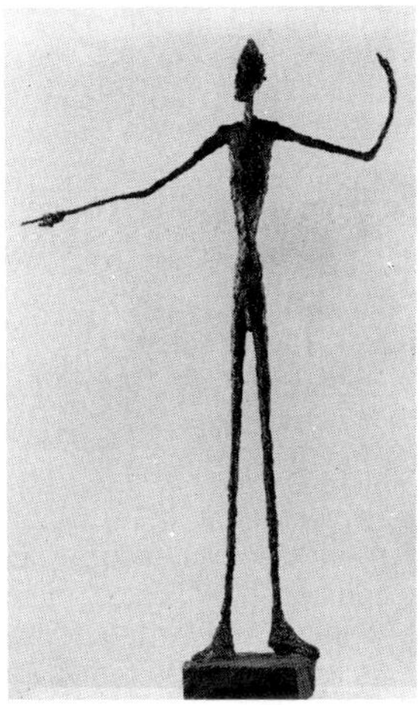

Alberto Giacometti, *Zeigende Gestalt,* 1947

Giacometti, Alberto (1901–1966)
Schweizer ◇Bildhauer, ◇Zeichner und Maler, Sohn des spätimpressionistischen ◇Landschaftsmalers Giovanni G. (1868–1933) und Vetter des ◇abstrakten Malers Antonio Augusto G. (1877–1947). G. studierte an der Genfer Kunstgewerbeschule (1919) und bei → Bourdelle in Paris (1922–25), wo er mit Ausnahme der Kriegsjahre (1942–45) ständig lebte. Seine Frühwerke, z. B. *Zwei Figuren* (1926), zeichnet eine elementare Kraft aus; spätere, ◇surrealistische (G. schloß sich 1930–35 der surrealistischen Bewegung an) räumliche Konstruktionen wie der *Palast um vier Uhr morgens* (1933) deuten bereits die extreme Überlängung an, die zunehmend Charakteristikum der Figuren und Figurengruppen G.s wurde (seit etwa 1940). Die Zerbrechlichkeit dieser seltsamen, trostlosen ›Streichholz‹-Menschen, z. B. die Gruppe *City Square* (1949), betonte er zusätzlich durch die kompakten Unterbauten, auf die die Figuren meist gesetzt sind. Die so geschaffenen räumlichen Beziehungen waren von bedeutendem Einfluß auf die zeitgenössische ◇Plastik. G.s stille, von einem ◇grafischen Gespinst überzogene, fast ◇monochrome Malereien und Zeichnungen sind ebenfalls höchst eindringliche, sensible Darstellungen des verlorenen Menschen in der Leere des Raumes (*Sitzender Mann,* 1949).

Giambologna siehe → **Giovanni di Bologna**

Giambono, Michele (M. di Taddeo Bono) (tätig 1420–1462)
Venezianischer Maler und Mosaizist, dessen Werke dem ◇Weichen Stil (Spätgotik) des → Gentile da Fabriano nahestehen. Vermutlich wurde er auch durch Jacobello del Fiore (tätig 1394–1439) beeinflußt. In Venedig sind einige signierte Werke von ihm erhalten, u. a. *Der hl. Chrysogonus* (um 1440, S. Trovaso) und die (stark restaurierten) ◇Mosaiken mit Szenen aus dem Leben Mariä, die G. für die Cappella dei Mascoli im Markusdom schuf.

Gibbons, Grinling (1648–1721)
Englischer ◇Bildhauer und Holzschnitzer. In Rotterdam geboren, kam er vor 1668 nach England, wo er bald die Gunst von Karl II. (ab 1671 Hofbildhauer) und Georg I. errang. G. schuf große Marmorgrabmäler und Bronzestatuen (Reiterdenkmal Jakobs II., 1686, heute vor der NGL). Sein eigentlicher Ruhm gründete sich indes auf seine höchst realistischen, in Holz geschnitzten Dekorationen mit Blumen und Früchten, Musikinstrumenten, ◇Putten und kleinen Tieren, wie etwa das ◇Chorgestühl der St. Paul's Cathedral in London oder die Holzschnitzarbeiten im Petworth House.

Gibson, John (1790–1866)
Englischer ◇Bildhauer des ◇Klassizismus, Schüler von → Canova und → Thorwaldsen, lebte seit 1817 vorwiegend in Rom. Er genoß internationalen Ruf v. a. als Erneuerer der ◇polychromen Marmorskulptur nach dem Vorbild der ◇antiken griechischen Kunst (*Tinted Venus,* 1851–55). 1844 und 1850 hielt er sich in England auf, wo er für Königin Viktoria tätig war. Seit 1834 gehörte er der Royal Academy an.

Gibson, Ralph (* 1939)
Amerikanischer ◇Fotograf, studierte am Art Institute in San Francisco und lebt heute in New York. Seine Fotos (stets Einzelwerke) erzählen

mit ◇magisch-realistischer Eindringlichkeit und kühler Distanz Geschichten in bildhafter Form.

Gilardi, Piero (* 1942)
Italienischer ◇Objektkünstler, studierte in Turin. G. wurde bekannt mit verblüffend ◇realistischen Objekten aus Schaumstoff (überwiegend Pflanzen- und Tierarrangements). In den 1970er Jahren stand G. den Turiner Künstlern der ◇Arte povera nahe.

Gilbert & George (Gilbert Proersch [* 1943]; George Passmore [* 1942])
Englische Künstler, studierten ◇Bildhauerei an der St. Martin's School of Art in London. Seit 1968 präsentieren sie sich selbst als ›Human Sculptors‹, deren stark stilisierte Alltagsrituale (Spazierengehen, Rauchen, Trinken usw.) als ›Living Sculptures‹ in den Rang eines Kunstwerks erhoben werden. Besonders eindrucksvoll sind ihre ◇Performances *Underneath the Arches* (›Singing Sculpture‹, ab 1969; Vorführungen des etwa fünf Minuten dauernden Stükkes ohne Unterbrechung bis zu acht Stunden täglich) und *The Red Sculpture* (ab 1976). Ihre zahlreichen Karten, Bulletins und Publikationen, die sie unter dem Motto ›Art for All‹ veröffentlichen, bestehen – wie auch ihre Fotoarbeiten, Bilder und Zeichnungen – aus einer verblüffenden Mischung von gewollter Banalität und Dilettantismus mit äußerstem Kalkül und ästhetisch ungemein sicherer Präsentation. In den letzten Jahren entstehen piktogrammartige Großfotos.

Gill, Arthur Eric Routon (1882–1940)
Englischer ◇Bildhauer und ◇Typograph, der an der Central School of Arts and Crafts studierte (1899–1903). Als Buchkünstler in der Tradition von William → Morris stehend, betrachtete er sich in erster Linie als Handwerker und schuf Schrifttypen (u. a. die ◇serifenlosen Schriften ›Perpetua‹ und ›Gill Sans‹) und ◇Illustrationen für eigene und fremde Bücher. Bekannt wurden v. a. seine Arbeiten für die Golden Cockerell Press und die Cranach-Presse. Seine ◇Skulpturen und ◇Reliefs (Kreuzwegstationen für die Westminster Cathedral in London, 1913–18) sind von ◇gotischer ◇Plastik und indischer Tempelkunst beeinflußt.

Gilles, Werner (1894–1961)
Deutscher Maler, studierte an der Kasseler Akademie und 1922–23 am ◇Bauhaus in Weimar bei → Feininger und → Schlemmer. Lange Aufenthalte in Italien (Rom, Ischia) prägten seine Malerei, die sich mit Vorliebe an der Mythologie und Poesie der Antike orientierte *(Orpheus-Zyklus,* 1947–49). Seine hermetisch ◇abstrakten, lyrischen Landschaften leiten sich von → Klee und → Picasso her.

Gillot, Claude (1673–1722)
Französischer Maler, ◇Zeichner und ◇Radierer, hervorragender Entwerfer von dekorativen ◇Arabesken in einem G. → Audran nahestehenden Stil. Seine Vorliebe für Themen der ◇Commedia dell'arte (*Das Grab des Meister André,* Louvre) beeinflußte seinen Schüler → Watteau. Berühmt wurde G. mit seinen ◇Illustrationen (v. a. Radierungen) zu A. Houdar de la Mottes Fabeln (1719).

Gillray, James (1757–1815)
Englischer Karikaturist und ◇Radierer, der berühmt ist für seine ◇Grafiken aus der Zeit der Napoleonischen Kriege (*Pitt und Napoleon teilen sich die Welt,* 1805). Seine ◇Karikaturen stehen in ihrer beißenden Kritik am zeitgenössischen Leben → Hogarth nahe, G. war allerdings in seinem Angriff gegen menschliche Schwächen weitaus persönlicher. Zu seinen bevorzugten ›Opfern‹ gehörten König Georg III. (*Farmer George),* dessen Gemahlin Charlotte sowie der Prinz von Wales, der spätere Georg IV. (*A Voluptuary under the Horrors of Digestion),* und andere Mitglieder der englischen Königsfamilie. Zeichnungen G.s befinden sich im British Museum und Victoria and Albert Museum, London.

Gilman, Harold (1876–1919)
Englischer Maler, der neben ◇Porträts auch ◇Interieurszenen und ◇Landschaftsbilder schuf; eines der Gründungsmitglieder der → Camden Town Group und (ab 1913) Präsident der → London Group. Anfänglich ein Anhänger → Sickerts, wurde G. später (ab 1910) entscheidend von den ◇postimpressionistischen Künstlern (→ Gauguin, v. a. van → Gogh) beeinflußt, was sich z. B. an seinem Bildnis der *Mrs. Mounter* (1917) zeigt.

Ginner, Charles siehe → **Camden Town Group**

Giordano, Luca (1634–1705)
Italienischer Maler und ◇Radierer, der bei sei-

nem Vater Antonio und vermutlich bei → Ribera lernte und daneben von → Cortona und der venezianischen Malerei beeinflußt wurde. G. war wohl der erste ◇barocke ›Virtuose‹ im Sinne des 18. Jh.s, der nicht nur in jedem beliebigen Stil improvisieren, sondern auch mit größter Schnelligkeit malen konnte (daher rührte auch sein Spitzname ›Luca fa'presto‹ [ital. ›Luca, mache schnell!‹]) Er war in Neapel, Rom und Florenz (◇Fresken im Palazzo Medici-Riccardi, 1682–83) tätig und hatte starken Einfluß auf die venezianische Malerei. 1692 wurde er von Karl II. als Hofmaler nach Spanien berufen und arbeitete bis 1702 im Escorial, Madrid und Toledo. Seine letzten Arbeiten werden immer freier und beschwingter und leiten zum ◇Rokoko über (1704, Deckenfresken der Cappella del Tesoro der Kartause S. Martino, Neapel). G. war außerordentlich produktiv, seine Bilder finden sich in fast allen größeren Sammlungen Europas.

Giorgione (Giorgio [Zorzo] da Castelfranco, auch Giorgio Barbarelli genannt)
(1477/78–1510)
Venezianischer Maler, Begründer der ◇Hochrenaissance in Venedig. Über G.s kurze Lebens- und Schaffenszeit ist wenig bekannt. Er war Schüler von Giovanni → Bellini und wirkte ab 1507 in Venedig, wo er 1508 seine einzigen, inzwischen fast völlig zerstörten ◇Fresken für den Fondaco dei Tedeschi malte. Von seinen Werken sind nur wenige wirklich gesichert. Als großer Neuerer der Malerei übte er außerordentlichen Einfluß auf die zeitgenössischen Künstler aus, v. a. auf den frühen → Tizian, dessen Bilder sich von den späten Werken G.s, die ihrerseits von Tizian beeinflußt wurden, nur schwer unterscheiden lassen. G. verzichtet auf die in der Natur als solche nicht existierende zeichnerische Linie und sieht Landschaft und menschliche Gestalt in mild durchlichteten, warmtonigen Farbflächen von feinsten Übergängen. Mit seinem lyrischen Pantheismus überwindet er ◇ikonographische Traditionen und schafft autonome Arbeiten, deren ◇emblematisch verschlüsselte Bildsprache schwer zu enträtseln ist. Er ist der Erfinder der lieblichen bukolischen Landschaftsidylle; eine seiner lyrischsten Stimmungslandschaften, in denen sich der Mensch als schlichter organischer Bestandteil harmonisch in die Natur einfügt, ist das Bild *Das Gewitter* (um 1506–07, Accademia, Venedig; siehe Ft. 8). G.s malerischer, von Bellini ausgehender Stil zeichnet sich durch eine warme, harmonisch mild abgestimmte Farbigkeit aus, durch eine ◇klassisch-ideale Formgebung sowie durch das weiche, vermutlich von → Leonardo beeinflußte ◇Chiaroscuro, das die harten Konturen ◇sfumatohaft mildert. Seine *Thronende Madonna mit den Heiligen Franziskus und Liberale* für den ◇Hochaltar des Doms S. Liberale in Castelfranco (um 1504), eine sorgfältig ausbalancierte

Giorgione, *Ruhende Venus,* um 1508

Frontalkomposition, stellt einen neuen Typ der ◇Sacra Conversazione dar. Mit seinem *Porträt eines jungen Mannes* (Berlin) schuf G., der hübsch, musikalisch und ein beliebter Gast der venezianischen Gesellschaft war, wie → Vasari berichtet, einen neuen Typ poetischer Jugendlichkeit, ein Vorbild für die Darstellung venezianischer Jugend in den darauffolgenden Jahren. Zu den zahlreichen Werken G.s, die von Schülern (wie del → Piombo) fertiggestellt wurden, gehören v. a. die von Tizian vollendeten Bilder *Ländliches Konzert* (Louvre) und die *Ruhende Venus* (um 1508, Dresden), die zu einem viel kopierten Prototyp der ruhenden weiblichen ◇Aktfigur wurde.

Giottino
Ein auf → Vasari zurückgehender Meistername für einen in der → Giotto-Nachfolge stehenden Florentiner Maler, der um die Mitte des 14. Jh.s tätig war. Die Identifizierung des Künstlers ist umstritten. Möglicherweise ein Schüler Giottos, ist er vielleicht identisch mit einem gewissen Giotto di Maestro Stefano, einem Sohn des Maestro Stefano. Zugeschrieben wird G. die *Beweinung Christi* aus S. Remigio in Florenz (heute Uffizien).

Giotto (G. di Bondone) (1266?–1337)
Italienischer Maler und Baumeister, gilt als Schüler → Cimabues und → Cavallinis, verarbeitete aber auch ◇frühchristliche und ◇byzantinische Elemente, ebenso wie solche der französischen ◇gotischen Bauplastik sowie im weiteren Einflüsse von Niccolò und Giovanni → Pisano. Die Zuschreibung bestimmter Werke an G. ist stark umstritten, was nicht zuletzt mit dem von ihm aufgrund seines großen Erfolges entwickelten Werkstattbetrieb zusammenhängt. Die ersten selbständigen Arbeiten finden sich unter den ◇Fresken der Oberkirche S. Francesco in Assisi (um 1290–99, darunter *Szenen aus dem Leben des hl. Franziskus*). Die erste urkundlich als von G. nachgewiesene Arbeit ist der Freskenzyklus in der Arenakapelle in Padua (Cappella degli Scrovegni all'Arena, zwischen 1304–10, u. a. *Szenen aus dem Leben Mariä und Christi* sowie ein *Jüngstes Gericht*), eine seiner bedeutendsten Leistungen. Er ließ sich dann in Florenz nieder (ab 1311 durch Dokumente bezeugt), wo er den überwiegenden Teil seines Lebens verbrachte (abgesehen von Aufenthalten 1329–33 in Neapel und 1335–36 in

Giotto, *Stigmatisation des hl. Franziskus* (Ausschnitt), um 1325–29

Mailand) und eine Reihe von Meisterwerken schuf: die von Cimabues *S.-Trinità-Madonna* beeinflußte *Madonna der Humiliaten (Maestà)* für die Ognissanti-Kirche (um 1306–12, heute Uffizien; siehe Ft. 4), das ◇Tafelbild *Tod Mariä* (um 1315–20, ebenfalls für Ognissanti, heute Berlin) und die von → Ghiberti als Werke G.s erwähnten Fresken mit *Szenen aus dem Leben Johannes' d. T. und Johannes' d. E.* (um 1320 – vor 1329, Cappella Peruzzi) bzw. *Szenen aus dem Leben des hl. Franziskus* (um 1325–29, Cappella Bardi) in S. Croce. Weitere ihm gemeinhin zugeschriebene Arbeiten sind das gemalte *Kruzifix* (um 1290) in der Sakristei von S. Maria Novella (Florenz) und das spätere *Kruzifix* im Tempio Malatestiano, Florenz (um 1312). Ab 1334 Dombaumeister, entstand als letzte große Arbeit der Entwurf für den (in der Ausführung allerdings abgewandelten) Campanile des Florentiner Doms. G.s immense entwicklungsgeschichtliche Bedeutung ist mit kaum einem anderen Maler zu vergleichen: Mit der Abkehr von den ◇ikonographischen Normen der byzantinischen Tradition (◇Maniera greca) und der Hinwendung zu einer mehr auf Naturbeobachtung (G.s Naturauffassung wurde von Boccaccio, Dante und Petrarca gepriesen) und Psychologie gestützten Gestaltungsweise steht er am Anfang der Entwicklung der neuzeitlichen Malerei (→ Vasari nennt ihn den »Vater der Malerei«)

und begründet die führende Stellung, die sie seit dem ◇Trecento gegenüber der ◇Bildhauerei einnehmen sollte. Seine Neuerungen (Räumlichkeit und Tiefe, betontere Körperlichkeit und individuellere Züge der dargestellten Personen, einheitliche Lichtführung und Ansätze zu konsequenter, in sich folgerichtiger ◇Perspektive) ermöglichten eine bis dahin ungeahnte Ausdrucksfähigkeit und Dramatik und waren von so überwältigendem Einfluß auf seine Schüler (→Daddi, Taddeo → Gaddi und → Maso di Banco), daß erst → Masaccio 100 Jahre später das bedeutende künstlerische Erbe zu verarbeiten und schöpferisch für sich zu nutzen wußte.

Giovanni d'Alemagna (genannt Zuane da Murano) († 1450)
Venezianischer Maler vermutlich deutscher Herkunft, der durch die Zusammenarbeit mit seinen Schwägern Antonio und Bartolomeo → Vivarini bekannt ist. Gemeinsam mit Bartolomeo schuf er das ◇Altarbild mit einer *Marienkrönung* (1444) für S. Pantaleone in Venedig. Einfluß auf ihr Werk hatten offensichtlich → Mantegna und → Bellini.

Giovanni da Bologna (Giambologna, Jean de Boulogne) (1529–1608)
Flämisch-italienischer ◇Bildhauer, bedeutendster Vertreter des Spätmanierismus. Nach einer Ausbildung in Flandern bei → Dubroeucq kam er um 1554 nach Italien (ab 1556 in Florenz), wo er sich als ein ernster Rivale der Bildhauernachfolger → Michelangelos (z. B. → Cellinis und → Ammanatis) erwies, die er schon bald in den Schatten stellte. Gemeinsam mit Ammanati arbeitete er am *Neptunsbrunnen* (1563–67, Piazza Nettuno, Bologna). B. schuf sowohl Kolossalfiguren oder -figurengruppen aus Marmor und Bronze als auch Kleinplastiken, die ohne das Vorbild Michelangelos nicht denkbar sind. Sein Hauptinteresse galt den Problemen des Gleichgewichts, des ◇Kontraposts und der fließenden Bewegung, die in der Bronzeskulptur des auf einer Zehenspitze balancierenden geflügelten *Merkur* (um 1580, Museo Nazionale del Bargello, Florenz) eine großartige Lösung fanden. Seine Werke mit ihren besonders schlanken bzw. besonders muskulösen Figuren in komplizierten Körperdrehungen (Figura serpentinata) und kunstvoll verschlungenen Gruppen (*Raub der Sabinerin,* 1583, Loggia dei Lanzi, Florenz) verkörpern das Ideal des späten, bereits an der Schwelle zum ◇Barock stehenden ◇Manierismus, dessen Stilprinzipien sich durch Schüler wie Gerhard, Reichle oder Adriaen de → Vries über ganz Europa ausbreiteten.

Giovanni da Milano (G. di Giacomo di Guido da Caversago) (tätig 1346–1369)
Maler aus der Lombardei, wurde 1366 Bürger von Florenz. Hier glich er seinen lombardischen Stil mit seiner hervorragenden Farbgebung den Konventionen florentinischer ◇Tafelbildmalerei an. Gestalten voll Anmut und Würde, genormte Gesichtstypen und sparsamstes Beiwerk bewirken, daß seine Marienleben-Fresken (um 1365 begonnen, Rinuccini-Kapelle, S. Croce, Florenz) eine Atmosphäre der Zurückhaltung und des Ernstes ausstrahlen.

Giovanni da San Giovanni (G. Mannozzi) (1592–1636)
Italienischer ◇Freskenmaler des Frühbarock unter dem Einfluß der → Carracci. Er arbeitete in

Giovanni da Bologna, *Samson und der Philister,* um 1560–62

Rom (1623/24–27, SS. Quattro Coronati) und in Florenz, wo er die Sala degli Argenti des Palazzo Pitti (heute Museo degli Argenti) mit Wand- und Deckenfresken (u. a. ◇Allegorien des Medici-Herzogs Lorenzo il Magnifico, 1635–36) ausstattete.

Giovanni da Udine (auch G. de [i] Ricamatori) (1487–1564)
Italienischer Maler, Baumeister und ◇Stukkateur. G. war einer der Hauptmitarbeiter von → Raffael und leistete bei den Dekorationsarbeiten in den Loggien des Vatikans (1516–19) einen selbständigen Beitrag durch die Wiederbelebung ◇antiker ◇Ornamentformen, besonders der ◇Groteske. Er gehört damit zu den Künstlern und Antikenforschern, die die Verwendung der Groteske in der dekorativen Kunst des 18. Jh.s wesentlich beeinflußten.

Giovanni di Paolo di Grazia (1403?–1482)
Italienischer Maler und ◇Illuminator, in Siena geboren. Wahrscheinlich Schüler des → Taddeo di Bartolo, bildete er sich unter dem Einfluß → Gentile da Fabrianos, → Sassettas, später auch A. → Lorenzettis und der florentinischen Malerei (v. a. → Masaccio, → Uccello) fort. Seine *Szenen aus dem Leben des hl. Johannes' d. T.* (um 1453–54, heute u. a. Art Institute, Chicago, und NGL) zeigen eine erlesene Farbigkeit, eine expressive, nervöse Figurendarstellung, scharf abgegrenzte Felder und zackige, unwirkliche Berge, die in ihrer Widersprüchlichkeit typisch für seine zugleich geistreiche wie naive Bildvorstellung sind.

Girardon, François (1628–1715)
Französischer Bildhauer, arbeitete nach einem Romaufenthalt (1648–50) zusammen mit → Le Brun im Auftrag von Ludwig XIV. an der dekorativen Ausgestaltung von Versailles. G.s Werk ist das klassische Gegenstück zur akademischen Malerei des späten 17. Jh.s und spiegelt sein Interesse an der ◇hellenistischen ◇Skulptur wider. Zu seinen berühmtesten Werken zählen die für den Schloßpark von Versailles geschaffenen Skulpturen *Apoll, von Nymphen bedient* (aus der berühmten sog. Thetis-Grotte, 1666–76; gemeinsam mit Thomas Regnaudin), *Raub der Proserpina* (1677–99) und das Marmorgrabmal für Richelieu in der Eglise de Sorbonne in Paris (1694 vollendet).

Girke, Raimund (* 1930)
Deutscher Maler, studierte an der Düsseldorfer Akademie (1952–56). Bereits in den ausgehenden 1950er Jahren entwickelte er eine Methode systematischer Farbreduktion, die ihm eine Strukturuntersuchung der Farbe Weiß und später von diversen abgestuften Grauwerten erlaubte. Während der 1960er Jahre waren die weißen oder grauen Farbnuancen durch lineare Streifen auf der Leinwand strukturiert, ein Prinzip, das G. in seinen jüngsten Arbeiten zugun-

François Girardon, *Apoll, von Nymphen bedient,* 1666–76

sten einer diffusen, dynamischen Farbschichtung aufgegeben hat.

Girodet de Roucy-Trioson, Anne Louis (1767–1824)
Französischer Maler und Buchillustrator, Schüler von J.-L. → David. Sein Gemälde *Begräbnis Atalas* (1808, Louvre), das auf dem Roman ›Atala‹ von Chauteaubriand basiert, kann als bemerkenswerter, früher Ausdruck der französischen ◇Romantik in der Thematik und Art der Darstellung gelten, wenngleich es an der ausgewogenen ◇Komposition und der glatten Technik des ◇Klassizismus festhält. G. illustrierte u. a. Werke von J. Racine und Vergil.

Girolamo dai Libri (um 1474–1555)
Italienischer Maler und ◇Miniaturist, der in Verona wirkte. G. lernte bei seinem Vater Francesco; frühe Einflüsse von → Mantegna und → Montagna wurden später von Einflüssen → Luinis, → Raffaels und → Savoldos überlagert. Zu seinen Werken gehören ein ◇Sacra-conversazione-Altarbild, das die Madonna mit Kind, die Heiligen Thomas von Aquin und Augustinus sowie die Stifter zeigt (1512, S. Anastasia, Verona), und das Gemälde *Madonna mit Kind und die Heiligen Zeno und Lorenzo Giustiniani* (1526, S. Giorgio in Braida, Verona).

Girtin, Thomas (1775–1802)
Englischer ◇Aquarellmaler und ◇Radierer, der erste große englische Landschaftsaquarellist. Er revolutionierte die Aquarelltechnik des 18. Jh.s mit ihrer farbigen ◇Lavierung über linearer ◇Zeichnung, indem er mit breit aufgetragenen starken Wasserfarben arbeitete. Darüber hinaus zeigte er eine besondere Begabung für kühne ◇Kompositionen und Ausdruck von Stimmungen. Sein Stil stand bis etwa 1798 dem → Turners sehr nahe, seine späten Arbeiten beeinflußten → Constable und → Cotman. Zu seinen besten Arbeiten zählen *Abendstimmung um Kirkstall Abbey in Yorkshire* (1800–01) und *Das Weiße Haus in Chelsea* (1800, Tate Gallery, London).

Gisela-Schmuck
Bedeutendste und umfangreichste geschlossene Gruppe deutscher Schmuckstücke aus der 1. Hälfte des 11. Jh.s, wahrscheinlich aus dem Hausschatz der Kaiserin Gisela, der Gemahlin Konrads II. Die einzelnen Schmuckstücke aus

Anne Louis Girodet de Roucy-Trioson, *Begräbnis Atalas,* 1808

Feingold sind mit Edelsteinen, Perlen und antiken ◇Gemmen verziert.

Gislebertus (tätig 1120/1140)
◇Bildhauer der französischen ◇Romanik, v. a. an der Ausschmückung der Kathedrale Saint-Lazare in Autun beteiligt (1125/35). Hier schuf er eine Reihe von ◇Kapitellen, einen liegenden weiblichen ◇Akt (Reliefdarstellung der Eva) und ein ◇Tympanon mit der Darstellung Christi als Weltenrichter (über dem Hauptportal). Der Stil ist der → Burgundischen Bauschule verpflichtet. Typisch sind die langen, schmalen Figuren mit tiefem seelischen Ausdruck, die G. mit großer Empfindsamkeit gezeichnet hat. G.s sehr deutlich sichtbar angebrachte Signatur ist eine der wenigen Künstlersignaturen aus damaliger Zeit.

Giuliano da Maiano (1432–1490)
Italienischer Baumeister und ◇Bildhauer. Ab 1477 Dombaumeister in Florenz. Sein Hauptwerk ist der Dom zu Faenza (1474–86), dessen Innenraum er mit ◇Gewölben (statt einer Flachdecke) im Sinne des gebundenen Systems eindeckte. Weitere bedeutende Arbeiten G.s sind die Cappella di S. Fina (1468) in der Collegiata S. Maria Assunta in S. Gimignano (Ausstattung der Kapelle u. a. von seinem Bruder, dem Bildhauer → Benedetto da Maiano) sowie der im Stil der Florentiner Frührenaissance 1473 erbaute Palazzo Spannocchi in Siena.

Giulio Romano (G. di Pietro Gianuzzi; auch G. Pippi) (1499–1546)

Giulio Romano, *Das Bad der Psyche* (Ausschnitt aus dem Fresko in der ›Sala di Psiche‹, Palazzo del Tè, Mantua), 1525–35

Italienischer Maler und Baumeister, Lieblingsschüler und enger Mitarbeiter → Raffaels (Loggien des Vatikans, 1517–19). Nach Raffaels Tod übernahm G. dessen Werkstatt und führte seine unabgeschlossenen Aufträge zu Ende (1520–24), darunter die *Verklärung Christi* (Vatikan). Er übernahm auch die Innendekoration der vatikanischen ›Sala di Costantino‹ (1520–24), die erste großformatige Artikulation des ◇Manierismus in Rom. Die räumlichen Effekte und die wechselnden Figurengrößen in der dicht gedrängten Komposition sind überspitzter raffaelischer Stil und lassen überdies den Einfluß → Michelangelos erkennen. 1524 trat G. in den Dienst des Herzogs Federigo II. Gonzaga in Mantua, wo er in den ◇Fresken des Palazzo del Tè (1525–35) ein Hauptwerk des Manierismus schuf. Zwar macht sich hier der ◇Illusionismus → Correggios bemerkbar, doch das Römische überwiegt in den Darstellungen mit ihren übertriebenen ◇Perspektiven und eigenwilligen ◇Proportionen. Das Fresko *Gigantensturz* (1532–34) in der ›Sala dei Giganti‹ des Palazzo del Tè vermittelt das Gefühl von Verhängnis und Verzweiflung.

Glackens, William James (1870–1938)
Amerikanischer Maler und Pressezeichner, studierte an der Pennsylvania Academy, in Paris (1895) und an der ◇Art Students' League, wo er später auch lehrte. Er gehörte zur Gruppe The → Eight und zur → Ash Can School und stellte auf der ◇Armory Show aus. Anfänglich unter dem Einfluß von → Henri, dann von → Manet und → Renoir, entwickelte sich sein spontaner, realistischer Stil der Darstellung städtischen Lebens von einer dunkeltonigen Malerei zu einer lichten ◇impressionistischen ›peinture‹.

Glarner, Fritz (1899–1972)
Schweizerisch-amerikanischer Maler, der sich nach Studien in Neapel (1914–20) in Paris niederließ (ab 1923), wo er zur Gruppe → Abstraction-Création gehörte. 1936 emigrierte G. nach Amerika, wo er sich den → American Abstract Artists anschloß. Seine geometrische Abstraktion basiert auf den Prinzipien seines Freundes und Lehrers → Mondrian.

Glasgow School
Ein Name, der irreführenderweise zwei sehr unterschiedlichen Gruppen schottischer Künstler des späten 19. und frühen 20. Jh.s verliehen wurde: 1. der Gruppe um William Yorke Macgregor, zu der auch John Lavery und David Cameron gehörten, und die von dekorativen Elementen des französischen ◇Impressionismus beeinflußt war; 2. der Gruppe um den Architekten Charles Rennie → Mackintosh, die eine unverwechselbare schottische Variante der ◇Art nouveau kreierte.

Gleizes, Albert (1881–1953)
Französischer Maler und Kunsttheoretiker. 1909 beeindruckte ihn das ◇kubistische ◇Porträt *Pierre-Jean Jouve* von → Le Fauconnier so sehr, daß er den ◇impressionistischen Stil seiner frühen Arbeiten aufgab. 1910 traf er → Delaunay und andere junge Kubisten; er wurde von → Léger, später von → Gris beeinflußt. Mit den Kubisten stellte er 1911 im ◇Salon des Indépendants aus und 1912 in der Pariser Galerie de la Boëtie (mit der von ihm mitbegründeten Gruppe →›Section d'Or‹). Seine eigentliche Bedeutung erhielt G. als Theoretiker des synthetischen Kubismus; 1912 veröffentlichte er mit → Metzinger das Buch ›Du Cubisme‹.

Gleyre, Marc Charles Gabriel (1806–1874)
Schweizer ◇Historien- und ◇Genremaler, der sich nach dem Studium im Pariser Atelier Her-

sent, einem Italienaufenthalt (1828–34) und Reisen in den Orient (1834–37) in Paris niederließ (1838), wo er ab 1843 das Atelier → Delaroches übernahm. Ähnlich wie → Couture gewann er seine eigentliche Bedeutung als Lehrer – zu G.s Schülern zählten → Bazille, → Monet, → Sisley, → Whistler u. a. Obwohl selbst akademisch ausgerichet – G. vertrat einen an → Ingres angelehnten ◇Klassizismus –, erkannte er das Talent dieser jungen Künstler.

Glöckner, Hermann (1889–1987)
Deutscher Maler, Zeichner und Plastiker, Ausbildung 1903–04 an der Gewerbeschule Leipzig und in Abendkursen. 1904–11 Studium an der Dresdner Kunstgewerbeschule, 1923–24 an der Dresdner Kunstakademie. Seit 1920 erste geometrische Arbeiten; 1930–37 entsteht ein 150 Arbeiten umfassendes ◇Tafelbild-Œuvre, in dem die Gesetzmäßigkeiten präziser Flächeneinteilung erkundet werden. 1945–48 Mitglied der Dresdner Künstlergruppe ›Der Ruf‹, die den Anschluß an ◇Expressionismus und ◇Bauhaus sucht. Ab 1954 Verbindung ◇konstruktivistischer und ◇tachistischer Elemente in freien Schwingungen, daneben farbanalytische Arbeiten, raumbestimmende geometrisch-abstrakte ◇Plastiken und ◇Zeichnungen, in denen G. Konstruktion und Amorphes, Gesetz und Freiheit zu harmonisieren trachtet.

Gloeden, Baron Wilhelm von (1856–1931)
Deutscher Maler und ◇Fotograf, der durch seine Aktaufnahmen italienischer Knaben in malerischen Posen und bildnerischem Arrangement bekannt wurde.

Gnoli, Domenico (1933–1970)
Italienischer Maler, Autodidakt, in den 1950er Jahren als Entwerfer von Theaterdekorationen und Kostümen tätig. In Ablehnung des ◇Informel und angeregt durch den ◇Surrealismus und seinen Freund → Hundertwasser entwickelte er in den frühen 1960er Jahren einen ◇magisch-realistischen Stil in der Tradition der symbolhaften Gegenständlichkeit der ◇Neuen Sachlichkeit. Die trocken-stumpfen, mit Sand gemalten Bilder bestehen aus überdimensional vergrößerten Details (Krawattenknoten, gescheitelte Haarpartien, Knopfleisten von Anzügen, Schuhe).

Gober, Robert (* 1954)
Amerikanischer ◇Objektkünstler, der 1973–74 an der Tyler School of Arts in Rom und 1976 als Bachelor of Arts am Middlebury College, Vermont, studierte. In seinen Objekten aus Alltagsgegenständen verbindet sich abstrakte Raum- und Materialerfahrung mit den erzählerischen Aspekten der Dinge zu poetischen, ironischen, befremdlichen oder erotischen Situationen. G. bringt es fertig, die Dinge des Alltags in einem Raum zwischen Gebrauch und Kunst in der Schwebe zu halten (*Ohne Titel [Bein],* 1990).

Godefroid de Huy (G. de Claire)
(nach 1100–nach 1173)
Altniederländischer ◇Emailkünstler und ◇Goldschmied, der in Huy an der Maas (◇Maas-Kunst) arbeitete. Man schreibt ihm zahlreiche wallonische und rheinländische Goldschmiedearbeiten zu, ohne daß sich dies indessen urkundlich bezeugen läßt; u. a. gilt er als Schöpfer des *Remaclusretabels* von Stavelot (um 1150, nur zwei Emailmedaillons erhalten; heute Museum für Kunsthandwerk, Frankfurt a. M., und Berlin). In Brüssel (Musées Royaux d'Art et d'Histoire) befindet sich sein *Kopfreliquiar Papst Alexanders I.* (1145), in Huy die von ihm geschaffenen Schreine des hl. Mangold und des hl. Domitian (nach 1170, Notre Dame). Als Nachfolger des Reiner von Huy war er auch außerhalb des Maas-Gebietes künstlerisch erfolgreich. Als weitere Hauptwerke G.s bzw. seiner Werkstatt gelten der *Heribertschrein* in St. Heribert, Köln-Deutz (um 1170), sowie das *Armreliquiar Karls des Großen* (nach 1166, Louvre).

Godescalc-Evangeliar (um 781)
Eine der frühesten, von einem Schreiber namens G. für die Aachener Palastkapelle geschaffenen ◇karolingischen ◇Handschriften, die von einem vollständigen Bruch mit merowingischen Überlieferungen zeugt. Hierzu gehört der Rückgriff auf ◇frühchristliche Quellen. Die Vielfalt dieser vorgegebenen Muster bestimmte den stilistischen Reichtum der ◇illuminierten Handschriften karolingischer Zeit (→ Aachener Domschatz und → Reichsevangeliar).

Goepfert, Hermann (1926–1982)
Deutscher Vertreter der Lichtkinetik (◇Kinetische Kunst), Mitglied der Gruppe → Zero. Bekannt wurde er in den 1960er Jahren durch kinetische Reflektionsobjekte aus Aluminium sowie durch architektonische Anlagen in Form von Lichtwalzen, -brunnen und -gärten. Er beschäf-

tigte sich auch mit der Verbindung von Licht- und Toneffekten (*Optophonium I*, 1961–62 bzw. *II*, 1971–73).

Goes, Hugo van der (um 1440–1482)
Bedeutendster altniederländischer Maler der 2. Hälfte des 15. Jh.s, vermutlich ein Schüler von van → Wassenhove. Er wurde 1467 Meister in Gent, wo er bis 1478 tätig war. 1468 beteiligte er sich an den Dekorationen für die Hochzeitsfeierlichkeiten Karls des Kühnen und Margaretes von York in Brügge. Nachdem er 1474 Vorsitzender der Genter Malergilde geworden war, trat er 1478 (?) als Laienbruder in das Augustinerkloster Roodendale bei Brüssel ein. Er blieb jedoch weiter als Maler tätig und empfing bei sich berühmte Männer seiner Zeit, u. a. den zukünftigen Kaiser Maximilian. In seinen letzten Jahren wurde er von manischen Depressionen heimgesucht, die ihn bis an den Rand des Selbstmords trieben. 1481 reiste G. nach Köln, auf der Rückreise von dort verstarb er. Die Zuschreibung seiner Werke basiert auf seinem von → Vasari erwähnten Hauptwerk, dem riesigen *Portinari-Altar* (um 1476–78, Uffizien), der von Tommaso Portinari, Bankier der Medici in Brügge, gestiftet wurde. Hier tauchen erstmalig in der niederländischen Kunst bäuerliche Volkstypen neben den gewohnten Heiligengestalten auf. Sein von Jan van → Eyck und Rogier van der → Weyden beeinflußter Stil zeichnet sich v. a. durch die feine Erfassung seelischer Vorgänge in der Gestik und Mimik seiner Figuren aus (*Tod Mariä*, Groeningemuseum, Brügge) sowie durch die warme Schönheit von Farbe und Licht. Vorübergehend unter den Einfluß der italienischen Meister geraten, näherte er sich in seinem Spätwerk wieder stärker van der Weyden an. Er selbst übte großen Einfluß auf die zeitgenössische altniederländische Malerei aus, besonders auf → Geertgen tot Sint Jans.

Goethe, Johann Wolfgang von (1749–1832)
Deutscher Dichter, dessen zahlreiche Schriften über Kunst von wegweisender Bedeutung für die Entwicklung der deutschen ◇Romantik waren. In seiner ersten Publikation ›Von deutscher Baukunst‹ (1772) gab er seiner Begeisterung für die frühe ◇Gotik Ausdruck, die er der herrschenden ◇klassizistischen Kunst gegenüberstellte. Nach seinem Italienaufenthalt (1787) wurde er ein Fürsprecher der klassischen Idee und vertrat die Ansicht, daß die der Natur innewohnenden Gesetzmäßigkeiten niemals einen besseren Ausdruck gefunden hätten als in der Kunst der Antike. In seiner optischen Abhandlung ›Zur Farbenlehre‹ (2 Bde., gedruckt 1808–10) hat sich G. kritisch mit Newton auseinandergesetzt und ihn zu widerlegen versucht. G. beschäftigte sich zwar sein Leben lang aktiv mit Malerei, sein Einfluß in der ◇bildenden Kunst beruhte jedoch allein auf seinen kunstkritischen Schriften.

Gogh, Vincent Willem van (1853–1890)
Niederländischer Maler, entstammte einer protestantischen Pastorenfamilie, arbeitete zunächst in Filialen des Kunsthändlers Goupil in Den Haag, London und Paris (1869–75), ließ

Hugo van der Goes, *Portinari-Altar* (Rechter Flügel), um 1476–78

sich nach einem kurzen, gescheiterten Studium der Theologie in Amsterdam zum Laienprediger ausbilden und war 1878–80 als freier Prediger und Krankenpfleger bei den Bergarbeitern der Borinage tätig; hier begann er auch zu zeichnen. Gegenseitiges Unverständnis ließ G.s Predigerarbeit scheitern, so daß er die Borinage enttäuscht verließ. 1881 besuchte er für wenige Monate die Brüsseler Akademie. 1882–83 lebte er in Den Haag, wo ihn sein Cousin, der ◇Landschaftsmaler A. → Mauve, v. a. in der Technik der ◇Öl- und ◇Aquarellmalerei unterwies, G. bildete sich aber im wesentlichen autodidaktisch. In dieser Zeit war seine Palette von dunklen Farben bestimmt, und die Themen seiner Bilder konzentrierten sich auf das Schicksal der Armen (*Die Kartoffelesser,* 1885). Sein Bruder Theo, Direktor der Galerie Goupil in Paris, sorgte finanziell für ihn und holte ihn 1886 nach Paris, wo er im Kontext der ◇Impressionisten und ◇Neoimpressionisten arbeitete. Hier malte er mit aufgehellter Palette eine Fülle von Großstadtbildern, Landschaften und Porträts. 1888 ging er nach Arles, wo er in der Arbeits- und Lebensgemeinschaft mit → Gauguin zunächst eine glückliche und produktive Zeit erlebte. In dieser Zeit entstanden die leuchtenden, farbkräftigen ◇Landschaften (*Die Zugbrücke,* 1888), ◇Interieurs (*Das Nachtcafé,* 1888; *Vincents Stuhl,* 1888–89; *Das Schlafzimmer in Arles,* 1889), ◇Stilleben (*Sonnenblumen,* mehrere Fassungen), ◇Porträts und Selbstporträts, die G. berühmt gemacht haben. In reinen Farben und mit dynamischer Linienführung gelangen ihm eindrucksvolle Aussagen über die energetische Gewalt der Natur (*Sternennacht,* 1889; Zypressenbilder). Die Zusammenarbeit mit Gauguin in Arles endete jedoch mit einer Katastrophe: In einem Anfall von nervlicher Überreizung schnitt G. sich sein linkes Ohr ab und mußte im Mai 1889 in die Nervenheilanstalt von Saint-Rémy gebracht werden, wo er aber in gleicher Intensität weitermalte. 1890 begab sich G. in die Pflege des Arztes Dr. Gachet in Auvers-sur-Oise bei Paris. Nach einer letzten kurzen Schaffensperiode mit hochexpressiven Bildern (*Krähen über dem Kornfeld,* 1890) nahm er sich durch einen Revolverschuß das Leben. G. gilt neben → Cézanne und Gauguin als der bedeutendste Wegbereiter der modernen Malerei. Der Briefwechsel mit seinem Bruder Theo zeugt von hoher menschlicher Würde und literarischen Qualitäten.

Vincent van Gogh, *Selbstbildnis mit verbundenem Ohr,* 1889

Goings, Ralph Ladell (* 1928)
Amerikanischer Maler des ◇Hyperrealismus, der das Auto als Standardsymbol und Wunschobjekt der modernen Zivilisation zum stets wiederkehrenden Sujet seiner Bilder macht. Dabei wird die Ironisierung dieses Konsumfetischismus noch dadurch gesteigert, daß G. seine Autos vor anderen Markenzeichen bürgerlichen Wohlstands, dem Einfamilienhaus mit Schwimmbad und Vorgarten, aufbaut.

Goller, Bruno (* 1901)
Deutscher Maler, kam 1920 nach Düsseldorf und wirkte 1949–64 als Professor an der dortigen Akademie (Lehrer u. a. von → Klapheck). Schon in den 1950er Jahren vertrat er einen symbolisch-◇magischen Realismus, wobei die Figuration von Gegenständen psychische Zustände beschreibt. Die in einer trockenen, flächigen Malerei reproduzierte Dingwelt (Kaffeetassen, Hüte, Regenschirme) gewinnt ihren Sinnbildcharakter durch die Isolierung aus dem gewohnten Zusammenhang.

Goltzius, Hendrick (1558–1617)
Holländischer Kupferstecher, Holzschneider

und Maler des ◇Manierismus, einer der bedeutendsten Wegbereiter der holländischen ◇Kupferstichkunst, der eine eigene reiche Stichtechnik von virtuoser malerischer Qualtität entwikkelte, die er v. a. zur Wiedergabe von Gemälden anderer Meister verwendete. Anfänglich arbeitete er mit Vorliebe nach → Spranger, dann vorwiegend nach italienischen Vorlagen. 1590–91 bereiste er Italien. Seine anschließenden Stiche nach → Dürer beeinflußten den Frühstil von → Rubens. Vorzüglich sind auch seine Landschaftszeichnungen (1603) und die frühen Kupferstichporträts, die sich durch ihren Naturalismus auszeichnen. G. wandte sich ab etwa 1600 auch der Malerei zu (*Venus und Adonis,* 1614, AP).

Golub, Leon (* 1922)
Amerikanischer Maler, der 1940–42 Kunstgeschichte an der University of Chicago und 1946–59 Malerei an der School of The Art Institute of Chicago studierte. 1956–64 Aufenthalte in Italien und Paris; seit 1983 Professor an der Rutgers University, New Brunswick (N. Y.). Seit den 1960er Jahren malt C. überlebensgroße Figurenbilder sozialkritischer Thematik in gedämpften ◇freskohaften Farben und ◇expressionistischen Malgesten. In den 1970er Jahren wurde er durch seine aufrüttelnden Vietnam-Bilder bekannt, 1987 war er auf der documenta 8 mit einem Bilderzyklus zum Thema der Apartheid in Südafrika vertreten, der das Wechselverhältnis von Unterdrückung und Gewalt mit appellatorischer Eindringlichkeit darstellte.

Gonçalves, Nuño (um 1425–1492)
Bedeutendster portugiesischer Maler des 15. Jh.s, Hofmaler König Alfons' V. in Lissabon (ab 1450). Sein Werk steht unter dem Einfluß der altniederländischen Meister (J. van → Eyck), jedoch geht die strenge Einfachheit seiner Figuren und Köpfe auf die einheimische Holzschnitzerei zurück. G.s Hauptwerk ist der für die Kathedrale in Lissabon gemalte, aus sechs Tafeln bestehende *Vinzenz-Altar* (1465–67, heute Museu Nacional de Arte Antiga, Lissabon); dargestellt ist die Verehrung des hl. Vinzenz, des Schutzpatrons von Lissabon, durch Vertreter der portugiesischen Gesellschaft, Mitglieder der königlichen Familie (u. a. König Alfons V. und Heinrich der Seefahrer), die um den Heiligen versammelt sind. Das Gemälde hat in seiner überfüllten, ornamentalen Zweidimensionalität etwas von einem ◇Wandteppichentwurf; es weist G. als hervorragenden Koloristen aus.

Goncourt, Edmond Huot de (1822–1896)
Jules Huot de (1830–1870)
Französische Schriftsteller. Die Brüder arbeiteten meist gemeinsam an ihren realistischen, kulturhistorisch bedeutenden Romanen (u. a. ›Germinie Lacerteux‹, 1864; ›Madame Gervaisais‹, 1869) und ihren fortschrittlich gesinnten Aufsätzen über die Kunst des 18. Jh.s (3 Bde., 1859–75). Sie verteidigten die modernen Bildmotive, wie sie → Degas malte (Wäscherinnen und Tänzerinnen). Edmond schrieb später über → Utamaro (1891) und → Hokusai (1896) und führte das 1851 mit seinem Bruder begonnene Tagebuch fort, das, über seinen biographischen Wert hinaus, ein bedeutendes Dokument des geistigen und literarischen Lebens im Frankreich des 19. Jh.s ist (›Journal. Mémoires de la vie littéraire‹, 1872–96, 9 Bde., unvollständig). Außerdem verfügte E. de G. in seinem Testament die Gründung der Académie G., die 1903 erstmals zusammentrat und die jährlich den Prix Goncourt vergibt.

Gong Xian (1617/18–1689)
In Nanjing tätiger chinesischer Maler aus Kunshan (Prov. Jiangsu), treuer Anhänger der Ming-Dynastie (1368–1644), den die Manju-Herrschaft über China tief erbitterte. G. schuf einen höchst persönlichen Stil: düstere, monumentale Landschaften ohne menschliche Figur und mit kräftigen Hell-Dunkel-Strukturen (aus gedrängt gesetzten repetitiven Pinselstrichen).

Gonschior, Kuno (* 1935)
Deutscher Maler, studierte 1957–61 an der Düsseldorfer Akademie. Seit 1958 beschäftigt sich G. mit Farbwahrnehmung. Durch die Spannung zwischen seinen tropfenartig aufgetragenen Farbpunkten und dem ◇monochromen Untergrund entsteht ein schwingender, pulsierender Farbraum, der sich durch Standortwechsel des Betrachters in seinen Nuancen ständig wandelt.

Gontscharowa (Gončarova), Natalija Sergejewna (1881–1962)
Russische Malerin und Bühnenbildnerin, die an der Moskauer Akademie ◇Bildhauerei bei Paul Troubetzkoy studierte (1898–1902), sich dann der Malerei zuwandte. Ihr anfangs von russischer ◇Volkskunst und ◇Ikonenmalerei gepräg-

ter Stil nahm ab 1906 aus Paris kommende Einflüsse (◇Fauvismus) auf. N.G.s friesartige, dekorativ ländliche Szenen dieser Zeit hatten Einfluß auf → Malewitsch. Der Einfluß des ◇Kubismus führte zu dem von ihr und ihrem Mann → Larionow gemeinsam entwickelten ◇Rayonismus (1912–13), der die Wirklichkeit in ein abstraktes Gerüst von Kraftlinien umsetzte. Seit 1913 schuf sie Theaterentwürfe und war nach ihrer Übersiedlung nach Paris (1914) für → Diaghilews ›Ballets russes‹ tätig.

Gonzalès, Eva (1849–1883)
Französische Malerin des ◇Impressionismus, studierte bei dem renommierten ◇Salonmaler Charles Chaplin. 1869 machte sie die Bekanntschaft → Manets, dessen Modell und Schülerin sie wurde. Ihre frühen Arbeiten waren stark von Manets ›düsterer‹ Malweise beeinflußt, ab 1872 entstanden allerdings ◇Pastelle, in denen sie einen persönlichen Stil entwickelte. Um 1880 schuf sie v. a. ◇Landschaftsbilder. Sie stellte regelmäßig im Pariser ◇Salon aus (seit 1870); eines ihrer bekanntesten Werke ist das Ölgemälde *Eine Loge im Théâtre des Italiens* (um 1874, Musée d'Orsay, Paris).

González, Bartolomé (1564–1627)
Spanischer Maler, schuf 1608–21 zahlreiche ◇Porträts der königlichen Familie, die an die Mitglieder der Habsburger Familie versandt wurden. Sie sind in einem linearen, etwas stereotypen spät-◇manieristischen Stil gemalt. Die späten religiösen Bilder von G., der 1617 Hofmaler wurde, zeigen eine progressive Entwicklung.

González, Julio (1876–1942)
Spanischer Metallplastiker, der ab 1900 in Paris lebte, wo er sich mit → Picasso, später mit → Brancusi anfreundete. G., zunächst Maler, machte 1910 seine ersten plastischen Versuche und wandte sich erst 1926 völlig der ◇Bildhauerei, v. a. der Eisenplastik, zu. Gemeinsam mit Picasso entwickelte er einen offenen, linearen, plastischen Stil, der die traditionelle Kernskulptur negierte und sich die starke Ausdruckskraft des Eisens zunutze machte. G.s Figuren, die auf der Grenze zwischen ◇Abstraktion und Gegenständlichkeit stehen und in denen sich ◇konstruktivistische und ◇surrealistische Elemente verbinden (*Kaktusmensch I,* 1939–40) hatten starken Einfluß auf die Entwicklung der Metallplastik (D. → Smith, A. → Caro).

Gore, Frederick Spencer (1878–1914)
Englischer Maler, der hauptsächlich ◇Landschaftsbilder, Ballett- und Varietészenen, aber auch ◇Interieurs mit Figuren schuf. Er gehörte zum Kreis um → Sickert, → Gilman und Ginner und war Gründungsmitglied sowie der erste Präsident der → Camden Town Group. Anfangs arbeitete er in Frankreich, wo er infolge seiner Freundschaft zu Lucien → Pissarro von der ◇impressionistischen Malerei stark beeinflußt war; später folgte er stilistisch den ◇Postimpressionisten, v. a. → Cézanne.

Gorgo-Maler (um 590 v. Chr.)
Attischer ◇Vasenmaler des ◇schwarzfigurigen Stils zu Beginn der Hocharchaik, zeitlich unmittelbar auf den → Nessos-Maler folgend. Seine Bezeichnung verdankt er einem Gefäß im Louvre, das Perseus und die Gorgo (Medusa) zeigt. Er ist nicht der erste Maler, bei dem das Gorgo-Motiv vorkommt, vielmehr findet es sich bereits beim Nessos-Maler. Dafür ist er der letzte Meister, der am überkommenen Tierfriesstil Gefallen fand. Seine Werkstatt stellte sich auf Massenproduktion um.

Gorky, Arshile (Vosdanig Manoog Adoian) (1904–1948)
Armenisch-amerikanischer Maler, emigrierte 1920 in die USA, wo er seit 1925 in New York lebte. Von drei Kunstschulen ausgeschlossen, bildete G. sich autodidaktisch unter dem Einfluß von → Picasso und → Léger, später der ◇Surrealisten (v. a. → Mirós) und in enger Nähe zu de → Kooning und → Davis. Von einem starkfarbigen ◇Kubismus entwickelte sich sein Stil zu einem sehr persönlichen abstrakten Surrealismus, der sich am Beispiel → Mattas entzündete und auf flüssigen Farbgründen mit feinen automatisch geführten Linien, organischen und vegetabilen Formen und explosiver Farbigkeit eine phantasievolle Naturpoesie erschuf. Die Spontaneität und die Erfindungskraft seiner Malerei wirkten nachhaltig auf den ◇Abstrakten Expressionismus (s. Abb. S. 208).

Gossaert, Jan (auch Jenni Gossart, genannt Mabuse) (um 1478/88–um 1532)
Altniederländischer Maler, signierte seine Werke nach 1516 mit dem latinisierten Namen Joannes Malbodius, der auf Maubeuge hinweist, woher seine Familie stammte. Er wird erstmals 1503 als Meister von Antwerpen erwähnt, wo er

Arshile Gorky, *Verlobung II,* 1947

bis 1507 wirkte. Nach seiner Italienreise 1508–09 im Gefolge von Philipp von Burgund war er v. a. in Utrecht und Middelburg tätig. Von entscheidender Bedeutung für die Entwicklung seines Stils war, neben den Stichen → Dürers, seine Begegnung mit der italienischen ◇Renaissancekunst. Er übernahm wesentliche Elemente, was sich besonders in der Darstellung antiker mythologischer Themen, der weiblichen ◇Aktfigur und der Renaissancearchitektur ausdrückte (*Neptun und Amphitrite,* um 1516, Berlin; *Danae,* 1527, AP). Er wurde damit zum Begründer des ◇Romanismus in den Niederlanden.

Gottlieb, Adolph (1903–1974)
Amerikanischer Maler, studierte an der ◇Art Students' League bei → Henri und → Sloan (1919–21) und an der Académie de la Grande Chaumière in Paris. In den 1930er Jahren war er für → WPA beschäftigt. 1935 gründete er gemeinsam mit → Rothko in New York die Künstlergruppe ›The Ten‹. Ab 1940 entstanden seine ›pictographs‹, schriftartig aneinandergereihte magische Symbolzeichen. Später reduzierte G. seine Bildsprache auf zwei Grundformen, den geschlossenen Kreis als Symbol für den Kosmos, und den gestaltlosen Klecks als Symbol für das Chaos (*Burst,* 1957), wobei er sich Rothkos meditativer Interpretation des ◇Abstrakten Expressionismus anschloß. Zu seinen dekorativen Arbeiten gehören ◇Wandbilder für das Postamt in Yerington, Nevada (1939) und ◇Wandteppiche für die Synagoge in Millburn, New Jersey (1951).

Götz, Karl Otto (* 1941)
Deutscher Maler, Herausgeber der Zeitschrift ›Meta‹ (1948–53), von 1959–79 Dozent an der Düsseldorfer Akademie. 1949 schloß er sich der → Cobra-Gruppe an und Anfang der 1950er Jahre der Frankfurter Künstlergruppe ›Quadriga‹, die einen v. a. von → Wols und dem ◇Automatismus beeinflußten ◇Tachismus vertrat. Seine frühe metamorphosenhafte Malweise, die Assoziationen von Insekten und Vögeln weckt, wandelte sich in den 1950er Jahren zu einer metaphorischen Zeichensprache mit einer harmonischen Übereinstimmung von Farbe und Rhythmus.

Goudt, Hendrik (1585–1648)
Holländischer ◇Zeichner und Radierer, traf 1608–10 in Rom mit → Elsheimer zusammen. G.s Federzeichnungen in dessen Stil und v. a. seine sieben ◇Radierungen nach dessen Gemälden (u. a. *Tobias und der Engel,* 1609) bildeten die Grundlage für Elsheimers posthumen europäischen Ruhm und seinen Einfluß auf andere Künstler (u. a. → Rembrandt).

Goujon (Gougon, Gouyon), Jean
(um 1510–1564/69)
Französischer ◇Bildhauer und Baumeister, Hauptmeister der französischen ◇Renaissanceskulptur. Ab 1540 war er in Rouen tätig, wo er das Grabmal des Herzogs Louis de Brézé entwarf (1544 vollendet); in Saint-Maclou (Dép. Eure) schuf er 1541 die antikisierenden Säulen der Orgelempore. Sein klarer ◇klassischer Stil läßt eine Lehrzeit in Italien vermuten. Um 1544 kam er nach Paris, wo er den ◇Lettner für Saint-Germain-l'Auxerrois schuf (Tafeln heute im Louvre) sowie die Nymphenreliefs der *Fontaine des Innocents* (1547–49), in denen sich antike Vorbilder, italienisches Formbewußtsein (→ Cellini) und ◇manieristische Anregungen (Schu-

le von → Fontainebleau) mit französischer Eleganz in sehr persönlicher Weise verbinden. Er arbeitete ferner mit am Bau und der dekorativen Ausgestaltung des Louvre (*Tribune des Caryatides,* 1551) und schuf 44 ◇Holzschnitte zu J. Martius' Vitruv-Ausgabe (1547). Seine letzten Jahre hat er vermutlich im Exil in Bologna verbracht.

Goya y Lucientes, Francisco José de (1746–1828)
Spanischer Maler, ◇Radierer und ◇Lithograph, Schüler von José Luzán in Saragossa und → Bayeu in Madrid. 1769/70 hielt sich G. in Italien auf, wo er den zweiten Preis bei einem Wettbewerb der Akademie von Parma gewann. Nach seiner Rückkehr nach Spanien (1771) malte er in Saragossa religiöse ◇Fresken. 1774 wurde er an die königliche Teppichmanufaktur in Madrid berufen und schuf Entwürfe, die mit ihren das Leben als Spiel darstellenden Inhalten und der duftigen ◇pastellhaften Farbgebung noch ganz den Geist des späten ◇Rokoko atmen und Einflüsse besonders von → Tiepolo und → Mengs verraten *(Der Sonnenschirm*, 1777, Prado). Diese Arbeit füllte den größten Teil seiner Zeit in den 1780er Jahren aus (letzte Entwürfe 1792). 1786 wurde G. ›Maler des Königs‹ (›Pintor del Rey‹), 1789 Hofmaler und 1795 Nachfolger seines Schwagers Bayeu als Direktor der Malklasse der Academia de S. Fernando in Madrid. 1792 durchlitt er eine schwere Krankheit, die schließlich zur Taubheit führte. In den folgenden Jahren entstand seine Radierfolge *Los Caprichos* (1797–98, 1799 veröffentlicht), in der sich eine völlige Abkehr vom Galanten und eine ganz neue Phase seiner Kunst ankündigt: Mit bitterem Spott kritisiert er menschliche Schwächen und die sozialen, kirchlichen und politischen Mißstände seiner Zeit, wobei er zur Ausdruckssteigerung oft die technischen Methoden erweitert. Themen dieser Art finden sich seitdem auch in G.s Malerei (*Hexenszene*, 1794–95, Museo Lázaro Galdiano, Madrid; *Das Irrenhaus*, um 1800, Academia de S. Fernando), in der er einen von → Velázquez und → Rembrandt beeinflußten ausdrucksstarken, tiefgründigen Stil entwikkelt, der Dingen und Menschen bis auf den Grund geht und ihr eigentliches Wesen, ihre Schwächen, Bosheiten und Laster bloßlegt. Seine ◇Porträts der königlichen Familie (*Die Familie Karls IV.,* 1800, Prado) sind von schonungsloser Offenheit. Auch das traditionelle Thema der ruhenden Venus erhält in seinen beiden Bildern *Die nackte Maja* und *Die bekleidete Maja* (um 1797, ebda.) durch den offenen, bewußten, auf den Betrachter gerichteten Blick der Maja eine grundsätzlich neue Dimension. Seine engagierte Anteilnahme an den Zeitereignissen (1808 Invasion der napoleonischen Armee in Spanien) brachte G. v. a. in seiner Radierfolge *Los Desastres de la Guerra* (um 1808–14) sowie in den beiden Gemälden *Kampf mit den Mamelucken am 2. Mai 1808 in Madrid* und *Erschießung der*

Francisco de Goya y Lucientes, *Erschießung der Aufständischen am 3. Mai 1808 in Madrid,* 1814

Aufständischen am 3. Mai 1808 in Madrid (1814, Prado) zum Ausdruck. Sein Hang zum Phantastischen, Düsteren und Tragischen zeigte sich verstärkt in späten Werken wie der Radierfolge *Disparates* (auch *Los Proverbios,* ab 1816) oder den sog. schwarzen Bildern (›Pinturas negras‹), Fresken für sein 1819 erworbenes Haus bei Madrid, ›La Quinta del Sordo‹, das ›Landhaus des Tauben‹ (1819–23, seit 1882 im Prado; darunter *Saturn verschlingt eines seiner Kinder*). Daneben entstand aber auch eine Reihe bedeutender, ausdrucksstarker Porträts, in denen die würdevolle Anmut seiner weiblichen Modelle beispielhaft zur Geltung kommt (*Marquesa de la Solana,* um 1794–95; *Junge Dame mit Fächer,* um 1815, beide Louvre). 1824 floh G. vor der spanischen Inquisition nach Bordeaux, wo als eine seiner letzten Arbeiten in fast schon ◇impressionistischer Malweise *Die Milchfrau von Bordeaux* entstand (1827–28, Prado). G. gilt als der größte Künstler Spaniens neben Velázquez und als einer der bedeutendsten, tiefgründigsten Schilderer menschlicher Psyche, dessen Einfluß – besonders durch seine Radierungen – auf viele Künstler der Moderne außerordentlich stark war (u. a. → Ensor, → Klee, → Munch, → Nolde, → Picasso). Er schuf ferner über 1000 ◇Zeichnungen (davon rund 500 heute im Prado).

Goyen, Jan Josephsz. van (1596–1659)
Holländischer ◇Landschaftsmaler, arbeitete nach einjährigem Frankreichaufenthalt unter Esaias van de → Velde in Haarlem, ließ sich 1631 in Den Haag nieder. Gemeinsam mit Pieter de → Molijn und S. van → Ruysdael ein früher Vertreter der realistischen Landschaftsauffassung in der holländischen Malerei. G. war ein außerordentlich produktiver Maler. Die Bilder seiner mittleren Schaffensperiode (nach 1630) zeichnen sich durch fast ◇monochrome Farbgebung (Grün-, Gelb-, Brauntöne) aus. Zu seinen bekanntesten Werken gehören die Ansichten von holländischen Städten (*Winterszene bei Dordrecht,* 1642, NGL). G. war der Schwiegervater und Lehrer des Jan → Steen.

Gozzoli, Benozzo (B. di Lese di Sandro) (um 1420–1497)
Italienischer Maler der Frührenaissance, in der Toskana, in Umbrien und der Umgebung von Rom tätig. Schüler und Gehilfe von → Ghiberti in Florenz (1444) sowie in Rom und Orvieto von Fra → Angelico (1447–49), dessen Einfluß sich v. a. in G.s ◇Fresken für S. Francesco Montefalco mit *Szenen aus dem Leben des hl. Franziskus* (1450–52) zeigt. In seinem späteren Stil spiegelt sich das Wiederaufleben spätgotischer Elemente in der florentinischen Kunst der Mitte des Jh.s wider, insbesondere in der reichen Detailausstattung der von Piero de'Medici in Auftrag gegebenen Fresken in der Kapelle des Palazzo Medici-Riccardi (*Zug der Hl. drei Könige,* 1459–61; darin u. a. Porträts der Medici und namhafter florentinischer Persönlichkeiten [Fra Angelico, G. selbst]). Weitere Arbeiten G.s befinden sich in der Hauptchorkapelle von S. Agostino in S. Gimignano (*Szenen aus dem Leben des hl. Augustinus,* 1463–65, 17 Fresken) und in Pisa (Composanto, *Szenen aus dem Alten und Neuen Testament,* 1468–84, 26 Fresken; im Zweiten Weltkrieg fast vollständig zerstört).

Graevenitz, Gerhard von (1934–1983)
Deutscher ◇kinetischer Künstler, Mitbegründer der Gruppe → Nouvelle Tendance (1962). Von weißen ◇Reliefs kam G. zu kinetischen Objekten, die aus reflektierenden Elementen bestehen oder aus einfachen, von einem Motor bewegten, sich drehenden Teilen, die ein Netzwerk von Bewegung erzeugen.

Graf, Urs (um 1485–1527/28)
Schweizer ◇Zeichner, ◇Kupferstecher, ◇Holzschnittentwerfer, ◇Goldschmied und Söldner. Wirkte ab 1509 vorwiegend in Basel, nahm als Soldat mehrfach an Kriegszügen in Italien und Burgund teil. Berühmt ist er für seine von → Baldung und → Dürer beeinflußten Federzeichnungen, meist Szenen aus dem Landsknechts- und Volksleben, die in ihrer kompromißlosen Realistik ein einzigartiges Zeitdokument darstellen. G. war auch als Maler tätig, bekannt ist allein das Gemälde *Krieg* (um 1515, Basel).

Graff, Anton (1736–1813)
Schweizer Porträtmaler, ab 1766 Hofmaler und ab 1798 Professor an der Akademie in Dresden. G. wandte sich von der dekorativen Porträtkunst des ◇Rokoko ab; seine Bildnisse zeichnen sich durch Natürlichkeit, subtile Charakterisierung der jeweiligen Persönlichkeit sowie eine gedämpfte, warme Farbgebung aus (*Daniel Nikolaus Chodowiecki,* um 1800, AP). G.s Œuvre stellt eine einzigartige Bildnischronik der führenden Vertreter des deutschen Geisteslebens zur

Zeit der Aufklärung (u. a. Herder, Lessing) dar. Er schuf außerdem zahlreiche Silberstiftminiaturen.

Graham, Dan (* 1942)
Amerikanischer Künstler, studierte kurze Zeit Philosophie an der Columbia University in New York; als Künstler Autodidakt. Mitte der 1960er Jahre entstanden literarische und kunstkritische Arbeiten mit ◇konzeptuellen Bezügen, ab 1969 erste ◇Filme und ◇Performances, bei denen G. v. a. die soziopsychologischen Phänomene der Interaktion zwischen Publikum und Vorführenden interessierten. Seit 1970 ◇Videoarbeiten, v. a. in Form architektonisch-◇environmentaler Anlagen (Video-Raum mit Zeitverzögerung von acht Sekunden, so daß der Besucher sich selbst beim Eintreten beobachten kann, *Projekt '74,* Köln). Seit der Biennale Venedig 1976 ◇Installationen im öffentlichen Raum aus Glas- und Spiegeltrennwänden mit komplexen Beobachtungs- und isolierenden Selbstbeobachtungseffekten.

Grandville (Jean Ignace Isidore Gérard) (1803–1847)
Französischer ◇Illustrator. In Paris (ab 1823) arbeitete er als politischer ◇Karikaturist für ›La Caricature‹ (1830–35) und ›Le Charivari‹ (1832–36). Seine Methode, Menschen mit Tierköpfen zu versehen oder Tieren und Gegenständen menschliche Züge zu verleihen (›Scènes de la vie privée et publique des animaux‹, 2 Bde., 1840–42), beeinflußte englische Illustratoren wie → Tenniel und → Doyle; mit seinen phantastischen Metamorphosen der Dingwelt in ›Un autre monde‹ (1844) wirkte G. v. a. auf die ◇Surrealisten. Seine bekanntesten Buchillustrationen sind die zu La Fontaines ›Fabeln‹ (1838).

Gräsel, Friedrich (* 1927)
Deutscher ◇Bildhauer, dessen ◇Plastiken der 1960er Jahre aus geometrischen Quadern und v. a. Zylindern kalkulierte Raumkonzeptionen markieren.

Grasser, Erasmus (um 1450–1518)
Deutscher ◇Bildhauer und Baumeister der Spätgotik, der seit 1474 in München nachweisbar ist (1477 Meister). Zu seinen besten Werken gehört die Sandsteingruppe der *Beweinung Christi* im Dom zu Freising (1490–92). Am berühmtesten sind seine grotesk bewegten *Moriskentänzer,* die er um 1480 für den Festsaal des alten Rathauses in München schuf (zehn Figuren von ursprünglich 16 befinden sich heute im Historischen Stadtmuseum).

Grassi, Anton (1755–1807)
Österreichischer Porzellanmodelleur und ◇Bildhauer. Führte umfassende Arbeiten in Schloß Schönbrunn, Wien, aus. 1784–1807 war er als Modellmeister an der Wiener Porzellanmanufaktur tätig. Zu seinen schönsten Werken gehören seine frühen Porzellanfiguren im Stil des ◇Rokoko sowie seine späteren aus ◇Biskuitporzellan gearbeiteten Figuren, die dem ◇Klassizismus nahestehen. G. schuf auch Bildnisbüsten (u. a. von den Kaisern Joseph II. und Franz I.)

Graubner, Gotthard (* 1930)
Deutscher Maler, studierte in Berlin (1947–48), Dresden (1948–52) sowie an der Kunstakademie in Düsseldorf (1954–59). G.s ◇monochrome ›Kissenbilder‹ thematisieren die Lichtqualität der Farbe: die Nylonüberspannung ermöglicht feinste Nuancen einer subtilen Farbtonalität und läßt durch ihre weichen Auswölbungen lichtmodulierende Farbräume entstehen. 1968–69 beschäftigte sich G. auch mit ◇environmentartigen ›Nebelräumen‹. Neben den objekthaften ›Kissenbildern‹ widmet sich G. in den 1980er Jahren verstärkt einer bildhaften Farbmalerei, die aus der Farbinterferenz reiner Farbpigmente ihre Wirkung bezieht.

Gravelot, Hubert François (H. F. Bourguignon d'Anville) (1699–1773)
Französischer ◇Illustrator und Maler, Schüler von → Boucher. G. war einer der erfolgreichsten Buchillustratoren seiner Zeit (Illustrationen zu Shakespeare, 1744; Boccaccios ›Decamerone‹, 1757–61; Rousseaus ›La nouvelle Héloise‹, 1761), arbeitete in Paris und London (1732–42) und war ein wichtiges Bindeglied zwischen der französischen, von → Watteau geprägten, und der englischen Schule (→ Gainsborough).

Graves, Nancy Stevenson (* 1940)
Amerikanische Künstlerin, studierte am Vassar College (1957–61) und an der Yale University School of Art (1961–64). Bekannt wurde sie mit ihren Kamelskulpturen (ab 1969) und Arbeiten, die das Archetypische, Prähistorische im Sinne der ◇Individuellen Mythologien entdecken. Später entstanden ◇abstrakt-expressive Bilder nach Aufnahmen der Mondoberfläche.

Greco, El (Dominikos Theotokopulos) (um 1541–1614)
Spanischer Maler griechischer Herkunft (auf Kreta geboren), einer der bedeutendsten Vertreter des Spätmanierismus in Europa, der seit etwa 1577 in Spanien tätig war, wo er ›El Greco‹ (span. ›der Grieche‹) genannt wurde. Ursprünglich als ◇Ikonenmaler ausgebildet, kam G. um 1566 nach Venedig, wo er bei → Tizian lernte und von → Tintoretto und → Veronese beeinflußt wurde. Ab 1570 hielt er sich in Rom auf (bis etwa 1576), um sich dort v. a. an → Michelangelo zu schulen. Seinen eigenen, ◇manieristischen, visionären Stil fand G. erst nach seiner Übersiedlung nach Toledo (1577). Hier erhielt er seine ersten bedeutenden Aufträge, u. a. das große ◇Altarbild für die Klosterkirche S. Domingo el Antiguo. Sein von König Philipp II. von Spanien in Auftrag gegebenes Bild *Martyrium des hl. Mauritius und der Thebaischen Legion* (1580–84, El Escorial, Real Monasterio) wurde jedoch von diesem abgelehnt. Auch von anderer Seite erfuhr G. aufgrund seiner Originalität Kritik und Anfeindung. G. interpretierte die alten klassischen Bildthemen aus einer völlig neuen Sicht und erzeugte mit seinen abstrahierten Formen und expressiv überlängten Figuren einen neuen spirituellen Ausdruck. Ein Beispiel für seinen reiferen Stil ist das *Begräbnis des Grafen von Orgaz* (um 1586, S. Tomé, Toledo). Den eigentlichen Höhepunkt erreichte sein ekstatischer, visionärer Stil jedoch erst in seinen späten Bildern (*Laokoon,* um 1610–14, NGW; *Ausgießung des Hl. Geistes,* um 1604–14): Hier finden der emotionale Gesichtsausdruck, die fiebrig erregte Behandlung der Körper, das unruhig flackernde, unwirkliche Licht, die bläulich gleißende Farbigkeit und die überlängten Formen ihre höchste dramatische Steigerung. Großartig sind auch G.s psychologisch eindringliche ◇Porträts (*Der Großinquisitor Kardinal Don Fernando Niño de Guevara,* um 1596–1601, MM) oder seine außergewöhnliche reine Landschaftsdarstellung *Ansicht von Toledo* (1604–14, ebda.), eine die

El Greco, *Das Begräbnis des Grafen von Orgaz,* um 1586

Wirklichkeit entmaterialisierende Vision. G. hatte starken Einfluß auf alle ◇expressionistischen Bewegungen der modernen Kunst.

Greco, Emilio (* 1913)
Italienischer ◇Bildhauer, studierte an der Akademie in Palermo. Beeinflußt von → Marini zeigen G.s ◇Skulpturen junger Frauen eine manierierte Eleganz, die an → Modigliani erinnert. G. liebt die Verbindung von glatter Oberfläche und eingeritzter Zeichnung, v. a. bei der Darstellung von Haaren oder Händen.

Greenaway, Kate (Catherine) (1846–1901)
Englische ◇Illustratorin und Malerin, eng mit J. → Ruskin befreundet. Sie gehörte zu den beliebtesten Kinderbuchillustratoren ihrer Zeit, z. T. verfaßte sie auch die Texte selbst (›Under the window‹, 1879; ›Mother Goose‹, 1881).

Greenough, Horatio (1805–1852)
Amerikanischer ◇Bildhauer des ◇Klassizismus, der seine Schaffenszeit in Italien verbrachte, studierte bei → Thorvaldsen in Rom. Sein sitzender Halbakt, der George Washington als Zeus darstellt (1832–41, Smithsonian Institution, Washington), ist das erste bedeutende Beispiel amerikanischer Denkmalplastik. In kunsttheoretischen Schriften entwickelte er eine Schönheitstheorie (1852 unter dem Titel ›The travels, observations and experiences of a Yankee stonecutter‹ erschienen), die die späteren Vertreter des ◇Funktionalismus beeinflussen sollte.

Greuze, Jean-Baptiste (1725–1805)
Französischer Maler, kam 1750 nach Paris, 1755 Schüler von → Natoire an der Akademie. Auf dem Pariser ◇Salon von 1755 erlangte er mit dem Gemälde *Bibellesen* schlagartig Berühmtheit. Seine ◇Genrebilder wurden von Diderot wegen ihrer Rückkehr zur ›moralischen‹ Kunst (im Gegensatz zur Frivolität des späten ◇Rokoko) sehr gelobt (*Das Dorfverlöbnis,* 1761, Louvre). In Europa fanden seine Werke seinerzeit Verbreitung durch Stichreproduktionen. G.s Ruhm sank jedoch bereits vor Ausbruch der Französischen Revolution, die ihn wirtschaftlich ruinierte. Heute schätzt man v. a. seine ◇Porträts, besonders diejenigen von Kindern (*Knabe mit Schulbuch,* 1757).

Grien, Hans Baldung siehe → **Baldung,** genannt **Grien,** Hans

Horatio Greenough, *George Washington als Zeus,* 1832–41

Grieshaber, HAP (1909–1981)
Deutscher ◇Grafiker (vorwiegend Holzschneider), studierte nach einer Schriftsetzerlehre an der Stuttgarter Akademie. Um 1930 trat er erstmals mit seiner ◇typographisch-stempelhaften

Jean-Baptiste Greuze, *Knabe mit Schulbuch,* 1757

Ausdruckstechnik hervor, 1932 entstand der erste ◇Holzschnitt. Nach zahlreichen Reisen und Auslandsaufenthalten entwickelte G. ab 1933 – zurückgezogen mit oppositionellen Künstlern wie → Baumeister arbeitend – in den sog. Reutlinger Drucken den für ihn typischen, grafischen Stil, der stark von der mittelalterlichen Holzschnittechnik beeinflußt ist. Ähnlich wie auch bei den ◇expressionistischen Holzschnitten der → Brücke dominieren bei G. winklig-klare Linien, großflächig runde, abstrahierende Formen sowie eine stets gegenständlicher Erfahrung verbundene, humanistisch engagierte Figuration der Tier- und Menschenwelt, Elemente, die er in der Illustration seiner mythisch-religiösen Bildwelt ausprägte und in vielen Mappenwerken variierte.

Griffa, Giorgio (* 1936)
Italienischer Maler aus dem Umkreis der Analytischen Malerei, studierte 1954–58 Jura in Turin, wo er seit 1958 auch als Rechtsanwalt tätig ist. Nach ersten Malstudien 1946–50 wandte er sich erst 1960 erneut der Malerei zu. Bekannt wurden v. a. seine locker aufgehängten rohen Leinwände mit einigen wenigen dünnen, parallelen Linien in der oberen Hälfte.

Gris, Juan (José Victoriano González Pérez) (1887–1927)
Spanischer Maler und ◇Grafiker, ging 1906 nach einem Studium an der Madrider Kunstgewerbeschule (1902–04) nach Paris, wo er sich mit → Picasso befreundete. Seinen Lebensunterhalt verdiente er anfangs mit humoristischen ◇Zeichnungen für ›Le Charivari‹, ›L'Assiette au Beurre‹ u. a. Gegen 1911 gab er seine dekorative, ◇jugendstilhafte Malweise auf und schloß sich dem ◇analytischen Kubismus an, wobei er sofort einen eigenen, klassisch ausgewogenen, unpathetischen Stil mit stark ◇monochromer Tendenz fand. Wie Picasso und → Braque experimentierte auch er mit der ◇Collage und verwandte Materialien wie Zeitungspapier oder Spiegel in ihrer tatsächlichen Funktion. Sein methodisches und abstraktes Denken machte G. zum idealen Interpreten des synthetischen ◇Kubismus, aus dem er konsequent eine eigene Bildform entwickelte, die nicht mehr vom Gegenständlichen, sondern von der Vorstellung ausging (*Das Schachbrett,* 1917, Museum of Modern Art, New York). So entstanden in den Jahren 1916–19 G.' sogenannte architektonische

Juan Gris, *Stilleben mit Zeitung,* 1914

Gemälde: Aus rein ◇abstrakten Formelementen errichtete er eine flächige, farbige Bildarchitektur, in der erst zuletzt ◇emblemhaft die dingliche Form auftauchte. Die malerische Methode war nicht mehr analytisch und induktiv, sondern synthetisch und deduktiv, d. h., sie leitete aus dem Allgemeinen das Besondere her: »Es ist nicht das Bild X, das mit einem Gegenstand in Übereinstimmung zu kommen sucht, sondern der Gegenstand X, der mit seinem Bild zur Deckung zu kommen sucht.« G. selbst nannte diese Methode, eine rein abstrakte Bildkonstruktion erst im nachhinein dinglich zu bestimmen, »die Humanisierung der Mathematik der Malerei«. 1917–18 beschäftigte sich G., angeregt von dem Bildhauer → Lipchitz, auch mit ◇polychromer ◇Skulptur. 1924 schuf er einige Bühnendekorationen für → Diaghilews ›Ballets russes‹ (siehe auch Ft. 26).

Gromaire, Marcel (1892–1971)
Französischer Maler und ◇Grafiker der ◇Ecole de Paris. Beeinflußt v. a. durch den ◇analytischen Kubismus von → Braque und besonders durch → Léger, entwickelte G. einen expressiven, monumental vereinfachten Figurenstil mit kraftvollen ◇Konturen und gedämpfter erdiger Farbigkeit, v. a. in seinen Darstellungen der Arbeitswelt (nach dem Ersten Weltkrieg). Berühmtheit erlangte er mit seinem 1925 im ◇Salon

des Indépendants gezeigten Bild *Der Krieg.* 1939 arbeitete er zusammen mit Lurçat in der ◇Aubusson-Teppichmanufaktur und trug damit zur Wiederbelebung der ◇Tapisseriekunst bei. G. illustrierte auch literarische Werke, u. a. von → Baudelaire und Shakespeare.

Gropius, Walter (1883–1969)
Amerikanischer Architekt und ◇Designer deutscher Herkunft. Nach dem Studium in München und Berlin arbeitete G. 1908–10 bei P. → Behrens. 1918 wurde er Direktor der Kunstgewerbeschule in Weimar, wo er 1919 das ◇Bauhaus gründete (1925 Verlegung nach Dessau). 1928 trat G. als Direktor des Bauhauses zurück und wirkte als Architekt in Berlin (Siedlung Siemensstadt, 1929–30). 1933 emigrierte er nach London, 1937–52 lehrte er an der Harvard University in Cambridge (Mass.), wo er auch eine eigene Architekturschule gründete. G. wurde zum bahnbrechenden Vertreter einer funktional orientierten Architektur bzw. Formgebung mit streng geometrischen Bauprinzipien (siehe ◇International Style) und trug mit seinen Schriften (darunter ›Architektur. Wege zu einer optischen Kultur‹, 1956; ›Die neue Architektur und das Bauhaus‹, 1965) wesentlich zur Herausbildung der rationalen Methode des ◇Funktionalismus bei.

Gros, Antoine-Jean, Baron (1771–1835)
Französischer Maler, Schüler von J.-L. → David (ab 1785). Durch seine Begegnung mit Napoleon in Italien und seine persönliche Anwesenheit während der Schlacht von Arcole fand G. zu seiner eigentlichen Berufung als Schilderer der napoleonischen Geschichte (*Bonaparte bei den Pestkranken von Jaffa,* 1804, Louvre). 1799–1808 malte er eine Reihe großartiger Schlachtenszenen (*Napoleon auf dem Schlachtfeld von Preußisch-Eylau, 9. Februar 1807,* 1808, ebda.). Obwohl die Stimmung seiner Bilder ◇romantisch war, seine Figurendarstellung naturalistisch und die Farbe von experimenteller Kühnheit, blieb G. doch der ◇klassizistischen Form eng verbunden. Seine Inspirationskraft schwand mit dem Sturz Napoleons und der Herrschaft der Bourbonen und lebte nur noch einmal in den ◇Fresken für die Kuppel des Pariser Panthéon auf (1811–24). Schwermütig geworden über seine künstlerischen Mißerfolge in den letzten Schaffensjahren, nahm sich G. 1835 das Leben.

Grossberg, Carl (1894–1940)
Deutscher Maler, studierte u. a. in Aachen und Darmstadt (Architektur) sowie am ◇Bauhaus in Weimar (1919–21 Schüler von → Feininger), bedeutender Vertreter der ◇Neuen Sachlichkeit. Seine Landschaftsbilder sind von stets wiederkehrenden Technik- und Architekturmotiven geprägt. In seinen sog. Maschinenbildern ist die Darstellung der Technik nicht frei von einer hintergründigen Dämonie, die – bestärkt durch die Überbetonung der ◇Perspektive – das Phantastisch-Surreale streift.

Grosz, George (Georg Ehrenfried G.) (1893–1959)
Deutsch-amerikanischer ◇Zeichner, ◇Karikaturist und Maler, studierte in Dresden (1909–12) und Berlin (1912–16) und arbeitete als Karikaturist für satirische Zeitschriften. Gegen Ende des Ersten Weltkriegs gehörte er zu den führenden Vertretern des Berliner ◇Dada; arbeitete auch mit → Heartfield zusammen. Seine eigentliche Bedeutung erlangte er durch seine politischen und sozialkritischen beißenden Satiren, die v. a. die großstädtische Nachkriegswelt der Kriegsgewinnler, Dirnen und Ganoven in einem vom ◇Futurismus und Dadaismus beeinflußten, bewußt naiven Zeichenstil widerspiegelten. An-

Antoine-Jean Gros, *Bonaparte auf der Brücke von Arcole, 17. November 1796* (Ausschnitt), 1796

fang der 1920er Jahre wurde sein Stil realistischer und näherte sich der ◇Neuen Sachlichkeit. In rascher Folge erschienen seine Zeichnungsbände (u. a. *Das Gesicht der herrschenden Klasse,* 1921; *Ecce Homo,* 1923; *Der Spießerspiegel,* 1925), daneben entstanden Bilder wie *Stützen der Gesellschaft* (1926, Berlin). 1933 emigrierte G. in die USA, wo 1946 seine Autobiographie ›A little Yes and a big No‹ erschien (deutsch 1955). 1959 kehrte er nach Berlin zurück, wo er noch im selben Jahr starb.

Group of Seven
Erste bedeutende kanadische Künstlervereinigung der Moderne, die seit etwa 1910 bestand, sich ihren Namen aber erst 1920 mit ihrer ersten Gruppenausstellung in Toronto gab, auf der u. a. Harris, → Jackson, Lismer und Mac Donald vertreten waren. Die Gruppe existierte bis 1933 und wurde ein Synonym für die erste rein kanadische Stilrichtung. Die Künstler vertraten einen kraftvollen, einfachen Landschaftsstil, in dem sich Einflüsse von ◇Impressionismus, ◇Fauvismus und skandinavischer Kunst mischten.

Groupe de Recherche d'Art Visuel (GRAV)
1958 in Paris entstandene (und 1969 aufgelöste) Gruppe ◇kinetischer Künstler, zu der H. → García-Rossi, J. → Le Parc, F. → Morellet, F. Sobrino (* 1933), J. S. Stein (* 1926) und J.-P. Yvaral (* 1934) gehörten. Die Gruppe, die v. a. mit den Mitteln von Licht und Bewegung arbeitete, definierte ihr Ziel in einem 1961 erschienenen Manifest: die Herstellung einer neuen visuellen Beziehung zwischen dem Objekt und dem Auge des Beschauers, in der die Bedeutung und die Intervention des Künstlers auf ein Minimum beschränkt sind. Zu diesem Zweck führte sie ein kooperatives Forschungsprogramm ein, das sie 1966 bei ihrer *Journée dans la rue* öffentlich vorführte.

Gruber, Francis (1912–1948)
Französischer Maler, studierte u. a. bei → Dufresne und → Friesz (1929–32). Von einer stilisierenden ◇expressionistischen Malerei mit phantastischen ◇surrealistischen Elementen kam er zu einem kargen Neorealismus. Er stand in Verbindung mit → Giacometti, Marchand und → Tal Coat.

Gruber, Hetum (* 1937)
Deutscher Künstler, studierte 1957–61 an der Münchner Akademie. Neben ◇Fotografien, ◇Filmen und ◇Videos entstehen seit 1975 Arbeiten aus Aluminiumplatten, deren Oberfläche – durch Prozesse wie Schlagen auf Schotter u. ä. aufgerauht – im Tiefdruckverfahren reproduziert wird. Platte, Abdruck und ein Foto vom Bearbeitungsprozeß der Platte bilden die Arbeit.

Grundig, Hans (1901–1958)
Deutscher Maler und ◇Grafiker, studierte 1922–26 an der Kunstgewerbeschule und an der Akademie in Dresden, 1930 Gründungsmitglied der Dresdner Gruppe → ASSO. Anfänglich unter dem Einfluß von → Dix, vertrat G. in seinen Bildern und Grafiken eine harte Sozial- und Zeitkritik im Stil der ◇Neuen Sachlichkeit. In zahlreichen ◇Linolschnitten und ◇Radierfolgen geißelte er Armut, Kriegsgreuel und Faschismus (*Hungermarsch,* 1932). Nach dem Zweiten Weltkrieg wurde seine Thematik wesentlich von den Erlebnissen im Konzentrationslager bestimmt – 1940–44 war G. im KZ Sachsenhausen interniert (*Den Opfern des Faschismus,* 1947, Dresden). Dabei wurde sein ◇realistischer Stil durch Anregungen von → Bosch und dem frühen → Bruegel expressiv symbolhaft. 1946–48 war er Rektor der Hochschule für Bildende Kunst in Dresden.

Grundig, Lea (1906–1977)
Deutsche ◇Grafikerin, heiratete 1928 Hans → Grundig, Studium an der Kunstgewerbeschule und an der Akademie in Dresden, Mitbegründerin der Gruppe → ASSO. Ihre künstlerische Entwicklung verlief ähnlich wie die ihres Mannes. 1940 mußte sie nach Palästina emigrieren. Nach ihrer Rückkehr erhielt sie 1950 eine Professur an der Hochschule für Bildende Kunst in Dresden. Von 1946 bis 1970 war sie Präsidentin des Verbandes bildender Künstler in der damaligen DDR. In Stil und Thematik Käthe → Kollwitz nahestehend, kämpfte sie mit ihren Bildern gegen Faschismus, Krieg und Ausbeutung.

Grünewald, Matthias (Matthaeus) (auch Mathis Grün, Matthaeus von Aschaffenburg, Mathis der Maler genannt) (um 1480–1531/32)
Deutscher Maler und Baumeister, dessen Identifizierung eine der schwierigsten Aufgaben der Kunstgeschichtsforschung darstellt. Die Biographie und der heute gebräuchliche Name des Künstlers, die auf der Überlieferung J. von → Sandrarts beruhen (›Teutsche Academie der

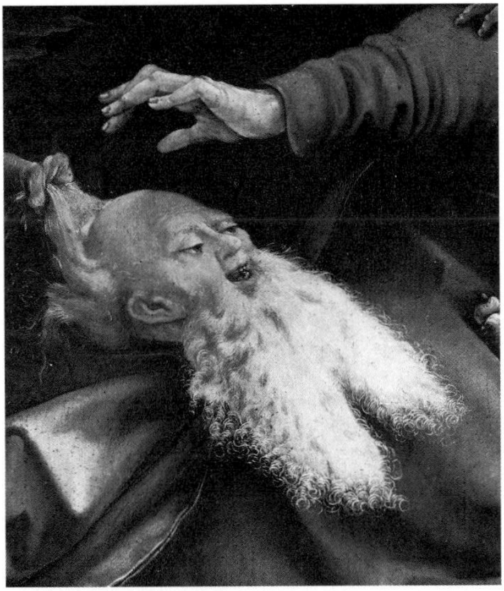

Matthias Grünewald, *Die Versuchung des hl. Antonius* (Ausschnitt aus dem rechten Flügel des *Isenheimer Altars,* 3. Schauseite), um 1515

Edlen Bau-, Bild- und Mahlerey Künste‹, 1675), sind umstritten. In der Forschung wird er zum einen mit dem Meister Mathis Gothart N(e)ithart identifiziert (aufgrund der auf drei Werken befindlichen Signaturen M. G. N. bzw. M. G.), andererseits werden zwei Maler namens Mathis unterschieden: der bedeutende Mathis Grün (Grünewald) von Aschaffenburg und der weniger bedeutende Mathis Gothart oder N(e)ithart von Würzburg. – Bis heute ist G.s Lebenslauf nicht vollständig belegt, dennoch gilt folgendes als gesichert: Um 1500 war G. Geselle in Frankfurt a. M., später vermutlich in Nürnberg Schüler von → Dürer. Von 1505 bis spätestens 1514 war er Hofmaler des Mainzer Erzbischofs Jakob von Liebenstein bzw. bei dessen Nachfolger Uriel von Gemmingen (seit etwa 1509). 1512 wurde er Frankfurter Bürger und übernahm im gleichen Jahr den Auftrag für den Hochaltar der Antoniterkirche in Isenheim (Oberelsaß), der 1516 vollendet war. Bis 1527 war er dann überwiegend für den neuen Erzbischof von Mainz (ab 1518 Kardinal) Albrecht von Brandenburg tätig (u. a. eine Tafel mit den *Hl. Erasmus und Mauritius,* 1521/24, AP, mit dem Kardinal als hl. Erasmus). 1527 verließ G. Frankfurt und ist 1529–31 im Dienst der Herren von Erbach (Odenwald) nachweisbar. Seine letzten großen Arbeiten sind die Tafel des *Tauberbischofsheimer Altars* in Karlsruhe (nach 1528, Vorderseite *Kreuzigung Christi,* Rückseite *Kreuztragung Christi,* Staatliche Kunsthalle) und die *Beweinung Christi* (um 1530, Stiftskirche Aschaffenburg). G.s Werk, das trotz seines geringen Umfangs zu den bedeutendsten Leistungen europäischer Kunst zählt, zeichnet sich v. a. durch eine tiefe visionäre Kraft, mystische Symbolik und einen starken Ausdruckswillen aus, der sich in der expressiven Gestaltung von Farbe, Form und Licht äußert. Sein überragendes Hauptwerk ist der zwischen 1512 und 1516 entstandene sog. *Isenheimer Altar* (heute Musée d'Unterlinden, Colmar). Der dreifache Wandelaltar (zehn Tafeln) zeigt in geschlossener Form auf der Mitteltafel die *Kreuzigung Christi* und auf den Seitenflügeln den *Hl. Antonius* und den *Hl. Sebastian,* der geschlossene Predellenschrein eine *Beweinung Christi* (zwei Flügel). Die Öffnung des ersten Flügelpaars zeigt die *Verkündigung an Maria* (linker Flügel), das *Weihnachtsbild* (Geburt Christi; Mitteltafel) und die *Auferstehung Christi* (rechter Flügel), die zweite Öffnung Szenen aus dem Leben des hl. Antonius auf den Seitenflügeln und in der Mitte den durch die zweite Öffnung der Flügel sichtbar werdenden Schrein mit Holzbildwerk (Plastiken der Heiligen Antonius, Augustin und Hieronymus, im Predellenteil Christus und die Apostel). Als Schöpfer dieser überragenden Schnitzerei gilt Niclas → Hagnower; neuere Forschungen schreiben G. (dem »mathias grun bilsnitzer«) allerdings auch diese Arbeiten zu. Die Darstellungsform der Szenen, die vom religiösen Mystizismus der ›Offenbarungen der hl. Birgitta‹ durchdrungen sind, ist seltsam unkörperlich, mehr emotional erfühlt als beschreibend, die Farben sind ins Unwirkliche, Phantastische gesteigert, und der Realismus zugunsten der Heftigkeit des Ausdrucks zurückgedrängt. In seiner verinnerlichten, leidenschaftlichen Ausdruckskraft stellt der Altar einen der Höhepunkte nordischer Kunst dar und ist eines der frühesten Beispiele ›expressionistischer‹ Ausdruckskraft.

Grupello (Crepello), Gabriel de (1644–1730) Flämischer ◇Bildhauer (italienischer Abstammung) des Hochbarock, lernte bei A. → Quellinus d. Ä. in Antwerpen (1658–59) und war später überwiegend für den spanischen Hof in Brüssel tätig (seit 1673 Hofbildhauer Karls II. von Spanien). 1695–1716 wirkte er in Düsseldorf, wo er

u. a. das Reiterstandbild des Kurfürsten Johann Wilhelm II. (Jan Wellem) schuf (1703–11, Marktplatz). Ab 1718 arbeitete er erneut in Brüssel (für Kaiser Karl VI.).

Gruppo N
1960 in Padua gegründete italienische Künstlergruppe, deren lichtkinetisches Kunstkonzept (◇Kinetische Kunst) die Gestaltungsziele der → Nouvelle Tendance vertrat. Zu ihren Mitgliedern zählten Alberto Biasi, Enno Chiggio, Toni Costa, Eduardo Landi und → Massironi.

Gruppo T
1959 in Mailand gegründete italienische Künstlergruppe, zu deren Mitgliedern Giovanni → Anceschi, Davide Boriani, Gianni Colombo, Gabriel de Vecchi und Grazia Varisco zählten. Ähnlich wie die → Gruppo N vertrat sie die Stilvorstellungen der → Nouvelle Tendance, war jedoch im Gegensatz zu ihr schon in den frühen 1960er Jahren bestrebt, die lichtkinetische ◇Objektkunst (◇Kinetische Kunst) auf große ◇environmentale Raumkompositionen auszuweiten.

Gu Kaizhi, *Ermahnungen der Hofmeisterin* (Ausschnitt aus der Querrolle), Kopie zwischen 600 und 1000

Grützke, Johannes (* 1937)
Deutscher Maler und ◇Grafiker, sein Grundthema ist der fremdbestimmte, politisch ohnmächtige Massenmensch als manipulierter Einheitstyp. In einer Form des Kritischen Realismus parodiert er die modischen Emanzipationsparolen, indem er seinen Figuren die eigene fratzenhaft verzerrte Gesichtsmaske überstülpt. 1973 gründete er die ›Schule der neuen Prächtigkeit‹. 1990 Fertigstellung des ◇Wandgemäldes für die Frankfurter Paulskirche.

Grzimek, Waldemar (1918–1984)
Deutscher ◇Bildhauer, der nach kurzer Steinmetzlehre an der Berliner Akademie studierte. Unter dem Einfluß seines Lehrers Richard Scheibe entwickelte er einen expressiven, bisweilen etwas gespreizten Stil, der sich besonders in seinen Akten äußert.

Gu Kaizhi (346?–406?)
Berühmtester Vertreter der frühen chinesischen Figurenmalerei. Sein Schaffen ist durch verschiedene Kopien dreier Themen bekannt (alles Querrollen): *Ermahnungen der Hofmeisterin* (Kopie zwischen 600 und 1000, British Museum, London), *Die Nymphe vom Luo-Fluß* (drei Kopien heute u. a. Freer Gallery of Art, Washington, D. C.; Beijing Palace Museum, Beijing [Peking]) und *Tugendhafte Frauen der Geschichte* (Beijing Palace Museum). Eine Nachahmung seiner fließenden Gewandlinien findet sich in gepreßten Ziegelreliefs aus der Zeit der ›Ersten Teilung Chinas‹ (220–589). G. beschrieb außerdem als erster die Methode, ein Landschaftsbild zu komponieren: *Wie der Wolken-Terrassen-Berg zu malen ist,* ein daoistisches Thema.

Guan Xiu (832–913)
Chan(Zen-)-buddhistischer Maler und Mönch aus Wuzhou in Zhejiang, berühmt durch seine Gemäldefolgen der 16 Luohan (heilige Männer, deren Grad der Erleuchtung nur noch von dem Buddhas und dem Bodhisattvas übertroffen wird). Mit G.s Namen in Verbindung gebrachte Arbeiten wirken bizarr und die mit groben Tuschestrichen übertrieben herausmodellierten Figuren grotesk.

Guardi, Gianantonio (Giovanni Antonio) (1698–1760)
Francesco (1712–1793)
Venezianische Maler, Söhne des Malers Domenico G. In gemeinsamer Werkstattarbeit schufen sie historische und religiöse Malereien im Stile des ◇Rokoko, mit unkörperlichen Formen und

einer an → Magnasco erinnernden Malweise, wobei die Farbe jedoch weicher und der Gesamteindruck weniger düster ist. Vermutlich war Gianantonio in dieser Zusammenarbeit der dominierende Partner. Wenige Jahre vor dem Tod des Bruders wandte sich Francesco der ◇Vedutenmalerei zu (voraus gingen einige → Capricci). Seine ersten Versuche hielten sich eng an den Stil seines Lehrers (*Der Canal Grande bei San Geremia,* um 1760, AP), des älteren → Canaletto, aber schon bald bemühte er sich um einen persönlicheren Ausdruck – vermutlich auch, weil ihm Canalettos genaue perspektivische Kenntnisse fehlten – und entwickelte einen fast ◇impressionistisch wirkenden Stil, bei dem sich die Form in einem flackernden Licht auflöste. Obwohl zu seinen Lebzeiten nicht so berühmt wie Canaletto, genießt er heute das gleiche Ansehen.

Guariento di Arpo (um 1310–um 1370)
Italienischer Maler, der in Padua wirkte (dort 1338–68 nachweisbar). G. schuf unter dem Einfluß → Giottos seine Malereien in der Kapelle des Castello dei Carraresi in Padua (Wandfresken mit Szenen aus der biblischen Geschichte z. T. erhalten, Fragmente der Deckenbemalung heute im Museo Civico, Padua) sowie ein monumentales ◇Fresko mit der *Krönung Mariä* (um 1365–67) im Palazzo Ducale in Venedig, das im 16. Jh. durch → Tintorettos *Paradies-Bild* überdeckt wurde (heute in der ›Sala del Guariento‹, ebda.). G.s bedeutendste Werke sind die z. T. mit seinen Werkstattgehilfen in der 2. Hälfte des 14. Jh.s ausgeführten Fresken im Chor der Chiesa degli Eremitani in Padua (u. a. *Allegorien der sieben Lebensalter).*

Francesco Guardi, *Palasthof in Venedig,* um 1770–80

Guarino da Verona (1374–1460)
Italienischer Humanist, machte v. a. Ferrara (ab 1429) zum Zentrum humanistischer Bestrebungen. Als Kunstkritiker beurteilte er die wenigen Kunstwerke, die er (allerdings sehr gründlich) kannte, mehr als individuelle, einmalige Phänomene als nach formalen Gesichtspunkten.

Il Guercino, *Die Nacht* (Ausschnitt aus dem Deckenfresko *Aurora,* Villa Ludovisi), 1621

Guercino, il (ital. ›der Schieler‹) (Giovanni Francesco Barbieri) (1591–1666)
Italienischer Maler. In Cento bei Ferrara geboren, wo er auch überwiegend arbeitete; außerdem u. a. in Bologna, Venedig (1617–18) und Rom (1621–23) tätig. Entscheidenden Einfluß auf sein Werk nahmen L. → Carracci und auch → Caravaggio. Sein Frühwerk, z. B. die 1616–21 geschaffenen ◇Altarbilder, zeigt einen sehr individuellen Stil mit großzügigen Formen und dramatischen Lichteffekten. In Rom, wo er

sich seit 1621 aufhielt, entstand sein berühmtestes Werk, das Deckenfresko der *Aurora* in der Villa Ludovisi. Unter dem Einfluß des in Rom vorherrschenden ◇Klassizismus veränderte sich sein Stil. Dieser mäßigende Einfluß verstärkte sich noch nach seiner Rückkehr nach Cento (1623) und seiner Übersiedlung nach Bologna (nach 1642), wo er nach dem Tode G. → Renis dessen Werkstatt übernahm und in der Folge zum führenden Meister der Bologneser Schule wurde. Abgesehen von seiner *Aurora* war G. in erster Linie ein Maler von Altarbildern.

Guérin, Pierre Narcisse, Baron (1774–1833)
Französischer Maler, Schüler von J.-B. → Regnault. Als Vertreter der ◇klassizistischen Tradition in der Nachfolge J. L. → Davids schuf er v. a. ◇Historienbilder, meist pathetische Szenen aus der römischen Geschichte (*Die Rückkehr des Marcus Sextus,* 1799, Louvre) oder dem französischen klassischen Drama (*Phädra und Hippolyte,* 1802, ebda.). → Géricault und → Delacroix zählten zu seinen Schülern.

Guido da Siena (nachweisbar 1221–1270)
Einer der frühesten, namentlich bekannten Maler der Sieneser Schule, Vorläufer des → Duccio di Buoninsegna. Zu seinen Werken gehört die *Thronende Muttergottes* (Palazzo Pubblico, Siena), die zwar 1221 datiert ist, von der die Forschung jedoch annimmt, daß diese Arbeit vermutlich erst um 1260 bis 1270 entstanden ist und die Datierung sich vielleicht auf ein früheres ◇Altarbild bezieht, das durch Guidos Bild ersetzt worden ist. In Siena befinden sich heute außerdem einige Gemälde G.s mit Szenen aus dem Leben Christi (Pinacoteca Nazionale).

Guillaumin, Armand (1841–1927)
Französischer Maler des ◇Impressionismus, befreundet mit → Pissarro und → Cézanne, beteiligte sich seit 1874 an den Ausstellungen der Impressionisten. Neben ◇Landschaftsbildern, in denen zarte Mauve-, Violett-, Rot- und Orangetöne vorherrschen, schuf G. ◇Stilleben und ◇Porträts (v. a. ◇Pastelle). In seinen späteren Arbeiten hat er sich dem ◇Fauvismus genähert.

Gulbransson, Olaf (1873–1958)
Norwegischer Zeichner und Maler, übersiedelte 1902 als ständiger Zeichner für den ›Simplizissimus‹ nach München, wo er 1929 auch eine Professur an der Akademie erhielt. Seine mit sparsamsten Mitteln auskommende ◇Zeichnung machte ihn zum bedeutendsten ◇Karikaturisten seiner Zeit, der mit treffsicherer Hand das Wesentliche in Mimik und Gestik eines Menschen erfassen konnte. Mappenwerke: *Berühmte Zeitgenossen* (1905), *Aus meiner Schublade* (1912).

Günther, Franz Ignaz (1725–1775)
Deutscher ◇Bildhauer, letzter großer Meister des süddeutschen ◇Rokoko. G. lernte bei → Straub in München (1743–50), bei → Egell in Mannheim (1751–52) und an der Wiener Akademie (1753), von wo er nach einem Jahr nach München zurückkehrte. Er arbeitete hauptsächlich in kirchlichem Auftrag und schuf hellfarbig und in Gold gefaßte Holzplastiken und Altäre. Besonders seine freistehenden Figuren sind von anmutiger Eleganz und raumgreifender Bewegung. Seine Hauptwerke befinden sich u. a. in der ehemaligen Benediktinerabteikirche in Rott am Inn (Ausstattung 1760–62) und in der ehemaligen Augustiner-Chorherrenstiftskirche in Weyarn (Altar, 1763; *Verkündigungsgruppe,* 1764).

Ignaz Günther, *Pietà*-Gruppe (Nenningen), 1774

Günther, Ingo (* 1957)
Deutscher Videokünstler, der 1978–83 an der Düsseldorfer Kunstakademie studierte. 1980 realisierte G. seine erste Videoskulptur, *Novideo Voodoo,* bestehend aus einem Fernseher, dessen Programm durch eine diagonal vor dem Monitor angebrachte Neonröhre weggeblendet wird. Im Verlauf der 1980er Jahre entstehen komplexe, auf sinnliche Wirkung abzielende ◇Videoinstallationen, die sich mit dem Machtpotential elektronischer Medien auseinandersetzen. Auf der documenta 8, 1987, zeigte G. einen ganz mit grauem Marmor verkleideten Raum, in den von oben ein Videotape auf einen ebenfalls grauen Marmorwürfel projiziert wurde.

Günther, Matthäus (1705–1788)
Freskomaler des süddeutschen ◇Rokoko, Schüler C. D. → Asams, von dem er in vielen Kompositions- und Einzelmotiven abhängig blieb. Seit 1730 lebte G. in Augsburg, wo er 1762–84 Direktor der Stadtakademie war. Seine Frühwerke schließen mit ihren ◇illusionistischen Scheinarchitekturen an römische ◇Fresken des 17. Jh.s an. Nach 1740 wandte sich G. einem flächigeren, aufgelockerten Dekorationsstil zu, der zugunsten eines gleichsam landschaftlichen Raumgefühls auf Tiefenillusion verzichtet. Seine Hauptwerke befinden sich in der ehemaligen Augustiner-Chorherrenstiftskirche in Neustift bei Brixen (1736 und 1743), in der ehemaligen Benediktinerabtei von Amorbach (1745–47), in der Wiltener Pfarrkirche in Innsbruck (*Judith und Esther als alttestamentarische Vorbilder Mariä,* 1754) sowie in der ehemaligen Benediktinerabteikirche in Rott am Inn (1763).

Guo Xi (um 1020–um 1090)
Chinesischer ◇Landschaftsmaler aus Heyang (Prov. Henan), der in der Tradition des → Li Cheng stand. Sein *Vorfrühling* (1072, National Palace Museum, Taipeh) ist eine heroische Monumentallandschaft und in der ◇Komposition und den atmosphärischen Effekten kunstreicher als die Landschaften älterer Meister der Nördlichen Song-Dynastie (960–1127). G.s Traktat ›Linquan gaozhi‹ ist die beste Quelle der Song-Auffassungen über Landschaftsmalerei.

Guston, Philip (1913–1980)
Amerikanischer Maler kanadischer Abstammung, kam 1919 nach Los Angeles. Auf einer Mexikoreise 1934 lernte er den Realismus der mexikanischen ◇Wandmalerei kennen, der seine frühen Wandbilder für → WPA (1936–40) beeinflußte. In den 1950er Jahren näherte er sich dem ◇Abstrakten Expressionismus, den er in lyrisch-◇impressionistischer Weise interpretierte.

Gutai
1954 in Osaka gegründete, stark fluktuierende japanische Künstlergruppe, deren Hauptvertreter → Yoshida und → Yoshihara waren. Das Stilkonzept der Gruppe enthielt ähnliche Tendenzen wie in Europa die ◇Op Art und die → Nouvelle Tendance im Bereich der Lichtkinetik (◇Kinetische Kunst). Mit → Zero und → Nul gab es um 1965 einen lebhaften Gedankenaustausch. Die Künstler der Gruppe realisierten zahlreiche lichtkinetische ◇Environments und ◇Aktionen, v. a. in Osaka.

Gutfreund, Oto (Otto) (1889–1927)
Tschechischer ◇Bildhauer, studierte an der Kunstgewerbeschule in Prag (1906–09) und in Paris bei → Bourdelle (1909–10). Nach seiner Rückkehr nach Prag gehörte er mit → Filla und → Kubišta zur künstlerischen ◇Avantgarde; er war einer der frühesten ◇kubistischen Plastiker neben → Picasso und → Archipenko (*Frauenkopf,* 1912; *Der Cellospieler,* 1912–13). Nach einer kurzen ◇konstruktivistischen Phase (um 1919) kehrte er in seinen Arbeiten der 1920er Jahre wieder zur Figuration zurück (*Mädchen mit Hund,* 1920; *Die Industrie,* 1923; *Kämpfende,* 1924). Ab 1926 lehrte er an der Prager Schule für industrielle Formgebung.

Guttuso, Renato (1912–1987)
Italienischer Maler und ◇Illustrator, der zunächst ein Jurastudium begann, bevor er sich der Malerei widmete. 1947 war er Mitbegründer der → Fronte Nuovo delle Arti. In seinen antifaschistischen Zeichnungen *Gott mit uns* sowie dem großformatigen Gemälde *Landnahme* (1948) entwickelte G. – beeinflußt von → Picasso (u. a. *Guernica)* – einen neorealistischen, dramatischen, expressiv farbigen Stil für die Darstellung seiner sozialkritischen und z. T. agitatorischen Sujets. Sein Realismus – wegen seiner Thematisierung des Arbeiteralltags und wegen der Zugehörigkeit G.s zur Kommunistischen Partei Italiens (ab 1940) oft als ◇Sozialistischer Realismus typisiert – war weniger naturalistisch, sondern stellte vielmehr eine Verbindung dar von

Elementen des ◇Expressionismus, des ◇Kubismus, der sizilianischen ◇Volkskunst und der ◇Pop Art.

Guys, Constantin Ernest Adolphe Hyacinthe (1802–1892)
Französischer ◇Zeichner und ◇Aquarellist, bildete sich ab 1847 autodidaktisch. Teilnahme am griechischen Befreiungskampf; während des Krimkrieges (1853/54–56) Kriegszeichner für die ›Illustrated London News‹. Seit 1860 lebte er in Paris. G., der seinen Zeichenstil an → Callot, → Goya und → Rembrandt schulte, wurde mit seinen Zeichnungen und Aquarellen zu einem scharf beobachtenden, geistreichen Chronisten seiner Zeit, v. a. des Pariser Gesellschaftslebens. → Baudelaire würdigte G. in seiner berühmten Abhandlung (›Le peintre de la vie moderne‹, 1863 im ›Figaro‹) als Maler der »Modernität«.

Gyokudo Uragami (1745–1820)
Japanischer → Nanga-Maler, dessen an Schraffuren reicher, exzentrischer Stil einen der Höhepunkte der Schule darstellte. Er war ein hervorragender Spieler des japanischen Saiteninstruments Koto, desgleichen ein glänzender ◇Kalligraph.

H

Haacke, Hans (* 1936)
Deutscher Künstler, ließ sich 1965 in New York nieder. Ausgehend von frühen, der Ästhetik der → Zero-Bewegung nahestehenden Arbeiten, widmet er sich seit 1963 der modellhaften Darstellung ›realzeitlicher‹ (bei ihrem Stattfinden beobachtbarer), ›offener‹(auf Information von außen reagierender) Systeme, d. h., daß (oft komplexe) Prozesse (◇Prozeßkunst) in meist sehr einfacher Form (auf ihre Grundstrukturen reduziert) visualisiert werden. Dabei handelt es sich um physikalische (u. a. *Kondensationskästen,* ab 1963), biologische, soziologische und sozialpolitische Systeme (*Manhattan Immobilienbesitz,* 1971), auch in engerem Zusammenhang mit Kunstvermittlung und -besitz (den Rollen von Künstler, Sammler, Institutionen, Publikum usw.; *Manet-Projekt '74,* 1974), die oft mit Hilfe von ◇Fotografien und ◇Installationen dokumentiert werden.

Haager Schule
Niederländische Künstlergruppe der 1870er und 1880er Jahre, die sich v. a. in ihrem Verhältnis zur Natur mit der französischen → Barbizon-Schule und dem Frühimpressionismus vergleichen läßt. Ihr Begründer war → Israëls, dessen Landschaftsstil mit seinen Lichteffekten, der dunstverhangenen Atmosphäre und melancholischen Stimmung im Werk der führenden Vertreter der H. S. (der Brüder → Maris, → Mauve, → Mesdag und den → Weissenbruchs) seine Fortsetzung fand.

Haarlemer Manieristen
Bezeichnung für eine Gruppe in Haarlem ansässiger Maler, die dort ab 1580 an der von C. van → Mander ins Leben gerufenen ›Akademie‹ arbeiteten. Zu den H. M. gehörten außer van Mander auch C. → Cornelisz. und H. → Goltzius. Durch B. → Spranger wurde die Verbindung zu den italienischen ◇Manieristen hergestellt.

Haberle, John (1856–1933)
Amerikanischer Maler, der sich wie J. F. → Peto auf ◇Trompe-l'œil-◇Stilleben spezialisierte, die seine bekanntesten Werke sind.

Hackaert, Jan (1628 – nach 1685)
Holländischer ◇Landschaftsmaler, bereiste 1653–58 die Schweiz und Italien, wo ihn v. a. das Licht beeindruckte. Beeinflußt von Jan → Both, malte er idyllische, von weichem Licht durchflutete Landschaften, deren Menschen- und Tierstaffagen manchmal von der Hand seines Freundes Adriaen van de → Velde stammten. Sein Bild vom *Trasimenischen See* (Rijksmuseum, Amsterdam) ist ein hervorragendes Beispiel für die Anwendung des holländischen ◇Realismus auf die italienische Landschaft im 17. Jh.

Hacker, Dieter (* 1942)
Deutscher Maler und ◇Plastiker, der 1960–65 an der Hochschule der bildenden Künste in München studierte. 1971 Eröffnung der 7. Produzentengalerie in Westberlin und Herausgabe einer Galeriezeitung. 1976 Herausgabe der Zeitschrift ›Volksfoto‹. H.s expressiv-pathetische Malerei und Plastik verarbeiten in sehr persönlicher Fom mythologische Symbolhorizonte zu theatralisch-poetischen Bilderrätseln, die sich mit Kunst, Kultur, Gesellschaft und Geschichte auseinandersetzen. Für H. bedeutet künstlerisches Gestalten die Möglichkeit, die tieferen Maßstäbe von Subjektivität und humanem Handeln zu begreifen, die in der modernen Gesellschaft verloren zu gehen drohen. Seit 1977 TV-Filmarbeit für das öffentliche Fernsehen und Bühnenbildentwürfe für Stücke von Botho Strauß und Heiner Müller.

Hackert, Jacob Philipp (1737–1807)
Deutscher ◇Landschaftsmaler, studierte bei seinem Vater, dem ◇Porträtmaler Philipp H., und an der Berliner Akademie. Nach Aufenthalten in Schweden und Frankreich lebte er seit 1768 in Italien, erst in Rom und Neapel, wo er Kammermaler König Ferdinands IV. war, und seit 1799 in Florenz. H., ein Vertreter der → Deutschrömer, malte hauptsächlich ◇klassizistische Ruinenlandschaften. 1787 traf er in Neapel mit →Goethe zusammen, der ihm eine ›Biographische Skizze‹ widmete (1811) (siehe Abb. S. 224).

Hagnower (Hagenauer), Niclas (auch Nik[o]laus von Hagenau, Nicolas de Haguenau) (um 1445 – nach 1526)
Deutscher ◇Bildhauer der Spätgotik, der als Meister des ◇Hochaltars (sog. *Fronaltar;* 1500–01) des Straßburger Münsters gilt. Das

Jacob Philipp Hackert, *Weinlese bei Sorrent,* um 1784

ihm zugeschriebene Hauptwerk sind die ◇Schreinfiguren des *Isenheimer Altars* (um 1505), bestehend aus den Heiligen Antonius, Augustinus und Hieronymus, zwei Bauernfiguren sowie Christus mit den zwölf Aposteln (heute Musée d'Unterlinden, Colmar; → Grünewald).

Hains, Raymond (* 1926)
Französischer Künstler, ursprünglich ◇Fotograf, experimentierte nach 1946 mit abstrakten Fotos und entwickelte Ende der 1940er Jahre zusammen mit → Villeglé das Prinzip der ›Affiches lacérées‹ (zerrissene ◇Plakate). 1960 war er Gründungsmitglied des ◇Nouveau Réalisme. Seine Plakatabrisse, die von ihm nicht ästhetisch aufgearbeitet werden wie bei Villeglé, verstehen sich als kritische Schaubilder des modernen Medienverbrauchs.

Hajdu, Etienne (* 1907)
Französischer ◇Bildhauer ungarischer Herkunft, der an der Wiener Akademie, an der Ecole des Beaux-Arts in Paris und an der Académie de la Grande Chaumière bei → Bourdelle studierte. Sein bildhauerischer Stil wurde anfangs von → Rodin und der ◇romanischen Plastik bestimmt. In den 1930er Jahren näherten sich H.s Arbeiten der Abstraktion, zunächst von ruhigen Formen, dann von dramatischen Effekten in Gestalt von Rissen und Sprüngen geprägt. Erst nach dem Zweiten Weltkrieg fand H. in den ›Abdrücken‹, Flachreliefs (◇Relief), die wie Prägestempel aus Metall wirken, zu seinem eigentlichen ◇abstrakten Stil, der ihn bekannt machte.

Hajek, Otto Herbert (* 1927)
Deutscher ◇Bildhauer, Maler und ◇Objektkünstler, studierte 1947–54 an der Stuttgarter Kunstakademie. In den 1960er Jahren Entwicklung der *Farbwege* als eine übergreifende Raumdisziplin zwischen ◇bildender Kunst und Architektur. Seitdem entstanden zahlreiche farbige ◇Wandmalereien, Wandreliefs, Platzmale und funktionsgebundene Großplastiken als Stadtzeichen im Sinne einer raumgreifenden ›Kunst am Bau‹. 1977 vollendete H. im australischen Adelaide eine vieldiskutierte begehbare Kunstlandschaft als urbanes Freizeitzentrum. 1991 *Hommage à W. A. Mozart* für das Festspielhaus in Salzburg.

Hakuin Ekaku (1685–1768)
Japanischer Zen-Priester der Rinsai-Sekte. Er war ein kraftvoller und origineller ◇Kalligraph und schuf bedeutende Arbeiten im Stil der ◇Zenga-Malerei.

Halley, Peter (* 1953)
Amerikanischer Maler, der bis 1975 an der Yale University, New Haven, anschließend bis 1978 an der University of New Orleans studierte. Beeinflußt vom ◇Abstrakten Expressionismus Barnett → Newmans und Mark → Rothkos praktiziert H. eine reine ◇Farbfeldmalerei, die jedoch nicht auf meditative subjektive Bildraumerfahrung abzielt, sondern die anonyme aggressive Farbkommunikation des Großstadtlebens widerspiegeln will, wie sie uns in Leuchtschriften und Firmenlogos begegnet.

Hals, Dirck (1591–1656)
Holländischer ◇Genre- und ◇Porträtmaler, jüngerer Bruder von F. → Hals. Sein Frühwerk zeigt im fast ◇impressionistischen Pinselstrich den Einfluß des Bruders, steht aber dem Werk → Buytewechs näher. Berühmtheit erlangte er mit

seinen lebendigen Gruppenszenen (*Gesellschaft um eine Tafel,* 1626, NGL), neben die in den 1630er Jahren ruhige ◇Interieurs traten (*Frau, einen Brief öffnend,* 1631), die einen für → Vermeer und die Delfter Schule vorbildhaften Bildtyp prägten. H. war einer der frühesten Vertreter des ◇Gesellschaftsstücks.

Hals, Frans (1581/85–1666)
Holländischer Maler, in Flandern (Antwerpen?) geboren, seit etwa 1591 in Haarlem ansässig, 1600/03 Schüler von van → Mander, wurde 1610 in die Haarlemer St.-Lukas-Gilde aufgenommen; die ersten datierten Gemälde stammen aus dem Jahre 1611. H. ist einer der bedeutendsten ◇Bildnismaler der europäischen Kunst, seine außerordentlich virtuose malerische Technik befähigte ihn, den flüchtigsten Ausdruck eines Gesichtes festzuhalten und dem Dargestellten eine lebendige, frische Unmittelbarkeit zu verleihen. Berühmt sind v. a. seine Gruppenbildnisse (neun Arbeiten dieser Art 1616–64, darunter ◇Schützenstücke wie *Das Festmahl der Offiziere der St.-Georgs-Schützengilde,* 1616, Frans-Hals-Museum, Haarlem, oder die beiden späten Darstellungen der *Regenten* bzw. *Regentinnen des Altmännerhauses in Haarlem,* 1664, ebda.), in denen es ihm gelingt, eine genaue und lebendige Charakterisierung der einzelnen Personen und zugleich eine großartige Geschlossenheit der Gesamtkomposition zu erreichen. Sein Stil entwickelte sich von einer dunklen, schweren Malerei mit genauer Detailzeichnung zu einer immer freieren, skizzenhafteren Malweise von fast ◇impressionistischer Wirkung, die großen Einfluß auf → Manet hatte. Die ◇Lokalfarbe ordnete sich zunehmend dem Gesamtton des Bildes unter, der sich immer mehr auf eine Skala von Schwarz, Braun, Grau und Weiß beschränkte. Zu seinen bekanntesten Einzelporträts im Stil der ◇genreartigen Darstellung volkstümlicher Gestalten (wie sie im Kreis der ◇Caravaggisten in Rom üblich war und durch → Honthorst nach Holland gelangte; → Utrechter Schule) gehören *Der lachende Kavalier* (1624, Wallace Collection, London), *Singender Knabe mit Flöte* (1623–25, Berlin), *Der fröhliche Trinker* (um 1628–30, Rijskmuseum, Amsterdam), *Die Zigeunerin* (um 1628–30, Louvre) oder *Malle Babbe* (fälschlich als *Hille Bobbe,* um 1635, Berlin), die in besonders typischer Weise seine Kunst, den Augenblick mit aller Spontaneität zu erfassen, charakterisieren. Mit seiner ausschließlichen Beschränkung auf die Wiedergabe des holländischen bürgerlichen Lebens trug er zur Überwindung des von Italien beeinflußten ◇Romanismus bei und wurde zum Mitbegründer eines rein holländischen Stils. Zu

Frans Hals, *Die Regentinnen des Altmännerhauses in Haarlem,* 1664

seinen Schülern zählten → Brouwer, A. van → Ostade, → Molenaer und → Wouwerman.

Halsman, Philippe (* 1906)
Amerikanischer ◇Fotograf lettischer Abstammung, der zunächst als freier Fotograf für den Ullstein-Verlag in Berlin tätig war. 1928 Übersiedlung nach Paris und 1941 mit Hilfe Albert Einsteins Emigration nach New York. Seine Bildnisse und Reportagen, v. a. seine vitalen Darstellungen von Marilyn Monroe und die sog. Spring-Bilder, bei denen berühmte Persönlichkeiten aus Kunst und Politik im Sprung mit der Kamera festgehalten sind, zeichnen sich durch ihre geistvoll-witzige Eigenart aus.

Hamilton, Gavin (1723–1798)
Schottischer ◇Historienmaler und Archäologe (u. a. Ausgrabungen in Tivoli), studierte in den 1740er Jahren in Rom, wo er sich 1754 endgültig niederließ und ein bekanntes Mitglied des ◇klassizistischen Kreises um → Mengs und → Winckelmann wurde. Als Maler (Themen v. a. nach Homer) war er sowohl für die französische wie für die englische Kunst von Bedeutung.

Hamilton, Richard (* 1922)
Englischer Maler, bildete sich als technischer Zeichner aus und studierte an den Royal Academy Schools sowie 1948–51 an der Slade School of Art; 1957–61 lehrte er Interior Design am Royal College of Art. In den frühen 1950er Jahren gehörte er zur → Independent Group des Institute of Contemporary Art, deren von H. organisierte Ausstellung ›This is Tomorrow‹ 1956 in der Whitechapel Art Gallery den Beginn der ◇Pop Art ankündigte, vor allem H.s Beitrag *Just What Is It...* (1956). Wie Duchamp – mit dem er seit 1959 eng befreundet war, dessen Retrospektive 1966 in der Tate Gallery er organisierte und von dessen *Großem Glas* er 1965–66 eine Rekonstruktion anfertigte – stellt auch H. in seinen Arbeiten die bisher gültigen Maßstäbe für ›Kunst‹ und ›Realität‹ in Frage: Die Idee, nicht der Stil, bestimmt sein Werk. Jedes Mittel, jede Technik wird akzeptiert und – v. a. in der Grafik – nebeneinander verwendet. H.s Arbeiten sind Zeugnisse der modernen großstädtischen, von der Technik beherrschten Massenkultur.

Richard Hamilton, *Porträt Hugh Gaitskell,* 1964

Hammershøi, Vilhelm (1864–1916)
Dänischer Maler, führender Vertreter der Skandinavischen Schule, Schüler von → Krøyer an der Akademie Kopenhagen. H. malte reizvolle ◇biedermeierliche ◇Interieurs, ◇Landschaften und ◇Porträts mit lichtgrauen Tönen (*Nähendes Mädchen,* 1887).

Hans von Tübingen (Meister Hans, Meister der St. Lambrechter Votivtafeln)(1400/05–1462)
In Wiener Neustadt 1433 erstmals urkundlich erwähnter Maler, dem die *Votivtafel aus St. Lambrecht* (um 1425; Landesmuseum Joanneum, Graz), eine *Kreuztragung* und eine *Kreuzigung* (1450, Österreichische Galerie, Wien) zugeschrieben werden. Sein Stil verbindet burgundisch-französische Einflüsse mit einem erzählfreudigen, auf Dramatik setzenden Realismus. H. gehörte zu den Hauptvertretern des →Weichen Stils in Österreich.

Hanson, Duane (* 1925)
Amerikanischer Künstler, Vertreter einer ◇hyperrealistischen ◇Plastik, die in ihrer typenhaften Wiedergabe von alltäglichen Lebenssituationen an →Segal erinnert. H. zeigt mit seinen Menschentypen die amerikanische Gesellschaft in ihrem persönlichen, sozialen und politischen Lebensstil. Das Spektrum seiner Arbeiten reicht vom Selbstporträt bis zum Rocker, von der Putzfrau bis zur Durchschnittshausfrau (*Supermarket Lady,* 1970), vom Arbeiter bis zum Drogensüchtigen. Dabei führt die hyperrealistische Genauigkeit, mit der die Accessoires und das Ambiente der Menschentypen dargestellt werden,

zu einer beklemmenden Isolation, die das Selbstverständliche des ›Normalen‹ relativiert.

Haring, Keith (1958–1990)
Amerikanischer Maler, der an der School of Visual Arts in New York studierte. Schon früh gab H. der Zeichensprache der Alltagskommunikation den Vorzug gegenüber der Museums- und Ausstellungskunst. Erste Arbeiten bestanden aus Schlagzeilen der ›New York Post‹, die zerschnitten und in individueller Zusammensetzung als Nachrichten neu herausgegeben wurden. In den frühen 1980er Jahren bezog H. seine wegweisende Anregung von der anonymen ◇Graffiti-Kunst auf den Waggons der New Yorker U-Bahn. Er konzipierte eine subjektive Graffiti-Handschrift, die er mit leuchtstarken Farben und prägnanten Linienverläufen in Form von großformatigen ◇Tafelbildern, ◇Body Art und Wand- oder Objektübermalungen zur Darstellung brachte.

Harnett, William Michael (1848–1892)
Amerikanischer Maler irischer Herkunft, anfänglich ◇Kupferstecher, kam 1849 nach Philadelphia und studierte an verschiedenen amerikanischen Kunstschulen (1867–76). Nach Aufenthalten in Europa (1880–86, 1889), wo er in München studierte, ließ er sich in New York nieder. Seine ◇Trompe-l'œil-◇Stilleben (meist Wände oder Türen mit darauf befestigten Gegenständen), die unter dem Einfluß der niederländischen Malerei standen, wirken mit ihrer prägnanten Darstellung einer mysteriös anmutenden Wirklichkeit wie Vorläufer eines ◇Magischen Realismus (→ Peto).

Harpignies, Henri Joseph (1819–1916)
Französischer ◇Landschaftsmaler und -aquarellist, Autodidakt, der erst spät begann, Kunst zu studieren. Nach einer Italienreise stellte er im ◇Salon von 1853 *(Vue de Capri)* und in der Londoner ›New Water-Colour Society‹ aus. Seine Vorliebe für Licht- und Wettererscheinungen basierten auf seiner Beschäftigung mit den Landschaftsmalern der 1830er Jahre, v. a. → Corot.

Hartigan, Grace (* 1922)
Amerikanische Malerin des ◇Abstrakten Expressionismus, beeinflußt von de → Kooning. Ihre ersten ◇abstrakten Gemälde entstanden 1948. Nach einer Phase figurativer Arbeiten (1952–55; *Grand Street Brides,* 1954), kehrte sie zur Abstraktion zurück, ihre Kompositionen haben allerdings fast immer einen Bezug zu ihrer Umgebung.

Hartley, Marsden (1877–1943)
Amerikanischer Maler, studierte an der Chase School, der ◇Art Students' League und bereiste Europa. Er stellte mit dem → Blauen Reiter (1912), auf der ◇Armory Show (1913) und bei → Stieglitz aus. Um 1919 wandte er sich von seiner Malweise im Stil des frühen Blauen Reiters (→ Kandinsky) ab und einem figurativen, an → Cézanne und → Ryder orientierten Stil zu. Als Thema bevorzugte er die herbe, einsame Landschaft von Maine (*Abendsturm am Lake Schoodic in Maine,* 1942, Museum of Modern Art, New York).

Hartung, Hans (Heinrich Ernst) (1904–1989)
Deutsch-französischer Maler und ◇Grafiker, einer der bedeutendsten und einflußreichsten Vertreter der ◇Ecole de Paris der 1950er Jahre, ließ sich 1935 in Paris nieder. H. begann bereits sehr früh (1922), vor seinem Studium an den Akademien von Leipzig, Dresden und München (1924–28), ◇abstrakt zu malen. Ausgehend von → Kandinsky, dessen Werk er 1925 kennenlernte, von → Klee und dem deutschen ◇Expressionismus entwickelte er eine automatische grafische Bilderschrift von sich kreuzenden, verknäulten oder gebündelten Linien auf diffusen evokatorischen Farbgründen, die eine direkte Niederschrift psychomotorischer Energien darstellt. Diese ›psychischen Improvisationen‹ H.s gehören mit den ähnlichen Kunstäußerungen von → Fautrier und → Wols zum ◇Informel, der französischen Parallelbewegung zum amerikanischen ◇Abstrakten Expressionismus.

Hartung, Karl (1908–1967)
Deutscher ◇Bildhauer, studierte in Hamburg und hielt sich 1929–32 in Paris auf. Anfänglich von → Maillol beeinflußt, entwickelte er später einen ◇abstrakten, auf Elementarformen basierenden Stil, der → Brancusi und → Arp nahestand. H. gehörte zu den populärsten deutschen Bildhauern der ersten Nachkriegsjahre. Ab 1951 lehrte er an der Hochschule für Bildende Künste in Berlin.

Hasegawa Tōhaku (1539–1610)
Einer der größten Maler der Momoyama-Zeit (◇japanische Kunst), arbeitete zuerst ◇mono-

chrom und gründete dann in Konkurrenz zu → Kanō Eitoku ein Atelier für ◇polychrome Malerei. Seine bekanntesten Arbeiten sind die monochromen Stellschirme im Nationalmuseum von Tōkyō und die jetzt in Kyōto (Chishaku-Tempel) befindlichen Türen.

Hasenclever, Johann Peter (1810–1853)
Deutscher Maler und Schüler des → Nazareners Wilhelm von ◇ Schadow. 1842 stieß H. zur → Düsseldorfer Malerschule. In seinen Bildern blieb er jedoch nicht dem ◇biedermeierlichen ◇Genrebild verhaftet, sondern entwickelte unter dem Einfluß der 1848er Revolution eine sozial engagierte Darstellungsweise der Wirklichkeit. H. gehörte auch zu den Gründungsmitgliedern des Düsseldorfer → Malkastens.

Hassam, Childe (1859–1935)
Amerikanischer Maler und ◇Grafiker, arbeitete zunächst als ◇Illustrator von Zeitungen, Zeitschriften und Büchern. Nach dem Studium in Boston ging er nach Paris, wo er sich intensiv mit der Malerei des ◇Impressionismus auseinandersetzte. 1889 ließ er sich in New York nieder. Mit seinen in impressionistischer Technik gemalten ◇Landschaften, ◇Seestücken, Stadtszenerien (*Winter am Union Square,* 1889, MM), ◇Interieurs und ◇Porträts war er einer der ersten und bedeutendsten amerikanischen Vertreter dieser Stilrichtung.

Hausbuchmeister (Meister des Hausbuchs, Meister des Amsterdamer Kabinetts) (tätig 1475–1490)
Deutscher Maler, ◇Zeichner und ◇Kupferstecher des ausgehenden 15. Jh.s, dessen Tätigkeit in den Niederlanden, in Neuss (1475/76), in Heidelberg (1488) und Frankfurt a. M. (1490) nachweisbar ist. Seinen Namen erhielt der anonyme Meister nach Federzeichnungen im sog. Hausbuch (eine seit dem 17. Jh. auf Schloß Wolfegg befindliche Pergamenthandschrift unbekannter Herkunft), das u. a. Darstellungen der Sitten und Bräuche im späten Mittelalter enthält, die sich – wie auch seine bedeutenden Kupferstiche (die von Einfluß auf → Dürers Frühwerk waren und in denen er die bis zum 17. Jh. ungebräuchliche ◇Kaltnadeltechnik anwandte; 82 von 89 erhalten im Amsterdamer Kupferstichkabinett, davon 78 Unika) – durch technische Brillanz und Detailfreude auszeichnen. Von seinen Altären ist ein um 1475 entstandener *Passionsaltar* am bedeutendsten (heute u. a. Berlin und Städel). Der H. wurde auch – allerdings wenig überzeugend – mit dem Utrechter Maler und Holzschneider Erhard Reuwich (tätig um 1470/90) identifiziert, der die Holzschnittillustrationen zu Bernhard von Breidenbachs ›Pilgerfahrt ins Heilige Land‹ (Mainz 1486) herstellte.

Hausmann, Raoul (1886–1971)
Österreichischer Maler, ◇Plastiker und Dichter, führendes Mitglied des Berliner ◇Dada (1918–22); neben → Grosz, → Heartfield, → Huelsenbeck u. a. Mitbegründer des Clubs Dada (um 1920) in Berlin, einer der Unterzeichner des Berliner Dadaistischen Manifestes (1918), Herausgeber der Zeitschrift ›Der Dada‹ (1919–20). Er gilt als einer der Erfinder der ◇Fotomontage, schuf ferner ◇Collagen (*Tatlin at Home,* 1920), Plastiken sowie ›optophonetische‹ Gedichte. 1921 beteiligte er sich mit → Schwitters am Dada-Festival in Prag. 1923 stellte er jede künstlerische Tätigkeit ein und nahm sie erst 1941 in Frankreich, wohin er 1938 emigriert war, in einer Verbindung von Dada und ◇Surrealismus wieder auf.

Raoul Hausmann, *ABCD* (Collage), 1923

Hausner, Rudolf (* 1914)
Österreichischer Maler, studierte an der Wiener Kunstakademie. H., der zur sog. → Wiener Schule gehört, vertritt einen ◇phantastischen Realismus, der unter der zeitlosen mythischen Modellfigur des Adam Jedermann visionäre Lebensträume in der Distanz zur bestehenden Realität visualisiert.

Haus-Rucker-Co.
1967 gegründetes österreichisches Künstler- und Architektenteam, heute bestehend aus Laurids Ortner (* 1941), Günter Kelp (* 1941) und Manfred Ortner (* 1943). In architektonisch-avantgardistischen Kunsträumen simulieren sie Lebenssituationen der Zukunft, z. B. in luft- und wasserverseuchter Umwelt. Eine perfekte Technik wird hier zum satirisch-humorvollen Sprachorgan eines notwendigen gesellschaftspolitischen Plädoyers für den Kampf gegen die akuten Gefahren des technischen Fortschritts. In ihren neuesten Arbeiten beschäftigt sich die Gruppe mit einer provisorischen Architektur, die als eine Mischung aus Technik und Natur den ständig wechselnden Erfordernissen moderner Urbanplanung dienstbar gemacht werden kann.

Hayden, Henri (1883–1970)
Polnisch-französischer Maler, übersiedelte nach seinem Studium an der Warschauer Akademie nach Paris (1907), wo er sich während des Ersten Weltkrieges an → Picasso und → Gris anschloß und Bilder im Stil des synthetischen ◇Kubismus malte. Diese kubistische Phase gipfelte in dem Bild *Drei Musikanten* (1920, Musée National d'Art Moderne, Paris), das vor der Version Picassos entstand. In den 1940er Jahren gelangte er zu einer warmen, → Matisse nahestehenden Malerei.

Haydon, Benjamin Robert (1768–1846)
Englischer ◇Historienmaler, studierte 1805–08 an den Royal Academy Schools bei → Füßli. H.s lebenslange Bemühungen um die Historienmalerei im Stil der ◇Grand Manner blieben wenig erfolgreich. Er schuf auch ◇Porträts, ◇Genreszenen und Bilder mit religiösen Themen. Kulturhistorisch bedeutsam ist sein scharfsinnig und lebendig geschriebenes Werk ›Autobiography and Memoirs‹ (1853 veröffentlicht), eine wertvolle Chronik des zeitgenössischen Kunstbetriebs.

Hayez, Francesco (1791–1881)
Italienischer ◇Historien- und ◇Porträtmaler. Anfänglich in Rom (1809–17) von → Canova und → Ingres beeinflußt, wandte er sich später vom ◇Klassizismus ab und wurde zu einem Führer der ◇romantischen Bewegung. Zu H.' Porträts von berühmten Zeitgenossen gehören u. a. die Bildnisse von *Cavour* (1864, Pinacoteca di Brera, Mailand) und *Gioacchino Rossini* (1870, ebda.). 1850–80 wirkte er in Mailand als Lehrer an der Kunstakademie.

Hayman, Francis (1708–1776)
Englischer Maler und Buchillustrator. Gründungsmitglied der Royal Academy (1768). Bekannt wurde er v. a. mit seinen Dekorationsmalereien für den Vergnügungspark Vauxhall Gardens, London, die in den späten 1730er und frühen 1740er Jahren entstanden (nur z. T. erhalten; heute u. a. im Victoria and Albert Museum: *Tanz der Milchmädchen am Maifest).* Er schuf ◇Porträts, ◇Genrebilder, v. a. ◇Konversationsstücke und ◇Historienbilder, die seinerzeit sehr geschätzt wurden. In seinem Werk verbindet H. englische und französische Stilelemente, was v. a. bedingt war durch seine enge Zusammenarbeit mit H. F. → Gravelot, der ihm die Kunst des französischen ◇Rokoko vermittelte; beide Künstler illustrierten zusammen Bücher (u. a. Samuel Richardsons ›Pamela‹, 1742, sowie eine Shakespeare-Ausgabe, 1744–46). H. war der Lehrer von → Gainsborough.

Hayter, Stanley William (1901–1988)
Englischer ◇Grafiker und Maler, wandte sich nach einem naturwissenschaftlichen Studium der Kunst zu und ließ sich 1926 in Paris nieder, wo er sich eng an die ◇Surrealisten anschloß. 1927 gründete er sein ›Atelier 17‹, in dem er neue grafische Techniken entwickelte und lehrte. 1940–50 lebte er in New York. H. erweiterte die Druckgrafik durch Verwendung surrealistischer ◇automatistischer Techniken und Experimente mit Farben und Strukturen.

Heartfield, John (Helmut Herzfeld) (1891–1968)
Deutscher ◇Grafiker und Maler, studierte in München (1907–10) und Berlin (1912–14), gründete 1916/17 mit seinem Bruder Wieland → Herzfelde und → Grosz den Malik-Verlag und gehörte nach Kriegsende zu den führenden Vertretern des Berliner ◇Dada. H. war einer der Er-

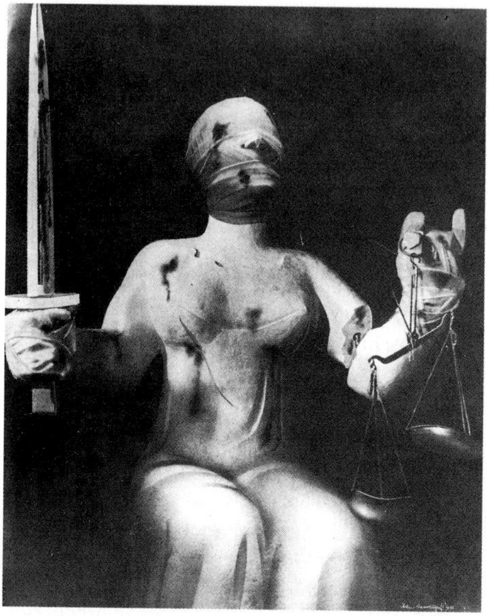

John Heartfield, *›Der Henker und die Gerechtigkeit‹* (Ausschnitt), ›Arbeiter-Illustrierte Zeitung‹ (Prag), 30. 11. 1933

finder und Hauptexponenten der ◇Fotomontage, die er in seinen provokativen, satirischen ◇Plakaten und seinen Buchillustrationen (Tucholsky, ›Deutschland, Deutschland über alles‹) verwendete. H.s gesamte künstlerische Aktivität stand im Dienste seines gesellschaftspolitischen Engagements, das sich gegen Militarismus, Kapitalismus und Faschismus richtete. 1933 emigrierte er über Prag nach England und kehrte erst 1950 nach Deutschland zurück (Leipzig, später Berlin).

Heckel, Erich (1883–1970)
Deutscher Maler und ◇Grafiker, einer der Hauptvertreter des deutschen ◇Expressionismus. Während seines Architekturstudiums in Dresden begann H. unter dem Einfluß von → Munch, van → Gogh und der ◇Fauves autodidaktisch zu malen. Mit seinen Mitstudenten → Schmidt-Rottluff und → Kirchner gründete H. 1905 die Gruppe Die → Brücke und gab das Architekturstudium auf. H.s Bilder dieser Zeit zeigen in den scharfen, spitzen Formen und expressiv gesteigerten Farben die gleiche unruhige, hektische Erregtheit wie die seiner Freunde, sind jedoch weniger aggressiv. 1911 übersiedelte H. mit den anderen Brücke-Künstlern nach Berlin, wo sein Stil unter den starken Einfluß Kirchners geriet. 1913 löste sich die Gruppe auf. H.s Malerei wurde in der Folgezeit zunehmend milder und heiterer. Während des Dritten Reiches galt H. als ›entarteter‹ Künstler. Sein grafisches Werk umfaßt neben ◇Holzschnitten (*Die Hockende,* 1914) auch ◇Radierungen und ◇Lithographien (ab 1906 gaben die Brücke-Mitglieder jährlich eine Grafik-Mappe heraus). Seit 1944 lebte er in Hemmenhofen am Bodensee, 1949–55 war er Professor an der Akademie in Karlsruhe.

Heda, Willem Claesz. (1593/94–1680)
Holländischer ◇Stillebenmaler, neben → Claesz der bedeutendste Vertreter der sog. ◇Ontbijtje-Stilleben (Frühstücksstilleben). In der Auswahl seiner Gegenstände war er allerdings etwas ›vornehmer‹ – statt Heringe und Zinngeschirr (wie Claesz) bevorzugte er Austern und Silber (*Frühstücksstilleben mit Brombeerpastete,* 1645, Dresden). Auch in der Ausführung zeigte er eine feinere Empfindung. H. war der Lehrer seines Sohnes Gerrit Willemsz. (1620–1702), ebenfalls ein Stillebenmaler, der den Stil seines Vaters nachahmte.

Heem, Jan Davidsz. de (1606–1683/84)
Holländischer ◇Stillebenmaler, der begabteste Vertreter einer großen holländisch-flämischen Künstlerfamilie (bereits sein Vater David de H. [1570–1632] war Stillebenmaler). H. war in Leiden (bis 1631), Antwerpen (ab etwa 1635) und

Erich Heckel, *Kanal in Berlin,* 1912

Utrecht (1669–72) tätig. Er malte v. a. detailliert ausgeführte, üppige Blumen- und Früchtestillleben (*Blumenstrauß in gläserner Vase, Kruzifix und Totenkopf,* um 1665, AP), die anfangs von → Claesz und → Heda, später von Daniel → Seghers beeinflußt sind, den er aber an Eleganz und Feinheit der Darstellung übertrifft. Er hatte viele Schüler und Nachahmer, zu denen auch sein Sohn Cornelis de H. (1631–1695) gehörte.

Heemskerck, Maarten (Maerten) (1498–1574)
Altniederländischer ◇manieristischer Maler, arbeitete 1527–28 bei van → Scorel, lebte 1532–36 in Rom und war seitdem in Haarlem tätig. Sein frühestes erhaltenes Werk, ein *Familienbild* (vor 1532, Staatliche Kunstsammlungen, Kassel), verrät in seiner italianisierenden Monumentalität und freien Behandlung den Einfluß Scorels. Sein Bild *Der hl. Lukas malt Maria mit ihrem Kind* (1532, Frans-Hals-Museum, Haarlem) beweist, daß H. bereits vor seinem Romaufenthalt die Prinzipien des Manierismus genau kannte. In Rom machte H. zahlreiche exakte Skizzen von Monumenten der Antike und der ◇Renaissance, die für deren damaligen Zustand höchst aufschlußreich sind (heute überwiegend in Berlin, Kupferstichkabinett), und setzte sich mit der zeitgenössischen Kunst auseinander, wobei er mehr von Malern wie → Pontormo oder → Giulio Romano als von Klassikern wie → Michelangelo beeinflußt wurde. Sein *Selbstporträt* (1553, Fitzwilliam Museum, Cambridge) zeichnet sich durch die geschickte Anwendung manieristischer Asymmetrie und ungleicher Größenverhältnisse aus.

Heerich, Erwin (* 1922)
Deutscher ◇Bildhauer, studierte an der Düsseldorfer Akademie (1945–54). Er wurde bekannt durch seine seit Ende der 1950er Jahre entstandenen Kartonplastiken (nach mathematischen Prinzipien exakt aus Karton gefaltete stereometrische Konstruktionen).

Hegenbarth, Josef (1884–1962)
Deutscher Maler und ◇Illustrator, studierte 1908–15 an der Kunstakademie in Dresden, wurde 1919 Mitglied der Dresdener ◇Sezession. In der gleichen Zeit war er auch Illustrator der Zeitschriften ›Jugend‹ und ›Simplizissimus‹. H.s besondere Vorliebe galt der Buchillustration, v. a. der Interpretation von Märchen, Sagen und Epen, wobei sich die illustrative Bindung an die Textvorlage mit einer sehr individuellen, freien Gestaltungskraft paarte (Illustrationen u. a. zu Grimmelshausen, Brüder Grimm, G. A. Bürger, Goethe, Flaubert, Balzac, Cervantes, Swift, Dickens, Gogol und Puschkin). In den vorwiegend als Feder- und Tuschzeichnungen (◇Zeichnung) angelegten Blättern wird der Linie starker Vorrang gegeben, die prägnant und mitunter zur Groteske gesteigert, Mimik und Bewegung der illustrierten Gestalten beschreibt.

Heidelbach, Karl (* 1923)
Deutscher Maler, geprägt durch seine Bekanntschaft mit → Dix (1945) und die ◇Neue Sachlichkeit. Das Leiden kreatürlicher Existenz wird in H.s Bildern zur Grundthematik einer ◇realistischen Figuration, die sich auf alltägliche Situationen beschränkt, um diese beklemmende Aussage zu treffen. Der sozialkritische Anspruch bedient sich nicht plakativer Direktheit, sondern offenbart sich in der Hintergründigkeit einer magischen Starre und in einem subjektiv gesetzten Helldunkelkontrast.

Heiliger, Bernhard (* 1915)
Deutscher ◇Bildhauer. Anfänglich von seinen Lehrern → Maillol und → Despiau beeinflußt, geriet er später unter den Einfluß H. → Moores. Mit seinen halb ◇abstrakten, halb organischen Konstruktionen aus Bronze oder Aluminium, die oft Themen wie Flug oder Geschwindigkeit behandeln, war H. in den 1950er Jahren einer der erfolgreichsten Bildhauer der deutschen Szene, der in Zusammenarbeit mit Architekten viele öffentliche Aufträge ausführte. 1949–84 war er Professor an der Hochschule für Bildende Künste in Berlin.

Heine, Thomas Theodor (1867–1948)
Deutscher ◇Zeichner, ◇Karikaturist und Maler, studierte 1883–87 an der Düsseldorfer Akademie und ging 1889 nach München, wo er sich als ◇Gebrauchsgrafiker dem ◇Jugendstil anschloß und durch seine ◇Illustrationen, Buchumschläge und Plakate (*Die elf Scharfrichter,* 1903) dessen deutsche Variante profilierte. 1896 gründete H. mit Albert Langen und Ludwig Thoma die illustrierte Wochenzeitschrift ›Simplizissimus‹, für die er selbst zahlreiche zeitsatirische Karikaturen lieferte. 1933 emigrierte H. nach Norwegen, 1942 nach Schweden, setzte aber seine Arbeit mit Anti-Hitler-Zeichnungen fort. Den differenzierten Stil seiner grafischen Blätter verdankt H.

einer bestechenden Linienführung, zu der er durch → Beardsley und den japanischen ◇Farbholzschnitt angeregt wurde.

Heisig, Bernhard (* 1925)
Deutscher Maler und ◇Grafiker, besuchte 1941–42 die Kunstgewerbeschule in Breslau. Nach Kriegsdienst und Gefangenschaft 1946–47 Mitarbeit als Grafiker in einer polnischen Künstlergenossenschaft. 1948 Besuch der Kunstgewerbeschule, 1949–51 Studium an der Akademie für grafische Künste in Leipzig. 1954–68 und ab 1976 Lehrtätigkeit und Professur an der Hochschule für Grafik und Buchkunst Leipzig. H.s ◇realistische Malweise ist inhaltlich von Porträtstudien (*Bildnis Vaclav Neumann,* 1973) und historisch argumentierenden Themen (häufig auch Sujets der Arbeiterbewegung, wie *Pariser Commune,* 1960–65, und der preußischen Geschichte) bestimmt. Stilistisch orientiert sich H. – v. a. in der Koloristik – an → Corinth, → Beckmann und → Kokoschka. Bis 1989 gehörte H. zu den bekanntesten Vertretern realistischer Malerei aus der ehemaligen DDR.

Heizer, Michael (* 1944)
Amerikanischer Künstler, studierte 1963–64 am Art Institute in San Francisco und ging 1966 nach New York. Ursprünglich Maler, wandte er sich 1966 der ◇Skulptur, v. a. im Sinne der ◇Land Art, zu. Typisch für H. sind Arbeiten mit der Erdoberfläche, Eingriffe (Erd- und Felsbewegungen, Aushebungen, Einschnitte, ab 1968) in unberührte Landschaften wie etwa die Wüsten von Nevada und Kalifornien: z. B. *Double Negative* (zwei Felseinschnitte in kurzem Abstand hintereinander, 1969) und *Displaced – Replaced Mass* (drei in rechteckig ausgehobene Vertiefungen gesetzte Felsblöcke, 1969). Da es sich – wie bei anderen Arbeiten der Land Art auch – oft um Objekte handelt, die den verändernden Einflüssen der Natur ausgesetzt sind, existieren sie heute vielfach nur noch in Form von Dokumentation durch Fotos oder Film. Mitte der 1970er Jahre entstanden locker mit grauer Farbe bestrichene Bilder in Form von Rechtecken mit ausgesparten Partien am Rand, so daß ein treppenförmiger Effekt entsteht.

Held, Al (* 1928)
Amerikanischer Maler, studierte an der ◇Art Students' League und in Paris bei → Zadkine (1949/52). Von einem politisch engagierten sozialen Realismus gelangte H. unter den Einflüssen von → Pollock und → Mondrian, die er zu vereinen suchte, zu einer großformatigen, farbig kühnen ◇Hard-edge-Malerei, die sich anfänglich aus Schriftzeichen, dann aus geometrischen Formen zusammensetzte (*Weiße Göttin,* 1964).

Heldt, Werner (1904–1954)
Deutscher Maler, der an der Kunstgewerbeschule in Berlin und 1924–30 an der Berliner Akademie studierte. Unter dem Einfluß der Malerei → Utrillos fand H. in den 1930er Jahren in menschenleeren Straßenbildern sein adäquates Thema. 1933 emigrierte H. nach Mallorca; dort traf er u. a. mit Werner → Gilles zusammen. 1945 Rückkehr nach Berlin, wo er die zerstörte Stadt in menschenleeren Panoramen festhielt, wobei die Topographie der Stadt mit seiner persönlichen Vereinsamung verschmilzt.

Hélion, Jean (1904–1987)
Französischer Maler, studierte anfänglich Architektur und Technik. Durch → Torres-Garcia wurde er mit dem ◇Kubismus und durch → Mondrian mit de ◇Stijl bekannt. Beide Einflüsse suchte er in seiner Malerei zu verbinden, bis er van → Doesburg begegnete und sich der ◇Art concret anschloß (1930). H., Mitglied von → Abstraction-Création, schuf kraftvolle ◇abstrakte Bilder mit plastisch modellierten, maschinenhaften Formen, die sich rhythmisch auf einem Tiefenraum suggerierenden Grund anordnen. H. lebte 1936 bis 1946 in den USA und gelangte später zu einer figurativen, dem ◇Surrealismus nahestehenden Malerei.

Helst, Bartholomeus van der (1613–1670)
Holländischer ◇Bildnismaler, der in Amsterdam tätig war. H. malte neben Familien- und Einzelporträts (*Patrizierpaar,* 1661, Staatliche Kunsthalle, Karlsruhe) auch ◇Schützen- und ◇Regentenstücke (*Das Gastmahl im St.-Georgs-Schützenhaus zur Feier des Friedensschlusses in Münster,* 1648, Rijksmuseum, Amsterdam), die sich durch eine höchst wirklichkeitsgetreue Darstellung, v. a. in der Wiedergabe kostbarer Gewänder, auszeichnen. Um 1642 löste er → Rembrandt als Maler der reichen, auf Repräsentation bedachten Amsterdamer Gesellschaft ab. Sein verbindlicher ◇barocker Stil war sehr populär und einflußreich, so gaben z. B. die Rembrandtschüler F. → Bol und G. → Flinck die Malweise ihres Lehrers zu H.s Gunsten auf.

Henner, Jean-Jacques (1829–1905)
Französischer ◇Salonmaler, lebte nach seinem Studium (u. a. in Paris) als ◇Porträtmaler im Elsaß und verbrachte sieben Jahre in Rom. H.s bevorzugtes Thema für seine erfolgreichen Bilder war die weibliche Figur (◇Akte von Nymphen und Najaden) in einer Ideallandschaft (◇Landschaftsmalerei).

Henri, Florence (1893–1982)
Französische Malerin und Fotografin. Nach einer pianistischen Ausbildung (F. Busoni) wandte sie sich der Malerei zu, studierte u. a. in Berlin (ab 1918) sowie am ◇Bauhaus (Vorkurs 1927) und ließ sich 1929 in Paris nieder, wo sie sich 1930 der Gruppe ›Cercle et Carré‹ und 1932 → Abstraction-Création anschloß. In ihrer Malerei stand sie dem ◇Purismus nahe; sie widmete sich aber überwiegend der ◇Fotografie und wurde durch ◇konstruktivistisch beeinflußte ◇Porträts und ◇Stilleben bekannt, deren ungewöhnliche Effekte sie oft durch Verwendung von Spiegeln erzielte.

Henri, Robert (Robert Henry Cozad) (1865–1929)
Amerikanischer Maler, studierte an der Pennsylvania Academy of Fine Arts und in Paris (1889–91). H. war der geistige Anführer der → Ash Can School sowie der Gruppe The → Eight und beteiligte sich 1913 an der ◇Armory Show. Seine besondere Bedeutung für die Entwicklung der amerikanischen Kunst in Richtung auf einen ungeschminkten, die soziale Wirklichkeit Amerikas direkt ins Auge fassenden ◇Realismus erlangte er als Lehrer (u. a. von G. → Bellows, S. → Davis, W. → Glackens, E. → Hopper). Einige seiner Essays und Unterrichtsnotizen erschienen 1923 unter dem Titel ›The Art Spirit‹.

Hepworth, Barbara (1903–1975)
Englische ◇Bildhauerin, studierte an der Leeds Art School bei → Moore (1920) und am Royal College of Art (1921), hielt sich danach in Italien auf (bis 1926). Hauptsächlich von → Brancusi (den sie während eines Frankreichaufenthaltes 1932 kennenlernte) und Moore beeinflußt, schuf sie →abstrakte Holz- und Steinskulpturen mit glatter Oberfläche, die sich auf einige wenige elementare Grundformen beschränkten (1933–34). Größeren Formenreichtum erreichte sie in ihrem späteren Werk, in dem sie mit Farben sowie formalen Aushöhlungen und Durchbrechungen (oft mit Drahtverspannungen) arbeitete. Seit 1958 entstanden auch Bronzegüsse nach Gipsplastiken. 1959 erhielt sie auf der Biennale in São Paulo den Großen Preis für Bildhauerei. 1965 wurde sie als ›Dame of the British Empire‹ in den Adelsstand erhoben. B.H. entwarf auch Bühnenbilder und Kostüme. Von 1932 bis 1951 war sie mit dem Maler Ben → Nicholson verheiratet.

Barbara Hepworth, *Zwei Figuren,* 1954–55

Herbin, Auguste (1882–1960)
Französischer Maler, ließ sich 1901/02 in Paris nieder, wo er sich nach einer ◇impressionistisch beeinflußten Phase ab etwa 1910 dem ◇Kubismus zuwandte. Nach 1926 widmete er sich rein ◇abstrakten, ◇konstruktivistischen Arbeiten (1931–37 mit → Vantongerloo Herausgeber des Almanachs der Gruppe → Abstraction-Création). Nach 1938 führte ihn die Auseinandersetzung mit dem Werk → Giottos, Fra → Angelicos und → Piero della Francescas zu einer ◇konkreten Malerei von flächiger Farbigkeit und einfachen geometrischen Formen; um 1940 entwikkelte er sein ›malerisches Alphabet‹, ein Kompositionssystem, das auf der Struktur der Buch-

staben beruhte (*Rose,* 1947; *Minuit,* 1953). Das ›Alphabet‹ sowie seine Farbtheorien, die er z. T. von → Goethes Farbenlehre ableitete, legte er in seiner Schrift ›L'art non-figuratif non-objectif‹ (1949) dar.

Hering, Loy (um 1484/85 – um 1554)
Deutscher ◇Bildhauer, einer der Hauptmeister der deutschen Frührenaissance, Schüler von H. Beierlein in Augsburg, wo er bis 1513 tätig war. H. machte vermutlich eine Italienreise, bevor er sich in Eichstätt niederließ (ab 1513). Hier entstanden die meisten Werke (hauptsächlich in Solnhofener Schiefer). H.s frühe ◇Skulpturen weisen in ihrer Monumentalität auf den Einfluß der italienischen ◇Renaissance hin, die späteren kleinformatigen Werke sind zwar renaissancehaft in ihrer formalen Konzeption, verraten jedoch im Inhaltlichen den Einfluß von → Baldung gen. Grien und → Dürer.

Herkomer, Sir Hubert von (1849–1914)
Englischer Maler und ◇Grafiker deutscher Herkunft, lebte seit 1857 in England. H. war als Illustrator für ›The Graphic‹ (ab 1869) und andere Zeitschriften tätig. Seine ◇realistischen ◇Illustrationen und Bilder befassen sich mit sozialkritischen Themen der Zeit (*Im Streik,* 1891). Um H., dessen Aktivität sich auf alle Bereiche der Kunst erstreckte (er war u. a. auch Bühnenbildner und Opernkomponist), bildete sich in Bushey (Hertfordshire) eine Künstlerkolonie. Unter seinen Gemälden befinden sich ◇Porträts von Richard Wagner (1877) und → Ruskin.

Herlin (Herlein), Friedrich (um 1430–1500)
Deutscher Maler, hauptsächlich in Nördlingen tätig (erstmals 1459 urkundlich nachgewiesen). Sein für St. Georg in Nördlingen geschaffener ◇Hochaltar *(Georgsaltar;* 1462–65, Altarflügel heute Städtisches Museum, Nördlingen) zeigt den starken Einfluß van der → Weydens. Seine allgemein von der altniederländischen Kunst geprägte Malerei ist durch eine gewisse Unbeholfenheit in der räumlichen Beschreibung und im psychologischen Ausdruck gekennzeichnet und erhält dadurch etwas Naives.

Hermanns, Ernst (* 1924)
Deutscher ◇Bildhauer, der an der Kunstgewerbeschule Aachen und an der Düsseldorfer Kunstakademie studierte. 1948 Mitgründer der Künstlergruppe → ›junger westen‹. 1976 Professur für Bildhauerei an der Kunstakademie Düsseldorf. H.s ◇Skulpturen definieren Bewegungs- und Standpositionen im Raum, ein Gestaltungsprinzip, das über frühe informelle Bronzearbeiten (in Anlehnung an → Giacometti) bis zu den geometrischen und stereometrischen Edelstahlskulpturen der 1970er und 1980er Jahre beibehalten wird.

Herold, Georg (* 1947)
Deutscher Künstler, studierte 1969–73 in Halle, 1974–76 an der Münchner Kunstakademie und 1977–82 an der Hochschule für bildende Künste in Hamburg. 1977 Präsentation der ersten ›Latten‹-Skulptur, in der H.s Grundprinzip seiner künstlerischen Arbeit, die ironisch-sarkastische Attacke auf den ›guten Geschmack‹, bereits zum Ausdruck kam. Danach entstanden, neben ◇Zeichnungen und ◇Fotografien, weitere Arbeiten mit Latten, Müllfundstücken, Unterhosen und Ziegelsteinen, die durch komische Betitelung oder verbale Notate provokanten Charakters die konventionelle Vorstellung von Kunst subversiv unterlaufen.

Heron, Patrick (* 1920)
Englischer Maler, studierte an der Slade School of Art (1937–39). Ab 1958 arbeitete er regelmäßig in Cornwall, wo er zum Kreis der → St.-Ives-Künstler gehörte. Er schuf v. a. Gemälde, in denen er halb ◇abstrakte Formen und kräftige – vorherrschend rote – Farben benutzte, die an die späten ◇Papiers collés von → Matisse erinnern (*Manganese in Deep Violet,* 1967). 1955 veröffentlichte er eine Ausgabe seiner kunstkritischen Schriften unter dem Titel ›The Changing Forms of Art‹.

Herrera, Francisco d. Ä. (1576?–1656)
Spanischer Maler, Vater des Malers und Baumeisters Francisco → Herrera d. J. H. war etwa 1610–40 in Sevilla tätig, wo er zum Haupt der Sevillaner Malerschule wurde (u. a. Dekorationen für den bischöflichen Palast), anschließend wirkte er in Madrid. Er war ein technisch brillanter Maler von heftigem Temperament; seine religiösen Bilder und volkstümlichen ◇Genreszenen mit ihrer flüssigen Pinselschrift, dem kraftvoll expressiven Ausdruck und dem starken ◇Chiaroscuro (*Der hl. Basilius diktiert seine Lehre,* 1639, Louvre) waren von Einfluß u. a. auf seinen Schüler → Velázquez. Seine Zeitgenossen bewunderten v. a. seine ◇Küchenstücke.

Herrera, Francisco d. J. (1622–1685)
Spanischer Maler und Baumeister, Sohn des Francisco → Herrera d. Ä. Seit 1672 Hofmaler in Madrid, malte er v. a. ◇Porträts und religiöse Sujets, bei deren Ausführung er zeitgenössische italienische Malstile nachahmte, die er während eines Romaufenthaltes kennengelernt hatte. Zu seinen Bauwerken gehört die Wallfahrtskirche Nuestra Señora del Pilar in Saragossa (1681 begonnen, von V. Rodríguez Tizón 1753 vollendet).

Herri met de Bles siehe → **Bles,** Herri met de

Herzfeld, Helmut siehe → **Heartfield,** John

Herzfelde, Wieland (W. Herzfeld) (1896–1988)
Publizist und Schriftsteller, Bruder von John → Heartfield, gründete 1917 den Malik-Verlag, in dem u. a. Zeitschriften der kriegsgegnerischen Künstler und der Berliner ◇Dada-Gruppe erschienen. 1933 Emigration nach Prag (wo er seine agitatorische-verlegerische Tätigkeit gegen den Nationalsozialismus fortsetzte), 1939 in die USA. 1949 Rückkehr in die ehemalige DDR, wo H. in Leipzig einen Lehrstuhl für Literatursoziologie erhielt.

Hesdin, Jacquemart de (nachweisbar 1384–1410)
Französischer ◇Miniaturist, führender Künstler der franko-flämischen ◇Buchmalerei, Hofmaler des Jean de France, Herzog von Berry. Sein Anteil an den im herzoglichen Inventar aufgeführten ◇Stundenbüchern ist nur schwer von dem anderer Künstler abzugrenzen, die einzigen definitiv mit ihm in Zusammenhang gebrachten Arbeiten sind die *Très belles heures de Jean de Berry* (vor 1402 vollendet) und die *Grandes heures du Duc de Berry* (1409 vollendet). Die kostbaren ganzseitigen Miniaturen mit ihren blauen Hintergründen und ihren ◇tafelbildartigen Umrahmungen mit Rankenwerk und ◇Grotesken sind von einer erstaunlich realistischen Erfassung der Landschaft und des Tiefenraums und erklären H.s Bedeutung innerhalb der franko-flämischen Kunst um 1400, die den Weg für den flämischen ◇Realismus des 15. Jh.s bereitete. Sein reifer Stil wirkte unmittelbar auf die Brüder von → Limburg, die seine Nachfolger am herzoglichen Hof von Bourges wurden.

Jacquemart de Hesdin, ›*Der Herzog und die Heiligen Andreas und Johannes d. T.*‹, aus den *Très Belles Heures de Jean de Berry,* vor 1402

Hesse, Eva (1936–1970)
Amerikanische ◇Bildhauerin deutscher Abstammung, die 1939 nach New York emigrierte. Studium 1953 an der ◇Art Students' League, 1954–57 an der Cooper Union in New York sowie als Meisterschülerin von Josef → Albers 1957–59 an der Yale University in New Haven. Nach frühen gestisch-linearen ◇Zeichnungen (ab 1961) und ◇Reliefs aus weichen plastischen Stoffen entwickelte sie ab 1965 eine sehr persönliche Form der ◇Plastik, in der ihr eine Verbindung des prozessualen ◇Automatismus von → Wols und → Pollock mit dem technoiden Konstruktivismus von Albers gelang. Mit Textilien, Gummi, Kunstharzen und Fiberglas formte sie eine spannungsintensive Objektsprache, die harte und weiche, technoide und biomorphe, organische und technologische Aspekte homogen miteinander verbindet. H. gilt als bedeutende Wegbereiterin der ◇Materialkunst, speziell der Anti-Form-Richtung (siehe Abb. S. 236).

Heyden (Heyde), Jan van der (1637–1712)
Holländischer Maler. Neben ◇Stilleben und Landschaften schuf er v. a. Stadtansichten, besonders von Amsterdam. Seine minuziös ausgeführten Stadtbilder sind die ersten eines Amsterdamer Malers; sie können jedoch nicht als

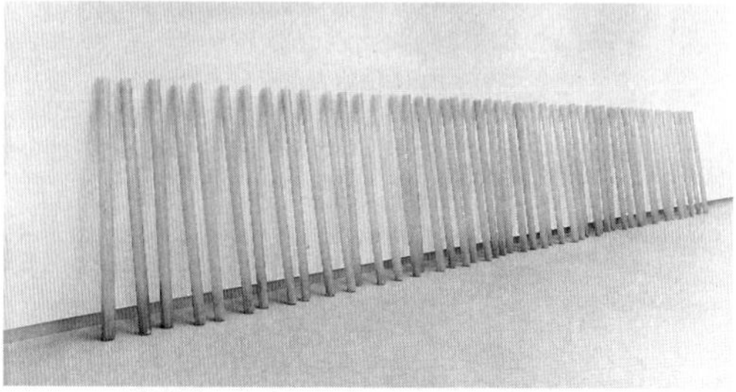

Eva Hesse, *Accretion (Wachstum),* 1968

◇topographisch exakt gelten. H. betätigte sich auch als Wissenschaftler und versah die Publikationen über seine Erfindungen mit eigenen ◇Illustrationen.

Hicks, Edward (1780–1849)
Bekanntester amerikanischer Laienmaler des 19. Jh.s, von Beruf Wagen- und Hausmaler, wanderte zeitweise als Quäkerprediger durch Amerika. In seiner Freizeit malte er mit Vorliebe Bilder mit dem Thema *Das Reich des Friedens,* in denen – in Anlehnung an die Prophezeiungen Jesajas (11,6) – Löwe und Lamm friedlich nebeneinander weiden (über 100 Fassungen). Die mit präzisem handwerklichen Können und liebevoller Detailschilderung gemalten Bilder sind von starker naiver (◇Naive Malerei) Ausdruckskraft und zeugen von der tiefen Gläubigkeit des Quäkers.

Hien, Albert (* 1956)
Deutscher ◇Objektkünstler, der 1976–81 an der Hochschule für bildende Künste in München studierte. 1980–82 Serie von Objekten unter dem Titel ›Flugversuche und Umkehrungen‹, mit der H. seine Wunschträume des Fliegenkönnens in Fluggeräte umsetzte, die jedoch das Scheitern der Flugversuche implizierten. Seit 1983 Blechskulpturen mit ◇Symbolen des kritisch gesehenen technischen Fortschritts; bekannt wurde v. a. die auf der documenta 8 gezeigte ›Wurstmaschine‹ *Der Garten der Lüste, Die eherne Schlange,* 1987, die in ironisch-phantastischer Weise die märchenhaften Schilderungen des Schlaraffenlandes in eine absurde Maschine überführt.

Higgins, Dick (Richard Carter) (* 1938)
Amerikanischer ◇Fluxus- und ◇Happening-Künstler, kam 1939 in die USA. H. studierte Musik und war ab Ende der 1950er Jahre an vielen Fluxus-Veranstaltungen beteiligt. 1964 distanzierte er sich von der Bewegung, gründete aber im gleichen Jahr die ›Something Else Press‹ in New York, die zahlreiche Publikationen aus dem Umfeld von Happening und Fluxus herausbrachte. Seine künstlerische Arbeit konzentrierte sich zunehmend auf ◇Intermedia-Aktivitäten, v. a. eine Verbindung von Theater, konkreter Poesie, ◇bildender Kunst und Literatur. 1960 heiratete er Alison → Knowles.

Highmore, Joseph (1692–1780)
Englischer ◇Porträt- und ◇Genremaler. Berühmt wurde er mit seinen zwölf ◇Illustrationen zu S. Richardsons ›Pamela‹ (1744), die an → Hogarth' *Marriage-à-la-mode*-Serie erinnern. Seinen Arbeiten fehlten jedoch die Ironie und der Witz Hogarth'; sie lassen eine größere Gekünsteltheit in der Ausführung erkennen, die den Einfluß der zeitgenössischen französischen Kunst sichtbar macht.

Hildebrand, Adolf von (1847–1921)
Deutscher ◇Bildhauer, studierte in Nürnberg (1862–66) und München. Er verbrachte insgesamt mehr als 20 Jahre seines Lebens in Italien (erste Reise 1867–69), wo er die → Deutschrömer, v. a. von → Marées und später → Fiedler, kennenlernte, dessen ästhetische Theorien er in seinem Buch ›Das Problem der Form in der bildenden Kunst‹ (1893) auf die ◇Skulptur übertrug (Fiedler wiederum hatte seine Ideen in engem Kontakt mit Marées und H. entwickelt). Im Gegensatz zu der von → Begas geprägten ◇neobarocken Bildhauerschule oder dem von → Rodin vertretenen plastischen ◇Impressionismus bemühte sich H. in seinen Porträtbüsten, Ganzfiguren, ◇Reliefs (*C. Fiedler,* 1896), Denkmalplastiken und Brunnenanlagen um einfache plastische Volumen, klare Überschaubarkeit und Ausgewogenheit der Form und um Erhebung des Individuellen zum Allgemeinen im Sinne der klassischen Antike und der italienischen Frührenaissance. Zu seinen besten öffentlichen Denkmalen gehören der *Wittelsbacher Brunnen* (1890–95) und der *Hubertusbrunnen* (1907 vollendet) in München.

Hill, David Octavius (1802–1870)
Schottischer Maler und Fotograf, studierte in Edinburgh. In den 1830er Jahren schuf er ◇Illu-

strationen zu Büchern von Scott und Burns. Seit 1843 verwendete er ◇Fotografien als Vorlagen für seine ◇Porträts. Gemeinsam mit Robert Adamson (1821–1848) arbeitete er mit dem frühesten fotografischen Negativ-Positiv-Verfahren auf Papier, der ◇Kalotypie; die beiden machten etwa 1500 Porträtaufnahmen von hoher Qualität, auf die sich ihr heutiger Ruf gründet. In den 1850er Jahren wurden ihre Arbeiten sogar mit → Rembrandts ◇Radierungen verglichen.

Hilliard, Nicholas (um 1547–1619)
Englischer ◇Miniaturenmaler und ◇Siegelschneider, ◇Porträtmaler, zunächst für Königin Elisabeth I. tätig, später für König Jakob I. H. ist der erste namhafte englische Maler, dessen Leben und Werk verläßlich dokumentiert sind. Seine außerordentlich zart und fein gezeichneten Miniaturen umfassen nicht nur offizielle Bildnisse (*Königin Elisabeth I.,* 1572, National Portrait Gallery, London), sondern auch kleine intime Szenen mit dem Charakter von Erinnerungsstücken (daher auch oft Liebessymbole). Stilistisch stehen sie in der Nachfolge → Holbeins d. J., lassen aber ebenso Einflüsse der zeitgenössischen französischen höfischen Kunst erkennen (1577/78 war H. eine Zeit am Hofe des Herzogs von Alençon tätig).

Nicholas Hilliard, *Junger Mann zwischen Rosen* (Bildnisminiatur), um 1590

Hine, Lewis Wickes (1874–1940)
Amerikanischer Fotograf, der zunächst als Lehrer tätig war, bevor er sich ohne feste Aufträge der ◇Fotografie widmete. Seine Aufnahmen aus den Baumwollfabriken der amerikanischen Südstaaten zeigen neben einer gekonnten Motivwahl ein hohes soziales Engagement. 1908 veröffentlichte die Zeitschrift ›Charity and the Commons‹ seine Fotos aus den Elendsvierteln von New York und der Bergarbeiterstadt Pittsburgh. Im Auftrag des amerikanischen Bundesausschusses für Kinderarbeit machte H. auch Fotos zum Thema Kindesausbeutung, die zur Verabschiedung eines Kinderarbeitsschutzgesetzes beitrugen.

Hiroshige siehe → **Ando** Hiroshige

Hirschfeld-Mack, Ludwig (1893–1965)
Deutscher ◇kinetischer Künstler, der 1922 eine experimentelle Klasse am ◇Bauhaus leitete. In der gemeinsamen Arbeit mit Josef Hartwig und → Schwerdtfeger entstanden dort die *Reflektorischen Lichtspiele,* die die Lichtstrahlen einer ◇Farborgel nach der Partitur der *Lichtsonate* rhythmisch projizierten.

Hirtz, Hans (Meister der Karlsruher Passion) († nach 1463)
Deutscher Maler, neben → Witz bedeutender Vertreter der oberrheinischen Malerei der Spätgotik, 1421–63 in Straßburg nachweisbar. Sein Hauptwerk (nach dem er früher auch benannt wurde) ist ein um 1440 entstandener *Passionsaltar,* von dem fünf Tafeln in der Staatlichen Kunsthalle in Karlsruhe sowie eine weitere *(Gefangennahme Christi)* im WRM aufbewahrt werden (siehe Abb. S. 238).

Hishikawa Moronobu (1618[1625?]–1694)
Japanischer Maler und Holzschnittmeister, einer der ersten großen, richtungweisenden Vertreter des ◇Ukiyo-e, von dem es heißt, er habe die Schule konsolidiert. H. war ein fruchtbarer Buchillustrator (◇Illustration), malte ◇Genredarstellungen und etablierte v. a. mit seinen großen Einblattdrucken den ◇Holzschnitt als autonome Kunstgattung in Japan. Bezeichnend für H. sind die kräftigen Umrißlinien seiner kühn angeordneten Figurengruppen.

Hitda-Evangeliar (1000/20)
Prachthandschrift der spätottonischen ◇Buchmalerei, benannt nach der Äbtissin Hitda von Meschede (heute Hessische Landes- und Hochschulbibliothek, Darmstadt). Sie enthält Evan-

Hans Hirtz (Meister der Karlsruher Passion), *Gefangennahme Christi* (von einem *Passionsaltar),* um 1440

gelistendarstellungen und Szenen aus dem Leben Christi. Ihr Stil entspricht einer malerischen Darstellungsweise (Wiedergabe der landschaftlichen Umgebung), die ihr Vorbild in der ◇karolingischen Palastschule und der Schule von Saint-Denis hat.

Hobbema, Meindert Lubbertsz. (1638–1709)
Holländischer ◇Landschaftsmaler, dessen Stil auf dem seines Freundes und Lehrers J. van → Ruisdael basierte, wenn seinen stillen Szenen auch die dramatischen Qualitäten der Werke Ruisdaels fehlen. Seine Gemälde zeichnen sich aus durch große Frische und Klarheit, wobei jedes Detail der Gesamtwirkung untergeordnet wird. Typisch für H.s Arbeiten sind lebendige Farbkontraste, etwa zwischen dem Rot eines Ziegeldachs und den Graugrüntönen von Blattwerk. Zu seinen bevorzugten Sujets gehörten v. a. Wassermühlen und von Baumgruppen umrahmte Weiher. Eines seiner berühmtesten Gemälde ist die *Allee von Middelharnis* (1689, NGL). H.s Werke waren von großem Einfluß auf die englische Landschaftsmalerei des 18. und 19. Jh.s.

Höch, Hannah (1889–1978)
Deutsche Malerin und ◇Grafikerin, kam 1912 nach Berlin, wo sie an der Staatlichen Lehranstalt des Kunstgewerbemuseums studierte. Sie war mit → Hausmann sowie später mit → Schwitters befreundet und nahm an der Berliner ◇Dada-Bewegung teil (ab 1918). Ihre Experimente mit ◇Fotomontage und ◇Collage setzte sie bis in ihre späte Schaffenszeit fort, wobei die Aussagen weniger politisch als skurril und persönlich waren.

Höckelmann, Antonius (* 1937)
Deutscher Zeichner und ◇Bildhauer, studierte nach einer Holzbildhauerlehre (1951–55) bei K. → Hartung an der Hochschule für Bildende Künste in Berlin (1957–61). H., mit → Baselitz befreundet, entwickelte in den 1960er Jahren seinen charakteristischen Stil: großformatige ◇Zeichnungen mit schwungvoll hingeworfenen, dramatisch-bewegten, spannungsgeladenen Formen und farbige, amorph in den Raum wuchernde Objekte.

Hockney, David (* 1937)
Englischer Maler und ◇Grafiker, der mehr als jeder andere englische Maler seiner Generation seit den frühen 1960er Jahren großen internationalen Erfolg genießt. Studierte in Bradford (1953–57) und am Royal College of Art in London (1959–62), beeinflußt von → Kitaj. Bereits während seiner Studienzeit am R.C.A. zeichnete er sich als Grafiker aus mit einer großen Serie von 16 ◇Radierungen, *The Rake's Progress* (1961–63), in denen er → Hogarth' Erzählkunst aus dessen gleichnamiger Bildserie (um 1733) mit den eigenen Erfahrungen seines ersten New-York-Besuches verband. 1961 war er auf der Ausstellung ›Young Contemporaries‹ vertreten; seine Malerei trug dazu bei, die englische ◇Pop Art auf dieser Schau durchzusetzen. Während seiner in Kalifornien verbrachten Jahre (1963–67) schuf er Gemälde mit kalifornischen Motiven (*A Bigger Splash,* 1967). In dieser Zeit verstärkte sich seine Neigung zu einem trockenen Realismus, der allerdings in seiner flächigen Gliederung, der unwirklich hellen Farbskala und der kühlen, künstlichen Acryloberfläche etwas Unwirkliches und ◇Surreales hat. 1968–71 führ-

David Hockney, *Henry Geldzahler und Christopher Scott,* 1969

te er eine Reihe von Doppelbildnissen aus (*Mr. and Mrs. Clark and Percy,* 1970–71, Tate Gallery, London). H.s zeichnerisches Œuvre ist beachtlich: ein Buch ›Travels with Pen, Pencil and Ink‹ wurde 1978 veröffentlicht. Außerdem arbeitete er auch häufig für das Theater; so schuf er u. a. Bühnenbilder für Alfred Jarrys ›Ubu Roi‹ (1966) und Mozarts ›Zauberflöte‹ (1978). H. ist ein scharfer Beobachter, auch wenn er aus der Vorstellung oder nach fotografischen Vorlagen arbeitet. Auch seine – ursprünglich von → Dubuffet beeinflußten – Radierungen sind äußerst charakteristisch für seinen Stil. Seit 1980 experimentiert er mit dem ◇Kubismus nahestehenden ◇Fotomontagen.

Hodges, William (1744–1797)
Englischer Maler und ◇Kupferstecher, von R. → Wilson beeinflußt. H. nahm als offizieller Maler bei der zweiten Erdumseglung 1772–75 von James Cook teil, von der er eine Reihe bemerkenswerter exotischer Landschaften (Südpazifik) mitbrachte, und hielt sich 1780–84 in Indien auf.

Hodgkin, Howard (* 1932)
Englischer Maler. Abseits der Hauptströmungen in der Kunst der 1960er und 1970er Jahre entwickelte er in seinen Arbeiten eine individuelle, einfache Formensprache. Sujets seiner sorgfältig komponierten Bilder sind v. a. alltägliche Begegnungen mit Freunden. Seine Malerei ist zwischen ◇figurativer und ◇abstrakter Kunst anzusiedeln; sie steht einerseits in der Tradition von → Matisse, ist aber auch beeinflußt von der indischen Malerei, auf deren Gebiet er als Experte gelten kann. Charakteristisch für seine relativ kleinformatigen Werke sind eine intensive, leuchtende Farbgebung sowie starke Plastizität.

Hödicke, K. H. (Karl Horst) (* 1938)
Deutscher Maler, studierte u. a. bis 1959 an der Hochschule für Bildende Künste in Berlin. 1963 war H. an den Ausstellungen und ◇Aktionen des ◇Kapitalistischen Realismus beteiligt, der sich kritisch-ironisch mit den Geschmackskonventionen der Industriegesellschaft auseinandersetzte. Seit 1974 Professor an der Hochschule für Bildende Künste in Berlin, wo er mit seinen ◇neoexpressionistischen Figurenbildern anregend auf die Berliner → Neuen Wilden, u. a. → Fetting, → Salomé und → Barfuss/Wachweger, wirkte. H. schuf auch ◇Zeichnungen, Objekte sowie bemalte ◇Skulpturen und drehte Experimentalfilme.

Hodler, Ferdinand (1853–1918)
Schweizer Maler, studierte in Genf, wo er auch überwiegend tätig war. Seine frühen Arbeiten, v. a. ◇Porträts, verraten seine Bewunderung für → Holbein. Leben und Kunst H.s erfuhren infolge einer Art religiöser Krise (1880) eine völlige Wandlung, in den 1890er Jahren gehörte er zu den vielen Schweizer Künstlern, die mit den → Rosenkreuzern in Paris ausstellten. Den stilistischen Durchbruch von einer ◇realistischen Bildauffassung zu einer flächenhaften, ◇symbolistischen Malerei von intensivem Ausdrucksgehalt vollzog H. mit seinem berühmten Bild *Die Nacht* (1889–90). Es ist das erste Bild, in dem er seine Theorie vom ›Parallelismus‹ verwirklichte (Steigerung des ◇allegorischen Bildgehaltes durch symmetrische Wiederholungen ähnlicher Formen). Neuer Ausdrucksträger wurde auch die betonte, rhythmisch schwingende Umrißlinie, die ihn in die Nähe des ◇Jugendstils rückte (*Der Tag,* 1900, Kunstmuseum, Bern; *Frühling,* 1901, Museum Folkwang, Essen). In seinen monumentalen ◇Wandmalereien versuchte H., das ◇Historienbild neu zu beleben (*Auszug der Jenenser Studenten in den Freiheitskrieg 1813,* 1908–09, Universität Jena). Neben seinen großen allegorischen Darstellungen mit den oft expressiv übersteigerten Gebärden und Haltungen ihrer Figuren schuf H. auch zahlreiche ausdrucksstarke Schweizer Landschaften sowie Porträts und über 30 Selbstporträts.

Hoehme, Gerhard (1920–1989)
Deutscher Maler, studierte 1948–49 an der

Kunsthochschule Burg Giebichenstein in Halle und 1952–53 an der Kunstakademie Düsseldorf. Mitglied der Gruppe ›53‹. 1960 Stipendiat in der Deutschen Akademie Villa Massimo, Rom, und Professur an der Düsseldorfer Kunstakademie. Anfangs von lebhaften ◇tachistischen Formen bestimmt, entwickelte H. später eine Bilderschrift mit ◇monochromen bzw. ◇seriellen Strukturen, die sich mit ◇Assemblageelementen (Schnüre, Seile, Schläuche) verbindet. Aus diesen ◇Combine Paintings entstanden in den 1960er Jahren mit Nylonfäden bespannte farbige Plexiglaskästen. Zu seinen Hauptwerken gehören *L'Etna – Mythos und Wirklichkeit,* 1980–84, ein Zyklus großformatiger Gemälde, und die dreiteilige Assemblage *in einander über – oder Ausstieg und Ende der Hoffnung,* 1984–85.

Hoelzel, Adolf (1853–1934)
Deutscher Maler und Kunsthistoriker, studierte in Wien und München. Er war ab 1888 das Haupt der Künstlergemeinschaft ›Neu-Dachau‹ (→ Dachauer Malerschule) und für kurze Zeit Lehrer → Noldes. 1906–18 war er Professor an der Akademie in Stuttgart. H. malte anfänglich in einem ◇impressionistischen Stil und gelangte über einen dekorativ vereinfachten ◇symbolistischen Naturlyrismus in seinen Dachauer Landschaften zu ◇abstrakt-◇ornamentalen Schwarz-Weiß-Figurationen, in denen er sich mit der Form als Ausdrucksträger innerer Erlebnisse auseinandersetzt. Von hier kam er zu flächigen abstrakten Farbuntersuchungen mit sich durchdringenden Kreisen und Spiralen. Sein theoretisches Interesse machte ihn zu einem bedeutenden Lehrer, verschiedene seiner Schüler (→ Itten, → Schlemmer) gingen später als Lehrer ans ◇Bauhaus.

Hoerle, Heinrich (1895–1936)
Deutscher Maler, vertritt mit Franz W. → Seiwert die strenge Kölner Richtung der ◇Neuen Sachlichkeit. In seinen schablonenartigen Figurenbildern wird die Gestalt des Menschen als ◇konstruktivistisches Kompositionselement verwendet.

Hoetger, Bernhard (1874–1949)
Deutscher ◇Bildhauer und Architekt, der nach einer Steinmetz- und Holzschnitzerlehre an der Düsseldorfer Akademie studierte und 1911 an die → Darmstädter Künstlerkolonie berufen wurde. 1913–33 lebte H. in Worpswede, 1933 emigrierte er in die Schweiz, kehrte aber 1939 nach Berlin zurück. Während sein skulpturales Frühwerk zunächst → Rodin und dann → Maillol verpflichtet ist, stehen seine rundplastischen Figuren aus der Zeit nach 1910 unter dem Einfluß von ◇Jugendstil und ◇Expressionismus. Bekannt sind v. a. seine pazifistisch orientierten Denkmale für die Gefallenen des Ersten Weltkrieges (Waller Friedhof, Bremen, 1920–22, 1933 zerstört). 1926–33 leitete B. u. a. den Ausbau der Bremer Böttcherstraße (Paula-Modersohn-Becker-Haus) im Auftrag des Fabrikanten L. Roselius.

Hoeydonck, (Adolf) Paul von (* 1925)
Belgischer Maler und ◇Plastiker, der in den 1950er Jahren ◇monochrome ◇kinetische Bilder und Plexiglasreliefs schuf. Unter dem Einfluß des ◇Nouveau Réalisme und der ◇Pop Art entstanden später ◇figurative ◇Assemblagen, wobei kopflose, mit Tüchern drapierte Puppentorsi auf weiß gestrichene Holzreliefs montiert sind und phantastische Assoziationen an Raumfahrtmenschen und Roboter hervorrufen.

Hofer, Karl (1878–1955)
Deutscher Maler, studierte an den Akademien in Karlsruhe (u. a. bei → Thoma) und Stuttgart. Vor dem Ersten Weltkrieg lebte er in Rom (1903–08) und in Paris (1908–13), seitdem in Berlin, wo er sich der ›Neuen Künstlervereinigung‹ anschloß und 1919–36 an der Akademie lehrte. Während des Dritten Reiches als ›entarteter‹ Künstler verfemt, wurde er 1945 zum Direktor der Hochschule für Bildende Künste in Berlin ernannt. H.s Werk, v. a. Figurenbilder, nahm seinen Ausgang bei → Marées' klassisch-idealer Bildwelt, zu der sich bald der Einfluß → Cézannes gesellte. Unter dem Eindruck des Kriegserlebnisses näherte H. sich der ◇Neuen Sachlichkeit an. Charakteristisch für seinen Stil sind *Die schwarzen Zimmer* (1928, verbrannt, Neufassung 1943) sowie zahlreiche Darstellungen von Mädchengestalten – in ihrer spröden trockenen Malerei Ausdruck dunkler Hoffnungslosigkeit.

Hoflehner, Rudolf, (* 1916)
Österreichischer ◇Bildhauer, studierte zunächst Maschinenbau in Linz, dann Architektur in Graz (1936–38) und an der Wiener Akademie (1938–40); 1951–54 war er im Atelier → Wotrubas tätig, 1962 wurde er Professor an der Stuttgarter Akademie. Die kraftvoll-expressive Struk-

tur seiner abstrahierenden Eisen- und Stahlblöcke zeigt deutlich den Einfluß seines Lehrers.

Hofmann, Hans (1880–1966)
Amerikanischer Maler deutscher Herkunft, der in München und Paris studierte (1904–14) und mit → Matisse, → Delaunay, → Braque und → Picasso befreundet war. Nach seiner Rückkehr nach München eröffnete er 1915 eine Schule für moderne Kunst. 1930–31 hielt er Sommerkurse an der University of California in Berkeley ab, 1932 ließ er sich endgültig in den USA nieder. Er unterrichtete an der ◇Art Students' League in New York, eröffnete 1933 seine erste eigene Schule und 1934 die H. H. School of Fine Arts in New York. Mit seinen Arbeiten wie auch als Lehrer (bis 1958) und Vermittler der modernen europäischen Kunst übte H. großen Einfluß aus auf die jungen ◇abstrakten Maler der New York School. Er selbst schuf bis in die frühen 1940er Jahre gegenständliche Bilder; in seinen späten Schaffensjahren entwickelte er noch eine persönliche Spielart des ◇Abstrakten Expressionismus mit Rechtecken als charakteristischer Grundform (*Exuberance,* 1955).

Hofmann, Ludwig von (1861–1945)
Deutscher Maler, ◇Grafiker und Entwerfer von ◇Kunstgewerbe, studierte u. a. 1883–86 an der Dresdner Akademie. Entscheidende Anregungen empfing er 1889 in Paris von → Puvis de Chavannes und 1892 in München durch die Werke H. von → Marées'. Seine Arbeiten (v. a. ◇Wandbilder, ◇Holzschnitte und Buchillustrationen) sind darüber hinaus auch vom ◇Jugendstil geprägt.

Hogarth, William (1697–1764)
Englischer Maler, ◇Kupferstecher und ◇Karikaturist, der in seinem Werk beißende Kritik am Leben seiner Zeit übte. Nach einer Lehre bei einem Silberschmied und Graveur studierte H. später an der Vanderbank's Academy und danach bei Sir James Thornhill in London, dessen Tochter er 1729 heiratete. Die von Thornhill 1734 geerbte Kunstschule (St. Martin's Lane Academy) entwickelte sich unter H.' Führung zu einer der bedeutendsten ◇Akademien in England vor Gründung der Royal Academy. Einen Namen als Maler machte H. sich erstmals mit seinen ab 1729 entstandenen kleinen Gruppenbildnissen und ◇Konversationsstücken (*Gesellschaft im Wanstead House,* 1729–31), v. a. mit einer *Szene aus J. Gays ›Beggar's Opera‹* (1729; mehrere Fassungen, heute u. a. Tate Gallery, London). Ab 1731 entstanden seine berühmten ›moral pictures‹ (moralisierende Bildfolgen) *The Harlot's Progress (Das Leben einer Dirne)* (1755 verbrannt, 1732 Kupferstichfolge), *The Rake's Progress (Das Leben eines Wüstlings)* (um 1733; 1735 gestochen), *Marriage à la mode* (1742–44, NGL) und *Die Wahlen* (1754–55, Stiche 1755–58 veröffentlicht), die v. a. durch seine Kupferstiche weite Verbreitung fanden und durch die er zum Wegbereiter der modernen Karikatur wurde. Als glühender Patriot strebte er die Gründung einer nationalen Schule für Karikaturmalerei an, die sich – als Alternative zur beliebten italienischen ◇Historienmalerei – mit zeitgemäßen Themen (dem Leben in der Großstadt, den sozialen und politischen Zuständen) beschäftigen sollte. Weniger Erfolg hatte er mit seinen Historienbildern (*Der Teich Bethesda,* 1735; *Der barmherzige Samariter,* 1735; *Sigismunda,* 1759). Eindrucksvolle Beispiele seiner subtilen ◇Porträtkunst sind sei-

William Hogarth, ›*Im Ankleidezimmer der Gräfin*‹ (Ausschnitt), aus der Serie *Marriage à la mode,* 1742–44

ne Bildnisse *Die Graham-Kinder* (1742), *Hogarth', Dienerschaft* (1750–55), eine meisterhafte Studie gegensätzlicher Charaktere, das Selbstporträt *Der Maler und sein Mops* (1745; alle Tate Gallery, London) sowie das kraftvolle, lebenssprühende, skizzenhaft ausgeführte *The Shrimp Girl (Das Krabbenmädchen)* (Entwurf, um 1745, NGL). 1753 erschien seine kunsttheoretische Abhandlung ›The Analysis of Beauty‹, 1757 wurde er zum Hofmaler ernannt.

Hohenberg, Martin siehe → **Altomonte,** Martin

Hokusai siehe → **Katsushika** Hokusai

Holbein, Hans d. Ä. (um 1460/65–1524)
Deutscher Maler und Zeichner, Vater von → Holbein d. J. Eine frühe Reise in die Niederlande und die Begegnung mit dem Werk van der → Weydens prägten seinen Kompositionsstil. Das erste gesicherte Werk ist der in Zusammenarbeit mit Michel Erhart geschaffene Altar für Weingarten (1493, heute im Augsburger Dom). 1494–1515 war H. in Augsburg ansässig, wo er eine große Werkstatt unterhielt, arbeitete dazwischen jedoch auch in Ulm (1499) und Frankfurt a. M. (◇Hochaltar für die Dominikanerkirche, 1500–01). Anschließend war er in Isenheim und in der Gegend von Basel und Luzern tätig. Trotz der Anregungen durch die altniederländische Kunst und die italienische ◇Renaissance steht H.s Werk in der Tradition der deutschen Spätgotik. Sein ruhiger, knapper Stil bildet einen Gegensatz zu → Dürers kalligraphisch-zeichnerischer Darstellung. Von besonderer Bedeutung ist H.s ◇Porträtkunst – v. a. seine mit sparsamsten Mitteln charakterisierenden ◇Zeichnungen –, die sein Sohn später zu höchster Vollendung führen sollte.

Holbein, Hans d. J. (1497/98–1543)
Letzter großer deutscher ◇Renaissancemaler nach → Dürer und → Grünewald. Bereits in seinem Frühwerk lassen sich zwei verschiedene stilistische Ausdrucksweisen erkennen: auf der einen Seite eine dramatische Behandlung des Lichtes und der ◇Komposition bei der Darstellung religiöser Szenen (*Der tote Christus im Grabe,* um 1521–22, Kunstmuseum, Basel) und auf

Hans Holbein d. J.,
Die Gesandten, 1533

der anderen ein ruhiger, abgeklärter ◇Porträtstil, dem es in erster Linie um eine objektive Schilderung der jeweiligen Physiognomie und weniger um eine psychologische Interpretation geht (Doppelbildnis *Der Basler Bürger Jakob Meyer zum Hasen und seine Frau Dorothea Kannengießer,* 1516, ebda.). H.s künstlerische Laufbahn begann in Basel, wohin er nach einer Lehrzeit bei seinem Vater zusammen mit seinem Bruder Ambrosius ging (1514/15). 1517–19 hielt er sich in Italien auf, was sich in den Werken der frühen 1520er Jahre (*Das Abendmahl,* 1520/25, Kunstmuseum, Basel) sowie in den (heute zerstörten) ◇Wandmalereien an Baseler Häusern mit ihren der Renaissance und Antike entlehnten dekorativen Motiven widerspiegelt. 1524 ging er nach Frankreich, wo er sich vermutlich die Technik der ◇Kreidezeichnung aneignete, 1526 in die Niederlande und weiter nach England, wo als Hauptwerk das Gruppenbild *Sir Thomas More und seine Familie* entstand. Dieses reine Familienporträt ohne jeden religiösen oder anekdotischen Anstrich wurde – selbst von → Mantegnas ◇Fresken in Mantua beeinflußt – Vorläufer der niederländischen Gruppenbildnisse des 17. Jh.s. 1528 kehrte H. nach Basel zurück. Aufgrund der durch die Reformation erzeugten Feindseligkeit gegen Kunst und Künstler und der deshalb nachlassenden Aufträge ließ er seine Familie zurück und übersiedelte 1532 nach England. Zwei frühe Werke dieser letzten Schaffensperiode sind die bekannten Bildnisse *Der Kaufmann Georg Gisze* (1532, Berlin) und *Die Gesandten* (1533, NGL), beide ganz ◇manieristisch im Reichtum von Farbe, ◇Textur und Symbolik. Als Hofmaler von Heinrich VIII. (seit 1536) reichte sein künstlerischer Aufgabenbereich von der dekorativen Gestaltung von Festzügen bis zu Schmuckentwürfen. Neben den in Farbe und Stofflichkeit üppigen Bildern dieser Zeit, die kaum Wert auf psychologische Durchdringung legen, entstand nur ein einziges Bild, das Porträt der *Christine von Dänemark* (1538, NGL), das in seiner heiteren Gelassenheit und Würde aus der Reihe der prahlerischen Prunkbildnisse herausragt.

Hollar, Wenzel (Václav) (1607–1677)
Böhmischer ◇Kupferstecher und ◇Zeichner (in Prag geboren), der bei → Merian in Frankfurt a. M. lernte (1627–29). Die Begegnung mit dem englischen Grafen Arundel führte zu H.s Übersiedlung 1637 nach London, wo sein großes, etwa 4000 Blätter umfassendes Radierwerk überwiegend entstand: Neben mythologischen und religiösen Szenen sowie ◇Reproduktionen von Kunstwerken (u. a. von → Dürer, → Holbein d. J. und → Leonardo) v. a. Landschaften und Städteansichten, die wegen ihrer dokumentarischen Treue von größtem ◇topographischen Interesse sind. Auch seine Arbeiten über Kostüme, ›Ornatus Muliebris Anglicanus‹ (1640) und ›Theatrum Mulierum‹ (1643), sind von beachtlicher kulturhistorischer Bedeutung.

Hollein, Hans (* 1934)
Österreichischer Architekt, Planer und ◇Designer, der an der Akademie der bildenden Künste in Wien, am Institute of Technology in Chicago und an der University of California in Berkeley studierte. 1967 wurde er Professor an der Düsseldorfer Kunstakademie, 1976 Leiter des Instituts für Design an der Hochschule für angewandte Kunst in Wien. Als Architekt plante er u. a. Teile des Olympischen Dorfes in München (1972), das Museum Abteiberg in Mönchengladbach und das Museum für Moderne Kunst in Frankfurt/M. (1991). Seine konstruktionshaften ◇Zeichnungen und utopischen Geräte besitzen eine magische Symbolik, die – ähnlich wie bei → Pichler – Bedrohung, Todesnähe und anonymen psychischen Zwang ausstrahlt.

Holweck, Oskar (* 1924)
Deutscher Künstler. Seine ◇reliefhaften Arbeiten mit geschlitztem und eingerissenem weißen Papier in seriellen Formationen stehen unter dem Einfluß von → Zero und → Fontana.

Holzer, Jenny (* 1950)
Amerikanische ◇Installationskünstlerin, die 1968–70 an der Duke University, Ohio, 1970 an der University of Chicago, 1971 an der Ohio University und 1975–77 an der Rhode Island School of Design, Providence, studierte. Die Künstlerin schreibt seit 1968 Texte und Essays. 1977 erste anonyme Plakataktionen im öffentlichen Raum mit sog. *Truisms,* Binsenwahrheiten und Äußerungen des »gesunden Menschenverstandes«. Hinzu kamen lapidare Texte auf Handzetteln, Schildern und Tafeln. 1982 ließ J. H. ihre Botschaften über die berühmte elektronische Anzeigentafel am New Yorker Times Square laufen. Danach wurden ihre Sprachinstallationen inhaltlich komplexer und beschrifteten auch Sarkophage, Bänke, Marmortafeln und Fußbo-

denflächen, wobei das Ziel der Künstlerin darin besteht, die verbalen Botschaften der Reklameschrift und der Medien subversiv zu unterwandern. Im amerikanischen Pavillon der Biennale Venedig 1990 kombinierte sie ihre verschiedenen Sprachmedien zu einer visuell-verbalen Gesamtinszenierung.

Winslow Homer, *Gloucester Farm* (Ausschnitt), 1874

Homer, Winslow (1836–1910)
Amerikanischer Maler und ◇Illustrator. Nach einer Ausbildung als ◇Lithograph in Boston siedelte er 1859 nach New York über, wo er kurze Zeit an der National Academy of Design studierte. Während seiner New Yorker Zeit arbeitete er u. a. als Zeichner für die Zeitschrift ›Harper's Weekly‹, in deren Auftrag er auch als Illustrator am Bürgerkrieg teilnahm. In dieser Schaffensphase wandte er sich der Malerei zu (*Gefangene von der Front,* 1866). 1866–67 besuchte er Frankreich, wo er die Malerei der → Barbizon-Schule kennenlernte, und später England (1881–82), anschließend ließ er sich in Maine nieder. Dort verlagerte sich sein Interesse von der menschlichen Figur und ◇Genreszenen mehr auf landschaftliche Elemente, v. a. auf ◇Marinebilder (*Das Rettungstau,* 1884). Von bedeutendem Einfluß auf die amerikanische Malerei waren auch seine ◇Aquarelle (*Nach dem Tornado,* 1899). H. war neben → Eakins einer der Hauptvertreter der amerikanischen ◇realistischen Malerei im 19. Jh.

Hon'ami Kōetsu (1558–1637)
Berühmter japanischer ◇Kalligraph, von Beruf Schwert-Taxator. In der Tradition der → Tosa- und → Kanō-Schule entwickelte er den spezifischen dekorativen Stil der Tokugawa-Zeit. Gelegentlich arbeitete er auch mit → Nonomura Sōtatsu zusammen, dessen Arbeiten er beeinflußte.

Hondecoeter, Melchior d' (1636–1695)
Holländischer Maler und ◇Kupferstecher, der bei seinem Vater Gijsbert Gillisz. d'H. (1604–1653), einem Tiermaler, und einem Onkel, Jan Baptist Weenix, lernte. Er spezialisierte sich auf ◇Stilleben und die Darstellung von Geflügel (Enten, Hühner, Fasane) vor dem Hintergrund von Geflügelhöfen oder Landschaften, aber auch auf Jagdstilleben (◇Jagdstück), wobei er v. a. das Federkleid naturgetreu wiedergab (*Vögel im Park,* 1686, Eremitage).

Hone, Nathaniel (1718–1784)
Englischer Maler irischer Herkunft, der v. a. mit seinen Email- und Aquarellminiaturen bekannt wurde. Er zählte zu den Gründungsmitgliedern der Royal Academy (1768). 1750–52 hielt er sich zu Studienzwecken in Italien auf, wo er J. → Reynolds begegnete; beide Maler sollten lebenslange Rivalen werden. Nach seiner Rückkehr nach England schuf er eine Reihe von ◇Ölbildnissen (*Sir John Fielding,* 1762; *John Wesley,* 1766). Sein 1775 auf der Ausstellung der Royal Academy gezeigtes Gemälde *Der Zauberkünstler,* mit dem H. Reynolds angriff, löste einen Skandal in der zeitgenössischen Kunstwelt aus.

Honegger, Gottfried (* 1917)
Schweizer Maler und ◇Grafiker, entwickelte seine bildnerische Konzeption 1958–60 während eines New-York-Aufenthaltes: schräggeschnittene, ◇monochrom weiße, übereinandergeschichtete Kartonformen, wobei an den Kantenlinien der ◇Collagen subtile Schattenwirkungen entstehen.

Hongren (Jiang Tao) (1610–1663/64)
Chinesischer Maler der Qing-Dynastie (1644–1911/12) aus Xiexian (Prov. Anhui), wurde nach dem Sturz der Ming-Dynastie (1644) Mönch. Seine Bilder beschränken sich auf das Allernotwendigste: ◇Konturen und wenige formgebende Striche mit sehr blasser, nur durch wenige Farbtupfer gehöhter ◇Lavierung (Landschaften des Huang Shan mit aufragenden Klippen, entlaubten Bäumen und knorrigen Kiefern).

Honoré, Maître (spätes 13. – frühes 14. Jh.)
Pariser Handschriftenmaler, durch Urkunden aus der Zeit Philipps des Schönen (1285–1314) bezeugt. Man schreibt seiner Hand die Gestaltung des ›Breviers Philipps des Schönen‹ zu (Biblio. Nat., Paris, Lat. 1023). Diese u. a. ihm zugeschriebenen ◇Handschriften weisen ihn als ◇Illuminator von großem Geschmack und hohem Können aus. Gold- und Gittergründe sind für ihn ebenso charakteristisch wie eine italienisch anmutende Behandlung der Gewandfalten.

Honthorst, Gerard (Gerrit) Hermansz. van (in Italien Gherardo delle Notti genannt) (1590–1656)
Holländischer ◇Historien- und ◇Porträtmaler, Schüler von A. → Bloemaert, malte während seines Italienaufenthaltes 1610/12–20 (u. a. Rom) unter dem Einfluß → Caravaggios effektvolle, durch Fackel- oder Kerzenschein beleuchtete ◇Nachtstücke (*Anbetung der Hirten,* 1622, WRM; *Christus vor Kaiphas,* NGL). Nach seiner Rückkehr nach Utrecht wurde seine Malerei heller im Ton und dekorativer. 1628 besuchte er London und arbeitete in Hampton Court (Darstellung des englischen Königspaares als *Apoll und Diana,* 1628, Windsor Castle), seit 1637 lebte er in Den Haag und schuf hauptsächlich konventionelle ◇Porträts. H.s Bedeutung liegt in seiner Position als Vermittler zwischen dem Caravaggismus und der niederländischen Malerei.

Hooch (Hoogh[e]), Pieter de (1629 – nach 1683)
Holländischer Maler, der bedeutendste holländische ◇Interieurmaler neben → Vermeer. H. war Schüler von N. → Berchem in Haarlem. Nach kurzem Wirken in Den Haag (um 1653) zog H. nach Delft, wo er 1655 Mitglied der Malergilde wurde und unter den Einfluß von Carel → Fabritius sowie von Vermeer geriet, den er jedoch auch angeregt zu haben scheint. Typisch für seine Bilder sind klare räumliche Gliederung der nahezu leeren Räume mit ihren schachbrettartigen, die Tiefenwirkung verstärkenden Fliesen, Durchblicke in andere Räume und durch Fenster und Türen hereinströmendes Tageslicht (*Mutter an der Wiege,* Berlin; *Interieur,* um 1658, NGL). Die strenge räumliche Ordnung wird nur von wenigen Personen, Möbeln oder Gegenständen aufgelockert. Die Delfter Periode war die künstlerisch fruchtbarste Zeit im Schaffen H.s, der seit 1667 in Amsterdam tätig war.

Hoogstraten, Samuel Dircksz. van (1627–1678)
Holländischer Maler und ◇Radierer, der v. a. ◇Porträts, ◇Genrebilder, religiöse Szenen sowie Architekturmotive schuf, war in den 1640er Jahren Schüler → Rembrandts. Bekannt wurde H. durch ◇illusionistische Arbeiten in ◇Trompe-l'œil-Technik (Perspektivkasten mit dem Inneren eines holländischen Hauses, etwa 1654/62, NGL). Eine wichtige Quelle für die zeitgenössische Kunst ist die von ihm verfaßte ›Inleyding tot de hooge Schoole der Schilderkonst‹ (1678).

Hopper, Edward (1882–1967)
Amerikanischer Maler, ◇Grafiker und ◇Illustrator, Schüler von → Henri, Kenneth → Miller und → Chase. Zwischen 1906 und 1910 besuchte er mehrmals Paris, 1913 war er an der ◇Armory Show beteiligt. Unter Henris Einfluß gab er seinen frühen ◇impressionistischen Stil zugunsten eines stärkeren ◇Realismus auf. Seine Malerei, die oft mit der ◇American Scene in Verbindung gebracht wird, steht jedoch mehr in der amerikanischen realistischen Tradition (→ Copley). Sei-

Pieter de Hooch, *Der Hinterhof,* 1658

Edward Hopper, *Sonntagmorgen,* 1930

ne wie ausgestorben wirkenden Bilder der amerikanischen Großstadt und Provinz mit ihren wenigen statistenhaften Figuren, in denen ein unwirklich scharfes Licht mit langen Schatten die Formen im Raum klar definiert, vermitteln eine Stimmung der Verlassenheit, unbewegten Stille und menschlichen Isolierung.

Hoppner, John (1758–1810)
Englischer ◇Porträtmaler deutscher Abstammung, stilistisch abhängig von → Reynolds, → Romney und → Lawrence, dessen größter Rivale H. war. Seit 1793 Hofporträtist des Prinzen von Wales (der spätere Georg IV.), erfreute er sich in aristokratischen Kreisen außerordentlicher Beliebtheit.

Horn, Rebecca (* 1944)
Deutsche Künstlerin, studierte an der Hochschule für bildende Künste in Hamburg. 1968 begann sie mit ersten ◇Aktionen unter Benutzung ihres Körpers. Bekannt wurde sie ab 1972 mit Videotapes nach ◇Performances, bei denen sie in choreographischen Ritualen die Identität menschlicher Existenz mit naturhaften und mythologischen Vorgängen demonstriert. Dabei erweitert sie den Körper durch Materialien wie z. B. Federn (oder Bänder und Masken), um sie als Fühler oder Flügel zu benutzen. In den 1980er Jahren Konstruktion von Raum-◇Installationen, in denen eine mythologisch-poetische Aura durch das Miteinander organischer und technoider Materialien entsteht.

Horst, Horst P. (* 1906)
Amerikanischer Fotograf deutscher Herkunft, der zunächst in Hamburg Architektur studierte. Seit Mitte der 1930er Jahre in den USA lebend, wurde H. einer der bedeutendsten Modefotografen seiner Zeit. Seine ◇Fotografien besitzen eine individuelle Bildsprache, die aus der spezifischen Inszenierung des Modemodells resultiert. H. war eine Zeitlang Assistent im Atelier von → Hoyningen-Huene. Bekannt wurde H. auch durch seine Frauenporträts, u. a. von Gertrude Stein und Barbara Hutton.

Hosemann, Theodor Friedrich Wilhelm Heinrich (1807–1875)
Deutscher Maler und ◇Zeichner, lernte 1819 in einer lithographischen Anstalt in Düsseldorf (nebenbei Besuch der Akademie unter → Cornelius) und übersiedelte 1828 nach Berlin. Neben humorvollen ◇Genreszenen aus dem Berliner ◇Biedermeier schuf er v. a. Buchillustrationen (u. a. zu Musäus' ›Volksmärchen‹ und einer Ausgabe von E. T. A. Hoffmanns sämtlichen Schriften, 1844).

Hosios Lukas (Hosios Loukas, Osios Lukas, Hossios Lukas, Hossios Loukas)
Byzantinisches Kloster am Helikon-Südhang südwestlich von Levadia. Das Katholikon (die Hauptkirche) entstand um 1030 über dem Stiftergrab des Klostergründers, des seligen (hosios) Lukas von Stiris († um 951). Erhalten sind ◇Fresken in der ◇Krypta und der Mosaik-

schmuck des Katholikons (mit Ausnahme der 1593 bei einem Einsturz zerstörten Kuppelmosaiken). Ihr Programm umfaßt u. a.: Christus als Weltenrichter, Szenen aus dem Leben Jesu und Mariä, Apostel und Heilige (nach dem liturgischen Festkalender geordnet, wobei auffällig viele Einsiedler und griechische Lokalheilige sowie Kaiserin Helena und Kaiser Konstantin als Repräsentanten der byzantinischen Reichsidee vertreten sind). Der schlichte, strenge Stil dieser Darstellungen steht den ◇Mosaiken im Kloster Nea Moni auf Chios (Kirche und Mosaikschmuck aus dem 11. Jh.) näher als der ›klassischen‹ Ausgewogenheit der Darstellungen in der Klosterkirche (um 1080) Daphni bei Athen und läßt sich eher mit dem Stil der Sophienkathedrale in Kiew vergleichen.

Hoskins, John (1595–1664)
Englischer ◇Miniaturenmaler. Sein Frühstil steht in der Nachfolge → Hilliards. Berühmt wurde er mit seinen Miniaturen nach Bildnissen van → Dycks; er genoß hohes Ansehen am Hofe Karls I. H. war der Onkel und Lehrer von A. → Cooper.

Hosoda Eishi (1756–1829)
Japanischer Maler aus einer Samurai-Familie. Ausgebildet in der Schule des Hofmalers Kanō Eisen, ging er, durch die langgestreckten Frauengestalten → Torii Kiyonagas inspiriert, zum ◇Ukiyo-e-Stil über. Außerdem stand er während seiner gesamten Laufbahn unter dem Einfluß → Kitagawa Utamaros. 1800 veröffentlichte er das meist als sein Hauptwerk betrachtete Porträtalbum *Sechsunddreißig Dichterinnen.*

Houbraken, Arnold (1660–1719)
Holländischer Maler und Kunsthistoriograph, der durch sein Lexikon ›Groote Schouwburgh der Nederlantsche Konstschilders en Schilderessen‹ (3 Bde., 1718–21) größte Bedeutung erlangte. Wie van → Manders ›Schilderboek‹ für das 16. Jh. bildet es die wichtigste Quelle über holländische und flämische Maler des 17. Jh.s. H.s Sohn Jakobus (1698–1780) war ein Bildnisstecher.

Houckgeest, Gerard (Gerrit) (um 1600–1661)
Holländischer Maler, der mit Vorliebe Kircheninterieurs (Oude und Nieuwe Kerk in Delft, bisweilen als Hintergrund für biblische Szenen wie im *Urteil Salomons*) und Phantasiearchitekturen malte. Seine Bilder (v. a. nach 1638) zeichnen sich durch eine helle Palette und eindrucksvolle Wiedergabe der Raumtiefe und des Sonnenlichts aus.

Houdon, Jean-Antoine (1741–1828)
Französischer ◇Bildhauer, Schüler von J.-B. → Pigalle und J.-B. → Lemoyne, gewann 1761 den Rompreis. Während seines Romaufenthaltes (1764–68) beeinflußt von J. J. → Winckelmann und dessen Kreis (Marmorskulptur des hl. Bruno, 1767, S. Maria degli Angeli). Zurückgekehrt nach Paris, wurde er aufgrund seines *Morpheus* (1771, Louvre) Mitglied der Académie Royale. Der Stil seiner ◇Statuen und Bildnisbüsten war ein durch naturnahe, frische Beobachtung belebter ◇Klassizismus. H.s berühmteste Arbeiten sind seine Porträtbüsten (u. a. von Diderot, Rousseau, die Sitzstatue Voltaires [1779–81, Comédie Française, Paris] sowie die Statue George Washingtons [1788 datiert, 1790 vollendet, Virginia State Capitol, Richmond]). H. war auch am russischen Hof tätig (*Büste Katharinas II.,* 1773, Akademie der Künste, St. Petersburg).

Hoyland, John (* 1934)
Englischer Maler. Studierte am Sheffield College of Art (1951–56) und an den Royal Academy Schools (1956–60). Unter dem Eindruck der 1956 in der Londoner Tate Gallery gezeigten Ausstellung ›Modern Art in the USA‹ wandte er sich der amerikanischen ◇Farbfeldmalerei zu. Ab 1964 reiste er häufig in die USA, wo er mehreren Vertretern des ◇Abstrakten Expressionismus wie → Frankenthaler, M. → Louis, → Motherwell, → Noland, → Olitski begegnete und sich mit dem Werk H. → Hofmanns auseinandersetzte, das ihn maßgeblich beeinflußte. H. ist der bedeutendste englische Vertreter der Farbfeldmalerei. Er schuf großformatige Leinwände mit expressiven, leuchtenden Farben (vorzugsweise Rot- und Grüntöne), die er in ◇Impasto-Technik aufträgt (v. a. seit den 1970er Jahren).

Hoyningen-Huene, George (1900–1968)
Amerikanischer ◇Fotograf russischer Herkunft, der während der Oktoberrevolution über Schweden nach Frankreich flüchtete. Nach Studien im Atelier des Malers André → Lhote wurde er 1925 bei ›Vogue‹ in Paris als ◇Illustrator und Arrangeur für Modefotos angestellt. 1928 war er bereits Cheffotograf der Zeitschrift und pflegte enge Freundschaft zu Cecil → Beaton. 1935

Übersiedlung nach New York und Tätigkeit u. a. für ›Harper's Bazaar‹. Ab 1946 führender Porträtfotograf für mehrere Filmgesellschaften in Hollywood.

Hrdlicka, Alfred (* 1928)
Österreichischer ◇Bildhauer, Maler und ◇Grafiker, der in Wien bei → Wotruba studierte (1952–57). In einem expressiven Stil setzt er sich in seinen grafischen Zyklen (Radierzyklen *Plötzenseer Totentanz,* 1970–72; *Das schaurige Ende des Pier Paolo Pasolini,* 1976) und seinem bildhauerischen Œuvre (*Denkmal gegen Krieg und Faschismus,* 1988, Albertinaplatz, Wien) mit dem Menschen als leidendem Wesen auseinander, der vom Antihumanismus moderner Gesellschaftsformen in seiner Persönlichkeitsentfaltung bedroht wird.

Hua Yan (1682–1756)
Chinesischer Maler aus Shanghang (manche Quellen geben auch Linting [Prov. Fujian] an), arbeitete in Hangzhou und zählte zu den ›Acht → seltsamen Meistern‹ von Yangzhou. Hervorragender ◇Landschafts-, Figuren- und Vogelmaler, Dichter und ◇Kalligraph.

Huang Gongwang (1269–1354)
Chinesischer Maler aus Pingjiang Changshu (heute Changshu, Prov. Jiangsu) oder Fuyang (Prov. Zhejiang). Er selbst zeichnete häufig mit Huang Gongwang aus Pingjiang (Prov. Zhejiang), einer der → Vier großen Landschaftsmeister. Seine Pinsel- und Tuschtechnik kommt in seiner berühmtesten Querrolle, *In den Fuchun-Bergen wohnen* (1350, National Palace Museum, Taipeh), klar zum Ausdruck: Sparsam mit Motiven, entfaltet sich mit einfachen Pinselzügen ein ◇kalligraphisches Landschaftspanorama. H.G. beeinflußte später zahlreiche Künstler, u. a. → Shen Zhou und → Wang Shimin.

Huang Quan (um 903–965)
Chinesischer Maler aus Chengdu (Prov. Sichuan), gilt als einer der bedeutendsten Blumen- und Vogelmaler Chinas. Man hält ihn für den Erfinder der Mogu-Technik (konturlose, dem ◇Aquarell verwandte Malerei). Er und → Xu Xi wurden als ›Antipoden‹ betrachtet, in ihrer künstlerischen wie auch ihrer sozialen Stellung.

Huang Shen (1687 – nach 1768)
Chinesischer Maler aus Ninghua (Prov. Fujian), einer der ›Acht → seltsamen Meister‹, die in Yangzhou wirkten. Seine ◇Kalligraphie – das Werk eines abgeschabten Pinsels – ist oft nur schwer lesbar, seine Gestalten sind voller Humor, doch ohne jede Gehässigkeit betrachtet, seine Landschaften verraten einen Duktus, der an den Schwung seiner Kalligraphie erinnert.

Hubbuch, Karl (1891–1979)
Deutscher Maler und ◇Grafiker, der in Stil und inhaltlicher Auffassung der sozialkritisch orientierten Richtung der ◇Neuen Sachlichkeit angehörte. Im Gegensatz zu → Grosz, dem H. in seiner Grafik stilistisch nahesteht, dominiert in seinem Werk weniger die satirische Aggressivität als vielmehr die Aufforderung zum aktiven Widerstand gegen Faschismus und Unterdrükkung. 1925–33 und 1948–57 lehrte er an der Akademie in Karlsruhe.

Huber, Wolf (um 1485–1553)
Österreichischer Maler, ◇Zeichner, ◇Holzschneider und Baumeister, neben → Altdorfer der bedeutendste Maler der → Donauschule. Ab 1510 lebte er in Passau (1541 Stadtbaumeister). Zu seinen Hauptwerken zählen der *Annenaltar* für die Pfarrkiche St. Nikolaus in Feldkirch (1515–21, heute ebda. und KhW), ein *Marienaltar* (1525/30, heute u. a. Berlin und Bayerisches Nationalmuseum, München), ein *Passionsaltar* (um 1530, heute u. a. AP) sowie das Porträt des Humanisten *Jakob Ziegler* (1544–49, KhW). Wie Altdorfer gab H. in seinen religiösen ◇Tafelbildern der Landschaftsdarstellung einen besonderen Wert und bereitete den Weg für das ◇Landschaftsbild als eigenständige Kunstgattung, v. a. durch seine zahlreichen ›romantischen‹ Landschaftszeichnungen (Feder, z. T. mit Tusche), die von einer tiefen Naturempfindung zeugen und die die Entwicklung dieses Genres beeinflußten.

Hübner, Carl Wilhelm (1814–1879)
Deutscher ◇Genremaler, der in Düsseldorf u. a. bei Wilhelm von → Schadow studierte. Bekannt wurde er durch sein sozialkritisches Œuvre (*Die schlesischen Weber,* 1844), das ihn zum Hauptvertreter einer vormärzlichen Kunstrichtung in Düsseldorf, dem → Malkasten, machte.

Hucleux, Jean-Olivier (* 1923)
Französischer Maler des ◇Hyperrealismus, der seine Bilder von Menschen- und Autofriedhöfen

nach projizierten Fotos malt. Die Gegenständlichkeit erscheint im Brechungswinkel des durch die ◇Fotografie ausgewählten und in der Malerei vergrößerten Realitätsausschnitts, wodurch sie eine Steigerung ihrer atmosphärischen Ausstrahlungskraft gewinnt.

Hudson, Thomas (1701–1779)
Englischer ◇Porträtmaler; Schwiegersohn und Schüler von J. → Richardson d. Ä. Nach dessen Tod wurde er zum beliebtesten Porträtisten seiner Zeit, insbesondere des englischen Adels. H. war u. a. der Lehrer von J. → Wright of Derby und J. → Reynolds, mit dessen wachsender Berühmtheit H. sich selbst zurückzog.

Hudson River School
Erste einheimische Schule von ◇Landschaftsmalern in Amerika, die zwischen 1825 und 1870 aktiv war und zwei Künstlergenerationen umfaßte. Zur ersten, von → Cole angeführten Gruppe gehörten u. a. → Durand, → Kensett, → Doughty und Casilear; sie malten die Landschaft des Hudson River Valley und der umliegenden Gebiete von New England. Die zweite Gruppe, zu der → Church und → Bierstadt zählten, stieß weiter westwärts in exotischere Bereiche vor (Rocky Mountains). Der Stil dieser auch ›Romantische Realisten‹ genannten Maler zeichnete sich durch peinlich genaue Detailbeschreibung und panoramaartige ◇Kompositionen aus und entwickelte sich von einer dunkelfarbigen, von → Claude Lorrain beeinflußten Malweise zu einer realistischeren Darstellung und helleren Farbgebung. Ihnen gemeinsam war die Liebe zur vom Menschen noch unberührten amerikanischen Natur, die sie in ihren vielfältigen Stimmungen und Formationen zu erfassen suchten, was sie – in Übereinstimmung mit der zeitgenössischen Literatur – als eine Art moralische Mission begriffen.

Huebler, Douglas (* 1924)
Amerikanischer Künstler aus dem Umfeld der ◇Konzeptuellen Kunst, studierte u. a. an der University of Michigan und der Cleveland School of Art. Nach ◇Skulpturen im Stil der ◇Minimal Art wandte er sich Arbeiten zu, die eigentlich erst in der Vorstellungswelt des Betrachters – aufgrund gedanklich assoziativer Prozesse – existent werden. Besonders konsequente Ausformungen stellen die Werkkomplexe dar, die einen Punkt, eine Linie oder eine leere Fläche immer wieder anders interpretieren (ab 1968). Bekannt wurde H. hauptsächlich mit seinen in Themengruppen zusammengefaßten Arbeiten wie *Duration Pieces, Location Pieces* und *Variable Pieces* (alle ab 1968) sowie den *Alternative Pieces* (ab 1970), in denen er die – in den erstgenannten Werken nur suggerierte – Veränderung und Bewegung (Beziehung zwischen Ort und Zeit) thematisiert und explizit formuliert (*Der obige Punkt beginnt genau in dem Augenblick...*, 1970). Der prozessuale Charakter wird dabei mit Dokumenten wie ◇Fotografien, Landkarten, ◇Zeichnungen und Texten fixiert.

Huelsenbeck, Richard (1892–1974)
Deutscher Schriftsteller, Arzt und Psychoanalytiker, mit H. → Arp, H. → Ball und T. → Tzara Begründer des ◇Dadaismus in Zürich (1916). 1918 rief er mit R. → Hausmann u. a. den Berliner Dada ins Leben. Mit der Veröffentlichung des Essaybands ›En avant Dada‹, der Schrift ›Dada siegt‹ und des ›Dada-Almanachs‹ (Herausgeber; alle 1920) wurde er zum Wortführer der Dada-Bewegung. 1936 emigrierte er nach New York, 1970 kehrte er in die Schweiz zurück.

Huene, Stephan von (* 1932)
In Los Angeles geborener, deutschstämmiger Künstler, der 1950–52 am Pasadena City College, 1952–53 an der University of California, Los Angeles, und 1955–59 Malerei, Zeichnung und Design am Chouinard Art Institute Los Angeles studierte. Nach ◇abstrakt-expressionistischer Malerei und einer ◇surrealistisch anmutenden ◇Collage- und ◇Assemblagekunst in den 1960er Jahren gelangte H., angeregt durch die avantgardistische Musikszene der amerikanischen Westküste, zu Experimenten mit ◇kinetischen Klangkörpern. Seit 1982/83 entstand die sechs ◇Skulpturen umfassende Serie der ›Text Tones‹, bei der auf weißen Sockeln montierte Resonanzröhren auf Sprache und Geräusche der Umgebung mit elektronischen Klägen und Sprachmelodien reagieren. Mit seinen Klangkörpern will H. plastische Vorgänge mit sinnlicher Ästhetik erfahrbar machen.

Huet, Jean-Baptiste (1745–1811)
Französischer Maler und ◇Grafiker. H., Schüler von J.-B. → Le Prince, malte u. a. Tiere und Schäferszenen. Außerdem zeichnete er ◇Kartons für ◇Gobelin- und ◇Beauvais-◇Tapisserien, stilistisch in der Nachfolge → Bouchers.

Huet, Paul (1803–1869)
Französischer Maler und ◇Grafiker, Schüler von → Guérin und → Gros, Freund von → Delacroix. H. war der bedeutendste der französischen ◇Landschaftsmaler, die in den 1820er Jahren den Einfluß der englischen Landschaftsmalerei (→ Bonington, → Fielding, → Turner und v. a. → Constable) aufnahmen. Er entwickelte einen kraftvollen skizzenhaften Stil und bildet ein Hauptbindeglied – abgesehen von der → Barbizon-Schule – zwischen der ◇romantischen englischen Landschaftsmalerei und späteren französischen Entwicklungen (*Hochwasser in Saint-Cloud,* 1855, Louvre).

Hughes, Arthur (1832–1915)
Englischer Maler und ◇Illustrator, schloß sich nach einem Studium an den Royal Academy Schools 1850 den → Präraffaeliten an. Seine bekanntesten Gemälde entstanden in den 1850er Jahren (darunter *April-Liebe,* 1856, Tate Gallery, London, und *Die lange Verlobung,* 1856–59). Den größten Einfluß auf seine sensiblen Studien von Figuren in der Landschaft hatte → Millais. H. schuf auch Buchillustrationen, z. B. für Christina Rossettis ›Sing Song‹ (1872).

Huguet, Jaime (Jaume) (um 1414–1492)
Spanischer Maler. Einer der bedeutendsten Vertreter der katalanischen Spätgotik, wirkte seit 1448 in Barcelona. H. schuf v. a. ◇Altarbilder, deren Einfluß über Spanien hinaus bis nach Sardinien reichte, was zur Entwicklung des katalanischen Stils auf dieser Insel führte. Zu seinen Hauptwerken gehören u. a. der *Altar der Heiligen Cosmas und Damian* für die Kathedrale von Barcelona (1452), der *Altar der Heiligen Abdon und Sennen* für S. Pedro in Tarrasa (1458–60, heute in S. Maria), der *Augustinusaltar* für das Kloster S. Augustin el Viejo zu Barcelona (1486 vollendet, heute Museu d'Art de Catalunya, ebda.) und eine *Beweinung Christi* (1447–50, Louvre). Seine überlängten Figuren zeigen einander ähnliche, schmale, unbewegte Gesichtszüge. Typisch für seine Arbeiten seit den 1450er Jahren sind leuchtende ◇Lokalfarben, reiche Verwendung von Goldgründen und eine von der Sieneser Malerei inspirierte dekorative Linearität.

Huizong (1082–1135)
Chinesischer Kaiser (Regierungszeit 1100–26) der Nördlichen Song-Dynastie (960–1127), ein leidenschaftlicher Sammler alter und zeitgenössischer Kunstwerke. Seine besondere Vorliebe galt der Malerakademie, die unter ihm wiederauflebte. Er selbst widmete sich der ◇Kalligraphie und entwickelte einen eigenen Stil, die ›Schlanke Goldschrift‹. Er soll nach Angabe literarischer Quellen auch ein hervorragender Maler (hauptsächlich von Blumen und Vögeln) gewesen sein, allerdings bestehen bei den zahlreichen ihm zugeschriebenen Bildern erhebliche Echtheitszweifel. Seine Residenz Bianjing (heute: Kaifeng) (wo u. a. auch → Zhang Zeduan wirkte) fiel 1126 angreifenden Tartaren zum Opfer, er selbst wurde in die Manjurei verschleppt.

Hundertwasser, Friedensreich (Friedrich Stowasser) (* 1928)
Österreichischer Maler und ◇Grafiker, der kurze Zeit an der Kunstakademie in Wien studierte (1948). Seine dekorativen, spiralförmig (ab 1953) oder labyrinthisch angelegten Bilder, die meist auf einem Farbklang von Rot, Grün, Blau oder auch Gold basieren (*Der große Weg,* 1955, Österreichische Galerie, Wien; *Sonne und spiraloide Epoche über dem Roten Meer,* 1960), beziehen ihre Inspiration vom Wiener ◇Jugendstil, von → Klimt und → Schiele sowie von → Klee. 1958 veröffentlichte H. sein ökologisch engagiertes ›Verschimmelungsmanifest gegen den Rationalismus in der Architektur‹, 1959 realisierte er mit → Brock das ◇Happening-Projekt der ›Hamburger Linie‹, die das Ziel einer Verbindung von Kunst und Leben programmatisch darstellen sollte. In diesem Kontext widmete er sich in den 1980er Jahren auch architektonischen Projekten (›Hundertwasser-Haus‹, 1983–85, Wien).

Hunt, William Holman (1827–1910)
Englischer Maler, mit D. G. → Rossetti und J. E. → Millais einer der Begründer der Bruderschaft der → Präraffaeliten. H. war der konsequenteste Vertreter eines naturnahen Realismus, der sich auf reizvolle Weise mit ◇symbolistischen und moralisierenden Tendenzen verband und gegen den manierierten Akademismus seiner Zeit gerichtet war. Diese Eigenschaften zeigen sich sowohl in H.s frühen Shakespeare-◇Illustrationen als auch in seinen historischen, mythologischen und religiösen Szenen (*Das Licht der Welt,* 1851–53; *Der Sündenbock,* 1854–55) und seinen ›modernen‹ Bildthemen (*Das erwachende Gewissen,* 1852–54). Für sein Gemälde *Der*

William Holman Hunt, *Der Sündenbock,* 1854–55

Sündenbock reiste H. sogar nach Palästina (1854), um die biblische Landschaft geographisch exakt wiederzugeben.

Hunt, William Morris (1824–1879)
Amerikanischer Maler, studierte zunächst in Düsseldorf, wo er in Verbindung mit den Künstlern der → Düsseldorfer Schule stand, dann in Paris bei → Couture. Während seines Frankreichaufenthaltes arbeitete er mit den → Barbizon-Malern zusammen, deren Einfluß sich in seinen ◇Porträts und ◇Genreszenen widerspiegelt und deren Stil er in den USA (1856 kehrte er in seine Heimat zurück) bekannt machte. Seit 1862 in Boston ansässig, spielte er eine bedeutende Rolle im Kulturleben dieser Stadt.

Hurrell, Harold siehe → **Art & Language**

Huszár, Vilmos (1884–1960)
Ungarischer Maler und ◇Designer, ließ sich 1905 in den Niederlanden nieder, befreundete sich mit van → Doesburg und war 1917 Mitbegründer der de-◇Stijl-Gruppe, deren Prinzipien er in seinen Arbeiten als Schriftsteller, Innenarchitekt und Glasfenster-Entwerfer zu verwirklichen suchte. 1923 verließ der die Gruppe und wandte sich einer ◇figurativen Malweise zu.

Hütte, Axel (* 1951)
Deutscher Fotokünstler, der 1973–75 ein Soziologiestudium an der Universität in Köln begann und 1975–79 an der Düsseldorfer Kunstakademie bei Bernd → Becher studierte. Beeinflußt von der klaren Dokumentarfotografie seines Lehrers Becher, begann H. 1979 mit Architekturfotografien in Gestalt von abgelichteten Hausfluren, Tiefgaragen und Einsichten in Innenräume, die sich in den späten 1980er Jahren zu mehrteiligen Foto-◇Installationen ausweiteten. Daneben Porträtgroßaufnahmen von Jugendlichen, deren Stimmung durch gekachelte oder rauhputzartige Bildhintergründe geprägt wird.

Huysum, Jan van (1682–1749)
Holländischer Maler von Blumen- und Früchtestilleben, der die Natur mit unvergleichlicher Virtuosität nachahmte. In seinen üppigen, mit größter Sorgfalt und Detailtreue ausgeführten ◇Kompositionen (z. T. auf Kupfer- oder Mahagoniplatten) arbeitete er mit einer reicheren Farbskala als alle holländischen Blumenmaler zuvor; als seine Erfindung gelten die hellen Hintergründe, vor denen er seine Objekte bisweilen abbildete (*Blumen in einer Terrakottavase,* 1736–37, NGL). H., der in Amsterdam wirkte, war einer der gesuchtesten und höchstbezahlten Blumenmaler seiner Zeit, der zahlreiche Nachahmer hatte, v. a. seinen Bruder Jacob (1687–1740), der seit etwa 1721 in England arbeitete und Jans Werke als seine ausgab. Bereits der Vater der beiden Künstler, Justus v. H. (1659–1716), war Dekorationsmaler, der sich auf Blumenstilleben spezialisiert hatte. Wenig Erfolg hatte H. mit seinen italianisierenden Landschaften, die u. a. von G. → Dughet beeinflußt waren.

Hypnerotomachia Poliphili (Traumliebeskampf des Poliphilo)
Allegorischer Roman, eines der bemerkenswertesten Bücher der Weltliteratur. Als Verfasser gilt der Dominikanermönch Francesco Colonna (1433–1527), der das Werk in einer Mischung aus Italienisch, Griechisch, Latein und Hebräisch vermutlich um 1467 schrieb. Die erste Ausgabe wurde 1499 bei Aldus Manutius in Venedig gedruckt; sie enthält etwa 200 Holzschnittillustrationen eines unbekannten Künstlers. In der phantastischen Handlung durchwandert der Held eine Idealwelt. Die zahlreichen detaillierten Architekturbeschreibungen werden in den Illustrationen aufgegriffen. Sie stellen Phantasiearchitekturen dar, die z. T. auf der Kenntnis antiker Bauwerke (Studium Vitruvs) beruhen. Der Autor hatte v. a. Freude an der Beschreibung von Ruinen und anderen Symbolen der Vergänglichkeit des menschlichen Lebens. Das Werk hatte im 16. und 17. Jh. auf die Künstler in Italien und Frankreich einen weitreichenden Einfluß im Sinne eines ◇romantischen Antikisierens.

I

Ibn Bawwab († 1022)
Islamischer ◇Kalligraph, bekannt durch seine Weiterentwicklung der von → Ibn Muqla eingeführten Schriftstile, lebte hauptsächlich in Bagdad und begann seine Laufbahn mit der Ausgestaltung von Häusern. Später wurde er Buchilluminator (◇Buchmalerei), bis er sich schließlich der ◇Kalligraphie zuwandte. Zeitweise war er in der Bibliothek des Buwajidenherrschers Baha al-Dawla in Schiras tätig. Von den bekannteren älteren Kalligraphen ist er der einzige, von dem wir ein eigenhändig datiertes Manuskript besitzen (Chester Beatty, Manuskript K 16).

Ibn Muqla (885–939)
Berühmter islamischer Kalligraph der Abbasidenzeit, stellte erstmals die Regeln auf, die dann die Grundlage islamischer ◇Kalligraphie (◇islamische Kunst) bilden sollten. Sein besonderes Bemühen galt der Ausgewogenheit der Linienführung und den Techniken, diese zu gewährleisten. Er gilt als ›Erfinder‹ der ›Sechs Stile‹ (Aqlam Sitta): Muhaqqiq, Reyhan, Thulth, ◇Neschi, Riqa und Tawqi. Daß er das Neschi aus der ◇Kufischen Schrift entwickelte, wird heute nicht mehr angenommen.

Ike no Taiga (1723–1776)
Einer der hervorragendsten japanischen → Nanga-Maler mit einem unverwechselbaren Stil, der über die konventionellere Nanga-Formensprache hinausgeht. Der stark vom Zen-Buddhismus beeinflußte Künstler war auch ein ausgezeichneter ◇Kalligraph.

Immendorff, Jörg (* 1945)
Deutscher Künstler, studierte 1963–64 an der Kunstakademie Düsseldorf bei Teo → Otto (Bühnenkunst) und → Beuys und trat 1965 mit ersten ◇Aktionen (ab 1968 unter dem Namen ›LIDL‹) hervor. In der Folgezeit wurde er bekannt mit politisch engagierten Bildern, in denen er eine realistische, revolutionär-demokratische und operative Kunst im Dienste des Volkes und der Werktätigen forderte und zu verwirklichen suchte. Sein *Café Deutschland* (1977) bildet das Gegenstück zu → Guttusos *Caffè Greco* und ist der Beginn einer Thematisierung der deutsch-deutschen Teilung mit ihren Auswirkungen auf Kunst und Gesellschaft. Motivation zu diesen – mit expressiver Ausdruckssprache und symbolischen Zeichen verbildlichten – Sujets war 1977 die Begegnung mit dem seinerzeit noch in der DDR lebenden A. R. → Penck. In bühnenbildhaften, didaktischen Lehrstücken entwickelt I. eine metaphorische Zeichenbildsprache, die dann auch auf die bemalten ◇Skulpturen übertragen wird (*Naht/Brandenburger Tor – Weltfrage,* 1982–83). Die *Akademie*-Bilder der 1980er Jahre reflektieren mit Selbstironie die eigene Lehrtätigkeit I.s an den Akademien von Stockholm (1981), Hamburg (1982), Zürich und Trondheim (1983) sowie Köln und München (1984/85).

Independent Group
Lockere Verbindung von Künstlern, die sich 1952–54 im Londoner Institute of Contemporary Arts (ICA) trafen und deren Ideen in zwei entscheidenden Ausstellungen zum Ausdruck kamen: ›Parallel of Life and Art‹ (ICA 1953) und ›This is Tomorrow‹ (Whitechapel 1956), die die englische ◇Pop Art einleitete. Wichtige Mitglieder der Gruppe waren der Kritiker Lawrence Alloway sowie R. → Hamilton, → Paolozzi und → Turnbull.

Indiana, Robert (R. Clark) (* 1928)
Amerikanischer Maler und ◇Grafiker, studierte u. a. am Art Institute of Chicago (1949–53). Im

Jörg Immendorff, *Akademie West, Aufgabe Standarten,* 1984

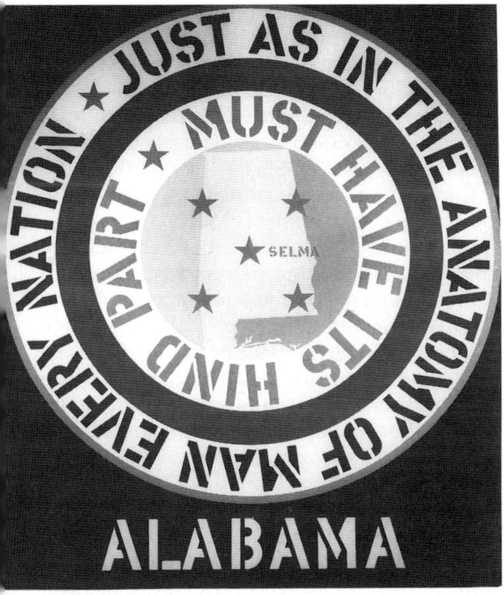

Robert Indiana, *Alabama,* 1966

Kontakt mit Malern wie → Kelly, R. → Smith und → Youngerman wandte er sich Mitte der 1950er Jahre einer Malerei zu, die von der Form des Gingkoblattes ausging; Anfang der 1960er Jahre entwickelte er einen flächigen, leuchtendfarbigen, reklamehaften Stil im Sinne der ◇Pop Art unter Verwendung von Buchstaben (*Love*-Bilder), Ziffern oder Verkehrszeichen.

Ingeborg-Psalter (1. Viertel 13. Jh.)
Prachthandschrift (heute Musée Condé, Chantilly) aus dem Besitz der dänischen Prinzessin Ingeborg, der zweiten Frau des französischen Königs Philipp August II. (1180–1223). Sie führte die englische Gewohnheit in Frankreich ein, dem Psalmentext einen Zyklus von Szenen aus dem Alten und Neuen Testament voranzustellen. Im I.-P. deuten Stil und ◇Ikonographie wohl auf Nordostfrankreich hin, wobei sich starke ◇byzantinische Einflüsse und Impulse des Maas-Gebiets abzeichnen. Die Gewandwiedergabe im ◇Muldenfaltenstil verbindet die Darstellung mit dem Skulpturenschmuck der Kathedralen von Chartres und Reims sowie mit den ◇Zeichnungen des → Villard de Honnecourt.

Ingres, Jean Auguste Dominique (1780–1867)
Französischer Maler und ◇Zeichner, einer der führenden Künstler des ◇Klassizismus. Nach anfänglichem Studium an der Akademie in Toulouse trat I. 1797 in das Atelier J.-L. → Davids ein, übte allerdings schon bald Kritik an dessen Werk, da es ihm nicht ›klassisch‹ genug erschien; 1799 besuchte er die Ecole des Beaux-Arts in Paris. 1801 gewann er mit dem Bild *Achill empfängt die Abgesandten Agamemnons* (1801) den Rompreis, konnte jedoch wegen der Napoleonischen Kriege erst 1806 dorthin reisen. Im selben Jahr stellte er erstmals ◇Porträts auf dem Pariser ◇Salon aus (u. a. *Napoleon I. auf dem Thron,* um 1806), erfuhr jedoch die spöttische Ablehnung der Kritiker. Während seines Italienaufenthalts (1806–24) entstanden zahlreiche Bleistiftporträts, die seine Haupteinnahmequelle bildeten (1815 verlor er durch den Sturz Napoleons seine einflußreichen Gönner, die Familie Bonaparte). 1820–23 hielt er sich in Florenz auf, wo er an einem seiner größten religiösen Auftragswerke, dem Altarbild *Das Gelübde Ludwigs XIII.* (1824, Kathedrale von Montauban) arbeitete. Mit diesem stark von → Raffael beeinflußten Bild gelang ihm im ◇Salon von 1824 der Durchbruch – es machte ihn zum Anführer der klassizistischen Opposition gegen die in Blüte stehende ◇romantische Bewegung. 1835–40 kehrte er als Direktor der französischen Akademie noch einmal nach Rom zurück, lebte aber ab 1842 wieder in Paris. Bereits I.' Frühwerk enthält meisterhafte Porträtdarstellungen in linearer Empfindung und kühler formaler Präzision (*Mademoiselle Caroline Rivière,* 1805, Louvre), spätere Werke gewinnen eine größere Ausdruckskraft (*Der Komponist Cherubini und die Muse der dramatischen Dichtung,* 1842, ebda.) und – bei der Darstellung von Frauen – größere Wärme, Weichheit und Sinnlichkeit (*Madame Moitessier,* 1851, NGW). Neben seinen zahlreichen Porträts und ◇Aktdarstellungen, für die er besonders berühmt war (v. a. Rükkenakte, als erster *Die Badende von Valpinçon,* 1808; ferner *Die große Odaliske,* 1814; *Die Quelle,* 1820–56 und *Das türkische Bad,* 1862, alle Louvre), schuf er Bilder mit historischen, religiösen (*Madonna mit der Hostie,* 1841, Puschkin-Museum, Moskau) und mythologischen Sujets (*Jupiter und Thetis,* 1811, Musé Granet, Aix-en-Provence) sowie literarischen Bezügen (*Rüdiger befreit Angelika,* 1819, Louvre; *Apotheose Homers,* 1827, ebda.). I. war einer der bedeutendsten und produktivsten Zeichner der französischen Kunst. Er vertrat die Überzeugung, daß

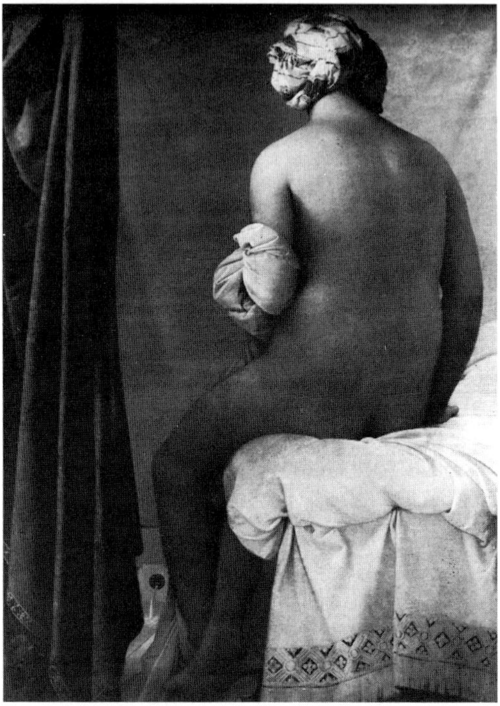

Jean Auguste Dominique Ingres, *Die Badende von Valpinçon,* 1808

die genaue Zeichnung die Grundlage jeder großen Kunst sei.

Inness, George (1825–1894)
Amerikanischer ◇Landschaftsmaler, Begründer des neueren Landschaftsstils in Amerika. Er reiste mehrfach nach Europa (erstmals 1854 nach Frankreich), wo er die Gemälde → Corots und der → Barbizon-Maler studierte. Zwei Schaffensperioden I.' sind zu unterscheiden: Die erste weist ihn als Maler in der Tradition der → Hudson River School aus (*Das Lackawanna-Tal,* 1855, NGW), in der zweiten (ab 1878) wandte er sich der lyrischen Landschaftsmalerei zu, wobei er sich stilistisch bereits dem ◇Impressionismus näherte (*Sonne in Wolken,* 1891).

Ioganson, Boris Wladimirowitsch (1893–1973)
Russischer Maler und ◇Grafiker, der erstmals 1923 auf einer Ausstellung der → AChRR seine Arbeiten zeigte. Stilistisch war I. in seinen Werken den Traditionen der ◇realistischen Malerei des 19. Jh.s verbunden, inhaltlich orientierte er sich konsequent an den Positionen des ◇Sozialistischen Realismus (*Das Verhör der Kommunisten,* 1933, Tretjakow-Galerie, Moskau). 1958–62 war er Präsident der Akademie der Künste der UdSSR, 1965–68 Erster Sekretär des Künstlerverbandes der UdSSR.

Ipoustéguy, Jean Robert (* 1920)
Französischer ◇Bildhauer, beschäftigte sich Ende der 1940er Jahre mit sakraler ◇Fresken- und ◇Glasmalerei, wandte sich aber 1949 ausschließlich der Bildhauerei zu. Nach ◇abstrakten Anfängen (*Der Kuß,* 1956) bezog er allmählich ◇figurative Elemente ein und schuf großformatige, szenische ›Skulptur-Landschaften‹ (*Gespräch über Mistra,* 1964–66; *Alexander d. Gr. vor der Stadt Ekbatana,* 1965).

Isabey, Jean-Baptiste (1767–1855)
Französischer ◇Porträt- und ◇Miniaturmaler, Schüler von J.-L. → David, Hofmaler Napoleons I. Er bemalte auch Porzellan und Elfenbein; seit 1807 stattete er Theateraufführungen aus. I. war der Lehrer seines Sohnes Louis Gabriel Eugène → Isabey.

Isabey, Louis Gabriel Eugène (1803–1886)
Französischer Maler, lernte bei seinem Vater Jean-Baptiste → Isabey. Von ihm wie auch von → Delacroix und → Bonington beeinflußt, malte er anfänglich ◇romantische ◇Genreszenen, wandte sich jedoch nach einem Besuch Algiers als ◇Marinemaler der französischen Flotte (1830) v. a. Meer- und Küstenszenen mit einer raffinierten, fast ◇impressionistischen Lichtbehandlung zu. I. wurde besonders als ◇Aquarellist geschätzt.

Isenbrant (Isebrant, Ysenbrant), Adriaen († 1551)
Flämischer Maler, der seit 1510 in Brügge nachweisbar ist (Mitglied der Brügger Malergilde 1510–51) und die Tradition der Brügger Malerei in der Nachfolge G. → Davids fortsetzte. Das einzige datierte Werk I.s war der 1518 entstandene *Dreikönigsaltar* (früher in der Marienkirche, Lübeck), der im Zweiten Weltkrieg durch Brand zerstört wurde. Die zahlreichen Werkzuschreibungen gründen sich auf sein ◇Diptychon *Die sieben Schmerzen Mariä* (linke Tafel heute Notre Dame, Brügge; rechte Tafel Musées Royaux des Beaux Arts, Brüssel). Bilder wie *Ru-*

he auf der Flucht (um 1520/30, AP) und *Hl. Maria Magdalena in einer Landschaft* (NGL) mit ihrem harmonischen Bildaufbau, der warmen Farbigkeit und der stillen Empfindung zeigen v. a. den Einfluß G. Davids, weisen aber auch Beziehungen zu → Benson und dem → Meister der weiblichen Halbfigur auf.

Isenmann, Caspar (um 1410–1484/90)
Deutscher Maler, entstammte einer alten Elsässer Familie. I. wurde erstmals 1432 urkundlich erwähnt und wirkte in Colmar. Sein einzig gesichertes Werk ist der um 1462–65 geschaffene *Passionsaltar* für St. Martin (heute z. T. im Musée d'Unterlinden, Colmar), dessen erhaltene Tafeln (ursprünglich 16) den Einfluß von → Witz, des Straßburgers H. → Hirtz, aber auch der altniederländischen Malerei (Rogier van der → Weyden) zeigen und sich charakterisieren durch eine undramatische Landschaftsdarstellung, reiche Gebärdensprache und minuziöse Wiedergabe der menschlichen Figur.

Isnard, Vivien siehe → **Supports/Surfaces**

Adriaen Isenbrant, *Ruhe auf der Flucht,* um 1520–30

Isoda Koryusai (tätig um 1765–1788)
Japanischer Maler, der, obgleich er Samurai war, ◇Drucke im Stil → Suzuki Harunobus anfertigte. Am bekanntesten wurde er durch seine Pfostenbilder und Drucke von Vögeln und Blumen. Er benutzte als erster das Ōban-Format, das später zum Standardformat für japanische ◇Farbholzschnitte werden sollte.

Israëls, Jozef (1824–1911)
Niederländischer Maler jüdischer Herkunft, lernte in Amsterdam bei dem ◇Historienmaler Jan A. Kruseman (1804–1862) und in Paris bei → Delaroche und → Vernet. 1853 malte er in → Barbizon. Zurückgekehrt in die Niederlande, wandte er sich ◇Genreszenen aus dem Leben der Landbevölkerung, Bauern und Fischer, zu (*Mutterfreuden,* Rijksmuseum, Amsterdam; *Der ertrunkene Fischer,* 1861, NGL). I.' dunkeltonige, fast ◇monochrome Darstellungen einfacher Menschen sind in einem mitfühlenden ◇Realismus gemalt, der an → Millet erinnert (I. wurde seinerzeit auch als ›holländischer Millet‹ bezeichnet). I.' Bilder beeinflußten sowohl die → Haager Schule als auch den jungen van → Gogh sowie den deutschen ◇Impressionismus (→ Liebermann).

Itō Jakuchū (1716–1800)
Japanischer Maler, anfangs wohl Schüler eines → Kanō-Meisters, arbeitete in zwei einander entgegengesetzten Techniken: Er schuf peinlich genaue, sehr detailfreudige, farbige Bilder, aber auch skizzenhaft hingeworfene, sich auf wenige Elemente beschränkende, stilisierte und gleichzeitig ziemlich exzentrische Tuschzeichnungen. Außerdem veröffentlichte er eine Reihe von Büchern im sog. Steindruck-Stil (schwarzgrundig mit weißen Auslassungen).

Itten, Johannes (1888–1967)
Schweizer Maler, bedeutender Kunstpädagoge, studierte 1913–16 bei A. → Hoelzel in Stuttgart, ging 1916 nach Wien, wo er seine erste Kunstschule gründete (›Itten-Schule‹). 1919–23 lehrte er am ◇Bauhaus in Weimar, wo er Hoelzels Farbtheorien zu einer künstlerischen Grundlehre (Vorkurs) weiterentwickelte, die für den modernen Kunstunterricht vorbildlich wurde. Später lehrte er u. a. in Berlin (1926 Eröffnung einer eigenen Kunstschule), Krefeld und Zürich (1938 Direktor der Kunstgewerbeschule). Seine Theorien veröffentlichte er in ›Die Kunst der Farbe‹

Johannes Itten, *Begegnung,* 1916

(1961) und ›Mein Vorkurs am Bauhaus‹ (1963). In seiner anfangs von Hoelzel und → Delaunay ausgehenden Malerei spiegeln sich die wechselnden modernen Strömungen vom ◇Orphismus bis zur ◇konkreten Kunst.

Iverny, Jacques (tätig 1411–1430)
Französischer ◇eklektizistischer Hofmaler, der in der Provence und in Piemont tätig war. Sein Stil schwankt zwischen der italianisierenden Manier seiner *Madonna mit Kind* (1420/25) und der anmutig-hübschen Darstellung seiner *Neun Heldinnen der Antike* (1420/30), einem typischen Beispiel des späten ◇Weichen Stils.

Iwanow, Alexander Andrejewitsch (1806–1858)
Russischer Maler v. a. religiöser und mythologischer Bilder, studierte 1817–28 an der Kunstakademie in St. Petersburg; hatte mit ◇Historienbildern frühen Erfolg. 1831–58 hielt er sich in Rom auf, wo er von den → Nazarenern (→ Overbeck) beeinflußt wurde. Sein Hauptwerk ist die monumentale vielfigurige Komposition *Der Messias erscheint dem Volke* (1837–59, Tretjakow-Galerie, Moskau). In seinem letzten Lebensjahrzehnt beschäftigten ihn ◇Aquarellskizzen mit biblischen Motiven (heute Tretjakow-Galerie, Moskau, und Russisches Museum, St. Petersburg), die er als Vorarbeiten zu einem geplanten ◇Wandgemäldezyklus ausführte. I.s zahlreiche ◇Studien und ◇Skizzen von Landschaften und Figuren weisen ihn als hervorragenden ◇Freilichtmaler und ◇Realisten aus.

Iwasa Matabei (1578–1650)
Japanischer Maler, der herkömmlich (doch ohne eigentlichen Beweis) als Bahnbrecher des ◇Ukiyo-e gilt.

1 **Amasis-Maler und Töpfer Amasis:** Halsamphora. ›*Dionysos und zwei tanzende Mänaden*‹, um 540/30 v. Chr. ▷

2 Simone Martini, *Guidoriccio reitet aus zur Eroberung von Montemassi,* 1328

4 Giotto, *Madonna der Humiliaten* aus der Ognissanti-Kirche, Florenz, um 1312

3 Ambrogio Lorenzetti, *Ausritt zur Jagd,* Ausschnitt aus dem *Guten Regiment des Friedens und der Gerechtigkeit,* um 1338/40

5 Meister der hl. Veronika, *Madonna mit der Erbsenblüte,* um 1400

6 Brüder von Limburg, *›Monat Mai‹ aus dem Stundenbuch des Duc de Berry,* um 1416 ▷

8 Giorgione, *Das Gewitter,* um 1506/07

◁ 7 Sandro Botticelli, *Frühling* (Ausschnitt), um 1478

9 Gianlorenzo Bernini, *Grabmal Alexanders VII.* in der Peterskirche, Rom

10 Caravaggio, *Die Bekehrung Pauli*, 1601

12 Pieter Bruegel d. Ä., *Der Bauerntanz,* um 1567/68

◁ 11 Hieronymus Bosch, *Das Narrenschiff*

13 Peter Paul Rubens, *Der Bauerntanz,* um 1633

14 Albrecht Dürer, *Selbstbildnis*, 1498

15 Jan Vermeer van Delft, *Die Spitzenklöpplerin*, um 1664

16 Claude Lorrain, *Landschaft mit Paris und Oinone*, 1648

17 Nicolas Poussin, *Inspiration des Dichters*, 1630

18 Jean-Antoine Watteau, *Gilles*

19 Jacques-Louis David, *Madame Récamier,* 1800

20 Eugène Delacroix, *Der 28. Juli. Die Freiheit, das Volk anführend,* 1830

21 Edgar Degas, *Im Konzert-Café ›Les Ambassadeurs‹*, 1876–77

22 Auguste Renoir, *Lise mit dem Sonnenschirm,* 1867

23 Paul Signac, *Pont d'Asnières,* 1888

24 Claude Monet, *Das Atelier-Boot von Monet*

25 Pablo Picasso, *Stilleben mit Violine und Früchten,* 1913

26 Juan Gris, *Stilleben (Geige und Tintenfaß),* 1913

27 Ernst Ludwig Kirchner, *Frauen auf der Straße,* 1915

3 Kurt Schwitters, *Merzbild 25A. Das Sternbild*, 1920

max ernst
La puberté proche n'a pas encore enlevé la grâce tenue de nos pléiades / Le regard de nos yeux pleins d'ombre est dirigé vers le pavé qui va tomber / La gravitation des ondulations n'existe pas encore

J

Jackson, Alexander Young (1882–1974)
Kanadischer Maler, Gründungsmitglied der → Group of Seven. J.s Landschaften gingen von einem ◇fauvistisch beeinflußten ◇Expressionismus aus und gelangten zu einer immer größeren Vereinfachung der Formen und der Malweise auf wenige breite Pinselstriche.

Jacobsen (Jakobsen), Robert (* 1912)
Dänischer ◇Bildhauer. Nach ersten Arbeiten in Holz unter dem Einfluß des deutschen ◇Expressionismus entstanden in den 1940er Jahren erste ◇abstrakte ◇Skulpturen aus Stein und – nach seiner Übersiedlung 1947 nach Paris – aus Eisen, seitdem sein bevorzugtes Material. Seine Arbeiten erhalten ihre kraftvoll-dynamische Spannung durch die charakteristische Verbindung von geraden mit gekrümmten Linien.

Jacopo della Quercia (1374–1438)
Führender Sieneser ◇Bildhauer, Holzschnitzer und Bronzegießer der frühen ◇Renaissance, beteiligte sich ohne Erfolg an dem Wettbewerb um die zweite Florentiner Baptisteriumstür (1401) und war wenig später in Lucca tätig, wo er im Dom S. Martino das Grabmal der Ilaria del Carretto mit der zarten ◇Porträtdarstellung der Braut und dem ◇antiken Motiv girlandentragender ◇Putti auf dem ◇Sarkophag schuf (sein erstes erhaltenes Werk, um 1406) sowie in S. Frediano Grabsteine und einen Marmoraltar für die Familienkapelle des Lorenzo Trenta (1416–22). Die Fonte Gaia in Siena (1409–19, Piazza del Campo, Skulpturen- und Reliefschmuck heute im Palazzo Pubblico) ist noch weithin ◇gotisch, doch die Kontakte mit → Ghiberti und → Donatello während der Arbeit am Taufbecken des Sieneser Baptisteriums (1417–31) veränderten seinen Stil, und am Portal von S. Petronio in Bologna (ab 1425, weitere ◇Skulpturen der Westfassade ebenfalls von J.) gestaltete er bereits heroische und spannungsgeladene ◇Akte.

Jacquemart de Hesdin siehe → **Hesdin,** Jacquemart de

Jacquet, Alain (* 1939)
Französischer Maler, studierte in Grenoble und Paris Architektur und arbeitete zunächst als Schauspieler, bevor er sich der Malerei zuwandte. In seinen Bildern benutzt er die ◇Siebdrucktechnik der ◇Pop Art und setzt die farbigen Punkte des Rasters bewußt zur bildnerischen Verfremdung fotografischer Vorlagen ein.

Jamnitzer (Jamitzer), Familie
Aus Wien stammende Künstlerfamilie von ◇Kupferstechern und ◇Goldschmieden. 1534 ließ sich Wenzel J. (1508–1585 oder 1588), begleitet von seinem Bruder Albrecht († 1590), als Meister in Nürnberg nieder. Wenzels Werk ist typisch für die Eleganz ◇manieristischer Körperdrehung und übertriebener natürlicher Formen, wie sie von den höfischen Auftraggebern verlangt wurde. Er hatte eine Vorliebe für ausgefallenes Material und Naturabgüsse. Seine zahlreichen Kleinplastiken und Dekorationsstücke fordern zu einem Vergleich mit → Cellini auf. Sein berühmtestes Werk ist der etwa ein Meter hohe, mit Figuren, Tieren und Ornamenten geschmückte sog. *Merkelsche Tafelaufsatz,* aus Silber und ◇Email gearbeitet (um 1549, Rijksmuseum, Amsterdam). Bedeutend sind auch seine *Perspectiva corporum regularium* (1568). Von den Nachkommen, die die Familientradition fortsetzten, ist v. a. Christoph J. (1563–1618), ein vom Frühbarock beeinflußter Goldschmied und ◇Ornamentstecher, zu erwähnen. Von ihm erschien ein ›Neuw Grottessken Buch‹ (1610).

Janco, Marcel (M. Jancu) (1895–1984)
Rumänischer Maler und ◇Grafiker, studierte 1910–14 bei dem rumänischen Maler J. Iser, begab sich 1915 nach Zürich, wo er Architektur studierte; Mitbegründer der Zürcher ◇Dada-Bewegung (1916); für das → ›Cabaret Voltaire‹ schuf er ◇Plakate und groteske Masken. Seine ◇abstrakten Holz- und bemalten Gipsreliefs (1917–19) spiegeln sein Architekturstudium wider. 1922 kehrte er nach Rumänien zurück, wo er in den 1920er und 1930er Jahren entscheidend bei der Entwicklung der modernen Kunst Rumäniens mitwirkte. 1942 emigrierte er nach Israel; dort gründete er die Künstlerkolonie Ein Hod (1953).

◁ 29 Max Ernst, *la puberté proche . . . – les pléiades,* 1921

Janssen, Horst (* 1929)
Deutscher ◇Grafiker, der in seiner satirischen Bildsprache stilistische Elemente der ◇Neuen Sachlichkeit und des frühen psychologischen ◇Expressionismus von → Munch und → Ensor zu einer eigenwilligen, kafkaesk-humorvollen Form des ◇Phantastischen Realismus verbindet.

Janssens, Abraham (genannt J. van Nuyssen) (1573/74–1632)
Flämischer Maler, Vertreter des ◇Romanismus. J. malte religiöse, mythologische und ◇allegorische Sujets in einem italianisierendem Stil, der sowohl vom Bologneser Malstil als auch von der ◇Helldunkelmalerei → Caravaggios beeinflußt war (*Scaldis und Antwerpia,* 1609, Antwerpen). J. hielt sich vermutlich zweimal in Italien auf. Sein Spätwerk war v. a. von → Rubens beeinflußt.

Janssens, Pieter (P. J. Elinga) (um 1623–vor 1682)
Holländischer Maler, über dessen Leben wenig bekannt ist. J. war seit 1657 in Amsterdam ansässig und arbeitete im Stil de → Hoochs und van → Hoogstratens (*Lesende Frau,* um 1660, AP).

Japanische Literatenmaler siehe → **Nanga-Schule**

Jawlensky, Alexej von (1864–1941)
Deutsch-russischer Maler, der die Militärakademie in Moskau absolvierte, dann bei → Repin an der St. Petersburger Kunstakademie (1889), später in München (1896) gemeinsam mit → Kandinsky an der Ažbé-Malschule studierte. Vom ◇Fauvismus (→ Matisse und besonders → Rouault) beeinflußt, malte J. mit leuchtenden Farben, heftigem Pinselduktus und dunklen Umrißlinien (*Der Buckel,* 1911). Er war Gründungsmitglied (1909) der → Neuen Künstlervereinigung München und stand dem → Blauen Reiter nahe (Beteiligung an der Ausstellung 1912 in Berlin). J.s Malerei blieb stets dem Figurativen verhaftet, obwohl er sich eine Zeitlang unter dem Einfluß von → Delaunay und in späteren Jahren in seinen mystischen Folgen des menschlichen Gesichts (ab 1917) der ◇Abstraktion näherte. 1924 gründete er mit → Klee, Kandinsky und → Feininger die Gruppe ›Die → Blauen Vier‹. Ab 1921 lebte er in Wiesbaden, wo er auch starb.

Jeanneret, Charles-Edouard siehe → **Le Corbusier**

Jetelová, Magdalena (* 1946)
Tschechoslowakische ◇Bildhauerin und ◇Objektkünstlerin, die 1960–65 in Prag und 1967–68 bei → Marini an der Akademie Brera, Mailand, studierte. Lebt seit 1985 in Deutschland. Schon in ihren ersten Arbeiten – aufgestellte Grabsteine – tritt als zentrales Thema das Monument als Zeichen für Verlust, Scheitern und Vergeblichkeit in den Vordergrund. In der zweiten Hälfte der 1980er Jahre entstehen großangelegte klobige Holzskulpturen aus massiven Holzstämmen, die nur mit Beil und Säge rudimentär behandelt werden. Die eindringliche Aussagekraft dieser ins Leere steigenden Treppen, Türen und funktionslosen Stühle (*Der Setzung andere Seite,* 1987) resultiert aus ihrer an kultische Zeichen erinnernden, archaischen Anmutung.

Jiang Song (tätig um 1500)
Chinesischer Maler aus Jinling (heute Nanjing, Prov. Jiangsu) zur Zeit der Ming-Dynastie (1368–1644), Mitglied der → Zhe-Schule. Hervorragend in der Darstellung der Flüsse und Berge seiner Heimat, bevorzugte er kräftige Farbmischungen in stets variierenden Tönen,

Alexej von Jawlensky, *Dame mit blauem Hut,* 1913

wodurch er Nebelstimmung und üppige Vegetation wiederzugeben verstand.

Jin Nong (1681–nach 1764)
Chinesischer Maler der Qing-Dynastie (1644–1911/12) aus Hangzhou (Prov. Zhejiang), einer der ›Acht → seltsamen Meister‹ aus Yangzhou, Maler von Pflaumenblüten und ◇Kalligraph. Bekannt durch seine persönliche Interpretation des ›offiziellen‹ Stils mit kräftigen Horizontalen und so zarten Vertikalen, als ob sie nicht mit dem Pinsel, sondern mit einer scharfen Feder gezogen wären.

Jing Hao (tätig ausgehendes 9./frühes 10. Jh.)
Chinesischer Künstler aus Qinshui (Prov. Henan), einer der ersten ◇Landschaftsmaler und Verfasser einer Abhandlung über Landschaftsmalerei mit dem Titel ›Bifazhi‹ (›Bemerkungen über den Pinselstrich‹).

Jochims, Reimer (* 1935)
Deutscher Maler, Autodidakt, studierte 1955–57 und 1965–68 Philosophie und Kunstgeschichte an der Universität München. Seit 1971 ist er Professor an der Städelschule in Frankfurt a. M. J. praktiziert in seinen Bildern eine Malweise, die die chromatische Fluktuation zwischen Farbe und Fläche durch eine nuancierte Dichte von Farbpigmenten auf der Leinwand analysiert.

Jōchō-Schule
Japanische Bildhauerschule unter der Leitung Jōchōs (tätig 1022–57). Auf ihn geht die Neugestaltung des Buddha-Sitzbildes in der späten Heian-Zeit (Heian-Zeit 794–1185) zurück. Das einzige erhaltene Bildwerk ist die Figur des Amida (Amitabha) in der Phönixhalle (Hōō-dō) des Byōdō-Tempels (1052 gegründet). Im Gegensatz zur spielerischen, leichteren Auffassung zeitgenössischer Bildwerke begegnen wir hier einer strengeren Linienführung. J. pflegte auch systematisch die ◇Yosegi-Technik.

Jode, Pieter d. Ä. (1570–1634)
Flämischer ◇Kupferstecher, Schüler von H. → Goltzius, schuf zahlreiche Stiche nach Bildern bedeutender niederländischer und italienischer Meister. Sein Sohn Pieter d. J. (1606–nach 1674), ebenfalls Kupferstecher, wirkte in England; er fertigte Stiche nach Gemälden von → Rubens und van → Dyck, für dessen ›Ikonographie‹ (1636) er einige Blätter ausführte.

Augustus John, *Madame Suggia* (Ausschnitt), um 1923

John, Augustus Edwin (1878–1961)
Englischer Maler und ◇Zeichner, Vertreter des englischen ◇Postimpressionismus im Kreis um → Sickert. J.s hervorragendes Zeichentalent zeigte sich bereits während seiner Studienzeit an der Slade School of Art in London. Mit seiner unkonventionellen, unsteten Lebensführung (z. T. lebte er bei Zigeunern) entsprach er den gängigen Vorstellungen vom Künstler als Bohemien. Viel verdankte er dem Studium der alten Meister und den französischen Malern des 19. Jh.s (→ Puvis de Chavannes), entwickelte jedoch seinen eigenen, überzeugenden und spontanen, wenn auch nicht tiefgründigen Malstil. Neben Landschaften und Blumenstilleben malte er v. a. Figurenbilder und ◇Porträts (*George Bernard Shaw,* um 1914; *Madame Suggia,* um 1923), die wesentlich vom Zeichnerischen bestimmt sind und ihm einen Platz unter den britischen Porträtisten sicherten.

John, Gwen (Gwendolyn Mary J.) (1876–1939)
Englische Malerin, Schwester von A. → John, studierte wie dieser an der Slade School of Art. Seit 1898 lebte sie in Paris, dort Schülerin von → Whistler, später eng befreundet mit → Rodin und R. M. Rilke. Sie malte hauptsächlich zurückhaltende, tonig ausgewogene ◇Porträts (*Selbstbildnis,* um 1899–1900) und Bildnisstudien von Frauen und Kindern (siehe Abb. S. 284).

Gwen John, *Selbstbildnis,* um 1899–1900

Johns, Jasper (* 1930)
Amerikanischer Maler, ◇Bildhauer und ◇Grafiker, studierte an der University of South Carolina. 1952 ging er nach New York, wo er sich → Rauschenberg anschloß. Im Kontakt mit ihm und → Cage entwickelte er die Ideen → Duchamps weiter. Ausgehend vom ◇Abstrakten Expressionismus wandte er sich Mitte der 1950er Jahre bewußt banalen Sujets zu: Zahlen, Zielscheiben, der US-amerikanischen Flagge (ab 1954; *Flagge auf orangefarbenem Grund,* 1957). Diese Arbeiten, meist in ◇Enkaustik oder ◇Öl ausgeführt, wie auch J.' ◇Assemblagen mit eingefügten realen Gegenständen (ab 1957) oder die in Bronze gegossenen und bemalten ›Sculpmetals‹ (z. B. Glühbirnen oder Konservendosen, ab 1960) waren von entscheidendem Einfluß auf die Entwicklung der ◇Pop Art. Die Flaggen-Bilder brachten darüber hinaus erstmals in der Geschichte der Malerei den Bildgegenstand mit dem Bild selbst zur Deckung und stellten damit – erstmals nach Duchamps *Fountain* und von anderer Position aus – die Frage nach der Identität des Dinges und des Bildes (Johns: »Is it a flag or is it a painting?«), ein Problem, das später von der ◇Konzeptuellen Kunst (v. a. von → Kosuth) erneut in Angriff genommen wurde. In jüngster Zeit entstanden Bilder, bei denen die Leinwand im Sinn des → Pollockschen ›All Over Painting‹ gleichmäßig mit farbigen Linienbündeln gefüllt ist. Sein grafisches Werk umfaßt u. a. ◇Lithographien, ◇Siebdrucke, ◇Radierungen und ◇Zeichnungen.

Johnson, Jonathan Eastman (1824–1906)
Amerikanischer ◇Genre- und ◇Porträtmaler, studierte in Düsseldorf bei → Leutze (1849–51) und bei → Couture in Paris. Einige Jahre arbeitete er in Holland (Den Haag), wo er sich an → Rembrandt und → Vermeer schulte. 1855 kehrte er in die USA zurück. Obwohl ein erfolgreicher Porträtist (*Die Familie Hatch,* 1871, MM), wurde er v. a. bekannt mit seinen amerikanischen Genreszenen (*Kornschälen in Nuntucket,* ebda.). Das Leben der Indianer, der Pioniere in Wisconsin und der Schwarzen in den Südstaaten (*My Old Kentucky Home,* 1859) bildeten die Themen seines Werks, das sich durch warme Tonigkeit und stimmungsvollen ◇Realismus auszeichnet.

Jones, Allen (* 1937)
Englischer Maler, studierte u. a. am Royal College of Art (1959–60), wo er von → Kitaj beeinflußt wurde. Er war an der Ausstellung ›Young Contemporaries‹ (1961) beteiligt, die der engli-

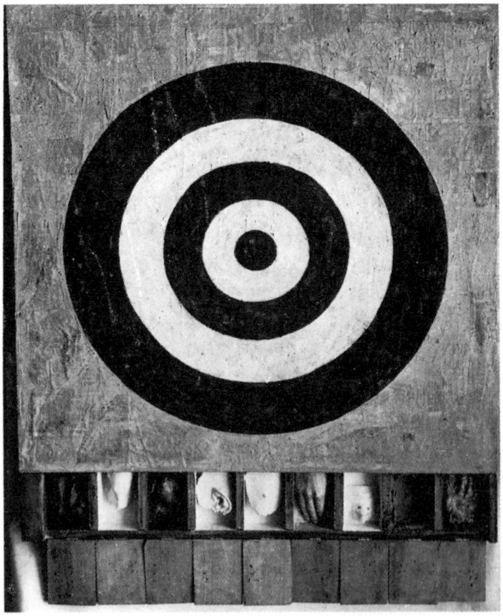

Jasper Johns, *Zielscheibe mit Gipsabgüssen,* 1955

schen ◇Pop Art zum Durchbruch verhalf. J.' Malerei ist geprägt durch einen von R. → Hamilton beeinflußten nostalgischen Hang zur Pop-Kultur Amerikas der 1940er Jahre sowie durch eine teils banale, teils aggressive Darstellung sexueller Sujets, die er mit den klischeehaften Mitteln der Werbung noch übersteigert.

Jongkind, Johan Barthold (1819–1891)
Niederländischer Maler und ◇Radierer, der ◇Landschaftsbilder (◇Seestücke, Straßenszenen u. a.) schuf. Er studierte in Den Haag bei → Schelfhout, in den 1840er Jahren bei → Isabey in Paris und wurde mit den → Barbizon-Malern bekannt. Ab 1860 lebte er ständig in Frankreich, wo er 1862 → Monet und → Boudin kennenlernte, mit denen er gemeinsam malte, wobei er großen Einfluß auf den jungen Monet ausübte. Wie Boudin gilt auch J. als ein Vorläufer des ◇Impressionismus, v. a. in seinen ◇Zeichnungen und ◇Aquarellen, aber auch in den ◇Ölgemälden mit ihrer lichterfüllten Atmosphäre, den weiten Horizonten und schimmernden Lichtreflexen auf dem Wasser (*Die Seine und Notre-Dame de Paris,* 1864, Musée d'Orsay, Paris; *In Holland: Boote bei der Mühle,* 1868, ebda.).

Jonson van Ceulen (Johnson v. C., Janssens v. C.), Cornelis (1593–1661)
Englischer ◇Porträtmaler flämischer Abkunft, der in London geboren wurde, wo er bis zu seiner Übersiedelung nach Holland (1643) arbeitete. Sein Stil war von D. → Mytens und van → Dyck beeinflußt, mit dessen Eintreffen in England (1632) J.s eigene Popularität schwand (J. war für Jakob I. und Karl II. tätig).

Joos van Cleve siehe → **Cleve,** Joos van

Joos van Gent siehe → **Wassenhove,** Joos van

Jordaens, Jacob (1593–1678)
Flämischer Maler, ◇Radierer und Teppichentwerfer, Schüler und Schwiegersohn von Adam van Noort und Gehilfe von → Rubens (Mitarbeit am Altar der Fischergilde, Mecheln), der ihn nachhaltig beeinflußte. Neben Rubens und van → Dyck der bedeutendste flämische Maler des 17. Jh.s, Haupt der Antwerpener Malergilde (1615 selbständiger Meister, 1620–21 Vorsitzender). Neben mythologischen (*Satyr beim Bauern,* nach 1620, AP) und religiösen Szenen

Jacob Jordaens, *Der gefesselte Prometheus,* 1640/45

(*Die vier Evangelisten,* um 1615, Louvre) sowie ◇Porträts (*Jacob Jordaens und die Familie seines Schwiegervaters,* um 1616, Eremitage) malte er sinnenfrohe, etwas derbe, volkstümliche ◇Sittenbilder, die den urwüchsigen Charakter der Flamen besonders treffend schildern (*Der König trinkt [Das Bohnenfest/Das Dreikönigsfest],* 1638–56, mehrere Fassungen, u. a. Antwerpen, Eremitage, KhW, Louvre). Das dramatische ◇Chiaroscuro von ◇Ölgemälden wie *Anbetung der Hirten* (1618, Nationalmuseum, Stockholm) geht auf den Einfluß der Malerei → Caravaggios zurück, die ihm A. Janssens und v. a. Rubens vermittelten (J. selbst war nie in Italien). Nach dem Tode Rubens' (1640) und van Dycks (1641) erhielt J. alle bedeutenden repräsentativen Aufträge; so malte er den ›Oraniensaal‹ im königlichen Jagdhaus Huis ten Bosch in Den Haag aus (*Triumph Friedrich Heinrichs von Oranien; Allegorie der Zeit,* beide 1652). Nach seinem Übertritt zum Calvinismus (1645) wurde sein Stil nüchterner und ruhiger.

Jorn, Asger (A. Jørgensen) (1914–1973)
Dänischer Maler und ◇Grafiker, studierte bei → Léger und arbeitete für → Le Corbusier in Paris

(1936–37). Prägende Eindrücke empfing er durch → Klee und → Miró. 1948 war er Mitbegründer der → Cobra-Gruppe, seit 1954 lebte er in Paris und in Albisola (Italien). J. war das Haupt der Bewegung ›Internationale Situationniste‹. Seine Malerei ist eine nordische Variante des ◇Abstrakten Expressionismus mit einem magischen, spukhaften Unterton. In einer expressiven gestischen Zeichensprache und mit leuchtenden, dick aufgetragenen Farben evozierte er Erscheinungen einer grotesk-dämonischen Fabelwelt. Neben seiner Malerei und einem beachtlichen grafischen Werk schuf J. auch ◇plastische und ◇keramische Arbeiten sowie ◇Wandteppich-Entwürfe.

Josephson, Ernst (1851–1906)
Schwedischer Maler, ein ausgezeichneter Porträtist und Kolorist, der sich 1879 in Paris niederließ, wo er sich dem ◇Impressionismus (v. a. → Manet) anschloß, aber auch Einflüsse der ◇romantischen Malerei (→ Delacroix) aufnahm. Er wurde zum Haupt der in Paris lebenden schwedischen Künstler, die sich gegen die akademische Kunsttradition in ihrer Heimat wandten. 1888 kehrte J. nach Schweden zurück, als eine Schizophrenie zum Ausbruch kam, er blieb aber weiterhin künstlerisch tätig. Die expressiven, phantastischen Werke dieser letzten Zeit (besonders die ◇Zeichnungen) haben nicht nur die moderne Entwicklung der Malerei in Schweden, sondern auch die deutschen ◇Expressionisten und die ◇Surrealisten beeinflußt.

Jouvenet, Jean Baptiste (genannt Jean le Grand) (1644–1717)
Französischer Maler, bedeutendster Kirchenmaler Frankreichs seiner Zeit (*Heimsuchung Mariä,* 1716, für den Chor von Notre-Dame, Paris), schuf daneben monumentale Gemälde mit historischen und mythologischen Sujets. Er kam 1661 nach Paris und wurde Schüler von → Lebrun, der ihn stark beeinflußte. J. war an großen dekorativen Projekten in den Schlössern Versailles (Ausmalung des ›Salon de Mars‹ mit René Antoine Houasse und → Audran) und Marly tätig. Nach Lebruns Tod (1690) näherte sich sein Stil einer bewegteren, von → Rubens beeinflußten ◇barocken Malweise (Deckengemälde im Justizpalast in Rennes, 1694–96).

Juan de Flandes (Jan van Vlaandern) (tätig 1496 – um 1519)
Flämischer Maler am Hof der Isabella von Kastilien (1496–1504). Seine bedeutendsten Auftragswerke sind die Altartafeln für das Oratorium der Königin mit *Szenen aus dem Leben Christi und Mariä* (heute z. T. Königlicher Palast, Madrid; NGL; NGW; KhW; Louvre; Berlin) sowie die Tafeln des ◇Hochaltars von S. Lázaro in Palencia (1509, heute Prado). Diese Arbeiten rechtfertigen die Annahme, daß J. in den Niederlanden ausgebildet wurde; die klare ◇Komposition und räumliche Gliederung zeigen den deutlichen Einfluß von van der → Goes und der am burgundischen Hof tätigen niederländischen Buchilluminatoren. J. führte auch ◇Porträts aus, so gilt das *Bildnis des jungen Mädchens (Johanna die Wahnsinnige?)* als sein Werk.

Judd, Donald (* 1928)
Amerikanischer ◇Bildhauer, studierte an der ◇Art Students' League (1948) sowie Philosophie (1949–53) und Kunstgeschichte (1957–62) an

Donald Judd, *Ohne Titel,* 1965

der Columbia University in New York. Nach Anfängen als Maler gelangte er über ◇reliefartige Bilder (1961) zur Bildhauerei (erstes freistehendes Bodenstück 1962). Mit seinen in der Folgezeit entstandenen, industriell hergestellten und meist großformatigen Arbeiten wurde er zu einem der bedeutendsten Vertreter der ◇Minimal Art: Einzelstücke oder mehrteilige Arbeiten aus einfachen geometrischen Formen (aus Metall – z. T. mit farbigem Plexiglas oder bemalt – und Holz), die in gleichen Abständen über- oder nebeneinander (an der Wand) bzw. hintereinander angeordnet sind. B. war auch als Kunstkritiker tätig (u. a. für ›Art News‹; 1959–65 Mitherausgeber von ›Arts Magazine‹) und verfaßte einige für die Kunstauffassung nach 1965 bedeutende Aufsätze (z. B. ›Specific Objects‹, 1965). In den 1980er Jahren setzte sich J. auch kritisch mit dem Kunstbetrieb und dessen Umgang mit der ◇Konzeptuellen Kunst auseinander.

Juel, Jens (1745–1802)
Dänischer Maler, geschätzter Porträtist seiner Zeit, studierte in Rom und Paris. Er war Hofmaler (ab 1780) in Kopenhagen und Direktor der dortigen Akademie. Neben kleinformatigen, schlichten ◇Porträts (häufig in Ovalform) malte J. ◇Landschaftsbilder, Gruppenporträts in der Landschaft sowie Blumen- und Früchtestilleben. Er war der Lehrer von → Runge und gehörte neben → Abildgaard zu den bedeutendsten dänischen Malern des späten 18. Jh.s.

Junger Westen
1948 in Recklinghausen gegründete Künstlervereinigung, der Thomas Grochowiak, Gustav Deppe, Ernst → Hermanns, Emil → Schumacher und Hans Werdehausen angehörten. Ziel der Gruppe war der Wiederanschluß deutscher Kunst an die internationale Moderne nach dem Zweiten Weltkrieg.

Junges Rheinland
Im Anschluß an den Ersten Weltkrieg in Düsseldorf gegründete Vereinigung junger Künstler, die eine neue antiakademische Kunst anstrebten und ihren Treffpunkt im Ladenlokal der Johanna → Ey hatten. Zu den wichtigsten Vertretern und Freunden der Gruppe gehörten Jankel → Adler, Gerd → Arntz, Heinrich Maria → Davringhausen, Otto → Dix, George → Grosz, Max → Ernst, Heinrich → Hoerle, Otto → Pankok, H. W. → Seiwert, Adalbert Trillhaase, Gert Heinrich → Wollheim und Adolf → Uzarski. Enge Verbindungen unterhielt das J. R. zur Berliner → Novembergruppe und der Dresdner ◇Sezession. Die Gruppe bestand bis Mitte der 1920er Jahre, 1929 versuchte die ›Rheinische Sezession‹ die Tradition des J. R.s fortzuführen. Wichtigste Veranstaltung war die 1922 im Düsseldorfer Kaufhaus Tietz organisierte ›Erste Internationale Kunstausstellung‹.

Juran (tätig um 960/980)
Chinesischer Maler aus Jiangning (Prov. Jiangsu), Mönch und Schüler des → Dong Yuan, malte Landschaften im weicheren Stil des Südens, der im Gegensatz zur eher das Rauhe unterstreichenden Malweise des Nordens (→ Fan Kuan) stand. Die Hängerolle *Im herbstlichen Bergland auf der Suche nach dem Dao* (National Palace Museum, Taipeh) läßt klar die für J. typischen geröllbedeckten Erdhänge erkennen. Im Titel des Werkes zeigt sich die chinesische Vorstellung, daß ›Dao‹ (d. h. die unerschütterlichen Prinzipien des Universums selbst) in den formalen Konventionen des Pinselstrichs in der Landschaftsmalerei zum Ausdruck komme.

K

Kabakow, Ilja (* 1933)
Russisch-ukrainischer Künstler, der 1957 sein Studium am Surikow-Institut in Moskau beendete. K. gehört zu denjenigen Künstlern der Moskauer Schule, die sich mit ◇konzeptuellen und inszenatorischen Sprachmitteln kritisch mit dem ◇Sozialistischen Realismus und mit dem Einfluß von Ideologie auf die Kunst auseinandersetzen. K. benutzt sowohl das ◇Tafelbild, kombiniert mit Schrift, wie auch komplexe, raumgreifende ◇Installationen (*Der rote Wagen,* 1990–91), um seinen Diskurs über Kunst, Politik und Gesellschaft ins Bild zu setzen.

Kabiren-Vasen
Nach dem Hauptfundort, dem Kabirenheiligtum bei Theben, benannter ◇schwarzfiguriger griechischer Vasentyp aus dem 5./4. Jh. v. Chr. Die Bemalungen zeigen oft bis ins Burleske gesteigerte Szenen des Alltags- und Festtagstreibens.

Kadjaren-Schule (Ende 18.–19. Jh.)
Unter dem zweiten K.-Herrscher, Fath Ali Schah (1797–1834), entwickelte sich eine charakteristische persische Schule, die europäische Techniken plastischer und perspektivischer Darstellung mit islamischen Traditionen verschmolz. Die ◇Miniaturmalerei wurde weithin von großformatigen Werken abgelöst (◇Tafel- und ◇Wandbilder mit Schlachten- und Hofszenen). Der ›archaisch‹ wirkende Stil ist statisch, bei allen Proportionsmängeln würdevoll, unnaturalistisch und förmlich. Eines der typischsten Beispiele ist der Chaqan-Diwan (1802, Royal Library, Windsor).

Kaesebier, Gertrude (1852–1934)
Amerikanische ◇Fotografin, Mitglied der ›Photo Secession‹, die mit ihren nach Gemälden alter Meister abgelichteten Porträt- und Landschaftsaufnahmen zu den bedeutendsten Pionieren der Fotokunst gehört.

Kahnweiler, Daniel-Henry (1884–1979)
Französischer Kunsthändler und Sammler, Schriftsteller und Verleger deutscher Herkunft, der als einer der bedeutendsten Galeristen des 20. Jh.s eine Schlüsselfigur der modernen Kunst wurde. Seine erste Galerie eröffnete er 1907 in Paris, wo er Werke der ◇Fauvisten (u. a. → Derain, → Vlaminck) und seiner ◇kubistischen Künstlerfreunde → Braque, → Gris, → Léger, → Picasso ausstellte. K. war einer der ersten Förderer der Kubisten und engagierter Vertreter ihrer Ideen (›Der Weg zum Kubismus‹, 1920). Ein besonders enges Verhältnis hatte er zu Gris, über den er eine grundlegende Monographie veröffentlichte (1946). Weitere Schriften K.s waren ›Mes galeries et mes peintres‹ (1961) und ›Ästhetische Betrachtungen‹ (1965). Er war der erste Verleger von → Apollinaire, Max Jakob und anderen avantgardistischen Literaten.

Kaigetsudō Ando (K. Yasunori) (1671–1743)
Japanischer Künstler, der erste in einer Abfolge von Malern der ◇Ukiyo-e-Schule, der sich auf statuarische Ganzkörperbildnisse von Kurtisanen spezialisierte. Diese neuartige Thematik taucht sowohl in der Malerei wie in den wenigen ◇Drucken auf, die die Gruppe hervorbrachte.

Kaihō Yūshō (1533–1615)
Japanischer Maler, Sohn eines verarmten Adligen, Mönch und Schuler von → Kanō Motonobu. Charakteristisch für ihn ist eine scheinbar einfache Technik: die Kombination aus gekonnter Pinselführung und Farblavierungen.

Kaikei-Schule
Japanische Bildhauerschule zu Beginn der Kamakura-Zeit (1192–1333) mit dem Hauptstreben, den kraftvollen Stil der Nara-Zeit (710–784) wiederzubeleben. Die Bewegung wurde angeführt von Unkei, dem Sohn des Kōkei, ein ◇Bildhauer, der seine Herkunft auf → Jōchō zurückführte. Kaikei übernahm die Atelierleitung von Kōkei und arbeitete sowohl allein wie auch zusammen mit Unkei. Die Söhne Unkeis (Tankei, Kōun, Kōben und Kōshō) führten die Tradition fort. Jōkei, dem die Shō-Kannon-Skulptur (1226) im Kurama-Tempel und der Yuima-koji im Kōfuku-Tempel zuverlässig zugeschrieben werden, gehörte ebenfalls der Gruppe an. Zwei Wächterfiguren von Unkei und Kaikei (1203) am großen Tor des Tōdai-Tempels illustrieren die wirkungsvolle Anwendung eines realistischen Stils. Wie bei den meisten Kamakura-◇Skulpturen zu beobachten, ist der Eindruck der Bildwerke ›irdischer‹ und materieller als der strenge emotionale Realismus der entsprechenden Nara-Gegenstücke.

Kakiemon siehe → **Sakaida** Kakiemon

Kalamis (tätig 1. Hälfte 5. Jh. v. Chr.)
Griechischer ◇Bildhauer, vielleicht aus Böotien, berühmt durch seine Pferdestatuen. Außerdem schuf er für den Dichter Pindar eine ◇Statue des Zeus Ammon, für die Stadt Tanagra einen Hermes, für Apollonia Pontika eine Kolossalstatue des Apollon und eine Statue des Apollon Alexikakos, die im Athener Kerameikos stand. Ihm wird ferner der *Gott aus dem Meer* vom Kap Artemision zugeschrieben (Nationalmuseum, Athen).

Kalckreuth, Graf Leopold von (1855–1928)
Deutscher Maler und ◇Grafiker, der in Weimar und München studierte und von → Lenbach beeinflußt wurde. Studienreisen führten ihn nach Paris, Italien und in die Niederlande. K. verband in seiner Malerei eine realistische Wirklichkeitsdarstellung mit der Malweise des ◇Impressionismus (*Das Alter,* 1894, Dresden).

Kalf(f), Willem (1619–1693)
Holländischer Maler, Hauptmeister der holländischen ◇Stillebenmalerei des 17. Jh.s. K. war in Rotterdam, Paris (1642 nachweisbar) und ab 1646 wieder in Rotterdam tätig; ab 1653 lebte er in Amsterdam. Nach 1663 schränkte er seine Produktion stark, nach 1680 fast völlig ein. Unter dem Einfluß von → Rembrandt entwickelte er einen dunkeltonigen Stil mit hellen, aus der Tiefe hervorleuchtenden Farben und Lichteffekten. Neben seinen meist hochformatigen Stilleben mit edlen Gold-, Silber- und Porzellangefäßen, Stoffen und Früchten (*Silbergefäße,* 1643, WRM; *Stilleben mit chinesischer Terrine,* Berlin) malte K. auch kleine intime ◇Genreszenen.

Kalinowski, Horst Egon (* 1924)
Deutscher ◇Objektkünstler, studierte an der Kunstakademie in Düsseldorf (1945–48) und ging 1950 nach Paris. Nach frühen ◇Collagen mit Packpapier schuf er höhlenartige Objektkästen aus Holz und dunklem Leder, in die gefundene Gegenstände eingefügt werden. Diese sog. *Caissons* (oft mit Titel aus der antiken Mythologie) versteht K. als einen »Versuch, erfahrenes Leben fossilhaft und rätselvoll zu konservieren«.

Kallimachos von Athen
(tätig 2. Hälfte 5. Jh. v. Chr.)
Griechischer ◇Bildhauer, dem die Erfindung des korinthischen ◇Kapitells zugeschrieben wird und der als erster den Drillbohrer verwendet haben soll. Zu seinen Werken gehören eine goldene Lampe für das Erechtheion und die ◇Statue einer sitzenden Hera für einen Tempel in Plataä. Zugeschrieben wird ihm die *Venus Genetrix* (Louvre).

Kanachos (tätig 500/450 v. Chr.)
Griechischer ◇Bildhauer aus Sikyon. Quintilian und Cicero berichten, er habe steifere und strengere ◇Statuen geschaffen als → Kalamis. Sein berühmtestes Werk war die (von den Persern geraubte) Bronzestatue des Apollon Philesios in Didyma.

Kandinsky, Wassily (1866–1944)
Russischer Maler und Kunsttheoretiker, ging nach einem Jura- und Volkswirtschaftsstudium in Moskau (1886–92) nach München, um Maler zu werden (1896). Er studierte bei Anton Ažbé, wo er → Jawlensky kennenlernte, und bei → Stuck (1900–01). Ab 1902 unterrichtete er an der Phalanx-Kunstschule, wo Gabriele → Münter seine Schülerin wurde. 1909 gehörte er zu den Mitbegründern der → Neuen Künstlervereinigung München. 1910 entstand sein erstes rein ◇abstraktes ◇Aquarell. In seinem 1912 erschienenen Buch ›Über das Geistige in der Kunst‹ begründete er diesen revolutionären Schritt zur Abstraktion. Mit seinen Freunden → Klee, → Macke und → Marc gründete er 1912 den → Blauen Reiter. Den Ersten Weltkrieg verbrachte K. in Moskau, kehrte aber 1921 nach Deutschland zurück und lehrte ab 1922 bis zu seiner Emigration nach Paris (1933) am ◇Bauhaus. Mit Klee, → Feininger und Jawlensky bildete er 1924 die Gruppe der → ›Blauen Vier‹. K. hat als Maler wie als Kunsttheoretiker den Weg für die vom Gegenständlichen befreite ›absolute‹ Malerei bereitet. Intuitiv und intellektuell hatte er erkannt, daß erst durch die Ausschaltung des Bildgegenstandes die Farben und Formen ihr eigenes wahres Wesen entfalten und zum Ausdrucksinstrument seelischer Empfindungen werden können. Die Entwicklung zur Abstraktion bedeutete für ihn eine Entwicklung zum Spirituellen, worin er durch seine theosophischen Studien bestärkt wurde. Seinem russisch geprägten Hang zum Mystizismus stand ein systematisches Bemühen um bildnerische Gesetzmäßigkeiten, wie sie in der Musik zu finden sind,

Wassily Kandinsky, *Bild mit schwarzem Bogen,* 1912

gegenüber. K.s gegenständliches Frühwerk zeigt die Einflüsse russischer ◇Volkskunst, des ◇Neoimpressionismus und ◇Jugendstils. Erst ein starker Eindruck durch → Monets *Heuhaufen* und durch den ◇Fauvismus führte zur Befreiung der Farbe vom Figürlichen und ab 1910 zu seinen ◇abstrakt-◇expressionistischen *Kompositionen* und *Improvisationen.* Ab 1917 gelangte sein Stil unter dem Einfluß des ◇Konstruktivismus zu einer immer stärkeren geometrischen Verfestigung der Form. 1926 erschien seine Bauhaus-Schrift ›Punkt und Linie zu Fläche‹, eine grundsätzliche Abhandlung, die sich mit dem Wesen der Form auseinandersetzt.

Kändler (Kaendler), Johann Joachim (1706–1775)
Deutscher ◇Bildhauer und Porzellanmodelleur, 1730 von August dem Starken zum Hofbildhauer ernannt und 1731 als Modelleur an die Meißner Porzellan-Manufaktur berufen. Er entwickelte dort eigenständige Form- und Ausdrucksmöglichkeiten der bildhauerischen Arbeit mit ◇Porzellan und gilt damit als ›Erfinder‹ der Porzellanplastik in Europa. Seine Werke spiegeln den graziösen Schwung des ◇Rokoko und prägten bis in das ausgehende 19. Jh. den Stil der Meißner Porzellanarbeiten.

Kang Hŭi-an (1419–1465)
Koreanischer Maler, ◇Kalligraph und Dichter. Als Angehöriger einer Adelsfamilie trat er in die Gelehrtenakademie Chiphyonjon ein. Er besuchte oftmals China und wurde von den Malern der Südlichen Song-Dynastie (1127–1279) beeinflußt. Eines seiner berühmtesten Werke ist *Weiser in Meditation.*

Kanō Eitoku (Kuninobu) (1543–1590)
Japanischer Maler, Enkel und Schüler des → Kanō Motonobu, frühzeitig als Maler von Rang erkannt und von Nobunaga mit der Ausschmükkung des Azuchi-Schlosses betraut (durch Brand zerstört). Einige – nach der Überlieferung im Auftrag Oda Nobunagas (1534–1582) – angefertigte Wandschirme zeigen seinen dynamisch-rhythmischen Stil, der an die ◇Yamato-e-Malerei erinnert. Seine dekorativen Zwecken dienende Farbgebung (Malerei vor Goldgrund) sicherte ihm großen Erfolg, und fast alle nachfolgenden Malschulen übernahmen seine Technik.

Kanō Masanobu (um 1434–1530)
Japanischer Maler und Gründer der → Kanō-Schule, arbeitete für den Shōgun in Kyōto und wandte als erster Laienmaler (also ohne Zen-Mönch zu sein) den chinesischen Song-Stil der ◇monochromen ◇Tuschmalerei an. Die frühen Merkmale der Kanō-Schule (Fehlen von Symbolik, kräftige Linienführung usw.) treten in seinen Arbeiten zutage, in denen übrigens das spätere dekorative Element noch nicht vorhanden ist.

Kanō Motonobu (1476–1559)
Japanischer Maler, Sohn und Schüler → Kanō Masanobus. K. schuf der → Kanō-Schule künstlerisch und finanziell ein festes Fundament, ja er begründete sie erst eigentlich. Er führte das großflächige dekorative Element in den an der chinesischen Song-Malerei (◇chinesische Kunst) orientierten Tuschstil ein – vielleicht aufgrund seiner Heirat mit der Tochter von → Tosa Mitsunobu, dessen Amt am Hof er übernahm – und richtete ein großes Atelier ein, um die gewaltige Nachfrage nach seinen dekorativen Arbeiten zu bewältigen. Die Synthese japanischer und chinesischer Traditionen machte ihn zum Wegbereiter des repräsentativen Momoyama-Stils (◇japanische Kunst).

Kanō Sanraku (1559–1639)
Japanischer Maler, Adoptivsohn und Nachfolger → Kanō Eitokus in der → Kanō-Schule. 1583 an den Hof von Ōsaka berufen, schuf er für die Paläste und Tempel des Regenten Toyotomi Hideyoshi dekorative Malereien auf Schiebetüren

und Stellschirmen. Die Kühnheit und Großzügigkeit K. Eitokus weicht in seinen betont dekorativen Arbeiten einem stärkeren Detailreichtum.

Kanō Sansetsu (1590–1651)
Japanischer Maler, Adoptivsohn → Kanō Sanrakus, mit dem er zusammenarbeitete, wenngleich sein Stil gedämpfter gewesen sein soll. K. Sansetsu blieb in Kyōto, als die eigentliche → Kanō-Schule unter dem Tokugawa-Shōgunat nach Edo (Tōkyō) übersiedelte.

Kanō-Schule
Diese größte Erbschule japanischer Maler wurde in der Muromachi-Zeit (1338–1573) von → Kanō Masanobu gegründet. Zuerst malte man in der chinesischen → Zhe-Manier, die → Sesshū nach Japan eingeführt hatte, dann wandelte sich der Stil unter → Kanō Motonobu (Masanobus Sohn), dem ersten wirklich großen Kanō-Maler, ins Dekorative und unterwarf sich unter → Kanō Eitoku bewußt einer dekorativen Zweckbestimmung. K. Eitoku wurde von Oda Nobunaga (1534–1582) gefördert, dem ersten Militärdiktator der Momoyama-Zeit (1573–1616), und seine kräftigen Farbmassen auf dem goldenen Hintergrund von Wandschirmen und Schiebetüren entsprachen genau dem Geschmack der Zeit. Dieser Hang zum Dekorativen wurde zum Kennzeichen nicht nur der Momoyama-Zeit, sondern auch der späteren Generationen der K.-S. Eitokus Adoptivsohn → Kanō Sanraku entwickelte unter dem Patronat von Toyotomi Hideyoshi den Stil noch weiter, doch nach der Generation → Kanō Tanyūs und seiner Brüder Kanō Naonobu und Kanō Tsunenobu herrschte in der Schule die Tendenz zum Abgleiten in akademische oder ausschließlich dekorative Kunstverrichtungen. Die meisten K.-Künstler waren dank ihrer chinesischen Ausbildung zugleich ausgezeichnete ◇Tuschmaler, und da der K.-Stil zum klassischen Stil wurde, erhielten viele Künstler anderer Schulen ihre ursprüngliche Ausbildung unter einem K.-Lehrer. Ein Ableger der späteren K.-S. war jener Stil der ◇Genremalerei mit dem Mittelpunkt in Kyōto, der prägenden Einfluß auf die ◇Ukiyo-e-Kunst ausüben sollte (aber auch für sich interessant ist).

Kanō Tanyū (K. Morinobu) (1602–1674)
Japanischer Maler, Sohn von Kanō Takanobu (1571–1618) und Enkel von → Kanō Eitoku, führende Gestalt der Edo-Linie innerhalb der → Kanō-Schule, die die offiziellen Maler des Tokugawa-Shōgunats stellte. Der äußerst fruchtbare K. Tanyū ist am bekanntesten durch seine Innenausstattungen des Nijō-Schlosses in Kyōto (1601–03 errichtet). Ein glänzender Techniker, der sich durch eine oft nachgeahmte leichte Pinselführung auszeichnete, gilt er gewöhnlich als der letzte große Maler der Kanō-Schule, die nach seinem Tod in einen steifen Akademismus verfiel.

Kanoldt, Alexander (1881–1939)
Deutscher Maler und ◇Grafiker, der zunächst in ◇neoimpressionistischer Manier malte. Angeregt durch den ◇Kubismus, entwickelte er eine magisch starre Form der geschachtelten Architekturlandschaft. Nach 1918 unterhielt K. in München enge Beziehungen zu → Schrimpf, mit dem er eine magisch-realistische Variante der ◇Neuen Sachlichkeit vertrat. Nach 1920 wandte er sich verstärkt auch dem ◇Stilleben zu, das er aus hartgeschliffenen, kantigen Gegenständen in einem gleichsam luftleeren Raum baute (*Stillleben mit Gitarre,* 1926, Staatsgalerie Stuttgart).

Kanovitz, Howard (* 1929)
Amerikanischer Maler des ◇Hyperrealismus, der seine ◇fotografisch-realistisch gemalten Figuren und Gegenstände durch einen einfarbigflächigen Bildhintergrund von fast magischer Irritation der Wirklichkeit entrückt.

Kantor, Tadeusz (1915–1990)
Polnischer Maler und Regisseur, studierte 1934–39 Malerei und Bühnenbildnerei an der Akademie in Krakau, an der er 1948–69 selbst lehrte. Nach anfänglicher Malerei im Stil des ◇Surrealismus folgte ein ◇informelles ◇Assemblage-Konzept, das in seiner Verbildlichung von Zufallserscheinungen auch in seinen Theater-Veranstaltungen zum Ausdruck kommt. Seit 1963 realisierte K. theatralische ◇Happenings, die das Motiv der Verpackung oder Bekleidung variierten.

Kanyōsai (1719–1774)
Japanischer Künstler, der in Nagasaki studierte und mit Büchern wie ›Kanyōsai Gafu‹ (1768) viel zur Ausbreitung des Einflusses von Shen Nanpin (→ Nanga-Schule) beitrug.

Kaprow, Allan (* 1927)
Amerikanischer Künstler und Theoretiker. K.

setzte sich in seinen Bildern (ab 1947) mit dem ◇Abstrakten Expressionismus, v. a. → Pollock, auseinander und weitete dessen räumlich-gestische Aspekte – bestärkt von → Cage, bei dem er 1956–58 studierte – zu ◇Environments und ◇Happenings aus, wobei der Begriff ›Happening‹ auf ihn zurückgeht (*18 Happenings in 6 Parts,* 1959 in der New Yorker Reuben Gallery veranstaltet), dessen bedeutendster Vertreter er auch wurde. Zu seinen bekannten Arbeiten zählen u. a. sein Environment *Yard* aus alten Autoreifen für ›Environments, Situations, Spaces‹ (1961), Happenings wie *Chicken* (Philadelphia 1962), *The Courtyard* (New York 1962), *Eat* (ebda. 1964) und *Gas* (1966). Ein theoretisches Konzept zu dieser Aktionskunst entwickelte er in seiner Schrift ›Assemblage, Environments and Happenings‹ (1966).

Karavan, Dani (* 1930)
Israelischer Künstler, der Malerei an der Bezalel-Kunstakademie Jerusalem und 1955–57 ◇Freskomalerei an der Accademia di Belle Arti in Florenz studierte. 1960–73 Bühnenbilder für Tanz und Theater in Israel und für die Martha Graham Dance Company, New York. Seit den 1960er Jahren Wandreliefs und architekturbezogene, teils großräumige ◇Environments, die auf den Einklang von künstlerischer Gestaltung und öffentlichem Lebensraum abzielen. Wo von K. Kontrapunkte gesetzt werden, sind sie werkimmanent. Vertikale gegen Horizontale, Kreis gegen Gerade. Poesie und Geometrie, gewachsene Natur und konstruierte Form sind für K. keine Gegensätze, sondern werden als integrale Bestandteile des Lebensraums gesehen.

Karobube (russ. ›Bubnowyi walet‹)
Nach einer gleichnamigen Ausstellung (1910) im Jahre 1911 in Moskau gegründete russische Künstlervereinigung. Neben den Initiatoren, den Brüdern W. und D. → Burljuk, und dem ›Erfinder‹ des Namens, → Larionow, gehörten zu ihren bedeutendsten Mitgliedern P. Kontschalowski, I. Maschkow, R. → Falk, N. → Gontscharowa, A. Kuprin und A. Lentulow. Nicht ganz zutreffend gelegentlich als ›russische Cézannisten‹ bezeichnet, vertraten die Künstler des K.n – ähnlich den ihnen verwandten westeuropäischen Gruppen und Strömungen (◇Neoimpressionismus, ◇Fauvismus, ◇Expressionismus) – eine Position des Protestes gegen überholte akademische Traditionen wie auch gegen den in Rußland verbreiteten ◇Symbolismus der → ›Blauen Rose‹ und den raffinierten Ästhetizismus der Gruppe → ›Welt der Kunst‹. Bereits 1911 spaltete sich eine Gruppe ab (u. a. die Brüder Burljuk, Gontscharowa, Larionow, → Malewitsch), die die Ausstellung → ›Eselsschwanz‹ organisierte. Die K.-Vereinigung löste sich 1917 auf.

Kassák, Lajos (1887–1967)
Ungarischer Schriftsteller und Maler (ursprünglich Schlosser), der sich unter dem Einfluß → Moholy-Nagys dem ◇Konstruktivismus anschloß. Von 1916 bis 1926 leitete er die Herausgabe der ◇avantgardistischen Zeitschrift ›Ma‹ (Heute).

Katsukawa Shunchō
(tätig letztes Viertel 18. Jh.)
Japanischer Maler, zunächst Schüler von → K. Shunshō, später im Stil → Torii Kiyonagas arbeitend.

Katsukawa Shunei (1762–1819)
Japanischer Maler, Schüler von → K. Shunshō, berühmt durch seine Schauspielerholzschnitte und durch die Einführung des ›Großkopf‹- oder Brustbildporträts. K.s lebhafte Darstellungsweise antizipiert den Stil → Sharakus und → Utagawa Toyokunis.

Katsukawa Shunkō (1743–1812)
Japanischer Maler, getreulicher Schüler von → K. Shunshō.

Katsukawa Shunshō (1726–1792)
Japanischer Maler und ◇Farbholzschnittmeister, der als erster den entspannten Realismus → Suzuki Harunobus in das Schauspielerporträt und in die Theaterdarstellung einführte und bei seinen Zeitgenossen wegen dieser Arbeiten in hohem Ansehen stand. K. löste sich (auch in ◇Genreszenen) vom bombastischen frühen Torii-Stil (→ Torii Kiyonobu) zugunsten einer realistischeren dramatischen Auffassung. Großen Einfluß übte K., der viele berühmte Schüler hatte, auf ◇Ukiyo-e-Künstler aus.

Katsushika Hokusai (Nakajima Tetsujirō)
(1760–1849)
Japanischer Maler und Meister des ◇Farbholzschnitts, einer der produktivsten (über 30000 Blätter) und vielseitigsten Künstler der ◇Ukiyo-e-

Kunst. Als Holzschneider ausgebildet, bevor er 1778 Schüler von → Katsukawa Shunshō wurde, führte er eine Reihe von Künstlernamen (u. a. Katsukawa Tetsuzō); den Namen H. nahm er erst 1796 an. Anfangs noch von seinem Lehrer Katsukawa geprägt, gab er 1795/96 dessen Stil auf und experimentierte mit japanischen (→ Tosa-, → Kanō- und Hayashi-Schule), chinesischen und europäischen Stilformen, von denen er u. a. die ◇Perspektive übernahm. 1812 beginnt seine zweite Schaffensperiode (die ersten 15 Bde. seiner ›Manga‹ genannten ◇Skizzen). Den Höhepunkt erreichte K. in seiner dritten Schaffensperiode mit den berühmten *36 Ansichten des Berges Fuji* (seit 1823, mehrere Auflagen), mit denen er die reine Landschaftsdarstellung des Ukiyo-e begründete, die dann später → Ando Hiroshige erfolgreich fortführte.

Katz, Alex (* 1927)
Amerikanischer Maler, studierte an der Cooper Union School of Art in New York (1945–49) und war neben seiner künstlerischen Tätigkeit als Entwerfer von Kostümen und Bühnenkulissen tätig. In den 1950er Jahren gehörte er zu den ersten Künstlern seiner Generation, die sich von der gestischen Malerei des ◇Abstrakten Expressionismus abwandten und im Vorgriff auf die ◇Pop Art in einem plakativen figurativen Stil arbeiteten, meist mit großen Formaten.

Kauffmann, Angelica (Maria Anna Angelica Catharina K.) (1741–1807)
Schweizer Malerin, erfuhr ihre künstlerische Ausbildung bei ihrem Vater, dem Maler Joseph Johann K. (1707–1782), und in Italien. 1762 wurde sie Mitglied der Florentiner Akademie, 1766–81 lebte sie in London; dort gehörte sie zu den Gründungsmitgliedern der Royal Academy und war mit → Reynolds befreundet. 1782 ließ sie sich mit ihrem Mann, dem Maler Antonio → Zucchi, in Rom nieder, wo ihr Haus zum Treffpunkt der Romdeutschen (→ Goethe, → Winckelmann) wurde. Sie malte mythologische, ◇allegorische und religiöse Bilder in einem sensiblen ◇klassizistischen Stil mit ◇rokokohaften Anklängen. Besonders geschätzt wurden ihre ◇Porträts, die den Einfluß der englischen Porträtkunst verraten (*Johann Joachim Winckelmann,* 1764, Kunsthaus, Zürich). Weithin bekannt wurden ihre Arbeiten durch Stiche von → Bartolozzi; sie waren auch eine bevorzugte Motivquelle für Porzellanmanufakturen.

Angelica Kauffmann, Tondo, um 1779

Kaulbach, Wilhelm von (1805–1874)
Deutscher Maler, Schüler von → Cornelius an der Düsseldorfer Akademie. 1826 ging er nach München, wo er eine bedeutende Rolle im Kunstleben spielte (1837 zum Hofmaler und 1849 zum Direktor der Akademie ernannt). K. war ein sehr geschätzter und vielbeschäftigter ◇Historienmaler. Von König Friedrich Wilhelm IV. erhielt er den Auftrag, das Treppenhaus des Berliner Neuen Museums mit Wandgemälden auszustatten (◇Freskenzyklus mit sechs Hauptbildern zu bedeutenden Epochen und Ereignissen der Welt- und Kulturgeschichte, 1847–64). Ebenso erfolgreich war K. als ◇Porträtist und ◇Buchillustrator (Goethe, ›Reineke Fuchs‹, 1840–46; Wieland u. a.).

Kawara On (* 1933)
Japanischer Künstler, wurde bereits 1952 mit eigenartigen, figurativen Bildern bekannt, ging aber 1958 nach Mexiko, um Architektur zu studieren. Nach einer schweren Identitätskrise Mitte der 1960er Jahre dienen seine Arbeiten seitdem der unmittelbaren existentiellen Bewältigung jedes einzelnen Tages, sei es durch sporadisch geschickte Telegramme mit der Feststellung *I am still alive* (meist an Organisatoren von Gruppenausstellungen, zu denen er eingeladen wurde), sei es durch seine in Serien zusammengefaßten Arbeiten, die auf verschiedene Arten seine Existenz fixieren: die 1966 begonnenen Serien *Date Paintings* (Bilder mit dem Datum des Tages, an dem sie entstanden sind) bzw.

I Read (Ausschnitte aus der Tagespresse der Tage, von denen ein *Date Painting* existiert) sowie die 1968 begonnenen Serien *I Went* (Fotokopien von Stadtplänen mit der Einzeichnung des am betreffenden Tag zurückgelegten Weges), *I Met* (Verzeichnis der Namen der am betreffenden Tag getroffenen Personen) und *I Got Up* (Ansichtskarten des jeweiligen Aufenthaltsortes, von denen pro Tag zwei verschickt werden, bestempelt mit *I Got Up,* der Uhrzeit, dem Ort, seinem Absender und der Adresse des Empfängers). Wegen ihrer klaren gedanklichen Konzeption und ihrer systematischen Struktur werden K.s Arbeiten der ◇Konzeptuellen Kunst zugerechnet.

Ke Jiusi (1290–1343)
Chinesischer Maler aus Taizhou (Prov. Zhejiang), bedeutender Kunstkenner (Bewunderer → Su Shis) und zugleich ◇Kalligraph und Maler; in der Bambusmalerei schloß er sich an → Wen Tong an. Man schätzte diese Arbeiten in China wegen ihrer Feinheit und zog sie in der Yuan-Zeit (1271–1368) der Päonien- und Hibiskus-Malerei der Song-Zeit (960–1279) vor.

Keene, Charles Samuel (1823–1891)
Englischer Maler, ◇Radierer und ◇Karikaturist. K. arbeitete u. a. für die ›Illustrated London News‹ (1847) und für den ›Punch‹ (1851–90). Der freie Strich und die raffinierte Modellierung seiner satirischen ◇Zeichnungen wurden von → Bracquemond, → Pissarro, → Degas, → Sikkert und → Whistler bewundert. Er schuf auch Buchillustrationen, z. B. zu Defoes ›Robinson Crusoe‹, sowie ein meisterhaftes *Selbstbildnis* (Tate Gallery, London).

Keirincx (Kerrincx), Alexander (1600–1652)
Flämischer ◇Landschaftsmaler und ◇Kupferstecher, dessen Frühwerk v. a. unter dem Einfluß van → Coninxloos stand. K. spezialisierte sich auf die Darstellung von Waldszenen (*Flußdurchströmte Waldlandschaft,* um 1640, Dresden), die sich durch sorgfältigen Bildaufbau, subtile Wiedergabe von Laubwerk und eine ruhige Grundstimmung auszeichnen. 1640–41 wirkte er in England, wo er unter dem Namen A. Carings bekannt war.

Kells, Book of (Kells-Evangeliar) (um 800)
Das B. o. K., das die Evangelien in lateinischer Sprache enthält (heute in der Trinitiy College Library, Dublin), ist die letzte der großen irisch-angelsächsischen ◇Handschriften – die kunstvollste in ihren dekorativen Elementen und stilisierteste in der Wiedergabe der menschlichen Gestalt (u. a. Evangelistenbilder, Mariendarstellungen, Gefangennahme und Versuchung Christi). Die Datierung um 800 wurde aus den ◇Kanontafeln erschlossen, die die Kenntnis ◇karolingischer Handschriften voraussetzen. Der prunkvolle Teil der (unvollendeten) Handschrift wurde in Iona gefertigt, die übrige Ausstattung in Kells.

Book of Kells (Kells-Evangeliar), *›Thronende Muttergottes‹* (Ausschnitt), um 800

Kelly, Ellsworth (* 1923)
Amerikanischer Maler und ◇Bildhauer, studierte u. a. 1946–48 an der Boston Museum School und 1948–50 an der Ecole des Beaux-Arts in Paris, wo er bis 1954 lebte. 1955 übersiedelte er nach New York. Beeinflußt von → Arp, → Braque, → Matisse und in Auseinandersetzung mit dem ◇Abstrakten Expressionismus und ◇konstruktivistischen Einflüssen entwickelte K. eine Form der Malerei und ◇Skulptur mit starkfarbigen ◇monochromen Farbflächen in organisch weichen oder geometrisch klaren Formen (u. a. auch aus einzelnen Teilen – Rechtecke, Quadrate, Rhomben – zusammengesetzte Bilder), in der er versuchte, der Farbe eine eigene, ›konkrete‹ Realität zu geben und mit der er zum Hauptvertreter des ◇Hardedge wurde. Dane-

ben entstanden nach 1959 auch ◇Zeichnungen nach der Natur in knappen Umrißlinien (z. B. Blüten und Blätter).

Kemény, Zoltán (1907–1965)
Schweizer Maler und ◇Bildhauer ungarischer Abstammung, studierte Architektur (1924–27) und Malerei (1927–30) in Budapest und war 1930–40 als ◇Designer in Paris tätig. Erst nach seiner Übersiedlung nach Zürich (1942) nahm er die Malerei wieder auf. In seinen ◇Reliefs und ◇Collagen verarbeitete er (ab 1946) die verschiedensten Materialien (Schrotteile, getrocknete Pflanzenwurzeln). Durch → Dubuffet wurde er in die ◇Art brut eingeführt. Ab 1954 entstanden *Images en relief* (reliefhafte, aus einzelnen, industriell hergestellten Teilen zusammengeschweißte Metallkonstruktionen).

Kensett, John Frederick (1818–1872)
Amerikanischer Maler, bereiste Europa (u. a. Parisaufenthalt, wo er auch Kopien nach → Claude Lorrain anfertigte). 1846 kehrte er in die USA zurück, wo er sich in New York niederließ und 1870 zu den Gründungskuratoren des Metropolitan Museum of Art gehörte. Als Vertreter der → Hudson River School zeichnete er sich mit seinen stimmungsvollen Landschaften aus, v. a. Küstenansichten, z. B. die Serie von 38 Gemälden des Long-Island-Sunds, die er in seinem letzten Lebensjahr schuf.

Kepes, György (* 1906)
Amerikanischer Maler und Schriftsteller ungarischer Abstammung, der am ◇Bauhaus arbeitete (1930–36 Zusammenarbeit mit → Moholy-Nagy in Film, Theater und Ausstellungsdesign) und 1937 in die USA ging, wo er als Lehrer für visuelle Gestaltung tätig war (1943 Leiter der Licht- und Farbabteilung des Institute of Design in Chicago; 1944 Veröffentlichung von ›The Language of Vision‹). 1966 entwarf er das Projekt einer Lichtarchitektur für den Bostoner Hafen. 1967–74 war K. Leiter des ›Center of Advanced Visual Studies‹ des Massachusetts Institute of Technology in Cambridge.

Kephisodotos
1) K. d. Ä., griechischer ◇Bildhauer (tätig 400–370 v. Chr.), ein Verwandter (Vater?) des → Praxiteles. Um 375 verfertigte er eine Bronzestatue der Eirene mit dem Plutosknaben, die auf dem Athener Areopag aufgestellt wurde (römische Marmorkopie in der Glyptothek, München). Trotz ihres ›süßen‹ Gesichtsausdrucks wirkt sie solider als die zeitgenössischen überzarten Figuren.

Georg Friedrich Kersting, *C. D. Friedrich in seinem Atelier,* 1811

2) K. d. J., ein Sohn des Praxiteles (tätig spätes 4. Jh. v. Chr.). Er schuf u. a. Porträtskulpturen des Menander und des Lykurg und führte die Praxiteles-Tradition ins 3. Jh. v. Chr. hinein fort.

Kerkovius, Ida (1879–1970)
Deutsche Malerin, die bei → Hoelzel an der Akademie in Stuttgart und 1920–23 am ◇Bauhaus bei → Kandinsky, → Klee und → Itten studierte. Der Stil ihrer Landschaften, Figurenbilder und Blumenstilleben ist von einer ◇kubistischen, festen Bildstruktur und expressiver Farbgebung geprägt.

Kern, Anton (1710–1747)
Deutscher Maler des ◇Barock, der in Dresden und Böhmen tätig war. Während eines Italienaufenthaltes erhielt er wesentliche Anregungen von der ◇illusionistischen venezianischen Malerei. Unter August III. wurde K. 1741 Hofmaler in Dresden, wo er sich mit religiösen, mythologischen und ◇allegorischen Sujets auf die dekorative Ausschmückung des Hofes konzentrierte.

Kersting, Georg Friedrich (1785–1847)
Deutscher Maler, studierte u. a. bei → Abildgaard und → Juel an der Kopenhagener Akademie; ließ sich dann in Dresden nieder, wo er sich eng an den ◇klassizistischen Maler G. v. → Kügelgen und an → Friedrich anschloß, der ihn stark beeinflußte. Mit seinen kleinformatigen, schlichten, lichtdurchfluteten Innenräumen, die einzelne Figuren bei stiller Beschäftigung zeigen (*C. D. Friedrich in seinem Atelier,* 1811, Hamburger Kunsthalle), war K. ein klassischer Vertreter der ◇Interieurmalerei im ◇Biedermeier. 1813 beteiligte er sich an den Freiheitskriegen, 1818 wurde er Leiter des Malateliers an der Meißner Porzellanmanufaktur. Seine freie künstlerische Tätigkeit trat seitdem mehr und mehr in den Hintergrund (siehe Abb. S. 295).

Kertész, André (1894–1985)
Amerikanischer ◇Fotograf ungarischer Herkunft, der 1925 nach Paris und zehn Jahre später in die USA übersiedelte. Seine bildjournalistischen Arbeiten (u. a. für die Zeitschriften ›Look‹, ›Vogue‹ und ›Harper's Bazaar‹) sind geprägt von einer Blickrichtung auf den ungewöhnlichen Augenblick des Alltagslebens (u. a. tagebuchartige Beobachtung des New Yorker Washington Square, wobei groteske Situationen – allerdings ohne jede voyeuristische Perspektivik – festgehalten wurden).

Kessel, Jan van d. Ä. (1626–1679)
Flämischer ◇Stillebenmaler, der in Antwerpen wirkte. Berühmt wurde er mit seinen äußerst detailgenau gemalten ◇Miniaturen von Schmetterlingen und Insekten. Sein Sohn, Jan v. K. d. J. (1654–1708), schuf v. a. ◇Porträts und ◇Genreszenen. Er war seit 1686 Hofmaler des spanischen Königs Karl II.

Kessel, Jan van (um 1641–1680)
Holländischer ◇Landschaftsmaler, Schüler von J. van → Ruisdael. Er malte Gebirgsszenerien mit rauschenden Bächen und Panorama-Ansichten, die von seinem Lehrer und M. → Hobbema beeinflußt waren.

Kesting, Edmund (1889–1970)
Deutscher Maler, ◇Grafiker und ◇Fotograf, Mitglied der Künstlergruppe ›Der → Sturm‹ um H. → Walden. K. gründete 1919 in Dresden die Kunstschule ›Der Weg. Kunstschule für Gestaltung‹. Als Maler wurzelte K. im ◇Expressionismus, den er mit Elementen der ◇Abstraktion verband. Bekannt wurde K. v. a. durch seine Foto- und Lichtmontagen, in denen er mehrere Fotoebenen übereinander schichtete und dadurch eine stark expressive Bildwirkung erzielte (Motive aus dem zerstörten Dresden, 1946–48).

Ketel, Cornelis (1548–1616)
Holländischer ◇Porträtmaler, der auch biblische, mythologische und ◇allegorische Motive schuf. Er war in Gouda und Amsterdam tätig, außerdem 1573–81 in England, wo er von den Werken H. → Holbeins d. J. beeinflußt wurde. Seine künstlerische Bedeutung liegt in seinem Bildnisschaffen: K. gilt als Schöpfer des holländischen ganzfigurigen Einzel- und Gruppenporträts (*Die Kompanie des Kapitäns Dirck Jacobsz. Rosecrans und des Leutnants Pauw,* 1588, Rijksmuseum, Amsterdam).

Key (Kay), Adriaen Thomasz. (um 1544–1589)
Willem (um 1515–1568)
Flämische Maler, bekannt v. a. als ◇Porträtmaler. Adriaen Thomasz., der Neffe von Willem K., war in Antwerpen tätig und wurde dort 1568 Meister. Seine Porträts (nur aus der Zeit 1572–80 überliefert; *Bildnis eines Mannes,* 1572, KhW) sind italienisch beeinflußt und nähern sich denen von → Mor. Willem K. war mit F. → Floris Schüler von L. → Lombard. 1542 wurde er als Meister in die Antwerpener Gilde aufgenommen (1552 deren Vorsteher). Er war ein bedeutender Porträtist seiner Zeit, dessen Stil sich von der ◇gotischen Tradition → Massys' fortentwickelte.

Keyser, Hendrick de (1565–1621)
Holländischer Baumeister und ◇Bildhauer, gilt als Begründer der Amsterdamer Baukunst des 17. Jh.s (Zuiderkerk, 1603–14; Westerkerk, ab 1620). Als Bildhauer wurde er hauptsächlich bekannt durch sein Grabmal Wilhelms I. von Oranien in der Delfter Nieuwe Kerk (ab 1614; 1622 von seinem Sohn Pieter [1595–1664] vollendet) und durch sein Bronzestandbild des Erasmus in Rotterdam (aufgestellt 1622 vor der Grote oder St. Laurenskerk).

Keyser, Thomas Hendricksz. de
(1596/97–1667)
Holländischer Maler und Baumeister, Sohn und Schüler von Hendrick de → K. Er war vor 1632 der bedeutendste ◇Porträtmaler in Amsterdam und hatte Einfluß auf den jungen → Rembrandt

(z. B. mit seiner *Anatomie des Dr. Sebastiaen Egbertsz. de Vry,* 1619, Rijksmuseum, Amsterdam). Seine Einzel- und Gruppenbildnisse zeigen den Einfluß von → Ketel und → Hals, reizvoller aber sind seine kleineren Werke (*Pieter Schout zu Pferde,* 1660, ebda.). 1662 wurde er Stadtbaumeister.

Anselm Kiefer, *Unternehmen Seelöwe,* 1975/84

Kiefer, Anselm (* 1945)
Deutscher Maler, studierte Romanistik und Jura (1965–70) sowie Kunst bei Peter Dreher in Freiburg (1966–68), bei → Antes in Karlsruhe (1969) und bei → Beuys an der Düsseldorfer Kunstakademie (1970). 1969 entstand die Fotofolge *Besetzungen,* die ihn an verschiedenen Orten (in Frankreich, Italien und der Schweiz) mit zum faschistischen Gruß erhobenem rechten Arm zeigt, eine Geste, mit der K. auf die nationalistische Deutschtümelei seit dem 19. Jh. und damit auf die ›kulturellen‹ Quellen des Dritten Reiches hinweisen wollte. Aus dieser Problematik entwickelte sich auch das malerische Werk K.s, das in einer Verquickung von Analyse und Stimulans Gesten, Symbole und Mythen der deutschen Geschichte, auch der des tabuisierten Dritten Reiches, ins Bild setzt. K.s Malweise entwickelte sich aus der Auseinandersetzung mit fotografischen Vorlagen, die in sukzessivem Farbauftrag mit dicken Malschichten überzogen werden. Teile dieser Malschichten werden mit Äxten behauen, mit Materialien wie Blei, Glas, Pflanzen, Stoff und verkohltem Holz durchsetzt sowie mit Feuer überarbeitet. Im Zusammenhang mit der stets wiederkehrenden Thematisierung politischer Bildzerstörung im Werk von K. (*Malerei der verbrannten Erde,* 1974; *Bilderstreit,* 1976/77/78/80) wird offenkundig, wie eng in dieser Malerei Sujet und Malweise untereinander korrespondieren. Durchgängige Themen sind Formen der politischen und künstlerischen Hybris sowie der mythischen Heilserwartung. In den ausgehenden 1980er Jahren intensive Beschäftigung mit der Kabbala, aus der die bleiernen Großskulpturen (*Zweistromland,* 1986–89; *Mohn und Gedächtnis,* 1989) hervorgehen. Die Themen der Gemälde und ◇Skulpturen werden sorgfältig in bearbeiteten Fotos, Büchern (teilweise aus Blei), ◇Holzschnitten und ◇Aquarellen vorbereitet.

Kienholz, Edward (* 1927)
Amerikanischer ◇Objektkünstler, lebt seit 1953 in Los Angeles. K.' Entwicklung vollzog sich von der Malerei über bemalte Holzreliefs zu ◇Assemblagen und ◇Environments, die auf Entfremdung, Brutalität und moralischen Verfall der Menschen in der modernen Massengesellschaft verweisen. Diese aus ausgedienten Gegenständen des Konsumalltags arrangierten ›Tableaus‹ sind eingefrorene Situationen der deprimierenden, banalen Massengesellschaft. Ebenso wie mit seinem frühen Environment *Roxy's,* einem Bordellinterieur der 1940er Jahre (1961), und mit *The State Hospital* (1968) erregte K. auch mit seiner Arbeit *Five Car Stud* (1969–72) aufgrund ihrer eindringlichen Ausstrahlungskraft und inhaltlichen Dichte zum Thema Rassendiskriminierung großes Aufsehen.

Kim Chong-hŭi (Chusa, Wandang) (1786–1856)
Koreanischer ◇Kalligraph und Archäologe, der in China erzogen wurde und in der Zivilverwaltung arbeitete. Dieser berühmteste Kalligraph seiner Zeit schrieb u. a. eine Abhandlung über Orchideen, die er besonders meisterhaft ausmalte. Sein spannungsreicher Pinselstrich erregte große Bewunderung.

King, Philip (* 1934)
Englischer ◇Bildhauer, studierte 1957 bei A. → Caro an der St. Martin's School of Art und war 1958–59 Assistent von H. → Moore. Anfänglich arbeitete er in Ton und Gips. Ab 1960 schuf er ◇abstrakte ◇Skulpturen aus Fiberglas und Metall; seit den späten 1960er Jahren verwendete er auch Holz und Schiefer. Seine meist farbig bemalten Arbeiten mit ihren einfachen, geometrisch klaren Formen waren von entscheiden-

dem Einfluß auf die englische Skulptur der 1960er Jahre.

Kippenberger, Martin (* 1953)
Deutscher Künstler, der ab 1972 an der Hochschule für bildende Künste in Hamburg u. a. bei F. E. → Walther studierte. In Berlin 1978 Gründung von ›Kippenbergers Büro‹. In den frühen 1980er Jahren Zusammenarbeit mit W. → Büttner und den Brüdern → Oehlen an Buchproduktionen und Ausstellungskonzepten (*Wahrheit ist Arbeit,* 1984, Museum Folkwang, Essen). K.s Œuvre ist gekennzeichnet von spöttischen Bildfindungen und Bild-Text-Kombinationen, die mit anarchischer Persiflage, Nonsenstexten und absurd frecher Provokation bewußt die Grenze des guten Geschmacks überschreiten und konventionelle Tabus der Kunst berühren.

Kirchner, Ernst Ludwig (1880–1938)
Deutscher Maler und ◇Grafiker, führender Vertreter des ◇Expressionismus, studierte anfangs Architektur in Dresden (1901–05), unterbrochen von einem kurzen Kunststudium in München. 1905 gründete er mit drei anderen Architekturstudenten (→ Heckel, → Schmidt-Rottluff und Bleyl) die Künstlervereinigung → Brücke, 1911 in Berlin mit → Pechstein das MUIM-Institut (Moderner Unterricht in Malerei). Nach einem körperlichen und nervlichen Zusammenbruch (1915) und anschließendem Sanatoriumsaufenthalt ließ sich K. 1917 in Frauenkirch bei Davos nieder, wo er 1938 Selbstmord beging. – K. war die genialste Begabung unter den Brücke-Künstlern. Unter dem Eindruck → Munchs sowie der Neger- und Südseeplastik löste er sich von seinen ◇neoimpressionistischen Anfängen und gelangte zu farbiger und formaler Vereinfachung. Der Einfluß van → Goghs, → Gauguins und v. a. des ◇Fauvismus brachte K. die endgültige Befreiung der Farbe. Ein typisches Beispiel aus dieser Zeit ist sein *Selbstporträt mit Modell* (1907, Hamburger Kunsthalle), in dem er reine Farben verwendete (leuchtende Rosa- und Orangetöne). Anregungen durch den ◇Kubismus und den altdeutschen ◇Holzschnitt führten zu einer expressiven, spitzen und splittrigen Formensprache, die in den dramatisch erregten, nervös schraffierten Berliner Straßenbildern (*Fünf Frauen auf der Straße,* 1913, WRM; siehe auch Ft. 27) ihren Höhepunkt fand. In der Schweiz entstanden stark vereinfachte, dynamisch bewegte Gebirgslandschaften von starker Farbigkeit (1921–25). Nach 1926 läßt sich in einer ornamentalen, flächigen Abstrahierung der Einfluß → Picassos erkennen (*Tanz der Masken,* 1928–29). Gleichbedeutend neben der Malerei steht K.s opulentes grafisches Werk (u. a. ein Zyklus von 47 Holzschnitten zu Georg Heyms ›Umbra Vitae‹, 1924). K. hat auch einige Holzskulpturen geschaffen und Aufsätze verfaßt (unter dem Pseudonym Louis de Marsalle). 1937 wurde seine Kunst von den Nazis als ›entartet‹ verfemt (über 600 seiner Arbeiten wurden beschlagnahmt).

Ernst Ludwig Kirchner, *Die Maler der Künstlervereinigung ›Die Brücke‹,* 1925

Kirkeby, Per (* 1938)
Dänischer Künstler, der sich in den ausgehenden 1950er und 1960er Jahren als ›Independent‹ an der ◇Happening- und ◇Fluxus-Szene beteiligte. Nahm als Geologe an Expeditionen u. a. nach Grönland, Mittelamerika und Zentralasien teil und hielt seine Eindrücke in sog. Romanen, Zusammenstellungen von ◇Fotografien, ◇Filmen und ◇Zeichnungen (darunter der Zyklus *Landskaberne, Personerne und Handlingen,* 1969–71) fest. An diese Reiseerlebnisse knüpfen die ersten Bildzyklen in Mischtechnik

an; 1977 wandte sich K. der ◇Ölmalerei zu, die in ◇neoexpressionistischer Malweise intuitive Vorstellungen und metaphysische Reflexionen ohne figurative Verfestigung ins Bild setzt. K. schuf u. a. auch zahlreiche Zeichnungszyklen, Bronzeplastiken und sarkophag- oder turmartige architektonische ◇Plastiken aus Backstein.

Kishi Ganku (1749–1838)
Japanischer Maler, Begründer des Kishi- (oder Ganku-)Zweiges der → Maruyama-Schule, berühmt für seine Tigerdarstellungen. Seine Technik beruhte ebenso auf subtiler Anwendung von ◇Lavierung wie auf Linienführung und Farbton. Diese Ausdrucksmittel spiegeln das Interesse des Meisters an der → Kanō-Schule wider.

Kishi-Schule siehe → **Maruyama-Schule**

Kisling, Moïse (1891–1953)
Polnisch-französischer Maler der ◇Ecole de Paris. Ließ sich 1910 nach einem Studium an der Krakauer Kunstakademie in Paris nieder, wo er zum Künstlerkreis des ◇Bateau-Lavoir um → Picasso stieß. K.s scharf definierte, farbig brillante Bildnisse und ◇Aktdarstellungen stehen → Modigliani nahe (*Frau in polnischem Schal,* um 1928).

Kitagawa Utamaro (1753–1806)
Einer der bedeutendsten japanischen ◇Ukiyo-e-Künstler, besonders bekannt durch seine kultiviert erotischen Frauenporträts mit ihrer trügerisch einfachen, reizvollen Schönheit. In seinen letzten Lebensjahren produzierte er sarkastische und kritische Bilder; 1804 kam er wegen ›aufwieglerischer‹ Holzschnittdarstellungen des Regenten Toyotomi Hideyoshi ins Gefängnis.

Kitagawa Utamaro, Farbholzschnitt, spätes 18. Jh.

Ronald B. Kitaj, *The Jew, Etc.,* 1976

Kitaj, Ronald B. (* 1932)
Amerikanischer Maler und ◇Druckgrafiker, der vornehmlich in England arbeitet. Er studierte 1951–54 an der Wiener Akademie und 1959–61 am Royal College of Art in London, wo er unter seinen Mitschülern – den zukünftigen Vertretern der englischen ◇Pop Art (u. a. → Jones und → Hockney) – eine einflußreiche Rolle spielte. K.s Werk ist wesentlich figurativ und reich an literarischen und anderen intellektuellen Assoziationen und Bezügen. Sein Stil stützt sich auf die figurative Tradition der abendländischen Kunst von der ◇Renaissance bis zur Gegenwart, insbesondere auf die Malerei des späten 19. und frühen 20. Jh.s (→ Degas und → Matisse). Seine Arbeiten kombinieren meist Figurendarstellung und Landschaft (*The Autumn of Central Paris [After Walter Benjamin],* 1972–74; *If Not, Not,* 1975–76). Er ist auch ein produktiver ◇Zeichner.

Kitamura Shikai (1871–1927)
Japanischer ◇Bildhauer, studierte 1893 in Frankreich und wurde durch ◇Skulpturen im klassischen westlichen Stil bekannt. Typische Arbeiten sind *Frühling und Herbst* und *Eva.*

Kitao Masanobu (1761–1816)
Japanischer Maler, als Dichter unter dem Na-

men Santō Kyōden bekannt, war Schüler von → Kitao Shigemasa. Er veröffentlichte einen prächtigen Band mit Doppelblattdarstellungen japanischer Höflinge (1782–84). In den 1790er Jahren stellte er die Produktion von ◇Drucken ein, um sich auf ◇Kalligraphie und ◇Buchillustration zu spezialisieren.

Kitao Shigemasa (1739–1820)
Japanischer Dichter, Maler und ◇Farbholzschnittmeister, am bekanntesten durch ◇Plakate und seine ◇Ukiyo-e-Geisha-Blätter, z. T. in einem Sammelwerk enthalten, das er zusammen mit → Katsukawa Shunshō veröffentlichte. K.s Mädchen sind von zarter Festigkeit, die zwischen den fragilen Wesen → Suzuki Harunobus und den robusten Frauen → Torii Kiyonagas zu vermitteln scheint.

Kitzel, Herbert (1928–1978)
Deutscher Maler und ◇Grafiker, der 1945–50 an der Kunst- und Werkkunstschule in Halle studierte. 1958 fluchtartige Übersiedlung von Halle nach Karlsruhe, nachdem die Kulturadministration der ehemaligen DDR K. die Anpassung seiner zur ◇Abstraktion tendierenden Malerei an den ◇Sozialistischen Realismus abverlangt hatte. In Karlsruhe Ausbildung eines sehr eigenständigen Stils aus ◇informellen ◇Kalligraphien und ◇emblematischen Figurationen, in dem sich bedrohte menschliche Existenz in der Nähe zu Artaud und der ◇Art brut ausdrückt. 1962 Professur an der Kunstakademie Karlsruhe.

Klapheck, Konrad (* 1935)
Deutscher Maler, studierte 1954–58 bei → Goller an der Düsseldorfer Akademie und trat schon 1955 (das erste Schreibmaschinenbild) mit seiner »prosaischen Supergegenständlichkeit« dem lyrischen ◇Tachismus entgegen. Seine figurativen Maschinenbilder – zumeist Gebrauchsartikel wie Schreibmaschinen und Nähmaschinen, Telefon und Bügeleisen, für die K. als Vorlagen Annoncenabbildungen verwendet – verleihen den Gegenständen durch ihre Isolierung vor einem neutralen Hintergrund personalen Charakter.

Klauke, Jürgen (* 1943)
Deutscher Künstler, studierte 1961–65 an der Hochschule für Kunst und Design in Köln. 1970 begann er mit der Notierung von Situationen und Dingen in seiner Umgebung mit Hilfe von

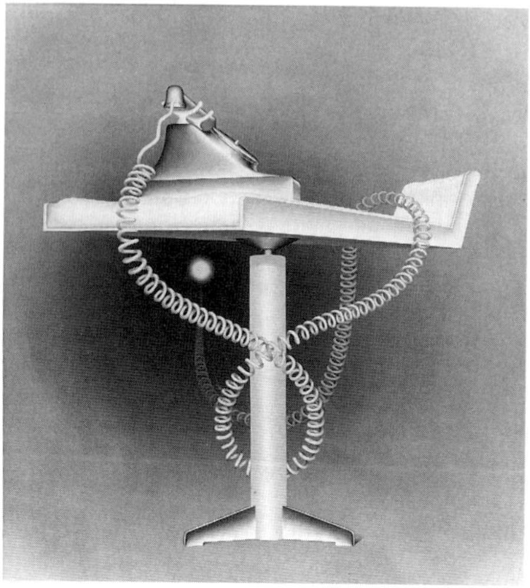

Konrad Klapheck, *Gefährliche Liebschaften,* 1968

◇Zeichnung und ◇Fotografie; ab 1972 geschlossene Fotosequenzen (*Transformer* oder *Masculin/Feminin*) und erste Intim-Performances, bei denen K. von banalen erotischen Alltagssituationen ausgehend, sich in die Darstellung symbolischer und ritualer Bewertungen hineinsteigert. Diese ◇Performances werden in großformatigen Fotoblöcken und Tableaus dokumentiert und zu Großfoto-Sequenzen verarbeitet. 1987 im Kontext der Serie *Pro Securitas* Arbeit mit elektronischen Bildern aus den Bildschirmgeräten der Flugkontrolle, die – fragmentiert und vergrößert – als monumentale Fotografien die Dimension grenzenloser Leere und Haltlosigkeit annehmen.

Klee, Paul (*1879–1940)
Deutscher Maler, ◇Zeichner und Kunsttheoretiker, in der Nähe von Bern als Sohn eines deutschen Musikers geboren, studierte in München Malerei (1898–1900) bei Knirr und → Stuck, besuchte 1901 Italien, kehrte dann nach Bern zurück (1902) und ließ sich 1906 wieder in München nieder (bis 1920). Sein Frühwerk umfaßt v. a. Zeichnungen und grafische Arbeiten in Schwarzweißtechnik, vor der Farbe scheute K. anfangs zurück. Seine phantastischen, skurrilen Zeichnungen und insbesondere die ◇Radierungen dieser frühen Zeit zeigen Einflüsse von → Blake, → Füßli, → Goya, → Redon und beson-

ders → Ensor (◇Illustrationen zu Voltaires ›Candide‹, 1911–12, 1920 erschienen). Von befreiender Bedeutung wurde für ihn die Freundschaft mit → Kandinsky (ab 1911) und den Malern des → Blauen Reiters (→ Macke, → Marc), mit denen er 1912 ausstellte. Im selben Jahr begegnete er in Paris → Delaunay und wurde tief beeindruckt durch → Cézanne, van → Gogh und → Matisse. Der endgültige Durchbruch zur Farbe erfolgte 1914 durch das starke Erlebnis einer Reise mit Macke und → Moilliet nach Tunis. Seine Aquarelle aus den Jahren 1914–16 sind subtile Arrangements aus leuchtenden, durchscheinenden Farbflächen (*Vor den Toren von Kairuan,* 1914). Während des Krieges diente er in der Armee (1916–18); zutiefst betroffen war er, als Macke (1914) und Marc (1916) fielen. 1921–31 lehrte K. als Meister am ◇Bauhaus in Weimar bzw. Dessau, 1931–33 an der Düsseldorfer Akademie. 1933 wurde er als ›entarteter‹ Künstler entlassen und kehrte nach Bern zurück. 1937 wurden 17 seiner Gemälde auf der Ausstellung ›Entartete Kunst‹ in München gezeigt. – K. ist einer der bedeutenden Vertreter der Kunst des 20. Jh.s. Ebenso wichtig wie sein Einfluß als Maler war der als Kunstpädagoge und -theoretiker (›Pädagogisches Skizzenbuch‹, 1925, in der Reihe der Bauhaus-Bücher; ›Das bildnerische Denken‹, 1956 aus dem Nachlaß herausgegeben). Im Gegensatz zu den meisten, rationalistischeren Bauhauslehrern beharrte er auf der großen Bedeutung des Unbewußten in der Kunst. Zutiefst der deutschen ◇Romantik sowie der Märchen- und Phantasiewelt der Kinder verbunden, experimentierte er wie die ◇Surrealisten mit dem ◇Automatismus zur Freisetzung innerer Bilder und fand erst im bildnerischen Tun durch Assoziation und Erinnerung zum Bildinhalt, den er im letzten schöpferischen Akt mit dichterischen Titeln umschrieb (*Silbermondgeläute, Traumvögel, Garten der Leidenschaften* usw.). K. begriff Kunst nicht als Mittel zur Reproduktion der Wirklichkeit, sondern als einen Schöpfungsakt parallel zur Natur, was er in seinem Aufsatz ›Schöpferische Konfession‹ (1920 erschienen) formulierte (»Kunst gibt nicht das Sichtbare wieder, sondern macht sichtbar«) und ebenso in seiner Schrift ›Über die moderne Kunst‹ (1924), in der er seine Kunstauffassung mit dem Gleichnis vom Baum beschrieb, in dem der Künstler »an der Stelle des Stammes« steht.

Paul Klee, *Abenteuer eines Fräuleins,* 1922

Klein, Astrid (* 1951)
Deutsche Fotokünstlerin, die 1973–77 an der Kölner Fachhochschule für Kunst und Design studierte. K. hat eine an ◇Grisaille-Malerei erinnernde fotografische Konzeption entwickelt, bei der diverse Fotozitate aus den Printmedien mit eigenen ◇Fotografien im ◇Rayogramm-Verfahren schichtartig überlagert und monumental vergrößert werden. Dadurch entstehen raumstaffelnde Tönungen zwischen weichen Schatten und harten Kontrasten. Raumeinheiten treten plastisch hervor, und Figuren verflüchtigen sich zu huschenden Schemen. Ihre Bilder visualisieren ebenso unterschwellige wie offen zutage tretende Bedrohungen der modernen Zivilisation.

Klein, Yves (1928–1962)
Französischer Künstler, Gründungsmitglied des ◇Nouveau Réalisme (1960). In seiner künstlerischen Arbeit ging es K. weniger um die Schaffung von Objekten als um eine allgemeine Sensibilisierung, Entgrenzung und Befreiung. Ab

1947 beschäftigte er sich mit der Idee des ◇Monochromen und schuf ab 1949 monochrome Bilder in verschiedenen Farben, u. a. in Rot, Gold und – nachdem er 1956 die spezielle Farbmischung seines IKB (International Klein Blue), ein leuchtendes, tiefes Ultramarin, entwickelt hatte – v. a. in Blau als Inkarnation des Kosmischen, Grenzenlosen und Universalen. Um die verschiedensten Bereiche mit dieser Sensibilität zu durchtränken, wurden auch Gegenstände blau eingefärbt, 1957 entstanden die ersten Schwammreliefs als Entwürfe für die Ausgestaltung des Foyers im Gelsenkirchener Stadttheater (1958–59). K. experimentierte mit Materialien und Techniken aller Art (z. B. mit den Elementen Feuer, Wasser und Luft, ab 1958), präsentierte ›leere Räume‹ (erstmals als *Le Vide,* Galerie I. Clert, Paris 1958) und schuf *Anthropometrien* (z. B. Abdrücke blau eingefärbter Frauenkörper auf Leinwänden, ab 1958), *Cosmogonien* (Bilder mit Spuren von Regen, Wind, Pflanzenabdrücken u. ä., ab 1960), Feuerbilder (ab 1961), planetarische ◇Reliefs (ab 1961) und sog. ›Sensibilisierte Zonen‹. K. war wie → Manzoni wegen der Fülle und Komplexität seiner Ideen von weitreichendem Einfluß auf die weitere Kunstentwicklung.

Kleinmeister
Im allgemeinen Bezeichnung für einen Künstler geringerer Bedeutung, im speziellen aber für eine Gruppe von ◇Kupferstechern des 16. Jh.s, die sich in ihren Stichen eines sehr kleinen Formats bedienten. Als bedeutendste und für die Stilentwicklung maßgebliche Künstler rechnet man zu ihnen die Nürnberger S. und B. → Beham, → Pencz, → Aldegrever und → Altdorfer, den Kölner Jakob Binck, den in Münster tätigen Wilborn, Hans Brosamer und die Mitglieder der Augsburger Familie Hopfer.

Kleitias (Klitias) (tätig frühes 6. Jh. v. Chr.)
Griechischer ◇Vasenmaler. Mit dem Töpfer Ergotimos signierte er die → François-Vase. Seine Darstellungen zeichen sich durch einen lebhaften Stil und große Originalität aus, die ihn zu einem der bedeutendsten Maler der Frühzeit des ◇schwarzfigurigen Stils in Attika machten.

Kleophrades-Maler (tätig 500–480 v. Chr.)
Athener ◇Vasenmaler des ◇rotfigurigen Stils, Schüler des → Euthymides. Seine Arbeiten mit ihrer kräftigen, sicheren Linienführung liegen zeitlich nach der Experimentierperiode des Euthymides und des → Euphronios. Für seine großformatigen dramatischen Kompositionen verwendete er gern große Gefäße wie Krater (◇Vasenformen, griechische).

Klimakos, Johannes (†650/670)
Die ›Himmelsleiter‹, Hauptwerk des Einsiedlers und Abtes des Sinai-Klosters, gibt in ›30 Stufen‹ (entsprechend den 30 Jahren des ›verborgenen‹ Lebens Jesu, d. h. des Lebens vor seinem öffentlichen Wirken) Anweisungen zum Kampf gegen das Laster und zum Erwerb christlicher Tugenden. Im Kontext mit einer asketischen, das Mönchtum fördernden Bewegung wurde es im 11. Jh. in Byzanz erstmals illustriert.

Klimt, Gustav (1862–1918)
Österreichischer Maler und Zeichner, Hauptvertreter der Wiener ◇Jugendstilmalerei, besuchte die Kunstgewerbeschule (1876–83) und malte anfänglich in einem vom ◇Historismus und v. a. von → Makart beeinflußten Stil. Gegen Ende des Jh.s entwickelte er einen neuen, flächig ornamentalen, dekorativen Stil, in dem sich natürlich wiedergegebene Details (Hände, Gesichter) mit ◇abstrakten, farbig kostbaren, ◇mosaikartigen Flächenmustern verbinden. (*Der Kuß,* 1907–08, Österreichische Galerie, Wien). 1897–1905 war er Gründungsmitglied und er-

Gustav Klimt, *Bildnis Fritza Riedler,* 1906

ster Präsident der Wiener ◇Sezession. Neben Frauenbildnissen von erotischem Fluidum und ◇symbolistisch-◇allegorischen Darstellungen (*Die drei Lebensalter der Frau,* 1905; *Tod und Leben,* vollendet 1916; *Die Hoffnung I,* 1903, und *II,* 1907–08) schuf K. auch große dekorative Werke: die Deckengemälde (›Fakultätsbilder‹) *Philosophie, Medizin* und *Jurisprudenz* (1900–03) für die Wiener Universität (im Zweiten Weltkrieg von den Nationalsozialisten zerstört) und die ◇Wandbilder im von Josef Hoffmann entworfenen Palais Stoclet (*Stoclet-Fries*) in Brüssel (1905–09). Außerdem führte K. über 2000 ◇Zeichnungen aus. Er hatte nicht unwesentlichen Einfluß auf → Schiele und → Kokoschka.

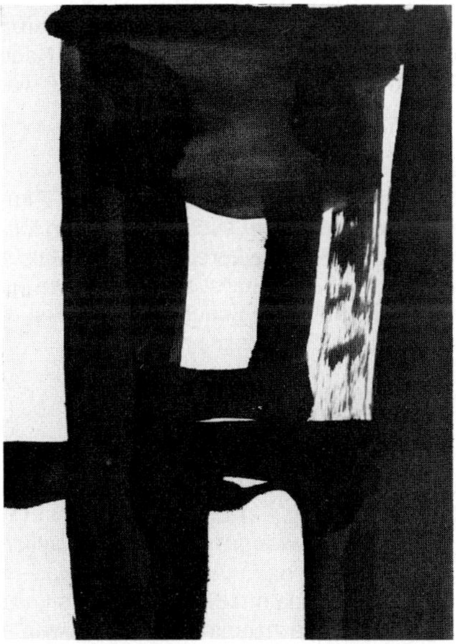

Franz Kline, *Ohne Titel,* 1955

Kline, Franz (1910–1962)
Amerikanischer Maler des ◇Abstrakten Expressionismus, studierte 1931–35 an der Universität von Boston und 1937–38 in London, ließ sich anschließend in New York nieder. K., der zunächst vom ◇Kubismus und ◇Expressionismus beeinflußt war, malte bis 1950 gegenständlich. Seitdem entwickelte er unter dem Einfluß de → Koonings eine eigenständige Form des ◇Action Painting mit expressiven, breiten, balkenartigen schwarzen Pinselstrichen auf großen weißen Gründen, die an fernöstliche ◇Kalligraphie erinnern. Die Serie ◇abstrakter Schwarz-Weiß-Kompositionen machte K. zu einem der bedeutendsten Vertreter der großformatigen gestischen Schwarz-Weiß-Malerei.

Klingelhöller, Harald (* 1954)
Deutscher Künstler, der in den 1980er Jahren Science-fictionartige Modellskulpturen und Möbelgebilde aus ineinandergestapelten Formstereotypen schuf. Die ◇Skulptur *Frucht der Arbeit,* 1983, benutzt eine Birne als Metapher, die in Zylinder zerlegt wird. K.s Modelle sind subjektive Spiele mit der Sprache und räumliche Analysen geometrischer Grundformen.

Klinger, Max (1857–1920)
Deutscher Maler, ◇Bildhauer und ◇Grafiker, ausgebildet in Karlsruhe, Berlin, München, Brüssel und Paris. 1888–93 hielt er sich in Rom auf, danach ließ er sich in Leipzig nieder. K. verband in seinem Werk vielfältige Anregungen (u. a. der → Deutschrömer → Feuerbach, → Marées und v. a. → Böcklin, aber auch des ◇Impressionismus und des ◇Jugendstils) und schuf historische, mythologische und ◇allegorische (Monumental-)Gemälde mit antikisierenden Tendenzen. Als Bildhauer versuchte er die ◇Polychromie nach dem Vorbild der antiken Plastik wieder neu zu beleben (*Beethoven-Denkmal,* 1886–1902, Museum der bildenden Künste, Leipzig). Zu seinen bedeutendsten Leistungen zählen jedoch die technisch meisterhaften ◇Radierfolgen (z. T. ◇Aquatinta), in denen sich ◇naturalistische und phantastisch-surreale Elemente auf geheimnisvolle, poetische Weise verbinden (*Paraphrase über den Fund eines Handschuhs,* 1881; *Ein Leben,* 1884; *Vom Tode I,* 1889, und *II,* 1898; *Brahmsphantasie,* 1890–94). Sie waren von weitreichendem Einfluß auf Künstler der verschiedensten Stilrichtungen (wie de → Chirico, → Dix oder → Kokoschka).

Kljun (Kljunkow), Iwan Wassiljewitsch (1873–1942/43?)
Russischer Künstler, studierte zunächst Kunst in Warschau und Kiew. 1907 begegnete er → Malewitsch, 1910 war K. einer der Mitbegründer des ›Moskauer Salons‹ (Ausstellungsorganisation). Er beschäftigte sich mit dem ◇Suprematismus (seit 1915) und nahm teil an der ersten russischen ◇futuristischen Gemäldeausstellung ›Tramway W‹ (1915 in Petrograd), ebenso an

allen wichtigen Ausstellungen der ◇Avantgarde-Bewegung der Jahre 1915–16 (u. a. an der → ›Karobube‹-Ausstellung 1910 in Moskau). 1918–21 war K. Professor für Malerei an den SWOMAS (Freie Kunstwerkstätten) bzw. → Wchutemas. Seit Mitte der 1920er Jahre wandte er sich zunehmend dem ◇Purismus und figurativen Arbeiten zu.

Klucis, Gustav Gustavowitsch (Gustavs Friedrich Klucis) (1895–1944)
Lettisch-sowjetischer Künstler. Er schuf Gemälde, war als ◇Grafiker, Buch- und Plakatentwerfer tätig und beschäftigte sich mit der ◇Fotomontage. Seit Beginn der 1920er Jahre war er Mitglied der Moskauer ◇Avantgarde-Bewegung. Ab 1918 studierte K. in Moskau an den SWOMAS (Freie Kunstwerkstätten) bzw. → Wchutemas bei → Malewitsch und A. → Pevsner (1919–21); dort war er später Professor und 1924–30 Leiter eines Studiengangs über Farbtheorie. Zu dieser Zeit gehörte K. mit → Rodtschenko, → Stepanowa u. a. der Gruppe der Produktivisten an und experimentierte intensiv mit neuen Anwendungsmöglichkeiten der ◇Fotografie in Malerei und Grafik. Einflußreich waren seine Versuche mit Fotomontagetechniken v. a. in der Plakat- und Buchkunst. Mit seinen ◇abstrakten Gemälden vertrat K. innerhalb des ◇Suprematismus der 1920er Jahre, wie → Lissitzky, eine eigene Richtung.

Klüver, Billy (* 1927)
Amerikanischer Forschungsingenieur, der ab 1960 Künstler in der technischen Ausarbeitung ihrer Objekte und ◇Aktionen unterstützte. Nach seiner Beteiligung am Bau der selbstzerstörerischen Maschine *Homage to New York* von → Tinguely entwickelte sich zwischen K. und Künstlern wie → Cage, → Cunningham, → Johns, → Rauschenberg und → Warhol eine enge Kooperation und ein fortlaufender Erfahrungsaustausch, der zur Erweiterung der künstlerischen Materialien durch modernste Technologie führte.

Knap, Jan (* 1949)
In den USA und Deutschland lebender, in der Tschechoslowakei geborener Maler, der 1970–72 an der Düsseldorfer Kunstakademie bei G. → Richter studierte. 1979 mit Peter → Angermann und Milan → Kunc Gründung der Gruppe → ›Normal‹ und gemeinsam mit Kunc Malaktionen auf Plakatwänden. Seit den 1980er Jahren praktiziert K. eine ◇freskohafte religiöse Malerei, bei der die Hl. Familie (Maria, Joseph und das spielende Jesuskind) eine herausgehobene ikonische Bedeutung erhält. Knap versteht diese Bilder nicht, wie man annehmen könnte, als ironischen Bildwitz, dennoch haben sie etwas außerordentlich Provokatives, insofern K. der kleinbürgerlichen Atmosphäre, in der er die Hl. Familie präsentiert, den exemplarischen Modellcharakter traditioneller religiöser Malerei aufbürdet.

Knapton, George (1698–1778)
Englischer ◇Porträtmaler, Schüler von J. → Richardson d. Ä. Er war Gründungsmitglied der ›Dilettanti Society‹ (1732), einer Gesellschaft zum Studium von Altertum und Kunst, deren offizieller Maler K. auch wurde (1736). Nach 1737 schuf er v. a. ◇Pastelle. F. → Cotes war sein Schüler.

Knaus, Ludwig (1829–1910)
Deutscher Maler, der an der Düsseldorfer Akademie studierte und dort auch 1848 zu den Mitbegründern der Künstlervereinigung → ›Malkasten‹ gehörte. Seine realistische Malweise im Stil der → Düsseldorfer Schule ist von volksnahen Sujets und ◇Porträts geprägt.

Kneller, Sir Godfrey (Gottfried Kniller) (1646–1723)
Englischer Maler deutscher Abstammung (in Lübeck geboren), führender ◇Porträtmaler der Zeit zwischen → Lely und → Hogarth, Schüler von F. → Bol in Amsterdam (um 1668) und vermutlich von → Rembrandt, dann von → Bernini und → Maratta in Rom. K. kam 1674 nach London, wo er zu großen Ehren gelangte, Hofmaler wurde (1689) und einen Adelstitel erhielt (1715 zum Baronet ernannt). 1711 gründete K. die erste englische Malakademie. Er leitete eine große Werkstatt mit spezialisierten Gehilfen, was – aufgrund seines Erfolges – z. T. zu mechanischer Massenproduktion führte. Seine besten Werke (darunter die Bildnisserie [42 Porträts] der Mitglieder des Londoner Kit-Cat-Clubs, 1700–20, National Portrait Gallery, London) zeichnen sich durch feines Farbgefühl, Verständnis für den ◇barocken ◇Klassizismus und deutliche Neigung zum Naturalismus aus und brachten der englischen Porträtkunst eine nüchterne Größe.

Knight, Laura (1877–1970)
Englische Malerin, deren Motive v. a. aus der Welt des Zirkus und des Balletts stammten. K. studierte an der Nottingham School of Art und war mit dem Maler Harold Knight verheiratet.

Knizak, Milan (*1940)
Tschechischer Künstler, der 1964 sein Kunststudium an der Akademie der bildenden Künste in Prag abbrach, um 1977–78 an der Karlsuniversität Mathematik zu studieren, ohne allerdings einen Abschluß machen zu können. 1964 gründete K. in Kontakt mit der internationalen ◇Happening- und ◇Fluxus-Bewegung die Prager Gruppe AKTUAL und veranstaltete selbst ◇Aktionen mit dem Ziel einer Annäherung von Kunst und Leben, die ihn in Konflikt mit dem totalitären Staat brachten. Seit 1990 Rektor an der Akademie der bildenden Künste in Prag, gilt K. heute als eine der wichtigsten Künstlerpersönlichkeiten der CSFR, dessen ironisch-persiflierende Möbelskulpturen und Designentwürfe international große Beachtung finden.

Knobelsdorff, Georg Wenzeslaus von (1699–1753)
Deutscher Baumeister, der sich nach einer Offizierslaufbahn 1729 zunächst der ◇klassizistischen Malerei zuwandte, sich wenig später aber ganz der Baukunst widmete und als Schloß- und Gartenarchitekt hohe Reputation erwarb. Nach einer Italienreise wurde K. als Oberintendant der preußischen Schlösser und Gärten der führende Schloßbaumeister Friedrichs II. (Um- und Ausbau von Schloß Rheinsberg 1737–39; Berliner Opernhaus 1741–43; Stadtschloß Potsdam 1744–51; Schloß Sanssouci 1745–47). In den Bauten K.s verbindet sich ein ◇rokokohafter ◇Barockstil mit Elementen des ◇palladianischen ◇Klassizismus zum typisch preußischen Baustil des friderizianischen Rokoko.

Knoebel, Imi (* 1940)
Deutscher Künstler, studierte 1964–71 an der Düsseldorfer Kunstakademie bei → Beuys. Bis 1970 stellte er zusammen mit Rainer Giese (* 1942), ebenfalls Beuys-Schüler, als IMI + IMI aus. K. beschäftigt sich, angeregt durch den russischen ◇Konstruktivismus und den ◇Suprematismus, mit dem Wechselverhältnis zwischen Bild und Raum bzw. zwischen Material, Farbe und Raum. Derartige Probleme werden bereits 1968 offenkundig, als K. → Malewitschs *Schwarzes Kreuz* in monumentaler Vergrößerung als Bildobjekt auf der Wand schweben läßt. In Bildern aus Holzplatten und in ◇monochromen Holzkörpern lotet K. Aspekte der Zwei- und Dreidimensionalität aus, wobei das konstruktivistische Prinzip mit demjenigen des Zufalls gekoppelt wird. Als Folge dieser Entwicklung treten in den 1980er Jahren auch gestisch-expressive ◇Zeichnungen und Materialassemblagen hinzu, bei denen das Verhältnis zwischen strengen und bewegten Formen sowie zwischen monochromen und diffusen Materialien wie in einem fortlaufenden Diskurs analysiert wird.

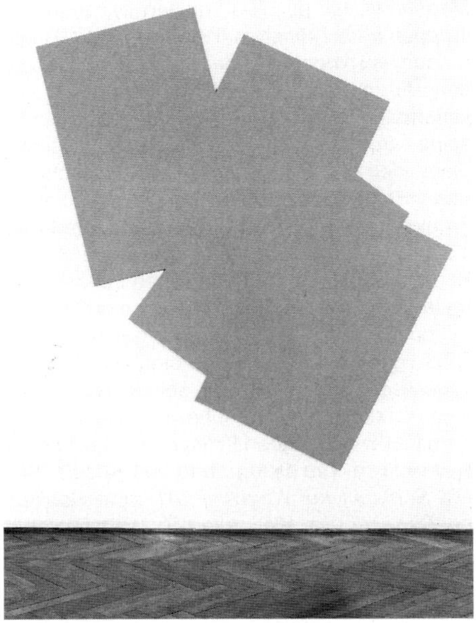

Imi Knoebel, *Ohne Titel* (Mennigebild), 1976/81/82

Knowles, Alison (* 1933)
Amerikanische ◇Happening- und ◇Fluxuskünstlerin, studierte 1954–57 am Pratt Institute und 1957–59 bei → Lindner, → Gottlieb und → Albers. 1962 begann sie mit ersten Happening-Aktionen. 1960 heiratete sie → Higgins.

Kobell, Ferdinand (1740–1799)
Wilhelm Alexander Wolfgang von (1766–1853)
Mannheim-Münchner Malerfamilie des 18./19. Jh.s. Der ◇Landschaftsmaler und -radierer Fer-

dinand K. arbeitete zunächst als Hofmaler in Mannheim, bis er 1793 vor den französischen Truppen nach München floh. In seinen ◇Radierungen verbindet er den ◇barocken Dekorationsstil mit einer realistisch genauen Landschaftsdarstellung. Er beeinflußte stark den Stil seines Sohnes Wilhelm von K., der in seinen Gemälden und Radierungen v. a. Landschaften und ◇Schlachtenszenen darstellte. Nach einem Frühwerk im Stil der holländischen Malerei des 17. Jh.s (→ Wouwerman) gelangte Wilhelm von K. später zu einer ◇romantischen Landschaftsmalerei, für die ein leuchtendes Kolorit, präzise Silhouettenwirkungen und eine genaue Detailwiedergabe charakteristisch sind (*Ansicht vom Tegernsee,* 1838, NP). Zu seinen bedeutendsten Werken zählt eine Reihe von Schlachtenbildern (1808–15) für den Kronprinzen Ludwig von Bayern (u. a. *Die Belagerung von Kosel,* 1808; *Die Schlacht bei Wagram,* 1811; *Die Schlacht bei Regensburg,* 1813, alle NP). Wilhelm von K. war seit 1792 Hofmaler in München und seit 1814 Professor an der Akademie.

Koberling, Bernd (* 1938)
Deutscher Maler, der nach einer Lehre als Koch ab 1958 an der Hochschule für Bildende Künste in Berlin bei dem → Heckel-Schüler Max Kaus studierte. Entscheidenden Einfluß auf seinen frühen Malstil hatte die Auseinandersetzung mit dem ◇Abstrakten Expressionismus (→ Vedova, → Pollock, de → Kooning) und dem ◇Informel bei → Nay. Auf Reisen durch Skandinavien fand K. in der nordischen Landschaft und in der Lebenssituation der dort ansässigen Menschen sein Thema, das ihn vom Informel entfernte (*Selbst mit roter Anglerjacke,* 1963). Nach einer Phase figurativer starkfarbiger ◇Landschaftsmalerei in expressivem Stil entwickelte sich eine auf übereinandergespannte Nesselbahnen gemalte Konzeption von Fluß- und Schneelandschaften (1972), in denen Zuständlichkeit von Natur aus der Malmaterie heraus zum Ausdruck gelangte. Seitdem bestimmen die amorphen Formen der Natur das Strukturbild von K.s Malerei. Landschaft ist bei ihm nicht mehr Panorama, sondern in Nahsicht beobachtete, in ihrer Gefährdung erlebte und häufig in hieroglyphische Zeichen umgesetzte Natur.

Koch, Joseph Anton (1768–1839)
Österreichischer Maler und ◇Radierer, ab 1792 in der Schweiz, ab 1795 in Rom ansässig, dort Haupt der → Deutschrömer. Enge Freundschaft verband ihn mit dem ◇klassizistischen dänischen Maler Asmus Jakob Carstens, der seinen Figurenstil stark beeinflußte. Im Anschluß an → Claude Lorrain und → Poussin entwickelte K. einen ◇romantisch gefärbten Stil der klassisch-heroischen ◇Landschaftsmalerei (*Schmadribachfall,* 1805–11 [1. Fassung], Museum der bildenden Künste, Leipzig; 1821–22 [Neufassung], NP). K. war auch als ◇Zeichner, Radierer, ◇Illustrator (u. a. zu Dantes ›Göttlicher Komödie‹, Homer, Shakespeare) und ◇Wandmaler (*Dantefresken,* 1824–29, im Casino Massimo, Rom) tätig. Sein Werk beeinflußte u. a. die → Nazarener.

Koekkoek, Barend Cornelis (1803–1862)
Holländischer ◇Landschaftsmaler, wurde bei seinem Vater Jan Hermanus K. (1778–1851) und an der Amsterdamer Akademie ausgebildet. Seine Landschaften (v. a. seine Winterbilder) wurden seinerzeit sehr geschätzt; stilistisch stehen sie in der Tradition der holländischen Landschaftsmalerei des 17. Jh.s und gehen auf → Ruisdael und die italianisierenden Maler zurück. K. war Mitglied der Kunstakademien Amsterdam (seit 1832) und St. Petersburg (seit 1861); er stellte auch in Paris aus.

Kokoschka, Oskar (1886–1980)
Österreichischer Maler, ◇Grafiker und Dichter, bedeutender Vertreter des ◇Expressionismus, studierte 1905–09 an der Wiener Kunstgewerbeschule, wo er v. a. von → Klimt und dem ◇Jugendstil beeinflußt wurde. K.s Freunde und Gönner aus dem zeitgenössischen Wiener Intellektuellenkreis waren K. Kraus, M. Dvořák und A. Loos. Er arbeitete für die → Wiener Werkstätten und erregte erstmals Aufsehen mit seiner ◇Lithographiefolge *Die träumenden Knaben* (1908) und seinem *Stilleben mit dem toten Hammel, Schildkröte und Hyazinthe* (1909, Österreichische Galerie, Wien). Gleichzeitig entstanden seine ersten expressionistischen Dramen (›Sphinx und Strohmann‹; ›Mörder, Hoffnung der Frauen‹), die – z. T. mit ◇Zeichnungen – in Herwarth → Waldens Zeitschrift ›Der → Sturm‹ erschienen, dessen Mitarbeiter K. seit 1910 war. Sein Frühwerk, die Lithographiezyklen (u. a. *Der gefesselte Kolumbus,* 1916), seine visionären Bilder (*Die Windsbraut,* 1914, Kunstmuseum, Basel) und ◇Porträts (*Auguste Forel,* 1910, Kunsthalle, Mannheim), beschäftigt sich mit den Dramen der menschlichen Seele (besonders mit

Oskar Kokoschka, *Porträt Egon Wellesz,* 1911

dem Strindberg-Problem des Geschlechterkampfes). Während des Ersten Weltkrieges wurde K. schwer verwundet (1916). 1919–24 lehrte er an der Dresdner Kunstakademie, 1924–31 war er vorwiegend auf Reisen (Europa, Afrika, Naher Osten), kehrte dann nach Wien zurück, emigrierte jedoch 1934 nach Prag und ging von dort 1938 nach London, 1947 nahm er die britische Staatsbürgerschaft an. 1953 ließ er sich in Villeneuve am Genfer See nieder. Abgesehen von einer Phase um 1910 kann man K. nicht eigentlich als einen ›Neuerer‹ der Kunst betrachten; was sein Schaffen jedoch auszeichnet, sind die visionäre, dichterische Sicht und die starke seelische Einfühlungskraft. Sein späteres Werk umfaßt Landschaften und Städtebilder (*Lyon,* 1927), ◇allegorische, biblische und mythologische Themen (*Die Prometheus-Saga,* 1950; *Schlacht an den Thermopylen,* [Triptychon], 1954, Universität Hamburg).

Kolář, Jiří (* 1914)
Tschechischer Schriftsteller und Maler, der sich auch in seinen poetischen ◇neodadaistischen ◇Collagen und Rollagen (Zerschneiden einer oder mehrerer Vorlagen – z. B. ◇Reproduktionen bekannter Kunstwerke oder Reklame – in gleich breite Streifen und erneutes Zusammensetzen nach bestimmten Systemen, seit 1954) als Dichter versteht und in seinen collagierten Bildgeschichten aus Buchstabenkombinationen, zitierten Werken aus der Kunstgeschichte und Zeitschriftenillustrationen sowohl an die ◇surrealistische Bildpoesie wie auch an → Schwitters anschließt.

Kolbe, Georg (1877–1947)
Deutscher ◇Bildhauer, studierte anfänglich Malerei in Dresden und München, kam aber unter dem Eindruck der ◇Plastik von → Rodin in Paris (1898) und von L. Tuaillon in Rom zur Bildhauerei. Er lebte seit 1903 in Berlin und war einer der erfolgreichsten Bildhauer seiner Zeit. In seinen einfachen, harmonischen (überwiegend weiblichen) ◇Aktfiguren, die – nach Rodin – entscheidend von → Maillol beeinflußt wurden, bemühte sich K. um einen Gleichklang von Körper und Seele (*Tänzerin,* 1912; *Stehendes Mädchen,* 1915). Daneben schuf er auch Porträtbüsten (*Porträt des Malers Walter Leistikow,* um 1908) sowie Denkmalplastiken (*Beethoven-Denkmal,* 1926–47, Frankfurt a. M.). In den 1930er Jahren verstärkte sich seine Neigung zu einer heroisierenden Monumentalität, die dem Gedankengut des Nationalsozialismus entgegenkam.

Kollwitz, Käthe (1867–1945)
Deutsche ◇Grafikerin, Malerin und ◇Bildhauerin, studierte in Berlin bei K. → Stauffer-Bern (1885–86) und in München bei L. Herterich (1888–89). Ab 1891 lebte sie in Berlin, wo sie 1919 Mitglied der Preußischen Akademie der Künste wurde und als erste Frau ein Lehramt erhielt (bis 1933). Ihr gesamtes künstlerisches Schaffen beschäftigt sich mit dem Leid des Menschen, mit Armut, sozialer Ungerechtigkeit und Krieg. Zu den Protagonisten ihrer ◇Zeichnun-

Käthe Kollwitz, *Gefallen* (2. Fassung), 1921

gen, ◇Lithographien und ◇Radierungen gehörten Mütter und Kinder des Großstadtproletariats. Das grafische Frühwerk, das stark sozialkritische und anklägerische Züge trägt (*Ein Weberaufstand,* 1897–98; *Der Bauernkrieg,* 1903–08, beides Radierzyklen), stand unter dem Einfluß von → Klinger und van → Gogh. Ihre späteren ◇Holzschnitt- (*Der Krieg,* 1922–23) und Lithographiezyklen (*Tod,* 1934–35) wie auch ihre ◇Skulpturen erreichten unter dem Eindruck von → Barlach ◇expressionistischen Ausdruck. Zu ihren Hauptwerken gehören außerdem zahlreiche Plakate (*Helft Rußland,* 1921; *Nie wieder Krieg, Verhungernde Kinder,* beide 1924).

Kölner Malerschule
Im 19. Jh. geprägter Begriff für eine Anzahl verschiedener Maler aus dem Kölner Raum, die in unterschiedlichen Stilen vom 14. bis 16. Jh. wirkten. Nach einem ersten Höhepunkt, den anonymen ◇gotischen Meistern des 14. Jh. (z. B. der Meister der hl. Veronika), wurde für die K.M. ein gewisser Konservatismus charakteristisch: Fortführung gotisierender Formen sowie Festhalten an raumlosen Goldgrunden. Typisch für die K.M. sind repräsentative ◇Andachtsbilder von hoher malerischer Qualität und strenger Tektonik im Bildaufbau. Im 15. Jh. wurden die neu eindringenden realistischen Elemente nur zögerlich aufgenommen, v. a. aber von Stefan → Lochner zur Vertiefung der lyrischen Emotionalität und Naturidylle genutzt. So ist Lochner der Hauptmeister der K.M. in der ersten Hälfte des 15. Jh.s. Der Realismus der K.M. erreichte jedoch nie die Intensität der zeitgenössischen niederländischen Kunst, obwohl viele Kölner Maler im ausgehenden 15. Jh. und frühen 16. Jh. offensichtlich in den Niederlanden ihre Ausbildung absolvierten (Meister der Verherrlichung Mariä, des Marienlebens, der Hl. Sippe, der Ursula-Legende).

Koloß von Rhodos
Bronzestatue des Sonnengottes Helios (ursprünglich etwa 32 m hoch), von Charos von Lindos geschaffen und beim Hafen von Rhodos um 280 v. Chr. errichtet, eines der Sieben Weltwunder der antiken Welt. Im Jahre 225 n. Chr. stürzte die ◇Statue durch ein Erdbeben um. Die Überreste wurden erst 656 n. Chr. entfernt.

Koninck (Koning, Goningh), Philips
(1619–1688)
Holländischer Maler und Zeichner, Schüler seines Bruders, des ◇Landschaftsmalers Jacob K. (1614/15 – nach 1690), in Rotterdam; ließ sich 1641 in Amsterdam nieder. K. zählt zu den bedeutendsten holländischen Landschaftsmalern (erste erhaltene Bilder ab 1647). Seine Panoramaansichten mit den weiten, effektvoll beleuchteten Flachlandschaften und den niedrigen Horizonten zeigen den Einfluß von → Rembrandt (mit dem K. befreundet war) und H. → Seghers (*Weite Landschaft mit einer Straße bei einer Ruine,* 1655, NGL). K. schuf auch eine Fülle von ◇Zeichnungen, die bisweilen mit denen Rembrandts verwechselt wurden, gleiches gilt für diejenigen Salomon K.s (1609–1656), der – vermutlich ein Vetter Philips' – als Maler von ◇Genre- und Bibelszenen bekannt wurde.

Konjonkow, Sergej Timofejewitsch
(1874–1971)
Einer der bekanntesten russischen ◇Bildhauer. Er verbrachte viele Jahre in den USA (1924–45), bevor er nach dem Zweiten Weltkrieg nach Moskau zurückkehrte. Zu K.s bekanntesten Werken gehören seine Holz- (*Stepan Rasin mit seinen Gefährten,* 1918, Russisches Museum, St. Petersburg) und Gipsplastiken (*Der befreite Mensch,* 1947, ebda.). Der gleichen Generation angehörend wie → Wrubel und die ◇Symbolisten, stehen K.s Werke eher in einer ◇klassischen Tradition.

Konrad von Soest (um 1370 – kurz nach 1422)
Deutscher Maler der westfälischen Schule, dessen einziges gesichertes Werk der große Flügelaltar *(Passionsaltar)* in Bad Wildungen ist (1403, Stadtpfarrkirche). Zuzuschreiben sind ihm ferner eine *Nikolaustafel* in der Soester Nikolaikirche und ein (nur in Teilen erhaltener) *Marienaltar* in Dortmund (um 1420, Marienkirche). Eine ganze Reihe weiterer Zuschreibungen weist K. als einen sehr fruchtbaren Maler aus. Die Mitteltafel seines Hauptwerks in Bad Wildungen ist eine Kreuzigung, die Flügel tragen Passionsszenen und Darstellungen aus dem Leben Jesu. Trotz des großen Formats stehen die im ◇Weichen Stil gehaltenen anmutigen Formen, die leuchtenden Farben und die Fülle der Details der lyrischen Pariser und der burgundischen Malerei nahe und haben möglicherweise Beziehungen zur ◇Buchmalerei (vgl. Jacquemart de → Hesdin). K. ist darüber hinaus sicherlich auch durch böhmische Stileinflüsse geprägt.

Willem de Kooning, *Frauenbildnis I,* 1950–52

Kooning, Willem de (* 1904)
Amerikanischer Maler niederländischer Herkunft, einer der Hauptvertreter des ◇Abstrakten Expressionismus. Er besuchte die Rotterdamer Akademie (1916) und ging 1926 nach Amerika, wo er als Werbegrafiker und Dekorateur arbeitete, ◇Wandbilder malte und für → WPA tätig war (1935). Er lehrte auch am Black Mountain College und an der Yale University. Sein Werk, das von außerordentlicher Ausstrahlung war, durchlief verschiedene von ◇Expressionismus, ◇Kubismus und ◇Surrealismus geprägte Phasen. Schließlich gelangte K. zu Bildern, die durch kompositionelle Erfindungskraft, aber auch durch einen Hang zu Aggressivität, Willkür und Vulgarität gekennzeichnet sind. K. gilt als einer der wesentlichen Vertreter des ◇Abstrakten Expressionismus in Amerika. Sein von biomorphen Assoziationen neu geprägtes Werk entwickelte sich unter dem Einfluß von → Gorky, dem K. 1927 begegnete, und der ◇Drip-painting-Methode → Pollocks, wobei die Malerei K.s trotz aller Abstraktion stets auf die menschliche Figur ausgerichtet bleibt.

Koons, Jeff (* 1955)
Amerikanischer Künstler, der 1972–75 am Maryland Institute, College of Art, Baltimore, und 1975–76 an der School of the Art Institute of Chicago studierte. K.' künstlerische Arbeit der 1980er Jahre (Nippesnachbildungen und ◇Rokokofiguren in glänzendem Edelstahl oder ◇Keramik) bewegt sich in der Zitierung banaler Fundstücke des Alltagsdesigns auf der Grenzregion zwischen Kunst und Kitsch, die aus dem Blickwinkel der ironisch-persiflierenden Inszenierung ausgelotet werden. 1990 ging K. allerdings noch einen Schritt weiter, als er sich selbst in diesen Prozeß einbrachte. Auf der Biennale Venedig war er mit einer in Oberammergau angefertigten bemalten Holzskulptur vertreten, die ihn und den italienischen Pornostar Cicciolina als aufreizenden Liebesakt darstellte.

Köpcke, Addi (Arthur) (1928–1977)
Deutscher ◇Happening- und ◇Fluxuskünstler, betrieb 1958–63 in Kopenhagen eine Avantgarde-Galerie. Innerhalb der Happening-Bewegung wird er zu den ›Independents‹ gerechnet. In der ◇dadaistischen Tradition von → Schwitters schuf K. auch ◇Collagen und ◇Assemblagen, die in engem Kontext zu seinen Fluxus-Aktivitäten stehen.

Kosice, Gyula (* 1924)
Argentinischer ◇Bildhauer ungarischer Abstammung, kam 1928 nach Argentinien. Unter dem Einfluß der ◇Bauhaus-Ideen entwickelte er hydraulisch bewegte ◇kinetische ◇Skulpturen mit Wasserspielen und Lichteffekten. In den 1960er Jahren übertrug er dieses Konzept auf architektonische Anlagen (Projekt hydraulischer Häuser mit durchsichtigen Wänden, zwischen denen Wasser hindurchfließt).

Kosugi Takehisha (* 1930)
Japanischer ◇Happening- und ◇Fluxuskünstler, studierte u. a. Musikwissenschaft und war 1961 Mitbegründer der Gruppe Ongaku, die als erste in Japan musikalische Happening-Aktionen veranstaltete. Er beteiligte sich auch an Aufführungen von → Cage, David Tudor und Merce → Cunningham.

Kosuth, Joseph (* 1945)
Amerikanischer Künstler, studierte u. a. am Cleveland Art Institute und an der School of Visual Arts in New York, an der er seit 1968 lehrt. K. gehört zu den Hauptvertretern der analytischen Richtung der ◇Konzeptuellen Kunst, de-

ren Entwicklung sich deutlich in seinen Arbeiten spiegelt: von tautologischen Arbeiten (*Four Square Glass Leaning,* 1965), Objekt-Definitionen (*One and Three Chairs,* 1965) und der daraus sich entwickelnden Präsentation von Definitionen aus Wörterbüchern (ab 1967, 1. ›Investigation‹, Oberbegriff für eine Reihe ›Proposition‹ genannter Einzelarbeiten) zu immer komplexeren Beziehungssystemen, die v. a. die ›Wertlosigkeit‹ der einzelnen Arbeit, die Auffassung von Kunst als einem fortwährenden Prozeß und die Bedeutung des Kunstkontextes akzentuieren (2.–10. ›Investigation‹, bis 1975), eine Entwicklung, die theoretisch u. a. in seinem Aufsatz ›Art after Philosophy‹ (1969) abgehandelt wird. Aufgrund ihrer verwandten Anschauungen wurde er 1969 American Editor von ›Art-Language‹, gründete aber 1975 mit anderen amerikanischen → Art & Language-Mitgliedern eine eigene Zeitschrift, ›The Fox‹.

Kota-Schule (Ende 17. Jh. – Mitte 19. Jh.)
Die K.-S. entwickelte sich in dem kleinen Königreich K. in der nordwestlichen indischen Provinz Rajasthan und gehört mit der zeitlich früheren Bundi-Schule (17. Jh. – Ende 18. Jh.) zu den für ihre ◇Miniaturen berühmten Malschulen der späten Rajput-Kunst. Besonders seit dem Patronat des Fürsten Ummed Singh (1771–1819) schufen die K.-Maler Miniaturen mit Jagdszenen. Ihr Stil ist kraftvoll, die Farben sind lebhaft, ohne grell zu sein. Die Landschaften sind weit detailreicher als in anderen Schulen und spiegeln getreu die Szenerie und die Atmosphäre K.s mit seinen Dschungelhügeln im Mondlicht wider. Die Tiere – die gejagten wie die im Hintergrund – sind prachtvoll realistisch.

Kounellis, Jannis (* 1936)
Italienischer Künstler griechischer Abstammung, übersiedelte 1956 nach Italien und lebt seit 1960 in Rom. K. galt in den 1970er Jahren als einer der Hauptvertreter der ◇Arte povera. Nach Schrift-, Ziffern- und Buchstabenbildern, die in Form von Partituren gestaltet wurden, wandte sich K. 1967 zunehmend der Inszenierung poetischer Situationen zu, in denen Natur und künstliche Strukturen miteinander konfrontiert sind. Dabei bezieht er ungewöhnliche Materialkontraste ebenso ein wie überraschende Verfremdungseffekte (elf lebende Pferde werden 1969 in einer Galerie ›ausgestellt‹) und Zitate geschichtlich-kultureller Konventionen (Arbeiten mit der Gestalt Apollons, ab 1968). Mitte der 1970er Jahre beginnt die Serie der Mauerverschließungen mit verschiedenen Materialien (Steine, Gipsfiguren, Holzlatten, Möbelteile) und der Wandinstallationen, bei denen Werkstoffe verschiedener Konsistenz wie Feuer, Gas, Ruß, Stahl, Sackleinen oder Blei poetisch miteinander kommunizieren. Ohne begriffliche Eindeutigkeit erzielen zu wollen, geht es K. um beschreibende Bilder, in denen sich scheinbar konträre Zustände, Tradition und Fortschritt, tote und lebendige Materie, Soziales und Individuelles, begegnen können.

Kovács, Attila (* 1938)
Ungarischer Künstler, studierte 1953–57 an der Ingenieurschule für Bauwesen und 1958–64 an der Hochschule für angewandte Künste in Budapest. 1964 übersiedelte er in die Bundesrepublik und studierte 1965–69 an der Stuttgarter Akademie. Seit 1965 experimentiert er mit visuellen Strukturen (Abhängigkeit eines Erscheinungsbildes von einem Bezugssystem und dessen Konstituierung). In den 1980er Jahren schuf K. ◇Skulpturen aus Industriearchitektur-Elementen sowie Bilder mit Industrielandschaften und vampirhaften Heroenfiguren im Stil eines verfremdeten ◇Sozialistischen Realismus.

Kowalski, Piotr (* 1927)
Polnischer Künstler, studierte 1947–52 Architektur am Massachusetts Institute of Technology und ging 1953 nach Paris. Bereits in den 1940er und 1950er Jahren integrierte er seine lichtkinetische Kunst (◇kinetische Kunst) in architektonische Anlagen und experimentierte in seinen Lichtskulpturen mit Kunststoffen und modernen technischen Verarbeitungsverfahren.

Krafft (Kraft), Adam (um 1460–1508/09)
Deutscher ◇Bildhauer, neben → Riemenschneider und → Stoß der bedeutendste Meister der spätgotischen Bildhauerei in Deutschland. K. war in Nürnberg tätig und arbeitete ausschließlich in Stein. Sein wichtigstes Frühwerk ist das noch sehr malerisch empfundene *Epitaph für Sebaldus Schreyer* an der Außenwand des Chores von St. Sebald (1490–92). Spätgotik in höchster Reife repräsentieren seine Hauptwerke, das *Sakramentshaus* in der St.-Lorenz-Kirche mit dem von drei knienden Figuren getragenen, reich geschmückten, 20 m hohen Turmaufbau und den realistischen, ausdrucksvollen

◇Porträts von K. selbst und zwei Gehilfen (1493–96) sowie die *Kreuzwegstationen* (sieben ◇Reliefs) auf dem Nürnberger Johannisfriedhof (1508 vollendet; heute im Germanischen Nationalmuseum, Nürnberg). K.s Werk entwickelte sich von einer spätgotischen linearen Bewegtheit und Vielteiligkeit allmählich zu einer ruhigeren, klareren und plastischeren Formempfindung, die dem Stilgefühl der aufkommenden ◇Renaissance entsprach. Mit tiefer psychologischer Eindringlichkeit und reinem Gefühl für die dunkleren, schwermütigen Seiten des menschlichen Wesens bildete er den Gegenpart zu seinem Nürnberger Kollegen Stoß.

Kramer, Harry (* 1925)
Deutscher ◇Bildhauer, ausgebildet als Tänzer und Choreograph, beschäftigte sich anfänglich mit der Herstellung von kleinen beweglichen Figürchen für ein ›mechanisches Theater‹ (aus Draht, Holz u. a.) und wandte sich dann – beeinflußt von → Tinguely – subtilen, spielerischen Drahtkonstruktionen unter Verwendung kleiner elektrischer Motoren, Klingeln u. ä. zu.

Kramskoj, Iwan Nikolajewitsch (1837–1887)
Russischer ◇Porträt- und ◇Genremaler, studierte 1857–63 an der St. Petersburger Kunstakademie, die er als Anführer einer Gruppe von 14 fortschrittlichen jungen Malern im Protest gegen die akademischen Konventionen verließ. 1870–71 gehörte K. zu den Mitbegründern der Künstlergruppe → ›Peredwischniki‹. Bekannt wurde er v. a. durch seine Porträts (*Selbstbildnis,* 1857; *Leo Tolstoj,* 1873; *Der Maler Schischkin,* 1873; *Der Dichter Nekrassow,* 1877, alle Tretjakow-Galerie, Moskau). Zu K.s Genrebildern gehört die großformatige Komposition *Christus in der Wüste* (1872, ebda.).

Krasner, Lee (Leonore) (1908–1984)
Amerikanische Malerin des ◇Abstrakten Expressionismus, studierte u. a. an der ◇Art Students' League, der National Academy of Design und bei H. → Hofmann in New York (1937–40). 1934/35 arbeitete K. für → WPA. Sie war verheiratet mit J. → Pollock (1945).

Kresilas von Kydonia
(tätig 2. Hälfte 5. Jh. v. Chr.)
Griechischer ◇Bildhauer aus Kydonia (Kreta), der sich wie → Phidias und → Polyklet um den Auftrag für eine Amazone am Artemistempel von Ephesos bewarb (etwa 440 v. Chr.). Seine Amazone stützt sich mit dem linken Ellbogen auf einen Pfeiler und ist an der Brust verwundet. Außerdem schuf K. einen berühmten bronzenen Perikles-Kopf, von dem römische Marmorkopien erhalten sind.

Kricke, Norbert (1922–1984)
Deutscher Maler und ◇Plastiker, der 1946–47 an der Hochschule für Bildende Künste in Berlin studierte und von → Uhlmann beeinflußt wurde. Seine Arbeiten seit 1949 (erste Raumplastiken) bestehen meist aus aneinandergeschweißten, dynamisch in den Raum ausgreifenden Metallstäben (gerade, gebündelt oder verknotet). K. gehörte zu den bekanntesten Bildhauern der 1950er/1960er Jahre und erhielt zahlreiche öffentliche Aufträge (u. a. eine Arbeit für das Portal des Stadttheaters in Münster, 1955–56).

Krieg, Dieter (* 1937)
Deutscher Maler, studierte 1958–62 an der Kunstakademie Karlsruhe bei HAP → Grieshaber und Herbert → Kitzel. Mit pastosfarbigen, expressiven Malgesten vergrößert K. in seinen Gemälden das belanglose unscheinbare ◇Objet trouvé (meist organische Fundstücke und Pflanzenteile) zum monumentalen Bildsujet. Diese Verschiebung der normalen ◇Proportion ins Überdimensionale dient dabei nicht einer ◇romantisch-mystifizierenden Überhöhung des Bildgegenstandes, sondern sie ist Mittel zur Distanzsetzung. In ihr manifestiert sich die malerische Erfindung, d. h. die Tatsache, daß der Salat oder das Holzstück auf K.s ◇Tafelbild ein artifizielles Produkt ist, das allein aus den Kompositionsbedingungen heraus seine räumliche Präsenz im Bild gewinnt.

Krims, Les (* 1943)
Amerikanischer Kunstfotograf, der durch seine skurril-grotesken Aktfotografien, die stets einen erzählerischen Horizont haben, bekannt wurde. K. erfindet Bildgeschichten, in denen sich amerikanische Alpträume artikulieren. Das Medium ◇Fotografie wird zur Reportage dessen, was K. vor der Kamera inszeniert.

Kritios (tätig 1. Hälfte 5. Jh. v. Chr.)
Griechischer ◇Bildhauer, erneuerte 477/476 mit Nesiotes die 480 v. Chr. von den Persern geraubte → Tyrannenmörder-Gruppe → Antenors. Zugeschrieben wird ihm der sog. *Kritiosknabe*

(um 480 v. Chr., Akropolis-Museum, Athen), der ein frühes Stadium in der Entwicklung des ◇Kontraposts verkörpert. Die Körperteile sind bereits stärker integriert als beim ◇Kuros, das Körpergewicht ist auf das linke Bein verlagert (Standbein), die linke Hüfte leicht angehoben und der Kopf etwas nach dem Spielbein hin gedreht.

Krøyer, Peter Severin (1851–1909)
Dänischer Maler, ◇Grafiker und ◇Bildhauer, studierte an der Kopenhagener Akademie (1864–70) und bei → Bonnat in Paris (1877–79), 1879–81 bereiste er Italien. K. gilt als Begründer der sog. ›realistischen‹ Periode in der dänischen Kunst. Er war einer der führenden Künstler in Dänemark, befaßte sich mit ◇Pleinairmalerei (*Hipp, Hipp, Hurra!,* 1884–88, Kunstmuseum, Göteborg) und Lichtstudien und schuf ◇impressionistische Landschaften (Küstenbilder), darunter *Fischer am Strande, Sommerabend* (1883) und *Sommerabend am Strande von Skagen* (1899).

Kruger, Barbara (* 1945)
Amerikanische Künstlerin, die 1965 an der Syracuse University und 1966 an der Parsons School of Design, New York, studierte. Danach war sie zunächst in der Werbung tätig und wurde durch diese Arbeit seit 1972 zu künstlerischen Bild-Text-Montagen angeregt. Die ◇Fotografien, die K. in ihren großformatigen ◇Collagen verwendet, besitzen stets einprägsame Strenge und klaren Bildaufbau mit Diagonalen oder überdimensionalen Detailausschnitten. Auch die Texte haben den Charakter lapidarer Feststellungen und thematisieren den Zusammenhang zwischen Kultur, Werbung, Machtpolitik und Militarismus. Indem K. bei Ausstellungen ihre ◇Montagen in den Kontext des öffentlichen Raumes integriert, entfetischisiert sie den konventionellen Kulturbegriff und legt die parallelen Strategien in Kultur, Werbung und Politik offen.

Krüger, Franz (1797–1857)
Preußischer Hofmaler (ab 1825), der bedeutendste Militär- und ◇Porträtmaler (*Prinz August von Preußen in Generalsuniform,* um 1835, Berlin) des ◇biedermeierlichen Berlin, spezialisiert auf elegante Reiter- und Paradebilder mit äußerster Genauigkeit im Detail (*Ausritt zur Jagd,* 1819; *Ausritt des Prinzen Wilhelm von Preußen in Begleitung des Malers,* 1836; *Parade am Opernplatz,* 1824–29, alle Berlin).

Krump(p)er, Hans (um 1570–1634)
Deutscher ◇Bildhauer und Baumeister am Übergang vom ◇Manierismus zum Frühbarock, Schüler von Hubert Gerhard (um 1550–1620), ging um 1590 nach Italien und war ab 1594 am Münchner Hof tätig. Zu seinen bekanntesten Arbeiten gehören die Bronzeskulpturen *Patrona Bavariae* (1616, Westfassade der Münchner Residenz), das Grabdenkmal für Kaiser Ludwig den Bayern (1619–22) in der Münchner Frauenkirche sowie eine Bildnisbüste des Kurfürsten Maximilian I. (um 1630, Residenzmuseum, München).

Krushenick, Nicholas (* 1929)
Amerikanischer Maler und ◇Grafiker, studierte u. a. 1948–50 an der ◇Art Students' League und 1950–51 bei H. → Hofmann in New York. Charakteristisch für ihn sind ornamentale Arbeiten mit stark leuchtenden Farben im Sinne der ◇Hard-edge-Malerei und der ◇Op Art.

Kubin, Alfred (1877–1959)
Österreichischer Maler, ◇Grafiker, Buchillustrator und Schriftsteller, studierte in München (1898–1901) und wurde 1902 Mitarbeiter des ›Simplizissimus‹. 1906 zog er sich auf sein Gut Zwickledt zurück, wo sein selbstillustriertes Prosastück ›Die andere Seite‹ (1909) entstand. K. war Mitglied der → Neuen Künstlervereinigung München (seit 1909) und stellte mit seinen Freunden (→ Klee, → Marc) vom → Blauen Reiter aus (1911). Beeinflußt von → Goya, → Redon, → Ensor und → Klinger schuf er Tausende von Federzeichnungen, zahlreiche Mappenwerke (*Ein Totentanz,* 1925) und ◇Illustrationen zu mehr als 70 Büchern (u. a. zu d'Aurevilly, Dostojewski, E. T. A. Hoffmann, Poe, Nerval, Strindberg). Aus dichtem, wirrem Liniengeflecht entstehen phantastisch-dämonische Traumwelten mit halluzinativ auftauchenden Spukgestalten (*Verbummelter Zauberer kehrt heim zu seinem Drachen,* 1929, Kubin-Archiv, Hamburg).

Kubišta, Bohumil (1884–1918)
Tschechischer Künstler, gehörte zu den Führern der Prager ◇Avantgarde und war Mitbegründer der tschechischen Gruppe ›Die Acht‹ (1907–08). Auf einer Reise mit → Filla 1909 nach Paris vom ◇Kubismus tief beeindruckt, wurde K. in der Folge zum Vertreter des ◇analytischen Kubismus im Sinne von → Lhote und → La Fresnaye.

Kubota Shigeko (* 1937)
Japanische ◇Objekt- und ◇Videokünstlerin, die bis 1959 an der Tokyo University of Education studierte, 1964 nach New York übersiedelte und dort ihr Studium an der New School of Social Research sowie an der Art School of the Brooklyn Museum fortsetzte. In New York schloß sie sich der ◇Fluxus-Gruppe um George → Maciunas an. Besonders beeinflußt wurde sie von John → Cage und Marcel → Duchamp, dem sie 1968, kurz vor dessen Tod, begegnete: Aufzeichnung seines legendären Schachspiels mit Cage. K. ist durch ihre *Hommages à Duchamp* und Landschaftsvideoskulpturen bekannt geworden, wobei Arbeiten, die sich auf Duchamp beziehen, häufig Landschaftselemente enthalten (*Niagara Falls,* 1985). In *Nude Descending a Staircase,* 1975–76, greift sie das Duchamp-Motiv des eine Treppe herabsteigenden ◇Aktes durch eine gestufte Treppenformation auf, in deren einzelne Stufen Monitore mit der Bildfolge eines wirklich schreitenden Aktes eingelassen sind.

Kuehl (Kühl), Gotthardt Johann (1850–1915)
Deutscher Maler, der an den Akademien in Dresden und München studierte und während eines Parisaufenthaltes 1878–89 wesentlich vom französischen ◇Impressionismus beeinflußt wurde. Auf Reisen nach Holland beschäftigte sich K. eingehend mit der holländischen Malerei des 17. Jh.s, v. a. mit → Vermeer. Während seiner Münchner Tätigkeit gehörte K. 1892 zum Freundeskreis der Münchner ◇Sezession, zugleich schätzte K. die zwischen ◇Realismus und Impressionismus vermittelnde Malweise → Liebermanns. Als Professor an der Dresdner Kunstakademie gründete K. 1901 mit Freunden und Schülern die Gruppe der ›Elbier‹. Thematisch beschäftigte sich K. mit sozialen Genres, aber auch mit subtilen ◇Interieurs und Architekturlandschaften, die ihn zu einem der Hauptvertreter des deutschen Impressionismus werden ließen.

Kügelgen, Gerhard von (1772–1820)
Deutscher Maler; von ihm stammen zahlreiche ◇Porträts und ◇Miniaturen, darunter das berühmte Bildnis *Friedrich von Schiller* (1808–09, Freies Deutsches Hochstift, Frankfurt a. M.). Auch sein Sohn Wilhelm (1802–1867) war Maler.

Kühn, Heinrich (1866–1944)
Österreichischer ◇Fotograf, der mit Henneberg und → Watzek den farbigen Gummidruck entwickelte. Mit seiner malerisch-◇impressionistischen Bildgestaltung gehört K. zu den bedeutenden Pionieren der Kunstfotografie.

Kulmbach, Hans Suess von (H. Süß, Suess) (um 1480–1522)
Deutscher Maler und ◇Zeichner für ◇Holzschnitte und Glasbilder, Schüler von Jacopo de' → Barbari und → Dürer (nach 1500). K. ist ab 1505 in Nürnberg nachweisbar (1511 Bürger und Meister). Er gilt neben → Baldung gen. Grien und → Schäuffelein als der bedeutendste Nachfolger Dürers. In seiner warmen, weichen Farbigkeit zeigt sich jedoch auch der Einfluß der venezianischen Malerei. 1509–11 und 1514–16 hielt sich K. in Krakau auf, wo er mehrere Altäre schuf (u. a. den *Katharinenaltar* in S. Maria, 1514–15). Sein Hauptwerk ist der auf einer ◇Skizze Dürers basierende *Tucheraltar* (1513, St. Sebald, Nürnberg). Neben Zeichnungen für Holzschnitte und Glasfenster (St. Sebald, ebda.) schuf K. hervorragende ◇Porträts (*Markgraf Casimir von Brandenburg,* 1511, AP).

Gotthardt Kuehl, *Kircheninneres,* o. J.

Kunc, Milan (* 1944)
Tschechischer Maler, der 1963–67 an der Kunstakademie in Prag studierte und 1968 in den Westen emigrierte. 1970–74 Studium an der Kunstakademie Düsseldorf bei → Beuys und G. → Richter. 1979 mit → Angermann und → Knap Gründung der Gruppe → ›Normal‹. In seiner ◇comicartigen Malerei praktiziert K. im kritischen Reflex auf den ◇Sozialistischen Realismus eine persiflierende Umkehrung von plakativer Politpropaganda und schwülstigem Pathos.

Kuncan
(tätig 2. Hälfte 17. Jh., gegen 1610–1693?)
Chinesischer Maler aus Wuling (Prov. Henan). Obwohl in seinen 30er Jahren die Manju-Dynastie an die Macht kam (1644), blieb er zeitlebens den Ming (Ming-Dynastie 1368–1644) treu. Der ausgeprägte Einzelgänger wurde buddhistischer Mönch. Seine mit trockenem Pinsel und rötlichen Farbtönen gearbeiteten Landschaften sind detailreich und haben oft autobiographische Bezüge. Die ursprünglich zu einer Gruppe von Blättern mit den vier Jahreszeiten gehörende *Winterlandschaft* malte er 1666 für seinen Freund, den Maler Zheng Zhenggui.

Kuniyoshi Yasuo (1893–1953)
Amerikanischer Maler japanischer Herkunft, studierte u. a. an der ◇Art Students' League. Sein Frühwerk verbindet Erfindungsreichtum und unterschwelligen Humor auf eine Weise, die an → Chagall erinnert. In den 1930er Jahren wandte sich K. figurativen Studien zu, v. a. nuanciert kolorierten Frauendarstellungen (*I'm tired,* 1938, Whitney Museum of Art, New York), die den Einfluß J. → Pascins verraten, dem K. erstmals 1925 in Paris begegnete.

Kupecký (Kupezky), Jan (Johann) (1667–1740)
◇Porträtmaler böhmischer Herkunft, lebte 1686–1709 in Italien und war anschließend in Wien tätig, wo er u. a. als Hofmaler wirkte. 1723 ließ er sich in Nürnberg nieder.

Kupka, František (1871–1957)
Tschechischer Maler, der sich nach dem Studium an den Akademien in Prag und Wien 1895 in Paris niederließ, wo er zunächst als ◇Zeichner und ◇Buchillustrator tätig war. Seit etwa 1910 beschäftigte er sich mit der ◇abstrakten Malerei, und 1911–12 entstand sein erstes rein abstraktes Bild, *Fuge in Rot und Blau.* Er beteiligte sich an den Ausstellungen der kubistischen Gruppe → Section d'Or (1912) und von → Abstraction-Création (ab 1931). Ausgehend vom ◇Jugendstil, entwickelte K. in der Auseinandersetzung mit dem ◇Neoimpressionismus, dem ◇Kubismus, dem ◇Rayonismus und den Ideen von der abstrakten Ausdruckskraft der Malerei analog der Musik seinen Stil vom ◇Symbolismus zur Abstraktion (1911).

Kusnezow, Pawel Warfolomejewitsch (1878–1968)
Sowjetischer Maler, schuf v. a. Landschaften, ◇Stilleben und ◇Porträts. 1897–1903 studierte er an der Moskauer Kunstakademie bei K. A. Korowin und W. A. → Serow. 1917–37 und 1945–48 unterrichtete er an verschiedenen Moskauer Instituten. K. war Mitorganisator der Ausstellung → ›Blaue Rose‹, Mitglied der → ›Welt der Kunst‹. Ab Anfang des Jh.s stand er unter starkem Einfluß → Borissow-Mussatows (Motive des Traums). In seinen heiteren, von kontemplativer Ruhe erfüllten Gemälden der ›Steppenserie‹ (oder ›Kirgisischen Serie‹) verbindet sich die dekorative Gesamtwirkung mit einer subtilen Abstufung der Farbschattierungen (*Fata Morgana in der Steppe,* 1912, Tretjakow-Galerie, Moskau). Seinen Kompositionen der 1920er/1930er Jahre verlieh er stärkere Dynamik und raumzeitliche Konkretheit, den Figuren größere Lebendigkeit, z. T. verwendete er ◇Wandmalereitechniken (*Die Rast der Hirten,* 1927, Russiches Museum, St. Petersburg). K. arbeitete auch für das Theater.

Pawel Kusnezow, *Feiertag,* um 1906

L

Lachaise, Gaston (1882–1935)
Französisch-amerikanischer ◇Bildhauer, lernte bei → Monet und an der Ecole des Beaux-Arts, emigrierte 1906 in die USA. 1913 stellte er auf der ◇Armory Show aus und gehörte zum Kreis um → Stieglitz. Er wurde v. a. bekannt durch seine beeindruckenden weiblichen ◇Akte mit voluminösen, dabei jedoch ausgewogenen ◇Proportionen. Berühmte Beispiele sind seine Versionen der *Stehenden Frau* (1912–27; 1932).

Laer, Pieter van siehe → **Bamboccio,** il

Laethem-Saint-Martin
Belgisches Dorf, nach dem zwei Künstlergruppen des 20. Jh.s benannt wurden. Zur ersten gehörte eine Reihe ◇symbolistischer Maler, angeführt von Valerius de Saedelaer (1867–1947) und Gustaaf van de Woestijne (1881–1947). Die zweite, bedeutendere Gruppe bestand aus ◇expressionistischen Künstlern, darunter van den → Berghe, → Permeke und de → Smet.

La Farge, John (1835–1910)
Amerikanischer Maler, ◇Zeichner und Kunstschriftsteller französischer Abstammung, studierte bei T. → Couture in Paris und besuchte England, wo er von den → Präraffaeliten beeinflußt wurde. Nach der Rückkehr in die USA konzentrierte er sich auf ◇Wandmalereien (Trinity Church, Boston) und Buntglasarbeiten.

Lafontaine, Marie Jo (* 1950)
Belgische Videokünstlerin, die 1975–79 an der Ecole Nationale Supérieure d'Architecture et des Arts Visuels de la Cambre, Brüssel, studierte. Sie versteht ihre ◇Videoinstallationen als ◇Skulpturen: Mehrere Bildmonitore werden auf sockelartigen Blöcken montiert oder mit farbigen Wandtafeln in formaler Strenge kombiniert, wobei der Ton bzw. die Musik als Stimmungsträger gleichermaßen wie das Schwarzweiß der Videobilder die psychologische Gesamtwirkung der Installation verstärken. Thematisch beziehen sich die Arbeiten zumeist auf männliche Kraftrituale in Sport und Tanz (Bodybuilding, Flamenco-Tanz, Stierkampf), die in ausschnitthaften Nahaufnahmen suggestiv in ihrer Rhythmik präsentiert werden. Bekannt wurde v. a. die auf der documenta 8 gezeigte Arbeit *Tränen aus Stahl* (1985–86), in der M. J. L. die masochistischen Bodybuilding-Bewegungen eines kraftstrotzenden Jünglings mit Assoziationen kriegerischer Handlungen verbindet.

La Fosse, Charles de la siehe → **Fosse,** Charles de la

La Fresnaye, Roger-Noël-François (1885–1925)
Französischer Maler, der in Paris an der Académie Julian (1903), an der Ecole des Beaux-Arts und an der Académie Ranson (1908) studierte, wo er Schüler der → Nabis-Maler → Denis und → Sérusier war. Unter dem starken Einfluß → Cézannes, der zur Reduzierung auf kubische Grundformen führte, kam La F. zum ◇Kubismus. Befreundet mit → Villon und → Gleizes (ab 1911), gehörte er zum äußeren Kreis der kubistischen Maler, die sich 1912 an der historisch bedeutenden Ausstellung → ›Section d'Or‹ beteiligten. La F.s Bilder sind nur oberflächlich gesehen kubistisch (*Die Eroberung der Lüfte,* 1913, Museum of Modern Art, New York) – im Grunde wird die perspektivische Komposition lediglich von winkligen dekorativen Farbplänen überlagert. Nach 1917 folgte er zunehmend den von → Picasso eingeleiteten neoklassischen Tendenzen.

Laguerre, Louis (1663–1721)
Französischer Maler, war unter → Le Brun tätig, bevor er 1683/84 nach England ging und bei → Verrio arbeitete. Großen Erfolg hatte er mit der dekorativen Ausschmückung von Landhäusern wie z. B. Burghley und Blenheim.

La Hyre, Laurent de (1606–1656)
Französischer Maler, der religiöse, mythologische und ◇allegorische Sujets schuf, meist vor Landschafts- und Architekturhintergründen (*Laban sucht die Götzen,* 1647, Louvre; *Merkur und Herse,* 1649; *Allegorie der Grammatik,* 1650, NGL). La H. war anfangs beeinflußt vom ◇Manierismus der Schule von → Fontainebleau, später vom ◇klassischen Stil → Raffaels. Seine Kompositionen zeichnen sich durch virtuose Handhabung der Farbe und der ◇Perspektive aus. La H. war auch ein gefragter Entwerfer für ◇Gobelin- ◇Tapisserien. 1648 gehörte er zu den Gründungsmitgliedern der Académie Royale.

Laib (Laibl, Leib), Conrad (tätig Mitte 15. Jh.)
Deutscher Maler der Spätgotik, vermutlich aus Eislingen/Fils stammend, der in Österreich tätig war. Seine Signatur erscheint auf einem ◇Altarbild für den Dom von Graz (datiert 1457), um das sich zahlreiche Zuschreibungen gruppieren. Wie Hans → Multscher und sein etwas älterer Zeitgenosse Konrad → Witz geriet auch L. unter den Einfluß der altniederländischen Kunst, insbesondere des Meisters von Flémalle (→ Campin) und Rogier van der → Weydens. L. dürfte an der Gegenbewegung gegen den ◇Weichen Stil, der zu Anfang des 15. Jh.s in Deutschland allenthalben vorherrschte, beteiligt gewesen sein.

Laib, Wolfgang (* 1950)
Deutscher Künstler, der 1968–74 in Tübingen Medizin studierte und seitdem ausschließlich künstlerisch tätig ist. 1975 entstanden erste *Milchsteine,* ausgeschüttete Milch auf Marmorsteinen, deren Weiß sich zu einer ebenso satten wie luziden Schicht verdichtet. Seit 1977 Arbeiten mit gesammeltem gelben Blütenstaub und seit 1983 mit Reis, Steinen und Briefsiegelwachs. L.s Intention ist die meditative Darstellung einer ganzheitlichen Welt aus Natur und Geist, in der sich sowohl die geistigen Schwingungen wie auch die stofflichen Energien des Lebens widerspiegeln.

Lainberger (Laynberger, Lamberger), Simon (tätig 2. Hälfte 15. Jh.; † vor 1503)
Deutscher Bildschnitzer, der 1478 als Bürger von Nürnberg urkundlich erwähnt wird und als Meister der Kreuzigungsgruppe am ◇Hochaltar der Stadtkirche von Nördlingen angesehen werden kann. Die frühere Annahme, daß L. auch als Schnitzer der Dangolsheimer Madonna (Berlin) gelten kann, ist nicht mehr haltbar.

Lairesse, Gérard de (1640–1711)
Flämischer Maler. L. ließ sich 1665 in Amsterdam nieder, wo er der führende (Wand-)Maler eines niederländischen ◇klassizistischen Stils in der Nachfolge N. → Poussins wurde. Er schuf ◇Wandmalereien für verschiedene Residenzen des niederländischen Statthalters und für den Amsterdamer Gerichtshof. Nachdem er 1690 erblindet war, verfaßte er zwei populäre kunsttheoretische Traktate (›Grondlegginge ter Teekenkonst‹, 1701; ›Het groot Schilderbock‹, 2 Bde., 1707).

Lalique, René (1869–1945)
Französischer ◇Kunstgewerbler des ◇Jugendstils, war außerordentlich erfolgreich mit Entwürfen für kostbaren Schmuck (Weltausstellung 1900 in Paris), wandte sich dann der Glaskunst zu (ab 1908 Besitzer einer Glasfabrik) und setzte sich v. a. für die künstlerische Verbesserung der Serienproduktion von Preßglasartikeln ein (ab 1918). L. schuf aber auch bedeutende Einzelstücke (meist mit Pflanzen- oder Tierornamenten; auch dickwandige Gläser mit starker Oberflächenätzung).

Lam, Wifredo (1902–1982)
Kubanischer Maler. L. studierte in Havanna und in Madrid. 1937 übersiedelte er nach Paris und schloß sich eng an die ◇Surrealisten (u. a. → Breton, → Brauner, → Ernst, → Tanguy) an. 1941 floh er in Begleitung von Breton und → Masson in die USA, später nach Havanna. Nach dem Kriege kehrte er nach Paris zurück. Beeinflußt von Breton und v. a. → Picasso, zeichnet sich L.s Surrealismus durch eine magische, totemistische Bildwelt aus, die zahlreiche Anspielungen auf afrokubanische Mythologien sowie auf die gefährliche Wildnis des Urwaldes enthält. Wie in *Dschungel* (1943, Museum of Modern Art, New York), machte L. in seinen Arbeiten wiederholt Gebrauch vom Thema der Metamorphose.

Lami, Eugène Louis (1800–1890)
Französischer Maler, ◇Aquarellist, ◇Illustrator und vornehmlich ◇Lithograph, Schüler von → Gros und → Vernet. Im Atelier von Gros begegnete er → Bonington, der ihn in die Aquarelltechnik einführte. L.s lebendig-lockere, doch außerordentlich detailgenaue Aquarelle und ◇Grafiken schildern das Leben der französischen Gesellschaft zur Zeit der Restauration und unter Louis-Philippe.

Lan Ying (1578–1660)
Nach chinesischer Darstellung gilt L. aus Qiantang (heute Hangzhou, Prov. Zhejiang) traditionell als letzter Meister der → Zhe-Schule. In Wirklichkeit war er zwar professioneller Maler, stützte sich aber in seinen Arbeiten auf die Stile der → Literatenmaler, so in dem Rollbild *Flußlandschaft* (1624, Seattle Art Museum, Seattle), das sich an die Manier der → Vier großen Landschaftsmeister aus der späten Yuan-Zeit (Yuan-Dynastie: 1271–1368) hält.

Lancret, Nicholas (1690–1743)
Französischer Maler. L. lernte im Atelier von → Gillot, wo er → Watteau begegnete, der sein künstlerisches Werk nachhaltig beeinflußte. Wie → Pater hielt auch L. sich eng an Watteaus Stil, ohne allerdings dessen malerische Tiefgründigkeit zu erreichen. Nach dem Tod von Gillot und Watteau war L. neben Pater der bedeutendste und beliebteste Meister der ◇Fêtes galantes und Szenen der ◇Commedia dell' arte (*Im Park*, Eremitage; *Galante Unterhaltung,* 1719; *Tanz in einem Park,* 1738, beide Wallace Collection, London), die durch Farbstiche weite Verbreitung fanden und oft kopiert wurden.

Landseer, Sir Edwin Henry (1802–1873)
Englischer Maler und ◇Bildhauer, der im 19. und frühen 20. Jh. große Popularität genoß. L. wurde v. a. durch seine Darstellungen von Tieren bekannt, denen er menschliche Empfindungen verlieh. Die → Präraffaeliten verurteilten seine populären, sentimentalen Ausstellungsbilder. Seine sehr lebendigen Ölskizzen, die ihn mit der zeitgenössischen französischen Kunst verbinden, sind dagegen unbekannt geblieben. L. entwarf auch die Bronzelöwen am Sockel der Nelson Column auf dem Londoner Trafalgar Square (1867 enthüllt).

Lanfranco, Giovanni (1582–1647)
Italienischer Maler, Schüler von Agostino und Annibale → Carracci, dem er bei der Ausmalung des Palazzo Farnese in Rom assistierte. L.s Stil wurde entscheidend geprägt von den Kuppelfresken → Correggios im Dom zu Parma und erreichte in seiner Weiterentwicklung eine dynamische, monumentale, theatermäßige Darstellungsweise, die eines der Fundamente des reifen ◇Barockstils bildete. Sein revolutionärstes Werk ist die *Himmelfahrt Mariä* in der Kuppel von S. Andrea della Valle in Rom (1624–28), in der er den ◇Illusionismus Correggios bis zum Äußersten steigerte. Dieses Werk – wie ähnliche in Rom und Neapel (S.-Gennaro-Kapelle im Dom von Neapel, 1643) – war von enormem Einfluß.

Lang, Nikolaus (* 1941)
Deutscher Künstler, studierte 1960–66 an der Münchner Akademie. Ab 1969 begann L. mit Arbeiten, die ihn zu einem der bekanntesten Vertreter der ◇Spurensicherung machten: Sammelkästen mit Fundstücken, u. a. aus dem Bayerischen Wald, England, Japan, am bekanntesten und umfangreichsten *Für die Geschwister Götte* (1973–74). Ein weiterer Komplex – 1976–77 in der Toskana und den Ligurischen Alpen entstanden – befaßt sich mit den handwerklichen Elementarformen von ◇Malerei und ◇Skulptur: Herstellung von Farben und Steinwerkzeugen bzw. Pausen von Felsbildern aus der Bronzezeit und ◇Graffitis aus Bauernhäusern. 1979 und 1986–88 Arbeitsaufenthalte in Australien zum Studium der Aborigines-Kultur. 1985–86 Arbeit an der Torfskulptur *Gegen sich und andere gerichtet* aus ca. 90 Torfziegeln, in der sich der Künstler mit der Differenzierung zwischen natürlichen bzw. erdgeschichtlichen Vorgängen und bewußter Gestaltung des Menschen beschäftigt, wobei Zustände des Werdens und Vergehens, des Figurativen und Amorphen ebenfalls thematisch einbezogen sind.

Lange, Dorothea (1895–1965)
Amerikanische ◇Fotografin, die nach einem Pädagogikstudium eine fotografische Ausbildung an der Columbia University erhielt. 1919 eröffnete sie ein Porträtatelier in San Francisco. Ab 1935 konzentrierte sich ihr fotografisches Interesse auf die Situation der Landarbeiter, und sie schloß sich der Fotografengruppe an, die für die ›Farm Security Administration‹ arbeitete. 1942 fotografierte sie jene Amerikaner japanischer Herkunft, die man von der Pazifikküste evakuiert hatte. 1943–45 Tätigkeit für das ›Office of War Informations‹ und in den 1950er Jahren eindrucksvolle Dokumentarbildzyklen für die Zeitschrift ›Life‹.

Lanyon, Peter (1918–1964)
Englischer Maler. L. studierte an der → Euston Road School und war mit → Gabo und B. → Nicholson befreundet, die ihn beeinflußten. Er war Gründungsmitglied der ›St. Ives Group‹. L.s Malerei, der stets ein landschaftliches Erlebnis zugrunde liegt, wurde zunehmend abstrakter, malerischer und dramatischer und näherte sich Ende der 1950er Jahre dem amerikanischen ◇Action Painting im Stil de → Koonings.

Laokoon-Gruppe (1. Jh. v. Chr./Anfang ?)
Äußerst naturalistische Marmorgruppe der Bildhauerschule von Rhodos, geschaffen von Hagesandros, Polydoros und Athenadoros (heute Vatikan). Sie stellt dar, wie der trojanische Apollonpriester Laokoon und seine beiden Söhne von zwei Schlangen aus dem Meer erwürgt werden.

Laokoon-Gruppe, 1. Jh. v. Chr.

Das Werk greift, ganz im Sinn ◇hellenistischer Kunst, einen psychologisch dramatischen Moment heraus, um die Tragik der Situation hervorzuheben. Die Gruppe wurde 1506 im → Domus aurea des Nero wiederentdeckt und übte großen Einfluß in der ◇bildenden Kunst aus (→ Michelangelo). G. E. → Lessing veröffentlichte 1766 eine Abhandlung über Kunst (›Laokoon oder Über die Grenzen der Mahlerey und Poesie‹), in der er die ◇klassizistischen Ansichten über das Tragische und Schöne kritisierte, die nach → Winckelmann in dem Bildwerk Verkörperung fanden.

Lapicque, Charles (1898–1988)
Französischer Maler, bekannter Vertreter der ◇Ecole de Paris der 1940er und 1950er Jahre. Ausgebildet als Ingenieur, beschäftigte er sich wissenschaftlich mit Problemen der Farbe und Optik, bevor er sich 1928 ganz der Malerei zuwandte. 1939 lernte er → Villon kennen und schloß sich dem ›Mouvement des Jeunes Peintres de la Tradition Française‹, darunter → Bazaine und → Manessier, an. L. versuchte in seiner Malerei das Gegenständliche und ◇Abstrakte in einer kontrapunktischen Verbindung von farbigen Flächen und schwingenden, ◇arabeskenhaften Linien zur Deckung zu bringen.

Laprade, Pierre (1875–1931)
Französischer Maler, Schüler von → Carrière in Paris, in dessen Atelier er → Matisse und den späteren ◇Fauves begegnete. Er stellte 1901 im ◇Salon des Indépendants aus und war mit → Vuillard und → Rouault Gründer des ◇Salon d'Automne. Obwohl L. als fauvistischer Maler bekannt wurde, war er eigentlich ein ◇Neoimpressionist und neben seinen Generationsgenossen Vuillard und → Bonnard ein typischer Vertreter des ◇Intimismus. Seine atmosphärischen poetischen ◇Interieurs, Landschaften und Blumenbilder zeigen v. a. den Einfluß → Renoirs. L. hat zahlreiche ◇Buchillustrationen geschaffen (u. a. zu ›Manon Lescaut‹).

Largillière (Largillierre), Nicolas de (1656–1746)
Französischer ◇Porträtmaler, studierte (ab 1668) in Antwerpen bei Anthonis Goubeau. 1674 ging L. nach England, dort als Assistent von P. → Lely am Hofe Karls II. tätig. 1682 kehrte er nach Paris zurück, wo er ein gesuchter Porträtist (v. a. des wohlhabenden Bürgertums und der Pariser Aristokratie) und Hauptrivale → Rigauds wurde. L. führte eine neue Freiheit und Ungezwungenheit in die französische Bildniskunst ein, die typisch für den Übergang der ◇Régence-Zeit zum ◇Rokoko ist (*Familienporträt,* Louvre). L. war ein hervorragender Kolorist in der Tradition van → Dycks und → Rubens'. Neben seinen zahlreichen Bildnissen (über 1500) schuf er auch ◇Historien-, ◇Landschafts- (*Waldlandschaft,* ebda.) und Tierbilder sowie ◇Stilleben. 1733 wurde er Kanzler der Akademie in Paris. Zu seinen Schülern gehörte → Oudry.

Larionow, Michail Fjodorowitsch (1881–1964)
Russischer Maler und Bühnenbildner, Begründer des ◇Rayonismus. L. studierte 1898–1910 in Moskau bei → Serow und → Lewitan, wo er seit 1898 zur künstlerischen ◇Avantgarde gehörte und seine Lebensgefährtin N. → Gontscharowa kennenlernte. L. beteiligte sich an zahlreichen Ausstellungen (u. a. 1906 → ›Welt-der-Kunst‹-Ausstellung in Moskau; 1908–11 Ausstellungen der Künstlervereinigung ›Goldenes Vlies‹ in St. Petersburg); 1910/11 organisierte er die → ›Karobube‹-Ausstellung, 1912 die der Künstlergruppe → ›Eselsschwanz‹ in Moskau. 1913 erschien L.s ›Rayonistisches Manifest‹. Nach Kriegsausbruch verließen L. und Gontscharowa Rußland (1915), um → Diaghilew in der Schweiz

zu treffen. Seither schuf L. zahlreiche Bühnenausstattungen für dessen ›Ballets russes‹. L.s Stil entwickelte sich von frühen ◇symbolistischen und ◇impressionistischen Bildern (*Blühender Fliederstrauch,* 1904, Tretjakow-Galerie, Moskau) zu einer von ◇Fauvismus, ◇Kubismus und russischer ◇Volkskunst beeinflußten ›primitivistischen‹ Malerei, z. B. in seiner *Soldaten*-Serie (1908–11). Unter dem Eindruck → Marinettis, der 1910 eine Vortragsreise über den ◇Futurismus durch Rußland unternahm, entstanden seine ersten ›rayonistischen‹ Bilder, die den Bildgegenstand in Strahlendiagramme zerlegen, um den Eindruck einer vierten Dimension zu erzeugen. Die anfangs noch meist von der Landschaft ausgehenden Versuche lösten sich ab 1912 gänzlich vom Gegenständlichen. Damit war L. neben → Kandinsky einer der frühesten ◇abstrakten Maler.

Laroon, Marcellus d. J. (1679–1774)
Englischer Maler, ◇Mezzotinto-Stecher und ◇Zeichner, Sohn von Marcellus L. d. Ä. (1653–1702), einem holländischen Maler und ◇Kupferstecher, der in England als Gehilfe → Knellers tätig war. L. d. J. ist berühmt für seine ◇Gesellschaftsstücke (*Tafelgesellschaft,* 1725), die denen seines Freundes → Hogarth nahestehen, jedoch in einem ungewöhnlich bewegten Stil ausgeführt sind. In vielen seiner Werke schwingt ein ◇karikaturistischer Unterton mit.

Michail Larionow, *Der Offiziersfriseur,* um 1909

Larsson, Carl Olof (1853–1919)
Schwedischer Maler und ◇Illustrator. L. studierte an der Stockholmer Akademie und bildete sich in Frankreich unter dem Einfluß der französischen ◇Pleinairmalerei weiter (1882–84 Aufenthalt in der skandinavischen Künstlerkolonie in Grèz-sur-Loing bei Paris). Später wurde er durch den dekorativen Stil → Muchas, → Chérets und der japanischen ◇Drucke beeinflußt und war der wichtigste Vertreter des ◇Jugendstils in Schweden. Neben ◇Genreszenen, ◇Porträts und ◇Historienbildern (◇Fresken im Stockholmer Nationalmuseum mit Szenen aus der schwedischen Kunstgeschichte, 1896) schuf er ◇Grafiken und ◇Aquarelle, häufig Sujets aus dem Familienleben (*Atelieridyll,* 1885, Nationalmuseum, Stockholm), die auch in Buchform erschienen (u. a. ›Åt solsidan‹ [›Das Haus in der Sonne‹], 1910).

Lartigue, Jacques-Henri (1894–1986)
Französischer Maler und Fotograf, der, angeregt durch seinen Vater, der selbst ein Fotoamateur war, bereits im Kindesalter mit der ◇Fotografie begann. Seine frühen Aufnahmen, die sich durch exzellente Technik und sicheren Motivblick auszeichnen, zeigen vorwiegend die Welt der ersten Flugexperimente, der Automobile und der High Society. 1915 Studium der Malerei an der Académie Julian in Paris und malerische Tätigkeit. In den 1930er Jahren Freundschaft mit van → Dongen, → Cocteau, Maurice Chevalier und → Picasso. In seiner Fotografie drückt sich enge Verbundenheit mit der Filmszene aus.

Lassnig, Maria (* 1919)
Österreichische Malerin und Zeichnerin, die nach einem längeren USA-Aufenthalt in den 1970er Jahren in ihre Heimat zurückkehrte und dort zur wichtigsten Anregerin der neuen expressiven Malerei wurde. Ihr gelang es, die obsessive Selbsterfahrung des ◇Wiener Aktionismus in eine subjektive Malerei zu überführen (*Selbstporträt mit Maulkorb,* 1973).

Lastman, Pieter Pietersz. (um 1583–1633)
Holländischer Maler und ◇Radierer, Schüler des ◇manieristischen Malers Gerrit Pietersz. Sweelinck. L. hielt sich von etwa 1603/04 bis 1607 in

Italien auf, wo er von → Elsheimer und vom ◇Chiaroscuro → Caravaggios beeinflußt wurde. Er malte v. a. biblische und mythologische Szenen vor landschaftlichem Hintergrund (*Abschied Hagars,* 1612, Hamburger Kunsthalle; *Odysseus und Nausikaa,* 1619, AP). L. war der Lehrer von Jan → Lievens und → Rembrandt, deren Frühstil er beeinflußte.

Latham, John (* 1921)
Englischer Künstler, studierte 1946–50 am College of Art in Chelsea. Bekannt wurde er mit seinen Events (einer bereits 1954 von ihm entwickelten Form des ◇Happenings), Arbeiten mit Büchern (Anbrennen, Zusammenkleben usw.) und Bildern, die auf seiner spezifischen Zeittheorie beruhen (ab 1969, u. a. *One Second Drawings*).

La Tour, Georges de (1593–1652)
Französischer Maler, ab 1620 in Lunéville tätig, genoß die Förderung des lothringischen Herzogs Karls IV. (seit 1623) und wurde 1646 Hofmaler König Ludwigs XIII., in dessen Auftrag er *Die hl. Irene pflegt den hl. Sebastian* (Louvre; eine zweite Fassung [1634–43] befindet sich in Berlin) gemalt haben soll. La T., in seiner Zeit ein hochangesehener Maler und der bedeutendste Nachfolger → Caravaggios in Frankreich, spezialisierte sich auf ◇Nachtstücke. Er war jedoch eher von den Utrechter → Caravaggisten (→ Terbrugghen und → Honthorst) beeinflußt als von den Italienern, was sich z. B. in der naturalistischen Detailbehandlung seines Frühwerks (*Hl. Hieronymus,* 1620–30, Nationalmuseum, Stockholm) zeigt wie auch in der Verwendung einer einfachen ungeschützten Kerze als Lichtquelle und in der warmen braunen Tonigkeit seines reifen Werkes (*Der hl. Joseph als Zimmermann; Die hl. Maria Magdalena meditiert vor einem Totenschädel,* beide Louvre; *Das Neugeborene* [auch *Geburt Christi*], Rennes). Den charakteristischsten Ausdruck erreichte La T.s Stil in seinem Spätwerk, in dem sich seine hart konturierte, plastische Darstellung unter Verzicht auf das Detail noch stärker geometrisch vereinfachte und zu einer eigentümlichen Art von Klassizität gelangte.

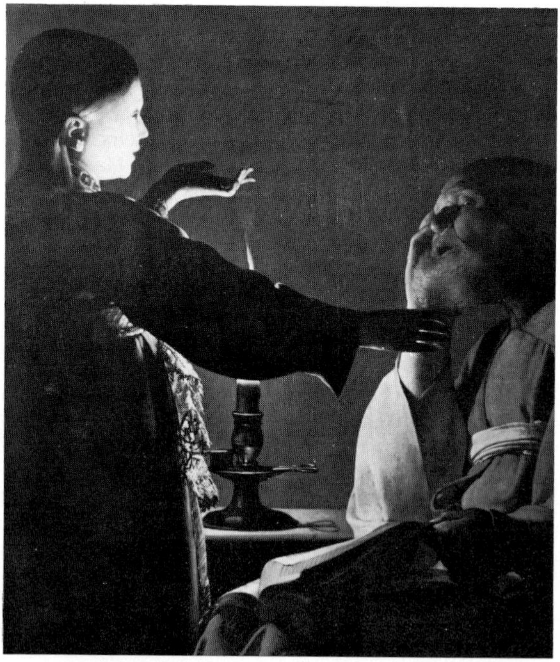

Georges de La Tour, *Der Engel erscheint dem hl. Joseph im Schlaf,* 1639–41

Maurice-Quentin de La Tour, *Mlle Fel,* 1757

La Tour, Maurice-Quentin de (1704–1788)
Französischer Pastellmaler, der sich 1727 in Paris niederließ, wo er sich, angeregt durch den Erfolg von R. → Carriera, der ◇Pastelltechnik zuwandte. V. a. durch seine Bildnisse, die sich durch ihre lebendige, realistische Charakterisierung von der konventionellen zeitgenössischen ◇Rokokomalerei unterscheiden, erlangte La T. großen Erfolg. Hervorragend in ihrer freien Natürlichkeit sind besonders seine vorbereitenden Pastellskizzen, die ›préparations‹. 1746 Mitglied der Académie Royale und 1750 ›Peintre du Roi‹ Ludwigs XV. Er porträtierte u. a. Madame de Pompadour (1752–55, Louvre).

Lattanzi, Luciano (* 1925)
Italienischer Maler, studierte zunächst Philosophie und begann seine künstlerische Tätigkeit erst 1956. 1957 veröffentlichte er das ›Manifest der semantischen Malerei‹, in dem er die Elemente seines ◇ornamental-zeichenhaften Stils wie Kreis, Welle, Zickzack und Kreuz kanonhaft darlegte.

Laurana, Francesco (um 1425/30–1502)
Italienischer ◇Bildhauer, Baumeister und Medailleur, bedeutender Meister der Frührenaissance, der in Italien, Frankreich (1461–66) und Sizilien (ab 1467) tätig war. L. arbeitete mit an der plastischen Gestaltung des ◇Triumphbogens im Castel Nuovo in Neapel (1453ff.). Berühmt ist er v. a. als Schöpfer zarter weiblicher Porträtbüsten (*Büste einer Prinzessin von Aragonien,* 1487–88, KhW), deren klare, elegante Formen durch Farbe zu höchster Wirkung gebracht sind. In Frankreich schuf L. auch ◇Medaillen für René I. d'Anjou.

Laurencin, Marie (1885–1956)
Französische Malerin und ◇Grafikerin, Freundin von → Apollinaire und → Picasso, die an den künstlerischen Diskussionen, aus denen der ◇Kubismus hervorgehen sollte, aktiven Anteil nahm, in ihrer eigenen Malerei davon jedoch kaum beeinflußt wurde. Ihre lichten, pastellfarbenen, lyrischen Bilder zeigen meist anmutige, träumerische junge Mädchen (*Die Probe,* 1936, Musée National d'Art Moderne, Paris) und sind z. T. beeinflußt von L.s Studien persischer ◇Miniaturmalerei und der Kunst des ◇Rokoko. Sie entwarf später auch Bühnenbilder für → Diaghilews ›Ballets russes‹ (1924) und die Comédie Française (1928), außerdem schuf sie ◇Buchillustrationen, u. a. zu André Gides ›La Tentative Amoureuse‹.

Henri Laurens, *Große Sirene,* 1945

Laurens, Henri (1885–1954)
Französischer ◇Bildhauer und ◇Grafiker. Ausgebildet als Steinmetz und Dekorateur, waren L.' erste bildhauerische Arbeiten von → Rodin beeinflußt, bevor er 1911 → Braque kennenlernte und mit dem ◇Kubismus in Berührung kam. In ◇Plastiken, ◇polychromen Flachreliefs und ◇Collagen versuchte er die Ideen des ◇analytischen Kubismus plastisch umzusetzen. Eine Reihe von ◇Reliefs aus ◇Terrakotta und Stein von 1919 zeigen Einflüsse von → Lipchitz wie auch der afrikanischen Negerskulptur. 1927 wandte sich L. von seinen kubischen, geometrischen Formen ab und entwickelte einen organischen, kurvigen Stil, in dem er stark abstrahierte, rhythmisch bewegte Figuren, meist weibliche ◇Akte, von großer poetischer Kraft darstellte. In vielen seiner Bildwerke interpretierte er Themen der antiken Mythologie neu (*Geflügelte Sirene,* 1938; *Der große Amphion,* 1952). Sein grafisches Œuvre umfaßt ◇Holzschnitte und ◇Buchillustrationen.

Lawrence, Sir Thomas (1769–1830)
Englischer ◇Porträtmaler. Sein Bildnis *Elizabeth Farren* (vor 1791, MM) machte ihn zum Konkurrenten → Reynolds', in dessen Nachfolge L.' Porträtstil stand. Nach Reynolds' Tod wurde L. 1792 zum Hofmaler ernannt, 1794 ordentliches Mitglied der Royal Academy. Er war der gesuchteste Modemaler seiner Zeit. Zu seinen populärsten Arbeiten gehörten Studien von Kindern (*Sarah Moulton Barrett,* vor 1796) und zahlreiche Porträts führender Persönlichkeiten seiner Zeit (*Papst Pius VII.,* 1819). In L.' besten, sprühenden Bildnissen (v. a. seinen ›Herrenbildnissen‹, z. B. *Sir Walter Scott,* vor 1828; *John Philip Kemble als Hamlet,* um 1801, Tate Gallery, London) zeigt sich jenes Verständnis für die Ausdrucksmöglichkeiten der Farbe, das → Delacroix an ihm schätzte.

Lawson, Ernest (1873–1939)
Amerikanischer Maler, Schüler von → Weir und → Twachtman an der ◇Art Students' League, lebte einige Jahre in Frankreich. L. schuf Gemälde mit ländlichen und städtischen Szenen, wobei v. a. seine Winterbilder bekannt sind. Er war Mitglied der Gruppe The → Eight und stellte 1913 auf der ◇Armory Show aus.

Lebel, Jean-Jacques (* 1936)
Französischer Künstler, Kunstkritiker und Ausstellungsorganisator, studierte in Florenz und veranstaltete ab 1959 Ausstellungen (u. a. mit A. Schwarz die Internationale Surrealistenausstellung in Mailand 1959) und ◇Happening-Aktionen sowie 1965–67 die ›Festivals de la libre expression‹ in Paris. Seine eigenen künstlerischen Arbeiten bestehen aus Bild- ◇Collagen im Stil des ◇Nouveau Réalisme. Ab 1968 verlagerte sich sein Interesse auf gesellschaftspolitische Themen.

Leblanc, Walter (1932–1986)
Belgischer Lichtkinetiker (◇Kinetische Kunst), studierte an der Akademie in Antwerpen und war 1958 Mitbegründer der Hessenhuis-Künstlergruppe, die eine ◇monochrome Malerei vertrat. Aus dieser Phase entwickelten sich seine lichtvibrierenden ◇Reliefs (*Torsions,* ab 1959; *Twisting Strings*), die ihn der internationalen Gruppe → Nouvelle Tendance zuordnen.

Lebourg, Albert Charles (1849–1928)
Französischer ◇Landschaftsmaler. L. studierte in Rouen und Paris und stellte 1876 und 1880 mit den ◇Impressionisten aus. Er vertrat einen gemäßigten impressionistischen Stil, der mehr in der Nähe von → Boudin und → Jongkind angesiedelt war. Seine lichten, atmosphärischen Landschaften entstanden in Algerien, wo er 1872–76 lebte und unterrichtete, in der Normandie und in Holland.

Thomas Lawrence, *Elizabeth Farren* (Ausschnitt), vor 1791

Le Brun, Charles (1619–1690)
Französischer Maler, Schüler von → Vouet, 1638 erstmals als Hofmaler dokumentiert. 1642–45 studierte er zusammen mit N. → Poussin in Rom. Nach seiner Rückkehr nach Paris war Le B. Gründungsmitglied der Académie Royale (1648), später ihr Direktor (1664). 1662 wurde er Erster Hofmaler Ludwigs XIV. Er genoß die besondere Gunst des Finanzministers Colbert. Sein Ruhm beruhte hauptsächlich auf seiner Tätigkeit als Generalinspekteur (seit 1663)

der von Colbert 1662 eröffneten ›Manufacture Royale des Meubles de la Couronne‹, in der nicht nur ◇Gobelins, sondern alle möglichen dekorativen Ausstattungsstücke vom Möbel bis zu Metallarbeiten hergestellt wurden. Als Direktor der Akademie und Bewunderer Poussins stellte Le B. streng ◇klassische künstlerische Richtlinien auf, die den Kurs der französischen akademischen Praxis für Generationen bestimmten. Seine eigene Malerei, die von → Raffael, den → Carracci und Poussin ausging, zeigte jedoch eher eine Neigung zum ◇Barocken (*Der Kanzler Séguier beim Einzug Ludwigs XIV. in Paris im Jahre 1660,* um 1660, Louvre) als zum Klassischen; Le B., der als Leiter der königlichen Werkstätten die gesamte dekorative Ausstattung der königlichen Schlösser überwachte und auch selbst Entwürfe ausführte, kann als der eigentliche Schöpfer des ◇Louis-quatorze-Stils gelten. Zu seinen Hauptwerken zählen die Innendekorationen in der ›Galerie d'Apollon‹ im Louvre (nach dem Brand von 1661 begonnen) und im Schloß von Versailles (ab 1661; u. a. die Deckengemälde im Spiegelsaal, im ›Salon de la Guerre‹ und im ›Salon de la Paix‹).

Leck, Bart Anthony van der (1876–1958)
Niederländischer Maler und ◇Zeichner, der bis 1918 Mitglied der de-◇Stijl-Gruppe war und in seiner Form- und Farbgebung unter dem Einfluß → Mondrians stand. Gemeinsam mit van → Doesburg arbeitete er an der ersten Ausgabe der 1917 gegründeten Zeitschrift ›De Stijl‹.

Le Corbusier
(Charles Edouard Jeanneret-Gris) (1887–1965)
Französischer Architekt, Maler und ◇Designer Schweizer Herkunft. In Paris (seit 1917) entwikkelte Le C. zusammen mit → Ozenfant den ◇Purismus und gab mit ihm die Zeitschrift ›L'Esprit Nouveau‹ (1920–25) heraus sowie die Schrift ›Après le Cubisme‹ (1918). Die puristischen Bilder Le C.s, die mit maschineller Präzision vorfabrizierte technische Objekte darstellen, sind eine Synthese aus ◇kubistischen, ◇neoplastizistischen und ◇dadaistischen Ideen. Nach 1922 wandte sich Le C. ganz der Architektur zu und malte nur noch gelegentlich. 1928 gehörte er zu den Mitbegründern der CIAM (Congrès Internationaux d'Architecture Moderne), einer internationalen Architektenvereinigung, die bis 1959 existierte. Le C. verfaßte zahlreiche architekturtheoretische Schriften (die einflußreichste ›Vers une Architecture‹, 1923) und gehörte zu den führenden Architekten des 20. Jh.s (Pavillon ›L'Esprit Nouveau‹, 1925 in Paris; ›Unités d'Habitation‹, 1947–52, Marseille; Wallfahrtskirche Notre-Dame-du-Haut in Ronchamp, 1950–54). Er schuf auch zahlreiche Möbelentwürfe.

Lederer, Hugo (1871–1940)
Deutsch-österreichischer ◇Bildhauer, der in seinen frühen Werken von der → Begas-Schule beeinflußt war. In seinen späteren Werken – Brunnen und Denkmäler von statuarisch-archaischer Geschlossenheit – gelang ihm jedoch die Überwindung des hohlen, ◇neobarocken Pathos, ohne daß er den Hang zum Monumentalen und Heroischen aufgab. L.s Hauptwerk ist die gewaltige *Bismarckstatue* für das Bismarckdenkmal in Hamburg (1901–06).

Leech, John (1817–1864)
Englischer ◇Illustrator und ◇Karikaturist; bekannt wurde er mit seinen ◇Zeichnungen für die Satire-Zeitschrift ›Punch‹ (ab 1841); Buchillustrationen schuf er u. a. zu Charles Dickens' Weihnachtsgeschichten wie z. B. ›A Christmas Carol in Prose‹ (1843).

Le Gac, Jean (* 1936)
Französischer Künstler, nach einer Ausbildung als Kunsterzieher seit 1958 im Schuldienst tätig. Mit seinen Dokumentationen von Reisen, ◇Aktionen usw. mit Hilfe von Fotos, Postkarten und Texten – zusammengefaßt als *Les Cahiers* (1968–71) – entstanden die ersten Arbeiten, die ihn zu einem der bekanntesten Vertreter der ◇Spurensicherung machten. Sein Interesse verlagert sich in späteren Arbeiten auf das Problem von Realität und Fiktion, das er ironisiert (Fotos von einer Weltreise, an ›exotischen‹ Plätzen in Paris aufgenommen, 1974) oder dessen übliches Verhältnis er umkehrt, indem er sich der Fiktion beugt: Er vermischt seine Biographie mit der fiktiven eines Florent Max (1972), stellt Szenen aus einem Abenteuerroman nach (1973) oder nimmt die landläufige Trivialvorstellung von der Figur des Künstlers als einem etwas sonderbaren Wesen vor einer Staffelei wörtlich (*Der Maler,* 1976).

Léger, Fernand (1881–1955)
Französischer Maler, zunächst als Architekturzeichner tätig, seit 1900 in Paris, 1903 zum Studium an der Ecole des Arts Décoratifs zugelas-

Fernand Léger,
Die Stadt, 1911

sen; besuchte außerdem die Académie Julian. Der erste entscheidende Einfluß auf sein künstlerisches Schaffen ging von → Cézanne aus, dessen Bilder L. auf der großen Cézanne-Ausstellung des ◇Salon d'Automne von 1907 sah. Er befreundete sich mit → Delaunay (1907) und trat in Kontakt mit → Matisse, → Rousseau, → Apollinaire und den Malern des ◇Kubismus. Ab 1909 entwickelte er einen eigenwilligen, auf die einfachsten Grundformen (Kegel, Zylinder, Kugel, Kubus) reduzierten kubistischen Stil (*Akte im Wald,* 1909–10, Rijksmuseum Kröller-Müller, Otterlo), dessen formale Strenge sich 1913–14 mit einer reinen, scharf kontrastierenden Farbigkeit verband, die den Einfluß des ◇Orphismus verriet. 1911–12 gehörte er zur Gruppe → Section d'Or. Während des Ersten Weltkrieges kam er mit der modernen Technik in Berührung, deren gewaltige übermenschliche Kraft und präzise Schönheit ihn faszinierten. Unter dem Eindruck dieser Erfahrung und beeinflußt durch die überzeugende Sicherheit des ◇Purismus wie auch des ◇Neoklassizismus von → Picasso, gelangte L. zu einer Art ›mechanisiertem Klassizismus‹ (um 1920), einer präzisen, geometrisch hart definierten, monumentalen Darstellung von ›modernen Objekten‹ (d. h. Zahnrädern, Kurbelwellen, Schrauben u. ä.), in die der Mensch (Radfahrer, Akrobaten, Taucher) als ebenso anonymes, maschinenhaftes Objekt einbezogen wurde. Der Einfluß des ◇Surrealismus führte in den 1930er und 1940er Jahren zu einem lockeren, kurvig-linearen Stil und zur Übernahme der surrealistischen Methode, nicht zusammengehörige Dinge miteinander zu konfrontieren (*›La Gioconda‹ mit Schlüsseln,* 1930, Musée Fernand Léger, Biot). 1940–45 lebte L. in den USA (Professor an der Yale University). In seinen seither entstandenen Bildern, meist aus der Arbeitswelt des Menschen (*Bauarbeiter,* 1950, ebda.), verband sich ein postkubistisches Formenverständnis mit der gegenständlichen Deutlichkeit des Realismus. L. hat auch Theaterdekorationen, Filme (›Le Ballet mécanique‹, 1924), ◇Wandmalereien, ◇Mosaiken (Fassade der Kirche von Assy, 1946–49), Glasfenster (Kirche von Audincourt, 1951), Wandteppiche, ◇Keramiken und ◇polychrome ◇Plastiken geschaffen.

Legrain, Pierre (1889–1929)
Französischer Innenarchitekt und ◇Kunstgewerbler, arbeitete als Kunsttischler (einfache, strenge Formen, aber kostbare und seltene Materialien) und wurde v. a. durch seine Bucheinbandentwürfe berühmt. Für die Firma Pleyel entwarf er einen Flügel mit Glasgehäuse.

Legros, Alphonse (1837–1911)
Französisch-englischer Maler, ◇Grafiker und ◇Bildhauer. Er stand mit den frühen ◇Impressionisten in Verbindung und war mit → Whistler befreundet, auf dessen Anregung er nach

England übersiedelte (1863). Besonderen Einfluß auf die englische Grafik hatte L. mit seinen ◇Radierungen *(Totentanz)* und ◇Lithographien. 1876–92 lehrte er an der Slade School of Art. Als Bildhauer entwarf er den Monumentalbrunnen in Welbeck Abbey (bei Nottingham).

Legros, Pierre d. J. (1666–1719)
Französischer ◇Bildhauer des Hochbarock, der seit 1686 in Rom tätig war. Dort schuf er den *Altar des hl. Ignatius* mit der Marmorgruppe *Die Kirche stürzt die Ketzerei* (1695–99) für die Kirche Il Gesù, die außerordentlich realistische, ◇polychrome *Statue des hl. Stanislaus Kostka* (vor 1704, S. Andrea al Quirinale) und entwarf eine Kapelle für S. Giacomo degli Incurabili.

Lehmbruck, Wilhelm (1881–1919)
Deutscher ◇Bildhauer. L. studierte erst an der Kunstgewerbeschule (1895–99), dann an der Akademie (1901–08) in Düsseldorf. 1905–06 besuchte er Italien, 1908 Paris, wo er sich 1910 niederließ. In seiner Düsseldorfer Zeit v. a. von → Meunier und → Rodin beeinflußt, zeigten seine ersten in Paris entstandenen Arbeiten die schweren plastischen Volumen → Maillols. Im engen Kontakt und unter dem Einfluß der plastischen Bestrebungen von → Brancusi, → Modigliani, → Matisse und → Archipenko löste er sich vom klassischen Kanon und entwickelte auf der Suche nach einer entmaterialisierten, expressiven Form einen stark überlängten, raumgreifenden, ausdrucksstarken Stil (*Die Kniende,* 1911), der zunehmend architektonischer und abstrahierender wurde (*Emporsteigender Jüngling,* 1913). 1913 beteiligte er sich an der ◇Armory Show. Bei Ausbruch des Krieges kehrte er nach Deutschland zurück und ließ sich in Berlin nieder. Tief deprimiert durch die Erfahrung des Krieges, schuf er zahlreiche von stummer Verzweiflung und Trauer erfüllte Figuren (*Der Gestürzte,* 1915–16). Trotz beginnender öffentlicher Anerkennung und seiner Wahl in die Akademie schied L. 1919 freiwillig aus dem Leben.

Wilhelm Lehmbruck, *Die Kniende,* 1911

Lehmden, Anton (* 1929)
Österreichischer Maler tschechischer Herkunft, studierte an der Wiener Akademie bei Albert P. Gütersloh. Seine zur → Wiener Schule gerechnete ◇phantastisch-realistische Malweise ist in altmeisterlicher Technik ausgeführt, die auf → Bruegel, → Altdorfer und den Malern der → Donauschule basiert.

Leibl, Wilhelm (1844–1900)
Deutscher Maler, bedeutendster Porträtist und Vertreter des deutschen ◇Realismus im 19. Jh. Nach kurzer Schlosserlehre studierte L. ab 1864 an der Münchner Akademie u. a. bei → Piloty. Sein Frühwerk stand unter dem Einfluß von → Courbet, dem er 1869 in München begegnete und mit dem er in freundschaftlicher Verbindung blieb. Auf dessen Rat übersiedelte er noch 1869 nach Paris, mußte jedoch bei Kriegsausbruch 1870 zurückkehren. 1870–73 wieder in München, bildete sich um ihn ein Freundeskreis, der sog. → Leibl-Kreis, dem u. a. → Trübner, T. Alt und → Schuch angehörten. Seit 1873 lebte L. in verschiedenen oberbayerischen Dörfern (u. a. Unterschondorf, Bad Aibling). Er wandte sich jetzt ◇genrehaften Szenen zu, meist ruhige, unpathetische ◇Interieurszenen mit bäuerlichen Figuren im gedämpften Licht enger Bauernstuben (*Die Dorfpolitiker,* 1876–77; *Bauernjägers Einkehr,* 1893, WRM) oder in der Kirche (*Drei Frauen in der Kirche,* 1878–82, Hamburger Kunsthalle). Während er sich in den 1870er und 1880er Jahren in seiner Technik und in der Bemühung um Detailgenauigkeit an der altniederländischen Malerei orientierte, macht sich in dem freieren, breiten, ◇pastosen Pinselstrich des Spätwerkes eine Verarbeitung ◇impressionistischer Eindrücke bemerkbar (*Die Spinnerin,* 1892, Museum der bildenden Künste, Leipzig).

Wilhelm Leibl, *Drei Frauen in der Kirche,* 1878–82

Leibl-Kreis
Bezeichnung für eine Gruppe von Künstlern, die sich in den Jahren 1871–73 um Wilhelm → Leibl gesammelt hatten und stilistische Verwandtschaften aufweisen. Dazu gehörten W. → Trübner, C. → Schuch, A. Lang, J. E. Sattler sowie Leibls Akademiefreunde Alt, Hirth du Frênes, Sperl, Schider, Haider und H. → Thoma. Es bildete sich in diesem Kreis kein ausgesprochenes Lehrer-Schüler-Verhältnis aus, sondern das verbindende Moment war eine die niederländische Malerei des 17. Jahrhunderts und die zeitgenössische französische Malerei (die Leibl während seines Parisaufenthaltes 1869–70 kennengelernt hatte) verbindende Koloristik, wobei das ◇Bildnis, die ◇Landschaft und das ◇Stilleben im Vordergrund standen.

Leighton, Frederic (Lord L. of Stretton, seit 1896) (1830–1896)
Englischer Maler, führender Vertreter eines kühlen, akademisch-◇klassizistischen Stils der spätviktorianischen Zeit, der in Opposition stand zu den → Präraffaeliten. L. wuchs auf dem europäischen Festland auf, studierte u. a. in Frankfurt a. M. (1846–52), Rom, Paris (bei → Couture und → Ingres) und Brüssel (bei → Wiertz). Er schuf v. a. Bilder mit Themen aus der griechischen Mythologie und Geschichte (*Das Bad der Psyche,* 1890, Tate Gallery, London). 1878 wurde er Präsident der Royal Academy und 1896 – als einziger Maler seiner Zeit – geadelt. Seine prächtige Villa, Leighton House am Holland Park in London, ist heute ein Museum.

Leinberger, Hans (um 1480/85 – nach 1530)
Deutscher ◇Bildhauer, Hauptmeister der bayerischen Altarplastik des frühen 16. Jh.s, nachweislich von 1513 bis 1530 in Landshut tätig. In seinen ◇Altären, Einzelfiguren, ◇Reliefs und Grabsteinen entwickelte er einen sehr persönlichen Stil von kraftvoller Bewegtheit, starkem Gefühlsausdruck und körperlicher Realität, der bereits protobarocke Züge aufweist. In der malerischen Behandlung der Oberfläche zeigt sich eine Verbindung zur → Donauschule. Hauptwerke L.s sind u. a. der ◇Hochaltar der ehemaligen Stiftskirche St. Kastulus in Moosburg a. d. Isar (1513–14; u. a. vier ◇Reliefs mit der Leidensgeschichte des hl. Kastulus) sowie eine geschnitzte *Rosenkranzmuttergottes* in der St. Martinskirche in Landshut (um 1516–18).

Leistikow, Walter (1865–1908)
Deutscher Maler und ◇Grafiker, der 1890–93 an der Berliner Kunstschule lehrte und zum Freundeskreis der Dichter um Gerhart Hauptmann gehörte. Durch die Zurückweisung seines Gemäldes *Grunewaldsee* (Berlin) anläßlich der Großen Berliner Kunstausstellung von 1898 sah sich L. zur Mitbegründung der Berliner ◇Sezession veranlaßt. Mit seiner Malerei, die sich im wesentlichen auf stimmungsvolle märkische Seenlandschaften konzentrierte, gehörte L. zum deutschen ◇Impressionismus → Liebermannscher Prägung; mit seinen ◇kunstgewerblichen Arbeiten (◇Tapisserien und Möbel) tendierte L. zum ◇Jugendstil.

Frederic Leighton, *Der Garten der Hesperiden,* 1892

Peter Lely, *Der Maler und seine Familie* (Ausschnitt), um 1658

Lely, Sir Peter (Pieter van der Faes) (1618–1680)
Englischer Maler holländischer Herkunft, Schüler von Pieter Fransz. de Grebber (um 1600–1652/53) in Haarlem, kam vermutlich um 1641 (1643?) nach England, wo er nach van → Dycks Tod (1641) der bedeutendste Bildnismaler unter Cromwell und Karl II. wurde, seit 1661 Hofmaler. L.s Frühwerk stand in der Nachfolge van Dycks (*Die Kinder Karls I.,* 1647; *Karl I. mit dem Herzog von York,* Syon House, London). Seine zahlreichen Aufträge machten die Gründung einer Werkstatt erforderlich, mit deren Wachstum L.s Kontrolle und dadurch auch die Qualität der unter seinem Namen gelieferten Gemälde abnahm. Zu seinen bedeutendsten Arbeiten gehören die Bildnisse *Die Schwestern Capel* (MM), *Zwei Damen der Familie Lake* (um 1660, Tate Gallery, London), die berühmten Bilderserien der *Windsor Beauties* (1662–65, Hampton Court Palace) und der *Flagmen* (13 Porträts der Admiräle, die 1665 die holländische Flotte besiegten; zwölf heute im National Maritime Museum, Greenwich). Zu L.s Schülern zählte → Largillière.

Lemnische Athene (Athena Lemnia) (um 440/50 v. Chr.)
Eine Figur des → Phidias, die er signiert haben soll und von der sich nur ◇Kopien erhalten haben (bedeutendste ◇Replik [Marmor]: Staatliche Kunstsammlungen, Albertinum, Dresden). Münzen und Kopien lassen erkennen, daß das Original aus Bronze war und die Göttin stehend mit einem Helm in der einen Hand und einem Speer in der anderen darstellte. Das Werk galt als eine der schönsten antiken ◇Statuen.

Lemoyne (Lemoine, Le Moine), François (1688–1737)
Französischer Maler des frühen ◇Rokoko; Erster Hofmaler Ludwigs XV. (ab 1736). L. war ein Bewunderer von Pietro da → Cortona, → Lanfranco, → Bernini und → Veronese, deren Werke er während eines Italienaufenthaltes kennenlernte, und einer der letzten französischen Künstler, die der dekorativen Tradition des ◇Barock verbunden waren. Berühmt sind seine umfassenden Dekorationsmalereien in Versailles, v. a. die mythologischen ◇Deckengemälde mit der *Apotheose des Herakles* im ›Salon d'Hercule‹ (1733–36). Das warme silbrige Kolorit, das auf den Einfluß der venezianischen Malerei (→ Ricci, → Pellegrini) zurückgeht, wurde von seinem berühmtesten Schüler → Boucher übernommen. Verfolgt vom Neid seiner Kollegen, besonders von de → Troy, beging L. 1737 Selbstmord.

Lemoyne, Jean-Baptiste (1704–1778)
Französischer ◇Bildhauer, Hofbildhauer Ludwigs XV., Schüler seines Vaters Jean-Louis L. und R. Le Lorrains. L.s schönste, im Auftrag des Königs geschaffene Denkmäler wurden während der Revolution zerstört, so daß sein Ruhm sich v. a. auf seine Porträtbüsten – insbesondere seine ◇Terrakotten – stützt (Porträtbüste der *Erzherzogin Marie-Antoinette,* 1771, KhW). E.-M. → Falconet, J.-B. → Pigalle, A. → Pajou und J.-A. → Houdon waren seine Schüler (Abb. S. 328).

Le Nain, Brüder
Antoine (um 1600–1648)
Louis (um 1602–1648)
Mathieu (1610–1677)

Jean-Baptiste Lemoyne, *Mme Dangeville als Thalia,* nach 1767

Die drei Brüder unterhielten in Paris ein gemeinsames Atelier. Da nur wenige der noch vorhandenen Bilder individuell signiert sind, ist die Zuschreibung sehr schwierig. Die Brüder malten ◇Genrebilder, religiöse und mythologische Szenen und ◇Porträts, wurden jedoch hauptsächlich durch eine Gruppe von Bildern berühmt, die Louis zugeschrieben werden und die in einem ruhigen, unidealisierten und realistischen Stil

Louis Le Nain, *Familienbildnis* (Ausschnitt), um 1640

das Bauernleben darstellen (*Bauernfamilie,* 1642; *Bauernmahlzeit,* 1642, beide Louvre). Ernst und Würde des Ausdrucks, die nahezu klassische ◇Komposition und die gedämpfte Skala von Brauntönen unterscheiden seine Bilder sowohl von niederländischen Prototypen als auch von den Darstellungen seines Bruders Antoine mit ihren naiv gruppierten winzigen Figuren oder auch von den niederländisch beeinflußten Szenen Mathieus, wie z. B. *Corps de Garde.* Die wenigen religiösen Bilder werden größtenteils Mathieu zugeschrieben, z. B. *Das Mahl in Emmaus* (Louvre).

Franz von Lenbach, *Letztes Selbstbildnis,* 1903

Lenbach, Franz von (1836–1904)
Deutscher Maler, einer der erfolgreichsten ◇Porträtmaler der Gründerzeit. Nach einer Ausbildung als Baumeister wurde L. Schüler von → Piloty in München (1857–59). 1860–62 lehrte er an der neugegründeten Kunstschule in Weimar. L.s Frühwerke zeichnen sich durch einen realistischen Stil und kräftige Farbgebung aus (*Hirtenknabe,* 1859 [datiert 1860], Schack-Galerie, München). 1863–68 kopierte er im Auftrag des Grafen Schack Bilder Alter Meister in Italien (Romaufenthalt mit A. → Böcklin und Ludwig von Hagn) und Madrid. Seit 1871 (bis 1874) leb-

te L. in München, Wien und Berlin und wurde rasch zu einem der gesuchtesten Bildnismaler (*Graf von Moltke,* um 1880–84; *Papst Leo XIII.,* um 1885; *Kaiser Wilhelm I.,* um 1886–87; v. a. *Otto von Bismarck* [etwa 80 Bildnisse] u. a.). Die Porträtdarstellungen des Münchner ›Malerfürsten‹ – häufig nach fotografischen Vorlagen gemalt – lehnen sich an den Stil der Alten Meister (→ Tizian, → Velázquez u. a.) an und zeigen einen dunklen, warmen ◇Galerieton mit hell beleuchteten, scharf beobachteten Köpfen.

Lenk, Kaspar-Thomas (* 1933)
Deutscher ◇Plastiker, der die Stuttgarter Kunstakademie besuchte. Seine *Schichtungen* (ab 1964) sind aus vorfabrizierten, farbig-geometrischen Holz- oder Metallplatten konstruiert, die er in ◇serieller Ordnung zusammenfügt.

Lenné, Peter Joseph (1789–1866)
Deutscher Gartenarchitekt und Generaldirektor der königlichen Gärten in Preußen. 1816 kam L. nach Potsdam, wo er die Gartenanlagen von Sanssouci, Glienicke und Babelsberg gestaltete. L. gilt als Vorläufer einer modernen Landschaftsgestaltung, indem er statt der ◇klassizistisch strengen Gartenanlagen den weitläufigen Landschaftspark schuf.

Leochares (tätig ab etwa 350 v. Chr.)
Einer der vier am ◇Mausoleum von Halikarnassos beschäftigten Bildhauer, der nach → Plinius den Skulpturenschmuck an der Westseite ausgeführt haben soll. Zu seinen Arbeiten gehören u. a. die Sitzfigur der Demeter von Knidos (British Museum, London) und der Kopf Alexanders d. Gr. in Athen. Außerdem werden ihm die Goldelfenbeinstatuen Philipps II. von Makedonien und seiner Familie für das Philippeion in Olympia (338–336 v. Chr.), die Votivgruppe des Krateros in Delphi (318 v. Chr., zusammen mit → Lysipp), eine Gruppe mit dem vom Adler entführten Ganymed (Kopie im Vatikan) und Götterbilder zugeschrieben (u. a. das Original des → Apoll vom Belvedere).

Leonardo da Vinci (nach toskanischer Schreibweise Lionardo d. V.) (1452–1519)
Italienischer Maler, ◇Bildhauer, ◇Zeichner, Baumeister, Ingenieur, Naturforscher, Schriftsteller und Kunsttheoretiker, dessen weitgespannte kulturelle Interessen (darunter die Erfindung eines Flugapparates, die Sektion eines Uterus, um den Embryo darin zu zeigen, die Beinahe-Entdeckung des Blutkreislaufs) bewirkten, daß er zum berühmtesten Beispiel des Universalmenschen (›Uomo universale‹) wurde, der der ◇Renaissance als Ideal vorschwebte. L. war der uneheliche Sohn des in Florenz hochangesehenen Notars Ser Piero und des Landmädchens Catarina und wurde in dem toskanischen Ort Vinci geboren. Sein außergewöhnliches künstlerisches Talent trat bereits früh zutage, und so kam er um 1469 in die Lehre zu dem seinerzeit führenden florentinischen Künstler Andrea del → Verrocchio. Unter seinen Mitschülern waren Lorenzo di → Credi und → Botticelli. Über diese Zeit ist nur wenig bekannt, außer daß L. in Lorenzo de' Medici einen Förderer fand, 1472 den Meistergrad erwarb und im selben Jahr in die Florentiner Malerzunft des hl. Lukas aufgenommen wurde. Um 1482 trat er in den Dienst des Herzogs von Mailand, Ludovico Sforza, für den L. als Maler, Bildhauer, Baumeister und kriegstechnischer Berater tätig war. Nach dem Sturz der Sforza im Jahre 1499, als Mailand von den Franzosen erobert wurde, floh L. über Mantua nach Venedig und Bologna und ging 1500 nach Florenz, das er jedoch zwei Jahre später für einige Monate wieder verließ, um für den päpstlichen Kondottiere, Cesare Borgia, als Festungsbauinspizient zu arbeiten, kehrte aber bald wieder nach Florenz zurück. Während seines Florenzaufenthaltes entstand L.s berühmte *Mona Lisa* (zwischen 1503 und 1506). 1506 folgte L. dem Ruf des französischen Statthalters, Charles d'Amboise, nach Mailand, wo er bis 1513 im Dienst des französischen Königs Ludwig XII. weilte (1507/08 hielt er sich erneut länger in Florenz auf). 1513 begab sich L. mit seinem Schüler und Gehilfen Francesco → Melzi in den Vatikan, um die Gunst des Medici-Papstes Leo X. zu erwerben, verließ Rom jedoch enttäuscht, da er nicht die gewünschte künstlerische Anerkennung fand (wie z. B. → Raffael und → Michelangelo) und folgte dem Ruf an den Hof des französischen Königs Franz I. War er in Rom von Intrigen umgeben gewesen, so genoß L. in Frankreich die grenzenlose Bewunderung des Königs. Bis zu seinem Tode lebte er in Schloß Cloux bei Amboise. – L. können nur wenige Gemälde mit Sicherheit zugeschrieben werden. Die Tatsache, daß er seinem Lehrer Verrocchio bei einer Anzahl von Gemälden assistierte, hat zu einer großen Kontroverse in der Forschung bezüglich ihrer Urheberschaft geführt. Als von

Leonardo da Vinci, *Felsgrottenmadonna,* 1483–86

seiner Hand gelten die folgenden Arbeiten: aus der ersten Florentiner Zeit der ganz links kniende Engel in der von Verrocchio geschaffenen *Taufe Christi* (um 1474–75, Uffizien), zwei Bilder mit der *Verkündigung an Maria* (um 1474, Uffizien und Louvre); sie werden ihm aufgrund der geheimnisvollen Landschaft und der ›wissenschaftlichen‹ Behandlung der Raumtiefe zugeschrieben. Auch die beiden (stark restaurierten) Madonnenbildnisse *Madonna Benois* (um 1480, Eremitage) und *Madonna mit der Nelke* (um 1473, AP) werden dieser frühen Schaffensperiode L.s zugeordnet. 1481 begann er mit der Arbeit an dem ◇Tafelbild mit der *Anbetung der Könige* für das Kloster von S. Donato a Scopeto, das er jedoch nicht vollendete (heute Uffizien). Signifikant an dieser Komposition sind die Gruppierung der Figuren, ihre ausdrucksstarke Gestik und der virtuose Einsatz des ◇Chiaroscuro (auch ein Charakteristikum des – ebenfalls unvollendeten – *Hl. Hieronymus,* um 1480, Vatikan). Zu den Werken, die während des ersten Mailandaufenthaltes L.s (1482–99) entstanden, gehört das 1483 begonnene Altarbild der *Felsgrottenmadonna* (1486 vollendet, Louvre), von der noch eine zweite Fassung entstand (unter Mitarbeit von Schülern, u. a. Ambrogio da → Predis, 1503–06, heute NGL). Die im Louvre befindliche Version wird allgemein als die künstlerisch wertvollere angesehen. Weiterhin führte er in dieser Zeit zahlreiche Porträts von Hofdamen aus, u. a. die *Dame mit dem Hermelin* (um 1485), die vermutlich die Geliebte des Herzogs Ludovico Sforza, Cecilia Callerani, darstellt. Diese Arbeit dokumentiert L.s meisterhafte Behandlung der Form und ist zugleich eine subtile psychologische Studie. 1495–97 schuf er für das Refektorium des Klosters S. Maria delle Grazie in Mailand das Wandgemälde *Abendmahl,* das bereits zu Beginn des 16. Jh.s einer Restaurierung bedurfte. L.s Experiment mit dem Einsatz von Öltempera auf Stein erwies sich als ein Fehlschlag. Das wohl berühmteste Beispiel, das die von L. perfektionierte ◇Sfumato-Technik (eine weiche, dunstige Farbabstufung in Verbindung mit einem die Formen umspielenden Halblicht) zeigt, ist das während seiner zweiten Florentiner Zeit (ab 1500) geschaffene Porträt der *Mona Lisa* (Louvre). 1503–06 schuf L. für das Rathaus von Florenz das Wandgemälde mit der *Schlacht von Anghiari,* das nur durch Kopien überliefert ist (u. a. durch → Rubens' Darstellung, der die bedeutendste Kopie nach L.s heute verschollenem ◇Karton zu diesem Sujet schuf). – L.s bedeutendste bildhauerische Arbeiten sind ebenfalls nur aus Entwurfszeichnungen bekannt; dazu zählt das Reiterdenkmal für Francesco Sforza, für das er in Mailand ein lebensgroßes Tonmodell (1493) fertigte (wobei er das Problem der Balance eines sich aufbäumenden Pferdes zu lösen suchte), das 1499 von französischen Soldaten zerstört wurde, ehe es in Bronze gegossen werden konnte. Erhalten haben sich allerdings zahlreiche Landschaftszeichnungen, Kopf- und Aktstudien, viele von ihnen Teil der Notizen und wissenschaftlichen Untersuchungen L.s. Seine in Spiegelschrift (die ihm als Linkshänder geläufig war) verfaßten Merkbücher und Aufzeichnungen blieben seinen Zeitgenossen unbekannt; sie enthalten grundlegende wissenschaftliche Beobachtungen auf den Gebieten der Anatomie, Biologie (Tier- und Pflanzenstudien), Geologie, Hydrologie, Optik und Mechanik sowie zahlreiche Erfindungen

(Kanonen, einen Tauchanzug, Flugapparate). Sein berühmtes (von ihm selbst nur geplantes) ›Trattato della Pittura‹ trug sein treuester Schüler und Gefährte, Francesco Melzi, aus den Notizen L.s 1550 zusammen (1651 erstmals gedruckt). L. übte bedeutenden Einfluß auf → Correggio, → Giorgione, → Raffael, → Andrea del Sarto, ebenso → Rubens und → Rembrandt, dessen ◇Chiaroscuro-Malerei er antizipierte, aus.

Leoni, Leone (genannt Leone Aretino) (1509–1590)
Italienischer ◇Bildhauer, ursprünglich als ◇Goldschmied ausgebildet, der außer in Italien (hauptsächlich in Mailand) auch in Brüssel und Augsburg tätig war. L. war der bedeutendste Medailleur des 16. Jh.s; er schuf Bildnismedaillen berühmter Persönlichkeiten (u. a. Andrea Doria, Michelangelo, Tizian) und war 1538–40 Graveur der päpstlichen Münze. Als Hofkünstler Karls V. schuf er die große Bronzegruppe *Karl V. als Sieger über die Raserei,* 1549–55 (von Pompeo → Leoni 1564 vollendet, Prado), sowie 27 ◇Statuen für den ◇Hochaltar des Escorial. Für das ihm vom Mailänder Senat überlassene stattliche Haus, die Casa degli Omenoni, meißelte er die Skulpturen von sechs riesigen *Bärtigen Gefangenen* (um 1566).

Leoni, Pompeo (1533–1608)
Italienischer ◇Bildhauer und Medailleur, Sohn des L. → Leoni, dessen Schüler und Gehilfe er war. 1582 begleitete er die von seinem Vater geschaffenen 27 ◇Statuen zum Escorial und vollendete sie dort. Zum Hofmaler von Juan d'Austria ernannt, ließ sich L. in Madrid nieder. Er schuf die Figuren für die Grabmäler Karls V. und Philipps II. (1593–98, Escorial). L.s Vorliebe für das kleinteilig Beschreibende und die Wiedergabe von Schmuck spiegeln den Einfluß des spanischen Geschmacks auf sein Œuvre wider.

Le Parc, Julio (* 1928)
Argentinischer ◇kinetischer Künstler, besuchte die Kunstschule in Buenos Aires und ging 1958 nach Paris, wo er bei → Vasarély arbeitete. 1960 gehörte er zu den Mitbegründern der → Groupe de Recherche d'Art Visuel. Sein Werk zielt auf Veränderung des Körperbewußtseins und des Gleichgewichts durch eine Verzerrung der visuellen Information. Zu diesem Zweck verwendet er Licht, spiegelnde Oberflächen, Zerrspiegel, Linsen und gemustertes Glas, um mit den Reflexen der glänzenden Flächen dynamische Effekte zu erzielen. Um den Betrachter zu aktiver Mitarbeit anzuregen, benutzt er Elemente zum Manipulieren in seinen mobilen Objekten, die beliebig bewegt werden können.

Lépine, Stanislas Victor Edouard (1835–1892)
Französischer ◇Landschaftsmaler, Schüler von → Corot, befreundet mit → Boudin, → Jongkind und den ◇Impressionisten. In einem von Corot und dem Impressionismus beeinflußten Stil malte er v. a. Ansichten von Paris, besonders der Seine (*Das Ufer der Seine, Pont-Marie,* 1868, Musée d'Orsay, Paris).

Le Prince (Leprince), Jean-Baptiste (1734–1781)
Französischer Maler und ◇Kupferstecher, Erfinder der ◇Aquatinta-Technik, Schüler → Bouchers. Le P. war ein sehr vielseitiger und produktiver Künstler, dessen ◇Historienbilder, ◇Genreszenen (*Das Wachlokal,* 1776, Louvre), Landschaften und ◇Porträts Einflüsse seines Lehrers wie auch der holländischen (→ Rembrandt) und flämischen Malerei zeigen.

Leptis Magna (Bogen des Septimius Severus)
Ein viertoriger ◇Triumphbogen in der antiken nordafrikanischen Hafenstadt Leptis (Lepcis) Magna (auch ›Severischer Tetrapylon‹ genannt); vermutlich in aller Eile zum Besuch des römischen Kaisers Lucius Septimius Severus (Regierungszeit 193–211 n. Chr.) 203 in seinem Geburtsort errichtet. Die Hauptskulpturen schmücken die ◇Attika; sie zeigen Triumphzüge, eine Opferszene und Septimius Severus mit seinen Söhnen. Der reich reliefierte Bogen wurde aus Kalkstein errichtet und vollständig mit Marmor verkleidet.

Lerski, Helmar (1871–1956)
Schweizer ◇Fotograf, der besonders eindrucksvolle Aufnahmen im Porträtgenre erzielte. L. lebte seit 1893 in Amerika, ab 1915 wieder in Europa. Außer als Fotograf arbeitete er bis 1929 auch als Kameramann beim Film. Von 1938 bis 1948 hielt er sich in Palästina auf, ging dann nach Zürich, wo er als Schauspieler und Filmproduzent tätig war. In seinen Fotoporträts unterstrich L. die Ausdrucksstärke des Gesichts durch plastisch modulierende Lichteffekte und eine ungewöhnliche Nahsicht.

Lese, Benozzo di siehe → **Gozzoli,** Benozzo

Leslie, Charles Robert (1794–1859)
Englischer Maler amerikanischer Herkunft, studierte an den Royal Academy Schools, wurde von → West und → Allston gefördert. L. spezialisierte sich auf kleinformatige, humorvolle ◇Genrebilder, deren Themen aus der Literatur stammten (Cervantes, Shakespeare, Molière und Sterne). 1843 veröffentlichte er eine Denkschrift über John → Constable (›Memoirs of John Constable, R. A.‹), die zum großen Teil auf Exzerpten der Korrespondenz Constables basiert.

Lessing, Carl Friedrich (1808–1880)
Deutscher Maler, Schüler von → Schadow und Dähling in Berlin, bedeutendster Vertreter der frühen → Düsseldorfer Schule (seit 1826). Mit der Ausmalung des Gartensaales von Schloß Heltdorf begann seine Laufbahn als Maler monumentaler ◇Historienbilder, vornehmlich von den Religionskämpfen der Hussiten- und Reformationszeit (*Hussitenpredigt,* 1836, Kunstmuseum, Düsseldorf; *Disputation zwischen Luther und Eck auf der Pleißenburg 1519,* Staatliche Kunsthalle, Karlsruhe). Berühmt ist L. auch als Maler heroischer Landschaften. Die oft recht unsensible Malerei seiner Kolossalgemälde steht in starkem Gegensatz zu den frischen Ölstudien nach der Natur aus seiner Studienzeit.

Lessing, Gotthold Ephraim (1729–1781)
Deutscher Dichter und Kritiker. In seinem Essay ›Laokoon oder Über die Grenzen der Mahlerey und Poesie‹ (1766) griff er die von → Winckelmann geäußerte Meinung an, daß die ◇bildenden Künste dieselben Ziele verfolgten wie die Literatur, wenn auch mit anderen Mitteln. Lessing behauptete dagegen, daß der Zweck der Kunst die Schaffung von idealer Schönheit sei und nicht die Illustration einer literarischen Idee.

Le Sueur, Eustache (1616–1655)
Französischer Maler, Schüler von → Vouet und Mitschüler von → Le Brun, der als dekorativer Maler mythologischer Szenen begann und sich dann v. a. religiösen Themen zuwandte (*Kreuztragung Christi,* um 1651, Louvre). Sein Hauptwerk ist der Bilderzyklus mit Szenen aus dem Leben des hl. Bruno, den er für das Pariser Kartäuserkloster schuf (22 Bilder, 1645–48, heute Louvre). Stilistisch stark beeinflußt von N. → Poussin, später von → Raffael, bildete Le S.s Malerei, die sich durch klare räumliche Gliederung, kühle Farbigkeit und gefühlvolle Anmut auszeichnet, einen Übergang zum Stil der Zeit Ludwigs XIV. Le S. war zu Lebzeiten und später im 18. Jh. fast ebenso berühmt wie Poussin. 1648 gehörte er zu den Gründungsmitgliedern der Académie Royale.

Leu, Hans d. J. (um 1490–1531)
Schweizer Maler und ◇Zeichner, Sohn Hans L.s d. Ä. (um 1465/75–um 1510), unter dem Einfluß → Dürers und → Baldungs gen. Grien in Freiburg (Breisgau) tätig. 1514 wieder in seiner Heimatstadt Zürich, durch die Reformation finanziell ruiniert. Seine Landschaftszeichnungen mit ◇lavierter Feder auf farbig grundiertem Papier werden oft aus Gründen der Stimmung und der Atmosphäre von Irrealität in Zusammenhang mit der → Donauschule gebracht. Bemerkenswert auch seine kleinformatigen, farblich sensiblen Gemälde.

Leutze, Emanuel Gottlieb (1816–1868)
Amerikanischer ◇Historienmaler deutscher Herkunft, übersiedelte 1825 mit seinen Eltern in die USA. 1841 studierte er in Düsseldorf (bei C. F. → Lessing), besuchte München, Venedig und Rom; 1845 ließ er sich in Düsseldorf nieder. Das berühmteste seiner Gemälde zu Themen aus der amerikanischen Geschichte ist *Washington überquert den Delaware* (verschiedene Fassungen, u. a. 1851, MM). 1859 kehrte L. in die USA zurück, beauftragt mit der Ausführung eines Zyklus mit Szenen aus der Geschichte der amerikanischen Union für das Kapitol in Washington.

Le Va, Barry (* 1941)
Amerikanischer Künstler, studierte 1964–67 am Otis Art Institute in Los Angeles. 1967 entstanden die ersten Arbeiten im Sinne der ◇Material- und ◇Prozeßkunst (z. B. Verstreuen von Material im Raum). Spätere Arbeiten, die ebenfalls wie willkürlich erscheinen (z. B. im Raum verteilte kleine Holzklötzchen), sind nach Plan strukturiert und genau auf den jeweiligen Raum bezogen, was in dazugehörigen ◇Zeichnungen erläutert wird.

Levine, Jack (* 1915)
Amerikanischer Maler, studierte an der Boston Museum School sowie an der Harvard Universi-

ty (1929). Beeinflußt von → Rembrandt, → Daumier und dem europäischen ◇Expressionismus schilderte L. in aggressiv-satirischen Bildern Szenen menschlicher Verderbtheit und Heuchelei (*Das Festmahl der reinen Vernunft,* 1937), die an das Werk → Grosz' erinnern. In späteren Arbeiten milderte er seine beißende Satire zugunsten einer toleranteren Haltung ab.

Levine, Les (* 1935)
Amerikanischer Künstler englischer Herkunft, der nach dem Studium an der Central School of Arts and Crafts, London (1953–55), nach Kanada 1958 emigrierte und sich 1968 in New York niederließ. In den 1960er Jahren Ausbildung ◇konzeptueller Kunstformen mit *disposable art* aus Wegwerfartikeln, *software art* aus Gebrauchsartikeln und *media sculptures* aus technischen Medien, wobei soziologische und politische Aspekte verfolgt werden. 1970 Gründung des *Museum of Mott Art, Inc.* als Organisationszentrale für Konzeptuelle Kunst. Seit 1972 Plakatserien mit Text-Bild-Kombinationen für Reklamewände. Dabei benutzt L. einfache Bildmotive, die er mit sorgfältig gewählten Worten und doppeldeutigen kurzen Sätzen verbindet. Wort und Bild stehen dabei in einer dialektischen Dissonanz.

Wyndham Lewis, *Die Übergabe von Barcelona,* 1936

Levine, Sherrie (* 1947)
Amerikanische Malerin, die an der University of Wisconsin, Madison, studierte. Ihre Gemälde und ◇Aquarelle sind Kopien, deren Zitate den vielzähligen Richtungen der modernen Kunstgeschichte von → Kandinsky bis → Palermo entnommen sind. Frühe Arbeiten kopierten auch ◇Fotografien von Edward → Weston. Der Künstlerin geht es um eine analytische Aufschlüsselung von echter Zeit- und Bildwirklichkeit durch die Relativierung der Bildbedeutung im Plagiat.

Lewis, Percy Wyndham (1882–1957)
Englischer Schriftsteller und Maler. Eng befreundet mit Ezra Pound, mit dem L. 1914 den ◇Vortizismus begründete und die Zeitschrift ›Blast‹ herausgab. Seine Romane und kunsttheoretischen Schriften waren schonungslose Attacken gegen die zeitgenössische Kunst und Gesellschaft. Im ◇Impressionismus sah L. den Verfall des ◇Realismus; weder ◇Kubismus, ◇Futurismus noch ◇abstrakte Kunst stellten für ihn einen Ausweg aus der Sackgasse dar, in die die Kunst des frühen 20. Jh.s seiner Meinung nach geraten war. L. begriff Kunst als Wissenschaft von der »äußeren Erscheinung der Dinge«. Seine Gemälde wie auch ◇Zeichnungen zeigen eine präzise, kontrollierte Linienführung sowie eine ausgeprägte kantige Formgebung. Nach 1919 wurden seine Arbeiten zunehmend figurativer; es entstanden v. a. ◇Porträts, darunter viele berühmte Persönlichkeiten (T. S. Eliot, 1938 und 1948; Ezra Pound, 1938) wie auch Bilder mit historischen und mythologischen Sujets (*Die Übergabe von Barcelona,* 1936). Sein literarisches Schaffen, das seine Tätigkeit als Maler zunehmend zurückdrängte, umfaßt die gesellschaftskritischen Romane ›Tarr‹ (1918), ›The Apes of God‹ (1930), ›Revenge for Love‹ (1937) und die Trilogie ›The Human Age‹ (1928–55); zu seinen kunstkritischen Publikationen gehört ›Time and Western Man‹ (1927), außerdem veröffentlichte er 1937 die autobiographische Schrift ›Blasting and Bombardiering‹.

Lewitan, Isaak Iljitsch (1860–1900)
Russischer Maler, bedeutend für die Entwicklung der russischen ◇Landschaftsmalerei. L.

studierte 1873–85 an der Moskauer Lehranstalt für Malerei, Bildhauerei und Architektur (MUSchWS) bei Sawrassow und → Polenow und unterrichtete dort selbst ab 1898. Polenow führte ihn in den 1880er Jahren in die Künstlerkolonie → Abramzewo ein. Nach L.s Parisbesuch (1889) machte sich in seinen melancholischen ◇Freilicht-Landschaften der Einfluß von → Corot, → Daubigny und → Dupré bemerkbar (*Die ewige Ruhe,* 1894, Tretjakow-Galerie, Moskau). Seit 1884 beteiligte sich L. an Ausstellungen der → Peredwischniki, der Münchner ◇Sezession (seit 1887) und 1898 an der ersten Ausstellung von → Mir Iskusstwa.

LeWitt, Sol (* 1928)
Amerikanischer Künstler, bedeutender Vertreter der ◇Minimal Art, studierte 1945–49 an der Syracuse University und ließ sich 1953 in New York nieder, wo er seitdem an verschiedenen Kunstschulen lehrte. 1962 entstanden erste ◇Skulpturen mit geometrischen Formen, 1965 die ersten modularen Arbeiten (gitter- und käfigähnliche Gebilde, offene und geschlossene Kuben aus weißgrau lackiertem Stahl). 1968 setzte eine neue große Phase mit ◇Zeichnungen, v. a. in Form von Wandzeichnungen, ein. Allen Arbeiten gemeinsam ist das systematische Durchspielen verschiedener Variationsmöglichkeiten (in sich geschlossene Systeme ohne Aussagekraft über etwas anderes als über sich selbst; auch zahlreiche Publikationen dieser Art) und damit die Zerstörung des Außergewöhnlichen, ›Ikonenhaften‹ des einzelnen Werks durch die Fülle der gleichartigen. Durch diese Abkehr vom Individuellen und die Tendenz zu Nüchternheit, Objektivität und Logik wurde er – wie auch durch seine theoretischen Äußerungen (›Paragraphs‹ bzw. ›Sentences on Conceptual Art‹, 1967 bzw. 1969) – zu einem wichtigen Anreger der ◇Konzeptuellen Kunst. Ähnlichkeiten bestehen z. B. auch in Zeichnungen, deren endgültige Gestalt ›offen‹, d. h. nur durch Anweisungen fixiert ist und daher von Ausführung zu Ausführung bzw. von Wand zu Wand verschieden ausfällt.

Leyden, Lucas van (1494?–1533)
Altniederländischer Maler, ◇Kupferstecher und Zeichner für den ◇Holzschnitt, Schüler seines Vaters Huygh Jacobsz. und des Cornelis → Engebrechtsz. 1521 begegnete er → Dürer in Antwerpen, wo er 1522 möglicherweise in die Malergilde eintrat. L.s Stiche (erster datierter Kupferstich 1508) und Holzschnitte sind stark von Dürer beeinflußt, in ihrer sensiblen Linienführung aber durchaus eigenständig, so etwa in der Folge der *Kleinen Passion* (1521). Seine durch geschmeidigen Pinselduktus gekennzeichneten Gemälde sind selten datiert und wirken uneinheitlich, da zu wenig über die Leidener Schule bekannt ist. Seine reifen Werke jedoch stehen unter dem Einfluß des ◇Romanisten → Gossaert, mit dem er um 1527 gemeinsam reiste. Als sein Hauptwerk gilt der Flügelaltar *Das jüngste Gericht* (Holztriptychon, um 1526–27, Stedelijk Museum, Leiden). Sein narrativer Realismus machte ihn zum Wegbereiter profaner Gattungen, wie ◇Genre und ◇Landschaft, und zu einem bedeutenden ◇Porträtmaler.

Leyster, Judith (1606–1660)
Holländische Malerin heiterer ◇Genreszenen (*Die lustigen Gefährten,* 1630, Louvre), ◇Porträts (*Der Flötenspieler,* Nationalmuseum, Stockholm), ◇Stilleben und Tierbilder. Sie war eine der erfolgreichsten Schülerinnen von F. → Hals, 1633 Mitglied der Haarlemer Malergilde. Nach ihrer Heirat mit J. → Molenaer (1636) näherte sie sich dem Stil ihres Mannes in kleinformatigen Genreszenen.

Lhote, André (1885–1962)
Französischer Maler und Kunstschriftsteller. Nach einem Studium der ◇Bildhauerei an der Ecole des Beaux-Arts in Bordeaux kam L. autodidaktisch zur Malerei (1905) und übersiedelte 1908 nach Paris, wo er über den nachhaltigen Einfluß → Cézannes, dessen Werke L. 1910 auf der Ausstellung im ◇Salon d'Automne kennenlernte, zum ◇Kubismus kam und 1912 an der Ausstellung der ◇›Section d'Or‹ in der Pariser Galerie La Boëtie teilnahm. 1922 eröffnete er in Paris eine eigene Kunstschule. L. verfaßte mehrere bedeutende kunsttheoretische Bücher (u. a. ›Traité du Paysage‹; ›Ecrits sur la Peinture‹, 1946) und war Kunstkritiker der ›Nouvelle Revue Française‹ (bis 1940). Seine dekorative, geometrisch abstrahierende, gegenständliche Malerei basiert auf rationalen, theoretischen Überlegungen, die dem Kubismus eine solide akademische Grundlage zu geben suchten (*Rugby,* 1917).

Li Cheng (919–967)
Der aus Qingzhou (Prov. Shandong) stammende L. war einer der großen ◇Landschaftsmaler

zur Zeit der Nördlichen Song-Dynastie (960–1127), dazu ein Gelehrter, von dessen Naturerfassung gesagt wurde, er könne die wirkliche Landschaft vergessen, die ihn zum Malen inspiriert habe. Seine Tradition führte → Guo Xi fort; Werke L.s selbst hingegen haben sich nicht erhalten. Schon im späten 11. Jh. behauptete → Mi Fu, er habe nur drei echte Gemälde L.s gesehen.

Li Gonglin (1049–1106)
Führender chinesischer, figürlich arbeitender Maler der Song-Zeit (960–1279) aus Shuzheng (Prov. Anhui), erweckte den Stil von → Gu Kaizhi und den der Sechs Dynastien (317–589) zu neuem Leben, indem er einen figürlichen Stil von klassischer Würde schuf (*Die Tugend der Kindespflicht,* Art Museum, Princeton). Seine Technik des ›baimiao‹ (der weißen Zeichnung) oder der Umrißzeichnung fand in späteren Jh.n zahlreiche Nachahmer.

Li Gongnian (tätig frühes 12. Jh.)
Chinesischer Maler, von dem nur eine Landschaftsdarstellung erhalten ist (heute Princeton), die einen Übergang von den abweisenden Landschaftsbildern aus der Zeit der Nördlichen Song-Dynastie (960–1127) zu den ansprechenderen Landschaften der Malerei der Südlichen Song-Dynastie (1127–1279) erkennen läßt. L.s Zeitgenosse → Li Tang nimmt in der Geschichte der chinesischen Malerei eine ähnliche Position ein.

Li Shan (tätig 1. Hälfte 18. Jh.)
Chinesischer Maler, einer der ›Acht → seltsamen Meister‹ aus Yangzhou mit Blumen- und Vogeldarstellungen in freier Manier. Wie andere Angehörige der Gruppe wurde L. wegen seiner zügellosen Malweise kritisiert.

Li Sixun (651–716)
L. und sein Sohn Li Zhaodao – beide chinesische Hofmaler und Angehörige der kaiserlichen Tang-Familie – waren besonders wegen ihrer ◇Landschaftsmalerei bekannt. L. gilt traditionell als Vorfahre der ›Nördlichen Schule‹ (naturalistische Maltradition der Künstler an den Kaiserlichen Malakademien; Vertreter u. a. → Guo Xi) und vervollkommnete den sog. Blau-Grün-Stil (der Begriff geht vermutlich auf den im späten 6. Jh. tätigen Landschaftsmaler Zhan Ziqian zurück und bezeichnet einen Malstil mit blau-grünen Mineralfarben). Ihm zugeschriebene erhaltene Werke sind typische Kompositionen der Tang-Zeit (618–906): mit schmalen, hoch aufragenden, dicht beieinander stehenden Berggipfeln, die einen Blick in tiefe Täler und eine weitere offene Landschaft dahinter freigeben; sie sind jedoch kein zuverlässiger Anhalt für die Technik und die Malweise L.s und seines Sohnes.

Li Tang (um 1050/55 – um 1140)
Chinesischer Maler aus Heyang (Prov. Henan), dessen Arbeiten als Übergang zwischen den abweisenden, distanzierten Landschaften aus der Zeit der Nördlichen Song (960–1127) und den persönlicheren Szenerien der ◇Landschaftsmalerei der Südlichen Song (1127–1279) gelten können. In der *Herbstlandschaft* (Kōtō-Tempel, Kyōto), eine von zwei erhalten gebliebenen Arbeiten, die ursprünglich wahrscheinlich zu einem Jahreszeitenzyklus gehörten, demonstriert dies auch das größere Format der menschlichen Gestalt im Vergleich zu → Fan Kuan. Die Felsen im Vordergrund sind mit kräftigen, breiten, nahe beieinanderstehenden Pinselstrichen, sog. Axthiebstrichen (nach der chinesischen Bezeichnung), ausgeführt; diese kommen durch einen schräg angesetzten Pinsel zustande.

Liang Kai (tätig frühes 13. Jh.)
Chinesischer ◇Figuren- und ◇Landschaftsmaler aus Dongping (Prov. Shandong). Seine Werke haben sich wie diejenigen des Mönches → Muqi hauptsächlich in Japan erhalten, wohin sie von Zen-Mönchen gebracht wurden. Das *Bildnis des Tang-Dichters Li Bo* charakterisiert den Poeten mit ein paar vollendeten Strichen; *Shakyamuni, vom Berg herabsteigend* vermittelt die emotionale Intensität der Selbstverleugnung Buddhas durch die archaischen, erstarrten Falten seines Gewandes und durch die Winterlandschaft rings um ihn her.

Lichtenstein, Roy (* 1923)
Amerikanischer Maler, ◇Grafiker und ◇Bildhauer, einer der Hauptvertreter der amerikanischen ◇Pop Art. L. studierte u. a. bei → Marsh an der ◇Art Students' League (1939). Bis Ende der 1950er Jahre malte er im Stil des ◇Abstrakten Expressionismus. Ab 1960 war er neben → Warhol, → Oldenburg, → Rosenquist und → Wesselmann der bekannteste Vertreter der New Yorker Pop Art. Seine Bildthemen entnahm er

Roy Lichtenstein, *Sweet Dreams, Baby!* (Siebdruck), 1965

den populären Massenmedien, d. h. aus Reklame, Trickfilmen, Zeitungsillustrationen, v. a. aber ◇Comic strips, die er mit Hilfe eines Projektors vergrößerte und deren Rasterpunkte er mit einer Schablone ausfüllte (*Whaam!,* 1963, Tate Gallery, London); umgekehrt gab er aber auch Bilder bekannter Künstler (→ Picassos *Frau mit Blumenhut,* → Mondrian, → Monet) in Comic-strip-Manier wieder und banalisierte auf diese Weise das Monumentale und monumentalisierte das Banale. In den gleichzeitigen Landschaftsbildern und -◇collagen experimentierte er erstmals mit verschiedenen Materialien (Plastik, Email), was sich in seinen ◇Skulpturen fortsetzte (Mädchenköpfe aus Steingut, *Modern Sculptures* aus Messing, Glas, Marmor u. ä.). In seinen Bildern schließt sich eine Serie mit *Brush Strokes* an (überdimensional vergrößerte Pinselstriche, ab 1965/66), deren gestische Dramatik zu den *Explosions* führt, die wortwörtlich die Form sprengen. Weitere Stadien seiner Entwicklung – neben einer 1966 einsetzenden Beschäftigung mit dem ◇Art Déco, dessen ◇Kunstgewerbe er als einer der ersten sammelte und mit dessen Formensprache er sich in Bildern und Skulpturen auseinandersetzte (*Modern Paintings* bzw. *Sculptures*) – sind gemalte Bildrückseiten, Spiegel (*Mirrors,* ab 1971) und ◇Stilleben. Seit 1976 Übertragung der ◇Cartoons auf symbolhafte Objektskulpturen.

Liebermann, Max (1847–1935)
Deutscher Maler und ◇Grafiker, bedeutendster Vertreter des deutschen ◇Impressionismus neben → Corinth und → Slevogt. L. gab sein Philosophiestudium auf, um in Berlin und Weimar Malerei zu studieren. 1872 lernte er → Munkácsy kennen, 1873–78 hielt er sich in Paris auf, von wo aus er Reisen nach Holland unternahm, die ihn zu Bildthemen wie *Konservenfabrik* (ausgestellt 1873) anregten. Bei seinem Besuch in → Barbizon (1874) wurde er besonders von → Millets Darstellungen einfacher bäuerlicher Menschen bei ihrer täglichen Arbeit beeindruckt. 1878–84 lebte L. in München und ließ sich dann endgültig in Berlin nieder, wo er 1898 Präsident der neugegründeten Berliner ◇Sezession wurde (bis 1911). Seit 1920 war er Präsident der Preußischen Akademie der Künste, 1933 wurde er wegen seiner jüdischen Abstammung aus diesem Amt entlassen. L.s Malerei wurde anfänglich von Munkácsy, dann von → Courbet und

Max Liebermann, *Papageienmann,* 1902

Millet (*Die Gänserupferinnen,* 1871–72, Berlin) beeinflußt. Unter dem Eindruck des Impressionismus, besonders → Manets, hellte sich seine Palette in den 1890er Jahren auf (*Amsterdamer Judengasse,* 1905, WRM), stand jedoch im Grunde der niederländischen ◇Pleinairmalerei von → Jongkind und → Israëls, über den L. ein Buch schrieb, näher als dem französischen Impressionismus.

Lievens (Livens), Jan (1607–1674)
Holländischer Maler, ◇Radierer und Holzschneider. L. schuf v. a. ◇Porträts, religiöse, ◇allegorische und auch historische Szenen sowie Landschaften. Schüler von P. → Lastman in Amsterdam (um 1618–20). 1621–31 arbeitete L. in Leiden, wo er um 1630 enge Freundschaft mit → Rembrandt schloß, mit dem er zeitweilig ein Atelier teilte. 1632–34 lebte er in London, 1635 siedelte er nach Antwerpen über, wo seine Porträtkunst von van → Dyck beeinflußt wurde, seine übrigen Arbeiten unter dem Einfluß von → Rubens (historische und biblische Sujets) und → Brouwer (Landschaftsbilder) standen. Seit 1644 war L. in Amsterdam tätig. Er gehört zu den bedeutendsten Malern aus dem Rembrandt-Kreis. Zu seinen besten Gemälden gehören seine biblischen Szenen (*Auferweckung des Lazarus,* 1631, Art Gallery and Museum, Brighton [Sussex]) und Porträts, die sowohl Rembrandts Einfluß als auch den der Utrechter → Caravaggisten erkennen lassen. L.' Sohn, Jan Andrea L. (1644–1680), war ebenfalls Maler.

Limburg (Malouel, auch Maelwael), Brüder von (zwischen 1375 und 1385–1416)
Paul (Pol)
Jan (Jehannequin, Johan von Hennequin)
Herman (Hermant)
Niederländisch-burgundische ◇Miniaturisten und ◇Buchillustratoren, Neffen des Malers Jean → Malouel (Johan Maelwael). Die Brüder traten nach einer Lehre bei einem Pariser ◇Goldschmied durch Protektion ihres Onkels in die Dienste Philipps II., des Kühnen, Herzog von Burgund (1400). Ab 1411 waren sie am Hofe des Herzogs von Berry tätig, wo sie vermutlich die Nachfolge Jacquemarts de → Hesdin († 1409) antraten. Als Bruder des französischen Königs und des Herzogs von Burgund war der Herzog von Berry der wichtigste Förderer der Brüder v. L. Für ihn fertigten sie zwei Meisterwerke an, ›Les belles heures du Duc de Berry‹ (zwischen 1410 und 1413, heute MM) und ›Les très riches heures du Duc de Berry‹ (zwischen 1413 und 1416, unvollendet, nach 1484 weitere Miniaturen von → Colombe, heute Musée Condé, Chantilly). Diese ausgesucht eleganten und anmutigen ◇Stundenbücher spiegeln ihre Goldschmiedeausbildung und möglicherweise einen Italienaufenthalt wider. In den ›Très riches heures‹ gehen den Stunden Monatsbilder voran, in denen die Monate durch Hofvergnügungen und entsprechende Tätigkeiten illustriert sind (siehe Ft. 6). Diese Szenen, die in einer neuen Seh- und Erzählweise überlieferte Motive aufgreifen, gehören zu den frühesten Beispielen der ◇Genremalerei: Die Schlösser und Besitztümer des Herzogs sind minuziös und in leuchtenden Farben wiedergegeben, ihr selektiver Naturalismus nimmt den der Brüder van → Eyck vorweg. Die Brüder starben alle im gleichen Jahr, wahrscheinlich an einer Epidemie (Pest?).

Brüder von Limburg, *Monatsbild Oktober* aus den ›Très riches heures du Duc de Berry‹, um 1415–16

Lindisfarne-Evangeliar
Geschrieben von Eadfrith, Bischof von Lindisfarne (zwischen 698 und 721) und vermutlich in Northumbrien illustriert, ist das L.-E. eines der Meisterwerke irisch-angelsächsischer Kunst (British Museum, London), eine außergewöhnliche Verschmelzung dekorativer Elemente aus vielerlei – nicht ausschließlich ◇keltischen –

Lindisfarne-Evangeliar, Anfang des Johannes-Evangeliums, um 700

Quellen mit einer figürlichen Kunst unverkennbar mittelmeerischer Herkunft (so stützen sich die vier ganzseitigen Evangelistenbilder auf spätantike Vorbilder, die gegen Ende des 7. Jh.s über die Klöster Wearmouth und Jarrow nach L. gelangten; vgl. auch → Kells).

Lindner, Richard (1901–1978)
Amerikanischer Maler deutscher Herkunft, studierte an den Kunstgewerbeschulen in Nürnberg (1922–24) bzw. München (1924–25) sowie an der Münchner Akademie (1925–27). 1931 emigrierte er nach Paris und 1941 nach New York (1948 naturalisiert), wo er bis 1952 als ◇Illustrator für verschiedene Zeitschriften (›Vogue‹, ›Harper's Bazaar‹ u. a.) tätig war. Ab 1950 wandte er sich wieder intensiv der Malerei zu. In seiner der ◇Pop Art nahen Bildthematik konzentrierte er sich auf idolhafte, maschinenartige Figuren der Großstadtwelt, die er in lasziv-aggressiven Haltungen und grellbunter, von der Werbung beeinflußter Farbigkeit darstellt.

Lingelbach, Johannes (1622–1674)
Holländischer Maler und ◇Radierer deutscher Herkunft. L. hielt sich 1642–44 in Paris auf, anschließend bis 1650 in Italien. Er schuf italianisierende ◇Landschaftsbilder im Stil der ◇Bambocciate, Markt- und Hafenbilder. Nach seiner Rückkehr nach Holland führte er häufig figürliche ◇Staffagen für die Landschaften anderer Maler, u. a. → Hobbema, → Wynants, aus.

Linnell, John (1792–1882)
Englischer ◇ Landschaftsmaler, Freund und Förderer W. → Blakes und S. → Palmers, dessen Schwiegervater L. war. Neben Landschaften führte er ◇Porträts, religiöse Sujets (Bibelillustrationen) und Elfenbeinminiaturen aus. Zu seinen besten Arbeiten gehören die frühen Porträts und Landschaftsbilder, z. B. *Sandgrube von Kensington* (um 1812, Tate Gallery, London).

Liotard, Jean-Etienne (1702–1789)
Schweizer ◇Pastellmaler und ◇Radierer, der sich auf genrehafte ◇Porträts (*Das Schokoladenmädchen,* 1744, Dresden) und ◇Miniaturbildnisse spezialisierte. Studium bei D. Gardelle in Genf und bei J. B. Massé in Paris (ab 1723). Er war u. a. in Rom, Konstantinopel (1738–43), Wien, Venedig (1745), Paris (1748–53), England und Holland tätig, bevor er 1758 wieder in seine Geburtsstadt Genf zurückkehrte. Nach seinem Konstantinopelaufenthalt trug L. weiterhin türkische Gewänder und einen imposanten Bart, was ihm den Beinamen ›der Türke‹ eintrug, sowie außergewöhnliche Popularität und Förderer in ganz Europa. Zahlreiche bedeutende Persönlichkeiten gaben bei L. Bildnisse in Auftrag, darunter Mitglieder der österreichischen kaiserlichen Familie (*Kaiserin Maria Theresia,* 1762; *Joseph II.,* 1777, beide Rijksmuseum, Amsterdam). Von großer Originalität zeugen L.s Selbstporträts (*Der Künstler mit langem Bart,* um 1749; *Lachendes Selbstbildnis,* beide Musée Rath, Genf).

Lipchitz (Lipschitz), Jacques (Jakoff L.) (1891–1973)
Französisch-amerikanischer ◇Bildhauer litauischer Herkunft, studierte zunächst Architektur. 1909 ging L. nach Paris, wo er u. a. an der Ecole des Beaux-Arts (bis 1912), dann an der Académie Julian studierte. In Paris begegnete er → Archipenko, → Gris und → Picasso, durch die er mit dem ◇Kubismus in Berührung kam. Zwischen 1915 und 1925 schuf er direkt in Stein gemeißelte, kubistische ◇Skulpturen, bei denen Figuren und Köpfe auf einfache, blockhafte Strukturen reduziert und die z. T. koloriert sind.

Jacques Lipchitz, *Der Gesang der Vokale,* 1931–32

In seinen Bildwerken der späten 1920er Jahre löste er sich von den kantigen, kubistischen Strukturen und entwickelte einen zwanglosen, arabeskenhaften plastischen Stil von schwingender Bewegung, die disziplinierte Strukturanalyse wich einem freien Gebrauch natürlicher Formen, die zunehmend organischer wurden. Eindrucksvolle Beispiele seines Spätwerks sind die Skulpturen *Der Gesang der Vokale* (1931–32) oder der für die Pariser Weltausstellung 1937 geschaffene *Prometheus.* L.' Stil gelangte nach seiner Emigration in die USA (1941) zu barocker Ausdruckskraft, die ◇surrealistische Elemente aufwies.

Lippi, Filippino (um 1457–1504)
Florentiner Maler, Sohn des Fra Filippo → Lippi, Schüler seines Vaters und → Botticellis (ab 1472), dessen Einfluß noch in dem ◇Altarbild mit der *Vision des hl. Bernhard* (1486, Badia Fiorentina, Florenz) sichtbar wird. L.s Gemälde *Maria mit Kind und die Heiligen Hieronymus und Dominikus* (um 1485, NGL) und das Bildnis eines *Jünglings* (◇Fresko auf Ziegelplatte, Uffizien) sind hervorragende Beispiele für den anmutigen Stil der Florentiner Malerei vor deren Revolutionierung durch → Leonardo. Zu L.s in Florenz entstandenen Hauptwerken gehören die von ihm um 1481–83 vollendeten sog. Petrus-Fresken in der Brancacci-Kapelle in S. Maria del Carmine (um 1424 von → Masolino begonnen, später Mitarbeit → Masaccios). Noch bedeutender jedoch ist sein Freskenzyklus in der Strozzi-Kapelle in S. Maria Novella mit *Szenen aus dem Leben der Heiligen Philippus und Johannes d. E.,* die L.s Interesse an der ◇antiken klassischen Kunst dokumentieren. Ab 1488 bis 1593 war er in Rom tätig, wo er zahlreiche ◇Tafelbilder sowie die Fresken der Caraffa-Kapelle (u. a. *Triumph des hl. Thomas von Aquin* und eine *Verkündigung an Maria* über dem Altar) in S. Maria sopra Minerva schuf.

Filippino Lippi, *Maria mit Kind und die Heiligen Hieronymus und Dominikus,* um 1485

Lippi, Fra Filippo (um 1406–1469)
Italienischer Maler und Karmelitermönch in S. Maria del Carmine, Florenz; bedeutendster Vertreter der florentinischen Frührenaissance. Auf → Masaccio gehen die kraftvoll plastischen Gestalten und die durch ◇Helldunkel hervorgehobenen, erdig dunklen Farben seines Frühwerks zurück (*Bestätigung der Karmeliterregel,* um 1432, Fragment erhalten in S. Maria del Carmine). 1437 ging L. nach Padua, wo er zur Verbreitung der toskanischen ◇Renaissance-Ideen bei-

Fra Filippo Lippi, *Maria mit Kind, Engeln und den Heiligen Fredianus und Augustinus* (Mitteltafel des *Marienaltars* aus der Barbadori-Kapelle, Florenz), 1437–38

trug, gleichzeitig aber selbst venezianische Anregungen aufgriff, die zu einem Wandel seines Stils führten. Aus dieser Zeit stammen die *Verkündigung an Maria* (um 1437) für S. Lorenzo, Florenz, und der *Marienaltar,* den L. 1437–38 für die Barbadori-Kapelle in S. Spirito, Florenz, schuf (auch ›Pala Barbadori‹ oder ›Barbadori-Retabel‹ genannt; Mitteltafel heute im Louvre, ◇Predella in den Uffizien), in denen sich die klare geometrische Architektur mit einer leuchtenden Farbpalette verbindet und die Linienführung in eine leicht fließende Bewegung übergeht. In einem der Meisterwerke dieser Periode, dem ◇Tondo *Madonna mit Kind* (um 1452, Galleria Pitti, Florenz), lassen die scharf und fein gezeichnete Linie und die reinen leuchtenden Farben das prunkvoll angelegte Interieur und die Legendendarstellung fast phantastisch erscheinen. Von 1452–64/66 arbeitete L. an den ◇Fresken in der Hauptchorkapelle des Doms zu Prato, die sich durch die feierliche Weite der Landschaftsgestaltung auszeichnen (u. a. Szenen aus dem Leben des hl. Stephanus und des hl. Johannes d. T.). In seinem letzten Werk, dem Freskenzyklus mit Szenen aus dem Leben Mariä in der ◇Apsis des Doms von Spoleto (1467–69, fertiggestellt von L.s Mitarbeitern Fra Diamante und Pier Matteo d'Amelia; L. verstarb während der Arbeit), dominieren die plastisch gearbeiteten, überlängten Gestalten über die differenzierten Landschaften.

Liss (Lis, Lys), Johann (Jan)
(um 1597–1629/30)
Deutscher Maler, lernte zunächst bei seinem Vater, Johann Liss d. Ä., dann (zwischen 1616–19) in Haarlem (vermutlich bei → Goltzius), Amsterdam und Antwerpen. Über Paris und Rom (Einfluß → Caravaggios) gelangte L. um 1621 nach Venedig, wo er bis zu seinem frühen Tod durch die Pest tätig war und großen Ruhm genoß. Beeinflußt von der venezianischen Malerei, besonders von → Fetti, entwikkelte L. in Venedig eine lockere, farbenfreudige ◇Helldunkelmalerei in frühbarockem Stil. Er malte mythologische und biblische Szenen sowie ◇Genrebilder (*Judith mit dem Haupt des Holofernes,* um 1621–22, KhW; *Tod der Kleopatra,* um 1622–24, AP; *Herkules am Scheideweg,* um 1623–24, Dresden).

Lissitzky (Lissizkij), El (Lasar Markowitsch L.)
(1890–1941)
Russischer Maler, ◇Grafiker, ◇Designer, Archi-

tekt und Kunsttheoretiker, einer der Hauptvertreter des russischen ◇Suprematismus und ◇Konstruktivismus. L. studierte 1909–14 in Darmstadt Architektur und kehrte anschließend nach Moskau zurück, wo er sich an den Ausstellungen → ›Karobube‹ und → ›Mir Iskusstwa‹ (1916/17) beteiligte. Entscheidend wurde für ihn die Begegnung mit → Malewitsch (1919 in Witebsk). Unter dem Einfluß des Suprematismus malte er 1919 die ersten *Proun*-Bilder (Proun = Wortschöpfung L.s, übersetzbar mit ›Für die Bejahung neuer Formen in der Kunst‹), Kompositionen mit stereometrischen Formen von architekturhafter Wirkung. Ab 1920//21 schloß er sich den Konstruktivisten an. 1922 beteiligte er sich an der Ersten Russischen Kunstausstellung in Berlin, die er auch mitorganisierte, sowie an der Ersten Internationalen Kunstausstellung in Düsseldorf. Während seines Berlinaufenthaltes 1922/23 schuf L. bedeutende typographische Arbeiten, darunter die Gestaltung von W. → Majakowskis Gedichtband ›Für die Stimme‹ und der 1922 veröffentlichten Erzählung ›Von zwei Quadraten‹ sowie das ◇Layout der von ihm und Ilja Ehrenburg herausgegebenen Zeitschrift ›Gegenstand› (›Weschtsch‹). Er gestaltete mehrere ›Proun-Räume‹, Demonstrationsräume für ◇abstrakte Kunst (Berlin 1923, Dresden, Hannover) und sorgte durch Aufsätze, Vorträge und vielfältige Kontakte (mit dem ◇Bauhaus, der de-◇Stijl-Gruppe, → Moholy-Nagy, → Schwitters, → Arp usw.) für die Verbreitung der konstruktivistischen Ideen. 1925 veröffentlichte er gemeinsam mit Arp die Schrift ›Die Kunstismen‹. 1928 kehrte L. nach Moskau zurück, wo er Mitglied der ›ABC-Gruppe konstruktivistischer Architekten‹ und Herausgeber der gleichnamigen Architekturzeitschrift (›ABC-Beiträge zum Bauen‹) war.

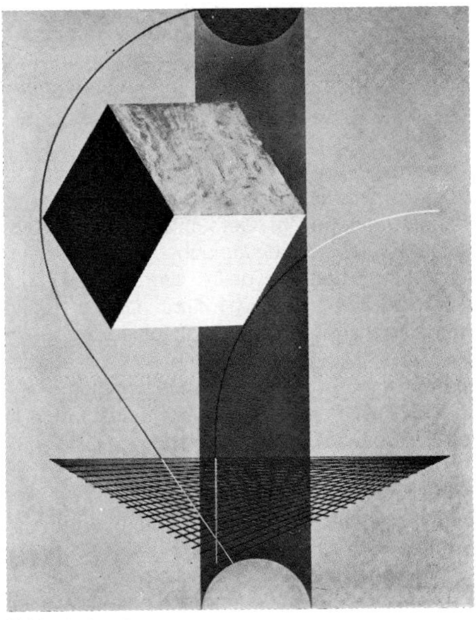

El Lissitzky, *Proun 99,* 1919

List, Herbert (1903–1975)
Deutscher ◇Fotograf, der seit 1936 professionell tätig war und eine ◇surreal-metaphysische Fotokonzeption entwickelte. Außerdem nutzte L. seine engen Beziehungen zu zeitgenössischen Künstlern und Intellektuellen für einfühlsame psychologische Porträtstudien.

Literatenmaler (auch Gelehrtenmaler)
Als erster Meister der ›Drei Künste‹, der Kombination von Poesie, Schönschrift (◇Kalligraphie) und Malerei, gilt → Wang Xizhi (4. Jh.). Zur ›Geistvollen Gesellschaft des Westgartens‹ aber verbanden sich Malerdichter und Kalligraphen erst zur Zeit der Song-Dynastie (960–1279), und zwar etwa zur Lebenszeit des Maler-Kaisers → Huizong. Der ›Westgarten‹-Kreis scharte sich um den kaiserlichen Prinzen → Wang Shen und den Malerdichter → Su Shi, weitere Mitglieder waren Meister wie → Li Gonglin, der ◇Landschaftsmaler → Mi Fu sowie der Dichter und Kalligraph Huang Tingjian (1045–1105). Ihre Bezeichnung ›L.‹ bezieht sich nicht allein auf die von ihnen gepflegte Verbindung von Literatur und Malerei, sondern auch auf ihr philosophisches und kunsttheoretisches Selbstverständnis. Auf der Basis überlieferter daoistischer, buddhistischer, konfuzianischer und chan-(zen-)buddhistischer Ideale wandten sich die L. gegen jeden ›verknöcherten‹ Akademismus, gegen ›Modemalerei‹ von Höflingen und Berufsmalern, die jeglicher persönlichen Handschrift entbehrte, da sie sich dem Geschmack der Kunden anpaßte. In den Augen der L. sollte die Malerei stärker zum individuellen Ausdruck der Künstlerpersönlichkeit werden, die sich den reinen, ästhetischen Freuden des ›Tuschespiels‹ hingab. Insbesondere unter dem Song-Kaiser Huizong entwickelte sich eine Akademiemalerei, die ihrerseits die Verbindung von

Dichtung, Schönschrift und Malerei betonte. Während der Ming-Zeit (1368–1644) gab es neben der Akademiemalerei verschiedene Richtungen der L. – etwa die → Zhe-Schule und → Wu-Schule sowie die keiner Schule im eigentlichen Sinne zuzuordnenden Orthodoxen Maler und Individualisten. Der Malerdichter und Kunsttheoretiker → Dong Qichang bewertete die L. höher als die Akademiemalerei, vertrat jedoch innerhalb der L. einen orthodoxen Standpunkt. Im 18. Jh. (Tokugawa-Zeit) knüpften dann in Japan Maler der Bunjinga- bzw. → Nanga-Schule an die Bestrebungen des ›Westgarten‹-Kreises an.

Lo Ping (1733–1799)
Chinesischer Maler aus Xiexian (Prov. Anhui), Schüler von → Jin Nong und wie dieser einer der ›Acht → seltsamen Meister‹ von Yangzhou. L. malte Geister, daoistische Figuren und buddhistische Themen, dazu in Tusche Pflaumenblüten, Orchideen und Bambus.

Lochner, Stephan (um 1400/10–1451)
Deutscher Maler, erstmals 1442 in Köln erwähnt, wo er eine Bezahlung für Dekorationen zum Besuch Kaiser Friedrichs III. erhielt. 1447 Ratsmitglied der Malergilde. Sein großes, für das Rathaus gemaltes und von → Dürer beglaubigtes ◇Triptychon des *Dreikönigsaltars* (auch *Dombild* genannt, um 1440 entstanden, seit 1809–10 im Kölner Dom) bildet die Grundlage für weitere Zuschreibungen: *Jüngstes Gericht* (um 1435, WRM), *Veilchenmadonna* (um 1439, Erzbischöfliches Diözesanmuseum, Köln), *Geburt Christi* (um 1445, AP), *Darbringung im Tempel* (1447 datiert, Hessisches Landesmuseum, Darmstadt), *Rosenhagmadonna* (um 1448, WRM). Formal ist L. vom ◇Weichen Stil der Spätgotik beeinflußt, man vermutet Beziehungen zur altniederländischen Kunst → Campins und zu den Brüdern van → Eyck in der räumlich plastischen Gestaltung sowie in der Betonung naturgetreuer Details. Während die Komposition des *Jüngsten Gerichts* noch von asymmetrischem Aufbau geprägt ist, zeigt der *Dreikönigsaltar* eine Beruhigung durch die Verwendung der ◇Zentralperspektive. Zugleich steigern sich hier Farbigkeit und kostbare Detailausstattung zu vollendeter Meisterschaft. L. schuf maßgeblich den Madonnentypus der Mitte des 15. Jh.s, der den hoheitsvollen Ausdruck der Italiener mit der Lieblichkeit des Oberrheins verbindet.

Stephan Lochner, *Anbetung der Könige* (Mitteltafel des *Dreikönigsaltars* [auch *Dombild* genannt] im Kölner Dom), um 1440

Lohse, Richard Paul (1902–1988)
Schweizer Maler und ◇Grafiker, studierte 1918–22 an der Kunstgewerbeschule in Zürich. Mit → Bill gehört er zu den bedeutendsten Vertretern der ◇Konkreten Kunst. Seit 1942 befaßte er sich in seinen Bildern mit der Horizontal-Vertikal-Gliederung von Farbfeldern in modularer und ◇serieller Anordnung *(15 Systematische Farbreihen mit vertikaler Verdichtung,* 1950/67, Kunsthaus Zürich).

Lomazzo, Giovanni Paolo (1538–1600)
Italienischer Maler und Kunstschriftsteller. Nach seiner Erblindung im Alter von 33 Jahren verfaßte er zwei bedeutende kunsttheoretische Traktate: ›Trattato dell'Arte della Pittura‹ (1584) und ›Idea del Tempio della Pittura‹ (1590). Seine Schriften waren vom Neuplatonismus beeinflußt, und er verlieh den Grundsätzen des Spätmanierismus Ausdruck. Von L.s wenigen erhaltenen Bildern befindet sich ein Selbstporträt in der Pinacoteca di Brera, Mailand.

Lombard, Lambert (um 1506–1566)
Flämischer Maler und Baumeister, u. a. vermutlich Schüler von J. → Gossaert. 1537–38 hielt er sich in den Diensten des Bischofs von Lüttich in Rom auf, wo er die Werke der zeitgenössischen und ◇antiken Kunst Italiens eingehend studierte.

Als Maler weniger bedeutend, vertrat er eine antikisierende Richtung des ◇Romanismus und schuf v. a. Figurenstudien (meist nach antiken ◇Statuen). Zu L.s Schülern zählten F. → Floris, H. → Goltzius und W. → Key.

Lombardo (Lombardi), Familie
Pietro (um 1435–1515)
Tullio (um 1455–1532)
Antonio (um 1458–um 1516)
Venezianische Architekten-, ◇Bildhauer- und Erzgießer-Familie. Die Frühwerke Pietros (Grabmonument des Antonio Roselli, 1464–67, S. Antonio, Padua) weisen einen gewissen florentinischen Einfluß auf; sein Reifestil besitzt bei aller Handwerklichkeit Originalität und Vitalität (Wandgrabmal des Dogen Pietro Mocenigo, 1481 vollendet, SS. Giovanni e Paolo [S. Zanipolo], Venedig). Die Söhne Tullio und Antonio wirkten an vielen von Pietro entworfenen Grabmälern mit. In zunehmendem Maß überließ er ihnen die Ausführung, die er nur noch überwachte (Grabmal des Agostino Onigo, 1490, S. Niccolò, Treviso). Seine Arbeit als Bildhauer wie als Architekt kommt wohl am besten in S. Maria dei Miracoli in Venedig mit den ◇polychromen Marmordekorationen (1481–89) zur Geltung. Pietros älterer Sohn Tullio arbeitete sicher seit 1475 zusammen mit Antonio in Pietros Werkstatt. Tullios klassischer Stil zeichnet sich manchmal durch eine ermüdende Strenge aus (*Marienkrönung* [Marmorretabel], 1502, S. Giovanni Crisostomo, Venedig), zuweilen durch entschiedene Kraft (z. B. in den Kriegerstatuen des Grabmals des Dogen Andrea Vendramin, vollendet 1494, SS. Giovanni e Paolo [S. Zanipolo], Venedig) oder auch durch lyrische Zartheit (*Bacchus und Ariadne,* KhW). Der jüngere Sohn, Antonio, arbeitete an vielen Grabmälern Pietros und möglicherweise an den ◇Reliefs von S. Maria dei Miracoli mit; seinen Höhepunkt jedoch erreichte sein ruhiger, ernster, ◇klassischer Stil in den Bronzeskulpturen für die Zeno-Kapelle in S. Marco, Venedig (darunter die *Madonna alla Scarpa* [Madonna mit dem Schuh]). Von 1506 an schuf er den 28 Stücke umfassenden Reliefzyklus für das Schloß zu Ferrara (heute Eremitage).

London Group
Londoner Künstlervereinigung, die 1913 als Folge der ◇neoimpressionistischen Ausstellungen von → Fry (1910, 1912) aus dem Zusammenschluß verschiedener Künstlergruppen, v. a. der → Camden Town Group und der Künstler des ◇Vortizismus, hervorging. Die L. G. hatte kein bestimmtes künstlerisches Programm, sie war in erster Linie ein Ausstellungsverband ◇avantgardistischer Künstler, die in Opposition zur Royal Academy und zum → New English Art Club standen. Die Skala ihrer künstlerischen Ausdrucksweisen war sehr breit und reichte von Werken im Stil → Cézannes bis zu einem gemäßigten ◇Expressionismus.

Long, Richard (* 1945)
Englischer Künstler, wichtiger Vertreter der ◇Land Art, studierte1966–68 an der St. Martin's School of Art in London. In seinem Schaffen lassen sich zwei verschiedene Typen von Arbeiten unterscheiden: Wanderungen in der freien Natur, deren spezifischer Charakter – z. B. Wanderungen in gerader Linie *(Walking a Straight Line for 10 Miles,* 1968), im Kreis, im Quadrat, gleiche Strecken in verschiedener Zeit – mit Hilfe von Diagrammen, ◇Fotografien u. ä. dokumentiert wird, sowie ◇Skulpturen, die durch Eingriffe in die Natur (*A Line Made by Walking,* 1967) oder aus ›natürlichem‹ Material in der Natur oder in Innenräumen gestaltet werden: Tannennadelkreuze, Lehmpfade (VI. Guggenheim International, New York 1971), Linien, Kreise, Labyrinthe und Spiralen aus Holz oder Steinen (documenta 5, Kassel 1972; Biennale, Venedig, 1976).

Longhi, Alessandro (1733–1813)
Italienischer ◇Porträtmaler und ◇Kupferstecher, Sohn des Pietro → Longhi. Äußerst erfolgreich als Porträtist (*Giulio Contarini da Mula,* 1770–75; *Prälat,* 1776, Uffizien), wurde L. v. a. bekannt als Verfasser des ›Compendio delle Vite de' Pittori Veneziani ...‹ (1762), ein Bericht über das Leben zeitgenössischer venezianischer Maler und eine bedeutende Quellenschrift zum Kunstbetrieb im Venedig des 18. Jh.s.

Longhi, Pietro (P. Falca) (1702–1785)
Italienischer Maler, Schüler von A. Balestra und von G. M. → Crespi in Bologna, seit Anfang der 1730er Jahre in Venedig tätig; Vater des A. → Longhi. Berühmt wurde L. mit seinen eleganten kleinformatigen ◇Genrebildern im Stil des venezianischen ◇Rokoko, in denen er mit liebevoll-ironischem Unterton das Alltagsleben im Venedig des 18. Jh.s schildert (*Der Zahnzieher,* Pinacoteca di Brera, Mailand). Er schuf auch

Pietro Longhi, *Das Rhinozeros* (Ausschnitt), 1851

zahlreiche ◇Porträts und einige ◇Fresken. 1756 wurde er Mitglied der Malerakademie in Venedig, an der er 1758–80 auch unterrichtete.

Longo, Robert (* 1953)
Amerikanischer Künstler, der 1975 sein Studium am State University College, Buffalo, abschloß und seitdem eine vielseitige künstlerische Medienpraxis mit ◇Performances, ◇Filmen, ◇Fotografien, Musikaufführungen, ◇Skulpturen und tableauartigen Malereien betreibt, die er als Experimentalbereiche seiner sozialkritischen Aussagen betrachtet. Thematisch konzentriert sich L. auf die Phänomene der Macht und deren widersprüchliche Folgen in der gegenwärtigen Politik und Medienwelt. 1986 entstand die vielbeachtete Skulptur *All You Zombies (Truth before God),* die man als eine komprimierte Zusammenfassung der künstlerischen Ausdrucksabsicht betrachten kann: Die groteske Bronzeplastik dreht sich langsam wie die monströse Parodie einer Rambo-Primadonna.

Lorenzetti, Ambrogio (gegen Ende 13. Jh.–1348?)
Pietro (um 1280–1348?)
Sieneser Maler, vermutlich Schüler von → Duccio, beide starben wahrscheinlich während der großen Pestepidemie von 1348. Ihre Werke, die eher zum Narrativen als zum Dekorativen tendieren, waren von der zeitgenössischen Florentiner Kunst, v. a. von → Giotto, beeinflußt, wobei sie dessen Stil weiterentwickelten. Zu Pietros Hauptwerken gehören der *Karmeliter-Altar* (1329, Teile heute in New Haven [Connecticut]; Pinacoteca Nazionale, Siena [◇Predella mit fünf *Szenen aus dem Leben der Karmeliter*]; Vatikan) sowie das ◇Altarbild mit der *Geburt Mariä* (zwischen 1335–42, heute Dommuseum, Siena; Predella mit *Szenen aus dem Leben des hl. Savinus,* heute NGL). Von Pietros zwischen 1315/20 und 1340 geschaffenen ◇Fresken in der Unterkirche von S. Francesco in Assisi ragen die *Maria mit Kind und die Heiligen Franziskus und Johannes d. T.* (um 1315–20, Kapelle Johannes' d. T.) und die *Kreuzabnahme* (aus einem Freskenzyklus mit Passionsszenen) hervor. In beiden Fresken ist die Komposition ganz auf die Wiedergabe leidenschaftlich bewegten Gefühlsausdrucks hin angelegt. Ambrogios bedeutendste Arbeiten sind die ◇allegorischen Fresken mit Darstellungen des *Guten und Schlechten Regiments* (um 1338–39/40; siehe Ft. 3) in der ›Sala della Pace‹ im Palazzo Pubblico in Siena. Sie belegen seinen Einfallsreichtum bei der Komposition einer Stadtansicht bzw. Landschaft. Berühmte ◇Tafelbilder A.s sind die *Nikolaus-Tafeln* (1332, Uffizien), die Tafeln des Triptychons von S. Procolo, Florenz (u. a. *Hl. Nikolaus von Bari)* und die *Darbringung im Tempel* (1342, Uffizien).

Pietro Lorenzetti, *Madonna mit Kind und die Heiligen Franziskus und Johannes d. E.* (Ausschnitt), 1315–30

Ambrogio Lorenzetti, ›*Auswirkung des Guten Regiments auf Stadt und Land*‹ (Ausschnitt), um 1338–39/40

Lorenzetto (Lorenzo Lotti) (1490–1541)
Italienischer ◇Bildhauer, Architekt und Antikenrestaurator, genoß die Förderung → Raffaels, der, wie auch → Vasari, ein heute schwer zu rechtfertigendes Vertrauen in die Begabung L.s setzte. Auf Empfehlung Raffaels erhielt er den Auftrag zur Ausführung der ◇Skulpturen in der Chigi-Kapelle in S. Maria del Popolo in Rom (1519); später schuf er für die Grabkapelle Raffaels im Pantheon die Marmorplastik *Madonna del Sasso (Madonna mit dem Kinde)* (1520–24), die als Altarbild diente.

Lorenzo di Credi siehe → **Credi,** Lorenzo di

Lorenzo Monaco (Piero di Giovanni)
(um 1370–1425)
Kamaldulensermönch in S. Maria degli Angeli, Florenz; Maler und ◇Miniaturist, Schüler von Agnolo → Gaddi, in seinem kühlen religiösen Empfinden jedoch von → Spinello Aretino herkommend. L. war der führende florentinische Vertreter des ◇Weichen Stils der Spätgotik, z. B. mit der *Anbetung der Könige* (1418/20–22, Uffizien), den ◇Fresken mit Szenen aus dem Marienleben (1420–24, Bartolini-Salimbeni-Kapelle, S. Trinità, Florenz) und mit ◇Chiaroscuro-◇Zeichnungen wie *Zug der Könige* (Berlin).

Lorrain, Claude siehe → **Claude Lorrain**

Lotto, Lorenzo (um 1480–1556)
Italienischer Maler, vermutlich Schüler von A. → Vivarini in Venedig, nach 1500 in zahlreichen Städten tätig: Treviso (1503–06), Recanati (1506–09), Rom (1509–12, dort Mitarbeit an der Ausgestaltung der Stanzen des Vatikan), Bergamo (1513–25), z. T. auch in Venedig und den Marken, in Ancona und Loreto (ab 1552), wo er als Laienbruder der Ordensgemeinschaft S. Casa starb. – Sein Frühwerk war v. a. von → Antonello da Messina, Vivarini und Giovanni → Bellini beeinflußt (*Der hl. Hieronymus in der Wüste,* 1506, Louvre). Seine späteren religiösen Malereien sind → Dürer, → Raffael, → Leonardo, → Palma Vecchio und → Tizian verpflichtet. Als ◇Porträtmaler bewies L., der eine sehr eigenwillige und sensible Künstlerpersönlichkeit war, außergewöhnliches Einfühlungsvermögen, was an lebendigen Bildnissen wie dem *Jüngling* (um 1505, KhW) und *Der Bildhauer Andrea Odoni* (1527, Hampton Court) sichtbar wird. Von seinem ausgeprägten Sinn für das Dekorative zeugen die ◇Intarsien des Chorgestühls von S. Maria Maggiore in Bergamo, die nach ◇Zeichnungen L.s angefertigt wurden (Rückenlehnen mit biblischen Szenen; Chorgestühl zwischen 1522 und 1555 von G. F. Capoferro und G. Belli). L.s kühne ◇Altarbild-Kompositionen mit gewagten Raumausschmückungen, stark bewegten Figuren und frappierendem Helldunkel (*Hl. Lucia vor Pascasius,* 1532, Jesi; *Almosenverteilung des hl. Antonius Pierozzi,* 1542, SS. Giovanni e Pao-

Lorenzo Lotto, *Der Bildhauer Andrea Odoni* (Ausschnitt), 1527

lo [S. Zanipolo], Venedig) weisen ◇manieristische Züge auf.

Louis, Morris (Morris Louis Bernstein) (1912–1962)
Amerikanischer Maler, einer der Hauptvertreter der ◇Post-Painterly Abstraction und der ◇Farbfeldmalerei. L. studierte am Maryland Institute of Fine and Applied Arts in Baltimore (1929–33) und arbeitete in den 1930er Jahren für → WPA. Von ◇kubistischen Abstraktionen ausgehend, kam L. über eine von → Pollock und Helen → Frankenthaler beeinflußte ◇abstrakt-expressionistische Farbtechnik zu einer Malerei, deren Thema einzig die Farbe an sich ist. Ähnlich wie → Noland, mit dem er ab 1952 befreundet war, malte er leuchtende Farbstreifen in ungleichen Abständen auf große ungerahmte Leinwände oder ließ sie an den Rändern der ungrundierten Leinwand in ›Farbschleiern‹ herabrinnen.

Lu Zhi (1496–1576)
Chinesischer Maler aus Suzhou (Prov. Jiangsu), dessen Landschaften die Entwicklung der → Literatenmalerei in der Zeit der Ming-Dynastie (1368–1644) bis zu dem Punkt zeigen, wo sich die Motive weit von natürlichen Formen entfernen. Die Verfeinerung von Malweise und Ausführung ist hier verabsolutiert (*Die grüne Klippe,* Art Museum, Princeton). Es handelt sich um eine Kunst, die allein auf die Wertschätzung durch gleichgesinnte Künstler und Kenner abzielt.

Lucas van Leyden siehe → **Leyden,** Lucas van

Lucebert (Lubertus Jacobus Swaanswijk) (* 1924)
Niederländischer Schriftsteller, Maler und ◇Zeichner, studierte an der Kunstgewerbeschule in Amsterdam. Als Dichter war L. in den 1950er Jahren die herausragende Persönlichkeit der experimentellen Dichtergruppe ›Vijftigers‹ (›Fünf Tiger‹), als Maler vertrat er neben → Appel am reinsten den Grundgedanken der → Cobra-Gruppe. In seinen malerischen Werken durchdringen sich kindlich-legendäre Märchenassoziationen mit einer phantomhaften, aus tragischer Bedrängnis und Schuldempfindung aufsteigenden Phantastik.

Ludius (spätes 1. Jh. v. Chr. – frühes 1. Jh. n. Chr.)
Von → Plinius d. Ä. erwähnter römischer ◇Wandmaler der augusteischen Zeit. Er soll Bilder mit Villen, Häfen, Gärten, Wäldern, Hügeln, Teichen, Flüssen, Fischern, Jägern und Frauen gemalt haben.

Lueg, Konrad (K. Fischer) (* 1939)
Deutscher Künstler und Galerist, der zusammen mit Gerhard → Richter 1963 in Düsseldorf eine ◇Aktion unter dem Namen ›Demonstration für den ◇kapitalistischen Realismus‹ veranstaltete, eine Bezeichnung, die als Typisierung später auch auf bestimmte Arbeiten von Klaus-Peter Brehmer, → Hödicke, → Polke und → Vostell übertragen wurde. L. setzte sich in seinen Arbeiten mit dem trivialen deutschen Konsumalltag auseinander. Ende 1969 gründete er in Düsseldorf eine Avantgarde-Galerie.

Luginbühl, Bernhard (* 1929)
Schweizer ◇Bildhauer, studierte 1945–48 an der Kunstgewerbeschule in Bern. Nach ◇figurativen Holz- und Steinskulpturen (ab 1947) entstanden 1949 die ersten Eisenplastiken, denen er sich ab 1953 ausschließlich widmete. L. kombiniert in seinen meist großformatigen Arbeiten industriell gefertigte Einzelelemente zu Figurationen mit humorvoll-ironischem Sinnzusammenhang. Er schuf außerdem eine Reihe von ◇Zeichnungen und ◇Kupferstichen.

Luini, Bernardino (um 1480/90–1532)
Italienischer Maler, in seiner Generation einer der bedeutendsten Vertreter der lombardischen Schule. Seit 1507 in Mailand sowie in verschiedenen Orten der Lombardei tätig, schuf L. ◇Fresken und ◇Tafelbilder, die zunächst unter venezianischem, später unter dem Einfluß → Leonardos standen (z. B. L.s Madonnendarstellungen). Die lombardische Tradition zeigt sich in den ausgewogenen Kompositionen L.s., seiner ausgeglichenen Malweise und der einfachen, großformatigen Gestaltung. Hauptwerke L.s sind die Fresken aus der Villa della Pelucca bei Monza (u. a. Szenen aus dem Leben des hl. Josef und des Moses, 1516 bzw. um 1518 entstanden, heute Pinacoteca di Brera, Mailand) sowie der Freskenzyklus mit Szenen aus dem Leben Christi und Mariä in S. Maria dei Miracoli in Saronno (um 1525).

Luks, George Benjamin (1867–1933)
Amerikanischer Maler, der in New York zum

Kreis um → Henri gehörte, Mitglied der Gruppe The → Eight und Vertreter der → Ash Can School. In seinen ◇realistischen, für die Ash Can School typischen Alltagsszenen aus dem kleinbürgerlich-proletarischen New York zeigt sich der Einfluß von F. → Hals. 1913 stellte L. auf der ◇Armory Show aus.

Lüpertz, Markus (* 1941)
Deutscher Maler, studierte 1956–61 an der Werkkunstschule in Krefeld und an der Düsseldorfer Kunstakademie. 1963 übersiedelte er nach Berlin, wo er seine ›dithyrambische Malerei‹ entwickelte: Bilder in einem expressiv-figurativen Stil, deren Inhalte seit Anfang der 1970er Jahre in ihren stillebenhaften Arrangements von Gegenständen (z. B. Militärmütze, Stahlhelm, Palette, Schneckenhaus) zahlreiche ◇emblematische, kunsthistorische, kulturgeschichtliche und politische Bezüge aufweisen. Ab 1975 Thematisierung malerischer Formprobleme, wobei in den ›Städtebildern‹ ein flächig-spontaner Pinselstrich als abstrakte Ausgangsform in eine fiktive Architektur erweitert wird. In den 1980er Jahren Weiterführung der malerischen Oszillation zwischen ◇Abstraktion und ◇Figuration, gleichzeitig ab 1981 skulpturale Arbeiten, die das gleiche Thema in Gestalt farbig bearbeiteter Bronzeplastiken aufgreifen.

Lurçat, Jean (1892–1966)
Französischer Maler, ◇Grafiker und bedeutender Bildteppichentwerfer, dem die Wiederbelebung der Teppichwebkunst in Frankreich maßgeblich zu verdanken ist. Gemeinsam mit → Gromaire und → Matisse begründete er (ab 1937) in Aubusson eine neue Tradition der ◇Bildteppichkunst. ◇Kubistische und ◇surrealistische Elemente verbinden sich in den bildhaften ◇Allegorien seiner farbig expressiven, dekorativen Teppiche (*Le Chant du Monde,* 1957 ff.). Als Maler war er zunächst vom ◇Impressionismus beeinflußt, später vom Kubismus (→ Picasso, → Marcoussis) und schloß sich zeitweilig auch den Surrealisten an. Daneben war er u. a. als ◇Buchillustrator und Bühnenbildner tätig.

Luther, Adolf (1912–1990)
Deutscher Maler und ◇Objektkünstler, widmete sich nach einem Jurastudium ab 1942 der Malerei. Nach frühen ◇monochromen Bildern mit ◇pastos aufgetragener Farbe wandte er sich 1958 einer Erforschung des Lichtes in seinen energetisch-optischen Eigenschaften zu. Er wurde bekannt mit Arbeiten aus ◇seriell angeordneten optischen Linsen, Gläsern und Spiegeln, die durch Lichtbrechung und Spiegelungseffekte eine Art von Immaterialität erzeugen. 1967 entstand ein Raum mit fokussierendem Licht in Rauch, seit 1970 arbeitete er auch mit Laserstrahlen.

Lüthi, Urs (* 1947)
Schweizer Künstler, in dessen Arbeiten sich die Transformer-Problematik (◇Performance) in besonders komplexer Form artikuliert. Phänomene wie Einsamkeit und Alter (*Just another Story about Leaving,* 1974), die Bezüge vom Ich zur Umwelt und vornehmlich die Mehrdeutigkeit im eigenen Wesen (z. B. in bezug auf die Polarität männlich – weiblich) werden thematisiert und mit teilweise erstaunlicher Schonungslosigkeit und krassem Realismus behandelt. L. bevorzugt als Medium v. a. lebensgroße, auf Leinwand aufgezogene Fotos in zusammenhängender Abfolge (*The Numbergirl,* 1973).

Luttrell-Psalter (vor 1340)
Angefertigt für Geoffrey Luttrell, der in der ◇Handschrift zusammen mit seiner Frau und seiner Schwiegertochter abgebildet ist. Ein spätes Produkt der ostanglischen ◇Buchmalereischule, bemerkenswert wegen der Fülle weltlicher Randverzierungen. Die Psalmentexte sind eingefaßt von undifferenzierten, lebhaften Darstellungen aus der Tierwelt, dem Handel, dem häuslichen Leben, der Landwirtschaft und von Fabeltieren. Ihre zeitgenössische Parallele haben diese Szenen in ◇Miserikordien-Darstellungen.

Luy, Wolfgang (* 1949)
Deutscher ◇ Objektkünstler, der 1974–80 an der Düsseldorfer Kunstakademie bei Klaus → Rinke studierte. Seit 1980 Latten-Konstruktionen und seit 1982 Wand- bzw. Bodenskulpturen, die architektonische Modellkonzeptionen vorstellen. Aus elementaren Formen werden Platz-Raum-Konzepte entwickelt, die einerseits sich als reale ◇Skulptur darstellen, andererseits aber auch die Dimensionen eines architektonischen Landschaftsentwurfs implizieren.

Lysipp (Lysippos von Sikyon)
(tätig 350–300 v. Chr.)
Griechischer Bronzebildhauer aus Sikyon, Hof-

bildhauer Alexanders d. Gr. Seine Körper, mit denen er den Kanon des → Polyklet überwinden wollte, waren geschmeidiger, schlankgliedriger als frühere, hatten kleinere Köpfe und wirkten lebhaft und gespannt, was L. zu einem Vorreiter der ◇hellenistischen Kunst machte. Zu seinen bekanntesten Bildwerken gehört der → Apoxymenos.

Lysistratos aus Sikyon
(tätig 2. Hälfte 4. Jh. v. Chr.)
Griechischer ◇Bildhauer, Bruder des → Lysipp. Sein Interesse galt realistischen ◇Porträts, und er fertigte dafür offenbar Wachs- oder Gipsabdrücke nach lebenden Modellen an. Nach → Plinius d. Ä. stellte er als erster Statuenabgüsse her.

M

Ma Hezhi (tätig 12. Jh.)
Chinesischer Maler aus Qiantang (heute Hangzhou, Prov. Zhejiang), der in einer Folge langer Rollbilder in lyrischem Stil und mit elegantem, geschmeidigem Strich das alte ›Buch der Oden‹ illustrierte. Die ◇kalligraphische Ausführung des zu jeder ◇Illustration gehörigen Odentextes wird dem Kaiser Gaozong (1127–1162) zugeschrieben, dem ersten Kaiser der Südlichen Song-Dynastie (1127–1279), der ein hervorragender Maler war.

Ma Yuan (tätig spätes 12./frühes 13. Jh.)
Chinesischer Maler, einer der Vier großen Meister der Südlichen Song-Dynastie (1127–1279), der aus Hezhong (Prov. Shanxi) stammte und in Qiantang (heute Hangzhou, Prov. Zhejiang) aufwuchs. Er schuf stimmungsvolle, dem Geist des Chen (Zen) verpflichtete Landschaften, ausgeführt in einer hochkultivierten Malweise mit Tuschlavierungen, denen ein bewußt asymmetrisches Kompositionsprinzip zugrunde liegt: Die Bildfläche wird streng gegliedert durch eine (gedachte) Diagonale, wobei die den Bildraum füllenden Darstellungen in einer Ecke (meist der linken unteren) konzentriert sind, die übrige Fläche bewußt leer bzw. nur ganz zurückhaltend mit Objekten versehen wird. Diese Kompositionsweise (Eineck-Prinzip) trug M. Y. den Spitznamen ›Eineck-Ma‹ ein. Im Gegensatz zu den Landschaftsdarstellungen aus der Zeit der Nördlichen Song-Dynastie (960–1127) sind diejenigen M.Y.s kleinformatig, zeigen größere Figuren und eine stärkere Verwendung atmosphärischer Effekte. Er und → Xia Gui waren Angehörige der kaiserlichen Akademie; die Namen beider Künstler wurden später zur Bezeichnung einer bestimmten Schule verknüpft (→ Ma-Xia-Schule).

Mabuse siehe → **Gossaert,** Jan

Macchiai(u)oli (›Farbfleckmaler‹; von ital. ›macchia‹, ›Fleck, Klecks‹)
Begriff für eine Gruppe italienischer Künstler, die sich in den 1860er Jahren im Caffè Michelangiolo in Florenz traf und gegen den Akademismus opponierte. Durch Giovanni Costa, der mit der → Barbizon-Schule und → Corot in Kontakt stand, wurden die Maler mit der neuen Naturempfindung und der Idee der offenen Form bekannt. Neben ihrem Anführer → Fattori und ihrem Theoretiker → Signorini gehörten der Gruppe → Abbati, Sernesi und D'Ancona an. Durch Reduzierung auf einfache Kontraste von Leuchtkraft und Farbigkeit strebten sie nach Vereinfachung und näherten sich in ihren Bemühungen um eine objektive Wiedergabe der Lichterscheinungen dem ◇Impressionismus.

MacDonald, James Edward Hervey (1873–1932)
Kanadischer Maler englischer Abstammung, wirkte in Toronto und London als ◇Grafiker (etwa 1895–1911) und lehrte 1921–32 am Ontario Art College. Er war Gründungsmitglied der → Group of Seven.

Maciunas, George (1931–1978)
Amerikanischer ◇Happening- und ◇Fluxuskünstler litauischer Abstammung, studierte 1949–52 Kunst und Architektur an der Cooper Union School of Art, 1952–54 Architektur und Musikwissenschaft am Carnegie Institute of Technology in Pittsburgh und 1955–60 am Institute of Fine Arts in New York, wo er sich mit europäischer und sibirischer Kunst der Völkerwanderungszeit beschäftigte. M. trat als Künstler und v. a. als bedeutender Organisator der Fluxusszene hervor (1961 erste Veranstaltungen u. a. von → Cage, W. de → Maria, → Higgins, Yoko Ono und La Monte → Young in seiner AG Gallery), auf ihn gehen maßgeblich die ersten Festivals 1962/63 in Europa zurück (Wiesbaden, Kopenhagen, Paris, Düsseldorf, Amsterdam, Den Haag, Nizza).

Mack, Heinz (* 1931)
Deutscher Künstler, ◇Lichtkinetiker, 1950–53 Studium an der Düsseldorfer Akademie, 1956 Staatsexamen an der Universität Köln, bis 1964 Kunsterzieher. 1949 entstanden die ersten Bilder, ab 1956 ◇monochrome schwarze oder weiße *Dynamische Strukturen.* In der Absicht »Gegenstände zu machen, deren Erscheinungsweise immateriell ist«, schuf M. dann Strukturreliefs *(Lichtflügel, Lichtfächer* aus Aluminium, ab 1968), Kuben und z. T. durch elektrische Motoren bewegte ◇Skulpturen wie ◇Stelen (ab 1959) und Rotoren (Aluminiumfolie kombiniert mit zwei hintereinander montierten, sich

drehenden Wellglasscheiben, ab 1959), deren ästhetische Wirkung auf der Brechung und Reflexion von Licht beruht. International bekannt wurde M. v. a. durch seine architektonischen Lichtanlagen an Großbauten und durch ◇Environments wie sein *Sahara-Projekt* (ein künstlicher Lichtgarten in der Wüste auf elf Meter hohen Stelen; geplant 1958, realisiert 1968), sein Lichtraum auf der documenta III (als ›Hommage‹ für den nicht eingeladenen L. → Fontana) oder seine *Wasserwolke* für die Olympischen Spiele in München (1972). Zusammen mit → Piene gab er drei Publikationen unter dem Titel ›Zero‹ heraus (1958–61) und bildete mit ihm und → Uecker (ab 1961) die Gruppe → Zero.

Macke, August (1887–1914)
Deutscher Maler, studierte an der Kunstakademie und an der Kunstgewerbeschule in Düsseldorf (1904–06) sowie 1907–08 bei → Corinth in Berlin. Auf Parisreisen (ab 1907) empfing er tiefgehende Eindrücke durch die ◇Impressionisten, → Gauguin und v. a. → Matisse. Während eines Aufenthaltes am Tegernsee (1909–10) befreundete er sich mit → Marc, durch den er mit den Malern um → Kandinsky in Kontakt kam. 1911/12 schloß er sich dem Kreis des → Blauen Reiters an, 1912 stellte er auf der Kölner ◇Sonderbundausstellung aus und reiste mit Marc nach Paris, wo er → Delaunay kennenlernte und von dessen ◇Orphismus stark beeindruckt wurde. Mit → Klee und → Moilliet unternahm er 1914 eine Reise nach Tunis, die in großartigen ◇Aquarellen von blühender Farbigkeit ihren Niederschlag fand. Noch im gleichen Jahr fiel er als Soldat in Frankreich. M.s heitere, der Außenwelt zugewandte Malerei, die anfänglich beim Impressionismus und → Cézanne ansetzte, unter dem Einfluß von Matisse farbig und formal an Großzügigkeit gewann und dann ◇kubistische und ◇futuristische Elemente aufnahm, fand ab 1912 durch die Anregung Delaunays (insbesondere dessen *Fensterbilder*) zu einem eigenen Stil, der in kristallinisch gegliederten Bildstrukturen und prismatischen Farben das Bild der Wirklichkeit poetisch einfing.

August Macke, *Mädchen unter Bäumen,* 1914

Mackensen, Fritz (1866–1953)
Deutscher Maler, ◇Grafiker und ◇Bildhauer, der zunächst an der Düsseldorfer Kunstakademie und ab 1888 bei → Kaulbach und Wilhelm Diez in München studierte. 1889/90 gemeinsam mit Otto → Modersohn Gründung der → Worpsweder Künstlerkolonie nordöstlich von Bremen. 1908 Lehrer, 1910–18 Direktor der Weimarer Hochschule für bildende Kunst, 1933–35 Direktor der Kunsthochschule Bremen. M.s Malerei war, im Unterschied zu anderen Worpsweder Künstlern, den ◇realistischen Traditionen stärker als den Stimmungslyrismen der 1890er Jahre verbunden; sein bevorzugtes Sujet war die idyllische Darstellung einfacher Bauern aus der Bremer Heidelandschaft.

Mackintosh, Charles Rennie (1868–1928)
Schottischer Architekt und ◇Kunstgewerbler, Vertreter des englischen ◇Jugendstils. M. entwickelte ab 1894 einen gegen den ◇Historismus gerichteten Stil, der in der linearen Flächigkeit der ◇japanischen und der ◇keltischen Kunst wurzelte. Als ausgebildeter Architekt erhielt er den Auftrag für den Bau der Kunstakademie (School of Art) in Glasgow (1897–99 und 1907–09, Nordflügel), der einen enormen Einfluß in Europa hatte, ebenso wie M.s Möbel und seine anderen kunstgewerblichen Entwürfe, die in der Zeitschrift ›Studio‹ (ab 1897) oder auf der Wiener ◇Sezessionsausstellung (1900) zu sehen waren.

Maclise, Daniel (1806–1870)
Irischer Maler, der sich 1827 in London niederließ, einer der führenden Künstler der viktorianischen Epoche. M. wurde v. a. als ◇Historienmaler geschätzt. Zu seinen Arbeiten gehören die beiden ◇Wandgemälde *Der Tod Nelsons* und *Das Treffen Blüchers und Wellingtons in Waterloo* (1857–65) im House of Lords in London. Bekannt wurde er außerdem mit seinen ◇Porträts

berühmter Zeitgenossen, die im ›Frazer's Magazine‹ erschienen.

MacLow, Jackson (* 1922)
Der ◇Happening- und ◇Fluxusszene nahestehender amerikanischer Schriftsteller, studierte Musik sowie 1939–43 Philosophie und Literaturwissenschaft an der University of Chicago. Ähnlich wie manche Stücke von → Cage beruhen seine Arbeiten oft auf Zufallselementen, strukturiert durch das chinesische ›Buch der Wandlungen‹ (›I Ging‹). Er schrieb u. a. ›5 Biblical Poems‹ (1954), das Theaterstück ›The Marrying Maiden‹ (1958, aufgeführt vom Living Theatre mit Musik von Cage, New York, 1960), ›Stanzas for Iris Lezak‹ (1960) und ›The Twin Plays‹ (1966). Mit La Monte → Young gab er ›An Anthology of Chance Operations...‹ heraus (New York, 1963).

Madrazo, Familie
Der spanische Maler Federico Madrazo y Kuntz (1815–1894) war Sohn und Schüler des ◇klassizistischen Malers José de M. y Agudo (1781–1859) und v. a. als ◇Porträtist der eleganten spanischen Gesellschaft bekannt (*Doña Amalie de Llano y Dotres, Condesa de Vilches,* 1853, Prado). Sein Werk zeigt den Einfluß von → Ingres, den M. um 1837 in Paris traf und auch porträtierte. Die Steifheit seiner späteren Arbeiten geht vielleicht auf den Einfluß der deutschen Kunst zurück (M. begegnete → Overbeck 1840 in Rom). 1842 ließ er sich in Madrid nieder, wo er als Hofmaler im Dienst der Königin Isabella II. stand (*Königin Isabella II.,* 1848, Museo Nacional de Arte Moderno, Madrid). Seine beiden Söhne waren Porträt- und ◇Genremaler. Raimundo de M. y Garreta (1841–1920) lernte bei seinem Schwager → Fortuny, Ricardo (1851–1917) bei Léon Cogniet in Paris.

Maes (Maas), Nicolaes (1634–1693)
Holländischer ◇Genre- und ◇Porträtmaler, studierte um 1650 bei → Rembrandt in Amsterdam, von dessen ◇Helldunkelmalerei M.' frühe Arbeiten – v. a. intime häusliche Genreszenen (*Die Rübenschälerin,* 1655, NGL) – geprägt waren. Um 1660 vollzog sich ein deutlicher Stilwandel in seinem Werk: In der Folgezeit schuf M. dem holländischen Zeitgeschmack entsprechende, gefällige Porträts, in denen der Einfluß der flämischen Bildniskunst (van → Dyck) sichtbar wird.

Maffei, Francesco (um 1600–1660)
Italienischer Maler, revoltierte gegen den gängigen akademischen Stil und entwickelte unter dem Einfluß der großen venezianischen Meister sowie → Parmigianinos einen sehr persönlichen Stil, der sich durch einen nervösen, schnellen Pinselstrich und unbestimmte ◇Konturen auszeichnete. M., der in ganz Norditalien tätig war, malte hauptsächlich ◇Altarbilder.

Magnasco, Alessandro (genannt il Lissandrino) (1667–1749)
Italienischer Maler, Schüler des Barockmalers Filippo Abbiati in Mailand, wo M. später hauptsächlich für private Auftraggeber arbeitete; auch in Florenz und ab 1735 in Genua tätig. Stil und Inhalt seiner Bilder spiegeln den komplizierten Übergang vom ◇Barock zum ◇Rokoko. Beeinflußt v. a. von → Callot, → Castiligione und → Rosa, schildert M. in einem unruhig erregten, von kleinteiligen Formen, flackernden Lichtreflexen, unnatürlich überlängten Figuren und einer fast ◇surrealistischen räumlichen Tiefenperspektive bestimmten Stil eine phantastische, unheimliche Welt: wilde Landschaften, visionäre religiöse Szenen oder ◇Sittenbilder, erfüllt von düsteren, unheilvollen Ahnungen und bevölkert von unzähligen kleinen, exaltiert bewegten Figuren, besonders Mönchen, Nonnen oder Zigeunern (*Landschaft mit Mönchen,* um 1720/30, AP; *Hochzeitszug der Zigeuner,* 1735–49, Berlin).

Magnelli, Alberto (1888–1971)
Italienischer Maler, Autodidakt, der sich (ab 1910) den ◇kubistischen und postkubistischen ◇abstrakten Entwicklungen anschloß. 1931 ließ er sich in Paris nieder, Mitglied von → Abstraction-Création. Seine Malerei entwickelte sich von frühen ◇expressionistischen Landschaften über eine formal stark vereinfachte figurative Darstellung (Einfluß → Légers) zu rein abstrakten geometrischen Kompositionen (ab 1933).

Magnum
1947 in Paris gegründete, genossenschaftlich organisierte, internationale Agentur freischaffender Fotojournalisten. Zu den Gründungsmitgliedern gehörten u. a. → Capa, → Cartier-Bresson und → Seymour. 1948 wurde ein Büro in New York eingerichtet, von dem sich im Laufe der Zeit viele europäische und amerikanische Bildjournalisten vertreten ließen.

René Magritte, *La Grande Guerre (Der große Krieg)*, 1964

Magritte, René (1898–1967)
Belgischer Maler, einer der bedeutendsten ◇Surrealisten. Nach einem Studium an der Brüsseler Akademie (1916–18) und anfänglichen Einflüssen durch den ◇Futurismus, ◇Orphismus und ◇Kubismus veränderte sich sein Stil 1922 radikal unter dem überwältigenden Eindruck von de → Chiricos *Das Lied der Liebe* (1914). M.s erste wirklich surrealistische Bilder entstanden jedoch erst ab 1925 (*Die beiden Schwestern*; *Der bedrohte Mörder*, 1926, Museum of Modern Art, New York). Mit dem Musiker und ◇Collagekünstler E. L. T. Mesens (1903–1971) gab M. die Zeitschriften ›Œsophage‹ (1925) und ›Marie‹ (1926) heraus, in denen u.a. Beiträge von → Arp, → Tzara, → Klee sowie der belgischen Surrealisten erschienen. 1927–30 lebte M. in der Nähe von Paris (Le Perreux-sur-Marne) und stand in enger Verbindung zu den Pariser Surrealisten um André → Breton. 1930 ließ er sich endgültig in Brüssel nieder. M., der als der bedeutendste belgische Maler seit → Ensor gilt, stand lange im Schatten bekannterer Surrealisten wie → Ernst oder → Dalí und wurde erst seit etwa 1960 in größerem Umfang bekannt, insbesondere durch die große Retrospektiv-Ausstellung 1965 in New York und nachfolgende großangelegte Retrospektiven in London und Paris. Sein Werk, das sich mit dem Wesen der Wirklichkeit auseinandersetzt, beschränkt sich auf wenige Hauptthemen, etwa das Verhältnis zwischen dem Objekt und seinem Abbild (*Die Beschaffenheit des Menschen I,* 1933) oder der Levitation schwerer Objekte, z.B. am Himmel schwebende Kuben (*Die Grenzen des Sommers,* 1938). Sein Stil bleibt dabei nahezu unverändert, sachlich beschreibend, ohne ablenkende Details und auf das Wesentliche beschränkt. Die magische Wirkung seiner Bilder beruht auf der unerwarteten, paradoxen Gegenüberstellung alltäglicher vertrauter Objekte, wodurch M. hinter der banalen Erscheinungsform das Rätselhafte und Wunderbare der Wirklichkeit sichtbar macht und der geheimnisvollen Natur des menschlichen Wahrnehmens und Denkens nachspürt.

Maillol, Aristide (1861–1944)
Französischer ◇Bildhauer, Maler und ◇Grafiker, nach → Rodin der bedeutendste Anreger der modernen Plastik. M. studierte 1882–86 an der Ecole des Beaux-Arts in Paris und an der Akademie bei → Cabanel und → Gérôme. 1893 schloß er sich unter dem Einfluß → Gauguins den → Nabis an, deren flächig-dekorativer, linearer Stil seine frühen Bilder und Teppichentwürfe prägte. Aufgrund einer Augenerkrankung begann er sich um 1900 autodidaktisch mit Kleinplastiken aus Holz und Ton zu beschäftigen, aus denen er dann seine monumentalen, rundplastischen

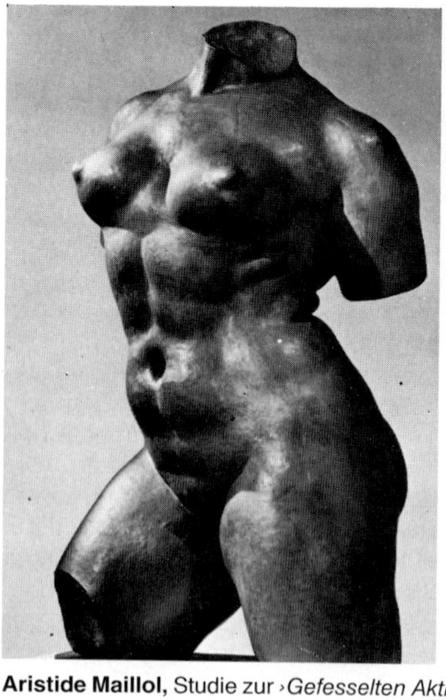

Aristide Maillol, Studie zur ›*Gefesselten Aktion*‹, 1905

Stein- und Bronzefiguren (seit 1902) entwickelte. Sein erstes Hauptwerk, das bereits seinen Hang zur klassischen, statuarischen Form zeigte, war *La Méditerranée* (1902–05). Das Erlebnis einer Griechenlandreise (1908), v.a. der ◇Skulpturen von Olympia, bestätigte ihn in seinem Bemühen um geschlossene plastische Volumen, harmonische Ausgewogenheit und ruhigen, klassischen Ausdruck, das in völligem Gegensatz zu Rodins offener, vom Licht modellierter Form und deren Expressivität stand. M.s kompakte, üppig-sinnliche weibliche Figuren, die sowohl an Gauguins Frauengestalten wie an die späten ◇Akte von → Renoir (mit dem M. befreundet war) erinnern, waren von immensem Einfluß auf die europäische, besonders auf die deutsche Bildhauerei (→ Lehmbruck). M. hat zahlreiche literarische Werke illustriert, u.a. Vergils ›Eklogen‹, Ovids ›Ars armandi‹, Verlaines ›Chansons pour Elle‹, und Grafiken (v.a. ◇Holzschnitte) von knapper, reizvoller Umrißzeichnung geschaffen.

Mainardi, Sebastiano di Bartolo (um 1460–1513)
Italienischer Maler, Schwager, Mitarbeiter und Lieblingsschüler Domenico → Ghirlandaios. M. schuf hauptsächlich ◇Altarbilder und ◇Fresken (Baroncelli-Kapelle, S. Croce, Florenz, Mitarbeit an den Fresken der Hauptchorkapelle, S. Maria Novella, Florenz). Sein frühestes datiertes Werk befindet sich in der Kollegiatskirche S. Maria Assunta in S. Gimignano. Der Einfluß → Verrocchios auf M.s Frühwerk wich später dem Filippino → Lippis.

Majakowski, Wladimir Wladimirowitsch (1893–1930)
Russisch-sowjetischer Dichter und ◇Grafiker, frühes Mitglied der KPdSU. 1911–13 Studium an der Moskauer Schule für Malerei, Bildhauerei und Baukunst. Gehörte mit D. → Burljuk 1912 zu den Unterzeichnern des ◇futuristischen Manifests unter dem Titel ›Eine Ohrfeige dem öffentlichen Geschmack‹. 1919 gemeinsam mit W.E. Meyerhold Inszenierung politischer Massenrevuen und Mitarbeit an den ROSTA-Fenstern (mittels Schablonen entwickelte ◇Plakate zur Agitation). Freundschaft mit einer Reihe von Künstlern aus der ◇konstruktivistischen russischen Avantgarde (u.a. Arbeit in der Gruppe und Zeitschrift ›LEF‹ mit → Rodtschenko) und dem Proletkult.

Makart, Hans (1840–1884)
Österreichischer Maler, studierte u.a. in München bei K. von → Piloty (1861–65). 1869 erhielt er einen Ruf nach Wien, wo ihm auf Staatskosten ein eigenes Atelier eingerichtet wurde, 1879 Professor an der Wiener Akademie. In Wien war M. der führende Maler der Gründerzeit; wie → Lenbach in München genoß M. ein äußerst ruhmreiches Künstlerdasein. Seine pathetische, posenhafte Dekorationsmalerei im Stil des ◇Neobarock ist geprägt von üppiger Sinnlichkeit und rauschhaftem Farbenprunk (Einfluß → Veroneses). Er schuf v.a. ◇Historienbilder, ◇allegorische Darstellungen und ◇Porträts (mehrere *Kleopatra*-Bilder, u.a. *Kleopatra auf dem Nil,* 1875; *Einzug Kaiser Karls V. in Antwerpen,* 1878).

Malewitsch, Kasimir Sewerinowitsch (1878–1935)
Sowjetischer Maler, Begründer des ◇Suprematismus. Studierte 1904–05 an der Moskauer Schule für Malerei, Plastik und Architektur (MUSchWS). Anfänglich malte er in einem ◇impressionistischen, von → Borissow-Mussatow beeinflußten Stil (*Blumenmädchen,* 1903; *Blühende Apfelbäume,* 1904, beide Russisches Museum, St. Petersburg), geriet aber bald unter den Einfluß von → Cézanne und ab 1909 der ◇Fauvisten; er war eng befreundet mit den russischen futuristischen Dichtern → Majakowski und Chlebnikow. Ab 1910 beteiligte er sich auf Einladung von → Larionow an den Ausstellungen von → Karobube, 1912 nahm er auch an der → Eselsschwanz-Ausstellung in Moskau teil. In den folgenden Jahren entwickelte M. aus den Einflüssen von ◇Kubismus und ◇Futurismus eine ◇abstrakte, auf geometrische Grundformen (Quadrat, Dreieck, Kreis) beschränkte Malerei (*Schwarzes Quadrat auf weißem Grund,* 1915), die er mit dem Begriff ›Suprematismus‹ bezeichnete und die zu den frühesten Beispielen einer völlig gegenstandslosen, ›absoluten‹ Malerei zählt. 1915 erschien sein ›Suprematistisches Manifest‹. Gleichzeitig begann M. in perspektivistischen Zeichnungen geometrischer Körper ein räumliches Element einzuführen und gelangte ab 1917 zu gezeichneten abstrakten Architekturen. Zu dem Künstlerkreis, der sich um M. bildete, gehörten u.a. → Lissitzky und → Rodtschenko, Hauptvertreter des ◇Konstruktivismus. M., der einer im Grunde mystischen Weltanschauung verhaftet war, lehnte später die durch sie

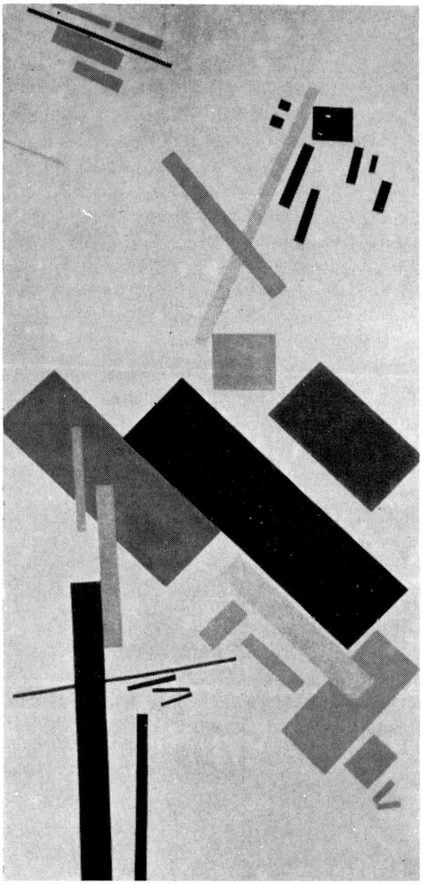

Kasimir Malewitsch, *Bau eines Hauses,* 1915–16

und → Tatlin vertretene utilitaristisch-konstruktivistische Kunstauffassung ab. M. unterrichtete in Moskau (seit 1918), Witebsk (1919–22) und Petrograd/Leningrad (1922–26) und betätigte sich mit zunehmenden Jahren stärker als kunsttheoretischer Schriftsteller. Während seines Deutschlandbesuchs 1927 erschien in der Reihe der Bauhausbücher seine Schrift ›Die gegenstandslose Welt‹. Ab 1929 fiel M., wie alle anderen Vertreter der russischen Moderne, in Ungnade und lebte seither zurückgezogen; er beschäftigte sich mit idealisierten Architekturentwürfen (›Architektona‹) und Plastiken und kehrte in seinen letzten Lebensjahren zu einer gegenständlichen ◇Porträtmalerei (*Mädchen mit rotem Stab,* 1933, Tretjakow-Galerie, Moskau) zurück. M. war von maßgeblicher Bedeutung für die Entwicklung der abstrakten Kunst, insbesondere der konstruktivistischen Strömungen.

Malkasten
1848 in Düsseldorf gegründeter liberal-demokratischer Künstlerverein, der sich gegen die Vorrangstellung akademischer Malerei im Sinne W. von → Schadows richtete. Zu den Künstlern des M.s gehörten E. → Leutze, C. W. → Hübner, J. P. → Hasenclever, R. Jordan, L. → Knaus, A. Seel, O. → Achenbach, P. Schwingen und L. Clarsen.

Malouel, Jean (Jan Maelwael) (vor 1370–1415)
Frankoflämischer Maler, in Paris ausgebildet, seit 1397 Hofmaler des Burgunderherzogs Philipp des Kühnen und dessen Nachfolger Johann Ohnefurcht in Dijon, Onkel der Brüder von → Limburg und in enger Verbindung mit Henri Bellechose († um 1444) stehend, der M. 1415 als Hofmaler der Herzöge von Burgund folgte. Keine der Werkzuschreibungen ist gesichert. Von M. oder Bellechose stammt die sog. *Große runde Pietà* (um 1400, Louvre) und das ◇Retabel mit dem *Martyrium des hl. Dionysius* (1416, ebda.), das für die ◇Kartause von Champmol bestimmt war. Außerdem bemalte M. Steinstatuen, z. B. Claus → Sluters Figuren des ◇Kalvarienbergs am *Mosesbrunnen* (um 1405) in der Kartause von Champmol.

Man, Felix H. (Hans F. Sigismund Baumann) (1893–1985)
Deutscher ◇Fotograf und Mitbegründer des Fotojournalismus, der zunächst Kunstgeschichte und Malerei in München studierte, bevor er 1926 seine fotografische Laufbahn begann. 1929 erste Fotoreportagen für die führenden deutschen illustrierten Zeitschriften. 1931 erste Reportage über Mussolini. 1934 Übersiedlung nach London und Mitarbeit bei ›Weekly Illustrated‹ und ›Picture Post‹. Im Gegensatz zu Erich → Salomon, der auf den interessanten Augenblick setzte, verfolgte M. eine erzählerische Konzeption in seinen Bildreportagen.

Mander, Carel (Karel) van (1548–1606)
Holländischer Maler, Dichter und Kunsthistoriograph (der erste nördlich der Alpen); hielt sich in den 1570er Jahren in Rom auf (um 1573–77) und lebte seit 1583 in Haarlem, wo er mit C. →

Cornelisz. und H. → Goltzius die sog. Haarlemer Akademie (eine Ateliergemeinschaft) gründete (um 1583). M. schuf religiöse und ◇allegorische Bilder, wobei sein Frühwerk sowohl unter Einfluß der flämischen (→ Spranger) als auch der italienischen ◇manieristischen Malerei stand; in späteren Arbeiten tendierte er jedoch zu größerem Realismus. Bekannt wurde er hauptsächlich durch sein grundlegendes, an den Vorbildern → Vasari und → Plinius d. Ä. orientiertes ›Het Schilder-Boeck‹ (1604, zweite Ausgabe 1616–18). Das Werk enthielt ein einleitendes Lehrgedicht über die technischen Grundlagen der Malerei, an das sich die Künstlerbiographien anschlossen (drei Bücher: I nach Plinius d. Ä.; II nach Vasari; III über holländische und deutsche Maler). M. war der Lehrer von Frans → Hals.

Mandyn (Mandijn), Jan (um 1500 – um 1560)
Flämischer Maler, der mit seinen von kleinen Figuren und phantastischen Kreaturen bevölkerten Landschaften in der Nachfolge von → Bosch steht. Die ihm zugeschriebenen Werke basieren auf seiner mit Initialen signierten *Versuchung des hl. Antonius* (um 1530, Frans-Hals-Museum, Haarlem).

Manessier, Alfred (* 1911)
Französischer Maler, ging 1929 nach Paris und studierte Architektur an der Ecole des Beaux-Arts. 1929 befreundete er sich mit Jean le Moal, 1935 mit → Bissière. M. gehört zu den bedeutendsten Vertretern einer hermetischen, ◇symbolhaften ◇Abstraktion innerhalb der ◇Ecole de Paris. Seine Bilder mit ihren warm leuchtenden Farbflächen und dem reliefhaft-vergitterten Zeichenwerk sind zumeist von religiöser Thematik. Er schuf auch zahlreiche Glasfenster (z. B. Allerheiligenkirche, Basel, 1952) und religiöse ◇Tapisserien.

Manet, Edouard (1832–1883)
Französischer Maler, Wegbereiter des ◇Impressionismus, studierte 1850–56 im Atelier von → Couture, bildete sich jedoch v. a. durch Kopieren der Werke von → Giorgione, → Velázquez, → Tizian, → Tintoretto und → Delacroix im Louvre sowie durch Studienreisen nach Italien, Holland, Deutschland und Österreich. Ersten Erfolg hatte er mit seinem Bild *Gitarrenspieler* (1860, MM), für das er auf dem ◇Salon von 1861 eine Ehrenmedaille erhielt. Auch weiterhin bemühte sich M. um offizielle Anerkennung – er hielt allein den Salon für das »wahre Schlachtfeld des Künstlers« –, stieß jedoch in der Folgezeit auf erbitterte Ablehnung sowohl beim Publikum als auch bei der Kritik. Den ersten großen Skandal erregte er mit seinem 1863 entstandenen Gemälde *Das Frühstück im Grünen* (Musée d'Orsay, Paris), das – nach der Zurückweisung vom offiziellen Salon – im ◇Salon des Refusés gezeigt wurde. Einen ähnlichen Skandal rief das 1865 (ebenfalls im Salon des Refusés) ausgestellte Werk *Olympia* (1863, ebda.) hervor, das u. a. wegen der unverhohlen zur Schau getragenen Nacktheit der weiblichen Figur attackiert wurde; das

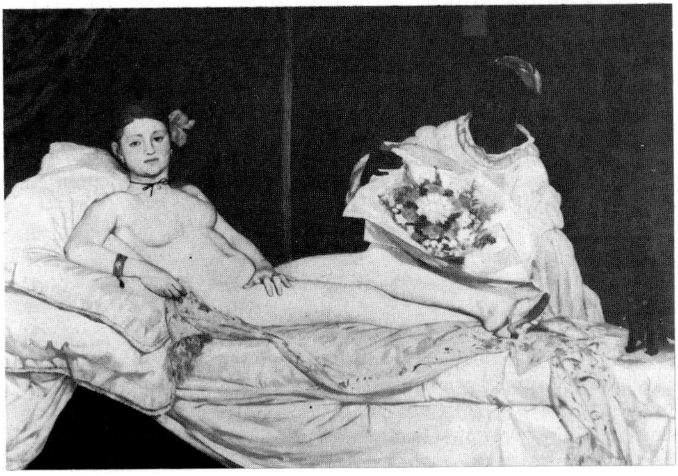

Edouard Manet,
Olympia, 1863

Gemälde verstieß vollkommen gegen die Aktdarstellung nach klassischen Stilprinzipien – die allein vom zeitgenössischen Publikum und der Kunstkritik geduldet wurde. Beide Bilder sind ein Beleg dafür, daß M. seinen Sujets gegenüber relativ gleichgültig war, sie häufig von den Alten Meistern übernahm (beim *Frühstück* griff er auf Giorgiones *Ländliches Konzert* und → Raffaels *Urteil des Paris* zurück, bei der *Olympia* auf Tizians *Venus von Urbino*). Die Ausdruckskraft dieser Arbeiten beruhte auf den starken Helldunkelkontrasten, auf der von japanischen ◇Farbholzschnitten beeinflußten Flächigkeit der Formen und der betonten Verwendung von Schwarz. 1865 reiste M. nach Madrid; in Spanien studierte er die Meister des 17. Jh.s (Velázquez, → Zurbarán und → Murillo), die ihn schon vorher stilistisch und thematisch stark beeinflußt hatten. Besonders beeindruckten ihn die Werke → Goyas, was sich in M.s Bildern wie *Die Erschießung Kaiser Maximilians von Mexiko* (1867, Kunsthalle, Mannheim) und *Der Balkon* (um 1868–69, Musée d'Orsay, Paris) widerspiegelt. In der Folgezeit wandte sich sein Interesse mehr zeitgenössischen Pariser Szenen zu. Er besuchte häufig das Café Guerbois, wo er von den jüngeren Malern als Held und Märtyrer des Salon des Refusés von 1863 hoch verehrt wurde, und traf sich regelmäßig mit den Begründern des Impressionismus (→ Monet, → Cézanne, → Pissarro, → Renoir, → Sisley und Berthe → Morisot), die ihn als ihr großes Vorbild betrachteten. Engen freundschaftlichen Kontakt hatte er auch zu den Schriftstellern → Zola, Mallarmé und v. a. → Baudelaire, die ihn gegen die heftigen Angriffe der Kritiker verteidigten. Nach 1870 wurde M. durch Monet und seine Schülerin Berthe Morisot zur ◇Pleinairmalerei angeregt, was zu einer Aufhellung der Palette und Lockerung des Pinselstrichs führte, wozu sicher auch der Einfluß von Frans → Hals, den M. auf seiner Hollandreise 1872 für sich entdeckte, beitrug. 1874 malte er zusammen mit Monet in Argenteuil. Ab 1881 wandte er sich infolge einer schweren Erkrankung der leichter zu handhabenden ◇Pastelltechnik zu und malte zarte Porträts (*Blonde Frau mit entblößten Brüsten,* um 1878, Musée d'Orsay, Paris; *Die Wienerin (Irma Brunner),* 1880, Louvre). Zu seinen bedeutendsten in dieser Zeit entstandenen Arbeiten gehört die *Bar in den Folies-Bergères* (1881–82, Courtauld Institute Galleries, London). Obwohl M. sich in seinem Spätwerk stark den Impressionisten annäherte und von ihnen als Gesinnungsgenosse empfunden wurde, hat er niemals an deren Ausstellungen teilgenommen. 1881 wurde ihm mit der Verleihung des Ordens der Ehrenlegion eine späte Anerkennung zuteil; bald nach seinem Tode fand (1884) eine umfassende Gedächtnisausstellung in der Ecole des Beaux-Arts statt.

Manfredi, Bartolomeo (1587–um 1620)
Italienischer Maler, der sich 1610–19 in Rom aufhielt. Seine im Stil → Caravaggios gemalten ◇Genreszenen aus dem Soldaten- und Wirtshausmilieu waren äußerst populär und übten Einfluß auf die → Utrechter Malerschule aus. In späteren Arbeiten wandte er sich dem ◇Manierismus zu und schuf v. a. religiöse Sujets. M., dessen Werke auch von Sammlern außerhalb Italiens sehr geschätzt wurden, trug wesentlich zur internationalen Verarbeitung des Caravaggismus (→ Caravaggisten) bei.

Mangold, Robert (* 1937)
Amerikanischer Maler, studierte 1956–59 am Cleveland Institute of Art in Ohio und 1960–62 an der Yale University Graduate Art School; seit 1963 Lehrtätigkeit an der School of Visual Arts und am Hunter College in New York. Typisch für sein Schaffen sind ein- oder mehrteilige Arbeiten mit Unregelmäßigkeiten in der Form oder im Sujet (geometrische Formen wie Linien oder Kreise).

Manguin, Henri Charles (1874–1949)
Französischer Maler, Mitschüler von → Matisse im Atelier G. → Moreaus, schloß sich dem ◇Fauvismus an. Seine mediterranen Landschaften (*Golf von Saint-Tropez,* um 1918), ◇Stilleben und ◇Aktdarstellungen sind in der Farbgebung fauvistisch, in der Bildstruktur jedoch in zunehmendem Maße von → Cézanne beeinflußt.

Mantegazza, Cristoforo († 1482)
Antonio († 1495)
Brüder, italienische Maler und ◇Bildhauer (Cristoforo auch ◇Goldschmied). Cristoforos erste überlieferte Aufträge waren Arbeiten für die Certosa di Pavia (1464–66), in Mailand stand er in den Diensten der Sforza. Später kehrte er mit Antonio nach Pavia zurück, um die Bildhauerarbeiten an der Certosa auszuführen, und war dort bis zu seinem Tode tätig (Antonio bis 1489). Der Stil der Brüder läßt sich kaum unterscheiden. Ihre Arbeiten wirken ungefügig und eckig.

Andrea Mantegna, *Christus in Gethsemane,* um 1465

Mantegna, Andrea (1431–1506)
Italienischer Maler und ◇Kupferstecher, in Padua Lehrling des Altertumsforschers und Malers F. → Squarcione, dessen Adoptivsohn er auch war. Squarciones Antikenstudium, die humanistischen Einflüsse der Universität Padua und die Meisterwerke → Donatellos prägten die Kunst M.s, der seit 1448 selbständig tätig war, entscheidend. Typisch für ihn sind seine frühzeitige Beherrschung der ◇Perspektive im Dienst des Ausdrucks, die kenntnisreiche Anwendung römischer Motive und der plastische Realismus seiner Formen, wie sie sich schon in seinem ersten Hauptwerk, den ◇Fresken der Familienkapelle der Ovetani in der Eremitanikirche in Padua, abzeichnen (1448–56; die Fresken wurden im Zweiten Weltkrieg bis auf wenige Bilder zerstört, erhalten sind eine *Himmelfahrt Mariä* [Aposteldarstellungen M. zugeschrieben], das *Martyrium des hl. Christophorus* und Teile des *Martyriums des hl. Jakobus d. Ä.*). Diese Arbeiten etablierten in Nordostitalien einen für die ◇Renaissance charakteristischen Stil. Im Laufe seines Lebens entwickelte M. diese frühen Errungenschaften weiter; am bemerkenswertesten gelang ihm dies in dem ◇Altarbild für den ◇Hochaltar von S. Zeno Maggiore in Verona (1456–59 im Auftrag des Abtes von S. Zeno, Gregorio Correr; ◇Predella mit der *Kreuzigung Christi,* heute Louvre, Seitentafeln der Predella, Musée des Beaux-Arts, Tours) und in den für den Hof von Mantua geschaffenen Werken, wo M. seit 1459 in den Diensten dreier Gonzaga-Generationen stand. Die Fresken in der Camera degli Sposi des Palazzo Ducale (1465–74) bezeugen seine Fähigkeiten sowohl auf dekorativem Gebiet wie als Porträtist. Hervorzuheben ist hier die Ausmalung des Deckengewölbes in ◇Trompe-l'œil-Technik, die die Illusion einer Öffnung erweckt, durch die man auf einen blauen Himmel sieht und aus der Köpfe nach unten blikken – dieses geistreiche Kunstmittel stellte die erste Verwendung des ◇Sotto in sù in der Renaissance dar. Den Höhepunkt von M.s Neubelebung der antiken Welt bildet der Zyklus (neun Bilder) *Triumph Cäsars* (1486–92, Hampton Court Palace), der schon zur Entstehungszeit wegen seiner ›lebendigen und atmenden Bilder‹ gerühmt wurde. Weitere bedeutende Werke M.s sind *Der hl. Sebastian* (um 1480, Louvre), *Der hl. Georg* (Gallerie dell' Accademia, Venedig) und *Der tote Christus* (Pinacoteca di Brera, Mailand). Seine Kupferstiche dienten vielen nachfolgenden Künstlern als Vorlage (z. B. der *Kampf der Meergötter* u. a. → Dürer).

Mantz, Werner (1901–1983)
Deutscher ◇Fotograf, der an der Bayerischen

Staatslehranstalt für Lichtbildwesen studierte. 1922 eröffnete M. in Köln ein Porträtatelier. In der zweiten Hälfte der 1920er Jahre wurde eine klare, der ◇Neuen Sachlichkeit nahestehende Architekturfotografie sein Hauptarbeitsfeld. 1937–38 schuf M. eine Serie über die Kohlebergwerke in der niederländischen Prov. Limburg. 1938 Übersiedlung nach Maastricht und Wiederaufnahme der Porträtfotografie.

Manuel, Niklaus siehe → **Deutsch,** Niklaus Manuel

Manzoni, Piero (1933–1963)
Italienischer Künstler, neben Yves → Klein einer der wichtigsten europäischen Künstler Ende der 1950er/Anfang der 1960er Jahre. Im Gegensatz zu dessen Streben nach dem Unendlichen, Kosmischen versuchte M. mit seinen *Achromes* (ab 1957, mit Kaolin geschlämmte Leinwände oder weißes Material wie Watte, Baumwolle, Filz und Glaswolle, ab 1959 auch farblose, rohe, mit horizontalen und vertikalen Linien benähte Leinwände) »Flächen der Freiheit« zu schaffen, Bilder ohne Zeichenhaftigkeit, Illusion und Symbolwert, frei von allen Implikationen der Farbe und der Form. Die weiße (farblose) Oberfläche sollte nichts weiter sein als eine weiße (farblose) Oberfläche. Die gleiche lapidare Qualität findet sich in seinen *Linien* auf Papierrollen (die längste – auf einer Zeitungspapierrolle – 7200 m, 1960; ferner eine *Unendliche Linie,* 1960), seinen *Alphabeten* (1958), *Landkarten* (1958) und letztlich auch

Piero Manzoni, *7200 m lange Linie vom 4. 7. 1960 auf Papier, eingeschlossen in eine Säulentrommel von 66 cm Höhe*

in den Produkten seines Körpers, in denen die Realität des Seins in der Kunst mit der Realität der eigenen Existenz zusammenfällt (*Künstleratem,* 1959; *Künstlerscheiße,* 1961; *Künstlerblut*). Diese Verbindung von Kunst und Individuum konnte auch auf das Publikum übertragen werden, z. B. dadurch, daß es von M. mit einem Daumendruck signierte Eier in Art einer Kommunion verzehrte (1960), durch *Magische Sockel,* die alles zu einem Kunstwerk erklärten, solange es sich darauf befand (1961, der größte ein – umgedrehter – *Sockel für die Welt*), oder dadurch, daß M. Personen ›signierte‹ und damit zu ›lebenden Kunstwerken‹ erklärte (1961).

Manzù, Giacomo (* 1908)
Italienischer Bildhauer, kam im wesentlichen autodidaktisch zur ◇Bildhauerei (trotz eines kurzen Studiums an der Accademia Cicognini in Verona). Ein großer Teil seines Werkes umfaßt sakrale ◇Plastiken, darunter die ◇Relief-Bronzetüren für St. Peter in Rom (›Tor des Todes‹, 1947–64) sowie für den Salzburger Dom (›Tor der Liebe‹, 1955–58), über 50 sitzende und stehende *Kardinalsfiguren* und eine *Madonna mit Kind.* Außerdem schuf M. eine Serie von Mädchenakten, zahlreiche Porträtbüsten und einige Bühnenbildentwürfe. M., der an die Kunst des ◇Quattrocento (v. a. → Donatello) anknüpfte, war später besonders von → Rodin beeinflußt; einige seiner freistehenden ◇Skulpturen weisen auch Affinität zu → Marini auf.

Mapplethorpe, Robert (1946–1989)
Amerikanischer Fotograf, der durch seine in Phasen abgelichteten Porträtserien (u. a. von seinem Künstlerfreund David → Hockney) zum bedeutendsten Vertreter dieses Genres in den 1980er Jahren wurde. Seine ◇Porträts, ◇Akte und erotischen Sujets faszinieren durch ihre inszenierte Pose und durch eine auf Kontraste abzielende Ablichtungskonzeption. Große Porträtintensität zeigen v. a. die ◇Fotografien der Rocksängerin Patti Smith sowie die letzten Selbstbildnisse, die dem Todesgedanken subtilen Ausdruck verleihen.

Maratta (Maratti), Carlo (1625–1713)
Italienischer Maler, Vertreter der ◇klassizistischen Richtung der römischen ◇Barockmalerei, ausgebildet bei A. → Sacchi in Rom. M.s Werk, das unter dem Einfluß → Correggios und G. → Renis stand, umfaßt v. a. religiöse und weltliche

◇allegorische Sujets, darunter zahlreiche ◇Fresken (*Kaiser Konstantin befiehlt die Zerstörung der Götzenbilder, Zwei allegorische Figuren,* 1648, S. Giovanni in Fonte, Rom; *Allegorie der Gnade,* 1676, Palazzo Altieri, Rom). M. trat auch als Bildnismaler hervor (*Papst Clemens IX.,* 1669, Eremitage), seine ◇Porträts besitzen starke Eindringlichkeit; häufig kopiert wurden seine Madonnendarstellungen. M. unterhielt eine große Werkstatt und hatte zahlreiche Schüler. Er war befreundet mit dem römischen Kunsttheoretiker → Bellori.

Marc, Franz (1880–1916)
Deutscher Maler und ◇Grafiker, studierte ab 1900 an der Münchner Akademie (bei Wilhelm von Diez und Gabriel Hackl) und unternahm anschließend Reisen nach Italien, Griechenland und Paris (1903 und 1907), wo er vor allem durch den ◇Impressionismus und van → Gogh beeindruckt wurde. 1910 ließ er sich in Sindelsdorf (Oberbayern) nieder, befreundete sich eng mit → Macke und lernte → Kandinsky kennen, mit dem er gemeinsam an dem Almanach ›Der Blaue Reiter‹ arbeitete. Unter Führung von Kandinsky trat er der 1909 gegründeten ›Neuen Künstlervereinigung München‹ bei, die er jedoch gemeinsam mit Kandinsky und Gabriele → Münter verließ, um die Künstlergruppe des → Blauen Reiters zu gründen (1911). In einer fast mystischen Auseinandersetzung mit dem Symbolgehalt der Farbe entstanden ab 1911 die für M. charakteristischen Tierbilder, darunter auch die *Roten Pferde* (1911), in denen die Farbe ein vom Gegenstand abgelöstes Eigenleben führt. Das im Zentrum seines Schaffens stehende Tier war für M., der nach einem ganzheitlichen Bild der Schöpfung auf einer höheren, spirituelleren Ebene suchte, das stärkste und lebendigste Symbol für die kosmische Einheit. Seinem Streben nach Vergeistigung der Form kamen (ab 1912) der ◇Kubismus in seiner ◇orphistischen Form sowie der ◇Futurismus zu Hilfe. 1912 besuchte M. → Delaunay in Paris und blieb mit ihm im Briefwechsel. 1913 entstanden die großen mythischen Meisterwerke wie *Tierschicksale* (1913, Kunstmuseum Basel) oder *Turm der Blauen Pferde* (1913, seit 1939 verschollen), kristallinisch gefügte, farbig transparente Bilder von tiefer pantheistischer Empfindung. Ab Ende 1913 versuchte sich M. in ◇abstrakten Bildern (*Kämpfende Formen [Abstrakte Formen I],* 1914) gänzlich von der Welt der Materie zu lösen. Der vorzeitige Tod – M. fiel 1916 vor Verdun – beendete das kurze, fruchtbare Schaffen dieses Künstlers.

Franz Marc, *Der Tiger,* 1912

Marcks, Gerhard (1899–1981)
Deutscher ◇Bildhauer und ◇Grafiker, Schüler von Richard Scheibe, aber auch durch → Gaul und → Kolbe angeregt. 1919–25 leitete M. die Töpferwerkstätte am ◇Bauhaus, wo seine ersten ◇expressionistisch beeinflußten ◇Holzschnittfolgen entstanden. 1925–33 (1933 von den Nationalsozialisten entlassen) lehrte er an der Kunstgewerbeschule in Halle/Saale, 1946–50 an der Hamburger Landeskunstschule, danach an den Werkkunstschulen in Köln, wo er seit 1950 lebte. M.' ◇Aktfiguren und Tierplastiken lösten sich unter dem Einfluß der ◇antiken griechischen ◇Skulptur (1928) vom anfänglichen Expressionismus, wurden einfacher und knapper in der Form (gelegentlich mit archaisch stilisierender Neigung) und lyrischer im Ausdruck. In seinem späteren Werk macht sich auch der Einfluß der ◇romanischen Skulptur bemerkbar.

Marcoussis, Louis (Ludwig Markus, Lodwicz Markovs) (1883–1941)
Französischer Maler polnischer Herkunft, studierte an der Krakauer Akademie und an der

Académie Julian in Paris und begann als ◇Karikaturist und ◇Porträtmaler. Er malte anfänglich in einem ◇impressionistischen Stil, bis er sich ab 1910 durch die Begegnung mit → Braque, → Picasso und → Apollinaire dem ◇Kubismus anschloß. 1912 gehörte er zur Gruppe → Section d'Or. In den 1930er Jahren wandte er sich der ◇Radierung zu und schuf Illustrationen, u. a. zu Apollinaires Gedichtsammlung ›Alcools‹, G. de Nervals ›Aurélia‹ und T. → Tzaras ›Planche de Salut‹. Der Stil von M.' ◇Stilleben und ◇Landschaftsbildern stellt eine lyrische, unanalytische, dekorative Interpretation des Kubismus dar (*Stilleben mit Schachbrett,* 1912, Musée National d'Art Moderne, Paris).

Marden, Brice (* 1938)
Amerikanischer Maler, studierte 1957–61 an der Boston University School und 1961–63 an der Yale University School in New Haven. 1966 war er Assistent von → Rauschenberg, 1969–74 lehrte er an der School of Visual Arts in New York. Als Weiterentwicklung der ◇Farbfeldmalerei arbeitet er mit ◇monochromen, durch Beimischung von Grau getrübten Farbflächen – meist zwei oder drei zu einer Arbeit zusammengesetzt –, deren durch Verwendung von ◇Wachs erzielte stumpfe Oberflächen er selbst wie folgt charakterisiert: »Sie reflektieren kein Licht, sehen aber aus, als ob sie Licht absorbierten und es gleichzeitig abgäben.«

Marées, Hans von (1837–1887)
Deutscher Maler, studierte in Berlin an der Kunstakademie (1853–55) und 1854–55 bei Carl Steffeck; nach Aufenthalten in München (1857–64), Rom (1864–70), Berlin und Dresden (1871–73) sowie in Florenz ließ er sich 1875 endgültig in Rom nieder. M. genoß die Förderung des Kunsttheoretikers C. → Fiedler (seit 1866), mit dem er 1869 Reisen nach Spanien, Frankreich, Belgien und Holland unternahm, um die Alten Meister zu studieren. Insbesondere beeinflußt von der holländischen Malerei (→ Rembrandt, → Hals) und den → Barbizon-Malern, schuf M. unsentimentale Idyllenbilder, v. a. großformatige Landschaften, die den Menschen in tiefer Verbundenheit und vollkommener Harmonie mit der idealen Natur schildern (*Römische Landschaft,* 1868 [zwei Fassungen: NP und Dresden]; *Drei Jünglinge unter Orangenbäumen,* zwischen 1875–80, NP; *Die Hesperiden* [Holztriptychon; zwei Fassungen; I. 1879, nicht

Hans von Marées, *Ekloge,* 1868

erhalten, II. 1884–85, NP]). 1873 arbeitete M. in Neapel, wo er einen Saal in der von Anton Dohrn gegründeten Zoologischen Station mit einem fünfteiligen ◇Freskenzyklus ausmalte, der ein Beleg ist für M.' Bemühen um das idealistische Monumentalbild (erhaltene ◇Ölstudien heute in Berlin und Von-der-Heydt-Museum, Wuppertal [*Ausfahrt der Fischer,* 1873]). Sein Italienaufenthalt brachte ihn in Beziehung zu den → Deutschrömern und förderte sein Bestreben nach klassischer Schönheit und Monumentalität, das vornehmlich in seiner zeitlos rätselhaften, idealisierenden Porträtauffassung zum Ausdruck gelangte.

Maria, Nicola de (* 1954)
Italienischer Maler, ◇Zeichner und Arrangeur von Wandinstallationen (mit erfundenen Objekten und farbintensiven expressiven Malereien), der aus den Kontexten der ◇Transavanguardia-Bewegung der frühen 1980er Jahre inspiriert ist. Mit vielschichtigen Zitatanklängen aus der Kunstgeschichte, die sich nicht eindeutig verfestigen, und lebhaften Farbkombinationen schafft de M. eine poetische Aura, die, gestützt durch die lyrischen Werktitel, Assoziationen an

den mediterranen Kulturraum und seine lange geschichtliche Tradition wachruft.

Maria, Walter de (* 1935)
Amerikanischer Künstler, studierte 1953–59 an der University of California in Berkeley und ließ sich 1960 in New York nieder. Sein symbolisch-mythisches Schaffen berührt verschiedene Kunstströmungen der 1960er Jahre: der ◇Minimal Art und ◇seriellen Arbeiten verwandt sind Werke wie *Pyramid Chair* (1966), *Bed of Spikes* (1968) und Arbeiten mit geometrischen Formen aus Metall; zu bedeutenden Werken der ◇Land Art gehören die ◇Earth Show (München, 1968), *Mile Long Drawing* (zwei parallel zueinander verlaufende, 360 cm voneinander entfernte Linien, je eine Meile lang, Mojave-Wüste, Kalifornien, 1968) und die für die Olympiade 1972 in München geplante Erdskulptur (ein senkrechter Schacht in dem durch die Aufhäufung der Erde bei den Ausschachtungsarbeiten entstandenen Hügel, von der doppelten Länge des Hügels, oben mit einer Metallplatte verschlossen).

Mariani, Carlo Maria (* 1931)
Italienischer Maler, wandte sich nach ◇abstrakten, ◇reliefartigen Wandobjekten Mitte der 1960er Jahre einer ◇figurativen Malerei zu, die er bis zu einer ◇hyperrealistischen Form steigerte. In die anfangs sozialkritisch geprägten Themen mischten sich zunehmend kunstgeschichtliche Bildzitate, woraus sich ab 1974 eine fiktive historische Themenwelt entwickelte, die stilistisch wie inhaltlich v. a. auf malerische Ideale des ◇Klassizismus eingeht (*Selbstporträt von Angelica Kauffmann,* 1976). M.s in perfekter altmeisterlicher Manier gemalte Bilder sind ein extremes Beispiel für die Ende der 1960er Jahre in Italien aufkommende Auseinandersetzung mit der (eigenen) Kunstgeschichte, einer neuen Form von ›Kunst über Kunst‹.

Marin, John (1870–1953)
Amerikanischer Maler und Radierer, studierte an der Pennsylvania Academy of Fine Arts (1899–1901) sowie an der ◇Art Students' League (1901–03) in New York; 1905–10 arbeitete er in Paris, hielt sich auch in Holland und Italien auf, bevor er 1911 endgültig in die USA zurückkehrte. Bekannt wurde M. v. a. mit seinen ◇Aquarellen und ◇Radierungen von Gebäuden in Europa (1905–09; 1910–11) und den New Yorker Wolkenkratzern (Woolworth Building), die er bei → Stieglitz ausstellte. Später malte er Landschaftsszenen von Maine (*Maine Islands,* 1922, Phillips Collection, Washington, D. C.) und New Mexico: expressive, visionäre Bilder mit knappen, ›explosiven‹ Pinselstrichen, stark leuchtenden Farben und einer vom ◇Futurismus beeinflußten, facettenhaft aufsplitternden Raumgliederung. Ab 1925 führte M. zahlreiche seiner Landschaftsmotive auch in ◇Öl aus.

Marinetti, Emilio Filippo Tommaso (1876–1944)
Italienischer Schriftsteller, Begründer des ◇Futurismus. Seinen ersten literarischen Erfolg hatte M. mit der Lyrikanthologie ›La Conquête des Etoiles‹ (1902), 1905 gab er die Zeitschrift ›Poesia‹ heraus. Seine durch französische Schriftsteller (wie Gustave Kahn und Paul Adam) entfachte Begeisterung für das ›moderne Leben‹ führte zur Gründung des Futurismus, dessen erstes Manifest er im Februar 1909 im ›Figaro‹ veröffentlichte. In der Folgezeit schloß er sich mit → Balla, → Boccioni, → Carrà, → Russolo und → Severini zusammen, die den inneren Kern der futuristischen Bewegung bildeten. M. war der geistige Motor und Wortführer der Bewegung, deren Ideen er durch spektakuläre Propagandareisen im Ausland verbreitete. Seine Experimente mit von Grammatik und Syntax befreiten Wörtern beeinflußten die futuristischen Maler, die in ihren Bildern Wörter verwendeten (wie Carrà und Severini).

Marini, Marino (1901–1980)
Italienischer ◇Bildhauer, Maler und ◇Grafiker, studierte an der Akademie in Florenz, seit 1928 mehrere Parisaufenthalte, ab 1940 Professor an der Brera in Mailand. In seinen figürlichen ◇Skulpturen, die sich auf wenige Themen beschränken (Akrobaten, Tänzerinnen, Pomonafiguren, Porträts, später v. a. Pferde und Reiter), strebte M. nach archaisierender und abstrahierender Vereinfachung der Form, wobei sich der Eindruck von Gewicht und Balance mit einer starken Spannung verbindet, die durch den dynamischen Gegensatz von vertikalen und horizontalen oder diagonalen Massen erzeugt wird.

Marinus van Reymerswaele (Marrinus Claesz. van Reymerswaele, van Roymerswaele) (um 1497–nach 1567)
Flämischer ◇manieristischer Maler, von zeitgenössischen deutschen Stilen und Quentin →

Massys beeinflußt. Er malte religiöse Sujets (häufig den hl. Hieronymus; erste Fassung 1521, Prado) und ◇Porträts, v. a. von Geldwechslern, Kaufleuten und Steuereinnehmern; seine Arbeiten waren auch in Italien und Spanien bekannt.

Maris, Gebrüder
Drei niederländische Künstler, alle in Den Haag geboren, Nachkommen einer aus Böhmen stammenden Künstlerfamilie (ursprünglich Mareš). Jacob Hendricus M. (1837–1899) studierte in Den Haag und in Amsterdam bei H. van Hove; seine Darstellungen der niederländischen Landschaft und ländlichen Szenen zeigen den Einfluß → Corots und der → Barbizon-Schule (1865–71 Parisaufenthalt). Matthijs M. (1839–1917) studierte ebenfalls in Den Haag, 1855–58 in Antwerpen und lebte 1869–75 in Paris, bevor er 1877 nach London übersiedelte; dort wurden seine Figurenbilder (z. T. mit Märchenmotiven; *Dornröschen,* 1873) von der Malerei der → Präraffaeliten beeinflußt. Willem M. (1844–1910), ausgebildet bei seinen Brüdern und an der Akademie in Den Haag, war hauptsächlich in den Niederlanden tätig. Gemeinsam bevorzugtes Sujet der Brüder war die Darstellung stimmungsvoller, sanft beleuchteter Landschaften. Sie gehörten zu den bedeutenden Vertretern des Realismus der → Haager Schule.

Marisol (Marisol Escobar) (* 1930)
Amerikanische ◇Bildhauerin venezolanischer Herkunft, studierte in Paris an der Ecole des Beaux-Arts und der Académie Julian sowie an der Schule von Hans → Hofmann und der ◇Art Students' League in New York, wo sie sich 1950 niederließ. Ihre zur ◇Pop Art zählenden figürlichen ◇Plastiken (meist Gruppen, ab 1960; *Der Besuch,* 1964, Museum Ludwig, Köln), die sich aus Holz, realen Objekten, ◇Fotografie und ◇Zeichnung zusammensetzen, stellen eine witzige Kritik an der amerikanischen Gesellschaft dar.

Marmion, Simon
(nachweisbar Mitte 15. Jh.–1489)
Frankoflämischer Maler und ◇Miniaturist, wirkte in Amiens (1449–54), Valenciennes (nach 1458) und Tournai (ab 1468), wo er der St.-Lukas-Gilde angehörte. Schon zu Lebzeiten wurde M. als einer der bedeutendsten Miniaturisten angesehen. Als sein Hauptwerk gilt der ◇Hochaltar aus der Abteikirche Saint-Bertin in Saint-Omer mit *Szenen aus dem Leben des hl. Bertin* (1455–59, heute Berlin und NGL). Als Buchmaler schuf er u. a. ›Les Grandes Chroniques de Saint-Denis‹ (zwischen 1449–50, Eremitage) sowie die Miniaturen eines ◇Stundenbuchs für den burgundischen Herzog Philipp den Guten (1467 begonnen). Diese Werke kombinieren in kräftiger, strahlender Farbgebung flämischen Realismus mit französischer Klarheit, Phantasie mit minuziöser Darstellungsweise.

Marquet, Albert (1875–1947)
Französischer Maler, studierte zusammen mit → Matisse bei G. → Moreau an der Ecole des Beaux-Arts in Paris (1897) und schloß sich der starkfarbigen ◇fauvistischen Malweise an (bis gegen 1906) (*Der 14. Juli in Le Havre,* 1906). M. suchte jedoch eigene Wege. Er verzichtete auf die Verwendung reiner Farben und gelangte zu einem linearen, zurückhaltenden Stil, der vom Spätstil → Monets inspiriert war. M. malte v. a. Hafenbilder (*Der Hafen von Le Havre,* 1906) und Pariser Seine-Ansichten, besonders häufig den Pont-Neuf, den er zu verschiedenen Jahres- und Tageszeiten darstellte (*Der Pont-Neuf bei Nacht,* 1935). Er zeigte dabei eine Vorliebe für verhangene Nebel- oder Regenstimmungen, in denen sich sein Sinn für lichte Grautöne und Schwarz besonders eindrucksvoll entfaltete.

Marsh, Reginald (1898–1954)
Amerikanischer Maler französischer Abstammung, kam bereits 1900 in die USA und studierte später an der ◇Art Students' League bei → Sloan, → Luks und → Miller. 1925 und 1928 besuchte er Paris, wo er im Louvre → Rubens kopierte. In einem kühnen, zupackenden Realismus in der Tradition von → Daumier und → Rowlandson schilderte M. mit besonderer Liebe das Leben der einfachen Leute von New York.

Martin, Agnes (* 1912)
Amerikanische Malerin kanadischer Abstammung, kam 1932 in die USA, studierte u. a. an der Columbia University in New York, wo sie sich 1957 niederließ. 1967 ging sie nach Cuba (New Mexico). Nach ◇abstrakt-◇surrealistischen Anfängen wandte sie sich Mitte der 1950er Jahre geometrischen Formen zu und reduzierte deren ◇serielle Anordnung schließlich bis zu einem Raster aus horizontalen und vertikalen Linien (ab 1960). Ihre Bilder sind äußerst sensibel und

gleichzeitig von kraftvoller, intensiver Spannung und waren in ihrer Einfachheit wichtige Vorläufer für die ◇Minimal Art.

Martin, Homer Doge (1836–1897)
Amerikanischer ◇Landschaftsmaler, im wesentlichen Autodidakt. Sein Frühwerk weist ihn als Vertreter der → Hudson River School aus. Mehrere Reisen nach Frankreich (1881–86) führten jedoch dazu, daß die Malerei der französischen ◇Impressionisten zunehmend stilbestimmend für M.s Arbeiten wurde.

John Martin, *Sadak auf der Suche nach den Gewässern von Oblivion,* 1812

Martin, John (1789–1854)
Englischer Maler und ◇Grafiker, Vertreter der dramatischen Richtung in der englischen ◇Romantik, war ab 1806 in London als ◇Porzellan- und ◇Glasmaler tätig, wandte sich dann der ◇Historienmalerei zu und wurde v. a. berühmt durch seine apokalyptischen und alttestamentarischen Szenen mit einer Fülle winziger Figuren, phantastischen Lichteffekten und gigantischen Architekturkulissen (*Der Fall Ninives,* 1827–29; *Die gestürzten Engel in der Hölle,* um 1841, Tate Gallery, London).

Martin, Kenneth (* 1905)
Englischer Maler und ◇Bildhauer, studierte bis 1929 an der Sheffield School of Art und bis 1932 am Royal College of Art in London. Seine ersten ◇abstrakten Bilder (1946–49) verraten bereits dasselbe konstruktive Interesse wie seine ab 1951 entstandenen, an → Pevsner geschulten mobilen Drahtplastiken und Metallkonstruktionen, die mehr auf mathematischer Logik als auf freier Imagination beruhen. Seit Mitte der 1960er Jahre arbeitete er auch mit ◇lichtkinetischen ◇Environments.

Martin, Mary (1907–1971)
Englische Malerin und ◇Bildhauerin, studierte an der Goldsmith's School of Art in London und malte anfänglich ◇Stilleben und ◇Landschaftsbilder, bevor 1950 ihre ersten ◇abstrakten Arbeiten entstanden. Seither beschäftigte sie sich ausschließlich mit räumlichen Konstruktionen (in erster Linie ◇Reliefs mit ◇seriell angeordneten elementaren geometrischen Formen). Sie war ab 1930 mit Kenneth → Martin verheiratet.

Martini, Simone (Simone di Martino) (1284–1344)
Italienischer Maler, führender Vertreter der Schule von Siena in der Nachfolge → Duccios, dessen Schüler er vermutlich war; neben → Giotto, der ihm auch entscheidende Anregungen vermittelte, der bedeutendste Maler des ◇Trecento in Italien. Das früheste bekannte Werk M.s ist die *Maestà* im Palazzo Pubblico von Siena (1315; 1320 teilweise übermalt von M.). An dieser Arbeit zeigt sich einerseits seine Verbundenheit mit der Malerei Duccios, etwa in der eleganten Linienführung und der zarten, lyrischen Farbgebung, andererseits auch die Weiterentwicklung M.s, z. B. in der räumlich-◇perspektivischen Darstellung, der Wiedergabe der plastischen Formen und der Auflockerung der Komposition. Um 1317 trat er in den Dienst des Königs Robert I. von Anjou in Neapel; dort malte er das monumentale ◇Tafelbild des *Hl. Ludwig von Toulouse* aus, der dessen Bruder Robert von Anjou krönt (1317, Museo Nazionale di Capodimonte, Neapel). Um 1320 war M. in Pisa sowie in Orvieto tätig, wo er ◇Altarbilder für die Kirchen S. Caterina und S. Domenico schuf. 1322–26 entstand sein Hauptwerk, die ◇Fresken mit *Szenen aus dem Leben des hl. Martin von Tours* in der Capella di S. Martino in S. Francesco in Assisi. 1328 malte er das berühmte Reiterbildnis des Guidoriccio da Fogliano (Palazzo Pubblico, Siena, siehe Ft. 2), das einzigartig ist

Simone Martini, *Maestà* (Ausschnitt), 1315

in seiner Kombination von heraldischer Phantasie und weiträumiger Landschaft – das einzige Vorbild für A. → Lorenzettis spätere Landschaften im selben Gebäude. M.s ◇gotisch bestimmter Stil zeigt sich deutlich an der 1333 mit seinem Schwager Lippo → Memmi geschaffenen *Verkündigung an Maria* (Uffizien). 1340 ging M. an den päpstlichen Hof nach Avignon, wo er ein enger Freund Petrarcas wurde, der ihm zwei Sonette widmete. Sein in Avignon entstandenes Spätwerk umfaßt u. a. die Fresken in der Vorhalle der Kathedrale Notre-Dame-des-Domes (nur z. T. als ◇Sinopien erhalten), mehrere kleinformatige Tafelbilder und einige ◇Miniaturen. M.s Schaffen beeinflußte die Kunst des 14. Jh.s in ganz Europa entscheidend, v. a. die französische Malerei, so die Schule von → Avignon und die burgundische Hofkunst (Brüder von → Limburg).

Martorell, Bernat (Bernardo)
(tätig 1427–1452)
Bedeutendster katalanischer Maler seiner Zeit, tätig in Barcelona. M. malte kompositionell ausgewogene Altartafeln, so einen *Georgsaltar* (um 1430, Art Institute of Chicago und Louvre) und den *Altar der Verklärung Christi* (um 1447, Kathedrale, Barcelona). Sein ursprünglich spätgotischer Stil mit rhythmischen Figuren und reicher Farbgebung entwickelte sich unter italienischem Einfluß ins Naturalistische und Monumentale, wozu das Bemühen um ◇Perspektive trat.

Maruyama Ōkyo (1733–1795)
Japanischer Maler, Begründer der → Maruyama-Schule. Seine einfachen, realistischen Arbeiten, die in späteren Jahren stilisierter wurden, übten starken Einfluß auf seine Zeitgenossen aus und fanden viele Nachfolger.

Maruyama-Schule
Begründet wurde die japanische M.-S. im 18. Jh. von → Maruyama Ōkyo; sie versetzte einen von der → Kanō-Schule abgeleiteten Stil mit einem realistischen Element. M. Ō. selber hatte bei einem Kanō-Lehrer gelernt und wurde nachhaltig von → Watanabe Shikō beeinflußt, von dessen realistischen Gemälden er einige kopierte. Gemäßigt wurde dieser Realismus durch einige westliche Einflüsse, die sich über Nagasaki geltend machten. Maruyamas Schule war groß und einflußreich; seine bekanntesten Schüler waren die, die sich seinem Einfluß entzogen und entweder ihre eigenen Schulen gründeten (so die von → Matsumura Goshun etablierte → Shijō-Schule) oder sich als freie Maler betätigten (wie → Nagasawa Rosetsu). Die von → Kishi Ganku gegründete Kishi-Schule ist eine der bedeutsamsten Unterschulen.

Masaccio (Tommaso di Ser Giovanni di Simone Guidi Cassai) (1401–1428?)
Toskanischer Maler, über dessen frühe Jahre nur wenig bekannt ist, ab 1422 in Florenz bezeugt. Sein frühreifes Genie machte ihn zum Begründer der italienischen Frührenaissance-Malerei. → Vasari zufolge soll M. der Schüler von → Masolino gewesen sein; möglicherweise lernte er auch bei Bicci di Lorenzo. Ebenso kannte er zweifellos genau die ◇Fresken → Giottos in S. Croce, Florenz. 1424 wurde er in die Florentiner St.-Lukas-Gilde aufgenommen. Sein frühes, vermutlich um 1420 entstandenes ◇Tafelbild der *Hl. Anna Selbdritt* (in Zusammenarbeit mit Masolino, heute Uffizien) fällt durch den strengen Aufbau auf. 1426 entstand das ◇Polyptychon für S. Maria del Carmine in Pisa; dessen Mitteltafel *Maria mit Kind* (heute NGL) zeigt deutlich den

Einfluß → Donatellos und → Brunelleschis, mit denen M. befreundet war, etwa in der beachtlichen Plastizität der Figuren und in der Beherrschung des Raums sowie der folgerichtigen Behandlung der Schatten. Weitere Altartafeln des Polyptychons befinden sich heute verstreut in Berlin (drei ◇Predellenteile, u. a. eine *Anbetung der Könige,* 1426), Neapel (ehemalige Altarbekrönung mit der *Kreuzigung Christi*, 1426, Museo Nazionale), Pisa (Museo Civico) und Wien. M. modellierte seine Figuren aus abgestuften Licht- und Schattenwirkungen, statt sie durch klare Linien festzulegen; dies scheint aus einer Verschmelzung des ◇Weichen Stils der Spätgotik mit dem freien ◇Chiaroscuro herzurühren, das sich in ◇antiken Fresken findet, wenngleich nicht bekannt ist, ob M. Rom besuchte, ehe er sein Hauptwerk, den Freskenzyklus mit Szenen aus dem Leben Petri und der Schöpfungsgeschichte in der Brancacci-Kapelle (S. Maria del Carmine, Florenz) in Angriff nahm, bei deren Ausführung er mit Masolino zusammenarbeitete (1424/25 begonnen). Hier schuf er die ersten dramatisch-ausdrucksvollen ◇Akte seit der Antike (*Vertreibung aus dem Paradies*). Sicher zugeschrieben werden M. aus dieser Freskenfolge auch *Der Zinsgroschen, Die Taufe durch Petrus, Die Schattenheilung durch Petrus, Die Almosenverteilung und der Tod des Ananias* sowie die *Auferweckung des Sohnes des Theophilus und Petrus in Kathedra.*) M.s Figurengruppen sind gewichtig, ihre Gesten sparsam, aber eindrucksvoll, und ihr Naturalismus ist etwas völlig Neues. In dem monumentalen Fresko der *Dreifaltigkeit,* auch *Trinitätsfresko* genannt (1427?, S. Maria Novella, Florenz), schuf er zum erstenmal (vielleicht mit Unterstützung Brunelleschis) die Illusion einer architektonischen Nische in der Wand, während die winkende Hand der Jungfrau den Betrachter auf neue Art ins Spiel bringt. M., der bahnbrechend für die weitere Entwicklung der italienischen Malerei wirkte, ging schließlich nach Rom (1428), wo er während der Arbeiten an den Fresken für S. Clemente starb.

Masaccio, *Kreuzigung Christi,* 1426

Masereel, Frans (1889–1972)
Belgischer ◇Grafiker und Maler, der an der Ecole des Beaux-Arts in Gent studierte. 1911 ließ er sich in Paris nieder, 1916 emigrierte er in die Schweiz. Bekannt wurde M. mit seinen sozialkritischen, von ◇expressionistischer Formauffassung und kräftiger Schwarzweißwirkung geprägten ◇Holzschnittfolgen, den sog. Bilderromanen, *Passion eines Menschen* (1918), *Mein Stundenbuch* (1919), *Die Sonne* (1919), *Die Idee* (1920) und *Geschichte ohne Worte* (1920). Diese Arbeiten weisen M. als streitbaren Humanisten aus, der die weltverändernde Kraft des Geistes verherrlicht. Ab 1918/19 schuf er ◇Illustrationen zu berühmten Werken der Weltliteratur (u. a. Thomas Mann, Emile → Zola, Stefan Zweig). 1921 kehrte er nach Paris zurück; in dieser Zeit entstanden zahlreiche Straßenszenen (Montmartre-Bilder). Seit 1925 lebte er in der Nähe von Boulogne-sur-Mer, wo er v. a. Küstenlandschaften, Hafenansichten sowie ◇Porträts von Matrosen und Fischern malte.

Masip, Vicente Juan d. J. (genannt Juan de Juanes) (um 1523?–1579)
Spanischer, hauptsächlich in Valencia wirkender Maler, Sohn und Schüler von Vicente Juan M. d. Ä. († um 1550), war jedoch außer von der zeitgenössischen Mailänder v. a. von der Florentiner Malerei beeinflußt (→ Raffael, → Michelangelo, → Leonardo). Er schuf dramatische religiöse Bilder (*Abendmahl; Ecce Homo,* beide Prado), in denen sich Einflüsse des niederländischen und italienischen ◇Manierismus verbin-

den, und trat auch als ◇Porträtmaler hervor (*Don Luis de Castella de Vilanova,* ebda.)

Maso da San Friano (Tommaso Manzuoli) (1532–1571)
Florentiner Maler, unter → Vasari im Studiolo von Francesco I. de'Medici tätig. M.s Stil bewegt sich zwar im Rahmen des ◇Manierismus, tendiert jedoch zur Malerei des frühen 16. Jh.s zurück, besonders zu → Andrea del Sarto, der sein Werk hauptsächlich beeinflußte.

Maso di Banco (tätig zwischen etwa 1330 und 1350)
Florentiner Maler, einer der bedeutendsten Schüler und Nachfolger → Giottos. M. wurde von → Vasari auch mit → Giottino identifiziert. Sicher zugeschrieben wird M. di B. die Ausschmückung der Bardi-di-Vernio-Kapelle in S. Croce, Florenz (◇Freskenzyklus mit *Szenen aus dem Leben des hl. Papstes Sylvester*, um 1330/40) sowie das in einer Grabnische befindliche Fresko mit der Auferstehung des Andrea Bardi beim Jüngsten Gericht. Als von seiner Hand gilt auch das ◇Lünettenfresko mit der *Krönung Mariä* über dem Ausgangsportal des ◇Refektoriums von S. Croce. Zwischen 1329 und 1332 war M. di B. vermutlich mit Giotto in Neapel (Castel Nuovo) tätig.

Masolino (Tommaso di Cristofano Fini; auch M. da Panicale genannt) (1383–um 1447)
Florentiner Maler, geschult am Stil der ◇internationalen Gotik in der Tradition → Lorenzo Monacos und → Ghibertis, dem er vermutlich bei der Arbeit an der Baptisteriumstür in Florenz assistierte. Diese Einflüsse belegen seine frühesten Arbeiten, das ◇Tafelbild *Maria mit Kind* (1423, Kunsthalle, Bremen) und die (nur z. T. erhaltenen) ◇Fresken mit *Szenen aus der Legende des hl. Kreuzes* für S. Stefano in Empoli (1424). Gemeinsam mit dem wesentlich jüngeren → Masaccio, der ihn beeinflußte, arbeitete M. an den seit etwa 1424 entstandenen Fresken in der Brancacci-Kapelle in S. Maria del Carmine, Florenz. Unterbrochen wurde diese Arbeit 1425–27, als M. sich in den Diensten des Kondottiere Pippo Spano in Ungarn aufhielt. Nach seiner Rückkehr (Sommer 1427) nahm M. die Arbeiten an dem Freskenzyklus wieder auf, ließ ihn jedoch unvollendet, da er bereits 1428 nach Rom abreiste. Dort malte er im Auftrag des Kardinals Branda Castiglioni die Fresken in S. Clemente (1430, darunter eine *Kreuzigung Christi* und eine *Verkündigung an Maria*). Für S. Maria Maggiore in Rom schuf M. ein ◇Triptychon. 1432 wirkte er in Todi (*Maria mit Kind und Engeln,* für S. Fortunato), 1435 führte er zwei Freskenzyklen aus: in der Kollegiatskirche und im ◇Baptisterium von Castiglione d'Olona bei Mailand.

Massironi, Manfredo (* 1937)
Italienischer Künstler, studierte Architektur in Venedig und war 1959 Mitbegründer der → Gruppo N. Seine ◇kinetischen Arbeiten befassen sich mit psychologischen Wahrnehmungsbedingungen.

Masson, André (1896–1987)
Französischer Maler und ◇Grafiker, studierte in Brüssel und Paris und stieß 1924 zur ◇surrealistischen Bewegung, die er jedoch 1929 aus Protest gegen den autoritären Führungsanspruch → Bretons wieder verließ. 1941–45 lebte er in den USA, wo er einen beachtlichen Einfluß auf die jungen ◇Abstrakten Expressionisten (v. a. → Pollock) ausübte. Ursprünglich vom ◇Kubismus beeinflußt, öffnete sich ihm durch den Surrealismus der Zugang zu den psychologischen Quellen der Kunst, deren Tiefe er mit Hilfe des ◇Automatismus auszuloten suchte. Mit trancehaft gezeichneten schwingenden Linien oder auch ekstatisch erregten Schriftzügen (z. T. von fernöstlicher ◇Kalligraphie beeinflußt) hielt M. meist wilde, grausame Visionen fest (kämpfende Fische; ein vom Pfeil getroffener Vogel; ein verwundeter Mensch, der sich ein Messer ins Auge stößt), denen bei aller Spontaneität und Leidenschaftlichkeit der Empfindung doch stets eine kubistisch geordnete Bildstruktur zugrunde liegt. M.s umfangreiches grafisches Œuvre umfaßt u. a. ◇Buchillustrationen; daneben entwarf er auch Bühnenbilder.

Massys (Matsys, Metsys), Cornelis (um 1510–um 1556/57)
Flämischer Maler und ◇Kupferstecher, zweiter Sohn und Schüler von Quentin → Massys. M. war vorwiegend ◇Landschaftsmaler, der nicht (wie → Patenier) aus der Vogelperspektive ›Weltlandschaften‹ darstellte, sondern ein Stück realer Landschaft wiederzugeben versuchte, in die die menschlichen Figuren wirklich integriert und nicht künstlich gesetzt sind. M. schuf auch eine Reihe von Stichen auf Leder, hauptsächlich ◇allegorischer oder moralisierender Natur.

Massys (Matsys, Metsys), Jan (um 1509–1575)
Flämischer Maler, Sohn und Schüler von Quentin → Massys. In der ◇symbolischen, detaillierten Darstellung erinnert seine Malerei an den Stil seines Vaters, in der Glätte der gemalten Oberfläche und der erotischen Behandlung des Bildinhalts steht er jedoch im Gegensatz sowohl zu jenem wie auch zu den zeitgenössischen ◇Romanisten.

Massys (Matsys, Metsys), Quentin (Quinten) (1466–1530)
Flämischer Maler, geboren in Löwen, seit 1491 Meister der St.-Lukas-Gilde in Antwerpen. M. malte religiöse Themen, ◇Porträts und ◇Genreszenen, in denen er das Bemühen der altniederländischen Malerei um Verfeinerung des Ausdrucks und psychologische Durchdringung weiterentwickelte. Seine ersten, sicher bezeugten Arbeiten sind zwei ◇Triptychen: der *Johannesaltar* (1508–11 [Mitteltafel: *Beweinung Christi*], heute Antwerpen) und der für die Peterskirche in Löwen geschaffene *St.-Annen-Altar* (1509 datiert und signiert; heute Musées Royaux des Beaux-Arts, Brüssel) mit der überragenden Mitteltafel der *Hl. Sippe.* M.' Stil, der sich vermutlich unter dem Einfluß von D. → Bouts in Löwen bildete, steht an der Schwelle von der niederländischen Spätgotik zur italienischen ◇Renaissance. In dem sanften ◇Sfumato, das seiner glatten, emailartigen Malerei eine weiche Modellierung gibt, macht sich der Einfluß → Leonardos bemerkbar, dessen Sinn für das Groteske M. teilte, wie es sich an der Wiedergabe von Gesichtern zeigt, die er z. T. bis ins Karikaturhafte übersteigert (*Ecce Homo,* um 1515, Prado; *Häßliche Frau,* um 1515, NGL). Von überraschendem Naturalismus sind M.' ausdrucksvolle Bildnisse (*Erasmus von Rotterdam,* 1517, Galleria Nazionale d'Arte Antica, Rom) und Genrebilder, z. B. *Der Geldwechsler und seine Frau* (1514, Louvre), das in der Tradition J. van → Eycks und Petrus → Christus' steht. Seine späten, kunstvoll ausgeführten Tafeln wie die *Versuchung des hl. Antonius* (um 1515–24) sind häufig in Zusammenarbeit mit J. → Patenier entstanden, der z. T. die Landschaftsstaffagen in M.' Bildern ausführte. Seine zahlreichen Darstellungen der *Maria mit Kind* (NGL, Louvre, Berlin, Posen) belegen die italienischen Einflüsse, v. a. → Raffaels und Leonardos. M. war der einflußreichste Maler seiner Zeit in Antwerpen und prägte insbesondere die Entwicklung des niederländischen realistischen ◇Sittenbildes.

Quentin Massys, *Heilige Sippe* (Mitteltafel des *St.-Annen-Altars),* 1509

Mataré, Ewald (1887–1965)
Deutscher ◇Bildhauer und ◇Grafiker, der zunächst 1907–14 Malerei an der Kunstakademie in Berlin bei → Corinth studierte und sich 1920 der Bildhauerei zuwandte. Während des Nationalsozialismus waren seine Werke als ◇entartet verfemt. M. begann in den 1920er Jahren mit Tierdarstellungen, deren Körper er auf großflächige Grundformen reduzierte. Für seine ◇Skulpturen benutzte M. mit Vorliebe Holz, dessen Maserung er durch glatte Oberflächenpolierung hervorhob. Seit den 1930er Jahren dominierten religiöse Themen, deren plastische Ausführung (jetzt auch in Metall und Mosaik) in enger Verbindung mit der Architektur stand. Hauptwerke M.s sind die vier Bronzetüren am Südportal des Kölner Doms (1948–54) und das an kostbaren ◇Zellenschmelz erinnernde Gußeisenfenster mit Antikglas im Westteil des Aachener Münsters.

Mathieu, Georges (* 1921)
Französischer Maler, einer der Begründer und Hauptvertreter des ◇Tachismus, begann nach anfänglichem Jura- und Philosophiestudium 1942 zu malen und entwickelte einen sehr persönlichen Stil non-figurativer, ›psychisch improvisierender‹ Malerei, der entscheidende Impulse von → Wols und der fernöstlichen ◇Kalligra-

phie zu einem eleganten, schwungvollen, technisch raffinierten ◇Action Painting verarbeitet. Weithin bekannt wurde er durch öffentliche Demonstrationen seiner spontanen Malweise, bei der er u. a. die Farbe direkt aus der Tube auf die Leinwand drückte. 1954 wandte er sich großen Bildformaten, 1962 auch monumentalen ◇Skulpturen zu. Er war auch als Theoretiker des Tachismus (›Au-delà du Tachisme‹, 1963) von Bedeutung und organisierte von 1948–51 Gruppenausstellungen, mit denen er als einer der ersten in Europa auf die Bedeutung der amerikanischen Nachkriegsmalerei hinwies.

Matisse, Henri (1869–1954)
Französischer Maler, ◇Bildhauer und ◇Grafiker. Bis zum Aufkommen des ◇Kubismus der seinerzeit einflußreichste Maler in Paris, wenn nicht in ganz Europa. M. gehört zu den bedeutendsten Malern des 20. Jh.s. Der Stellenwert, den die Farbe in seinem Œuvre einnimmt, ist von der kunsthistorischen Bedeutung dem des Kubismus vergleichbar, der die Form von ihrer rein darstellenden Funktion löste. In seinen 1908 erschienenen ›Notes d'un peintre‹ formulierte M. einige Prinzipien, die richtungweisend für spätere Entwicklungen in der Malerei werden sollten. – M. wandte sich nach abgeschlossenem Jurastudium der Malerei zu und studierte seit 1891 in Paris, zunächst an der Académie Julian (bei → Bouguereau) und ab 1893 an der Ecole des Beaux-Arts bei G. → Moreau, wo er seinen späteren ◇fauvistischen Mitstreitern Rouault, → Marquet, → Manguin und → Camoin begegnete; 1898–99 studierte er an der Académie Carrière, wo er → Derain kennenlernte, mit dem er später (1905) in Collioure zusammenarbeitete. M.s durch verschiedene zeitgenössische Einflüsse, v. a. durch den ◇Impressionismus und → Cézanne geprägte Malerei erfuhr den entscheidenden Anstoß durch den ◇Pointillismus von → Signac und → Cross, mit denen er 1904 zusammen in Saint-Tropez malte. Noch im gleichen Jahr entstand sein berühmtes Bild *Luxe, Calme et Volupté* (1904). Die Verwendung reiner, leuchtender Farben und vereinfachter, zusammenfassender Formen mündete 1905 in den Fauvismus. Die Farbe hatte jedoch für M., mehr als für seine fauvistischen Nachfolger, in erster Linie eine bildnerische Funktion. Farbe war für ihn nicht Ausdrucksmittel subjektiver, leidenschaftlicher Empfindungen, sondern Äquivalent des Lichtes und reines Gestaltungsmittel eines

Henri Matisse, *Madame Matisse,* 1905

autonomen Bildraumes. 1908 gründete M. eine eigene Schule, die starken Einfluß hatte, besonders auf deutsche Maler (wie Hans → Purrmann oder Rudolf Levy). In der Folgezeit wurde das flächig-dekorative, arabeskenhafte Element in seiner Malerei immer stärker (*Der Tanz,* 1909–10; *Die Musik,* 1910, beide Eremitage). Tief beeindruckt von einer Ausstellung über die Kunst des Nahen Ostens, die er 1910 in München sah, verbrachte M. die Winter 1911/12 und 1913/14 in Marokko. Seine Liebe zu orientalischen Stoffen und Keramiken spiegelt sich in der Reihe der *Odalisken* der 1920er Jahre wider. Seit 1917 lebte M. meist in Nizza, abgesehen von zwei längeren Reisen (1930–31) nach Tahiti und in die USA. Sein Streben nach Harmonie, Gleichgewicht, Reinheit und heiterer Ruhe fand seinen Höhepunkt in der dekorativen Ausmalung der Klosterkapelle Notre-Dame du Rosaire in Vence bei Nizza (1949–51), für die er auch Glasfensterentwürfe schuf, sowie in seinen späten ›Papiers découpés‹ – ausgeschnittene, in ◇Gouachetechnik bemalte Papierformen, die er zu expressiv-abstrakten Rhythmen zusammenfügte (*L'Escargot,* 1953). Von außerordentlicher Bedeutung für die moderne Skulptur waren auch M.s Leistungen als Bildhauer. Daneben hat sich M. als Grafiker, ◇Illustrator

(Mallarmés ›Poésies‹, 1932) und Entwerfer von Theaterdekorationen für → Diaghilew betätigt (Strawinskys ›Le Chant du Rossignol‹, 1919).

Matjuschin, Michail (1861–1934)
Russischer Musiker, Komponist und Maler, der am Moskauer Konservatorium Geigenunterricht erhielt und ab 1913 dem berühmten St. Petersburger Hoforchester angehörte. 1894–98 Ausbildung zum Maler. Ab 1905 Suche nach neuen Ausdrucksformen zur Überwindung des ◇Impressionismus. 1908 Bekanntschaft mit David und Wladimir → Burljuk und 1910–16 zunächst Annäherung an den ◇Futurismus, dann an den ◇Kubismus und ◇Suprematismus unter dem starken Einfluß → Malewitschs. M. verfolgte mit seiner Malerei das Ziel, Farbe in reiner Form als musikalischen Akkord zur Anschauung zu bringen. 1922 Zusammenarbeit mit → Tatlin an Plänen und Arbeitsmethoden für ein ›Spezialatelier: Konstruktion von Produktionsmustern materieller und organischer Kultur‹. 1923 Experimentelle Viertelton-Komposition für Geige und Klavierbegleitung und 1927 Entwicklung von ›Tabellen zur Interaktion von Form, Farbe und Klang‹.

Matsumura Goshun (1752–1811)
Japanischer Maler, anfangs Schüler des Yosa Buson, später unter dem Einfluß des → Maruyama Ōkyo, begründete die unter dem Einfluß chinesischer Malerei stehende realistische → Shijō-Schule und schuf selbst Landschaften und Tierbilder in einem gegenüber Maruyama weicheren Stil.

Matsumura Keibun (1780–1844)
Japanischer Maler, jüngerer Bruder und Schüler → Matsumura Goshuns, führender Angehöriger der → Shijo-Schule.

Matta Echaurren, Roberto Sebastian Antonio (* 1912)
Chilenischer Maler, studierte (ab 1934) Architektur bei Le → Corbusier in Paris, wandte sich 1937 der Malerei zu und trat der Gruppe der ◇Surrealisten bei. 1939 ging er nach New York, wo er sich → Duchamp, → Tanguy, Max → Ernst und André → Breton anschloß. Nach Aufenthalten in Mexiko, Italien, England und Spanien ließ er sich 1954 in Paris nieder. Als Ergebnis seiner intensiven Auseinandersetzung mit der mythisch-dämonischen Zeichenwelt der altmexikanischen Kunst und der modernen Physik gelangte M. ab etwa 1945 zu einem sehr persönlichen, abstrakt surrealen, ◇automatistischen Stil, mit dem er eine Art Dämonologie zur Anschauung brachte: unheimliche irreale Räume, in denen sich phantastische Mischwesen aus Insekt und Maschine bewegen (*Being with,* 1946), eine Metapher für die Angst des modernen Menschen vor der Indifferenz des Kosmos.

Matteo di Giovanni (auch M. da Siena genannt) (um 1433–1495)
Sieneser Maler, arbeitete zusammen mit Giovanni di Pietro in Siena sowie mit → Piero della Francesca in Borgo S. Sepolcro. M. war vielleicht Schüler → Vecchiettas und später von den Brüdern → Pollaiuolo beeinflußt. Er trat hauptsächlich mit seinen Madonnendarstellungen (*Himmelfahrt Mariä* [auch ›*Madonna della Cintola*‹], 1474, NGL) und Altartafeln (mehrere Fassungen des *Bethlehemitischen Kindermords,* u. a. 1491, S. Maria dei Servi, Siena) hervor, die in einem lyrischen, linearen Stil gemalt sind.

Mattheuer, Wolfgang (* 1927)
Deutscher Maler und ◇Grafiker, der nach einer Lithographenlehre 1946–47 die Kunstgewerbeschule in Leipzig besuchte und 1947–51 an der Hochschule für Grafik und Buchkunst, Leipzig, studierte. 1965–74 Professur an der Leipziger Hochschule. M. zählte zu den bekanntesten Vertretern eines kritischen Realismus in der ehemaligen DDR. Seine Malweise verbindet Elemente der ◇Neuen Sachlichkeit und des ◇Expressionismus mit ◇surrealistischen Anklängen. Die Bildsujets (häufig ◇allegorische und mythologische Verklausulierungen) entsprangen in ihrer Thematik einer subjektiven kritischen Reflexion über die Situation des Menschen in der sozialistischen Gesellschaft und wurden in den 1980er Jahren von einer zunehmenden Enttäuschung über das Scheitern des realexistierenden Sozialismus in der DDR geprägt.

Matwejew, Alexander Terentjewitsch (1878–1960)
Sowjetischer ◇Bildhauer, studierte 1899–1902 an der Moskauer Schule für Malerei, Plastik und Architektur (MUSchWS). M. war eng befreundet mit → Borissow-Mussatow, dessen Grabmal (1910) zu den bedeutendsten bildhauerischen Arbeiten M.s gehört. Eine Zeitlang arbeitete er in der Porzellanmanufaktur des russischen Industriellen Sawa Mamontow, wo er einige bemer-

kenswerte Kleinplastiken schuf. 1906–07 hielt er sich in Paris auf; Mitglied der avantgardistischen Künstlergruppen → Welt der Kunst und → Blaue Rose, unterrichtete 1918–48 an der Petrograder/ Leningrader Kunstakademie, 1940–48 am Moskauer Surikow-Institut. Charakteristische Arbeiten aus seiner vorrevolutionären Schaffenszeit sind Plastiken wie der *Knabe* (1911), die *Badende* (1912) und *Mädchen mit Handtuch* (1916, alle Russisches Museum, St. Petersburg), die sich durch tektonische Klarheit der Komposition und ausdrucksstarke Silhouetten auszeichnen. Eines seiner hervorstechendsten Werke aus der späteren Schaffenszeit ist die Bronzegruppe *Oktoberrevolution* (1927 ebda.).

Maulbertsch (Maulpertsch), Franz Anton (1724–1796)
Österreichischer Maler und ◇Radierer, einer der bedeutendsten ◇Freskomaler des Spätbarock in Österreich, lebte seit 1739 in Wien, war aber auch in Ungarn und Böhmen tätig. Neben ◇Altarbildern und anderen Gemälden hat er v. a. eine Fülle von Deckenfresken geschaffen (Wallfahrtskirche Heiligenkreuz-Guttenbrunn, 1757–58; Bibliothek des Klosters Strahow bei Prag, 1794–95). Seine Malerei zeichnet sich durch eine dramatisch bewegte Erzählung, eine helle, feine Palette und flutende Lichteffekte aus und ist stilistisch besonders von → Troger, den venezianischen Malern (→ Piazzetta) und in seinem Spätwerk (wie auch in seinen Radierungen) von → Rembrandt beeinflußt.

Mauve, Anton (1838–1888)
Holländischer ◇Öl- und ◇Aquarellmaler, Schüler von P. F. van Os. Die gedämpften Farben und atmosphärischen Stimmungen seiner Landschaftsmotive (◇Seestücke, Waldinterieurs, Moorlandschaften) zeigen Affinitäten zu → Corot, → Daubigny und → Millet. M., der seit den späten 1870er Jahren in Laren, dem ›holländischen Barbizon‹, lebte und arbeitete, wurde von van → Gogh sehr geschätzt.

Mavignier, Almir da Silva (* 1925)
Brasilianischer Maler, übersiedelte 1951 nach Europa und studierte 1953–58 bei → Bill an der Hochschule für Gestaltung in Ulm. 1965 wurde er Professor an der Hochschule für bildende Künste in Hamburg. Aus Einflüssen von → Albers, Bill und den Theorien Benses entwickelte er eine Form ◇konkreter Malerei mit dreidimensionalen, direkt aus der Tube auf die Leinwand gedrückten Punkten, so daß sich – ähnlich wie bei Enrico Castellani oder → Uecker – Licht- und Schattenstrukturen ergeben.

Ma-Xia-Schule
Chinesische akademische Schule der ◇Landschaftsmalerei, benannt nach ihren Gründern → Ma Yuan und → Xia Gui, die beide an der kaiserlichen Malakademie in Hangzhou tätig waren. Kennzeichen ihrer Darstellungen sind reduzierte Ausgestaltung, feine Linienführung und eine zurückhaltende Tongebung.

Mayno (Maino), Fray Juan Bautista (1578–1649)
Spanischer Maler, Zeichenlehrer des Infanten, des späteren Königs Philipp IV., Förderer von → Velázquez. Seine ◇Porträts sind in Ausdruck und Stil realistisch, während seine phantastischen historischen Kompositionen, z. B. die für einen Saal im Palacio del Buen Retiro gemalte *Wiedereroberung von Bahía in Brasilien 1625* (1635, Prado), den Einfluß El → Grecos widerspiegeln.

Mazo, Juan Bautista Martínez del (um 1612–1667)
Spanischer Maler, der ◇Porträts, ◇Landschafts- und ◇Historienbilder schuf, Schüler und Schwiegersohn → Velázquez', dem er nach dessen Tod als Hofmaler Philipps IV. folgte (1661). M.s Werke, v. a. seine Bildnisse (*Maria Anna von Österreich,* 1666, NGL), halten sich eng an den Stil seines Lehrers und wurden daher häufig mit dessen Bildern verwechselt. Größere Eigenständigkeit bewies M. in seinen Landschaften, z. B. *Jagd im Tabladillo in Aranjuez* (Prado).

Mazzoni, Guido (um 1450–1518)
Italienischer ◇Bildhauer, Maler und ◇Miniaturist, zunächst Maskengestalter. M. schuf z. T. lebensgroße, bemalte naturalistische ◇Terrakottagruppen (Krippen, Beweinungen), z. B. die *Beweinung Christi* in S. Anna dei Lombardi, Monte Oliveto, Neapel. Obwohl in der Theatralik nicht so wirksam wie Niccolò dell'Arcas ähnliche Gruppe in Bologna, weist die Arbeit doch einen packenden bäuerlichen Realismus auf. 1495–1515 war M. vornehmlich in Frankreich tätig.

McLean, Richard (* 1934)
Amerikanischer Maler des ◇Hyperrealismus,

studierte 1955–58 am California College of Arts and Crafts und 1960–62 am Mills College in Oakland. Die bevorzugten Sujets seiner Bilder sind Jockeys, Pferde und ländliche Rennplatzszenen, die mit der Farbpalette einer überbelichteten Kodakfotografie gemalt sind.

Meckenem, Israhel van d. J.
(um 1430/50–1503)
Deutscher ◇Kupferstecher und ◇Goldschmied, von dem etwa 600 Stiche erhalten sind, zumal nach Werken seines Vaters (I. v. M. d. Ä.), des Meisters → E. S., des → Hausbuchmeisters, → Schongauers, → Holbeins d. Ä. und → Dürers. Sein klarer, wenn auch atmosphäreloser Stil artikuliert sich in figurenreichen, anekdotischen Kompositionen, zarten, eckigen Figuren und harten Licht-Schatten-Kontrasten. M.s Lehrer waren sein Vater und der Meister E. S.

Megert, Christian (* 1936)
Schweizer Maler und ◇Plastiker, studierte u. a. 1952–56 an der Kunstgewerbeschule in Bern. Nach Arbeiten mit Papier und ◇monochromen Materialstrukturen wandte er sich 1959 ◇kinetischen Spiegelobjekten zu, die durch verschieden winklige Anordnung ein vielschichtiges Lichtbrechungssystem erzeugen.

Mei Qing (1623–1697)
Individualistischer chinesischer Maler der frühen Qing-Zeit (1644–1911/12), der, allerdings in weit geringerem Umfang, ähnliche Sujets wie → Shitao malte: Kiefern und Berge in einer charakteristischen, oft repetitiven Malweise.

Meid, Hans (1883–1957)
Deutscher ◇Grafiker, Buchillustrator und Maler, der an der Kunstgewerbeakademie in Karlsruhe studierte. 1911 Mitglied der Berliner ◇Sezession, 1914 der Freien Sezession. Bekannt wurde M. durch seine ◇impressionistischen Federzeichnungen, ◇Radierungen und ◇Aquarelle von pathetischer Dramatik. Er schuf zahlreiche ◇Illustrationen zu Märchen sowie zu → Goethes ›Wahlverwandtschaften‹ und Cervantes' ›Don Quijote‹.

Meidner, Ludwig (1884–1966)
Deutscher Maler und Schriftsteller, Vertreter des ◇Expressionismus, studierte an der Akademie in Breslau (1903–05) und in Paris (1906–07), ließ sich anschließend in Berlin nieder, wo er sich der → Novembergruppe anschloß und in der Galerie ›Der → Sturm‹ ausstellte (ab 1912). Ab 1933 als Jude und ◇entarteter Künstler verfolgt, emigrierte M. nach England und lebte 1939–53 in London. In seiner Berliner Zeit entstanden visionäre apokalyptische Landschaften und Städtebilder sowie expressive psychologische ◇Porträts, die v. a. den Einfluß van → Goghs verraten (*Apokalyptische Landschaft,* 1913, Berlin; *Ich und die Stadt,* 1913).

Meissonier, Jean Louis Ernest (1815–1891)
Französischer Maler, ◇Bildhauer und ◇Grafiker, Schüler von Léon Cogniet in Paris, einer der erfolgreichsten ◇Salonmaler seiner Zeit. Äußerst populär waren seine minuziös ausgeführten kleinformatigen ◇Genreszenen (*Flämische Bürger,* 1834). Nach Teilnahme am Italienfeldzug (1859) wandte sich M. der ◇Historienmalerei zu. Die Sujets seiner ebenfalls mit größter Detailtreue ausgeführten Historienbilder waren v. a. Schlachtenszenen aus der Zeit Napoleons I. (*Die Schlacht bei Friedland 1807,* 1875, MM).

Meister Bertram (von Minden)
(um 1340–um 1415)
Deutscher Maler, 1373 urkundlich als Meister erwähnt und seit 1367 bis zu seinem Tode in Hamburg nachweisbar. Erhalten sind zwei Altäre: der zwischen 1379 und 1383 geschaffene *Grabower Altar* (ursprünglich der ◇Hochaltar der St.-Petri-Kirche in Hamburg, heute Hamburger Kunsthalle) und der zweiflügelige *Johannis-* oder *Passionsaltar* für die Johanniskirche in Hamburg (1394?, heute Niedersächsisches Landesmuseum, Hannover). Der *Grabower Altar* ist ein Flügelaltar mit zahlreichen geschnitzten Figuren und 24 gemalten Tafeln, die die Genesis und die Kindheit Christi darstellen. M. B. galt als Hauptmeister des ◇Weichen Stils im norddeutschen Raum. Seine Figuren zeichnen sich durch ihre kompakte plastische Rundung und eine gewisse ◇Helldunkelmalerei aus, die auf böhmischen Einfluß hinweist. Nicht von M. B.s Hand (aber wohl aus seiner Werkstatt) stammt der *Harvestehuder Altar* (um 1385, Hamburger Kunsthalle).

Meister der Darmstädter Passion
(tätig 1435–1450)
Am Mittelrhein (Mainz?) wirkender deutscher Maler, benannt nach zwei großen Tafeln im Hessischen Landesmuseum, Darmstadt, mit der

Kreuztragung und der *Kreuzigung Christi* (um 1435). Zugeschrieben wurde ihm auch der *Kreuzigungsaltar* (verbrannt) in St. Martin, Bad Orb (um 1450, erhaltener Flügel in Berlin). Auffallend sind die von Jan van → Eyck beeinflußte Betonung der brillanten Oberflächenbehandlung und die leuchtenden Glanzlichteffekte. Zugleich steht der M. d. D. P. dem Kreis um K. → Witz nahe.

Meister der Gregorbriefe
(tätig 970–990)
Der vielleicht begabteste ◇ottonische ◇Handschriftenmaler, benannt nach einer von Erzbischof Egbert von Trier in Auftrag gegebenen Abschrift der Papstbriefe (um 985). Die beiden erhaltenen ganzseitigen ◇Miniaturen (Chantilly und Trier) lassen erkennen, daß der M. d. G. ein feinfühliger Kolorist mit einem für seine Zeit ungewöhnlichen Gespür für räumliche Anordnung war, was darauf hinweist, daß er, vermutlich in Italien, Zugang zu ◇frühchristlichen Vorbildern hatte.

Meister der Großen Anbetung siehe → **Antwerpener Manieristen**

Meister der hl. Cäcilie (tätig frühes 14. Jh.)
In Assisi, Florenz und vielleicht auch Rom wirkender italienischer Meister, benannt nach einem ◇Altarbild mit der hl. Cäcilie, umgeben von acht Szenen aus ihrem Leben. Ein Stilvergleich legt nahe, daß dieser Künstler auch vier Szenen des Franziskuszyklus in der Oberkirche von S. Francesco in Assisi gemalt hat. In beiden Fällen ist ein bahnbrechendes Interesse an genau wiedergegebenen Architekturen, antiken Details und sorgfältig charakterisierten Gesichtern zu erkennen, dazu kommen allerdings ziemlich formlose Figuren.

Meister der Heiligen Sippe (Jüngerer Meister)
(um 1450–nach 1515)
Deutscher Maler der → Kölner Schule, benannt nach dem ›jüngeren‹ *Sippenaltar* (um 1500–04, WRM; Mitteltafel: *Die Heilige Sippe mit der hl. Katharina und der hl. Barbara*), der flämische Anleihen (Rogier van der → Weyden, Hans → Memling) mit einer figurenreichen und hochdekorativen Komposition verbindet. Möglicherweise entwarf er auch Glasfenster für den Kölner Dom. Der Meister ist nicht zu verwechseln mit dem in Köln wirkenden Älteren Meister der Heiligen Sippe (tätig 1. Viertel 15. Jh.), der ebenfalls einen *Sippenaltar* schuf (um 1420–30, heute WRM), welcher sich ursprünglich im ehemaligen Armenhospital St. Heribert in Köln (Kapelle) befand.

Meister der hl. Veronika
(tätig 1400–1420)
In Köln tätiger deutscher Maler, benannt nach der Tafel *Die hl. Veronika mit dem Schweißtuch* aus St. Severin in Köln (nach 1410, heute AP), möglicherweise ein Schüler des Meisters Wilhelm von Köln. Er repräsentiert die deutsche Version der frühen Spätgotik (vgl. ◇Weicher Stil), die später → Lochner beeinflußte. Eine große Anzahl von Zuschreibungen ist nicht gesichert, dem Veronikabild nahe steht die *Madonna mit der Erbsenblüte* (um 1400, Germanisches Nationalmuseum, Nürnberg; siehe Ft. 5).

Meister der Karlsruher Passion siehe → **Hirtz,** Hans

Meister der Sterzinger Altarflügel
(tätig 2. Hälfte 15. Jh.)
Deutscher Meister, benannt nach einem Altarflügelpaar mit Passionsdarstellungen und Szenen aus dem Marienleben. Der Altar wurde 1456 bei → Multscher, der das Mittelstück anfertigte, für die Kirche in Sterzing (heute Vipiteno) in Auftrag gegeben. Die Flügel lassen den Einfluß van der → Weydens mit seinen leuchtenden Farben und seiner eleganten Schlankheit erkennen.

Meister der Ursulalegende
(tätig spätes 15./frühes 16. Jh.)
In Köln arbeitender deutscher Maler, benannt nach einem Zyklus von 19 erhaltenen Leinwandbildern mit Szenen aus dem Leben der hl. Ursula von der Geburt bis zu deren Martertod (um 1492–96, heute u. a. AP, Louvre, WRM). Die zarten, überlängten Frauengestalten in lichterfüllten Räumen (*Ein Engel erscheint der hl. Ursula,* WRM) sprechen dafür, daß der Maler in den nördlichen Niederlanden ausgebildet wurde. Stilistisch steht er dem → Meister von St. Severin nahe (siehe Abb. S. 373).

Meister der Verkündigung von Aix
(tätig Mitte 15. Jh.)
Vermutlich französischer Maler, benannt nach dem 1442 in Auftrag gegebenen und 1445 vollendeten, für die Kathedrale Saint-Sauveur in

Meister der Ursulalegende, *Die Weihe der hl. Ursula* (aus dem Zyklus der Ursulalegende), um 1492–96

Aix-en-Provence geschaffenen *Verkündigungstriptychon* (Mitteltafel mit der *Verkündigung an Maria* heute Sainte-Marie-Madeleine, Aix-en-Provence; Flügel Musées Royaux des Beaux-Arts, Brüssel, Museum Boymans-van Beuningen, Rotterdam, und Louvre). Der Altar faßt in Entrücktheit und Realistik der Darstellung mehrere Stileinflüsse des 15. Jh.s zusammen: flämische (Jan van → Eyck, Meister von → Flémalle), burgundische und provenzalische. Das Fragment im Louvre (oberer Teil der Innenseite des linken Altarflügels) stellt eine hervorragende ◇Stillebenstudie von Büchern und Papieren dar.

Meister der Virgo inter Virgines
(tätig um 1470–1500)
Der in den nördlichen Niederlanden (Delft?) wirkende Maler ist benannt nach dem Gemälde *Maria mit dem Kind zwischen weiblichen Heiligen* (Rijksmuseum, Amsterdam), das die Grundlage für die übrigen Zuschreibungen bildet (u. a. *Anbetung der Könige,* Berlin; *Verkündigung,* Museum Boymans-van Beuningen, Rotterdam). Stilistisch dürfte der Maler nicht nur durch van der → Goes, van → Wassenhove und Dieric → Bouts, sondern auch durch seine Erfahrung bei Holzschnittentwürfen (einer in Delft und in der zeitgenössischen flämischen Kunst florierenden Kunstübung) beeinflußt gewesen sein. Die feingliedrigen, schlanken Gestalten mit schweren Gewändern und gewundenen Gesten wirken ◇manieristisch und suggerieren intensives religiöses Empfinden.

Meister der weiblichen Halbfiguren
(tätig frühes 16. Jh.)
Flämischer Maler (oder eigentlich Produktionsaufseher) einer umfangreichen Gruppe von Werken, benannt nach einem Bild mit drei musizierenden Damen und anderen Darstellungen weiblicher ◇Halbfiguren (Maria Magdalena). Sein Atelier hatte er vielleicht in Antwerpen (wo er enge Beziehungen zu → Patenier unterhielt), stilistisch stand er → Benson und → Isenbrant nahe, die sich beide in Brügge aufhielten. Seine Gemälde, von denen keines datiert ist, zeigen etwas fade wirkende, kunstvoll gekleidete, häufig musizierende junge Damen.

Meister des Amsterdamer Kabinetts siehe → **Hausbuchmeister**

Meister des Bartholomäusaltars
(um 1440/50 – 1510/20)
In Utrecht geborener und bis etwa 1475 in den nördlichen Niederlanden tätiger Maler, der sich gegen 1480 in Köln niederließ, wo er seitdem wirkte. Benannt ist der Künstler nach seinem Spätwerk, dem *Bartholomäusaltar,* einem Flügelaltar aus St. Columba, Köln (erstes Jahrzehnt 16. Jh. [um 1503/05–10], heute AP; Mitteltafel mit den Heiligen Agnes, Bartholomäus und Cäcilia mit einem knienden Kartäuserstifter). Weitere Hauptwerke vom M. d. B. sind u. a. zwei heute in Köln befindliche Altäre, der dreiflügelige, für das Kartäuserkloster St. Barbara geschaffene *Thomasaltar* (um 1495–1500, WRM),

Meister des Bartholomäusaltars, *Thomasaltar,* um 1495–1500

ein *Kreuzaltar* aus der Kartäuserkirche, Köln (um 1500, ebda.), sowie das ◇Tafelbild *Maria mit Kind und den Heiligen Augustinus und Hadrian* (um 1490–1500, Hessisches Landesmuseum, Darmstadt). Die geistreiche, originelle Malweise mit den ausgefallen gekleideten, koketten Frauen ist stark von altniederländischen Arbeiten aus dem Raum Utrecht beeinflußt, wo der Maler vielleicht ausgebildet wurde. Dieser letzte bedeutende Vertreter der spätgotischen Malerei der → Kölner Schule war auch als ◇Illuminator von ◇Handschriften tätig (*Stundenbuch der Sophia von Bylant,* 1475, WRM).

Meister des Hausbuchs siehe → **Hausbuchmeister**

Meister des hl. Aegidius (um 1500)
Der in den Niederlanden ausgebildete Maler arbeitete in Paris und ist nach zwei Tafeln mit Szenen aus dem Leben des hl. Aegidius benannt (NGL).

Meister des hl. Georg siehe → **Martorell,** Bernat

Meister des hl. Ildefons (tätig spätes 15. Jh.)
Benannt nach einem Gemälde aus Valladolid (Spanien), auf dem der hl. Ildefons zur Investitur von Maria seine Kasel erhält (*Maria übergibt dem hl. Ildefons das Meßgewand,* heute Louvre). Charakteristisch für den von → Campin beeinflußten Stil sind die gekräuselten, plastisch modellierten Gewänder.

Meister des Herzogs von Bedford (Bedford-Meister) (tätig frühes 15. Jh.)
Französischer ◇Miniaturmaler, der in Paris für John Plantagenet (1389–1435; auch John of Lancaster genannt), Herzog von Bedford, während dessen Regentschaft in Frankreich (1422–35) tätig war. Sein Werk umfaßt ein ◇Brevier (heute Bibl. Nat., Paris) wie auch ein ◇Stundenbuch (heute British Museum, London). Charakteristisch für seine Miniaturen (*Anna von Burgund vor Maria und dem Kind kniend,* 1423, ebda.) ist die dekorative Einfügung von Rankenwerk, Sinnsprüchen und Wappen.

Meister des Imhoff-Altars (tätig frühes 15. Jh.)
Fränkischer Maler, dessen namengebende Arbeit, der *Imhoff-Altar* (1418–22, St. Lorenz, Nürnberg), etwas von dem archaischen, weichen, naturalistischen Stil an sich hat, der typisch war für die Wiener Kunst jener Zeit.

Meister des Marienlebens
(tätig etwa 1460–1490)
In Köln wirkender Maler, einer der bedeutendsten Vertreter der → Kölner Malerschule, benannt nach einer Folge von acht Bildtafeln eines Flügelaltars (*Marienaltar*) aus St. Ursula, Köln, mit Darstellungen aus dem Marienleben (zwischen 1460 und 1465; sieben Tafeln heute AP, eine weitere NGL). Obgleich der M. d. M. in Köln arbeitete, legt der elegante, gelassene und naturalistische Stil seiner Figuren die Vermutung nahe, daß er in den Niederlanden ausgebildet wurde und Einflüsse R. van der → Weydens und D. → Bouts' verarbeitete.

Meister des Todes Mariä siehe → **Cleve,** Joos van

Meister des Tucheraltars (tätig Mitte 15. Jh.)
Nürnberger Maler, benannt nach dem um 1445 entstandenen ehemaligen ◇Hochaltar der Nürnberger Augustiner-Eremitenkirche St. Veit (heute in der Frauenkirche, Nürnberg). Das Mittelstück (dreiteilig) dieses Flügelaltars zeigt die Verkündigung an Maria, die Kreuzigung und die Auferstehung Christi. Der gedrungene Figurenstil des M.s d. T. verrät den Einfluß älterer böhmischer Arbeiten, die plastische Gewandbehandlung hingegen weist auf den neuen Stil → Campins.

Meister des Wittingauer Altars (Meister von Třeboň) (tätig Ende 14. Jh.)
Hervorragendster Vertreter des sog. ◇Weichen Stils in der böhmischen Malerei. Sein Hauptwerk ist der um 1380/90 entstandene ◇Hochaltar für die St.-Ägidius-Kiche von Wittingau (Třeboň) in Südböhmen (der Altar wurde 1781 bei Renovierungsarbeiten demontiert, drei erhaltene Altartafeln befinden sich heute in der Nationalgalerie, Prag). Der Stil des M.s d. W. A. bestimmte die böhmische Malerei noch bis weit ins 15. Jh. hinein.

Meister E. S. siehe → **E. S.,** Meister

Meister Francke (um 1380–nach 1430)
Führender Hamburger Maler zu Beginn des 15. Jh.s, Frater des Dominikanerklosters St. Johannis in Hamburg; es existieren nur sehr weni-

ge gesicherte Informationen über seine Tätigkeit. Aufgrund des sichtbaren Einflusses der französischen, v. a. der Pariser ◇Buchmalerei auf sein Bildgut wird angenommen, daß er sich in Paris aufhielt. Seine Malerei läßt eine Weiterentwicklung gegenüber dem Werk des nur wenig älteren → Meisters Bertram von Minden erkennen bezüglich der Komposition, der Leuchtkraft der Farben, der Lebensnähe der Figuren und der mit Zurückhaltung gekoppelten Ausdruckskraft. Das Hauptwerk des M.s F. ist der 1424 von der Hamburger Englandfahrer-Gesellschaft in Auftrag gegebene *Thomasaltar* (auch als *Englandfahrer-Altar* bekannt, heute Hamburger Kunsthalle) mit Szenen aus dem Marienleben, dem Leben des hl. Thomas von Canterbury und Passionsdarstellungen. Berühmt sind auch seine beiden *Schmerzensmann*-Darstellungen (heute Museum der bildenden Künste, Leipzig, und Hamburger Kunsthalle).

Meister Iam van Zwolle (Jan van Mijnnesten?) († 1504)
Ab etwa 1472 in London und Delft tätiger ◇Kupferstecher, auch unter der Bezeichnung ›Meister des Weberschiffchens‹ oder ›Meister mit dem Schabeisen‹ bekannt (nach dem Werkzeug, das sich oft an sein – zuweilen als ›I A‹ erscheinendes – Monogramm anschließt). Auch das Wort ›Zwoll‹ taucht in seinen ◇Drucken auf. Sein Stil ist präzise und zugleich von weichen Tonabstufungen bestimmt.

Meister von Flémalle
Schöpfer des *Mérode-Altars* (um 1425, MM; siehe Abb. S. 87), neben den van → Eycks und van der → Weyden ein Wegbereiter der Frührenaissance im Norden. Heute mit → Campin identifiziert.

Meister von Liesborn (1440/50–vor 1500)
Deutscher Maler der westfälischen Schule, benannt nach dem Ort Liesborn, für dessen Kloster er mehrere Altäre ausführte. Sein Hauptwerk, ein *Passionsaltar* (Tafeln heute NGL und Westfälisches Landesmuseum für Kunst und Kulturgeschichte, Münster), bezeugt seinen zarten, lyrischen Stil. Der M. v. L. unterhielt eine große Werkstatt.

Meister von Meßkirch
(tätig etwa zwischen 1515 und 1540)
Deutscher Maler, der in der Gegend von Sigmaringen tätig war und benannt ist nach den neun Altären (ein ◇Hochaltar und acht Seitenaltäre), die er im Auftrag des Grafen Gottfried von Zimmern für die Stiftskirche St. Martin in Meßkirch (bei Sigmaringen) malte. Seine Ausbildung vermutet man im Umkreis → Dürers (Hans Suess von → Kulmbach oder Hans → Schäufelein). Außerdem muß er über Kenntnisse der Ulmer Malerei verfügt haben. Eines seiner Hauptwerke ist die *Anbetung der Könige* (1536/38–40), die Mitteltafel des ehemaligen Hochaltars (*Dreikönigsaltar*) in der Stiftskirche von Meßkirch. Die Nebenaltäre, die auf den Mitteltafeln Passionsszenen und auf den Flügeln einzelne Heilige zeigen, gelangten Ende des 18. Jh.s in verschiedene Sammlungen (heute u. a. Berlin; Germanisches Nationalmuseum, Nürnberg; Muzeum Narodowe w Warszawie, Warschau). Die Arbeiten des M.s v. M. mit ihrer klug angewandten, leuchtenden Farbigkeit und ihren ◇manieristischen Proportionen demonstrieren zugleich das Geschick des Malers in der Landschaftsdarstellung; seine Figurendarstellungen zeichnen sich durch plastische Durchformung aus. In der neueren Forschung wird der M. v. M. mit dem aus Veringenstadt bei Sigmaringen stammenden Peter Strüb d. J. (tätig zwischen 1528 und 1540) identifiziert.

Meister von Moulins (auch Meister der Bourbonen oder Maître aux Anges genannt)
(tätig um 1480–1500)
Französischer Maler, der von der altniederländischen Malerei, insbesondere von Hugo van der → Goes, beeinflußt wurde, wie an seiner frühen *Geburt Christi mit Stifter Kardinalerzbischof Jean Rolin* (um 1480, Musée Rolin, Autun) und der *Hl. Maria Magdalena mit Stifterin* (um 1490–95, Louvre) deutlich wird. Der M. v. M. arbeitete dennoch in einem sehr individuellen und anmutigen Stil, der sich in seiner vollkommensten Ausprägung am namengebenden ◇Triptychon der Kathedrale von Moulins (um 1498) zeigt, mit der Mitteltafel der *Maria in der Glorie und Engel;* die Darstellung wirkt bei aller Farbigkeit zart und ist von genauer Beobachtung der Lichtverhältnisse und der Textilstrukturen bestimmt. Seine plastische Malweise kommt v. a. in den ◇Grisaille-Engeln des Altars zum Ausdruck. Die peinlich genaue Detailbehandlung (*Die Begegnung von Joachim und Anna an der Goldenen Pforte und Karl d. Gr.*, um 1500, NGL) bezeugt den Einfluß → Fouquets. Der M. v. M., dem u. a. die Gemäldetafeln *Karl II. von Bourbon, Kardinalerzbischof von Lyon* (um 1485,

AP), *Maria mit Kind und Engeln, Ecce Homo* (1490 bzw. 1494, Musées Royaux des Beaux-Arts, Brüssel), das Bildnis des *Charles-Orlant, Dauphin von Frankreich* (um 1494, Louvre) sowie ein hl. Viktor (oder Mauritius?) mit Stifter (um 1500, Art Gallery and Museum, Glasgow) zugeschrieben werden, wurde auch mit → Provost und Jean Hey identifiziert.

Meister von Naumburg siehe → **Naumburger Meister**

Meister von St. Severin
(tätig um 1460/80–1510/20)
Kölner Maler der Spätgotik, benannt nach einem um 1500 entstandenen Gemäldezyklus (20 Tafeln) mit der *Severinslegende* in der Kirche St. Severin in Köln. Im *Severinszyklus* werden sowohl Stileinflüsse des → Meisters der hl. Sippe sichtbar als auch des → Meisters der Ursulalegende, dem die Forschung den Zyklus ebenfalls zugeschrieben hat. Die räumliche Klarheit und die Lichtbehandlung der Arbeiten des M.s v. St. S., z. B. sein *Christus am Ölberg* (AP), lassen vermuten, daß er die altniederländische Malerei (→ Geertgen tot Sint Jans) gut gekannt hat; insbesondere sein *Bildnis einer jungen Frau* (um 1500, WRM) verrät Einflüsse der zeitgenössischen niederländischen Kunst. Von der Verbundenheit des Meisters mit der altkölnischen Tradition (→ Lochner) zeugt das kleinformatige ◇Temperagemälde *Acht weibliche Heilige* (nach 1500, WRM).

Meister von Třeboň siehe → **Meister des Wittingauer Altars**

Meister von 1466 siehe → **E. S.,** Meister

Meistermann, Georg (1911–1990)
Deutscher Maler und Glasfensterentwerfer, 1932–33 Schüler von → Mataré an der Düsseldorfer Kunstakademie. 1955 wurde er Professor an der Düsseldorfer, 1960 an der Karlsruher Akademie. Vom Spätkubismus ausgehend, entwickelte M. eine hermetische ◇abstrakte Zeichensprache mit teils geometrischen, teils biomorphen Formen und kam später zu einer meditativen Malerei im Sinne → Rothkos. Bedeutendes leistete er auch in seinen ◇Wandmalereien für Kirchen und als ◇Glasmaler (Glasfenster für den WDR, Köln, 1950; St. Kilian in Schweinfurt, 1952).

Meit, Conrad (Conrat) (um 1480–1550/51)
Deutscher ◇Bildhauer und Medailleur, der zwischen 1506 und 1510 für den sächsischen Kurfürsten Friedrich III., den Weisen, in Wittenberg tätig war und mit der → Cranach-Werkstatt zusammenarbeitete. Als Hofbildhauer im Dienst der Statthalterin Margarete von Österreich in Mecheln (ab 1512) spezialisierte er sich hauptsächlich auf Kleinplastiken und Porträtbüsten. 1526–32 arbeitete er allerdings auch mit an den drei monumentalen und kraftvollen Familiengräbern (für Margarete, deren Gemahl Philibert II. von Savoyen und dessen Mutter) im Chor von Saint-Nicolas de Tolentin in Brou (bei Bourg-en-Bresse, Burgund). Ab 1534 lebte er in Antwerpen. M. ist die Hauptgestalt der deutschen ◇Renaissance-Bildhauerei, er verband italienischen klassischen Idealismus mit einheimischem deutschen Realismus. Höchst bemerkenswert sind seine kleinen freistehenden ◇Akte, z. B. die Alabasterstatuette der *Judith* (um 1515, Bayerisches Nationalmuseum, München) und die Bronzegruppe *Mars und Venus* (um 1525, Germanisches Nationalmuseum, Nürnberg), doch auch in großformatigen Arbeiten gelang ihm starker Gefühlsausdruck.

Meléndez (Menéndez), Luis Eugenio
(1716–1780)
Spanischer Maler, Sohn des Malers Francisco Antonio M. (1682–um 1752), dessen Schüler er auch war. In Madrid wirkte M. als Hofmaler der Könige Karl III. und Ferdinand VI. Er brillierte v. a. als Maler von ◇Stilleben, die ihm die Bezeichnung ›spanischer → Chardin‹ eintrugen (*Stilleben mit Feigen,* Louvre) und ◇Porträts (*Selbstbildnis mit einer Aktstudie,* 1746, ebda.).

Melozzo da Forlì (1438–1494)
Italienischer Maler, anfangs in Forlì, dann in Rom und Urbino (zwischen 1470 und 1474), später wieder in Forlì und Loreto tätig. Sein erstes urkundlich bezeugtes Werk stammt aus dem Jahre 1477: das ◇Fresko *Papst Sixtus IV. ernennt Platina zum Präfekten der Vatikanischen Bibliothek* (Vatikan). Von dem ursprünglich für die römische Kirche S. Apostoli geschaffenen ◇Apsisfresko mit der *Himmelfahrt Christi* (1480 vollendet) haben sich nur Fragmente erhalten, die *Musizierenden Engel* (Vatikan) und *Christus in der Glorie* (Palazzo del Quirinale, Rom); sie zeugen von M.s Beschäftigung mit der ◇Verkürzung und seiner Kenntnis → Mante-

gnas. Dies trug im Zusammenspiel mit einer subtilen Lichtführung, die bereits das ◇Sfumato → Leonardos antizipiert, zu jener frappierenden Theatralik bei, durch die sich die Darstellung der *Musizierenden Engel* auszeichnet. Nach 1484 entstanden die Fresken (Engels- und Apostel-darstellungen) in der Sakristei von S. Marco, der ◇Basilika zu Loreto.

Melzi, Francesco (1493– um 1570)
Italienischer Maler, Schüler und Freund → Leonardo da Vincis, mit dem M. gemeinsam in Rom, Bologna und in Frankreich arbeitete. Sein Stil steht dem seines Lehrmeisters sehr nahe, wie an M.s einzigem erhaltenen signierten Werk, dem Bildnis einer jungen Frau, sichtbar wird. M. trat v. a. als Herausgeber von Leonardos ›Trattato della Pittura‹ hervor, das er nach dem Tod seines Lehrers aus dessen Aufzeichnungen zusammenstellte.

Memling (Memlinc), Hans (1433/40–1494)
Führender flämischer Maler seiner Zeit, in Seligenstadt bei Frankfurt a. M. geboren, ließ er sich 1465 in Brügge nieder, wo er 1467 als Meister in die St.-Lukas-Gilde aufgenommen wurde. M. war ausgebildet in der altniederländischen Tradition, vermutlich Schüler in der Werkstatt Rogier van der → Weydens in Brüssel. Seine Werke nehmen zwar freie Anleihen bei Rogier, sind aber weniger dramatisch und in jeder Hinsicht anmutig: harmonisch, dekorativ, einheitlich mit einem klaren Raumgefühl, v. a. aber geschmackvoll (daher gut verkäuflich: M.s Werkstatt war die größte und fruchtbarste in Brügge). Sein bevorzugtes Thema war die Jungfrau mit dem Kind, er malte harmonisch-schöne Porträts (*Tommaso Portinari,* MM). Seine bedeutendsten Leistungen sind religiöse Gruppen wie *Die Mystische Vermählung der hl. Katharina* (1479, Memlingmuseum im Sint-Janshospitaal, Brügge), in denen sich sein feines Gespür für farbliche und figürliche Balance entfalten konnte, der *Marienaltar des Sir John Donne of Kidwelly* (um 1468, NGL), der *Dreikönigsaltar* (um 1470, Prado), der *Maria- und Johannes-Altar* (1479, Groeningemuseum, Brügge), seine *Szenen aus dem Leben Mariä* (um 1480, AP) und schließlich die berühmten Bildfelder des *Schreins der hl. Ursula* (1489, Memlingmuseum im Sint-Janshospitaal, Brügge). Die Verwendung von Girlanden und ◇Putti in M.s späteren Werken läßt italienischen Einfluß erkennen.

Memmi, Lippo (nachweisbar 1317–1347)
Sieneser Maler, Mitarbeiter und Schüler seines Schwagers Simone → Martini. Gemeinsam mit diesem signierte er das ursprünglich für die Ansanus-Kapelle im Dom zu Siena geschaffene ◇Altarbild mit der *Verkündigung* (1333, heute Uffizien), wobei die seitlichen Darstellungen der Stadtheiligen M. zugeschrieben werden. In S. Gimignano führte er in der ›Sala di Dante‹ im Palazzo del Popolo das Fresko der *Maestà* aus (1317, heute Museo Civico), außerdem entwarf er die Bekrönung des ›Torre del Mangia‹ (Glokkenturm) in Siena.

Memnonskolosse (um 1400 v. Chr.)
Von den Griechen geprägte Bezeichnung für zwei monolithische 19,5 m hohe (ursprüngliche Höhe 21 m) Quarzit-Sitzfiguren des Pharaos Amenophis III. (1402–1364 v. Chr.) in Theben-West, die ursprünglich vor dessen Totentempel standen. Der nördliche Koloß gab – infolge einer Beschädigung durch ein Erdbeben im Jahre 27. v. Chr. – bei Anbruch der Morgendämmerung singende Töne von sich; die Griechen deuteten diesen ›Gesang‹ als Gruß des Äthiopierfürsten Memnon, nach der griechischen Mythologie ein Sohn des Tithonos und der Eos (Göttin der Morgenröte), an seine Mutter. Als die Figur unter Kaiser Septimius Severus (193–211 n. Chr.) um 200 n. Chr. restauriert wurde, verstummte der ›Gesang‹.

Hans Memling, *Die mystische Vermählung der hl. Katharina* (Ausschnitt), 1479

Anton Raphael Mengs, *Der Parnaß,* 1760–61

Mengs, Anton Raphael (1728–1779)
Deutscher Maler und Kunsthistoriker, in Dresden, Rom und Madrid tätig. M. lernte bei seinem Vater, dem Dresdner Hofmaler Ismael Mengs (1688–1764), mit dem er 1741 nach Rom ging, wo er u. a. die Werke → Raffaels studierte. Zurückgekehrt nach Dresden, schuf M. v. a. ◇Pastellbildnisse (*Der Sänger Domenico Annibali,* 1744). 1746 wurde er zum sächsischen Hofmaler ernannt, seit 1761 stand er als Hofmaler in den Diensten des spanischen Königs Karl III. (Ausstattung der königlichen Schlösser in Madrid und Aranjuez mit dekorativen ◇Freskenzyklen). M., der neben Raffael auch von → Correggio, der Antike und → Winckelmann, mit dem er seit 1755 befreundet war, beeinflußt wurde, gehörte zu den ersten und bedeutendsten ◇klassizistischen Malern (*Der Parnaß,* 1760–61, Villa Albani, Rom). Sein Schaffen umfaßt neben zahlreichen ◇Porträts v. a. religiöse, historische und ◇allegorische Themen. Zu M.' kunsttheoretischen Schriften gehören die 1762 veröffentlichten ›Gedanken über die Schönheit und über den Geschmack‹.

Mense, Carlo (1886–1965)
Deutscher Maler und ◇Zeichner, der 1905–08 an der Düsseldorfer Kunstakademie und 1909 als Schüler von → Corinth in Berlin studierte. Mitarbeiter der linksradikalen Zeitschrift ›Die Aktion‹, 1918 Mitgliedschaft in der → Novembergruppe. Nach einem ◇kubistische und ◇expressionistische Elemente verbindenden Frühwerk wurde M. v. a. mit seinen starr, fast leblos posierenden ◇Porträts in den 1920er Jahren zum Vertreter der ◇Neuen Sachlichkeit in der Nähe zu → Schrimpf und → Kanoldt.

Menzel, Adolph von (1815–1905)
Deutscher Maler, ◇Zeichner und ◇Grafiker, erhielt seine erste Ausbildung in der lithographischen Werkstatt seines Vaters und bildete sich anschließend vorwiegend autodidaktisch weiter. Erstmals bekannt wurde er durch seine ◇Illustrationen zu Franz Kuglers ›Geschichte Friedrichs des Großen‹, die er 1839–42 schuf. In der Folge wurde er auch in seiner Malerei zum Schilderer der friderizianischen Ära (*Tafelrunde Friedrichs des Großen in Sanssouci,* 1850 [1945 vernichtet]; *Flötenkonzert Friedrichs II. in Sanssouci,* 1852), malte jedoch auch historische Ereignisse seiner eigenen Zeit (*Aufbahrung der Märzgefallenen,* 1848; *Krönung Wilhelms I. in Königsberg am 18. 10. 1861,* 1861–65) und alltägliche Szenen des modernen Lebens. Was M.s Kunst auszeichnet, ist die scharfe Beobachtung und nüchterne, sachliche Beschreibung, ohne Pathos und Idealisierung, die auch bis dahin nicht für darstellungswürdig erachtete Motive einbezog (*Eisenwalzwerk,* 1875). Sein durch → Courbet – den er in Paris mehrmals aufsuchte – bestärkter ◇Realismus erreichte oft eine frische Unmittelbarkeit der Darstellung (*Das Balkonzimmer,* 1845), die dem deutschen ◇Impressionismus den Weg bahnte (→ Liebermann). Besonders eindrucksvoll ist sein zeichnerisches Werk, das etwa 4000 Blätter und mehrere Skizzenbücher umfaßt (siehe Abb. S. 379).

Merian, Maria Sibylla (1647–1717)
Deutsche Malerin und ◇Kupferstecherin, Tochter von Matthäus → Merian d. Ä., die durch ihre Blumenbilder und ihre wissenschaftlichen ◇Illustrationen zur Tier- und Pflanzenkunde bekannt wurde. Einige der Kupferstiche sind handkoloriert und bestechen durch ihre harmonische Verbindung von sachlicher Exaktheit und ästhetischer Gestaltung. Hervorzuheben ist besonders das aufgrund eines Aufenthalts in Surinam (1699–1701) entstandene Werk ›Metamorphosis insectorum Surinamensium‹ (1705).

Merian, Matthäus d. Ä. (1593–1650)
Deutscher ◇Kupferstecher und Buchverleger, der 1624 in Frankfurt a. M. die Kunsthandlung seines Schwiegervaters, des Kupferstichverlegers de Bry, übernahm und seit dieser Zeit ◇topographische Kupferstiche europäischer Städte herausgab. Sein Hauptwerk, die ›Topographia Germanicae‹ mit Texten von Martin Zeiller (16 Bde., 1642–88), das von seinen Söhnen, darunter v. a. von Matthäus M. d. J. (1621–1687) weitergeführt wurde, enthält über

Adolph von Menzel, *Eisenwalzwerk,* 1875

2000 Stadtansichten, -karten und -pläne. Die wissenschaftliche Exaktheit der Stiche hat das Werk zu einem wichtigen Hilfsmittel der Architektur- und Stadtgeschichte gemacht. Dem Stil M.s liegen die Erfahrungen der Kunst des 16. Jh.s zugrunde, die er dem ◇barocken malerischen Empfinden angepaßt hat.

Merz, Gerhard (* 1947)
Deutscher Künstler, der 1969–73 an der Akademie der bildenden Künste in München studierte. M. beginnt seine künstlerische Tätigkeit 1971 mit Metallskulpturen und ◇monochromen Bildergruppen, die in Reihen präsentiert werden und in denen sich der Künstler mit der Farbe an sich im Anschluß an Positionen des ◇Konstruktivismus und ◇Suprematismus auseinandersetzt. Seit 1982 ◇Siebdrucke nach ◇Fotografien, thematisch den Bereichen Kunst, Ethnologie, Landschaft entnommen, die mit monochromen, edel gerahmten Bildern und ◇Wandmalereien kombiniert werden. Seit 1985 raumbestimmende ◇Installationen im Sinne des Gesamtkunstwerks, in denen Schriftelemente, Farbe und skulpturale Gegenstände unter Einbeziehung architektonischer Aspekte inszenatorisch verbunden werden und einen eigenständigen Sinnhorizont mit höchst subtilen Anspielungen auf kulturgeschichtliche Kontexte entfalten (*MCMLXXXVII Vittoria del Sole,* 1987; *Der Mensch der Zukunft,* 1990).

Merz, Mario (* 1925)
Italienischer Künstler, ursprünglich Maler, wandte sich aber Mitte der 1960er Jahre der Arbeit mit Materialien wie Erde, Glas und Neon zu und wurde damit zu einem Hauptvertreter der italienischen ◇Arte povera. Sein Interesse an Gegensätzen (wie z. B. zwischen natürlichem und künstlichem Material) verlagerte sich zunehmend auf eine ◇symbolische Ebene: das Aufdecken ›natürlicher‹ Gesetzmäßigkeiten und Grundstrukturen (symbolisiert durch die mathematische Wachstumszahlenreihe des Fibonacci) in ›kulturellen‹ Gegebenheiten (einfachen Zeugnissen für Zivilisation wie Schrift, Zahlen, Iglus, Tische) mit dem Ziel, den Betrachter zu einer positiven, humanen Verbindung beider Bereiche in seiner Persönlichkeitsstruktur anzuregen (siehe Abb. S. 380).

Mesdag, Hendrik Willem (1831–1915)
Niederländischer Maler und Kunstsammler. Zunächst Bankkaufmann, wandte er sich später der Malerei zu; Schüler von W. Roeloefs in Den Haag und von L. → Alma-Tadema in Brüssel.

M., der seit 1869 in Den Haag lebte, schuf v. a. Strand- und Seebilder, die sich durch die virtuose Wiedergabe bewölkter Himmel auszeichnen und ihn im 19. Jh. zu einem der wichtigsten Vertreter der ◇Marinemalerei aus dem Kreis der → Haager Schule machten. Seine Sammlung zeitgenössischer niederländischer Kunst und der Arbeiten der Schule von → Barbizon stiftete er der Stadt Den Haag (Rijksmuseum Hendrik Willem Mesdag).

Mario Merz, *Iglu über den Bach,* 1982

Meštrović, Ivan (1883–1962)
Jugoslawisch-amerikanischer ◇Bildhauer, lernte bei einem Steinmetz in Split (1900), studierte an der Wiener Kunstakademie (1900–04) und ging dann nach Paris. Nach wechselnden Aufenthalten in verschiedenen europäischen Metropolen (London, Genf, Zagreb, Rom) ließ er sich 1947 in den USA nieder, wo er an verschiedenen Kunstschulen lehrte. M., der seine jugoslawische bäuerliche Herkunft niemals vergaß, verband in seinen von patriotischem Gefühl durchdrungenen ◇Skulpturen Einflüsse der Wiener ◇Sezessionskunst (1903 wurde M. Mitglied der Wiener Sezession), von → Rodin und der ◇romanischen Kunst Dalmatiens.

Metsu (Metzu), Gabriel (1629–1667)
Holländischer Maler, vermutlich Schüler von → Dou. M.s frühe Werke zeigen meist ◇allegorische und religiöse Szenen. Nach seiner Übersiedlung nach Amsterdam (1657) schloß er sich der eleganten Malweise der Leidener Maler an und malte ◇Porträts des Bürgertums sowie ◇Genreszenen (*Der Gemüsemarkt von Amsterdam,* 1660/65, Louvre). Seine reife Malerei wurde von → Rembrandt beeinflußt, steht aber in Stil und Thematik de → Hooch und → Terborch näher. In seinen besten Werken (*Das kranke Kind,* um 1660, Rijksmuseum, Amsterdam) reicht er in der Qualität an → Vermeer heran.

Metzel, Olaf (* 1952)
Deutscher Installationskünstler, der 1971–77 an der Freien Universität und an der Hochschule der Künste in Berlin studierte. Bekannt wurde M. mit seinem Beitrag zum Berliner ›Skulpturenboulevard‹ 1987, da er unter dem Titel *›13. 4. 1981‹* an exponierter Stelle des Kurfürstendamms eine riesige Auftürmung von Polizeiabsperrgittern installierte. Diese Arbeit machte deutlich, daß M. sich mit seinen ◇Installationen auf das jeweilige ästhetische und politische Umfeld spezifischer Räume und Orte bezieht (*In die Produktion,* 1983/84; *Stammheim,* 1985), wobei er sein Konzept anhand von Zeitungsbildern, politischen ◇Symbolen und Materialfundstücken entwickelt und in zeichnerischen ◇Serien vorbereitet. Seit 1988 Beschäftigung mit den Themen Kommunikation sowie elektronische und chemische Technologie mitsamt dem Aggressionspotential, das diesen Bereichen moderner Zivilisation innewohnt.

Metzinger, Jean (1883–1956)
Französischer Maler, kam vom ◇Neoimpressionismus über den ◇Fauvismus um 1910 zum ◇Kubismus und wurde mit → Gleizes zum führenden Theoretiker der Bewegung; gemeinsam mit ihm veröffentlichte er 1912 die Schrift ›Du Cubisme‹. 1912 gehörte er zu den Mitgründern der → Section d'Or. Anfänglich von → Picasso beeinflußt, schwenkte er bald zu einem farbig dekorativen synthetischen Kubismus über. Anfang der 1920er Jahre folgte er vorübergehend den ◇neoklassischen Tendenzen seiner Zeit.

Meulen, Adam Frans van der (1632–1690)
Flämischer Maler, Hofmaler Ludwigs XIV. (seit 1664). Schüler von → Snayers. Malte v. a. ◇Schlachten- und Jagdszenen. Für die königliche ◇Gobelinmanufaktur entwarf er ab 1665

eine Reihe von ◇Wandteppichen, die an die Taten Ludwigs XIV. erinnern.

Meunier, Constantin Emile (1831–1905)
Belgischer ◇Bildhauer und Maler. Nach anfänglicher Darstellung religiöser und historischer Themen unter dem Einfluß von de Groux, entdeckte M. um 1880 im Kohlenrevier von Mons sein eigentliches Thema: den arbeitenden Menschen, den er in einer zugleich realistischen und idealisierenden Weise wiedergab, wobei er Anregungen von → Millet aufnahm. Ab 1886 war er überwiegend als Bildhauer tätig (*Hammerschmied, Lastträger,* 1893; *Bergmann,* 1904).

Meyer-Amden, Otto (1885–1933)
Schweizer Maler und ◇Zeichner, ausgebildet als ◇Lithograph, arbeitete zunächst als Steinzeichner in Zürich. 1909–12 studierte er bei → Hoelzel in Stuttgart. Zurückgekehrt in die Schweiz (1912), ließ er sich in dem Bergdorf Amden nieder, wo sich um ihn ein Künstlerkreis bildete, dem u. a. → Baumeister und → Schlemmer angehörten.

Meyer de Haan, Isaac (1852–1895)
Niederländischer Maler, anfangs im akademischen Stil; im Frühjahr 1889 traf er auf Anregung von → Pissarro mit → Gauguin in Paris zusammen und schwenkte zum ◇Synthetismus über. Er wurde ein enger Freund und Gefolgsmann Gauguins, mit dem er in → Pont-Aven wie auch in Le Pouldu (1889) zusammenarbeitete und den er auch finanziell unterstützte.

Mi Fu (1051–1107)
Chinesischer → Literatenmaler, ◇Kalligraph, Sammler und Theoretiker, der prominenteste Kunstkenner seiner Zeit. Seine Schrift ›Huashi‹ (Geschichte der Malerei) und eine entsprechende Arbeit über die Kalligraphie weisen ihn aus als einen Menschen von unabhängigem Urteil und hohen kritischen Normen. Als Maler poetischer Landschaften war M. durch seine weiche Tuschfleckentechnik bekannt. Von seinen kalligraphischen Arbeiten hat sich mehr erhalten als von seiner Malerei. Er fand viele Nachfolger, u. a. in seinem Sohn Mi Youren (1086–1165).

Michals, Duane (* 1932)
Amerikanischer ◇Fotograf, studierte an der Universität Denver, begann 1958 (auf einer Reise nach Rußland) zu fotografieren und lebt seitdem als freier Fotograf in New York. Er schuf Porträtaufnahmen zahlreicher Künstler (→ Duchamp; → Magritte, 1965; → Rauschenberg, 1963; → Warhol, 1958, und eine Sequenz, 1973) und entwickelte ab 1966 – unzufrieden mit der Aussagekraft des Einzelfotos – eine eigene und typische Aussageform, die Fotosequenz (Sequential Story, eine Vorwegnahme der ◇Narrative Art): im Gegensatz zur früher durchaus gebräuchlichen Einordnung mehrerer Fotografien in einen größeren Zusammenhang (z. B. bei → Muybridge, → Atget) keine parallele Reihung, sondern eine zusammenhängende Abfolge in Form einer Geschichte (meist mit ◇symbolisch-mystischen Untertönen; M. sieht sich in der Tradition von de → Chirico, → Delvaux und Magritte), ab 1974 Verbindung von Fotografie mit Texten. Zu den bekanntesten Sequenzen gehören *Paradise Regained* und *Things are Queer* (1972), Sammlungen erschienen auch in Buchform als *Sequences* (1969), *The Journey of the Spirit after Death* (1971) und *The Photographic Illusion* (1975).

Michaux, Henri (1899–1984)
Französischer Schriftsteller, Maler und ◇Zeichner (1955 naturalisiert) belgischer Herkunft, studierte kurze Zeit Medizin, war Matrose (1920) und ließ sich 1923 in Paris nieder, von wo aus er in der Folgezeit zahlreiche Reisen unternahm. 1922 begann er mit literarischen, 1925–27 mit künstlerischen Arbeiten (*Taches* und *Alphabets*). Seine dem ◇Informel verwandten ◇abstrakten Tuschzeichnungen (ab 1950), v. a. die unter Einfluß von Meskalin entstandenen (ab 1956), sind Äußerungen halluzinatorischer Bewußtseinszustände, die für M. in Worten nicht erfaßt werden konnten. 1967 begann ein neuer Schaffensabschnitt mit der Verwendung von Acrylfarben.

Michel, Georges (1763–1843)
Französischer ◇Landschaftsmaler, Schüler von N. A. Taunay. Mit seiner späten ◇Pleinairmalerei ein Vorläufer der Schule von → Barbizon. Sein naturalistischer Stil war stark beeinflußt von der holländischen und flämischen Malerei (J. van → Goyen, S. → Ruisdael, → Rembrandt). Seine bevorzugten Motive waren die Ebene von Saint-Denis (bei Paris) und die Windmühlen von Montmartre (»Ruisdael des Montmartre«), die er meist mit dem für ihn typischen bleigrauen, stürmischen Himmel darstellte, den der junge Théo-

dore → Rousseau so sehr bewunderte (*Die Mühle,* Victoria and Albert Museum, London; *Mühle in Montmartre vor dem Gewitter,* Louvre).

Michelangelo Buonarroti (Michelagniolo di Ludovico di Lionardo di Buonarroti Simoni) (1475–1564)
Florentiner ◇Bildhauer, Maler, Architekt und Dichter, in Caprese (heute Caprese Michelangolo) bei Arezzo geboren. M. verbrachte eine kurze Lehrzeit im Atelier von D. → Ghirlandaio (1488) in Florenz, der ihn in der Technik der ◇Freskomalerei unterwies. Seine Berufung zum Bildhauer zeigte sich bereits 1489, als er – mit Erlaubnis von Lorenzo de' Medici (il Magnifico) – Studien nach ◇Skulpturen der Antikensammlung im Mediceischen Garten betrieb. 1490–92 war M. Hausgast der Medici und genoß das Privileg, in der unter der Schirmherrschaft Lorenzo de' Medicis stehenden Kunstschule studieren zu dürfen. An dieser Schule, die vom früheren → Donatello-Schüler → Bertoldo di Giovanni geleitet wurde, konnte sich sein bildhauerisches Talent voll entfalten. In dem hochkultivierten Milieu des Medici-Hofes kam M. durch die dort versammelten Philosophen, Dichter und Gelehrten, die die sog. Platonische Akademie bildeten, mit den Ideen des Neuplatonismus in Berührung; dieser Einfluß sollte prägend für sein gesamtes Schaffen werden. Nach dem Tode seines Gönners Lorenzo il Magnifico (1492) ging M. 1494 zunächst nach Venedig, dann nach Bologna, kehrte 1495 nach Florenz zurück und brach bereits 1496 nach Rom auf, wo er zunächst bis 1501 weilte. Hier entstanden seine Skulpturen des *Trunkenen Bacchus* (1497, Museo Nazionale del Bargello, Florenz) sowie die *Pietà* für St. Peter (um 1498–1500), Werke, in denen er hohes technisches Können einsetzte, um vollkommen verschiedene Ausdruckswerte zu erzielen, die sich stilistisch aber noch immer grundsätzlich im Umkreis der Frührenaissance bewegten. 1501 ging er erneut nach Florenz zurück, wo er in öffentlichem Auftrag die Marmorskulptur des *David* schuf (1504 vollendet, heute Galleria dell'Accademia, Florenz), die die heroischen Formen und den Geist der Hochrenaissance verkündet. Weitere bedeutende Werke dieser Schaffensperiode sind die Marmorskulpturen *Madonna mit Kind (Madonna von Brügge)* (um 1503–04, Notre-Dame, Brügge), das ◇Tondo der *Heiligen Familie mit Johannes d. T.* (1504, Uffizien), auch *Madonna Doni* oder *Tondo Doni* genannt (das

Michelangelo, *Pietà* (St. Peter, Rom), um 1498–1500

Gemälde entstand 1504 aus Anlaß der Hochzeit des Angelo Doni mit Maddalena di Giovanni Strozzi), schließlich das zerstörte, nur in ◇Kartons erhaltene Fresko der *Schlacht von Cascina* (1504–06; das Fresko selbst begann M. 1506), das im Wettstreit mit → Leonardo da Vinci entstand und den Großen Ratssaal des Palazzo Vecchio in Florenz schmücken sollte. Dieser Fries von nackten menschlichen Gestalten in erregter Bewegung übte ungeheuren Einfluß aus, obwohl M. die Arbeit daran aufgab und ihn unvollendet ließ, als er 1505 von Papst Julius II. nach Rom gerufen wurde, der ihn mit dem Entwurf und der Ausführung seines Grabmals beauftragte. Dieses unselige Projekt sollte sich über 40 Jahre erstrecken (1505–45), wobei das ursprünglich monumental angelegte Werk (geplant waren über 40 Figuren) immer mehr reduziert wurde. Tatsächlich realisiert wurden von M. letztlich jedoch nur die Figur des *Siegers* (1506 oder zwischen 1521 und 1534), der *Moses* (ab 1513, S. Pietro in Vincoli, Rom), die beiden Skulpturen des *Sterbenden Sklaven* und des *Gefesselten Sklaven* (ab 1513, beide Louvre), vier Sklavenfragmente (die sog. *Boboli-Sklaven,* ab 1519, Galleria dell'Accademia, Florenz) sowie die *Lea-* und *Rahel*-Statuen, ◇allegorische Darstellungen der Vita activa bzw. der Vita contemplativa (ab 1542, S. Pietro in Vincoli, Rom). – Nach einem Zerwürfnis mit dem Papst floh M. 1506 aus Rom nach Florenz, söhnte sich jedoch wieder aus und nahm 1508 die von Julius II. in Auftrag gegebene Deckenausmalung der Sixtinischen Kapelle im Vatikan in Angriff. Dieses gigantische Unternehmen, an dem M. vier Jahre arbeiten sollte, stellt ein kunsthistorisch entscheidendes Werk dar aufgrund der ◇Sotto-in-sù-Malerei, des ◇Trompe-l'œil-Architekturrahmens und v. a. der zukunftsträchtigen Spannungen in den Kontrasten zwischen dem Idealismus der *Erschaffung Adams* (1510) und der ◇manieristischen Unruhe der *Kreuzigung Hamans* (1511) oder der melancholischen Zurückhaltung der *Vorväter.* – 1516 wurde M.s Bemühen um Vollendung des Julius-Grabmals vom Auftrag des Medici-Papstes Leo X., dem Nachfolger Julius' II., durchkreuzt, der ihm die Neugestaltung der Fassade von S. Lorenzo in Florenz übertrug, die den Medici als Grabkirche dienen sollte. Das Projekt gedieh jedoch nicht über das Entwurfsstadium hinaus. 1520 begann M. mit der Arbeit an der Grabkapelle der Medici in der ›Neuen Sakristei‹ in S. Lorenzo. In dieser Schaffensperiode war er von einem inneren Konflikt zerrissen: seiner Loyalität gegenüber seinen Gönnern stand andererseits seine Sympathie für ein republikanisches Florenz entgegen. Nach der Entmachtung der Medici im Gefolge der Plünderung Roms (›Sacco di Roma‹, 1527) und während der Belagerung von Florenz durch die Truppen Kaiser Karls V. (1530) nahm M. – als verantwortlicher Ingenieur der Befestigungsanlagen – aktiv teil am Kampf für die Republik Florenz (1528–30). Die Medici vergaben ihm nach der erneuten Machtübernahme (1532 wurde Alessandro de' Medici Herzog von Florenz), und M. setzte seine Arbeit an der Grabkapelle in S. Lorenzo fort. 1524–34 führte er die Wandgrabmäler Giulianos und Lorenzos de' Medici aus mit den allegorischen Figuren der vier Tageszeiten *Der Tag* und *Die Nacht* (Grabmal Giulianos) bzw. *Die Morgenröte* und *Der Abend* (Grabmal Lorenzos). Insgesamt blieb jedoch auch die bildhauerische Ausstattung der Medici-Grabkapelle unvollendet. – 1534 siedelte M., angewidert von der Tyrannei der Medici, endgültig nach Rom über, wo (1536–41) sein zweites monumentales Fresko, das *Jüngste Gericht,* entstand, das die gesamte Fläche der Altarwand in der Sixtinischen Kapelle einnimmt und vor dem der greise Papst Paul III. auf die Knie fiel, als es enthüllt wurde. Die massigen Körper in ihrer Antizipation der ◇Barockmalerei verraten

Michelangelo, *Die Erschaffung Adams* (Ausschnitt aus dem Deckenfresko in der Sixtinischen Kapelle, Vatikan), 1510

M.s Unzufriedenheit mit den gängigen Vorstellungen über das Formideal und spiegeln zugleich seinen zunehmenden geistigen Ernst wider, der gespeist wurde aus M.s Freundschaften zu der Dichterin Vittoria Colonna (1492?–1547), der M. um 1536 in Rom begegnete, und katholischen Reformern wie Ignatius von Loyola. In M.s späte Schaffensperiode gehören die im Auftrag von Papst Paul III. für die Cappella Paolina im Vatikan geschaffenen Fresken der *Bekehrung des Saulus* (1542–45) und der *Kreuzigung Petri* (1545–50). 1545 vollendete er auch das – stark verkleinerte – Grabmal Julius' II. in S. Pietro in Vincoli. – 1549 wurde M. von Paul III. zum ›Obersten Architekten von St. Peter‹ ernannt (bereits 1546 hatte er die verantwortliche Leitung der Bauarbeiten am Petersdom übernommen), außerdem wurde ihm der Auftrag für einen Neuentwurf des Kapitols erteilt. Trotz der großen Inanspruchnahme durch die Architektur führte M. in seinen späten Schaffensjahren noch zwei bedeutende Skulpturen aus: die für einen Altar bestimmte *Pietà* (begonnen vor 1550 in Rom, heute Dom-Museum, Florenz; von Tiberio Calcagni restauriert, kam die Gruppe im 17. Jh. nach Florenz) und – sein letztes bildhauerisches Werk – die *Pietà Rondanini* (1555–64, nicht vollendet, Castello Sforzesco, Mailand). In diesen letzten Jahren verfaßte M. auch einige seiner schönsten Sonette. – Wahrscheinlich hat kein anderer Künstler je größeren

Einfluß ausgeübt als M. Seine Zeitgenossen nannten ihn den ›Göttlichen‹, sein schöpferisches Genie erregte solche Ehrfurcht, daß sie von M.s »terribilità« sprachen. Für seinen Freund → Vasari stellte die Leistung M.s die Kulmination der ◇Renaissance-Kunst dar, die bei → Giotto ihren Ausgang genommen hatte. – Über 400 Jahre sind die Fresken der Sixtinischen Kapelle sowohl von Malern wie auch von deren Gönnern studiert worden und v. a. von jenen, die die Kunst ihrer eigenen Zeit kritisch bewerteten; → Goethe bemerkte in seiner ›Italienischen Reise‹: »... ohne die Sixtinische Kapelle gesehen zu haben, kann man sich keinen anschaulichen Begriff machen, was ein Mensch vermag« (Italienische Reise 3, 23. 8. 1787). M.s Einfluß als Dichter wäre vielleicht ähnlich groß gewesen, wenn seine Sonette nicht bis 1863 auf ihre Veröffentlichung in ursprünglicher und vollständiger Form hätten warten müssen. Die 1623 von seinem Großneffen besorgte, stark überarbeitete Ausgabe (›Rime‹) war von geringem Wert und erweckte hauptsächlich Interesse als Kuriosität. Es ist häufig schwierig, die volle Bedeutung der Sonette M.s zu erfassen; in Gedichten wie ›Giunto è già il corso della vita mia‹ (›Schon angelangt ist meines Lebens Fahrt‹) kommt M.s Genius ebenso klar zum Ausdruck wie in jenen letzten Pietà-Darstellungen, in denen der Kampf der Bedeutungssuche beinahe die Bedeutung selbst zerstört hat.

Michelozzo, Michelozzi (Michelozzo di Bartolomeo) (1396–1472)
Italienischer Baumeister und ◇Bildhauer. Sein Name wird mit den Hauptinitiatoren der ◇Renaissance verknüpft. Zunächst von → Ghiberti ausgebildet, mit dem er in Florenz an den beiden Flügeln der ersten Baptisteriumstür zusammenarbeitete (1417–24; 1437–42), wirkte M. seit etwa 1424/25 (bis 1438) in Werkstattgemeinschaft mit → Donatello; gemeinsam mit diesem schuf er u. a. das Brancacci-Grabmal in Neapel (1427, S. Angelo a Nilo) sowie die Außenkanzel des Doms von Prato (1428–38). Zu M.s bedeutendsten Leistungen als Baumeister gehört der im Auftrag Cosimo de' Medicis entworfene Palazzo Medici-Riccardi (1444 – um 1460), mit dem er das Vorbild für den großbürgerlichen florentinischen Stadtpalast der Renaissance schuf.

Middendorf, Helmut (* 1953)
Deutscher Maler, der 1971–79 an der Berliner Hochschule der Künste bei → Hödicke studierte. 1977 Mitbegründer der Berliner Galerie am Moritzplatz und intensive Beschäftigung mit dem Experimentalfilm (ab 1979 Lehrauftrag an der Berliner Hochschule der Künste für dieses Medium). Mit seinen malerischen Arbeiten gehört M. zum Umfeld der Berliner ◇Neuen Wilden. Seine ◇neoexpressive Malweise verbindet die spontane Gestik und malerische Direktheit des ◇Action Painting mit der Großstadtthematik des deutschen ◇Expressionismus, wobei die Gegenstände und Figuren stets in den Bildvordergrund drängen und den Betrachter unmittelbar affizieren.

Midgette, Willard F. (* 1937)
Amerikanischer Maler, studierte an der Showhegan School of Painting and Sculpture Malerei und 1954–58 am Harvard College Philosophie. Sein malerisches Konzept ist eine methodische Konstruktion von ◇Trompe-l'œil-Effekten, die als totale Täuschung die Grenzlinie zwischen Realität und Illusion ausloten. M.s Bilder sind gemalte ◇Environments, die sich als solche nur durch ständigen Perspektivenwechsel decouvrieren.

Mields, Rune (* 1935)
Deutsche Künstlerin, Autodidaktin. Nach frühen stereometrisch wirkenden ›Röhrenbildern‹ gelangte M. 1972 über deren Abstraktion (Kreise an Tangenten) zu Arbeiten mit mathematischen Systemen, deren Abläufe sie in meist vielteiligen großformatigen Bildfolgen visualisierte. Seit Mitte der 1970er Jahre Beschäftigung mit außereuropäischen Zahlensystemen und deren grafischer Notation, die sie ebenfalls zur Strukturierung ihrer Arbeiten benutzt. 1981/82 ◇Serie der *Steinzeitgeometrie,* die sich mit Archetypen des Bewußtseins beschäftigt, ab 1984 Serie *Über die Farbe,* die auf die Unverbindlichkeit sprachlicher Farbcodierungen für das Sehen von Farben hinweist.

Miereveld (Mierevelt), Michiel Jansz. van (1567–1641)
Holländischer Maler, der in Delft und Den Haag wirkte. Er gab die ◇Historienmalerei auf, um sich der ◇Porträtdarstellung zu widmen und wurde Hofmaler der Prinzen von Oranien (*Moritz Prinz von Oranien,* Rijksmuseum, Amsterdam). Karl I. von England versuchte 1625, ihn an den englischen Hof zu holen. M.s aristokratische Bildnis-

se entsprachen in ihrer flachen, steifen ◇Komposition dem herrschenden Porträtstil der Zeit, bevor der Einfluß van → Dycks wirksam wurde.

Mieris, Frans van d. Ä. (1635–1681)
Holländischer ◇Genre- und ◇Porträtmaler, Lieblingsschüler von G. → Dou. Seine glatte, elegante Malerei zeichnet sich aus durch virtuose Farbbehandlung und minuziöse Wiedergabe von Seiden- und Satinstoffen wie auch von Schmuck (*Gesellschaft beim Austernmahl,* 1659, Eremitage). Er stand in dem Ruf, seine Arbeiten auf ◇Goldgrund auszuführen.

Mies van der Rohe, Ludwig (1886–1969)
Deutsch-amerikanischer Architekt, der u. a. bei Peter → Behrens (1908–11) seine Ausbildung erhielt. Nach dem Ersten Weltkrieg Mitglied der → Novembergruppe in Berlin. Wegweisende Anregungen für seine architektonische Konzeption bezog v. d. R. aus dem deutschen ◇Expressionismus, der niederländischen de-◇Stijl-Bewegung und dem russischen ◇Konstruktivismus. 1930 übernahm er die Direktion des ◇Bauhauses, erst in Dessau, dann in Berlin. Berühmt wurden seine kubisch angelegten flachen Bauten durch ihre klare funktionelle Formgebung unter der Verwendung von Glas und Stahlbeton. 1938 mußte er in die USA emigrieren, wo er eine Professur für Architektur am Illinois Institute of Technology in Chicago übernahm. Konzipierung exemplarischer Hochhaus-Wohnblocks v. a. in Chicago und New York. Mit dem Bau der Neuen Nationalgalerie Berlin (1962–67) kehrte v. d. R. zur klaren Struktur seiner frühen Pavillonform zurück.

Mignard, Pierre (1612–1695)
Französischer Maler, Schüler von → Vouet in Paris, ging 1636 nach Rom, wo er große Popularität mit seinen Madonnenbildern (›Mignardes‹) erlangte. 1657 kehrte er nach Frankreich zurück; dort entstanden in der Folgezeit zahlreiche – z. T. ◇allegorische – Bildnisse der königlichen Familie und bedeutender zeitgenössischer Persönlichkeiten (u. a. Kardinal Mazarin), die zu M.s besten Arbeiten zählen (*Die Marquise de Seignelay und zwei ihrer Kinder,* 1691, NGL). Außerdem führte er ◇Wandgemälde aus (Kuppelfresken [1665] in der Kirche Val-de-Grâce, Paris). M., der der Rivale → Lebruns war, folgte diesem 1690 als Erster Hofmaler Ludwigs XIV. und Direktor der königlichen Akademie.

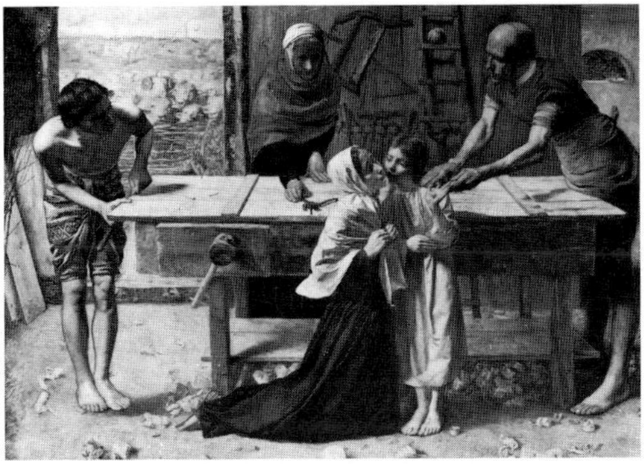

John Everett Millais, *Christus im Hause seiner Eltern (Die Schreinerwerkstätte),* 1849–50

Millais, Sir John Everett (1829–1896)
Einer der führenden englischen Maler des viktorianischen Zeitalters, 1848 Mitbegründer der Bruderschaft der → Präraffaeliten. Mit der Technik eines ◇Miniaturmalers bemühte er sich um eine konsequente Umsetzung der präraffaelitischen Idee von der Naturtreue (*Ophelia,* 1851–52, Tate Gallery, London; *Porträt John Ruskin,* 1854). M. besaß weder die Erfindungskraft von → Rossetti noch das leichte kompositionelle Geschick von → Hunt, war jedoch wohl die natürlichste Begabung unter allen Präraffaeliten. Ab 1857 gelangte er durch dekorative Formanordnungen und Farbharmonien zu einer freieren Malweise. Nach 1870 setzte er sich mit volkstümlichen Themen auseinander und malte vorwiegend ◇Porträts, die seine Bewunderung für → Velázquez, → Gainsborough und → Reynolds verraten. 1896 wurde er Präsident der Royal Academy. Zu seinen bekanntesten Bildern zählt das Frühwerk *Christus im Hause seiner Eltern* (1849–50, Tate Gallery, London), das wegen des ungewohnt deutlichen Realismus, mit dem das religiöse Sujet präsentiert wird, 1850 einen Skandal auf der Jahresausstellung der Royal Academy auslöste und die Spottbezeichnung *The Carpenters Shop (Die Schreinerwerkstätte)* erhielt.

Millarés, Manolo (1926–1972)
Spanischer Maler, Promotor der modernen Kunst in Spanien. Unter dem Einfluß des ◇Surrealismus begann er seine *Pictografias Canarias* (1952). Seine → Tàpies nahestehenden Bilder aus grober Sackleinwand, die straff zusam-

mengezogen, aufgeschlitzt oder in Klumpen zusammengerafft und mit roter, weißer oder schwarzer Farbe besprüht ist, lösen sowohl landschaftliche Assoziationen aus als auch Gedanken an Blut, Schmerz und Gewalt.

Miller, Kenneth Hayes (1876–1952)
Amerikanischer Maler, studierte bei → Chase, → Cox, an der ◇Art Students' League und bei → Henri. 1913 war er an der ◇Armory Show beteiligt. Er lehrte mit einigen Unterbrechungen an der Art Students' League (1911–52), wo er mit seinen Schilderungen städtischen Lebens, in denen sich der Realismus der → Ash Can School mit der harten plastischen Formbestimmung, aber auch der Romantik der ◇Neuen Sachlichkeit verband, einen starken Einfluß auf seine Schüler ausübte.

Milles, Carl (1875–1955)
Schwedischer ◇Bildhauer, studierte 1897–1904 in Paris bei → Rodin, von dessen Werk er in der Folgezeit stark beeinflußt war, und 1904–06 in München, seit 1920 Professor an der Kunstakademie in Stockholm. Ab 1929 war M. abwechselnd in den USA und in Schweden tätig. Sein Werk umfaßt v. a. monumentale bewegte Figurengruppen (*Pegasus und der Mensch,* 1949, Des Moines [Iowa]), bei denen er Stilanleihen bei verschiedenen Epochen nahm.

Millet, Jean-François (1814–1875)
Französischer Maler und ◇Grafiker, bedeutender Vertreter der → Barbizon-Schule und enger Freund T. → Rousseaus. M. studierte in Cherbourg und ab 1837 bei → Delaroche in Paris und stellte erstmals 1840 im ◇Salon aus. Im nächsten Jahrzehnt malte er ◇Porträts (*Madame Lecourtois,* um 1841; *Madame Canoville,* 1845, beide Musée d'Orsay, Paris), ◇Pastelle und ◇Ölgemälde mit mythologischen und bukolischen Szenen (*Rückkehr der Herde,* um 1846, ebda.), die von älteren Meistern (→ Correggio, → Diaz, → Fragonard, → Greuze) beeinflußt waren, und zeichnete sich als bedeutender Darsteller des weiblichen ◇Aktes aus (*Die Ruhende,* Musée d'Orsay, Paris). Seit den späten 1840er Jahren stand er in Kontakt mit den Malern von Barbizon. Er ließ sich dort 1849 nieder und wandte sich erstmals der ◇Landschaftsmalerei zu. In der Darstellung der kargen, melancholischen Landschaft und des einfachen, hart arbeitenden bäuerlichen Menschen fand M. seinen eigenen stark

Jean-François Millet, *Das Abendläuten (Beim Angelusläuten)* (Ausschnitt), 1858–59

durch → Daumier geprägten Stil, der ihm mit seinem Bild *Der Sämann* (1849–50), das auf dem Salon von 1850 ausgestellt war, einen ersten großen Erfolg brachte. In der pathetischen Größe von Form und Komposition spiegelt sich M.s Beschäftigung mit der ◇klassizistischen Malerei N. → Poussins wie auch mit → Michelangelo wider. M.s schwere, dunkle, erdverbundene Gestalten, die einen starken Eindruck auf → Pissarro und van → Gogh machten, waren – trotz einer → Courbet verwandten Thematik (*Die Steinklopfer,* 1849) – ohne jede sozialkritische Intention (*Die Ährenleserinnen,* 1857; *Das Abendläuten [Beim Angelusläuten],* 1858–59; *Die Schafhirtin,* 1862, alle Musée d'Orsay, Paris). Einen Höhepunkt seiner Kunst stellen die ab etwas 1865 entstandenen großen Pastelle dar. M. übte einen weitreichenden Einfluß aus (u. a. → Israëls, → Mauve, → Liebermann).

Minne, Georges (1866–1941)
Belgischer ◇Bildhauer, der zum wichtigsten Vertreter der ◇Jugendstil-Plastik wurde; seit 1899 gehörte er zum Künstlerkreis der Gruppe → Laethem-Saint-Martin. Seine frühen ◇Plastiken sind deutlich an → Rodin orientiert (*Der verlorene Sohn,* 1896). Das Hauptwerk dieser frühen Phase ist der Marmorbrunnen mit fünf knienden Jünglingen (1906, heute Museum Folkwang, Essen). In M.s Schaffen nach 1900 dominiert

das Thema Mutter und Kind, wobei seine Bildwerke in ihrem streng-expressiven, religiösen Ausdruck z. T. an → Barlach erinnern. M.s Gestalten zeigen neben dem flächigen Jugendstilelement Einflüsse der mittelalterlichen ◇gotischen Plastik und des ◇Symbolismus.

Mino da Fiesole (1429–1484)
Italienischer ◇Bildhauer, der v. a. in Florenz und Rom arbeitete, begann als Steinmetz und wurde dann offenbar Schüler von → Desiderio da Settignano. Die Charakterisierung seiner antikisierenden Frührenaissance-Porträtbüsten entwickelte sich von dem steifen römischen *Piero de' Medici* (1453, Museo Nazionale del Bargello, Florenz) zu den *Neroni* (1464). Seine wichtigsten Grabmäler entstanden für Bernardo Giugni (1468), den Grafen Hugo von Andersburg (1469–81, beide Badia, Florenz) und Francesco Tornabuoni (um 1480, S. Maria sopra Minerva, Rom). M. arbeitete – eher elegant als vital – in der Manier und nach den Formeln Desiderios.

Miralda, Antoni (* 1942)
In Paris und New York lebender ◇Aktionskünstler spanischer Herkunft, erhielt 1958–62 eine Ausbildung als Textilingenieur in Barcelona, übersiedelte 1962 nach Paris und widmete sich dann der ◇Fotografie, ◇Frottagen und ◇Zeichnungen. Ab 1969 entwickelte er eine ritualhafte, festliche Aktionsform (*Celebrations* und *Ceremonials*), deren Thematik oft auf antike Mythen anspielt (*Fest für Leda,* documenta 6, Kassel 1977). Die Zuschauer werden bei diesen Festveranstaltungen zum phantasie- und emotionsvollen mitschöpferischen Tun aufgefordert. Wichtig ist für M. dabei das Erfahrungsmoment des Kollektiven, des gemeinsamen Erlebens einer nicht alltäglichen Situation, wie sie rituellen Zeremonien eigen ist.

Mir Iskusstwa (russ. ›Welt der Kunst‹)
Name einer russischen Künstlervereinigung, die sich gegen Ende der 1890er Jahre in St. Petersburg bildete, sowie der von ihr herausgegebenen Zeitschrift (1899–1904), deren leitender Redakteur S. → Diaghilew war. Gründungsmitglieder der M.-I.-Gruppe waren L. S. → Bakst, M. W. Dobuschinski, J. J. Lanceray, Anna P. Ostroumowa-Lebedewa und K. A. Somow. Unter den Moskauer und St. Petersburger Künstlern, die sich ihr später anschlossen, befanden sich A. J. Golowin, I. E. Grabar, K. A. Korowin, N. K. Roerich und W. A. → Serow. Die M.-I.-Gruppe repräsentierte eine künstlerische Strömung in Rußland zu Ende des 19./Anfang des 20. Jh.s, die sich gegen den Akademismus wie auch gegen die späte Bewegung der → Peredwischniki wandte. Der Kern der Vereinigung orientierte sich an den gleichzeitigen westeuropäischen Richtungen (◇Jugendstil, ◇Neoimpressionismus, ◇Symbolismus). Die Ausstellungen der M. I. – bis 1904 existierte sie als Ausstellungsorganisation – hatten internationalen Charakter; so beteiligten sich an der Jahresausstellung von 1899 u. a. → Böcklin, → Degas, → Monet, → Puvis de Chavannes und → Whistler. Zentraler Punkt der ästhetischen Theorien der M. I. war das Postulat der Autonomie von Kunst, einer reinen Kunst, befreit von jeglichem gesellschaftskritischen Anspruch. 1904–10 zerfiel die Gruppe, da die meisten Mitglieder dem ›Bund russischer Künstler‹ beitraten, formierte sich jedoch 1910 erneut unter demselben Namen und existierte bis 1924.

Miró, Joan (1893–1983)
Spanischer Maler, ◇Grafiker und ◇Bildhauer, studierte ab 1907 an der Kunstakademie und an der Akademie Galí (ab 1912) in Barcelona. Als Student hegte er große Bewunderung für die katalanische ◇Volkskunst und die eigenwilligen ◇Jugendstilformen der Architektur → Gaudís. M.s Malerei stand anfänglich unter dem Einfluß → Cézannes, van → Goghs und der ◇Fauves. Während des Ersten Weltkriegs hielt er sich mit → Delaunay in Portugal auf. 1919 besuchte er erstmals Paris, wo er → Picasso begegnete, mit dem er sich anfreundete; im Jahr darauf ließ er sich dort nieder. Nach einer kurzen ◇kubistisch beeinflußten Phase (*Akt mit Spiegel,* 1919, Kunstsammlung Nordrhein-Westfalen, Düsseldorf) schloß er sich 1924 den ◇Surrealisten an, gehörte zu den Mitunterzeichnern des von → Breton verfaßten ›Ersten Surrealistischen Manifests‹ und nahm an deren erster Ausstellung in Paris (1925) teil. Die Bekanntschaft M.s mit dem Werk von → Arp, → Kandinsky und v. a. von → Klee führte zu einer freien, spontanen, automatischen Pinselschrift, mit der er eine ganz persönliche, poetische, spielerische, skurrile Bildwelt erfand (*Der Karneval des Harlekins,* 1924–25, Albright-Knox Art Gallery, Buffalo [New York]), so daß André Breton 1928 bemerkte, Miró sei »wahrscheinlich der surrealistischste von uns allen«. Die von M. erfundenen ◇em-

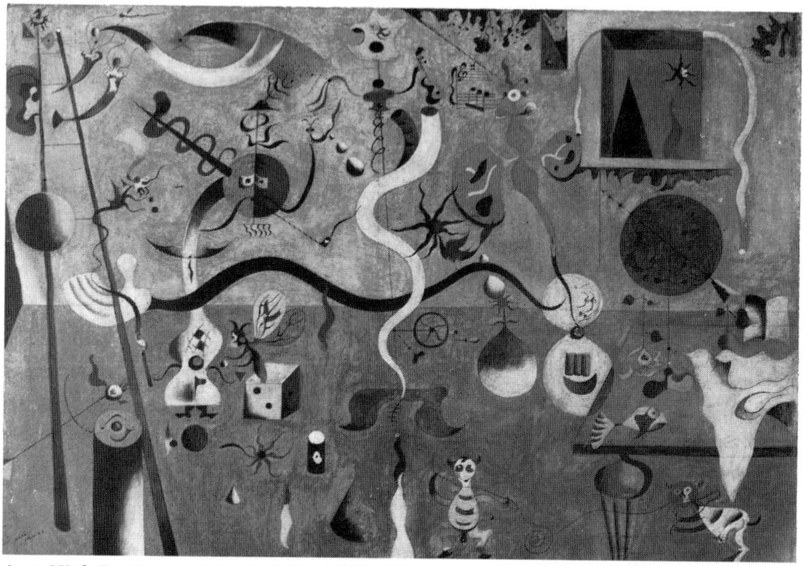

Joan Miró, *Der Karneval des Harlekins,* 1924–25

blematischen Bildzeichen haben zugleich das Naiv-Komische kindlicher Kritzelzeichnungen wie auch die archaische Ausdruckskraft uralter menschlicher Symbole. 1928 entstand unter dem Eindruck einer Reise in die Niederlande und der Bilder → Vermeers die Reihe der *Holländischen Interieurs.* In der Folge reduzierte sich das Räumliche meist auf einen einzigen ◇monochromen Flächengrund, vor dem unter betonter Verwendung von Schwarz und reinen leuchtenden Farben mythische Fabelwesen, Zeichen für Sterne, Mond, Sonne, Frauen oder Vögel, erschienen (*Frauen und Vogel im Mondschein,* 1949, Tate Gallery, London). In den 1950er Jahren wandte sich M. in starkem Maße der Grafik und der ◇Keramik zu, mit der er sich erstmals 1944, in Zusammenarbeit mit José Llorens Artigas (1892–1980) beschäftigt hatte; in dieser Schaffensperiode schuf er auch kleine ◇Plastiken (◇Terrakottastatuetten, Bronzefiguren, meist Frauendarstellungen). Zu seinen öffentlichen Auftragsarbeiten, die er gemeinsam mit Artigas ausführte, gehören die 1957–58 entstandenen, aus Keramikkacheln gefertigten Wandbilder der *Mond-* und der *Sonnenmauer* für das UNESCO-Gebäude in Paris, mit denen er 1958 den Großen Internationalen Preis der Guggenheim-Foundation gewann, sowie die 1960 vollendete monumentale Wanddekoration für die Harvard University in Cambridge (Mass.). – M.s grafisches Œuvre umfaßt ◇Radierungen, ◇Lithographien und ◇Holzschnitte, darunter eine Reihe von ◇Illustrationen zu literarischen Werken (z. B. zu Paul Eluard). Außerdem entwarf er Bühnenbilder und Kostüme für Ballettaufführungen (u. a. für → Diaghilews ›Ballets russes‹) sowie → Tapisserien. Seit 1956 lebte M. in Palma de Mallorca, wo er auch starb.

Miyagawa Choshun (1683–1753)
Japanischer Künstler, der anfänglich das Genre der → Tosa-Schule studiert hatte, später jedoch unter dem Einfluß von → Hishikawa Moronobu stand und dann eine eigene, persönliche Variante des ◇Ukiyo-e-Stils entwickelte. ◇Drucke und ◇Buchillustrationen schuf er nicht.

Mochi, Francesco (1580–1654)
Florentiner ◇Bildhauer, der lange Zeit in Rom (seit 1600) und Piacenza tätig war. Er schuf zahlreiche Reiterstandbilder, u. a. diejenigen von Ranuccio und Alessandro II. Farnese in Piacenza (1620–25, Piazza dei Cavalli, ebda.). Zu seinen bedeutendsten religiösen Bildwerken gehören eine *Verkündigung* (1603–08, Orvieto) und die Kolossalstatue der hl. Veronika (St. Peter, Rom), wobei erstere Arbeit eine der ursprünglichsten Schöpfungen ◇barocker ◇Skulptur darstellt.

Modersohn, Otto (1865–1943)
Deutscher Maler, der 1884–88 an der Düsseldorfer Kunstakademie, anschließend in München und 1888/89 in Karlsruhe studierte. 1889–1908 Aufenthalt in Worpswede. 1895 Gründung der → Worpsweder Künstlerkolonie mit F. → Mackensen, F. → Overbeck, Hans Am Endo und H. → Vogeler, 1899 Austritt aus der ›Vereinigung Worpsweder Künstler‹. 1901 Heirat mit Paula → Modersohn-Becker. M. schuf vorwiegend aus ihrem Kolorit wirkende ◇Landschaftsbilder und -studien in einem romantischen Naturlyrismus, für die wenige, nur andeutende Motive wie Moorgräben, Wolkenformationen und zerzauste Birken charakteristisch sind.

Modersohn-Becker, Paula (1876–1907)
Deutsche Malerin, Hauptvertreterin der → Worpsweder Malerschule, seit 1901 verheiratet mit Otto → Modersohn. Nach Mal- und Zeichenstudien in London und Berlin ließ sie sich 1898 in Worpswede nieder, dort Schülerin von F. → Mackensen. Ab 1900 reiste sie mehrmals nach Paris, wo sie an der Akademie Colarossi und an der Ecole des Beaux-Arts studierte, und nahm Kontakt zur künstlerischen Avantgarde auf. Besonders stark beeinflußt wurde sie von → Cézanne und v. a. von → Gauguin, deren große Bedeutung sie als eine der ersten unter den Künstlern in Deutschland erkannte. Ausgehend vom expressiven Naturlyrismus der Jahrhundertwende, gelangte sie in ihren Bildern von bäuerlichen Frauen und Kindern (*Bauernkind mit rosa Schürze,* um 1904–05), in ◇Selbstbildnissen (*Selbstbildnis mit Kamelienzweig,* 1907, Museum Folkwang, Essen) und ◇Stilleben (*Stillleben mit Kürbis,* 1905, WRM) zu einer ausdrucksbetonten, großflächigen und farbig-expressiven Malerei, die sie zu einer Wegbereiterin des deutschen ◇Expressionismus machte.

Paula Modersohn-Becker, *Sitzendes Mädchen mit verschränkten Armen,* um 1904

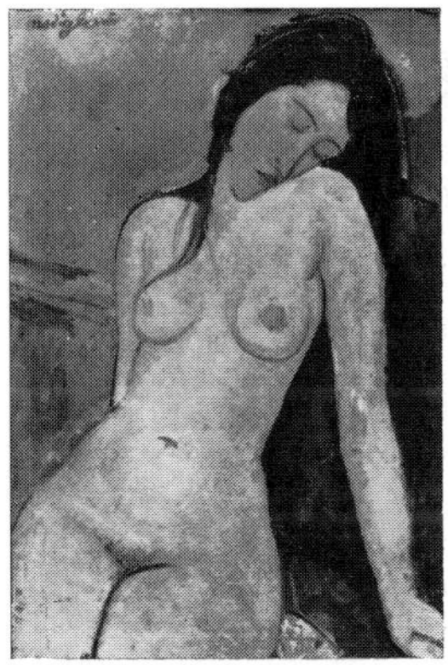

Amedeo Modigliani, *Sitzender Frauenakt,* um 1912

Modigliani, Amedeo (1884–1920)
Italienischer Maler, ◇Bildhauer und ◇Zeichner, Vertreter der Ecole de Paris. Nach Studien an den Kunstakademien in Florenz und Venedig kam er 1906 nach Paris, wo ihn v. a. → Toulouse-Lautrec, → Picasso, → Matisse, → Bonnard und → Cézanne (ab 1909) beeindruckten. Entscheidend für M.s künstlerische Entwicklung wurde seine Begegnung mit → Brancusi (1909 in Paris), der ihn zur bildhauerischen Tätigkeit anregte und auf die afrikanische Negerplastik aufmerksam machte, deren Einfluß die großflächigen, zeichenhaften Formen seiner ◇Porträts, besonders seiner idolhaften ◇Plastiken, prägte. Bis 1915 beschäftigte sich M. intensiv mit der Bildhauerei (*Karyatiden*-Studien, Frauenköpfe), mußte diese Arbeit aber aufgeben, da der vom Meißel produzierte Staub seine Lungen schädigte und seine Gesundheit ohnehin schon geschwächt war. Ab 1914/15 malte M. v. a. seine

Künstlerfreunde (*Pablo Picasso,* 1915; *Henri Laurens,* 1915; *Jean Cocteau,* 1917) und zahlreiche Frauenbildnisse (Aktdarstellungen) in einem lyrischen, melancholischen Stil mit den für ihn so typischen ausgeprägten großzügig-vereinfachenden Umrißlinien, den überlängten Gestalten und Köpfen und einer auf grau-blaue und rötliche Töne abgestimmten Farbigkeit (*Zigeunerin mit Kind,* 1918, NGW). M., der in dem Ruf stand, der »letzte Bohemien vom Montmartre« gewesen zu sein, starb, von Tuberkulose und Alkohol geschwächt, 1920 mit nur 35 Jahren in bitterer Armut in Paris.

Moholy-Nagy, László (1895–1946)
Ungarischer Maler, Designer, Plastiker, Fotograf, Kunstpädagoge und Schriftsteller, wandte sich nach einem Jurastudium (bis 1915 in Budapest) der Malerei zu und entwickelte sich unter dem Einfluß von → Malewitsch und → Lissitzky zu einem der bedeutendsten Vertreter des ◇Konstruktivismus. 1923 berief ihn → Gropius als Lehrer ans ◇Bauhaus, wo M.-N. bis 1928 Leiter des Vorkurses und der Metallwerkstätten war und auf fast allen Gebieten (◇Fotografie, ◇Typographie, ◇Film, ◇Design, Theater- und Ballettentwürfe, Lichtexperimente u. a.) eine fruchtbare, einflußreiche Tätigkeit entfaltete; seine Ideen veröffentlichte er in der Reihe der Bauhausbücher (darunter ›Malerei, Fotografie, Film‹, 1925; ›Von Material zu Architektur‹, 1929). M. stellte den experimentierenden ›funktionalistischen‹ Künstler dar, für den Kunst das Versuchsfeld für neue Ausdrucksformen war, die dann auf alle Bereiche des modernen Lebens angewandt werden sollten. 1928 verließ er das Bauhaus und beschäftigte sich in Berlin mit Bühnenbildentwürfen und Filmexperimenten. Nach Aufenthalten in Amsterdam (1934) und London (1935) emigrierte er 1937 in die USA, wo er in Chicago das ›New Bauhaus‹ mitbegründete und leitete (seit 1939 Institute of Design). 1938 eröffnete er sein eigenes Institut, die ›School of Design‹ in Chicago. In seinen späteren Schaffensjahren widmete er sich besonders dem Design und schuf eine Reihe von Plexiglasskulpturen (u. a. einen *Licht-Raum-Modulator*, 1930), in denen er die Lichtbrechungsmöglichkeiten des Materials erforschte und sich – beeinflußt von N. → Gabo – mit den dynamischen Verhältnissen von Formen im Raum beschäftigte. 1944 erschien seine Autobiographie ›The New Vision and Abstract of an Artist‹, 1947 die Schrift ›Vision in Motion‹.

László Moholy-Nagy, *Licht-Raum-Modulator (Lichtrequisit),* 1930

Moilliet, Louis René (1880–1962)
Schweizer Maler, der sich 1901 der → Worpsweder Künstlerkolonie um Fritz → Mackensen anschloß. Entscheidende Eindrücke erhielt er durch mehrere Aufenthalte in Tunesien, u. a. 1914 zusammen mit → Klee und → Macke – mit letzterem war M. eng befreundet –, unter deren Einfluß er die lichtdurchflutete Palette des ◇Orphismus übernahm. Es entstanden die ◇Aquarelle der Tunisreise mit mediterranen Landschafts- und Städteszenen, die M.s Œuvre bis in die 1930er Jahre bestimmten.

Molenaer, Jan Miense (um 1610–1668)
Holländischer ◇Genremaler, in Amsterdam (1637–48), Heemstede (1648–55) und Haarlem (ab 1655) tätig. Wie seine Frau, die Malerin Judith → Leyster, war M. ein Schüler von F. → Hals, an dessen Werk ihrer beider Arbeiten in Motivwahl und Stil stark erinnern. M.s Frühwerk zeichnet eine besondere Vorliebe für Genreszenen mit musikalischen Gesellschaften und repräsentative Familienbildnisse aus. Gegen Ende der

1630er Jahre wandte er sich derb-humoristischen Bauernszenen in der Art von → Ostade und → Brouwer zu, die nicht mehr die Qualität seiner früheren Gemälde besitzen.

Moll, Oskar (1875–1947)
Deutscher Maler, Schüler von W. → Leistikow und L. → Corinth in Berlin, gehörte 1907–08 mit Hans → Purrmann und Rudolf Levy zum Kreis der deutschen Künstler um → Matisse in Paris (Mitbegründer der ›Académie Henri Matisse‹). 1918–32 lehrte er an der Breslauer, ab 1932 an der Düsseldorfer Akademie, 1933 von den Nationalsozialisten entlassen und 1937 Entfernung seiner als ›entartet‹ verfemten Arbeiten aus den deutschen Museen. Ausgehend von einer ◇fauvistischen Malweise gelangte M. unter dem Einfluß des ◇Kubismus zu einer flächig-abstrahierenden ◇Landschafts-, Figuren- und ◇Stillebenmalerei.

Mondrian, Piet (Pieter Cornelis Mondriaan) (1872–1944)
Niederländischer Maler, Begründer des ◇Neoplastizismus. M. studierte 1892–94 an der Amsterdamer Kunstakademie. Seine Frühwerke, Landschaften, die mit verhaltener Palette ausgeführt sind, stehen in der holländischen Tradition des 19. Jh.s (→ Haager Schule), z. B. *Bäume am Gein* (um 1902–05, Haags Gemeentemuseum, Den Haag); *Windmühle* (1905–06). Während seines Aufenthaltes in Domburg (1908–11) begannen sich in seiner Kunst Einflüsse moderner Stilströmungen zu zeigen, besonders des ◇Nachimpressionismus (→ Seurat, van → Gogh) und des ◇Fauvismus (→ Matisse), etwa in der Reihe seiner Bilder vom *Leuchtturm in Westkapelle* (u. a. 1908, 1909) oder der *Windmühle im Sonnenlicht* (1908, Haags Gemeentemuseum, Den Haag). In Paris (1911–14) erhielt seine künstlerische Entwicklung einen starken Impuls durch den Einfluß des ◇Kubismus, den er bis zur extremen Vereinfachung seiner ›+ und –‹-Bilder abstrahierte. In seiner niederländischen Zeit (1914–19) wurde er durch den Philosophen M. H. J. Schoenemaeker in seiner Suche nach bildnerischen Symbolen für eine ›universelle‹ Wirklichkeit, die im Gegensatz zur ›individuellen‹ steht, bestätigt und gelangte zur vollständigen Abstraktion (1917). Die im gleichen Jahr zusammen mit van → Doesburg begründete De-◇Stijl-Bewegung und deren gleichnamige Zeitschrift (›De Stijl‹) wur-

Piet Mondrian, *Komposition mit Rot, Gelb und Blau,* 1921

den Brennpunkt und Plattform für M.s neoplastizistische Theorie (1917–25; 1920 Veröffentlichung seines Essays ›Le Néo-plasticisme‹). In Paris (1919–38), wo er sich → Abstraction-Création anschloß (1931), und in London (1938–40) beschränkte er sich mehr und mehr auf die abstraktesten ›universellen‹ Mittel (gerade Linien und Primärfarben), mit denen er die Bildfläche in ein Gitterwerk einteilte, das einerseits die Grenzen der einzelnen Rechtecke bestimmte und andererseits ihre Absonderung als ›Objekte‹ im Raum verhinderte. Diese in ständiger asketischer Reduktion entstandenen Bilder, die letztlich nur noch aus dem Spannungsverhältnis von horizontalen und vertikalen Linien und den Primärfarben Rot, Gelb und Blau sowie den Nicht-Farben Schwarz und Weiß bestanden, waren für M. nur Gleichnisse einer universalen Harmonie, die er auf alle Lebensbereiche ausdehnen wollte (»bis wir Gemälde nicht mehr nötig haben, denn wir werden inmitten realisierter Kunst leben«). Das Denken M.s hatte eine tiefgreifende Wirkung auf die Gestaltung moderner Umwelt, v. a. auf Architektur und Städtebau. In seinen letzten Lebensjahren in New York (1940–44) erfuhr sein Neoplastizismus noch einmal eine starke rhythmische Dynamisierung in der Reihe der ›Boogie-Woogie-Bilder‹ (*Broadway Boogie-Woogie,* 1942–43, Museum of Modern Art, New York).

Claude Monet, *Die Kathedrale von Rouen,* 1894

Monet, Claude (Claude-Oscar M.) (1840–1926) Französischer Maler, Mitbegründer und Hauptvertreter des ◇Impressionismus. In Paris geboren, verbrachte M. seine Jugendzeit in Le Havre, wo er um 1856/57 → Boudin begegnete, der ihn zum Malen direkt nach der Natur ermutigte. Ab 1859 studierte er an der Académie Suisse in Paris, wo er → Pissarro kennenlernte. Nach seinem Militärdienst in Algerien (1860–62) kehrte er nach Paris zurück, um bei → Gleyre an der Pariser Kunstakademie zu studieren (1862); hier befreundete er sich mit → Renoir, → Sisley und → Bazille, mit denen er in Chailly, im Wald von Fontainebleau, malte. Unzufrieden mit der Lehrmethode Gleyres, beeinflußten ihn v. a. die Arbeiten → Jongkinds und Boudins. 1864 malte M. mit Bazille in der Umgebung von Honfleur und begann, Landschaften in ihrer atmosphärischen Erscheinung darzustellen; seine Gemälde der Seinemündung (*Die Seinemündung bei Honfleur,* 1865) wurden auf dem ◇Salon von 1865 begeistert aufgenommen. Sie zeigten jenes außergewöhnliche Gespür M.s für tonale Werte, das → Cézanne veranlaßte, ihn »nur ein Auge, aber, mein Gott, welch ein Auge« zu nennen. Um 1865 versuchte er, → Manets *Frühstück im Grünen* in einem eigenen Bild neu zu bearbeiten. Auf → Courbets Kritik hin wurde das geplante große Gemälde *Frühstück im Grünen* nicht vollendet (Mittelstück und linker Teil, 1865–66, befinden sich heute im Museé d'Orsay, Paris; eine weitere, 1865–66 entstandene Fassung, heute im Puschkin Museum, Moskau). In den späten 1860er Jahren arbeitete M. gemeinsam mit Renoir in La Grenouillière, wo sie die ersten rein impressionistischen Gemälde schufen (*La Grenouillière,* 1869, MM). Während des Deutsch-Französischen Krieges reiste M. nach London; dort studierte er mit Pissarro die Werke → Turners und → Constables (1871). Im Sommer desselben Jahres reiste er nach Holland. 1872 ließ er sich in Argenteuil nieder, wo bis 1877 zahlreiche Flußlandschaften (Seine-Ansichten) entstanden, die er von seinem Atelierboot aus malte (zeitweise zusammen mit Renoir und Manet) und in denen er das Licht und seine wechselnden Wirkungen in der Natur erfaßte (*Die Brücke von Argenteuil,* 1874, Musée d'Orsay, Paris; siehe auch Ft. 24). 1874 gehörte M. zu den Organisatoren der ersten Impressionistenausstellung, auf der sein Bild *Impression, soleil levant* (1872, Musée Marmottan, Paris) den Kritiker Leroy zu dem Spottnamen ›Impressionisten‹ anregte, der dann zum Begriff für die Bewegung wurde. Insgesamt beteiligte sich M. an fünf der acht Impressionistenausstellungen (an der fünften, sechsten [1880] und achten [1886] nahm er nicht teil) und hatte ebenso wie z. B. Pissarro und Sisley unter Anfeindungen und fehlender Unterstützung zu leiden. 1876 begann M. die erste seiner Bildserien über ein einziges Motiv: die *Bahnhof-Saint-Lazare*-Serie (1876–78), der weitere Serien folgten: *Heuschober* (1889–93), *Pappeln* (1890–91) und die Serie der *Kathedrale von Rouen* (1892–94), die den Bildgegenstand zu verschiedenen Tageszeiten unter jeweils wechselnden atmosphärischen Bedingungen darstellen. Diese nahezu ◇abstrakten Licht- und Farbimpressionen hatten einen nicht unwesentlichen Einfluß auf die Entstehung der abstrakten Kunst (→ Kandinsky). Die 1880er Jahre waren für M. eine künstlerisch äußerst produktive Phase, jedoch auch Jahre der andauernden finanziellen Schwierigkeiten, bis ihm 1889 ein erster großer öffentlicher Erfolg zuteil wurde durch eine Gemeinschaftsausstellung mit → Rodin in der Pariser Galerie Georges

Petit. 1883 übersiedelte M. nach Giverny, wo er – abgesehen von Reisen nach London (1891, 1899, 1902) und Venedig (1908 und 1909) – den Rest seines Lebens verbrachte. 1893 kaufte er in Giverny ein Haus und ließ einen kunstvollen Wassergarten anlegen. Ab 1904 entstanden hier die berühmten Seerosenbilder, darunter auch der große Zyklus von Seerosen-Wandbildern, der sich heute im Musée de l'Orangerie in Paris befindet. – M., der einmal sagte, er fürchte die Dunkelheit mehr als den Tod, starb fast erblindet. Die vielleicht schönsten seiner späten Arbeiten vermachte sein Sohn Michel 1966 dem Musée Marmottan, Paris, darunter zwölf Seerosenbilder und sieben Gemälde der *Japanischen Brücke,* die M. um 1919–22 ebenfalls in Giverny gemalt hatte. Diese Werke antizipieren in vielerlei Hinsicht den ◇Abstrakten Expressionismus.

Monnoyer, Jean-Baptiste (1634–1699)
Französischer Maler, der herausragende Blumenmaler seiner Zeit in Frankreich; M. war v. a. in den Schlössern von Versailles und Marly tätig. Ab 1685 wirkte er in England, wo er im Montagu House, in Hampton Court, Windsor Castle und im Kensington Palace in London Dekorationen ausführte.

Montañés, Juan Martínez (1568–1649)
Spanischer ◇Bildhauer, Baumeister und Maler, einer der bedeutendsten Vertreter der religiösen ◇Barockbildhauerei in Spanien. Die meisten seiner Arbeiten befinden sich in Sevilla, darunter *Christus der Barmherzigkeit* (1603–06, Kathedrale), ein ◇Retabel für das Kloster S. Clara (um 1623) sowie eine Darstellung der ◇Unbefleckten Empfängnis (*Immaculada Concepción,* 1628–31, Kathedrale). Seine ausdrucksstarken, farbig gefaßten Holzplastiken und z. T. vergoldeten Altäre (◇Hochaltar der Franziskanerkirche von Huelva, 1616) lassen Einflüsse der italienischen ◇Renaissanceplastik erkennen, die in Sevilla durch P. → Torrigiani vertreten war.

Monticelli, Adolphe-Joseph Thomas (1824–1886)
Französischer Maler italienischer Abstammung, setzte seine Ausbildung nach Studien in Marseille (1841–44) in Paris bei → Delaroche fort. Stärker beeinflußt wurde er jedoch durch das Kopieren im Louvre und durch Bilder von → Delacroix und → Diaz, dessen Bekanntschaft er 1856 machte. Bis 1870 lebte er vorwiegend in Marseille und Paris, beim Zusammenbruch des Zweiten Kaiserreiches kehrte er in seine Geburtsstadt Marseille zurück. Neben ◇Stilleben (*Stilleben mit weißem Krug,* Musée d'Orsay, Paris), ◇Blumenstücken, ◇Landschaftsbildern (*Die Brücke über den Huveaume,* um 1868, Musée des Beaux-Arts, Lyon) und ◇Porträts malte er mit Vorliebe ◇Fêtes galantes (*Parkspaziergang in der Abenddämmerung,* ebda.), die von → Watteau inspiriert waren. Seine vehemente, kraftvolle ◇Impastomalerei mit ihrer leuchtenden, brillanten Farbigkeit beeinflußte → Cézanne und van → Gogh.

Montorsoli, Giovanni Angelo (Giovannangelo) (um 1507–1563)
Italienischer ◇Bildhauer, Assistent von → Michelangelo in der Medici-Kapelle in S. Lorenzo, Florenz, für die er später eine Figur des hl. Cosmas (1532) schuf. Für Papst Clemens VII. restaurierte er die → Laokoon-Gruppe und andere antike ◇Skulpturen. Sein Werk ist stark von Michelangelo beeinflußt. Zu seinen ausdrucksstärksten Arbeiten zählt der *Orion-Brunnen* in Messina.

Moore, Henry (1898–1986)
Englischer ◇Bildhauer und ◇Grafiker, studierte 1919–21 an der Leeds School of Art und 1921–25 am Royal College of Art in London, wo er ab 1926 auch unterrichtete. 1932–39 lehrte er an der Londoner Chelsea School of Art. – M., der bedeutendste britische Bildhauer von internationalem Rang im 20. Jh., übte beachtlichen Einfluß auf nachfolgende Künstlergenerationen aus, obwohl er durch die Einflüsse des ◇Konstruktivismus in England in den 1950er Jahren in gewisser Weise in den Hintergrund gedrängt wurde. Prägend für M.s gesamtes Schaffen wurde die primitive Kunst der Völker Afrikas und der Südsee sowie die Kunst früher Kulturen (altägyptische Plastik und v. a. die präkolumbische Kunst Mexikos), weiterhin die zeitgenössischen Arbeiten → Brancusis, → Archipenkos und → Picassos (M. reiste ab 1923 mehrmals nach Paris) und schließlich der Eindruck einer Italienreise (1925 als Stipendiat des Royal College of Art), auf der er → Giotto und → Masaccio entdeckte, allerdings wenig künstlerischen Sinn entwickelte für die ›Perfektheit‹, d. h. für Ebenmaß und Harmonie der ◇Renaissancekunst. 1928 fand seine erste Einzelausstellung in der

Henry Moore, *Zwei sitzende Figuren (König und Königin),* 1952–53

Londoner Warren Gallery statt; im selben Jahr erhielt er seine erste öffentliche Auftragsarbeit, das Steinrelief *Nordwind* für das London Transport Executive Building, St. James's. 1927 entstand M.s erste liegende Figur (*Liegende*), das Thema, das in seinem Œuvre die zentrale Rolle einnehmen sollte. Zwischen 1930 und 1936 durchlief M. eine experimentelle Phase, in der er sich erst ◇surrealistischen, dann geometrisch-abstrakten Ideen öffnete und sich zwei für ihn entscheidende Ausdrucksmittel aneignete: die Aushöhlung und Durchbrechung der Form (*Ruhende Figur,* 1930) und die Gruppierung verschiedener Formen zu einer Gesamtkomposition. 1940–42 war M. als ›official war artist‹ tätig; in dieser Zeit entstanden seine berühmten *Shelter drawings,* eindrucksvoll farbige Zeichnungen der in den Luftschutzkellern der Londoner U-Bahn vor den Bombenangriffen Schutz suchenden Menschen. Diese Kriegszeichnungen enthalten ein Element von Pathos, das eine Abkehr vom Surrealismus zugunsten eines von Mitgefühl für die Menschheit getragenen ›Naturalismus‹ sichtbar macht. Bis 1945 arbeitete M. vornehmlich in Stein und Holz, seitdem überwiegend in Bronze. M.s Figuration und Abstraktion verbindender Stil hat die europäische Skulptur der ersten Nachkriegszeit stark beeinflußt. Zu seinen Hauptwerken zählen die großen liegenden Figuren für das UNESCO-Gebäude in Paris (1957–58) und für das Lincoln Art Center in New York (1963–65).

Mor (Moor), Anthonis (auch Anthonis Mor van Dashorst, Antonio Moro, Anthony More) (um 1520–1576/77)
Flämischer ◇Porträtmaler, ausgebildet bei Jan van → Scorel, 1547 Meister der St.-Lukas-Gilde in Antwerpen, 1549 Hofmaler in Brüssel. M. war ein international angesehener, gesuchter Bildnismaler seiner Zeit, der die besondere Gunst der europäischen Fürstenhäuser genoß und ab etwa 1530 an verschiedenen Höfen (außer in Brüssel auch in Lissabon, Madrid, London) tätig war. 1554 porträtierte er in London *Mary Tudor* (Prado), die König Philipp II. von Spanien im selben Jahr heiratete. M.s höfische Repräsentationsbildnisse folgen in der Pose meist einem auf → Tizian zurückgehenden Darstellungsschema, dessen Einfluß sich auch im Ausdruck ruhiger, manchmal introvertierter Würde zeigt; sie zeichnen sich durch detailgenaue Wiedergabe von Physiognomie, Schmuck und Gewändern aus (*Anna von Österreich, Königin von Spanien,* 1570, KhW).

Morales, Luis de (genannt El Divino [span. ›der Göttliche‹]) (um 1509–1586)
Spanischer Maler, Hauptvertreter des ◇Manierismus in Spanien vor El → Greco. M. malte ausschließlich religiöse Szenen (Darstellungen des dornengekrönten Christus, der Maria mit Kind und der ◇Mater dolorosa). Die weiche, verschwimmende Modellierung der Gesichter und Gewänder zeugt, ebenso wie die Bildkompositionen und die Landschaftshintergründe, vom Einfluß → Leonardos. M. führte seine Arbeiten meist auf Holz oder Kupfer aus.

Morandi, Giorgio (1890–1964)
Italienischer Maler und ◇Grafiker, studierte an der Akademie in Bologna, wo er später lehrte (ab 1930). Obwohl er nie nach Paris kam, nahm er schon früh Anregungen von → Cézanne und vom ◇Kubismus auf. Seine Malerei zeigt eine tiefe, meditative Auseinandersetzung mit einigen wenigen Gegenständen (zumeist Flaschen, Krüge, Schüsseln), die er in immer anderen Gruppierungen darstellte. Unter dem Einfluß der ◇Pittura metafisica (1918) malte er erfundene Phantasie-Objekte mit blassen Farben und der einfachen, soliden Formbestimmung → Giottos. Um 1920 kehrte er zur Naturbeobachtung zurück und malte sowohl ◇Landschaften wie ◇Stillleben, in denen er die Farbe freier verwendete und sich der kontrollierten Beleuchtung von →

Giorgio Morandi, *Stilleben,* 1946

Piero della Francesca bediente. M. hat ein bedeutendes und umfangreiches grafisches Werk geschaffen.

Moreau, Gustave (1826–1898)
Französischer Maler, Schüler von François-Edouard Picot und Théodore → Chassériau. Als Maler der akademischen Tradition schuf er v. a. biblische, mythologische und historische Sujets, für die große Detailgenauigkeit, phantastische Architektur- und Landschaftskulissen sowie eine reiche, von → Delacroix beeinflußte üppige Farbbehandlung charakteristisch sind (*Ödipus und die Sphinx,* 1864, MM; *Triumph Alexanders d. Gr.,* um 1890; *Jupiter und Semele,* 1896; beide Musée Gustave Moreau, Paris). Zu seinen berühmtesten Arbeiten gehört das Gemälde *Die Erscheinung* (1876, Louvre) mit dem Motiv der Salomé, das M. in mehreren Fassungen verbildlichte und das der Schriftsteller Joris-Karl Huysmans in seinem Roman ›A Rebours‹ (1884; ›Gegen den Strich‹) interpretierte. – M.s Bildthematik, die voll ist von rätselhaften, kabbalistischen Vorstellungen, spiegelt seine Neigung zum Okkulten. Er gilt als Wegbereiter des ◇Symbolismus und Anreger der modernen Kunst; so sahen ihn die ◇Surrealisten (→ Breton, → Ernst, → Dalí) als ihren Vorläufer an. M., der 1892–98 als Professor an der Ecole des Beaux-Arts unterrichtete, war ein verständnisvoller Lehrer, der die Bestrebungen seiner Schüler (u. a. → Evenepoel, → Matisse, → Marquet, → Rouault) förderte.

Moreau, Jean-Michel
(genannt M. Le Jeune [M. d. J.]) (1741–1814)
Französischer Künstler, jüngerer Bruder von Louis-Gabriel → Moreau, begann als Theatermaler in St. Petersburg. Nach seiner Rückkehr nach Frankreich arbeitete er im Kupferstichatelier von Jacques-Philippe Le Bas. Aufgrund seiner feinen ◇Radierkunst wurde er nach 1770 als ›Dessinateur et Graveur du Cabinet du Roi‹ in den königlichen Dienst berufen. In einem vom ◇Rokoko zum ◇Klassizismus übergehenden Stil zeichnete er das gesellschaftliche Leben der Zeit Ludwigs XVI. (*Krönung Ludwigs XVI. in Reims).* M. war auch ein gesuchter ◇Buchillustrator (u. a. Molière, Rousseau, Voltaire, Ovid und Ariost).

Gustave Moreau, *Die Erscheinung,* 1876

Moreau, Louis Gabriel
(genannt M. L'Ainé [M. d. Ä.]) (1739–1805)
Französischer ◇Landschaftsmaler, älterer Bruder von Jean Michel → Moreau. Seine Darstellungen von der Ile-de-France scheinen in ihrer frischen Sicht bereits → Corot vorwegzunehmen. M. war einer der geschicktesten ◇Radierer seiner Zeit.

Moreelse, Paulus Jansz. (1571–1638)
Holländischer Maler und Baumeister, dessen ◇Porträtkunst der seines Meisters → Miereveld nahesteht, während sich seine mythologischen Bilder von einem späten, durch den Utrechter → Caravaggismus geprägten ◇Manierismus zu einem von → Rubens beeinflußten Stil entwicelten. M. baute das St.-Katharinen-Tor in Utrecht (1621–25) in einem frühbarocken Stil.

Morel, Jacques († 1459)
Französischer ◇Bildhauer, der begabteste Nachfolger → Sluters, wirkte bis 1423 in Lyon. Sein *Grabmal Karls I.* zeigt, wie der Verstorbene außergewöhnlich ungerührt den Tod akzeptiert, während M.s *Grabmal der Agnes Sorel* im Königlichen Schloß von Loches (im sog. Turm der schönen Agnes) einen Übergang vom Dekorativen zu einem unentstellten ernsten Realismus bildet.

Morellet, François (* 1926)
Französischer Maler und Plastiker, Mitglied der → Groupe de Recherche d'Art Visuel, wandte sich nach einer Periode figurativer und freier geometrischer Malerei (1946–51) systematischen und aleatorischen Musterungen (1952 bis 1955), Übereinanderschichtungen von gemalten oder Metallrastern (1956–60) und der systematischen Verteilung von Formen oder Farben zu (ab 1961). Daraus entstanden ◇kinetische Reliefs mit beweglichen Rasterelementen sowie Projektionen und ◇Environments mit programmiertem Licht.

Moretto da Brescia, Alessandro (A. Bonvicino) (um 1498–1554)
Italienischer Maler, vermutlich Schüler von Floriano Ferramola, mit dem er bei der Ausmalung des Chores im Dom zu Brescia (um 1516) zusammenarbeitete. Von → Tizian und → Raffael beeinflußt, wurde er einer der bedeutendsten ◇Renaissancemaler Oberitaliens. Er wirkte vornehmlich in Brescia und schuf neben ◇Fresken, ◇Altar- und ◇Andachtsbildern (*Die hl. Justina, von einem Stifter verehrt,* KhW) eine Reihe interessanter, psychologisch aufgefaßter ◇Porträts (*Conte Sciarra Martinengo Cesaresco,* NGL). M. besaß eine Vorliebe für silbrige und gelbliche Grautöne; seine schimmernde, zart-helldunkle Malweise beeinflußte den jungen → Veronese. Er hatte eine florierende Werkstatt und zahlreiche Schüler, u. a. G. B. → Moroni.

Morgner, Michael (* 1942)
Deutscher Maler, Zeichner und ◇Grafiker, der 1961–66 an der Hochschule für Grafik und Buchkunst in Leipzig studierte. 1977 Mitbegründer der Produzentengalerie ›Clara Mosch‹ in Adelsberg bei Chemnitz und Vertreter einer individuellen expressiven Ausdruckssprache in deutlicher Abgrenzung zum ◇Sozialistischen Realismus. Mit Zeichen und Figurentypen, die unmittelbare Nähen zur christlichen Ikonographie aufweisen und in denen sich extreme psychische Zustände der Bedrohung, des Leidens, aber auch der Selbstbehauptung und Standhaftigkeit versinnbildlichen, entwickelte M. eine subjektive, aber dennoch verknappte Form der Bildfindung, in der sich Grenzsituationen des menschlichen Daseins emblematisch verdichten. Seit 1977 intensive Beschäftigung mit einer Mischform aus Lavage-Technik, Präge- und Schwarzdruck, in der die existentielle Bildaussage eine ikonische Vertiefung zum Allgemeingültigen erfährt.

Morgner, Wilhelm (1891–1917)
Deutscher Maler, lernte in Worpswede (ab 1908) bei Georg Tappert und schloß sich 1912 dem → Blauen Reiter an. Sein Stil entwickelte sich von einem romantischen Naturalismus zu einem → Nolde nahestehenden ◇Expressionismus. Seine oft von religiöser Thematik beherrschte Malerei gelangte unter dem Eindruck → Kandinskys zu einem mystischeren, abstrakteren Ausdruck.

Morisot, Berthe (1841–1895)
Französische Malerin, erhielt zunächst Privatunterricht bei Joseph A. Guichard in Paris und studierte 1860–66 bei → Corot, in dessen Stil sie zunächst vorwiegend Landschaften malte. 1864 stellte sie erstmals im ◇Salon aus. Nach ihrer Bekanntschaft mit → Manet (1868), dessen jüngeren Bruder Eugène sie 1874 heiratete, fand sie ihren eigenen Stil und schloß sich den ◇Impressionisten an. Sie beteiligte sich ab 1874 an fast allen impressionistischen Ausstellungen, zeigte jedoch kein Interesse für die Farbzerlegung. Ihre hellfarbenen, sensiblen Freilichtstudien (*Die Schmetterlingsjagd,* 1874, Musée d'Orsay, Paris) und intimen Interieurszenen (*Die Wiege,* 1873; *Junge Frau bei der Toilette,* 1877, ebda.) lassen ab 1889 eine stärkere Hinwendung zur Zeichnung und zu einem festeren Bildaufbau erkennen.

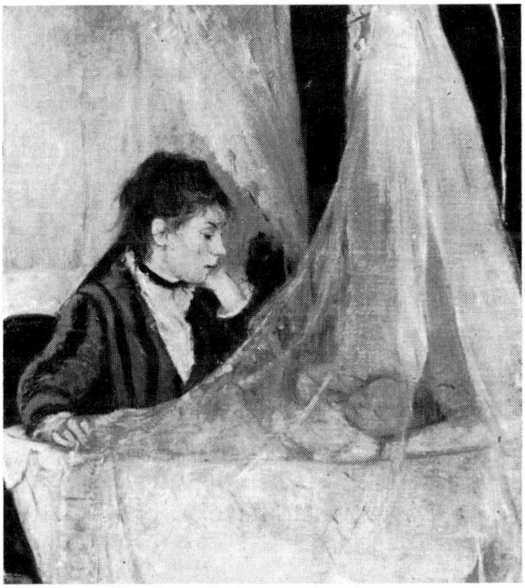

Berthe Morisot, *Die Wiege,* 1873

Morland, George (1763–1804)
Englischer ◇Genre- und Tiermaler, Schüler seines Vaters Henry Robert M. (1730–1797). Er spezialisierte sich auf ländliche Szenen nach Art der holländischen Malerei des 17. Jh.s (A. → Brouwer), in denen er das Dorfleben idealisierte (*Die Hufschmiede,* 1793; *Vor der Wirtshaustür,* 1792, Tate Gallery, London). Große Verbreitung fanden seine Arbeiten durch Stiche, v. a. von seinem Schwager, dem Stecher William Ward. M.s Genremotive wurden später von D. → Wilkie aufgegriffen. Ende der 1790er Jahre führte er auch einige ◇Seestücke aus (*Windstille vor der Isle of Wight,* City Art Gallery, Leicester). M., der ein unstetes Leben führte, starb im Schuldgefängnis.

Morley, Malcolm (* 1931)
Englischer Maler, studierte 1952–53 an der Camberwell School of Arts and Crafts und 1954–56 am Royal College of Art in London. 1967–69 lehrte er an der School of Visual Arts in New York, 1972 wurde er Professor an der Stony Brook University in Long Island. In seiner ◇hyperrealistischen Malerei überträgt er seine Fotovorlagen nach einer Methode planmäßiger Aufrasterung in quadratische Rasterelemente auf riesige Leinwände. Bedeutsam ist für ihn nicht nur die Motivik der Fotovorlagen (z. B. Ansichtskarten, Reiseprospekte, aber auch Spielzeugmodelle von Schiffen, Flugzeugen u. ä.), sondern v. a. auch die ◇illusionistische Farbigkeit der Foto-Optik.

Morone, Domenico (um 1442– nach 1517)
Francesco (1470/72–1529)
Das bekannteste Gemälde Domenico M.s ist eine langgestreckte perspektivistische Stadtansicht mit Figuren, die *Vertreibung der Bonacolsi* (1494, Palazzo Ducale, Mantua), ein an Giovanni → Bellini und → Carpaccio erinnerndes Bild. Domenico, der v. a. biblische Szenen und Ritterthemen leicht altertümlich darstellte, bildete seinen Sohn Francesco aus, der für Veroneser Kirchen religiöse Fresken in harmonischem Kolorit malte (*Samson und Delila,* Museo Poldi-Pezzoli, Mailand; *Muttergottes mit Kind und die Heiligen Augustinus und Zeno,* 1503, S. Maria in Organo, Verona). Seine Werke kombinieren → Mantegnas Formenfestigkeit mit der lyrischen Atmosphäre → Giorgiones. Vater und Sohn arbeiteten zusammen an den ◇Fresken für den Konvent von S. Bernardino in Verona (Fresken in der ›Sala Morone‹ des ehemaligen Bibliothekssaals, um 1503) und gründeten in der Stadt eine Schule.

Giovanni Battista Moroni, *Der Schneider,* um 1570–75

Moroni, Giovanni Battista (um 1525–1578)
Italienischer Maler, Schüler von A. → Moretto da Brescia, stark beeinflußt von L. → Lotto. Neben einer Anzahl künstlerisch uninteressanter religiöser Bilder schuf er hervorragende ◇Porträts, die – befreit von jeder Posenhaftigkeit – durch ihre erstaunliche Lebensnähe und psychologische Durchdringung verblüffen. In diesen Arbeiten verbinden sich Einflüsse des zeitgenössischen deutschen und holländischen Realismus mit dem technischen Können der venezianischen Schule. Zu Lebzeiten war M. als Künstler ebenso angesehen wie → Tizian (siehe Abb. S. 397).

Morrice, James Wilson (1865–1924)
Kanadischer Maler, der vor Aufnahme seines Kunststudiums zunächst Rechtswissenschaft in Toronto studierte. M. lebte seit 1891 überwiegend in Paris, wo er die Académie Julian besuchte und anschließend Schüler von Henri → Harpignies war. Er unternahm weite Reisen und malte mit → Matisse und → Marquet in Nordafrika. M.s delikate, stark von → Whistler beeinflußte, farbig-gedämpfte und flächig-gegliederte Malerei (*Quai des Grand-Augustins, Paris,* um 1900–05) fand später die Bewunderung der modernen kanadischen Maler.

Morris, Robert (* 1931)
Amerikanischer Maler, ◇Bildhauer und ◇Objektkünstler, der u. a. 1948–50 am Art Institute, Kansas City, und 1950–51 an der California School of Fine Arts, San Francisco, sowie am Reed College in Portland (Oregon) studierte. M. ist einer der vielseitigsten und wandelbarsten Künstler seiner Generation, der in seinem Schaffen die verschiedensten künstlerischen Strömungen verarbeitet: Nach frühen Plastiken und Bildern, die sich mit Tanz und Theater beschäftigten, entstanden Anfang der 1960er Jahre → Duchamp und → Johns verwandte Arbeiten und ab 1964 erste ◇Minimal-◇Skulpturen (aus Holz, Stahl, Aluminium oder Drahtgittern), deren oft variable Anordnung sein Interesse an Beziehungen zwischen Formteilen erkennen läßt. Das führte 1967/68 zu ›offeneren‹ Arbeiten im Sinne der von ihm selbst in einer Reihe theoretischer Texte so genannten ◇Anti-Form (*Filz*-Installationen). In den 1970er Jahren entstanden großangelegte Außenskulpturen, die sich an archaischen Kunstformen orientieren. Seit 1982 ◇Pastell-, seit 1986 ◇Enkaustikbilder in großen reliefartigen Gußrahmen, die sich auf die Feuersbrunst einer nuklearen Vernichtung beziehen und zur Darstellung dieses Themas eine fast ◇barock-theatralische Sprache der Todessymbolik verwenden.

Morris, William (1834–1896)
Englischer Maler, Kunstgewerbler, Typograph, Dichter und Kunstschriftsteller, Erneuerer des Kunsthandwerks, der nach dem Vorbild des mittelalterlichen ◇Zunftwesens eine Verschmelzung von ◇bildender Kunst und Handwerk (◇Kunstgewerbe) anstrebte und zum Begründer der englischen → Arts-and-Crafts-Bewegung wurde. M. studierte 1853–55 gemeinsam mit → Burne-Jones am Exeter College in Oxford, wo er sich für ◇gotische Architekturformen in ihrer romantischen Ausprägung interessierte. Anschließend arbeitete er kurze Zeit als Assistent im Architekturbüro von George Edmund Street in Oxford (1856). Für M., der stark beeinflußt worden war von den Ideen der → Präraffaeliten und den kunst- und gesellschaftskritischen Schriften → Ruskins, stellten die zeitgenössischen Bauformen und Innenraumausstattungen einen Qualitätsverlust dar, dessen Ausgangspunkt er – wie Ruskin – in der durch die Industrialisierung verursachten Massenproduktion sah. Sein Bemühen um die Erneuerung von Kunst und Handwerk im Rückgriff auf mittelalterliche Traditionen manifestierte sich äußerlich u. a. im Bau seines Landhauses, des berühmten ›Red House‹ in Bexley Heath (Kent), das er 1859–60 gemeinsam mit Philipp Webb erbaute (verschiedene Baustile in ein gotisches Gesamtgefüge integriert) und auch nach eigenen Entwürfen ausstattete. M.' Reformeifer gipfelte in der Eröffnung (1861) einer eigenen Firma, Morris, Marshall, Faulker und Co., für die → Rossetti, → Brown und Burne-Jones u. a. Möbel, Teppiche, Webereien, Tapeten sowie ◇Glasmalereien entwarfen (ab 1875 führte M. die Firma allein weiter). – Von besonderer Bedeutung für eine Erneuerung der künstlerischen Buchgestaltung war die Gründung der Druckerei Kelmscott Press (1890). Vorbild für die typographische und bibliophile Gesamtgestaltung der hier veröffentlichten Werke war ebenfalls das Mittelalter (◇Wiegendrucke des 15. Jh.s). Ein hervorragendes Beispiel für die kostbaren Ausgaben der K. P. ist die 1895 von M. und Burne-Jones begonnene Edition der Werke Geoffrey Chaucers (Burne-Jones lieferte die Vorlagen zu den Holz-

schnittillustrationen). Der von M. vertretene Illustrations- und Dekorationsstil hat den englischen ◇Jugendstil entscheidend geprägt und ebenso die kontinentaleuropäischen Entwicklungen beeinflußt. Seine Idee vom Gesamtkunstwerk, von der ›Einheit von Kunst und Leben‹, wurde später vom ◇Bauhaus aufgegriffen.

Morse, Samuel Finlay Breese (1791–1872)
Amerikanischer Maler, ◇Bildhauer und Erfinder, studierte in London bei W. → Allston und B. → West. 1823 ließ er sich in New York nieder, wo er Mitbegründer der National Academy of Design war. Am bedeutendsten sind seine im Stil der ◇Grand Manner ausgeführten eleganten ◇Porträts (*Marquis de Lafayette,* 1825–26). Seit 1832 beschäftigte sich M. neben seiner künstlerischen Tätigkeit mit der Entwicklung eines elektrischen Schreibtelegraphen (1838 patentiert) und erfand das Morsealphabet.

Mortimer, John Hamilton (1741–1779)
Englischer Maler und ◇Kupferstecher, lernte u. a. bei → Hudson und → Reynolds (war aber auch ein großer Verehrer → Rosas). Er begann mit schmeichelnden ◇Porträts, ist aber bedeutend als einer der ersten englischen ◇Historienmaler (mit einer Vorliebe für bizarre Themen, u. a. aus der Antike, der englischen Geschichte und Shakespeares Werken).

Moser, Lucas (um 1390–nach 1434)
Deutscher Maler, lediglich bekannt durch die Aufschrift des *Magdalenenaltars* (1431, Pfarrkirche St. Maria Magdalena in Tiefenbronn bei Pforzheim), eines einzigartigen Werks der damaligen Süddeutschen Malerei. Bei dem Altar handelt es sich um ein spitzbogiges ◇Retabel (mit ◇Predella), dessen Mittelzone sich durch zwei Flügel öffnen läßt. M.s Stil in der Darstellung der Szenen aus dem Leben der hl. Magdalena ist sowohl im Detail wie in der Beobachtung von Posen streng realistisch. Die räumliche Verbindung der einzelnen Bilder und die Landschaft lassen Einflüsse → Campins und der frankoflämischen ◇Buchmalerei (Jacquemart de → Hesdin, → Boucicaut-Meister, Brüder von → Limburg) erkennen. M.s graubraune Farbgebung verzichtet auf den augenfälligen Reiz der spätgotischen Malerei (◇Weicher Stil), ohne daß aber deren geschmeidige Eleganz in der Wiedergabe der weiblichen Heiligen verloren ginge.

Moses, Grandma (Anna Mary Robertson) (1860–1961)
Amerikanische Laienmalerin, lebte zeitlebens auf einer Farm – erst in Virginia (1887–1905), ab 1905 in Eagle Bridge (im Staate New York) – und begann erst mit über 70 Jahren ernsthaft zu malen, 1940 fand ihre erste Einzelausstellung statt (Galerie St. Etienne). Sie schulte sich selbst durch das Kopieren von ◇Drucken. In einem heiteren, kindlich ◇naiven ◇Realismus malte sie aus der Erinnerung Szenen vom Leben auf der Farm und Landschaften (*Vorfrühling auf der Farm,* 1945; *Zur Erntezeit,* 1945; *Sturm über dem Wasser,* 1947).

Mostaert, Jan (um 1475–1555/56)
Holländischer Maler aus Haarlem, wo er den größten Teil seines Lebens wirkte; 1549 übersiedelte er nach Hoorn. M. malte v. a. ◇Porträts und religiöse Sujets (*Haupt Johannes' d. T. mit Engeln,* um 1510; *Die Anbetung der Könige,* beide Rijksmuseum, Amsterdam). Sein Frühwerk stand unter dem Einfluß von → Geertgen tot Sint Jans. 1507–43 stand er der Haarlemer Malergilde vor, von 1507 bis etwa 1521 war er als Hofmaler in den Diensten der Statthalterin Margarete von Österreich in Mecheln tätig. Seine schlichten Porträts – oft vor einem Landschaftshintergrund mit Figurenstaffage – entsprachen in ihren feinfühligen ◇Konturen und der warmen Farbgebung dem Zeitgeschmack (*Porträt eines jungen Mannes,* um 1520).

Motherwell, Robert (1915–1991)
Amerikanischer Maler und Kunstschriftsteller, studierte am Otis Art Institute, an der California School of Fine Arts und an verschiedenen anderen Universitäten Philosophie, Kunstgeschichte und Archäologie. Angeregt von → Matta und dessen ◇Automatismus, wandte er sich um 1940 der Malerei zu. Entscheidend wurde für ihn der Kontakt zu den in New York im Exil lebenden europäischen ◇Surrealisten. 1944 fand seine erste Einzelausstellung (›The Art of this Century‹) in Peggy Guggenheims New Yorker Galerie statt, 1944–51 gab M. die in den USA sehr einflußreiche kunsttheoretische Reihe ›Documents of Modern Art‹ heraus, außerdem die Schriften ›The Dada Painters and Poets‹ und – gemeinsam mit Ad → Reinhardt – ›Modern Artists in America‹ (1951). In der ersten Hälfte der 1950er Jahre entstand M.s berühmte Serie der *Elegien für die spanische Republik:* großformatige Bil-

der, deren Kompositionsprinzip (schwarze vertikale Balken, auf weißem Grund aufgetragen, die durch ovale Formen verbunden sind) an → Arp und die späten Arbeiten von → Matisse (›Papiers découpés‹) erinnert (*Elegie für die Spanische Republik LXX,* MM). 1948 gründete er zusammen mit → Baziotes, → Newman und → Rothko die Kunstschule ›Subjects of the Artists‹, die zu einem Treffpunkt der ◇Avantgarde wurde. Er lehrte am Black Mountain College in North Carolina (ab 1945) und am Hunter College in New York (1951–58). M.s expressive, aber intellektuell kontrollierte ◇Action Painting zählt zu den bedeutendsten Leistungen des ◇Abstrakten Expressionismus.

Mount, William Sidney (1807–1868)
Amerikanischer Maler, studierte 1826–29 an der National Academy of Design in New York, wo er bis 1836 lebte, bevor er im gleichen Jahr wieder in seine Heimat auf Long Island zurückkehrte. Nach ◇Historienbildern und ◇Porträts im Stil von → Trumbull und → West wandte er sich zu Beginn der 1830er Jahre der ◇Landschafts- und ◇Genremalerei zu, wobei er mit seinen Schilderungen des zeitgenössischen amerikanischen Volkslebens, v. a. des ländlichen Milieus auf Long Island, große Popularität erlangte (*Tanz auf dem Lande,* 1830, Museum of Fine Arts, Boston [Mass.]; *Farmhäuser auf Long Island,* nach 1854, MM).

Movimento Nucleare
1951 in Mailand gegründete Künstlergruppe, der Enrico → Baj, Sergio Dangelo und Joe Colombo angehörten. Das verbindende Ziel war die Ablehnung der geometrischen Abstraktion zugunsten einer ◇informellen Malerei, in der sich die Energie als Zeichen der Atomwelt verbildlichen sollte. Baj wandte sich bald von den Zielen der Gruppe ab und näherte sich wieder der Figuration. Die Gruppe löste sich 1961 auf.

Movimento Spaziale
1947 in Mailand von Lucio → Fontana begründete Bewegung, der italienische Maler, Kritiker und Architekten angehörten und die v. a. von → Crippa und → Dova unterstützt wurde. Zu den künstlerischen Zielen des M. S. (ital. ›spazio‹, Raum) gehörten die Einbeziehung des Raumes in das Bild bzw. die freie Entfaltung von Farbe und Form im Raum, die Verwendung neuer, der modernen technischen Welt entsprechenden Ausdrucksmittel und die Einbeziehung von Bewegung und Zeit. 1949 veranstaltete die Gruppe eine Ausstellung, die frühe Formen des ◇Environments enthielt (Galleria del Naviglio, Mailand).

Mucha, Alfons Maria (1860–1939)
Tschechischer Maler, ◇Plakatkünstler und ◇Illustrator, führender Vertreter des tschechischen ◇Jugendstils, studierte in Wien, München und Paris (ab 1887). Seine bedeutendste Leistung lag auf dem Gebiet des Plakatentwurfs, dessen eleganter, fließender Stil der berühmten Schauspielerin Sarah Bernardt, deren Bekanntschaft M. 1894 machte, so gut gefiel, daß sie in den 1890er Jahren auf der Höhe ihres Erfolges alle Plakate von M. entwerfen ließ. Sein malerisches Hauptwerk ist der 1910–28 geschaffene Bilderzyklus (›*Slawische Epen*‹) mit Szenen aus der Geschichte des slawischen Volkes. M. entwarf außerdem Glasfenster (z. B. in der Neuen Erzbischöflichen Kapelle im Prager Dom, 1931) wie auch kunsthandwerkliche Gegenstände, Möbel u. ä. Sein umfangreiches grafisches Œuvre umfaßt u. a. Illustrationen zu Kalendern und literarischen Werken (P. Mérimée).

Mucha, Reinhard (* 1950)
Deutscher Künstler, der 1990 mit seinem Beitrag *Deutschlandgerät* für die Biennale Venedig international bekannt wurde. M.s. ◇Installationen, bestehend aus Gegenständen seines individuellen Lebensbereiches (der Biennale-Beitrag bestand u. a. aus den Bohlen seines Atelierfußbodens) sowie aus Baumarktbeständen, Büromöbeln, Museumsstellwänden, Vitrinen und Leitern, sind nüchterne Konstruktionen mit einer stillen Poesie, wobei der Werktitel häufig Aufschluß über bestimmte Ortsanspielungen und emotional-intellektuelle Kontexte der Erinnerung gibt. M.s Arbeit konzentriert sich auf die Verbindungsebenen, die in spezifischen Befindlichkeiten des Alltags zwischen den Menschen und den Dingen entstehen und aus denen sich so etwas wie eine »kollektive Biographie« von Person und Gegenstand entwickelt.

Muche, Georg (1895–1987)
Deutscher Maler, ◇Grafiker und Textilentwerfer, studierte in München und Berlin (1912–15) und übte ab 1920 eine umfassende Lehrtätigkeit aus, v. a. in den Bereichen Grafik, Weberei und Stoffentwurf (1920–27 am ◇Bauhaus, 1927–31

an der Kunstschule von J. → Itten in Berlin, 1931–33 an der Akademie Breslau [von den Nationalsozialisten entlassen] und 1939–58 an der Textilingenieurschule in Krefeld). Seine ◇abstrakten, mystisch gefärbten Arbeiten verraten den Einfluß von → Klee und → Kandinsky (bis etwa 1922; z. B. *Fließendes Rot,* 1916, Kaiser-Wilhelm-Museum, Krefeld), seitdem wandte er sich von der reinen Abstraktion ab und kam zu einer immer organischeren, figürlichen Malerei.

Muehl, Otto (* 1925)
Österreichischer Vertreter des ◇Wiener Aktionismus. 1947–52 Studium der Germanistik und Geschichte an der Universität Wien und Beschäftigung mit Psychoanalyse. Seine erotischen ◇Happenings der 1960er Jahre verfolgten die Absicht, in orgiastischen Ritualen, häufig mit Exkrementen und religiösen Kultgegenständen, die konventionellen Frustrationen durch sexuelle Tabus und religiöse Zwänge zu durchbrechen. Mitte der 1970er Jahre gab er die Kunst auf und gründete die AAO (Aktions-Analytische Organisation) zur Bildung von Kommunen für alternative, freiere Lebensformen.

Mueller, Otto (1874–1939)
Deutscher Maler und ◇Grafiker, studierte nach der ◇Lithographenlehre in Breslau, an den Akademien in Dresden (1894–96) und München (1898–99) und ließ sich 1907 in Berlin nieder, wo er sich 1910 der Künstlergemeinschaft Die → Brücke anschloß. Eine besonders enge Freundschaft verband ihn mit → Heckel. Nach zweijährigem Kriegsdienst (1916–18) folgte er einem Ruf an die Breslauer Akademie (1919), wo er bis zu seinem Tode lehrte. M. fand ab 1910 unter dem Einfluß von → Kirchner und Heckel zu seinem eigenen Stil, der sich kaum wandelte: In einer gedämpften erdigen Farbskala von Ocker, Gelb, Braun, Grün und Grau mit einer expressiven Umrißzeichnung malte er hauptsächlich blasse, magere, melancholische Mädchenakte (häufig Zigeuner) in einer stillen, bisweilen kargen, stark vereinfacht dargestellten Landschaft (*Stehender Akt unter Bäumen,* 1915, Kunstmuseum, Düsseldorf; *Zwei Mädchen im Grünen,* um 1925, Neue Staatsgalerie, München; *Zigeuner mit Sonnenblume,* 1927, Saarland-Museum, Saarbrücken). Das arkadische und naturmythische Element in seinen ◇Temperabildern und Farblithographien spiegelt seine Verehrung während der frühen Dresdner Zeit für die Werke von Ludwig von → Hofmann und → Böcklin.

Otto Mueller, *Zigeunerpferd am schwarzen Wasser,* 1927/28

Mülheimer Freiheit
Kölner Künstlergruppe, die sich 1980 als Ateliergemeinschaft formierte, Mitglieder: → Adamski, → Bömmels, → Dahn, → Dokoupil, Gerard Kever und Gerhard Naschberger. Die Gruppe benannte sich nach der Adresse ihres Gemeinschaftsateliers im rechtsrheinischen Kölner Ortsteil Mülheim. Typisch für die M. F. war eine ironisch-witzige ◇neoexpressive Malerei (z. T. auch als Gemeinschaftsarbeit), die stilbildend für eine spezifische Richtung der ◇Neuen Wilden in den 1980er Jahren geworden ist.

Mulready, William (1786–1863)
Irischer ◇Landschafts- und ◇Genremaler, neben → Morland der führende Genremaler im viktorianischen England des frühen 19. Jh.s. Seine Malweise und Motivwahl war von → Wilkie wie auch von der holländischen und flämischen Malerei des 17. Jh.s (*Kampfpause,* 1815, Victoria and Albert Museum, London) beeinflußt. Sein Spätwerk (ab Ende der 1830er Jahre) wies in der ◇romantischen Empfindung und in der Anwendung bestimmter Maltechniken, etwa die durch Lasurfarben erzielte lichte Farbgebung, bereits auf die → Präraffaeliten voraus.

Multscher, Hans (um 1400– um 1467)
Deutscher ◇Bildhauer, Bildschnitzer und Maler, der nach einer Gesellenwanderung (wohl in Frankreich, den Niederlanden und Burgund)

Hans Multscher, *Madonna mit Kind* (Schreinfigur vom *Marienaltar,* Pfarrkirche von Sterzing [Vipiteno]), 1456–59

hauptsächlich in Ulm tätig war, wo er eine große Werkstatt leitete und zum Begründer des monumentalen Realismus in der schwäbischen Kunst des 15. Jh.s wurde. Sein bildhauerischer Stil dürfte sich v. a. unter dem Einfluß der altniederländischen Kunst ausgebildet haben. Die höfische Kunst des Westens und ihr selbstbewußtes Menschenbild schlugen sich in M.s Frühwerk im Schmuckbedürfnis, in der feinen Charakterisierung und in einer neuen menschlichen Intensität nieder (Figuren für das Ulmer Rathaus, 1427–30, jetzt im Museum, ebda.; *Schmerzensmann,* um 1430 [1429?], Hauptportal des Ulmer Münsters). Die Holzplastik *Landsberger Muttergottes* (um 1440, Stadtpfarrkirche, Landsberg a. Lech) und die Tafeln des *Wurzacher Passionsaltars* (1437, erhaltene Teile [acht Tafeln] heute Berlin) bezeugen die Abkehr vom ◇Weichen Stil. M.s Wende zum spätgotischen Realismus schlägt sich besonders in dem Altar für die Pfarrkirche von Sterzing (Vipiteno) nieder, einem *Marienaltar,* dessen gemalte Flügel aufgrund der stilistischen Entfernung vom *Wurzacher Altar* (etwa in der Raumauffassung) auch dem → Meister der Sterzinger Altarflügel zugeschrieben werden, mit einer holzgeschnitzten *Madonna mit Kind* als Hauptfigur im Schrein (1456–59, Flügel heute im M.-Museum, Sterzing; Madonna und einige Schreinfiguren in der dortigen Pfarrkirche). Bemerkenswert dabei ist auch die raumfüllende Plastizität der seitlich plazierten Heiligen Georg und Florian. Von Bedeutung ist M. weiter durch die Entwicklung des ◇Retabels zum Kapellenschrein und durch die schulbildende neue Form der arbeitsteiligen Werkstatt.

Munch, Edvard (1863–1944)
Norwegischer Maler und ◇Grafiker, studierte 1881–84 in Oslo (u. a. bei dem Bildhauer Julius Middelthun und dem Maler Christian Krogh) und reiste 1885 erstmals nach Paris. Ab 1889 lebte er hauptsächlich in Paris und Deutschland. Seine Berliner Ausstellung 1892 (auf Einladung des Vereins Berliner Künstler) verursachte einen Skandal und führte zur Gründung der Berliner ◇Sezession. Die dramatische psychische Ausdruckskraft seines ◇Symbolismus machte ihn zum Idol der jüngeren ◇Expressionisten (z. B. der → Brücke-Maler). Nach einer schweren Nervenkrise 1908–09 kehrte er nach Norwegen zurück. – Die frühen ◇realistischen Bilder M.s zeigen bereits einen stark emotionalen Gehalt (*Das kranke Kind,* 1885–86). Sein Kontakt mit van → Gogh, → Gauguin und → Toulouse-Lautrec in

Edvard Munch, *Der Schrei,* 1893

Paris (1889–90) bestärkte ihn in dieser Richtung und lieferte neue bildnerische Mittel. Auch die flächigen Ausdrucksformen des ◇Jugendstils trugen dazu bei, seiner sehr persönlichen und doch zugleich allgemeinen Sicht psychischer Vorgänge und existentieller Bedrohung des Menschen Ausdruck zu verleihen. Mit schwermütigen, dunkel leuchtenden Farben und großflächig zusammengefaßten, arabeskenhaften Formen beschrieb M. Grunderfahrungen des menschlichen Lebens (Angst, Krankheit, Tod, Einsamkeit, Eifersucht, Liebe), die besonders in der Sparsamkeit seiner ◇Holzschnitte (ab 1896) einen expressiven Ausdruck fanden. Zu seinen Hauptwerken zählen die verschiedenen Kompositionen des *Lebensfrieses* (u. a. *Der Schrei,* 1893; *Tanz des Lebens,* 1899/1900). Nach seinem Nervenzusammenbruch malte er realistische Szenen oder gemäßigtere Wiederholungen früherer Themen.

Munkácsy, Mihály von (Michael Lieb) (1844–1900)
Ungarischer Maler, studierte 1863 in Budapest, seit 1864 an der Kunstakademie in Wien, 1866–68 in München, wo er sich → Leibl anschloß, und 1868–70 in Düsseldorf (bei L. → Knaus); dort entstand sein erstes Werk, das ihn in Europa bekannt machte (*Der letzte Tag eines Verurteilten,* 1870 [1. Fassung], 1878 [2. Fassung], beide Magyar Nemzeti Galéria, Budapest). 1872–96 lebte M. in Paris. Seine kleinformatigen ◇Landschaftsbilder im Stil der → Barbizon-Schule, seine ◇Genreszenen, ◇Stilleben und ◇Porträts sowie die pathetischen, monumentalen ◇Historienbilder und religiösen Darstellungen sind gekennzeichnet durch eine sichere, schwungvolle Pinselführung und warme, leuchtende Farben.

Münter, Gabriele (1877–1962)
Deutsche Malerin, Schülerin und Lebensgefährtin (1904–14) von → Kandinsky. G. M. gehörte 1909 zu den Gründungsmitgliedern der → Neuen Künstlervereinigung München, seit 1911 war sie Mitglied des → Blauen Reiters. Ihr Stil wurde zunächst vom ◇Impressionismus geprägt, bald jedoch (ab etwa 1908) zeigten ihre Arbeiten Einflüsse der ◇Fauves, der ◇Expressionisten sowie Kandinskys und insbesondere → Jawlenskys. Charakteristisch für ihre Werke wurde eine leuchtende, frische Farbgebung, wobei sie große Farbflächen nebeneinandersetzte, die sie mit einem breiten schwarzen Pinselstrich konturierte (*Dorfstraße im Winter,* 1911; *Kandinsky am Tisch,* 1911, beide Städtische Galerie im Lenbachhaus, München).

Muqi (tätig Mitte 13. Jh.)
Chinesischer Maler und Mönch aus der Prov. Sichuan, dessen Arbeiten fast nur in Japan erhalten geblieben sind, wohin sie durch Zen-Mönche kamen, die in chinesischen Chan(Zen)-Klöstern studiert hatten. M.s Landschaften zeigen, wie er die Tuschlavierung (◇Lavierung) anwandte, um Nebel und atmosphärische Effekte hervorzubringen; in dem Dreiteiler *Kranich, Guanyin und Gibbon-Affen* geben Tuschlavierungen subtil die unterschiedliche Struktur von Federn und Fell wieder.

Murillo, Bartolomé Esteban (B. E. Pérez) (1617/18–1682)
Spanischer Maler, bedeutendster Vertreter der Schule von Sevilla, wo er zeitlebens tätig war und 1660 Präsident der neu gegründeten Mal- und Zeichenakademie wurde. Seine frühesten Werke datieren von 1640 und zeigen den Einfluß von → Zurbarán und → Ribera. Sein reifer Stil,

Bartolomé Esteban Murillo, *Bettlerjungen beim Würfelspiel,* um 1670–75

der Anregungen von → Rubens, van → Dyck und → Velázquez aufnahm, zeichnet sich durch die weiche Modellierung und ein warmes, goldenes Kolorit aus. M. malte überwiegend religiöse Themen, v. a. Madonnen, darunter allein etwa 30 Darstellungen der ◇Unbefleckten Empfängnis, die die Betonung mehr auf das Liebliche und Innige als auf das Spirituelle legen (*Ruhe auf der Flucht nach Ägypten,* um 1655–70, *Immaculata,* um 1660–70, beide Eremitage; *Immaculata,* zwischen 1660 und 1670, *Verkündigung an Maria,* beide Prado). Seine Kunst wurde deshalb oft als sentimental empfunden, spiegelt jedoch nur die volkstümliche spanische Frömmigkeit wider. M. war auch ein ausgezeichneter ◇Landschaftsmaler, der sich am flämischen Stil orientierte. Am bekanntesten sind seine mit einem drastischen Realismus wiedergegebenen Darstellungen von armen, zerlumpten, aber anmutigen Gassenkindern (*Junger Bettler,* um 1645–55, Louvre; *Trauben- und Melonenesser,* um 1645–55, AP), die bei den Kunstsammlern des 18. und 19. Jh.s sehr beliebt waren.

Muthesius, Hermann (1861–1927)
Deutscher Architekt und Kunstschriftsteller, der sich 1896–1903 als Attaché der Deutschen Botschaft in London aufhielt, wo er sich eingehend mit dem Einfluß der englischen Reformbewegung (W. → Morris, J. → Ruskin) auf das zeitgenössische Kunsthandwerk und die Architektur beschäftigte. In seinen eigenen Bauten (vornehmlich Landhäuser) folgte er später diesem Vorbild. Ab 1907 war er Referent für die preußische Kunstgewerbeschule in Berlin und im selben Jahr Mitbegründer des Deutschen → Werkbundes.

Muybridge, Eadweard James (Edward J. Muggeridge) (1830–1904)
Englischer ◇Fotograf, der in den frühen 1850er Jahren nach Amerika ging und durch seine Aufnahmen von Tieren und Menschen in Bewegung bekannt wurde. M., der 1878–84 in Amerika und Europa Vorträge hielt, veränderte durch seine Bewegungsfotos die bestehenden Vorstellungen von Bewegung vollständig und beeinflußte sowohl Anatomen wie Künstler.

Myron (tätig zwischen etwa 480 und 440 v. Chr.)
Griechischer ◇Bildhauer und Erzgießer, nach → Plinius Schüler des Hageladas von Argos. M. schuf zahlreiche Götter-, Athleten- und Heroenstatuen sowie naturgetreue Tierfiguren (z. B. eine lebensgroße Kuh). Bekannt ist er u. a. als Schöpfer des nur in ◇Kopien überlieferten *Diskobol,* der ◇Statue eines zum Diskuswurf ansetzenden Athleten (von den zahlreichen ◇Repliken [mehr als 20] befindet sich die vollständigste im Museo Nazionale Romano [Thermenmuseum], Rom), und der *Athena-Marsyas-Gruppe* von der Akropolis in Athen (Kopien der – inzwischen auseinandergerissenen – Bronzegruppe heute u. a. im Vatikan und in Frankfurt a. M.). M. richtete sein Interesse auf die Wiedergabe des menschlichen Körpers in einer Vielzahl von Positionen; Plinius rühmte die ausgewogene Proportionierung seiner Werke. Im *Diskobol* gelang es ihm, den frontal gesehenen Körper mit den seitlich gesehenen Beinen in Einklang zu bringen.

Mytens, Daniel d. Ä. (um 1590–vor 1648)
Holländischer ◇Porträtmaler, wahrscheinlich Schüler von → Miereveld. M. wirkte als Hofmaler der englischen Könige Jakob I. (ab 1614) und dessen Nachfolger Karl I. (seit 1625). Als einer der besten Bildnismaler seiner Zeit unterlag er jedoch im Wettstreit mit van → Dyck, der 1632 nach England kam, und kehrte 1637 nach Den Haag zurück. M.' Stil war zunächst von → Rubens, später von van → Dyck beeinflußt.

N

Nabis (hebr. ›Propheten‹)
Eine Gruppe französischer Künstler, die ab 1888 zusammenfanden und 1891–97 gemeinsam in Paris ausstellten. Zu ihren Mitgliedern gehörten → Bonnard, Ibels, Ranson, → Denis, → Vuillard, → Roussel, → Sérusier, Piot, Verkade, → Vallotton, die ◇Bildhauer Lacombe und → Maillol sowie der ungarische Maler → Rippl-Ronaï. Ihre künstlerischen Ziele orientierten sich an den Theorien von → Gauguin und → Bernard und der Schule von → Pont-Aven, die ihnen durch Sérusier vermittelt wurden. Ausgehend von Gauguin, dann auch von → Moreau, → Puvis de Chavannes, → Redon und v. a. vom japanischen ◇Farbholzschnitt beeinflußt, entwickelten die N. eine antinaturalistische, ◇symbolistische Bildsprache mit flächig-dekorativen, stark vereinfachten Farbformen und schwarzen Konturen. Als geeignetes Medium bot sich ihnen v. a. die ◇Lithographie an, die sie für ihre Buchillustrationen, Plakatmalereien, Bühnenbilder u. ä. häufig verwendeten. Theoretiker der N. waren Denis und Sérusier, der seine Lehre später in der Schrift ›ABC de la Peinture‹ darstellte; er gab der Gruppe auch den Namen. Wichtigstes Publikationsorgan war die ab 1889 veröffentlichte symbolistische Zeitschrift ›La Revue Blanche‹, in deren Redaktionsräumen sich die N. regelmäßig trafen. Nach 1900 löste sich die Gruppe auf.

Nadar (Gaspard Félix Tournachon) (1820–1910)
Französischer Fotograf und ◇Zeichner, der in Paris ein fotografisches Atelier betrieb. In seiner Porträtfotografie zeichnete sich N. gegenüber der modischen Produktion seiner Zeit durch den Verzicht auf Staffage und Retusche aus. Technisch wie künstlerisch an den Möglichkeiten des Mediums interessiert, erschloß N. der ◇Fotografie neue Anwendungsbereiche durch Kunst- und Blitzlichtaufnahmen. N. war u. a. mit → Degas befreundet, der sich seiner Fotografien als Hilfsmittel für die Malerei bediente.

Nadelman, Elie (1882–1946)
Amerikanischer ◇Bildhauer polnischer Herkunft, der 1914 nach New York übersiedelte. In den 1920er Jahren schuf er zahlreiche Marmor-Porträtbüsten von Persönlichkeiten des öffentlichen Lebens; diese ◇Skulpturen, wie auch seine Figuren von Tänzerinnen und Zirkuskünstlern, zeichnen sich aus durch einen vereinfachenden ◇primitivistischen Stil mit kurvigen, auf jedes Detail verzichtenden Formen und glatter Oberflächengestaltung.

Nagasawa Rosetsu (1755–1799)
Japanischer Maler, aus dem Atelier von → Maruyama Ōkyo ausgeschieden, dessen Realismus er als Grundlage für seine exzentrische, schwungvolle und sehr freie Malweise benutzte.

Nagel, Otto (1894–1967)
Deutscher Maler und Grafiker, der sich 1918 aktiv an der Novemberrevolution beteiligte. Als Maler Autodikat, wurde N. ab 1921 als ›Arbeitermaler vom Wedding‹ bekannt. Maßgeblichen Einfluß auf Stil und Inhalt seiner Malerei nahmen → Zille und Käthe → Kollwitz. Hauptgegenstand seiner Bilder und ◇Grafiken waren bis zu seiner Verfolgung durch die Nationalsozialisten 1934 stets die Menschen des Berliner Proletariats. Nach dem Zweiten Weltkrieg wurde N. zum ›Alt-Berlin-Maler‹, der in seinen Bildern das alte, vorgründerzeitliche Berlin festhielt.

Nagel, Peter (* 1941)
Deutscher Maler, studierte 1960–65 an der Hochschule für bildende Künste, Hamburg. 1962 Mitbegründer der Gruppe → Zebra. In Ablehnung der ◇informellen Malerei wandte er sich bereits in den frühen 1960er Jahren einem manieriert-figurativen, distanziert-kühlen Realismus zu, der sich in seiner Typisierungstendenz von Gegenständen als Synthese aus Natur- und Kunstformen darstellt.

Nanga-Schule
Der japanische N.- oder Südstil wird auch ›Bunjinga‹ oder ›Literatenmalerei‹ genannt und ist das Gegenstück zur chinesischen → Literatenmalerei (Wenrenhua). Die japanischen Literatenmaler des 18. und 19. Jh.s benutzten ältere chinesische Malereien als Vorbilder und versuchten jene Korrumpierung der chinesischen Stile zu vermeiden, die die im Niedergang begriffene → Kanō-Schule betrieb. Während sich → Sesshū Tōyō und die → Suiboku-Schule den Nördlichen Stil der chinesischen Malerei zum Vorbild genommen hatten, suchten die N.-

Künstler den Südlichen Stil mit seiner größeren Freiheit und intuitiven Spontaneität wiederaufzunehmen. Sie griffen allerdings auf qing-zeitliche Malereien und Drucksammlungen wie den *Senfkorngarten* als Vorlagen zurück. Zu Beginn des 18. Jh.s kamen mehrere chinesische Künstler nach Japan, u. a. Shen Nanpin, der Nagasaki besuchte (1731–33) und viele Anhänger fand. Die frühesten Künstler der N.-S. (so Gion Nankai) schufen recht förmliche Arbeiten, und erst → Ike no Taiga und → Yosa Buson machten aus dem N.-Stil eine große japanische Kunstform. Im späteren 18. Jh. entstanden → Uragami Gyokudōs prachtvolle, unkonventionelle Landschaften; die größten Meister des 19. Jh.s waren der akademisch ausgerichtete → Tanomura Chikuden und der berühmte Töpfer Aoki Mokubei (1767–1833). Viele N.-Künstler arbeiteten auch in anderen Stilen, etwa → Tani Bunchō, → Yamamoto Baiitsu oder Gesshō. → Watanabe Kazan wurde zwar überschätzt, war aber ein guter Porträtist; letzter bedeutender Maler mit enger Verbindung zur N.-S. war Chokunyu. → Tomioka Tessai, eine der wichtigsten Gestalten, arbeitete wie Gyokudō viel individueller.

Nanni di Banco (um 1375–1421)
Florentiner ◇Bildhauer, der gemeinsam mit seinem Vater, dem Steinmetz Antonio di B., und → Donatello am Dom zu Florenz tätig war. Neben Donatello u. a. führte N. eine der Sitzfiguren der vier Evangelisten *(Lukas)* für die Domfassade aus (Auftrag 1408, Vollendung um 1412–13). Weitere bedeutende Werke N.s sind die für Or San Michele in Florenz geschaffenen ◇Statuen der *Vier gekrönten Heiligen (Quattro Coronati)* (1410–15) sowie das ◇Relief der *Himmelfahrt und Gürtelspende Mariä* (1414–21) im Giebelfeld der ›Porta della Mandorla‹ des Florentiner Doms. N., eigentlich ein Vertreter der späten ◇Gotik, griff dennoch nachdrücklicher als seine Zeitgenossen auf ◇antike Themen zurück.

Nanteuil, Robert (1623–1678)
Französischer Kupferstecher und Zeichner, bedeutendster Bildnisstecher in Frankreich im 17. Jh., Schüler von A. → Bosse. N.s Stiche, die sich durch eindringliche Charakterisierung und virtuose Linienführung auszeichnen, basierten auf seinen meist in ◇Pastelltechnik ausgeführten ◇Zeichnungen nach der Natur. Sein Werk umfaßt mehr als 200 Stiche von bedeutenden zeitgenössischen französischen Persönlichkeiten (u. a. Ludwig XIV., Kardinal Mazarin); bisweilen stach er auch ◇Porträts nach Gemälden P. de → Champaignes. N.s Einfluß ist es maßgeblich zuzuschreiben, daß im Edikt von Saint-Jean de Luz (1660) der ◇Kupferstich unter die freien Künste eingereiht wurde.

Nash, Paul (1889–1946)
Englischer Maler, der v. a. Öl- und Aquarelllandschaften schuf. Er studierte an der Slade School (1910–11); seine frühen Werke sind von → Rossetti beeinflußt. Einen Namen machte er sich als offizieller Kriegsmaler im Ersten Weltkrieg (1917–18). Danach malte er v. a. Landschaften in einem dekorativen Stil, die zugleich seine Auseinandersetzung mit der Formenabstraktion spiegeln. In den 1930er Jahren geriet er unter starken Einfluß des ◇Surrealismus, 1933 gehörte er zu den Mitbegründern der → Unit-One-Gruppe. Während des Zweiten Weltkriegs war N. erneut als offizieller Kriegskünstler tätig. In seinen letzten Schaffensjahren kehrte er zu eindringlichen, gleichsam mystischen Landschaften und symbolhaltigen Bildern zurück. N. war außerdem ein ausgezeichneter ◇Fotograf. Sein Bruder John N. (1893–1977), ebenfalls ◇Landschaftsmaler, zeigte Ähnlichkeiten im Stil, seine formalisierten Darstellungen orientierten sich jedoch stärker an der naturalistischen Formgebung; auch spezialisierte er sich mehr auf botanische Motive.

Nast, Thomas (1840–1912)
Amerikanischer Maler und ◇Zeichner deutscher Herkunft, der ab 1846 in den USA lebte. Zunächst als ◇Illustrator für verschiedene Zeitschriften tätig (u. a. für ›Harper's Weekly‹, ab 1862), widmete er sich nach seiner Teilnahme als Zeichner am amerikanischen Sezessionskrieg v. a. der politischen ◇Karikatur; N. gilt als ›Vater‹ der amerikanischen Karrikatur und des ◇Cartoons.

Nattier, Jean-Marc d. J. (1685–1766)
Französischer Maler und ◇Radierer des ◇Rokoko. Berühmt wurde er insbesondere mit seinen ◇Porträts eleganter junger Damen der französischen Hofgesellschaft, die er in ◇allegorischen und mythologischen Verkleidungen darstellte (*Porträt einer Dame, dargestellt als Diana,* 1756, MM). Als führender Porträtmaler am Hofe Ludwigs XV. malte er Mitglieder des französischen Königshauses, aber auch der russischen

Zarenfamilie. Seine Bilder zeichnet eine zarte Grundstimmung und eine Vorliebe für bläuliche Farbtöne aus; sie verkörpern in höchstem Maße die Raffinesse und verspielte Eleganz des Rokoko.

Nauen, Heinrich (1880–1940)
Deutscher Maler, bekanntester Vertreter des → Rheinischen Expressionismus neben → Campendonk und Helmuth Macke. N. studierte in Düsseldorf, München und Stuttgart und stand anfänglich unter dem Einfluß van → Goghs, später von → Matisse. Dekorative Flächigkeit und starke, leuchtende Farben charakterisieren sein Hauptwerk, die großen ◇Wandbilder auf Schloß Drove bei Düren (1912–14).

Nauman, Bruce (* 1941)
Amerikanischer Künstler, der 1960–64 Mathematik und Kunstgeschichte an der University of Wisconsin studierte und anschließend bis 1966 ein Kunststudium an der University of California, Davis, absolvierte. N.s Arbeiten umfassen ein breites Spektrum und die verschiedensten Medien (u. a. auch ◇Film, ◇Fotografie und ◇Video), es lassen sich aber – abgesehen von frühen Arbeiten im Sinne der ◇Materialkunst – zwei größere Bereiche bis 1970 unterscheiden: Arbeiten mit deutlichen Bezügen zu seinem Körper (in Form von Maßsystemen oder ◇Aktionen, mit denen er zu einem Vorläufer der ◇Body Art wurde) und Arbeiten, die sich überwiegend mit sinnlicher Wahrnehmung und deren Verfremdung und Irritation mit Hilfe spezieller Räume oder Korridore beschäftigen und den Betrachter in zunehmendem Maße in das Werk aktiv einbeziehen (*Wall Sound Piece,* 1970; *Green Light Corridor,* 1970). In den Werkkomplexen der 1980er Jahre entwirft N. erschreckende Szenarien und Visionen mit sich drehenden, karussellartigen ◇Installationen unter Verwendung von Objekten, die mißgebildete, geklonte Tierkörper und menschliche Köpfe im Wachsabguß darstellen. Daneben auch komplexe ◇Video-Installationen wie *Clown Torture,* die ebenso wie die karussellartigen Objektinstallationen darauf abzielen, den Betrachter emotional zu attackieren und zum mitleidenden, mitfühlenden Wesen zu machen.

Naumburger Meister (tätig 13. Jh.)
Einer der wichtigsten deutschen ◇Bildhauer des 13. Jh.s, ausgebildet in Frankreich (stilistische Zusammenhänge mit ◇Reliefs und Plastiken an den Kathedralen von Reims [Südwestportal] und Noyon). Zu den bedeutendsten Arbeiten des Künstlers gehören der ◇Lettner im Mainzer Dom (um 1240) und die Bildwerke im Westchor des Naumburger Doms (12 Stifterfiguren, darunter *Uta, Gemahlin des Markgrafen Ekkehard,* nach 1249) sowie die dortige Lettneranlage (u. a. Abendmahl-Relief). Dokumente aus dem Jahr 1249 bezeugen sein Wirken in Naumburg, doch er arbeitete vermutlich bis in die 1260er Jahre. Seine Figuren sind von starker Beseeltheit, genauer Detailbeobachtung und Pathos geprägt. Dieser Meister bildet das Bindeglied zwischen dem verhaltenen Idealismus der französischen Hochgotik und der emotionalen Extravaganz späterer ◇gotischer Bildhauerei, beispielsweise Giovanni → Pisanos oder Claus → Sluters.

Nay, Ernst Wilhelm (1902–1968)
Deutscher Maler, war 1925–28 Schüler von Karl Hofer an der Berliner Akademie. 1937 wurde er als ›entarteter‹ Künstler mit Ausstellungsverbot belegt. 1937–38 hielt er sich als Gast von Edvard → Munch auf den Lofoten auf und malte eine Reihe von expressiven, formal stark vereinfach-

Ernst Wilhelm Nay, *Alpha,* 1957

ten Lofotenlandschaften. Seine anfänglich figurative, sowohl beim deutschen ◇Expressionismus (→ Kirchner, → Nolde) wie auch bei der Raumordnung des ◇Kubismus (→ Gris) ansetzende Malerei entwickelte sich nach dem Kriege immer mehr zu einer reinen flächigen ◇Abstraktion, in der die Bildfläche einzig aus der Farbe rhythmisch gestaltet wurde. N. gilt mit seiner musikalisch-kontrapunktischen, flächig betonten Abstraktion, die der Farbe als gestaltende Kraft wesentliche Entfaltungsmöglichkeit gibt (v. a. in den ›Scheibenbildern‹), als Vermittler zwischen den großen Abstrakten der Vorkriegszeit (→ Kandinsky, → Klee) und der jungen Nachkriegsgeneration in Deutschland.

Nazarener
Eine in Rom tätige, aus deutschen und österreichischen Malern bestehende Künstlergemeinschaft der ◇Romantik, deren Ziel es war, die deutsche religiöse Kunst nach dem Vorbild der Italiener → Perugino, des frühen → Raffael, aber auch von altdeutschen Meistern wie → Dürer neu zu beleben (»neudeutsch-religiös-patriotische Kunst«). Die Vereinigung ging aus dem 1809 in Wien von → Overbeck, → Pforr u. a. nach dem Vorbild religiöser Bruderschaften gegründeten ›Lukasbund‹ hervor. 1810 übersiedelten einige der Lukasbrüder, darunter Overbeck und Pforr, in das abgelegene ehemalige Kloster S. Isidoro bei Rom, wo sich ihnen später zahlreiche Künstler anschlossen, u. a. → Cornelius, → Schadow, → Fohr, → Olivier und → Schnorr von Carolsfeld. Die Verpflichtung zu einer strengen sittlich-religiösen Lebensführung trug den Künstlern die eigentlich spöttisch gemeinte Bezeichnung ›N.‹ ein, die sie dann selber übernahmen. Im Geist mittelalterlicher Gemeinschaftsarbeit entstanden u. a. die ◇Fresken der Josefsgeschichte in der Casa Bartholdy in Rom (1816–17) sowie der Freskenzyklus des römischen Casino Massimo (1819–27). Die N. sind in mancher Hinsicht Vorläufer der englischen → Präraffaeliten.

Neapel, Malerschule von
(Neapolitanische Malerschule)
Italienische Malerschule, die sich seit dem frühen 14. Jh. in Neapel unter dem Einfluß der aus anderen italienischen Regionen stammenden hier tätigen Künstler (S. → Martini, → Giotto, → Antonello da Messina) entwickelte. Von einer neapolitanischen Malschule im eigentlichen Sinn kann man allerdings erst mit Beginn des frühen 17. Jh.s sprechen, als → Caravaggio (um 1606/07) nach Neapel kam und das herrschende Fürstenhaus all jene Künstler förderte, die ihr Leitbild in dessen ◇Helldunkelmalerei sahen. Zu den bedeutendsten Vertretern des caravaggesken Stils in der neapolitanischen Malerei des 17. Jh.s gehörten v. a. der seit 1616 dort ansässige Spanier Jusepe de → Ribera, Salvator → Rosa, in der zweiten Hälfte des 17. Jh.s v. a. L. → Giordano und F. → Solimena. Ihre Sujets waren insbesondere religiöse Motive, z. B. Riberas *Jakobs Traum* (1639, Prado), aber auch ◇Landschaften und ◇Schlachtenbilder. Ab etwa 1630 wurde die neapolitanische Malerei von Vertretern des römischen Hochbarock geprägt (D. → Zampieri, G. → Lanfranco, M. → Stanzione).

Neefs (Neeffs, Nefs), Pieter d. Ä.
(um 1578–1656/61)
Flämischer Maler von Architekturmotiven, wahrscheinlich Schüler Hendrik van → Steenwijks d. Ä. In zahlreichen Bildern stellte er Antwerpener Kircheninterieurs dar, in denen die Figurenstaffagen (◇Staffage) u. a. von → Teniers d. J. stammen. N. seinerseits führte die Architekturstaffagen in Gemälden anderer zeitgenössischer Künstler aus (u. a. auch für Teniers d. J.). Pieter N. d. J. (1620 – nach 1675) malte die gleichen Motive im Stil seines Vaters, was die Werkzuschreibung beider Künstler erschwert hat.

Neer, Aert (Aart, Aernout) van der
(1603/04–1677)
Holländischer ◇Landschaftsmaler, dessen Arbeiten den Einfluß → Camphuysens und → Avercamps zeigen. N. spezialisierte sich auf Winter- und Mondscheinlandschaften, die durch die Wiedergabe der atmosphärischen Stimmungen und der dramatischen Lichtverhältnisse beeindrucken (*Abendliche Stadtlandschaft an einem zugefrorenen Fluß,* um 1645, NGL). Sein Sohn Eglon Hendrik van der N. (1634–1703), dessen Lehrer Aert war, malte vornehmlich ◇Genreszenen, die den Arbeiten G. → Metsus und J. → Ochtervelts nahestehen.

Neroccio (N. di Bartolomeo di Benedetto de'Landi) (1447–1500)
Italienischer Maler und ◇Bildhauer der Sieneser Schule, Schüler des → Vecchietta und (bis 1475) in Werkstattgemeinschaft mit → Francesco di Giorgio Martini tätig. Typisch für seinen von

→ Sassetta beeinflußten Stil sind kurvig-lineare Rhythmen und eine gedämpfte, klare, pastellartige Farbigkeit. Zu seinen Hauptwerken zählen das Triptychon der *Madonna mit den Heiligen Michael und Bernhard* (1476, Pinacoteca Nazionale, Siena), die *Thronende Madonna mit sechs Heiligen* (1492, ebda.) und eine Holzfigur der hl. Katharina von Siena (um 1474, Oratorio di S. Caterina Fontebranda, Siena).

Nesbitt, Lowell B. (* 1933)
Amerikanischer Maler, studierte 1950–55 an der Tyler School of Art in Philadelphia und 1955–56 am Royal College of Art in London. Seine ◇hyperrealistischen Bilder der 1970er Jahre erzeugen die ironische Brechung einer naturalistischen Wirklichkeitsimitation durch künstliche Lichteffekte im Stil der Werbefotografie. Bekannt sind v. a. seine leeren, fast mystisch wirkenden Interieurs amerikanischer Landhäuser.

Nessos-Maler
(tätig letztes Viertel 7. Jh. v. Chr.)
Attischer ◇Vasenmaler, einer der ersten Vertreter des ◇schwarzfigurigen Stils in Attika. Sein Hauptwerk ist die namengebende 1,2 m hohe Amphora (◇Vasenformen, griechische), auf deren Hals die Tötung des Kentauren Nessos durch Herakles dargestellt ist (Archäologisches Nationalmuseum, Athen). Die Malweise zeigt korinthische Einflüsse und ist sehr spontan und perfekt.

Nestler, Wolfgang (* 1943)
Deutscher Künstler, studierte 1967–73 bei → Heerich an der Düsseldorfer Kunstakademie, danach Tätigkeit als Kunsterzieher. Seit 1967 Landschaftszeichnungen sowie Fotoserien und seit 1969 materialbetonte ◇Skulpturen aus Eisen, Holz und Stahl aus beweglichen Teilen, die sich mit wenigen Handgriffen zu neuen Konstellationen variieren lassen. Seit 1970 Plastiken aus beweglichen Teilen, die ein fragiles Kräftespiel von Eisenstangen mit Gummizügen und verstellbaren Scharnieren vorführen. Gewicht, Ponderation, Schwerpunkt, Druck oder Zugkraft werden – ähnlich wie bei → Serra das Gewicht von Stahl – in ihrer lapidaren Erscheinungsform real eingesetzt. In den ausgehenden 1970er Jahren Arbeiten mit massiven, oft kreisförmigen Eisenstücken, die durch Schnitte zerteilt werden und ihre Position zueinander durch die Kräfte des Schwergewichts finden.

Netscher, Caspar (1639–1684)
Holländischer ◇Genre- und ◇Porträtmaler deutscher Herkunft, lernte bei seinem Vater Johan N. und bei → Terborch, der großen Einfluß auf N.s bürgerliche ◇Interieurbilder (*Die Spitzenklöpplerin,* 1664, Wallace Collection, London) und Genreszenen hatte. In Den Haag, wo N. sich nach einem Frankreichaufenthalt 1662 endgültig niederließ, schätzte man v. a. seine kleinformatigen eleganten Bildnisse, die die Figur nach ◇Barockmanier vor Skulpturhintergründen darstellen.

Neue Künstlervereinigung München
Aus dem Ideenkreis → Kandinskys, seines Freundes → Jawlensky und seiner Schülerin Gabriele → Münter hervorgegangene, 1909 gegründete Vereinigung, die aber bald mit den künstlerischen Vorstellungen ihrer Gründer nicht mehr Schritt hielt und daher Kandinskys neuem Weg der Abstraktion eine auf Münchner ◇Jugendstil-Ästhetik und expressivem ◇Fauvismus beruhende Kunstkonzeption entgegensetzte. Diese Auseinandersetzungen führten 1911 zum Austritt bedeutender Mitglieder, die sich zum → Blauen Reiter zusammenschlossen. Zu den Begründern der N. K. M. gehörten u. a. A. → Erbslöh, → Kanoldt und → Kubin.

Neumann, Balthasar (1687–1753)
Deutscher ◇Barock-Baumeister, der 1719 zum fürstbischöflichen Baudirektor in Würzburg ernannt und 1720 mit dem Bau der dortigen Residenz beauftragt wurde. N.s Hauptleistungen waren das zweiläufige Treppenhaus der Residenz, ausgestaltet mit den Deckenfresken → Tiepolos (1735–53), und die Hofkirche (1732–43). Weitere Höhepunkte stellten die Treppenhäuser von Schloß Bruchsal (1731–33) und Schloß Brühl bei Köln (1743–48) dar. Zu den bedeutendsten Kirchenbauten N.s gehören wegen ihrer kunstvollen ◇Rokoko-Dekorationen die Wallfahrtskirche Vierzehnheiligen (vollendet 1772), deren Raumwirkung aus der parallelen Zuordnung verschieden großer elliptischer Räume in den Grundriß- und Gewölbezonen resultiert, die Abteikirche von Neresheim, deren monumentale Mittelkuppel durch tragende, freistehende Säulen den Eindruck von Schwerelosigkeit erhält, sowie die Wallfahrtskirche Maria Limbach (bei Haßfurt) mit ihrer kunstvollen Außen- und Innengestaltung. In der Baukunst N.s verbindet sich barockbewegte Raumphantasie mit klarer Raumgliederung.

Nevelson, Louise (L. Berliawsky) (1900–1988)
Amerikanische ◇Bildhauerin russischer Herkunft, die 1905 nach Amerika kam. Sie studierte 1929–30 an der ◇Art Students' League und 1931–32 bei → Hofmann in München. Ihre frühen ◇Terrakotta- und Holzskulpturen spiegeln Einflüsse von → Boccioni, → Brancusi und der präkolumbischen Kunst. Ende der 1950er Jahre trat sie mit ◇monochrom (weiß, schwarz oder gold) gestrichenen, wandartigen Holzkonstruktionen aus einzelnen Kisten hervor, in die gewöhnliche Holzteile (Stuhlbeine, Reste eines Treppengeländers oder einer Konsole u. ä.) wie kostbare Reliquien eingestellt sind und die eine seltsam magische, totemistische Wirkung erzeugen (*Königliche Gezeiten IV,* 1960, Museum Ludwig, Köln).

Nevinson, Christopher Richard Wynne (1889–1946)
Englischer Maler, bildete sich an der Slade School of Art (1908–12) und in Paris, wo er das Atelier mit → Modigliani teilte und erst von → Cézanne, dann von den ◇Kubisten beeinflußt wurde. Unter dem Eindruck der ◇futuristischen Ausstellung (1912) in London wurde er zum orthodoxen Vertreter des Futurismus und verfaßte 1914 mit → Marinetti das futuristische Manifest ›Vital English Art‹. N.s bedeutendste Leistung waren seine futuristischen Kriegsbilder (N. war während des Ersten Weltkriegs offizieller Kriegskünstler), die er 1916 ausstellte. Nach 1920 wurden seine Bilder realistischer.

New English Art Club
Ausstellungsgesellschaft, die 1886 in Opposition zur Royal Academy von englischen Künstlern, die in Paris studiert hatten, gegründet wurde. Zu den Ausstellern gehörten u. a. → Degas, → Monet, → Morisot, → Whistler, → Sickert und → Steer. Der Club vertrat eine englische Art von ◇Impressionismus; als künstlerisches Vorbild galt der französische Maler → Bastien-Lepage. Der N. E. A. C. verlor seine Position als führende englische Ausstellungsgesellschaft fortschrittlich orientierter Kunst 1913 an die → London Group.

Newman, Barnett (1905–1970)
Amerikanischer Maler, einer der Begründer des ◇Abstrakten Expressionismus in New York. N. studierte an der ◇Art Students' League. 1948 gründete er mit → Baziotes, → Motherwell und

Barnett Newman, *Stations of the Cross: No. 5,* 1962

→ Rothko eine Kunstschule. Sein Stil entwickelte sich vom ◇Surrealismus zur reinen Abstraktion. N.s großformatige bis riesige Leinwände mit vibrierenden, parallel zu den Seiten laufenden Farbbändern stellen imposante farbräumliche Erfahrungen dar, die den Eindruck einer Öffnung in der Bildebene hervorrufen. Mit diesen Arbeiten übte N. großen Einfluß auf die Entwicklung der ◇Farbfeld- und der ◇Hard-edge-Malerei aus. Beispiele sind u. a. *Vir Heroicus Sublimis* (1950–51), *Stations of the Cross* (1958–66) und *Jericho* (1969). Wie er in seinen Bildern das Format durchbrechen wollte, so galt dies in seinen ◇Skulpturen (*Broken Obelisk,* 1967, Houston) für den Horizont.

New York School
Bezeichnung für die innovative ◇abstrakte Malerei mit New York als Brennpunkt, die sich in den 1940er Jahren auszubilden begann. Sie schließt den ◇Abstrakten Expressionismus, aber auch Arbeiten von nur lose in dieser Richtung verbundenen Künstlern ein. Hauptvertreter sind J. → Pollock, M. → Rothko und A. → Gottlieb.

Ni Zan (1301–1374)
Chinesischer Maler und Dichter aus Wuxi (Prov.

Jiangsu). Unter den → Vier großen Landschaftsmeistern der späten Yuan-Zeit (Yuan-Dynastie 1271–1368) war N. der einzige finanziell unabhängige. Der Künstler setzte in seiner weltflüchtig-melancholischen Malerei Farbe und auch Tusche höchst sparsam ein; ihm genügten wenige Striche mit fast trockenem Pinsel, um in Arbeiten wie der Hängerolle *Das Atelier Zhongxis* (1372, National Palace Museum, Taipeh) seine Ideen niederzuschreiben. Das Thema dieses Werks – einige Bäume und ein Pavillon – wurde unerhört populär, während N.s Malweise → Shen Zhou und späteren Generationen von → Literatenmalern, zumal der orthodoxen Schule der frühen Qing-Zeit (Qing-Dynastie 1644–1911/12), Anregungen lieferte.

Niccolò dell'Arca (Niccolò d'Antonio da Bari) (1435[?]–1494)
Italienischer ◇Bildhauer, der in Bologna wirkte, wo er u. a. die namengebende *Arca di S. Domenico (Grabmal des hl. Dominikus)* in S. Domenico Maggiore schuf (1469–73) sowie die Gruppe der *Beweinung Christi* in S. Maria della Vita; N. stellte die Trauernden im Zustand tragischer Erregung dar, den er durch die bewegte Gewandbehandlung, die dramatische Gebärdensprache und die von größtem Schmerz erfüllte Mimik der Figuren ausdrückte.

Nicholson, Ben (1894–1982)
Englischer Maler, Sohn des Malers William → Nicholson. N. studierte an der Slade School of Art (1910–11). In den späten 1920er und v. a. in den 1930er Jahren war er neben → Moore und Barbara → Hepworth hauptverantwortlich dafür, daß die englische Kunst den Anschluß an die moderne europäische Kunstentwicklung fand. 1933–35 Mitglied von → Abstraction-Création. 1933 gehörte er zu den Gründungsmitgliedern der → Unit-One-Gruppe. 1937 gab er mit → Gabo die Zeitschrift ›Circle – International Review for Constructive Art‹ heraus. 1939 ließ er sich in St. Ives nieder. Seit 1958 lebt N. im Tessin. Anfänglich beeinflußt vom ◇Kubismus (→ Gris) und ◇Purismus, näherte sich N.s Malerei nach 1933 dem ◇Neoplastizismus → Mondrians (z. B. in seinen *Weißen Reliefs*, ab 1933). Für N. waren Abstraktion und Gegenständlichkeit jedoch keine unvereinbaren Gegensätze. Er malte sowohl rein abstrakte ◇konstruktivistische Kompositionen wie auch Landschaften und ◇Stilleben von feiner geometrischer Stilisierung.

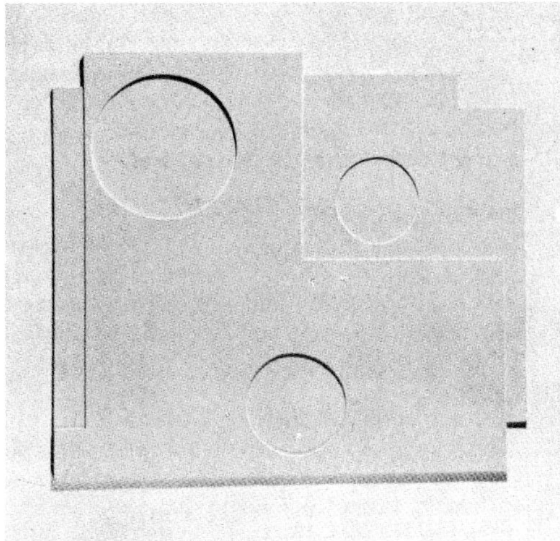

Ben Nicholson, *Weißes Relief,* 1935

Nicholson, Sir William (1872–1949)
Englischer ◇Porträt-, ◇Landschafts- und v. a. ◇Stillebenmaler, studierte an der Académie Julian in Paris. Gemeinsam mit seinem Schwager James → Pryde revolutionierte er unter dem Pseudonym → Beggarstaff Brothers die ◇Plakatmalerei. Er trat auch mit ◇Holzschnitten von bekannten Persönlichkeiten der spätviktorianischen Epoche hervor.

Niepce, Nicéphore (1765–1833)
Französischer Erfinder, trug wesentlich zur technischen Entwicklung der ◇Fotografie bei. Um 1822 machte er die ersten Aufnahmen von Gegenständen in der ◇Camera obscura, 1826 entstand die erste erhaltene fotografische Platte, ein Blick aus seinem Fenster in Gras (Resultat einer achtstündigen Aufnahme, heute Gernsheim Collection, University of Texas, Austin). Ab 1829 arbeitete er mit → Daguerre zusammen, der die Erfindung verbesserte und 1837–39 – nach N.s Tod – das erste praktisch verwertbare Verfahren entwickelte.

Nierhoff, Ansgar (* 1941)
Deutscher ◇Bildhauer, studierte 1964–68 an der Düsseldorfer Kunstakademie. Seine frühen Arbeiten von 1968 waren Verfremdungen von Gegenständen durch ihre Übertragung in Metall, zugleich standen sie unter dem Einfluß der ◇Pop Art. Danach folgten ›Käfige‹ mit Netzüberspan-

nung und seit 1973 Deformationen, wobei logische Konstruktion und emotionale Zerstörungsgeste aufeinanderstoßen. Riesige Metallbleche, unter maschinellem Hochdruck in Flächen gepreßt, werden durch Knickungen und Faltungen ein weiteres Mal gewaltsam deformiert.

Nikias (tätig 2. Hälfte 4. Jh. v. Chr.)
Athener Maler, Schüler des Antidotos. N. bemalte ◇Statuen für → Praxiteles und bevorzugte für seine eigenen Gemälde Sujets wie Reiter- und Seeschlachten. Zwei von ihnen sind vermutlich in ◇Kopien (Wandbilder) in Pompeji erhalten.

Nikolaus von Verdun (tätig Ende 12. Jh.)
Lothringischer ◇Goldschmied und Emailmaler, Protagonist der ◇Maas-Kunst, nachweisbar zwischen 1181 und 1205. Sein Hauptwerk, der *Verduner Altar* (auch *Klosterneuburger Altar,* 1181, Stiftskirche, Klosterneuburg bei Wien) war ursprünglich die Verkleidung eines ◇Ambos und zeigt auf 68 Tafeln in ◇Grubenschmelztechnik erstmals in der mittelalterlichen ◇Emailkunst typologisch angeordnete Szenen aus dem Alten und dem Neuen Testament. Stilkritische Untersuchungen ordnen N. und seiner Werkstatt auch den Entwurf des *Dreikönigsschreins* im Kölner Dom und die Ausführung seiner beiden Längsseiten zu (bis etwa 1200). Für N. sprechen Stil und Technik der Kobaltblau-Gold-Schmelzplatten und die starke Plastizität und Ausdruckskraft der ◇Skulpturen. Gesichert scheinen außerdem Arbeiten am *Annoschrein* (1183, Pfarrkirche St. Michael, Siegburg) und am *Albinusschrein* (Schrein 1186 vollendet, St. Pantaleon, Köln). N.' letztes signiertes Werk ist der *Marienschrein* in der Kathedrale von Tournai (1205 vollendet). Die elegante, zügige Linienführung und eine Steigerung der Bewegungsmotive machten N. zum bedeutenden Wegbereiter des hochgotischen Stils in Frankreich.

Niobiden-Maler (tätig 480–450 v. Chr.)
Athenischer ◇Vasenmaler des ◇rotfigurigen Stils, der die großen ◇Wandmalereien des → Polygnot von Thasos und des Mikon auf seine Vasen zu übertragen versuchte. Er malte den Augenblick der Spannung vor oder nach einem dramatischen Ereignis, nie den betreffenden Vorgang selbst, und ordnete große Figurengruppen auf mehreren Ebenen an, um den Eindruck räumlicher Tiefe zu vermitteln (*Apoll tötet die Kinder der Niobe,* Louvre).

Nishikawa Sukenobu (1671–1751)
Fruchtbarer Künstler des ◇Ukiyo-e im Stil von Kyōto, Verfertiger von Büchern und Alben und Entwerfer von Kimono-Mustern. Mit der Zartheit seiner Darstellungen übte er starken Einfluß auf → Suzuki Harunobu aus.

Nitsch, Hermann (* 1938)
Österreichischer Aktionskünstler, Vertreter des ◇Wiener Aktionismus, der durch seine ◇happeningartigen Ritualspiele des ›Orgien-Mysterien-Theaters‹ in den 1960er Jahren bekannt wurde. Mit dieser Bezeichnung sucht N. die direkte Assoziation seiner kultisch-erotischen ›Abreaktionsspiele‹ an religiöse Handlungen, wobei gerade das Moment einer orgiastischen Enthemmung der Akteure eine Antithese zu den christlich-asketischen Ritualhandlungen darstellt. In wilden Opferaktionen soll etwa durch Tierschlachtung auf die gesteuerten Brutalitäten der bürgerlichen Ordnung verwiesen werden, wobei der Schock der direkt erlebten Grausamkeit als auslösendes Stimulans des intendierten Bewußtwerdungsvorgangs dienen soll.

Nōami (auch Shinnō genannt) (1397–1471)
Gründer der japanischen Ami-Malschule, die sich den weicheren Stil der chinesischen Malerei zum Vorbild nahm und sich auf zarte, ◇monochrome Tuschlavierungen spezialisierte. Sein Stil wurde von seinem Sohn Geiami (auch Shingei genannt [1431–1485]) fortgesetzt.

Nofretete (Nefertiti) (um 1360 v. Chr.)
Farbig bemalte Kalkstein-Porträtbüste der ägyptischen Königin N., der Gattin des Königs Amenophis IV. (auch Echnaton genannt). Die Büste wurde in der Werkstatt des Bildhauers Thutmose in Amenophis' Residenz Achet-Aton nahe dem heutigen Tel-el-Amarna bei Ausgrabungen deutscher Archäologen 1912–14 gefunden und ist im naturalistischen Stil der ägyptischen ◇Amarna-Kunst ausgeführt (heute Ägyptisches Museum, Berlin). Die ◇Skulptur war ein Bildhauermodell für weitere Porträtbüsten der Königin.

Noguchi Isamu (1904–1988)
Amerikanischer ◇Bildhauer japanischer Abstammung. N. verbrachte seine Jugend in Japan (1906–17), lernte 1922 bei Borglum und 1927/28 bei → Brancusi in Paris; 1930/31 und 1952 besuchte er den Orient. In seinem Werk verbindet

N. asiatische Einflüsse mit Anregungen, die ihm durch Brancusi, den ◇Konstruktivismus und ◇Surrealismus vermittelt wurden, und gelangt zu eleganten Abstraktionen, die eine tiefe Achtung vor dem Material und der Reinheit der Form sowie ein enges Verhältnis zur Natur verraten (z. B. sein *Steingarten* für den Hof des UNESCO-Gebäudes in Paris, 1958).

Nolan, Sidney Robert (* 1917)
Australischer Maler und ◇Grafiker, wandte sich 1937 der Malerei zu. Sein Frühwerk stand unter dem Einfluß von → Klee und → Moholy-Nagy; später wurden seine Arbeiten zudem geprägt von der Kunst der australischen Aboriginals. Während seines Militärdienstes (ab 1942), den er in entlegenen Teilen Australiens ableistete, entdeckte er die australische Landschaft, die eine zentrale Inspirationsquelle seiner Kunst wurde. Anfang der 1950er Jahre ging N. nach Europa, wo seine Bilder mit Themen aus dem Bereich der australischen Busch-Mythen und der volkstümlichen Überlieferung großen Zuspruch fanden (Bildserien zu legendären australischen Gestalten: *Ned Kelly,* 1945–47; *Mrs. Fraser,* 1947–48 und 1957).

Noland, Kenneth (* 1924)
Amerikanischer Vertreter der ◇Farbfeld- und der ◇Hard-edge-Malerei. N. studierte am Black Mountain College und bei → Zadkine in Paris (1948–49). Ausgehend von Bildern von Helen → Frankenthaler, entwickelte N. ab 1954 mit seinem Freund Morris → Louis eine Art ›Färbetechnik‹, bei der die dünnflüssige transparente Acrylfarbe die ungrundierte Leinwand durchtränkt, so daß das Gewebe durchscheint. Die Leinwand ist also nicht mehr nur ◇Grund, sondern wird zum integralen Bestandteil der Farbe selber. N.s erstes ›Bildmotiv‹ Ende der 1950er Jahre waren Zielscheiben (konzentrische Ringe aus satt leuchtenden, vibrierenden Farben), die Anfang der 1960er Jahre vom V-Motiv und später von horizontalen Streifen abgelöst wurden. Wie Frank → Stella experimentierte auch N. mit ungewöhnlichen Bildformaten (Rhomben, langgestreckte schmale Rechtecke bis zu 10 m Länge).

Nolde, Emil (E. Hansen) (1867–1956)
Deutscher Maler und ◇Grafiker, ein Hauptvertreter des deutschen ◇Expressionismus. Nach einer Ausbildung als Möbelzeichner und Holzschnitzer in Flensburg (1884–88) arbeitete N. als Entwerfer und Schnitzer für verschiedene Möbelfabriken in München, Karlsruhe und Berlin. 1892–98 Lehrer an der Kunstgewerbeschule in St. Gallen. 1898 setzte er seine künstlerische Ausbildung fort, u. a. bei → Hoelzel in Dachau (1899) und an der Académie Julian in Paris (1900). Unter dem Einfluß des ◇Neoimpressionismus, besonders von van → Gogh, → Munch und → Ensor, entfernte er sich vom romantischen Naturalismus und kam in seinen frühen, farbig leuchtenden Blumenbildern ab 1905 zur Befreiung der Farbe. In Dresden schloß er sich vorübergehend (1906–07) der → Brücke an. In den folgenden Jahren steigerte er die Farbe zu höchster Leuchtkraft. Unter Verzicht auf formale und intellektuelle Überlegungen setzte N. die Farbe mit einem urtümlichen, eruptiven Ausdrucksverlangen ein. Ab 1909 entstand die Reihe seiner religiösen Bilder (*Abendmahl,* 1909; *Das Leben Christi* [Triptychon], 1911–12; *Die Grablegung Christi,* 1915). 1913–14 beteiligte sich N. an einer ethnologischen Expedition nach Neuguinea. Im Dritten Reich war N. als ◇entarteter Künstler verfemt und wurde 1941 mit einem Malverbot belegt. In dieser Zeit (etwa ab 1939) entstanden seine ›Ungemalten Bilder‹, etwa 1300 ◇Aquarelle, die zu seinen bedeutendsten Werken gehören. Von großem Einfluß auf den deutschen Expressionismus war auch N.s expressive ◇Druckgrafik, neben ◇Lithographien und ◇Radierungen v. a. seine ◇Holzschnitte.

Emil Nolde, *Im Hafen von Alexandrien* (linker Flügel des Triptychons *Heilige Maria Aegyptiaca*), 1912

Nollekens, Joseph (1737–1823)
Der bedeutendste englische ◇Bildhauer des späten 18. Jh.s. N. studierte und arbeitete 1759–70 in Rom. Zurückgekehrt nach England, wurde er 1772 Mitglied der Royal Academy. N., der die Förderung Georgs III. genoß, wurde v. a. berühmt mit seinen ◇Porträtbüsten.

Nonomura Sōtatsu (Hon'ami Sōtatsu; tätig 1. Hälfte 17. Jh.; † um 1634)
Japanischer Maler, Freund → Hon'ami Kōetsus und Begründer der → Rimpa-Schule. Sein Werk ist von einem starken Interesse an der ◇Yamato-e-Malerei bestimmt (man weiß, daß N. einige Yamato-e-Rollbilder kopierte und restaurierte). Er führte als erster dieses typisch japanische Element in eine großzügig dekorative Malerei über, der sich Hon'ami Kōetsu und → Ogata Kōrin anschlossen.

Noort, Adam van (1562–1641)
Flämischer Maler, der ◇Porträts und ◇Historienbilder in schwerfälligem, konservativem Stil schuf. N.s Bedeutung liegt in seiner Tätigkeit als Lehrer von → Rubens, → Jordaens und van → Balen.

Nordman, Maria (* 1943)
Amerikanische Künstlerin deutscher Herkunft, kam 1953 in die USA und studierte bis 1967 an der University of Los Angeles. Nach Filmenvironments und Laserprojekten (1967–69) widmet sie sich seit 1970 der Gestaltung von Räumen, deren starke ästhetische Wirkung auf dem bewußten Einsatz sparsamer Mittel beruht. So schuf sie für die Biennale in Venedig einen halbdunklen Lichtraum. Dessen stark mystisch-kultische Bezüge wurden noch dadurch gesteigert, daß der Betrachter ganz auf sich verwiesen war, weil jeweils nur ein Besucher Zutritt hatte. In den Arbeiten der 1980er Jahre konzentriert M. N. ihre Intentionen auf eine komplexe Erfahrung des geformten sichtbaren Raums, wobei es ihr auf die spezifische Signifikanz des jeweiligen Ambientes ankommt. Derartige Qualitäten, die von der Künstlerin akzentuiert werden, sind z. B. Sonnenlicht, Farbe, Bewegungen von Luft und Wasser, Klänge, Raumorientierung. Seit 1986 hat M. N. ihre Erfahrungen zu Fragen der ◇Skulptur und des Raums auch in Buchpublikationen theoretisch fixiert.

Normal
1979 von Milan → Kunc, Peter → Angermann und Jan → Knap gegründete Gruppe, die ab 1980 durch gemeinsame, satirisch-witzige Straßenmalaktionen in Düsseldorf, Paris und New York in Erscheinung trat. Ziel der Gruppe war die Nivellierung der Grenzen zwischen Kunst und Kitsch durch einen heiter-persiflierenden Umgang mit kulturellen und politischen Klischeevorstellungen. Die N.-Gruppe hatte in der 1969 von Angermann gegründeten Vereinigung → YIUP eine Vorläuferin, die sich gleichermaßen in humorvoll-grotesken Aktionen, Bildern, Texten und Filmproduktionen äußerte und Parallelen zu den LIDL-Aktionen von → Immendorff im Kontext der Beuys-Klasse an der Düsseldorfer Kunstakademie aufwies.

Norwich School
Englische, in Norwich gegründete Schule der ◇Landschaftsmalerei, die als einzige regionale Malschule der englischen Kunstgeschichte mit den früheren italienischen Schulen vergleichbar ist. Ihre führenden Persönlichkeiten waren John ›Old‹ → Crome, der 1803 die Norwich Society of Artists gründete, und John → Cotman, der sich dor N. S. 1807 anschloß. Ihre Blütezeit erlebte die Schule von 1803 bis etwa 1830, 1805 wurde sie zur führenden Ausstellungsgesellschaft außerhalb Londons. Weitere Vertreter der N. S. waren u. a. J. Stark (1794–1859), G. Vincent (1796–1831) und J. S. Stannard (1797–1830). In ihrer Malerei ließen sich die Künstler von der niederländischen Kunst wie auch von der Schönheit der ostenglischen Landschaft anregen.

Nothelfer, Gabriele (* 1945)
Helmut (* 1945)
Deutsche Fotografen, die gemeinsam an der Lette-Schule Berlin und an der Essener Folkwangschule studierten. Beide praktizieren eine Art zeitdokumentarischer ◇Fotografie, wobei ihr Thema Menschen in außergewöhnlichen Situationen sind, die sich aus dem grauen Alltag herausheben möchten. Um eine typische und dennoch spontane Gestik festzuhalten, benötigen G. und H. N. oft mehrere Stunden für ihre Porträtstudien bei Dorffesten, auf Rummelplätzen und sonstigen festlichen Anlässen.

Notke, Bernt (um 1430/40–1509)
Deutscher Bildschnitzer und Maler, dessen Arbeiten von Bedeutung für die Entwicklung einer lebens- und ausdrucksvollen Plastik in Deutsch-

Bernt Notke, *Kopf der Prinzessin aus der St. Georgsgruppe,* 1489, St. Nikolaikirche, Stockholm

land, zumal im Bereich der Hanse, waren. Zuerst in Lübeck als Maler erwähnt (1467), war N. Ende des 15. Jh.s in Schweden tätig und wurde 1505 Werkmeister an St. Petri in Lübeck. In Stockholm schuf er die monumentale, sowohl dekorative wie realistische *St.-Jürgen-Gruppe* (vollendet 1489, St. Nikolai), vom Reichsverweser Sten Sture als Denkmal des Sieges über die Dänen und zugleich als Grab- und Ehrenmal des (porträtierten) Stifters in Auftrag gegeben. Weiter stammen von N. u. a. ein *Triumphkreuz* (1477, Dom, Lübeck), der geschnitzte und gemalte Altar im Dom von Aarhus (1478–79) und der Altar in der Kirche des Hl.-Geist-Hospitals in Reval (1483).

Nouveau Réalisme
Künstlergruppe, die 1960 von dem französischen Kritiker Pierre Restany zusammen mit → Arman, → Dufrêne, → Hains, Yves → Klein, → Raysse, → Spoerri und → Tinguely gegründet wurde. Später schlossen sich u. a. → César, → Christo, → Rotella und Niki de → St.-Phalle an. Nach Aussage von Restany »registriert der N. R. die soziologische Realität ohne jede polemische Absicht«. In vieler Hinsicht ist er eine Parallelerscheinung zur englischen und amerikanischen ◇Pop Art.

Nouvelle Tendance
Internationale Vereinigung von Künstlern der ◇monochromen Malerei, der ◇Op Art, der ◇Kinetik und ◇Lichtkinetik, die sich – von Frankreich mit der → Groupe de Recherche d'Art Visuel ausgehend – in verschiedenen europäischen Ländern sowie in Japan in Gestalt zahlreicher Gruppenvereinigungen ausbildete: in Italien → Gruppo N und → Gruppo T, in Spanien → Equipo 57, in Deutschland → Zero, in den Niederlanden → Nul, in Japan → Gutai. Auf der Zagreber Ausstellung ›Nove tendencije I.‹ 1961 konstituierte sich das gemeinsame Programm der N. T. als Gegenbewegung zu den individualistischen Gestaltungsprinzipien des ◇Abstrakten Expressionismus. Man griff in den eigenen Zielsetzungen auf die ◇konstruktivistische Tradition zurück und erprobte Licht und Farbe in kontrollierbaren, d. h. objektivierbaren Darstellungsformen. Die einzelnen nationalen Gruppen lösten sich zwischen 1964 und 1968 allmählich auf, nachdem zahlreiche Ausstellungen z. B. in Paris, Zagreb und Amsterdam die gemeinsame Programmatik von N. T. dokumentiert hatten.

Novecento Italiano
1922 entstand in Italien als Reaktion auf den fortschrittsoptimistischen Geist des ◇Futurismus mit dem N. I. eine Gegenbewegung, die die Rückkehr zur Tradition vertrat. Das künstlerische Programm des N. I. war ausschließlich von der Antiposition zum Intellektualismus der modernen Richtungen (Futurismus, ◇Kubismus) geprägt und wollte die nationalen Werte und bildnerischen Grundlagen der klassischen italienischen Kunst wieder zur Geltung bringen. Die Bewegung wurde vom Faschismus gefördert.

Novembergruppe
Die Gruppe wurde Ende 1918 in Berlin von den Malern → Pechstein, Cesar Klein, Georg Tappert, Heinrich Richter und Moritz Melzer gegründet mit dem Ziel, die Kunst eng mit der sich in Deutschland vollziehenden sozialen Revolution zu verbinden. Die N. verstand sich nicht nur als Ausstellungsverband, sondern als eine Vereinigung gleichgesinnter ›radikaler‹ bildender Künstler (◇Expressionisten, ◇Kubisten, ◇Futuristen), die Einfluß nehmen wollte auf alle öffentlichen Angelegenheiten der Kunst (Baukunst,

Städtebau, Denkmalpflege, Neugestaltung des Unterrichts an den Akademien, Umwandlung der Museen, Ausstellungswesen u. ä.). V. a. strebte man jedoch nach einer »engen Vermischung von Volk und Kunst«. Das anfängliche politische Engagement schwächte sich nach dem Austritt Pechsteins 1920 etwas ab. Die meisten führenden Künstler in Deutschland (→ Baumeister, → Belling, → Dix, → Grosz, → Schwitters u. a.) beteiligten sich an den Ausstellungen der N.; einen festen Bestandteil bildeten die ◇Bauhaus-Meister (→ Feininger, → Itten, → Kandinsky, → Klee, → Moholy-Nagy, → Muche). Nach der Auflösung des ›Arbeitsrats für Kunst‹ (1921) schlossen sich auch die Bauhaus-Architekten der N. an, allen voran → Mies van der Rohe. Die Gruppe stellte erstmals 1919 in Berlin aus; ihre umfassendste Schau war die ›Jubiläumsausstellung‹ von 1929 in Berlin, die letzte Ausstellung fand 1931 statt. Zu den ausländischen Künstlern, die mit der N. ausstellten, gehörten u. a. → Arp, → Braque, → Chagall, van → Doesburg, → Léger und → Lissitzky.

Nul

Niederländische Künstlergruppe, die 1961 aus der ›Nederlandse informele groep‹ (gegründet 1958) hervorging. Mitglieder waren → Armando, → Peeters und → Schoonhoven. Die Gruppe verfolgte ähnliche puristische Ziele in der Malerei wie in Deutschland die Gruppe → Zero, mit der sie in engem Kontakt stand, und beteiligte sich an Ausstellungen der → Nouvelle Tendance.

O

Oberhuber, Oswald (* 1931)
Österreichischer Maler, Plastiker und ◇Aktionskünstler, studierte 1945–49 an der Gewerbeschule in Innsbruck sowie an der Wiener Akademie bei → Wotruba und in Stuttgart bei Willi → Baumeister. Nach ◇informellen Anfängen in ◇Malerei und ◇Plastik folgten in den frühen 1950er Jahren gegenständliche Reaktionen auf diese Richtung. In den 1960er und 1970er Jahren erprobte O. verschiedene Ausdrucksmittel wie ◇Environments, ◇Assemblagen, ◇Collagen, ◇Aktionen, ◇Happenings, Schrift- und Multimediaexperimente, Konzepte. Alle diese Realisationen versteht O. als Ausdrucksmuster, die sein Lebens- und Arbeitsprozeß bewußt erprobt und in ihrer historischen Dimension hinterfragt.

Oberländer, Adolf (1845–1923)
Deutscher Maler und ◇Zeichner, der in München u. a. bei → Piloty studierte und ab 1863 ◇Karikaturen für die ›Fliegenden Blätter‹, ab 1869 für die ›Münchner Bilderbogen‹ zeichnete. Neben → Busch gilt O. als der bedeutendste Humorzeichner aus der zweiten Hälfte des 19. Jh.s. Er beeinflußte → Heine und → Gulbransson.

Obrist, Hermann (1862–1927)
Schweizer Kunsthandwerker und ◇Bildhauer, studierte in Karlsruhe (ab 1888), gründete in Florenz eine Werkstatt für Stickerei (mit Berthe Ruchet, 1892) und war ab 1895 in München tätig, wo er die Münchner Vereinigten Werkstätten für Kunst und Handwerk mitbegründete und von Einfluß auf die Münchner ◇Jugendstilbewegung war (u. a. Otto Eckmann, August Endell, Bernhard Pankok, Bruno → Paul und Richard → Riemerschmid). In seinen Arbeiten und Schriften (gesammelte Aufsätze als ›Neue Möglichkeiten in der Bildenden Kunst‹, 1903) wandte er sich gegen die herrschenden historisierenden Stilformen und trat für eine dekorativ-bewegte, ◇arabeskenhafte (*Großer Wandbehang mit Alpenveilchen/Peitschenhieb,* um 1895), gegenstandsfreie (erste ungegenständliche Figur 1897–98, zerstört) Ornamentik unter Bevorzugung der Spirale als Grundform ein (Entwurf zu einem Denkmal, um 1895, Kunstgewerbemuseum, Zürich).

Ochtervelt, Jacob (1634/35–1708/09)
Holländischer ◇Genre- und ◇Porträtmaler, Schüler von N. → Berchem. Er war von → Metsu und → Terborch, v. a. aber von Pieter de → Hooch beeinflußt. O. wirkte in Rotterdam und ab 1674 in Amsterdam. Zu seinen bekannteren Werken gehören Genreszenen mit musizierenden Gesellschaften, z. B. *Dame, auf einem Virginal spielend* (um 1676–80, NGL).

Odenbach, Marcel (*1953)
Deutscher Zeichner und ◇Videokünstler, der 1974–79 Architektur, Kunstgeschichte und Semiotik an der Technischen Hochschule Aachen studierte. Seit 1976 Video-◇Performances und ◇Video-Installationen, die durch Montage disparate Bildwelten aus dem Unterhaltungs- und Nachrichtenbereich mit eigenen Erlebnissen medial verschränken. Daneben seit 1980 ◇Collage-◇Zeichnungen, in denen sich persönliche Ansichten mit der öffentlichen Bild-Text-Information verbinden. Derartige Zeichnungen sind häufig auch Ideenskizzen für komplexe Videoarbeiten.

Oderisi, Pietro (tätig 2. Hälfte 13. Jh.)
Wahrscheinlich römischer Künstler, verantwortlich für das folgenreiche Grabmal des französischen Papstes Clemens IV. in Viterbo (1271–74), das den traditionellen römischen ◇Cosmatenstil mit den für Italien neuen Formen der französischen ◇Gotik kombiniert. O. arbeitete vermutlich auch zusammen mit → Arnolfo di Cambio am ◇Ciborium für S. Paolo fuori le mura in Rom, und er ist identisch oder verwandt mit Odoricus und/oder ›Petrus civis romanus‹, der/die um 1270 am Fußboden des Altarraums und am Sockel des Reliquienschreins Eduards des Bekenners in Westminster Abbey arbeitete/n. Die beiden Werke sind zwar fragmentarisch, gehören aber eindeutig in die römische Cosmatentradition.

Oehlen, Albert (*1954)
Deutscher Maler, der nach einer Ausbildung als Verlagsbuchhändler (1970–73) mit W. → Büttner 1976 die ›Liga zur Bekämpfung des widersprüchlichen Verhaltens‹ gründete, 1979–84 gemeinsame Schallplatten mit dem Bruder Markus Oehlen (*1956) sowie mit Kippenberger,

Büttner, → Penck und → Immendorff produzierte und sich an zahlreichen anarchistisch-witzigen ◇Aktionskonzepten beteiligte: Multimediale Zusammenarbeit u. a. mit Georg → Herold an Buchprojekten, →Fotomontagen und literarischen Werken, wobei mit banalen Requisiten vielfältige ironische Anspielungen geschaffen werden. In den 1980er Jahren praktizierte O. eine meist in Serien ausgeführte »Malerei über die Malerei«, in der – bei völlig belangloser Thematik – Abstraktion und Figuration nebeneinanderstehen oder sich wechselseitig durchdringen.

Oelze, Richard (1900–1980)
Deutscher Maler, der 1921–26 am ◇Bauhaus und 1926–29 in Dresden bei → Dix studierte. 1933 trat er während eines Parisbesuches in engen Kontakt mit den ◇Surrealisten, die seine Malerei entscheidend beeinflußten (→ Breton, Eluard, → Dalí, Max → Ernst) und an deren Ausstellungen er beteiligt wurde. 1936 beendete O. jedoch die direkten Beziehungen zu den Pariser Surrealisten und kehrte nach Deutschland zurück. Nach dem Ende des Zweiten Weltkriegs ließ er sich zunächst in Worpswede nieder und lebte dann ab 1962 in totaler Isolation im Weserbergland. Geschult an der handwerklich genauen Malerei von Dix, entwickelte O. in den 1930er Jahren eine ◇lasierende ◇Ölmalerei, die zeitlebens mit figurativen Elementen seine surreal-◇abstrakten Landschaften bestimmte. O.s phantastische, magische Bildwelt basiert auf der irrationalen Gegenüberstellung von Figur und Landschaft.

Richard Oelze, *Erwartung,* 1935–36

Oeser, Adam Friedrich (1717–1799)
Deutscher Maler und ◇Radierer, der nach seiner Ausbildung in Wien 1739 nach Dresden übersiedelte, wo er ◇Deckenmalereien und Bühnendekorationen schuf. 1759 wurde O. kurfürstlicher Hofmaler in Leipzig, wo er die Deckenmalereien des Gohliser Schlößchens ausführte. In dieser Zeit war er auch der Zeichenlehrer → Goethes. Sein Stil zeigt bereits eine Überwindung der üppigen, spätbarocken Monumentalkunst, findet aber noch nicht die ◇klassizistische Formstrenge.

Ogata Kenzan (1663–1743)
Japanischer Maler und Keramiker, Vertreter der → Rimpa-Schule, jüngerer Bruder des → Ogata Kōrin, der bisweilen auch Keramikgefäße Kenzans (z. B. Teeschalen) bemalte.

Ogata Kōrin (1658–1716)
Japanischer Maler, stark von → Nonomura Sotatsu (dessen Arbeiten er manchmal kopierte) und → Hon'ami Koetsu beeinflußt. K. ist ein typischer Vertreter der → Rimpa-Schule. Er entwarf zunächst aus Vergnügen Stoffmuster, verlor jedoch das von seiner Familie, die ein Seidengeschäft besaß, hinterlassene Vermögen und arbeitete seither mit seinem Bruder → Ogata Kenzan zusammen, dessen ◇Keramiken er mit Malereien versah. Seine Werke sind zu Recht wegen ihrer dekorativen Effekte berühmt. Zu seinen bedeutendsten Arbeiten gehört ein sechsteiliger Wandschirm mit Iris-Blumen, der von präziser Beobachtung der Natur zeugt.

O'Keeffe, Georgia (1887–1986)
Amerikanische Malerin, studierte u. a. an der ◇Art Students' League (1907–08), heiratete 1924 A. → Stieglitz. In den 1920er Jahren war sie eine der Hauptgestalten der amerikanischen Gegenbewegung zu den ◇avantgardistischen Tendenzen in Europa. Ihre eigene Malerei, die der Stilrichtung des ◇Magischen Realismus angehört, zeigt dennoch ◇surrealistische Einflüsse. Ihre Sujets waren einzelne Formen der Natur (u. a. Blütenkelche), die sie aus dem natürlichen Kontext herauslöste und in ◇abstrakte, visionäre Bilder von sinnlicher, mystischer Poesie umsetzte. Eines ihrer Spätwerke ist das 7,3 m breite *Sky Above* Clouds IV (1965).

Okumura Masanobu (1687–1764)
Japanischer Maler und Holzschnittmeister, des-

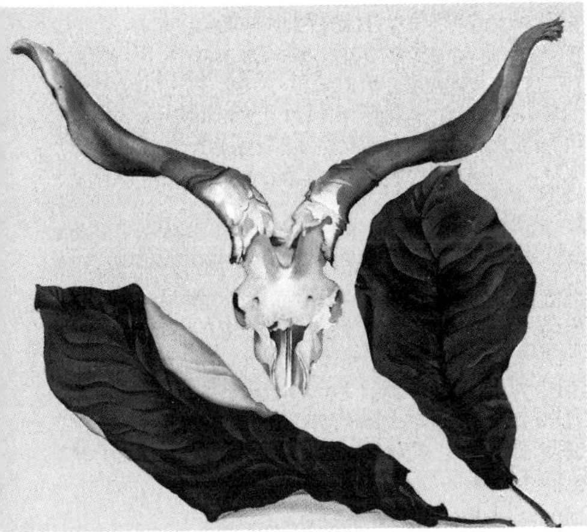

Georgia O'Keeffe, *Schafbockschädel mit braunen Blättern,* 1936

sen langes Leben die Zeit des ◇Ukiyo-e von den schwarzweißen linearen ◇Drucken im Stil → Hishikawa Moronobus bis zu den kunstvollen handkolorierten Drucken und den grün-roten ◇Holzschnitten umspannte. Zu seinen Arbeiten gehörten ◇Buchillustrationen, Holzschnitte nach Theaterszenen und Negativdrucke. Durch Leimbeimischung zur Tusche erzielte er Lackeffekte; unter europäischem Einfluß fertigte er ◇perspektivische Holzschnitte und Pfostenbilder mit großen Einzelfiguren an.

Olbrich, Joseph Maria (1867–1908)
Österreichischer Architekt und Entwerfer für das Kunsthandwerk, studierte 1890–93 an der Wiener Kunstakademie bei Carl von Hasenauer (1833–1894); 1894–98 Mitarbeiter des Wiener Architekten → Wagner, 1897 Mitbegründer der Wiener ◇Sezession. 1899 wurde er von Großherzog Ernst Ludwig von Hessen zusammen mit → Behrens nach Darmstadt berufen, wo er der → Darmstädter Künstlerkolonie angehörte und die Gesamtplanung der Mathildenhöhe übernahm. Sein bedeutendstes Werk ist das mit der Ornamentik des ◇Jugendstils ausgestattete Ausstellungsgebäude für die Wiener Sezession (1897–98). Neben seiner Bautätigkeit beschäftigte sich O. mit der dekorativen Ausstattung von Innenräumen sowie mit Entwürfen für Gläser, ◇Plakate, Buchschmuck und mit der Gestaltung von Gebrauchsgegenständen.

Oldenburg, Claes (*1929)
Amerikanischer Künstler schwedischer Abstammung, einer der Hauptvertreter der amerikanischen ◇Pop Art, studierte an der Yale-University (1946–50) und am Art Institute of Chicago (1953–54). O. ließ sich 1956 in New York nieder, wo er sich dem ◇Abstrakten Expressionismus anschloß. Um 1959 gab er die Malerei auf und veranstaltete mit → Kaprow und → Dine ◇Happenings (1960–65), begann mit der Herstellung von Nachbildungen eßbarer Dinge (*Two Cheeseburgers with Everything,* 1962, Museum of Modern Art, New York), von denen er schließlich zu seinen ›Soft Sculptures‹ überging, ›weichen‹ Modellen von alltäglichen Objekten wie z. B. Lichtschaltern oder Waschbecken (*Soft Light Switches,* 1964; *Soft Washstand,* 1965), meist aus Pappmaché und Vinyl oder Leinwand mit Kapok gefüllt. Seine Entwürfe zu Monumenten (*Lipstick on Caterpillar Tracks,* 1969),

Claes Oldenburg, *Bedroom Ensemble,* 1963

die aus überdimensional vergrößerten Gebrauchsgegenständen bestehen, sind Transformationen der Alltagswelt.

Olitski, Jules (*1922)
Amerikanischer Maler russischer Herkunft, kam 1922 in die USA und studierte 1952–55 an der New York University. O. ist ein bedeutender Vertreter der ◇Farbfeldmalerei, der in seinen Bildern mit minimalen tonalen Farbkontrasten die Lichtwertigkeit der chromatischen Farbe darstellt.

Isaac Oliver, *Bildnis eines Mannes,* um 1590–95

Oliver, Isaac (1556/65–1617)
Englischer ◇Miniaturist französisch-hugenottischer Herkunft. O. war wahrscheinlich Schüler von N. → Hilliard, dessen größter Rivale er wurde. Er entwickelte einen Bildnisstil, der Hilliard v. a. durch die subtile Modellierung übertraf. O., der als Miniaturist am Hofe Jakobs I. wirkte, porträtierte u. a. Königin Elisabeth I. (unvollendetes Pergamentoval, Royal Art Collection, Windsor Castle) wie auch Maria Stuart. Ein Venedigaufenthalt (1596) regte ihn zum Malen religiöser und klassischer Sujets an. Sein Sohn Peter (um 1594–1697) war ebenfalls als Miniaturmaler tätig.

Olivier, Ferdinand (1785–1841)
Deutscher ◇Landschaftsmaler der ◇Romantik, dessen künstlerische Entwicklung wesentlich durch den Einfluß → Friedrichs und → Runges während seines Dresdner Aufenthalts 1804–06 und 1812–15 durch → Koch in Wien, wohin O. 1811 übersiedelte, geprägt wurde. Er stand in enger Beziehung zu den → Nazarenern, mit denen ihn seine tiefe religiöse Empfindung verband, die sich v. a. in seinen Salzburger und Berchtesgadener Landschaften ausdrückte (*Waldtal mit Klosterbrüdern,* 1814). Später wandte er sich mehr der Darstellung von Ideallandschaften zu. Seit 1830 lebte O. in München, wo er ab 1832 an der Akademie Kunstgeschichte lehrte.

Oltos (tätig um 525–500 v. Chr.)
Attischer ◇Vasenmaler, einer der frühesten und bedeutendsten Vertreter des ◇rotfigurigen Stils, bemalte v. a. Schalen, von denen zwei erhaltene seine Signatur tragen (heute in Berlin und Tarquinia). Die Figuren seiner mythologischen Szenen (Götterdarstellungen) und seine Athleten sind untersetzt, mit kräftigen, entschiedenen Linien gezeichnet, und weisen gewisse ◇archaische Merkmale wie lange spitze Füße und Hände auf. O. beschäftigte sich auch mit dem Problem der ◇Verkürzung und Drehung bei der Wiedergabe von Figuren.

Omega Workshops (Omega Werkstätten)
Werkstätten für dekorative Kunst, 1913 von Roger → Fry in London gegründet. Zu den dort tätigen Künstlern gehörten D. Grant, V. → Bell und W. → Lewis; sie lieferten Entwürfe zu Möbelstücken, Textilien und Töpferwaren, die sich an den in der → Bloomsbury Group vertretenen Prinzipien orientierten und deren Fertigung (Weben u. ä.) Handwerker übernahmen; die Produkte selbst erschienen anonym, versehen mit dem griechischen Schriftzeichen für den Buchstaben ›Omega‹. Die O. W. waren finanziell nicht erfolgreich und schlossen 1920.

Onatas (tätig 480–465 v. Chr.)
Ein Hauptvertreter der Bildhauerschule von Ägina. O. arbeitete vorwiegend in Bronze, schuf kolossale Götterstandbilder und war u. a. in Olympia (Heraklesstatue), Delphi und Athen tätig. Ein Apollon-Standbild soll 210 v. Chr. von Ägina nach Pergamon entführt worden sein. Die Werke O.' haben sich nicht erhalten.

Opalka, Roman (*1931)
Polnischer Maler, studierte 1950–56 an der Warschauer Akademie. Seit 1965 verfolgt er in seinen Arbeiten ein konsequent durchgehaltenes Prinzip: die ›Beschreibung‹ der eigenen Existenz in Form kontinuierlich fortlaufender Zahlen (von 1 bis ∞). Seine Bilder (und ◇Zeichnungen) sind mit netzartig wirkenden, horizontalen Zahlenreihen bedeckt, wobei ein Bild (bzw. eine Zeichnung) da anknüpft, wo das andere aufhört. Während die Zeichnungen (in schwarzer Tusche) lediglich den Schreibduktus der Hand spiegeln, entsteht bei den Bildern (weiße Farbe auf grauem Grund) durch die Arbeit mit dem Pinsel ein stetig an- und abschwellender Rhythmus und durch die sukzessive, einprozentige Aufhellung der Grauskala des Malgrundes bei jedem neuen Bild eine kaum wahrnehmbare Transformation und ein zeitliches Fortschreiten der Arbeit – unabhängig von den Zahlen.

Opie, John (1761–1807)
Englischer Maler, Autodidakt von beachtlichem Können. 1781 wurde er in London von seinem Entdecker, dem Amateurmaler Dr. John Walcot (als Satiriker auch unter dem Pseudonym Peter Pindar bekannt), als »Wunder aus Cornwall« eingeführt. O. trat v. a. mit ◇Porträts und bäuerlichen ◇Genreszenen (*Bauernfamilie,* um 1783–85, Tate Gallery, London) hervor, in denen er ◇Chiaroscuro-Effekte äußerst wirkungsvoll einsetzte. O. wurde von → Reynolds geschätzt; ab 1786 Mitglied der Royal Academy. Die Qualität seiner Arbeiten ließ mit seiner wachsenden Popularität nach.

Opie, Julian (*1958)
Englischer ◇Objekt- und ◇Installationskünstler, der 1979–82 an der Goldsmith School of Art, London, studierte. O.s ◇Skulpturen und Wandarbeiten aus bemaltem Stahl schaffen mit verschiedenen ◇abstrakten Formen eine offene Raumstruktur, die aus den irisierenden Effekten des Lichtes auf der Materialoberfläche resultiert. O.s Arbeiten demonstrieren, daß Materialbeschaffenheit, Farbe, Umrißform, Masse und Gewicht jene Komponenten sind, aus denen sich die individuelle Raumwirkung einer Objektformation definiert (*Sowjetischer Frost, weiß II,* 1986).

Oppenheim, Dennis (*1938)
Amerikanischer Künstler, studierte am California College of Arts and Crafts und an der Stanford University. Er wurde bekannt mit Arbeiten im Sinne der ◇Land Art – und zwar mit Strukturierungen der Erdoberfläche (*Annual Rings,* 1969), auch unter Einbeziehung natürlicher Phänomene wie Wachstum (*Directed Seeding Wheat,* 1969) oder Zeit (*Timetrack,* 1969) – und später im Sinne der ◇Body Art, auch da unter Einbeziehung der Natur, z. B. von Sonneneinstrahlung (*Reading Position for Second Degree Burn,* 1970). In den 1970er Jahren werden aus ◇Performances komplexe ◇Video-Installationen entwickelt. Der Künstler beginnt ein derartiges Konzept mit einer Performance, zieht sich dann als agierende Person zurück, um statt dessen die Installation agieren zu lassen, am Ende erstarren die Installationen zu Architektur (*Theatre Piece,* 1978).

Oppenheim, Meret (1913–1985)
Schweizer Malerin und ◇Bildhauerin deutscher Herkunft, die 1937–39 an der Baseler Kunstgewerbeschule studierte. 1943 schloß sie sich in Paris den ◇Surrealisten um André → Breton an. Ihre knabenhafte Schönheit machte sie zu einem von Man → Ray wiederholt fotografierten Idealbild der ›femme surréaliste‹. Den Hauptakzent ihrer Arbeit verlegte sie auf die ironisch-poetische Verfremdung von Alltagsgegenständen in Form von ◇Ready-mades, die oft einen bestimmten Wortwitz verstecken. Bekannt wurde die Künstlerin v. a. durch ihre Pelzobjekte wie *Das Frühstück im Pelz* (1936, Museum of Modern Art, New York).

Oppermann, Anna (*1940)
Deutsche Malerin, studierte an der Hochschule für Bildende Künste in Hamburg. Nach ◇Stillleben-Bildern arbeitet sie seit 1968 an umfangreichen, ◇environmentartigen ›Ensembles‹ mit Gegenständen, ◇Fotografien und ◇Zeichnungen, die beim Betrachter Assoziationsfelder auslösen sollen. Gegenstände und ihre zeichnerischen sowie fotografischen Abbilder werden dabei zu einem Arrangement zusammengefügt, das seinerseits in weiteren Prozessen wiederum erweitert und abgebildet wird. Auf diese Weise entwickelt sich ein wiederholbarer Erweiterungsprozeß, in den auch die einzelnen Ausstellungen der Ensembles eingebunden sind (*Pathosgeste, Ensemble* 1984–87).

Orcagna, Andrea (A. di Cione)
(um 1308–um1368)

Italienischer Maler, ◇Bildhauer und Baumeister, bedeutender Vertreter der Florentiner ◇Gotik. Sein einzig gesichertes ◇Tafelbild ist das ◇Polyptychon *Christus mit Maria und Heiligen* (1357) in der Strozzikapelle von S. Maria Novella, Florenz, das in der strengen Raum- und Figurendefinition die Tradition → Giottos fortsetzt. Von O.s berühmtem ◇Freskenzyklus in S. Croce, Florenz (*Triumph des Todes,* um 1360), sind nur noch Fragmente erhalten. Die einzige bildhauerische Arbeit, die ihm sicher zugeschrieben werden kann, ist das große Tabernakel für Or S. Michele (1359 vollendet), das überreiche ◇Ornamentik und Reliefierung zeigt. Als Baumeister wird er als Berater beim Bau des Florentiner Doms und als leitender Baumeister von Or S. Michele sowie des Doms zu Orvieto genannt. Seine Brüder Nardo di Cione (tätig 1343–1365) und Jacopo di Cione (nachweisbar 1365–1398) waren ebenfalls Maler.

Ordóñez, Bartolomé (um 1480–1520)
Spanischer ◇Bildhauer, möglicherweise unter Andrea → Sansovino in Florenz ausgebildet, tätig in Neapel, später in Barcelona (◇Reliefs für die Kathedrale, um 1518). O.' Stil, der Einflüsse der Reliefs von → Michelangelo zeigt, war bedeutsam für die Entwicklung der spanischen ◇Renaissanceplastik. Von O.' Grabplastiken sind die Marmorskulpturen Philipps des Schönen und Johannas der Wahnsinnigen (1519) in der Cappilla Real der Kathedrale von Granada hervorzuheben.

Orley, Bernaert (Bernard, Barent, Barend) van (um 1488–1542)
Altniederländischer Maler, Sohn des Valentyn van O., war ab 1515 für die Statthalterin der Niederlande, Margarete von Österreich, tätig und malte zunächst Hofporträts (der Titel eines Hofmalers, den er 1518 erhielt, wurde 1530 auch von Maria von Ungarn bestätigt). Er schuf viele Altäre, nach 1525 aber v. a. Entwürfe für ◇Wandteppiche und ◇Glasmalereien (Kathedrale, Brüssel). Von der altniederländischen Malerei des 15. Jh.s ausgehend, nahm er italienische Einflüsse auf (*Hiobsaltar,* 1521, Musées Royaux des Beaux-Arts, Brüssel; *Weltgerichtsaltar der Almoseniere,* 1525, Antwerpen) – sei es während einer Italienreise, sei es durch die Kenntnis von ◇Drucken wie auch durch die Teppichentwürfe (◇Kartons) → Raffaels nach der Apostelgeschichte, die zwischen 1517 und 1519 in Brüssel gewebt wurden – und entwickelte sich zu einem frühen bedeutenden Meister des niederländischen ◇Romanismus. In seiner kunstreichen Darstellung komplizierter Architekturen überwuchert das Dekorative oft sogar die äußerst plastischen und kräftig bewegten Figuren.

Orlik, Emil (1870–1932)
Deutscher Grafiker und Maler, der 1888–91 an der Münchner Akademie studierte, 1896 schloß er in Prag Freundschaft mit R. M. Rilke und war ab 1897 Mitarbeiter der Zeitschrift ›Jugend‹. Wurde beeinflußt durch ◇Holzschnitte von F. → Vallotton und die japanische Holzschnitt-Technik. 1903/04 war O. im Wiener Kreis um → Klimt und Josef Hoffmann tätig und integrierte Elemente des Sezessionsstils (◇Sezession) in seine ◇Grafik. O.s Holzschnitte faszinieren durch ihre gekonnte Linienführung und zarte Farbabstufung. Als Erneuerer des Kunsthandwerks schuf O. auch ◇Plakate und entwarf ◇Tapeten.

Orozco, José Clemente (1883–1949)
Mexikanischer Maler, der sich nach einem Studium der Architektur 1909 der Malerei zuwandte. Anfangs schuf O. ◇Aquarelle, wurde jedoch später einer der führenden Wandmaler Mexikos, der zahlreiche Aufträge zur Ausschmückung öffentlicher Bauwerke in Mexiko ausführte. 1922–27 malte er die berühmten ◇Wandbilder für die Escuela Nacional Preparatoria in Mexiko; ab 1930 arbeitete er an bedeutenden Aufträgen in den USA (*Epic of New World Culture,* Dartmouth College, Hanover [New Hampshire]). Die Arbeiten O.s wie auch die der beiden anderen führenden mexikanischen Wandmaler, → Rivera und → Siqueiros, beeindruckten J. → Pollock. O.s Motive tendierten zum ◇Sozialen Realismus, er behandelte sie jedoch in einer dekorativen, formalisierten und rhythmischen Manier. Damit verlieh er dem von Rivera initiierten revolutionär-epischen Stil der mexikanischen Malerei neue Aspekte (siehe Abb. S. 423).

Orrente, Pedro de (1588–1645)
Spanischer Maler, bis 1616 in Valencia tätig, wo er für die Kathedrale mehrere Aufträge ausführte, z. B. das Gemälde *Der hl. Sebastian* (1616). Später wirkte er u. a. in Madrid und Toledo. O. stand unter dem Einfluß von → Bassano und hielt sich vermutlich einige Zeit in Venedig auf. Die Tenebrosmalerei (◇Tenebrismus) seiner religiösen Szenen deutet auf einen Kontakt mit → Ribera hin.

José Clemente Orozco, *Zapata,* 1930

Ostade, Adriaen van (1610–1685)
Holländischer in Haarlem tätiger Maler, ein Hauptvertreter der bäuerlichen holländischen ◇Genremalerei; → Houbraken zufolge war O. Schüler des Frans → Hals; seit 1634 Mitglied der Haarlemer St.-Lukas-Gilde, deren Dekan er ab 1662 war. O.s Genrebilder zeigen meist fröhlich zechende und lärmende Bauern in Wirtshäusern (*Ausgelassene Bauern in einer Schenke,* um 1635, AP) und stehen A. → Brouwer stilistisch sehr nahe. In den 1640er Jahren kamen zu O.s Interieurszenen zahlreiche ländliche Volksszenen im Freien hinzu. In seinen späteren Schaffensjahren schuf er v. a. auch ◇Radierungen mit bäuerlichen Sujets. O. war der Lehrer von C. → Bega, C. → Dusart, J. → Steen und Isaak van → Ostade.

Ostade, Isaak van (1621–1649)
Holländischer ◇Genre- und ◇Landschaftsmaler, Schüler seines Bruders Adriaen van → Ostade, seit 1643 Mitglied der Haarlemer Malergilde. In seiner frühen Schaffenszeit malte er bäuerliche Genreszenen, die eng an diejenigen seines Bruders anknüpfen. Seit 1640 gewann jedoch die Landschaft zunehmend an Bedeutung in Isaaks Bildern. Es entstanden v. a. winterliche Szenen mit zugefrorenen Flüssen und auf dem Eis sich tummelnden Bauersleuten, in denen er einen individuellen Stil entwickelte; häufig malte er auch reine Landschaftsdarstellungen, für die eine präzise Detailausführung und ein silbergraues Kolorit charakteristisch sind.

Ostwald, Wilhelm (1853–1932)
Deutscher Chemiker (1909 Nobelpreis) und Philosoph, befaßte sich später auch mit der Farbenlehre und entwickelte heute noch gebräuchliche Farbklassifikationssysteme (Farbtonleitern, ◇Farborgel). Er veröffentliche eine ›Farbenfibel‹ (1916), eine ›Farbenlehre‹ (3 Bde., 1918, 1919, 1938), ›Die Harmonie der Farben‹ (1918), eine ›Farbschule‹ (1919) und einen ›Farbnormenatlas‹ (1920).

Otto, Teo (1904–1968)
Deutscher Bühnenbildner, Maler und ◇Grafiker, der u. a. bis 1927 am ◇Bauhaus studierte und ab 1927 als Bühnenbildner an der Kroll-Oper Berlin tätig war. Ab 1930 arbeitete O. als Ausstattungschef der Berliner Staatstheater eng mit Bertolt Brecht und Helene Weigel zusammen. Daneben entstanden Dekorationsentwürfe für den ◇Film. 1933 emigrierte O. nach Zürich, wo er 1933–60 durch seine hervorragende Bühnengestaltung für das Züricher Schauspielhaus Weltgeltung erlangte.

Oud, Jacobus Johannes Pieter (1890–1963)
Niederländischer Architekt, der zu den Mitbegründern der De- ◇Stijl-Bewegung gehörte. O. galt als einer der führenden Vertreter des auf funktionelles Bauen ausgerichteten Architekturstils mit kubisch-klaren Formen und Farbakzenten, die als strukturelle Elemente der Baufunktion integriert sind.

Oudry, Jean-Baptiste (1686–1755)
Französischer Maler und ◇Radierer, Schüler von N. → Largillière, Entwurfszeichner für ◇Tapisserien der Teppichmanufaktur in Beauvais (seit 1726), deren Direktor O. ab 1734 war. Er begann als ◇Stilleben- und ◇Porträtmaler, wandte sich jedoch immer mehr der Tiermalerei

zu und schuf zahlreiche ◇Jagdstücke, v. a. für König Ludwig XV., dessen Hofmaler O. war. Er illustrierte auch La Fontaines Fabeln.

Ouwater, Albert (Aelbert) van (tätig um 1430–1460)
Altniederländischer Maler, der in Haarlem wirkte und über den nur wenig bekannt ist. Nach Carel van → Mander (›Het Schilder-Boeck‹, 1604) läßt sich O. nur ein einziges Gemälde sicher zuschreiben, die *Auferweckung des Lazarus* (Berlin), das in der Raumbehandlung und der Figurengruppierung stilistische Verbindungen zu → Bouts und → Geertgen tot Sint Jans zeigt; letzterer war (nach van Mander) der Schüler O.s.

Overbeck, Fritz (1869–1909)
Deutscher Maler und ◇Radierer, 1894–1906 Mitglied der → Worpsweder Künstlerkolonie. O.s bevorzugte Sujets waren weite, verlassene Moor- und Heidelandschaften im Stil des dramatisch-expressiven Naturlyrismus der Worpsweder Schule.

Overbeck, Johann Friedrich (1789–1869)
Deutscher Maler und ◇Kupferstecher, Haupt der → Nazarener. Ging nach einem Studium an der Akademie in Wien (1806–10) nach Rom, wo er 1809 mit F. → Pforr u. a. den ›Lukasbund‹ zur religiösen Erneuerung der Kunst gründete. 1810 übersiedelte er mit einigen Lukasbrüdern in das Kloster S. Isidoro bei Rom, wo sie nach dem Vorbild mittelalterlicher religiöser Bruderschaften zusammenarbeiteten und den Namen ›Nazarener‹ erhielten. O. schuf v. a. religiöse ◇Historienbilder und war maßgeblich an den ◇Freskenzyklen in der Casa Bartholdy (1816–17) und im Casino Massimo (1819–27) in Rom beteiligt.

Johann Friedrich Overbeck, *Maria und Elisabeth mit dem Jesuskind und dem Johannesknaben,* 1825

Amédée Ozenfant, *Stilleben: L'Esprit Nouveau II,* 1920

Ozenfant, Amédée (1886–1966)
Französischer Maler, studierte in Paris. Mit → Le Corbusier Begründer des ◇Purismus; gemeinsam gaben sie die Zeitschrift ›L'Esprit Nouveau‹ heraus (1920–25). 1930 eröffnete O. in Paris die Académie Ozenfant und 1939 in New York, wohin er im selben Jahr übersiedelte, die Ozenfant School of Fine Arts. O.s Bedeutung beruht v. a. auf seiner Tätigkeit als Kunstpädagoge und Kunstschriftsteller.

P

Paalen, Wolfgang (1905–1959)
Österreichischer Maler des ◇Surrealismus, studierte in Paris, lebte und arbeitete später jedoch in Mexiko. Aus dem surrealistischen Verfahren der ◇automatistischen Schreibweise entwickelte er eine eigenwillige ◇informelle Technik, die Fumage, bei der mit Hilfe von Sengspuren fließende morphologische Formen erzeugt werden.

Pacheco del Rio, Francisco (1564–1654)
Spanischer Maler, Kunstschriftsteller und Dichter, studierte Malerei bei Luis Fernández und wurde ein führender Künstler in Sevilla, wo er fast sein ganzes Leben verbrachte. Seine religiösen Darstellungen und ◇Porträts sind im Stil des späten ◇Romanismus gemalt. 1623–25 lebte er in Madrid, wo er als Hofmaler Philipps IV. wirkte, kehrte jedoch nach Sevilla zurück, und war dort bis zu seinem Tod als Maler und Schriftsteller tätig. Zu seinen bedeutendsten Schriften gehört das Lehrbuch ›El Arte de la Pintura‹ (1649 veröffentlicht), in der er die ◇ikonographischen Forderungen der religiösen Malerei festlegte. Sein berühmtester Schüler war → Velázquez, der 1618 sein Schwiegersohn wurde.

Pacher, Michael (um 1435–1498)
Bedeutender deutscher Maler und Bildschnitzer der Spätgotik, stark beeinflußt von den ◇Plastiken → Multschers in Sterzing und von den Werken → Mantegnas, die er vielleicht um 1475 in Padua sah. Seit 1467 in Bruneck (Pustertal) nachweisbar. P.s Hauptwerke sind Altäre, die Holzschnitzerei und Tafelmalerei miteinander kombinieren. Die Gemälde, die nachhaltigen Einfluß auf → Altdorfer und die → Donauschule ausübten, zeigen fesselnde, in die Tiefe führende Stadtansichten und eine Beherrschung der ◇Perspektive, durch die P. zum Schöpfer einer neuen modernen Räumlichkeit wurde, etwa im *Kirchenväteraltar* aus dem Kloster Neustift bei Brixen (1483 vollendet, AP). Im *St.-Wolfgangs-Altar* (1471–81, St. Wolfgang [Salzkammergut]), einem Hauptwerk der spätmittelalterlichen Altarkunst, kommen die Bildtafeln zur perfekten Balance mit den ◇polychromen, geschnitzten Heiligenfiguren, die den Mittelteil des Werks bilden (Marienkrönung mit den Heiligen Wolfgang und

Michael Pacher, *Vertreibung der Wechsler aus dem Tempel* (Ausschnitt aus dem linken Innenflügel des *St.-Wolfgangs-Altars*), 1471–81

Benedikt). Weitere große Altarwerke P.s sind u. a. der *Marienkrönungsaltar* (1471) in Bozen-Gries, von dem nur der geschnitzte Schrein erhalten ist, und der im 18. Jh. zerstörte ◇Hochaltar der Salzburger Franziskanerkirche (1495–98), von dem sich drei Fragmente erhalten haben (heute Österreichische Galerie im Belvedere, Wien).

Padovanino, il (Alessandro Varotari) (1588–1648)
Italienischer Maler religiöser, mythologischer und ◇allegorischer Darstellungen, der ab 1614, unterbrochen von einem kurzen Romaufenthalt (1616–18), in Venedig tätig war. Sein Stil, der beim frühen → Tizian und bei → Domenichino anknüpfte, hatte großen Einfluß auf die venezianische Malerei des 17. Jh.s.

Page, Robin (* 1932)
Englischer Künstler in der Tradition des ◇Dadaismus. P. spielt in seinen ironisch-witzigen Bildern und Objekten mit dem Nonsens gebräuchlicher Wortkombinationen, indem er sie im Bild wörtlich nimmt. Daraus resultiert eine subtile, humorvolle Widersprüchlichkeit, die das Reper-

toire der Ironie zwischen Groteske und geistreichem Witz umspannt.

Paik, Nam June (* 1932)
Koreanischer Künstler und Komponist, der 1950 nach Japan emigrierte und dort ein Studium der Philosophie, Kunst- und Musikgeschichte begann. 1956–58 Fortsetzung des Studiums an der Universität München und der Freiburger Musikhochschule. 1958–63 Arbeit im Studio für elektronische Musik des WDR in Köln. Angeregt durch John → Cage, beteiligte sich P. in den ausgehenden 1950er und frühen 1960er Jahren an der ◇Fluxus-Bewegung durch Übernahme gestischer Momente in die Musik (*Hommage à John Cage* für Tonband und Klavier, 1959). Zusammenarbeit mit der Cellistin Charlotte → Moorman, für die er zahlreiche Werke schrieb und mit der er seit 1964 ◇Performances veranstaltete, darunter *TV Bra for Living Sculpture,* 1969, ein Büstenhalter mit zwei Monitoren. Experimentelle Arbeiten mit manipulierten Fernsehgeräten, Klangobjekten und präparierten Klavieren, darunter *Zen for TV,* 1963 (Präsentation einer senkrechten Linie auf einem hochkant gestellten Fernseher). 1969 Entwicklung eines Videosynthesizers mit Shuya Abe. Seit 1974 Closed-Circuit – ◇Videoinstallationen wie *TV Buddha:* eine Buddha-Statue sitzt vor einem TV-Gerät, das ihr Abbild zeigt. In den 1980er Jahren Multi-Monitor-Großinstallationen mit vielen Monitoren und mehreren Videotapes, in denen sich die durch Schnittbearbeitung abstrahierten Bildabläufe kaleidoskopartig kombinieren.

Paionios (tätig 450–410 v. Chr.)
Griechischer ◇Bildhauer aus Mende auf der Chalkidike, nachweislich tätig in Olympia. Im Original erhalten ist von P. eine aus mehreren großen Fragmenten wieder zusammengesetzte Marmorstatue der Nike (heute Museum, Olympia), die ursprünglich auf einem 9 m hohen Pfeiler stand und ein Weihgeschenk der Messenier und Naupaktier an den olympischen Zeus war. Die Statue, die 1875 bei Ausgrabungen an der Ostseite des Zeustempels in Olympia gefunden wurde und ursprünglich etwa 2,90 m groß war (erhaltene Größe 2,11 m), stellt die Göttin aus der Luft herabschwebend dar, wobei unter ihren Füßen ein Adler durch die Luft fliegt.

Pajou, Augustin (1730–1809)
Französischer ◇Bildhauer, studierte bei J.-B. → Lemoyne und 1752–56 in Rom. Nach seiner Rückkehr nach Paris entwickelte er sich unter dem Einfluß von → Falconet zu einem der Hauptmeister des französischen ◇Rokoko im Übergang zum ◇Klassizismus. Neben religiösen und mythologisch-◇allegorischen Figuren schuf er Bildnisbüsten, u. a. von Ludwig XVI. und Mme Dubarry. Von seinen Innendekorationen ist die plastische Ausstattung der königlichen Oper (1768–70) und der königlichen Kapelle Saint-Louis im Schloß von Versailles hervorzuheben. P., der am französischen Hof sehr geschätzt wurde, war seit 1760 Mitglied und seit 1766 Professor an der Académie Royale.

Paladino, Mimmo (* 1948)
Italienischer Künstler, Vertreter der italienischen ◇Transavanguardia, der in Gemälden, ◇Skulpturen und Wandgestaltungen durch seinen subjektiven Zugriff auf verschiedenste Kulturen, fremde und abendländische Religionen sowie archaische Symbole einen komplexen, in ihrer eigenen Bildwelt chiffrierten Kosmos von Fabelwesen und rätselhaften Zeichen erschafft. Die Spiritualität der Bilder und Zeichen wird durch starke Farbigkeit und suggestive Kultembleme mit Nachdruck akzentuiert.

Palamedesz., Anthonie (genannt Stevers) (1601–1673)
Holländischer ◇Porträt- und ◇Genremaler, Schüler von → Miereveld und Frans → Hals, seit 1621 Mitglied der Delfter Gilde. P. spezialisierte sich auf kleinformatige Genrebilder aus dem Soldatenleben und auf Musikszenen.

Palermo, Blinky (Peter Heisterkamp) (1943–1977)
Deutscher Maler, der 1962–67 an der Düsseldorfer Kunstakademie bei → Goller und → Beuys studierte. In den 1960er Jahren enge Freundschaft mit → Knoebel, G. → Richter und → Polke. Mit sparsamsten malerischen Mitteln richtete P. sein Konzept an ◇konstruktivistischen Bildelementen und an der ◇Farbfeldmalerei aus, wobei sich seine malerische Strategie auf der Grenze zwischen Malerei und Objekt bewegte. P.s Tafelbild erweiterte sich 1964–66 vom *Stoffbild* aus vorgefundenen ◇monochromen Kaufhausstoffen zu Bildern aus Acryl, Aluminium und Stahl, die in Serien zu Wandinstallationen arrangiert wurden. Zugleich wurden neue Raumzusammenhänge durch Wandbemalun-

gen artikuliert, die aus der spezifischen Setzung einer Farbfolge, eines Farbklanges oder Farbobjektes resultieren (*Wandmalerei an zwei gegenüberliegenden Flächen,* 1971).

Palma il Giovane (P. d. J.), Jacopo (Jacopo Negret[t]i) (1544–1628)
Venezianischer Maler und ◇Radierer, Großneffe von J. → Palma il Vecchio. Er lernte bei seinem Vater Antonio und entwickelte sich durch das Kopieren von Bildern → Tizians und unter dem starken Einfluß von → Tintoretto und → Veronese zu einem außerordentlich produktiven und virtuosen – wenn auch ◇eklektizistischen – Maler von monumentalen religiösen, historischen und ◇allegorischen Bildern und ◇Fresken in verschiedenen venezianischen Kirchen (S. Bartolomeo, Madonna dell'Orto, S. Geremia, S. Giacomo dell'Orio, S. Maria Formosa) und im Dogenpalast, wo er in der Sala del Maggior Consiglio ◇Decken- und ◇Wandgemälde ausführte (u. a. *Die Provinzen huldigen Venezia; Alexander entläßt Otto in die Freiheit).*

Palma il Vecchio (P. d. Ä.), Jacopo (Jacopo Negret[t]i) (1480–1528)
Italienischer Maler, hauptsächlich in Venedig tätig (dort seit 1510 nachweisbar), lehnte sich zunächst an Giovanni → Bellini und → Carpaccio an, entwickelte sich später unter dem Einfluß → Giorgiones und → Tizians zu einem Hauptmeister der venezianischen Hochrenaissance, wobei er seine kompositorisch ausgewogene und farblich fein abgestimmte Malerei bis zuletzt von ◇manieristischen Elementen freihielt. P. schuf seinen eigenen Typus der ◇Sacra Conversazione und brachte in betont breitformatigen Landschaftskompositionen gern anmutige weibliche Heilige unter. Bekannt wurde er v. a. auch als Maler subtiler Frauenbildnisse, die häufig sinnliche, blonde Venezianerinnen zeigen (*Violante,* KhW). Hauptwerke P.s sind das aus seiner Frühzeit stammende Gemälde *Adam und Eva* (vor 1512, Herzog Anton Ulrich-Museum, Braunschweig), ein ◇Polyptychon mit der hl. Barbara und den Heiligen Sebastian und Antonius Abate (1523–24, S. Maria Formosa, Venedig), die *Madonna mit den Heiligen Johannes d. T., Katharina und Jakobus d. Ä.* (1525, Accademia, Venedig) sowie eine *Anbetung der Könige,* für die P. il Vecchio 1525 den Auftrag erhielt, die bei seinem Tode aber noch nicht vollendet war (Pinacoteca di Brera, Mailand).

Jacopo Palma il Vecchio, *Bildnis einer blonden Frau* (Ausschnitt), um 1520

Palmer, Samuel (1805–1881)
Englischer Maler und ◇Radierer, der bereits als Kind zeichnete und ab 1820 an der Royal Academy ausstellte; seit 1822 befreundet mit John → Linnell (seinem späteren Schwiegervater), der ihn J. → Varley vorstellte und 1824 mit W. → Blake bekannt machte. Die Begegnung mit Blake hinterließ einen tiefen Eindruck: P. war überwältigt von dessen ◇Illustrationen zu ›Hiob‹. Von 1824/25 bis etwa 1835 entstanden P.s bedeutendste Werke, eine Serie von Skizzenbüchern, kleine lavierte Tuschlandschaften, ◇Aquarelle und ◇Ölgemälde, in denen sich der Einfluß Blakes, des christlichen Mystizismus und der pastoralen Ideallandschaft zeigt. Sujets dieser Arbeiten sind v. a. die Landschaften von Shoreham Valley, Kent, wo P. 1826–35 im Kreise seiner Freunde J. Linnell und G. Richmond, lebte. 1835 kehrte er nach London zurück; die kraftvolle innere Vision seiner frühen Arbeiten ließ allerdings nach. Ein Italienaufenthalt (1837–39) und sein wachsender Ruhm als akademischer Maler bewirkten einen völligen Stilwandel. P.s Frühwerk wurde erst in den 1930er/1940er Jahren wiederentdeckt und beeinflußte die sog. englischen ◇Neoromantiker, u. a. J. Minton, G. → Sutherland, P. → Nash. Zahlreiche Gemälde aus der Shoreham-Zeit befinden sich heute im Ashmolean Museum of Art and Archaeology, Oxford.

Samuel Palmer, *Ein Garten in Shoreham,* um 1829

Palomino y Velasco, Acisclo Antonio (1655–1726)
Spanischer Maler und Kunsthistoriker; seine Veröffentlichungen zählen zu den bedeutendsten Quellenschriften über die spanische Kunst des 15. und 16. Jh.s.

Pamphilos (tätig 390–350 v. Chr.)
Griechischer Maler aus Amphipolis, Schüler des Eupompos aus Sikyon, vermutlich Lehrer des → Apelles, von Melanthios und Pausias, führender Vertreter der Schule von Sikyon. Die Kenntnis von Arithmetik und Geometrie, die er ebenfalls lehrte, hielt er für das unerläßliche Rüstzeug eines Malers; er schrieb über Malerei und Zeichenkunst und veranlaßte die Einführung des Zeichenunterrichts an den Schulen von Sikyon.

Pan, Marta (* 1923)
Französische ◇Bildhauerin ungarischer Abstammung, die in Budapest Malerei und Bildhauerei studierte, bevor sie 1947 nach Paris übersiedelte. In ihren ◇Skulpturen sucht sie nach plastischen Ausdrucksmöglichkeiten für organische Formen und naturgegebene Phänomene. Den Tierskulpturen der 1950er Jahre folgten in den 1960er Jahren schwimmende Plastiken – z. T. aus Plexiglas –, die das Gleichgewichtsprinzip visualisieren.

Panainos (tätig 2. Hälfte 5. Jh. v. Chr.)
Griechischer Maler aus Athen, Bruder oder Neffe des → Phidias (nach → Pausanias), mit dem er am Kultbild des Zeus in Olympia arbeitete. Zusammen mit → Polygnot aus Thasos und Mikon war P. an der Ausmalung der athenischen Stoa Poikile beteiligt, wo er die Darstellung der Schlacht von Marathon gemalt haben soll.

Panaitios-Maler (tätig um 500–480 v. Chr.)
Attischer Schalenmaler des ◇rotfigurigen Stils; Stilmerkmale des P.-M.s sind eine höchst lebhafte, schwungvolle Zeichnung und eine äußerst feinnervige Linienführung. Zu seinen bedeutendsten Arbeiten gehören die *Theseus-Schale* (Louvre) und die *Eurystheus-Schale* in London (British Museum). Die Kompositionen des P.-M.s sind sehr ausgewogen, die Figuren werden stets in heftiger Bewegung wiedergegeben.

Panamarenko (Henry van Herwegen) (* 1940)
Belgischer Maler und ◇Objektkünstler, der an der Antwerpener Akademie studierte. In ◇Zeichnungen und realen Objektkonstruktionen entwirft P. phantastische Flugmaschinen und Luftschiffe, die sich als spielerische Präzsionsapparate ohne Zweck erweisen. P.s. ◇Individuelle Mythologie zeigt sich daher als eine Wiedererweckung uralter Ikarusträume, die sich moderner Technik im freien Assoziationsspiel bedienen.

Pane, Gina (* 1939)
Italienische Künstlerin, lebt seit 1960 in Paris. Die meist als fotografische Dokumentation existierenden Beispiele ihrer ◇Aktionen und ◇Performances (ab 1968) zeigen sensible, doch intensive Eingriffe im Sinne der ◇Body Art, die sowohl Schmerz (durch Verletzung) als auch eine existentielle Form von Poesie suggerieren.

Pankok, Otto (1893–1966)
Deutscher ◇Grafiker und ◇Bildhauer, studierte in Düsseldorf und Weimar, ließ sich 1920 in Düsseldorf nieder und gehörte dort mit → Dix der Künstlergruppe → ›Junges Rheinland‹ an. Seine Bildsujets stehen unter dem Einfluß seines großen Vorbildes van → Gogh und bemühen sich um die Darstellung des leidenden und unterdrückten Menschen. Sein Stil ist stark von der Farbpalette und der Linienführung des ◇Expressionismus bestimmt. 1931–34 und 1948 ent-

standen die für P. charakteristischen Zigeunerdarstellungen, denen 1933–34 der aus 60 Zeichnungen bestehende Zyklus *Passion* und 1936 der Zyklus *Jüdisches Schicksal* folgten. Während des Dritten Reichs waren P.s Arbeiten als ◇entartet verfemt.

Pan-Maler (tätig um 480–460 v. Chr.)
Attischer ◇Vasenmaler des streng ◇rotfigurigen Stils in seiner manieriert-archaisierenden Ausprägung. Seine Zeichnung ist frisch und lebendig und voller absichtlicher proportionaler Verzerrungen, beispielsweise in der Kombination eines zarten Gesichts mit einem dicken Hals, einer schlanken Taille mit schwellenden Hüften, muskulöser Arme mit schlanken Fingern. Benannt ist der P.-M. nach dem Glockenkrater (um 480–470 v. Chr., Museum of Fine Arts, Boston [Mass.]), dessen eine Seite zeigt, wie Pan einen Hirten verfolgt, die andere den Tod des Aktaion, der von seinen eigenen Hunden zerfleischt wird.

Pan(n)ini, Giovanni Paolo (1691/92–1765)
Italienischer ◇Landschaftsmaler, der 1711 nach Rom kam, wo er zunächst Dekorationsmalerei in römischen Palazzi ausführte; bekannt insbesondere für seine pittoresken Landschaftsdarstellungen mit Ruinen, ein Bewunderer des Werkes von Salvator → Rosa. Seine äußerst umfangreiche Produktion schließt historische Szenen in Architekturkulissen und ◇Capriccios ein. Viele seiner großformatigen Arbeiten sind verschollen oder zerstört.

Pantoja de la Cruz, Juan (1553–1608)
Spanischer Maler, Schüler von A. Sánchez → Coello, schuf v. a. Tierbilder, historische und religiöse Sujets (◇Retabel für das Augustinerkloster in Valladolid [gemeinsam mit B.→ Carducho]) sowie Bildnisse; Hofmaler Philipps II. und Philipps III. (*Infant Philipp im Harnisch,* KhW; *Philipp III.,* Prado).

Paolini, Giulio (* 1940)
Italienischer Künstler der ◇Arte povera, dessen Werk ab 1960 eine Vielzahl von erst Jahre später international behandelten Kunstproblemen antizipierte. Die Präsenz des Objektes und das Verhalten des Subjekts unterstreichend, konzentriert sich P. v. a. auf das Phänomen des Sehens, besonders auch in der Überlagerung von Idee und Bild: *Jüngling, Lorenzo Lotto betrachtend,* 1967. Dabei berührt P. die unterschiedlichsten Themen wie z. B. Raum und Zeit, Perspektive oder die kulturelle Konditionierung von Autor und Betrachter. Grundsatz seines Denkens ist, daß Kunst keine Aussagen über nichtkünstlerische Bereiche machen und letztlich nur mit sich selbst konfrontiert werden kann (*Mimesi,* 1976; *Intervallo,* 1986). P.s Arbeiten reflektieren über kunsthistorische Topoi, indem sie das bildliche und geistige Erbe abendländischer Kunst als frei verfügbaren Fundus benutzen.

Paolo Veneziano (nachweisbar 1333–1358)
Erster namentlich bekannter, bedeutender Vertreter der venezianischen Malerei des ◇Trecento, der u. a. das ◇Polyptychon mit der Mitteltafel der *Krönung Mariä* (1350, Accademia, Venedig) schuf, ein bei den toskanischen Nachfolgern → Giottos beliebtes Thema, sowie das ◇Lünettenbild über dem Grab des Dogen Francesco Dandolo mit der Szene *Die Heiligen Franziskus und Elisabeth empfehlen der Madonna den Dogen Francesco Dandolo und seine Gemahlin Elisabetta* (um 1339, S. Maria dei Frari, Venedig). P. griff anfangs toskanische Elemente auf, näherte sich später aber der ◇byzantinischen Tradition Venedigs an. Seine dekorativen Gemälde mit tiefen Rot- und Blautönen und reichlicher Verwendung von Gold sind nicht so anspruchsvoll wie die besten toskanischen Arbeiten.

Paolozzi, Eduardo (* 1924)
Schottischer ◇Bildhauer italienischer Abstammung, der in Edinburgh und an der Slade School of Art in London (1943–47) studierte. 1952/53 gehörte P. mit → Hamilton in London zur → Independent Group, aus der sich die englische ◇Pop Art entwickelte. Seine frühen ◇Plastiken der ausgehenden 1950er Jahre waren in Gestalt plumper Roboter totemhafte Archetypen des technischen Zeitalters. 1961 erfuhr das skulpturale Werk P.s eine radikale Wandlung durch die Benutzung vorgefertigter, glatter Gußformen aus Aluminium und Messing, in denen das Moment des Dämonischen einer Huldigung an die maschinenhafte Technik der Moderne weicht (*Crash*, 1964). P. schuf auch ◇Keramik, ◇Zeichnungen, ◇Drucke, ◇Filme, verfaßte Bücher und führte öffentliche Auftragsarbeiten aus.

Pareja, Juan de (um 1610–1670)
Spanischer Maler, ab 1623 Diener von → Velázquez (wurde auch »Sklave des Velázquez« genannt). P. schuf v. a. Bildnisse, ◇Genrebilder

und religiöse Darstellungen (Todes- und Vanitasmotive). Sein frühestes Werk datiert von 1658; stilistisch lehnte er sich an die spannungsreiche und expressive Dramatik bei → Valdés Leal und El → Greco an.

Paret y Alcázar, Luis (1746–1799)
Spanischer Maler, ◇Grafiker, Baumeister und Humanist, studierte an der Real Academia de Bellas Artes de S. Fernando in Madrid und bei C. F. de La Traverse, durch den er von der französischen ◇Rokokomalerei beeinflußt wurde (P. wurde auch als ›spanischer → Fragonard‹ bezeichnet). P. malte v. a. Hafenansichten, ◇Genredarstellungen, Blumenstilleben, ◇Porträts und zahlreiche höfische Szenen, die König Karl III. ihm in Auftrag gab. Er schuf außerdem ◇Illustrationen zu den literarischen Werken Cervantes' und Quevedos (meist ◇Kupferstiche).

Pariser Psalter (10. Jh.)
Byzantinischer ◇Kodex aus dem Goldenen Zeitalter der byzantinischen ◇Buchmalerei (Bibl. Nat.). Die ◇Illuminationen der ◇Handschrift bestehen aus einer Reihe ganzseitiger, gerahmter Szenen. Der Stil ist sehr naturalistisch, die Modellierung der Figuren höchst gekonnt. Eine ganze Anzahl von Motiven und Figuren erinnert in Darstellung und Haltung an ◇antike Malerei (u. a. eine ganzseitige ◇Miniatur, die David als Orpheus zeigt). Zusammen mit dem Josua-Rotulus (10. Jh.) gilt der P. P. als Beleg für eine Renaissance der Antike im Byzanz des 10. Jh.s. Die ›Renaissance‹-Perioden späterer byzantinischer Kunst (etwa im 12. und im 13. Jh.) hängen unmittelbar von der Nachahmung dieser beiden Handschriften ab.

Parks, Gordon (* 1912)
Amerikanischer ◇Fotograf, der zunächst in verschiedenen Berufszweigen tätig war, bevor er 1942 im Team der ›Farm Security Administration‹ mitarbeitete und dort durch eine ausführliche Reportage über das Fischereiwesen und das Dasein der Farbigen in den USA hervortrat. P.s Kamera ist der Wirklichkeit auf der Spur, wobei sich der Bildjournalist v. a. auf das Thema der Farbigendiskriminierung konzentriert hat. Bis 1970 Tätigkeit für die Zeitschrift ›Life‹, außerdem Regisseur von Spielfilmen.

Parler, Baumeisterfamilie
Deutsche Baumeister- und Steinmetzfamilie des 14. Jh.s, die der spätgotischen Baukunst und monumentalen ◇Plastik in Deutschland wesentliche Impulse gab. Der Name P. ist eigentlich eine Berufsbezeichnung und bedeutet Polier (Parlier). Der Wirkungskreis der Familie reichte von Köln, Ulm, Freiburg, Regensburg, Schwäbisch Gmünd und Nürnberg bis Prag, wo sie besonders in den Dombauhütten tätig war.

Parler, Peter (1330–1399)
Deutscher Baumeister und ◇Bildhauer der Hochgotik, bedeutendstes Mitglied der weitverzweigten Baumeister- und Steinmetzsippe der → Parler, Sohn Heinrich P.s d. Ä. (* zwischen 1300/10). 1353 wurde Peter P. von Kaiser Karl IV. nach Prag berufen, um den dortigen von Matthias von Arras begonnenen Dombau weiterzuführen; wirkte bis zu seinem Tode an der Prager Dombauhütte. Zum konzeptionellen Ausbau P.s gehören das monumentale ◇Netzgewölbe und das ◇Fischblasenmaßwerk. Von den Steinmetzarbeiten der Innenausstattung stammen neben sechs Grabmälern im Chorumgang 21 Bildnisbüsten von der Hand P.s, die dieser nach lebenden Personen schuf (Mitglieder der kaiserlichen Familie, Prager Erzbischöfe und am Dombau beteiligte Handwerker, darunter der Meister selbst). Zu den berühmten Bauwerken P.s in Prag gehört die Karlsbrücke (begonnen 1357) mit dem Altstädter Brückenturm.

Parmigianino, il (Girolamo Francesco Maria Mazzola) (1503–1540)
Italienischer Maler und ◇Kupferstecher des ◇Maniermus, bildete sich unter dem Einfluß → Francias (Frühwerk), → Correggios, → Pordenones, später v. a. → Raffaels und → Michelangelos. Er war in Parma, Rom (1523–27), Bologna (1527–31) und ab 1531 wieder in Parma tätig (◇Fresken in S. Maria della Steccata, 1530–39 [von P. nicht vollendet]). P.s Stil ist gekennzeichnet durch ungewöhnliche räumliche Wirkungen (*Selbstbildnis mit dem Konvexspiegel*, um 1523–24, KhW) und unnatürlich überlängte Gestalten, wie sie v. a. seine zahlreichen Madonnendarstellungen zeigen (*Madonna dal collo lungo [Madonna mit dem langen Hals]*, 1534–40, Uffizien). Ein charakteristisches Beispiel seiner ◇Altarbilder ist die *Maria mit Kind und die Heiligen Johannes d. T. und Hieronymus* (1526–27, NGL). Zu den einfühlsamsten manieristischen ◇Porträts gehört das kühl-zurückhaltende, zugleich dennoch sehr intime

Il Parmigianino, *Maria mit Kind und die Heiligen Johannes d. T. und Hieronymus,* 1526–27

Bildnis einer jungen Dame, genannt Anteia (1535–37, Galleria Nazionale, Neapel), das vermutlich die Geliebte des Malers darstellt. P. beeinflußte v. a. → Primaticcio und die Schule von → Fontainebleau.

Parrhasios (tätig um 440–390 v. Chr.)
Griechischer Maler aus Ephesos, Sohn und Schüler des Euenor, Zeitgenosse und Rivale des → Zeuxis. P. war ebenso bekannt für seine Eitelkeit wie für seine außergewöhnlichen Fähigkeiten als Figurenmaler. → Plinius lobte v. a. die Subtilität seiner Umrißzeichnung.

Parrocel, Charles (1688–1752)
Französischer ◇Historien- und ◇Schlachtenmaler, diente 1705–06 in der Kavallerie und studierte später (1712–21) Malerei an der Französischen Akademie in Rom. Er malte Reiterbildnisse von Ludwig XV. und dem König von Dänemark.

Pascin, Jules (Julius Pincas) (1885–1930)
Bulgarisch-amerikanischer Maler und Zeichner, der sich 1902–05 in Budapest, Wien, München und Berlin aufhielt. P. schuf sich früh einen Namen als ◇Karikaturist (bis 1914 Mitarbeiter der Zeitschrift ›Simplicissimus‹) und als ◇Illustrator der Werke H. Heines; später wandte er sich der Malerei zu. 1905 ging er nach Paris, 1914 übersiedelte er in die USA, wo er 1915 die amerikanische Staatsbürgerschaft erwarb. Ab 1920 lebte er (bis zu seinem Selbstmord) wieder in Paris. Hauptthema seiner ◇Zeichnungen, ◇Pastelle und ◇Aquarelle war der ◇Akt, wobei seine Arbeiten den Einfluß → Toulouse-Lautrecs, → Degas', aber auch stilistische Anklänge an Zeitgenossen wie → Grosz und → Schiele zeigen.

Pasiteles (tätig Mitte 1. Jh. v. Chr.)
Hauptsächlich in Rom arbeitender unteritalischer Metallgießer, ◇Bildhauer und Kunstschriftsteller aus Neapolis (Neapel), der eine verlorengegangene fünfbändige Darstellung über ›Berühmte Kunstwerke in aller Welt‹ schrieb, von denen er viele reproduzierte. Diese Schrift diente → Plinius d. Ä. als Quelle. Arbeiten P.' haben sich nicht erhalten, doch läßt sich durch ein signiertes Werk seines Schülers Stephanos und dessen Nachfolger Menelaos ein Eindruck von seinem Schaffen gewinnen. Demnach kann man darauf schließen, daß P. eine ◇eklektizistische, an Vorbildern des ◇Strengen Stils orientierte und diese kopierende Kunstschule begründete.

Pasmore, Victor (* 1908)
Englischer Maler, mit W. → Coldstream einer der Begründer der → Euston Road School (1937), lehrte 1954–62 an der Universität Durham. Seit 1945 schuf er sich einen Namen mit Gemälden wie *Das Atelier von Ingres* (1945–46), die sich durch einen kraftvollen Ordnungssinn und große technische Virtuosität auszeichnen, daneben entstanden auch vom ◇Impressionismus (→ Sickert und → Whistler) beeinflußte stimmungsvolle ◇Landschaftsbilder. Ab etwa 1951/52 wandte er sich der ◇Abstraktion zu, möglicherweise ermutigt durch seine Zusammenarbeit mit B. → Nicholson. In seinen abstrakten Gemälden, ◇Reliefs und Konstruktionen aus Holz und Kunststoff gelangen neben geometrischen Formelementen organische Formen zur Darstellung, die jedoch nie eine deutbare Symbolik besitzen, sondern den Kontrast oder das Gleichgewicht zwischen fließenden Prozessen und statuarischen Raumgrenzen artikulieren (*Abstract in White, Black, Indian Red and Lilac*, 1957).

El Paso
Spanische Künstlergruppe, die sich 1957 in Madrid bildete und zu deren Mitgliedern u. a. → Canogar, Luis Feito, → Millarés und → Saura zählten. Die einen ◇informellen Stil vertretende Gruppe wirkte in Spanien während der 1950er Jahre bahnbrechend für die Entwicklung einer modernen Kunst.

Passeri, Giovanni Battista (1610/16–1679)
Italienischer Maler und Kunstschriftsteller, malte ◇Fresken im Palazzo Doria Pamphilj, Rom (1661), und ein ◇Porträt von → Domenichino. Von größerer Bedeutung ist seine – erstmals 1772 veröffentlichte – Kompilation von Biographien verstorbener Künstler (von → Baglione, † 1644, bis → Rosa, † 1673).

Pasternak, Leonid Ossipowitsch (1862–1945)
Russischer Maler und ◇Grafiker, Vater des Dichters Boris Pasternak, studierte u. a. an der Münchner Kunstakademie, war Professor an der Moskauer Akademie (1894–1921) und Gründungsmitglied der ›Vereinigung russischer Künstler‹. 1921 übersiedelte er nach Berlin, später nach England, wo er auch starb. Seine figurativen ◇Ölgemälde, ◇Pastelle und ◇Zeichnungen standen unter dem Einfluß der → Nabis; bekannt sind P.s ◇Porträts von Mitgliedern seiner Familie und seines Freundeskreises (u. a. Tolstoi).

Pasti, Matteo de' (um 1420–1467/68)
Italienischer Medailleur, ◇Bildhauer und Architekt, anfangs als ◇Illuminator tätig. Als Medailleur war er der bedeutendste Nachfolger → Pisanellos und arbeitete mit fast konkurrenzloser Kunstfertigkeit v. a. für Sigismondo Malatesta. In Rimini (ab 1449?) war er für die Innenausstattung des von L. B. → Alberti entworfenen Tempio Malatestiano verantwortlich; die geschmeidigsten und feinfühligsten ◇Reliefs soll er geschaffen haben.

Pater, Jean-Baptiste (1695–1736)
Französischer Maler, Schüler und neben → Lancret wichtigster Nachfolger → Watteaus. P. war ein außergewöhnlich produktiver Maler, der im Alter von 40 Jahren an Überarbeitung starb. Thematisch und stilistisch knüpfte er eng an seinen Lehrer an, so malte er v. a. ◇Fêtes galantes und Komödiantenszenen, die oft flüchtig ausgeführt sind und jener Empfindsamkeit und psychologischen Durchdringung entbehren, die Watteaus Werke auszeichnen. Häufig wiederholte P. sich auch, um die große Nachfrage seiner Auftraggeber befriedigen zu können.

Patini(e)r (Pateni[e]r), Joachim (um 1485–1524)
Flämischer ◇Landschaftsmaler, ab 1515 als Meister in Antwerpen tätig, beeinflußt von G. → David, dessen Schüler er möglicherweise war, befreundet mit Q. → Massys, mit dem er auch zusammenarbeitete, und → Dürer, der ihn einen »Landschaftskünstler« nannte. P.s äußerst dramatische Landschaften (Felsen, Wälder, Flußläufe, Städte), meist mit biblischen Figuren und hohen fernen Horizonten, übten nachhaltigen Einfluß auf die flämische ◇Landschaftsmalerei aus. Mit Sicherheit von seiner Hand stammen die drei (von insgesamt fünf) signierten Tafeln: *Flucht nach Ägypten* (um 1505–10, Antwerpen), die *Taufe Christi* (KhW) und die *Landschaft mit dem hl. Hieronymus* (Staatliche Kunsthalle, Karlsruhe). Daneben werden ihm zahlreiche, in einem ähnlichen Stil gemalte Arbeiten zugeschrieben.

Paul, Bruno (1874–1968)
Deutscher Architekt, Kunsthandwerker, Maler, ◇Zeichner und ◇Karikaturist, studierte 1886–94 an der Kunstgewerbeschule Dresden und 1894–1907 an der Akademie in München. Ab 1907 hatte er die Leitung der Unterrichtsanstalt des Kunstgewerbemuseums (ab 1924 Vereinigte Staatsschulen für freie und angewandte Kunst) in Berlin inne, legte sie aber 1933 aus Protest gegen die Nationalsozialisten nieder und übersiedelte nach Düsseldorf. P. schuf für die Entwicklungsgeschichte des Münchner ◇Jugendstils wichtige ◇Plakate und Karikaturen; er war Mitarbeiter der Zeitschrift ›Jugend‹ und 1896–1906 als Zeichner für den ›Simplicissimus‹ tätig. Später arbeitete er v. a. als Architekt und als Entwerfer von Möbeln (u. a. Mitbegründer des → Deutschen Werkbundes, 1907).

Pausanias (2. Jh. n. Chr.)
Griechischer Reisender und Schriftsteller aus Kleinasien, dessen ›Periegesis tes Ellados‹ (Beschreibung Griechenlands, zwischen 160 und 180 n. Chr.) die Form eines Reiseberichts hat (ausgehend von Attika). P. interessierte sich besonders für die Kunst des 5. und 4. Jh.s und wurde dadurch zur Hauptquelle unseres Wissens über die Werke dieser Epoche.

Peale, Charles Willson (1741–1827)
Amerikanischer ◇Porträtmaler und ◇Miniaturist. Er studierte bei J.S. → Copley in Boston und in London bei B. → West (1767–69). 1776 ließ er sich in Philadelphia nieder, wo er ein erfolgreicher Porträtist war. Bekannt ist v. a. sein Gemälde von der ersten Mammutausgrabung in Amerika (*Ausgrabung des Mastodon*, 1806–07), die P. selbst leitete. Sein Bruder James P. (1749–1831) malte vornehmlich Miniaturen, aber auch ◇Stilleben und Porträts. Charles P.s Söhne waren ebenfalls Maler: Der älteste Sohn Raphaelle (1774–1825) arbeitete als Miniaturmaler und wurde weiterhin bekannt durch seine ◇Trompe-l'œil-Darstellungen (*Nach dem Bade*, 1823). Rembrandt P. (1778–1860), der zweitälteste Sohn von Charles P., trat v. a. als Bildnismaler sowie mit historischen und ◇allegorischen Sujets hervor (*Der Hofstaat des Todes*, 1820, Detroit Institute of Arts, Detroit). Die Malerfamilie prägte das kulturelle Leben Philadelphias entscheidend durch Museumsgründungen (u. a. für Kunst und Naturkunde).

Pearce (Pierce), Edward (um 1635–1695)
Englischer ◇Bildhauer und Architekt, vermutlich ein Gehilfe von John Bushnell (1671). Er war am Londoner Rathaus tätig und als Steinbildhauer in verschiedenen Londoner Kirchen unter dem Architekten Christopher Wren, von dem er auch eine Porträtbüste schuf, die zu den hervorragendsten Beispielen englischer Porträtskulptur des 17. Jh.s zählt (Ashmolean Museum of Art and Archaeology, Oxford).

Pearlstein, Philipp (* 1924)
Amerikanischer Maler, studierte bis 1949 am Carnegie Institute of Technology in Pittsburgh und bis 1955 Kunstgeschichte an der New York University. Er war als Designer tätig und lehrte 1959–63 am Pratt Institute, 1963–68 am Brooklyn College in New York. Bekannt wurde er mit ◇Aktbildern, auf denen teilnahmslose Paare auf Teppichen, Sofas und Stühlen posieren. Der Einfluß der ◇Fotografie auf seinen ◇Hyperrealismus zeigt sich in den schnappschußartig zufällig wirkenden artifiziellen Bildausschnitten.

Peche, Dagobert (1887–1923)
Österreichischer Entwerfer für das ◇Kunstgewerbe, studierte in Wien und war 1915–23 Mitarbeiter der ◇Wiener Werkstätten. Seine Entwürfe sind gekennzeichnet durch schlichte Formen mit phantasievoller, bisweilen bizarrer ◇Ornamentik.

Pechstein, Max (1881–1955)
Deutscher Maler des ◇Expressionismus, studierte in Dresden und gehörte 1906 zu den Mitgliedern der → Brücke. 1907 reiste er nach Italien und Paris, 1908 ließ er sich in Berlin nieder, wo er Mitbegründer der Neuen ◇Sezession war (1910). 1913–14 unternahm er eine Reise in die Südsee zu den Palau-Inseln, 1918 organisierte er die → Novembergruppe und 1919 den Berliner ›Arbeitsrat für Kunst‹. Seit 1923 lehrte er an der Berliner Akademie der Künste; erhielt während des Dritten Reiches als ◇entarteter Künstler Berufsverbot (1933). Ab 1945 wirkte er als Professor an der Hochschule für Bildende Künste in Berlin. P.s Expressionismus zeigte stets eine Neigung zum Dekorativen, besonders nach seiner Begegnung mit dem ◇Fauvismus (1908). P., dessen Gemälde sich v. a. durch die ausdrucksstarke Verwendung der Farbe auszeichnen, schuf zahlreiche Figurendarstellungen (◇Akte) und ◇Landschaftsbilder.

Peeters, Bonaventura (1614–1652)
Flämischer ◇Landschafts- und ◇Marinemaler sowie satirischer Dichter, der in Antwerpen wirkte, Bruder der Maler Gillis (1612–1653), Catharina (1615– nach 1676) und Jan Peeters (1624– um 1677). Gemeinsam mit seinem Bruder Gillis führte er 1639 im Auftrag der Stadt Antwerpen ein Bild mit dem Thema der Belagerung von Calloos (Colero) aus.

Peeters, Henk (* 1925)
Niederländischer Maler und Plastiker. Im Sinne der Gruppe → Null beschäftigt er sich mit einfachen Materialien, deren haptische und optische Effekte – wie Lichtbrechung – ihn besonders interessieren (z. B. Arbeiten mit Watte bzw. Wasser in Plastikfolie).

Peintner, Max (* 1937)
Österreichischer Architekt, der in ◇Zeichnungen utopische Entwürfe zur Verbesserung der Umwelt und zur Verhinderung von Naturzerstörung mit Hilfe modernster Technologie darlegt. P.s Konzepte relativieren sich jedoch selbst in ihrem Anspruch auf Endgültigkeit, indem sie sich als Provisorien charakterisieren, die ebenfalls eine Manipulation der Natur durch künstliche Eingriffe nicht verhindern können.

Peleus-Maler (tätig um 440 v. Chr.)
Athenischer Maler des ◇rotfiguren Stils aus dem Umkreis des ◇Vasenmalers → Polygnot. Benannt ist der P.-M. nach einem Kelchkrater (◇Vasenformen, griechische) in Spina (Italien), auf dem die Hochzeit des Peleus und der Thetis dargestellt ist (um 435 v. Chr.).

Pellegrini, Giovanni Antonio (1675–1741)
Italienischer Maler, Schüler von Paolo Pagani und Sebastiano → Ricci, hielt sich in vielen europäischen Ländern auf (England, Deutschland, Niederlande, Frankreich, Österreich), wo er zahlreiche Gönner hatte. Die Qualität seiner sehr rasch und virtuos gemalten religiösen und mythologischen Gemälde und ◇Fresken ist sehr unterschiedlich. In der Leichtigkeit und Bewegtheit von Form und Farbe trägt sein Stil bereits Züge des ◇Rokoko. In Deutschland schuf er u. a. Dekorationsmalereien für die Residenz des Kurfürsten Johann Wilhelm II. von der Pfalz in Düsseldorf (um 1715–16), für die Schlösser Bensberg und Mannheim (1736–37, Fresken mit der Darstellung der Aurora und vier Erdteile, zerstört). In England (1708–15) führte er ebenfalls einflußreiche Innendekorationen aus (u. a. in Castle Howard [Yorkshire]).

Pellegrino da San Daniele (Martino da Udine) (1467–1547)
Italienischer Maler, ◇Bildhauer und Bühnenbildner, vorwiegend in Udine tätig, dessen Frühstil sich am ◇Quattrocento orientierte, der aber, zusammen mit seiner Werkstatt, nach 1520 den Stil → Pordenones übernahm und das ◇perspektivische Bühnenbild des 16. Jh.s entwikkelte.

Penck, A. R. (Ralf Winkler) (* 1939)
Deutscher Maler, ◇Zeichner und ◇Bildhauer, als Künstler weitgehend Autodidakt, da seine Aufnahmebewerbungen an den Akademien von Dresden und Ostberlin abgelehnt wurden. Während der Lehre als Werbezeichner Teilnahme an den privaten Abend-Malkursen bei → Strawalde. Neben lyrischen Arbeiten und kybernetischen Studien aktive Beteiligung als Musiker an Free-Jazz-Konzerten in Dresden. 1980 Weggang aus der damaligen DDR. P.s an prähistorische Zeichen erinnernde psychogrammhafte Strichmenschen-Malweise schildert in extrem reduzierter Darstellung menschliche Befindlichkeiten am Ende des 20. Jh.s. Mit großen Pinselstrichen wird ein Standardvokabular an archetypischen Kürzeln variiert, um die epochale Kontinuität menschlicher Urängste zu verbildlichen. Während die *Weltbilder* (ab 1962) und *Standartbilder* (ab 1968) eine diagrammhafte Schematik aufweisen, erweitert sich das Bildspektrum in den 1970er und 1980er Jahren durch plakative Farbakzente und großflächige, komplex gefüllte Bildformate. ◇Plastiken aus Holz und Bronze übertragen das Symbolrepertoire der Zeichen in die dreidimensionale Raumwirkung.

A. R. Penck, *Ein mögliches System,* 1965

Pencz, Georg (um 1500–1550)
Deutscher Maler, ◇Kupferstecher und Glasfensterentwerfer, Mitglied der Nürnberger Gilde (1530), hielt sich um 1530 und um 1542 in Italien auf. Er wurde 1550 zum Hofmaler Herzog Albrechts von Preußen in Königsberg ernannt, starb jedoch, bevor er seinen Dienst antreten konnte. Anfänglich von → Dürer beeinflußt, in dessen Werkstatt er tätig war, entwickelte P. später in seinen religiösen und mythologischen Darstellungen sowie in seinen bedeutenden, scharf gezeichneten, klaren ◇Porträts (*Mann mit einem Spiegel*, 1544, Hessisches Landesmuseum, Darmstadt; *Der Münzkürner Jörg Herz*, 1545, Staatliche Kunsthalle, Karlsruhe) einen persönlichen Stil aus italienischen ◇manieristischen Einflüssen und einheimischen Kunstformen. Als Kupferstecher zählt er zu den Nürnberger → Kleinmeistern.

Penn, Irving (* 1917)
Amerikanischer ◇Fotograf, Maler und ◇Grafiker, der sich auf dem Sektor der Porträt- und Modefotografie als Mitarbeiter der Zeitschrift ›Vogue‹ einen internationalen Ruf erwarb (*Porträt Picasso*, 1937). Für die Werbefotografie setzte P. neue Maßstäbe unter Nutzung experimenteller Möglichkeiten der Farbfotografie.

Penni, Giovanni Francesco (Gianfrancesco) (genannt il Fattore) (um 1488– um 1528)
Italienischer Maler, der erste Werkstattgehilfe seines Lehrers → Raffael in Rom. P. übernahm nach Raffaels Tod dessen Werkstatt zusammen mit → Giulio Romano und arbeitete mit diesem an der Vollendung der ◇Fresken des Konstantin-Saals im Vatikan.

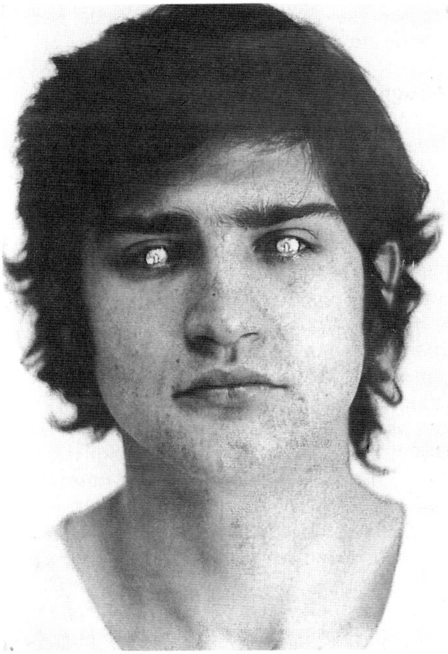

Giuseppe Penone, *Die eigenen Augen umdrehen,* 1970

Penone, Giuseppe (* 1947)
Italienischer Künstler, der an der Accademia Albertina die Belle Arti, Turin, studierte. Seine Arbeiten der ausgehenden 1960er und frühen 1970er Jahre im Umfeld der ◇Arte povera thematisieren Kontakt, Berührung und die dabei entstehenden Spuren auf Oberflächen. Beispiele dieser Art sind Farbdia-Projektionen von Körperteilen auf weiße Gipsabgüsse derselben Körperpartien, verspiegelte Kontaktlinsen, die den Künstler selbst blind machen, während der Betrachter sich und seine Umgebung in ihnen erkennt (*Die eigenen Augen umdrehen*, 1970), und Übertragung von Finger- und Hautabdrücken in vergrößerter Form auf die Wände von Räumen. Seit 1970 Übertragung eigener Körperfunktionen in anthropomorphe Bronze- und Steinskulpturen und Integration von Bronze und Stein in vegetabilische Prozesse wie das Wachstum von Blattwerk (*Landschaft mit vier vegetabilen Gebärden*, 1987).

Penthesilea-Maler (tätig um 465–445 v. Chr.)
Attisch-frühklassischer ◇Vasenmaler des ◇rotfigurigen Stils, Schöpfer von großformatigen Schlachtenszenen, die wahrscheinlich von berühmten zeitgenössischen Malern wie → Polygnot von Thasos angeregt und oft in eine sehr kleine Fläche gepreßt waren. Obgleich zahlreiche Werke dieses Malers großzügig angelegt sind, widmete er auch den Details und den Figuren viel Aufmerksamkeit. Benannt ist der P.-M. nach einer rotfigurigen Schale, deren Innenbild darstellt, wie Penthesilea von Achill getötet wird (um 460 v. Chr., Staatliche Antikensammlungen, München).

Pereda y Salgado, Antonio de (um 1608–1678)
Spanischer Maler des ◇Barock, dessen religiöse, historische und ◇allegorische Darstellungen ebenso wie seine ◇Stilleben und ◇Vanitasmotive (*Vanitas*, KhW) den Einfluß der flämischen Kunst zeigen. P., der am Königshof hohes Ansehen genoß, schuf für den Palast Buen Retiro in Madrid das Gemälde *Die Entsetzung Genuas durch den Marqués de S. Cruz* (1634, heute Prado). Seine Malerei beeinflußte → Valdés Leal.

Peredwischniki (russ. ›die Wanderer‹)
Bezeichnung für jene fortschrittlich gesinnten, gegen den akademischen Konformismus aufbegehrenden russischen Künstler, die der 1870 von I. N. → Kramskoj, G. G. Mjassojedow, N. N. Ge und W. G. Perow begründeten Gesellschaft zur Organisation von Wanderausstellungen (daher der Name) angehörten. Die Gesellschaft veranstaltete bis 1923 insgesamt 48 Wanderausstellungen u. a. in St. Petersburg, Moskau, Kiew, Riga. Außer den Gründungsmitgliedern gehörten ihr u. a. I. J. → Repin, W. A. → Serow, A. J. Kuindschi, I. I. Lewitan, A. M. Wasnezow, W. M. → Wasnezow und K. A. Sawizki an. In scharfer Ablehnung des ◇L'art pour l'art versuchten sie durch soziales Engagement (Darstellungen aus dem Leben einfacher Menschen in ◇realistischer Malweise) ihre künstlerische

Tätigkeit gesellschaftlich zu legitimieren (weshalb sie in der Sowjetunion als Vorläufer des ◇Sozialistischen Realismus angesehen wurden) und waren bestrebt, die Kunst dem Volke nahezubringen. Unterstützt wurden sie von dem Kritiker W. W. Stassow und dem Sammler P. M. Tretjakow (dessen Kunstsammlung sich heute in der gleichnamigen Galerie in Moskau befindet).

Permeke, Constant (1886–1952)
Belgischer Maler und ◇Bildhauer, Hauptmeister des flämischen ◇Expressionismus, studierte an den Akademien von Brügge und Gent und gehörte mit de → Smet zur zweiten Gruppe der Schule von → Laethem-Saint-Martin (bis 1910). Ausgehend vom ◇Impressionismus, entwickelte P. ab etwa 1913 einen kraftvollen expressionistischen Stil mit derb vereinfachten Formen und erdigen Farben von ockertonigem Klang, in dem er neben dörflichen ◇Landschaften, Interieurs und ◇Seestücken vor allem monumentale, kantige Bauern- und Fischergestalten darstellte. Ab 1936 betätigte er sich auch als Bildhauer (*Marie Lou*, 1936).

Permoser, Balthasar (1651–1732)
Deutscher ◇Bildhauer des ◇Barock, der nach einer Lehrzeit in Salzburg und Wien und nach mehrjähriger Tätigkeit in Florenz für Cosimo III. 1689 vom sächsischen Kurfürsten Johann Georg III. als Hofbildhauer nach Dresden berufen wurde. Geprägt von der → Bernini-Schule, schuf P. den Figurenschmuck des Dresdner Zwingers als prunkvolle Festszenerie (Hermen, Nymphen, Allegorien der Jahreszeiten) und ordnete seine Arbeiten gekonnt in die strenge Bausubstanz ein, ohne dabei seinen Figuren ihre ausdrucksstarke Vitalität zu nehmen. In den 1720er Jahren Beschäftigung mit religiösen Sujets wie den Holzfiguren der Kirchenväter Augustinus und Ambrosius für den ◇Hochaltar der Dresdner Hofkirche, um 1724 (heute Stadtmuseum Bautzen).

Perréal, Jean (auch Jean de Paris)
(um 1455– um 1530)
Französischer Maler, ◇Illuminator und Baumeister, zu Lebzeiten v. a. berühmt für seine ◇Porträts und Grabmalentwürfe. P., der Hofmaler der Könige Karl VII., Ludwig XII. und Franz I. war, wirkte seit 1483 in Lyon, reiste um 1500 nach Italien und 1514 nach England. Nur wenige seiner Werke sind erhalten, ein Porträt Ludwigs XII. stammt mit hoher Wahrscheinlichkeit von seiner Hand. P. wurde früher auch mit dem → Meister von Moulins identifiziert.

Perronneau, Jean-Baptiste (1715–1782/83)
Französischer ◇Porträtmaler, als ◇Kupferstecher ausgebildet, wandte er sich später der ◇Pastellmalerei zu und hatte v. a. mit seinen Pastellbildnissen großen Erfolg. Hauptrivale von Maurice-Quentin de → La Tour, wurde er 1753 Mitglied der Académie Royale. Weite Reisen führten ihn bis nach Rußland.

Perugino (Pietro di Cristoforo Vannucci)
(um 1445/48–1523)
Italienischer Maler der umbrischen Schule, dessen Schaffen u. a. beeinflußt war von → Verrocchio, in dessen Werkstatt in Florenz P. die ◇Ölmalerei erlernte. 1481 erhielt er zusammen mit → Rosselli, → Ghirlandaio und → Botticelli von Papst Sixtus IV. den Auftrag, die Sixtinische Kapelle im Vatikan mit ◇Fresken auszumalen, wo P. bis um 1482 arbeitete. Sein Fresko *Christus übergibt Petrus die Schlüssel zum Himmelreich* (um 1482) gehört zu den hervorragensten Leistungen dieses Zyklus (bei zwei weiteren Fresken assistierte ihm u. a. → Pinturicchio). Diese streng gegliederte Komposition zeigt P.s Meisterschaft in der Handhabung der ◇Perspektive und der Figurengruppierung innerhalb eines sorgfältig geordneten Raumgefüges. Die sicheren und klaren räumlichen Beziehungen sind

Perugino, *Christus übergibt Petrus die Schlüssel zum Himmelreich* (Ausschnitt), um 1482

auch hervortretende Charakteristika weiterer Hauptwerke P.s, wie z. B. *Christus am Kreuz* (1493–96) im Kapitelsaal von S. Maria Maddalena dei Pazzi in Florenz. Florentinische Monumentalität verbindet sich mit der umbrischen Anmut, die zumal in den ◇Tafelbildern zutage tritt (*Thronende Madonna mit Heiligen,* 1493, Uffizien; *Vision des hl. Bernhard,* 1489, AP). P.s Fresken in der ›Sala dell'Udienza‹ im Collegio del Cambio des Palazzo dei Priori in Perugia (um etwa 1500 vollendet) deuten bereits den Qualitätsabfall seines Spätwerks an, das zahlreiche Wiederholungen von Motiven aufweist. Insbesondere seine Fresken übten entscheidenden Einfluß aus auf die Entwicklung der italienischen Kunst, da sie das Frühwerk seines Schülers (seit 1500) und Gehilfen → Raffael formten.

Peruzzi,Baldassare (1481–1536)
Italienischer Baumeister und Maler, in der Nähe von Siena geboren, kam er 1503 nach Rom, wo er für Agostino Chigi 1508–11 die Villa Farnesina erbaute; im Innern der Villa führte P. anmutige ◇Trompe-l'œil-◇Fresken aus (das Erdgeschoß wurde von → Raffael ausgemalt), die seine genaue Kenntnis der Antike spiegeln. Seit 1520 war er Dombaumeister (in der Nachfolge Raffaels) an St. Peter, seine architektonischen Beiträge zum Dombau haben sich nicht erhalten. Ab 1535 entstand in Rom nach seinen Entwürfen der Palazzo Massimo alle Colonne, ein bedeutendes Bauwerk, das den Übergang von der Hochrenaissance zum ◇Manierismus markiert; signifikante Merkmale sind die geschwungene Fassade, ein Säulenportikus im Erdgeschoß sowie die aufwendige Form der Fensterrahmen im ersten Stock.

Pesellino (Francesco di Stefano)
(um 1422–1457)
Florentiner Maler, der von seinem Vater Stefano di Francesco ausgebildet wurde und dessen Atelier-Werkstatt erbte. Sein Stil verbindet Elemente von Fra Filippo → Lippi, → Masaccio und Fra → Angelico. P. scheint mit Lippi zusammengearbeitet zu haben, der auch das ◇Altarbild mit der Trinität und vier Heiligen (1455 begonnen), das Hauptwerk P.s (und das einzige mit Sicherheit nachweisbare), nach dessen Tod vollendete (heute NGL). Gemeinsam mit → Uccello führte er im Medici-Palast in Florenz ◇Schlachtenszenen aus; er malte v. a. auch Tafeln für Brauttruhen, sog. ◇Cassone-Bilder, und ◇Predellen-Bilder.

Pesne, Antoine (1683–1757)
Französischer Maler, Schüler von de la → Fosse, der sich seit 1704 als Gewinner des Rom-Preises (1703) in Italien aufhielt. P. wurde 1710 als Hofmaler nach Berlin berufen, wo er in der Folgezeit drei preußischen Königen diente. P., der den Höhepunkt seiner künstlerischen Laufbahn unter Friedrich d. Gr. erreichte, gilt als der Hauptmeister des friderizianischen ◇Rokoko. Er schuf v. a. lebendige ◇Porträts der Hofgesellschaft, daneben ◇Historien- und ◇Genrebilder sowie Dekorationsmalereien in den Schlössern Rheinsberg, Charlottenburg, Potsdam und Sanssouci, die in ihrer lichten, heiteren Malweise Einflüsse von → Tiepolo und → Watteau verraten. Zu seinen bekanntesten Bildnissen gehören *Friedrich d. Gr. als Kronprinz* (1739–40) und sein *Selbstbildnis mit seinen zwei Töchtern vor der Staffelei* (1754). P. hat die Berliner Malerei stark beeinflußt.

Petel, Georg (um 1601/02–1634)
Deutscher ◇Bildhauer und Elfenbeinschnitzer, der mit → Rubens und van → Dyck bekannt war. P.s Werk zeigt die Auseinandersetzung mit der italienischen ◇Barockkunst, dazu Rückgriffe auf die Spätgotik. Der Einfluß von Rubens spiegelt sich besonders in der lebensgroßen Holzschnitzarbeit *Ecce Homo* (um 1630–31, heute Augsburger Dom). Eines seiner Hauptwerke, die Bronzefigur der klagenden Magdalena (um 1630, Niedermünster, Regensburg), zeichnet sich durch schwungvolle Monumentalität und ausdrucksstarke Figurenbehandlung aus, die P. in intensiven Naturstudien gewann.

Peterhans, Walter (1897–1960)
Deutscher ◇Fotograf, der an der Leipziger Akademie für Grafische Künste studierte und sich schon früh mit Reproduktionsfotografie beschäftigte. Seit 1929 Leiter der Fotoklasse am ◇Bauhaus, wo er eine Form der fotografischen Materialcollage entwickelte. Nach Schließung des Bauhauses 1933 unterrichtete P. an der Berliner Reimann-Schule und ab 1938 am Illinois Institute of Technology in Chicago.

Peterzano, Simone (tätig 1573–1590)
Italienischer Maler, Schüler des alten → Tizian, hauptsächlich als Lehrer von → Caravaggio be-

kannt. Die wenigen erhaltenen Werke P.s zeigen ihn als einen Vertreter des späten ◇Manierismus.

Petitot, Jean (1607–1691)
Schweizer ◇Miniaturenmaler, war für Karl I. in England tätig (um 1636), ging 1644 nach Blois und arbeitete dann für Ludwig XIV., bis er 1685, nach der Aufhebung des Edikts von Nantes, wieder in die Schweiz zurückkehrte.

Peto, John Frederick (1854–1907)
Amerikanischer Maler, der sich unter dem Einfluß seines Lehrers W. M. → Harnett auf ◇Stilleben in ◇Trompe-l'œil-Manier spezialisierte. Seine Arbeiten zeichnen sich durch größere Einfühlsamkeit aus und muten malerischer an als die Harnetts.

Petrow-Wodkin, Kusma Sergejewitsch (1878–1939)
Russischer Maler, studierte an der Moskauer Schule für Malerei, Bildhauerei und Baukunst u. a. bei Konstantin Korowin und → Serow (1897–1905), in München (1901) und in Paris (1905–08). Seit 1911 Mitglied von → ›Mir Iskusstwa‹, unterrichtete 1918–33 in Petrograd/Leningrad. P.-W.s Malerei stand zunächst unter dem Einfluß des französischen und deutschen ◇Symbolismus und ◇Jugendstils. Seit etwa 1910 schuf er v. a. monumental-dekorative Darstellungen mit rhythmisierten, kompakten Kompositionen (*Spielende Knaben*, 1911, Russisches Museum, St. Petersburg; *Das Bad des roten Pferdes*, 1912, Tretjakow-Galerie, Moskau). Später entwickelte er eine Form von ◇Sozialistischem Realismus (*Das Jahr 1918 in Petrograd*, 1920; *Der Tod des Kommissars*, 1928). P.-W. schuf außerdem analytisch-strenge ◇Porträts (*Anna Achmatowa*, 1922) und ◇Stilleben. In den 1920er/1930er Jahren entstanden v. a. grafische Arbeiten und Theaterdekorationen.

Pevsner, Antoine (Natan Borissowitsch P.) (1886–1962)
Russisch-französischer ◇Bildhauer und Maler, Bruder von → Gabo. P., studierte in Kiew und Petersburg und war anfänglich als Maler tätig. 1911–14 lebte er in Paris, wo er, beeinflußt vom ◇Kubismus und ◇Orphismus, 1913 zur ◇abstrakten Malerei gelangte. In Paris freundete er sich mit → Modigliani und → Archipenko an. 1915–17 hielt er sich in Oslo auf, 1917 kehrte er nach Rußland zurück, unterrichtete dort bis 1923 als Professor an den Moskauer → Wchutemas, 1923 ließ er sich endgültig in Paris nieder, wo er 1930 die französische Staatsbürgerschaft erwarb. 1920 unterzeichnete er das von Gabo entworfene ›Realistische Manifest‹, das ein Bekenntnis zum absoluten ◇Konstruktivismus darstellte und sich gegen den funktionalistischen Konstruktivismus wandte. Die Brüder erteilten darin dem Volumen als skulpturalem Element eine Absage und behaupteten, Linie und Fläche reichten aus, um die innere Dynamik und Rhythmik eines Objektes auszudrücken. 1922–23 entstanden P.s erste Arbeiten in diesem Sinn. Seit 1923 war er ausschließlich als Bildhauer tätig. Ab Mitte der 1930er Jahre schuf P. die für ihn typischen ›Raumplastiken‹ (Projections dans l'espace) aus sorgfältig aneinandergelöteten Kupfer-, Messing- oder Bronzestäben, deren spiralig geschwungene Flächen sich aus einer linearen Bewegung entwickeln (*Die Befreiung des Geistes symbolisierendes Monument*, 1955–56). P. entwarf auch Bühnenbilder (z. B. für → Diaghilew).

Pezold, Friederike (* 1943)
Österreichische Künstlerin, die an der Kunstakademie sowie Psychologie am Max-Planck-Institut in München studierte. Seit 1970 beschäftigt sie sich mit Fotoserien, ◇Zeichnungen und Rollbildern, die die geschlechtliche Rollenfunktion der Frau thematisieren. F. P. behandelt in ihren Arbeiten die Medien ◇Video und Foto sehr zeichnerisch-grafisch, wodurch ihre Aussagen eine gezielte Pointenhaftigkeit erhalten, die sich besonders in *Der Tempel der schwarz-weißen Göttin* (1977), einer »Synthese aus westlichem und östlichem, von Abstraktion und Realismus«, äußert.

Pfahler, Georg Karl (* 1926)
Deutscher Maler, studierte 1950–54 an der Stuttgarter Akademie. In seiner signalhaften Malerei aus breitflächigen Farbbahnen verbindet sich die plakative Farbgebung der ◇Pop Art mit der Raumillusion der ◇Op Art und mit einer großflächigen geometrischen Formgebung, die den Gesamteindruck einer poetischen Harmonie erzeugt.

Pforr, Franz (1788–1812)
Deutscher Maler und ◇Grafiker, führender Ver-

treter der → Nazarener neben → Overbeck. P. war Schüler von J. H. → Tischbein d. J. in Kassel und studierte ab 1805 an der Wiener Akademie. Er gründete 1809 mit Overbeck und anderen den ›Lukasbund‹ und übersiedelte 1810 mit ihm nach Rom, wo er zum engen Kreis der Nazarener gehörte. 1811 hielt er sich in Neapel auf. Im folgenden Jahr erlag er der Schwindsucht. P. bemühte sich ähnlich wie Overbeck um eine lineare und flächige Vereinfachung der Bildstruktur, wobei er sich jedoch stärker an der altdeutschen Malerei orientierte und seine Thematik mit Vorliebe der mittelalterlichen Geschichts- und Sagenwelt entnahm (*Einzug Kaiser Rudolfs von Habsburg in Basel*, 1809–10; *Der Graf von Habsburg und der Priester*, 1810, beide Städel).

Phaidimos (tätig um 550 v. Chr.)
In Attika wirkender griechischer ◇Bildhauer, dessen Name auf den Basen dreier Grabmonumente auftaucht.

Phidias, Pferdekopf vom Wagen der Selene (Parthenongiebel), 448–432 v. Chr.

Phidias (tätig um 460–430 v. Chr.)
Athenischer ◇Bildhauer, als seine Lehrer werden Hegias und Hageladas von Argos genannt, Schöpfer der hochklassischen ◇attischen Kunst, schon bei seinen Zeitgenossen wegen seiner edlen und idealisierten Götter- und Göttinnenstatuen hoch angesehen. Ein frühes Werk, die → Lemnische Athene (um 445), galt als überwältigend schönes Bildwerk. Berühmter freilich war P. wegen seiner Gold- und Elfenbeinkultstatuen, etwa der 12 m hohen Athene für den Parthenon (Athena Parthenos). Als sein Meisterwerk galt der sitzende Zeus für den Tempel von Olympia. Diese Statue aus Gold und Elfenbein war eines der Sieben Weltwunder der Antike. P. war im Auftrag des Perikles der oberste Leiter der Bau- und Bildhauerarbeiten auf der Akropolis und übte daher wohl auch starken Einfluß auf die ◇Metopen, die ◇Friese und die Giebelfiguren des Parthenon aus, die er möglicherweise entwarf.

Phillips, Peter (* 1939)
Englischer Maler, Vertreter der ◇Pop Art, studierte u. a. 1959–61 am Royal College of Art zusammen mit → Hockney, → Jones und → Kitaj. P.' Bildsprache orientierte sich an der modernen, von der Technik und den Massenmedien beherrschten Großstadtkultur, so integrierte er in seine komplex strukturierten Arbeiten Abbildungen von Autos, Pin-ups, Popstars, Comics, Flipperautomaten u. ä. (*Distributor*, 1962; *Custom Painting No. 3*, 1964–65). Mitte der 1960er Jahre entstanden der ◇Minimal Art verwandte Plastiken aus Kunststoff, Holz und Plexiglas.

Phillips, Tom (* 1937)
Englischer Maler, studierte am St. Catherine's College in Oxford – vorrangig angelsächsische Literatur –, dann an der Camberwell School of Art in London bei F. → Auerbach. In Oxford wurde er, wie schon vor ihm R. B. → Kitaj, von dem Kunsthistoriker E. Wind beeinflußt, dessen Vorlesungen über ◇Ikonographie und die Kunst der ◇Renaissance er hörte. P.' Gemälde und ◇Druckgrafiken reflektieren seine Bildung. Wesentlich für P.' künstlerische Konzeption ist ihr indexhaft-beschreibender Charakter. In seinen behutsam sukzessiv aufgebauten Bildern verfolgt er oft fremde künstlerische Vorlagen (z. B. aus Malerei, Dichtung oder Musik), die er in die Sprache seiner Bilder überträgt und frei umformuliert. Auf diese Weise umschließt das Spektrum seiner malerischen Auseinandersetzung eine Vielzahl poetischer Assoziationen, teils unter direkter Einbeziehung von Wortfragmenten (Übermalung von Buchseiten unter Aussparung einzelner Wörter in dem Zyklus *A Humument*). P. übersetzte auch Dantes ›Inferno‹ und schuf dazu 139 ◇Illustrationen (1979–82).

Philoxenos von Eretria (tätig 4. Jh. v. Chr.)
Griechischer Maler, der bekannt ist durch sein für König Kassander nach 317 gemaltes ◇Tafelbild der Schlacht Alexanders d. Gr. gegen Dareios, von dem angenommen wird, das es mög-

licherweise die Vorlage bildete für das → Alexandermosaik in Pompeji.

Pianta, Francesco (tätig 17. Jh.)
Italienischer Holzbildhauer, dessen bedeutendste Arbeiten die geschnitzten Rückenlehnen mit zwölf ◇allegorischen Figuren im oberen Saal der Scuola Grande di S. Rocco in Venedig sind.

Piazzetta, Giovanni Battista (1682–1754)
Venezianischer Maler und ◇Radierer, Schüler von Antonio Molinari in Venedig, hielt sich 1703–11 in Bologna auf, wo er von den Werken → Guercinos und → Crespis, dessen Schüler P. war, beeinflußt wurde. 1711 kehrte P. nach Venedig zurück, wo er 1750 zum ersten Direktor der venezianischen Akademie ernannt wurde. Er schuf v. a. religiöse Werke, u. a. das Deckenfresko mit der *Apotheose des hl. Dominikus* in der Kirche SS. Giovanni e Paolo (S. Zanipolo), Venedig (1727), und die *Enthauptung Johannes' d. T.* (S. Antonio, Padua) sowie ◇Genrebilder und ◇Porträts (*Die Wahrsagerin*, Accademia, Venedig; *Der Fahnenträger*, Dresden). Sein Schaffen stellt ein Verbindungsglied zwischen dem → Veroneses und dem → Tiepolos dar, den die großfigurige ◇Komposition und die effektvolle ◇Helldunkelwirkung von P.s Genreszenen und religiösen Bildern stark beeinflußten. P. schuf außerdem hervorragende ◇Zeichnungen und ◇Illustrationen.

Giovanni Battista Piazzetta, *Strandidylle* (Ausschnitt), um 1740

Francis Picabia, *Edtaonisl (ecclésiastique),* 1913

Picabia, Francis (F. Martínez de P.) (1879–1953)
Französischer Maler spanischer Abstammung, malte anfänglich ◇impressionistisch, wurde dann vom ◇Kubismus beeinflußt, gehörte 1911 zur → Section d'Or und schloß sich 1912 dem ◇Orphismus an (*Die Prozession in Sevilla*, 1912). Zwischen 1912 und 1917 hielt er sich mehrfach in New York auf, wo er mit → Stieglitz und → Ray in Verbindung stand und unter dem Einfluß seines Freundes → Duchamp ironische Bilder und Zeichnungen von Maschinen schuf (1915). 1918 schloß er sich auf Einladung von → Tzara der Züricher ◇Dada-Gruppe an und war nach seiner Rückkehr nach Paris (1919) der Verbindungsmann zwischen dem Züricher und dem Pariser Dada. P. war einer der aggressivsten und nihilistischsten Vertreter der Dada-Bewegung. Er verfaßte dadaistische Poesie und gab die höchst einflußreiche Zeitschrift ›391‹ heraus (1917–24). 1924 schloß er sich der von → Breton gegründeten ◇surrealistische Bewegung an, wandte sich dann einer dekorativen

Gegenständlichkeit zu (1926) und kehrte nach 1945 zur ◇Abstraktion zurück. P. war ein bedeutender Anreger, wirkte jedoch mehr durch seine Ideen als durch seine Kunst.

Picasso, Pablo (P. Ruiz y P.)
(1881–1973)
Spanischer Maler, ◇Bildhauer, ◇Grafiker und Keramiker, geboren in Málaga, gilt als der bedeutendste Künstler der Moderne und hat die Kunst der ersten Hälfte des 20. Jh.s entscheidend geprägt. P.s künstlerische Ausbildung begann sehr früh, da er als Wunderkind galt. Im Sinne der traditionellen Akademiemalerei des ausgehenden 19. Jh.s besuchte er entsprechende Schulen und wurde durch den malenden Vater ausgebildet. 1897 wurde P. als 16jähriger in die Schule von San Fernando in Madrid aufgenommen (*Wissenschaft und Nächstenliebe,* 1897, Museo Picasso, Barcelona). Zwischen 1900 und 1904 hielt er sich mehrfach in Paris auf und entwickelte – v. a. unter dem Einfluß → Toulouse-Lautrecs sowie des ◇Jugendstils und ◇Symbolismus – seinen ersten eigenständigen Stil mit den Bildern der ›Blauen Periode‹. Thematisch konzentrierte sich diese in einheitlichem Blau als Grundton gemalte Werkgruppe auf Situationen des menschlichen Elends und der Hoffnungslosigkeit, die ohne Aufbegehren mit einer mystischen Verklärung zum Ausdruck gebracht werden (*Das Leben,* 1903, Museum of Art, Cleveland). 1904 ließ sich P. endgültig in Paris nieder und zog zusammen mit dem befreundeten Dichter Max Jacob in das berühmte → Bateau Lavoir am Montmartre, dem Treffpunkt der zeitgenössischen künstlerischen

Pablo Picasso, *Les Demoiselles d'Avignon,* 1906–07

Avantgarde. Mit der Übersiedlung nach Paris erfolgte der Übergang zur weniger einheitlichen ›Rosa Periode‹ (1905–07), in deren Mittelpunkt lyrische Figurenbilder von Gauklern, Harlekinen, Akrobaten und Seiltänzern stehen (*Seiltänzerfamilie,* 1905, NGW) und die den Einfluß → Gauguins und → Puvis' de Chavannes verraten. In diesen Bildern wurde die Formgebung geometrisch härter, und die Farbe erhielt einen dichteren Auftrag. Unter dem starken Eindruck der Negerplastik und der Werke → Cézannes begann P. 1906 mit der großen Komposition *Les Demoiselles d'Avignon* (Museum of Modern Art, New York), die mit ihrer radikalen Formreduktion auf kubische Elemente den ◇Kubismus einleitete. In den folgenden Jahren (bis 1914) arbeitete P. zusammen mit → Braque den Kubismus aus: von einer cézannesken Phase der Formreduzierung über den analytischen (die Gegenstandsform in einzelne Ansichten zerlegenden) Kubismus bis zum synthetischen Kubismus, der aus ◇abstrakten formalen Bildelementen, unabhängig vom Naturvorbild, ein neues, autonomes Bild schuf (*Bildnis D. H. Kahnweiler,* 1910, Art Institute of Chicago). An dieser Phase waren v. a. auch → Gris und → Léger aktiv beteiligt. Wichtiges Ausdrucksmittel war die Einfügung von Realitätsfragmenten als bedeutungsfreie Form- und Farbelemente (wie Buchstaben, Zeitungspapier, Sand, Holz, Tapete), aus denen die ◇Collagen und die ◇Papiers collés hervorgingen. Nach dem Zerbrechen des kubistischen Künstlerkreises bei Kriegsausbruch 1914 war P. zwar weiterhin mit geometrisch abstrahierenden Untersuchungen im Sinne des Kubismus befaßt, kehrte aber gleichzeitig zur figürlichen Darstellung zurück und entwickelte seinen ◇neoklassizistischen Stil. Um 1925 näherte sich P. dem ◇Surrealismus, der die kubistischen Verfahren der Formverwandlung und Verknüpfung heterogener Elemente zur Schaffung symbolischer Bezüge erweiterte und mit literarischen Assoziationen zusammenbrachte. Technisch unterstützt von → González schuf P. 1929–31 halb ◇konstruktivistische, halb anthropomorphe Eisenplastiken, die sich, wie auch einige ◇readymade-artige Plastiken (*Stier,* 1943), später als Schlüsselwerke für die Plastik des 20. Jh.s erweisen sollten. Alle diese Experimente führten in P.s Malerei zu einer Verbindung von ◇expressionistischer Deformierung und individuellem Symbolismus (mit dem ›Stierkampf‹ als zentralem Thema), die 1937 in den ◇Radierungen zu ›Traum und Lüge Francos‹ sowie in dem wohl berühmtesten Gemälde des 20. Jh.s, *Guernica* (Prado), einer leidenschaftlichen Anklage gegen die Bombardierung der baskischen Stadt durch francofreundliche deutsche Flugangriffe der Legion Condor im spanischen Bürgerkrieg, gipfelte. Nach dem Zweiten Weltkrieg zog sich P. nach Südfrankreich zurück und beschäftigte sich intensiv mit neuen technischen Experimenten. 1947 begann er in Vallauris mit dem Gestalten und Bemalen von z. T. auch figürlicher ◇Keramik und schuf eine Reihe von grafischen Zyklen, die, als Metamorphosen angelegt, Motive der eigenen früheren Bildwelt und historische Vorbilder wie → Delacroix, → Velázquez und → Manet variierten (Variation des Mythos vom schaffenden Künstler in den Serien ›Maler und Modell‹). Als erster Maler überhaupt wurde P. schon zu seinen Lebzeiten mit einer Ausstellung im Louvre geehrt.

Picelj, Ivan (* 1924)
Jugoslawischer Maler, studierte 1943–46 an der Kunstakademie in Zagreb. In den 1950er Jahren wandte er sich der reinen Abstraktion zu, für die er die erste jugoslawische Künstlergemeinschaft, ›Grat 51‹, gründete. In seinen Bildern verbindet sich eine verhaltene Farbgebung mit architektonisch-technischen Formelementen, die sich an das Kompositionsrepertoire des ◇Bauhauses und der → Abstraction-Création anlehnen und nach rhythmischer Harmonie streben. 1961 war er Mitbegründer der internationalen Gruppe → Nouvelle Tendance.

Pichler, Walter (* 1936)
Österreichischer Architekt und Zeichner, studierte 1951–55 an der Kunstgewerbeschule in Innsbruck und 1955–59 an der Akademie für angewandte Kunst in Wien. Ab 1960 arbeitete er als ◇Designer und Plastiker in Wien. In seinen ◇Zeichnungen und ◇Environments verknüpft P. Nonsensideen und utopische Gesellschaftsentwürfe. Die Arbeiten der letzten Jahre sind stark von mystischen Vorstellungen geprägt und denen des ◇Wiener Aktionismus und → Rainers geistesverwandt.

Piene, Otto (* 1928)
Deutscher Maler, Plastiker und ◇kinetischer Künstler, der in München, Düsseldorf und Köln studierte, Gründungsmitglied der → Zero-Gruppe in Düsseldorf. P.s Beschäftigung mit dem

Licht als künstlerischem Medium begann 1955 mit Licht- und Buchstabenrastern, denen Licht-Folien-Montagen folgten, ab 1960 Rauchbilder (mit Kerzen- und Kienruß) und ab 1967 kinetische Lichtplastiken u. a. in Gestalt von ›Lichtkugeln‹, außerdem Luftprojekte (sog. Sky Art): *Olympia-Regenbogen*, 1972, München; *Black Stacks Helium Sculpture*, 1976, Minneapolis [Mississippi]; *Ikarus*, 1982, Linz [mit Paul Earls]). P., der seit 1972 v. a. in den USA arbeitet, wurde 1974 Direktor des Center for Advanced Visual Studies in Cambridge (Mass.).

Piero della Francesca (1415/20–1492)
Umbrischer Maler und Mathematiker, der v. a. in Arezzo, in seinem Geburtsort Borgo S. Sepolcro (bei Arezzo) und Urbino wirkte, außerdem in Ferrara, Rimini, Rom und Florenz tätig war. In seinem Werk verschmelzen eine Reihe von Einflüssen. → Domenico Veneziano war vermutlich sein Lehrer (diesem assistierte er 1439 bei der Ausmalung des Chors der Florentiner Kirche S. Egidio), die intellektuelle Unruhe → Masaccios, → Albertis, → Uccellos und der Einfluß der Mathematiker seiner Zeit trugen dazu bei, seinen Stil zu formen, der Wissenschaft und Kunst auf das engste verband. – Frühwerke P.s, wie z. B. das ◇Polyptychon mit der *Schutzmantelmadonna und Heiligen* (nach 1445, Pinacoteca Comunale, Borgo S. Sepolcro) und die *Taufe Christi* (um 1440–50, NGL), lassen erkennen, daß sich die Hauptmerkmale seines Stils rasch herausgebildet hatten. P. verwendete gedämpfte, leichte Farben, schuf eine helle, lichterfüllte Atmosphäre und vielschichtige Landschaften. V. a. aber verliehen die geometrische Vereinfachung der Formen im Verein mit einer mathematischen Anlage der Kompositionen den Darstellungen P.s Monumentalität und spirituelle Ruhe. Gesteigert wurde dies noch durch eine ausgeklügelte Wiedergabe von Architekturen (ab 1451) – hervorgegangen aus seinem Kontakt mit dem Baumeister und Kunsttheoretiker → Alberti in Rimini, wo P. im Tempio Malatestiano das Fresko *Sigismondo Malatesta im Gebet vor dem hl. Sigismund* (1451) schuf. Ein weiteres Beispiel für seinen architektonischen Ordnungssinn ist die *Geißelung Christi* (nach 1444) im Palazzo Ducale in Urbino, die nach den Grundsätzen der Architekturtheorie der ◇Renaissance angelegt ist. Sein größtes erhaltenes Werk ist der zwischen 1452 und 1466 entstandene ◇Freskenzyklus in S. Francesco in Arezzo, in

Piero della Francesca, *Geißelung Christi* (Ausschnitt), nach 1444

dem er die von Jacobus de Voragine aufgezeichnete ›Kreuzeslegende‹ in zehn Bildern gestaltete, wobei er auf die chronologische Abfolge der in der Legende beschriebenen Ereignisse zugunsten der kompositorischen Symmetrie verzichtete. Zu P.s reifen Werken gehören das im Auftrag des Herzogs von Urbino geschaffene Holzdiptychon, auf dessen Vorderseite die Bildnisse *Federigo di Montefeltro, Herzog von Urbino, und seine Gemahlin Battista Sforza* (um 1465, Uffizien) zu sehen sind; die beiden Porträtierten sind in strengem Profil vor einer idealen, Unendlichkeit suggerierenden Landschaft wiedergegeben. Einflüsse der flämischen Malerei verraten v. a. die ebenfalls zum Spätwerk zählende (unvollendete) *Geburt Christi* (1460–75, NGL) und die große Tafel *Maria mit Kind zwischen Engeln und der Stifter Federigo di Montefeltro* (Pinacoteca di Brera, Mailand).

Piero di Cosimo (P. di Lorenzo) (1461/62–1521)
Italienischer Maler, Schüler des Cosimo → Rosselli in Florenz, dem er auch bei den ◇Fresken in

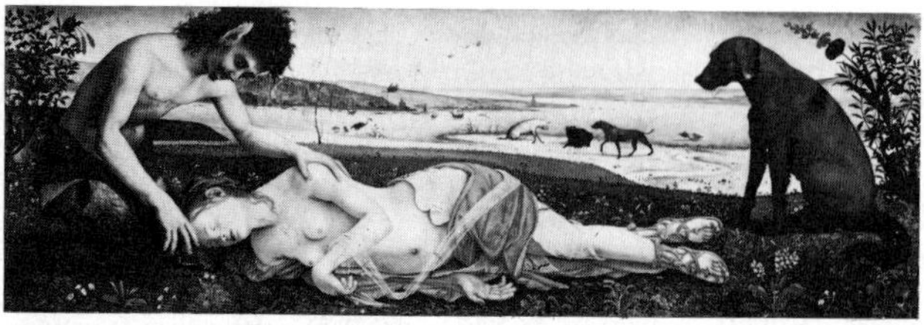

Piero di Cosimo,
Tod der Prokris, um 1510

der Sixtinischen Kapelle in Rom assistierte (1481–82). Obwohl P. in seiner Malerei Einflüsse van der → Goes', Filippino → Lippis, → Signorellis und → Leonardos aufnahm, zeigen seine Arbeiten eine sehr eigenwillige Formensprache und eine außergewöhnliche Vorstellungskraft. P., der den Ruf eines Exzentrikers genoß, schuf v. a. ungewöhnliche mythologische Sujets (*Tod der Prokris,* um 1510; *Schlacht zwischen Lapithen und Kentauren,* beide NGL), ◇allegorische und religiöse Szenen sowie zahlreiche ◇Porträts (*Simonetta Vespucci,* Musée Condé, Chantilly).

Pietro da Cortona siehe → **Cortona,** Pietro da

Pigalle, Jean-Baptiste (1714–1785)
Französischer ◇Bildhauer, Schüler von R. Le Lorrain und J.-B. → Lemoyne, bildete sich in Rom durch das Studium der antiken Skulptur fort (1736–39). Seinen Ruhm begründete er mit der Marmorstatuette des *Sandalenbindenden Merkur* (1744, Louvre). Anfänglich vom ◇Barock bestimmt, entwickelte sich sein Stil ab 1760 zum ◇Klassizismus. P. schuf Grabmonumente (u. a. für den *Marschall Moritz von Sachsen* [1753–76], St. Thomas, Straßburg), Denkmäler, Porträtbüsten (*Ludwig XV.,* 1751; *Marquise de Pompadour,* 1751, MM; *Denis Diderot,* 1777, Louvre) und ◇allegorische Figuren. Sein Spätwerk zeigt stark naturalistische Züge (*Sitzstatue des nackten Voltaire,* 1776, Louvre).

Piles, Roger de (1635–1709)
Französischer Kunsthistoriker und -theoretiker und Maler, der die Kunst → Rubens' gegen die herrschende französische Vorliebe für → Raffael und → Poussin verteidigte. Berühmt wurde er durch seine ›balance de peintre‹ in ›Cours de Peintures par Principes‹, in der er Künstlern der Vergangenheit Zensuren für ◇Komposition, ◇Zeichnung u. ä. erteilte. Seine Kunstkritik ist jedoch im allgemeinen geistreicher und interessanter als dieser Versuch.

Pilgram, Anton (um 1460–1515)
Deutscher ◇Bildhauer und Baumeister, der während seiner Wanderjahre in Südwestdeutschland und ab 1495 in Brünn nachweisbar ist. 1511–15 leitete P. die Bauhütte des Stephansdoms in Wien, wo auch seine bedeutendsten plastischen Arbeiten entstanden: Orgelfuß (1513) und Kanzel mit den Büsten der vier Kirchenväter (1514–15) – beide jeweils mit Selbstbildnissen P.s. Sein plastisches Werk, das von der Straßburger Kunst in der Nachfolge Gerhaert van Leydens und von Hans → Seyfer beeinflußt ist, zeigt bereits die Überwindung spätgotischer idealisierender Formen zugunsten eines physiognomisch ausgeprägten Realismus (kantig geschnittene Formen, ein bis zum Häßlichen mutiger Ausdruck).

Pilo, Carl Gustav (1711–1793)
Schwedischer ◇Porträtmaler. Bis 1738 ist nur wenig über sein Leben bekannt. Man nimmt u. a. an, daß er in Wien und an deutschen Höfen wirkte, bevor er 1745 vom dänischen König zum Hofmaler ernannt wurde. 1771 Direktor der dänischen, 1780 der schwedischen Kunstakademie. P.s zahlreiche Bildnisse zeichnen sich v. a. durch einfühlsame psychologische Durchdringung aus (*Christian Drakenberg,* 1741). Daneben schuf er wenige mehrfigurige Kompositionen (*Krönung König Gustavs III. in der Storkyrkan zu Stockholm,* 1762–63).

Pilon, Germain (um 1535–1590)
Französischer ◇Bildhauer, neben → Goujon der bedeutendste Meister der ◇Renaissanceplastik in Frankreich, tätig für den französischen Hof. Der Einfluß des italienischen ◇Manierismus auf sein Frühwerk wich später einem größeren Realismus. Zu seinen Hauptwerken zählen das Grabmal von Franz I. (1558–59), das Doppel-

grab Heinrichs II. und der Katharina de'Medici (letzteres in Zusammenarbeit mit → Primaticcio) in der Abteikirche von Saint-Denis (1564–83) sowie die große Marmorfigurengruppen der *Drei Grazien,* die eine Bronzeurne mit dem Herzen von Heinrich II. trägt (1561–63, Louvre). P. schuf u. a. außerdem die ◇Skulpturen für Fontainebleau, wo er seit Beginn der 1580er Jahre wirkte, und das Château d'Anet (für Diane de Poitiers).

Piloty, Karl Theodor von (1826–1886)
Deutscher Historienmaler, Schüler von → Schnorr von Carolsfeld an der Münchner Akademie (1840), deren Direktor er 1874 wurde. Mit seinen monumentalen, farbenreichen, realistischen ◇Historienbildern von pompöser, theaterhafter Wirkung war er seinerzeit der gefeiertste deutsche Vertreter dieses Genres. Den ersten großen Triumph erlebte er 1855 mit seiner Komposition *Seni an der Leiche Wallensteins* (NP). Beeinflußt von der französischen Historienmalerei (→ Delaroche), war es P.s Verdienst, der – noch von der idealistischen Malerei der → Nazarener und → Cornelius' beherrschten – Münchner Schule eine reichere Farbigkeit und eine freiere, flüssigere Malweise vermittelt zu haben. Er war ein bedeutender Lehrer (u. a. von → Lenbach und → Defregger).

Pimenow, Juri (Georgi) Iwanowitsch (1903–1977)
Sowjetischer Maler und ◇Grafiker, studierte an den Moskauer → Wchutemas (1920–25), wie → Deineka ein typischer Vertreter der ersten nachrevolutionären Generation sowjetischer Maler mit seinem Aufbegehren gegen die These der ◇Konstruktivisten, das ◇Staffeleibild sei tot. 1925 Gründungsmitglied der ›Gesellschaft der Staffeleimaler‹. Seine frühen Arbeiten sind jedoch von monumentalen Formaten und eher der ◇Wandmalerei verpflichtet als dem Staffeleibild (*Vorwärts die Schwerindustrie!,* 1927). Seit den 1930er Jahren schuf er vorwiegend ◇Genre- und ◇Landschaftsbilder sowie ◇Stilleben, mit feinem, fast durchscheinendem Pinselstrich ausgeführt (*Das neue Moskau,* 1937, Tretjakow-Galerie, Moskau; Bildserie *Neue Stadtviertel,* 1962–67). P. arbeitete auch für das Theater.

Pinturicchio (Bernardino di Betto) (um 1454–1513)
Italienischer Maler, Mitarbeiter → Peruginos in der Sixtinischen Kapelle in Rom (1481–83), ein produktiver und äußerst gewandter Maler des höfischen Lebens während der ◇Renaissancezeit. Viele seiner Kompositionen basieren auf Werken seines Lehrmeisters Perugino. Die üppige Verwendung von Gold, leuchtenden Farben und Mustern ist charakteristisch für seine ◇Fresken. Zu seinen Hauptwerken gehören die für Papst Alexander VI. geschaffenen Fresken im Appartamento Borgia in Rom (1492–95) sowie der Freskenzyklus mit Szenen aus dem Leben des Humanisten Enea Silvio Piccolomini (1502–07), des späteren Papstes Pius II., in der Bibliothek (Libreria Piccolomini) des Doms zu Siena.

Piombo, Sebastiano del siehe → **Sebastiano del Piombo**

Giovanni Battista Piranesi, *Carceri d'invenzione* (2. Druckzustand, Tafel V), 1750

Piranesi, Giovanni Battista (1720–1778)
Italienischer Kupferstecher und Baumeister, studierte in Venedig Architektur und Bühnenbildentwurf, ließ sich 1740 in Rom nieder. Er war kaum als Architekt tätig (Umgestaltung der Fassade von S. Maria del Priorato, Rom, 1765), son-

dern beschäftigte sich fast ausschließlich mit dem ◇Kupferstich bzw. einer gemischten Technik aus ◇Grabstichelmanier und ◇Radierung. P. schuf großformatige ◇Veduten römischer Architekturen und Denkmäler, v. a. der Antike, die in ihrer höchst dramatischen, ◇barocken, das Licht und die Perspektive expressiv steigernden Darstellungsweise starken Einfluß auf die folgenden Generationen in ihrem Verhältnis zum antiken Rom hatten (*Vedute di Roma,* 1748–56; *Antichità Romane,* 1756 ff.). Aus seiner umfangreichen Produktion von Radierungen und Stichen ragen die seit 1745 entstandenen Architekturphantasien der *Carceri d'invenzione* hervor. P.s Sohn Francesco führte diese Serie fort, indem er eine eigene Folge schuf und neue Abzüge der Platten seines Vaters anfertigte.

Pirosmanaschwili, Niko (Nikolaj Aslanowitsch) (1862–1918)
Georgischer Maler, als Künstler Autodidakt. Der gelernte Schildermaler wurde von → Larionow entdeckt und eingeladen, sich an seinen Ausstellungen (›Zielscheibe‹, 1913) zu beteiligen. Mit seinem naiven Stil – klare ◇Komposition, strenges, zurückhaltendes Kolorit mit wenigen leuchtend farbigen Elementen – bewies P. ein dem des Zöllners Henri → Rousseau vergleichbares Talent; seine Malerei (städtische Szenen, ◇Landschaften, ◇Stilleben, Tiere) erfreute sich in Rußland einer geradezu kultischen Bewunderung ähnlich wie die Werke Rousseaus in Paris.

Pisanello (Antonio Pisano) (um 1395– um 1455)
Italienischer Maler und Medailleur, auf diesem Gebiet der gefeiertste Künstler seiner Zeit, tätig für den Vatikan und sämtliche größeren Höfe Nordostitaliens, an denen die humanistische Gelehrsamkeit Fuß faßte. Sein Werk ist gekennzeichnet von einer minuziösen Erfassung der Wirklichkeit; sein Naturalismus, wenn er sich auch innerhalb der dekorativen Konventionen seiner Zeit bewegt, bildet einen deutlichen Kontrast zu der eher idyllischen und linearen Expression seines großen Zeitgenossen → Gentile da Fabriano. P.s geniale ◇Zeichnungen besaßen unter den ◇Renaissance-Künstlern Vorbildcharakter; seine Bildnismedaillen übten während des gesamten 15. Jh.s in Oberitalien großen Einfluß aus. Das frühe ◇Tafelbild *Vision des hl. Eustachius* (um 1440, NGL) ist ein hervorragendes Beispiel für sein Interesse an der Darstellung der Einzelheiten der belebten wie auch der unbelebten Natur. Seine ◇Fresken in Rom, Venedig, Pavia und Mantua sind verlorengegangen, lediglich zwei Fresken in Verona sind erhalten (u. a. *Der hl. Georg mit der Prinzessin von Trapezunt,* S. Fermo, Verona).

Pisanello, *Vision des hl. Eustachius* (Ausschnitt), um 1440

Pisano, Andrea (um 1290/95– um 1349)
Italienischer ◇Goldschmied, ◇Bildhauer und Baumeister, dessen Arbeiten sämtlich mit dem Dom von Florenz zusammenhängen. Er war dort ab 1330 tätig und schuf für das ◇Baptisterium die älteste (erste) der drei Bronzetüren, die die Tradition der ◇Romanik wiederaufgriffen. In 28 gotischen ◇Vierpaßrahmen sind 20 Szenen aus dem Leben von Johannes d. T. und darunter acht thronende Tugenden dargestellt. Die von einem Venezianer gegossenen Türen nahmen sich in ihren Gruppierungen und der ◇ikonographischen Konzeption die ◇Mosaiken im Baptisterium sowie die ◇Fresken → Giottos in der Peruzzi-Kapelle, ferner für den ◇Reliefstil sienesische Skulpturen zum Vorbild, wobei sich P. bei allem handwerklich-künstlerischen Können damit begnügte, im modischen französischen Stil seiner Zeit mit dem sanften Ausdruck und den ◇manierierten Gesten und Faltenwürfen zu arbeiten, so daß seine schön geformten Draperiekaskaden an → Duccio und kleinformatige Arbeiten der französischen ◇Gotik erinnern. P. war → Giottos Nachfolger als Florentiner Dombaumeister (1337–43) und schuf die sechseckigen Marmorreliefs von der Sockelzone des Campanile (Dom-Museum, Florenz).

Andrea Pisano, *›Namengebung durch Zacharias‹* (aus den Szenen aus dem Leben Johannes' d. T. in der ersten Bronzetür des Baptisteriums in Florenz), 1330–36

Pisano, Nicola (Niccolò) (um 1220–um 1278/84)
Giovanni (um 1250– nach 1314)
Zwischen etwa 1250 und 1314 tätige italienische Bildhauerfamilie. Nicola kam vor 1258 aus Apulien nach Pisa. Er erhielt den Auftrag für eine Kanzel für das ◇Baptisterium (1260 vollendet) und für eine zweite Kanzel im Dom von Siena (1266–68). Die stilistischen Unterschiede zwischen beiden Werken sind beträchtlich. In Pisa lassen sich in Übereinstimmung mit der süditalienischen Hofschule antike Vorbilder erkennen, während sie in Siena zurücktreten und einem Element ◇gotischer Erregung Platz machen. Nicolas Klassizismus, dem auch etwas von dem damals verbreiteten Byzantinismus beigemischt war, wurde oft als Vorstufe der ◇Renaissance hingestellt, sollte aber wohl besser als eine letzte kraftvolle Erscheinung des Antike-Interesses in der italienischen ◇Romanik gelten. Der Stilwandel hin zur ◇Gotik fiel mit einem allgemeinen Geschmackswandel seit dem Eintreffen des Franzosen Karl von Anjou in Neapel zusammen. Nicolas letztes Werk war der Brunnen (Fontana Maggiore) auf dem Domplatz von Perugia (vollendet 1278), an dem freilich viele Gehilfen mitarbeiteten – darunter auch sein Sohn Giovanni, der schon an der Kanzel in Siena mitgewirkt hatte. Giovanni P. entwickelte einen weit persönlicheren Stil als sein Vater. In den ◇Skulpturen für die Domfassade von Siena machen sich bereits gotische Manierismen geltend, die er auf einer Reise an rheinischen und französischen Kathedralen (z. B. Straßburg) kennengelernt haben könnte und die in seinen beiden Kanzeln für S. Andrea in Pistoia (1298–1301) und für den Dom von Pisa (1302–11) noch mehr hervortreten. Eine ähnliche Verstärkung des emotionalen Gehalts findet sich in seiner Behandlung traditioneller Themen wie der Jungfrau mit dem Kind (im Baptisterium von Pisa und in der Arenakapelle in Padua), die formal zwar enger mit Vorbildern der französischen Gotik verwandt sind, geistig aber dem → Naumburger Meister näherstehen.

Pissarro, Camille (1830–1903)
Französischer Maler des ◇Impressionismus, geboren auf St. Thomas (Kleine Antillen), wuchs in Paris auf, studierte an der Pariser Akademie (1855) und an der Académie Suisse, wo er → Monet, wahrscheinlich auch → Courbet, und → Cézanne begegnete. P. stand anfänglich besonders unter dem Einfluß von → Corot, der ihm riet, kleine Skizzen nach der Natur zu malen und v. a. das Licht und dessen tonale Werte zu studieren. – Die frühen Landschaften P.s, wie z. B. *Ufer der Marne bei Chennevières* (1864–65), stießen zwar auf großes Lob bei → Zola, Castagnary und anderen Kritikern, fanden jedoch kaum öffentliche Beachtung; seinen Lebensunterhalt verdiente P. v. a. mit dem Bemalen dekorativer Rollos und Fächer. Ab 1865/66 stand er in Verbindung mit → Renoir, → Sisley und → Manet, seit etwa Ende der 1860er Jahre zählte er zu den Hauptfiguren des impressionistischen Kreises. Als einziger beteiligte er sich an allen der insgesamt acht Impressionisten-Ausstellungen (1874–86), die er zum Teil auch organisierte. Trotz großer finanzieller Schwierigkeiten, die seine Familie (P. hatte sieben Kinder) an den Rand des Elends trieben, lehnte er es ab, die Anerkennung des offiziellen ◇Salons zu suchen. 1870–71 hielt er sich in London auf, wo er mit → Monet die Werke → Constables, → Turners und der holländischen Malerei studierte; hauptsächlich lebte und arbeitete er in den 1870er Jahren in Pontoise, bis er sich 1884 in Eragny niederließ. In den 1880er Jahren stellte ihn seine eigene ›rohe‹ Malweise nicht mehr zufrieden, und er begann, in → Seurats ◇divisionistischer Technik (diesen hatte er 1885 kennengelernt) zu arbeiten, löste sich aber gegen 1890 wieder von diesem Malstil. Ab 1895 malte P. v. a. Stadtansich-

Camille Pissarro, *Ansicht von Rouen,* 1896

ten (Paris, Rouen, Le Havre), wobei er – inspiriert von den Bildserien Monets – ein einziges Motiv mehrfach unter wechselnden Lichtverhältnissen darstellte. – P.s Arbeiten unterscheiden sich von denen der anderen Impressionisten u. a. durch die sorgfältigere Komposition, den kontrollierten Bildaufbau und die dichten Farbflächen. V. a. seine Pontoise-Bilder beeinflußten Cézanne, der zeitweise gemeinsam mit P. in Pontoise arbeitete (1872–77). P. bewunderte → Millet und → Daumier, deren Respekt vor dem arbeitenden Menschen er teilte. Seine Briefe lassen häufig stark sozialistisch geprägte Untertöne erkennen.

Pissarro, Lucien (1863–1944)
Französischer Maler, Sohn von Camille → Pissarro; stellte 1886 erstmals mit den ◇Impressionisten aus und beteiligte sich auch an den Ausstellungen im ◇Salon des Indépendants von 1886 bis 1894. Ab 1893 lebte und arbeitete er in England, wo er später mit den Künstlern des → New English Art Club in Verbindung stand. Sein Stil und seine Themen waren stark von seinem berühmten Vater beeinflußt.

Pistoletto, Michelangelo (* 1933)
Italienischer Maler und Installationskünstler, Autodidakt. Mit einer Kombinationstechnik aus Malerei und reflektierenden Spiegeln wurde P. seit 1962 zum wichtigsten Vertreter der italienischen ◇Pop Art. In seinen Spiegelbildern aus blankpoliertem Stahl und ◇Fotocollagen integrierte er das Spiegelbild des Betrachters in das Bildgefüge. Seit 1967 auch ◇Installationen, in denen P. die Materialbefragung der ◇Arte povera ironisch aufgreift. So besteht die *Lumpen-Venus* aus einer klassischen Venus-Figur, die wie eine Marmorstatue wirkt, tatsächlich aber aus Styropor geschnitten wurde und mit einem Berg von Lumpen zugeschüttet ist.

Pistoxenos-Maler (tätig 480–460 v. Chr.)
Athenischer ◇Vasenmaler des ◇rotfigurigen Stils, dem → Penthesilea-Maler nahestehend. Seine bekannteste Arbeit ist ein weißgrundige ◇Kylix (Trinkschale) mit der Darstellung der auf einer Gans reitenden Aphrodite (British Museum, London). Benannt ist der P.-M. nach dem Töpfer Pistoxenos, für den er arbeitete.

Pittoni, Giovanni Battista (Giambattista) (1687–1767)
Venezianischer Maler, Schüler seines Onkels Francesco P. Er malte v. a. – meist kleinformatige – religiöse Bilder und Sujets aus der klassischen Mythologie (*Crassus im Tempel von Jerusalem* [Skizze], 1742, Accademia, Venedig; *Opferung der Polyxene am Grabmal des Achill,* um 1735, Louvre), die Einflüsse von → Giordano, → Piazzetta, → Ricci und → Tiepolo zeigen.

Platschek, Hans (* 1923)
Deutscher Maler, lebte 1939–53 in Südamerika. Seine Malerei der 1950er Jahre war dem ◇Tachismus verbunden, den er jedoch in den 1960er Jahren zugunsten eines kritisch-realistischen Stils aufgab. Seine Bilder schildern ◇karikaturhaft die typischen Lebenssituationen des angepaßten Durchschnittsbürgers von der Schreibtischpose bis zur spießigen Familienfeier. In der Thematik und der statuarischen Figuration erinnern P.s Bilder an die ◇Neue Sachlichkeit eines Otto → Dix. 1959–62 war er Herausgeber der Zeitschrift ›blätter + bilder‹ (mit H. Bienek).

Plessi, Fabrizio (* 1940)
Italienischer ◇Video- und Installationskünstler, der am Liceo Artistico und an der Accademia di Belle Arti, Venedig, studierte. Angeregt durch die Lagunenstadt Venedig, ist Wasser das Hauptthema, mit dem sich P. in seinen künstlerischen Arbeiten seit 1968 auseinandersetzt. 1968 entwarf P. mit *Water TV* einen Fernseher, aus dessen geöffnetem Bildschirm Wasser herausströmte. Seit den 1980er Jahren raumgrei-

fende ◇Installationen, von denen *Roma,* gezeigt auf der documenta 8, 1987, besonders bekannt wurde: eine theatralische Inszenierung vom strömenden Wasser des Tiber durch eine flußartig angelegte Reihe von Videomonitoren inmitten eines Ambiente aus einem Förderband und riesigen Travertin-Marmorbrocken, die ein ◇allegorisches Bild für das sich im Wasser selbsterneuernde Leben und für den Entwicklungsprozeß der Kultur setzen will.

Pleydenwurff (Pleidenwurff), Hans
(um 1420–1472)
Ab 1457 in Nürnberg nachweisbarer deutscher Maler, der aus Einflüssen der altniederländischen Kunst (Rogier van der → Weyden) einen ausdrucksstarken, wirklichkeitsnahen Stil entwickelte, in dem sich subtiles Mienenspiel mit einem leuchtkräftigen, ausdrucksvollen Farbgebrauch und mit spannungsreichen Farbkontrasten verbindet. Zu P.s Hauptwerken gehören der ◇Hochaltar (*Passionsaltar,* 1462) aus St. Elisabeth in Breslau, von dem nur Fragmente erhalten sind (heute Breslau und Germanisches Nationalmuseum, Nürnberg) sowie die *Kreuzigung Christi* vom *Kreuzigungsaltar,* auch *Hofer Altar* genannt (1465, heute AP), aus der Trinitätskirche in Hof.

Plinius d. Ä. (23 oder 24–79 n. Chr.)
Teile von P.' ›Naturalis historia‹ sind eine wertvolle Quelle über die Kunst der Antike (37 Bücher erhalten). So befaßt sich das 34. Buch mit der Bronzeplastik, das 35. mit Malerei, das 36. mit Stein und seiner Verwendung in Baukunst und ◇Bildhauerei und das 37. mit ◇Gemmen und Edelsteinen.

Poccetti, Bernardino (B. Barbatelli)
(um 1542–1612)
Florentiner Maler, stilistisch beeinflußt von → Raffael, dessen Werke er während eines Romaufenthaltes sah. P. wandte sich gegen den Florentiner ◇Manierismus, malte in einem sehr realistischen Stil und wurde Hauptvertreter des akademischen Florentiner Stils des späten 16. Jh.s. In Florenz führte er zahlreiche ◇Fresken aus (heute u. a. Palazzo Pitti, Florenz).

Pocci, Franz Graf von (1807–1876)
Deutscher Zeichner, Schriftsteller und Musiker, wurde 1830 Zeremonienmeister König Ludwigs I. von Bayern, 1847 Hofmusikintendant und 1864 Oberstkämmerer. Neben seinen Puppenkomödien (›Neues Kasperltheater‹, 1850; ›Lustiges Komödienbüchlein‹, 6 Bde., 1861–77) ist er v. a. für seine gemüt- und humorvollen ◇Zeichnungen zu eigenen und fremden Dichtungen sowie für die ›Fliegenden Blätter‹ und ›Münchner Bilderbogen‹ bekannt (1849–62).

Poelenburgh, Cornelis van (um 1586–1667)
Holländischer ◇Landschaftsmaler, Schüler von A. → Bloemaert, wirkte in Rom, Florenz, Utrecht (ab 1652) und England. Seine kleinen arkadischen Landschaften mit Ruinen, Hirten, Nymphen und Satyrn sind häufig auf Kupfer gemalt und äußerst präzise ausgeführt; sie zeigen den Einfluß → Elsheimers, sind jedoch kühler in der Tongebung und offener in der Raumdarstellung.

Poirier, Anne (* 1942)
Patrick (* 1942)
Französisches Künstlerehepaar, dessen Arbeiten für die ◇Individuellen Mythologien und die ◇Spurensicherung besonders charakteristisch sind. Orientiert an archäologisch freigelegten Spuren versunkener Kulturen kreieren sie poetisch-imaginäre Konstruktionen, indem sie ganze Komplexe menschlich-zivilisatorischer Geschichte, z. B. die frei interpretierte Ruinenlandschaft von Ostia Antica (1971–73), die von Herodot erwähnte Stadt der Auseer oder Neros → Domus aurea (1975–77) modellhaft neu entwerfen und eine Symbiose individueller Projektion und kollektiver Erinnerung herstellen.

Polack, (Pollack, Polegkh, Polonus), Jan
(um 1435–1519)
Deutscher Maler, vermutlich in Krakau geboren, seit 1482 als Stadtmaler in München nachweisbar, Hauptvertreter der ausgehenden Spätgotik und Anreger eines in Bayern völlig neuen, lebhaften, kräftigen Stils. Hauptwerke des stark von → Breu beeinflußten P. sind die ◇Fresken in der Kirche zu Pipping (1479), Fragmente des Weihenstephaner ◇Hochaltars (1483–85, heute u. a. AP, Germanisches Nationalmuseum, Nürnberg), die Altartafeln der Münchner Peters- und der Franziskanerkirche (um 1490 bzw. 1492, Bayerisches Nationalmuseum, München).

Polenow, Wassili Dmitrijewitsch (1844–1927)
Russischer Maler, malte v. a. ◇Landschaften, ◇Historien- und ◇Genrebilder sowie religiöse Motive, Mitglied der → Peredwischniki (seit

1879) und der Künstlerkolonie in → Abramzewo. P. gehörte zu den ersten russischen ◇Pleinairmalern. Als Lehrer an der Moskauer Kunstschule (1882–95) übte er bedeutenden Einfluß auf eine ganze Generation jüngerer russischer Künstler aus, darunter → Lewitan und Konstantin Korowin. P. entwarf auch Bühnenbilder, u. a. für → Diaghilew.

Poliakoff, Serge (1906–1969)
Russischer Maler (ab 1962 französische Staatsbürgerschaft), emigrierte 1918 aus Rußland und ließ sich 1923 in Paris nieder. Er arbeitete als Gitarrist (bis 1952), begann aber gleichzeitig, sich ernsthaft mit Malerei zu beschäftigen und studierte an den Akademien Frochot und de la Grande Chaumière sowie 1935–37 in London an der Slade School of Art. Nach seiner Rückkehr nach Paris befreundete er sich mit → Kandinsky, den → Delaunays und Otto → Freundlich und entwickelte – von ihnen ermutigt – eine sehr persönliche Form ◇abstrakter Malerei mit ineinander verzahnten, flächigen Farbformen und – nach einer Periode grau-brauner Bilder in den 1940er Jahren – intensiver, glühender Farbigkeit, die an russische ◇Ikonen erinnert.

Polidoro da Caravaggio (P. Caldara) (um 1500–1543)
Italienischer Maler, Schüler und Gehilfe von → Raffael, zählt zu den römischen Begründern des ◇Manierismus. Sein Ruhm gründet sich v. a. auf seine Fassadenmalereien (die in ◇Grisailletechnik antike ◇Reliefs imitierten) sowie auf seine Landschaftsdarstellungen (◇Fresken in S. Silvestro al Quirinale, Rom). Nach dem ›Sacco di Roma‹ (1527) ging er nach Süden und ließ sich schließlich in Messina nieder, wo er einige dunkle, ernste Bilder schuf, die in starkem Gegensatz zu seinem früheren klassischen Stil standen. Er wurde 1543 (vermutlich von einem Schüler) ermordet. → Poussin und → Claude Lorrain gehörten zu seinen Bewunderern.

Polke, Sigmar (* 1942)
Deutscher Maler, der 1961–67 an der Düsseldorfer Kunstakademie bei → Götz und → Hoehme studierte. Frühe Arbeiten in der Art des ◇Kapitalistischen Realismus ironisieren mit der Präsentation von gemalten Socken, Schokoladestücken oder Würsten auf Leinwand und mit übermalten Billigtischtüchern und Wolldecken die Suche zeitgenössischer Malerei in den frühen 1960er Jahren nach innovativen Sinninhalten zwischen ◇Informel und ◇Pop Art, während die *Rasterbilder* (1963–69) die trivialen Medienträume der Wohlstandsgesellschaft persiflieren. Frei von jeder Gruppenzugehörigkeit entwickelte P. eine subjektive Bildsprache, die im Spiel mit Widersprüchen und Klischeevorstellungen zum humorvollen Bilderrätsel führt. In den 1980er Jahren tritt die triviale Bildmotivik hinter die Thematisierung von Malerei als solcher zurück, wobei P. in der Suche nach neuen Farben mit Lacken arbeitet, die unter Lichteinwirkung ihr farbliches Erscheinungsbild verändern. Auch hier läßt P. der Ironie breiten Raum, indem er sich der alchimistischen Mystifikation bedient. Daneben Fotoserien, die z. T. eigenständigen Charakter haben, z. T. aber auch in der Malerei weiterverwendet werden.

Pollaiuolo (di Jacopo Benci), Antonio del (um 1432–1498)
Italienischer ◇Goldschmied, ◇Bildhauer, Maler und Kupferstecher, arbeitete zusammen mit → Verrocchio am Silberaltar des Florentiner Doms und stand als Maler mit seiner tonigen Farbigkeit unter dem Einfluß → Castagnos, bei dem sein Bruder Piero (1443–1496) lernte, mit dem Antonio häufig in Werkstattgemeinschaft zusam-

Antonio del Pollaiuolo, *Porträt einer Edeldame,* um 1467–70

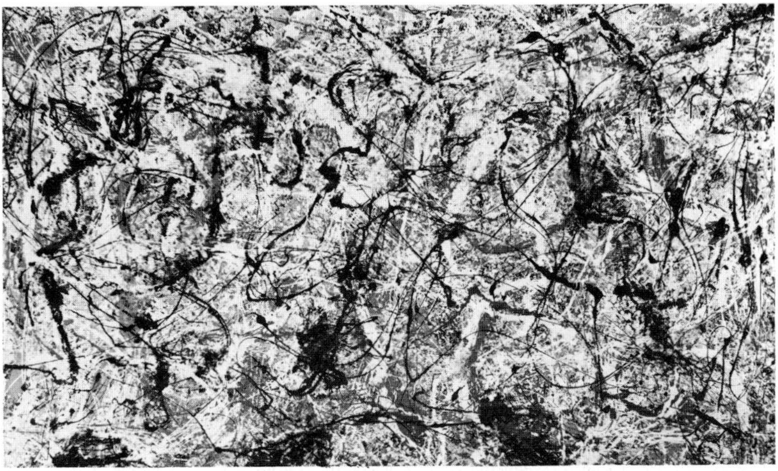

Jackson Pollock, *Number Twenty-eight,* 1950

menarbeitete. Antonio war ein höchst origineller Künstler, bekannt v. a. durch seine panoramischen Landschaften, seine ◇Porträts und seine Beherrschung des ◇Akts (→ Vasari zufolge sollen die Brüder, als erste wissenschaftlich orientierte Künstler der Florentiner ◇Renaissance, Leichen seziert haben, um ein Verständnis für den menschlichen Körper zu erlangen). Die Statuette *Herakles, den Antaios würgend* (um 1485, Museo Nazionale del Bargello, Florenz), das Gemälde *Martyrium des hl. Sebastian* (1475, NGL) und der von → Mantegna beeinflußte ◇Kupferstich *Kampf der nackten Männer* (um 1470–75) erweisen Antonio als Bahnbrecher des Anatomiestudiums, während in den weniger bekannten Tänzer-Fresken (Villa della Gallina, Arcetri bei Florenz) die nackten Körper auf raffinierte Umrißzeichnungen reduziert sind, die ein genaues Studium antiker ◇Keramiken verraten. Antonios Ruhm war so groß, daß Lorenzo de'Medici erklärte, er sei »der erste Meister der Stadt« und es habe vielleicht »nie einen besseren gegeben«. Zu seinen späten Arbeiten gehören die wuchtigen Bronzefiguren für die Grabmäler der Päpste Sixtus IV. (1493 signiert) und Innozenz VIII. (1493–97, St. Peter, Rom), deren kraftvolle Gestalten bereits die ◇barocken Papstgrabmäler → Berninis antizipieren.

Pollock, Jackson (1912–1956)
Amerikanischer Maler, der 1925–29 in Los Angeles und 1929–31 bei Thomas → Benton an der ◇Art Students' League in New York studierte und 1938–42 für → WPA arbeitete. Unter dem Einfluß der mexikanischen ◇Wandmalerei von → Orozco und → Siqueiros entwickelte P. einen stark expressiven Stil, den er zunehmend als emotionale Aktion intensivierte (mythologische und totemistische Bilder, 1942–46). Indem er den ◇Automatismus bis zum Extremsten steigerte, fand P. ab 1947 zum ◇Action Painting: er breitete riesige Leinwände auf dem Boden aus, um die herum oder auf denen er sich in einer Art Trance- oder Rauschzustand bewegte und auf die er in spontaner Gestik dünnflüssige Farbe heruntertropfen ließ (daher die Bezeichnung ◇›Drip Painting‹), verspritzte, schleuderte oder verschmierte, wobei er statt Pinsel Holzstücke, Messer, Maurerkellen oder durchlöcherte Eimer verwendete und die Farbe manchmal mit Sand, Glasstücken oder anderen Zusätzen verdickte. So entstanden rhythmische, labyrinthisch verschlungene Farbgespinste, Spuren einer ›psychischen Improvisation‹. Weil diese Bilder ohne eigentlichen Mittelpunkt sind und eine gleichmäßig strukturierte Fläche besitzen, spricht man auch von ◇›All-over Painting‹. Die Betonung des Gestischen in seiner Arbeit führte unmittelbar zur Entwicklung des ◇Happening, hat aber auch die künstlerische Entwicklung zu einer neuen neoexpressiven Malerei in den 1980er Jahren entscheidend beeinflußt.

Polygnot(os)
Name von drei attischen ◇Vasenmalern. Am besten belegt ist der 455–435 v. Chr. tätige P., ein athenischer Vasenmaler des ◇rotfigurigen Stils und Nachfolger des → Niobiden-Malers. Seine Figuren haben runde Köpfe, wolliges Haar, empfindsame, traurige Lippen, tiefliegende Augen mit einem abwesenden, schmerzlichen Blick und sind volkstümlicher als die des → Achilles-Malers.

Polygnot aus Thasos (tätig 480–440 v. Chr.)
Griechischer Maler, einer der frühesten Vertreter der klassischen Vierfarbenmalerei (Rot, Schwarz, Weiß, Ocker). Zu seinen berühmtesten Arbeiten zählen (nach → Pausanias) die Gemälde mit Szenen aus der Theseus-Sage im Theseion von Athen, die *Iliupersis* in der Stoa Poikile (zusammen mit → Panainos und Mikon) und die *Nekyia* in der Lesche der Knidier (458–47) in Delphi.

Polyklet (tätig um 460–420 v. Chr.)
Griechischer ◇Bildhauer, berühmt wegen seiner bronzenen Athletenstatuen, die z. T. in römischen Marmorkopien erhalten sind. → Phidias, so hieß es, sei unübertroffen als Verfertiger von Götterstatuen, P. hingegen als Schöpfer von Menschenstatuen. Seine bekanntesten Werke sind der Diadumenos (ein sich eine Siegerbinde um den Kopf schlingender Athlet, um 420 v. Chr.) und der Doryphoros (Speerträger, um 440), wobei letzterer den ◇Kanon der ◇Proportion des klassischen Standbildes verkörperte. P. gewann auch den Wettbewerb um den Auftrag einer Amazonenstatue für den Artemis-Tempel in Ephesos. Von P. selber dürften außerdem u. a. ein Diskusträger (um 450), der ›Westmacottcher Athlet‹ und ein Hermes stammen.

Pomodoro, Arnaldo (* 1926)
Italienischer Bildhauer, Bruder von Giò → Pomodoro, wandte sich nach dem Studium der Architektur und Bühnenausstattung und nach einer Goldschmiedelehre der ◇Bildhauerei zu. Seine großformatigen, bemalten Metallplastiken übertrugen in den 1950er Jahren das Prinzip ◇informeller Gestaltung auf den Bereich der ◇Skulptur. In den 1960er Jahren verwandelte sich sein gestalterisches Konzept durch feste strukturierte Normen, die in Form von Säulen, Kugeln und Kuben die Elemente des von der Technik geprägten Alltags versinnbildlichen.

Pomodoro, Giò (* 1930)
Italienischer Bildhauer, Bruder von Arnaldo → Pomodoro, studierte Architektur, ◇Malerei und ◇Bildhauerei. In den frühen 1950er Jahren stand er stark unter dem Einfluß seines Bruders, entwickelte aber um 1956 einen sehr persönlichen, ◇abstrakten Stil, der sich durch eine weich fließende Oberflächengestaltung auszeichnet. Die Verwendung stark polierter Metalle gibt dem Licht reiche Entfaltungsmöglichkeiten auf den flachreliefartigen ◇Skulpturen.

Pont-Aven, Schule von
Der Name verbindet sich mit einer Gruppe von Malern, die in verschieden starkem Maße von → Gauguin und dem von ihm zusammen mit → Bernard in Pont-Aven (Bretagne) entwickelten ◇Synthetismus (1888) beeinflußt wurden. Gauguin kam erstmals 1886 nach P.-A. und verbrachte dort bis 1894 vier längere Aufenthalte, in denen sein Einfluß auf viele dort arbeitende Künstler (v. a. Bernard, → Sérusier, → Meyer de Haan, Séguin und → Verkade) wirksam wurde. Das erste Bild, in dem Gauguin die Prinzipien des neuen synthetistischen Stils voll verwirklichte, war *Jakobs Kampf mit dem Engel* (1888). Im gleichen Jahr entstand unter seiner Anleitung die kleine Landschaftsstudie von Sérusier, die als der berühmte ›Talisman‹ einen großen Einfluß auf einige junge Pariser Künstler haben sollte, die später die → Nabis-Gruppe bildeten (→ Bonnard, → Denis, → Maillol, Ranson und → Vuillard).

Pontormo, Jacopo da (J. Carrucci) (1494–1556/57)
Italienischer Maler, einer der frühesten und einflußreichsten Künstler des Florentiner ◇Manierismus, benannt nach seinem Geburtsort Pontormo, einem Dorf bei Empoli. P. wurde in der florentinischen Tradition ausgebildet – mit Sicherheit Schüler von → Andrea del Sarto, möglicherweise auch von → Leonardo da Vinci und → Piero di Cosimo. 1521 schuf er sich einen Namen mit seinen im Auftrag von Giovanni de' Medici geschaffenen Dekorationen in der Villa der Medici in Poggio a Caiano bei Florenz (◇Lünettenfresko *Vertumnus und Pomona,* 1521). 1523–25 entstand ein weiterer ◇Freskenzyklus mit Passionsszenen im großen Kreuzgang der Certosa S. Lorenzo al Monte (bei Florenz). Sein kantiger Zeichenstil läßt Einflüsse → Michelangelos und der Stiche → Dürers erkennen und

Jacopo da Pontormo, *Kreuzabnahme Christi,* um 1527–28

zeigt ein intensives Interesse für den menschlichen Körper. P.s ungewöhnlicher Sinn für die Farbgebung kommt wahrscheinlich am besten in seinem Meisterwerk, der *Kreuzabnahme Christi* (um 1527–28, S. Felicità, Florenz) zum Ausdruck, während das Bildnis einer *Dame im roten Kleid* (Städel) ein schönes Beispiel für P.s manieristischen Bildnisstil ist. → Rosso Fiorentino war sein Rivale, → Bronzino sein Schüler und Nachfolger.

Poons, Larry (Lawrence) (* 1937)
Amerikanischer Maler, kam 1938 in die USA und studierte 1955–57 in Boston am New English Conservatory of Music und 1958 an der Museum School of Fine Arts. P. entwickelte eine Form der ◇Farbfeldmalerei, bei der sich ein tonal angehauchter Bildgrund zu unbegrenzten Tiefen ausdehnt. Auf dem Farbgrund schweben ◇pastose Farbbalken und Farbtupfen, die wie entmaterialisierte reine Farbenergien wirken (*The Enforcer,* 1963).

Popowa, Ljubow Sergejewna (1889–1924)
Russische Malerin, eine der bedeutendsten russischen Künstlerinnen der Revolutionszeit. L. P. ging 1912 nach Paris, wo sie bei → Metzinger und Henri Le Fauconnier arbeitete und vom ◇Kubismus beeinflußt wurde. Zurückgekehrt nach Moskau, entstanden kubistische Arbeiten wie die *Sitzende Figur* (1915), mit denen sie sich an den Ausstellungen der ◇Russischen Avantgarde beteiligte (→ ›Karobube‹; ›Tramway W‹). Nach 1917 lassen ihre Arbeiten, darunter ihre *Architektonischen Kompositionen,* den Einfluß → Malewitschs und → Tatlins erkennen. L. P. war auch als Plakatentwerferin, Bühnenbildnerin (für den berühmten Regisseur Meyerhold) und als Kunstdozentin tätig. In ihren letzten Jahren schuf sie v. a. Textilentwürfe.

Ljubow Popowa, *Italienisches Stilleben,* 1914

Pöppelmann, Matthäus Daniel (1662–1736)
Deutscher Baumeister, der ab 1705 als Landbaumeister in den Diensten des sächsischen Kurfürsten August II., des Starken, stand. Auf zahlreichen Reisen, u. a. nach Salzburg, Wien, Prag, Rom und Paris, ließ sich P. gleichermaßen vom ◇Barock wie auch von der klassischen Baukunst anregen. P. schuf zahlreiche Entwürfe für gewaltige Schloßbauten in Dresden und Warschau (nicht ausgeführt), aber auch für Brücken-

Matthäus Daniel Pöppelmann, Detailansicht des *Zwingers* in Dresden, gebaut 1711–28

bauten und Bürgerhäuser in Dresden. P.s Hauptwerk ist der Dresdner Zwinger (1711–28), geplant als Festplatz für höfische Lustbarkeiten. Die Anlage besteht aus zweigeschossigen Pavillons, die durch niedrige, langgezogene Galerien mit stark akzentuierten Torbauten verbunden sind.

Poppi (Francesco Morandini) (1544 – um 1584)
Italienischer Maler, Schüler von → Vasari, der P.s Werke *Mariä Empfängnis* (S. Michelino, Florenz) und *Mariä Heimsuchung* (S. Niccolò, Florenz) besonders würdigte. P.s kleinfiguriger, delikater Stil läßt sich am besten in seinem *Goldenen Zeitalter* erkennen (National Gallery of Scotland, Edinburgh).

Porcellis, Jan (um 1584–1632)
Flämischer ◇Marinemaler, übersiedelte 1605 nach Holland. In seinen ◇Seestücken verlagerte sich die Betonung in zunehmendem Maße von genauen Schiffsbeschreibungen zu einer atmosphärischen Darstellung von See und Himmel (*Stürmische See,* 1629, AP). → Rembrandt war ein Sammler seiner Werke.

Pordenone, il (Giovanni Antonio de'Sacchi) (1483/84–1539)
Italienischer Maler religiöser Sujets, wirkte in Venedig, der Lombardei und der Emilia-Romagna. Seine frühen Werke zeigen v. a. den Einfluß → Giorgiones (*Maria mit Kind und vier Heilige,* 1511, Accademia, Venedig) und der venezianischen Malerei, zahlreiche seiner Arbeiten zeugen jedoch von der Kenntnis → Michelangelos und → Raffaels, deren Stil P. in seinen bewegten ◇illusionistischen Kompositionen (*Passion Christi,* 1520–22, Dom zu Cremona) weiterentwickelte. Hauptwerke P.s sind u. a. die ◇Freskenzyklen im Dom zu Treviso (1517–20), in S. Maria di Campagna in Piacenza (1529ff.) sowie die religiöse Gemäldefolge für das Orgelgehäuse im Dom von Spilimbergo (1524). Als Günstling Kaiser Karls V. war er, wenn auch nur zeitweilig, ein großer Konkurrent → Tizians.

Porta, Giuseppe (1520–1573)
Venezianischer Maler, der seinem Lehrer Francesco → Salviati von Rom nach Venedig folgte. Er gestaltete die Fassade des Palazzo Loredan in Venedig und schuf mehrere religiöse Werke in venezianischen Kirchen. Von Papst Pius IV. nach Rom berufen, konkurrierte er – allerdings ohne Erfolg – mit Taddeo → Zuccaro um den Auftrag zur Ausführung von Deckenfresken in den päpstlichen Gemächern.

Portinari, Cândido (1903–1962)
Brasilianischer Maler, studierte an der Escola Nacional de Belas Artes in Rio de Janeiro, 1928 besuchte er Paris. Unter dem Einfluß der revolutionären mexikanischen ◇Wandmalerei begann er sich gegen Mitte der 1930er Jahre mit dem Leben und Leiden des brasilianischen Volkes zu beschäftigen und malte ab 1936 ausdrucksvolle, dekorativ gegliederte Wandbilder mit kräftigen, skulpturhaften Figurendarstellungen von sanfter Farbigkeit, die später den Einfluß → Picassos spiegeln (*Krieg und Frieden,* Wandgemälde für das Gebäude der Vereinten Nationen in New York, 1953–56).

Post, Frans (um 1612–1680)
Holländischer ◇Landschaftsmaler, der 1637–44 in Brasilien lebte, wo er brasilianische Ansichten malte. 1644 kehrte er nach Holland zurück, ließ sich in Haarlem nieder, 1646 Mitglied der Haarlemer Malergilde. Er widmete sich weiterhin brasilianischen Szenen in einem stark naturali-

stischen Stil; P.s Arbeiten stellen seltene Dokumente des zeitgenössischen Lebens in Südamerika dar.

Pot, Hendrick Gerritsz. (um 1585–1657)
Holländischer ◇Porträt-, ◇Genre- und ◇Historienmaler, möglicherweise Schüler des Karel van → Mander. Sein Werk war stark von Frans → Hals beeinflußt. Während eines Londonaufenthaltes (1631–33) porträtierte er Mitglieder der englischen Königsfamilie, darunter auch Karl I. (1631, Fassungen im Louvre und Buckingham Palace). 1626–35 war P. Dekan der Haarlemer Malergilde.

Potter, Paulus (1625–1654)
Holländischer Maler, ◇Radierer und ◇Zeichner, bedeutendster holländischer Tiermaler des 17. Jh.s, der berühmt ist für den Realismus seiner Tierdarstellungen. P. lernte bei seinem Vater Pieter Simonsz. P. (um 1597–1652), vermutlich auch bei Jacob de Wet in Haarlem, und war in Delft, Den Haag (ab 1649) und Amsterdam (ab 1652) tätig. Als erster Maler hat P. das Tier nicht nur als ◇Staffagefigur der ◇Landschaftsmalerei begriffen, sondern zum eigentlichen Bildthema erhoben. Sein bekanntestes Werk ist das lebensgroße, die Tiergestalt in höchster Genauigkeit erfassende Gemälde *Der junge Stier* (1647, Mauritshuis, Den Haag). In der Regel malte P. jedoch kleinformatige Bilder.

Pougny, Jean (Iwan Puni) (1894–1965)
Französischer Maler russischer Herkunft, gehörte bis zu seiner Emigration 1919 zur russischen Avantgarde um → Malewitsch und → Tatlin und hatte eine stilistische Entwicklung vom ◇Kubismus über den ◇Suprematismus bis zum ◇Konstruktivismus durchlaufen. Ab 1923 lebte er in Paris, wo er sich nach 1925 wieder der Gegenständlichkeit zuwandte und in einer lichten, fast ◇impressionistischen Malweise kleine ◇Interieurs, Strandbilder, Pariser Straßenszenen, ◇Stilleben oder ◇Porträts malte.

Pourbus, Familie
Flämische Malerfamilie. Pieter P. (um 1510–1584), der in Brügge wirkte, schuf v. a. ◇Porträts in einem strengen naturalistischen Stil und religiöse Sujets. Sein Sohn, Frans P. d. Ä. (1545–1581) malte zahlreiche Bildnisse und religiöse Motive, sein Stil stand unter italienischem Einfluß, Schüler seines Vaters und von Frans → Floris. Frans P.' Sohn, Frans P. d. J. (1569–1622) war in seiner Zeit einer der bekanntesten Porträtisten an den europäischen Höfen: u. a. Hofmaler des Herzogs Vincenzo Gonzaga in Mantua (1600–09) und der Königin Maria de' Medici in Paris (seit 1609), wo er 1611 zum ›Peintre de la Reine‹ ernannt wurde.

Poussin, Gaspard siehe → **Dughet,** Gaspard

Poussin, Nicolas (1594–1665)
Französischer Maler, hauptsächlich in Rom tätig, wo er eine am italienischen ◇Klassizismus orientierte Malweise entwickelte und schöpferischer Anreger der idealisierenden heroischen ◇Landschaftsmalerei wurde. Seine Lehrer waren möglicherweise Lallemand und Elle. 1621–24 stand er in Paris mit → Champaigne in Verbindung, aber er studierte auch nach Stichen der italienischen Hochrenaissance. P.s Vorbilder waren v. a. → Raffael, → Tizian, → Carracci und → Domenichino; besonders beschäftigte er sich mit der klassischen Antike, die ihm auch zahlreiche Themen lieferte. 1624 nach Rom übergesiedelt, erhielt er dort 1628 den Auftrag, für den Petersdom das *Martyrium des hl. Erasmus* zu malen. Die frühen 1630er Jahre waren eine Zeit des Experimentierens und kunsttheoretischer Studien, in denen sich P.s Stil mit seiner Kombination aus klassischen Formen und venezianischem Kolorit festigte (siehe Ft. 17). Nach 1634 konzentrierte sich P. auf große biblische und mythologische Kompositionen (unter Verwendung einer Miniaturbühne mit Wachsmodellen) und auf die Wiedergabe individuellen Ausdrucks. 1640–42 war er für Ludwig XIII. in Paris tätig, ohne dabei Befriedigung zu finden, so daß er sich 1642 endgültig in Rom niederließ. Mit einer Gruppe bürgerlicher französischer Mäzene, die einer neustoischen Denkweise anhingen, besonders mit Paul Fréart de Chantelou, blieb er jedoch weiterhin in Verbindung, und für sie malte er zahlreiche ›stoische‹ Sujets aus der römischen Geschichte. Im Auftrag von Chantelou entstand auch die zweite Serie der *Sieben Sakramente* (1644–48, Slg. Earl of Ellesmere, Mertoun House [Schottland]). P.s Kompositionen wurden immer ›geometrischer‹ mit ihren wohldurchdachten und übersichtlichen Architektur- und Naturformen; die Figuren mit ihren starken Antike-Anklängen zeichneten sich durch edle (auch leicht theatralische) Haltung aus, das Kolorit wurde immer kühler und ordnete sich zu-

Nicolas Poussin, *Et in Arcadia ego* (1. Fassung), um 1630

nehmend der Zeichnung unter. P.s landschaftlich gefaßte Szenen sind ›philosophische‹ Aussagen, und seine ganz auf Einheitlichkeit bedachte Kunst wurde immer vergeistigter. Zu den Hauptwerken P.s gehören *Der Parnaß* (1626–27, Prado), *Das Reich der Flora* (1631, Dresden), *Rebekka am Brunnen* (1648, Louvre), *Landschaft mit Matthäus und dem Engel* (1642/44, Berlin), *Landschaft mit Diogenes* (1648, Louvre) sowie die Serie der *Vier Jahreszeiten* (1660–64, Louvre) und sein *Selbstbildnis* (1650, ebda.).

Powers, Hiram (1805–1873)
Amerikanischer ◇klassizistischer ◇Bildhauer, den → Thorvaldsen bewunderte. Von P.' berühmtem *Griechischen Sklaven* (1843) wurden zahlreiche ◇Kopien gegossen. Großen Erfolg hatte er mit seinen Porträtbüsten (u. a. von seinem Freund H. → Greenough).

Poynter, Sir Edward (1836–1919)
Englischer Maler von ◇Historien- und ◇Genrebildern, studierte in Paris bei → Gleyre. Ab 1859 stellte er in der Royal Academy aus, deren Mitglied er 1876 wurde. 1896 folgte er → Millais als deren Präsident.

Pozzo, Fra Andrea (1642–1709)
Italienischer Maler, Baumeister und Kunstschriftsteller, Laienbruder des Jesuitenordens. P. war ein Hauptmeister der ◇perspektivisch-◇illusionistischen ◇Wand- und ◇Deckenmalerei des Spätbarock. Zu seinen wichtigsten Arbeiten zählen die Deckenfresken in S. Ignazio (1691–94) in Rom und die ◇Fresken in der Jesuitenkirche in Wien (Universitätskirche, 1703–05). Weitere Werke P.s befinden sich in Kirchen in Genua, Turin, Arezzo und Modena. Als Architekt entwarf er den Bauplan des Doms von Ljubljana (1700). Seine 1693 erstmals in Rom veröffentlichte Abhandlung ›Prospettiva per i Pittori e Architetti‹ (später auch in Latein, Deutsch und Englisch erschienen) war im 18. Jh. in ganz Europa eine der einflußreichsten kunsttheoretischen Schriften.

Prager, Heinz-Günther (* 1944)
Deutscher Plastiker, studierte 1964–68 an der Werkkunstschule in Münster. Ab 1971 entwickelte P. aus rechteckigen und runden Eisenplatten ein plastisches Konzept, das jenes zwischen den Eisenkörpern liegende räumliche Volumen zu wahrnehmbaren Formen organisiert.

Prampolini, Enrico (1894–1956)
Italienischer Maler, Architekt und Kunsttheoretiker, studierte in Rom (1911) und schloß sich 1912 dem ◇Futurismus an. Später gelangte er zu einer dynamisch-◇abstrakten, an → Kandinsky erinnernden Malerei. 1925–37 lebte er überwiegend in Paris, wo er 1931 Mitglied der Gruppe → Abstraction-Création wurde.

Präraffaeliten
(engl. ›Pre-Raphaelite Brotherhood‹)
Die ›präraffaelitische Bruderschaft‹ war eine Vereinigung englischer Künstler, 1848 von → Hunt, → Millais, Dante Gabriel → Rossetti, → Woolner, → Collinson, → Stephens und William Michael Rossetti mit dem Ziel gegründet, die in der damaligen englischen Kunst herrschende Nachlässigkeit in der Technik und Seichtheit in der Thematik zu reformieren. Die P. forderten eine seelische Vertiefung der Kunst, eine »kindliche Rückbesinnung des Künstlers auf die Natur« und eine klare, dekorative Vereinfachung der ◇Komposition, wobei sie ihre Vorbilder in den Malern des ◇Quattrocento, den Vorläufern → Raffaels, sahen. Der durch das Vorbild der → Nazarener angeregte Bund fiel bereits ab 1852 aufgrund der verschiedenen, oft gegensätzlichen künstlerischen Anschauungen

und mangels einer einheitlichen, verbindlichen Zielsetzung auseinander. Trotz der Kurzlebigkeit der Bewegung hatte sie weitreichende Wirkung auf die englische Kunstentwicklung; sie schuf v. a. durch William → Morris und → Burne-Jones, die den P. nahestanden, die Voraussetzung für eine Erneuerung des modernen Kunsthandwerks und für die Entwicklung des englischen ◇Jugendstils.

Praxiteles (tätig Mitte 4. Jh. v. Chr.)
Athenischer ◇Bildhauer der jüngeren attischen Schule, berühmt für seine ◇Statuen, in denen er die Schönheit der menschlichen Gestalt verherrlichte. Die Anmut und Beseeltheit der Figuren des P. rühren von einer meisterlichen Oberflächenbehandlung und von ausgewogener Körperrhythmik her, und die Götter treten in sehr vermenschlichter Erscheinung auf. Zu den Hauptwerken des P. zählen der *Einschenkende Satyr* (um 370), die → *Aphrodite von Knidos* (um 350), der *Apollon Sauroktonos* (Eidechsentöter; um 350) und – zumindest im Entwurf – der *Hermes mit dem Dionysosknaben* (um 340) aus dem Heratempel von Olympia.

Praxiteles, *Hermes mit dem Dionysosknaben,* um 340 v. Chr.

Predis, Ambrogio da (um 1455–um 1508)
Mailänder Maler, ◇Miniaturist, Entwerfer von Münzen und Wandteppichen. Sein frühes Werk zeigt Einflüsse von → Foppa und → Butinone. Er war für Ludovico Sforza, den Herzog von Mailand, tätig und gehörte zur Werkstattgemeinschaft von → Leonardo da Vinci, der seinen Stil entscheidend bestimmt hat. Das einzig sicher belegte Werk von P. ist das Bildnis von Kaiser Maximilian I. (1502, KhW).

Preetorius, Emil (1883–1973)
Deutscher ◇Grafiker und Bühnenbildner, studierte Naturwissenschaften, Kunstgeschichte und Jura (1901–06), ging 1907 nach München, wo er sich – als Zeichner Autodidakt – grafischen Arbeiten zuwandte. 1926–50 war er Dozent an der Münchner Hochschule für angewandte Kunst. P. schuf ein umfangreiches grafisches Werk: ◇Karikaturen und ◇Buchillustrationen (oft in Form von Schattenrissen; Chamisso, ›Peter Schlemihl‹, 1907; Daudet, ›Tartarin von Tarascon‹, 1913), Einbände, Umschläge, ◇Plakate und ◇Signets. Ab 1923 entstanden in steigendem Maße auch Bühnenbilder (wichtig v. a. die Zusammenarbeit mit Wilhelm Furtwängler und Heinz Tietjen ab 1932 in Bayreuth). Bekannt wurde er auch durch seine qualitätvolle Sammlung ostasiatischer Kunst (1960 Übergabe an den Bayerischen Staat).

Preller, Friedrich d. Ä. (1804–1878)
Deutscher Maler, schloß sich 1828 in Rom dem Malerkreis um J. A. → Koch an. P. malte spätklassizistische ◇heroische Landschaften. Die bedeutendsten sind die *Odyssee-Landschaften,* von denen er zwei Fassungen schuf: der erste Zyklus entstand 1833–36 im ›Römischen Haus‹ in Leipzig (seit 1904 in der Universitätsbibliothek, ebda., im Krieg zerstört), den zweiten führte er 1865–69 für das Weimarer Museum aus.

Prendergast, Maurice Brazil (1859–1924)
Amerikanischer Maler, studierte an der Académie Julian in Paris, wo er v. a. von den → Nabis und vom ◇Impressionismus beeinflußt wurde. P. war Mitglied der Gruppe The → Eight und beteiligte sich 1913 an der ◇Armory Show. Seine dicht bevölkerten Szenen im Freien zeichnen sich durch eine flächig-dekorative, ◇mosaikhafte Anordnung heiterer Farben aus (*Die Promenade,* 1913).

Preti, Mattia (genannt il Cavaliere Calabrese) (1613–1699)
Italienischer Maler, Malteserritter, ab 1630 in Rom tätig, wo er ◇Fresken in S. Andrea della

Valle schuf (1651), dann in Modena (1653–56 Fresken in S. Biagio), Neapel (1656–60, zahlreiche ◇Votivtafeln) und ab 1660/61 dauerhaft in Malta ansässig, wo er für den Malteserorden arbeitete (Ausmalung der Kathedrale S. Giovanni in La Valletta). P. knüpfte beim römischen Hochbarock an und nahm v. a. Anregungen → Guercinos auf, ebenso von L. → Carracci, → Lanfranco, → Correggio und der venezianischen Malerei.

Previati, Gaetano (1852–1920)
Italienischer Maler, studierte in Ferrara und Florenz und ließ sich in Mailand nieder. Er war der Führer und Theoretiker des italienischen ◇Pointillismus (des sog. Divisionismo).

Previtali, Andrea (1480–1528)
Italienischer Maler, Schüler des Giovanni → Bellini, an dessen Stil er eng anknüpfte. P.s feinfühlige Farbgebung und seine ausgewogenen Landschaftskompositionen führten dazu, daß man seine Arbeiten → Giorgione zuschrieb. Neben Bellini beeinflußten ihn auch die lombardische Malerei und L. → Lotto. Seine Hauptwerke sind zwei Madonnenbildnisse (beide Accademia Carrara, Bergamo) sowie das Gemälde des *Auferstandenen Christus* (1513, Pinacoteca di Brera, Mailand).

Primaticcio, Francesco (1504–1570)
Italienischer Maler, nach seinem Geburtsort auch ›il Bologna‹ genannt, in Frankreich ›Le Primatice‹, bedeutender Vertreter des ◇Manierismus. P. war die führende Künstlerpersönlichkeit der ersten Schule von → Fontainebleau nach dem Tode des → Rosso Fiorentino. – Als Gehilfe → Giulio Romanos war er an der Ausmalung des Palazzo del Tè in Mantua beteiligt, bevor er 1532 von Franz I. als Hofmaler nach Frankreich berufen wurde, wo er Rosso bei der Dekoration der Galerie Franz' I. assistierte. Nach Rossos Tod malte er gemeinsam mit Niccolò dell' → Abbate die ›Galerie d'Ulysse‹ aus; diese Arbeit ist – wie die meisten der großen dekorativen Projekte P.s in Fontainebleau – zerstört. Eine Ausnahme bilden die Dekorationen in der ›Chambre de la Duchesse d'Etampes‹ (1541–44), die den von → Parmigianino beeinflußten manieristischen Stil P.s belegen. Hier zeigt sich der prunkvolle dekorative Stil der ersten Schule von Fontainebleau in seiner vollkommensten Ausprägung. P.s außergewöhnliches Zeichentalent wird an den Ori-

Francesco Primaticcio, Detail einer Wanddekoration aus der ›Chambre de la Duchesse d'Etampes‹ (Fontainebleau) 1541–44

ginalentwürfen sichtbar (heute Louvre), die er für die Dekorationen in Fontainebleau schuf. P. wirkte auch als ◇Bildhauer und Baumeister, von diesen Arbeiten ist jedoch nur wenig erhalten.

Prinz, Bernhard (* 1953)
Deutscher ◇Installationskünstler, der 1975 Kunstgeschichte an der Universität Erlangen und 1976–81 Kunst an der Nürnberger Kunstakademie studierte. Seit 1982 inszeniert P. architektonisch anmutende ◇Skulpturen, die zumeist lapidare Gegenstände wie Vasen auf sokkelartigen Aufbauten präsentieren. Dabei beabsichtigt P. die Setzung einer pathetisch-ritualen Bedeutungsgeste, die allein aus der Art der verführerischen Präsentation des banalen Gegenstandes resultiert.

Procaccini, Ercole (d. Ä.) (1515–1595)
Italienischer Maler, der in großem Umfang in Bologneser Kirchen wirkte. Ab 1585/86 war er v. a. in Mailand tätig, wo er eine Schule für Malerei gründete, die hohes Ansehen genoß. Sein Stil ist eine etwas zähe Interpretation des Bologneser ◇Manierismus (*Die Bekehrung des hl. Paulus,* 1573, S. Giacomo Maggiore, Bologna). Sein

Sohn Giulio Cesare (1574–1625) war ein bedeutender ◇Bildhauer und Dekorationsmaler, der (seit etwa 1590) zu den wichtigsten Vertretern des Frühbarock in Mailand zählte. Camillo (um 1551–1629), der Bruder Giulios, gehörte zu den führenden Malern des lombardischen Manierismus und arbeitete v. a. in Bologna und Mailand.

Provost (Prevost), Jan (um 1465–1529)
Flämischer Maler religiöser Sujets, Schüler von S. → Marmion. P. wirkte in Antwerpen (dort seit 1493 als Meister bezeugt) und Brügge, wo er sich 1494 niederließ. Haupteinflüsse auf seinen Stil übten G. → David und Q. → Massys aus, bis er 1520/21 → Dürer kennenlernte, den P. auf dessen Reise in die Niederlande beherbergte. Zu seinen wichtigsten Arbeiten zählt *Das Jüngste Gericht* (1524–26, Groeninge-Museum, Brügge), mit der für P. charakteristischen hellen Farbgebung (vgl. → Meister von Moulins).

Prud'hon, Pierre-Paul (1758–1823)
Französischer Maler und Zeichner, studierte in Dijon und hielt sich ab 1780 in Paris auf, bevor er 1784 als Stipendiat nach Rom ging, wo er sich an den Werken → Raffaels, → Leonardos und v. a. → Correggios schulte. Unter deren Einfluß löste er sich vom strengen ◇Klassizismus J.-L. → Davids und entwickelte einen weicher modellierenden, gefühlsbetonten Stil, der bereits die ◇Romantik ankündigte. Ab 1789 lebte er wieder in Paris, wo er die Gunst der kaiserlichen Familie genoß. P. malte zahlreiche ◇Porträts, u. a. von Kaiserin Joséphine (1805, Louvre) und von seiner Schülerin Constance Mayer, mit der ihn eine tiefe Zuneigung verband, daneben auch großformatige ◇allegorische Kompositionen (*Gerechtigkeit und Rache verfolgen das Verbrechen,* 1808, Louvre). Außerdem schuf er kunsthandwerkliche Entwürfe (Mobiliar und Dekorationen im Brautgemach der Kaiserin Marie Louise, 1810). Von meisterhaftem Rang sind seine (meist in Kreide ausgeführten) ◇Zeichnungen.

Pierre-Paul Prud'hon, *Kaiserin Joséphine* (Ausschnitt), 1805

Pryde, James Ferrier (1866–1941)
Schottischer Maler, entwarf gemeinsam mit seinem Schwager W. → Nicholson unter dem Pseudonym → Beggarstaff Brothers bedeutende moderne ◇Plakate (etwa 1893–99). P., der u. a. in Paris studierte, wurde von → Daumier und → Beardsley beeinflußt.

Pucelle, Jean (Jehan) (tätig 2. Viertel 14. Jh.)
Französischer ◇Illuminator, der an die Tradition der Pariser ◇Buchmalerei des 13. Jh.s in der Nachfolge von Maître → Honoré anknüpfte. P. ist zwischen 1325 und 1334 nachweisbar als Leiter einer bedeutenden Werkstatt, in der das ›Bréviaire de Belleville‹ (Bibl. Nat.) und das ›Stundenbuch der Jeanne d'Evreux‹ (1325–28, MM, The Cloisters), P.s Hauptwerke, entstanden sind. Zu den Neuerungen P.s gehören die von der italienischen Malerei des ◇Trecento (→ Duccio) abgeleiteten Architekturdarstellungen und ◇Grisaille-Figuren, die Körperlichkeit der Gestaltung und – für die Pariser Kunst – die Übernahme der in Nordfrankreich und England bereits sehr beliebten sog. ◇Drolerien, phantasievolle Miniaturen im Rankenwerk der illuminierten Buchseite.

Puget, Pierre (1622–1694)
Französischer ◇Bildhauer, Maler und Baumeister, in Rom Schüler von da → Cortona (um 1641), mit dem er zusammen an der Ausschmückung des Palazzo Pitti in Florenz arbeitete. In Frankreich fand er nach seiner Rückkehr wenig Resonanz, da sein von Cortona und → Bernini geprägter kraftvoller, naturalistischer ◇Barockstil im Gegensatz zum herrschenden ◇klassizistischen Geschmack des Versailler Ho-

fes stand. Seine beiden berühmtesten Werke, der *Milon von Kroton* (1682, Louvre) und das ◇Relief *Alexander vor Diogenes* (1687–92, ebda.) kennzeichnen ihn jedoch als den bedeutendsten Bildhauer des französischen Barock.

Pugin, Augustus Welby Northmore (1812–1852)
Englischer Architekt, Möbelentwerfer, ◇Zeichner und Architekturschriftsteller, war Mitarbeiter seines Vaters Augustus Charles (1769?–1832) an Sammelwerken über ◇gotische Baukunst, trat selbst in Schriften für die Gotik ein und wurde mit zahlreichen Bauten (v. a. Kirchen) und Innenausstattungen (Möbelentwürfe für Windsor Castle, 1827; Mitarbeit an Charles Barrys Neubau der Houses of Parliament, 1837–43; Organisation der mittelalterlichen Abteilung der Weltausstellung 1851) zu einem der wichtigsten Vertreter der englischen ◇Neogotik.

Purkyně, Karel (1834–1886)
Tschechischer Maler, studierte in München und widmete sich im Pariser Louvre ausgiebig dem Studium der Alten Meister, nahm aber zugleich auch ◇realistische Anregungen von → Courbet auf. Seine ◇Historienbilder und religiös-mythologischen Themen sind im Stil der Spätromantik gemalt und gehören dem sog. Salonakademismus (◇Salonmalerei) an.

Purrmann, Hans (1880–1966)
Deutscher Maler, ging nach dem Studium in Karlsruhe und München (1900–05, u. a. bei → Stuck) 1906 nach Paris, wo er sich mit → Matisse anfreundete und 1907/08 mit Rudolf → Levy Initiator der ›Académie Matisse‹ wurde, die erheblichen Anteil an der Ausbildung einer deutschen Matisse-Schule hatte. 1914 kehrte er nach Deutschland zurück, ließ sich 1916 in Berlin nieder und übernahm 1935 die Leitung der Villa Romana in Florenz. Ab 1943 lebte er in der Schweiz. P.s Malerei war zunächst vom ◇Impressionismus, dann von → Cézanne und ab 1906 vom ◇fauvistischen Matisse geprägt, der seine farbig klangvollen, lyrischen ◇Landschaften, ◇Interieurs, ◇Stilleben und Figurenbilder nachhaltig beeinflußte.

Puvis de Chavannes, Pierre-Cécile (1824–1898)
Französischer Maler des ◇Symbolismus, ein Hauptmeister der französischen Monumentalmalerei. P. lernte unter den ◇Historienmalern Henri Scheffer und → Couture und schulte sich an den ◇Wandmalereien von → Delacroix und → Chassériau. Sein sehr eigenwilliger Stil mit Darstellungen klassisch-idealistischer Figuren in stimmungsvollen weiten Landschaften trat erstmals 1861 mit dem Bild *Concordia* in Erscheinung. P.' Werk blieb bis zum Aufkommen der symbolistischen Bewegung in den 1880er Jahren weitgehend unbeachtet. Die Grunderkenntnis der Wandmalerei, daß die Fläche nicht durch ◇illusionistische Bildelemente entwertet werden darf, beherrschte auch seine flächigen, in blassen, silbrigen Farben gehaltenen, oft friesartigen Kompositionen mit den in träumerischer, feierlicher Stille versunkenen Figuren, die eine starke poetische Ausstrahlung haben (*Der arme Fischer,* 1881). P. war neben → Moreau und → Redon der bedeutendste Vertreter des Symbolismus in der Malerei und hatte seinerzeit großen Einfluß, so auf den frühen → Picasso, → Gauguin und die → Nabis. Große Wandbildzyklen P.' befinden sich in der Sorbonne (1887–89), im Hôtel de Ville (1891–93) und im Panthéon (zwei Zyklen: 1876–77 und 1897–98) in Paris.

Pierre-Cécile Puvis de Chavannes, *Die hl. Genoveva wacht über dem schlafenden Paris* (aus dem zweiten Wandbildzyklus im Panthéon, Paris), 1897–98

Pynacker (Pijnacker), Adam (1622–1673)
Holländischer ◇Landschaftsmaler, einer der bedeutendsten Vertreter der italianisierenden Landschaftsmalerei im 17. Jh. in Holland, beeinflußt von J. → Both und J. → Asselyn (*Landschaft mit Wasserfall,* 1654, Berlin; *Boot auf einem Fluß,* Eremitage). P. hielt sich mehrere Jahre in Italien auf und war später in Delft, Schiedam und Amsterdam tätig.

Pythagoras von Rhegion
(tätig 480–440 v. Chr.)
Griechischer ◇Bildhauer, von dem man annimmt, daß er von Samos nach Rhegion (heute Reggio di Calabria) auswanderte und als Verfertiger von Athletenstatuen ein Konkurrent → Myrons und → Polyklets war. Dank der von ihm entwickelten technischen Fortschritte verlor die ◇Skulptur viel von ihrer archaischen Steifheit. P. ist berühmt für »Rhythmus und Symmetrie« und den lebendigen Ausdruck seiner Bildwerke (Statue eines Hinkenden [Philoktet?]).

Q

Qian Du (1763–1844)
Chinesischer Maler aus Qiantang (heute Hangzhou, Prov. Zhejiang), bewies bedeutendes Talent bei der Darstellung von Landschaften, vornehmlich im Blau-Grün-Stil, Blumen und anderen Motiven in überlieferten Stilarten.

Qian Xuan (1235/39 – nach 1299?)
Chinesischer Maler am Ende der Song- (960–1279) und zu Beginn der Yuan-Dynastie (1279–1368) aus Wuxing (Prov. Zhejiang). Als traditionsbewußter Literat und Maler weigerte er sich, in den Dienst der neuen mongolischen Yuan-Herrscher zu treten. So zog er sich ganz aus seiner künstlerischen Tätigkeit zurück und ergab sich dem Trunk. Seine Figuren-, Vogel-, Blumen- und Landschaftsdarstellungen suchen die akademischen Traditionen der Song-Dynastie fortzusetzen und greifen bis auf die Meister der Tang-Dynastie (618–907) zurück. Allerdings hat man ihm nicht selten Verflachung seiner Vorbilder und Effekthascherei vorgeworfen. Sein Schüler war → Zhao Mengfu (der sich im Gegensatz zu Q. X. mit den neuen mongolischen Herren zu arrangieren verstand).

Qiu Ying (um 1490 – um 1552)
Chinesischer Maler aus Taicang (Prov. Jiangsu), bedeutender Berufsmaler, der sowohl im Bereich der Personen- als auch der ◇Landschaftsmalerei Themen und Anregungen der Akademie aus der Zeit der Song-Dynastie (960–1279) aufgriff. Seine Malereien wurden häufiger nachgeahmt als die Werke irgendeines anderen Künstlers. Hunderte von Landschaftsbildern im Blau-Grün-Stil, die oft zugleich Szenen aus dem Leben von Hofdamen zeigen, tragen seine Signatur und sein Siegel. In Wahrheit aber handelt es sich häufig um Imitationen aus der Qing-Zeit (1644–1911/12).

Quadriga
1952 in Frankfurt a. M. gegründete Gruppe, die der → Nouvelle Tendance nahestand. Mitglie-

der waren → Götz, Otto Greis, Heinz Kreutz und → Schultze.

Quarton, Enguerrand siehe → **Charonton,** Enguerrand

Queen Mary's Psalter
(Psalter der Königin Mary) (frühes 14. Jh.)
Meisterwerk der ostenglischen ◇Miniaturmalerei am Beginn des 14. Jh.s. 1553 der Königin Mary als Geschenk überreicht, enthält es 200 außergewöhnlich schöne Miniaturen mit Szenen aus dem Alten und Neuen Testament und den Viten der Heiligen, ein Kalendarium mit Darstellungen der Tierkreiszeichen sowie der den einzelnen Kalendermonaten entsprechenden Tätigkeiten. Hervorzuheben sind besonders die in den unteren Randzonen der Seiten befindlichen äußerst lebendig geschilderten Szenen, die – ohne Bezug zur Hauptdarstellung – zeitgenössische Vergnügungen wie die Falkenjagd, Ausritte zur Jagd u. ä. zeigen.

Queen Mary's Psalter, *Der hl. Edmund* (Ausschnitt), frühes 14. Jh.

Quellinus (Quellien), Familie
Artus I. (1609–1668)
Artus II. (1625–1700)
Artus III. (1653–1686)
Flämische ◇Bildhauerfamilie. Artus I., Sohn des Bildhauers Erasmus Q. d. Ä. (1584–1639), studierte in Rom bei F. → Duquesnoy und war ab 1639 in Antwerpen tätig. Ein Hauptmeister der flämischen ◇Barockskulptur, wurde er später in der ◇Aktdarstellung von P. P. → Rubens beeinflußt, mit dem er auch zusammenarbeitete. Artus I. schuf ◇Skulpturen in flämischen Kirchen, darunter die Marmorfigur des *Segnenden Gottvaters* in der Kathedale St. Salvator in Brügge (1682); er stattete außerdem das von dem Haarlemer Baumeister Jacob van Campen erbaute Amsterdamer Rathaus mit plastischen Dekorationen aus (1650–64). Zu seinen Schülern gehörte sein Neffe Artus II., der sich ebenfalls in Italien aufhielt (1654) und noch stärker vom Werk Duquesnoys beeinflußt war. Gemeinsam mit seinem Onkel arbeitete er an der Ausstattung des Amsterdamer Rathauses und schuf v. a. monumentale Plastiken, die ganz dem flämischen Barock verpflichtet sind. Zu seinen Hauptwerken gehört das *Grabmal des Bischofs Marius Ambrosius Capello* (1676) in der Kathedrale von Antwerpen sowie die Marmorstatue *Verklärung des hl. Jakob* (1685) in der Antwerpener Kirche St. Jakob. Artus III., Sohn von Artus II., war ebenfalls Bildhauer. Er kam um 1682 nach England, wo er als Gehilfe von Grinling → Gibbons arbeitete.

Quercia, Jacopo della siehe → **Jacopo della Quercia**

Quesnel, Familie
Französische Künstlerfamilie von Malern und Zeichnern. Pierre Q. († 1574) war schottischer Abstammung und stand in Holyrood House (Edinburgh) im Dienste der königlichen Familie. Der bedeutendste seiner drei künstlerisch tätigen Söhne war François Q. d. Ä. (1543–1619), Hofmaler Heinrichs III., der ◇manieristische ◇Porträts in der Art F. → Clouets malte.

Quidor, John (1801–1881)
Amerikanischer ◇Porträtmaler, der auch Bücher mit humoristischen Szenen illustrierte, darunter Washington Irvings ›A History of New York‹ (deutsch ›Humoristische Geschichte von New York‹) und ›The Sketch-book of Geoffrey Crayon‹ (deutsch ›Gottfried Crayons Skizzenbuch‹).

Quintanilla, Isabel (* 1938)
Spanische Künstlerin, studierte 1954–59 an der Escuela de Bellas Artes de San Fernando in Madrid. Ihr ◇magischer Realismus ist von einer effektvollen Beleuchtungstechnik geprägt, die das gemalte Sujet – zumeist ◇stillebenhafte ◇Interieurs, Blumen, Wassergläser – in eine seltsame Mischatmosphäre aus Idylle und kalter Leere taucht. Wie alle spanischen Realisten bevorzugt sie Bleistiftzeichnungen (*Glas II,* 1970).

R

Rabinowitsch, David (* 1943)
Kanadischer Künstler, der 1963–68 Physik und englische Literatur an der University of Western Ontario studierte. Als ◇Bildhauer Autodidakt, schuf R. seit 1963 zunächst flache Bodenskulpturen aus variablen Stahlelementen. 1971 Übersiedlung nach New York und erste Architekturstudien in den ◇romanischen Kirchen des Rheinlandes. Als kontinuierliches Thema zieht sich die offengehaltene Ordnung von Schnitten (Hyperbel, Parabel, Ellipse und Kreis) durch das Werk von R., die zur Schaffung verschiedener Blickperspektiven auf einer Materialebene benutzt werden *(Kegelschnitt-Konstruktionen in vier Anordnungen, Kreis aus zehn Teilen,* 1984–87).

Räderscheidt, Anton (1892–1973)
Deutscher Maler, studierte 1910–14 an der Düsseldorfer Kunstakademie; 1919–21 als Zeichenlehrer, danach freiberuflich tätig. Zusammen mit → Hoerle und → Seiwert gehörte er zur ›Gruppe progressiver Künstler‹ und zur Künstlervereinigung ›Stupid‹. In den 1920er Jahren zählte R. zu den wichtigsten Vertretern der ◇Neuen Sachlichkeit. Seine ◇Porträts und Gruppenbildnisse stehen nahezu isoliert in einer konstruiert anmutenden, menschenleeren Großstadtumwelt. 1935 Emigration nach Frankreich, wo er unter dem Einfluß der französischen Malerei eine abstrahierende Ausdrucksweise ausbildete. Während des Nationalsozialismus weitgehende Vernichtung des Frühwerks. In den 1950er und 1960er Jahren Ausbildung einer psychogrammhaften Malweise mit spontanen, großzügigen Pinselstrichen.

Radziwill, Franz (1895–1983)
Deutscher Maler, studierte 1913–15 in Bremen Architektur und wandte sich ab 1914 der Malerei zu. Zunächst stand seine Malerei unter dem Einfluß des ◇Expressionismus, bis er in den 1920er Jahren eine magisch-surreale Variante der ◇Neuen Sachlichkeit entwickelte, in der die gemalten Dinge hintergründige Zeichenfunktion erhalten und ähnlich wie die ◇Pittura metafisica den Identitätsverlust des Menschen in einer entfremdeten Welt symbolisieren.

Raeburn, Sir Henry (1756–1823)
Schottischer ◇Porträtmaler. Anfänglich als ◇Miniaturist tätig, wandte er sich um 1776 der ◇Ölmalerei zu. 1785 besuchte er in London Sir Joshua → Reynolds und ging im selben Jahr nach Italien, bevor er 1787 nach Edinburgh zurückkehrte. Ab 1792 stellte er in der Royal Academy in London aus, deren ordentliches Mitglied er 1815 wurde. R. hatte zahlreiche Gönner, u. a. Reynolds, und war sehr produktiv: sein Œuvre umfaßt nahezu 1000 Porträts, darunter von zahlreichen bedeutenden Persönlichkeiten der Gesellschaft in Edinburgh *(Reverend Robert Walker als Schlittschuhläufer; Sir John and Lady Clerk)*.

Raetz, Markus (* 1941)
Schweizer Zeichner, Maler und ◇Objektkünstler, als solcher Autodidakt. Seine Bilder und Objekte sind Reflexionsprodukte eines ständigen relativierenden Konfrontationsprozesses mit der Wirklichkeit und ihren Erscheinungen. Ein häufig benutztes Sujet von R. ist die menschliche Kopfform als Silhouette, die er ebenso in ornamentalen Reihungen wie in ausgeklügelten ◇Anamorphosen und Suchbildern verrätselt, um zur Selbsterfahrung der Sinne anzuregen. So schuf er 1984 für eine Hangwiese des Basler Merian-Parks eine ◇Skulptur aus Holzstäben, die sich nur von einem bestimmten Beobachtungspunkt aus als Kontur eines menschlichen Gesichtes entschlüsseln ließ.

Raffael (Raffaelo Santi, Sanzio) (1483–1520)
Italienischer Maler und Baumeister, der – im umbrischen Urbino geboren – zunächst Gehilfe seines Vaters Giovanni Santi († 1494), dann Schüler von → Perugino war. Bei Perugino erwarb R. wesentliche Anregungen, v. a. ein Gespür für den lichtdurchfluteten Raum, für die idealisierte Gestalt vor einer stimmungsvollen Hintergrundlandschaft und für eine harmonische Farbgebung, so daß Bilder – auch im kleinen Format – aus dieser Zeit wie *Traum der Ritter* (um 1501, NGL), die *Drei Grazien* (um 1501, Musée Condé, Chantilly) und die *Madonna Conestabile* (um 1502–03, Eremitage) schon eine erstaunliche Reife des früh zutagetretenden Talents demonstrieren. 1504 zog R. nach Florenz, hielt sich aber weiterhin gelegentlich in Umbrien auf. In der Florentiner Periode traten → Leonardo da Vinci, → Michelangelo, Fra → Bartolomeo und → Andrea del Sarto in seinen Gesichtskreis, de-

Raffael, *Die hl. Katharina von Alexandria,* um 1507

ren Anregungen R. mit großer Beweglichkeit, aber auch bedachtsamer Selbstdisziplin verarbeitete. Während er Leonardo die Erfahrung weicher Halbschatten und freier Körperhaltung – v. a. durch das Verstehen der *Mona Lisa* – (*Madonna im Grünen,* 1505, KhW; *Madonna del Granduca,* um 1505, Palazzo Pitti, Florenz) und Fra Bartolomeo die Organisation einer großzügig geordneten Figurenkomposition verdankte (Dreifaltigkeitsfresko, 1505, in San Severo, Perugia), schulte er seinen ausgeprägten Sinn für Körperlichkeit (*Madonna Terranuova,* um 1505, Berlin) an → Donatello und schuf dadurch die Grundlagen für die bewegte Dramatik seiner künftigen ◇Historienbilder. Mit der *Grablegung Christi* (1507 für die Villa Borghese, Rom) wagte der junge R. bereits den Versuch, mit dem heroischen Stil → Michelangelos zu wetteifern. So bedeuteten die Schaffensjahre in Florenz den Übergang von der stimmungsvollen Intimität des umbrischen Frühwerks, die in der *Madonna Jardinière* (1507–08, Louvre) noch einmal einen Höhepunkt fand, zur klassichen Monumentalität und Ausgewogenheit der Hochrenaissance (*Madonna Colonna,* um 1508, Berlin; *Madonna Bridgewater,* um 1508, National Gallery of Scotland, Edinburgh). 1508 erhielt R. ein Angebot vom französischen Hof, er entschied sich jedoch im gleichen Jahr, dem Ruf des Papstes Julius II. nach Rom zu folgen, um sich dort von 1508 bis 1517 den großangelegten dekorativen Ausmalungsprojekten für die neuen päpstlichen Gemächer, den sog. Stanzen, mit biblischen, symbolischen und historischen Themen, zu widmen. Während R. die ›Stanza della Segnatura‹ (1509–11, u. a. mit der *Disputà,* der *Verherrlichung der Eucharistie* und der *Schule von Athen*) und die ›Stanza d'Eliodoro‹ (mit der hochdramatischen Szene der *Vertreibung Heliodors* aus dem Alten Testament) weitgehend eigenhändig ausführte, beteiligte er an den ›Stanza dell'Incendio‹ (1514–17) seine Schüler → Giulio Romano und → Penni. Daneben entstanden ab 1515 – ebenfalls in päpstlichem Auftrag – die zehn ◇Kartons (sieben erhalten) zum Leben der Apostel Petrus und Paulus als Vorlagen zu einer Teppichserie (die ◇Tapisserien wurden in Flandern gewebt) für die Sixtinische Kapelle im Vatikan sowie im Auftrag des römischen Bankiers Agostino Chigi das Wandgemälde für die Villa Farnesina, *Triumph der Galatea* (1512), ◇Fresken für die Kapelle in S. Maria della Pace (1514) und ◇allegorische Freskenszenen zu Amor und Psyche für die Villa Farnesina (1518). Auf Chigis Auftrag geht auch der von R. entworfene Bau der Chigi-Kapelle in S. Maria del Popolo, Rom, zurück. – In der römischen Schaffensphase schuf R. ebenfalls eine Reihe von bedeutenden Andachtsbildern, die deutlich durch den monumentalen, ausgewogenen Kompositionsstil im Einflußbereich Michelangelos geprägt sind. V. a. die Madonnenbilder dieser Zeit wie die *Madonna Alba* (um 1511, NGW), die *Sixtinische Madonna* (um 1513, Dresden), die *Madonna della Tenda* (1513/14, AP) sowie die ◇Porträts *Papst Julius II.* (1511, Uffizien), *Bildnis eines Kardinals* (1511, Prado), *Donna Velata* (um 1512–13, Palazzo Pitti, Florenz) und *Baldassare Castiglione* (um 1515, Louvre) gehören zu den malerischen Höhepunkten der ◇Renaissance mit der anmutigen Körperhaltung und der erhabenen ausdrucksstarken Gestik der Figuren. 1515 wurde R. von Papst Leo X. zum Bauleiter des Petersdoms und zum Konservator für die antiken Denkmäler und archäologischen Ausgrabungen ernannt, wodurch R.s Kunst noch einmal wichtige Impulse erhielt: Er ging zum monumentalen Format über und kleidete seine ausdrucksvollen Figuren in weite, fließende Gewänder. Den antiken Fresken und frühchristlichen ◇Mosaiken entnahm er eine verfeinerte Farbpalette und steigerte die spannungsreiche Verwendung des ◇Chiaroscuro sowohl in den Kartons für die Wandteppiche der Sixtinischen Kapelle wie auch in seinem letzten Werk, der unvollendet gebliebenen *Verklärung Christi* (1517–20, Vatikan), zu äußerster Imaginationskraft, in der er bereits Grundzüge des ◇Manierismus und den monumentalen Dekorationsrhythmus komplizierter, aber dennoch harmonisch gruppierter Figurenkompositionen der ◇Barockmalerei vorwegnahm.

Raffaëlli, Jean-François (1850–1924)
Französischer Maler italienischer Herkunft, begann als Schauspieler, besuchte kurz das Atelier von → Gérôme und geriet dann stark unter den Einfluß des ◇Impressionismus, v. a. von → Monet *(Place du Parvis, Notre-Dame).* Er malte anfänglich ◇Genreszenen, dann pittoreske Ansichten von Paris und der umgebenden Landschaft mit charakteristischen Volksszenen. Seine Bilder ebenso wie seine Farbradierungen zeichnen sich durch eine eigenwillige Farbtupfentechnik aus.

Raffaellino del Garbo
siehe → **Garbo,** Raffaellino del

Raffet, Denis Auguste Marie (1804–1860)
Französischer Maler und ◇Grafiker, Schüler von A.-J. → Gros und N. T. → Charlet, berühmt für seine romantisierenden Darstellungen aus der napoleonischen Ära. Er gehörte zu den ersten ◇Illustratoren, die umfangreichen Gebrauch von der ◇Lithographie machten.

Raggi, Antonio (1624–1686)
Italienisch-schweizerischer ◇Bildhauer, Vertreter des italienischen Hochbarock. P. war ein Hauptgehilfe von → Bernini, schuf jedoch ein unabhängiges Werk von hoher Qualität. In seinem späten Schaffen zeigt sich der Einfluß der spirituellen Expressivität von Berninis Spätstil (Marmor- und Stuckdekorationen in der Kirche Il Gesù, Rom [unter Berninis Leitung], 1669–83).

Raimondi, Marcantonio
(um 1480– um 1530/34)
Italienischer ◇Kupferstecher, der als Begründer des Reproduktionsstichs in Italien gilt. Nach einem Studium bei F. → Francia in Bologna ging er 1506 nach Venedig, wo er → Dürers grafische Arbeiten kopierte (u. a. die *Kleine Holzschnittpassion*). 1510–27 wirkte R. in Rom, wo er Stiche nach Werken → Michelangelos und v. a. → Raffaels fertigte, die ihn berühmt machten. Nach Raffaels Tod kopierte er Arbeiten → Giulio Romanos und → Bandinellis. 1527 kehrte er nach Bologna zurück.

Rainer, Arnulf (* 1929)
Österreichischer Maler, studierte 1947–49 an der Staatsgewerbeschule in Villach. Nach anfänglichen Arbeiten im Stil des ◇phantastischen Realismus wandte sich R. expressiv-gestischen Formen zu: *Übermalungen* eigener bzw. fremder Bilder (ab 1951) und *Blindmalereien* (ab 1953). Ab 1958 entstanden aktionsbedingte Übermalungen des eigenen Körpers und von eigenen Porträtfotos (Gesichtsübermalungen), in denen der Maler eine neue Direktheit der bildnerischen Ich-Aussage anstrebte. R.s Arbeiten sind in ihrer malerischen Ich-Verwandlung monologische Kommunikationsprozesse mit dem eigenen Körper. R. wurde auch bekannt durch seine theoretischen Analysen wie ›Zur Situation der Moderne‹, 1975.

Ramos, Mel (Melvin John) (* 1935)
Amerikanischer Maler der ◇Pop Art, der die Sujets seiner Arbeiten der frühen 1960er Jahre der Bilderwelt der ◇Comic-Hefte entnahm; seit Mitte der 1960er Jahre entstanden Bilder, in denen er Pin-up-Girls in vulgär-vitaler Pose auf gemalten Warenartikeln drapiert (*Tobacco Rose*, 1965) und damit die triviale Glamourgestik einer Werbemasche parodiert, die die Kauflust mit sexuellen Reizen schürt.

Ramsay, Allan (1713–1784)
Schottischer ◇Porträtmaler, studierte in Edinburgh und London. Nach einem Italienaufenthalt (1736–38) ließ er sich in London nieder, wo er 1767 Hofmaler Georgs III. wurde. Seine reizvollsten Arbeiten sind seine Frauenbildnisse; in ihnen gelangten die für R.s Stil charakteristische Anmut und Zartheit am vollkommensten zur Entfaltung, etwa in dem Gemälde seiner zweiten Frau, *Margaret Lindsay, die Frau des Künstlers* (um 1755). Ein bedeutendes Männerbildnis ist das des Philosophen Jean-Jacques Rousseau (1766). In den 1760er Jahren delegierte er die meisten seiner Aufträge an Gehilfen, bevor er 1770 die Malerei ganz aufgab und sich dem literarischen Zirkel um Dr. Samuel Johnson anschloß.

Rancillac, Bernard (* 1931)
Französischer Maler des ◇Neuen Realismus, der nach anfänglicher trickfilmartiger ◇Cartoon-Malerei in den 1950er Jahren eine Synthese von Science Fiction und ◇Comic-Figuration entwikkelte, die Motive der ◇Pop Art in ◇surrealistischer Überpointierung verarbeitet und den Starkult der Massengesellschaft in den Medien ironisiert. In den 1960er Jahren schuf R. auch Entwürfe für Bühnendekors und gestaltete ◇Environments.

Raoux, Jean (1677–1734)
Französischer Maler, Vertreter des französischen ◇Rokoko und Freund von → Watteau, mit dem er 1720–22 London besuchte. R. malte v. a. ◇Fêtes galantes, ◇allegorische Szenen und weibliche Bildnisse in mythologischer Kostümierung, die dem Stil Watteaus nahestehen.

Rateau, Albert (1882–1938)
Französischer Kunsthandwerker und Innenausstatter, beschäftigte sich seit 1914 (Reise nach Neapel) mit der antiken Metallbearbeitung und Patinierung und wurde v. a. mit Bronzemöbeln in dieser Art bekannt (formal ebenfalls von der Antike, Ägypten und dem Orient beeinflußt). Hauptwerke sind die Innenausstattungen für die Wohnsitze von Jeanne Lanvin (1920–22), die Herzogin von Alba (1925) und die Baronin Eugène Rothschild (1925–26).

Ratgeb, Jerg (Jörg) (um 1480–1526)
Deutscher Maler, seit 1508 in Stuttgart im Dienste des Herzogs Ulrich von Württemberg tätig, wirkte er später auch in Heilbronn, Frankfurt a. M., Herrenberg, seit 1520 wieder in Stuttgart, möglicherweise in den Niederlanden ausgebildet und von → Holbein d. Ä., → Baldung genannt Grien, → Mantegna und → Carpaccio beeinflußt. Seine aus dem Naturalismus der Spätgotik hervorgegangenen Arbeiten wie die ◇Wandbilder mit Szenen aus der Heilsgeschichte im Frankfurter Karmeliterkloster (1514–17, im Zweiten Weltkrieg weitgehend zerstört) und sein Hauptwerk, der *Herrenberger Altar*, der Szenen aus der Jugend und der Passion Christi zeigt (1519 signiert, Staatsgalerie, Stuttgart), sind ◇manieristisch erregt, voller Spannung und Leidenschaft und in ihrer landschaftlichen Umgebung ungewöhnlich. R. wurde wegen seiner Beteiligung am Bauernkrieg in Pforzheim hingerichtet.

Rauch, Christian Daniel (1777–1857)
Deutscher ◇Bildhauer, lernte 1795–97 bei dem Bildhauer Johann Christian Ruhl in Kassel, ab 1802 Schüler von G. → Schadow in Berlin und nach diesem Hauptvertreter des Berliner ◇Klassizismus im 19. Jh. 1804–18 hielt er sich fast ständig in Rom auf, wo er sich unter dem Einfluß von → Canova und →Thorvaldsen weiterbildete. 1818 ließ er sich in Berlin nieder, dort verdrängte er mit seinem glatten, gefälligen, eleganten Klassizismus Schadow zunehmend aus der Gunst des Hofes. Sein Werk umfaßt zahlreiche in Marmor und Bronze ausgeführte Grabmonumente (*Marmorgrabmal der Königin Luise*, 1811–15, Mausoleum, Schloß Charlottenburg, Berlin), Standbilder (*Reiterstandbild Friedrichs II. von Preußen*, 1839–51; *Scharnhorst-Denkmal*, 1819–22, beide Berlin) und Bildnisbüsten (*Goethe*, 1820).

Rauchmiller (Rauchmüller), Matthias (1645–1686)
Deutscher ◇Bildhauer und Elfenbeinschnitzer, der bedeutende Grabmäler schuf, u. a. das Marmorgrab des Bischofs Karl von Metternich in der Liebfrauenkirche, Trier (um 1675). Das Hauptwerk seiner Elfenbeinschnitzereien ist ein Humpen mit bacchischen Szenen (1676).

Rauschenberg, Robert (* 1925)
Amerikanischer Maler und ◇Objektkünstler, Wegbereiter der ◇Pop Art in Amerika. R. studierte 1946–47 am Kansas City Art Institute, 1947 an der Académie Julian in Paris, 1948–49 bei → Albers am Black Mountain College und an der ◇Art Students' League bei → Motherwell, → Tworkov und → Kline. Die Suche nach neuen künstlerischen Wegen vollzog R. mit der spektakulären, ◇happeningartigen Ausradierung einer Zeichnung von de → Kooning. Beeinflußt durch den ◇Dadaismus von → Schwitters, durch die ◇Ready-mades von → Duchamp und die Ideen von → Cage, entwickelte R. – nach ›weißen‹ und ›schwarzen‹ Bildern Anfang der 1950er Jahre – seine ◇Collagen, ◇Assemblagen und ◇Combine Paintings, eine Verbindung von Malerei im Stil des ◇Abstrakten Expressionismus mit realen Gegenständen aller Art (elektrische Klingeln, Radioapparate, Steckdosen, Uhren, Vögel) und durch ◇Siebdruck übertragene ◇Fotografien, die manchmal auch den Charakter des Bildes verloren und zu dreidimensionalen freistehenden Objekten wurden, wie in *Monogramm* (1959, Mo-

Robert Rauschenberg, *Retroactive I,* 1964

derna Museet, Stockholm, ein ausgestopfter Widder mit einem Autoreifen). In derartigen Assemblagen, deren Räumlichkeit sich vom ◇Illusionismus immer mehr zur Realität bewegte, versuchte R., die Kluft zwischen Leben und Kunst aufzuheben. R. trug dazu bei, den vorherrschenden Einfluß des Abstrakten Expressionismus in Amerika zu brechen und einem neuen Realismus durch seine ◇Ikonographie der großstädtischen Zivilisation Amerikas, v. a. ihrer Idole (von John F. Kennedy über Rugbyspieler und Astronauten bis zum Fetisch Auto), den Weg zu bereiten. Um 1970 fand R. in Form von Kartonwandobjekten zu einer ◇abstrakteren Formgestaltung mit Hilfe des Materials Packkarton zurück.

Ravilious, Eric (1903–1942)
Englischer Künstler, der v. a. mit seinen Holzstichillustrationen hervortrat. R. studierte bei → Nash am Londoner Royal College of Art (1919–22) und begegnete dort E. → Bawden, mit dem er 1928–35 an ◇Wandmalereien im Morley College, London, zusammenarbeitete. Sein Œuvre umfaßt auch zahlreiche ◇Aquarelle; im Auftrag der ◇Wedgwood-Keramikmanufaktur schuf er Entwürfe für ◇Keramik und ◇Porzellan.

Ray, Man (1890–1976)
Amerikanischer Maler und ◇Fotograf, der an der National Academy of Design Architektur und Ingenieurwesen studierte. Seine künstlerische Tätigkeit begann R. mit ◇kubistischen Gemälden, doch 1917 gehörte er mit → Duchamp und → Picabia zu den Begründern der New Yorker ◇Dada-Bewegung. Beeinflußt von den Duchampschen ◇Ready-mades, die R. auch fotografierte, schuf der Künstler selbst eine Reihe von Dada-Objekten. 1921 ließ sich R. in Paris nieder und entwickelte aus der Ablichtung von Dada-Objekten seine Fototechnik des ◇Rayogramms, eine kameralose Methode der Ablichtung in Schwarzweiß mit diffusen Konturen, die zur bedeutsamen Imaginationsanregung des ◇Surrealismus werden sollte. R. gewann ebenso Weltgeltung durch seine fotografische Porträtkunst, die er mit großem psychologischen Einfühlungsvermögen in seine Modelle praktizierte (u. a. Porträts von → Ernst, →Breton, Eluard, → Dalí, Duchamp, Gertrude Stein). 1940–51 lebte R. in Hollywood und beteiligte sich an Filmproduktionen; 1951 kehrte er nach Paris zurück.

Rayski, Louis Ferdinand von (1806–1890)
Deutscher Maler, trat 1921 in das Dresdner Kadettenkorps ein und studierte seit 1923 während seiner Freizeit an der Dresdner Akademie. Ein Parisaufenthalt (1834–35) brachte ihn mit der Malerei der französischen ◇Romantik in Kontakt (→ Delacroix). Seit 1839 in Dresden ansässig, entwickelte er sich zu einem der bedeutendsten ◇realistischen deutschen ◇Porträtmaler des 19. Jh.s (*Julius Graf von Zech-Burkersroda*, 1841, Dresden; *Max von Fabrice*, um 1860, WRM). Seine ◇Skizzen und Schlachtenszenen zeigen den Einfluß von → Géricault und → Vernet.

Raysse, Martial (* 1936)
Französischer Maler und ◇Objektkünstler, der zu den Gründungsmitgliedern des ◇Nouveau Réalisme gehörte. 1960 begann R. eine Ausweitung seiner Malerei zur ◇Assemblage durch die Einbeziehung von realen Gegenständen aus der Konsum- und Reklamewelt. Später benutzte R. mit Vorliebe auf Leinwand projizierte Fotos von Glamourgirls und Mannequins sowie Schablonen und Leuchtfarben, deren Wirkungen er manchmal durch Neonröhren noch verstärkte (*Ciné*, 1964; *Snack*, 1964). R.s elegante Welt

des Films, der Reklame und Mode steht mit ihrer mechanischen Perfektion in enger thematischer Nähe zur angloamerikanischen ◇Pop Art.

Redon, Odilon (1840–1916)
Französischer Maler und ◇Grafiker, Vertreter des ◇Symbolismus, studierte zuerst in Bordeaux, dann kurz bei → Gérôme in Paris, bildete sich jedoch v. a. durch die Auseinandersetzung mit dem Werk → Rembrandts (auf seinen Hollandreisen 1878 und 1898) und → Goyas sowie durch das Studium der Farbbehandlung → Delacroix'. Sein besonderes Interesse an der Grafik geht auf seine Freundschaft mit → Bresdin in Bordeaux zurück, der ihn in die Technik von ◇Kupferstich und ◇Radierung einführte, während er später bei → Fantin-Latour die Technik der ◇Lithographie erlernte. 1879 setzten mit dem Album *Dans le Rêve* die Folgen der phantastischen, visionären Lithographien ein (*A Edgar Poe*, 1882; *Apocalypse de Saint-Jean*, 1883; *Les Fleurs du Mal de Baudelaire*, 1890), die von den symbolistischen Künstlern und Literaten (Mallarmé, Huysmans) außerordentlich bewundert wurden und die → Nabis beeinflußten. Ende der 1890er Jahre wandte sich R. mehr der Farbe zu und schuf kleinere ◇Ölbilder und ◇Pastelle (meist Blumenstilleben). Mit der phantastischen, poetischen Traumwelt seiner Bilder, die sich oft an der antiken Mythologie orientierten (*Der Zyklop*, um 1898, Rijksmuseum Kröller-Müller, Otterlo), schlug R. eine Brücke zwischen der ◇Romantik des 19. Jh.s und dem ◇Surrealismus des 20. Jh.s.

Odilon Redon, *Paul Gauguin,* um 1903–05

Regnault, Guillaume (1450/55–1532/33)
Französischer ◇Bildhauer, tätig in Tours und Nantes. Zu seinen bezeugten Werken gehören die Marmorstatuen von Louis de Poncher und Robert Legendre (um 1523, heute Louvre). Sie lassen den Einfluß M. → Colombes erkennen, dem R. beim Grabmal Franz' II. (1502–07, Nantes, Kathedrale) assistierte und dessen Verquikkung von Formelementen der ◇Renaissance mit Ausdruckswerten der Gotik R. nachahmte.

Regnault, Alexandre-Georges-Henri (1843–1871)
Französischer ◇Historien- und ◇Genremaler, Schüler von Lamothe und → Cabanel. 1866 gewann R. mit seiner Komposition *Thetis überreicht Achill die Waffen des Vulkan* den Rom-Preis. Von Rom (1866–68) ging er nach Spanien, um die Werke von → Velázquez und → Goya zu studieren. Als Kolorist wurde er von → Delacroix beeinflußt. Zu seinen bekanntesten Arbeiten gehören die Szenen aus dem Orient *(Salomé).*

Regnault, Jean-Baptiste (1754–1829)
Französischer ◇klassizistischer Maler, der v. a. ◇allegorische und mythologische Sujets schuf (*Die drei Grazien,* 1793; *Die Erziehung des Achill durch den Kentauren Cheiron,* 1782, beide Louvre), in denen er lediglich die äußeren Merkmale des Klassizismus übernahm.

Reichle (Reich[e]l), Hans (um 1570–1642)
Deutscher ◇Bildhauer und Baumeister, der in seiner Frühzeit Gehilfe von → Giovanni da Bologna in Florenz war, später aber hauptsächlich in Augsburg arbeitete, wo er den italienischen Stil mit nordischer Ausdrucksintensität erfüllte. Hauptwerke sind u. a. die Bronzegruppe mit dem drachentötenden hl. Michael an der Fassade des Zeughauses in Augsburg (1603–06), die bronzene Kreuzigungsgruppe in der ehemaligen Benediktinerstiftskirche St. Ulrich und Afra (1605) und die zwischen 1596 und 1601 im Auftrag des Kardinals Andreas von Österreich geschaffenen lebensgroßen Terrakottafiguren in den Loggien der Bischöflichen Hofburg in Brixen.

Reichlich, Marx (um 1460 – nach 1520)
Österreichischer Maler, seit 1494 als Bürger von Salzburg bezeugt, wo er nach 1485 als Mitarbeiter in der Werkstatt Michael → Pachers tätig war. Dessen spannungsreicher figurativer und architektonischer Stil beeinflußte u. a. R.s für Kloster Neustift bei Brixen gemalten und geschnitzten *Marienaltar* (1511, signiert und datiert, erhaltene vier Tafeln heute AP). R., der vermutlich mit dem Meister des Angrer-Bildnisses identisch ist, wurde nach dem Tode Pachers, v. a. als Kolorist, der bedeutendste Künstler im Salzburger Raum und beeinflußte insbesondere die → Donauschule.

Reichsevangeliar siehe → **Wiener Krönungsevangeliar**

Reiner von Huy (tätig frühes 12. Jh.)
Altniederländischer ◇Bildhauer und Metallhandwerker, sein Hauptwerk ist das im Auftrag von Abt Hellinus für Notre-Dame-aux-Fonts (heute Saint-Barthélemy) angefertigte Bronzetaufbekken, das eine der bedeutendsten Arbeiten der maasländischen Metallkunst (◇Maas-Kunst) ist. Das Becken zeigt ringsum in Hochrelieftechnik ausgeführte Taufszenen (darunter auch die Taufe Christi im Jordan) und wird gestützt von zehn (ursprünglich zwölf) bronzenen Rindern, die auf das Thema des ›Ehernen Meeres‹ im Vorhof des Salomonischen Tempels (1. Buch der Könige, 7, 23–26) verweisen. Die äußerst klar durchgebildete Formensprache R.s führt hin zu der des → Nikolaus von Verdun im späten 12. Jh. und steht in entschiedenem Gegensatz zu den absichtlichen Verzerrungen der ◇Romanik.

Reinhardt, Ad (1913–1967)
Amerikanischer Maler, studierte nach abgeschlossenem Studium der Kunstgeschichte (1931–35 am Columbia College) 1946–50 am Institute of Fine Arts der New York University. 1958 Reise in den Nahen Osten und nach Ostasien. Beeinflußt von → Mondrian und → Rothko, zeigten seine Bilder seit Beginn der 1950er Jahre eine klare geometrische Grundstruktur, in der fluoreszierende Farbgebungen zur Darstellung gelangten. Die wichtigsten Gemälde sind stark vereinfachte Kompositionen, in denen sich für das Auge kaum wahrnehmbare Nuancen einer Farbe auf der Bildfläche in geometrischen Positiv- und Negativformen durchkreuzen. Durch fortschreitende Reduktion von Farbe und Form gelangte R. schließlich zu den ›Black Paintings‹, deren einzelne schwarze Rechteckformationen erst bei genauestem, anhaltendem Betrachten wahrgenommen werden. Die letzten Bilder beschränken sich auf wenige, nebeneinandergesetzte schwarze Flächen, die sich nur noch durch ihre abgestufte Fähigkeit der Lichtabsorption unterscheiden. Mit seinen zahlreichen Statements und Texten – die die Ideen des ◇›L'art pour l'art‹ neu formulierten – wurde R. zu einem wichtigen Anreger der theoretischen Neubestimmung von Kunst nach 1965.

Reinhart, Johann Christian (1761–1847)
Deutscher Maler, ◇Zeichner und ◇Radierer, einer der Hauptvertreter der deutsch-römischen (→ Deutschrömer) ◇Landschaftsmalerei. R. studierte bei → Oeser in Leipzig und bei Klengel in Dresden und ließ sich 1789 in Rom nieder, wo sich seine vom niederländischen Naturalismus beeinflußte Landschaftsmalerei mit dem ◇klassizistisch-heroischen Landschaftsstil von → Koch verband, dabei jedoch einen idyllisch-romantischen Zug bewahrte. In Rom führte er im Palazzo Massimi im Auftrag des Marchese Massimi acht ◇Wandbilder aus (1825–29) und in der Villa Malta vier große *Ansichten von Rom* (1829–35, heute NP) im Auftrag von König Ludwig I. von Bayern. Als Radierer wirkte er mit an der grafischen Folge *Malerische radierte Prospecte aus Italien* (1792–98, 1799 erschienen).

Rembrandt (R. Harmensz. van Rijn) (1606–1669)
Holländischer Maler, ◇Radierer und ◇Zeichner, der, im Gegensatz zu seinen spezialisierten Zeitgenossen, sämtliche seinerzeit vorherrschenden Motivgenres aufgriff. Als Sohn eines Müllers besuchte er die Lateinschule und für kurze Zeit die Universität Leiden (ab 1620), ehe er bei dem Maler van → Swanenburgh in die Lehre kam, von dem er dann zu → Lastman überwechselte (1624/25). Nach einer ersten selbständigen Tätigkeit in Leiden ließ sich R. 1631 in Amsterdam nieder, wo er die wohlhabende Saskia von Uylenburgh heiratete (die ihm 1641 den Sohn Titus gebar) und allmählich zu einem bekannten und gesuchten Maler wurde. Nach dem Tode Saskias (1642) lebte er mit Hendrickje Stoffels zusammen (1654 Geburt der Tochter Cornelia). Ein 1656 über sein Haus, sein Vermö-

Rembrandt Harmensz. van Rijn, *Badende Frau* (Ausschnitt), 1655

gen und seine bedeutende Kunstsammlung verhängtes Konkursverfahren ließ R. zwar verarmen, doch halfen ihm reiche Mäzene über den Zusammenbruch hinweg. – Das Schaffen R.s läßt sich in vier Perioden unterteilen: die Leidener Frühzeit (1625–31), die erste Amsterdamer Periode (1631–42), die zweite (1642–50) und die dritte Amsterdamer Zeit (1650–69). – In den Leidener Jahren arbeitete R. mit → Lievens zusammen, seine meist kleinformatigen Gemälde, Zeichnungen und Radierungen aus dieser Zeit haben den Charakter von Übungen anhand von Szenen aus der Bibel, der Mythologie und der Geschichte, die sich häufig in düsteren Innenräumen abspielen, in ◇Helldunkel getaucht und von seelischer Spannung getragen sind (*Paulus im Gefängnis,* 1627, Staatsgalerie Stuttgart; *Jeremias trauert über die Zerstörung Jerusalems,* 1630, Rijksmuseum, Amsterdam; *Simeon im Tempel,* 1631, Mauritshuis, Den Haag); außerdem entstanden das *Bildnis der Mutter* (um 1629–30, Königliche Sammlung, Windsor Castle) und das *Selbstbildnis* (1629, AP) sowie zahlreiche Radierungen mit ähnlicher Thematik. Am Anfang und Ende der ersten Amsterdamer Periode stehen zwei Gruppenbildnisse, die *Anatomie des Dr. Tulp* (1632, Mauritshuis, Den Haag), eine harte, realistische Darstellung mit kontrastreichem Helldunkel, und die *Nachtwache* (1642, Rijksmuseum, Amsterdam), in der R. seinen Höhepunkt als Kolorist erreichte. In dieser Zeit steigerte sich die Farbigkeit, und die Härten nahmen ab. R. wurde zu einem erfolgreichen ◇Porträtisten, der auch immer wieder sich selber darstellte. Daneben malte er biblische Motive wie die *Grablegung,* die *Auferstehung* (beide 1639, AP) und das *Opfer Abrahams* (1635, Eremitage), die mit ihrer effektvollen Kostümierung die große Dramatik des jeweiligen Augenblicks unterstreichen. Außerdem entstanden ◇Landschaften (*Gewitterlandschaft,* um 1638, Herzog Anton Ulrich-Museum, Braunschweig) und Bildnisse wie das *Selbstbildnis mit Saskia* (um 1638, Dresden). In der dritten Periode kam es zu einer Beruhigung und Verinnerlichung der Malerei, in der immer stärker eine tiefe Vergeistigung an die Stelle des Effektvollen rückte. Das Dramatische trat zurück zugunsten einer warmen Farbgebung. V. a. ist diese Zeit der 1640er Jahre aber von den Zeichnungen und Radierungen geprägt, wobei das Landschaftsbild eine zentrale Aufmerksamkeit erhält (*Blick über das Il vom Diemerdijk aus,* um 1650, Devonshire Collection, Chatsworth). In der letzten Amsterdamer Zeit sind die Gemälde R.s von starken Lichtkontrasten vor dunklem Hintergrund getragen, wobei der Maler zuweilen sogar großflächige Farbtupfen benutzte, die aus der Nähe gesehen unzusammenhängend erscheinen, doch erstaunlich suggestiv wirken, sobald der Betrachter etwas zurücktritt. Hände und Kleidung werden oft nur noch angedeutet wie im *Bildnis des Jan Six* (1654, Six-Sammlung, Amsterdam) oder in der *Badenden Frau* (1655, NGL), eine Technik, die es möglich macht, das Wesentliche kraftvoll herauszuarbeiten. Sowohl mit den *Staalmeesters* (1662, Rijksmuseum, Amsterdam) wie auch mit den ◇Historienbildern *Aristoteles mit der Büste Homers* (1653, MM) und *Bathseba im Bade* (1654, Louvre) schuf R. seine letzten großen Meisterwerke. V. a. aber ragen die späten Selbstbildnisse mit ihrer unablässigen, nicht zu einem endgültigen Resultat gelangenden Befragung des Ich heraus (1660, Louvre; 1661, Rijksmuseum, Amsterdam; 1663, WRM; 1669, NGL und Uffizien; 1669, Mauritshuis, Den Haag). – In den letzten 20 Jahren ist es zu einer Neubewertung von R.s Œuvre gekommen. Neues Quellenmaterial, verbesserte Forschung über Stil und Technik der Malerei R.s haben seine Werke in einem neuen Licht erscheinen lassen. Verschiedene Bilder, die früher dem Meister selbst zugeschrieben wurden, wie der *Mann mit dem Goldhelm* (Berlin), gelten heute als Arbeiten anderer Künstler, seiner Schüler oder der Mitarbeiter seiner Werkstatt. Der langwierige und mühsame Prozeß der Neuzuschreibung erfolgte im Rahmen der ›Rembrandt Research Projects‹ in Amsterdam. Dabei wurde deutlich, daß die Künstler in R.s Umfeld und seine engsten Mitarbeiter selbst große schöpferische Leistungen vollbrachten. Namen wie Jan → Lievens, Gerard → Dou, Govaert → Flinck, Ferdinand → Bol, Gerbrand van den → Eeckhout, Samuel van → Hoogstraten, Carel → Fabritius und Nicolaes → Maes treten nun aus dem Schatten des Meisters und werden neu gewürdigt.

Remington, Frederic (1861–1909)
Amerikanischer ◇Illustrator, Maler und ◇Bildhauer, war anfangs Cowboy in Montana (1880/86), studierte dann kurz an der ◇Art Students' League sowie an der Yale University und ließ sich um 1886 in New Rochelle nieder. Seine Arbeiten (u. a. Statuetten von Cowboys und Indianern) liefern mit lebendigem Naturalismus und dynamischer Energie ein authentisches Bild des Lebens im ›Wilden Westen‹.

Renger-Patzsch, Albert (1897–1966)
Deutscher ◇Fotograf, der sich nach einem Chemie-Studium ab 1922 einer ausgesprochenen Dokumentarfotografie mit Verzicht auf malerische Mittel verschrieb. Nach Pflanzenfotos für einen Pflanzenatlas widmete sich R.-P. ab 1928 der Industrie- und Architekturfotografie im Ruhrgebiet, wobei die geschichtliche Entwicklung dieser Region im ›objektiven Auge‹ der Kamera dokumentarisch mit ihrer ganzen Widersprüchlichkeit fixiert wird. Ab 1933 Dozentur an der Essener Folkwangschule.

Reni, Guido (1575–1642)
Italienischer Maler, Hauptmeister des Bologneser ◇Barock, Schüler des in Bologna tätigen flämschen Malers → Calvaert (1584–94) und der → Carracci (seit 1595 bei L. → Carracci). Bei seinem ersten Aufenthalt in Rom (1600–03) wurde er stark von → Caravaggio beeinflußt. R. war 1605–22 in Rom tätig und kehrte anschließend nach Bologna zurück. R.s berühmtestes, als ◇Quadro riportato entworfenes Werk ist das Deckenfresko *Aurora* (1613–14, Casino Pallavicini des Palazzo Pallavicini-Rospigliosi, Rom), das unter dem Einfluß → Raffaels und der Antike entstand und R.s Streben nach idealer Schönheit und harmonischen Formen verrät. Dieses Interesse für den vollkommenen menschlichen Körper wird auch sichtbar in den bewegten, z. T. äußerst dramatisch gesteigerten Figuren des *Bethlemitischen Kindermords* (1611, Pinacoteca Nazionale, Bologna). In den 1630er Jahren entwickelte R. einen neuen Stil von kühler, silbriger Farbigkeit und breiter, malerischer Behandlung. Seine zum Sentimentalen neigende, oft konventionelle und in der Qualität recht unterschiedliche Malerei genoß großes Ansehen bei seinen Zeitgenossen, die ihn für einen zweiten Raffael hielten.

Guido Reni, *Aurora (Die Morgenröte)* (Ausschnitt aus dem Deckenfresko im Palazzo Pallavicini-Rospigliosi, Rom), 1613–14

Renoir, Pierre Auguste (1841–1919)
Französischer Maler, ein Hauptvertreter des ◇Impressionismus. R. war anfänglich als Porzellanmaler in der Manufaktur der Brüder Lévy in Paris tätig (seit 1854), lernte in Abendkursen Zeichnen und trat 1862 in das Atelier → Gleyres an der Ecole des Beaux-Arts ein, wo er → Sisley, → Bazille und → Monet kennenlernte und mit ihnen vor der Natur zu malen begann. Er kopierte im Louvre Werke älterer Meister (u. a. → Watteau) und malte im Wald von Fontainebleau, wo

Auguste Renoir, *Die Loge,* 1874

er 1864 → Diaz de la Peña begegnete, unter dessen Einfluß seine von → Courbet geprägte Malerei leichter und lichter wurde. Gegen Ende der 1860er Jahre hellte sich seine Palette zusehends auf; zwischen 1867 und 1870 entwickelte er – gleichzeitig mit Monet – die für die impressionistische Malerei charakteristischen Merkmale. Sich gegenseitig inspirierend, malten sie direkt nach der Natur (Mohnfelder, Figuren unter Bäumen, Flußlandschaften), in denen das Momenthafte der sich ständig verändernden Erscheinungsformen der Natur festgehalten wird durch breit angelegte, gebrochene Pinselstriche, aufgelöste Konturen und farbige Schatten, die die lebendige Unmittelbarkeit ihrer Landschaften steigerten (*Lise mit dem Sonnenschirm,* 1867, Museum Folkwang, Essen [siehe Ft. 22]; *La Grenouillière,* 1869, Nationalmuseum, Stockholm). In den folgenden Jahren entstanden R.s impressionistische Meisterwerke wie *Die Loge* (1874, Courtauld Institute Gallery, London), *Le Moulin de la Galette,* 1876 (Musée d'Orsay, Paris) und *Die Schaukel* (1876, ebda.). 1874 war R. maßgeblich an der ersten Ausstellung der Impressionisten beteiligt. 1881/82 unternahm er Reisen nach Algerien, Italien (wo ihn Pompeji nachhaltig beeindruckte) und Südfrankreich. Durch das Studium → Raffaels und → Ingres' und durch den Besuch in L'Estaque bei → Cézanne gelangte er gegen Ende der 1880er Jahre zu einem härteren, plastischeren Stil von präziser Zeichnung, der in seinem Bild *Die großen Badenden* (um 1887) seinen Höhepunkt fand. In seinem späteren Werk wandte er sich immer mehr der Darstellung weiblicher ◇Akte und Bildnisse zu, wobei seine Malweise immer freier und aufgelöster wurde, die Figuren zunehmend plastischer und von üppiger Sinnlichkeit (*Liegender Akt,* 1907; *Gabrielle mit Rose,* 1911, beide Musée d'Orsay, Paris). 1907 ließ er sich endgültig in Cagnes-sur-Mer nieder und malte dort trotz einer schweren Arthritis und teilweiser Lähmung weiter Bilder von heiterer Poesie. Ab 1907 schuf R. auch ◇Skulpturen (*Venus Victrix,* 1914, Musée du Petit Palais, Paris).

Repin, Ilja Jefimowitsch (1844–1930)
Russischer Maler, studierte in St. Petersburg an der Zeichenschule der ›Gesellschaft zur Förderung der Künste‹ bei → Kramskoj (1863) und an der Akademie der Künste (1864–71), wo er 1894–1907 auch unterrichtete (1898/99 Rektor). Als Stipendiat der Akademie hielt er sich 1873–76 in Italien und Frankreich auf. R. war Mitglied der Künstlerkolonie → Abramzewo und ab 1878 der → Peredwischniki. Großen Einfluß auf ihn hatte, neben Kramskoj, v. a. der Kritiker W. W. Stassow. Neben ◇Porträts von Zeitgenossen (*W. W. Stassow,* 1873; *M. P. Mussorgskij,*

Ilja Repin, *Sie hatten ihn nicht mehr erwartet,* 1884–88

1881; *L. N. Tolstoj,* 1887, alle Tretjakow-Galerie, Moskau) schuf R. ◇Historiengemälde (*Iwan der Schreckliche und sein Sohn Iwan,* 1885, ebda.; *Die Saporoger Kosaken schreiben dem türkischen Sultan Mohammed IV.,* 1878–91, Russisches Museum, St. Petersburg) und ◇Genrebilder mit sozialkritischer Tendenz (*Burlaken an der Wolga [Die Wolgatreidler],* 1870–73, ebda.; *Verhaftung eines Agitators auf dem Dorf* [zwei Fassungen], 1878 und 1892, Tretjakow-Galerie, Moskau), die auf den ◇Sozialistischen Realismus Einfluß hatten.

Resnick, Milton (* 1917)
Russisch-amerikanischer Maler, kam 1922 nach New York, studierte am Pratt Institute (1934–35), an der American Artists' School (1935–37) und bei Hans → Hofmann (1948). Er arbeitete für → WPA und hielt sich um 1947 in Paris auf. Anfänglich von de → Kooning beeinflußt, gelangte R. von einem ungestümen ◇Abstrakten Expressionismus zu einer intimeren Malweise mit leichten Pinselstrichen und duftigen Farben.

Rethel, Alfred (1816–1859)
Deutscher ◇Historienmaler und ◇Grafiker, studierte bei W. von → Schadow und bildete sich ab 1837 in Frankfurt a. M. bei Philipp Veit weiter. Anfänglich durch seinen Lehrer Schadow von den → Nazarenern beeinflußt, entwickelte R. ab etwa 1840 einen eigenen kraftvollen Monumentalstil. Sein malerisches Hauptwerk sind seine ◇Fresken aus der Geschichte Karls d. Gr. im Kaisersaal des Aachener Rathauses (1847–51, R. selbst führte nur vier der acht Fresken aus, die anderen sein Gehilfe Joseph Kehren nach R.s Entwürfen); seine zeichnerische Meisterschaft kommt am besten in seinen ◇Holzschnittfolgen zum Ausdruck (*Auch ein Totentanz,* 1849), in denen er die Tradition → Dürers wiederzubeleben versuchte und die als Reaktion auf die politischen Unruhen in Europa entstanden. 1853 wurde R. geisteskrank.

Reutersward, Carl Frederik (* 1934)
Schwedischer Maler, Schriftsteller, ◇Film- und ◇Objektkünstler, der in Paris bei → Léger studierte (1952). Zur Objektkunst fand R. 1965 durch seine Tätigkeit als Entwerfer von Theaterdekorationen. R.s effektvolle Objekte – zumeist Puppen aus dem Schaufenster oder dem Wachsfigurenkabinett – stehen in der Tradition der ◇dadaistischen und ◇surrealistischen Dingmontage. In den ausgehenden 1960er Jahren beschäftigte sich R. mit den ◇kinetischen Gestaltungsmöglichkeiten bewegter Laserstrahlen in dunklen Räumen.

Reymerswaele, Marinus van
siehe → **Marinus van Reymerswaele**

Reynolds, Sir Joshua (1723–1792)
Englischer Maler, berühmtester ◇Porträtist Englands seiner Zeit, Gründungsmitglied und erster Präsident der Royal Academy (1768), im selben Jahr geadelt und seit 1784 Hofmaler Georgs III. R. lernte bei dem Porträtmaler → Hudson (1740–43); 1749 begab er sich in Begleitung des britischen Commodore Augustus Keppel auf eine Europareise. Nach einem Mallorcaaufenthalt, wo R. das Bildnis *Commodore Augustus Keppel* (1753–54) schuf, das seinen Ruhm als Bildnismaler begründen sollte, ging er 1750 nach Italien. Dort studierte er die großen Maler der ◇Renaissance, → Raffael, → Michelangelo, v. a. die Venezianer (→ Tintoretto, → Tizian). Über Frankreich nach England zurückgekehrt (1752), ließ er sich in London nieder, wo er zahlreiche Bildnisaufträge erhielt und zu großem Reichtum und Ansehen gelangte. R.' Porträts (mehr als 2000) von Vetretern der aristokratischen Gesellschaft und der literarischen Zirkel in London (v. a. des Kreises um Samuel Johnson, wo er zahlreiche Freunde hatte) zeigen mit ihrem warmen Kolorit, dem breiten lockeren Vortrag und der ◇Helldunkelbehandlung Einflüsse von Tizian, → Veronese, → Rembrandt und v. a.

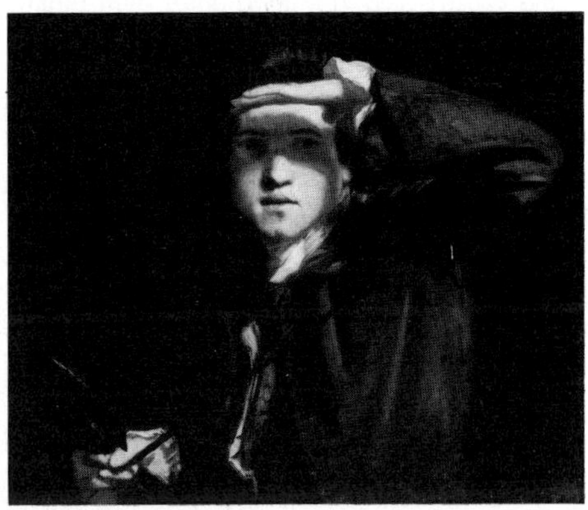

Joshua Reynolds, *Selbstbildnis,* 1748

van → Dyck. Nach einer Reise nach Holland und Flandern (1781) gewann sein Stil zusätzlich an Freiheit. – Neben ◇Landschaften und ◇Historienbildern schuf er auch etwas sentimentale Kinderbildnisse und – v. a. in seinen späten Schaffensjahren – mythologische und ◇allegorische Gemälde, z. B. *Lady Sarah Burnbury opfert den drei Grazien* (1765) und *Die Schauspielerin Mrs. Siddons als tragische Muse* (1774), das zu seinen bekanntesten Werken gehört. Internationale Beachtung fanden R.' berühmte 15 Vorträge, die er als Präsident der Royal Academy hielt (›Discourses on Painting‹, 1769–90) und die die ästhetischen Prinzipien des 18. Jh.s zusammenfaßten.

Rheinischer Expressionismus
Bezeichnung für die expressive Bildsprache zweier Künstlergruppen, die sich im Rheinland nach dem Ersten Weltkrieg bildeten: → Junges Rheinland (1919, Düsseldorf) und ›Gruppe progressiver Künstler‹ (1924, Köln). Der R. E. hat keinen einheitlichen Stil, der Ausdruck reicht vom ◇Expressionismus Heinrich → Nauens, → Campendonks und Otto → Pankoks über vorwiegend expressiv-◇veristische Tendenzen im Jungen Rheinland sowie einer expressiv-◇konstruktivistischen Figuration bei → Hoerle und → Seiwert bis zu den ◇Dada-nahen Arbeiten des jungen Max → Ernst.

Ribalta, Francisco (1551/55–1628)
Spanischer Maler, der v. a. religiöse Sujets schuf, einer der ersten Maler in Spanien, der in seinen von religiöser Inbrunst erfüllten Szenen ◇tenebristische Effekte einsetzte. R.s Ausbildung vollzog sich in Madrid unter dem Einfluß von → Fernández de Navarrete, El → Greco und italienischen Vorbildern (→ Raffael, → Correggio, → Caravaggio), die er kopierte; später ließ er sich in Valencia nieder (um 1597), wo sein ◇manieristischer Stil klarer und dynamischer wurde (*Marienaltar* für die Kartause von Porta Coeli, 1625–27, heute Museo Provincial de Bellas Artes, Valencia). R. war zu seiner Zeit der führende Maler der Valencianer Schule und einer der Begründer der nationalen spanischen Malerei des 17. Jh.s. Zu seinen bekannten Gemälden gehören *Die Vision Pater Simons* (1612, NGL) und *Der hl. Franziskus empfängt die Dornenkrone* (1620). Sein Sohn Juan Ribalta (um 1596–1628) war sein Schüler und Mitarbeiter.

Jusepe de Ribera, *Die Tränen des hl. Petrus,* 1628

Ribera, Jusepe (José) de (genannt ›lo Spagnoletto‹ [span. ›der kleine Spanier‹]) (1591–1652)
Spanischer Maler und ◇Radierer, Schüler von → Ribalta, bildete sich in Italien unter dem Einfluß von → Correggio, → Tizian und → Veronese weiter und ließ sich 1616 in Neapel nieder, wo er von dem naturalistischen ◇Chiaroscuro → Caravaggios stark geprägt wurde. Er unterhielt in Neapel eine große Werkstatt und arbeitete für den spanischen Vizekönig und die dortigen Klöster. Seine vorwiegend religiösen (aber auch mythologischen und ◇genrehaften Bilder), von denen viele nach Spanien gelangten, zeichnen sich durch einen dunklen, schweren Realismus, dramatisch expressives Chiaroscuro, kühne malerische Behandlung und die tiefe spanische Religiosität und Leidenschaft des Gefühls aus (*Das Bacchanal Silens,* 1626, Galleria Nazionale di Capodimonte, Neapel; *Martyrium des hl. Bartholomäus,* 1630, Prado). In den 1640er Jahren näherte sich R. (vermutlich unter dem Eindruck der Bologneser Malerei) einem mehr klassischen Stil (*Die Kommunion der Apostel,* 1651, Museo Nazionale di S. Martino, Neapel). Sein kraftvoller, kompromißloser Realismus zeigt sich v. a. in den Gemälden der Spätzeit (*Der Klumpfuß,* 1652, Louvre). In seinen letzten Arbeiten erreichte er eine Meisterschaft in der Be-

handlung des Lichts, die → Velázquez vergleichbar ist.

Ricci, Marco (1676–1730)
Venezianischer ◇Landschafts- und Ruinenmaler, Neffe, Schüler und Mitarbeiter des Sebastiano → Ricci, mit dem er 1506–07 den Palazzo Marucelli in Florenz ausmalte. Häufig führte er auch die Landschaftshintergründe in den religiösen Arbeiten seines Onkels aus. R., der v. a. von S. → Rosa und A. → Magnasco beeinflußt war, wurde mit seinen romantisierenden Landschaften und Ruinengemälden zum Begründer der ◇Vedutenmalerei im Venedig des 18. Jh.s. Er schuf auch bemerkenswerte ◇Radierungen.

Ricci, Sebastiano (1659–1734)
Italienischer Maler, einer der bedeutendsten Vertreter der spätbarocken venezianischen Malerei am Übergang zum ◇Rokoko, Onkel des Marco → Ricci. Hauptsächlich in Venedig tätig, führte er auch Auftragsarbeiten in London (◇Fresko der *Auferstehung Christi* in der Kapelle des Chelsea-Hospitals), Paris und Wien (*Himmelfahrt Mariä,* um 1734, Karlskirche, Wien) aus. R. entwickelte ab etwa 1700 unter dem Einfluß Paolo → Veroneses und A. → Magnascos einen eigenständigen, aufgelockert-heiteren, hellfarbigen Fresken- und ◇Tafelbildstil von ausgesprochener Erzählfreudigkeit und lichter atmosphärischer Gestimmtheit, der sich von der ◇Helldunkeltechnik seiner früheren Arbeiten abkehrte und insbesondere den jungen G. B. → Tiepolo beeinflußte.

Riccio, il (Andrea Briosco) (um 1470–1532)
Italienischer ◇Bildhauer, hauptsächlich in Padua tätig; Schüler von → Bellano, beeinflußt von → Donatello. Seine ◇Statuetten wie seine ◇Reliefs – meist Bronzearbeiten – vereinen kraftvolle Darstellung und klassische Auffassung. R. gehörte dem Paduaner Humanistenkreis an und war bestrebt, zeitgenössische und religiöse Themen im Sinn der Antike neu zu interpretieren (z. B. im Grabmonument der Familie della Torre in S. Fermo Maggiore, Verona, um 1510). Sein Meisterwerk ist der gewaltige, fast 4 m hohe, aufwendig verzierte Osterleuchter in der Basilika S. Antonio in Padua (1507–16).

Richardson, Jonathan (1665–1745)
Englischer ◇Porträtmaler und Kunsttheoretiker, Schüler J. → Rileys. Obwohl er in England als führender Porträtist in der Tradition → Knellers bekannt war, sind doch seine kunsttheoretischen Schriften (Essays zur Theorie der Malerei und zur Kunstkritik) von größerem Interesse als seine häufig stereotypen Gemälde. Gemeinsam mit seinem Sohn Jonathan (1694–1771) verfaßte er den ersten englischen Führer über die Kunstschätze Italiens (›An Account of Some of the Statues and Bas-Reliefs, Drawings and Pictures in Italy‹, 1722).

Richier, Germaine (1904–1959)
Französische ◇Bildhauerin, studierte an der Ecole des Beaux-Arts in Montpellier und war 1925–29 in Paris Schülerin von → Bourdelle. Ihre frühen Arbeiten, ◇Büsten und ◇Torsi, waren in der ◇impressionistischen Oberflächenbehandlung von → Rodin, in der statuarischen, klassischen Form von Bourdelle beeinflußt. Um 1940 wurde die klassisch-organische Form unter dem Einfluß → Giacomettis verdrängt, die ◇Skulpturen wurden ◇abstrakter und lösten sich immer mehr auf bis zu skeletthaften, dämonischen, hybriden Bronzefiguren (Insekten-Frauen, Fledermaus- und Krallen-Menschen), deren Gliedmaßen oft durch Drähte verspannt waren (*The Devil with Claws,* 1952); ihre insektenhaft-bizarre Phantastik besitzt eine fatalistisch-apokalyptisch anmutende Symbolik. G. R. hat sich auch mit ◇Keramik, ◇Mosaik und ◇Druckgrafik beschäftigt.

Richter, Adrian Ludwig (1803–1884)
Deutscher Maler und ◇Illustrator, lernte bei seinem Vater, dem Landschaftskupferstecher Carl August R. (1770–1848), und lebte 1823–26 in Rom, wo er sich unter dem Einfluß von J. A. → Koch in der ◇Ölmalerei weiterbildete (*Der Watzmann,* 1826, NP). 1826–35 war er als Zeichenlehrer an der Meißner Porzellanmanufaktur tätig, dann als Professor an der Dresdner Akademie (1836–71). Bekannt wurde R. v. a. durch seine liebenswerten volkstümlichen Illustrationen, ◇Holzschnitte (etwa 3000), u. a. zu Märchen der Gebrüder Grimm (›Die sieben Schwaben‹, 1849), J. K. A. Musäus' ›Volksmärchen der Deutschen‹ (1842), Ludwig Bechsteins Märchenbuch (1853) sowie zu Volks- und Studentenliedern. Seine ◇biedermeierliche Bildwelt ist der seines Freundes → Schwind sehr verwandt.

Richter, Gerhard (* 1932)
Deutscher Maler, studierte 1952–57 an der

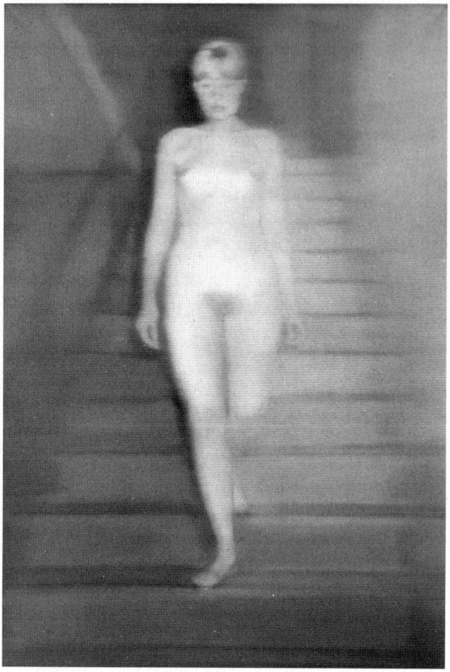

Gerhard Richter, *Emma – Akt auf einer Treppe,* 1966

Kunsthochschule in Dresden und – nach seiner Übersiedlung in die Bundesrepublik – 1961–63 an der Kunstakademie in Düsseldorf. 1963 mit Konrad → Lueg ›*Demonstration für den Kapitalistischen Realismus*‹ durch Selbstausstellung im Düsseldorfer Möbelhaus Berges und Praktizierung einer Malerei, die auf banalen Fotofundstücken oder Ausrissen aus Zeitungen beruht und diese meist unscharf und schwarz-weiß in Bilder überträgt. Dabei ist das Werk von ständigen Veränderungen und Brüchen geprägt, durch in Sujet und Malweise gegensätzliche, teils auch nebeneinander herlaufende Werkgruppen, die ein Sich-Festigen verhindern sollen: *48 Porträts* berühmter Persönlichkeiten nach Lexikonfotos, 1971–72; Farbtafeln, ab 1966; Städtebilder, 1968; ◇abstrakte Bilder mit grauen oder farbigen Schlieren (fotografische Vergrößerungen von Malstrukturen), 1968; Wolken 1970; Landschaften und ◇monochrome Grau-Bilder (als Summe aller Farben und neutraler Gestaltlosigkeit), 1973; Stilleben mit Kerzen, Totenschädeln und Äpfeln als Vanitasmotive, 1970er Jahre, sowie seit 1976 abstrakte Bilder mit starker Farbigkeit, die kleine Ölskizzen monumental vergrößern und eine nur in der Malerei existierende Raumwirkung besitzen. 1988 Entstehung der Bildserie *18. Oktober 1977,* die sich auf den deutschen Terrorismus der RAF bezieht. Seit 1972 stellt R. auch seine systematisch angelegte Sammlung ◇fotografischer Vorlagen für seine Malerei unter dem Titel *Atlas* aus.

Richter, Hans (1888–1976)
Deutscher Maler und Pionier des ◇avantgardistischen Films, studierte in Berlin und Weimar, schloß sich 1916 der Zürcher ◇Dadabewegung an und malte 1917 seine ersten ◇abstrakten Bilder. 1918 schuf er (zusammen mit → Eggeling) seine ersten abstrakten ›Rollen‹-Bilder, 1921 produzierte er seinen ersten abstrakten ◇Film, ›Rhythmus 21‹. Er stand auch in Verbindung mit dem ◇surrealistischen Kino der späten 1920er Jahre. 1941 ließ er sich in den USA nieder, wo er am College of the City of New York lehrte und Direktor des Filminstituts wurde. Zu seinen berühmtesten Filmen gehört der 1944–47 entstandene ›Dreams That Money Can Buy‹ mit Beiträgen von A. → Calder, M. → Duchamp, M. → Ernst, F. → Léger und Man → Ray.

Ricketts, Charles (1866–1931)
Englischer Maler, ◇Grafiker, Kunstgewerbler und ◇Bildhauer, in seiner Malerei beeinflußt von → Delacroix und Gustave → Moreau, in seiner Grafik von den → Präraffaeliten, William → Morris und dem englischen ◇Jugendstil. Zusammen mit Charles Shannon (1863–1937) gründete er nach dem Vorbild von Morris' ›Kelmscott Press‹ 1896 die ›Vale Press‹ und gab bibliophile Buchdrucke heraus (meist mit eigenen ◇Illustrationen). R. schuf ferner Schmuck und ◇Skulpturen, v. a. aber Bühnenbildentwürfe (u. a. zu → Wildes ›Salomé‹).

Rickey, George (* 1907)
Amerikanischer Plastiker und Theoretiker der ◇Kinetischen Kunst, studierte 1926–29 in Oxford und 1929–30 an der Akademie Lhote in Paris. 1945 konstruierte R. sein erstes ◇Mobile, dem ab 1949 kinetische Glasskulpturen folgten. Später bevorzugte R. rostfreie Stahlelemente für seine hängenden und stehenden Mobiles, die auf Universalscharnieren pendeln und das Prinzip ihrer Bewegung in den Umraum übertragen. In den Titeln der Mobiles, wie *Zwei Linien hinein, Zwei Linien außen, Sechs horizontale Linien,*

dokumentiert sich ihre monumentale Einfachheit, Resultat einer fast wissenschaftlichen Konstruktion.

Ridolfi, Carlo (1594–1658)
Italienischer Maler und Biograph venezianischer Maler, dessen zweibändiges Werk ›Le maraviglie dell'arte‹, (1648) als Gegenstück zu → Vasaris Werk über toskanische Maler erschien. R.s meist religiöse, über ganz Venetien verstreute Bilder sind ◇manieristisch mit Anklängen an → Veronese und → Tintoretto.

Riebesehl, Heinrich (* 1938)
Deutscher Fotograf, der nach einer Drogistenlehre zunächst als Fotokaufmann arbeitete. 1963–65 und 1972–73 Studium der ◇Fotografie an der Essener Folkwangschule bei Otto → Steinert und Tätigkeit als Bildberichterstatter für die ›Hannoversche Presse‹. R.s Fotostil orientiert sich an einer neutralen Dokumentation, wobei es ihm allerdings bei der Wahl der Sujets um eine geheimnisvolle Ausstrahlung der Dinge geht.

Riedinger (Ridinger), Johann Elias (1698–1767)
Deutscher Maler und Radierer, der besonders durch seine ◇Radierungen mit Jagdszenen bekannt wurde. Die grafischen Folgen *Vorstellungen der vortrefflichsten Fürsten-Lust oder der edlen Jagtbarkeit* (1729), *Abbildung der jagtbaren Thiere mit derselben Faehrten und Spuhren* (1740) und *Parceforcejagd der Hirschen* (1768) sind zumeist mit erläuternden Texten versehen.

Riemenschneider, Tilman (Dill, Til) (um 1460–1531)
Deutscher ◇Bildhauer und Bildschnitzer, vorwiegend in Würzburg tätig, am bekanntesten durch seine Arbeiten in Holz, aber ebenso Schöpfer von Marmor-, Kalkstein und Alabasterwerken. 1483 trat R. in die Malerzunft in Würzburg ein, wo er 1505 Ratsmitglied wurde und 1520–21 Bürgermeister war. Aufgrund seiner Beteiligung am Bauernkrieg verlor er 1525 Ämter, Ehren und einen Teil seines Vermögens. Ausgebildet wurde R. vermutlich am Oberrhein und in Schwaben im Umkreis → Schongauers. Sein erstes bezeugtes Werk, der *Münnerstädter Altar* (1490–92, Lindenholz [1831 auseinandergerissen], Mittelstatue der Magdalena in München, Bayerisches Nationalmuseum, weitere Teile

Tilman Riemenschneider, *Mariä Himmelfahrt* (Mittelschrein des *Creglinger Marienaltars*), um 1505–10

heute in Berlin und Münnerstadt), zeigt in der Gesamtanlage wie in der Linienführung deutlich spätgotische Elemente. Diese schöne Linearität diente auch zur Wiedergabe tragischen Ausdrucks, so in der *Kreuzigung Christi* (um 1500–10, Hessisches Landesmuseum, Darmstadt) und im *Heilig-Kreuz-Altar* (um 1508–10) in St. Peter und Paul in Dettwang. Licht und Schatten werden mit in die Formgebung einbezogen, und die subtile Oberflächenbehandlung macht die farbige Fassung der Figuren weitgehend überflüssig. In zunehmendem Maß wandte sich R. von der spätgotischen Unruhe ab und strebte kraftvoll-ruhige Figuren und Kompositionen an, am eindrucksvollsten vielleicht im *Creglinger Marienaltar* (um 1505–10, Herrgottskirche, Creglingen), in dem sich Monumentalität und differenzierter Detailreichtum verbinden. Bei alledem wirkte sich die italienische ◇Renaissance doch nur am Rande und eher äußerlich auf R. aus, und auch seine Steinarbeiten – z. B. das Grab für Kaiser Heinrich II. und dessen Gemahlin Kunigunde (1499–1513, Bamberger Dom), wie auch andere Grabmäler (Wandgrab des Lorenz von Bibra, 1516–22, Würzburger Dom) und Reliefs – blieben durchaus mittelalterlich. Dennoch übte R.s Kunst mit ihren Darstellungen weltentrückter Versunkenheit, der Eleganz der Gestalten und der expressiven Gewandbehandlung nachhaltigen Einfluß aus.

Riemerschmied, Richard (1868–1957)
Deutscher ◇Kunstgewerbler und Architekt, Mitbegründer der Vereinigten Werkstätten für Kunsthandwerk in München (1897), des → Deutschen Werkbundes, dessen Vorsitz er 1920–26 innehatte. Als Leiter der Münchner Kunstgewerbeschule 1912–14 gehörte R. zu den bedeutenden Vertretern des Münchner ◇Jugendstils. Seine Entwürfe für Möbel, Tapeten, Stoffe und Glas sind von schlichter Eleganz geprägt. Auf die Inneneinrichtung des Münchner Schauspielhauses (1901) folgten schlichte Einfamilienhäuser. 1907/08 Entwurf des Bebauungsplanes für die Gartenstadt Hellerau und 1909 Errichtung der Werkanlagen für die Deutschen Werkstätten als erste künstlerisch gestaltete Fabrikanlagen. 1926–31 war R. Leiter der Kölner Werkschulen.

Rietschel, Ernst (1804–1861)
Deutscher ◇Bildhauer, studierte 1826–30 bei C. D. → Rauch in Berlin, dessen Lieblingsschüler er war. Seine Bronzedenkmäler streben eine Synthese von ◇Klassizismus und ◇Realismus an. Bekannt sind v. a. das *Goethe-Schiller-Denkmal* in Weimar (1852–56, 1857 enthüllt) und das *Lessing-Denkmal* in Braunschweig (1848–49). Seit 1832 wirkte R. als Professor an der Kunstakademie in Dresden, wo er mit Ernst Julius Hähnel zu den Begründern der Dresdner Bildhauerschule der zweiten Hälfte des 19. Jh.s gehörte.

Rigaud, Hyacinthe (1659–1743)
Französischer ◇Porträtmaler des ◇Barock, während drei Generationen Hofmaler des französischen Königshauses. Sein prunkvoller, theatralischer Porträtstil entsprach dem pompösen Geschmack am Hofe Ludwigs XIV. Als berühmtester und gesuchtester Porträtist seiner Zeit unterhielt er einen großen Werkstattbetrieb, und viele seiner Bilder, besonders die späteren, stammen von Gehilfen. Während seine repräsentativen Staatsporträts mehr den Einfluß van → Dycks zeigen, stehen die intimeren inoffiziellen Bildnisse → Rembrandt näher; letztere überbrücken die Kluft zwischen der höfischen Porträtkunst des Barock und dem naturalistischen Bildnisstil des 18. Jh.s (*Marie Serre, die Mutter des Künstlers,* 1695, Louvre). Am bekanntesten ist R.s Porträt von Ludwig XIV. (1701, Louvre).

Riley, Bridget (* 1931)
Englische Malerin, bedeutende Vertreterin der ◇Op Art, studierte u. a. am Royal College of Art in London. Sie wurde von → Vasarély beeinflußt, beschäftigte sich aber im Gegensatz zu ihm ausschließlich mit rein optischen, das Auge des Betrachters verwirrenden, meist gleichmäßigen Flächenmustern (z. B. schwarze Wellenlinien auf weißem Grund), die den Eindruck von flimmernder Bewegung erzeugen.

Riley (Ryley), John (1646–1691)
Englischer ◇Porträtmaler, Schüler von Gerard → Soest. Neben → Kneller Hofmaler König Wilhelms III. und der Königin Maria von England.

Rimmer, William (1816–1879)
Amerikanischer ◇Bildhauer, Maler und ◇Grafiker englischer Abstammung, seit 1826 in Boston, betätigte sich 1840–45 auf Reisen als ◇Porträtist, studierte dann aber 1841–47 Medizin; später unterrichtete er Kunst in Boston (1864–66, 1870–79) und leitete die Cooper Union. R. war ein ausgezeichneter Kenner der menschlichen Anatomie (R. gab auch Kurse in Anatomie für Künstler), seine Arbeiten – meist heftig bewegte Figuren in expressiven, teils qualvollen Verrenkungen – wirken in ihrer Ausdrucksintensität und Dichte wie eine Vorwegnahme → Rodins (*Der sterbende Kentaur,* um 1871, MM).

Rimpa-Schule
Die R.-S. war, anders als die meisten japanischen Malerschulen, keine formalisierte Institution, sondern eher eine Vereinigung von Künstlern, hervorgegangen aus der Freundschaft von → Hon'ami Kōetsu und → Nonomura Sōtatsu. Von Sōtatsu weiß man, daß er ◇Yamato-e-Rollbilder restaurierte; diesem Stil entnahm er Themen und sogar Bildformen und machte daraus etwas einzigartig Dekoratives, das, wie Yamato-e, völlig japanisch ist. → Ogata Kōrin übernahm und erweiterte die Thematik und führte den Stil zu einem Höhepunkt. Korins jüngerer Bruder, → Ogata Kenzan, malte gleichfalls in diesem Stil.

Daß Kōrin regelrechte Schüler hatte, ist unwahrscheinlich, doch zu seinen Nachfolgern gehören Fukae Roshū (1699–1755), im weiteren auch → Watanabe Shikō. Viele Jahre nach dem Tod Korins belebte → Sakai Hoitsu den Stil aufs neue und veröffentlichte ◇Holzschnitte nach den Malereien Korins.

Rinke, Klaus (* 1939)
Deutscher Künstler, studierte 1957–60 an der Folkwangschule Essen. Bekannt wurde R. ab 1968 durch zahlreiche Arbeiten mit Wasser, das ihm als Mittel zur Definition von Zeit (fließendes Wasser = fließende Zeit) und Schwerkraft (Wasserfläche als absolute Waagerechte gegen Senklot als absolute Senkrechte) dient. Seit 1969 ◇Aktionen mit dem eigenen Körper als Demonstrationen von Beziehungen zwischen Körper, Raum und Zeit, die R. als ›Primärdemonstrationen‹ bezeichnet und die z. T. in ◇Videoarbeiten oder in exakt intervallisch gegliederten Fotosequenzen festgehalten werden. In den 1970er Jahren raumgreifende ◇Installationen wie z. B. *Zeitbilder-Bildzeit,* 1974, mit einer Düsseldorfer Bahnhofsuhr aus dem Jahre 1925 und einem Bildsystem, das den 24-Stunden-Verlauf visualisiert. Seit 1974 Professur an der Düsseldorfer Kunstakademie.

Riopelle, Jean-Paul (* 1923)
Franko-kanadischer Maler, übersiedelte 1947 nach Paris, wo er mit den Malern des ◇Tachismus und ◇Informel (u. a. → Wols) in Verbindung stand. Seine Tafelbilder im Stil des ◇Action Painting zeichnen sich durch eine reiche Chromatik und gespachtelte Farbflecken aus, die die gesamte Bildfläche rhythmisch im Sinne des ◇All-over Painting von → Pollock bedecken (*Knight Watch,* 1953).

Rippl-Rónai, József (1861–1927)
Ungarischer Maler, studierte seit 1884 an der Münchner Kunstakademie und ging 1887 nach Paris, wo er zwei Jahre bei seinem Landsmann → Munkácsy arbeitete; 1892 schloß er sich den → Nabis an. In dieser Zeit entwickelte er einen flächigen, vom ◇Cloisonnismus geprägten Stil, und es entstanden v. a. Gemälde in zumeist grauschwarzer Farbskala (Serie der sog. schwarzen Bilder). Zurückgekehrt nach Ungarn (1902), spezialisierte er sich auf ◇Interieurbilder, die denen seines Freundes → Vuillard nahestehen (*Der Vater des Künstlers und der alte Piacsek beim Rotwein,* 1907).

Rivera, Diego (1886–1957)
Mexikanischer Maler, neben → Orozco und → Siqueiros Begründer der modernen mexikanischen Malerei, studierte in Mexiko-Stadt und in Madrid (1907–08). 1911–20 lebte er in Paris, wo er mit → Derain, → Modigliani, → Picasso, → Braque und → Gris in Verbindung stand und sich dem ◇Kubismus anschloß. Während eines Italienaufenthalts (1920–21) wurde er tief beeindruckt von der ◇Freskenmalerei der italienischen ◇Renaissance. 1921 kehrte er nach Mexiko zurück, wo er von der Regierung zahlreiche Aufträge für monumentale ◇Wandmalereien in öffentlichen Gebäuden erhielt, in denen er v. a. Szenen aus der Geschichte, dem sozialen und politischen Leben Mexikos darstellte (1923–28, Erziehungsministerium, Mexiko-Stadt [darunter die Fresken *Das Souper der Milliardäre; Das Ende der Kapitalisten*]; 1929–30, Gesundheitsministerium, ebda). R.s volkstümlicher, expressiver ◇Realismus, in dem sich viele Einflüsse – neben der zeitgenössischen europäischen Moderne v. a. der Kunst der Maya und Azteken – zu einem sehr persönlichen, farbkräftigen, prägnant vereinfachten Stil verbanden, wirkte über Künstler wie → Shahn maßgeblich auf die Ent-

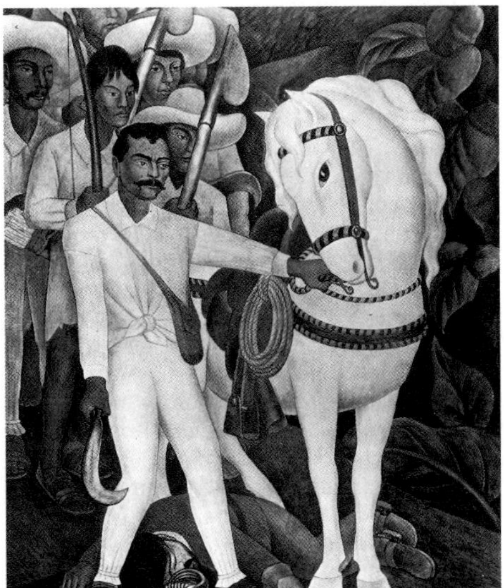

Diego Rivera, *Bauernführer Zapata,* 1931

wicklung der realistischen Malerei der 1920er und 1930er Jahre in den USA, wo R. sich zwischen 1930 und 1934 aufhielt und Wandbilder schuf (u. a. Institute of Arts, Detroit, 1932; Rokkefeller Center, New York, 1933 [1934 Replik in Mexiko-Stadt]).

Rivers, Larry (* 1923)
Amerikanischer Maler und ◇Bildhauer, studierte zunächst Musik an der Juillard School, New York, danach Jazzsaxophonist. 1947 wandte er sich der Malerei zu, 1947–48 Studium bei H. → Hofmann. Vom ◇Abstrakten Expressionismus ausgehend, entwickelte R. in den 1960er Jahren eine realistische Figurendarstellung, die ◇Assemblagen mit trivialen Objekten (Zigarettenpäckchen u. ä.) im Stil der ◇Pop Art mit malerischen Elementen der abstrakt-expressiven Technik de → Koonings verbindet.

Rizi (Rizzi, Rici, Ricci), Francisco (1608–1685)
Fray Juan Andrés (1600–1681)
Spanische Maler, Brüder, Söhne des aus Bologna stammenden Malers Antonio R. – Francisco, Schüler von V. → Carducho und Mitarbeiter von J. → Carreño de Miranda, war seit 1656 Hofmaler Philipps IV. Er schuf neben ◇Altarbildern (◇Hochaltar der Kapuzinerkiche El Pardo, Madrid, 1650) v. a. mythologische und religiöse ◇Wand- und Deckenmalereien in ◇barockem Stil (◇Fresken im Spiegelsaal des Alcázar von Madrid, ab 1653; Deckengemälde in der Kathedrale von Toledo, 1665–70, gemeinsam mit Carreño de Miranda) sowie Bühnendekorationen (Theater des königlichen Schlosses Buen Retiro, Madrid). Neben A. → Sánchez Coello und Carreño de Miranda gilt er als ein Hauptvertreter des Madrider ◇Barock. Sein Bruder Juan Andrés gehörte seit 1627 dem Benediktinerorden an und betätigte sich auch schriftstellerisch. Als Maler ein Schüler von → Mayno, außerdem beeinflußt von → Velázquez und → Zurbarán. Er schuf Altarbilder und Wandmalereien in vielen Benediktinerklöstern Altkastiliens (Altargemälde für das Kloster S. Millán de la Colloga, Logroño, ab 1653), bevor er 1662 nach Rom ging. Ab 1670 wirkte er im Kloster Monte Cassino. Juan Andrés schuf auch bemerkenswerte ◇Porträts (*Don Tiburcio de Redin y Cruzat,* Prado).

Rizzo, Antonio (A. Bregno)
(um 1430 – um 1499/1500)
Italienischer Baumeister und ◇Bildhauer, erstmals erwähnt mit Arbeiten an der Certosa von Pavia, hauptsächlich aber in Vicenza und in Venedig (1465–98) tätig, Hauptmeister der venezianischen Bildhauerei der Frührenaissance. R.s Grabmal des Dogen Niccolò Tron (um 1476, S. Maria Gloriosa de Frari, Venedig) ist das Produkt eines ziemlich trockenen Klassizismus; die überraschende Subtilität der Adam- und Eva-Statuen im Dogenpalast (um 1485) mag dem Einfluß der → Bellinis und → Antonello da Messinas zu verdanken sein.

Robbia, Luca della (1399/1400–1482)
Italienischer ◇Bildhauer, eine der Hauptgestalten der Florentiner Frührenaissance, Gründer der R.-Werkstatt. Vermutlich bei → Nanni di Banco ausgebildet, schulte er sich an antiken Vorbildern und wurde v. a. von → Ghiberti beeinflußt. Zu seinen Hauptwerken gehören die für den Florentiner Dom geschaffene Sängerkanzel (1431–38, heute Dom-Museum, Florenz) sowie die Bronzetüren der Neuen Sakristei mit dem ◇Lünettenrelief der *Auferstehung Christi* (um 1442–45, Dom, Florenz). Seit etwa 1440 beschäftigte R. v. a. das Problem der farbig glasierten Tonplastik; seine ◇polychrom glasierten ◇Terrakottareliefs, die zunächst meist weiße Gestalten auf blauem Grund zeigten, später zunehmend farbiger wurden, sind von einem behutsamen Naturalismus bestimmt. Die Tradition der Familienwerkstatt führte zunächst sein Neffe Andrea (1435–1525), später dessen Söhne Giovanni (1469 – nach 1529) und Girolamo (1488–1566) weiter (siehe Abb. S. 481).

Robert, Hubert (1733–1808)
Französischer ◇Landschafts- und Architekturmaler, wegen seiner Sujets auch ›Robert, der Ruinenmaler‹ genannt. 1754 ging er nach Rom, wo er unter dem Eindruck der Architektur- und Ruinenbilder → Piranesis und → Panninis dekorative, poetische Ruinenlandschaften schuf. Er schloß enge Freundschaft mit → Fragonard, mit dem er 1761 Süditalien (Neapel) besuchte. Zurückgekehrt nach Frankreich (1765), malte er Phantasielandschaften mit Figuren des 18. Jh.s, umgeben von klassischen Ruinen. Daneben entstanden auch ◇Genrebilder, Ansichten von Paris und Schilderungen aktueller Ereignisse (z. B. die Zerstörung der Bastille). 1793 wurde er unter dem Verdacht, Royalist zu sein, verhaftet, nach dem Sturz Robespierres jedoch wieder auf freien Fuß gesetzt. R. war auch als Gartenge-

Luca della Robbia, *Musizierende Knaben* (Detail der Sängerkanzel im Florentiner Dom), 1431–38

stalter tätig (Schloß von Versailles) und maßgeblich an der Umgestaltung des Louvre als Museum beteiligt.

Robert-Fleury, Joseph Nicolas (1797–1890)
Französischer Maler und ◇Lithograph, Schüler von → Vernet, → Girodet und → Gros, stellte 1824–67 im ◇Salon aus. 1865 wurde er Direktor der Französischen Akademie in Rom. R. war ein namhafter Vertreter der romantisierenden ◇Historienmalerei in Frankreich.

Roberti, Ercole d'Antonio de'
(um 1450/56–1496)
Italienischer Maler, einer der bedeutendsten Vertreter der Malerschule von → Ferrara im 15. Jh. R. war vermutlich Gehilfe in der Werkstatt → Cossas, in dessen Nachfolge er an der Ausmalung des Palazzo Schifanoia in Ferrara beteiligt war. R. arbeitete hauptsächlich in Ferrara, zwischen 1480–86 wirkte er in Bologna (S. Petronio). Beeinflußt wurde er von → Antonello da Messina, → Mantegna, Jacopo und Gentile → Bellini sowie von → Tura, dem er 1486 als Hofmaler der Este in Ferrara folgte. Zu seinen Hauptwerken gehören das ◇Altarbild *Maria mit Kind und Heilige* (1480–81, Pinacoteca di Brera, Mailand) und die *Pietà* (1480–86) vom ◇Hochaltar in S. Giovanni in Monte, Bologna (heute Liverpool). Neben religiösen Themen stellte R. auch mythologische Sujets dar (Szenen aus der Argonautensage, Padua).

Roberts, William (1895–1980)
Englischer Maler, studierte u. a. an der Slade School of Art in London. 1913 reiste er nach Paris und Italien, wo er vom◇Kubismus und ◇Futurismus beeinflußt wurde. Er war für R. → Frys → Omega Workshops tätig, beteiligte sich am ◇Vortizismus (1914–15) und war Mitglied der → London Group (1915). Von frühen vortizistischen Bildern, die → Léger nahestehen, gelangte R. zu abstrahierenden vielfigurigen Arbeiten mit einer gewissen sozialkritischen Tendenz (Szenen aus dem Leben der Arbeiterklasse). R. wirkte in beiden Weltkriegen als offizieller Kriegskünstler.

Robinson, Theodore (1852–1896)
Amerikanischer Maler, einer der ersten und einflußreichsten amerikanischen Vertreter des ◇Impressionismus. R. studierte in den 1870er Jahren zunächst bei → Carolus-Duran, dann bei → Gérôme in Paris. Zwischen 1887 und 1892 hielt er sich in Giverny auf. Hier entstanden unter dem Einfluß seines Vorbildes → Monet, mit dem er gemeinsam arbeitete, im Freien gemalte Figurenbilder und Landschaften (*Pflaumenernte,*

1891; *Blick auf Giverny,* um 1889), die eine zunehmende Freiheit und Spontaneität in Komposition und Ausführung zeigen. Seine von Monets Serie der Kathedrale von Rouen angeregten Bilderserien (Ansichten des Seinetals) setzte er auch nach seiner Rückkehr in die USA (1892) fort (Ansichten von *Port Ben am Delaware- und Hudson-Kanal,* 1893).

Rode, Hermen (um 1430–1504)
Deutscher Maler, der v. a. Altarwerke schuf, in Lübeck bezeugt. Seine frühesten datierten Arbeiten sind die Flügel von einem Altar aus der Stockholmer Storkyrkan (1468, heute Statens Historika Museet, Stockholm). Stilistisch steht R. mit der Klarheit seiner Farbgebung und der räumlichen Anordnung wie auch seiner anmutigen Ruhe Malern wie dem → Meister von Liesborn nahe (*Lukas-Altar* aus der Lübecker Katharinenkirche, 1484, heute St.-Annen-Museum, ebda.). In seinen späteren ◇Altarbildern näherte er sich dem Realismus der altniederländischen Malerei (*Greverade-Altar,* 1494, ehemals Marienkirche, Lübeck, heute St.-Annen-Museum, ebda.). R. schuf auch reizvolle kleinformatige Stifterbildnisse (*Der Lübecker Ratsherr Heinrich Lipperode im Gebet vor der Muttergottes,* um 1485).

Rodin, Auguste (1840–1917)
Bedeutendster französischer ◇Bildhauer des späten 19. Jh.s, dessen Werk am Beginn der modernen Skulpturenentwicklung steht. R. studierte 1854–57 an der Ecole Impériale Spéciale de Dessin et de Mathémathiques (der heutigen Ecole Nationale des Arts Décoratifs), der sog. Petite Ecole, bei H. Lecoq de Boisbaudran. R., u. a. von A.-L. → Barye und J.-B. → Carpeaux beeinflußt, war seit 1879 als Dekorateur, Ziselierer und Gießer für die Porzellanmanufaktur von Sèvres tätig. 1871–77 hielt er sich in Belgien auf, wo er mit A. E. Carrier-Belleuse an Bauplastiken (Börse in Brüssel) zusammenarbeitete. 1875 empfing er auf einer Italienreise (Turin, Rom, Florenz) einen starken Eindruck durch die Bildwerke → Michelangelos. Kurz danach entstand seine erste freistehende Bronzefigur, *Das eherne Zeitalter* (1876, Musée Rodin, Paris), verkörpert durch einen nackten Jüngling, die er 1877 im Brüsseler ›Cercle artistique‹ und in Paris zeigte und die – wegen angeblicher direkter Abformung vom lebendigen Modell – einen Skandal auslöste. Um diesen Vorwurf zu widerlegen,

Auguste Rodin, *Der Kuß,* 1886

schuf er die überlebensgroße Figur *Johannes' des Täufers* (1878, ebda.). – Nach seiner Rückkehr nach Paris (1877) entwickelte R. einen malerischen ◇›impressionistischen‹ Skulpturenstil, der die Wirkung von Licht und Schatten auf der Oberfläche einbezog und die Formen expressiv steigerte, um seelische Empfindungen auszudrücken. Dies wird besonders deutlich an den berühmten Plastiken *Der Denker* (1880) und *Der Kuß* (1886), die für das 1880 vom französischen Staat in Auftrag gegebene *Höllentor* bestimmt waren, ein monumentales Portal, das für das zukünftige Musée des Arts Décoratifs vorgesehen war, an dem R. bis 1917 arbeitete, das er allerdings nicht vollendete. Da es R. um die Wiedergabe wesentlichen Gefühlsausdrucks ging, neigte er zum Torsohaften und arbeitete seine Bildwerke z. T. auch nur in elementaren Zügen aus dem Block heraus (*Psyche, von der Chimäre getragen,* 1907; *Pan und Nymphe,* 1910; *Die Quelle,* 1914, alle Musée Rodin, Paris). Um den Eindruck der Unmittelbarkeit zu steigern, stellte er seine berühmte, von leidenschaftlicher Gemütsbewegung geprägte Gruppenplastik der *Bürger von Calais* (1884–86, ebda.) direkt auf den Boden in Augenhöhe des Betrachters. Eine seiner herausragendsten Arbeiten ist die Statue von *Balzac* (1891–98, 1939 in Bronze gegossen), die den Dichter im Schlafrock zeigt: In dem Spannungsverhältnis zwischen heroischer Vision des schöpferischen Menschen und seiner gleichzeitigen Alltäglichkeit (Schlafrock) liegt die einzigartige Ausdruckskraft dieses Bildwerks. – Es war R.s großes Verdienst, den Bruch mit der leblosen Statuarik und dem ◇Historismus der Plastik des 19. Jh.s vollzogen und damit der Bildhauerei neue Wege geöffnet zu haben. Sein Einfluß auf die jüngeren europäischen Bildhauer war außergewöhnlich groß durch die Verschmelzung realistischer und ◇symbolistischer Strömungen, zumal in den seit den 1880er Jahren entstandenen Werken (*Jongleur und Akrobat,* 1892–95). Von besonderem Rang sind auch seine (aquarellierten) ◇Zeichnungen und ◇Radierungen, meist erotisch aufgefaßte Mädchenakte (*Akt mit langem Haar,* um 1900, Musée Rodin, Paris).

Rodtschenko, Alexander Michailowitsch (1891–1956)
Russischer Maler, ◇Grafiker, ◇Designer und ◇Fotograf, Vertreter des ◇Konstruktivismus, studierte an der Kunstschule in Kasan (1910–14), ließ sich 1914 in Moskau nieder, wo er kurze Zeit an der Stroganow-Schule für angewandte Kunst studierte. In Moskau beeinflußten ihn → Malewitsch, → Tatlin und die Theorien → Kandinskys. 1915 begann er, eine Reihe ◇abstrakter Kompositionen mit Zirkel und Lineal auszuführen, in denen er seine Theorie des Linearismus umsetzte. 1918 entstand sein Gemälde *Schwarz auf Schwarz* als polemische Antwort auf Malewitschs *Weiß-auf-Weiß*-Bildserien. 1921 erklärte R. den ◇Suprematismus und die ◇Staffeleimalerei für tot. Als einer der Mitbegründer des Konstruktivismus forderte er, daß die Künstler der sozialistischen Gesellschaft Künstler, Formgestalter und Ingenieure zugleich sein sollten. Seine ◇Plakatentwürfe, die in ihrer genau konzipierten Komposition Blockbuchstaben und ◇Fotomontagen verwendeten und kaum die Illusion von Raum oder Bewegung erlaubten, waren von unmittelbarer, packender Wirkung. R. war Mitglied der von → Majakowski 1923 organisierten Gruppe ›LEF‹, für deren Zeitschrift er zahlreiche Beiträge, Fotos und typographische Entwürfe lieferte. Zu seinen zahlreichen gestalterischen Projekten gehörte die Ausstattung eines Arbeiterklubs, die 1925 auf der ›Exposition Internationale des Arts Décoratifs et Industriels Modernes‹ in Paris gezeigt wurde.

Alexander Rodtschenko, *Komposition (mit Lineal und Zirkel),* 1915

Außerdem schuf er Buchillustrationen (z. B. für Majakowskis ›Pro Eto‹ [›Darüber‹], 1923) und Theaterdekorationen. 1920–30 unterrichtete er an den Moskauer → Wchutemas / Wchutein.

Roeder, Emy (1890–1971)
Deutsche ◇Bildhauerin, die 1908–10 in Würzburg und 1912–14 bei → Hoetger in Darmstadt studierte. 1936 Aufenthalt in Florenz und Rom, wo sie zum Kreis der ›Villa Romana‹ um → Purrmann gehörte. Vom ◇Expressionismus unter dem Einfluß Hoetgers ausgehend, entwickelte sie einen kubisch-blockhaften Stil lyrisch sensibler Empfindung für den psychischen Ausdruck ihrer ◇Skulpturen (v. a. ◇Akte, Mädchenfiguren und ◇Bildnisse).

Roehr, Peter (1944–1968)
Deutscher Künstler, zählt mit seinem 1962–67 entstandenen Werk zu den strengsten Vertretern der ◇seriellen Kunst. Ästhetisch von → Nouveau Réalisme und → Zero ausgehend (frühe Arbeiten, 1962), entwickelte er eine stringente Bildanordnung der »präzisen, unvariierten, lückenlosen Reihung«, die jede Art von individueller Einflußnahme in Form von Gestik, zufälligen Affekten oder ›Komposition‹ soweit wie möglich vermied: Arbeiten mit Rechen- und Schreibmaschinen (Additionsstreifen, 1962; Typo- und Text-Montagen, 1963–66), mit vorgefundenen, meist industriell geformten Gegenständen (Ob-

jekt- und Foto-Montagen, 1962–67) sowie mit Werbesprüchen und Filmsequenzen (Ton- und Film-Montagen, 1965). Zu Lebzeiten kaum von Einfluß (außer auf einige Freunde, wie z. B. → Dibbets), fand R. nach seinem Tod zunehmend Beachtung, da seine Arbeitsmethode, in eine einmal fixierte Konzeption nicht mehr spontan verändernd einzugreifen, als Vorwegnahme zentraler Anliegen der neuen, nicht mehr an Einzelwerk und subjektiver Äußerung, sondern an einer Grundkonzeption interessierten Kunstauffassung empfunden wurde.

Roelas (Ruelas), Juan de las (1558/60–1625)
Spanischer Maler religiöser Sujets, 1606–20 als Maler in Sevilla nachweisbar, gilt als Begründer der dortigen Malerschule. Sein Stil, der unter deutlichem Einfluß der venezianischen Malerei stand (→ Veronese), läßt einen Italienaufenthalt vermuten. Sein malerisches und kompositionelles Können sowie die Mischung aus Realismus und Mystizismus in seinen religiösen Bildern (vornehmlich in den Kirchen Sevillas, u. a. eine *Pietà,* 1609, in der Kathedrale) verschafften ihm den Ruf eines ›spanischen Veronese‹.

Roerich, Nikolai Konstantinowitsch (1874–1947)
Russischer Maler, Archäologe und Bühnenbildner, studierte 1893–97 bei A. Kuindschi an der Akademie der Künste in St. Petersburg, 1900–01 Aufenthalt in Paris; ab 1901 in St. Petersburg Sekretär der ›Gesellschaft zur Förderung der Künste‹, 1906–18 Direktor von deren Zeichenschule. Mitglied von → ›Mir Iskusstwa‹. R. lebte ab 1920 hauptsächlich in den USA und Indien; zwei große Expeditionen (1924–28 und 1934–35) führten ihn nach Zentral- und Ostasien. Die Themen seiner Malerei wurden zunächst von seinem Interesse am slawischen Heidentum bestimmt (*Götzen,* 1901; *Slawen am Dnjepr,* 1905; beide Russisches Museum, St. Petersburg), seit den 1920er Jahren v. a. von seiner Beschäftigung mit dem Buddhismus (*Tibetanisches Kloster,* 1942, ebda.). Mit seinen von der russischen ◇Volkskunst beeinflußten Ausstattungen war R. einer der bedeutendsten Bühnenbildner → Diaghilews (›Iwan der Schreckliche‹, 1909; ›Fürst Igor‹, 1909).

Rogier van der Weyden siehe → **Weyden,** Rogier van der

Rohlfs, Christian (1849–1938)
Deutscher Maler und ◇Grafiker, lernte ab 1870 an der Weimarer Kunstschule, wo er später auch lehrte. 1901 wurde er von dem Industriellen und Sammler Karl-Ernst Osthaus an das gerade entstehende Museum Folkwang in Hagen berufen. Nach intimen realistischen Landschaften näherte er sich einem gemäßigten ◇Impressionismus und setzte sich ab 1901, angeregt durch H. van de → Velde, mit dem späten → Monet, dem ◇Luminarismus der ◇Neoimpressionisten (◇Pointillismus) und mit van → Gogh und → Gauguin auseinander. Er entwickelte daraus einen eigenen lyrischen ◇Expressionismus, der sich von ähnlichen zeitgleichen Bestrebungen unterschied, auch von → Nolde, mit dem zusammen er 1906 in Soest malte. Die Formen seiner Bilder (Landschaften, Architekturdarstellungen, Blumen, religiöse Szenen) lösten sich in der Folge zunehmend auf, wurden lichter, visionärer und immaterieller, bis die Bildfläche schließlich zu einer lichthaltigen vibrierenden Farbhaut von manchmal fast ◇abstrakter Wirkung wurde. In seiner späteren Zeit kam er von der ◇Ölmalerei immer mehr zum ◇Aquarell und ◇Pastell.

Christian Rohlfs, *Amazone,* 1912

Romanino, Girolamo di Romano (1484/87 – um 1562)
Italienischer Maler, vermutlich Schüler von Stefano Rizzi in Brescia, bildete sich in Padua und Venedig unter dem Einfluß → Giorgiones und → Tizians, tätig in Brescia und im übrigen Oberitalien, gehört mit → Moretto und → Savoldo zu den wichtigsten veneto-lombardischen Künstlern in der ersten Hälfte des 16. Jh.s. In seinen

kraftvollen, spannungsreichen religiösen Werken verband er den beschreibenden Realismus der lombardischen Tradition mit venezianischem Kolorit (*Pietà,* 1510, Accademia, Venedig; *Maria mit Kind und Heilige* [Mitteltafel von einem *Marien-Polyptychon*], 1513, Museo Civico, Padua; ◇Fresken mit *Szenen aus der Passion Christi* im Dom von Cremona, 1519–20, und in S. Maria della Neve in Pisogne bei Brescia, um 1531).

Romano, Giulio siehe → **Giulio Romano**

Rombouts, Theodor (1597–1637)
Flämischer Maler, studierte vermutlich bei A. → Janssens, verbrachte anschließend mehrere Jahre in Rom (etwa 1616–25), wo er von → Caravaggio beeinflußt wurde. Ab 1630 wurden seine religiösen Sujets und ◇Genreszenen stark von → Rubens geprägt.

Romney, George (1734–1802)
Englischer ◇Porträt- und ◇Historienmaler, neben → Reynolds und → Gainsborough der berühmteste englische Porträtist seiner Zeit. Bereits vor seiner Übersiedlung nach London (1762) malte er zahlreiche kleinformatige Porträts und ◇Genrebilder in Kendal (Westmorland). In London erregte er erste Aufmerksamkeit mit seinem Historienbild *Der Tod des Generals Wolfe* (1763) (mit dem er bei einem Wettbewerb der Society of Artists den ersten Preis errang, der ihm allerdings – angeblich durch das Einwirken Reynolds' – wieder abgesprochen wurde). In der Folgezeit erlebte R. einen raschen Aufstieg zu einem der gesuchtesten Modeporträtisten. 1773–75 reiste er nach Italien, wo er die Werke → Raffaels, → Tizians und → Correggios studierte, unter deren Einfluß seine Malerei reifte. 1782 traf er die von ihm über alles verehrte Emma Harte, die spätere Lady Hamilton, von der er mehr als 50 Bildnisse malte, die sie in unterschiedlichen Rollen, häufig als Gestalt aus antiken Mythen (u. a. Bacchantin, Nymphe), aber auch als Genrefigur zeigen (*Emma Harte, spätere Lady Hamilton, als Spinnerin,* Iveagh Bequest, London). Zutiefst betroffen von ihrer Heirat (1791) mit Sir William Hamilton, kehrte er 1798 nach Kendal zurück, wo er in geistiger Umnachtung starb.

George Romney, *Emma Harte, spätere Lady Hamilton,* 1782

Rooker, Michael (genannt ›Michel Angelo‹) (1743–1801)
Englischer ◇Landschaftsmaler und ◇Kupferstecher, bekannt für seine ◇Aquarelle von Architekturruinen, die er auf zahlreichen Reisen durch die englischen Grafschaften schuf. R. war ein Schüler von P. → Sandby.

ROPF
›Russische Gesellschaft proletarischer Fotografen‹. Nach der Gründung der Sowjetunion von Max → Alpert ins Leben gerufene Vereinigung von russischen ◇Fotografen, die sich um einen modernen Live-Bildjournalismus bemühten. Zu ihren Mitgliedern gehörten neben Alpert, S. Fridland, Boris Ignatowitsch, G. Petrusow und Arkadi Schajchet.

Rops, Félicien Joseph Victor (1833–1898)
Belgischer Maler und ◇Grafiker, Autodidakt, schuf anfangs satirische und gesellschaftskritische ◇Zeichnungen und ◇Lithographien unter dem Einfluß von → Daumier und → Gavarni. Ende der 1850er Jahre ging er zur ◇Radierung über und schuf erotisch-dekadente Einzelblätter und Folgen *(Les Sythères Parisiennes,* 1864; *Les Sataniques,* 1874; *Les Diaboliques,* 1886), die meist das Weib als Vampir, Sphinx u. ä. dämonisieren und die von den ◇symbolistischen Schriftstellern bewundert wurden. R. hat auch ◇Illustrationen für die Werke → Baudelaires und Mallarmés geschaffen.

Rosa, Salvator(e) (1615–1673)
Italienischer Maler, ◇Radierer, Dichter, Musiker und Schauspieler, R. war in Rom (1635/36 und

1639/40), ab 1640 in Florenz (bis 1649) und seit 1649 wieder in Rom tätig, wo er sich im selben Jahr endgültig niederließ. Als Maler trat er v. a. mit seinen dramatisch bewegten Schlachtenszenen hervor (*Antike Reiterschlacht,* Louvre). Ein weiteres Spezialgebiet R.s waren phantasievolle, pittoreske ◇Landschaften und ◇Marinebilder, die in deutlichem Gegensatz stehen zu der klassichen Ausgewogenheit des zeitgenössischen Landschaftsstils (→ Claude Lorrain, N. → Poussin) und mit denen R. zu einem bedeutenden Vorläufer der ◇romantischen Landschaftsauffassung wurde. Ein weiterer Themenschwerpunkt R.s sind düstere, dämonische, z. T. von → Bosch inspirierte Bilder (u. a. Hexendarstellungen), die bereits die furchterregenden Gestalten von → Goyas Radierfolge *Los Caprichos* vorwegnehmen (*Der Schatten Samuels erscheint Saul,* 1668, Louvre). R. hat ein bedeutendes Radierwerk hinterlassen.

Rosanowa, Olga Wladimirowna (1886–1918)
Russische Gestalterin und Illustratorin, studierte 1904–10 in Moskau (u. a. an der Stroganow-Kunstschule für angewandte Kunst). Ab 1911 lebte sie in St. Petersburg, wo sie zu den aktivsten Mitgliedern der Avantgarde-Bewegung gehörte. Sie illustrierte zahlreiche Werke russischer ◇futuristischer Dichter (v. a. Welimir Chlebnikows und Alexej Krutschonychs) und beteiligte sich seit 1911 an allen wichtigen Avantgarde-Ausstellungen zur ungegenständlichen Kunst, darunter die Ausstellungen des ›Bundes der Jugend‹ (1911–13), ›Tramway W: Erste Futuristische Gemäldeausstellung‹, die ›Letzte Futuristische Ausstellung von Bildern: 0,10‹ (1915 in Petrograd) sowie 1916–17 die Ausstellungen des → ›Karobuben‹ in Moskau. Sie war u. a. Mitglied der Gruppen ›Supremus‹ (1916–17) und der ›Proletkult‹-Bewegung wie auch Mitorganisatorin der Swomas, der Freien Staatlichen Kunstwerkstätten, in einigen Provinzstädten (siehe → Wchutemas).

Rosenbach, Ulrike (* 1943)
Deutsche ◇Performance- und ◇Videokünstlerin, die an der Düsseldorfer Kunstakademie bei → Beuys studierte. Seit 1970 praktiziert U. R. eine von den geschlechtlichen Rollenklischees und Emanzipationsproblemen der Frau getragene engagierte Konzeption der Video-Performance und Video-Installation (*Glauben Sie nicht, daß ich eine Amazone bin,* 1975). Zunächst arbeitete U. R. in ihren Performances mit der Live-Kamera. Während sie agiert, kann der Zuschauer dieselbe Handlung unter verändertem Blickwinkel auf einem Fernsehmonitor sehen. In den 1980er Jahren erhalten die Videoarbeiten ◇environmentalen Charakter, so daß sie auch unabhängig von den Performances der Künstlerin installiert werden können, wie z. B. die auf der documenta 8 gezeigte Installation *Orphelia,* mit einem liegenden Großbildschirm, auf dem eine sich lebhaft im Wasser bewegende Gestalt zu sehen ist. Der Titel und damit die Gestalt mit dem Monitor sind eine Kombination aus ›Orpheus‹ und ›Ophelia‹. U. R. schafft mit dieser Figur eine androgyne Disposition, in der sich auf einer transzendenten Ebene männliche Aktivität und weibliche Passivität harmonisch ausgleichen.

Rosenkreuzer
Eine lose Gruppierung ◇symbolistischer Künstler unter der Leitung von Sár (Joséphin) Péladan, einem äußerst produktiven Schriftsteller und Anhänger okkulter Lehren des im 15. Jh. lebenden Mystikers Christian Rosenkreuz. Seine Anhänger stellten ihre Arbeiten in den ◇Salons ›Rose + Croix‹ in Paris von 1892 bis 1897 aus. Zu den typischen Rosenkreuz-Malern gehören Charles Filiger (der auch mit P. → Gauguin und der Schule von → Pont-Aven in Verbindung stand), Armand Point, Edgar Maxence und Marcellin Desboutin. Die Hauptbedeutung dieser Salons lag jedoch darin, die Aufmerksamkeit auf die Arbeit bedeutender nichtfranzösischer Symbolisten wie den Schweizer Ferdinand → Hodler und den Niederländer Jan → Toorop zu lenken.

Rosenquist, James (* 1933)
Amerikanischer Maler, studierte an der University of Minnesota (1952–54) und an der ◇Art Students' League (1955–58) und betätigte sich gleichzeitig als ◇Plakatmaler und ◇Designer; nahm 1962 teil an der Ausstellung ›The New Realists‹ in der Sidney Janis Gallery in New York, die die ◇Pop Art begründen sollte. In seinen Bildern bemalt er Transparentfilme mit den neongrellen Leuchtfarben und den Emblemen der Werbeindustrie. Dabei entsteht ein perspektivisch gestaffeltes, optisch durchkonstruiertes Raumgemälde, zu dem sich mehrere Folien mit verschiedenen Flächenmaßen und Raumordnungen arrangieren (*F III,* 1965).

Roslin, Alexander (1718–1793)
Schwedischer ◇Porträtmaler des ◇Rokoko, ausgebildet bei dem Hofmaler G. E. Schröder in Stockholm, wirkte R. später u. a. in Göteborg, Italien, am Bayreuther Hof (1745–47) und seit 1752 hauptsächlich in Paris, wo er einer der gesuchtesten Bildnismaler seiner Zeit wurde. 1775 ging er nach St. Petersburg, wohin ihn Katharina II. berufen hatte, die er auch porträtierte (1776, Eremitage). 1778 kehrte er über Warschau und Wien nach Paris zurück. R. war v. a. von der italienischen und der französischen Rokokomalerei beeinflußt (→ Boucher, → Nattier); seine Bildnisse zeichnen sich besonders durch die subtile Wiedergabe von Stoffen und die ausgewogene Komposition aus (*Dame mit Schleier: Marie Suzanne Roslin,* 1768, Nationalmuseum, Stockholm). Seit 1753 war R. Mitglied der Académie Royale in Paris.

Rosselli, Cosimo (1439–1507)
Italienischer Maler der Florentiner Frührenaissance, Schüler von Neri di Bicci und → Gozzoli. R. war neben anderen florentinischen Malern wie → Botticelli, → Ghirlandaio u. a. 1481/82 beteiligt an der von Papst Sixtus IV. in Auftrag gegebenen Ausmalung der Sixtinischen Kapelle in Rom (*Moses empfängt und zerschlägt die Gesetzestafeln, Bergpredigt, Letztes Abendmahl*). Weitere bedeutende ◇Fresken schuf R. in Florenz (*Berufung und Einkleidung des hl. Filippo Benizzi,* 1476, SS. Annunziata; Fresko in der Sakramentskapelle von S. Ambrogio, 1486). Daneben entstanden ◇Altar- und ◇Tafelbilder (*Hl. Anna Selbdritt mit Heiligen,* 1471, Berlin; *Throndende Madonna in der Glorie mit den Heiligen Antonius und Franziskus,* 1498, S. Ambrogio, Florenz; *Thronende Madonna,* Uffizien). R. war der Lehrer von → Albertinelli, Fra → Bartolomeo und → Piero di Cosimo.

Rossellino, Antonio (1427–1479)
Bernardo (1409–1464)
Italienische ◇Bildhauer und Baumeister. Bernardo R. arbeitete mit → Alberti zusammen und stand unter dem Einfluß → Ghibertis und → Robbias. Sein Klassizismus ist vornehm zurückhaltend (Tabernakel für S. Egidio in Florenz, 1449). Sein Marmorgrabmal des Humanisten Leonardo Bruni in S. Croce (um 1444/45–50/51) war das erste Wandnischengrab und typenbildend für die gesamte Frührenaissance. Seine bedeutendsten architektonischen Leistungen sind u. a. der Palazzo Rucellai in Florenz (ab etwa 1450 nach Plänen → Albertis errichtet) und die im Auftrag von Papst Pius II. zwischen 1459 und 1462 errichteten Bauten in Pienza (Palazzo Piccolomini, Dom S. Maria Assunta). Bernardos jüngerer Bruder, Antonio R., lernte bei ihm, knüpfte zugleich an die anmutige Kunst des → Desiderio da Settignano an und lockerte überhaupt in technischer Vollendung, freier Bewegung und präziser Beobachtung des Stofflichen den strengen Stil der Frührenaissance in bürgerlich-realistischem Sinn auf. Ein Vergleich zwischen seinen frühen und späten Porträtbüsten (Büste des G. Chellini, 1456, und des M. Palmieri, 1468) zeigt die Spannweite seiner Entwicklung und zugleich die typische Bewunderung der ◇Renaissance für die römische Porträtkunst. Seine Madonnen stehen den Arbeiten → Verrocchios nahe, sein Hauptwerk, das Grabmal des Kardinals von Portugal in S. Miniato al Monte in Florenz (1461–66), greift die von Bernardo R. vorgegebene Form des Bruni-Grabmals auf. 1457 entstand die Aktfigur des hl. Sebastian in der Kollegiatskirche von Empoli, außerdem schuf Antonio R. Altäre und Kirchenausstattungen (Kanzelreliefs im Dom von Prato, 1473).

Rossetti, Dante Gabriel (1828–1882)
Englischer Maler und Dichter, Gründungsmitglied der → Präraffaelitischen Bruderschaft (1848), deren Hauptvertreter er war. Nach der Ausstellung seines Bildes *Ecce Ancilla Domini* (1850, Tate Gallery, London) gab er die didaktische christliche Malerei auf und illustrierte in ◇Aquarellen und ◇Zeichnungen literarische Texte (v. a. zu Dantes ›Divina Commedia‹ und T.

Dante Gabriel Rossetti, *Beata Beatrix,* 1863

Malorys ›Le Mort d'Arthur‹). Von hier kam er zu einer dekorativen Malweise (Bilder zum Thema der Artussage, 1856–58; u. a. *Königin Guinevre,* 1858, ebda.). Seit den 1860er Jahren entwickelte er einen sensiblen, ästhetisierenden und mystifizierenden Stil in der Darstellung literarischer Stoffe und insbesondere der weiblichen Schönheit, dessen schwingende, rhythmische Linearität den englischen ◇Jugendstil beeinflußte. Die Modelle seiner idealisierenden Frauendarstellungen waren v. a. seine bereits 1862 verstorbene Frau Elisabeth Siddal (*Dantis Amor,* 1860; *Beata Beatrix,* 1863, beide Tate Gallery, London) und – in den Bildern der 1870er Jahre – Jane Morris (*Proserpina,* 1874, ebda.; *Astarte Syriaca,* 1877), die Frau von William ◇Morris, für dessen Kunstgewerbefirma R. auch ◇Glasmalereien, Muster, Stoffe, Tapeten, Kacheln und Möbel entwarf.

Rosso Fiorentino (Giovanni Battista di Jacopo di Guasparre) (1494–1540)
Italienischer Maler, tätig in Florenz, Rom und Frankreich. Bildete sich unter dem Einfluß von → Michelangelo, → Andrea del Sarto, Fra → Bartolomeo und der Stiche → Dürers. Zusammen mit seinem Freund → Pontormo und → Bandinelli wurde er zu einem Begründer des frühen Florentiner ◇Manierismus. Seine ersten Arbeiten zeigen kühn facettierte plastische Formen und sind von intensiver Emotionalität (*Kreuzabnahme Christi,* 1521, Volterra; *Thronende Madonna mit Heiligen,* um 1522, Palazzo Pitti, Florenz). In Rom (1524–27) wurde sein Klassizismus anmutiger, er schlug aber kurz vor seiner Übersiedlung nach Frankreich (ab 1530 wahrscheinlich auf Empfehlung Michelangelos Hofmaler Franz' I. in Fontainebleau) ins Angestrengtere und Finstere um. In → Fontainebleau, wo er den Manierismus in Frankreich einführte, gründete R. zusammen mit → Primaticcio eine für die weitere Entwicklung der Dekoration wichtige Schule. R. war so etwas wie ein Universalkünstler: Er entwarf Stukkaturen und ◇Fresken (in der Galerie Franz' I. im Schloß von Fontainebleau), Fest- und Theaterdekorationen und Tafelgeräte.

Rosso Fiorentino, *Moses verteidigt die Töchter Jethros,* 1523

Medardo Rosso, *Ecce Puer,* 1906

Rosso, Medardo (1858–1928)
Italienischer ◇Bildhauer, Autodidakt, anfänglich Maler (bis 1881). R. entwickelte unabhängig von → Rodin einen der ◇impressionistischen Malerei analogen Skulpturenstil, der auf den flüchtigen Wirkungen des Lichtes und der malerischen Behandlung der Oberfläche basierte. Während seines Aufenthaltes in Paris, wo er mehr Beachtung fand als in Italien, arbeitete er im Atelier → Dalou und lernte u. a. Rodin und → Degas ken-

nen. Seine künstlerischen Anschauungen formulierte er in ›L'impressionismo nella scultura‹ (1909).

Rotella, Mimmo (* 1918)
Italienischer Vertreter des → Nouveau Réalisme, der an der Kunstakademie in Neapel und als Stipendiat an der Universität von Kansas City (USA) studierte. Als Mitglied der Nouveaux Réalistes war er neben → Villéglé, → Hains und → Dufrêne einer der bekanntesten Affichisten (Plakatabreißer). In seinen ◇Décollagen aus zerfetzten ◇Plakaten (*Avviso,* 1960) ironisiert R. im Sinne einer provokativen Antikunst den Verbrauchsmechanismus moderner Medien.

Rot(h), Diter (* 1930)
Deutscher Maler, ◇Grafiker, Typograph, Dichter und Aktionist. In einer → Schwitters verwandten ◇neodadaistischen Verbindung von visuellen und verbalen Elementen entstand ein umfangreiches Buch-Werk mit eigenwilliger Wortschreibung, Syntax, ◇Typographie und grafischer Gestaltung (als ›Gesammelte Werke‹ in 20 Bänden, 1971 ff.). Neben der Beteiligung an ◇Aktionen im Rahmen der ◇Happening- und ◇Fluxus-Szene wurde R. durch seine ◇Objektkunst mit organischem Material bekannt: u. a. Gewürzbilder, Schokolade- und Schimmelobjekte (unter Glas, Plexiglas oder Kunststoffolie eingeschlossene, mit Schimmelpilzbakterien infizierte organische Substanzen wie z. B. Wurst oder Käse, deren Vewesungsprozeß sich solange fortsetzt – in sich ständig verändernder Gestalt –, wie Nährmasse vorhanden ist).

Rothko, Mark (1903–1970)
Amerikanischer Maler russischer Herkunft, eine der führenden Gestalten des ◇Abstrakten Expressionismus. R. kam 1913 in die USA, studierte zunächst an der Yale University (1921–23), dann an der ◇Art Students' League bei Max → Weber. 1936–37 war er für → WPA tätig. 1948 gründete er in New York mit → Baziotes, → Motherwell und → Newman eine Kunstschule namens ›Subjects of the Artist‹. R.s Malerei entwikkelte sich von einem figurativen ◇expressionistischen Stil über eine ◇surrealistische Phase (Einfluß M. → Ernsts) in den 1940er Jahren mit biomorphen Kompositonen, die → Gorky, Baziotes und → Miró nahestehen, bis zum ◇Abstrakten Expressionismus. Seine ab etwa 1948 entstandenen charakteristischen großformatigen Leinwände, mit wenigen großen, an den Rändern diffus verschwimmenden Farbrechtecken, erzielen ihre suggestive Wirkung durch den magischen, meditativen Klang der Farbe und waren von großem Einfluß auf die Entwicklung der ◇Farbfeldmalerei.

Mark Rothko, *Helles Rot über Schwarz,* 1957

Rottenhammer, Hans (1564–1625)
Deutscher Maler hauptsächlich mythologischer, ◇allegorischer und religiöser Sujets, hielt sich 1590–96 in Rom auf, wo er mit Jan → Bruegel d. Ä. zusammenarbeitete und von ihm die Technik des Malens auf Kupferplatten übernahm. 1596 ging er nach Venedig und wurde wie alle nordischen Künstler stark von → Tintoretto beeinflußt (*Ecce Homo,* 1597, Staatliche Kunstsammlungen, Kassel). Ab 1606 war er in Augsburg ansässig. R.s beste Werke sind kleinformatige Figuren auf Kupferplatten, die neben dem Einfluß Tintorettos auch eine Orientierung an → Altdorfer verraten. Sie zeigen ihn als einen ◇manieristischen Maler. R. schuf auch ◇Altarbilder für Augsburger und Münchner Kirchen sowie dekorative ◇Fresken für die Münchner Residenz.

Rottmann, Carl Anton Joseph (1797–1850)
Deutscher Maler, der sich einer mythisch-historisierenden ◇Landschaftsmalerei widmete. Sein dem ◇Klassizismus verbundener Stil zeigt in der

dramatischen Lichtwirkung ◇romantische Züge. Im Anschluß an Studienreisen nach Italien (1826–27 und 1828–29) und Griechenland (1834–35) entstanden seine Hauptwerke: die beiden im Auftrag König Ludwigs I. von Bayern geschaffenen Bildzyklen mit Ansichten italienischer bzw. griechischer Landschaften (*Italienischer Zyklus,* 1830–33, 28 ◇Fresken in den Münchner Hofgartenarkaden, im Zweiten Weltkrieg größtenteils zerstört, erhaltene Teile heute Residenzmuseum, München; *Griechischer Zyklus,* 1838–50, 23 Steingußplatten, NP).

Rottmayr, Johann Michael (1654–1730)
Deutsch-österreichischer ◇Barockmaler, 1675–87 in der Werkstatt von Johann Carl Loth in Venedig tätig. Nach seiner Rückkehr nach Österreich wurde er zum meistbeschäftigten und bedeutendsten ◇Freskenmaler des österreichischen Hochbarock. R. wirkte 1688–95 in Salzburg, 1696 ließ er sich in Wien nieder, wo er im selben Jahr zum kaiserlichen Hofmaler ernannt wurde. Er führte zahlreiche helle, leuchtende ◇Deckenfresken aus, u. a. in der Franziskanerkirche (1693) und in der Residenz in Salzburg (1710–11), in der Benediktinerstiftskirche Melk (Kuppelfresko mit der *Verherrlichung der Dreifaltigkeit,* um 1716), im Marmorsaal von Schloß Weißenstein/Pommersfelden (1717–18), in der Peterskirche (Kuppelfresko *Mariä Himmelfahrt,* 1713–14) und in der Karlskirche (Kuppelfresko mit der *Glorie des hl. Karl Borromäus,* 1725–30) in Wien. Daneben malte er auch ◇Altarbilder. Einfluß auf R.s Stil hatten v. a. → Correggio und → Rubens.

Rouault, Georges (1871–1958)
Französischer Maler und ◇Grafiker, studierte nach einer Lehre als ◇Glasmaler an der Ecole des Beaux-Arts in Paris bei G. → Moreau (1891–98), in dessen Atelier er → Matisse, → Marquet und → Manguin begegnete. Nach Moreaus Tod (1898) wurde R. Konservator des Musée Moreau, ein Amt, das er zeitlebens innehatte. Seine frühen religiösen Gemälde spiegeln sowohl den Einfluß der Malerei seines Lehrers wie auch sein Interesse an der Kunst des Mittelalters. Beträchtlichen Einfluß auf R.s Persönlichkeit hatten die Schriftsteller Huysmans (der R. fast dazu überredete, in ein Kloster einzutreten) und Léon Bloy, dessen Romane über das dekadente Pariser Leben (›La Femme pauvre‹) R. vielleicht zu seinen Prostituierten-Bildnissen

Georges Rouault, *Das schwierige Geschäft des Lebens* (aus dem Radierzyklus *Miserere*), 1922

(1903–07) anregten. – Ab etwa 1902 übernahm er die expressive Farbigkeit und Malweise des ◇Fauvismus, unterschied sich aber von den anderen Fauvisten durch sein starkes moralisches Engagement, das in seinen Darstellungen von Clowns (*Drei Clowns,* um 1917) und Dirnen (*Dirne vor dem Spiegel,* 1906, Musée National d'Art Moderne, Paris), Bauern und Arbeitern zum Ausdruck kommt. R. gehörte mit Matisse und Marquet zu den Begründern des ◇Salon d'Automne und beteiligte sich an der berühmten Ausstellung von 1905, allerdings nicht in der fauvistischen Abteilung. 1917–27 wandte er sich, ermutigt durch seinen Händler Ambroise Vollard, der ◇Druckgrafik und ◇Illustration zu (u. a. Illustrationen zu → Baudelaires ›Les Fleurs du Mal‹ [unvollendet] sowie die berühmte Radierfolge *Miserere,* 1927 vollendet, 1948 erschienen). 1929 schuf R. Dekorationen und Kostüme für → Diaghilews ›Ballets russes‹. Seitdem entwickelte er die für ihn charakteristische, fast reliefhafte ◇Impastomalerei und beschäftigte sich nahezu ausschließlich mit religiösen Themen (*Verspottung Christi,* 1932, Museum of Modern Art, New York; *Ecce Homo,* vollendet 1942, Staatsgalerie, Stuttgart). Seine besten Werke sind von ikonenhafter Strenge und haben eine malerische Dichte und intensive Leuchtkraft, die oft mit mittelalterlichen Glasfenstern verglichen wurden. 1948 schuf er Buntglasfenster für die Kirche in Assy.

Henri Rousseau, *Der Traum,* 1910

Louis-François Roubiliac, *Georg Friedrich Händel,* 1738

Roubiliac, Louis-François (1702/05–1762)
Französischer ◇Bildhauer, zunächst Schüler des ◇Barockbildhauers B. → Permoser in Dresden, dann von N. → Coustou, wirkte ab etwa 1832 in England, wo er zu den bedeutendsten Bildhauern des 18. Jh.s zählte. R. schuf Porträtbüsten, Grabmonumente (Grabmal für den Duke of Argyll, 1749, Westminster Abbey, London) und Denkmäler (Statue Sir Isaac Newtons, 1755 Trinity College, Cambridge; Statue Shakespeares, 1758, British Museum, London; Händeldenkmal, 1761, Westminster Abbey), die von lebendigem Ausdruck, ungezwungener Bewegung und großer Detailgenauigkeit sind und den Einfluß → Berninis verraten, dessen Werke R. bei einer Italienreise (Ende 1752), auf der er Rom und Florenz besuchte, sah.

Rousseau, Henri Julien Félix (genannt le Douanier [frz. ›der Zöllner‹]) (1844–1910)
Französischer Maler, bedeutendster Vertreter der ◇naiven Malerei. R. ließ sich mit 41 Jahren als Beamter zweiter Klasse (›commis de deuxième classe‹) beim Pariser Zollamt pensionieren, um sich nur noch der Malerei zu widmen. Bereits 1880 hatte er zu malen begonnen, ohne jede künstlerische Ausbildung, jedoch mit Ratschlägen von → Gérôme und Clément unterstützt. 1886 stellte er erstmals im ◇Salon des Indépendants aus, zu dem er in der Folgezeit fast jedes Jahr Bilder einschickte. 1890 lernte er → Gauguin, → Redon, → Seurat und → Pissarro kennen, die ihn schätzten und förderten. 1891 malte er das erste seiner berühmten exotischen Dschungelbilder *(Sturm im Dschungel),* dem großartige phantastische Bilderfindungen von tiefer Poesie folgten (*Tigerjagd,* 1895; *Schlafende Zigeunerin,* 1897; *Die Schlangenbeschwörerin,* 1907). Seit 1905 stellte R. auch im ◇Salon d'Automne aus, wo seine Werke beim Publikum zumeist nur Heiterkeit oder Spott auslösten, bei den großen Künstlern seiner Zeit jedoch tiefe Bewunderung fanden. Seit 1906 hatte er engen Kontakt mit → Delaunay, dem Schriftsteller und Förderer der ›Naiven‹ Wilhelm Uhde, und dem Kreis um → Picasso und → Apollinaire, die ihm zu Ehren 1908 im → Bateau Lavoir jenes berühmt gewordene Festbankett veranstalteten, auf dem Apollinaire Hymnen auf R. vortrug und R. Picasso das denkwürdige Geständnis machte: »Genau besehen, sind wir, Du und ich, die größten Maler; ich im modernen Stil, Du im ägyptischen.« Die Kunst R.s nimmt in der Geschichte der modernen Kunst einen besonderen Platz ein; die archaische Monumentalität und der magische, traumhafte Realismus seiner Bilder, die an die Werke der großen ›primitiven‹ Meister der italienischen Frührenaissance erinnern, haben eine starke Wirkung auf verschiedene Künstler der Moderne ausgeübt.

Rousseau, Thédore (1812–1867)
Französischer ◇Landschaftsmaler und ◇Radierer, führender Vertreter der Schule von → Barbizon. R. erhielt die erste künstlerische Unterweisung durch seinen Cousin, den Landschaftsma-

ler Pierre-Alexandre Pau de Saint-Martin (1751–1820), und studierte später u. a. bei Guillon-Lethière. Seine eigentliche künstlerische Bildung erwarb er sich jedoch beim Malen direkt vor der Natur, durch das Kopieren holländischer Landschaften des 17. Jh.s und der Malerei → Claude Lorrains sowie unter dem Einfluß → Constables. 1830 malte er in der Auvergne romantische Naturstudien, die die Aufmerksamkeit Ary → Scheffers erregten, der ihn mit der Pariser Avantgarde und dem literarischen Zirkel um Théophile Gautier bekannt machte. 1831 stellte er erstmals im ◇Salon aus. In den nächsten Jahren war er ständig auf Reisen und suchte nach neuen, seinem ernsten und melancholischen Temperament entsprechenden einsamen, unberührten Landschaften (er malte u. a. im Jura, in der Auvergne, der Vendée und der Umgebung von Fontainebleau). Zu seinem engeren Freundeskreis gehörten → Delacroix, George Sand, der Kritiker Thoré und der Maler → Dupré. 1847 ließ er sich endgültig in Barbizon nieder, wo ihn eine lebenslange Freundschaft mit → Millet verband. Seine stimmungsvollen, düsteren Waldlandschaften, häufig bei Sonnenuntergang, strömen eine Atmosphäre der Einsamkeit und Verlassenheit aus (*Winterwald bei Sonnenuntergang,* 1846–67, MM). In der Behandlung des Lichtes zeigt er sich als ein Vorläufer des ◇Impressionismus (*Eine Allee im Wald von L'Isle-Adam,* 1849, Musée d'Orsay, Paris).

Roussel, Ker-Xavier (1867–1944)
Französischer Maler und ◇Grafiker, lernte am Lycée Condorcet → Vuillard und → Denis kennen, studierte später mit ihnen und → Bonnard an der Pariser Ecole des Beaux-Arts. Gemeinsam mit ihnen bildete er ab 1888 die Gruppe der → Nabis. R. schuf bedeutende ◇Lithographien für die ◇symbolistische Zeitschrift ›La Revue Blanche‹. R. malte v. a. ◇Landschaften mit mythologischen Szenen (auch in ◇Kreide und ◇Pastell) und schuf ◇Wandgemälde (u. a. für das Théâtre des Champs-Elysées in Paris) sowie Bühnendekorationen.

Rowlandson, Thomas (1756–1827)
Englischer Maler und ◇Karikaturist, studierte seit 1772 an den Royal Academy Schools und ab 1773 in Paris. R. trat zunächst als Maler von ◇Historienbildern, ◇Landschaften und ◇Porträts (*George Morland,* British Museum, London) hervor, die er meist in Tusche oder ◇Aquarellfarben ausführte, wandte sich aber schon bald der Karikatur zu. Seine burlesken, z. T. derben Karikaturen sind von höchst geistreichem Humor und zeigen R.s Vorliebe für das Groteske (v. a. Szenen aus dem englischen, insbesondere Londoner Volksleben, z. B. ›New Picture of London‹ 1819); sie belegen sein meisterhaftes zeichnerisches Können. Daneben entstanden zahlreiche ◇Buchillustrationen, u. a. zu dem damals sehr populären Werk ›The English Dance of Death‹ (1814–16) sowie zu den literarischen Werken von W. Combe, O. Goldsmith, T. Smollett und L. Sterne.

Rubens, Peter Paul (1577–1640)
Flämischer Maler, ◇Zeichner, ◇Radierer und Diplomat, Sohn eines Calvinisten, selbst aber Katholik, Schüler der holländischen ◇Romanisten A. van Noort, T. Verhaeght und O. van → Veen in Antwerpen; seit 1598 Freimeister in der Antwerpener Malergilde. Seine Frühwerke sind im Stil des flämischen ◇Manierismus gehalten. 1600 trat R. in den Dienst des Herzogs Vincenzo Gonzaga in Mantua. Sein Italienaufenthalt (1600–08) war entscheidend für seine künstlerische Entwicklung, da der Herzog es ihm gestattete, in zahlreichen Städten die italienische Malerei zu studieren; so bildete sich R. weiter an den Werken → Tizians, später an der Malerei der → Carracci und → Caravaggios in Rom, wo er von 1606 bis 1608 überwiegend lebte. 1603–04 hielt er sich in diplomatischer Mission des Herzogs von Mantua am spanischen Königshof in Valladolid auf. In den Jahren bis 1608 entstanden seine ersten bedeutenden Gemälde, so in Spanien das Reiterbildnis des Herzogs von Lerma (1603), das ◇Altarbild für S. Trinità in Mantua (1604–05) und eines für S. Maria in Vallicella in Rom (1607–08). 1608 kehrte R. nach Antwerpen zurück, wo er 1609 heiratete, Hofmaler des Erzherzogs Albert, des spanischen Statthalters in Brüssel (wo R. aber nicht lebte), wurde und seine Werkstatt gründete. In dieser Zeit fand er zunehmend die Bewunderung seitens seiner Gönner und Künstlerkollegen, die ihn als Hauptmeister des flämischen Frühbarock anerkannten. Aus dieser fruchtbarsten Schaffenszeit stammen das berühmte Doppelbildnis mit Isabella Brant, seiner ersten Frau (*Der Maler mit Isabella Brant in der Geißblattlaube,* um 1609–10, AP), weiterhin der *Kreuzaufrichtungsaltar* (1610–11) und der *Kreuzabnahmealtar*

Peter Paul Rubens, *Le Chapeau de Paille (Susanna Fourment?),* um 1625

(1612–14) für die Kathedrale von Antwerpen, das *Große* und das *Kleine Jüngste Gericht* (um 1620, AP) sowie der *Raub der Töchter des Leukippos* (um 1618, AP) und die *Amazonenschlacht* (vor 1619, AP). 1622–25 führte er im Auftrag der Königin Maria de'Medici einen Zyklus von 21 betont ◇allegorischen Bildern der *Geschichte der Maria de'Medici* (heute Louvre und AP [Skizzen]) im Palais du Luxembourg aus. 1625 führte ihn eine weitere diplomatische Mission nach Spanien, wo er → Velázquez begegnete. Im selben Jahr malte er die *Himmelfahrt Mariä* für die Antwerpener Kathedrale (heute Antwerpen). Nachdem es ihm gelungen war, 1629–30 den Frieden zwischen England und Spanien zu vermitteln, schuf er *Krieg und Frieden* (NGL), den *Ildefonso-Altar* (1630–32, KhW) sowie das Deckengemälde für den Bankettsaal von Schloß Whitehall, London (1634), v. a. aber – als vielleicht reifste künstlerische Leistungen – die Familienbilder mit seiner zweiten Frau, Hélène Fourment, die er 1630 geheiratet hatte (*Hélène Fourment mit ihren Kindern,* 1636–37, Louvre). Seit 1635 lebte er auf seinem Landschloß Steen (bei Mecheln) bei Antwerpen, wo er trotz seiner Krankheit (R. litt an Gicht) eine Reihe brillanter Landschaften, Kompositionen vom ländlichen Leben wie auch kleinformatige mythologische Sujets schuf. – R. hinterließ nicht nur überall, wo er als Diplomat tätig war, oft zahlreiche Bilder durchaus unterschiedlicher Qualität und von zuweilen beachtlichem Format, er unterhielt darüber hinaus auch noch seinen gewaltigen Werkstattbetrieb, aus dem die Bilder zu Hunderten hervorgingen, ohne daß R. wesentlich an ihrer Produktion mitgewirkt hätte. Um seine Werke auch ◇grafisch zu verbreiten, bildete R. eine ganze Anzahl von ◇Kupferstechern aus. In oft unbekümmerter Vitalität griff der hochgebildete Maler ein weites Spektrum an Themen auf und übersetzte sie in eine sinnlich-sinnenhafte Malerei, für die weithin v. a. das füllige, plastische weibliche Schönheitsideal symptomatisch ist. – Das Werk R.' zeigt eine kontinuierliche Entwicklung und kann in drei Schaffensphasen eingeteilt werden. Die erste Phase umfaßt seine formenden Jahre, seinen Aufenthalt in Italien und frühe, eklektische Arbeiten in Antwerpen. Die Farben wurden breit angelegt, die Gemälde zeigen starke Kontraste mit herber Figurenmodellierung und akademischer Zeichnung. In diesen Arbeiten wird v. a. der Einfluß von → Tintoretto, → Veronese und → Tizian sichtbar. Ab etwa 1612 vollzog sich ein allmählicher Wandel in R.' Malerei: Die Farben wurden leuchtender, das ◇Chiaroscuro trat zurück, Flüssigkeit und Leichtigkeit der Malweise verbanden sich zu einem lebhaften Stil, der sich für seinen großen Werkstattbetrieb eignete, v. a. für die Massenproduktion von Gemälden. Während der letzten Phase (ab etwa 1625) gelangte R. zu vollkommener Meisterschaft mit seinem lebendigen, freien und expressiven Pinselduktus, der Brillanz und Leuchtkraft der Farbe und einem mitreißend sinnlichen Gefühl für die Wiedergabe von Inkarnat und Texturen, wie es seither nicht mehr erreicht wurde (siehe auch Ft. 13). Sein Einfluß auf die flämische, französische und englische Malerei war enorm. Sowohl → Watteau als auch → Delacroix lernten eine Menge von den subtilen Farbverhältnissen seiner Gemälde, und die englischen Bildnismaler des 18. Jh.s, → Reynolds, → Gainsborough, später → Ward und → Constable, verdanken ihm ihre Freiheit in der Handhabung der Farbe.

Rubljow, Andrej (um 1360/70–1427 oder 1430) Altrussischer Maler, einer der Begründer der Moskauer Schule der ◇Ikonenmalerei. Sein

Andrej Rubljow, *Alttestamentliche Dreieinigkeit* (Ausschnitt), frühes 15. Jh.

Schaffen, das einen vergeistigten Andachtsstil mit einem frühen Realismus verbindet, bildet den Höhepunkt der altrussischen Malerei; es entwickelte sich auf der Grundlage der künstlerischen Kultur des Moskauer Rußland (Rus) und wurde zugleich durch die Kenntnis der byzantinischen Tradition bereichert. R. lebte als Mönch im Dreieinigkeits-Sergius-Kloster (Troize-Sergijewna Lawra) in Sagorsk (Sergijew) und (nach neueren Forschungen) im Andronikowkloster (Moskau). 1405 schuf er mit → Theophanes dem Griechen und Prochor von Gorodez die ◇Fresken (nicht erhalten) in der Verkündigungskathedrale des Moskauer Kremls. 1408 führte er gemeinsam mit Daniil Tschorny Fresken (z. T. erhalten) in der Mariä-Entschlafens-Kathedrale (Uspenski Sobor) von Wladimir aus (hervorzuheben sind v. a. die Fresken mit *Szenen des Jüngsten Gerichts*), außerdem schuf er Ikonen für die ◇Ikonostase dieser Kathedrale (Ikonen heute u. a. Tretjakow-Galerie, Moskau). Von besonderer Bedeutung sind R.s monumentale Ikonen *Erlöser, Erzengel Michael, Apostel Paulus* (alle Ende 14./Anfang 15. Jh., nach anderen Forschungen um 1410–20, ebda.); sie zeugen von R.s tiefem Verständnis der seelischen Schönheit und sittlichen Stärke des Menschen. Ende des 14./Anfang des 15. Jh.s (anderen Forschungen zufolge um 1411 oder 1427) schuf R. sein Meisterwerk, die Ikone *Alttestamentliche Dreieinigkeit* in der Dreieinigkeitskirche des Dreieinigkeits-Sergius-Klosters in Sagorsk (heute Tretjakow-Galerie, Moskau). Als letztes Werk R.s nennen einige Quellen die ◇Wandmalereien in der Erlöserkathedrale (Spasski Sobor) des Andronikowklosters (um 1427, einige Fragmente erhalten). – Eine Reihe weiterer Arbeiten werden R. zugeschrieben, darunter die *Gottesmutter Wladimirskaja* (um 1409) in der Mariä-Entschlafens-Kathedrale, Wladimir. Charakteristisch für R.s Malweise sind eine nuancierte harmonische Farbgebung mit meist reinen, z. T. helleuchtenden Farben, zarte Linienführung und klassisch ausgewogene Kompositionen.

Rückriem, Ulrich (* 1938)
Deutscher ◇Bildhauer, arbeitete nach einer Steinmetzlehre ab 1959 an der Kölner Dombauhütte. 1962 wandte er sich der freien Bildhauerei zu und entwickelte ab 1968 Arbeiten, die das Material – Stein, Gußeisen und Holz – in seiner Form, in seinen Materialeigenschaften und Ausmaßen mitsamt den am jeweiligen Material vorgenommenen Arbeitsprozessen thematisieren. Dabei bleibt der Arbeitsvorgang als Prozeß eindeutig ablesbar: Reihung bzw. Verdoppelung der Volumen beim Stein, Veränderung der Volumen bei Gußeisen, Ergänzung bei Holz. In den 1980er Jahren entstehen teils monumental anmutende komplexe Steinarbeiten, die jedoch ebenfalls den systematisch entwickelten, materialgerechten Bearbeitungsprozeß deutlich demonstrieren. 1974–84 Professur an der Hochschule für Bildende Künste in Hamburg, seit 1984 an der Düsseldorfer Kunstakademie und seit 1988 an der Städelschule in Frankfurt a. M.

Rude, François (1784–1855)
Französischer ◇Bildhauer, durchlief eine gründliche akademische Ausbildung: Zeichenunterricht bei A. Devosge in Lyon und (seit 1805 in Paris) Studium bei den Bildhauern E. Gaulle und P. Cartellier; R. gewann 1812 den Rom-Preis, konnte die Italienreise wegen Zahlungsunfähigkeit der französischen Regierung jedoch nicht antreten. Seine berühmteste Arbeit ist das die französische Revolution verherrlichende ◇Relief *Der Auszug der Freiwilligen 1792* (1836 vollendet) mit der als ›La Marseillaise‹ bekannt gewordenen vorwärtsstürmenden Frauengestalt am Arc de Triomphe de l'Etoile in Paris. Weitere Hauptwerke R.s sind das Denkmal *Napoleon er-*

wacht zur Unsterblichkeit (1845–47, Fixin-les-Dijon) und das Bronzestandbild des Marschalls Ney an der Avenue de l'Observatoire, Paris (1852–53). Stilistisch von einem strengen ◇Klassizismus ausgehend, entwickelte sich R. zum führenden Vertreter eines ◇neobarocken, naturalistischen Skulpturenstils in Frankreich.

Ruff, Thomas (* 1958)
Deutscher Fotokünstler, der an der Düsseldorfer Kunstakademie bei B. → Becher studierte. R.s monumentale Porträtserien, seit 1986 nach kleinformatigen Fotovorlagen ausgeführt, sind geprägt von einer möglichst neutralen, objektiven Sichtweise. Kleidung und Gesichtszüge des Porträtierten präsentieren sich bis ins kleinste Detail schattenlos und überpräzis. In gleicher Weise lichtet R. ab 1989 auch Häuser- und Fabrikarchitekturen sowie Gestirnformationen am dunklen Himmel ab. Obwohl alle diese Fotoserien, die in Ausstellungen häufig miteinander inszenatorisch arrangiert werden, die größtmögliche Neutralität in der ◇fotografischen Wiedergabe vorweisen, demonstrieren die Objekte vor R.s Kamera dennoch stets, daß sie in Beziehung zum Menschen stehen oder dessen Spuren zeigen.

Ruhlmann, Emile-Jacques (1879–1933)
Französischer Kunsthandwerker, Entwerfer und Ausstatter, wurde v. a. durch seine raffiniert einfachen Möbel (in der Tradition der großen französischen ◇Ebenisten) aus kostbaren Hölzern mit Einlegearbeiten aus Elfenbein, Silber, exotischem Leder u. ä. bekannt, die zum Elegantesten und über Jahrzehnte Erfolgreichsten auf diesem Gebiet gehörten.

Ruisdael, Jacob Isaac(k)sz. van
(1628/29–1682)
Bedeutendster holländischer ◇Landschaftsmaler des 17. Jh.s. R. erhob als erster die Landschaft zum Ausdrucksträger subjektiver Empfindungen und war von starkem Einfluß auf die spätere Landschaftsmalerei in ganz Europa (u. a. auf → Friedrich und die deutsche ◇Romantik), lernte vermutlich bei seinem Onkel, dem Landschaftsmaler S. van → Ruysdael. 1648 wurde er Mitglied, 1664 Meister der Haarlemer Malergilde. A. → Houbraken zufolge, dem ersten Biographen R.s, soll Jacob als Arzt ausgebildet worden sein und auch praktiziert haben. R. reiste wiederholt nach Westdeutschland und ließ sich gegen 1657 (nach seiner Heirat) in Amsterdam nieder. Seine frühen Landschaften zeigen den Einfluß seines Onkels oder den des Haarlemer Landschaftsmalers Cornelis → Vroom. In den 1650er Jahren entwickelte R. den für ihn typischen, expressiv gesteigerten pathetischen Landschaftsstil von schwermütiger Stimmung, der durch starke Lichtwirkungen, melancholische Farben, dramatische Wolkenbildungen mit durchbrechenden Sonnenstrahlen, Ruinen, Felsen, knorrige absterbende Bäume und herabstürzende Wasserfälle gekennzeichnet ist. Zu seinen berühmtesten Werken zählen die beiden Fassungen des *Judenfriedhofs* (um 1670, Dresden, und um 1660–70, Detroit Institute of Arts, Detroit; dieses Werk rühmte → Goethe in seinem Essay ›Ruysdael als Dichter‹ [1816 veröffentlicht] wegen seiner »protoromantischen« Stimmung), *Die Mühle von Wijk bei Duurstede* (um 1665–70, Rijksmuseum, Amsterdam) und *Der Wasserfall* (um 1665–69, Staatliche Kunstsammlungen, Kassel). Seine im gleichen Sinne geschaffenen ◇Radierungen sind von überragender Qualität und nur mit denen → Rembrandts zu vergleichen. Sein Schüler war M. → Hobbema.

Runciman, Alexander (1736–1785)
John (1744–1768)
Schottische Maler, Brüder, gingen 1766 nach Rom, wo sie u. a. mit → Füßli und Gavin → Hamilton in Verbindung traten. 1722 kehrte Alexander R. nach England zurück, um den neuen Wohnsitz Penicuik House (bei Edinburgh) seines Mäzens Sir James Clark of Penicuik mit Szenen aus dem ›Ossian‹ auszumalen (1899 verbrannt). Die Entfaltung des vielversprechenden Talentes von John R. wurde durch einen allzu frühen Tod verhindert.

Runge, Philipp Otto (1777–1810)
Deutscher Maler und Schriftsteller, bedeutendster Vertreter der deutschen ◇Romantik neben C. D. → Friedrich. Nach einer kaufmännischen Lehre, während der er nebenher Zeichenunterricht nahm, studierte R. 1799–1801 an der Kopenhagener Akademie (bei N. A. → Abildgaard und J. → Juel) und anschließend bis 1803 an der Akademie in Dresden, wo er Anschluß an die romantischen Kreise um Tieck und Friedrich fand und sich mit den Schriften Jacob Böhmes auseinandersetzte, die sein pantheistisches Naturgefühl stärkten. Besonders mit Tieck ver-

Philipp Otto Runge, *Die Hülsenbeckschen Kinder,* 1805–06

band ihn eine enge Freundschaft. Noch in dieser Dresdner Zeit begann er mit Vorarbeiten zu seinem Hauptwerk, dem *Zyklus der vier Tageszeiten,* der ein großes, umfassendes Gleichnis für seine mystische, pantheistische Weltschau werden sollte, jedoch bis auf vorbereitende Zeichnungen und eine vollständig in Öl ausgeführte Fassung des *Morgens (Der Kleine Morgen,* 1808, Hamburger Kunsthalle) nie vollendet wurde. Sein tief verinnerlichtes Gefühl, das sich symbolhaft in der Landschaft widerspiegelt, kommt auch in seinen drei bedeutenden ◇Porträts zum Ausdruck: *Die Eltern des Künstlers* (1806), *Die Hülsenbeckschen Kinder* (1805–06, beide Hamburger Kunsthalle) und v. a. in *Wir drei* (1805 [1931 verbrannt]). Bei allem Realismus, genauer Beobachtung, präziser Zeichnung, überaus plastischer Körperlichkeit und Natürlichkeit des Ausdrucks besitzen diese Bilder einen feierlichen Ernst und eine heroisierende Monumentalität, die sie ins Überzeitliche entrückt. R. betrachtete diese und andere Arbeiten, ebenso wie seine Farbentheorie (›Farbenkugel oder Construction des Verhältnisses aller Mischungen der Farben zu einander und ihre vollständige Affinität . . .‹, 1810 veröffentlicht), die → Goethe sehr interessierte, stets nur als Vorbereitung auf sein eigentliches großes Lebenswerk, die *Tageszeiten.* Bedeutsam ist auch sein literarisches Werk, das neben kunsttheoretischen Schriften auch Gedichte, Reisebeschreibungen, Märchen und Briefe umfaßt.

Ruscha, Ed (Edward) (* 1937)
Amerikanischer Maler, der 1956–60 am Chouinard Art Institute, Los Angeles, studierte. Wegen ihrer kühl-kommerziellen Thematik (zumeist Reklame und Werbung) und ihrer künstlerisch wirkenden, raffinierten Ästhetik wurden R.s nach ◇fotografischen Vorlagen gemalte Bilder zunächst der ◇Pop Art zugerechnet. Doch R.s Bilder können auf mehreren Ebenen gesehen werden; ◇konzeptuelle Elemente enthalten beispielsweise die Gemälde mit Sprachelementen, die einerseits per Slogan Meinungen zitieren, andererseits auch ein spezifisches Beziehungssystem zwischen Bild und Wort aufbauen. Die typographischen Wörter und Sätze werden im Bildkontext des Wirklichkeitsabbildes zum Eindeutigen verdichtet und gleichzeitig in der Ästhetisierung zum Mehrdeutigen relativiert. Bekannt wurde R. auch mit fotografischen Künstlerbüchern wie ›The Sunset Strip‹, 1966.

Rusconi, Camillo (1658–1728)
Italienischer ◇Bildhauer, Schüler von → Ferrata. Sein zurückhaltender Stil erinnert an → Algardi und zeigt bereits eine Abwendung vom hochbarocken → Bernini-Stil (Einfluß des → Maratta-Kreises). Bedeutende Werke R.s sind das Grabmal für Papst Gregor XIII. (1719–25, St. Peter, Rom) und die vier monumentalen über 4,5 m hohen Apostelstatuen (Andreas, Matthäus, Johannes, Jakobus d. Ä.) in S. Giovanni in Laterano (1715–18).

Ruskin, John (1819–1900)
Englischer Schriftsteller, Kunstkritiker, Sozialphilosoph, Maler und Zeichner, der durch seine zahlreichen Publikationen, darunter ›Modern Painters‹ (1843–60), ›The Seven Lamps of Architecture‹ (1849) und ›The Stones of Venice‹ (1851–53) den künstlerischen Geschmack in England und Amerika ab 1850 entscheidend beeinflußte. Die Werke illustrierte er mit eigenen ◇Zeichnungen und ◇Aquarellen. In seinen Architekturdarstellungen ist der Einfluß von Samuel Prout zu erkennen, während seine Landschaftsvignetten und Aquarelle, in denen er mit beachtlicher Freiheit atmosphärische Wirkungen erzielte, von → Turner beeinflußt waren. In seinen Büchern versuchte R. durch die Kunst Lösungen sozialer Probleme zu finden (›Fors Clavigera, Letters to the Workmen and Labourers of Great Britain‹, 1871–84) und zur Erneuerung des Kunsthandwerks beizutragen. Leidenschaftlich trat er auch für die mit ihm befreundeten → Präraffaeliten → Rossetti, → Hunt und →

Millais ein (›Pre-Raphaelism‹, 1851). 1869–84 war er Professor an der Oxforder Universität.

Russell, Morgan (1886–1953)
Amerikanischer Maler, Schüler von Robert → Henri in New York. Seit 1906 in Paris, gründete er dort zusammen mit Stanton MacDonald-Wright 1912 den vom ◇Orphismus ausgehenden ◇Synchromismus. 1913 beteiligte er sich an der ◇Armory Show. 1946 kehrte er in die USA zurück. Bekannt ist R., der 1916 wieder zur gegenständlichen Darstellung kam, v. a. durch die Bilder seiner ›synchromistischen‹ Zeit, reine Farbabstraktionen von geometrischen Volumen.

Russolo, Luigi (1885–1947)
Italienischer Maler und Musiker, gehörte 1909 zu den Begründern des ◇Futurismus (einer der Unterzeichner von → Marinettis ›Futuristischem Manifest‹). Als Maler weniger bedeutend, trat er v. a. mit seinem 1913 veröffentlichten Manifest ›L'Arte dei rumori‹ (›Die Kunst der Geräusche‹) hervor, in dem er die futuristischen Prinzipien auf die Musik anwandte, wobei er als ◇Bruitist die Einbeziehung des Lärms in die Musik propagierte. Mit seinen ›intonarumori‹ (›Geräuscherzeuger‹) genannten Instrumenten leistete er einen wichtigen Beitrag zum Futurismus auf dem Gebiet der Tonkunst und wies gleichzeitig dem musikalischen Verständnis grundlegend neue Wege.

Ruthenbeck, Reiner (* 1937)
Deutscher ◇Bildhauer, der nach einer Fotografenlehre zunächst als freier ◇Fotograf tätig war. 1962–68 Studium an der Düsseldorfer Kunstakademie bei → Beuys. Seit 1972 Transzendentale Meditation. 1975–76 Gastdozentur an der Hochschule für Bildende Künste, Hamburg, seit 1980 Professur an der Kunstakademie Münster. R.s Arbeiten (stumpfe, trockene Materialien – z. B. verschiedene *Aschehaufen,* 1968 – und eine ebensolche rotbraune oder schwarze Farbigkeit) beziehen sich meist auf Probleme von Spannung (*Aufhängungen,* ab 1968; *Kinetisches Objekt Nr. 2,* 1973) und auf Raumbezüge (*Verspannungen,* ab 1968; *Doorways,* 1976, Biennale Venedig). Bekannt wurden v. a. seine hängenden Arbeiten, in denen Glasscheiben von rotbraunen Stoffbahnen getragen werden.

Reiner Ruthenbeck, *Tisch auf gelber Kugel,* 1984

Ruysch, Rachel (1664–1750)
Holländische ◇Stilleben- und Blumenmalerin, Schülerin von Willem van → Aelst. Sie genoß große Popularität und war 1708–16 als Hofmalerin des Kurfürsten Johann Wilhelm von der Pfalz in Düsseldorf tätig, bevor sie sich 1716 endgültig in Amsterdam niederließ. Stilistisch gehört ihre Malerei mit der unregelmäßigen Anordnung der Blumensträuße und den leuchtenderen Farben im Vergleich zu früheren Blumenbildern des 17. Jh.s bereits dem ◇Rokoko an.

Ruysdael, Salomon van (1600/03–1670)
Holländischer ◇Landschaftsmaler, der v. a. in Haarlem wirkte, wo er ein angesehener Bürger war, 1623 Meister in der Haarlemer Malergilde, Onkel des J. van → Ruisdael. Seine frühen seit den 1620er Jahren entstandenen Bilder sind v. a. kleinformatige Dünen- und Flußlandschaften von einheitlicher, meist graugrüner Tonigkeit und poetischer, nebliger Atmosphäre (*Flußlandschaft mit Fähre,* um 1630–35, AP), mit denen er neben J. van → Goyen und Pieter de Molyn zum Wegbereiter der holländischen realistischen Landschaftsmalerei wurde. Daneben entstanden auch Winterlandschaften, dörfliche Ansichten und einige ◇Stilleben. Seine monumentaleren Arbeiten der späteren Schaffensjahre (Ende der 1640er/Anfang der 1650er Jahre) zeigen wieder mehr Farbe, v. a. kräftige Lokalfarben (hellblauer Himmel, dunkelgrüne Bäume) und festgefügte Kompositionen. Sie spiegeln den Einfluß seines Neffen und der italianisierenden Landschaften des J. → Both.

Ryckaert, David (1612–1661)
Flämischer ◇Genremaler. Seine frühen von A. → Brouwer beeinflußten Bilder schildern das

bäuerliche Leben in scheunenhaften Interieurs. Um 1640 gelangte er zu einer individuelleren Charakterisierung. Später malte er, vermutlich von ähnlichen Bildern J. → Jordaens' angeregt, v. a. bürgerliche Festlichkeiten.

Ryder, Albert Pinkham (1847–1917)
Amerikanischer Maler, studierte in New York an der National Academy of Design (1871) und bei William E. Marshall, reiste 1877 und 1882 nach Europa und führte seit etwa 1890 ein abgeschiedenes Leben in New York. Von einer anfänglichen naturalistischen ◇Landschaftsmalerei wandte sich R. in mystischen, traumhaften Bildern zunehmend der Innenwelt zu. Die Vorlagen seiner Bildinhalte entstammen der Bibel, mythologischen Stoffen, den Werken Shakespeares, Chaucers sowie Richard Wagners, die seine Phantasie in eine ganz persönliche, ursprüngliche poetische Bildsprache umsetzte (*Siegfried und die Rheintöchter,* vor 1891, NGW). R.s Bilder sind aufgrund seiner eigenen Übermalungen (seit den 1890er Jahren) z. T. sehr schlecht erhalten. Er war der bedeutendste visionäre Künstler Amerikas seiner Zeit.

Albert Pinkham Ryder, *Die Rennbahn oder Der Tod auf einem bleichen Pferd,* um 1895

Ryman, Robert (* 1930)
Amerikanischer Maler, studierte 1948–49 am Tennessee Polytechnic Institute, 1949–50 am George Peabody College for Teachers in Nashville und ließ sich 1954 in New York nieder. Seine ◇monochromen weißen Bilder – anti-◇illusionistisch und ohne ›Komposition‹ – reduzieren Malerei auf ihre Grundstrukturen und arbeiten mit Veränderungen ihrer einfachsten Elemente: ◇Bildträger (u. a. Leinwand, Pappe, Kunststoff, Kupfer), Farbe (u. a. Öl, Emaillack, Kunststofffarben) und verschiedene Möglichkeiten des Farbauftrags. R. hatte mit seinen Arbeiten großen Einfluß auf die Entwicklung der Analytischen Malerei innerhalb der ◇Konzeptuellen Kunst der 1970er Jahre sowie auf das nachfolgende ›Radical Painting‹ der 1980er Jahre.

Rysbrack, John Michael (1694–1770)
Flämischer ◇Bildhauer, der sich 1720 in England niederließ, wo er zum führenden Vertreter eines klassischen ◇Skulpturenstils und der größte Rivale L.-F. → Roubiliacs wurde. Sein Werk umfaßt Porträtbüsten (u. a. von Alexander Pope, 1730; John Milton, 1738; Sir Robert Walpole, 1738) und Denkmäler, darunter das Reiterstandbild König Wilhelms III. (1736) auf dem ›Queen's Square‹ in Bristol, das Denkmal Sir Isaac Newtons in Westminster Abbey, London (um 1703), sowie die Statue von John Locke (1757, Christ Church, Oxford). Den bedeutendsten Einfluß auf sein Schaffen hatte der in Italien wirkende flämische Bildhauer → Duquesnoy.

Rysselberghe (Rijsselberghe), Theo (Théodor) van (1862–1926)
Belgischer Maler und ◇Grafiker, wichtigster Vertreter des ◇Neoimpressionismus in Belgien und Mitglied der Gruppe Les → Vingt, trug wesentlich dazu bei, die französische und englische moderne Kunst in Belgien bekannt zu machen. 1886 begegnete er → Seurat und → Signac, deren ◇pointillistische Malweise er übernahm und systematisch auf das ◇Porträt anwandte. Er malte auch Landschaften und schuf in den 1890er Jahren ◇Plakate, ◇Buchillustrationen und kunstgewerbliche Entwürfe, die ihn als Vorkämpfer des belgischen ◇Jugendstils zeigen. Nach 1900 näherte sich seine Malerei dem ◇Fauvismus.

S

Sacchi, Andrea (1599–1661)
Italienischer Maler, von → Albani in der Tradition → Raffaels ausgebildet, beeinflußt von → Dommenichino, Guido → Reni und den Brüdern → Carracci. Im Kreis der Künstler, die der aus dem Hause Barberini stammende Papst Urban VII. förderte, gewann S. eine stärkere Beziehung zu Nicolas → Poussin. S. war der führende Vertreter der klassischen Malertradition im Rom des 17. Jh.s und arbeitete mit leuchtenden Farben, großen pathetischen Gestalten und expressiver Dramatik. In der St. Lukas-Akademie griff er verbal die ◇Barock-Methoden Pietro da → Cortonas an, und sein ◇Deckengemälde der *Göttlichen Weisheit* in der Sala del Mappamondo im Palazzo Barberini (1629–33) steht schon durch seine Zurückhaltung im Illusionistischen in deutlichem Kontrast zu Cortonas Deckenbild im gleichen Gebäude. Für die vatikanischen Grotten malte S. 1633–34 die Serie *Der hl. Andreas betet das Kreuz an, Die hl. Helena erlebt das Wunder des wahren Kreuzes, Das Martyrium des hl. Longinus* sowie *Christus und die hl. Veronika.* Die Porträts, die S. sehr frei und in ganz persönlichem Stil malte, fanden die Bewunderung → Berninis. Zu seinen besten ◇Altarbildern gehört *Die Vision des hl. Romuald* (nach 1638, Vatikan). Über seinen Schüler → Maratta übte er Einfluß bis auf den ◇Klassizismus des 18. Jh.s aus.

Sacchi, Giovanni Antonio de siehe → **Pordenone**

Sacchi, Piero Francesco (1485–1528)
Italienischer Maler, der nach Angaben von → Lomazzo unter Francesco Sforza in Mailand arbeitete. Er galt als führender Genueser Maler seiner Zeit und schuf unter dem Einfluß → Leonardos und → Giulio Romanos große ◇Altarbilder (z. B. die *Kreuzigung,* 1514, Berlin), die zugleich eine nordische Eckigkeit und ein Bemühen um landschaftliche Details erkennen lassen.

Saenredam, Pieter (1597–1665)
Holländischer Architekturzeichner und Maler von Kirchenräumen, der bei Frans de Grebber in Haarlem lernte. S. schloß Bekanntschaft mit dem Baumeister Jacob van Campen, was vielleicht den Ausschlag für die Wahl des Sujets gab. Unter Verzicht auf Phantasiedarstellungen spezialisierte sich S. auf getreuliche Wiedergaben bestimmter Bauwerke, zumal von niederländischen Kirchen, in feinen, hellen Farben und mit Gefühl für Atmosphäre, was ihm die Bezeichnung ›Erster Architekturporträtist‹ eintrug (*Inneres der Grote Kerk in Haarlem,* 1637; *Inneres der Buurkerk in Utrecht,* 1644, beide NGL). S. pflegte alle Stellen in seinen Zeichnungen anzumerken, wo er aus künstlerischen Gründen einzelne Bauteile veränderte oder verschiedene Einzelansichten zum Idealeindruck verschmolz. Kahle Wände und Schraffuren nehmen oft große Flächen seiner streng geometrisch gebauten, fast kubischen Kompositionen ein.

Saftleben (Sachtleven), Cornelis Hermansz. (um 1607–1681)
Holländischer Maler und ◇Zeichner, am besten bekannt für seine ländlichen ◇Genreszenen in der Art → Brouwers. Er malte vorwiegend ◇Küchenstücke, ◇Landschaften und historische Sujets. In seinen zeichnerischen Tierstudien wird zuweilen eine satirisch-zeitkritische Tendenz deutlich.

Saftleben (Sachtleven), Herman Hermansz. (1609–1685)
Holländischer Maler und ◇Radierer, Schüler seines Bruders Cornelis → Saftleben. Bereiste Norddeutschland und fertigte topographische Zeichnungen und Gemälde an. Seine ◇Landschaften (Waldszenen) erinnern an van → Goyen, seine Arbeiten der frühen 1640er Jahre sind von der italienischen Manier Jan → Boths beeinflußt, und die bergigen Flußlandschaften mit zahlreichen kleinen Figuren der späteren Zeit zeigen den Detailreichtum Jan → Bruegels d. Ä.

Saint-Gaudens, Augustus (1848–1907)
Englischer ◇Bildhauer, der in New York (1861–67) und Paris (1867–69) studierte, in Italien (um 1869–72) und New York (um 1873–98) arbeitete und an der ◇Art Students' League (um 1889–98) lehrte. Unter dem Einfluß der italienischen ◇Renaissance und zeitgenössischer französischer Bildhauer schuf S.-G. imposante Figuren von entschiedenem ◇Naturalismus.

St. Ives, Künstlergruppe von
(Malerschule von St. Ives)

1939 lud A. Stokes B. → Nicholson und B. → Hepworth ein, von London nach S. I. in Cornwall überzusiedeln. Rasch entwickelte sich S. I. zu einem lebendigen Zentrum der bildenden Künste, dem so unterschiedliche Künstler wie A. Wallis und N. → Gabo angehörten. Angeregt durch die Anwesenheit von Nicholson, Hepworth und Gabo begann der Zustrom jüngerer Künstler mit P. Lanyon und – nach dem Zweiten Weltkrieg – auch A. → Davie, T. Frost, P. Heron, R. Hilton und W. Scott.

Saint-Phalle, Niki de (* 1930)
Französische Malerin und Plastikerin, Mitglied der Gruppe → Nouveau Réalisme, bekannt v. a. durch ihre burlesken, unförmigen Riesenweiber aus bemaltem Polyester, die sogenannten *Nanas*, sowie durch eine gigantische liegende Frauenfigur, deren Inneres begehbar ist (Moderna Museet, Stockholm) und die in Zusammenarbeit mit → Tinguely entstand.

Sakai Hōitsu (1761–1828)
Japanischer Maler, ◇Kalligraph und Dichter, Vertreter einer dekorativen Richtung nach Art von → Nonomura Sōtatsu und → Ogata Kōrin. Er belebte den von Nonomura und dessen Freund → Hon'ami Kōetsu begründeten Stil der → Rimpa-Schule und veröffentlichte *Kōrin hyakuza (100 Meisterwerke Kōrins)*.

Sakaida Kakiemon (1596–1666)
Japanischer Maler und Porzellanhersteller in Arita, Schöpfer des nach ihm benannten ◇Kakiemon-Porzellandekors. Die sparsamen, asymmetrischen Motive zeigen blühende Pflanzen und Vögel, so z. B. das berühmte ›Wachtelmuster‹. Der wahrscheinlich von S.s Söhnen perfektionierte Stil wurde vielfach von europäischen Porzellanmanufakturen (Meißen, Chantilly, Chelsea u. a.) nachgeahmt.

Salimbeni, Ventura (1567/68–1613)
Italienischer Maler und ◇Kupferstecher, der den Stil seiner dekorativen römischen Frühwerke änderte, als er den Arbeiten → Baroccis begegnete. S. war in Siena, Perugia, Pisa, Lucca und Genua beschäftigt und beeinflußte mit seiner Technik ◇Radierer des 17. Jh.s nördlich der Alpen, so etwa → Callot.

Salle, David (* 1952)
Amerikanischer Maler, studierte bis 1975 am California Institute of Arts, Valencia. S. verarbeitet in seinen großformatigen, häufig mehrteilig konstruierten Bildern Anregungen aus der Kunstgeschichte und aus der trivialen Bilderwelt der Massenmedien. Ohne sich um ◇Eklektizismus als Problem zu kümmern, kombiniert S. seine Bildzitate neben- oder übereinander, um auf diese Weise das verwirrende Bildrepertoire der modernen Zivilisationsgesellschaft zu veranschaulichen.

Salomé (Wolfgang Cilarz) (* 1954)
Deutscher Maler, der 1974–80 Malerei an der Hochschule der Künste, Berlin, bei → Hödicke studierte. 1977 Mitbegründer der Berliner ›Galerie am Moritzplatz‹. Seit 1978 Selbstdarstellungen (mit deutlich erotisch-voyeuristischen Aspekten in der Thematisierung der eigenen Homosexualität) und ◇Performances zusammen mit Luciano → Castelli, u. a. in den Filmen von Robert van Ackeren ›Die Einsamkeit des Herzens‹ und ›Die flambierte Frau‹ sowie in Filmen von Rainer → Fetting. Exotik, Außenseitertum, Randexistenz sind die Themen, die S. in einer dem Stil der ◇Neuen Wilden zugehörigen gestisch-expressiven Malerei mit obsessiver Extrovertiertheit zur Darstellung bringt.

Salomon, Erich (1896–1944)
Deutscher Bildjournalist und promovierter Jurist, der im Auftrag des Ullstein-Bilderdienstes 1928–32 mit seiner Kamera nahezu sämtliche wichtigen politischen Konferenzen verfolgte und zum bedeutendsten Vertreter der sog. ›Schnappschußfotografie‹ des interessanten Augenblicks wurde. S. lichtete fast alle großen Staatsmänner seiner Zeit ab und erfand stets neue Tricks, um sie unauffällig fotografieren zu können. S. gilt als der erste große Bildjournalist mit einer durchdachten, zeitlosen Dokumentationskonzeption. S. emigrierte 1933 nach Holland, von wo man ihn 1943 nach Auschwitz deportierte.

Salviati, Francesco (Cecchino de'Rossi) (1510–1563)
Italienischer Maler des ◇Manierismus, Schüler → Andrea del Sartos und Freund → Vasaris, hauptsächlich in Rom (◇Fresken im Palazzo Farnese, nach 1550), Florenz und Venedig tätig. Im Florentiner Palazzo Vecchio malte er den Camillus-Zyklus (1544–48). 1554–56 arbeitete S., der stilistisch stark an die Eleganz → Parmigia-

ninos erinnert, auch für den französischen Hof. Zu seinen bedeutendsten Gemälden zählen *Justitia* und *Geschichte der Psyche* (um 1540).

Salvo (Salvatore Mangione) (* 1947)
Italienischer Künstler der ◇Arte povera, der in seinen Arbeiten ab 1969 in extremer Überspitzung, aber gleichzeitig in sehr durchdachter und umfassender Weise künstlerisch egozentrische Tendenzen formuliert, wobei er an tradierte Topoi und Erscheinungsformen – v. a. der Kunstgeschichte – anknüpft: handschriftliches Umschreiben von Büchern bzw. Nachmalen von Bildern, dabei wird sein Name bzw. sein Porträt mit der Hauptperson ausgetauscht (*Salvo im Wunderland,* 1971). Salvo – als Kunstfigur – ist Mittelpunkt oder End- und Höhepunkt (*Die drei Reiche,* 1970–72). Bekannt wurde S. v. a. durch seine pastellfarbenen südlichen Landschaften, die in den 1980er Jahren zunehmend eine geometrische Statuarik annehmen und den Aspekt des Künstlichen dadurch besonders betonen.

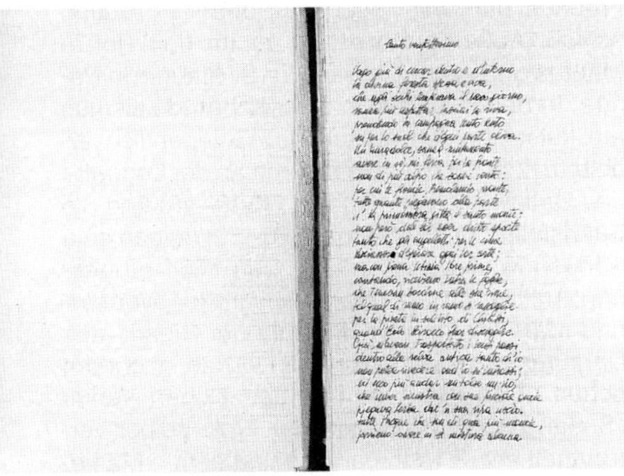

Salvo, aus dem nachgeschriebenen Manuskript von Dante, ›Die göttliche Komödie‹, 1969–72

Samaras, Lucas (* 1936)
Griechischer Plastiker, der 1948 in die USA übersiedelte und dort an der Rutgers University sowie an der Columbia Graduate School of Art History studierte. In den frühen 1960er Jahren schuf S. ◇neodadaistische fetischhafte Objekte, zum Teil möbelartige Gebilde, die mit einer Vielzahl von Nadeln bedeckt sind und die Assoziation der Bedrängung, des Stechens hervorrufen. Später gelangte er zu einer ◇environmentalen ◇Lichtkunst, die mit Spiegelkonstruktionen unbegrenzte räumliche Illusionen provoziert.

Sánchez Coello, Alonso (um 1531–1588)
Bedeutendster spanischer ◇Porträtmaler vor → Velázquez. Aufgewachsen in Portugal, kam er auf Veranlassung von Johann III. nach Flandern in die Lehre zu Anthonis → Mor. Als königlicher Hofmaler von Philipp II. in Valladolid wurde er später zum idealen Interpreten des steifen, strengen Zeremoniells am spanischen Hofe, der dem kleinsten Detail peinlichste Aufmerksamkeit schenkte. S. schuf neben ◇Altargemälden Bildnisse, die für die spanische Kunst richtungweisend wurden (*Infant Don Carlos,* 1564, KhW).

Sánchez Cotán, Juan (1561–1627)
Spanischer Maler, der seine Ausbildung in Toledo erhielt und 1603 Lehrer an der Klosterschule von El Paular wurde. 1614 trat S. als Mönch in den Kartäuserorden in Granada ein und spezialisierte sich auf blumenbekränzte Madonnendarstellungen. Bekannt wurde er jedoch durch eine frappant naturalistische Kreuzigung (1612) sowie durch Küchenstilleben (›bodegones‹), die sich durch ihre besonders eindringliche Wirklichkeitswiedergabe auszeichnen.

Sandback, Fred(erick Lane) (* 1943)
Amerikanischer Plastiker und ◇Zeichner, der an der Willistone Academy, Easthampton, und an der Yale University studierte. Seit 1966 entwikkelt er in Zeichnungen und Skulpturen aus Fäden, festen Stahldrähten oder elastischen, straff gespannten Schnüren der ◇Minimal Art verwandte räumliche Situationen, die sich durch eine subtile Perspektivik auszeichnen.

Sandby, Paul (1725–1809)
Thomas (1721–1798)
Englische ◇Aquarellisten von Landschafts- und Architektur-◇Veduten, die als Landvermessungszeichner beschäftigt waren. Paul S., der als erster Künstler in England die ◇Aquatintatechnik anwandte, bildete seinen Stil in den Highlands aus (1746–51) und schuf als beste Leistung Ansichten von Windsor Castle, in denen er, wie in anderen topographischen Aquarellen, Präzision, kompositorisches Geschick und Gespür für Atmosphäre zeigte. Thomas S. wurde durch seine Pläne für Virginia Water und als erster Architekturprofessor der Royal Academy bekannt.

Sander, August (1876–1964)
Deutscher Fotograf, als solcher Autodidakt, der

sich nach einer Bergarbeitertätigkeit mit großer Intensität in das Medium ◇Fotografie einarbeitete. 1910 ließ sich S. in Köln nieder. In den 1920er Jahren widmete er sich mit großer Systematik der Porträtfotografie, in der er Archetypen der Bevölkerung aus der Zeit der Weimarer Republik festhielt. S. schuf eine einzigartige sozialpsychologische Dokumentation, indem er zeittypische Berufsgruppen und Gesellschaftsschichten – frontal vor die Kamera gestellt – in charakteristischen Posen ablichtete. 1929 erste Buchpublikation der Fotoserie unter dem Titel ›Antlitz der Zeit‹.

Sandrart, Joachim von (1606–1688)
Deutscher Maler, ◇Kupferstecher und Kunstschriftsteller, der als Maler in Nürnberg, Utrecht und Italien (1628–35) sowie in Amsterdam (1637–43) lernte und v. a. ◇Historienbilder (*Gesandtenmahl des Ottavio Piccolomini,* 1650, Rathaus, Nürnberg), ◇Altäre (Stiftskirche Lambach, 1657) und ◇Porträts malte. Bedeutsamer jedoch ist seine Schrift ›Teutsche Academie der edlen Bau-, Bild- und Malerey-Künste‹ (2 Bde., 1675–79), das erste Quellenwerk der deutschen Kunstgeschichte mit allgemeinen Betrachtungen über die Künste und Künstlerbiographien seit der Antike.

Sano di Pietro (Ansano di Pietro di Mencio) (1406–1481)
Italienischer Maler – hauptsächlich in Siena tätig –, der in seinen volkstümlich-dekorativen Madonnen- und ◇Altarbildern ◇gotisch-konservativ blieb und nichts von den Florentiner Errungenschaften der Frührenaissance widerspiegelte. Seine vielen St.-Bernhard-Darstellungen bezeugen die Beliebtheit des Sieneser Mystikers.

Sansovino, il (Andrea Contucci) (1460–1529)
Italienischer Baumeister und ◇Bildhauer, ausgebildet von → Pollaiuolo und → Bertoldo, tätig in Florenz, Lissabon, Rom und Loreto. Unter dem Einfluß Pollaiuolos stehen die Marmorarbeiten über dem Ostportal des Florentiner Baptisteriums (*Taufe Christi,* 1502–05), später arbeitete S. unter dem Eindruck → Raffaels und der antiken Bildhauerei. In seinen Werken vollzog sich der Wandel vom Naturalismus des 15. Jh.s zum Klassizismus der ◇Renaissance. Das antike Triumphbogenmotiv übertrug er auf das Wandgrabmal, so etwa in den mit ◇Pilastern, Säulen und Nischenfiguren von Tugenden geschmückten Gräbern der Kardinäle Ascanio Maria Sforza (1505) und Girolamo Basso della Rovere (1507) in S. Maria del Popolo, Rom, sowie auf den *Corbinelli-Altar* (S. Spirito, Florenz). Außerdem schuf S. narrative ◇Reliefs, etwa die *Verkündigung* in S. Spirito und die Darstellungen für die Casa Santa im Dom von Loreto.

Sansovino, il (Jacopo Tatti) (1486–1570)
Italienischer Baumeister und ◇Bildhauer, Schüler des Andrea → Sansovino, dessen Namen er annahm und mit dem er 1505/06 in Rom zusammenarbeitete: eine entscheidende Erfahrung, da er sich hauptsächlich mit der Wiederherstellung und dem Kopieren antiker Bildwerke beschäftigte und überdies mit → Bramante zusammentraf. Wieder in Florenz (1511–17), schuf er einen *Jakobus* (1513, Dom) und einen *Bacchus* (1514, Museo Nazionale del Bargello, Florenz). In Rom (1518–27) entstanden Grabmäler und Heiligendarstellungen. Während des ›Sacco di Roma‹ floh S. nach Venedig, wo er zum führenden Bildhauer und Architekten werden sollte und Freundschaft mit → Tizian und → Aretino schloß. Außerdem arbeitete er für den Hof in Mantua und schuf ◇Reliefs für S. Antonio in Padua, in denen sich sein klassischer Idealismus am kultiviertesten artikulierte. Gelegentlich arbeitete S. in Bronze; die Figuren an der Loggetta des Campanile von Venedig (1540–45) und die Sakristeitür für S. Marco (1546–53) zeigen sein Können in diesem Medium. Den 1554 erhaltenen Auftrag für die überlebensgroßen *Neptun-* und *Mars*-Statuen für die Sala dei Giganti des Dogenpalastes schloß er erst 1567 ab, nachdem schon 1561 das Grabmal des Dogen Venier (S. Salvatore) entstanden war. Trotz seiner Vertrautheit mit → Michelangelo und dem ◇Manierismus blieb S. doch ein tief von der Antike bestimmter ◇Renaissancekünstler.

Santomaso, Giuseppe (1907–1990)
Italienischer Maler, studierte an der Akademie in Venedig und gehörte 1947 zu den Mitbegründern der → Fronte Nuovo delle Arti. Nach einer frühen Phase ◇abstrakter Malerei unter dem Einfluß des Spätkubismus gelangte S. ab 1953 durch H. → Hartung zu einer lyrisch-hermetischen Abstraktion als Umwandlung von Naturerlebnissen.

Saraceni, Carlo
(zwischen 1580 und 1585–1620)

Italienischer Maler, der in Rom (dort erst ab 1602 nachweisbar) unter den Einfluß der ◇Helldunkelmanier → Caravaggios geriet und mit → Elsheimer zusammenarbeitete. S. malte hauptsächlich kleine ◇Altarbilder für römische Kirchen, deren Wirkung auf einer stimmungsvollen Intimität sowie sorgfältiger Dekor- und Gewanddarstellung beruht (*Hl. Rochus,* Galleria Doria Pamphilj, Rom). 1619 kehrte er in seine Heimatstadt Venedig zurück, wo er den Auftrag erhielt, einen Marientod für S. Maria della Scala als Ersatz für die abgelehnte Version Caravaggios zu malen. Sein letztes Werk, *Die Verzückung des hl. Franziskus* (um 1620, Chiesa del Redentore, Venedig) fasziniert als sprechendes ◇Stilleben der Weltentsagung.

Sargent, John Singer (1856–1925)
Angloamerikanischer Maler, studierte bei → Carolus-Duran (etwa 1874–79) in Paris und war dort bis 1884 tätig. Seit etwa 1885 lebte er in London, von wo er häufig nach New York und Boston reiste. Unter dem Einfluß von → Hals und → Velázquez malte S. anfänglich in dunklen, klangvollen Farben. In seinen späteren ◇Landschaften, Architekturszenen, Arbeitsbildern und ◇allegorischen Wandbildern gelangte er zu einer leuchtenderen, ◇impressionistischen Palette, die an → Israëls und → Liebermann erinnert. Doch S. war in erster Linie ein glänzender, eleganter ◇Porträtmaler, unübertrefflich in seiner spontanen Erfassung des Sujets und dessen Umgebung, die er mit virtuoser malerischer Technik und blitzschneller Beobachtung festhielt.

John Singer Sargent, *Conventry Patmore,* 1894

Sarkisian, Paul (* 1928)
Amerikanischer Maler des ◇Hyperrealismus, der am Art Institute of Chicago und am Otis Art Institute, Los Angeles, studierte. In seinen riesigen, nach vielen Fotovorlagen gemalten Leinwandbildern hält S. eine fast surreal anmutende, funktionslose Gegenständlichkeit fest, die seinen Stil in die Nähe des ◇Magischen Realismus rückt.

Sarian, Martiros Sergejewitsch (1880–1972)
Russischer Maler, der 1897–1904 in Moskau bei Leonid → Pasternak und → Serow studierte. Ab 1907 war er Mitglied der ◇Symbolistenvereinigung, 1910–13 Reisen in den Nahen Orient und 1926–28 Parisaufenthalt. Sein von orientalischen Motiven geprägtes symbolistisches Werk besteht vorwiegend aus orientalisch anmutenden Landschaften, die den Einfluß von → Matisse und den ◇Fauves verraten.

Sarrazin, Jacques (1592–1660)
Bedeutendster französischer ◇Bildhauer seiner Zeit, neben den klassizistisch orientierten italienischen Bildhauern des frühen ◇Barock in Rom tätig (1610–um 1627). Später schuf er ◇Skulpturen für Pariser Kirchen und Paläste (so für den Pavillon de l'Horloge, Louvre) und das Grabmal Heinrichs von Bourbon (Chantilly). S. war Mitbegründer der Académie Royale.

Sarto, Andrea del siehe → **Andrea del Sarto**

Sassetta, Stefano di Giovanni (um 1392–1450)
Führender Sieneser Maler des frühen 15. Jh.s, wahrscheinlich von Paolo di Giovanni Fei ausgebildet, von → Gentile da Fabriano und Fra → Angelico sowie einheimischen ◇gotischen Traditionen geprägt. Er kannte zwar die Skulpturen → Jacopo della Quercias, die Taufbeckenreliefs → Ghibertis und → Donatellos, vielleicht auch die Malereien → Masaccios, verarbeitete aber nur in begrenztem Maß Einflüsse der ◇Renaissance. Die ◇Perspektive beherrschte er nie, ebensowenig die monumentale Strenge, so daß etwa seine *Madonna mit Heiligen* (1432, Slg. Contini-Bonacossi, Florenz) durchaus ein Werk der Spätgotik blieb. Vorzüglich gelang S. dagegen der Ausdruck des Expressiven; jedes Detail trägt zur beklemmenden Stimmung bei. Geistig erreichte S. seinen Höhepunkt im *Franziskusaltar* (Folge von acht Tafeln) für die Stadt Borgo S. Sepolcro (1437–44, jetzt an verschiedenen Stellen in Privatbesitz). Die lebhaften Figuren

Stefano di Giovanni Sassetta, *Der hl. Franziskus und der Bettler, Traum des hl. Franziskus* (Tafel vom *Franziskusaltar* für Borgo S. Sepolcro), 1437–44

sind – vielleicht angeregt durch die Predigten des hl. Bernhard – vom Geist der ›Fioretti‹ des hl. Franziskus erfüllt. Die Farbgebung ist sensibel, der Hintergrund geprägt von Naturgespür und dem silbernen Licht der Toskana. Entscheidenden Einfluß übte S.s Kunst auf → Piero della Francesca aus.

Sassoferrato, il (Giovanni Battista Salvi) (1609–1685)
Italienischer Maler, Schüler seines Vaters Tarquinio, später in Rom beeinflußt von → Domenichino, in dessen Werkstatt er arbeitete. S. malte v. a. Madonnenbilder. Seine intensiven → Raffael-Studien führten zu einer unmittelbaren Anlehnung an die Werke seines Vorbilds (etwa in der *Rosenkranzmadonna,* S. Sabina, Rom, und der *Madonna auf der Mondsichel,* Vatikan), so daß die falsche Meinung aufkam, S. sei ein Raffael-Nachfolger des 16. Jh.s.

Satō Suiseki (tätig um 1806–1840)
Japanischer Maler, Schüler → Matsumura Goshuns und in seinem → Shijō-Stil ungewöhnlich stark von der → Nanga-Schule beeinflußt. Suiseki gestaltete auch hervorragende Bücher (›Suiseki Gafu‹, 1814).

Saura, Antonio (* 1930)
Spanischer Maler, mit → Tàpies Begründer der Gruppe El → Paso. Seine Bilder sind in der spontanen, grafischen Malweise des ◇ Abstrakten Expressionismus gemalt. Im malerischen Prozeß lösen sich bei S. die Erlebnisbilder in farbige Linienimpulse auf, die dann auf der Leinwand eine ◇informelle Zeichensprache der von Zwängen befreiten Phantasie erstellen.

Savery, Roelant (1576–1639)
Holländischer Maler, hauptsächlich ◇Landschaftsmaler, ab 1604 für Rudolf II. in Prag tätig, ab 1614 für Kaiser Matthias in Wien, ab 1619 in Utrecht. S. malte unter dem Einfluß der → Bruegels und → Coninxloos Alpenansichten (teilweise nach Zeichnungen) (*Gebirgslandschaft,* 1608, Niedersächsische Landesgalerie, Hannover; *Waldlandschaft mit Eremit,* 1608, ebda.), Landschaften mit Tieren (Paradies- und Orpheusszenen) und Blumenstilleben (*Blumenstrauß,* 1624, Centraal Museum, Utrecht).

Savoldo, Giovanni Girolamo (um 1480– nach 1548)
Italienischer Maler religiöser Themen und ◇Porträts, der in Florenz ausgebildet wurde und wahrscheinlich 1525–35 in Mailand und dann in Venedig tätig war. S. verknüpfte lombardische und venezianische Elemente und war zusammen mit → Romanino und → Moretto einer der erfolgreichsten veneto-lombardischen Künstler. Sein malerischer Stil, geprägt von gedämpfter Farbigkeit, metallischer Lichtwirkung und geschickt angewandtem ◇Chiaroscuro antizipierte → Caravaggio. Zu S.s Hauptwerken zählen *Die hl. Magdalena* (Berlin) und *Tobias mit dem Engel* (Galleria Borghese, Rom).

Sax, Andres (Marzal de) (tätig 1393–1410)
Spanischer Maler, vermutlich sächsischer Herkunft, der großen Einfluß auf die valencianische Malerei ausübte und mit einheimischen Malern wie Pedro Nicolai (1399/1400), Gonzalo Perez (1404) und Gerardo Gener von Barcelona (1405) zusammenarbeitete. Seine eigene Malweise, etwa in der Tafel mit dem zweifelnden Thomas (um 1400, Dom, Valencia), hebt sich von dem zarteren, linearen valencianischen Stil ab, den er mit kräftigerer deutscher Plastizität erfüllte. Das *Georgsretabel* (um 1400–10, Victoria and Albert Museum, London) ist das bedeutendste ihm zugeschriebene Werk.

Schad, Christian (1894–1982)
Deutscher Maler, studierte in München und ging 1915 nach Zürich, wo er mit →Arp und → Tzara im dortigen ◇Dada-Kreis arbeitete und ◇Holzschnitte schuf. 1918 unternahm S. Versuche mit der apparatlosen ◇Fotografie und gelangte zu ähnlichen Resultaten (›Schadographien‹) wie Man → Ray in seinen ◇Rayogrammen, wobei Gegenstände auf lichtempfindliches Papier gelegt und dann dem Licht ausgesetzt werden. 1920–25 lebte er in Italien. Seit 1928 war er in Berlin tätig. Mit seinem harten, realistischen Stil wurde er ein typischer Vertreter der ◇Neuen Sachlichkeit. Bekannt wurden u. a. seine kalten und zugleich eleganten ◇Akte (*Halbakt,* 1929, Von der Heydt-Museum, Wuppertal) und distanzierten ◇Porträts (*Graf S. Genois d'Anneaucourt,* 1927, Privatbesitz).

Schadow, Johann Gottfried (1764–1850)
Deutscher ◇Bildhauer und Kunsttheoretiker, einer der bedeutendsten Vertreter des ◇Klassizismus in Deutschland, dessen Stil sich trotz idealisierender Grundhaltung durch eine gewisse Nüchternheit und Naturnähe auszeichnet. Er studierte von 1785–87 in Rom. Zu seinen Werken gehören u. a. die Quadriga mit Viktoria auf dem Brandenburger Tor in Berlin (Entwurf 1789, ausgeführt 1794), das Grabmal für den Grafen von der Mark (1788–91) und eine Statue Friedrichs des Großen in Stettin (1793). Seine Skulpturengruppe der *Prinzessinnen Luise und Friederike von Preußen* (1795–97, Berlin) ist ein gutes Beispiel für sein frühes Schaffen. Außerdem zahlreiche ◇Porträtbüsten, Standbilder, Grabmäler und ◇Reliefs. Eine der letzten ◇Skulpturen war das Lutherdenkmal für Wittenberg (1821), bevor ein Augenleiden die weitere plastische Tätigkeit verhinderte. S. widmete sich verstärkt theoretischen und kunsthistorischen Schriften.

Schadow, Wilhelm von (1788–1862)
Deutscher Maler, Sohn von Gottfried → Schadow, schloß sich 1810 in Rom den → Nazarenern an und wurde dort besonders von → Overbeck beeinflußt. S. schuf v. a. religiöse und ◇allegorische Gemälde und beteiligte sich in Rom an der Ausmalung der Casa Bartholdy. Als Direktor der Düsseldorfer Akademie (1826–59) wurde er zum eigentlichen Begründer der → Düsseldorfer Schule. 1854 veröffentlichte er die Schrift ›Der moderne Vasari. Erinnerungen aus dem Künstlerleben‹.

Johann Gottfried Schadow, *Kronprinzessin Luise von Preußen und ihre Schwester Friederike,* 1795–97

Schaffner, Martin
(um 1478/79–zwischen 1546 und 1549)
Deutscher Maler und Bildschnitzer, der hauptsächlich in Ulm tätig war und wesentliche Einflüsse von H. → Holbein d. Ä. sowie ab 1510 von → Burgkmair und → Dürer verarbeitete. Als seine Hauptwerke gelten der *Hutzaltar* (1521, Münster, Ulm) sowie der *Zweite Wettenhausener Altar* (1523/24, Schrein mit der geschnitzten Krönung Mariä in Wettenhausen, Tafeln AP). Mit seiner weichen, nuancierten Farbgebung und seiner Sensibilität für Raumbezüge gilt S. als Vermittler zwischen Spätgotik und Frührenaissance in Deutschland (*Grablegung Christi,* 1519, Staatsgalerie, Stuttgart).

Schalcken, Gottfried (1643–1706)
Holländischer ◇Genre- und ◇Porträtmaler, be-

rühmt v. a. wegen seiner Genreszenen mit Kerzenbeleuchtung. Er war zunächst Schüler von van → Hoogstraten, später von → Dou, an dessen Stil er sich in seinen frühen Arbeiten eng anlehnte. Mit seinen Kabinettstücken (seit 1675), die häufig antike Themen behandeln, wandte sich S. bevorzugt an eine gebildete Elite.

Scharff, Edwin (1887–1955)
Deutscher ◇Bildhauer, der in München zunächst Malerei studierte. Während eines Parisaufenthaltes (1912–13) wandte sich S. der Bildhauerei zu (Bronzearbeiten). 1923–33 Professur in Berlin, 1934–37 an der Düsseldorfer Kunstakademie, danach Berufsverbot. Seine Werke zeigen unter dem Einfluß → Rodins und → Maillols eine leicht abstrahierende Formensprache (*Pandora,* 1953, Hamburger Kunsthalle).

Scharl, Josef (1896–1954)
Deutscher Maler, der aus Einflüssen van → Goghs, → Munchs und → Beckmanns einen erdschweren und dumpf-farbenen ◇Expressionismus entwickelte. Von den Nationalsozialisten verfemt, emigrierte er 1938 in die USA, wo er zu einer realistischen Figuration (◇Porträts, ◇Landschaften und ◇Stilleben) mit vereinfachender Formensprache und dekorativer Farbigkeit gelangte.

Schäuf(f)elein (Scheufelin), Hans Leonhard (um 1480/85–1538/40)
Deutscher Maler und Holzschneider (Monogramm IS samt einer Schaufel), vermutlich seit etwa 1503 in der Werkstatt → Dürers ausgebildet, jedenfalls seit 1505 für diesen tätig. Wanderschaft nach Tirol und Augsburg, wo eine umfangreiche Druckgrafik entstand (1510–15): Andachtsbücher, ein ◇Plenarium, ◇Holzschnitte für Kaiser Maximilian (*Theuerdank, Weisskunig, Triumphzug*). 1515 siedelte S. nach Nördlingen über, wo er Stadtmaler wurde und sich sein malerisches Schaffen erst eigentlich entfaltete. Zuvor waren, stark von Dürer beeinflußt, die Altäre von Ober-St.-Veit bei Wien (1505), von Niederlana (1509) und von Auhausen (1513) sowie eine Kreuzigung (*Christus am Kreuz zwischen Johannes d. T. und König David,* 1508, Germanisches Nationalmuseum, Nürnberg) entstanden. In der Nördlinger Zeit malte S. – der als Holzschneider größte Selbständigkeit erreichte – weitere Altäre (für Ulm, 1515; für Nördlingen, 1521; für Christgarten, 1525) und das ◇Fresko mit der Geschichte der Judith (*Die siegreiche Verteidigung der Stadt Bethulia gegen den Feldherrn Holofernes,* 1515, Rathaus, Nördlingen).

Scheemakers, Peter (1691–1781)
Flämischer ◇Bildhauer. Nach seiner Lehrzeit in Rom arbeitete er nahezu ohne Unterbrechung in London (um 1716–71), wo er das Shakespeare-Denkmal (1741) in der Westminster Abbey und eine große Zahl weiterer Grabmäler u. a. auch für verschiedene Landkirchen schuf. Seine Arbeiten zeugen von hohem technischen Können, doch bleiben sie blaß. Sein Sohn Thomas (1740–1808) arbeitete ebenfalls als Bildhauer in England.

Scheffer, Ary (1795–1858)
Niederländisch-französischer Maler, ◇Illustrator und ◇Kupferstecher, Sohn eines als Hofmaler in Amsterdam tätigen Künstlers deutscher Herkunft, ausgebildet in Paris bei → Guérin. S. malte biblische, ◇genrehafte und geschichtliche Themen sowie Szenen nach → Goethe, Byron, Dante usw. Seine gefühlvoll-romantische, freilich koloristisch schwache Darstellungsweise und eine heute ziemlich gekünstelt wirkende Frömmigkeit trugen ihm weite Anerkennung ein.

Scheibe, Richard (1879–1964)
Deutscher ◇Bildhauer, der 1897–99 an der Dresdner Kunstakademie zunächst als Maler ausgebildet wurde, sich aber unter dem Einfluß von G. → Kolbe der Bildhauerei zuwandte. Angeregt von der französischen Plastik, besonders von → Despiau und → Maillol, schuf er männliche und weibliche ◇Akte in ausponderierten Stand-, Sitz- und Liegemotiven sowie Tierplastiken und ◇Medaillen. S. erhielt viele Denkmalsaufträge, für die er eine unpathetische Lösung bevorzugte (*Ehrenmal für die Opfer des 20. Juli 1944,* 1953, Berlin).

Schelfhout, Andreas (1787–1870)
Niederländischer ◇Landschaftsmaler und ◇Radierer, Schüler von Breckenheimer. Besonders seine Winterszenen trugen ihm Beliebtheit ein. Wie bei der Mehrzahl seiner Zeitgenossen lagen die Wurzeln seines Naturalismus im 17. Jh.

Schiavone, Andrea Meldolla (1522–1563)
Italienischer Maler und ◇Kupferstecher, der sich der venezianischen Schule anschloß und unter

den Einfluß → Parmigianinos, → Tizians und → Tintorettos geriet. Am bekanntesten wurde S., ein Hauptvertreter des ◇Manierismus in Venedig, der auch im Kupferstich Ansehnliches leistete, durch mythologische und Hirtendarstellungen sowie durch religiöse Gemälde (*Anbetung der Könige,* Castello Sforzesco, Mailand; *Gang nach Emmaus,* S. Sebastiano, Venedig; *Hl. Familie,* Dresden). Tintoretto vollendete S.s Gemälde für die Decke der Markusbibliothek in Venedig.

Schick, Gottlieb (1776–1812)
Deutscher Maler, der in Stuttgart Schüler von → Dannecker, in Paris von J.-L. → David (1798–1802) war und sich in Rom dem Kreis der → Deutschrömer anschloß (1802–11), von denen ihn besonders → Mengs und → Koch beeinflußten. Seine monumentalen ◇klassizistischen Gemälde thematisieren biblische und mythologische Inhalte (*David spielt vor Saul,* 1802–08, Staatsgalerie, Stuttgart). Mit seinen beseelten ◇Porträts wurde S. zum Wegbereiter der deutschen ◇Romantik (*Frau von Cotta,* 1802, ebda.).

Egon Schiele, *Bildnis Albert Paris Gütersloh* (Ausschnitt), 1918

Schiele, Egon (1890–1918)
Österreichischer Maler und ◇Zeichner. S. studierte an der Wiener Akademie (1906–09) und malte anfänglich in einem ◇impressionistischen Stil, bevor er unter den starken Einfluß von → Klimt und des Wiener ◇Jugendstils geriet (*Schlafendes Mädchen,* 1911, Graphische Sammlung, Albertina, Wien). Sein aggressiv-hektischer zeichnerischer Stil, der sich durch eine scharfe Präzision der Linienführung und ornamentale Flächigkeit in der Farbsetzung auszeichnet, sowie seine Darstellungen morbider, häßlicher, knochiger ◇Akte, meist in eindeutig erotischen Stellungen, in denen das tragische, schicksalhafte, poetische Element das erotische übertönte, stießen auf heftige Ablehnung. Wegen »unmoralischer Zeichnungen« wurde S. 1911 fast einen Monat inhaftiert. Erst kurz vor seinem Tode, anläßlich seiner Beteiligung an der Ausstellung der Wiener ◇Sezession 1918, fand er internationale Anerkennung. S. gehört mit → Kokoschka zu den Wiener Wegbereitern des ◇Expressionismus.

Schifferle, Klaudia (* 1955)
Schweizer Malerin, die nach einer Lehre als Verkäuferin 1973–76 die Tagesklasse ›F + F‹ an der Schule für experimentelle Gestaltung in Zürich besuchte. 1978 Mitbegründerin der Frauenmusikgruppe ›KLEENEX‹, später ›Liliput‹, und seit 1981 Theater- und Kabarettaktivitäten. K.S. praktiziert eine spontan-gestische Malerei im Stil der ◇Neuen Wilden, die von verzerrten, stark linear betonten Figuren mit ironischen und gleichzeitig obsessiven Anspielungen geprägt ist.

Karl Friedrich Schinkel, *Dom über einer Stadt,* 1813

Schinkel, Karl Friedrich (1781–1841)
Deutscher Maler und Baumeister. Seit 1797 Schüler von Friedrich Gilly. 1803–05 hielt sich S. in Italien und Frankreich auf, wo er sich zunächst als Maler von Architektur- und Landschaftsbildern sowie von ◇Dioramen und ◇Panoramen für die Bühnendekoration betätigte, bis er sich ab 1815 vorwiegend der Baukunst zuwandte. S. gilt als bedeutendste Persönlichkeit einer ◇romanti-

schen Bauweise, die Elemente des ◇Klassizismus mit der ◇Neogotik verbindet. S.s Bauten prägten wesentlich das Stadtbild Berlins, so die Neue Wache (1816–18), das Schauspielhaus (1819–21), die (in Backsteingotik ausgeführte) Friedrichswerdersche Kirche (1821–31), Schloß Tegel (1821–23), das Alte Museum (1825–28), die Bauakademie (1831–35) und zahlreiche Wohn- und Verwaltungsgebäude. Außerhalb Berlins entstanden u. a. der Charlottenhof im Park von Sanssouci (1826/27) und das Schloß Kamenz in Schlesien (ab 1838). Als Maler widmete sich S. vorwiegend romantischen ◇Landschaften und phantastischen Bauanlagen.

Schlemmer, Oskar (1888–1943)
Deutscher Maler und ◇Bildhauer, Schüler von → Hoelzel an der Stuttgarter Akademie, wo er ab 1909, unterbrochen durch Kriegsdienst, bis 1919 studierte. 1919 stellte er in der Galerie Der → Sturm in Berlin aus. 1920 wurde er von → Gropius als Leiter der Bildhauerei-Abteilung und Bühnenwerkstatt an das ◇Bauhaus in Weimar berufen, das er nach dem Rücktritt von Gropius 1929 ebenfalls verließ. Anschließend lehrte er bis 1932 an der Breslauer Akademie und von 1932 bis zu seiner Entlassung 1933 durch die Nationalsozialisten an der Berliner Akademie. S.s Frühwerk stand unter dem Einfluß von → Cézanne und → Seurat sowie von seinem älteren Mitschüler bei Hoelzel, dem Schweizer → Meyer-Amden. Er verwandelte Landschaften, ◇Stilleben und Figuren in ein geometrisches Bildgefüge, wobei er den Weg vom frühen ◇Kubismus über → Gris bis zum ◇Purismus nachvollzog. Das gleiche abstrahierende Bestreben zeigen seine Plastiken aus Zement und Draht. Während seiner Bauhauszeit gewann die Arbeit an der Bauhaus-Bühne große Bedeutung für seine Kunst, die sich hauptsächlich mit dem Problem der Figur im Raum beschäftigte. S. betätigte sich als Choreograph (*Triadisches Ballett,* seit 1920 entwickelt), Kostüm- und Bühnenbildner (für → Kokoschkas ›Mörder, Hoffnung der Frauen‹), Regisseur und Tänzer. Die strenge Gruppierung von abstrahierten, ikonenhaften Menschenfigurinen in einem imaginären Raumgefüge blieb das beherrschende Thema seiner Malerei (*Vierzehnergruppe in imaginärer Architektur,* 1930, WRM). In der Zurückgezogenheit der letzten Schaffensjahre entstanden S.s mystische 18 *Fensterbilder* (1942).

Oskar Schlemmer, *Gruppe am Geländer I,* 1931

Schlichter, Rudolf (1890–1955)
Deutscher Maler und ◇Grafiker, der 1910–16 an der Karlsruher Kunstakademie bei H. → Thoma und W. → Trübner studierte. 1919–32 lebte S. in Berlin, wo er 1928 Mitglied der → ASSO wurde. S. gehörte in den 1920er Jahren mit → Grosz und → Dix zu den sozialkritisch und politisch engagierten Vertretern der ◇Neuen Sachlichkeit. Beteiligung mit karikaturhaften Zeichnungen an den satirischen Zeitschriften ›Der Knüppel‹ und ›Eulenspiegel‹. Bekannt wurde S. mit seinen Porträts gleichgesinnter Zeitgenossen (*Egon Erwin Kisch,* um 1928).

Schlüter, Andreas (um 1660–1714)
Deutsch-polnischer ◇Bildhauer und Baumeister. Von der Ausbildung dieses bedeutenden (von Italien beeinflußten) norddeutschen Bildhauers ist wenig bekannt. 1689–93 begann er mit Arbeiten in Warschau (Grabmal J. Sobieski, Zolkiew), 1694 kam er nach Berlin und schuf die Dekorationen des Marmorsaals im Potsdamer Stadtschloß. Eine Studienreise führte 1691 nach Ita-

lien, vielleicht war S. auch in Paris. 1697 entstanden für das Berliner Zeughaus vor allem die 21 ausdrucksstarken Masken sterbender Krieger. 1703 wurde das Reiterdenkmal des Großen Kurfürsten enthüllt (heute Charlottenburger Schloß, Berlin), das erste unter freiem Himmel aufgestellte Reiterstandbild, ein prachtvolles Beispiel absolutistischer Plastik. Dieselbe politische Idee bestimmte auch seine Umbaupläne für das (im Zweiten Weltkrieg zerstörte) Berliner Schloß, dessen Bauleitung er 1698 übernahm. Ganz vom Geist des ◇Barock geprägt sind die Bronzebüste Friedrichs II. von Hessen-Homburg (um 1704, Schloß, Bad Homburg) und die aus Blei gegossenen Prunksarkophage Sophie Charlottes und Friedrichs I. (1705 und 1713, Deutscher Dom, Berlin). 1713 wurde er als Hofarchitekt des Zaren nach St. Petersburg berufen, wo er seine letzte Wirkungsstätte hatte.

Schmidt, Martin Johann (Kremserschmidt) (1718–1801)
Österreichischer Maler und ◇Radierer, der seit 1746 in Krems tätig war. Neben einigen Deckenfresken in der Kremser Stadtkirche schuf S. eine große Zahl von Altarblättern, die einen starken Einfluß der venezianischen Malerei und → Rembrandts zeigen. Seine biblischen, mythologischen und ◇allegorischen Sujets sind in einem stimmungsvollen ◇Helldunkel gemalt, das ihnen eine idyllische Atmosphäre verleiht (*Sokrates überrascht Alkibiades,* 1786, Alte Galerie am Landesmuseum Joanneum, Graz).

Schmidt-Rottluff, Karl (1884–1976)
Deutscher Maler und ◇Grafiker, Vertreter des deutschen ◇Expressionismus, der – nach anfänglichem Architekturstudium – mit → Kirchner, → Heckel u. a. die → Brücke begründete (1905). Beeinflußt von → Nolde, mit dem er 1906 auf Alsen malte, war S. der untheoretischste, robusteste und realistischste Maler der Brücke (*Sommer,* 1913, Niedersächsisches Landesmuseum, Hannover). Seit 1911 lebte er in Berlin. Als entarteter Künstler mußte er 1933 seine Mitgliedschaft in der Preußischen Akademie aufgeben und erhielt 1941 Malverbot. Seit 1947 lehrte er an der Berliner Akademie. Die farbig-kraftvollen Bilder seiner expressionistischen Zeit zeigen anfangs den starken Einfluß van → Goghs, dann eine von der Negerplastik und dem ◇Kubismus geprägte blockhafte Verfestigung der Formen. Seine späteren ◇Landschaften, ◇Stilleben und Selbstbildnisse wurden in Farbe und Form zunehmend weicher und ruhiger, die stark von dunkler Lineatur bestimmte Formkonturierung wurde jedoch weiterhin beibehalten. Auf dem Gebiet der ◇Druckgrafik gehören seine ◇Holzschnitte (*Gang nach Emmaus,* 1918) zu den besten Leistungen des Expressionismus.

Schmit, Thomas (* 1943)
Deutscher ◇Fluxus-Vertreter, als Künstler Autodidakt, der seit 1962 ◇Aktionen, Konzepte, Sprachdinge, Texte, Zeichnungen und Editionen schuf. In der zweiten Hälfte der 1960er Jahre war er an den großen Fluxus-Aktionen beteiligt, zuletzt am ›Festum fluxorum‹ in Berlin 1970/71.

Schnabel, Julian (* 1951)
Amerikanischer Maler, studierte 1969–73 an der University of Houston (Texas) und 1973–74 am Whitney Museum Independent Study Program, New York. S. integriert in seine meist großformatigen Bilder verschiedenste Materialien wie Teller, Erde, Weltkarten, Samt, Priestergewänder oder Zeltbahnen als Teile des Malgrundes und überdeckt sie mit einer expressiv-gestischen Malweise. Dadurch werden disparate Assoziationen beim Betrachter wachgerufen, die Elemente des Religiösen, des Mythischen und der primitiven Bildsprache miteinander verschränken (*Recognitions*-Bilder, 1987/88). S.s Bildwelt komprimiert die widersprüchlichsten Bedeutungshorizonte abendländischer Kultur zu einem Kaleidoskop der Symbole.

Schneemann, Carolee (* 1939)
Amerikanische Künstlerin, trat ab 1956 mit ◇Environments, ◇Performances, ◇Filmen sowie ◇Happening- und ◇Fluxusaktionen hervor. In ihren komplexen Werken setzte sie sich mit kontroversen Themen wie der feministischen Geschichtsschreibung, der Sexualität und – wie sie es selbst nennt – »dem Körper als Quell des Wissens« auseinander.

Schnorr von Carolsfeld, Julius (1794–1872)
Deutscher Maler und Zeichner, Schüler seines Vaters Hans Veit Friedrich, ab 1811 in Wien tätig, wo er, beeinflußt von → Koch und → Olivier, zart-empfindsame religiöse Bilder malte. 1817 nach Italien gekommen, schloß er sich 1818 in Rom den → Nazarenern an und malte in Anlehnung an → Raffael das Ariost-Zimmer der Villa

Massimo aus (1820–26). In diesen Jahren entstanden neben der *Hochzeit zu Kana* (1819, Hamburger Kunsthalle), das in seiner illustrierenden Gestik wie ein gestelltes Bild erscheint, seine beseeltesten und schönsten ◇Porträts und ◇Landschaften. 1827 wurde S. v. C. Akademieprofessor in München, 1846 in Dresden. Für Ludwig I. von Bayern entwarf er im Königs- und Festsaalbau der Münchner Residenz teilweise riesenhafte und weithin konventionell-theatralische ◇Fresken mit Darstellungen nach der Nibelungensage und Szenen aus der Geschichte früherer deutscher Kaiser. S. v. C.s Bruder Ludwig Ferdinand(1788–1853) war in Wien tätig und malte religiöse Themen, literarische Sujets und nordische Landschaften.

Schöffer, Nicolas (* 1912)
Ungarisch-französischer Plastiker, Vertreter der ◇kinetischen Kunst. S. studierte in Budapest und ließ sich 1937 in Paris nieder. Ausgehend vom ◇Konstruktivismus → Gabos und → Moholy-Nagys entwickelte er ab 1948 seine ›spatio-dynamischen Konstruktionen‹, eine reine Lichtarchitektur. In seinen ›lumino-dynamischen‹ Schauspielen in Paris und New York (1957) sowie in seinem in Lüttich errichteten *Kybernetischen Turm* (1961) verband S. Plastik, Lichtprojektionen und ◇Film miteinander, wobei rhythmische Töne das Spiel des Lichts begleiten.

Scholte, Rob (* 1958)
Niederländischer Maler, der aus einer Fülle von Bildern, die ihn selbst faszinieren und die er in einer Art Bildergalerie sammelt, neue Bilder herstellt, wobei es ihm auf die dramatische Spannung zwischen den unterschiedlichen Zitaten ankommt. S.s Gemälde sind von Ironie, doppelbödigen Anspielungen und einer eigentümlichen Unentschiedenheit geprägt, die es dem Betrachter überläßt, eigenen Assoziationen nachzugehen.

Scholz, Georg (1890–1945)
Deutscher Maler und ◇Grafiker, der an der Badischen Landeskunstschule in Karlsruhe u. a. bei W. → Trübner studierte. S. gehörte zu den sozialkritisch engagierten Vertretern der ◇Neuen Sachlichkeit. Freundschaft mit →Hubbuch und → Schlichter, Mitgliedschaft in der → Novembergruppe und Mitarbeit an den satirischen Zeitschriften ›Der Knüppel‹ und ›Der Gegner‹. Ab 1929 Professor an der Karlsruher Kunstakademie, 1933 aus politischen Gründen entlassen. Ab 1935 religiöse ◇Wandmalereien und bäuerliche Sujets.

Schönebeck, Eugen (* 1936)
Deutscher Maler, der die Meisterschule für ◇Wandmalerei in Ostberlin besuchte und 1955 nach Westberlin übersiedelte. 1955–61 Studium an der Hochschule für bildende Künste Berlin, wo er Georg → Baselitz kennenlernte. Anläßlich einer gemeinsamen Ausstellung formulieren S. und Baselitz 1961 das ›Erste Pandämonische Manifest‹ als Absage an die zeittypische Malerei zwischen Spätinformel und ◇Pop Art, um eine eigene, individuelle Expressivität zu entwickeln. In seiner eigenen Malerei der 1960er Jahre praktizierte S. eine aus dem ◇Informel herausgebildete amorphe Figuration, die sich mit revolutionärer und pathetischer Gebärde auflud, indem sie christliche Topoi mit solchen eines utopischen Sozialismus verband. 1966 hörte S. abrupt auf zu malen und entzog sich jedem öffentlichen Interesse an seiner Person.

Schongauer, Martin (um 1450–1491)
Deutscher Maler und ◇Kupferstecher, Sohn eines Augsburger Goldschmieds, möglicherweise Schüler von Caspar → Isenmann und stark der oberrheinischen Tradition unter dem Einfluß der altniederländischen Kunst, zumal Rogier von der → Weydens, verpflichtet. Von S., der zu Lebzeiten hohen Ruhm genoß, ist als einziges Tafelbild die *Madonna im Rosenhag* (1473, Martinskirche, Colmar) gesichert, eines der bedeutendsten Werke der deutschen Spätgotik. Außerdem ist das monumentale ◇Fresko des *Jüngsten Gerichts* (Münster, Breisach) ein gesichertes Werk S.s. An Malereien werden ihm außerdem noch zwei doppelseitig bemalte Altarflügel des ›Orliacaltars‹ (Museum Unterlinden, Colmar) und kleine Andachtstafeln (u. a. *Maria im Fenster,* Privatbesitz, Wien; *Hl. Familie,* AP und KhW; *Anbetung der Hirten,* Berlin) zugeschrieben. Seine eigentliche Bedeutung gewann S. jedoch durch seine Kupferstiche: 115 Blätter mit seinem Monogramm MS, die eine lange Entwicklung des 15. Jh.s (→ Hausbuchmeister, Meister → E. S.) abschlossen, indem sie die Technik vervollkommneten, die spätgotische Unruhe durch eine neue Idealität ablösten und dem Kupferstich, beispielsweise in der Wiedergabe seelischen Ausdrucks, Aufgaben erschlossen, die ursprünglich allein der Malerei

Martin Schongauer, *Madonna im Rosenhag,* 1473

vorbehalten waren. Von diesen Arbeiten S.s ging, da man sie in allen Werkstätten kannte, eine nachhaltige Wirkung aus. *Die Versuchung des hl. Antonius* etwa oder *Die große Kreuztragung, Die Passion Christi, Die klugen und die törichten Jungfrauen* zeigen eine Vielfalt der Tonwerte, wie man sie vorher im Kupferstich nicht kannte. Diese Neuerungen, zumal in ihrer Weiterentwicklung durch → Dürer, etablierten das Medium endgültig als eigenständige Kunstform und machten es zum idealen Instrument für die Verbreitung künstlerischer Ideen und Stile. Außerdem sind von S. 53 meisterliche ◇Zeichnungen erhalten, an die sich Dürer in seinen frühen Arbeiten so sehr anlehnte, daß die Zuordnung einzelner Blätter lange Zeit unmöglich schien.

Schonzeit, Ben (* 1942)
Amerikanischer Maler des ◇Hyperrealismus, der an der Cooper Union, New York, studierte. S. spielt in seinen farblich subtil gemalten Bildern mit wechselnden Brennweiten einer Kameraeinstellung, wodurch eine künstliche, montagehafte Schichtung verschiedener Bildebenen entsteht. Gewohnte perspektivische Verhältnisse werden verkehrt, so daß fast surreale Verwischungseffekte und Unschärfen auftreten.

Schoonhoven, Jan J. (* 1914)
Niederländischer Maler und Plastiker, studierte 1930–34 an der Akademie in Den Haag. In den frühen 1950er Jahren stand S. in seinem malerischen Stil der Gruppe → Cobra nahe. 1957 schuf er die ersten organischen ◇Reliefs aus Papiermaché, ein Werkstoff, der für seine Arbeit typisch wurde. 1960 war S. mit → Armando und Henk → Peeters Gründer der Gruppe → Nul. In den 1960er Jahren entwickelte S. eine gefühlsfreie, objektivierbare ◇serielle Reliefform aus weißen geometrischen Papiermachéelementen, die ähnliche Intentionen verfolgt wie → Zero.

Schoubroeck, Pieter (um 1570–1607)
Deutscher ◇Landschaftsmaler, geboren in Frankenthal, wohin seine flämischen Eltern wegen der Protestantenverfolgungen in ihrer Heimat geflohen waren. Dort war S. zunächst Schüler von G. van → Coninxloo; später wirkte er in Nürnberg. Typisch für ihn sind kleinformatige ◇manieristische Landschaften mit kleinen Figuren im Stile → Elsheimers (*Johannispredigt,* Erkenbert-Museum, Frankenthal).

Schrimpf, Georg (1889–1938)
Deutscher Maler, Autodidakt, anfänglich ◇Expressionist, der dem Kreis der Künstler um den → Sturm angehörte. Gegen 1920, unter dem Einfluß der italienischen Bewegung → Valori Plastici (→ Carrà) und des ◇Magischen Realismus der deutschen ◇Neuen Sachlichkeit (→ Kanoldt), kam S. zu einem lyrischen ◇Primitivismus, der sich an der archaischen, einfachen, plastischen Dingdefinition der frühen ◇Quattrocento-Malerei orientierte. Neben ◇Landschaften und ◇Stilleben malte er v. a. romantisch gestimmte Bilder von sinnenden, träumerischen Mädchen in kargen, räumlich klar definierten Interieurs (*Mädchen am Fenster,* 1925, Öffentliche Kunstsammlungen, Basel).

Schröder-Sonnenstern, Friedrich (1892–1982)
Deutscher Maler litauischer Herkunft, der nach

einem wechselvollen Leben zwischen Zirkuswelt, Irrenhaus und Gefängnis als Autodidakt zur Malerei fand und von → Bellmer als ◇surrealistisches Naturtalent entdeckt wurde. Seine Bilder sind eine originell-naive Umsetzung innerer Visionen und sexueller Traumhalluzinationen in eine dämonisch-mythische Fabelsprache.

Schuch, Carl (1846–1903)
Österreichischer Maler, stilistisch zwischen Spätromantik und ◇Impressionismus stehend, der sich 1870 in München dem Künstlerkreis um → Leibl anschloß und mit → Trübner befreundet war. S. malte vorwiegend ◇Landschaften (*Straße in Olevano,* 1875, Niedersächische Landesgalerie, Hannover), Interieurs und ◇Stilleben, die sich durch eine subtile Abstufung der Tonwerte auszeichnen.

Schüchlin, Hans (um 1440 [?]–1505)
Deutscher Maler, der vielleicht bei → Pleydenwurff in Nürnberg gelernt hat, dem er stilistisch vergleichbar ist. Ab 1498 war S. nachweisbar in Ulm ansässig, wo er 1493 die Leitung der Malerzunft übernahm. *Der Tiefenbronner Altar* mit Darstellungen aus Passion und Marienleben (1469, Pfarrkirche, Tiefenbronn), S.s einziges gesichertes Werk, läßt in seiner charakteristischen Vereinfachung von Formen und Raum sowohl seine Anlehnung an die niederländische Kompositionsweise wie seine Beziehungen zu Nürnberg (u. a. zu → Wolgemut) erkennen.

Schuler, Alf (* 1945)
Deutscher Künstler, der nach einer Maler- und Tapeziererlehre 1962–63 an der Werkkunstschule Augsburg und 1964–69 an der Akademie der bildenden Künste, Nürnberg, studierte. Seit 1973 konstruiert S. plastische Hängungen von Stahlrohren und Schnüren vor Wandflächen, die mit der sensiblen Ausponderierung von Gewicht, Zug und Druck arbeiten. Die Plastiken leben von ihrer genau regulierten, ausbalancierten, physisch-fragilen Präsenz im Raum und von den optischen Reizen, die sie auf der Wandfläche mit ihren Schattenwirkungen auslösen.

Schultze, Bernard (* 1919)
Deutscher Maler und ◇Objektkünstler, Vertreter des ◇Informel in Deutschland, studierte 1934–39 an den Akademien in Berlin und Düsseldorf. Ab 1956 entwickelte S. durch plastische Einklebungen und ◇Collagen von Fotofetzen in seine informelle Malerei eine zunächst reliefplastische, dann ab 1961 sich figural-skulptural ausweitende Gestaltungsform (›Migof‹), die wie eine surreale Strukturierung chaotisch-animalischer, krebsartiger Wucherungen erscheint. In den teils großformatigen Ölbildern und Zeichnungen der letzten Jahre setzt sich das Thema des Wucherns fort, wobei nun filigrane Farbspuren den Bildgrund in einem unentwirrbaren Dikkicht ohne Mitte und Randbegrenzung bedecken.

Schumacher, Emil (* 1912)
Deutscher Maler, studierte 1932–35 an der Kunstgewerbeschule in Dortmund. S. gehört zu den bekanntesten Vertretern der ◇informellen Malerei in Deutschland. Seine Malweise, die er in den 1950er Jahren anfänglich unter dem Einfluß von → Wols entwickelte, ist von einer dunklen, braunschwarzen oder leuchtend roten, pastosen Farbgebung und einer graffitihaften Zeichensprache geprägt, die den Bildern den Ausdruckscharakter alten rissigen Mauerwerks verleiht (*Sodom,* 1957, Kunstsammlung Nordrhein-Westfalen, Düsseldorf).

Emil Schumacher, ›*Für Berlin*‹, 1957

Schütte, Thomas (* 1954)
Deutscher Künstler, der 1973–80 an der Düssel-

dorfer Kunstakademie bei G. → Richter und → Schwegler studierte. Seit 1981 konstruiert S. ◇Skulpturen mit Architektur- und Modellcharakter. S. geht es darum, mit Skulptur realen Raum zu setzen, spezifische Orte zu artikulieren. Im *Hamburger Mahnmal* (1985) ist der ovale Marmortisch mit zwölf gemauerten Sesseln als »Versammlungsstätte« gedacht. Der Eindruck räumlicher Abgeschlossenheit wird durch die Skulptur erzeugt, indem die steinernen Sessellehnen bis in Kopfhöhe reichen und so als akustische Verstärker wirken.

Schwanthaler, Ludwig von (1802–1848)
Deutscher ◇Bildhauer, der nach seiner Ausbildung in München und Rom Hofbildhauer Ludwigs I. von Bayern wurde. S. gilt als Hauptvertreter des Münchner ◇Klassizismus, der stark ◇romantische Züge aufweist. S. schuf vor allem Denkmäler, Grabmäler, dekorative Bauplastiken und Bildnisbüsten. Zu seinen Hauptwerken gehören die monumentale Münchner Bavaria-Bronzestatue (1837) und die dekorativen Arbeiten für die Walhalla in Regensburg.

Schwartz, Buky (* 1932)
Israelischer ◇Installations- und Videokünstler, der 1957–59 an der Avni School of Art, Tel Aviv, und 1959–62 ◇Bildhauerei an der St. Martin's School of Art, London, studierte. In den 1960er Jahren stand S. mit verspiegelten ◇Skulpturen der ◇Minimal Art nahe. Seit 1978 untersucht er in zahlreichen ◇Videoinstallationen die Phänomenologie der Wahrnehmung. Seine »Video-Konstruktionen« (z. B. *Relaisstationen,* 1987, gezeigt auf der documenta 8) basieren auf der ›Closed-Circuit‹-Technik: Was die Kamera aufnimmt, erscheint sofort auf den Videomonitoren. Der Betrachter erfährt den dreidimensionalen Umraum gleichzeitig als Umsetzung in die zweidimensionale »Video-Konstruktion«.

Schwarz, Christoph (um 1548–1592)
Deutscher Maler, Schüler von Melchior Bocksberger, der zwischen Reformationszeit und ◇Barock zu den bedeutendsten Malerpersönlichkeiten Deutschlands gehörte. 1570–73 hielt sich S. in Italien auf, danach wurde er Hofmaler unter Herzog Albrecht V. in München, wo er das berühmte Fassadengemälde *Raub der Sabinerinnen* (eine freie Restaurierung erfolgte später von Cosmas Damian → Asam) schuf. S. vermittelte in seinen ◇Fresken und ◇Altarbildern zwischen der frühbarocken süddeutschen Malerei und dem venezianischen Einfluß von → Tizian und → Veronese (*Kreuzigung Christi,* um 1585, AP).

Schwarz, Hans (um 1492–nach 1532)
Deutscher ◇Medailleur und Bildschnitzer, der u. a. in Augsburg, Nürnberg, Polen und Paris tätig war und zu den bedeutendsten Vertretern der deutschen ◇Renaissance-Kleinkunst zählt. Von S. sind etwa 175 Holzmodelle für Porträtmedaillons erhalten, darunter Bildnisse bekannter Künstlerpersönlichkeiten der Augsburger und Nürnberger → Dürer-Zeit.

Schwarzkogler, Rudolf (1940–1969)
Österreichischer Vertreter des ◇Wiener Aktionismus, der das Publikum durch Verletzungs- und Selbstverstümmelungsaktionen provozierte. Seine ◇Aktionen sollten durch ihren Antiästhetizismus die Zerstörungsmechanismen der Gesellschaft sowie die Tabuisierung des Körpers bewußt machen. 1969 vollzog S. mit seinem Selbstmord die totale Konsequenz seiner Aktionen.

Schwegler, Fritz (* 1935)
Deutscher ◇Zeichner, ◇Bildhauer und Aktionskünstler. Nach einer Schreinerlehre 1955–59 Reisen durch Europa, Kleinasien und Nordafrika, wo er Zertifikate als Schreinergeselle sammelte. Danach Betätigung als Werklehrer und Studium an den Kunstakademien in Stuttgart und London. Seit 1962 freischaffender Bildhauer. Seit den 1970er Jahren ◇Aktionen und Fixierung seiner Einfälle auf Plänen, den sog. *Effeschiaden,* comicartigen Bildfolgen mit Texten. Von Flötenspiel, ›Schwegelpfeife‹ und Glocke begleitet, präsentieren diese sich als eine Mischung aus Bardengesang, Moritaten und ironischem Nonsens, seit 1973 begleitet von Filmen und Fotoserien. Professur an der Düsseldorfer Kunstakademie.

Schwerdtfeger, Kurt (1896–1967)
Deutscher ◇Bildhauer, der am ◇Bauhaus in Weimar in der Klasse für Steinbildhauerei studierte. 1922 entwickelte er mit Ludwig → Hirschfeld-Mack außerhalb der Bühnenwerkstatt die *Reflektorischen Lichtspiele:* Dabei wurden Schablonen in verschiedenen Farben von Scheinwerfern hin und her und übereinander geschoben und dabei so auf die Rückseite eines transparenten Bildschirms projiziert, daß auf der dem

Publikum zugewandten Vorderseite eine bewegte farbige Abstraktion erschien. Diese Projektionen gelten als frühes Beispiel eines ◇kinetischen Kunstwerks.

Schwind, Moritz von (1804–1871)
Österreichisch-deutscher Maler und ◇Grafiker der ◇Romantik, von den → Nazarenern beeinflußt, der sich seine Stoffe gern aus dem Mittelalter holte. An der Wiener Akademie, bei → Schnorr von Carolsfeld und Peter Kraft ausgebildet, erinnert S. in seinen frühen Zeichnungen oft an → Rethel, während die Gemälde auf die ◇biedermeierliche Märchenwelt eingehen (*Die Hochzeitsreise,* 1867, NP). Ab 1828 war S. in München, wo ihm → Cornelius ◇Freskenaufträge in der Residenz verschaffte. Weitere Fresken entstanden für die neue Karlsruher Galerie. Seit 1847 Professor in München, schuf er für die ›Fliegenden Blätter‹ und die ›Münchner Bilderbogen‹ seine besten Zeichnungen, die stark stil- und geschmacksbildend wirkten. 1853–55 malte S. die thüringische Wartburg aus, 1863–67 die Wiener Oper. Illustrationen entstanden zu → Goethe und Defoe.

Schwitters, Kurt (1887–1948)
Deutscher Maler, Plastiker, Dichter, einer der Hauptvertreter des ◇Dadaismus. S. studierte an der Dresdner Akademie (1909–14) und war seit 1915 bis zu seiner Emigration 1937 in Hannover tätig. Er begann als ◇Expressionist und stellte 1918 erstmals im → Sturm aus. Sein rebellisches und zugleich humorvolles Verhältnis zur Kunst trieb ihn jedoch bald in die Arme von Dada. Er nahm Kontakt zur Berliner und Züricher Dada-Gruppe auf, lernte → Arp und → Hausmann kennen und begründete (ab 1919) in Hannover eine eigene Dadaeinrichtung, die er ◇Merz nannte (Wortfragment von Commerzbank). Seine Merz-Bilder waren ◇Collagen aus zufällig gefundenen Abfällen wie alten Busfahrscheinen, Bindfäden, Zeitungsschnipseln, Nägeln, Haaren, Spielkarten, Holz, später aus Blättern und Gräsern (siehe auch Ft. 28). Er beteiligte sich enthusiastisch an vielen Dada-Veranstaltungen in Prag, Holland, Frankreich, der Schweiz und Deutschland, wo er u. a. seine ›Ursonate‹ oder Lautgedichte (›Anna Blume‹) vortrug, und schrieb für zahlreiche Dada-Zeitschriften. 1923–32 gab er die Zeitschrift ›Merz‹ heraus. Ab 1924 arbeitete er an seinem Lebenswerk, dem Merz-Bau, einer Art ◇Assemblage aus verschiedensten Materialien und Objekten, die er zu einem labyrinthischen, ◇konstruktivistischen Höhlenraum innerhalb seines Hannoveraner Hauses zusammenbaute und der allmählich durch zwei Stockwerke hindurchwuchs. Der Bau blieb unvollendet (im Krieg durch Bomben zerstört), da S. 1937 vor den Nationalsozialisten nach Norwegen floh. Dort begann er einen zweiten Merz-Bau, den er ebenfalls bei seiner weiteren Flucht nach England (1940) zurückließ. S. begann nun mit einem dritten Merz-Bau, an dem er bis zu seinem Tode arbeitete. S. hatte starken Einfluß auf die Assemblagekünstler der ◇neodadaistischen Strömungen (u. a. → Rauschenberg).

Kurt Schwitters, *Merz 1003. Pfauenrad,* 1924

Scorel, Jan van (1495–1562)
Holländischer Maler, Schüler von → Cornelisz und → Gossaert. Seine zahlreichen Reisen und Wanderungen in Holland, nach Nürnberg, Kärnten, Venedig und Rom (bezeugt von C. van → Mander) brachten Einflüsse → Dürers, → Raffaels und → Michelangelos zur Geltung. In Utrecht (ab 1525) bildete S. van → Heemskerck und → Mor aus; 1550 war er so angesehen, daß er zusammen mit → Blondeel van → Eycks *Genter Altar* restaurierte. S.s der ◇Gotik eng verbundenes Frühwerk steht in seiner panoramischen Kompositionsstruktur, den Kontrasten der Lokalfarben und der selbständigen Malweise van → Leyden sehr nahe. Der italienische Einfluß macht sich in großräumigen, lichterfüllten Kompositionen bemerkbar, so im *Tod der Kleopatra*

(1522, Rijksmuseum, Amsterdam). Im Gegensatz zum übermäßig dramatischen ◇Romanismus der → Antwerpener Manieristen kam S. durch eine immer stärkere Beschäftigung mit charakteristisch-niederländischer atmosphärischer Landschaft (so in *Maria Magdalena,* 1529, ebda.) zu ausgeglichenen und klaren Kompositionen. Seine ◇Porträts sind charaktervoll und lebendig in ihrer freien Malweise.

Scott, Samuel (um 1702–1772)
Englischer Maler von topographischen Ansichten und ◇Seestücken. In seinen frühen Arbeiten lehnte er sich zunächst an W. van de → Velde d. Ä. an, doch später wandte er sich unter dem Eindruck von Giovanni Antonio → Canalettos Erfolg in London der Gestaltung von Stadtansichten mit Themse zu (*Die Themse bei Battersea,* Tate Gallery, London).

Scott, William Bell (1811–1890)
Schottischer Dichter und Maler, befreundet mit D. G. → Rossetti und Swinburne. Seine ›Autobiographical Notes and Notices of his Artistic and Poetic Circle of Friends‹ (1892 posthum erschienen) vermitteln einen Eindruck von den Literaten- und Künstlerzirkeln des 19. Jh.s. Wie man heute weiß, wurde Christina Rossetti durch eine unerfüllte Liebe zu S. zu ihren ergreifend melancholischen Liebesgedichten angeregt.

Sebastiano del Piombo, *Geißelung Christi,* 1517–24

Sebastiano del Piombo (S. Luciani) (1485–1547)
Italienischer Maler aus Venedig, der unter dem Namen ›del Piombo‹ bekannt wurde, nachdem er zum päpstlichen Siegelbewahrer ernannt worden war. Seine frühen Bilder, vorwiegend religiöse Sujets und ◇Porträts, waren im Stil → Giorgiones gehalten; S. führte einige von Giorgiones unvollendeten Arbeiten zu Ende. 1511 ging er nach Rom, um an der Gestaltung der Villa Farnesina als Gehilfe → Raffaels mitzuwirken. Die beiden gerieten in Streit, und fortan spiegelte die Malweise P.s das Vorbild → Michelangelos wider, mit dem er eng befreundet blieb und der ihm zuweilen Zeichnungen für seine Kompositionen überließ. In seinen besten Arbeiten, wie der *Auferweckung des Lazarus* (1516, NGL), vereinigen sich venezianisches Kolorit und venezianischer Lyrismus mit römischer Formfestigkeit.

Section d'Or
Französische Bezeichnung für das u. a. von dem italienischen Mathematiker Luca Pacioli behandelte ideale Verhältnis zweier Größen, den ◇Goldenen Schnitt. Die ◇Kubisten griffen in der Bezeichnung ihrer großen Ausstellung von 1912 in der Pariser Galerie La Boëtie auf dieses mathematische Proportionsverhältnis zurück. Die Ausstellung ›La Section d'Or‹ wurde zu einer historisch wichtigen Schau neben dem zehnten Pariser ◇Salon d'Automne, da sie mit Ausnahme von → Braque und → Picasso alle damaligen Vertreter kubistischer Malweise vereinigte.

Sedgley, Peter (* 1930)
Amerikanischer ◇Bildhauer, der unter dem Einfluß von Bildern Bridget → Rileys zur ◇Op Art kam. Durch Manipulation von Farbe und Linie im Rahmen von Rechtecken und konzentrischen Kreisen erzeugt S. suggestive optische Wirkungen.

Segal, George (* 1924)
Amerikanischer ◇Bildhauer, studierte in New York und an der Rutgers University und veranstaltete zusammen mit → Kaprow ◇Happenings. S. gab unter dem Einfluß des ◇Neuen Realismus seine anfängliche figurative Malerei auf und wandte sich der ◇environmentalen Plastik zu. Er ist bekannt für seine lebensgroßen weißen Gipsfiguren, alltägliche Menschen, die mitten in einer Geste oder in einer bestimmten Haltung erstarrt

scheinen. Meist in ein Ambiente von realen Gegenständen (Tisch, Stuhl, Türrahmen, Coca-Cola-Automat, Waschbecken usw.) hineingestellt (zum ersten Mal in dem Selbstporträt *Mann an einem Tisch,* 1961), verkörpern S.s Environments in ihrer Stummheit Isolierung und Anonymität.

Segantini, Giovanni (1858–1899)
Italienischer Maler, der sich weitgehend autodidaktisch und in Abendkursen an der Mailänder Accademia Brera bildete und der zum Maler der Schweizer Alpenwelt und ihrer Bergbauern wurde, zuletzt im Oberengadin. S. war ursprünglich von → Millet beeinflußt und griff dann die ◇divisionistische Maltechnik auf, indem er ungemischte Farben in kleinen dicken Pinselstrichen nebeneinandersetzte. Seit 1890 machte sich der Einfluß des ◇Symbolismus in großen Bilderzyklen wie dem sog. ›Alpen-Triptychon‹ vom *Werden, Sein und Vergehen* des Menschen bemerkbar (1898/99, Segantini-Museum, St. Moritz).

Seghers, Daniel (1590–1661)
Flämischer Maler, Schüler von Jan → Bruegel d. Ä., seine Spezialitäten waren Blumenstilleben in Form von Blumengirlanden; diese dienten als Umrahmung für religiöse Bilder oder ◇Porträts, die oft von der Hand anderer Künstler stammten.

Seghers, Gerard (1591–1651)
Flämischer Maler, Schüler von A. → Janssens, 1608 Zunftmeister, 1611–21 in Rom und Spanien tätig. Bis etwa 1628 malte S. religiöse und ◇Genredarstellungen im Stil → Caravaggios, später arbeitete er recht trocken, in der Manier von → Rubens.

Seghers, Hercules Pietersz.
(1589/90–nach 1638)
Holländischer Landschaftsmaler und ◇Radierer, Schüler von G. van → Coninxloo. Möglicherweise bereiste er Italien und traf dort mit → Elsheimer zusammen. Er entwickelte ein starkes Interesse an romantischen Effekten (*Gebirgslandschaft,* Uffizien), und aus seinen dramatisch beleuchteten Felslandschaften spricht ein Gefühl der Ehrfurcht vor der Erhabenheit der Natur. Als erster malte S. ◇Panoramen mit starker Erstrekkung in die Tiefe und niedrigem Horizont in feinen Farbabstufungen. S.' Gemälde, ◇Zeichnungen und Radierungen spielten eine bedeutsame Rolle in der Entwicklung der niederländischen ◇Landschaftsmalerei und übten Einfluß auf → Rembrandt und de → Koninck aus. Vor allem sind von S., der auch phantastische Gebirgsansichten in der älteren Manier malte, rund 60, teilweise kolorierte Landschaftsradierungen mit sehr eigentümlicher Strichführung erhalten.

Seidenstücker, Friedrich (1882–1966)
Deutscher ◇Fotograf, der Maschinenbau und ◇Bildhauerei studierte und sich mit der Fotografie als Autodidakt beschäftigte. In seinen Dokumentarfotos konzentrierte sich S. ähnlich wie → Cartier-Bresson auf den »fruchtbaren Augenblick«. Seine Kamera erfaßte Menschen in charakteristischen oder pointierten Situationen, ohne daß die Dargestellten dabei ins Groteske verzerrt werden.

Seisenegger, Jakob (1505–1567)
Österreichischer Maler, vor allem ◇Porträtist, von den Habsburgern besonders gefördert, seit 1531 Hofmaler Ferdinands I., tätig auf dem Reichstag in Regensburg, in Wien, Prag, Nürnberg, Bologna, Spanien und den Niederlanden. S.s häufig großformatige Arbeiten entstanden unter dem Einfluß Oberitaliens (Brescia) und besonders → Tizians. Sein Porträt *Karl V.* (1532, KhW) gilt als das erste nördlich der Alpen entstandene Ganzporträt und übte daher beträchtlichen Einfluß (etwa auf → Holbein d. J.) auf die nachfolgende Generation aus.

Seitz, Gustav (1906–1969)
Deutscher ◇Bildhauer, der in Karlsruhe und Berlin studierte. Sein Frühwerk – hauptsächlich Bronzeakte aus der Zeit vor dem Zweiten Weltkrieg – ist dem Einfluß → Maillols verpflichtet. Nach 1945 dominierte die idealisierende Realistik einer gewissen bäuerlichen Figürlichkeit in den Frauenakten.

Seiwert, Franz Wilhelm (1894–1933)
Deutscher Maler und ◇Grafiker, der ab 1910 die Kölner Kunstgewerbeschule besuchte. Ab 1919 Freundschaft mit → Hoerle und Otto → Freundlich, die zur Bildung der ›Gruppe progressiver Künstler Köln‹ führte. 1929 Gründung der Zeitschrift ›a bis z‹ mit Hoerle. Mit ◇konstruktivistischen Ausdruckselementen schuf S. eine sozialkritische Menschendarstellung, in der individuelle Züge zugunsten chiffrierter Zeichen eliminiert sind.

Seltsame Meister, Acht
Auch als ›Acht Exzentriker‹ oder ›Acht Sonderlinge‹ bezeichnet. Eigenwillige, nachgerade exzentrische chinesische Maler und ◇Kalligraphen der Qing-Zeit (1644–1911/12), die Anfang bis Mitte des 18. Jh.s in Yangzhou unter dem Mäzenat reicher Kaufleute arbeiteten, was die Erschließung eines neuen ›Kundenkreises‹ bedeutete. Ihre Werke tragen die deutliche Handschrift ihres ›seltsamen‹ Wesens. Je nach Autor variiert die Zusammensetzung der Gruppe, die nicht als feste Gemeinschaft bestand. Die Künstler kannten sich z. T. nicht persönlich. Man zählt zu ihnen u. a. → Huang Shen, → Gao Fenghan, → Li Shan, → Zheng Xie, → Jin Nong und → Hua Yan.

Gottfried Semper, Opernhaus in Dresden, 1838–41

Semper, Gottfried (1803–1879)
Deutscher Baumeister, der in Göttingen, München und Paris studierte und zu Ausbildungszwecken ausgedehnte Reisen nach Italien und Griechenland unternahm. 1834 Professur in Dresden und 1838–41 Bau des Dresdner Opernhauses, in dem er sein Stilkonzept verwirklichte: S. setzte gegen die ◇klassizistischen Anschauungen der Antikenrezeption das Ideal der italienischen ◇Renaissance mit Betonung von Proportion und Zweckmäßigkeit. Eine stärker ◇barocke Fassadengliederung zeigen die Neue Hofburg in Wien (1881–94) und das Wiener Burgtheater (1874–88). Mit dem Insistieren auf einem materialgerechten Bauen wurde S.s Baustil wegweisend bis ins 20. Jh.

Sengai Gibon (1750–1837)
Japanischer Zen-Mönch, Abt des Shōfuku-Tempels in Hakata, der neben → Hakuin Ekaku als bedeutendster Meister des ◇Zenga – des ernsthaften wie des humorvoll-ironischen – gilt (→ Zhe-Schule. In seinem malerischen Œuvre stehen Zen-Themen neben Themen des alltäglichen Lebens. Er arbeitete ausschließlich mit Tusche, verwendete keine Farbe.

Serodine, Giovanni (1594–1631)
Italienischer Maler, seit etwa 1612 in Rom nachweisbar. S. schloß sich dem Kreis der → Caravaggisten an und ließ sich besonders von → Terbrugghen und Borgianni beeinflussen. In ◇Altar- und Andachtsbildern praktizierte er die ◇Helldunkelmalerei, wobei er zugleich die festen Formen der Caravaggio-Schule durch eine flockige Malweise immer weiter auflockerte. Sein *Petrus im Gefängnis* (1629) erinnert im ◇Impasto an → Rembrandt.

Serow, Valentin Alexandrowitsch (1865–1911)
Russischer Maler, Schüler von → Repin, bildete sich im → Abramzewo weiter. S. war Mitglied von → Mir Iskusstwa und Professor an der Moskauer Kunstschule. Stilistisch stand er dem ◇Impressionismus nahe. S. malte ◇Landschaften, Figurenbilder und entwarf Bühnenbilder, war jedoch vor allem ein bedeutender ◇Porträtist (*Bildnis des Malers Konstantin A. Korowin,* 1891, Tretjakow-Galerie, Moskau).

Serpan, Jaroslaw (1922–1976)
Französischer Maler tschechischer Herkunft, der an der Sorbonne Mathematik und Biologie studierte. In Frankreich beteiligte er sich in den 1940er Jahren an der Bewegung des ◇Surrealismus, entwickelte aber dann unter dem Einfluß von Tapié, → Wols und → Masson eine ◇informelle Malweise, die in ◇automatistischer Zeichnung eine kraftfeldähnliche Bildwelt aus der psychischen Improvisation erzeugt. S. ist 1976 bei einer Bergtour in den Pyrenäen verschollen.

Serpotta, Giacomo (1656–1732)
Italienischer ◇Bildhauer und Stukkateur, wahrscheinlich im Umkreis des späten → Bernini in Rom ausgebildet, aber auch von den neapolitanischen Werken → Duquesnoys beeinflußt. Seine äußerst virtuosen und dekorativen Werke spiegeln hochbarocke Theaterkunst wider, so in den Oratorien S. Zita (1701), S. Lorenzo bei S. Francesco di Assisi (1707) und Il Rosario in S. Domenico (1714–17) (alle Palermo), in denen

die völlig weißen Figuren und ◇Putti in einem ins Sizilianische übertragenen Duquesnoy-Stil gehalten sind.

Serra, Jaime (tätig um 1360–1399)
Pedro (nachweisbar 1343–1405)
Katalonische Maler, im späteren 14. Jh. am Hof von Aragon tätig. Ein ◇Altarbild im Museum von Saragossa (1361) ist eindeutig von Jaime S., weitere ◇Polyptychen und Altartafeln werden beiden Brüdern zugeschrieben, so ein Pfingstretabel für den Altar in der Kathedrale von Manresa (1393/94). Ihre Werke lassen sienesischen Einfluß erkennen, der sie sicher über die Schule von → Avignon erreichte.

Serra, Richard (* 1939)
Amerikanischer ◇Bildhauer, studierte an der University of California und an der Yale University bei → Albers. Auf einer Studienreise nach Italien (1964) kam er mit der ◇Arte povera in Berührung, was zu Experimenten mit neuem Material und ungewöhnlichen Zusammenstellungen führte (z. B. Gummi und Neon bei *Belts,* 1966/67) und zu Arbeiten im Sinne der ◇Prozeßkunst (*Casting,* 1969; in die Ecke zwischen Fußboden und Wand geworfenes und dadurch verformtes erhitztes Blei). Besonders wichtig für S. wurde das Problem der Schwerkraft, das er u. a. in Arbeiten mit gegeneinandergelehnten, in bezug auf Gewicht und Gegengewicht sorgfältig ausbalancierten schweren Cortenstahlplatten behandelt und häufig zu monumentalen Außenstücken mit Umweltbezügen arrangiert (*Terminal,* 1976/77). Die formale Reduzierung und lapidare Anordnung der Stahlelemente – aus Aspekten der ◇Minimal Art erarbeitet – sind die tragenden konstruktiven Momente, auf denen die starke emotionale Ausstrahlung der Plastiken beruht. Obwohl von monumentaler Größe, vermitteln sie den Eindruck größter Leichtigkeit, da sie durch ihr ausponderiertes, wechselseitiges Stützsystem keine Verankerung im Boden benötigen.

Serrano, Pablo (1910–1985)
Spanischer ◇Bildhauer, der in Saragossa und Barcelona studierte, 1928 nach Montevideo ging und dort sein Bildhauerstudium fortsetzte. 1954 kehrte er nach Spanien zurück und schloß sich zunächst den ◇konstruktivistischen Tendenzen der Gruppe → Equipo 57 an. Unter dem Einfluß der ◇Skulpturen von J. → González und der Gruppe El → Paso bildete S. ab 1960 einen ◇informell-abstrakten Stil aus, der in seiner bedrückenden Monumentalität die politischen Verhältnisse des Franco-Regimes reflektierte (*Unidad Junte,* 1972).

Sérusier, Paul (1863–1927)
Französischer Maler und Kunsttheoretiker, Mitbegründer der → Nabis, deren ›Talisman‹, eine Landschaftsskizze, S. unter Anleitung von → Gauguin malte (*Bois d'Amour bei Pont Aven,* 1888, Privatbesitz). Als Schüler der Akademie Julian in Paris hatte S. Verbindung mit Gauguin und der Schule von → Pont-Aven (seit 1888) und vermittelte seinen Mitschülern, u. a. → Bonnard, Ranson und → Denis, mit denen er ab 1889 den inneren Kern der Nabis-Gruppe bildete, die ◇synthetistischen Ideen Gauguins (*Meditation,* 1892, Privatbesitz). S. wandte sich in zunehmenden Maße einer mystischen Kunst zu. 1891 begegnete er → Verkade und wurde Anhänger der Theosophie. Als Mitglied der Nabis beteiligte er sich an Bühnenbildentwürfen für das Théatre de l'Œuvre. Ermutigt durch Verkade und ´Père Didier von der Schule für religiöse Kunst im Kloster Beuron, schuf S. eine Reihe von flächig-dekorativen, hieratischen, mathematisch fundierten Bildern. Seit 1914 lebte B. zurückgezogen in der Bretagne, wo er seine Kunsttheorie in dem Buch ›ABC de la Peinture‹ (1921) zusammenfaßte.

Servranckx, Victor (1897–1965)
Belgischer Maler, der als der erste ◇abstrakte Maler Belgiens gilt. S. studierte an der Akademie in Brüssel und gelangte in den 1920er Jahren zu internationaler Anerkennung. Seine kraftvollen Abstraktionen (ab 1917), ein Bildgeflecht aus horizontalen und vertikalen Linien, überlagert von einer (Halb-)Scheibe, basierten anfänglich auf der Maschinenästhetik der ◇Futuristen (Bildreihe ›Erhöhung der Maschine‹, 1923) und näherten sich dann mit einer gewissen Glätte dem ◇Purismus und ◇Neoplastizismus. Ab 1925 war S. auch als Industriedesigner tätig. Nach 1945 näherte er sich kurzfristig einer realistischen ◇Objektkunst im Stil ◇Dadas, in seinem Spätwerk (ab 1947) wandte sich S. jedoch wieder abstrakt-geometrischen Formen zu.

Sesshū (Tōyō Sesshū) (1420–1506)
Bedeutender japanischer Maler, zugleich Dichter, Gartengestalter und Zen-Mönch, einer der

Georges Seurat, *Badeplatz in Asnières,* 1883–84

frühen Schüler → Tenshō Shūbuns. Schon als Maler bekannt, ging er nach China (1467–69), wo er ebenfalls als Künstler zu Ansehen gelangte. Er gilt als einer der größten japanischen Maler chinesischer Manier und steht letztlich in der Tradition der chinesischen → Zhe-Schule. S.s Tuschlandschaften sind von einer Kraft, die früheren japanischen Arbeiten fehlt. Berühmt war er für seine ›kursiven‹ Hatsuboku (Tuschspritz)-Malereien (in der europäischen Literatur auch ›Haboku‹). Zu seinen Hauptwerken zählen *Amanohashidate* (frühes 16. Jh., Nationalmuseum, Kyōto) und *Hatsuboku-Landschaft* (*Haboku-Landschaft,* Nationalmuseum, Tōkyō).

Sesson Shūkei (1504 – nach 1589)
Japanischer Maler und Zen-Mönch. Aus seiner großen Bewunderung für → Sesshū und der Beschäftigung mit chinesischer Malerei der Song- (960–1279) und Yuan-Zeit (1271–1368) entwikkelte er einen individuellen, unkonventionellen Stil der Malerei in ◇monochromer Tusche. Seine Blumenbilder und Landschaften, für die breite Pinselstriche charakteristisch sind, vermitteln Geist und Gehalt des Zen.

Seurat, Georges (-Pierre) (1859–1891)
Französischer Maler, Begründer und Hauptvertreter des ◇Neoimpressionismus und ◇Pointillismus. S. studierte an der Pariser Ecole des Beaux-Arts und bildete sich im Louvre durch das Studium von → Ingres, → Delacroix und → Veronese, wobei er sich als Musterschüler des akademischen Stils erwies. Seine frühen Zeichnungen lassen eine völlige Übernahme von Ingres' klassischer Disziplin erkennen, und die Sorgfalt, mit der er in Skizzen und Farbstudien Vorarbeiten zu jedem seiner großformatigen Gemälde leistete, verrät eine starke traditionelle Prägung. Seine fortlaufenden Experimente mit Form, Farbe und Linienführung waren Teil seiner lebenslangen Suche nach einem ordnenden Prinzip in der Malerei. Bei der Mehrzahl seiner frühen eigenständigen Arbeiten handelt es sich um Zeichnungen erzählenden Inhalts, die thematisch an die Bilder → Millets anknüpfen. In ihnen erzielte S. den Eindruck von Monumentalität der Formen durch die Technik gradueller Farbabstufungen. 1882–83 setzte er sich in schwarzen ◇Kreidezeichnungen mit der Gestaltung von Form und Raum durch Licht und Schatten auseinander. 1883 begann er an seinem ersten großen Bild, *Badeplatz in Asnières* (NGL), zu arbeiten, wobei er vom ◇Impressionismus ausging, dessen intuitiver und spontaner Malweise er jedoch durch wissenschaftlich begründete Gesetzmäßigkeiten eine systematische Grundlage geben wollte. Das Bild wurde 1884 im ◇Salon

des Indépendants, zu dessen Mitbegründern S. gehörte, ausgestellt und fand sofort die Bewunderung → Signacs, der sich ihm anschloß. S.s Farbstudien basierten nicht nur auf den empirischen Beobachtungen der Impressionisten, sondern auch auf der wissenschaftlichen Beschäftigung mit den Werken von Chevreul, Blanc, Rood und Delacroix. Gemäß seiner Theorie des ◇Divisionismus besteht jede lokale Farbe aus winzigen Partikeln reiner Farben, die nicht nur die Farbe des Gegenstands wiedergeben, sondern auch diejenige des Lichts als Reflexion von Farbe und Komplementärfarbe. Diese Partikel, die die Farbe prismatisch zerlegen, werden, aus der Entfernung betrachtet, vom Auge wieder verschmolzen. Die erste große programmatische Komposition dieser Art war *Ein Sonntagnachmittag auf der Insel La Grande Jatte* (Art Institute of Chicago), die er auf der letzten Impressionistenausstellung von 1886 zeigte. Bis zu seinem frühzeitigen Tod mit 32 Jahren folgten noch vier große Kompositionen, *La Parade* (1888, MM), die Serie *Les Poseuses* (1886–88), *Le Chahut* (1889–90, Rijksmuseum Kröller-Müller, Otterlo) und *Zirkus* (1891, Louvre), von geometrisierender Tendenz, in denen S. die ästhetischen Ideen von Charles Henry über den Ausdruckswert von Farben und Linien zu realisieren versuchte. S.s Ideen über Töne, Farben und Linien, die er kurz vor seinem Tod formulierte, haben die Entwicklung der modernen Kunst stark beeinflußt. Von nachhaltiger Wirkung waren v. a. seine Befreiung der reinen Farbe und seine Gegenbewegung zur momenthaften Formlosigkeit des Impressionismus, die – wie bei → Cézanne – auf die disziplinierte Struktur späterer ◇abstrakter Kunst vorausweist.

Severini, Gino (1883–1966)
Italienischer Maler, Mitbegründer des ◇Futurismus. S. studierte mit → Boccioni im Atelier von → Balla in Rom (1900). 1906 ging er nach Paris, wo er → Modigliani, Max Jacob und → Braque kennenlernte. 1910 unterzeichnete er → Marinettis futuristisches Manifest. 1912 beteiligte er sich an den internationalen Ausstellungen der Futuristen. S.s Werk aus den Jahren 1910–13 ragt wegen seiner außerordentlichen Originalität und abstrahierenden Erfindungsgabe unter Verwendung von ◇Collage-Elementen qualitativ besonders aus dem Schaffen der futuristischen Bewegung hervor (*Bal Tabarin,* 1912, Museum of Modern Art, New York). Ab etwa 1914 ging S. zum ◇Kubismus über (*Zug der Verwundeten,* 1914, Stedelijk Museum, Amsterdam) und steigerte in seinen Bildern die kubistischen Formen zu hektischem Rhythmus, um den Dynamismus des modernen Lebens zum Ausdruck zu bringen. Anfang der 1920er Jahre folgte er dem von → Picasso und den → Valori Plastici eingeschlagenen Weg zu einem neuen ◇Klassizismus und kehrte 1930, ebenfalls unter dem Einfluß Picassos, zu einem dekorativen Kubismus zurück. Später näherte sich seine Malerei den konkreten Strömungen von → Abstraction-Création. S. hat auch zahlreiche monumentale ◇Fresken und ◇Mosaiken geschaffen.

Seyfer (Syfer), Hans (um 1460–1509)
Deutscher ◇Bildhauer und Bildschnitzer, der seit 1502 in Heilbronn nachweisbar arbeitete. Beeinflußt von der Straßburger Kunst → Gerhaerts von Leyden und → Schongauers gab S. der spätgotischen Bildhauerei neue Impulse in Richtung auf eine kraftvoll ausgeprägte, ruhig-monumentale Ausformung der menschlichen Gestalt. Zu seinen Hauptwerken gehören die Kreuzigungsgruppe an St. Leonhard in Stuttgart (1501), die Ölbergfiguren am Dom zu Speyer (1506–09, teilweise zerstört, Rest im Historischen Museum, ebda.) und eine (nicht gesicherte) Figurengruppe am Schrein des ◇Hochaltars der Heilbronner Kilianskirche (1498).

Seymour, David (1922–1956)
Amerikanischer Fotojournalist polnischer Herkunft, der ab 1933 als freischaffender ◇Fotograf zunächst in Paris, dann auf den Kriegsschauplätzen des spanischen Bürgerkriegs tätig war. Bekannt wurde er 1939 mit einer Reportage über spanische Flüchtlinge, die sich auf der Schiffspassage nach Mexiko befanden. Nach dem Zweiten Weltkrieg konzentrierte sich S. auf das Sujet der Kinder als Kriegsopfer, die er auf Kriegsschauplätzen in aller Welt ablichtete. 1954–56 war S. Präsident der Gruppe → Magnum.

Shahn, Ben (1898–1969)
Amerikanischer Maler litauischer Herkunft, der bereits 1906 in die USA kam. S. absolvierte eine Lithographenlehre (1913–17) und studierte an der National Academy of Design (1922). Er bereiste Europa und Nordafrika (1927–29), schuf ◇Wandbilder für → WPA und war als Lehrer tä-

tig. Zusammen mit → Rivera realisierte er die Wandbilder des Rockefeller Center (1933). S., der selber in den Slums von Brooklyn aufgewachsen war, gehört zu den bedeutendsten Vertretern der neueren sozial engagierten Kunst in Amerika. Ein tiefes Mitgefühl mit den Verfolgten, Einsamen, Elenden und Unterdrückten erfüllt sein Werk, angefangen von seinen bitteren satirischen Gouachen und Wandbildern, die er anläßlich des Sacco-Vanzetti-Prozesses malte (*Das Begräbnis der Hingerichteten Sacco und Vanzetti,* 1931–32, Whitney Museum of American Art, New York) bis zu den späteren mystischeren ◇Allegorien, die sich durch eine meisterhafte Zeichnung und einen monumentalen Entwurf auszeichnen.

Sharaku (tätig 1794/95)
Japanischer Farbholzschnittmeister, einer der bedeutendsten Künstler des ◇Ukiyo-e. Seine über 160 Blätter entstanden sämtlich in einer Zeit von zehn Monaten. Über den Künstler selbst weiß man nur wenig. Er spezialisierte sich auf Schauspieler- und Ringerporträts und ist besonders durch seine lebhaften ›großen Köpfe‹ bekannt geworden. Seine Arbeiten waren für den damaligen Geschmack grotesk und satirisch, heute hingegen gelten die dekorativen Darstellungen auf Silbergrund als ein Höhepunkt der Ukiyo-e-Kunst und als Wendemarke im Schauspielerholzschnitt.

Sheeler, Charles R. jr. (1883–1965)
Amerikanischer Maler und ◇Fotograf, Hauptvertreter des Kubo-Realismus. S. studierte bei → Chase an der Pennsylvania Academy, besuchte Frankreich und Italien (1909), stellte auf der ◇Armory Show (1913) aus und betätigte sich als Fotograf in New York. Ausgehend vom ◇Kubismus, insbesondere von → Gris und den Maschinenbildern → Légers, vereinfachte S. das Gegenständliche auf die stereometrischen Grundformen und entwickelte eine amerikanische Form des ◇Purismus, den Kubo-Realismus (◇Präzisionismus). Seine Industrielandschaften (Ford-Fabrik in River Rouge) und Fabrikansichten sind von einer maschinellen Präzision der Form, einem harten, kalten, das Kubische betonenden Licht und einer starren Perspektive geprägt, die seine Erfahrungen als Fotograf einbeziehen. Die kühle, rationale Strenge seiner Malerei nahm in seinen späteren Landschaften einen wärmeren Klang an.

Shen Zhou (1427–1509)
Chinesischer Maler aus Suzhou (Prov. Jiangsu). Der Abkömmling einer bedeutenden Gelehrten- und Beamtenfamilie verzichtete auf eine Regierungskarriere. Seine ◇Kalligraphie formte er nach derjenigen von Huang Tingjian (1045–1105), einem Freund von → Mi Fu und → Su Shi. In der ◇Tuschmalerei – Landschafts- und Blumenbilder – orientierte er sich an den Malern der Tang-Zeit (618–907) und an → Huang Gongwang. Charakteristisch für S. Z. sind feine, kompakt kombinierte Pinselstriche. Zugleich sucht er die atmosphärischen Bedingungen der chinesischen Landschaft auf subtile Weise einzufangen. Die Luft, der Dunst oder Nebel werden sichtbar. Er gilt als der führende Meister der → Wu-Schule und zählt zu den Vier großen Meistern der Ming-Zeit. Sein bedeutendster Schüler war → Wen Zhengming.

Sherman, Cindy (* 1954)
Amerikanische Fotokünstlerin, die 1972–76 am State University College of Buffalo, New York, studierte. C. S.s ◇Fotografien sind Selbstinszenierungen in verschiedenen Rollen, die sie mit großer Präzision bis ins Detail der Requisiten und der Beleuchtung arrangiert. Ihre Thematik konzentriert sich vorwiegend auf die zeitgenössischen Rollenklischees der Frau (als Hausfrau, als Star), die mitsamt den dazugehörigen Emotionen präsentiert werden. Seit 1985 auch Visionen aus dem Horror-, Mythen- und Märchenbereich, in denen der Körper der Künstlerin nur noch fragmentarisch sichtbar wird.

Shiba Kōkan (1738 oder 1747–1818)
Japanischer Maler, studierte das Werk → Tani Bunchōs und → Suzuki Harunobus, dessen Arbeiten er nach eigener Aussage fälschte. Außerdem zeichnete er Druckvorlagen in Harunobus Stil, die er mit Harushige signierte. Er experimentierte auch mit westlichen Stilen und Techniken. So schuf er 1783 ◇Kupferstich-Landschaften, eine Technik, die 1742 in Japan bekannt wurde.

Shijō-Schule
Neben der → Maruyama-Schule die zweite realistische japanische Malerschule der späten Edo-Zeit. Ihr Begründer, → Matsumura Goshun, war Schüler von → Yosa Buson und zeitweise auch von → Maruyama Ōkyo. Die S.-S. modernisierte und glättete den Realismus Ōkyos, so

daß ein fast formelhafter Stil entstand, der augenblicklich Anklang fand. Zu seinen Anhängern zählten u. a. → Matsumura Keibun, Goshuns Bruder, und → Yamamoto Baiitsu. Viele Künstler, etwa → Satō Suiseki, schufen im Stil der Schule Bücher mit unübertroffenen ◇Holzschnitten, denen wohl selbst ◇Ukiyo-e nichts Gleichwertiges entgegenzusetzen hatte. Andere, wie → Suzuki Nanrei, brillierten mit rasch hingeworfenen Skizzen. Während der Meiji-Zeit (1868–1912) und auch danach folgten viele einflußreiche Künstler dem S.-Stil. Auch in den Kleinkünsten, besonders in Lackarbeiten von Shibata Zeshin (1807–1891), machte sich die S.-S. geltend, und noch immer zeigt sich ihr Einfluß in einem Großteil der dekorativen japanischen Kunst.

Shinn, Everett (1876–1953)
Amerikanischer Maler, studierte an der Pennsylvania Academy, war in Paris und London tätig und ließ sich um 1900 in New York nieder, wo er an der ◇Art Students' League (1906–07) lehrte. 1908 stellte er mit der Gruppe The → Eight aus. S. gehörte zum Kreis der → Ash Can School um Robert → Henri. Beeinflußt von Henri und → Degas, schilderte S. in seinen Bildern liebevoll und realistisch die Welt des Theaters in ihrem bunten Flitter, ihrem Lichterglanz und ihrer Fröhlichkeit.

Shitao (Daoji) (1641 – um 1720)
Chinesischer Dichter und Maler aus Guilin (Prov. Guangxi), Abkömmling des Ming-Kaiserhauses, dem er zeitlebens treu blieb. Seine Gemälde (oft kleine Albumblätter, selten datiert) zeigen kräftig bewegte Landschaften oder Blumen und sind vom pantheistischen Geist des Daoismus und des Chan-Buddhismus geprägt. S., der sich kaum von überkommenen Traditionen beeinflussen ließ, glaubte an die schöpferische Kraft des ›einzelnen Pinselstrichs‹ und wirkte mit seiner Malerei und seinen Theorien bis ins 20. Jh. weiter.

Shōkadō Shōjō (1584–1639)
Japanischer Mönch, ◇Kalligraph und Maler (Tuschebilder, ◇Yamato-e), dessen ◇Tuschmalereien äußerst kühn und von individuellem Stil sind, begründete die nach ihm benannte Shōkadō-Schule. Obwohl selbst Shingon-Priester, ließ er sich in einigen Tuschearbeiten von Zen-Meistern beeinflussen.

Siberechts, Jan (1627–um 1700)
Flämischer Maler aus Antwerpen, der sich in London ab 1672 niederließ; malte als einer der ersten sonnenüberflutete Furtlandschaften mit bäuerlicher ◇Staffage in herbem Kolorit (*Die Furt,* 1670, Berlin).

Sickert, Walter Richard (1860–1942)
Englischer Maler, ◇Radierer, Schriftsteller und Kunstkritiker. S. studierte an der Slade School of Art in London und bei → Whistler. 1883 übersiedelte er nach Paris, wo er → Degas kennenlernte, der ihn stark beeinflußte. 1885 begegnete er in Dieppe → Gauguin. Bis 1904 hielt S. sich hauptsächlich in Frankreich und Italien auf und kehrte dann endgültig nach London zurück. S. malte mit Vorliebe Szenen aus dem Theatermilieu (*The Old Bedford: Amor auf der Galerie,* um 1894–98, National Gallery of Canada, Ottawa) oder aus dem schmutzigen Armenviertel Londons sowie Figurenkompositionen, die stilistisch auf den Einfluß des ◇Impressionismus und Degas' hinweisen, jedoch eine dunkle Tonigkeit bewahren. Ab 1927 griff er thematisch in zunehmendem Maß auf ◇Fotografien und viktorianische Stiche zurück und arbeitete in leuchtenderen Farbtönen. S. war eine ideenreiche Persönlichkeit und spielte eine sehr anregende Rolle in den jüngeren englischen Künstlerkreisen, wie

Walter Sickert, *The Old Bedford: Eine Ecke der Galerie,* um 1894

etwa der → Camden Town Group, dem → New English Art Club und der → London Group. Der 1947 veröffentlichte Sammelband ›A Free House!‹ zeigt, daß S. auch elegant über künstlerische Fragen zu schreiben wußte.

Sieverding, Katharina (* 1944)
Deutsche Künstlerin, studierte 1962–63 an der Hochschule für Bildende Künste in Hamburg und 1967–74 an der Kunstakademie Düsseldorf bei → Beuys. 1976–77 Studienaufenthalt in New York, Educational Department, Whitney Museum of American Art, New School of Social Research. Ihre hauptsächlich ◇fotografischen Arbeiten, in deren visuellem Mittelpunkt die Künstlerin meist selbst steht, spiegeln diverse gesellschaftspolitische Aspekte und befassen sich besonders mit dem Thema maskulin-femininer Rollenverteilung. Damit verbunden dokumentieren umfangreiche Porträtfotoserien verschiedene Untersuchungen über physische Charakteristika, Manipulationen mit Make-up, Gestik und damit über die eigene Identität (*Transformer*-Serie, 1973).

Signac, Paul (1863–1935)
Französischer Maler, mit → Seurat Begründer des ◇Pointillismus. S. wandte sich nach kurzem Architekturstudium der Malerei zu und wurde durch → Guillaumin mit dem ◇Impressionismus bekannt gemacht. Er malte zunächst unter dem Einfluß → Monets, bis er 1884 Seurat kennenlernte und sich dessen ◇divisionistischer Theorie anschloß. Gemeinsam erarbeiteten sie die Grundlagen des ◇Neoimpressionismus, und auf der achten und letzten Impressionistenausstellung (1886) zeigte S. bereits fundierte Beispiele des neuen pointillistischen Stils. S. war ein wichtiges Bindeglied zwischen den Künstlern und den symbolistischen Schriftstellern wie → Fénéon, Kahn, Alexis, die sich in seinem Atelier trafen. Er teilte Seurats Interesse an den ästhetischen Ideen von Charles Henry über den Ausdruckswert von Farbe und Linie und schuf Diagramme für dessen Bücher. Nach Seurats Tod übernahm S.die Führungsrolle in der neoimpressionistischen Bewegung und verfaßte die grundlegende Schrift ›D'Eugène Delacroix au Néo-Impressionnisme‹ (1899 erschienen). S. malte mit Vorliebe ◇Seestücke und Häfen (*Hafen von Portrieux,* 1888, Staatsgalerie, Stuttgart; *Der Hafen,* 1907, Museum Boymans-van Beuningen, Rotterdam) und verwendete wie Seurat nur reine, mit Weiß gemischte Farben des Prismas nach dem Prinzip der optischen Mischung, wobei er jedoch später gemeinsam mit → Cross zu großflächigerem Farbauftrag gelangte (siehe auch Ft. 23). Er malte häufig in seiner Villa in Saint-Tropez (ab 1892) (*Ansicht von Saint-Tropez,* 1896, Musée de l'Annonciade, Saint-Tropez), die zu einem wichtigen Treffpunkt für Cross, → Marquet, → Matisse u. a. wurde.

Luca Signorelli, Studie zu Dämonen und Verdammten, o. J.

Signorelli, Luca
(zwischen 1440 und 1450–1523)
Umbrischer Maler, vermutlich Schüler → Piero della Francescas in Arezzo, in Florenz unter dem Einfluß → Pollaiuolos, → Botticellis und → Leonardos stehend, tätig in Florenz, Siena, Loreto, Rom, Perugia und Orvieto. S.s intensive Anatomie- und ◇Antikenstudien erschlossen ihm sein eigentliches Thema, den bewegten nackten Menschen, dargestellt in voller Plastizität, wobei es darum ging, mittels des Körpers, seiner Bewegung und seiner Haltung Seelisches zu artikulieren. Stationen dieses Bemühens sind der *Triumph des Pan* (um 1490, zerstört), die *Geißelung* (Pinacoteca di Brera, Mailand) und v. a. S.s Haupt- und Meisterwerk, die

hochdramatischen ◇Fresken im Dom von Orvieto: *Predigt und Sturz des Antichrist, Auferstehung der Toten, Strafe der Verdammten, Einzug ins Paradies* (1499–1505), in denen er seine Sicht von Leben, Tod, Verdammnis und Auferstehung der Menschheit in einer schroffen, fast brutalen Ausdrucksweise darstellte und das Feierliche wie auch das Entsetzliche des Themas expressiv herausarbeitete. Neben Fresken im Dom von Loreto (1479–81), in der Sixtinischen Kapelle in Rom (1482/83) und im Klosterhof von Monte Oliveto Maggiore (1479–1501) malte S. ◇Altäre, Madonnenbilder, mythologische Themen und ◇Porträts, so die Rundbilder von Madonnen in den Uffizien (1490) und der AP (1495), die *Kreuzigung* des Palazzo Ducale in Urbino (1494), die *Beweinung Christi* im Dom von Cortona (1502) und die *Kreuzabnahme* der Pinacoteca von Borgo S. Sepolcro (um 1505).

Signorini, Telemaco (1835–1901)
Italienischer Maler und ◇Radierer, Mitglied und Theoretiker der → Macchiai(u)oli, über die er 1893 mit seinen Memoiren ein Quellenwerk vorlegte. S. malte in betonter Farbigkeit ◇Landschaften, Straßenszenen der Großstadt und ◇Genrebilder, gelegentlich mit sozialkritischem Einschlag (*Gefängnis in Portoferraio*, 1894, Galleria d'Arte Moderna, Florenz).

Simonds, Charles (* 1945)
Amerikanischer Künstler, studierte 1963–69 an der University of California in Berkeley und an der Rutgers University in New Brunswick. Ab 1970 trat er mit Arbeiten hervor, die der ◇Spurensicherung zugerechnet werden: Miniaturwohnstätten für ein erdachtes Volk von ›Little People‹ aus kleinen Tonziegeln, Steinchen, Sand u. ä., die er in Hausruinen, Mauervorsprüngen oder – wie in dem Film *Leibesarchitektur* – selbst auf seinem Körper ansiedelte.

Siqueiros, David Alfaro (1896–1974)
Mexikanischer Maler, neben → Rivera und → Orozco Begründer der neuen mexikanischen (Wand-)Malerei. S. studierte an der Kunstakademie in Mexiko-Stadt (1911). Er beteiligte sich aktiv an der mexikanischen Revolution, verfaßte das Manifest der revolutionären Künstler (1922) und publizierte ›El Machete‹. In den 1930er Jahren hielt er sich als Emigrant in den USA auf und gründete in New York eine ›Experimentelle Werkstatt‹. S. ist der heftigste und unruhigste

David Alfaro Siqueiros, *Echo eines Schreis,* 1937

der drei Begründer der revolutionären mexikanischen ◇Wandmalerei (*Bildnis der Bourgeoisie,* 1939, Sindicato de Trabajadores Electricistas de la Republica Mexicana, Mexico-Stadt). Seine zahlreichen leidenschaftlichen, dramatischen, die Revolution und die marxistische Ideologie verherrlichenden Wandmalereien und Staffeleibilder sind im Stil eines expressiv gesteigerten kritischen Realismus mit ◇surrealistischen Anklängen und Elementen der mexikanischen ◇Volkskunst gemalt.

Sironi, Mario (1885–1961)
Italienischer Maler. Nach anfänglichem Mathematikstudium wandte sich S. der Malerei zu und arbeitete in → Ballas Atelier, wo er → Boccioni und → Severini kennenlernte. Er schloß sich nacheinander dem ◇Futurismus, der ◇Pittura metafisica und den → Valori Plastici an und war Mitbegründer der Mailänder → Novecento-Gruppe, die in einer Rückbesinnung auf die klassische Tradition einen monumentalen Figurenstil anstrebte und im Gefolge des italienischen Faschismus stark nationalistische Züge annahm. S. war neben Campigli der Hauptvertreter eines archaisierenden Realismus in Italien.

Sisley, Alfred (1839–1899)
Französischer Maler englischer Herkunft, der zu den Hauptvertretern des ◇Impressionismus gehört. S. studierte an der Pariser Ecole des Beaux-Arts im Atelier von → Gleyre (1862–63), wo er → Bazille, → Renoir und → Monet kennenlernte, jedoch v. a. von → Corot, → Courbet

Alfred Sisley, *Überschwemmung von Port-Marly,* 1876

und → Daubigny beeinflußt wurde. In den folgenden Jahren malte er direkt vor der Natur, meist in → Fontainebleau und an der Seine, häufig gemeinsam mit Renoir und Monet. Während des Deutsch-Französischen Krieges hielt er sich in England auf und studierte die englische ◇Landschaftsmalerei. Nach seiner Rückkehr lebte S. in äußerster Armut. Er beteiligte sich an den ersten Impressionistenausstellungen (1874, 1876, 1877 und 1883). S. war ein reiner Landschaftsmaler. Seine lichten, empfindsamen Bilder – besonders diejenigen von den Überschwemmungen in Marly (*Überschwemmung von Port-Marly,* 1876, Musée d'Orsay, Paris) – waren am stärksten von Monet beeinflußt, hielten sich aber in der atmosphärischen Auflösung der Form zurück. Seine große Begabung wurde erst nach seinem Tode wirklich gewürdigt.

Skagen, Künstlerkolonie von
In den ausgehenden 1880er Jahren siedelte sich an der Nordspitze Dänemarks am Kap von Skagen eine Gruppe skandinavischer Künstler an, um sich nach Studienaufenthalten in Paris und beeinflußt vom dort vorherrschenden ◇Impressionismus der ◇Pleinairmalerei im Sinne einer typisch nordischen Darstellungsweise zu widmen. Zu den Gruppenmitgliedern gehörten Peder Severin → Krøyer, Marie Triepcke (1867–1940), eine Schülerin Krøyers, die später dessen Frau wurde, das Ehepaar Anne Brøndum Ancher (1859–1935) und Michael Ancher (1849–1927) sowie der Schwede Oscar Björck und der Däne Viggo Johansen. Zum Freundeskreis der Malergruppe zählten auch der dänische Dichter und Maler Holger Drachmann (1846–1908), der zuvor in Berlin dem Künstlerkreis um Edvard → Munch und Strindberg angehört hatte, sowie der norwegische Komponist Edvard Grieg.

Slevogt, Max (1868–1932)
Deutscher Maler und ◇Grafiker, neben → Corinth und → Liebermann Hauptvertreter des deutschen ◇Impressionismus. S. studierte an der Münchner Akademie (1885–89) sowie der Académie Julian in Paris (1889) und ging anschließend für ein Jahr nach Italien. Seit 1896 war er als Zeichner für die ›Jugend‹ und den ›Simplicissimus‹ tätig. 1901 ließ er sich in Berlin nieder, wo er seit 1917 an der dortigen Akademie lehrte. S. ging in seinen frühen, brauntonigen Bildern vom dramatisierenden Realismus → Leibls aus (*Der verlorene Sohn,* 1898/99, Staatsgalerie, Stuttgart) und gelangte erst seit Mitte der 1890er Jahre unter dem Einfluß der modernen französischen ◇Pleinairmalerei zu einer lichteren Palette und einer leichteren,

Max Slevogt, *Weinlaube auf Neukastel,* 1917

flüchtigeren Pinselführung. Sein erstes ›impressionistisches‹ Hauptwerk war *Das Champagnerlied* (der portugiesische Opernsänger Francisco d'Andrade als Don Giovanni, 1902, mehrere Fassungen, u. a. eine in der Staatsgalerie, Stuttgart). S. bezog seine Bildthemen sowohl aus dem Bereich der optisch erfaßbaren Wirklichkeit in Form von ◇Porträts (*Die Tänzerin Marietta di Rigardo,* 1904, Dresden), ◇Stilleben und ◇Landschaften wie auch aus der Welt der Poesie und der Musik. Sein technisches Instrumentarium umfaßte ◇Tafelbild, ◇Wandmalerei, Bühnenbildgestaltung, ◇Aquarellmalerei, ◇Zeichnung und die verschiedensten druckgrafischen Techniken. Im Rahmen der gleichzeitigen akademischen Malerei in Deutschland wirkten seine Bilder progressiv und anregend, waren jedoch gegenüber neueren Ideen eher konservativ. Bedeutend ist sein grafisches Werk, v. a. seine Buchillustrationen (u. a. zu ›Zauberflöte‹, ›Ilias‹, ›Lederstrumpf‹, ›Tausendundeine Nacht‹, ›Faust II‹, ›Macbeth‹).

Sloan, John (1871–1951)
Amerikanischer Maler und ◇Grafiker. S. studierte an der Pennsylvania Academy und ließ sich 1904 in New York nieder. Er stellte mit der Gruppe The → Eight aus (1908), beteiligte sich an der ◇Armory Show (1913) und lehrte an der ◇Art Students' League (1916–24, 1926–30, 1935–37). S. begann als Pressezeichner und entwickelte sich unter dem Einfluß von Robert → Henri zum kraftvollsten Maler der → Ash Can School, dessen unsentimentale, realistische Szenen aus New Yorks Armenvierteln sich durch ihr festes Bildgefüge, die ◇impressionistisch aufgelockerte Malweise und die poetische Stimmung auszeichnen (*Hinterhöfe in Greenwich Village,* 1914, Whitney Museum of American Art, New York).

Sluter, Claus († 1405)
Flämischer ◇Bildhauer des späten 14. Jh.s, hauptsächlich in Dijon tätig. 1379/80 in den Gildelisten der Brüsseler Steinmetzen bezeugt, trat er 1384 in Dijon in die Werkstatt Jean de Mervilles ein (den er 1389 als Werkstattleiter ablöste) und arbeitete am Grab Herzog Philipps des Kühnen von Burgund. Der Grabstein (Musée des Beaux-Arts, Dijon) wurde erst 1411, nach S.s Tod, vollendet. Die Figur des Herzogs ruht, in schwarzen und weißen Marmor gemeißelt, auf einer Platte, die sich über einem rechteckigen Fundament erstreckt, flankiert von Figuren in unterschiedlicher Trauergebärde. Zu S.s Hauptwerken gehören einige Statuen am Portal der Kartause von Champmol (1391–97) und der dortige große *Mosesbrunnen* (1395–1403). Die Portalfiguren zeigen am Türpfeiler Maria mit dem Kind, denen Johnnes d. T. und die hl. Katharina die Stifter (Philipp den Kühnen und seine Frau) präsentieren. Die steinernen Einzelfiguren unter Baldachinen sind zu einer raumgreifenden Komposition zusammengefügt. Stilistisch stehen diese revolutionären Plastiken mit ihrer dramatischen Gestik und den tief skulptierten dreidimensionalen Formen am Beginn der ◇Renaissance. Eine Parallele zu den ausdrucksvollen ◇Porträtköpfen der Stifter und ihren realistischen Bestrebungen findet sich in der Detailgenauigkeit der sechs Propheten vom Sockel des *Mosesbrunnens* (einer trug sogar eine von einem ortsansässigen Handwerker gelieferte Brille). Wichtig und neu sind neben der Individualität und dem Pathos der Darstellung vor allem die wuchtige Schwere der Figuren und die expressive Darstellung der ◇Draperien. Über dem Brunnen erhob sich eine nur in Fragmenten erhaltene Kreuzigung.

Sluyters, Jan (Johannes Carolus Bernardus) (1881–1957)
Niederländischer Maler. S. studierte an der Amsterdamer Akademie und gehörte bis 1914 zur vordersten künstlerischen Avantgarde in den Niederlanden. Seine Interpretation von van → Dongens ◇Fauvismus beeinflußte → Mondrian stark (1906). Nach einer kurzen ◇kubistischen Periode (1913–14) kehrte er zu einer ◇expressionistischen, von van → Gogh angeregten Malweise zurück.

Smet, Gustave de (1877–1943)
Belgischer Maler und ◇Grafiker, neben → Permeke der bekannteste Vertreter des flämischen ◇Expressionismus. S. studierte an der Genter Akademie und gehörte 1901–11 mit Permeke, Frits van den Berghe und Servaes zur zweiten Gruppe der Schule von → Laethem-Saint-Martin. In Holland (1914–18) wandte er sich unter dem Einfluß von Henri Le Fauconnier und → Sluyters in ◇Landschaften und bäuerlichen Figurenbildern einem dunkeltonigen Expressionismus zu (*Der Wilddieb,* 1925, Kunstmuseum, Basel), der in streng schematisierten Formen ◇kubistische Elemente aufweist. Später lockerte sich sein Stil ein wenig.

Smibert, John (1688–1751)
Schottischer ◇Porträtmaler, ausgebildet in Italien (1717–20), tätig in London (1720–28), nach Amerika ausgewandert (um 1728), dort in Providence und Boston arbeitend. S.s Porträts entwickelten sich nach und nach hin zu einem kraftvollen Realismus mit entschiedenen und lebendigen Formen, ohne daß das Malerische verlorenging. S. beeinflußte und förderte den jungen → Copley.

Smith, David (1906–1965)
Amerikanischer ◇Bildhauer, Sohn eines Ingenieurs, arbeitete als Schweißer und Nieter (um 1926), studierte an der ◇Art Students' League (1927) und bereiste Europa (1935). Unter dem Einfluß der ◇Skulpturen von → Picasso und → González gab S. die Malerei auf und wandte sich um 1933 geschweißten Eisenplastiken zu. ◇Kubismus und ◇Surrealismus hatten ebenfalls Einfluß auf seine ◇abstrakten Konstruktionen. Unter zunehmendem Verzicht auf organische Elemente und Reduzierung der Formen auf einfache geometrische Strukturen und linear betonte Umrisse gelangte S. seit Ende der 1950er Jahre zu monumentalen, totemhaften Konstruktionen (Serie der ›Cubi‹, 1960er Jahre).

Smith, Sir Matthew (1879–1959)
Englischer Maler. Nach Studien an der Manchester School of Art (1900–04) und der Londoner Slade School (1905–07) arbeitete er 1908 in Pont-Aven in der Bretagne und war kurze Zeit Schüler von → Matisse (1911). Anknüpfend an → Gauguin und den ◇Fauvismus von Matisse, gelangte S. (um 1920) zu einem eigenen expressiv gesteigerten Stil von kühner, explosiver Farbigkeit, der sich in den 1930er Jahren etwas mäßigte. S., der seit 1920 der → London Group angehörte, war ein wichtiger Vermittler der französischen Kunst und ihrer Auffassung von der reinen Malerei in England. In seinen späteren ◇Akt-, ◇Landschafts- und Blumenbildern trat die Form zugunsten eines ausdrucksvollen Feuerwerks von Farben und Strukturen zurück.

Smith, Richard (* 1931)
Englischer Maler. S. studierte u. a. am Royal College of Art (1954–57) und stand anfänglich mit seinen ›Verpackungsbildern‹ der ◇Pop Art nahe. 1959–61 hielt er sich in Amerika auf. Beeinflußt von → Stella, → Poons und Robert → Morris, beabsichtigte seine Malerei die reine Manifestation von Form, Farbe und Raum. Von unregelmäßig geformten Leinwänden kam er ab 1963 in logischer Fortsetzung zu dreidimensionalen, fast skulpturhaften Bildformen (◇Shaped Canvas), bei denen die bemalte Leinwand über Rahmen gespannt ist. Zu seinen späteren Werken zählen ◇Multiples und drachenartige Stoffinstallationen.

Smith, Tony (* 1912)
Amerikanischer ◇Bildhauer, Maler und Architekt, studierte 1933–36 an der ◇Art Students' League und 1937–38 am New Bauhaus in Chicago. 1938–39 war er Assistent des Architekten Frank Lloyd Wright und betätigte sich dann als Maler (befreundet u. a. mit → Newman, → Pollock, → Rothko und → Still) und Architekt, wandte sich aber 1960 der ◇Skulptur zu und schuf der ◇Minimal Art verwandte, auf geometrischen Formen beruhende (meist großformatige) Arbeiten.

Smithson, Robert (1928–1973)
Amerikanischer Künstler, studierte 1955–56 an der ◇Art Students' League. Nach Anfängen auf dem Gebiet der Malerei im Stil des ◇Abstrakten Expressionismus wandte er sich Mitte der 1960er Jahre der ◇Minimal Art zu und schuf auf geometrischen Progressionen beruhende Arbeiten (*Cryosphere,* 1966). Bekannt wurde er aber v. a. mit den sich ab 1968 anschließenden Arbeiten im Sinne der Earth und ◇Land Art, besonders mit *Spiral Jetty* (1970, Großer Salzsee, Utah), einer 460 m langen und ebenso breiten Spirale aus Schlamm und Felsbrocken.

Snayers, Pieter (1592 – nach 1666)
Flämischer Maler, Schüler von Sebastian → Vranckz, seit 1628 Mitglied der Brüsseler Malergilde. S. malte, v. a. in habsburgischem Auftrag, ◇Schlachten- und Belagerungsszenen, dazu ◇Jagddarstellungen und ◇Panoramen. In der *Schlacht von Weißberg* (Brüssel) ist seine historische Detailgenauigkeit ebenso zu erkennen wie in seinen topographisch präzisen Panoramen, die, zusammen mit den Jagd- und Winterszenen, frühe Zeugnisse dieses wichtigen Typus niederländischer Malerei im 17. Jh. sind.

Snyders (Snijders), Frans (1579–1657)
Flämischer Tier-, Blumen- und Früchtemaler, Schüler Pieter → Bruegels d. J. und van → Balens, ab 1609 Mitarbeiter von → Rubens, auf dessen Anraten hin er, neben Wildbret- und Ge-

flügelstilleben, das Thema kämpfender Tiere aufgriff (*Der Hahnenkampf,* 1615, Berlin). S. begann recht konventionell, entwickelte aber unter dem Einfluß Rubens' eine ◇barocke Dynamik in Formen und Farben, die bis an den Rand des Theatralischen reicht.

So Shiseki (1712–1786)
Einer der ersten Japaner, die bei den in Nagasaki lebenden chinesischen Malern der Qing-Zeit (1644–1911/12) lernten und damit die Grundlage der → Nanga-Schule schufen.

Sōami († 1525)
Japanischer Maler und Gartenkünstler, Sohn von Geiami, berühmt durch seine atmosphärischen Landschaften. S., der sich stilistisch an der chinesischen Malerei orientierte, werden die Türen des Daisen im Daitoku-Tempel (Kyōto) zugeschrieben.

Sodoma, il (Giovanni Antonio Bazzi) (1477–1549)
Italienischer Maler, der hauptsächlich in Siena in einem eleganten ◇manieristischen Stil malte. Laut → Vasari, der ihn nicht mochte, verdankte er den Spitznamen seiner Homosexualität. Er gebrauchte ihn allerdings auch selbst in seiner Signatur. Im Jahre 1498 ging er nach Mailand, wo er starke Impulse von → Leonardo da Vinci empfing, und 1501 nach Siena. Dort komplettierte er u. a. eine Reihe von ◇Fresken, die → Signorelli in der Abtei von Monte Oliveto begonnen hatte, und malte die bemerkenswerte Vision der hl. Katharina für die Katharinenkapelle in S. Domenico. Er arbeitete auch im Vatikan und in der Villa Farnesina in Rom. Wie seine Fresken so kombinieren auch seine zahlreichen Tafelbilder (*Hl. Familie mit Heiligen,* 1542, Museo Nazionale, Pisa) gefällige Formen und ein weiches ◇Chiaroscuro mit ausgeprägter schwärmerischer Emotionalität.

Soest (Zoust), Gerard (um 1600–1681)
Niederländischer Maler, der in London (vor 1650) tätig war. Seine ◇Porträts der höheren Gesellschaft ähneln denjenigen → Lelys, sind aber weniger modisch.

Soest, Konrad von (um 1370–nach 1422)
Deutscher Maler der westfälischen Schule, dessen einziges gesichertes Werk der große Flügelaltar in Bad Wildungen ist (*Passionsaltar,* 1403, Stadtpfarrkirche). Zuzuschreiben sind ihm ferner eine Nikolaustafel in der Soester Nikolaikirche und ein (nur in Teilen erhaltener) Marienaltar in Dortmund (um 1420, Marienkirche). Eine ganze Reihe weiterer Zuschreibungen weist S. als einen sehr fruchtbaren Maler aus. Die Mitteltafel seines Hauptwerks in Bad Wildungen ist eine Kreuzigung, die Flügel tragen Passionsszenen und Darstellungen aus dem Leben Jesu. Trotz des großen Formats stehen die im ◇Weichen Stil gehaltenen anmutigen Formen, die leuchtenden Farben und die Fülle der Details der lyrischen Pariser und der burgundischen Malerei nahe und haben möglicherweise Beziehungen zur ◇Buchmalerei (Jacquemart de → Hesdin). Man nimmt an, daß S. auf seiner Gesellenwanderung nach Burgund und Frankreich kam und ebenso die berühmten Werkstätten franko-flämischer Kunst kennenlernen konnte. S. ist darüber hinaus sicherlich auch durch böhmische Stileinflüsse geprägt.

Soffici, Ardengo (1879–1964)
Italienischer Maler und Schriftsteller, der mit Papini und Prezzolini zur florentinischen Bewegung gehörte, die dem ◇Futurismus anfänglich kritisch gegenüberstand, sich ihm später (1913) jedoch anschloß. S. löste sich 1915 vom Futurismus und folgte den neoklassischen Tendenzen von → Valori Plastici und → Novecento. Seine eigentliche Bedeutung lag jedoch in seiner Rolle als Kunstkritiker und Anreger der jüngeren Künstlergeneration.

Soga Shōhaku (1730–1781)
Einer der Exzentriker in der japanischen Malerei. Seine Ausbildung in der Tradition der → Kanō-Schule bildete die Grundlage seiner kraftvollen und sehr persönlichen Tuschtechnik.

Solari (Solario), Andrea (um 1460–um 1520)
Italienischer Maler in der Nachfolge → Leonardos, nach der Ausbildung durch seinen Bruder Cristofero → S. in Venedig hauptsächlich in Mailand, aber auch für den Grafen von Amboise in der Normandie tätig. Seine Werke (u. a.: *Ecce homo,* um 1506, Galleria Poldi Pezzoli, Mailand; *Ruhe auf der Flucht,* 1515, ebda.; *Kopf Johannes' d. T.,* 1507, Louvre; *Madonna,* 1507, ebda.; *Kreuzigung,* 1511, Galleria Borghese, Rom; *Himmelfahrt Mariä,* Certosa di Pavia) zeigen, was S. Leonardo und Venedig verdankt, ohne

daß er Lokalfarben und klare Zeichnung preisgegeben hätte.

Solari (Solario), Cristofero (genannt il Gobbo) (um 1460–1527)
Lombardischer ◇Bildhauer, Bruder von Andrea → S., den er in Venedig ausbildete; ab 1506 Dombaumeister in Mailand. 1497 erhielt er den Auftrag, das Grabmal der Beatrice d'Este auszuführen, dessen erhaltene Reste sich in der Kartause von Pavia befinden. Auch für den Mailänder Dom fertigte S. Skulpturen an. Seine Arbeiten sind derb, zuweilen überladen, als ◇Porträtist jedoch schuf er kraftvolle, die Charaktere erfassende Werke.

Solari(o), Antonio da (tätig 1501–1518)
Italienischer Maler mit dem Spitznamen ›Lo Zingaro‹ (›Der Zigeuner‹). Er war ein Nachfolger Giovanni → Bellinis und → Carpaccios und hauptsächlich in Neapel tätig. Am bekanntesten sind seine ◇Fresken aus dem Leben des hl. Benedikt in S. Severino, Neapel.

Solimena, Francesco (1657–1747)
Italienischer Maler, Hauptmeister der späten ◇Barockmalerei, in Neapel auch als Architekt tätig. Der an → Giordano, → Lanfranco und → Preti orientierte Frühstil S.s zeigt sich deutlich in der verwirrend-zuckenden Gestaltenfülle des ◇Freskos *Sturz des Simon Magus* (1690, S. Paolo Maggiore, Neapel). Unter dem Einfluß → Marattas gewann seine Malweise an Ruhe, seine Figuren wurden gewichtiger, ohne daß die dekorativen Effekte des anmutigen Kolorits und der kühnen Architekturen verlorengingen. Das riesige Fresko der *Vertreibung des Heliodor aus dem Tempel Salomos* (1725, Gesù Nuovo, Neapel) markiert das Ende der zentrifugalen Komposition und einen Schritt hin zum ◇Klassizismus.

Solis, Virgil (1514–1562)
Deutscher ◇Kupferstecher und Holzschnittzeichner, der zu den Nürnberger → Kleinmeistern gehört und zahlreiche technisch meisterhafte Kupferstiche in kleinem Format sowie Vorlagen für Kunsthandwerker schuf. Zu seinen bedeutendsten Arbeiten zählen seine Bibelillustrationen und ◇Ornamentstiche für den Verleger Feyerabend.

Somer, Paul van (1577–1622)
Flämischer ◇Porträtmaler, der sein Handwerk vielleicht in Italien erlernte und zunächst in den Niederlanden, dann von 1616 an in London tätig war, wo er vom Hof geschätzt wurde. Sein bedeutendstes Gemälde ist ein Porträt der *Königin Anna von Dänemark* (1617, Windsor Castle, London).

Sonderborg (Kurt Rudolf Hoffmann) (* 1923)
Deutscher Maler, Mitglied der Gruppe → Zen, studierte 1947–49 an der Landeskunstschule in Hamburg und bildete sich als ◇Grafiker im ›Atelier 17‹ von → Hayter in Paris. Seit Anfang der 1950er Jahre entwickelte er unter dem Einfluß von → Bissière, der ostasiatischen ◇Kalligraphie und des französischen ◇Tachismus (→ Mathieu) ein dynamisches, vorwiegend schwarzweißes ◇Action Painting, in dessen automatischer Zeichenschrift Bewegung und Rhythmik zum Ausdruck gelangen. Die Titel der Bilder markieren jeweils das Datum und die Uhrzeit ihrer Entstehung.

Sonnier, Keith (* 1941)
Amerikanischer Künstler, studierte 1959–63 an der University of Southwestern Louisiana und 1964–66 an der Rutgers University. Mitte der 1960er Jahre wandte er sich von der Malerei ab und Arbeiten im Sinne der ◇Materialkunst zu (v. a. Glas-Neon-Stücke). Ab 1970 verstärkte sich sein Interesse an technischen Medien wie ◇Film und ◇Video (*Negativ Positiv,* 1970).

Sophilos (tätig um 570 v. Chr.)
Erster namentlich bekannter attischer Maler des ◇schwarzfigurigen Stils. Beeinflußt von der ◇korinthischen ◇Vasenmalerei, gleicht sein Stil dem des → Gorgo-Malers, ist aber plumper und mühsamer. Seine bekannteste Arbeit, die *Patroklos-Begräbnisspiele,* zeigt ein Wagenrennen mit einer Tribüne anfeuernder Zuschauer. Insgesamt sind von S., der auf die Vasenmalerei großen Einfluß ausübte, 40 Vasen und Fragmente erhalten.

Sosos (tätig 1. Hälfte 2. Jh. v. Chr.)
Griechischer (von → Plinius erwähnter) ◇Mosaikkünstler aus Pergamon. S. werden der *Nicht aufgekehrte Speisesaal* und das *Taubenmosaik aus Pompeji* (Tauben auf dem Rand einer mit Wasser gefüllten Schüssel) zugeschrieben. Beide Werke (heute Kapitolinische Museen, Rom) wurden in der ◇Antike häufig kopiert.

Sǫto, Jesús Rafael (* 1923)
Venezolanischer Maler und ◇Bildhauer, der an der Escuela de Artes Plásticas y Artes Aplicadas in Caracas (1942–47) studierte und Direktor der Escuela de Bellas Artes in Maracaibo (1947–50) war. S. lebt seit 1950 in Paris. Beeinflußt vom ◇Konstruktivismus, von → Mondrian und → Calder, erfand S. eine neue Form der ◇Op Art, die ›Vibrationen‹, geometrische Reliefs (ein Gitterwerk aus mobilen Drähten und Nylonfäden vor einer bemalten Platte), die aufgrund optischer Täuschungseffekte dem Betrachter in ◇kinetischer Schwingung erscheinen.

Soulages, Pierre (*1919)
Französischer Maler, Autodidakt, kam 1946 nach Paris und war in den 1950er Jahren einer der bedeutendsten Vertreter der ◇Ecole de Paris und der ◇informellen Malerei. Frühe Eindrücke der strengen ◇romanischen Architektur sowie der spätere Einfluß ostasiatischer ◇Kalligraphie bestimmen seine gestischen, dynamischen, doch kompositionell ausgewogenen Bilder mit ihrer schwarzen oder braunen Balkenschrift auf hellen, dünn lavierten, schimmernden Farbgründen.

Chaim Soutine, *Geschlachteter Ochse,* 1925

Soutine (Sutin), Chaim (1893–1943)
Französischer Maler litauisch-jüdischer Herkunft, der sich nach einem Kunststudium in Wilna (1910–13) in Paris niederließ, wo er sich mit → Chagall, → Lipchitz, → Laurens, → Léger und → Modigliani anfreundete. Von ähnlich leidenschaftlichem Temperament wie van → Gogh (den er ablehnte), malte er im wesentlichen nach der Natur; seine bewunderten Vorbilder waren vor allem der späte → Rembrandt und → Courbet, jedoch auch → Cézanne. Seine vom ◇Fauvismus ausgehende visionäre und ekstatische Malerei steigerte sich während seines Aufenthaltes in Céret (1919–23) zu einem wilden, erregten ◇Expressionismus. In apokalyptischen Landschaftsvisionen von hektischen, zuckenden, wirbelnden Pinselschlägen und glühenden Rot- und Grüntönen – die Farbe oft direkt aus der Tube auf die Leinwand gedrückt –, entlud sich seine ungeheure innere Spannung. Ein pessimistisches Lebensgefühl und eine tiefe Melancholie kennzeichnen auch seine späteren, etwas ruhigeren Bilder – die ◇Porträtserie der *Chorknaben* oder die ◇Stilleben mit ausgeschlachteten Tierkadavern in schillernden Verwesungsfarben (*Geschlachteter Ochse,* 1926, Stedelijk Museum, Amsterdam) –, deren tragische Symbolik sich mehr auf das Thematische verlagerte.

Spada, Lionello (1576–1622)
Italienischer ◇Bildhauer und Maler religiöser Themen und ◇Genrebilder mit dem Spitznamen ›Caravaggios Affe‹, zunächst aber in Bologna von der Malerfamilie der → Carracci, v. a. von Lodovico, geprägt. In Rom wurde S. dann Schüler und Gehilfe → Caravaggios. Um 1607 berief ihn Ranuccio I. Farnese nach Parma, wo er die Dekoration des Teatro Farnese leitete und dabei mehr unter den Einfluß des weicheren Stils von → Correggio geriet.

Spencer, Sir Stanley (1891–1959)
Englischer Maler, geboren in Cookham, Berkshire, wo er den größten Teil seines Lebens verbrachte. 1908–12 studierte er an der Londoner Slade School of Art und diente während des Ersten Weltkriegs als Soldat in Mazedonien. Erinnerungen daran verarbeitete er später in seinen ◇Wandbildern der Kapelle von Burgh-

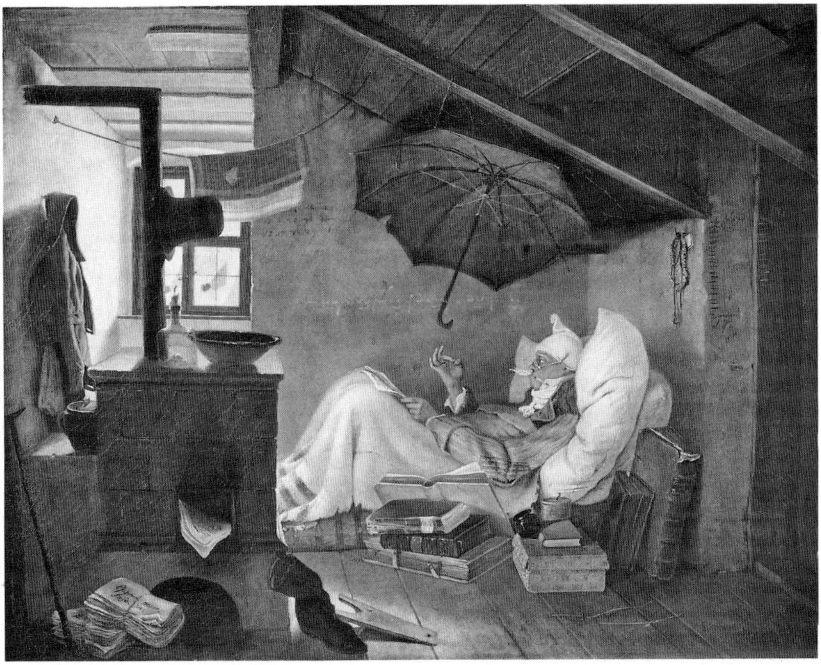

Carl Spitzweg, *Der arme Poet,* 1839

clere (*Auferstehung der Soldaten,* 1926–32). S. war ein sonderbarer Einzelgänger, dessen Stil sich in keine Kategorie einordnen läßt. Der naive, trockene Realismus seiner Kunst, die in eigenartigem Gegensatz zum Magischen, Symbolhaften und Visionären seiner Thematik steht, läßt sich am ehesten mit Bildern → Beckmanns aus der Zeit der ◇Neuen Sachlichkeit vergleichen. S. malte mit Vorliebe große religiöse Zyklen (*Abendmahl, Einzug Christi,* 1923–27, Lookham), die er mit der Einfalt eines naiven Malers mitten in seine alltägliche Umwelt versetzte. 1940–41 war S. offizieller Kriegsmaler im Zweiten Weltkrieg.

Spinello Aretino (um 1346–1410)
Italienischer Maler, vermutlich in Florenz bei Agnolo → Gaddi ausgebildet. Seine erste datierte Arbeit (1385) war ein ◇Polyptychon für Monte Oliveto (verschollen). Für die Toskana schuf S. A. eine Reihe von ◇Freskenzyklen. Die Folge in der Sakristei von S. Miniato al Monte in Florenz (fertiggestellt 1387) läßt eine Rückkehr zu den narrativen Prinzipien → Giottos erkennen; die kraftvollen Figuren befinden sich in einem genau definierten Raum. S. A.s Hauptwerk sind die Fresken mit Szenen aus dem *Leben Papst Alexanders III.* (1408–10, Palazzo Pubblico, Siena), die S. mit seinem Sohn Parri ausführte.

Spitzweg, Carl (1808–1885)
Deutscher Maler und Illustrator. Nach einem Studium der Pharmazie (1830–32) besuchte S. Italien. Während eines Kuraufenthalts 1833 entschied er sich für eine künstlerische Laufbahn. Bei C. H. Hansonn nahm er Malunterricht, hauptsächlich bildete er sich jedoch in München durch das Kopieren alter Meister in der Alten Pinakothek aus. Ab 1844 arbeitete S. hauptsächlich für die humoristischen ›Fliegenden Blätter‹, und aus dieser Zeit stammen seine bekanntesten, zeichnerisch sorgfältig durchgeführten ◇biedermeierlichen Bilder (*Der arme Poet,* 1839, NP; *Der Liebesbrief,* 1845–46, Berlin). Zwei Reisen wirkten sich nachhaltig auf die Kunst S.s aus: 1850 nach Venedig, 1851 nach Paris, London und Antwerpen. Er gab die kleinbürgerlich-idyllische Malerei auf und entwickelte unter dem Einfluß der → Barbizon-Schule eine pastos gemalte, atmosphärische ◇Landschafts-

kunst ohne ◇Staffagen und literarische Bezüge (*Frauenbad in Dieppe,* um 1857, Berlin). Die kleinformatigen, in ihrer Farbe teilweise auch an → Delacroix erinnernden Bilder sind in ihrer malerisch gelösten Darstellungsweise den beliebten Sujets der Frühzeit weit überlegen.

Spoerri, Daniel (* 1930)
Schweizer ◇Objektkünstler rumänischer Herkunft. Nach anfänglicher Tätigkeit als Tänzer und Regisseur in Bern und Darmstadt ließ er sich 1959 in Paris nieder und wurde 1960 Mitbegründer des ◇Nouveau Réalisme. Im gleichen Jahr entstanden seine ersten ›Fallenbilder‹, die zufällige Situationen auf Tischflächen aus ihrem natürlichen Kontext lösen und unverändert fixieren. So wird etwa eine Tischplatte mit allen Essensresten und Requisiten nach der Mahlzeit zum ›Fallenbild‹, indem S. die Tischplatte aus der Horizontalen in die Vertikale eines Tafelbildes überführt. 1968 eröffnete S. eine Restaurant in Düsseldorf und gab eine ›Eat-Art‹-Edition heraus, in der sich auf humorvoll-ironische Weise die ◇neodadaistische Identifikation von Kunst und Leben manifestierte.

Spranger, Bartholomäus (1546–1611)
Flämischer Maler und ◇Radierer, Hauptvertreter des niederländischen ◇Romanismus, zunächst Schüler von → Mandyn in Haarlem (1557), dann von Frans Mostaert und → Dalem, später gleichzeitig mit den Malern von → Fontainebleau, → Primaticcio und Niccolò dell' → Abbate, in Paris (um 1565). 1570 wurde er in Rom, wo er Taddeo → Zuccari kennenlernte, päpstlicher Maler. 1575 ging S. als Hofmaler Maximilians II. nach Wien, 1582 an den Hof Rudolfs II. nach Prag. Entscheidend für seinen typischen Spätmanierismus waren sowohl der Einfluß der Fontainebleau-Schule wie der von → Parmigianino, → Correggio und → Tintoretto. Hauptsächlich an Correggio orientierte prunkvolle Kompositionen, spannungsvolle Farbkontraste und ausgefallene Posen prägen S.s profane oder erotische Darstellungen, so die *Allegorie auf Kaiser Rudolf II.* (1592, KhW). Bedeutender als seine großen römischen und Prager ◇Fresken und ◇Altarbilder (so im Strahow-Kloster und im Veitsdom) sind die kleinformatigen mythologischen und ◇allegorischen Darstellungen, die den menschlichen ◇Akt in vielfältigen Formen der Bewegung erfassen (*Angelika und Medor,* AP).

Spur
1957 von den Malern Heimrad Prem (1934–1976), Helmut Sturm (* 1932), Hans Peter Zimmer (* 1936) und dem Bildhauer Lothar Fischer gegründete Gruppe, die in den Jahren 1960/61 eine gleichnamige Zeitschrift herausgab. Während zunächst der Einfluß der → Cobra-Gruppe, v. a. mit Asger → Jorn, für die künstlerische Konzeption von S. dominierte, traten in den 1960er Jahren starke Elemente der ◇Art brut und der ◇Pop Art in den Vordergrund.

Squarcione, Francesco (1397–1468)
Italienischer Maler, der eine bedeutende Antikensammlung besaß, die er auf Reisen durch Griechenland und Italien zusammengetragen hatte und durch die seine 130 Schüler, darunter → Mantegna, unschätzbare Anregungen erhielten. S.s ◇Altartafel mit dem hl. Hieronymus und anderen Heiligen (1449–52, Galleria, Padua) fällt durch ziemlich starre, metallische Gewandformen auf. Gesichert ist außerdem eine Madonna von S. (Berlin).

Staeck, Klaus (* 1938)
Deutscher ◇Plakat- und ◇Objektkünstler, der vor seiner künstlerischen Tätigkeit ein Jurastudium absolvierte. S. ist in Deutschland der bekannteste Vertreter einer Politkunst, die ohne feste Bindung an eine bestimmte ideologische Programmatik provokative Kritik an der politischen Realität mit Hilfe von Plakaten, Postkarten und Schautafeln formuliert. S. greift dabei zurück auf die ◇Fotomontagetechnik, die der ◇Dadaismus (→ Heartfield) sowie die ◇Russische Avantgarde mit gleicher Zielsetzung nach dem Ersten Weltkrieg entwickelten.

Staël, Nicolas de (1914–1955)
Französischer Maler russischer Herkunft, studierte 1932–33 an der Akademie in Brüssel und ließ sich nach Reisen durch Europa und Nordafrika 1938 in Paris nieder. S. ging in seinen linearen Abstraktionen (ab 1942) von den geometrischen Konstruktionen des synthetischen ◇Kubismus aus (1940 Begegnung mit → Braque). 1945 entwickelte er einen eigenen, lyrisch-◇abstrakten Stil, der das Bild aus leuchtenden, mit dem Palettenmesser aufgetragenen Farbquadern rhythmisch konstruierte. Dabei erzeugten die horizontale Lagerung der Farbflächen und ihre räumliche Distanzwirkung eine atmosphärische Tiefe, die die Assoziation an (Kü-

sten-)Landschaften erweckte. Seit 1952 wandte sich S., indem er diese Assoziation bewußt verstärkte, der Gegenständlichkeit zu und baute aus großen farbigen Flecken ◇Landschaften (*Landschaft auf Sizilien,* 1954), ◇Stilleben und Figurenbilder auf.

Stankiewicz, Richard Peter (* 1922)
Amerikanischer ◇Bildhauer, der an der Hans Hofmann-Schule (1948–49) und in Paris bei → Léger (1950) und → Zadkine (1950–51) studierte. Angeregt durch seine zeitweilige Tätigkeit als Bordfunker und Mechaniker, entwickelte S. in seinen plastischen Arbeiten ein großes Interesse für Maschinenteile. Aus Autowrackteilen, die er auf Schrottplätzen fand, und anderen Metallabfällen montierte S. abstrakte, häufig humorvoll originelle Konstruktionen (*Kabukitänzer,* 1956).

Stanzione, Massimo (1585–1656)
Italienischer Maler, ausgebildet in Neapel und (1617/18) in Rom, führender Vertreter der neapolitanischen Malerei des mittleren 17. Jh.s mit ihrem Bemühen um Lichteffekte. S. erhielt große Kirchenaufträge (so das ◇Altarbild mit Maria und zwei Heiligen, S. Paolo Maggiore, Neapel). Obwohl von → Caracciolo und → Ribera beeinflußt, entwickelte er einen eleganteren Stil als Ribera und wird daher oft als ›neapolitanischer Guido → Reni‹ bezeichnet.

Stauffer-Bern, Karl (1857–1891)
Schweizer Maler und ◇Radierer, der an der Münchner Akademie studierte und 1880 nach Berlin übersiedelte, wo er als ◇Porträtmaler wirkte (*Lydia Welti-Escher,* 1886, Kunsthaus Zürich). 1883 gehörte er zum Kreis um Max → Klinger. Er schätzte v. a. → Böcklin, → Marées, → Feuerbach und → Leibl und erreichte in seinen Gemälden eine Synthese lebensnaher Porträtdarstellung und nobel zurückhaltender Farbgebung in der Art der altholländischen Malerei. 1884 wandte er sich der Radierung zu und schuf in meisterhafter Technik lebensnah erfaßte Bildnisse von Künstlern und Kunstschriftstellern, darunter von Conrad Ferdinand Meyer, Gottfried Keller und Gustav Freytag.

Steen, Jan Havicksz. (1626–1679)
Holländischer Maler, am bekanntesten durch seine ◇Küchen- oder Schenkenszenen und einer der vielseitigsten und fruchtbarsten Künstler seiner Zeit, der auch ◇Porträts, historische und religiöse Sujets malte, sich in den 1660er Jahren in Haarlem aufhielt, sonst aber hauptsächlich in und bei Leiden lebte. Möglicherweise war S. Schüler van → Goyens und Adriaen van → Ostades, und der Kontakt mit Theatergruppen wirkte befruchtend auf seine atmosphärische, insgesamt gepflegte, humorvolle und anekdotenreiche ◇Genremalerei, die mit ihren vielen Details zugleich Auskunft über die damalige bürgerliche und bäuerliche Welt in den Niederlanden, ihre Sitten, ihre Mode, ihren Hausrat usw. gibt. Zu S.s Hauptwerken gehören: *Wie die Alten sungen, so pfeifen die Jungen* (1668, Rijksmuseum, Amsterdam), *Der Wirtshausgarten* (Berlin), *Das Bohnenfest* (1668, Staatliche Gemäldegalerie, Kassel), *Wie gewonnen, so zerronnen* (1661, Museum Boymans-van Beuningen, Rotterdam).

Steenwijk, Hendrik van, d. Ä. (um 1550–1603)
Hendrik van, d. J. (um 1580–1648)
Holländische Maler. Hendrik van S. d. Ä., ein Schüler von H. → Vredeman de Vries, malte sehr wirklichkeitsgetreu Palasthöfe, Stadtansichten, Märkte und Innenräume ◇gotischer Kirchen, die häufig von Fackeln beleuchtet sind. Besonders interessierten ihn die Probleme der Raumwiedergabe. Sein Sohn, Hendrik van S. d. J., ließ sich 1617 in England nieder, arbeitete für Karl I. und führte unter stärkerer Hervorhebung der Details die Malweise seines Vaters fort.

Steer, Philip Wilson (1860–1942)
Englischer Maler, studierte in Paris unter → Bouguereau und → Cabanel. Anfangs waren S.s Bilder stark vom ◇Neoimpressionismus beeinflußt, doch in den 1890er Jahren wandte er sich einem von → Turner und → Constable inspirierten Stil zu. Seinen frischen, hellen, luftigen ◇Landschaften in Öl (*Laufende Mädchen auf der Landungsbrücke von Walberswick,* 1894, Tate Gallery, London) stellte S. fließende, lakonische ◇Aquarelle zur Seite, mit weiten Himmeln und starkem atmosphärischen Gefühl.

Stefano da Verona (da Zevio)
(um 1374 – nach 1438)
Italienischer Maler, einer der wichtigsten Vertreter der Spätgotik und ihres ◇Weichen Stils in Oberitalien. In seinen ◇Fresken und ◇Tafelbildern verband er die dekorative Komplexität und Anmut der zeitgenössischen nordeuropäischen

◇Buchmalerei mit norditalienischen Elementen des Tafelbildes. S. malte gern Maria im Hortus conclusus, einem Symbol der Jungfräulichkeit. Als Hauptwerk ist die *Anbetung der Könige* (1435, Pinacoteca di Brera, Mailand) erhalten. Ungewöhnlich für die Zeit ist, daß auch ◇Zeichnungen S.s überliefert sind.

Steichen, Edward (1879–1973)
Amerikanischer ◇Fotograf, der 1879 von Luxemburg in die USA übersiedelte und dort in Kontakt zu Alfred → Stieglitz kam. Nach einem Malereistudium in Paris und einer frühen malerisch-◇impressionistischen Bildkonzeption in seinen Fotografien entwickelte S. in den 1920er Jahren einen dokumentarisch-authentischen Stil, den er v. a. in Porträt- und Modeaufnahmen praktizierte. S. lichtete vorwiegend Schriftsteller, Maler und Schauspieler ab, die er in zugespitzten Momenten einer bestimmten ›Rollen‹-Gestik zeigte (z. B. George Gershwin beim Komponieren am Klavier). 1947–62 war S. Direktor der Abteilung ›Fotografie‹ am Museum of Modern Art, New York.

Steinbach, Haim (* 1944)
Amerikanischer Künstler israelischer Herkunft, studierte 1962–68 am Pratt Institute, Brooklyn, und 1971–73 an der Yale University, New Haven. S. präsentiert Alltagsgegenstände auf Wandsockeln. Während die Ausstellung von Fundstücken in den 1970er Jahren noch dazu diente, die Dinge mit ihrer individuellen Atmosphäre und privaten Geschichten vorzustellen, intendiert S. in den 1980er Jahren in zunehmendem Maße eine ästhetische Isolierung industriell gefertigter Gebrauchsobjekte und Luxuswaren, die in der Korrespondenz zu Wand und Raum und durch die Heraushebung des Sockels eine kunstimmanente Aura entwickeln.

Steinberg, Saul (* 1914)
Amerikanischer Künstler rumänischer Herkunft, der sich nach jahrelangem Reiseleben, insbesondere seit 1959, in den USA niederließ. Er absolvierte zunächst eine Architektenausbildung und arbeitete in diesem Beruf, wandte sich aber bald ◇Zeichnungen, ◇Aquarellen und ◇Skulpturen zu. Bekannt wurde er v. a. durch seine geistreichen und witzigen Zeichnungen voller Bild- und Wortspiele, die ◇cartoonartig angelegt sind. Seit 1941 veröffentlicht er regelmäßig in der Zeitschrift ›The New Yorker‹.

Steinert, Otto (1915–1978)
Deutscher ◇Fotograf, der sich schon während seines Medizinstudiums intensiv für das Medium Fotografie interessierte. Nach dem Zweiten Weltkrieg Ausbildung einer psychologisierenden Porträtfotografie, die ihn international bekannt machte. 1951 initiierte S. die Gründung der Gruppe ›Fotoforum‹ und organisierte die Ausstellung ›Subjektive Fotografie‹. 1952 wurde S. Direktor der Kunsthochschule Saarbrücken, 1959 Professor an der Folkwangschule Essen, wo Fotografen wie → Riebesehl zu seinen Schülern zählten.

Steinlen, Théophile Alexandre (1859–1923)
Schweizerisch-französischer Zeichner, ◇Grafiker und Maler. S. studierte in Lausanne und ließ sich 1882 in Paris nieder. Seine ◇Zeichnungen, die die Schattenseite des Pariser Lebens schilderten, fanden weite Verbreitung durch die Zusammenarbeit mit Aristide Bruant und in satirischen Blättern mit sozialer Tendenz, insbesondere im ›Gil Blas‹. Der mehr sentimentale als satirische Realismus von S., der ein wenig im Schatten von → Toulouse-Lautrec stand, beeindruckte den jungen → Picasso.

Stella, Frank (* 1936)
Amerikanischer Maler, studierte an der Princeton University. Anfänglich von → Hofmann beeinflußt, gab er 1958 seinen ◇Abstrakten Expressionismus auf, um sich der ◇Farbfeldmalerei zuzuwenden. Von strengen schwarzen oder metallfarbenen Streifen ging S. zu leuchtend farbigen, komplexen geometrischen Formen über, die räumliche Schwingungen erzeugen. In den sog. ◇Shaped Canvases übertrug S. das rhythmische Prinzip seiner Farbformen auch auf die Leinwandformate (ab 1960). Zugleich arbeitete er mit Kupfer- und Aluminiumfarbe. Von 1967 an wandte sich S. objekthaften Wandbildern in strahlenden Farben zu, wobei er Halbkreis- mit Rechteck- oder Rautenformen in Beziehung setzte. Seit 1975 entstehen in den Raum ausufernde, exzentrisch geformte Bildobjekte aus Aluminium in bunter Bemalung, die mit dem Dualismus von dreidimensionalem Raum und zweidimensionaler Bildebene in freier Rhythmik spielen (*Sat Bhai,* 1978).

Stella, Joseph (1877–1946)
Amerikanischer Maler italienischer Herkunft, der gegen 1902 nach New York kam. S. studierte in

Joseph Stella, *Brooklyn Bridge,* 1917

Italien und Frankreich (etwa 1909–12), wo er mit dem ◇Futurismus in Berührung kam, und stellte auf der ◇Armory Show (1913) sowie bei → Stieglitz aus. Der Einfluß des Futurismus und die starke Faszination durch das moderne New York mit seinen gigantischen Stahlgerüstbauten und der Lichtreklame kennzeichnen seine Bilder (*Brooklyn Bridge*-Serie) mit ihrer prismatisch gebrochenen, aus Wirklichkeitsfragmenten kaleidoskopartig zusammengesetzten Oberfläche. In den 1920er Jahren stellte S. zusammen mit M. → Duchamp und Man → Ray in der Société Anonyme aus.

Stenvert, Curt (* 1920)
Österreichischer Maler, Filmemacher und ◇Objektkünstler, der an der Wiener Kunstakademie bei Gütersloh und → Wotruba studierte. In den 1950er Jahren wandte sich S. dem Experimental- und Dokumentarfilm zu und wurde erst ab 1962 mit surreal-◇dadaistischen Objektmontagen aus Trivialgegenständen wieder bildnerisch tätig. Seine Objekte, die häufig auf einer Sprachpointe basieren, verstehen sich als anekdotisch-ironische Visionen und makabre Symbole der menschlichen Existenz. In den letzten Jahren – nach seiner Übersiedlung nach Köln – verstärkte Beschäftigung mit kybernetisch-funktioneller Malerei.

Stepanowa, Warwara Fjodorowa (1894–1958)
Russische Künstlerin und ◇Designerin, verheiratet mit A. → Rodtschenko. Sie arbeitete mit den russischen ◇Kubofuturisten zusammen und schuf ◇Collagen und ◇Buchillustrationen sowie Bühnenbilder und Textilentwürfe. Nach der Oktoberrevolution widmete sich W. S. im Rahmen der von → Tatlin geförderten Produktionskunst einer industriellen Formgestaltung und brachte in ihren Entwürfen die ◇konstruktivistischen Ideen der ◇Russischen Avantgarde zur Anwendung. Mit L. S. → Popowa lehrte sie in der Abteilung für Textilgestaltung der → Wchutemas und entwarf neben Kleidungsmodellen für die ›1. Textilfabrik‹ auch Schrifttypen und ◇Plakate.

Stephens, Frederic George (1828–1907)
Englischer Maler, Kritiker und Gründungsmitglied der → Präraffaeliten-Bruderschaft, für die er weniger als Maler denn durch kritische Arbeiten für ›Macmillan's Review‹ und ›London Review‹ tätig war. Einfluß übte S. v. a. als Kritiker der Zeitschrift ›Athenaeum‹ aus (1861–1901).

Sterl, Robert (1867–1932)
Deutscher Maler und ◇Grafiker, der 1882–89 an der Dresdner Kunstakademie studierte und zu den Vertretern des deutschen ◇Impressionismus in der Nachfolge Gotthard → Kuehls gehört. Seine Bilder werden im wesentlichen von zwei Motivkreisen dominiert. Seit 1904 tauchte immer wieder das Thema der Arbeit in den Elbsandsteinbrüchen in seinen Werken auf, wobei er die Werktätigen stets im Zustand höchster Kraftanstrengung beim Heben und Tragen der Steinbrocken darstellte. Das zweite Motiv, die Musik, entwickelte sich aus der Bekanntschaft mit Ernst von Schuch, den er in der Dresdner Hofoper und im Leipziger Gewandhaus häufig bei Proben beobachtete (*Bildnis des Generaldirektors Ernst Edler von Schuch,* 1914, Dresden). Zwei Rußlandreisen, 1906 und 1914, vertieften diese Themen und führten zugleich zu ◇Landschaftsszenerien, wie sie S. auf seinen Wolga-Fahrten, beeindruckt von der Schönheit des ländlichen Rußlands, erlebte. Nach dem Ersten Weltkrieg Studien zur Arbeit in den Essener Krupp-Werken.

Sterne, Maurice (1878–1957)
Amerikanischer Maler und ◇Bildhauer lettischer Herkunft, der um 1890 nach Amerika kam und 1894–99 an der National Academy of Design bei

→ Eakins studierte. Von 1904 bis etwa 1914 hielt er sich in Europa (u. a. Italien und Griechenland), Ägypten und Bali auf. 1919–22 lehrte er an der ◇Art Students' League in New York. Anfänglich vom ◇Fauvismus, ◇Kubismus und von → Cézanne beeinflußt, gelangte S., angeregt durch die Ideen der → Valori Plastici, zu einem neoklassischen Realismus.

Stevens, Alfred (1817–1875)
Englischer Künstler, der nach intensiver Ausbildung in Italien (1835–42), wo er auch für → Thorvaldsen arbeitete, in der Londoner Somerset House School of Design tätig war. Zwei Jahre arbeitete er hier als ◇Designer und ◇Zeichner, und zwar ganz systematisch für Industriebetriebe, für deren Belieferung er 1856 ein eigenes Atelier gründete. Das Wellington Monument an der St. Paul's-Kathedrale in London (1856–75) ist S.' bedeutendste ◇bildhauerische Leistung, außerdem entwarf er die Vasen und Löwen für die Einfriedung des British Museum.

Stieglitz, Alfred (1864–1946)
Amerikanischer ◇Fotograf, der in New York (1879–81) und Deutschland (1881–90) studierte und sich 1890 in New York niederließ, wo er verschiedene Galerien gründete: Photo-Secession Gallery, 291 Fifth Avenue, die er später einfach ›Galerie 291‹ nannte (1905–17); Intimate Gallery, Room 303 (1025–29); An American Place (seit 1930). S. setzte sich leidenschaftlich für die moderne Kunst ein, sowohl durch seine kongeniale Tätigkeit als Fotograf wie auch durch seine Pionierleistung als Kunsthändler. Er machte Amerika als erster mit den modernen französischen Strömungen bekannt, angefangen von → Rodin (Zeichnungen) über → Matisse, → Picasso, → Rousseau, → Cézanne, → Brancusi, → Braque bis → Picabia, und setzte sich für unbekannte junge amerikanische Künstler ein, v. a. für seine ›Fünf‹: → Marin, → Hartley, → Dove, → Demuth und → O'Keeffe. Er gab die Zeitschrift ›Camera Work‹ (ab 1903) heraus und später (ab 1916) die Zeitschrift ›291‹, an der Picabia, Man → Ray und M. → Duchamp mitarbeiteten.

Still, Clyfford (1904–1980)
Amerikanischer Maler, studierte an der Spokane University und lehrte ab 1933 an verschiedenen amerikanischen Colleges. S. ging vom ◇Surrealismus aus und gehörte seit Ende der 1940er Jahre zu den Pionieren und Hauptvertretern des ◇Abstrakten Expressionismus. Charakteristisch für seine riesigen Leinwände ist eine große, fast die gesamte Bildfläche bedeckende ◇monochrome Farbfläche, die an den Rändern von flammenden Formen umgriffen wird. S.s Arbeiten sind lyrisch und expressiv, sie verschmelzen Raum und Form zu einer ausdrucksstarken Einheit.

Stimmer, Tobias (1539–1584)
Schweizer Maler und ◇Zeichner (Entwürfe für ◇Glasmalereien und ◇Holzschnitte), einer der vielseitigsten Künstler der deutschen Spätrenaissance. S. war in Zürich, wo er ◇Illustrationen anfertigte, Schüler von Hans → Asper und nahm später Einflüsse → Dürers und → Holbeins d. J. auf. Er war als Fassadenmaler tätig (so 1567/68 in Schaffhausen, Haus zum Ritter) und schuf die Malereien der astronomischen Uhr im Straßburger Münster (1571–74). Am bedeutsamsten ist S.s ◇grafisches Werk, beispielsweise die Holzschnittfolge *Neue künstliche Figuren biblischer Historien* (170 Blatt, 1576) für den Verleger Jobin in Straßburg und die Serie von Gelehrtenbildnissen in dem 1587 erschienenen ›Contrafacturbuch‹ Reußners. Von Italien geprägte plastische Modellierung verband sich bei S. mit einer stark dekorativen Darstellung.

Stöhrer, Walter (* 1937)
Deutscher Maler, Schüler von → Grieshaber, der seit den frühen 1960er Jahren durch seine leidenschaftlich erregt wirkende ◇informelle Malweise bekannt wurde. Trotz der spontanen Pinselführung zeigen sich hinter der scheinbar rein ◇abstrakten ◇Kalligraphie oft figurative Verfestigungen surrealen Ursprungs.

Stomer, Matthias (um 1600 – um 1650)
Holländischer Maler, zuerst in Utrecht, ab etwa 1630 in Rom, nach 1631 in Neapel und ab 1641 in Sizilien tätig. Den Stil seiner caravaggesken ◇Nachtstücke vermittelte ihm sein Lehrer → Honthorst, und er verstärkte sich noch unter dem Eindruck der sizilianischen Werke → Caravaggios. Von den Utrechter → Caravaggisten unterschied sich S. durch einen eher ledernen Fleischton und metallische Farben.

Stone, Sir Benjamin (1838–1914)
Britischer ◇Fotograf, Industrieller und Parlamentarier, der sich zunächst als Sammler mit der Fotografie beschäftigte und später selbst zur

Fotografie beschäftigte und später selbst zur Kamera griff, wobei er mit sicherem Gespür das Typische im Alltag festhielt. Besonders wichtig im Sinne einer historischen Dokumentationsfotografie ist seine umfangreiche Porträtgalerie von britischen Abgeordneten und Parlamentsangestellten.

Stoß, Veit (um 1447/48–1533)
Deutscher ◇Bildhauer, Bildschnitzer, ◇Kupferstecher und Maler, erstmals bezeugt, als er 1477 sein ererbtes Nürnberger Bürgerrecht aufgab und nach Krakau ging, wo er für König Casimir IV. arbeitete und u. a. (ab 1477) den monumentalen ◇Hochaltar der Marienkirche schuf. 1485 war S. in Breslau, 1486/87 in Nürnberg, 1488 abermals in Krakau (in dieser Zeit entstand das Grabmal Casimirs IV.), ehe er sich 1496 endgültig in Nürnberg niederließ, von wo er nach Rechtshändeln mit dem Rat und einer Bestrafung nach Münnerstadt floh. Seine letzten Lebensjahre waren einsam und verbittert. Die Ausbildung dieses bedeutendsten Bildhauers der deutschen Spätgotik ist nicht bekannt. Beseelter Ausdruck, ein starker Zug ins Naturalistische und pathetische, ◇barock gestaltete Gewänder sind bezeichnend für den sehr persönlichen, unverwechselbaren Stil des hervorragenden Schnitztechnikers S. Der meisterhafte Krakauer Altar mit dem Marientod im Mittelschrein ist mit 13 m Höhe und 11 m Breite der größte ◇Schnitzaltar der Spätgotik und mag, wie → Pachers *St.-Wolfgangs-Altar,* mit seiner expressiven Oberflächenbehandlung, seinen kühnen Unterhöhlungen, dem ◇Kontrapost der Gestalten und den individualisierten Gesichtern auf einen Einfluß durch Nicolaus → Gerhaerts van Leyden verweisen. Nach der Rückkehr nach Nürnberg ordnete sich (vielleicht unter dem Einfluß → Dürers) die Eigenständigkeit von Linie und Oberfläche der dominierenden Form der Figur unter, so im *Englischen Gruß* (1518, St. Lorenz, Nürnberg), im Kruzifix für St. Sebald in Nürnberg (1520) oder im Hochaltar für die Bamberger Karmeliterkirche (1520–23, heute Dom). Die unbemalte Buchsbaumholz-Madonna (um 1500, Germanisches Nationalmuseum, Nürnberg) aus dem Haus von S. stellt einen Höhepunkt dieses einzigartigen und (besonders in Ostdeutschland und Osteuropa) einflußreichen Stils mit seinen von einem einfachen, statischen Umriß zusammengehaltenen komplexen Binnenlinien und -formen dar.

Veit Stoß, Mittelteil des *Marienaltars* in der Marienkirche von Krakau, 1477–89

Stothard, Thomas (1755–1834)
Englischer ◇Historienmaler, ◇Illustrator und ◇Designer (◇Bildhauerei, Schmuck), der eine erfolgreiche Akademiekarriere machte und mit → Flaxman befreundet war. Sein bekanntestes Gemälde ist *Die Canterbury-Pilger,* über das es zu einem Streit zwischen ihm und → Blake kam, da dieser sich schon seit längerem mit der gleichen Thematik beschäftigte.

Stötzer, Werner (* 1931)
Deutscher ◇Bildhauer, studierte 1949–51 an der Hochschule für Baukunst und bildende Künste in Weimar und 1951–54 an der Hochschule für Bildende Künste in Dresden. 1954 holte ihn Gustav → Seitz als Meisterschüler an die Akademie der Künste der DDR nach Berlin, seit 1958 freischaffend tätig. Den Gesetzen des Steins folgend, schlägt S. die plastische Form seiner Stein- und Holzskulpturen ohne vormodellierendes ◇Bozzetto direkt aus dem Material. Typisch für seine bildhauerischen Arbeiten ist eine zeichenhafte plastische Formstrenge, die enge Beziehungen zwischen der menschlichen Figur

und den tektonischen Formationen einer Landschaft herstellt.

Strand, Paul (1890–1976)
Amerikanischer ◇Fotograf, der an der Ethical Culture High School, New York, bei Lewis → Hine studierte. Als engagierter Vertreter des ◇Verismus war S. einer der ersten Fotografen, der Maschinen und Fabrikanlagen ablichtete. Dabei bemühte er sich um einen prägnanten Stil, den er v. a. durch Großaufnahmen von Details erzielte. S. schuf mit ›Nahahatta‹ 1921 auch den ersten amerikanischen Avantgardefilm und traf in den 1930er Jahren mit Eisenstein in Moskau zusammen.

Straub, Johann Baptist (1704–1784)
Deutscher ◇Bildhauer, ausgebildet in Wien, wo er nachhaltig vom österreichischen ◇Barock geprägt wurde. Seit 1735 war S., der eine große Werkstatt unterhielt und neben seinem Schüler Ignaz → Günther der bedeutendste Vertreter der bayerischen ◇Rokokobildhauerei war, in München ansässig, wo er, zuerst von den Gebrüdern → Asam angeregt, allmählich zu einer frühen ◇klassizistischen Formensprache fand. Die in Weiß und Gold gehaltenen ◇Altäre, Figuren, ◇Tabernakel und ◇Kanzeln S.s (seine Hauptwerke sind die Altäre von Schäftlarn, 1755–64; Ettal, 1757–62, und München-Berg am Laim, 1758/59) sind stets eng auf den Raum bezogen, für den sie konzipiert wurden. Dabei blieb er ›realistischer‹ und näher am Modell als Günther.

Strawalde (Jürgen Böttcher) (* 1931)
Deutscher Maler und Dokumentarfilmer, studierte 1949–53 Malerei an der Hochschule für Bildende Künste, Dresden, bei Wilhelm Lachnit. 1953–55 freiberufliche Lehre an der Dresdner Volkshochschule, in dieser Zeit Begegnung mit → Penck (damals Ralf Winkler), der seinen Zeichenkursus besuchte. 1955 Übersiedlung nach Berlin und Studium an der Filmhochschule Babelsberg mit anschließender Dokumentarfilmtätigkeit für die DEFA. Als Maler ab 1976 Annahme des Pseudonyms ›Strawalde‹. In den 1950er und 1960er Jahren malte S. ◇Porträts und von der ◇Romantik beeinflußte lyrisch-imaginäre ◇Landschaften, ab den 1970er Jahren ◇Collagen mit emblematischen Zeichen, ◇kubistischen Formfragmenten und ◇kalligraphischen Notationen als Psychogramme der eigenen Befindlichkeit. Wie Penck hatte S. großen Einfluß auf die junge autonome Kunstszene der ehemaligen DDR.

Streeter, Robert (1624–1680)
Englischer Maler, tätig für Karl II. Seine ◇Landschaften nehmen die weitläufigen ›Landsitz-Ansichten‹ des 18. Jh.s vorweg. Bekannt wurde S. durch seine ◇allegorische und ◇illusionistische Deckenausmalung im Oxforder Sheldonian Theatre; sie stellt die größte Annäherung an die dekorative Malerei des ◇Barock dar, die vor → Thornhill in England erreicht wurde.

Strigel, Bernhard (1460/61–1528)
Deutscher Maler, zunächst Gehilfe seines Vaters Ivo Strigel, später Schüler und Mitarbeiter → Zeitbloms in Ulm. In Augsburg arbeitete er zusammen mit → Burgkmair für Kaiser Maximilian I. S. war hauptsächlich als ◇Porträtmaler tätig, und seine Bilder zeichnen sich durch eine starke psychologische Ausdruckskraft aus (u. a. *Kaiser Maximilian,* 1507, Musée des Beaux-Arts, Straßburg; *Kaiserliche Familie,* 1515, KhW; *K. Rehlingen und seine Kinder,* 1517, AP; *Montfort*-Bildnisse, 1520–22, Schloß Harburg, Donaueschingen, Dublin). Um 1505 malte S. den *Mindelheimer Sippenaltar* (von dem sich zehn Teile im Germanischen Nationalmuseum, Nürnberg, befinden); zugeschrieben werden ihm auch die fünf ◇Fresken im Kreuzgang der Franziskanerkirche von Schwarz bei Innsbruck. Der *David mit dem Kopf des Goliath* (AP) ist ein typisches Beispiel für S.s flache, doch lebendige Figuren und für seine eigenwillige Kompositionsweise. Eine wichtige Neuerung erbrachte S. – wohl beeinflußt durch die Begegnung mit dem Werk von Hugo van der → Goes bei Reisen in die Niederlande – mit dem Salemer *Marienaltar* (1507–08, Markgräflich Badisches Schloßmuseum, Salem), dessen *Geburt Christi* eine realistisch gesehene dunkle Nachtszene darstellt, die das Christkind als Mittelpunkt strahlend erhellt.

Strozzi, Bernardo (1581–1644)
Italienischer Kapuzinermönch, als Maler in Genua tätig, wo er unter dem Einfluß van → Dycks stand, ehe er 1631 nach Venedig floh, als er wieder ins Kloster zurückgehen sollte. S., auch ›Il Prete Genovese‹ oder ›Il Cappuccino‹ genannt, war ein kraftvoller ◇barocker Nachfahre des ◇Manierismus im Sinne → Parmigianinos und → Caravaggios. Seine frühen Andachtsbil-

der, meist Heilige in Halbfigur, sind vom Geist der Gegenreformation geprägt. Später verband S. in biblischen Sujets, Allegorien und Bildnissen die Eindrücke der venezianischen Malerei mit einem durch → Rubens vermittelten flämischen Einfluß zu effektvoller Koloristik (*Predigt Johannes' d. T.,* KhW).

Struth, Thomas (* 1954)
Deutscher Fotokünstler, der 1973–80 an der Düsseldorfer Kunstakademie u. a. bei G. → Richter und B. → Becher studierte. Beeinflußt von der sachlich-analytischen ◇Fotografie Bechers, bildet S. in seinen großformatigen Fotografien unter strenger Beachtung der Zentralperspektive unbelebte Straßenzüge, ◇Porträts von Freunden und Museumsinterieurs ab, wobei es ihm gelingt, durch die objektive Realitätsablichtung hindurch verborgene Strukturen des Alltags aufzudecken.

Stuart, Gilbert (1755–1828)
Amerikanischer Maler, der bei C. Alexander in Newport und → West in London studierte, in England, Irland und den USA arbeitete. Als möglicherweise berühmtester, sicherlich einflußreichster amerikanischer ◇Porträtist malte S., der vom ◇Realismus zu einem persönlichen ◇Klassizismus fand, bedeutende Amerikaner so, wie sie sich zu sehen wünschten: würdevoll, selbstbeherrscht und etwas distanziert. Sein Bildnis von *George Washington* (1796, Museum of Fine Arts, Boston) blieb bis heute maßgeblich.

Stubbs, George (1724–1806)
Englischer Maler und ◇Zeichner, studierte in York und unternahm 1754 ohne großes Interesse eine Italienreise. S., der in Lincolnshire und London lebte und wirkte, schuf anatomische Zeichnungen, insbesondere von Pferden; diese veröffentlichte er 1766 unter dem Titel ›The Anatomy of the Horse‹. In Adelskreisen war er beliebt als Porträtist von Rennpferden, aber seine Tierbilder sind mehr als bloße protokollhafte Abbilder der Wirklichkeit; sie wirken elegant und würdevoll in der Gestaltung. S. war ein Meister der Komposition, und er malte auch brillante Gesellschaftsszenen und ◇Porträts. Ferner schuf er ländliche ◇Genrebilder und mit Emailfarben bemalte Tonplatten für Josiah Wedgwood.

Stuck, Franz von (1863–1928)
Deutscher Maler, ◇Bildhauer und ◇Grafiker, be-

George Stubbs, Studie aus ›The Anatomy of the Horse‹, 1766

deutendster Vertreter des Münchner ◇Jugendstils. S. studierte an der Münchner Akademie und war anfänglich als ◇Illustrator für Zeitschriften und als Gebrauchsgrafiker tätig. 1892 gehörte er zu den Gründern der Münchner ◇Sezession. Als Lehrer an der Münchner Akademie (seit 1895) hatte er großen Einfluß auf seine Schüler (u. a. → Kandinsky und → Klee). Beeinflußt v. a. von → Böcklin und → Klinger, malte S. neben ◇Porträts und bukolischen Szenen mit Faunen und anderen Fabelwesen insbesondere mystisch-symbolische Bilder (*Die Sünde,* 1893; *Der Krieg,* 1894, beide NP) in dunklen, glühenden Farben und flächig dekorativem Bildaufbau von dämonisierender Erotik. Seine bekannteste Skulptur ist die speerschleudernde *Kämpfende Amazone* (1897, ebda.). In seiner von ihm selbst entworfenen und künstlerisch ausgestalteten Münchner Villa (heute Museum) versuchte er, die Jugendstil-Idee vom ›Gesamtkunstwerk‹ zu verwirklichen. Mit → Lenbach und → Kaulbach gehörte S. zu jenen Künstlern, die die Bezeichnung ›Münchner Malerfürsten‹ erhielten.

Der Sturm
Von Herwarth → Walden (eigentlich Georg Lewin) in Berlin gegründete Zeitschrift (1910–32) und gleichnamige Galerie (ab 1912), die einen Brennpunkt des deutschen ◇Expressionismus

bildeten. Zu den Künstlern des S. gehörten v. a. → Kokoschka sowie die Mitglieder der → Brücke und des → Blauen Reiters. In der S.-Galerie wurde jedoch auch die ausländische ◇Avantgarde vorgestellt, besonders die italienischen ◇Futuristen, die französischen ◇Orphisten und nach 1913 v. a. → Chagall und → Archipenko. 1916 wurde dem S. eine eigene Kunstschule angeschlossen (unter Leitung von → Muche), der eine S.-Bühne folgte. Obwohl die Aktivitäten nach dem Ersten Weltkrieg noch zunahmen, hatte der S. die ursprüngliche avantgardistische Stoßkraft verloren. Herwarth Walden emigrierte 1931 in die UdSSR.

Sturtevant, Elaine (* 1930)
Amerikanische Künstlerin, die seit 1965 Kunstwerke moderner Klassiker wie → Beuys, → Warhol, → Lichtenstein, → Duchamp reproduziert. Mit ihren Arbeiten weist die Künstlerin darauf hin, daß Erfinden und Re-produzieren gleichwertige Formen künstlerischer Produktivität sind, dabei berühren sie nicht nur die Frage nach Original und Reproduktion, sondern auch die des Plagiats, die sich im Zeitalter der Medien entschieden relativiert als Frage nach dem individuellen geistigen Eigentum (*Duchamp Relâche,* Fotografie, 1967).

Su Shi (Su Dongpo) (1036–1101)
Chinesischer Gelehrter, Maler, Dichter und Beamter aus Meishan (Prov. Sichuan), führender ◇Kalligraph der Song-Dynastie (960–1279). Seine Malereien (Felsen, alte Baumstämme oder Bambus) in ◇monochromer Tuschtechnik waren für ihn und seine Freunde (besonders für → Mi Fu, Huang Tingjian und → Wen Tong) eine Ausdrucksform, der sich ein Gelehrter in seinen Mußestunden widmete, wie es bei Dichtung und Kalligraphie schon längst gebräuchlich war. Mit der Betonung von Atmosphäre und geistiger Aussage gegenüber einer naturgetreuen Wiedergabe von Motiven bereitete S. S. den Boden für die → Literatenmalerei späterer Jahrhunderte.

Sudek, Josef (1896–1976)
Tschechischer ◇Fotograf, gelernter Buchbinder, der 1922–24 an der Fotoabteilung der Staatlichen Grafischen Schule in Prag studierte und einen poetischen Realismus entwickelte, der von schönen, melancholischen Landschafts-, Stadt- und Naturbildern geprägt ist.

Suiboku-Schule
Die Einführung des Zen-Buddhismus im späten 12. Jh. in Japan wirkte sich tief auf die japanische Malerei jener Zeit aus und erweckte das Interesse an chinesischer Kunst. Die Technik der Suiboku (der Tuschlavierung) in der Landschaftsmalerei übernahmen erstmals Zen-Mönche – die nahezu berufsmäßige Künstler waren – von chinesischen Malern, besonders von → Muqi. Zu den ersten Vertretern jener Malerei in Japan gehörten Kitsuzan Minchō (1352–1431) und Taiko Josetsu. → Tenshō Shūbun, der Schüler von Taiko Josetsu gewesen sein soll, besuchte 1423/24 Korea und konsolidierte den Stil in Japan, wobei er die ›Eineck‹-Manier von → Xia Gui und → Ma Yuan anwandte. Doch erst → Sesshū, der 1467–69 China besuchte und sich der → Zhe-Schule anschloß, machte aus dieser Malweise einen japanischen Stil. Während Shūbun hauptsächlich chinesische Landschaften in chinesischem Stil gemalt hatte, wandte Sesshū die Technik auf eine persönliche Weise an, die zum Vorläufer der Tuschmalereien späterer Schulen, zumal der → Kanō-Schule wurde.

Supports/Surfaces
Name einer Vereinigung französischer Künstler (häufig wechselnder Zahl), die sich in den 1970er Jahren explizit mit den Grundlagen der Malerei – nämlich ◇Bildträger (Support) und Bildfläche (Surface) – befaßten und sie – unter Einbeziehung politischen Gedankenguts (Marxismus, Maoismus) – in Einzelmomente zerlegten oder ihr Verhältnis analysierten. An der ersten Ausstellung 1970 waren beteiligt Vincent Bioulès (* 1938), Marc Devade (* 1943), Daniel Dezeuze (* 1942), Patrick Saytour (* 1935), André Valensi (* 1947) und Claude Viallat (* 1936), an späteren Ausstellungen beteiligten sich u. a. Louis Cane (* 1943), Noël Dolla (* 1945), Vivien Isnard, Christian Jaccard (* 1939), Jean-Michel Meurice (* 1938), Bernard Pagès (* 1940) und Jean-Pierre Pincemin (* 1944).

Surikow, Wassilij Iwanowitsch (1848–1916)
Russischer Maler, ausgebildet in St. Petersburg und Angehöriger der → Peredwischniki. Seine narrativen Gemälde spiegeln sowohl sein Interesse für mittelalterliche russische Kunst wie eine ausgeprägt gesellschaftskritische Einstellung, so in den historischen Darstellungen des Widerstands gegen die Kirche und den Staat.

Survage (Sturzvage), Leópold (1879–1958)
Französischer Maler finnischer Herkunft, der seit 1908 in Paris lebte. S.s Malerei, die nacheinander Einflüsse von ◇Fauvismus, ◇Kubismus, → Picasso, ◇Neoklassizismus, → Léger, de → Chirico und → Magritte aufnahm, zeigte in allen Phasen einen charakteristischen Hang zu einer mysteriösen, surrealen Bildthematik und eine Neigung zum Eleganten, Dekorativen. Er schuf auch ◇Wandmalereien und Dekorationen für die ›Ballets russes‹ von → Diaghilew.

Susterman(s), Joost (Justus Sutterman) (1597–1681)
Flämischer ◇Porträtist, von Cosimo II. de' Medici als Hofmaler 1620 nach Florenz berufen. S., der den von van → Dyck und → Rubens entwickelten eleganten Porträtstil vorzüglich beherrschte, arbeitete auch für die Höfe in Wien (1623–24), Parma, Modena, Ferrara und Mantua, außerdem für den Vatikan und römische Fürstenfamilien (in Florenz gibt es zahlreiche Medici-Porträts von ihm).

Sutherland, Graham (1903–1980)
Englischer Maler, bedeutendster zeitgenössischer Vertreter einer ◇surrealistischen visionären Malerei in England neben → Bacon. S. wurde auf dem Goldsmith's College of Art zum ◇Grafiker ausgebildet. Seine frühen Grafiken, meist ◇Landschaften und ◇Illustrationen, die den Einfluß von William → Blake und Samuel → Palmer verraten, zeigen bereits einen Hang zum Halluzinativen. Erst Mitte der 1930er Jahre wandte sich S. der Malerei zu, die vom Spätstil → Picassos und dem Surrealismus geprägt ist. 1936 beteiligte er sich an der Internationalen Surrealisten-Ausstellung in London. Die Bilder dieser Zeit mit ihren phantastischen, abstrahierten Naturformen – Wurzeln, Steingebilde, stachelige Pflanzen, Baumformen – spiegeln ein mythisches, animistisches Naturempfinden wider. Die bildnerische Metaphorik wurde in den Kriegsjahren, die S. als Kriegsmaler erlebte, zunehmend aggressiver, unheimlicher und bedrohlicher und gipfelte in seiner *Kreuzigung* (1946, St. Matthew, Northampton) und der Reihe der *Dornenbilder.* Ab 1949 erfuhren seine Bilder in der Folge der *Standing Forms* eine Hinwendung zur Figur, die sich seit 1954 unter dem Einfluß Bacons weiter verstärkte. S. hat bedeutende ◇Porträts geschaffen, u. a. von *Somerset Maugham,* 1949, und *Winston Churchill,* 1954;

Graham Sutherland, *Somerset Maugham,* 1949

1957 wurde er mit dem Entwurf für die Ausgestaltung der Altardecke in der Kathedrale von Coventry beauftragt.

Suzuki Harunobu (1724/25?–1770)
Japanischer Maler und ◇Holzschnittmeister des ◇Ukiyo-e-Stils, bediente sich der Technik des Vielfarbendrucks, als deren Erfinder (1765) er oft gerühmt wird. Er schuf v. a. kleinformatige ◇Drucke schöner junger Frauen von ätherischem und zerbrechlichem Reiz. S.H. gilt als einer der bedeutendsten japanischen Meister und als der beliebteste Ukiyo-e-Künstler (siehe Abb. S. 542).

Suzuki Nanrei (1775–1844)
Japanischer Maler, einer der bedeutendsten → Shijō-Künstler, der vielleicht sogar den Höhepunkt dieses Stils verkörpert. Bekannt wurde S.N. v. a. durch seine Albumzeichnungen.

Suzuki Harunobu, *Mutter und Kind mit Vogel* (Farbholzschnitt), um 1765–66

Swanenburgh, Jacob Isaacsz. van (um 1571–1638)
Holländischer Maler, ausgebildet in Venedig, tätig in Neapel (um 1605–17). S. schuf Szenerien mit Menschenmengen, Stadtansichten und Höllenszenen und war kurze Zeit der erste Lehrer → Rembrandts, auf den er aber keinerlei Einfluß ausübte.

Swanevelt, Herman van (um 1600–1655)
Holländischer ◇Landschaftsmaler und -◇radierer, 1629–38 in Rom tätig, wo er im Stil → Claude Lorrains malte und seine Landschaften mit kleinen mythologischen oder biblischen Figuren ausstaffierte. Später näherte er sich stilistisch → Poelenburgh. In Paris, wo er sich niederließ und zur Verbreitung der klassischen Landschaft beitrug, malte er Dekorationen im Hôtel Lambert (1644). Seine atmosphärischen Landschaftsradierungen stehen gleichfalls Claude Lorrain nahe.

Sweerts, Michiel (1624–1664)
Flämischer ◇Genre- und ◇Porträtmaler, der in Rom ähnlich wie die Bamboccianti (→ Bamboccio) arbeitete (1646–56). S. gründete 1656 in Antwerpen eine Malerschule (*Maleratelier,* 1652, Rijksmuseum, Amsterdam) und reiste 1661 mit französischen Missionaren in den Orient, wo er in Täbris zurückblieb und von dort aus zu den portugiesischen Jesuiten nach Goa ging. Als Maler zeichnete er sich durch subtile Tonwerte und reizvolle Sujets aus, in denen die lebendige Milieudarstellung eine tragende Rolle spielt (*Wirtshausszene,* AP; *Tricktrack-Spieler,* 1652, Rijksmuseum, Amsterdam; *Badende Männer,* Musée des Beaux-Arts, Straßburg).

Syrlin, Jörg d. Ä. (um 1425–1491)
Jörg d. J. (um 1455–nach 1522)
Jörg S. d. Ä. war als Schreiner, Bildschnitzer und ◇Bildhauer zumeist in Ulm tätig, wo er eine große Werkstatt betrieb. Die Arbeiten, die er zusammen mit zahlreichen Gehilfen schuf, entfernen sich von der einheimischen Tradition und wetteifern mit der kraftvollen Bildhauerei und der Charakterisierungskunst des Nicolaus → Gerhaerts van Leyden. S.s Hauptwerk ist das prachtvolle, zweireihige Chorgestühl des Ulmer Münsters (1469–74). Diese Schnitzereien stellen weise Männer und Frauen des Altertums, Sibyllen und Propheten, Apostel und Märtyrer dar (16 Wangenbüsten und 91 Reliefbüsten). In den Arbeiten spiegelt sich nicht nur die humanistische Bildung der Zeit wider, sie weisen in ihrer Gestaltung auch eine neuartige Erfassung des bürgerlichen Menschen auf. Sein Sohn Jörg S. d. J., ebenfalls Schreiner und Bildschnitzer, arbeitete in der Werkstatt des Vaters und schuf zahlreiche Chorgestühle, darunter das der ehemaligen Klosterkirche in Blaubeuren (1493, 1875 restauriert), sowie ◇Altäre, Heiligenfiguren und Grabmäler.

T

Tacca, Pietro (1577–1640)
Italienischer ◇Bildhauer und Bronzegießer, Schüler des → Giovanni da Bologna, dessen Nachfolger als Hofbildhauer der Medici in Florenz T. 1609 wurde. Zu den Hauptwerken dieses führenden florentinischen Bildhauers des Frühbarock gehören die vier Mohrensklaven an → Bandinellis Denkmal Ferdinands I. (1620–23, Livorno), zwei Bronzebrunnen (1627, Piazza SS. Annunziata, Florenz) und das Reiterstandbild Philipps IV. (1636–40, Plaza Mayor, Madrid), das erste Denkmal mit galoppierendem Pferd, dessen Vorlage ein Gemälde aus der → Velázquez-Werkstatt bildete, das T. nach Florenz gesandt wurde (Gemälde heute im Palazzo Pitti, ebda.).

Taccioni, Francesco di Giacomo (tätig 1458–1500)
Italienischer Maler, führte gemeinsam mit seinem Bruder Filippo ◇Fresken in Cremona und Mailand aus. 1489–91 war er in Venedig tätig (Orgelgehäuse in S. Marco). T.s Abhängigkeit von Giovanni → Bellini bezeugt auf eindrückliche Weise eine nach dessen Vorbild gemalte *Madonna* (NGL).

Taddeo di Bartolo (um 1362/63–1422/23)
Italienischer Maler, setzte die sienesische Maltradition in der Nachfolge der Brüder → Lorenzetti und S. → Martinis im letzten Viertel des 14. und zu Anfang des 15. Jh.s fort. T. di B. wirkte u. a. in Siena, Lucca, Pisa, S. Gimignano, Perugia und Volterra. Zu seinen Hauptwerken gehören die Mitteltafel vom ◇Hochaltar im Dom zu Montepulciano (*Himmelfahrt Mariä und Krönung Mariä,* 1401), der ◇Freskenzyklus der Marienlegende und antikisierender ◇Allegorien (1407) im Palazzo Pubblico, Siena, sowie die *Verkündigung an Maria und die Heiligen Cosmas und Damian* (1409, Pinacoteca Nazionale, Siena).

Taeuber-Arp, Sophie (1889–1943)
Schweizer Malerin und ◇Bildhauerin, Ehefrau von Hans → Arp (seit 1921). Sie gehörte der Zürcher ◇Dada-Gruppe an (1916–20) und war seit 1931 aktives Mitglied der Bewegung → Abstraction-Création. Ihr Werk ist gekennzeichnet durch eine strenge Beschränkung auf rein geometrische Formen und kräftige Grundfarben (*Equilibre,* 1932–33). 1927/28 gestaltete sie gemeinsam mit van → Doesburg und Arp die Innendekoration des Restaurants ›L'Aubette‹ in Straßburg (heute zerstört, erhalten nur einige Vorarbeiten). In den späten 1930er Jahren schuf sie v. a. ◇polychrome Holzreliefs. Daneben entstanden auch Entwürfe zu Figuren für Puppentheater (z. B. 1918 für das dadaistische Puppenspiel ›Le Roi Cerf‹).

Taiko Josetsu (tätig 1394–1427)
Japanischer Maler, einer der führenden Tuschemeister seiner Zeit, gefördert vom Shōgun Ashikaga Yoshimochi. Er lebte als Zen-Mönch im Shōkoku-Tempel (Kyōto). Zu seinen Schülern (im engeren und weiteren Sinn) zählen → Tenshō Shūbun, → Tōyō Sesshū und → Kanō Masanobu.

Taiso Yoshitoshi (1839–1892)
Japanischer Künstler, führte als einer der wenigen die ◇Ukiyo-e-Tradition bis in die Meiji-Zeit (1868–1912) hinein fort. Er profitierte von westlichen Einflüssen und benutzte mit verhältnismäßig gelungenem Erfolg westliche (Anilin-) Farben.

Tait, Arthur Fitzwilliam (1819–1905)
Amerikanischer Maler englischer Herkunft, arbeitete in England zunächst in einer Druckereiwerkstatt. Im Anschluß daran schuf er zahlreiche ◇Skizzen und ◇Lithographien englischer Landschaften. 1850 übersiedelte er nach New York. In den USA hatte er v. a. Erfolg mit seinen Tierbildern sowie mit Landschaftsansichten der Adirondacks-Gebirgsgruppe.

Takamura Kōun (1852–1934)
Japanischer Künstler, wurde zu Beginn der Meiji-Zeit (1868–1912) damit beauftragt, dekorative Skulpturen für die Kaiserpaläste anzufertigen, und schuf Arbeiten in realistischem westlichen Stil, z. B. *Ein japanischer Vogel* (1889) und *Ein alter Affe* (1903).

Takeuchi Seihō (1864–1942)
Japanischer Maler, der sich zuerst als → Shijō-Künstler ausbildete, nach einem Europabesuch (1900/01) aber zu einem verwestlichten Shijō-Stil überging.

Takis (T. Vassilakis) (* 1925)
Griechischer ◇Bildhauer, Autodidakt, kam 1954 nach Paris, wo er seine ersten Experimente auf dem Gebiet der ◇kinetischen Plastik machte. T.' Konstruktionen beruhen meist auf dem Phänomen des Magnetismus, z. B. hohe, schlanke Stäbe mit kleinen Elektromagneten an ihrer Spitze, die sich wechselseitig anziehen und abstoßen und so eine sensible, vibrierende Bewegung erzeugen (*Signale,* späte 1950er Jahre), oder Metallgegenstände (wie Nägel) an Fäden, die durch elektromagnetische Kraft in der Schwebe gehalten werden oder gegen Drahtseiten schlagen und so Klänge erzeugen.

Tal Coat, Pierre (1905–1985)
Französischer Maler, kam 1947 durch → Masson mit der chinesischen Landschaftsmalerei in Berührung und malte in den 1950er und 1960er Jahren abstrahierte lyrische Landschaften von zarter Atmosphäre.

Talaschkino
In den 1890er Jahren von der Fürstin Maria Tenischewa auf ihrem Anwesen in der Nähe von Smolensk gegründetes Künstlerzentrum. Ziel der Institution war die Förderung der russischen Kunst und des heimischen Kunsthandwerks. In vielerlei Hinsicht verstand sich T. als Fortführung von Mamontows Künstlerkolonie → Abramzewo. Künstler wie → Wrubel und → Roerich sowie der Bühnenbildner Alexander Golowin waren dort tätig. In diesen Zentren entstand der ›russische Stil‹ der Inneneinrichtung; sie waren ferner auch einflußreich im Bereich der Bühnenausstattung.

Tamayo, Rufino (1900–1991)
Mexikanisch-amerikanischer Maler, ließ sich 1938 in New York nieder, hielt sich aber häufig in Mexiko auf, wo er in Mexiko-Stadt einige ◇Wandmalereien für öffentliche Gebäude schuf. T. lehnte die ideologische Thematik der revolutionären mexikanischen Wandmaler ab und bemühte sich – beeinflußt vom ◇Kubismus, → Picasso und → Braque, dem ◇Surrealismus und der altmexikanischen Kunst – um eine Synthese von modernen Ausdrucksformen, heimischer Tradition und ◇Volkskunst. 1958 schuf er Wandbilder für das UNESCO-Gebäude in Paris, 1967 für die Weltausstellung in Montreal.

Tang Yin (1470–1523)
Chinesischer Maler aus Suzhou (Prov. Jiangsu), einer der Hauptmeister der Ming-Zeit (1368–1644). Er war der Sohn eines Kaufmanns, wurde vom Vater → Wen Zhengmings gefördert und erhielt so die Ausbildung eines Gelehrten. Er zeichnete sich in den kaiserlichen Prüfungen aus, mußte aber aufgrund der Verwicklung in einen Bestechungsskandal auf die offizielle Laufbahn verzichten. Er schuf einerseits Bilder in der Manier der → Literatenmaler, andererseits arbeitete er auch – geprägt von seinem Lehrer → Zhou Chen – in der Tradition der Berufsmaler (Stil → Li Tangs). Er konzentrierte sich u. a. auf eine unruhige Ausformung der Flächen; durch farbige Lavierungen verlieh er seinen Formen mehr Körperlichkeit (*Aufhellung nach dem Schneefall in einem Gebirgspaß,* Wandrolle, National Palace Museum, Taipeh). Berühmt war er auch für seine Frauendarstellungen.

Tanguy, Yves (1900–1955)
Französisch-amerikanischer Maler, bedeutender Vertreter des ◇Surrealismus. Ursprünglich Matrose der Handelsmarine, begann er unter dem starken Eindruck eines Bildes von de → Chirico (das er in einer Galerie sah) 1923 als Autodidakt zu malen. 1925 schloß er sich den Surrealisten an, mit denen er bis 1938 gemeinsam ausstellte; 1930 zählte er zu den Beiträgern der von 1930–33 erschienenen Zeitschrift ›Le

Yves Tanguy, *Toilette d'Air,* 1937

Surréalisme au service de la Révolution‹, 1939 übersiedelte er in die USA. In einer → Dalí nahestehenden, peinlich genauen, glatten Malweise schuf T. weite, leere, phantastische Traumlandschaften von magischer Poesie, in denen gespenstische, figurenhafte und dennoch ◇abstrakte Gebilde mit langen Schatten vor in der Ferne verschwimmenden Horizonten aufragen (*Toilette d'Air,* 1937; *Divisibilité indéfinie,* 1942).

Tani Bunchō (1763–1840)
Japanischer Maler, erfolgreicher Vertreter der → Nanga-Schule, bediente sich zeitweise jedoch auch des → Kanō-, → Rimpa- und → Tosa-Stils bzw. westlicher Stilformen. Wegen der Fülle seiner Arbeiten wird er bisweilen unterschätzt.

Tanomura Chikuden (1777–1835)
Japanischer Maler der → Nanga-Schule. In seinem Skizzenalbum mit Blumen- und Landschaftsdarstellungen (*Matamata Ichiraku*) sind den ◇Zeichnungen Gedichte beigefügt.

Tansey, Mark (* 1949)
Amerikanischer Maler, der 1971–73 am Art Center College of Design, Los Angeles, und 1975–78 am Hunter College, New York, studierte. 1978–80 ◇Illustrationen für die New York Times Book Review. In den 1980er Jahren konzipierte T. eine ◇monochrome (meist braune) figurative Malweise, die Zitate aus der Kunst- und Kulturgeschichte aufgreift. Jedes Gemälde besitzt eine zentrale Idee, in deren bildnerische Darstellung Nebenideen verschränkt werden. So bezieht sich z. B. das Gemälde *Mont Sainte-Victoire* (1987) vorrangig auf das gleichnamige Bild von → Cézanne, enthält aber auch Anspielungen auf Platons Höhlengleichnis und auf die Philosophie der ◇Postmoderne (indem Jacques Derrida als einer der ›Badenden‹ im Bild agiert, wird seine philosophische Position zugleich akzeptiert und ironisiert).

Tàpies, Antoni(o) (A. T. Puig) (* 1923)
Spanischer Maler, begann nach anfänglichem Jurastudium 1946 autodidaktisch zu malen. 1948 in Barcelona Mitbegründer der Gruppe ›Dau al Set‹, für deren gleichnamige Zeitschrift er auch ◇Illustrationen schuf. Beeinflußt von → Klee, → Miró, → Dubuffet und → Still, schuf er Bilder von strenger, ernster Poesie (oft auch mit politischem Hintergrund angesichts der Franco-Diktatur in Spanien), die sich durch ihre neuartige Materialbehandlung auszeichnen: Der Bildgrund ist dabei z. B. aus Sand und gefärbtem Zement moduliert und erinnert an festes Gestein oder auch wellenförmige Sandverwehungen; in diesen tektonisch-rauhen Grund vertieft M. seine sgraffitischen ◇Informelspuren wie magische Zeichen (*Schwarz mit rotem Streifen,* 1963). Die Farben sind düster zurückhaltend, in dickem ◇Impasto aufgetragen, wieder abgeschabt und eingeritzt und umfassen im Wesentlichen die Skala der spanischen Erde vom kräftigen Ocker-Braun bis zum dumpfstaubigen Dunkelrot. Oft ist die Farbe auch vollständig auf grauschwarze Werte reduziert, und das Material besteht nur aus zerfetzter Pappe. Die Verwendung der Farbe und des Materials legitimiert sich in diesen Arbeiten T.' stets aus dem Assoziationswert, der ins Magische, ins Meditative ausgreift, so wie z. B. die Mauerzeichen alter Tempel Ankündigungen ungeahnter Horizonte sein können.

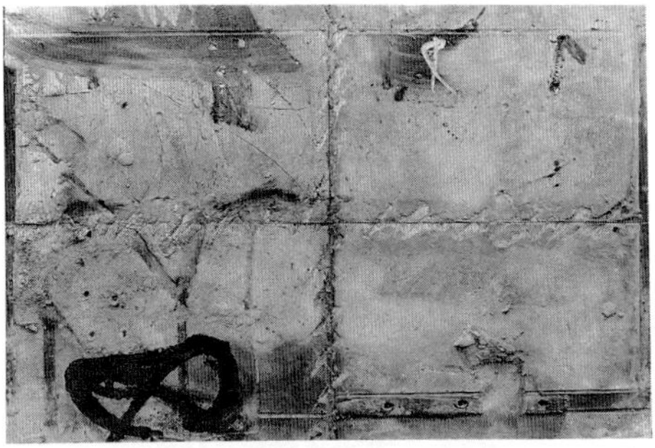

Antonio Tàpies, *Graues Relief,* 1953

Tassi, Agostino (A. Buonamici)
(um 1580–1644)
Italienischer Maler, um 1610 in Rom tätig. In seinen dekorativen Arbeiten spezialisierte er sich auf die ◇Quadraturmalerei (besonders wichtig für → Guercinos *Aurora*) und auf Landschaftsfriese. T. malte aber auch in der Tradition des Nordens kleine ◇Landschaften, Küsten- und Hafenszenerien. Mitte der 1630er Jahre gab er, offensichtlich wegen einer Arthritis, die Malerei auf. Sein Schüler war → Claude Lorrain, der ihm 1619 bei der Ausmalung der Villa des Kardinals Montalto in Bagnaia bei Viterbo assistierte.

Tatlin, Wladimir Jewgrafowitsch (1885–1953)
Russischer Maler, Plastiker, Bühnenbildner, ◇Designer, in Moskau geboren. T. studierte an

Wladimir Tatlin, *Monument der Dritten Internationale* (Modell), 1919–20

der Kunstschule von Pensa (1904–09 oder 1905–10?) und an der Moskauer Schule für Malerei, Bildhauerei und Architektur (MUSchWS) (1902–03 und 1909–10). 1908–11 Freundschaft mit → Larionow und → Gontscharowa. 1911 wurde in Moskau erstmals eines seiner Bühnenbilder für eine Aufführung verwendet. T. nahm u. a. an Ausstellungen der Gruppen ›Bund der Jugend‹, → ›Mir Iskusstwa‹, → ›Eselsschwanz‹, → ›Karobube‹ teil. 1913 reiste er über Berlin nach Paris, wo ihn die Arbeiten → Picassos stark beeindruckten; im Winter 1913/14 fertigte er in Moskau die erste seiner dreidimensionalen Reliefkonstruktionen (Bildreliefs). In der Folgezeit entstanden gänzlich ◇abstrakte Reliefs aus Glas, Eisen, Holz und anderen Materialien; bis 1915 hatten sich diese zu frei hängenden, von ihm als »Eck-Konterreliefs« bezeichneten Konstruktionen entwickelt (gezeigt bei der ›0,10‹-Ausstellung, Petrograd, 1916, und der Ausstellung ›Magazin‹, Moskau, 1916). Im Jahre 1917 lud Georgi Jakulow T. ein, mit ihm und anderen gemeinsam das Moskauer ›Café Pittoresque‹ auszustatten. Nach der Revolution spielte T. eine wichtige Rolle bei der künstlerischen Neuorganisation, an der die früheren ◇Futuristen maßgeblich beteiligt waren; 1918/19 Leiter des Moskauer künstlerischen Kollegiums der Abteilung Bildende Künste des Volkskommissariats für Bildungswesen. Die immer größer werdende Schar seiner Anhänger wurde nach und nach unter dem Namen ◇Konstruktivisten bekannt. Ende 1919 bis 1925 lebte T. in Petrograd, wo er im November 1920 das Modell seines *Monuments der Dritten Internationale* (Turm) zeigte und sich an verschiedenen Instituten mit praktischen Projekten beschäftigte (Entwürfe für Öfen, Arbeitskleider u. ä.). T. nannte diese Art des Designs, das sich durch Sensibilität gegenüber den verwendeten Materialien auszeichnete, »Kultur des Materiellen«. 1925–27 war T. als Dozent am Kiewer Kunstinstitut tätig, 1927–30 wirkte er als Dozent bzw. Professor an der Fakultät Holz- und Metallbearbeitung bzw. Keramik des Moskauer Wchutein, wo er seine »Kultur des Materiellen« weiterentwickelte. Auch als Konstrukteur eines Flugapparates (*Letatlin,* 1932 erstmals gezeigt) machte er sich einen Namen. Zwischen 1933 und 1953 war er als Bühnenbildner tätig (allein zwischen 1943 und 1953 Entwürfe für 15 Aufführungen), malte jedoch auch weiterhin größtenteils ◇Stilleben und ◇Akte, wobei er mit Ikonenmalgrund arbeitete.

Télémaque, Hervé (* 1937)
Französischer Maler, der an der ◇Art Students' League in New York studierte und seit 1962 in Paris lebt. In einer Synthese aus ◇Pop Art und ◇Neuem Realismus schuf T. in den 1960er Jahren eine Malweise, die in ◇Comic-strip-artiger Zitierung und reklamehafter Farbigkeit Dinge des Alltags sowie Teile des menschlichen Körpers gemischt mit geometrischen Mustern darstellt.

Ten, The (engl. ›Die Zehn‹)
Eine 1897 in New York von Childe → Hassam, John Henry Twachtman (1853–1902) und Julian Alden Weir (1852–1919) gegründete Vereinigung amerikanischer ◇Impressionisten mit dem Ziel, ihre Bilder auf gemeinsamen Jahresausstellungen in New York zu zeigen. Weitere bedeutende Mitglieder waren u. a. William Merritt Chase (1849–1916), Willard Metcalf (1858–1925), Robert Reid (1862–1929) sowie

die aus Boston stammenden Maler Joseph De Camp (1858–1923), Edmund C. Tarbell (1862–1938) und Frank Benson (1862–1951). Die Mitglieder von ›The Ten American Painters‹ (so die vollständige Bezeichnung der Gruppe) stellten von 1898 bis 1917 jährlich zusammen aus. In unregelmäßigen Abständen waren ihre Arbeiten auch in Boston, Philadelphia, Providence und 1919 in einer letzten Retrospektive in Washington, D. C. (Corcoran Gallery), zu sehen.

Teniers, David d. Ä. (1582–1649)
Flämischer Maler, Vater von David → Teniers d. J. Er geriet auf einer Italienreise unter den Einfluß → Elsheimers, orientierte sich aber auch an → Rubens. T. d. Ä. malte hauptsächlich religiöse Bilder, ist aber v. a. auch für seine ◇Genreszenen und ◇Landschaftsbilder bekannt.

Teniers, David d. J. (1610–1690)
Flämischer Maler, Schüler seines Vaters David → Teniers d. Ä. und A. → Brouwers, entwickelte aber, sicherlich unter dem Einfluß Jan → Bruegels d. Ä., seine eigenen ◇Genredarstellungen mit Szenen aus dem zeitgenössischen flämischen Volksleben: Straßen- und Wirtshausszenen, Soldatenwachstuben, raufende, zechende und spielende Bauern. Die besten dieser Arbeiten (*Zwei singende Bauern,* um 1633, AP; *Bauernfest im Wirtshaus,* 1637, Prado; *Die Wachstube,* 1641, Rijksmuseum, Amsterdam) entstanden vor seiner Übersiedlung nach Brüssel, wohin er 1651 als Hofmaler und Verwalter der Kunstsammlungen des Erzherzogs Leopold Wilhelm ging (1656–59 bei dessen Nachfolger, dem spanischen Statthalter Don Juan d'Austria). 1662 war T. d. J. Mitbegründer der Antwerpener Kunstakademie. Kulturhistorisch bedeutsam sind v. a. seine Gemäldekopien, die als Stichvorlagen zum Katalog der erzherzoglichen Kunstsammlungen dienten (1660 unter dem Titel ›Theatrum Pictorium‹ erschienen). Er malte auch religiöse Sujets (*Der verlorene Sohn,* 1644, Louvre), ◇Stilleben, ◇Landschaften und ◇Porträts sowie in Brüssel Darstellungen des höfischen Lebens (*Erzherzog Leopold Wilhelm beim Vogelschießen in Brüssel,* 1657, KhW).

Tenniel, Sir John (1820–1914)
Englischer Illustrator und ◇Karikaturist, war 1851–1901 für das Satiremagazin ›Punch‹ tätig, berühmt für seine politischen Karikaturen, darunter *Dropping the Pilot* (*Der Lotse* [Bismarck] *geht von Bord*). Zu seinen bekanntesten Arbeiten zählen die ◇Illustrationen zu Lewis Carrolls Kinderbüchern ›Alice's Adventures in Wonderland‹ (1865) und ›Through the Looking-Glass‹ (1871).

Tenshō Shūbun (tätig 1. Hälfte 15. Jh.)
Japanischer Maler und Farbholzschnittkünstler, Mönch des Shōkoku-Tempels in Kyōto, beeinflußt von seinem Mitmönch → Taiko Josetsu, dessen Schüler er 1414 wurde. Eine Studienreise führte T. S. nach Korea (1423/24). Dem Zen-Buddhismus nahestehend, orientierte er sich an der chinesischen Malerei der Südlichen Song-Zeit (1127–1279). T. S. vollendete die Entwicklung einer eigenständigen ◇Landschaftsmalerei in ◇monochromer Tusche. Auch gilt er als eigentlicher Begründer der Tür- und Wandschirm-Malerei in Japan. Sein berühmtester Schüler war → Tōyō Sesshū, und obwohl keines seiner Werke gesichert ist, zählt er doch zu den größten japanischen Malern.

Terborch (Ter Borch), Gerard (1617–1681)
Holländischer Maler, Schüler seines Vaters Gerard T. d. Ä. (1584–1662) und Pieter de Molyns in Haarlem (1633–35). Reisen führten ihn nach England, Italien, Spanien, Flandern und Frankreich, er arbeitete als angesehener, von → Velázquez beeinflußter ◇Porträtmaler in Haarlem, Amsterdam (1640–45) und Münster (1646–48), wo er auch den *Friedensschwur von Münster* schuf (1648, NGL). Zurückgekehrt nach Holland, ließ sich T. 1654 in Deventer nieder. Seine frühen Arbeiten waren Wachstubenszenen, die an diejenigen → Coddes und → Duysters' erinnern. Ab 1650 entfaltete sich T.s ◇Genremalerei mit ihren Schilderungen einer patrizischen Gesellschaft: vielfach hochformatige, kompositorisch unkomplizierte Bilder mit ruhigen, meist kleinen Figurengruppen in sparsam ausgestatteten Räumen mit erlesenen Stoffen, alles in einer höchst kultivierten Malweise. Zu den Hauptwerken dieser Malerei, die sich u. a. auf → Metsu, → Hooch und → Vermeer auswirkte, gehören die sog. *Väterliche Ermahnung* (in Wahrheit eine Bordellszene, um 1654, Rijksmuseum, Amsterdam, und Berlin), *Das Konzert* (1675, Berlin), *Briefeschreiberin* (Mauritshuis, Den Haag) und *Der Brief* (AP). Nach 1660 entstanden vorwiegend kleinformatige Bildnisse, häufig als Ganzfigurenporträts, mit sicherer Charakteristik und höchst verfeinerter Kostümmalerei.

Terbrugghen (Ter Brugghen), Hendrick (1588–1629)
Holländischer Maler, der religiöse Bilder und ◇Genreszenen schuf, bedeutendster Maler aus der Gruppe der Utrechter → Caravaggisten. T. lernte bei A. → Bloemaert, arbeitete 1604–14 in Italien und ließ sich im Anschluß daran endgültig in Utrecht nieder. In Italien beeindruckte ihn v. a. die Malerei → Caravaggios, was an den nach seiner Rückkehr nach Holland entstandenen Halbfigurenbildern und religiösen Sujets sichtbar wird (*Die vier Evangelisten,* 1621, Rathaus, Deventer; *Flötenspieler,* 1621, Staatliche Gemäldegalerie, Kassel; *Dornenkrönung,* 1620, Statens Museum for Kunst, Kopenhagen; *Der schlafende Mars,* Centraal Museum, Utrecht). In seinen Genrestücken steht T. allerdings → Manfredi näher. Die Gemälde der späten 1620er Jahre mit der klaren, weichen Beleuchtung, dem gelblichen Weiß und den Blautönen antizipieren die Malweise der Delfter Schule (etwa → Vermeers).

Thek, Paul (* 1933)
Amerikanischer ◇Objektkünstler, dessen frühe ◇Environments, ähnlich wie bei → Kienholz, eine suggestive Horrorkunst des Schocks darstellten und mit der satirischen Ironie der ◇neodadaistischen Anti-Ästhetik die Verlogenheit bürgerlicher Moral attackierten. Die späteren Environments (um 1970) sind im Sinne der ◇Individuellen Mythologien kultische Räume, die einen mythischen Symbolhorizont aus Themen des Alten Testaments sowie der nordischen Mythologie erstellen und eine geheimnisvolle, ekstatische Dingverzauberung schaffen (*Arche Noah,* 1970).

Theoderich von Prag (Magister Theodoricus) (nachweisbar 1348 – nach 1380)
Hauptmeister der Böhmischen Malerschule, ab 1359 Hofmaler Kaiser Karls IV. in Prag. Seine Hauptwerke sind die dokumentarisch gesicherten, zwischen 1357 und 1367 entstandenen 133 ◇Tafelbilder vom Sockel bis zur Gewölbezone für die Kreuzkapelle der Burg Karlstein (Brustbilder von Königen, Herzögen, Propheten, Aposteln, Heiligen, Schmerzensmann, Kreuzigung; Tafeln heute im St.-Georgs-Kloster auf dem Prager Hradschin). Die architektonische Rahmung ist weggefallen, die farbsatt und ausdrucksvoll gemalten Bilder mit den massig-untersetzten Halbfiguren in schweren Gewändern stellen stilistisch etwas Neues dar. Die Malweise ist im Widerspruch zu den Hofidealen konturlos, weich und breit.

Theodoros von Samos
(tätig um 560–530 v. Chr.)
Griechischer Erzgießer, Toreut, Architekt und ◇Gemmenschneider, der zusammen mit Rhoikos von Samos (tätig 6. Jh. v. Chr.) den Erzguß nach Tonmodellen ›erfunden‹ oder eingeführt haben soll. → Plinius zufolge (›Naturalis historia‹, VII, 198) gehen auch andere technische Erfindungen wie z. B. Winkelmaß, Wasserwaage, Drehbank und Schlüssel auf T. zurück. Aus Ägypten, heißt es, habe er den ◇Kanon der menschlichen ◇Proportionen mitgebracht. Nach überlieferten Quellen (Herodot, Plinius) können ihm glaubhaft zugeschrieben werden: ein großer Silberkrater (vor 548 v. Chr.), den der Lyderkönig Kroisos ([Krösus] um 560–547 v. Chr.) für das Heiligtum in Delphi stiftete, sowie eine Statue, die ihn selbst als Toreut mit einer Feile und Viergespann in der Hand darstellt. Als Gemmenschneider soll er den mit einem Smaragd besetzten Goldring (vor 525 v. Chr.) für den Tyrannen Polykrates von Samos († um 522 v. Chr.) geschaffen haben. Ferner soll er auch an dem von Rhoikos von Samos erbauten Heratempel auf Samos mitgearbeitet haben, über den er auch eine theoretische Abhandlung verfaßte.

Theophanes der Grieche (russ. ›Feofan Grek‹) (1340 – nach 1405)
Griechischer ◇Ikonen-, ◇Miniatur- und ◇Wandmaler, der in Byzanz und Altrußland tätig war. In Konstantinopel ausgebildet, kam er um 1370 nach Rußland, wo er vermutlich der Lehrer → Rubljows wurde. Sein ältestes erhaltenes Werk sind die Wandmalereien in der Erlöserkirche in der Iljastraße in Nowgorod (1378). Diese Darstellungen von Heiligengesichtern mit kräftigen Pinselstrichen wurde in Nowgorod und auch von Rubljow nachgeahmt. Zu Beginn der 1390er Jahre siedelte T. nach Moskau über, wo er zusammen mit Simeon Tschorny die Kirche Mariä Geburt (1395) und die Erzengelkathedrale (1399) ausmalte sowie mit Rubljow und Prochor von Gorodez (1405) die Verkündigungskathedrale (alle drei Kirchen im Moskauer Kreml). Außerdem werden ihm einige der Ikonen der ◇Ikonostase in der Verkündigungskathedrale zugeschrieben (u. a. Gottesmutter, Johannes d. T.). In Moskau gründete T. eine Werkstatt, der u. a.

die Ikonen der *Gottesmutter Donskaja* (auf der Rückseite *Entschlafen der Gottesmutter,* 1380 oder 1392) und *Verklärung Christi* aus Pereslawl-Salesski (beide Tretjakow-Galerie, Moskau) zugeschrieben werden. Ein Zeitgenosse, der Chronist Epiphanij Premudry, erwähnt T.' Originalität und Virtuosität. Typisch für T.' dynamische Kompositionen ist eine ausgesprochen plastische Figurenbehandlung, wobei er seine ausdrucksvollen Gestalten meist mit scharfen Glanzlichtern vor einen gedämpften Hintergrund stellte.

Theophilus Presbyter
Ein wohl deutscher Mönch, Verfasser des (wahrscheinlich in der ersten Hälfte des 12. Jh.s geschriebenen) Lehrbuchs ›Schedula diversarum artium‹. Dieses bedeutendste Handbuch der mittelalterlichen Kunsttechniken enthält u. a. Anweisungen zur Bereitung von Materialien, über die Herstellung von ◇Miniatur-, ◇Fresko- und ◇Glasmalerei und über die Anfertigung von Metall-, Stein-, Elfenbein- und ◇Emailarbeiten. G. E. → Lessing entdeckte die Abhandlung wieder und stellte sie in der Schrift ›Vom Alter der Ölmalerei aus dem T. P.‹ vor (1774). Die Identität des T. P. mit Rogerus von Helmarshausen, einem der bedeutendsten deutschen Goldschmiede des Mittelalters und Mönch des Klosters Helmarshausen, bleibt in der Forschung umstritten.

Thoma, Hans (1839–1924)
Deutscher Maler und ◇Grafiker, studierte nach zwei kurzen Lehren als ◇Lithograph und Uhrenschildermaler 1859–66 bei Johann Wilhelm Schirmer und Ludwig Descoudres in Karlsruhe und seit 1866 in Düsseldorf. 1868 reiste er mit Otto Scholderer nach Paris, wo er die Werke → Courbets, → Millets und der Schule von → Barbizon kennenlernte, die ihn nachhaltig beeinflußten. 1870 ging er nach München, wo er dem Kreis um → Leibl und → Böcklin nahestand. 1874 begegnete er in Italien Hans von → Marées. Nach kurzem Aufenthalt in München 1875–76 wirkte er 1876–99 in Frankfurt a. M., wo er seine ersten großen Erfolge als Künstler hatte; sie brachten ihm eine Berufung zum Generaldirektor der Großherzoglichen Gemäldegalerie in Karlsruhe ein, wo er auch an der Kunstakademie unterrichtete. T. schuf frische, einfache ◇Porträts (*Mutter und Schwester,* 1866, Staatliche Kunsthalle, Karlsruhe), bäuerliche Szenen, ◇Stilleben (*Feldblumenstrauß,* 1822, Berlin) und naturalistische Landschaften aus dem Schwarzwald und vom Oberrhein (*Schwarzwaldlandschaft,* 1867, Kunsthalle, Bremen; *Der Rhein bei Laufenburg,* 1870; *Der Rhein bei Säckingen,* 1873, beide Berlin; *Das Albtal im Schwarzwald,* 1882, Kunstmuseum, Basel), seit den 1880er Jahren auch an Böcklin orientierte mythologische, ◇allegorische und religiöse Bilder (*Der Hüter des Tales,* 1893, Dresden), die ihn aber offenbar überforderten und die problematischste Seite seines Schaffens darstellen. Beachtenswert unter seinen grafischen Arbeiten sind v. a. seine seit den 1890er Jahren entstandenen Lithographien.

Thomkins, André (1930–1985)
Schweizer Maler und ◇Zeichner, studierte 1947–50 an der Kunstgewerbeschule in Luzern, übersiedelte 1950 nach Paris und 1952 nach Deutschland; seit 1971 Professor an der Kunstakademie in Düsseldorf. Beeinflußt von ◇Dada und ◇Surrealismus, entwickelte er eine ironisch-phantastische Bildsprache, die er mit grotesk lautmalerischen Titeln versah. Bekannt wurde er auch mit einer Vielzahl von geistreich-witzigen Palindromen (vor- und rückwärts lesbare Wortgruppen) wie *Dogma: I am God* oder *Strategy: Get Arts.*

Thorak, Josef (1889–1952)
Österreichischer ◇Bildhauer. Anfangs von → Rodin beeinflußt, wandte er sich später mehr ◇neoklassizistischen Ideen zu und wurde mit seinen oft monumentalen und in ein leeres Pathos übersteigerten Arbeiten (*Kameradschaft,* Große Deutsche Kunstausstellung, 1937; *Das Urteil des Paris,* 1941, ebda.) zu einem der erfolgreichsten Bildhauer während des Nationalsozialismus neben → Breker.

Thornhill, Sir James (1675–1734)
Englischer Dekorationsmaler, Vertreter der prunkvoll-◇illusionistischen ◇Deckenmalerei der ◇barocken Tradition, wie sie in England von ausländischen Dekorationsmalern wie → Verrio und → Laguerre eingeführt wurde; 1689–96 Schüler von Thomas Highmore († 1720). Zu seinen Hauptwerken gehören die Kuppelbilder mit Szenen aus dem Leben des hl. Paulus in der Londoner St. Paul's Cathedral (1715–21) und die Deckenmalereien im Greenwich Hospital (1707–12 und 1718–27, ◇allegorische Zyklen).

Außerdem führte er Deckengemälde in Chatsworth House (im Auftrag des Duke of Devonshire, um 1705–07), Hampton Court Palace und Blenheim Palace (1716 vollendet) aus sowie Dekorationsmalereien in mehreren Kapellen (u. a. im All Souls College, Oxford, vor 1719, und in Wimpole Hall, Cambridgeshire, 1721–24). 1722–34 war er Mitglied des Parlaments, außerdem Hofmaler von Georg I. und Georg II.

Thorn-Prikker, Jan (1868–1932)
Niederländischer Maler, Vertreter des ◇Symbolismus, war eng mit Henry van de → Velde befreundet, stellte mit der Gruppe Les → Vingt aus und lehrte in Deutschland an verschiedenen Kunstschulen (u. a. 1904–10 in Krefeld und 1926–32 in Köln). Er war v. a. auf dem Gebiet der angewandten religiösen Kunst tätig und schuf ◇Wandbilder, ◇Mosaiken und Glasfenster (Liebfrauenkirche in Krefeld).

Thorvaldsen, Bertel (1770–1844)
Dänischer ◇Bildhauer, Sohn eines isländischen Bildschnitzers, ausgebildet an der Kopenhagener Akademie (u.a. bei → Abildgaard). Von 1797 bis 1838 (mit Unterbrechungen) in Rom, fand er Freunde im Künstlerkreis der → Deutschrömer

Bertel Thorvaldsen, *Sitzender Hirtenknabe,* 1817 (1822–25?)

und entwickelte allmählich seinen eigenen empfindsamen ◇Klassizismus, der ähnlich wie der von → Canova am antiken Schönheitsgesetz im Sinn → Winckelmanns orientiert war. Später gab T. (der 1838 nach Kopenhagen zurückkehrte und dort den Baubeginn des ihm gewidmeten Museums miterlebte) den Klassizismus zugunsten eines romantisch-mittelalterlichen Kunstideals wieder auf. Zu den bekanntesten Arbeiten T.s, die sehr häufig in mehreren Exemplaren existieren, gehören *Amor und Psyche* (1804), *Ganymed* (1805), *Adonis* (1808), der *Alexanderfries* (1812, Quirinalspalast, Rom), *Aphrodite mit dem Apfel* (1813), *Merkur* (1818), *Sterbender Löwe* (1818, Luzern), *Christus und die zwölf Apostel* (1819–38, Frauenkirche, Kopenhagen; zum großen Teil von Gehilfen ausgeführt), das Reiterstandbild des Kurfürsten Maximilian I. von Bayern (Wittelsbacherplatz, München, 1839 enthüllt) und das Grabmal für Papst Pius VII. in der Peterskirche, Rom (1824–31).

Tibaldi, Pellegrino (1527–1596)
Italienischer Maler, ◇Bildhauer und Architekt, führender ◇Manierist des späten 16. Jh.s, Schüler Daniele da → Volterras in Rom, um 1545 unter del → Vaga an der Ausstattung der Sala del Consiglio in der römischen Engelsburg beteiligt. In Bologna schuf er 1554–55 u. a. seine Odysseus-Folge für den Palazzo Poggi (Universität), eine Meisterleistung des ◇Illusionismus. Für die Loggia dei Mercanti in Ancona verfertigte er den plastischen und malerischen Schmuck. In Mailand, wo er – ebenso wie in Pavia – für Kardinal Carlo Borromeo als Baumeister wirkte (1561–86), entstanden ◇Krypta, ◇Baptisterium, ◇Chorschranken und Gestühl des Doms (ab 1570). Philipp II. berief ihn 1587 als Bauintendanten an den Escorial, wo er durch die Fülle der hier geschaffenen ◇Fresken wesentlich zur Festigung des Manierismus in Spanien beitrug.

Tiepolo, Giovanni Battista (Giambattista) (1696–1770)
Italienischer Maler und ◇Radierer, in Venedig geboren. T. war der letzte bedeutende italienische Dekorationsmaler, dessen revolutionäre ◇Freskotechnik in eigentümlichem Gegensatz zu seinen noch ◇barocken ◇Altarbildern steht. T. war Schüler von Gregorio Lazzarini (1655–1730), ging aber in seiner Frühzeit mehr auf das ◇Chiaroscuro → Piazzettas (z. B. in den Fresken in der Chiesa dell'Ospedaletto

Giovanni Battista Tiepolo, *Die Einsetzung des Rosenkranzes* (Ausschnitt), 1738

1715–16; *Verstoßung der Hagar,* 1717–19, Slg. Rasini, Mailand) und später auf die hellere Farbgebung und variantenreichere Formensprache → Veroneses und Sebastiano → Riccis ein. T. führte eine Vielzahl von Fresken und Altarbildern in Kirchen, Palazzi und Villen in Venedig (*Die Einsetzung des Rosenkranzes,* 1738, S. Maria del Rosario; Fresken in S. Maria della Pietà, um 1754; Fresken im Großen Saal des Palazzo Labia; Ausmalung des Palazzo Rezzonico, 1758) sowie in zahlreichen oberitalienischen Städten aus (darunter die Fresken für den Erzbischöflichen Palast in Udine, 1726–28; Kuppelfresken in der Colleoni-Kapelle mit Szenen aus Leben Johannes' d. T. in Bergamo, 1733ff.; Fresken im Palazzo Clerici in Mailand, um 1740; Fresken in der Villa Valmarana bei Vicenza, um 1757). 1750–53 führte er die Fresken im Kaisersaal und im Treppenhaus der Würzburger Residenz aus. Seine letzten acht Lebensjahre verbrachte er in Madrid, wo er mit seinen Söhnen Giovanni Domenico (1727–1804) und Lorenzo (1736–1776) Fresken im königlichen Schloß ausführte (*Apotheose Spaniens,* 1764 [Thronsaal]; *Äneas wird von Venus in den Tempel der Unsterblichkeit geführt* und *Triumph der spanischen Monarchie,* 1764–66). – Bei allem Ruhm fand er jedoch keine beständige und allgemeine Bewunderung. Dennoch gehört T.s lichtdurchwirkte Freskomalerei zu den großen technischen Fortschritten des 18. Jh.s und bildet einen Höhepunkt der italienischen und europäischen Barockmalerei. Neben ◇Deckenfresken schuf er eine Vielzahl von ◇Ölgemälden mit religiösen und mythologischen Sujets (*Abendmahl,* 1745–50, Louvre; *Anbetung der Könige,* 1753, AP; *Neptun bietet Venedig die Schätze des Meeres,* um 1750, Sala degli Scuderi, Dogenpalast, Venedig). Es war ein charakteristischer Nekrolog auf Giovanni Battista T., daß → Goethe die ländlichen Idyllen Giovanni Domenicos den benachbarten mythologischen Fresken seines Vaters in der Villa Valmarana bei Vicenza vorzog.

Tiffany, Louis Comfort (1848–1933)
Amerikanischer Maler und Glaskünstler des ◇Jugendstils, arbeitete anfangs als ◇Landschaftsmaler, wurde aber auf einer Reise nach Ägypten 1870 so von der ägyptischen Glaskunst fasziniert, daß er sich dem Kunstglas zuwandte und 1879 eine eigene Firma gründete (Tiffany Glass and Decoration Company). Er entwickelte ein opalisierendes Fensterglas (1876) und das sog. ◇Favrile-Glas (1880 patentiert) mit seidenmatt glänzendem ◇Lüsterdekor, das er seit den 1890er Jahren fast ausschließlich herstellte und das außerordentlich erfolgreich war und für alle späteren Erzeugnisse typisch ist (Stengelgläser in Blütenform; Tischlampen mit Verbleiung). 1902 übernahm er das väterliche Juweliergeschäft Tiffany & Company in New York.

Tilson, Joe (* 1928)
Englischer Maler, studierte an der St. Martin's School of Art (1949–52) sowie am Royal College of Art (1952–55), arbeitete in Spanien und Italien. Früh mit der Bildwelt der ◇Pop Art verbunden, beschäftigte sich T. intensiv mit modernen technischen Materialien, v. a. mit den Bildmöglichkeiten (Rastertechnik) der modernen Kommunikationsmedien, Film, Fernsehen und Zeitung (*Che Guevara,* 1967), sowie mit den trivialen Gegenständen des großstädtischen Lebens, die er schaubildhaft zitiert oder als Plastiken in riesiger Vergrößerung isoliert. Er gehört zu den Pionieren des ◇Multiples in England.

Timomachos von Byzanz
(tätig 100–50 v. Chr.)
Griechischer Maler zur Zeit Caesars, der zwei

Gemälde T.' (*Der rasende Aias* und *Der Kindermord Medeas*) für den gewaltigen Betrag von 80 Talenten kaufte und sie im Tempel der Venus Genetrix in Rom ausstellte. Die acht Werke T.', von denen die Literatur weiß, sind nicht erhalten. Nach → Plinius hat er »die alte Würde der Malkunst wiederhergestellt«.

Tinguely, Jean (1925–1991)
Schweizer ◇kinetischer ◇Bildhauer, studierte 1941–45 in Basel und ließ sich 1951 in Paris nieder. Er beteiligte sich ab 1960 mit → Rauschenberg und anderen an internationalen ◇Happenings und schloß sich dem ◇Nouveau Réalisme an. Sein Interesse an Ton und Bewegung machte sich bereits in seinen ersten Konstruktionen bemerkbar. Bekannt wurde er mit seinen *Méta-Matics*-Phantasiemaschinen (ab 1952) mit programmierten Zufallselementen, z. B. Maschinen zur Herstellung von Zeichnungen (1959) oder sich selbst zerstörende Maschinen (ab 1960, u. a. die »sich selbst zerstörende Assemblage« *Hommage à New York,* 1960). T.s aus ◇Ready-made-Eisenteilen zusammengeschweißte Konstruktionen stellen ironische Angriffe auf den Sinn des technischen Zeitalters dar. Mit Niki de → Saint-Phalle (mit der er seit 1961 verheiratet war) konstruierte er 1966 eine begehbare, riesige Frauenfigur (*Hon [Sie],* Moderna Museet, Stockholm).

Tino di Camaino (um 1285–um 1337)
Italienischer ◇Bildhauer, in der Toskana und in Neapel tätig, Schüler und Mitarbeiter von Giovanni → Pisano, ab 1315 dessen Nachfolger als Leiter der Dombauhütte in Pisa, 1319–20 in gleicher Stellung in Siena und 1321–23 in Florenz, 1323 von Karl von Anjou nach Neapel berufen. In Pisa schuf er das Taufbecken im Dom (1311). Grabmäler entstanden für Kaiser Heinrich VII. (1315, Grabmal im Dom zu Pisa, einzelne Skulpturen [Kaiser Heinrich und Ratgeber] im Camposanto, ebda.), für den Kardinal Riccardo Peroni (um 1317/18–20, Dom, Siena), für den Florentiner Bischof Antonio d'Orso (1321–23, Wandgrab im Dom, Florenz) und in Neapel: für Katharina von Österreich (1323, S. Lorenzo), für Maria von Ungarn (1324, S. Maria Donnaregina), für Maria von Anjou (1329, S. Chiara) und für Karl von Kalabrien (1332–33, ebda.). Der von T. entwickelte Typus des Wandgrabs geht auf Vorbilder Pisanos und → Arnolfo di Cambios zurück, zeichnet sich aber durch geschlossene Oberflächen und eine reiche, elegante Linienführung aus. Mit seinem einfühlsamen und dekorativen Stil war T. der wichtigste Vermittler zwischen der toskanischen Bildhauerei des beginnenden 14. Jh.s und Süditalien.

Tintoretto, *Selbstbildnis,* um 1588

Tintoretto ([ital. ›Färberlein‹]; Jacopo Robusti) (1518–1594)
Italienischer Maler, neben → Tizian und → Veronese einer der Hauptmeister der venezianischen Malerei des 16. Jh.s. Obwohl schon zu seinen Lebzeiten Berichte über ihn und sein Werk verfaßt wurden, weiß man über den Menschen T. nur wenig. Er wurde als Sohn des Textilfärbers Battista Robusti (dessen Berufsbezeichnung ›tintore‹ brachte ihm den Beinamen ›T.‹ ein) in Venedig geboren. Über seine Lehrzeit ist nichts Genaues bekannt. Das erste bekannte Dokument (1539) weist ihn bereits als Meister aus. 1550 heiratete T. Er hatte fünf Töchter und zwei Söhne, Domenico und Marco; seine älteste Tochter Marietta († um 1596) und seine Söhne bildete er zu Malern aus. Nach T.s Tod führte Domenico (1560–1635/37) die Werkstatt seines Vaters weiter. 1565 wurde T. Mitglied der Scuola di S. Rocco in Venedig, 1566 Mitglied der Florentiner Akademie. Allem Anschein nach führte er das Leben eines wohlhabenden Venezianers, nach außen hin ereignislos, doch von enormem Fleiß und einem eisernen Willen zum Erfolg beseelt. Dies geht eindeutig aus zeitgenössischen Quellen hervor. Um

einen Auftrag zu erlangen, war ihm jedes Mittel recht, so wird berichtet, daß er z. T. auch auf eigene Kosten gearbeitet habe, was ihn bei vielen Zeitgenossen unbeliebt machte. T. war fast ausschließlich in Venedig tätig; 1547/48 hielt er sich allerdings in Rom auf, 1579/80 in Mantua. – T.s künstlerische Entwicklung war komplexer, als es die ihm zugeschriebene Äußerung »die Zeichenkunst von Michelangelo, die Farben von Tizian« denken läßt. In seiner Jugend scheint er kurze Zeit bei → Tizian gearbeitet zu haben, den er lebenslang verehrte, obwohl dieser aus seiner Abneigung gegen T. nie einen Hehl machte. Ebenso wäre als künstlerischer Ausgangspunkt Paris → Bordone denkbar, von dem T.s Frühwerk beeinflußt war. Seit seiner Romreise beschäftigte ihn v. a. die gigantische Formensprache → Michelangelos. Im wesentlichen war T. ◇Manierist. Die Freude an einem axialen Raum und jäh zurückweichender ◇Perspektive macht sich gleicherweise in der verhältnismäßig frühen *Bergung des Leichnams des hl. Markus* (um 1562–64, Accademia, Venedig) wie in dem späten *Letzten Abendmahl* (1591/92–94, S. Giorgio Maggiore, Venedig) geltend. Außerdem schwelgte T. in dramatischen Verkürzungen, die, z. B. in der *Befreiung des Sklaven durch den hl. Markus* (1548, Accademia, Venedig), seine Zeitgenossen in Erstaunen versetzten. Mit dieser Arbeit wurde T. in Venedig schlagartig berühmt; ab 1551 erhielt er Staatsaufträge. 1562 begann er die drei Szenen aus der Markuslegende für die Scuola Grande di S. Marco (*Rettung eines Sarazenen, Bergung des Leichnams,* Accademia, Venedig; *Auffindung des Leichnams,* Pinacoteca di Brera, Mailand). 1564–87 war er mit unfangreichen Zyklen für die Ausgestaltung der Scuola Grande di S. Rocco beschäftigt. T. führte eine gut organisierte Werkstatt mit zahlreichen Gehilfen, die es ihm gestattete, Aufträge verschiedenster Art auszuführen, von ◇Cassone-Bildern bis hin zu ◇Porträts und großen Ausstattungsprojekten (darunter das *Paradiesbild,* das größte Leinwandgemälde der Welt, in der Sala del Maggior Consiglio im Dogenpalast, 1588–92). Bezeichnend für T. war, daß er die Auftragsarbeiten mit größter Sorgfalt vorbereitete. Er entwickelte eine auf Studium, Beobachtung und Analyse basierende Arbeitsmethode. So fertigte er oft Wachsmodelle seiner Figuren an, an denen er die Wechselwirkung von Licht und Schatten beobachten konnte, dann kehrte er zur menschlichen Gestalt zurück, um Bewegungen im einzelnen zu studieren. Das eigentliche großformatige Bild wurde an Ort und Stelle gemalt, wobei T. genauestens darauf bedacht war, daß sich sein Werk in die es umgebende Architektur einfügte und die vorherrschenden Lichtverhältnisse zufriedenstellend waren. Eine Vielzahl seiner Zeichnungen mit Bewegungsstudien, ausgeführt mit feinfühligen, kräftigen Linien, ist erhalten. – Von einem der frühesten signierten und sicher datierbaren Gemälde, dem *Abendmahl* von 1547 (S. Marcuola, Venedig), bis zum 1591/92–94 entstandenen *Abendmahl* in S. Giorgio Maggiore gewannen seine Arbeiten an Gefühlstiefe und zeigen zunehmende Meisterschaft in der Handhabung der Form und v. a. dem Einsatz des Lichtes. Sein Einfluß auf El → Greco ist nicht zu übersehen. T.s Talent, ein dramatisches Geschehen zu schildern, erreicht den Höhepunkt in seinem Hauptwerk, den ◇Decken- und ◇Wandgemälden in der Scuola Grande di S. Rocco. Unbehindert von den Zwängen eines Auftraggebers, schuf er hier eine Folge tief melancholischer Bildmeditationen über das Leben Christi, wobei die Szene mit der *Kreuzigung* (1575–67, Sala dell'Albergo) vielleicht die kraftvollste und bewegendste ist. Mit kräftigen Pinselstrichen und in gedämpften Farben gemalt, besitzt sie die Freiheit und das Pathos eines elementaren Glaubensbekenntnisses. Ein bedeutendes Beispiel der visionären Originalität T.s, die ihn der Routine verfallene Sujets mit neuer Intensität und Bedeutung erfüllen ließ, ist sein *Abendmahl* (1591/92–94), in dem er eine irdische Szene in eine ›übermenschliche‹, vergeistigte Vision verwandelte. Als Porträtist war T. einer der gesuchtesten Maler seiner Zeit.

Tischbein, Familie

Deutsche Künstlerfamilie des 18./19. Jh.s. Johann Friedrich August T. (1750–1812), auch ›Leipziger T.‹ genannt, trat v. a. als ◇Porträtmaler hervor und war besonders von der zeitgenössischen englischen Bildniskunst beeinflußt (→ Gainsborough, → Romney). Johann Heinrich T. d. Ä. (1722–1789), auch ›Kasseler T.‹ genannt, schuf ebenfalls vornehmlich Porträts, malte aber auch ◇Landschafts- und ◇Historienbilder (*Augustus bei der sterbenden Kleopatra,* 1769). Am berühmtesten ist wohl der Maler, ◇Radierer und Altertumsforscher Johann Heinrich Wilhelm T. (1751–1829), ›Goethe-T.‹ genannt, der Neffe von Johann Heinrich T. d. Ä., bei dem er auch in

Kassel studierte. 1771–73 hielt er sich in Holland auf, wo er u. a. die Werke N. → Berchems studierte, 1777 ging er nach Berlin, wo er als Porträtist tätig war, 1779–81 hielt er sich als Stipendiat der Kasseler Kunstakademie in Italien auf, wo er in Rom die Werke → Michelangelos und → Raffaels studierte und nach der Antike zeichnete. In Rom entstanden (während eines zweiten Aufenthaltes ab 1782) u. a. *Das Todesurteil Konradins von Schwaben* (1784, Museum, Gotha) und *Goethe in der Campagna* (1786/87, Städel). 1789–99 war er Direktor der Akademie in Neapel, später lebte er in Kassel, Hamburg (ab 1801) und Eutin (dort ab 1808 Hofmaler des Herzogs Peter Friedrich Ludwig von Oldenburg). Er malte Historienbilder, Idyllen, ◇Porträts, ◇Stilleben und Tiere, deren ◇klassizistischer Stil zuweilen schon Tendenzen der ◇Romantik vorwegnimmt. Seine grafischen Blätter nach Sir William Hamiltons Sammlung griechischer Vasen (1790er Jahre) waren bedeutsam für die Entwicklung des ◇Klassizismus.

Tissot, James (Jacques-Joseph) (1836–1902)
Französischer Maler und ◇Radierer, der lange in England lebte und arbeitete. 1871 ließ er sich in London nieder und stellte ab 1877 in der Grosvenor Gallery aus. Seine ◇Genrebilder des eleganten Lebens lassen den Einfluß → Manets und A. Stevens erkennen (*Tanzvergnügen an Bord,* um 1874; *Ferien* (*Das Picknick,* um 1876, beide Tate Gallery, London). In späteren Jahren beschäftigte sich T. mit Bibelillustrationen und lebte eine Zeitlang in Palästina.

Tito (Santi di T.) (1536–1603)
Italienischer Maler und Baumeister, zunächst Schüler → Bronzinos, dann → Bandinellis, ehe er 1558–61 nach Rom ging, um, vielleicht auf Anregung Bandinellis, die Antike zu studieren. Seit 1566 war T. in Florenz tätig. Er schuf v. a. gemäßigt ◇manieristische, etwas akademisch-naturalistische ◇Altarbilder (*Vision des hl. Thomas von Aquin,* 1593, S. Marco, Florenz). Seine Beherrschung der Architekturperspektive wurde durch die Entwicklung des 17. Jh.s völlig in den Schatten gestellt.

Tizian (Tiziano Vecelli[o]) (um 1477 oder um 1488/90–1576)
Italienischer Maler, einer der bedeutendsten Meister der Hochrenaissance, überwiegend in Venedig tätig. Seine Ausbildung erhielt er u. a. in

Tizian, *Kaiser Karl V.,* 1548

der Werkstatt Giovanni → Bellinis wo er → Giorgione kennenlernte, dem er 1508 bei den ◇Fresken an der Fassade des Fondaco dei Tedeschi in Venedig assistierte (Fresken nicht erhalten). 1510 ging er nach Padua, kehrte jedoch 1512 nach Venedig zurück. Nach dem frühen Tod Giorgiones (1510) und dem Ableben Bellinis (1516) stand Venedig für ihn offen. Den ersten großen Erfolg hatte T. mit seinem ◇Altarbild der *Assunta (Himmelfahrt Mariä)* für den ◇Hochaltar von S. Maria Gloriosa dei Frari, Venedig (1516–18), das es in seiner kühnen, dramatischen Anlage, dem Naturalismus, den leuchtenden Farben und dem spannungsreichen ◇Chiaroscuro mit den Werken des reifen → Raffael aufnahm und von größtem Einfluß auf die nachfolgenden Künstlergenerationen war. Ein weiteres Hauptwerk der Frühzeit ist die *Madonna des Hauses Pesaro (Pesaro-Madonna,* 1519–26, S. Maria Gloriosa dei Frari), ein Altarbild, das das bis dahin üblich axialsymmetrische

Bildschema der ◇Sacra conversazione sprengte. Neben Altargemälden schuf T. in seiner Frühzeit auch mythologische Szenen (*Bacchanal,* um 1518, Prado). Ab 1516 arbeitete er für Alfonso d'Este, den Herzog von Ferrara (Szenen nach den ›Fasti‹ des Ovid für dessen Arbeitszimmer), ab 1523 für Alfonsos Neffen, Federico II. Gonzaga, den Herzog von Mantua, und ab 1532 für Francesco Maria della Rovere, den Herzog von Urbino, und dessen Familie (*Ruhende Venus/Venus von Urbino,* 1538; Bildnisse des *Francesco Maria della Rovere* und der *Eleonora Gonzaga,* 1536–38, alle Uffizien). 1539 kam er durch den Besuch → Vasaris und → Salviatis in Berührung mit dem ◇Manierismus, was zu einem neuen, dramatischeren Stil führte. T.s Pinselstrich wurde breiter, die Farbgebung dunkler, die Konturen verwischter und weniger kompakt (*Dornenkrönung,* um 1542, Louvre). Während eines Aufenthalts auf Einladung des Papstes in Rom (1545–46) traf T. mit → Michelangelo zusammen; hier entstand das Gemälde *Paul III. mit seinen Neffen Kardinal Alessandro Farnese und Herzog Ottavio Farnese,* 1545, Museo e Gallerie Nazionale di Capodimonte, Neapel), ein Bild mit unerbittlichem Gespür für die Beziehungen zwischen den Dargestellten. Andererseits verlieh T. den von ihm Porträtierten auch das Pathos der Würde, etwa in seinem Porträt von *Kaiser Karl V.* (1548, AP), dem er erstmals 1530 in Bologna begegnete und der ihn seitdem mit seiner Freundschaft auszeichnete, zum Hofmaler und Pfalzgrafen (1533) ernannte und auch nach Augsburg einlud (1548, 1550–51). In T.s später Schaffenszeit in Venedig, als die offiziellen Aufträge mehr an → Tintoretto und → Veronese fielen und er durch den Tod seiner lebenslangen Freunde, des Schriftstellers und Gelehrten Pietro Aretino († 1556) und → Sansovinos († 1570) zunehmend vereinsamte, schuf er eine Reihe mythologischer Gemälde sowie mehrere religiöse Werke für Philipp II. von Spanien (für den er seit 1553 tätig war), die von tragischen Stimmungen erfüllt scheinen, aber wohl auch auf die religiöse Exaltiertheit des Königs eingehen. T. malte nun immer lockerer und skizzenhafter, »mehr mit den Fingern als mit dem Pinsel« (Palma il Giovane) und entwickelte die ◇Komposition vollkommen aus der Farbe heraus. Sein letztes Werk ist die *Pietà* mit den Heiligen Hieronymus und Magdalena (1573–76, Accademia, Venedig), die Jacopo → Palma il Giovane vollendete.

Tobey, Mark (1890–1976)
Amerikanischer Maler, bildete sich weitgehend autodidaktisch in Chicago und arbeitete als Reklamezeichner. Er lehrte ab 1935 in Seattle, unternahm aber ausgedehnte Reisen, v. a. nach Paris, England und in den Fernen Osten (1934–35 China- und Japanreise), wo er sich mit der ◇Kalligraphie beschäftigte und einige Zeit in einem Zen-Kloster in Kyōto verbrachte. Unter dem Einfluß der fernöstlichen Kunst entwickelte er seine berühmten ›White Writings‹, eine rhythmische, sensible Linienschrift, mit der er anfänglich noch gegenständliche Assoziationen erzeugte, z. B. Stadtlandschaften (*Broadway Norm,* 1935, MM), die er dann jedoch abstrahierend zum Ausdruck innerer Visionen einsetzte (*Wild Field,* 1959). Einer der bedeutendsten amerikanischen Vertreter der kalligraphischen Abstraktion, verstand es T., Einflüsse der europäischen Malerei (→ Klee) und der fernöstlichen Kalligraphie auf subtile Weise in seinem Werk zu verbinden. Seit 1960 lebte er in der Schweiz.

Tocqué, Louis d. J. (1696–1772)
Französischer ◇Porträtmaler des ◇Rokoko, Schüler und Schwiegersohn J.-M. → Nattiers, tätig an den Höfen von Stockholm, St. Petersburg und Kopenhagen. Seine repräsentativen, eleganten, aber etwas seichten Hofbildnisse (*Maria Leszczyńska, Königin von Frankreich,* 1740, Louvre) bleiben hinter seinen bürgerlichen Porträts zurück (*Louis Galloche,* 1734; *Jean-Louis Lemoyne,* 1734; *Madame Dangé, Gattin des Generals François Balthazar Dangé du Fay,* 1753, alle Louvre).

Tokiwa Mitsunaga (tätig 1158–1179)
Japanischer Maler, Angehöriger der Malereikommission des Kaisers Go-Shirakawa, Schöpfer zahlreicher erzählender ◇Bildrollen mit Szenen vom Kaiserhof. T.M. wird – wenn auch nicht mit eindeutiger Sicherheit – die berühmte frühe Bandainagon-Rolle zugeschrieben.

Tomasello, Luis R. (* 1915)
Argentinischer Maler, der in Buenos Aires Malerei studierte. 1957 übersiedelte T. nach Paris. Seine ◇Op Art ist eine reliefplastische Flächengestaltung mit quadratischen und streifigen Farbelementen, die nach bestimmten Konstruktionsschemata aneinandergereiht sind. Dadurch entsteht der Eindruck einer rhythmisch bewegten plastischen Farbfläche.

Tomioka Tessai (1836–1924)
Wohl der letzte der großen japanischen → Nanga-Künstler, dessen bedeutendste Neuerung die Verwendung dicker Schichten dunkler Pigmente fast in der Art westlicher ◇Ölmalerei war. T.s kühne Farbbehandlung führte zu Vergleichen mit seinem Zeitgenossen → Cézanne.

Tomlin, Bradley Walker (1899–1953)
Amerikanischer Maler, studierte an der Syracuse University (1917–21) sowie in Paris (1923–24) und lehrte später in New York (1932–41). Seit 1948 gehörte er zum Kreis von → Motherwell, → Pollock und → Gorky. Von einer realistischen, dann dekorativ-◇kubistischen Malerei gelangte T. durch den entscheidenden Einfluß des ◇surrealistischen ◇Automatismus und → Gottliebs zu einem ◇abstrakt-expressionistischen ◇Action Painting von zarter Farbigkeit und einer rhythmischen, sich verflechtenden, ◇kalligraphischen Pinselschrift.

Tommaso (Tomaso) da Modena
(1325/26–1379)
Italienischer Maler, lernte bei seinem Vater, dem Maler Barisino dei Barisini († 1343). T.s ◇Freskenfolge mit ◇Porträts bedeutender Dominikanermönche (über 40 Bildnisse) – die, von Inschriften umgeben, schreibend und lesend an Schreibtischen in ihren Zellen sitzen (um 1352, Kapitelsaal, S. Nicolò, Treviso) – erinnert an ◇Handschriftenilluminationen. Seine Tätigkeit für Kaiser Karl IV. auf der böhmischen Burg Karlstein (◇Triptychon *Madonna mit den Heiligen Wenzel und Palmatius,* 2. Hälfte 14. Jh., Kreuzkapelle, ebda.) ist ein Zeugnis für die Beziehungen der böhmischen Malerei des 14. Jh.s zu Italien. Das Museo Civico in Treviso besitzt ein weiteres Hauptwerk T.s: den Freskenzyklus mit Szenen aus der Legende der hl. Ursula (aus S. Margherita, Treviso).

Tonks, Henry (1862–1937)
Englischer Maler, der v. a. ◇Gesellschaftsstücke schuf. Er lehrte an der Slade School of Art (1918–30) in London und war eines der bedeutendsten Mitglieder des → New English Art Club.

Toorop, Charley (Annie Caroline Pontifex T.)
(1891–1955)
Niederländische Malerin, Tochter von Jan Theodorus → Toorop. In ihrem Frühwerk vom niederländischen ◇Jugendstil, dann von van → Gogh ausgehend, näherte sie sich später einem der ◇Neuen Sachlichkeit nahestehenden Stil mit ◇surrealistischen Anklängen und malte vorwiegend von sozialem Engagement erfüllte Bildnisse des arbeitenden Menschen.

Toorop, Jan (Johannes Theodor T.)
(1858–1928)
Niederländischer Maler, ◇Grafiker und ◇Designer, führender Vertreter des ◇Symbolismus und ◇Jugendstils in Holland. T., der auf Java geboren wurde und dort aufwuchs, kam 1869 in die Niederlande, studierte in Amsterdam (1880–81) und Brüssel (1882–85), war mit Maeterlinck und Verhaeren befreundet und stellte seit 1886 mit der belgischen Gruppe Les → Vingt aus. Von entscheidender Bedeutung für sein künstlerisches Schaffen waren die Eindrücke seiner Kindheit in Java. Nach frühen, v. a. von → Moreau beeinflußten Bildern machte sich nach 1892 immer mehr der Einfluß javanischer Motive in linearen, stilisierten, die zweidimensionale Flächigkeit betonenden dekorativen Formen bemerkbar (*Die drei Bräute,* 1893, Rijksmuseum Kröller-Müller, Otterlo) sowie eine für sein Werk charakteristische melancholische Stimmung. T. zeigte zunehmend einen Hang zum Mystisch-Religiösen und schloß sich den → Rosenkreuzern an. Seine Arbeiten hatten starken Einfluß auf die Jugendstilbewegungen der Jahrhundertwende (u. a. → Klimt) und auf die Entwicklung der religiösen Kunst (→ Thorn-Prikker), wirkten aber auch auf den frühen → Mondrian.

Tori Busshi (jap. ›Buddhabildner Tori‹)
(tätig etwa 600–630)
Japanischer ◇Bildhauer chinesisch-koreanischer Abstammung. Die beiden ihm zuverlässig zugeschriebenen (nach inschriftlicher Datierung) Arbeiten sind die Bronzekultbilder *Trinität des Yakushi Nyorai* (607) und *Trinität des Shaka Nyorai* (623 vollendet) im Hōryū-Tempel bei Nara. Die langen Gesichter mit dem archaischen Lächeln, die Linearität der ausgeklügelten Gewandfalten und die Frontalität dieser Figuren sind aus den Longmen-Grotten (bei Luoyang) in Nordchina übernommen, und zwar auf dem Weg über das koreanische Königreich Paekche (18 v. Chr. – 660 n. Chr.), wo man diese Merkmale fortentwickelte und dazu tendierte, die Köpfe zu vergrößern und die Symmetrie der Gewandfalten hervorzuheben. T.s Beitrag zu diesem Stil bestand im rhythmisch gesteigerten Schwung

der Gewandfalten, im sicheren Aufbau der Skulptur aus ihren Elementen und v. a. in der eindrucksvollen Klarheit des Bronzegusses. Sein großer Einfluß wirkte schulbildend (T.-Schule).

Torii Kiyonaga (1752–1813)
Japanischer Maler, kam 1765 nach Edo (heute Tōkyō), wo er bei Torii Kiyomitsu lernte. Er revolutionierte die Torii-Richtung der ◇Ukiyo-e-Schule, indem er einen statuarischen Realismus anstrebte. T. K. erreichte eine sachliche Differenziertheit, die ihrerseits zu den personalisierten Versionen bei → Sharaku und → Kitagawa Utamaro führte, und wurde damit zum führenden Ukiyo-e-Künstler in den 1780er Jahren.

Torii Kiyonobu (1664–1730)
Japanischer Maler, Begründer der Torii-Schule, schuf fast ausschließlich Theaterplakate und Drucke von Schauspielaufführungen (*Sawamura Kodenji als tanzende Frau,* um 1696, Art Institute of Chicago). Sein Stil, der auf → Hishikawa Moronobus Kabuki-Stil aufbaute, beherrschte fast während der ganzen ersten Hälfte des 18. Jh.s ◇Ukiyo-e.

Toroni, Niële (* 1937)
Italienischer Künstler, lebt in Paris. Von gleichen Gedanken ausgehend und seine Arbeiten in ein ähnliches System einbindend wie → Buren (mit diesem sowie mit Mosset und Parmentier trat er auch erstmals unter dem Namen BMPT in Ausstellungen hervor), reduzierte er seine Malerei auf Abdrücke eines Pinsels Nr. 50 in regelmäßigen Abständen (jeder vom anderen in einer Entfernung von 30 cm), wobei Farbe und Malgrund (Leinwand, Papier, Plastik, Wände) variabel sind und sich von Arbeit zu Arbeit verändern können.

Torres García, Joaquín (1874–1949)
Uruguayischer Maler, einer der bedeutendsten modernen Künstler Südamerikas, als Lehrer von starkem Einfluß auf die jüngeren südamerikanischen Künstler. T. studierte bei Vinardell in Barcelona (1891–96) und ließ sich nach Aufenthalten in Brüssel (1900–10), New York (1920–22) und Italien (1922–24) in Paris nieder (1924–32), wo er van → Doesburg, →Vantongerloo, → Mondrian sowie → Kandinsky kennenlernte und mit Michel Seuphor die Zeitschrift und Gruppe ›Cercle et Carré‹ gründete. 1934 kehrte er nach Montevideo zurück, wo er eine einflußreiche Kunstschule eröffnete. Beeinflußt vom ◇Konstruktivismus, von → Klee und der ◇präkolumbianischen Kunst, entwickelte T. eine sehr eigenwillige Bilderschrift, die die gegenständliche Wirklichkeit in Symbolzeichen und naivistische ◇Piktogramme umsetzte und in einer geometrischen Flächengliederung aneinanderfügte.

Torrigiani, Pietro (1472–1528)
Florentiner ◇Bildhauer, bedeutendster der italienischen ◇Renaissancekünstler, die in England wirkten. In Florenz studierte er gemeinsam mit → Michelangelo bei → Bertoldo di Giovanni. Nachdem er Michelangelo in einem Faustkampf das Nasenbein zertrümmert hatte, wurde er des Landes verwiesen und arbeitete danach in den Niederlanden, Spanien und England, wo er sein Meisterwerk schuf: das Doppelgrabmal *Heinrichs VII. und der Elisabeth von York* in Westminster Abbey, London (1512–18). In Sevilla fiel er der Inquisition zum Opfer.

Torriti, Jacopo (tätig spätes 13./frühes 14. Jh.)
Italienischer Maler und Mosaizist, der mit den Apsismosaiken in den römischen ◇Basiliken S. Maria Maggiore (um 1292–95, Szenen des Marienlebens, hervorzuheben v. a. das große Mosaik mit der *Krönung Mariens*) und S. Giovanni in Laterano (1290 begonnen, Christus, Mystisches Kreuz, Heilige und Stifter) den letzten Aufschwung einer Kunst einleitete, die in Rom eine lange Tradition hinter sich hatte. In beiden Werken stand er stark unter dem Einfluß in Rom vorhandener ◇Mosaiken, zumal in der Verwendung des üppigen, von Vögeln, sonstigen Tieren und ◇Putten bevölkerten Laubwerks. Die Szenen des Marienlebens sind in einem wesentlich ◇byzantinischen Stil gehalten, der auch römische und toskanische Entwicklungen verarbeitete. Zugeschrieben werden T. auch ◇Fresken mit Szenen aus der Schöpfungsgeschichte sowie die Fresken im sog. Heiligengewölbe (Maria, Christus, Johannes d.T., Franziskus; zwischen 1285 und 1290 entstanden) in der Oberkirche S. Francesco in Assisi.

Torso vom Belvedere siehe → **Belvederischer Torso**

Tosa Mitsunobu (1434–1525)
Japanischer Maler, vielleicht der hervorragendste Vertreter der → Tosa-Schule.

Tosa Mitsuoki (1617–1697)
Wie seine Nachkommen offizieller Leiter der japanischen kaiserlichen Akademie und vielleicht der letzte hochbegabte Angehörige der → Tosa-Schule.

Tosa-Schule
Im 15. Jh. wurden Angehörige der T.-Familie offizielle Hofmaler des japanischen Kaisers. Ihren vom ◇Yamato-e abgeleiteten Stil entwickelte → Tosa Mitsunobu. Nach herkömmlicher Ansicht lernte die → Kanō-Schule die Kunst der Farbbehandlung in der Momoyama-Zeit (1573–1600) von Tosa Mitsuyoshi. → Tosa Mitsuoki und seine Nachkommen waren die hereditären Leiter der kaiserlichen Ateliers, doch der Stil degenerierte seit Beginn der Edo-Zeit ins Schwächliche. Die → Rimpa-Schule umging in unmittelbarem Rückgriff auf das Yamato-e die T.-S., von der aber eindeutig die ◇Ukiyo-e-Kunst beeinflußt ist.

Henri de Toulouse-Lautrec, Plakat für die Tänzerin Jane Avril im Konzertcafé ›Jardin de Paris‹, 1893

Toulouse-Lautrec, Henri de (1864–1901)
Französischer Maler und ◇Grafiker. In Albi als Sohn einer reichen Adelsfamilie geboren, wurde T.-L. als Kind durch zwei Beinbrüche (1878 und 1879), die schlecht verheilten, zum Krüppel. Seine kurze, aber intensive künstlerische Laufbahn begann er 1882 als Schüler des Tiermalers René Princeteau, später von → Bonnat und Cormon in Paris (1883–um 1885), in dessen Atelier er → Bernard und van → Gogh kennenlernte. Bedeutender war für ihn jedoch der Kontakt mit führenden modernen Künstlern. Der ◇Impressionismus bewirkte eine Aufhellung seiner Palette, während → Degas und die japanischen ◇Farbholzschnitte seine Sehweise beeinflußten. Er schloß sich keiner künstlerischen Bewegung an, stellte aber öfter im ◇Salon des Indépendants aus. 1886 ließ er sich am Montmartre nieder und wurde zum großen, scharf beobachtenden, spontanen Schilderer der Welt der Varietés, Kabaretts, Ballsäle, Bars, des Zirkus und der Bordelle, die er in Gemälden, ◇Zeichnungen und in seinen populären ◇Plakaten und ◇Lithographien festhielt (*Zirkus Fernando,* 1888; *Moulin de la Galette,* 1889, beide Art Institute of Chicago; *Die Tänzerin Jane Avril,* um 1892; *Tanz im Moulin Rouge,* 1895, beide Musée d'Orsay, Paris). Erstes Aufsehen erregte T.-L. mit seinem Plakat zur Eröffnung des Tanzlokals ›Moulin Rouge‹ (*Moulin Rouge,* 1891). In den folgenden Jahren entwickelte er konsequent die Technik der Farblithographie: Es entstanden seine bedeutenden lithographischen Folgen *Yvette Guilbert* (16 Blätter, 1894) und *Elles* (11 Blätter, 1896) sowie Plakate, die den Höhepunkt der Plakatkunst darstellen (*Aristide Bruant in seinem Kabarett,* 1892). Mit meisterhafter Zeichnung, großen, flächigen Farbformen und einer das Wesentliche knapp umreißenden Komposition entwarf T.-L. ein von tiefem Einfühlungsvermögen zeugendes, oft gnadenloses Porträt der ihn umgebenden Gesellschaft. Unter der Wirkung unmäßigen Alkoholgenusses verfiel seine Gesundheit trotz Entziehungskuren seit 1898 zunehmend. Zu den Malern, die in den Bann seiner Kunst gerieten, gehörten neben → Seurat und van → Gogh zahlreiche jüngere Künstler wie der junge → Picasso.

Tournier, Nicolas (1590 – um 1660)
Französischer Maler, der hauptsächlich religiöse und historische Sujets wie auch ◇Genrebilder schuf, die oft in der Manier → Caravaggios und → Manfredis ausgeführt, aber gefälliger gehalten sind (*Schutzengel,* Kathedrale, Narbonne). In Rom war er Schüler von → Valentin de Boulogne. Heute befinden sich viele seiner Arbeiten in Toulouse (*Schlacht Konstantins,* 1656, Musée des Augustins, ebda.), wo er auch wirkte.

Towne, Francis (1739/40–1816)
Englischer Landschaftsaquarellist, der v. a. mit seinen Ansichten aus Italien und der Schweiz sowie des Lake District im Nordwesten Englands hervortrat. Seine besten Arbeiten, darunter Alpenansichten wie *Die Arveiron-Quelle* (1778, Slg. A. P. Oppé, London), zeichnen sich durch die strenge Vereinfachung natürlicher Formen aus und wirken fast abstrakt.

Tōyō Sesshū siehe → **Sesshū**

Traini, Francesco (tätig um 1321–1363/65)
Italienischer Maler, der in Pisa und Bologna wirkte und von der sienesischen Malerei in der Tradition der Brüder → Lorenzetti und S. → Martinis beeinflußt war. Als gesichertes Werk gilt das *Dominikus-Triptychon,* das er für S. Caterina in Pisa schuf (1344–45, heute ebda. und Museo Nazionale e Civico di S. Matteo, Pisa). Er gehört auch zu dem Kreis der Meister, denen das im Zweiten Weltkrieg stark beschädigte ◇Fresko *Triumph des Todes* (um 1350) im Camposanto zu Pisa zugeschrieben wird.

Trakas, George (* 1944)
In New York lebender Plastiker kanadischer Herkunft, der seit 1972 ›Brücken‹ und Achsen durch Landschafts- und Galerieräume zieht. Die Arbeit *Union Pass,* auf der Kasseler Karlsaue zur documenta 6, 1977, installiert, besteht aus einer Stahl- und einer Holzbrücke, die zueinander Gegenachsen bilden. In einem Sprengungsprozeß ist der Treffpunkt beider Brücken gelöst, in der Sprengung verschmelzen die alte Struktur, die der Holzsteg symbolisiert, und die neue Konstruktionsstruktur der Stahlbrücke ineinander.

Tribolo, il (Niccolò di Raffaelo de' Pericoli) (1500–1550)
Italienischer ◇Bildhauer, bei → Sansovino ausgebildet, hauptsächlich in Florenz, aber auch in Rom, Pisa und Bologna tätig. T. arbeitete in der Medicikapelle als Gehilfe → Michelangelos, dem seine Arbeiten immer verpflichtet blieben. Der extravagante ◇Kontrapost der Maria im *Assunta*-Relief von S. Petronio in Bologna ist allerdings etwas Neues. Unter Herzog Cosimo I. de' Medici war T. ab 1537 auch als Gartenarchitekt tätig (Entwurf des Boboli-Gartens). Seine Brunnen für die Medici-Villen La Petraia (*Labyrinthsbrunnen,* 1538 entworfen) und Castello (*Herkulesbrunnen,* ab 1538 [Herkules im Kampf mit Antäus]) bei Florenz, an denen Pierino da Vinci (1520/21 oder 1530/31–1554) mitarbeitete, lassen ein ◇manieristisches Gespür für Dramatik erkennen. T. wird auch ein höchst lebendiger Bronze-Pan zugeschrieben.

Trier, Hann (* 1915)
Deutscher Maler und ◇Grafiker, studierte 1934–38 an der Düsseldorfer Akademie. Er war Mitglied der Gruppe → Zen und vertrat in den 1950er Jahren in seiner Malerei eine lyrisch gemäßigte Form von ◇Action Painting, deren lineare Strukturen und netzähnliche Zellen an tänzerische Rhythmen erinnern.

Tristán, Luis (1586?–1624)
Spanischer Maler, Mitarbeiter im Atelier El → Grecos (1603–07), neben → Mayno, → Orrente, → Sánchez Cotan u. a. Vertreter der Schule von Toledo. T. war ein wichtiges Bindeglied zwischen → Caravaggisten wie Orazio Borgianni (in Toledo um 1605) und → Velázquez. Seine Malereien sind rein ◇barock, wobei sich Naturnähe mit Gewicht und Stabilität der Figuren verbindet. Bedeutende Arbeiten T.s sind u. a. der ◇Hochaltar der Pfarrkirche in Yepes (1616) und das *Bildnis des Erzbischofs Bernardo de Sandoval y Rojas* in der Sala Capitular [Kapitelsaal] der Kathedrale von Toledo.

Trockel, Rosemarie (* 1952)
Deutsche Künstlerin, studierte 1974–78 Malerei an der Kölner Werkkunstschule. R. T. hat kein einheitliches Programm für ihre ◇Skulpturen, Objekte, ◇Zeichnungen und Bilder. Typisch ist vielmehr die Setzung eines einmaligen künstlerischen Aktes mit jedem Werk. Einige wiederkehrende Aspekte sind die unterschiedlichen Präsentationsformen von Arbeiten durch Hängung, Sockelung oder durch Verschluß in Vitrinen, die Kombination von Sprache und Bild sowie erotische und frauenspezifische Fragestellungen. Bekannt wurde R. T. v. a. durch ihre Strickbilder und gestrickten Kleidungsstücke, die Texte sowie Firmenembleme zu Mustern kombinieren (*Cogito, ergo sum,* 1988).

Troger, Paul (1698–1762)
Österreichischer Maler und ◇Radierer, bildete sich in Venedig (Einflüsse → Piazzettas, S. → Riccis und → Pittonis), Rom, Neapel und Bologna, seit 1728 in Wien ansässig (1754–59 Direk-

tor der Akademie). T. entwickelte aus italienischen Anregungen in Deckenfresken und ◇Altarbildern für österreichische Kirchen und Klöster einen individuellen prä-◇klassizistischen Stil, durch den die spätbarocke Malerei Österreichs entscheidend geprägt wurde. Typisch für seine monumentalen ◇Deckengemälde sind helle Farben, v. a. ein intensives Blau, und ◇illusionistische, expressive Effekte (*Triumph der göttlichen Weisheit,* 1731, Deckenfresko im Marmorsaal des Benediktinerstifts Melk; *Harmonie zwischen Glaube und Weisheit,* 1735, Deckenfresko in der Benediktinerabtei Seitenstetten; ◇Fresken des Brixener Doms, 1748–50).

Trökes, Heinz (* 1913)
Deutscher Maler, der bei → Itten und → Muche studierte. Nach 1945 war seine Malweise zunächst vom ◇Surrealismus beeinflußt; die Bekanntschaft mit → Wols brachte dann aber die Wendung zu einer ◇abstrakt-hieroglyphenhaften Zeichensprache mit einer transparenten poetischen Farbigkeit, die an → Klee erinnert. In den ausgehenden 1960er Jahren entwickelte T. unter dem Einfluß der ◇Pop-Art eine ornamental-figurale Bildwelt, die von leuchtenden Farben getragen wird.

Troost, Cornelis (1697–1750)
Holländischer Maler, gelegentlich – nicht ganz zu Recht – der ›holländische → Hogarth‹ genannt. T. begann mit Gruppenbildnissen (*Die Regenten des Medizinalkollegiums,* 1724, Rijksmuseum, Amsterdam), malte später aber (oftmals in ◇Pastell) vornehmlich Theater- und ◇Genreszenen. Sein Hauptwerk ist *Das Gastmahl des Biberius* (fünfteiliger Pastellzyklus, 1739–40, Mauritshuis, Den Haag).

Troy, François de (1645–1730)
Französischer ◇Porträtmaler, Vater von Jean-François de → Troy, vom Porträtstil → Rubens' und van → Dycks beeinflußt. Er porträtierte Ludwig XIV. und dessen Familie (Wallace Collection, London) und schuf zahlreiche Herrenbildnisse von zeitgenössischen Musikern, Schauspielern und Malern (*Der Lautenspieler Charles Mouton,* 1704, Louvre). Bedeutsam sind v. a. seine weiblichen Bildnisse, in denen er die Dargestellten mit den Attributen antiker Göttinnen abbildete und so zum Schöpfer des Bildtypus des mythologischen Frauenporträts wurde.

Troy, Jean-François de (1679–1752)
Französischer Maler, Sohn von François de → Troy, beeinflußt von → Rubens und → Veronese, war 1698–1706 in Rom, danach in Paris und 1738 als Direktor der Französischen Akademie wieder in Rom. T. schuf (in Konkurrenz zu François → Lemoyne) zuerst große ◇Historienbilder und ◇Allegorien, später Gobelinentwürfe, ◇Altarbilder, anmutige mythologische (*Die Entführung der Proserpina,* 1735, Eremitage) und höfisch-galante kleinformatige Bilder und ◇Porträts.

Troyon, Constant (1810–1865)
Französischer Maler, zunächst für die Porzellanmanufaktur von Sèvres tätig, dann ◇Landschaftsmaler und Angehöriger der Schule von → Barbizon. In Holland entdeckte er die Realisten des 17. Jh.s wie → Potter und → Cuyp, die ihn zu den seinen Ruf begründenden stimmungsvollen Landschaften mit Tieren anregten (*Ochsen ziehen zur Feldarbeit [Morgenimpression],* 1855, Musée d'Orsay, Paris).

Trubetzkoy, Paolo
(Pawel Petrowitsch Trubezkoj) (1866–1938)
Russisch-italienischer ◇Bildhauer, Vertreter des ◇Impressionismus, auch bekannt als ›russischer Rodin‹. T. stammte aus adligem Hause und wuchs in Mailand auf, wo er u. a. Bildhauerei bei E. Bazzaro studierte. 1897 vom Zaren nach St. Petersburg berufen, siedelte er nach Moskau über, wo er 1898–1906 an der Moskauer Schule für Malerei, Bildhauerei und Architektur (MUSchWS) unterrichtete. Beteiligte sich auch an den Ausstellungen von → Mir Iskusstwa. Ab 1906 hielt er sich in Frankreich auf (Beteiligung an den Ausstellungen des ◇Salon d'Automne), dann in den USA und später wieder in Italien. Für T.s Bildwerke, zumal seine Porträtbüsten (darunter viele prominente Zeitgenossen) und Kleinplastiken, sind durch Licht-und-Schatten-Wirkungen reich gegliederte Oberflächenstrukturen charakteristisch (*Moskauer Kutscher,* 1898; *Leo Tolstoi,* 1899, beide Russisches Museum, St. Petersburg). Er schuf außerdem das kolossale Reiterdenkmal Alexanders III. in St. Petersburg (1900–06). N. → Gontscharowa war seine Schülerin.

Trübner, Wilhelm (1851–1917)
Deutscher Maler, studierte in Karlsruhe (1867–68), Stuttgart (1869–70) und München

Wilhelm Trübner, *Auf Frauenchiemsee,* 1891

(1869 und 1870–72), wo er sich dem → Leibl-Kreis anschloß (befreundet mit Hans → Thoma, Carl → Schuch und Albert Lang) und ab 1892 der Münchner ◇Sezession angehörte. Seit 1896 lehrte er am Städelschen Kunstinstitut in Frankfurt a. M., 1903–17 als Professor an der Akademie in Karlsruhe. Anfangs unter dem Einfluß → Courbets und der Malerei des Leibl-Kreises stehend, schuf er ◇realistisch aufgefaßte ◇Interieurs und ◇Landschaften (*Klostergebäude auf der Herreninsel im Chiemsee,* 1874, Berlin) sowie eindringliche ◇Porträts (*Mädchen mit gefalteten Händen,* 1878, Dresden). Seit Beginn der 1890er Jahre wurde sein Pinselduktus freier, die Farbgebung eigenwilliger, seine Bilder lassen zunehmend die Verarbeitung ◇impressionistischer Impulse erkennen (*Ansicht von Kronberg,* 1896, Museum der bildenden Künste, Leipzig; *Tor zum Stift Neuburg bei Heidelberg,* 1913, Kunsthalle, Mannheim). Mit diesen Arbeiten beeinflußte er → Corinth und → Slevogt. T. verfaßte auch kunsttheoretische Schriften (u. a. ›Die Verwirrung der Kunstbegriffe‹, 1898).

Trumbull, John (1756–1843)
Amerikanischer Maler, studierte bei → West in London (1780, 1784–89), besuchte Frankreich, arbeitete in den USA und England (1808–16). T. schuf unter dem Einfluß J.-L. → Davids v. a. klassisch-strenge Szenen aus dem amerikanischen Unabhängigkeitskrieg, den er, als Adjutant George Washingtons (1775), selbst miterlebt hatte (*Die Schlacht von Bunker Hill,* 1787; *Die Unabhängigkeitserklärung der englischen Kolonien,* 1787–95, beide Yale University Art Gallery, New Haven [Connecticut]; vier monumentale ◇Deckengemälde in der Rotunde des Kapitols in Washington, 1824 vollendet), aber auch Porträtminiaturen (*Harriet Chew,* 1792; *Leutnant Thomas Y. Seymour,* 1793, beide Yale University Art Gallery).

Tschichold, Jan (1902–1974)
Deutscher ◇Grafiker (v. a. Typograph und Buchgestalter), studierte in Leipzig, lehrte dort ab 1920 an der Akademie für Grafik und Buchgewerbe sowie 1926–33 an der Münchner Meisterschule für Deutschlands Buchdrucker und emigrierte 1933 nach Basel. B. zeigte sich bereits in seinen ersten Arbeiten als einer der leidenschaftlichsten und kompromißlosesten Vertreter moderner ◇Typographie, über die er auch einige Lehrbücher verfaßte (u. a. ›Die neue Typographie‹, 1928; ›Typographische Gestaltung‹, 1935). Zusammen mit Franz Roh veröffentlichte er eine bedeutsame Anthologie zeitgenössicher ◇Fotografien, ›Foto-Auge: 76 Fotos der Zeit‹ (1929).

Tschong Son (Chong Sōn; Kyomjae) (1676–1759)
Koreanischer Maler, insbesondere bekannt als ◇Landschaftsmaler. Aus der chinesischen Maltradition der Akademie der Südlichen Song bzw. der → Zhe-Schule kommend, löste er sich, im Gegensatz zu vielen seiner Zeitgenossen, allerdings von der dort üblichen stilisierten Wiedergabe idealer Landschaften. Er wählte eine unmittelbare, realistische Darstellungsweise und bereitete, ähnlich wie → Tōyō Sesshū in Japan, den Weg für einen nationalen Malstil. T. S. entwickelte für sein bevorzugtes Motiv, die Gebirgslandschaften Koreas, eine persönliche Pinselhandschrift, charakterisiert von einer sehr plastischen Schraffur aus Quer- und Längsstrichen, wobei mittels Tüpfelung und Verwaschung Strukturen (z. B. Pflanzenbewuchs) auf subtile Weise wiedergegeben wurden und eine weiche Oberflächenstruktur entstand. Künstler wie → Yi In-sang und Sim Sa-yong (1706–1770) schlossen sich ihm in ihrer Malweise an.

Tuaillon, Louis (1862–1919)
Deutscher ◇Bildhauer, Hauptvertreter der ◇neoklassizistischen Plastik. T. studierte 1878–81 an der Berliner Kunstakademie, an der er ab 1906 als Professor wirkte. 1882/83 war er Meisterschüler von Reinhold → Begas in Berlin, 1883

von Rudolf Weyr in Wien, stand in seinen Arbeiten aber mehr unter dem Einfluß von Adolf von → Hildebrand und Hans von → Marées, zu deren Freundeskreis er in Rom (1885–1902) gehörte. T. schuf v. a. Tierplastiken und Reiterstandbilder, daneben aber auch Bildnisbüsten (*Büste der Mutter,* 1882). Zu seinen Hauptwerken gehören die berühmte Bronzestatue *Amazone zu Pferd* (1890–95, 1898 vor der Nationalgalerie in Berlin aufgestellt) und die Reiterdenkmäler der Kaiser Friedrich III. und Wilhelm II. (1907–08) auf der Hohenzollernbrücke in Köln.

Tübke, Werner (* 1929)
Deutscher Maler und ◇Grafiker, studierte 1945–47 an der Meisterschule für deutsches Handwerk in Magdeburg, 1948–50 an der Hochschule für Grafik und Buchkunst in Leipzig und 1950–53 Kunsterziehung und Psychologie an der Universität Greifswald. T. gehörte zu den bekannten Vertretern der Kunst aus der ehemaligen DDR, v. a. durch sein monumentales ◇Historienbild *Frühbürgerliche Revolution in Deutschland* (vollendet 1988). Stilistisch bedient sich T. eines eklektischen ◇Manierismus, der es ihm ermöglicht, in einer Mischung aus altniederländischer, ◇surrealer und expressiver Malweise eine Verbindung zwischen Vergangenheit und Gegenwart zu schaffen.

Tucker, William (* 1935)
Englischer ◇Bildhauer, studierte Geschichte an der Universität Oxford und in London Bildhauerei bei A. → Caro an der St. Martin's School of Art sowie an der Central School of Arts and Crafts. Seine ◇abstrakten ◇Skulpturen aus Stahl, Fiberglas, Kunststoff und Holz sind aus industriell hergestellten, sich wiederholenden Bauelementen konstruiert und zeigen deutliche Parallelen zu den Arbeiten Philip → Kings. Außerdem verfaßte T. zahlreiche Aufsätze und das einflußreiche Buch ›The Language of Sculpture‹ (1974).

Tuotilo (Tutilo) (tätig um 900)
Mönch aus dem Kloster St. Gallen, der einzige namentlich bekannte Elfenbeinschnitzer der ◇karolingischen Kunst. Der Mönch Ekkehard IV. nennt ihn als Schnitzer zweier Elfenbeintafeln (heute in den Deckelplatten des ›Evangelium longum‹, Stiftsbibliothek, St. Gallen), die zu den qualitativ hervorragendsten Werken der Elfenbeinschnitzkunst karolingischer Zeit gehören.

Tura, Cosmè (Cosimo) (um 1430–1495)
Italienischer Maler, Hauptmeister der Malerschule von → Ferrara im ◇Quattrocento, 1460–86 Hofmaler der d'Este in Ferrara. Zu seinen frühesten erhaltenen Arbeiten gehören die 1469 entstandenen Gemälde *Der hl. Georg im Kampf mit dem Drachen* und die *Verkündigung an Maria* (heute Dom-Museum, Ferrara), die er für die Flügel der Orgel im Dom zu Ferrara schuf. T.s ◇Porträts der d'Este sind verschollen, erhalten hingegen sind seine religiösen ◇Tafelbilder, darunter die *Gefangennahme und Enthauptung des hl. Maurelius* (um 1470, von der Predella des für S. Giorgio fuori le Mura geschaffenen *Maurelius-Polyptychons),* die *Thronende Madonna mit sechs Engeln* (heute NGL), eine *Pietà* (Louvre) und die *Ruhe auf der Flucht nach Ägypten* (MM), eine Tafel des für dieselbe Kirche geschaffenen *Marien-Polyptychons.* Stilistisch war T. u. a. von → Mantegna, der zeitgenössischen venezianischen und der altniederländischen Malerei (Rogier van der → Weyden) beeinflußt. Seine Gestalten sind mit harten Konturen dargestellt, die Formen unruhig, und der Ausdruck reicht vom Melancholischen bis zum leidenschaftlich Erregten. Umstritten ist T.s Beteiligung an den vom Herzog Borso d'Este in Auftrag gegebenen ◇Wandmalereien im Palazzo Schifanoia (astrologischer Monatszyklus) in Ferrara, die von Francesco del → Cossa und → Ercole de'Roberti ausgeführt wurden (z. T. wird angenommen, daß er die Entwürfe lieferte).

Turner, Joseph Mallord William (1775–1851)
Englischer ◇Öl- und ◇Aquarellmaler, schuf hauptsächlich ◇Landschaften sowie ◇Historienbilder und ◇Seestücke. Geboren in London als Sohn eines Friseurs und Perückenmachers, war T. zunächst Schüler von Thomas Malton, seit 1789 studierte er an der Royal Academy, wo er mit 15 Jahren (1790) erstmals ausstellte. 1802 wurde er ordentliches Mitglied der Akademie, 1807 Professor für Perspektivlehre. – T. begann mit topographischen Aquarellen und ◇Grafiken, die z. T. auf Englandreisen entstanden. Durch seine Verbindung zu Dr. Thomas Munro kam er mit Arbeiten der Landschaftsmaler John Robert → Cozens und Thomas → Girtin in Berührung, unter deren Einfluß seine Kompositionen an Kunstfertigkeit und Einfallsreichtum gewannen. 1796 griff T. die ◇Ölmalerei auf, in der er sich im Laufe der Jahre in immer neuen Phasen wesentliche Teile der europäischen Malerei aneignete.

William Turner, *Der See, Petworth: Sonnenuntergang, ein trinkender Hirsch,* um 1829

V. a. die Werke der holländischen ◇Marinemaler sowie → Claude Lorrains und N. → Poussins, die er 1802 intensiv im Louvre studierte, beeinflußten seine künstlerische Weiterentwicklung und inspirierten ihn in der Folgezeit zu seinen Landschaften mit historischer und mythologischer Thematik (*Hannibal überschreitet die Alpen,* 1912, Tate Gallery, London; *Dido erbaut Karthago,* 1815, NGL). Zwischen 1810 und 1835, in seiner mittleren Schaffensphase, führte T. zahlreiche großformatige Arbeiten für meist adlige Auftraggeber aus. Außerdem fertigte er ◇Radierungen für eine Reihe von Büchern an, darunter das ›Liber Studiorum‹ (1807–19), eine Folge von Landschaftsansichten, die Claudes ›Liber Veritatis‹ übertreffen sollten. 1819 reiste er erstmals nach Italien. V. a. seine visuellen Erfahrungen in Venedig entwickelten und schärften sein Gespür für Lichteffekte so, daß allmählich eine Öl- und Aquarellmalerei mit einer einzigartig freien und subtilen Technik von höchst differenzierter Farbigkeit am Rand der reinen ◇Abstraktion entstand. In seinem Spätwerk, das die seit den frühen 1830er Jahren entstandenen Arbeiten umfaßt, ging es ihm um die Darstellung des Lichts und atmosphärischer Stimmungen (Nebel, Sturm u. ä.); berühmte Beispiele aus dieser späten Schaffensphase sind *Die letzte Fahrt der Téméraire* (1839), *Schneesturm auf dem Meer, Regen, Dampf und Geschwindigkeit* (eine der ersten Eisenbahndarstellungen, 1844, alle NGL). Außerdem schuf er in dieser Zeit zahlreiche Ansichten vom Haus seines Freundes und Gönners Lord Egremont in Petworth, wo T. seit etwa 1829 über lange Zeiträume lebte. – Zwar hatte T. mit seinen frühen, im konventionellen akademischen Stil ausgeführten Arbeiten bereits 1801 als Maler Anerkennung gefunden, sein Spätwerk war seiner Zeit jedoch so sehr voraus, daß er fast nur auf erbitterte Ablehnung stieß; erst die Fürsprache → Ruskins im ersten Band von ›Modern Painters‹ (1843) trug dazu bei, die Anerkennung des Publikums auch für die späteren Arbeiten zu finden. T.s Lichtmalerei beeinflußte die ◇Impressionisten (v. a. → Monet und → Pissarro). – Sein Œuvre umfaßt etwa 300 Ölgemälde und über 19000 Zeichnungen und Aquarelle, die sich heute in der National Gallery und v. a. in der Tate Gallery (für den Bestand an Ölgemälden T.s wurde 1987 ein von James Sterling entworfener Erweiterungsbau [Clore Gallery] eröffnet) bzw. im British Museum in London befinden.

Turrell, James (* 1943)
Amerikanischer Künstler, der lange Zeit als Luft-Kartograph in der Flugindustrie tätig war, bevor er großangelegte Kunstprojekte in weiträumigen Landschaften verwirklichte. T. geht es in seinen ◇Land-Art-ähnlichen Arbeiten um eine bewußte Wahrnehmung von Raumzonen, die durch die Qualität des Lichtes besonders bestimmt werden. Bekannt wurde er v. a. durch seinen *Irish Sky Garden* im südirischen Cork sowie durch das seit 1979 kontinuierlich weitergeführte ›Roden-Krater‹-Projekt in Arizona. In diesen Landschaftsparks verwirklicht T. Projekte, die Naturformationen mit sichtbarer, vom Menschen geformter Landschaftsarchitektur zu einer einzigartigen Erlebnisszenerie verbinden. Vergleichbar der Arbeitsweise von → Christo werden die komplexen Projekte in genau geplanten Finanzierungs- und Organisationsschritten vorbereitet und über Jahre hinweg ausgeführt.

Turnbull, William (* 1922)
Schottischer Maler und ◇Bildhauer, studierte u. a. an der Slade School of Art in London und gehörte 1960 zu den ◇Hard-edge-Malern, die in der Ausstellung ›Situation‹ in London vertreten waren. Als Bildhauer schuf er zunächst ◇abstrakte, totemhafte, auf Grundformen reduzierte Plastiken aus Holz und Stein; später folgten abstrakte, in der Form einfache Plastiken aus bemaltem Stahl, die den ◇Skulpturen → Caros nahestehen.

Tuttle, Richard (* 1941)
Amerikanischer ◇Bildhauer, studierte am Trinity College in Hartford (Connecticut) und 1963–64 an der Cooper Union in New York. Ab 1963 untersuchte er die Beziehungen zwischen dem Kunstwerk und seiner Umgebung. Nach frühen Versuchen mit Papier- und Holzreliefs arbeitete er ab 1967 mit achteckigen Stofftüchern, die in gedämpften ◇Pastellfarben eingefärbt und an eine Wand oder auf einen Fußboden von ähnlichem Farbton gehängt bzw. gelegt wurden (*Grey Extended Seven,* 1967). Die Dinge scheinen sich gleichsam aufzulösen, da sie mit ihrer Umgebung verschmelzen. Seine Arbeit im Grenzbereich zwischen ◇Malerei und ◇Bildhauerei setzte T. ab 1971 mit anderen Materialien fort – Bindfäden, Drähten, Seilstücken oder Sperrholzstreifen. Obwohl von kleinem Format, zwingt die Feinheit dieser Arbeiten den Betrachter, seine Aufmerksamkeit auf die ganze Wand zu richten. T. gelingt es, mit minimalem Materialaufwand einen enormen Raum zu beherrschen.

Twombly, Cy (* 1928)
Amerikanischer Maler und Zeichner, studierte in Lexington und Boston, an der ◇Art Students' League in New York und am Black Mountain College in North Carolina. 1957 ließ er sich in Rom nieder. Ausgehend vom ◇Abstrakten Expressionismus, entwickelte er in seinen meist ◇monochrom wirkenden Bildern und den oft zu Zyklen zusammengefaßten ◇Zeichnungen eine an alte Mauergraffiti erinnernde, gestische Zeichensprache. T. kritzelt spontane, kryptische Zeichen auch auf Schiefertafeln oder putzartige Malgründe, um die Zeichenspuren der Straßen und Häuserwände in die Sprache der Kunst zu integrieren.

Tworkov, Jack (1900–1982)
Amerikanischer Maler polnischer Herkunft, kam 1913 in die USA, studierte an der Columbia University (1920–23), an der ◇Art Students' League sowie an der National Academy of Design (1923–25); lehrte später am Black Mountain College und an der Yale University. Seine frühen ◇Stilleben, Figuren- und ◇Landschaftsbilder waren von → Cézanne beeinflußt. Unter dem Einfluß de → Koonings gab T. ab etwa 1950 seine figürliche Malerei auf und wandte sich einer ◇abstrakt-expressionistischen Malerei zu. Diese Arbeiten zeichnet eine kräftige Farbgebung und eine suggestive, gestische Pinselführung aus; sie lösen in ihrer atmosphärischen Stimmung meist eine landschaftliche Erinnerung aus (*Watergame,* 1955). In den 1960er Jahren experimentierte T. mit reinen Farben in gitterartigen Kompositionen (*West 23rd,* 1963).

Tyrannenmörder-Gruppe
Skulpturengruppe von → Kritios und Nesiotes, 477/476 v. Chr. in Athen als Ersatz für die von den Persern geraubte Gruppe des → Antenor aufgestellt: Harmodios und Aristogeiton töten den (nicht dargestellten) Tyrannen Hipparchos und befreien die Stadt von den Peisistratiden. Die schreitenden Figuren, Zeugnisse des ◇Strengen Stils, sind in römischen Kopien erhalten (u. a. Archäologisches Nationalmuseum, Neapel) sowie in Abbildungen auf Vasen und Münzen.

Tzara, Tristan (1896–1963)
Französisch-rumänischer Dichter, mit Hans → Arp u. a. Gründungsmitglied der ◇Dada-Bewegung in Zürich (1916), nach 1919 übermittelte er den Dadaismus auch an die Pariser Surrealisten (z. B. → Breton). Sein ›Manifeste Dada‹, das 1918 in der Zeitschrift ›Dada‹ erschien, ist ein ausgezeichnetes Beispiel für den dadaistischen Anarchismus. Die Bildwelt seiner frühen Dichtung (z. B. ›Vingt-Cinq Poèmes‹, 1918) kündigt bereits die ◇surrealistisch-automatistische Poesie an. T. schloß sich 1928 der surrealistischen Bewegung an und trat später der Kommunistischen Partei bei. In seinem Buch ›Le Surréalisme et l'Après-Guerre‹ (1947) setzte er sich mit dem Versagen des Surrealismus bei der Versöhnung von poetischer und ideologischer Tradition auseinander.

U

Ubac, Raoul (1910–1985)
Belgischer Maler, der bei → Hayter in Paris studierte. Ausgehend vom ◇Surrealismus, dem er sich 1935 in Paris anschloß, entwickelte U. nach 1946 eine eigenwillige Form des ◇Abstrakten Expressionismus, zu der ihn die Schichtstruktur von Schiefersteinen anregte. Seine Bilder bestehen aus geschichteten transparenten Farbformen, die wie mineralische Kristallisationen nach einem Vulkanausbruch erscheinen.

Uccello, Paolo (P. di Dono) (um 1397–1475)
Italienischer Maler, tätig in Florenz, Venedig (1425–30), Padua (1445) und Urbino (1465–68). Geprägt wurde U. von seinem Lehrer → Ghiberti, mit dem er an der zweiten Baptisteriumstür von Florenz arbeitete, allgemein von der Spätgotik und von dem Mosaizisten → Giambono, mit dem er zusammen in Venedig wirkte. U. gehört zu den bedeutendsten Künstlern der italienischen Frührenaissance, mit deren gestalterischen Problemen, so der ◇Perspektive und der Körperlichkeit, er sich intensiv beschäftigte. → Gentile da Fabriano und → Pisanello waren ihm dabei Vorbilder. Seine wichtigsten ◇Fresken befinden sich in Florenz, darunter die Genesis-Szenen in S. Maria Novella (1430/35), die sich durch eine elegante Linienführung auszeichnen. Das *Reiterbild des Condottiere John Hawkwood* (Fresko, 1436, Dom, Florenz) spiegelt seine besessene Beschäftigung mit der Perspektive wider, die er am einfallsreichsten in der *Sintflut* (um 1446, S. Maria Novella, Florenz) angewandt hat. Für den Palazzo Medici malte U. eine Bilderfolge zur *Schlacht von S. Romano* (um 1456, Uffizien, Louvre, NGL), deren ausgeklügelte Kompositionen mit Ornament und Blattwerk an die in Italien so sehr bewunderten Wandteppiche Nordeuropas erinnern. Die gekonnte Anwendung der Perspektive verbindet sich hier mit einer poetischen Deutung der Realität. Das Zaumzeug der Pferde und die Rüstungen entwickeln sich zu phantasievollen Formen, und ihre Farbgebung ist prachtvoll und unkonventionell. Die späteren Werke des depressiv veranlagten Malers sind ungleichmäßig in ihrem Rang und reichen von der reizvollen *Jagd im Walde* (um 1460, Ashmolean Museum of Art and Archaeology, Oxford) bis zu der mechanisch behandelten ◇ Predellentafel mit der *Entweihung der Hostie* (um 1466 Galleria Nazionale delle Marche, Urbino), einem von U.s Zeitgenossen zu Recht kritisierten Werk.

Paolo Uccello, *Niccolò Mauruzi da Tolentino in der Schlacht von S. Romano* (Ausschnitt), um 1456

Uden, Lucas van (1595–1672/73)
Flämischer ◇Landschaftsmaler, beeinflußt von Joos de → Momper und → Rubens – die Escorial-Landschaft (Fitzwilliam Museum, Cambridgeshire) ist nach einer verschollenen Rubens-Skizze ausgeführt. U.s meist kleinformatige Bilder spiegeln ein elementares Interesse an der ◇Landschaftsdarstellung wider. Die ◇Staffagefiguren malten oftmals andere Maler für ihn, so → Jordaens oder → Teniers. Umgekehrt führte U., der auch ein fruchtbarer ◇Radierer und ◇Zeichner war, Landschaften für figürliche Darstellungen von Rubens aus.

Uecker, Günther (* 1930)
Deutscher Künstler, studierte an den Kunstakademien in Berlin und Düsseldorf. Bereits in den ausgehenden 1950er Jahren machte U. Nägel zu seinen bevorzugten kompositorischen Elementen, die er in symmetrischen Ordnungen auf

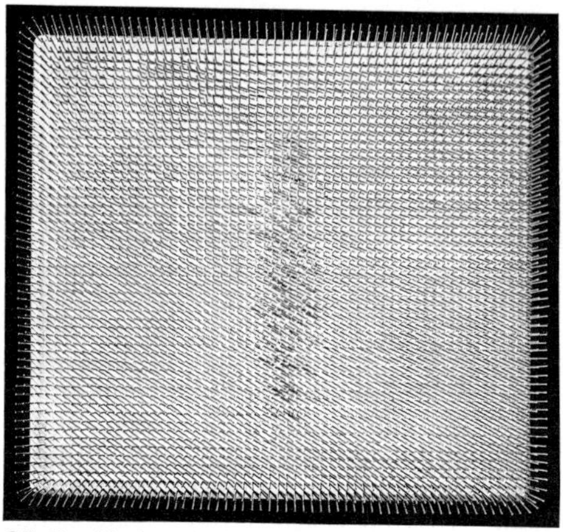

Günther Uecker, *Weißes Bild,* 1950

Platten und Bretter anordnete und mit weißer Farbe übermalte, wodurch sie eine changierende immaterielle Erscheinung erhalten. 1961 schloß er sich der → Zero-Gruppe an und wandte sich zunehmend durch die Gruppengemeinschaft mit → Mack und → Piene einer ◇kinetischen Lichtkunst in Gestalt von Lichtkästen, rotierenden Nagelscheiben und Lichtmühlen zu. In den 1980er Jahren auch (teils kinetische) ◇Environments wie *Aufwischen,* 1988 (an einer rotierenden Tonne ist ein Lappen befestigt, der kontinuierliche Kreise in Sand zeichnet), die einen komplex angelegten Verweishorizont auf die menschliche Existenz besitzen.

Ugolino da Siena (di Nerio) (tätig 1317–1327)
Italienischer Maler aus Siena, dessen Hauptwerk der jetzt in Teile zerlegte ◇Hochaltar für S. Croce in Florenz ist (um 1325, heute u. a. Berlin, NGL und MM). Dieser Auftrag zeigt, welch hohes Ansehen sienesische ◇Polyptychen in anderen damaligen Kunstzentren genossen. Stilistisch und ikonographisch handelt es sich fast um eine Nachahmung von → Duccios *Maestà,* allerdings sind bei U. die Farben intensiver, oft auch hart und grell.

Uhde, Fritz (Friedrich) von (1848–1911)
Deutscher Maler, war 1867–77 Offizier, widmete sich aber nebenher Malstudien. 1880 ließ er sich in München nieder, wo er sich mit → Liebermann anfreundete und sich unter dessen Einfluß der ◇Pleinairmalerei zuwandte. Populär wurde er mit seinen religiösen Bildern, die Szenen aus dem Leben Christi in den Arme-Leute-Alltag des 19. Jh.s verlegen (*Lasset die Kindlein zu mir kommen,* 1884, Museum der bildenden Künste, Leipzig; *Komm, Herr Jesu, sei unser Gast,* 1885, Berlin).

Uhlmann, Hans (1900–1975)
Deutscher ◇Bildhauer, studierte 1919–24 an der Technischen Hochschule in Berlin. 1926–33 und ab 1950 war er Dozent an der Hochschule für Bildende Künste in Berlin, 1933–45 war er als Ingenieur tätig. Ausgehend von geometrisierenden und ◇konstruktivistisch beeinflußten Draht- und Eisenblechplastiken (ab 1935), bezog er nach 1945 immer mehr Bewegung, Schwingung und Elastizität in seine Arbeiten ein und entwikkelte eine für die 1950er Jahre in Deutschland stilbildende Formensprache. Besonders bekannt wurde sein *Concerto* für das Foyer der Hochschule für Musik in Berlin (1954).

Ulrichs, Timm (* 1940)
Deutscher Künstler, studierte 1959–1966 Architektur an der Technischen Hochschule in Han-

Hans Uhlmann, *Stahlplastik,* 1956

nover und betrieb in den 1960er Jahren eine ›Werbezentrale für Totalkunst, Banalismus, Extemporismus‹ in Hannover. Seine künstlerischen Aktivitäten wie eine Ausstellung als ›1. lebendes Kunstwerk‹ (1966), tautologische Arbeiten, ◇Skulpturen und Textbilder mit Wortspielen, die umgangssprachliche Wendungen wörtlich nehmen, stehen in der Tradition von ◇Dada. U. lehrt heute als Professor an der Kunsthochschule in Münster.

Umberg, Günter (* 1942)
Deutscher Maler, der in Köln, Antwerpen und an der Düsseldorfer Kunstakademie studierte. Seine ◇ monochrom ausgerichteten Bilder, die zumeist die Farbe Schwarz thematisieren, stehen in der Tradition des ›Radical Painting‹. U.s Malerei konzentriert sich ganz auf das Verhältnis von Farbe als reinem Pigment und der gemalten Farbe als Resultat des Malprozesses.

Unit One
Die 1933 von Paul → Nash gegründete Gruppe stellte 1933 in London aus, und zugleich erschien unter demselben Namen ein von Herbert Read ediertes Manifest. Die Gruppe trat als Repräsentantin der modernistischen Bewegung in der englischen Architektur, Malerei und ◇Bildhauerei auf und versuchte sich in zeitgemäßem Geist zu artikulieren. Zu ihren Mitgliedern gehörten neben P. Nash H. → Moore, B. → Nicholson und B. → Hepworth.

Unkoku Tōgan (1547–1618)
Japanischer Maler, der sich als Nachfolger → Tōyō Sesshūs bezeichnete und eine Unterschule (die Unkoku-Schule) gründete, eine Variante der → Suiboku-Schule der Muromachi-Zeit (1338–1573).

Uragami Gyokudō (1745–1820)
Japanischer → Nanga-Maler, dessen an ◇Schraffuren reicher Stil einen der Höhepunkte der Schule darstellte. Er war ein hervorragender Spieler des japanischen Saiteninstruments Koto, desgleichen ein glänzender ◇Kalligraph.

Utagawa Hiroshige siehe → **Andō** Hiroshige

Utagawa Kunisada (1786–1864)
Japanischer Künstler, Schüler von → Utagawa Toyokuni I., dessen Namen er 1844 übernahm (U. Toyokuni III.). Er schuf eine Fülle von ◇Ukiyo-e-Farbholzschnitten (v. a. von Schauspielern und Bühnenszenen) und Landschaften. Sein größter Konkurrent war sein Mitschüler → Utagawa Kuniyoshi.

Utagawa Kuniyoshi (1798–1861)
Japanischer Maler, Schüler des → Utagawa Toyokuni I., spezialisiert auf historische und mythologische Szenen, häufig mit kämpfenden Kriegern (*Die letzte Stellung der Soga-Bruderschaft,* frühes 19. Jh. [dreiteiliger Farbholzschnitt], Ashmolean Museum of Art and Archaeology, Oxford), schuf aber auch Darstellungen von Schauspielern. Seine Landschaften nahmen gewöhnlich auf historische oder dramatische Szenen Bezug. Er gilt neben → Utagawa Kunisada als letzter großer Meister des ◇Ukiyo-e-Farbholzschnitts.

Utagawa Toyoharu I. (1733–1814)
Japanischer Holzschnittmeister, Gründer der ◇Ukiyo-e-Unterschule Utagawa im späten 18. Jh.

Utagawa Toyohiro (1765–1829)
Japanischer Holzschnittmeister der Utagawa-Schule, der auch den → Kanō-Stil erlernte; er war der Lehrer → Andō Hiroshiges.

Utagawa Toyokuni I. (1769–1825)
Bedeutender japanischer Maler und Holzschnittzeichner, der in seinen besten Arbeiten → Sharaku gleichkommt. Er setzte maßgeblich die ◇Ukiyo-e-Tradition des → Utagawa Toyoharu fort, dessen Schüler er war. In seiner außerordentlichen Produktivität wirkte er aber oft imitativ und konnte nicht immer das Niveau halten. Seine Farbholzschnitte zeigen v. a. Schauspieler und Bühnenszenen. Zu seinen zahlreichen Schülern gehörte → Utagawa Kuniyoshi.

Utamaro siehe → **Kitagawa** Utamaro

Utrecht-Psalter (um 850)
Karolingische ◇Psalterhandschrift mit reinen ◇Federzeichnungsillustrationen, vermutlich nach einer frühchristlichen Vorlage in der Abtei Hautvillier bei Reims angefertigt (um 850). Die Handschrift war während des Mittelalters lange in England, wo sie eine entscheidende Rolle bei der Herausbildung des angelsächsischen Zeichenstils spielte. Zu Beginn jedes Psalms finden sich figurenreiche, mit nervös-erregtem Strich

festgehaltene Szenen, bei denen Bodenwellen einen durchaus illusionistischen Landschaftsraum wiedergeben und zugleich für die Einteilung in Bildzonen sorgen. Von den verschiedenen Kopien, die es gegeben haben muß, sind drei erhalten: der Canterbury-Psalter, der Eadwine-Psalter und der → Pariser Psalter. Sie entstanden zwischen dem frühen 11. und späten 12. Jh. und zeigen nicht nur die Stilentwicklungen, sondern ebenso die Hochschätzung, die die Vorlage genoß.

Utrechter Schule
Die Bezeichnung wird gewöhnlich auf eine Gruppe Utrechter Maler des 17. Jh.s angewandt, die in jungen Jahren in Rom studierten und von → Carravaggio beeinflußt wurden. Nach ihrer Rückkehr nach Utrecht modifizierten sie die dunkle Malweise Caravaggios zugunsten einer helleren Palette, und überdies nahmen sie Sujets aus der holländischen und flämischen Tradition in ihre Malerei auf. Mitte der 1620er Jahre ist für die Schule auch eine Spielart der Hirten-◇Genremalerei charakteristisch. Führende Angehörige waren → Honthorst, → Terbrugghen und → Baburen; weiter gehörten → Bor, van Bijlert, → Bloemaert und → Stomer dazu. Frans → Hals und → Vermeer wurden durch die Gruppe beeinflußt.

Utrillo, Maurice (1883–1955)
Französischer Maler, Sohn von Suzanne → Valadon. 1902 begann er unter der Anleitung seiner Mutter zu malen. Bis 1914 Reisen in die Bretagne und nach Korsika sowie Aufenthalte auf dem Montmartre, in dieser Zeit auch verschiedentlich in Trinkerheilstätten. Offizielle Anerkennung fand U. zugleich mit der Aufnahme in die Ehrenlegion (1928). Vom ◇Impressionismus ausgehend, wurde U. zum bekanntesten Schilderer von Paris und besonders des Montmartre. Seine Bilder entstanden nach der Natur oder nach Postkarten. Um das Weiß der Gebäude wiederzugeben, mischte U., der bei aller Wirklichkeitsnähe nicht naturalistisch arbeitete und dessen berühmteste Arbeiten aus seiner ›weißen Periode‹ stammen, Gips in die Farbpigmente. Die vielen differenzierten Valeurs von Grau und Weiß verleihen den Bildern U.s ihr unverwechselbares Gepräge von Sachlichkeit und Stimmungsreiz. Seine poetischen Interpretationen der Straßen und Plätze von Montmartre trugen mit dazu bei, das populäre, romantische Bild des Viertels zu schaffen.

Maurice Utrillo, *L'Impasse Cottin,* um 1911–12

Uzarski, Adolf (1885–1970)
Deutscher Maler, ◇Grafiker und satirischer Schriftsteller, der ab 1906 an der Düsseldorfer Kunstgewerbeschule studierte und ab 1908 als Plakat- und Werbedesigner tätig war (u. a. für das Düsseldorfer Kaufhaus Tietz, wo 1922 die ›Erste Internationale Kunstausstellung‹ stattfand). Unter den Eindrücken des Ersten Weltkrieges entwickelte U. ab 1917 eine satirisch-expressive Bildsprache, die große Nähe zu → Dix und → Grosz aufweist. Außerdem machte er sich mit literarischen Arbeiten einen Namen, in denen ebenfalls ein Hang zum Grausig-Skurrilen unübersehbar ist. 1919 gehörte U. zu den Gründungsmitgliedern der Künstlergruppe → Junges Rheinland in Düsseldorf.

V

Vaga, Pierin (Perin) del (Pietro B[u]onaccorsi) (1501–1547)
Italienischer Maler, der nach seiner Ausbildung in Florenz und dem Studium → Michelangelos schon früh in Rom Anerkennung fand. Unter der Anleitung seines Lehrers → Raffael malte er zusammen mit → Giulio Romano, → Penni und → Giovanni da Udine an den ◇Fresken der vatikanischen Loggien. Bei der Plünderung Roms gefangen genommen, kam er gegen ein hohes Lösegeld frei, worauf er nach Genua ging, um im Palast des Andrea Doria zu malen. Diese Fresken brachten Elemente der römischen Raffael-Schule und ihres Dekorationsstils, verquickt mit Stilelementen Michelangelos, nach Genua. Nach Rom zurückgekehrt, war V. im Vatikan (Decke der Sala Regia) und in der Engelsburg tätig. Seine Farbigkeit und ein gewisser ornamentaler Stil machten V. zu einem beliebten Dekorationsmaler des ◇Manierismus.

Vaillant, Wallerant (1623–1677)
Flämischer ◇Porträtmaler, der sich in den 1640er Jahren in Amsterdam niederließ (*Bildnis Jan Six,* 1649), gelegentlich aber auch in Deutschland und Paris tätig war. V. arbeitete häufig in ◇Pastell und befaßte sich als einer der ersten mit der Schabkunst (über 200 Blätter in ◇Mezzotinto-Technik).

Valadon, Suzanne (1867–1938)
Französische autodidaktische Malerin, die Mutter → Utrillos. Als Mädchen kam sie nach Paris, wo sie als Näherin und als Modell für → Renoir, → Toulouse-Lautrec und → Puvis de Chavannes arbeitete. Ihre Begabung als Zeichnerin fiel Toulouse-Lautrec und → Degas auf. In der kraftvollen Linienführung ihrer Selbstbildnisse, ◇Porträts und ◇Akte (ab 1909), stand sie → Gauguin und dem Stil von → Pont-Aven nahe (*Frauenbildnis,* 1921/22, WRM).

Valckenborch, Lucas van (um 1535–1597)
Maarten (um 1534–1612)
Frederik (1565/66–um 1623)
Flämische ◇Landschaftsmalerfamilie des 16./17. Jh.s, deren erste Generation, Lucas und Maarten, vor religiösen Verfolgungen floh und sich in Frankfurt a. M. niederließ (1593). Stilistisch war v. a. Lucas von Pieter → Bruegel d. Ä. abhängig, sein *Turmbau zu Babel* (1594, Louvre) erinnert unmittelbar an das gleiche Sujet bei Bruegel d. Ä. In seinen meist kleinformatigen Gebirgslandschaften zeigt Lucas auch Einflüsse → Patiniers, die sich besonders in der reichen ◇Staffage und den subtil abgestuften Grau-, Grün- und Blautönen der topographisch genauen Ansichten äußern. Der Sohn Maartens, Frederik, ließ sich 1602 in Nürnberg nieder und malte, beeinflußt von → Coninxloo, phantastische Waldlandschaften, figurenreiche Volksfeste und Märkte.

Valdés Leal, Juan de (1622–1690)
Spanischer Maler, Hauptvertreter des spanischen Hochbarock, anfangs in Córdoba und Sevilla tätig, ab 1660 nur noch in Sevilla, wo er Präsident der ebendort gegründeten Akademie wurde (1663–66). Hauptsächlich malte V. L. für Orden, so für die Hiëronymiten in Sevilla (1657) und die Karmeliter in Córdoba (1654–58). Seine Gemälde mit ihrem spannungsreich-intensiven, leuchtenden Kolorit, dem flackernden Licht und ihrer dynamischen Bewegtheit umkreisen in dramatischen Kompositionen das Thema des Todes und der Vanitas. Zu seinen Hauptwerken gehören ein *Hl. Andreas* (1649, S. Francisco, Córdoba), das ◇Retabel für die Klarissinnenkirche von Carmona (1653/54, teilweise Museum, Sevilla), Gemälde für den Convento de Montesiòn (1659–60, Prado und Museum, Grenoble), Vanitas-Darstellungen (1660, Wadsworth Atheneum, Hartford, und City of York Art Gallery, York), eine *Immaculata mit Stifter* (1661, NGL), Szenen aus dem Leben Jesu (*Geburt Christi,* nach 1660, Eremitage) sowie Vanitas-Allegorien für das Hospital de la Caridad, Sevilla (1672), für S. Ignacio, Sevilla (1674–76), und für Los Venerables (1686–88, Museum, Sevilla).

Valentin de Boulogne (1594–1632)
Französischer Maler – seit 1612 in Rom ansässig –, der als → Caravaggio-Nachfolger religiöse Bilder (*Dornenkrönung,* AP) und großformatige ◇Genreszenen (Kartenspieler, Soldaten) schuf. Wie → Manfredi übernahm er von Caravaggio nur einzelne Züge, vornehmlich die pittoresken. Damit verband sich eine gewisse elegische Traurigkeit. V.s *Martyrium der Heiligen Processus und Martinian* (1629–30, Vatikan) dagegen zeigt eine Nähe zu ◇barockem Prunk.

Vallotton, Félix Edouard (1865–1925)
Schweizerisch-französischer Maler, der 1882 nach Paris ging, sich an der Académie Julian einschrieb, am ◇Salon von 1885 beteiligt war und später im ◇Salon des Indépendants ausstellte. Ausgehend von → Courbet und → Manet (*Der Künstler im Alter von 20 Jahren,* 1885, Musée Cantonal des Beaux-Arts, Lausanne), näherte sich V. dem Stil → Toulouse-Lautrecs, van → Goghs und → Rousseaus. Zeitweilig arbeitete er auch in der ◇pointillistischen Technik → Seurats sowie im Sinne der → Nabis und schuf ◇symbolistische Schwarz-Weiß-Holzschnitte (so die Symbolisten-Porträts in Rémy de Gourmonts ›Livre des Masques‹). Mit seinen realistischen Malereien nach 1900 wurde V. zu einem Vorläufer der ◇Neuen Sachlichkeit.

Valori Plastici (ital. ›Plastische Werte‹)
Von Mario Broglio gegründete Zeitschrift, die der ◇Pittura metafisica nahestand und den ◇Futurismus, ◇Expressionismus und ◇Kubismus heftig angriff. Um die Zeitschrift gruppierte sich eine Künstlerbewegung, die den Zielen → Carràs und de → Chiricos folgte. Ab 1920 propagierte V. P. im Sinne des → Novecento Italiano eine Rückwendung zu der nationalen Tradition des ◇Quattrocento.

Vanderbeek (Van Der Beek), Stan (* 1933)
Amerikanischer Künstler, der in New York an der Cooper Union Architektur und ab 1952 am Black Mountain College in North Carolina Malerei und Grafik studierte. Nach beruflicher Tätigkeit beim Fernsehen stellte V. (neben ◇abstrakten ◇Filmen, bei denen Malerei direkt auf die Leinwand übertragen wird) ab 1957 auf dem ◇Collage-Verfahren beruhende Filme von ◇Happenings her, die Claes → Oldenburg veranstaltet hatte (*Snapshots of the City,* 1961). 1965 entstanden in Zusammenarbeit mit Merce → Cunningham und Yvonne Rainer Filme für Ballettaufführungen, die in Mehrfachprojektion vorgeführt wurden. Dabei trugen Tänzer die beweglichen Leinwände, auf denen die Projektionen zu sehen waren. Später experimentierte V. mit den Möglichkeiten des Computerfilms.

Vanderlyn, John (1775–1852)
Amerikanischer ◇klassizistischer ◇Historien- und ◇Porträtmaler, in Philadelphia und Frankreich ausgebildet, besonders von → David beeinflußt. Seine brillante Zeichenkunst präsentiert sich am besten in dem skandalerregenden ◇Akt *Ariadne* (1814, Pennsylvania Academy of the Fine Arts, Philadelphia).

Van Loo, Jean-Baptiste (1684–1745)
Carle (1705–1765)
Louis-Michel (1707–1771)
In Frankreich lebende und tätige flämische Malerfamilie. Jean-Baptiste malte in Paris ◇Porträts (1720–37). Ein Englandbesuch, bei dem er englische Maler beeinflußte, verlief sehr erfolgreich. Carle, sein Bruder und Schüler, Erster Maler Ludwigs XV. (1762) und Akademiedirektor (1763), war hauptsächlich als Dekorationsmaler von religiösen und mythologischen Sujets tätig. Louis-Michel war Sohn und Schüler von Jean-Baptiste und Hofmaler in Madrid (1736–52).

Vantongerloo, Georges (1886–1965)
Belgischer ◇Bildhauer, Maler und Architekt. Ausgebildet an der Kunsthochschule von Antwerpen, schuf V. seine ersten ◇abstrakten Plastiken im Jahr 1917, war Gründungsmitglied der Gruppe de ◇Stijl (1917–21) und Vizepräsident der Künstlervereinigung → Abstraction-Création (1931–37). Nachhaltig beeinflußt von → Mondrian und van → Doesburg, übte er seinerseits mit seinen mathematisch orientierten rechteckigen Blockkonstruktionen Einfluß auf die de-Stijl-Architektur aus. Von diesem geometrischen ◇Konstruktivismus löste er sich ab 1938, ging zu einer kurvigen Linienführung in Draht und Plexiglas über und befaßte sich nun mehr mit Raum und Bewegung als mit festen Formen.

Vardanega, Gregorio (* 1923)
Italienischer Vertreter der ◇kinetischen Kunst, tätig in Paris. Seit 1946 beschäftigt sich V. mit der Auswirkung von Licht auf Glas und Plexiglas (›chromocinéticisme‹). Seine Plexiglaskugeln sind von kreisenden farbigen Lichtprojektionen erleuchtet, seine ›Kästen‹ sind Lichtüberlagerungen, die die Illusion dreidimensionaler Räumlichkeit hervorrufen.

Vargas, Luis de (1502–1568)
Spanischer Maler, von 1522–50 in Italien tätig, wo er v. a. von Pierin del → Vaga beeinflußt wurde. Nach seiner Rückkehr nach Sevilla arbeitete er im Sinne des ◇Manierismus und führte in seiner Heimat die ◇Freskomalerei ein. Der beschädigte ◇Altar mit der *Geburt Christi* für die

Kathedrale von Sevilla (signiert 1555) ist eine figurenreiche Komposition mit kräftigen Schlaglichtern, die *Vier Evangelisten* sind Zeugnisse der Anlehnung an → Michelangelo. Die ◇antikisierenden Architekturen der ◇Predella mit der Epiphaniedarstellung dominierten – ganz im Stil → Giulio Romanos – über die Figuren.

Varley, Frederick Horsman (1881–1969)
Englischer Maler und Werbegrafiker, der in Sheffield (bis 1899) und Antwerpen (1900–02) ausgebildet wurde und ab 1912 eine Zeitlang als Lehrer in Kanada (Toronto, Ottawa) arbeitete, Gründungsmitglied der → Group of Seven (1920). Mit kräftigen malerischen Mitteln schuf V. eindringliche ◇Porträts und spannungsgeladene ◇expressionistische Landschaften.

Vasarély, Victor (* 1908)
Französischer Maler ungarischer Herkunft, der nach dem Studium der Gebrauchsgrafik in Budapest 1930 nach Paris übersiedelte. Seiner Werbegrafik (1930–47) lag eine systematische Erforschung der optischen und emotionalen Möglichkeiten verschiedener grafischer Mittel zugrunde. 1947 erkannte V., daß er mit rein formalen, geometrischen Mitteln Sinnesempfindungen bewirken konnte, die zutiefst wissenschaftliche Ideen über Raum, Materie und Energie vermittelten. Er entwickelte eine formale Sprache, deren Komponenten sich ohne bewußtes künstlerisches Arrangement automatisch reproduzieren lassen und deren ◇serielle Modifikation einen ◇kinetischen Effekt hervorbringt. Von den Farbexperimenten am ◇Bauhaus ausgehend, trug V. mit seinen Arbeiten wesentlich zur Entwicklung der ◇Op Art bei.

Vasari, Giorgio (1511–1574)
Italienischer Maler des ◇Manierismus, Baumeister und Kunstgeschichtsschreiber. Den ersten Zeichenunterricht erhielt V. von seinem Vetter Luca → Signorelli, die ersten humanistischen Unterweisungen zusammen mit Alessandro und Ippolito de'Medici von Passerini. Als Schüler → Bandinellis arbeitete er in der Werkstatt → Andrea del Sartos. Ausgedehnte Reisen führten ihn durch ganz Italien, und mit Hilfe einer großen Werkstatt führte er repräsentative Aufträge aus, so etwa *Das Leben Papst Pauls III.* (Palazzo della Cancelleria, Rom). Als Verantwortlicher für die architektonische Erneuerung des Florentiner Palazzo Vecchio entwarf er das Studiolo Francescos I. (1570–73), das typische Arbeitszimmer eines gebildeten Renaissancemenschen, das so eingerichtet war, daß sich kostbare Dinge, Bilder und ◇Skulpturen zur Schau stellen ließen. V. war Kunstimpresario und Gründer der Accademia del Disegno in Florenz (1563). Seinen Ruhm begründeten jedoch sein ›Libro di Disegni‹ und v. a. die ursprünglich zweibändige (1550) und später dreibändige (1568) Schrift ›Le vite de' più eccellenti Architetti, Pittori ed Scultori Italiani‹. Das Werk schildert in höchst subjektiven Biographien die Entwicklung der italienischen Kunst von ihrer Wiedererweckung durch → Giotto und → Cimabue bis zu den großen Werken von V.s Zeitgenossen, besonders → Michelangelos. Mit der Fülle ihres Tatsachenmaterials wurde die Schrift, die auch eine Darstellung der damaligen Kunsttheorien enthält, zum wichtigsten kunstgeschichtlichen Quellenwerk der italienischen ◇Renaissance.

Vautier, Ben (* 1935)
Französischer Vertreter (italienischer Herkunft) des ◇Neodada, der in seiner sog. Ideenkunst die Identifikation von Kunst und Leben im Rückgriff auf → Duchamp realisiert, indem er die eigenen Lebensäußerungen und verbalen Artikulationen zur Kunst erklärt (während eines ◇Fluxus-Festivals 1962 in London 15 Tage und Nächte lang Selbstausstellung im Schaufenster einer Galerie als ›lebende Skulptur‹). Die Summe dieser notierten Kreativitätsprozesse hat V. in einer Art individuellem Museum, dem *Schrank* (1958 ff.), gesammelt.

Vazquez Ceballos, Gregorio (1638–1711)
Bedeutendster kolumbianischer Maler des 17. Jh.s. Seine zum Sentimentalen neigenden religiösen Gemälde spiegeln in ihren weichen Farb- und Tonabstufungen die Malweise → Murillos wider. V. C. malte auch ◇Porträts, ◇Historienbilder und ◇allegorische ◇Stilleben und betrieb eine vielbeschäftigte Werkstatt.

Vecchietta (Lorenzo di Pietro) (um 1412–1480)
Italienischer Maler, ◇Miniaturist, ◇Bildhauer und Baumeister, beeinflußt durch → Donatellos zweiten Aufenthalt in Siena. ◇Gotische Intensität verbindet sich bei V. mit ◇Renaissanceformen, so in der *Himmelfahrt Mariä* (1461, Dom, Pienza) oder in der *Auferstehung Christi* (1477, S. Maria della Scala, Siena). V.s bildhauerisches Hauptwerk ist das Bronzeziborium auf

dem ◇Hochaltar des Doms von Siena (1467–72).

Vedova, Emilio (* 1919)
Italienischer Maler, einer der Hauptvertreter der italienischen ◇Informel-Malerei in den 1950er und frühen 1960er Jahren, Mitglied der → Fronte Nuovo delle Arti. Sein Stil ist von einem romantischen Anarchismus geprägt, der sich in dramatischen Farbexplosionen äußert. Seine Malerei versteht sich als bildlich-abstrakte Umsetzung von szenischen Vorgängen des menschlich-sozialen Lebens, das für V. wesentlich von politischen Auseinandersetzungen und Kämpfen geprägt wird. 1960/61 Bühnenausstattung für Luigi Nonos Oper ›Intolleranza‹, 1964 auf der documenta III, ◇environmentale Inszenierung der *Plurimi* unter dem Titel *Absurdes Berliner Tagebuch.* In den 1980er Jahren erlangte V. neue Bedeutung als Anreger einer gestischen Malerei mit raumgreifender Wirkung.

Emilio Vedova, *Zusammenprall von Situationen,* 1958

Veen, Otto van (1556–1629)
Flämischer Maler und Dichter, 1596–1600 Lehrer von → Rubens, der durch ihn mit italienischer Kunst bekannt wurde. Nach der Ausbildung bei Lampsonius in Lüttich ging V. nach Italien (1576), studierte fünf Jahre bei Federico → Zuccari und wurde dann in Leiden Hofmaler Alessandro Farneses, des Statthalters der Niederlande (1584). In Brüssel (1585) und Antwerpen (1592) war er ein vielbeschäftigter Maler, ab 1612 auch Finanzinspektor. V.s religiöse Darstellungen und ◇Historienbilder vereinigen ◇manieristische und ◇romanistische Elemente, (*Auferweckung des Lazarus,* 1595/96, Kathedrale, Antwerpen).

Velasco, José María (1840–1912)
Mexikanischer Maler, ausgebildet an der Akademie von S. Carlos (1858), an der er später selber lehrte (1868–73). V., der als bedeutendster ◇Landschaftsmaler Mexikos gilt, durchlief drei Schaffensphasen: In der ersten malte er akademische Stadtansichten, in der zweiten eher ◇impressionistische Landschaften, in der dritten poetische Ansichten aus Mexiko mit großem Gespür für Raumdarstellung und exakte Detail- und Lichtwiedergabe.

Velázquez, Diego Rodriguez de Silva y (1599–1660)
Spanischer Maler, neben → Goya der bedeutendste ◇Porträtist Spaniens, ab 1611 in Sevilla Schüler des Francisco → Herrera und → Pachecos. 1617 schloß er seine Ausbildung in Pachecos Werkstatt ab und heiratete 1618 dessen Tochter. V.' frühe Tätigkeit in Sevilla (hauptsächlich religiöse Themen wie die *Anbetung der Könige,* 1619, Prado) zeigt den Einfluß des ◇Barockbildhauers Juan Martinez → Montañés und von Gemälden in der Manier → Caravaggios. 1622 übersiedelte V. nach Madrid, wo seine Hoffnungen auf Zulassung zum königlichen Hof zunächst enttäuscht wurden. 1623 kam jedoch sein Porträt eines Freundes, des Höflings Juan de Fonseca, König Philipp IV. zu Gesicht, was V. den Auftrag einbrachte, den König und seine Familie zu malen (*Philipp IV. mit einem Schriftstück in der rechten Hand,* um 1628; *Der Infant Don Carlos,* 1626–27, beide ebda.). Zum Hofmaler ernannt, wurde V. der Vertraute des Königs, in dessen Diensten er bis zu seinem Tode blieb und dessen königliche Gemäldesammlung er betreute. 1628 stattete → Rubens dem spanischen Hof einen Besuch ab, auf dessen Rat hin V. die königliche Erlaubnis erhielt, sich 1629 zum Studium der italienischen Meister nach Italien zu begeben. 1649 konnte V. eine zweite Italienreise unternehmen, während der er für die königliche Sammlung Werke von → Tintoretto, →Veronese und → Tizian erwarb. Während dieses zweiten Italienaufenthalts malte er das Porträt des Papstes *Innozenz X.* (1650, Galleria Doria Pamphilj, Rom). 1659 wurde er zum Ritter des Ordens von Santiago geschlagen. – Bereits im Frühwerk von V., v. a. in den ◇Stilleben und Bildnissen von Volkstypen (*Der Wasserträger,* 1618, NGL), zeigt sich sein sicheres Gespür für eine kostbare Farbgebung und ein ausgewogenes ◇Helldunkel. Seine Malerei beschäftigte

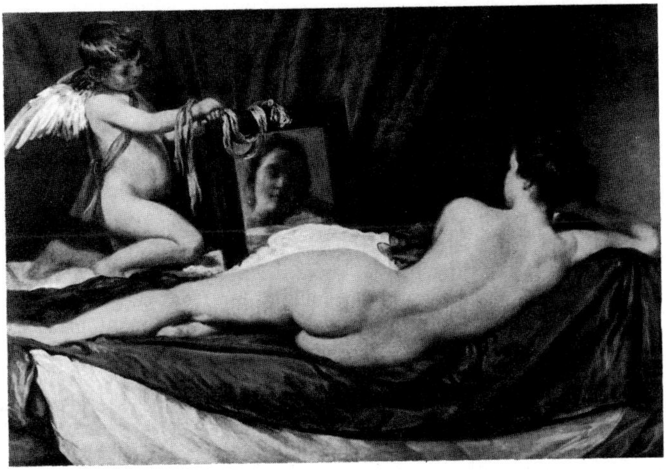

Diego Rodriguez de Silva y Velázquez,
Venus mit Spiegel: ›The Rokeby Venus‹, 1651

sich mit der Bewegung des Lichtes auf den Gegenständen, das die statischen Formen zu einer verdichteten Darstellung des visuellen Eindrucks verschmolz. Die königlichen Bildnisse (*Philipp IV. zu Pferde,* um 1636, Prado) und Repräsentationsgemälde (*Übergabe von Breda,* 1635, ebda., eine Szene aus dem niederländischen Krieg, gemalt für den Madrider Buen-Retiro-Palast) verlangten im Gegensatz zu den Szenen aus dem volkstümlichen Alltag eine monumentale, dem Hof huldigende Bildkonzeption. Dennoch gelang es V. in dem großen Gruppenbild *Las Meninas* (1656, ebda.), das Leben bei Hof aus der Sicht eines distanzierten und zugleich einfühlsamen Beobachters psychologisierend zu erfassen, eine Malweise, die sich deutlich von der prunkvollen Darstellungsmanier bei Rubens unterscheidet. Formen werden mit einem Minimum an Pinselarbeit angedeutet und mit einer überragenden Sparsamkeit der Mittel beherrscht. Inmitten des Glanzes und der Künstlichkeit seines täglichen Lebens bei Hof war V. zutiefst betroffen von der menschlichen Tragödie und dem Leiden, das sich unterhalb der Repräsentationsebene abzeichnete: Die Deformierten, die Zwerge und die Armen (*Die Spinnerinnen,* um 1657, ebda.) interessierten ihn ebenso stark wie die Persönlichkeit des Königs und seiner Höflinge. V. a. in den Bildnissen der Narren und Zwerge (*Der Hofnarr Calabacillas,* um 1636, ebda.) ist V.' Malweise frei von allen Rücksichten auf Repräsentation und bringt die Schärfe seines Charakterisierungsvermögens voll zur Geltung. *Venus mit Spiegel: ›The Rokeby Venus‹* (1651, NGL) ist der einzige erhaltene ◇Akt im Werk von V., ein Motiv, das zur damaligen Zeit in Spanien verboten war. Im Spätwerk, v. a. in den beiden Landschaftsansichten der Villa Medici in Rom (1650, Prado), wurde V.' leichte Pinselführung beinahe ◇impressionistisch, Resultat einer intensiven Beobachtung von Licht und Farben, das Erkenntnisse des ausgehenden 19. Jh.s schon früh vorwegnimmt.

Velde, Adriaen van de (1636–1672)
Holländischer ◇Landschaftsmaler, Schüler seines Vaters, Willem van de → Veldes d. Ä., → Wynants' und → Wouwermans in Haarlem. Sein Repertoire bestand aus biblischen und ◇allegorischen Bildern, ◇Porträts und v. a. ◇Seestücken sowie harmonischen, detailgenauen Sommerlandschaften in toniger Malweise (*Der Strand von Scheveningen,* 1658, Staatliche Kunstsammlungen, Kassel). Häufig malte er auch in Landschaftsbilder anderer Künstler wie Jacob van → Ruisdael und Wynants die Tiere hinein.

Velde, Esaias van de (um 1591–1630)
Holländischer Maler, Mitbegründer der realistischen niederländischen ◇Landschaftsmalerei. Beeinflußt von → Coninxloo, der wohl sein Lehrer war, und → Buytewech sowie von holländischen → Elsheimer-Nachfolgern, begann v. d. V. mit spätmanieristischen, biblisch staffierten Landschaften, die ab 1614 frischeren, unmittel-

bareren Naturausschnitten wichen (*Eisbelustigung auf dem Wallgraben,* 1618, AP). Der niedrige Horizont ist ein wesentliches Element der tonig gemalten Bilder v. d. V.s, der auch Darstellungen von Reitergefechten, Kriegs- und ◇Genreszenen schuf.

Velde, Henry van de (1863–1957)
Belgischer Architekt und Kunstgewerbler, der als Maler in Paris begann und 1892 die Ateliers d'arts industriels in Brüssel gründete. Die werk- und materialgerechte Formgestaltung seiner Möbel, Geräte und Innenraumdekorationen war für das ◇Design des ◇Jugendstils von großer Bedeutung. 1902 wurde er an die neugegründete Kunstgewerbeschule in Weimar berufen, deren Leiter er bis 1914 blieb. 1907 gehörte er zu den Gründern des → Deutschen Werkbundes.

Velde, Willem van de d. Ä. (1611–1693)
Willem van de d. J. (1633–1707)
Holländische ◇Marinemaler. Willem d. Ä., auf akkurate Darstellungen von Schiffen spezialisiert, arbeitete im offiziellen Auftrag der Niederlande, ehe er mit seinem Sohn Willem d. J. 1673 nach England ging und für Karl II. und den Herzog von York malte. Willem d. J. war begabter und vielseitiger als sein Vater und ist wohl der bedeutendste holländische Vertreter des ◇Seestücks. Seine Werke, in denen prachtvolle Schiffe dargestellt werden, zeichnen sich durch eine differenzierte Beobachtung von Licht und Atmosphäre aus. Fast die gesamte englische Marinemalerei bis → Turner wurde von diesen Darstellungen mitgeprägt.

Venet, Bernard (* 1941)
Französischer Künstler. Seit 1966 mit Fragen einer ◇Konzeptuellen Kunst befaßt, suchte er in seinen Arbeiten Phänomene wie Sensibilität, Ausdruck und Individualität zugunsten objektiver Information auszuschalten, indem er Ergebnisse geistes- und naturwissenschaftlicher Disziplinen – wie z. B. mathematische, physikalische und chemische Fachbücher – als ◇Readymades präsentierte. Um der Wiederholung seiner Ideen zu entgehen, stellte er 1971 seine Arbeit ein, nahm sie aber 1976 in Bildern wieder auf, die ihre eigenen Maße und Formen beschreiben.

Veneziano, Paolo siehe → **Paolo Veneziano**

Verelst, Simon (1644–1721)
Holländischer Blumen- und Obststillebenmaler, der sich 1669 in London niederließ, wo seine extrem fein ausgeführten naturalistischen Blumenbilder am Hof Karls II. populär wurden. Er rief auch eine Mode des von floralen Motiven umrahmten ◇Porträts ins Leben. Sein Bruder Harmen (1643?–1700 ?), ebenfalls Maler, arbeitete ab 1683 in London.

Vergos, Familie (tätig 15. Jh.)
In Barcelona wirkende spanische Malerfamilie. Jaime V. d. Ä. (* 1460) läßt sich keine Arbeit eindeutig zuschreiben, doch sein Sohn, Jaime V. d. J. († 1503), malte wahrscheinlich das große ◇Retabel in der Kapelle von S. Agueda in Barcelona (1464). Sein Sohn Pablo († 1495) schuf vier große Prophetengestalten und die *Ordination des hl. Vinzenz* (Museum, Barcelona). Raphael arbeitete zusammen mit seinem Vater (Jaime V. d. J.) und Pedro Alemany an großen Retabeln. Alle Familienmitglieder malten höchst dekorativ und (wegen des Mangels an anatomischer und räumlicher Genauigkeit) zutiefst ◇gotisch.

Verhulst, Rombout (1624 – um 1696)
Holländischer ◇Bildhauer, der zu den Hauptvertretern der holländischen ◇Barockbildhauerei gehört. V. schuf v. a. monumentale Grabmäler von ungewöhnlicher technischer Brillanz sowie Architekturreliefs für die Waage in Leiden und beteiligte sich seit 1650 an der Skulpturenausschmückung des Amsterdamer Rathauses.

Verkade, Jan (1868–1946)
Niederländischer Maler, Angehöriger der → Nabis-Gruppe. Er bestritt die Bedeutung der Ölmalerei als Ausdrucksträger und verlegte sich auf die ◇Wandmalerei. Nachdem er im Kreis um → Gauguin in Paris und → Pont-Aven verkehrt hatte, trat er 1894 ins Kloster Beuron ein und wurde 1902 Priester. Vom ◇Synthetismus kam er zu einer Theorie der göttlichen Proportionen, die er bis zu seinem Tod in Malereien auf Kloster- und Kirchenwänden anwandte.

Vermeer van Delft, Jan (1632–1675)
Holländischer Maler und einer der Hauptmeister der holländischen Malerei im 17. Jh., möglicherweise Schüler von Carel → Fabritius, Mitglied der Delfter Gilde (ab 1653) und deren Vorsteher (1663, 1670). Von V. gibt es nur knapp 40 gesicherte Bilder (zumeist ◇Genredarstellungen),

Jan Vermeer van Delft, *Der Liebesbrief,* um 1670

und nur eines davon, *Bei der Kupplerin* (1656, Dresden), ist sicher datiert, während es bei den übrigen schwierig ist, sie chronologisch richtig einzuordnen, obwohl einige Gemälde, die den Einfluß der → Utrechter Schule erkennen lassen, früh entstanden sein dürften (so *Christus bei Maria und Martha,* National Gallery of Scotland, Edinburgh, und *Bad der Diana,* Mauritshuis, Den Haag). V.s beste Arbeiten lassen alle Einflüsse weit hinter sich und haben ein völlig anderes Niveau als die übrige holländische Genremalerei. V. ist der große Meister der ◇stilllebenhaften Innenraum-Darstellung, die er mit zarter Farbigkeit ins Bild setzt. Seine sorgfältig differenzierte Beobachtung von Lichteinfall und Lichtwirkung, seine hervorragende Zeichenkunst und Beherrschung der ◇Perspektive (V. bediente sich zur Bildfindung häufig eines Spiegels und der ◇Camera obscura), seine vorzüglichen Kompositionen, seine subtile Charakterisierungskunst und seine unvergleichlich lebendigen Farbharmonien, v. a. auf reinstem, kühlem Blau und leuchtendem Gelb aufgebaut, sind die Kunstmittel, die Werke von köstlicher Stille und Klarheit hervorbrachten. Zu V.s Hauptwerken zählen: *Die Briefleserin* (Rijksmuseum, Amsterdam), *Die Spitzenklöpplerin* (um 1664, Louvre; siehe Ft. 15), *Die Dame mit Perlenschnur* (Berlin), *Die Dame am Spinett* (NGL), *Die Milchgießerin* (Rijksmuseum, Amsterdam), die *Straße in Delft* (ebda.), die *Allegorie der Malerei* (KhW), *Das Mädchen mit der Perle* (Mauritshuis, Den Haag), zwei Ansichten von Delft (um 1660, ebda.), ein *Junges Mädchen mit Flöte* (NGW) und die *Allegorie des christlichen Glaubens* (MM).

Vermeyen, Jan Cornelisz. (um 1500–1559)
Altniederländischer Maler und ◇Kupferstecher. In Cambrai arbeitete V. für Margarete von Österreich, dann stand er im Dienst Karls V. (1534), für den er ◇Zeichnungen von der Einnahme Tunis' anfertigte, die später als ◇Kartons für ◇Bildteppiche mit den Kriegstaten des Kaisers verwendet wurden (Teppiche in Madrid, Kartons im Belvedere, Rom). Unter V.s wenigen erhaltenen Werken befinden sich acht datierbare Kupferstiche (um 1545, 1546, 1555). Man kann italienische Einflüsse wahrnehmen, aber es besteht auch eine gewisse, nicht so augenfällige Nähe zu Jan van → Scorel, so etwa im *Bildnis eines Mannes* (AP).

Vernet, Claude-Joseph (1714–1789)
Französischer ◇Landschaftsmaler, der vorwiegend ◇Seestücke und Küstenlandschaften malte. Während eines 20jährigen Romaufenthalts (ab 1734) entwickelte V. einen malerischen Stil, der sich teilweise von → Claude Lorrain herleitete (*Sportlicher Wettkampf auf dem Tiber,* 1750, NGL). Neben ruhigen römischen Ansichten entstanden aber auch stürmische Naturdarstellungen im Stil → Rosas. Für König Ludwig XV. schuf er ab 1753 in Paris 15 Bilder französischer Häfen (Louvre).

Vernet, Emile Jean Horace (1789–1863)
Französischer Maler und ◇Grafiker, Enkel von Claude-Joseph → Vernet und Sohn von Carle V. (1758–1836). Der berühmteste ◇Schlachten- und Tiermaler seiner Generation arbeitete für die Familie Bonaparte, später für Louis-Philippe, war Direktor der französischen Akademie in Rom (1828–34), besuchte Algerien (1837), um weiteres Material für die großen Schlachtenserien in Versailles zu sammeln, und reiste nach Rußland, um für den Zaren ein napoleonisches Bild zu malen. Seine nordafrikanischen Szenen sind schwungvoll gemalt, aber glatter als die von → Delacroix (*Die Löwenjagd,* 1836, Wallace Collection, London). Die ◇Lithographien (aus dem Soldatenleben) und die ◇Holzschnitzillustrationen V.s, der auch Porträtkarikaturen zeichnete, waren gleichfalls geschätzt.

Paolo Veronese, *Das Gastmahl im Hause des Levi* (Ausschnitt), 1573

Veronese, Paolo (P. Caliari) (1528–1588)
Italienischer Maler, der sich nach seinem Geburtsort Verona benannte, hauptsächlich aber (ab 1553) in Venedig tätig war. Schüler von Antonio Badile in Verona, wurde V. angeregt durch → Parmigianino, → Giulio Romano und die venezianische Malerei. V. überflügelte rasch seine Zeitgenossen, wandte sich von ihrem eingefahrenen Klassizismus ab und praktizierte mit koloristischer Meisterschaft einen ausgeprägten ◇Illusionismus, ohne zum ◇Manierismus überzugehen. Statt dessen bildet seine Kunst auf der glanzvollen Höhe der ◇Cinquecentomalerei einen Übergang zwischen ◇Renaissance und ◇Barock. V.s große Darstellungen mythologischer und biblischer Szenen – so etwa die *Hochzeit zu Kana* (1562–63, Louvre) – stellen prächtig gekleidete Menschenmengen zwischen klassischen Architekturen dar, deren Silbertönung im Kontrast zu den leuchtend-prunkvollen Gewandfarben steht. Von der Inquisition beschuldigt, das Abendmahl unehrerbietig dargestellt zu haben (1573), verteidigte V. sein Recht auf künstlerische Freiheit und änderte lediglich den Titel des Bildes in *Das Gastmahl im Hause des Levi* (Accademia, Venedig) um. Sämtliche Werke V.s spiegeln – oft in heiterer Festlichkeit – den Glanz und die Prachtentfaltung des damaligen Venedig wider, und das ◇Deckengemälde *Triumph Venedigs* (1575–77, Dogenpalast) ist die erste bildliche Verherrlichung des Stadtstaates. Oftmals arbeitete V. mit Baumeistern zusammen, und seine ◇Fresken in Palladios Villa Barbaro Maser bei Vicenza (um 1561) mit den illusionistisch aufgelösten Decken und Wänden zeichnen sich durch eine frische Unbekümmertheit der Landschaften und durch witzige ◇Trompe-l'œil-Effekte von Gestalten, die über gemalten Brüstungen lehnen, aus. V.s Farben strahlen in durchsichtiger Klarheit und sind nach komplementären Prinzipien gegeneinander abgesetzt. Daß V. gelegentlich auch einen tragischen Ausdruck in seine Gemälde einfließen ließ, wird in der *Kreuzigung Christi* (Louvre) deutlich, wo die Figuren auf hohen Kreuzen vor einem dunklen, sturmgepeitschten Himmel erscheinen. Der Vielzahl von Aufträgen konnte V. nur unter Einsatz vieler Mitarbeiter in seiner Werkstatt genügen, die sich seinem Stil gänzlich unterwarfen.

Verrio, Antonio (1630–1707)
Italienischer Maler, seit 1671 in England tätig. V. malte riesige Dekorationszyklen in spätbarocker Manier und wurde nach dem Tod → Lelys zum Hofmaler ernannt (1684). Er arbeitete in großem Umfang für die Krone in Windsor Castle und Hampton Court, doch auch in Burghley (The Heaven Room) und in Chatsworth. In England war V. sehr beliebt, obwohl seine gekonnten Werke oft oberflächlich erscheinen.

Verrocchio, Andrea del (A. di [del] Cione) (1435–1488)
Italienischer ◇Bildhauer und Maler, zunächst in Florenz, dann in Venedig tätig. Sein einziges datiertes Gemälde ist eine Tafel im Dom von Pistoia. Als Bildhauer war V. von → Desiderio, → Pollaiuolo und → Castagno beeinflußt. Hauptsächlich aber hat er sich mit → Donatello auseinandergesetzt, nach dessen Tod er der Hauptmeister der florentinischen Bildhauerei war. Die Bronzegruppe mit Christus und dem ungläubigen Thomas (begonnen 1476, Or S. Michele, Florenz) brachte bildhauerisch etwas Neues, indem sie das Problem, zwei Figuren in einem begrenzten Raum unterzubringen, durch eine leichte Überschneidung und die eindringliche Gebärde des Heiligen löste. Das Grabmal für Giovanni und Piero de' Medici (1472, S. Lorenzo, alte Sakristei, Florenz) ist insofern einzigartig, als es ausschließlich mit antiken Schmuck-

Andrea del Verrocchio, *David,* um 1472–75

motiven verziert ist. V.s Bronzestatue des *David* (um 1472–75, Museo Nazionale del Bargello, Florenz) ist eine selbstbewußte und aristokratische Darstellung des Goliath-Bezwingers. Im Streben nach realistischer Darstellung ist die Beherrschung der figürlichen Proportion ausgedehnt auf eine tiefere Einsicht in die psychologische Situation der biblischen Gestalt; der junge, siegreiche David ist gesehen als Jüngling voller Stolz und Selbstvertrauen. Gegen Ende seines Lebens schuf V. als eines seiner bedeutendsten Werke das *Reiterdenkmal des Generals Colleoni* (nach dem Tonmodell V.s von A. Leopardi gegossen, enthüllt 1496, vor SS. Giovanni e Paolo [S. Zanipolo], Venedig). Der Condottiere und sein Pferd sind zum Inbegriff der Willenskraft geworden. Weitere bildhauerische Hauptwerke sind: das Silberrelief mit der Enthauptung Johannes' d. T. (1477–80, Museo dell'Opera del Duomo, Florenz) und das unvollendete Grabmal für Kardinal N. Forteguerri (1476–88, Dom, Pistoia). Als Maler arbeitete V. mit → Leonardo zusammen, der mit ihm gelernt hatte und dem der Engel in der *Taufe Christi* (um 1474–75, Uffizien) zugeschrieben wird.

Verspronck, Jan Cornelisz. (1597–1662)
Holländischer realistischer ◇Porträtmaler, Schüler von Frans → Hals, stilistisch aber weniger malerisch und spontan als dieser. Später beeinflußte ihn auch → Rembrandt, zumal in der Gruppendarstellung. V. malte in erster Linie protestantische Bürger Haarlems. Bekannt wurde er v. a. durch seine Kinderbildnisse (*Porträt eines Mädchens in hellblauem Kleid,* 1641, Rijksmuseum, Amsterdam).

Vertue, Georg (1684–1756)
Englischer ◇Kupferstecher, Schriftsteller und Antiquar, ausgebildet an der Akademie → Knellers, dessen Notizbücher über die englische Kunst von ca. 1700 bis 1750 eine hervorragende Informationsquelle über diese Zeit darstellen, wenn sie auch ungeordnet und großteils unreflektiert waren. Auf ihnen baute H. Walpole seine ›Anecdotes of Painting in England‹ auf (1763).

Viani, Alberto (* 1906)
Italienischer ◇Bildhauer, der an der Akademie in Venedig studierte. Unter dem Einfluß → Arps und → Brancusis gelangte V. zu einer archetypischen abstrakten ◇Skulptur zumeist blankpolierter Manier, die trotz ihrer absoluten Form ihre Inspiration durch die menschliche Gestalt nicht verbergen kann. V. war Mitglied der → Fronte Nuovo delle Arti, 1946 gegründet.

Vien, Joseph-Marie (1716–1809)
Französischer ◇Historienmaler und ◇Kupferstecher, 1744–50 in Rom, 1775–81 dort Direktor der französischen Akademie. In Italien schloß sich V. der ◇klassizistischen Bewegung an, seine ◇antikisierenden ◇Fresken sind jedoch ◇rokokohaft verniedlicht. Zu V.s Schülern gehörte J.-L. → David.

Vieira da Silva, Maria Elena (* 1908)
Portugiesisch-französische Malerin, ursprünglich ◇Bildhauerin und Schülerin → Bourdelles, seit 1929 zur Malerei übergegangen, tätig in Paris. Eindeutig dekorative, mosaikähnliche frühe Arbeiten wichen einer stark betonten Räumlichkeit der Darstellung. Farbige Segmente werden durch ein ausdrucksvolles Liniennetz unterteilt, das sich zur Mitte hin zusammenzieht und an den Bildrändern verschwimmt: scheinbare ◇Abstraktionen, die in Wirklichkeit kaschierte visionäre Städtebilder von großer Tiefe und Traumarchitekturen sind.

Vier große Landschaftsmeister
Die vier großen Meister der Yuan-Zeit (1271–1368) – → Huang Gongwang, → Ni Zan, → Wang Meng und → Wu Zhen –, die in der Tradition der → Literatenmaler gegen die neuen mongolischen Herrscher ebenso opponierten wie gegen die akademischen Traditionen der Nördlichen und Südlichen Song-Dynastie (960–1279). Sie entwickelten Techniken der Pinselführung, die ein ›Schreiben‹ der Landschaftsdarstellung ermöglichten. Ihr Ideal war die ›Schlichtheit‹ von Stil und Thema, auf eine sanfte, leise Art bewegend und individuell gestaltet.

Vigée-Lebrun, Elisabeth-Louise (1755–1842)
Französische ◇Porträtistin, geschult an → Rubens, → Rembrandt und van → Dyck, die mit Frauenbildnissen in einem gefühlvollen Zeitgeschmack zu europäischem Ansehen gelangte. Zunächst für den französischen Adel tätig, arbeitete sie nach dem Ausbruch der Französischen Revolution auch in Rom, Neapel, St. Petersburg und Berlin. Ihre besten Werke sind weich in den Konturen, von natürlicher Frische, in Pose und Gewanddrapierung locker inszeniert (*Selbstbildnis,* um 1791, Uffizien). Bekannt wurde sie v. a. mit dem Bildnis der *Königin Marie-Antoinette in weißem Musselinkleid* (1782, Versailles).

Vignon, Claude (1593–1670)
Französischer Maler und ◇Radierer, der für Ludwig XIII. und für Richelieu arbeitete. Er studierte 1616–24 in Rom, wo er von den Nachfolgern → Caravaggios und → Elsheimers (u. a. → Vouet) beeinflußt wurde und einen Stil entwickelte, der eine überraschend große Ähnlichkeit mit dem des jungen → Rembrandt aufweist. Die beiden Künstler waren miteinander bekannt; V. verkaufte einige Werke Rembrandts in Paris. Außerdem schuf V. Radierungen im Stil → Riberas.

Villard de Honnecourt (tätig 1220–1240)
Französischer Baumeister und ◇Zeichner aus Honnecourt (Picardie), von dem das einzige (allerdings nur zur Hälfte) erhalten gebliebene mittelalterliche Bauhüttenbuch (um 1240, Bibl. Nat.) stammt, das als ›Skizzenbuch‹ bezeichnet wird. Die für die Schüler V.s angefertigte Mustersammlung samt Beischriften und ausführlichen traktatartigen Texten besteht aus 33 ◇Pergamentblättern mit teilweise lavierten ◇Federzeichnungen, die Aufschluß geben über die Denkweise und die Interessen eines hochgotischen Baumeisters und so eine der wichtigsten Quellenschriften des Mittelalters bilden. Sie enthält in kapitelweiser Anordnung Zeichnungen bestehender oder zerstörter Bauten, so der Kathedralen von Laon und Cambrai, ausgeführte und unausgeführte Entwürfe für Reims, Tierdarstellungen, geometrische Schemata für Figurenkompositionen, wissenschaftliche und technische Zeichnungen usw. V. war wohl in Cambrai tätig, besuchte Ungarn, vielleicht auch Bamberg und Palermo. Bauhüttenbücher wie das von V. dürften dazu beigetragen haben, die architektonischen Ideen der Ile-de-France in ganz Europa zu verbreiten.

Villeglé, Jacques Mahé de la (* 1926)
Französischer Künstler, der an der Pariser Akademie studierte. 1960 war V. Gründungsmitglied des ◇Nouveau Réalisme, nachdem er schon in den 1950er Jahren als Affichist mit Raymond → Hains zusammengearbeitet hatte. Seine zerrissenen Plakate (›Affiches lacérées‹) wurden bereits 1957 ausgestellt. In diesen ◇Collagen aus abgerissenen Plakaten dominiert eine lyrisch-rhythmische Anordnung der Buchstaben gegenüber dem Décollageprinzip der Affichisten → Rotella und Hains.

Villon, Jacques (Gaston Duchamp) (1875–1963)
Französischer Maler und ◇Radierer, der älteste Vertreter der ◇kubistischen Bewegung, Bruder von Marcel → Duchamp und Raymond → Duchamp-Villon. Zusammen mit seinen Brüdern sowie → Delaunay, → Léger, → Kupka, → Picabia u. a. gründete er 1912 die Gruppe → Section d'Or, in der man sich, anders als im Kubismus → Picassos und → Braques, auch um die Farbe als Ausdrucksmittel bemühte. Seit 1913 arbeitete V. mit geometrischen Flächenzerlegungen und Farbspielen, um auf diese Weise Bewegung malerisch darzustellen. Später griff er wieder stärker, wenngleich weiterhin geometrisch-abstrahierend, auf Naturformen zurück. V.s Atelier in Puteaux war der Treffpunkt zahlreicher bedeutender Künstler.

Les Vingt (frz. ›Die Zwanzig‹)
1884 in Brüssel gegründete Vereinigung von 20 Künstlern, darunter → Ensor und → Rysselberghe, die kein gemeinsames ästhetisches Pro-

gramm vertraten, sondern lediglich den Zweck gemeinsamer jährlicher Ausstellungen verfolgte, zu denen ebensoviel Gäste, auch aus dem Ausland, als Vertreter neuer, lebendiger künstlerischer Strömungen eingeladen wurden. Es gab keinen Präsidenten, sondern nur einen Sekretär, den Juristen Octave Maus, der die Zeitschrift ›L'Art Moderne‹ als Sprachrohr der Vereinigung herausgab. Zu den Gästen gehörten u. a. → Rodin (1884), → Monet (1886), → Seurat (1887), → Gauguin (1889), → Cézanne und van → Gogh (1890).

Virnich, Thomas (* 1957)
Deutscher ◇Objektkünstler, der 1978–81 an der Technischen Hochschule Aachen und 1981–85 an der Düsseldorfer Kunstakademie studierte. Seit Ende der 1970er Jahre konstruiert V. zerlegbare ◇Skulpturen, bei denen der Aspekt des schalenartig zusammengesetzten Hohlkörpers, der den Leerraum in Zwischenräumen begrenzt, von Bedeutung ist.

Vischer, Familie (tätig 15./16. Jh.)
Nürnberger ◇Bildhauer- und Erzgießerfamilie, tätig seit 1453, deren Gießhütte damals die bedeutendste in Deutschland war. Zuschreibungen sind nicht immer einfach, da die Werkstatt häufig Gemeinschaftsarbeiten herstellte. Insgesamt waren drei Generationen beteiligt: Hermann d. Ä. († 1488), sein Sohn Peter d. Ä. (um 1460–1529) und dessen drei Söhne, Hermann d. J. (um 1486–1517), Peter d. J. (1487–1528) und Hans (1489–1550). Hermann d. Ä. begründete 1453 die Gießhütte, von ihm stammen neben Bronzebildnissen ein Taufbecken der Stadtkirche von Wittenberg und einige Grabplatten. Peter d. Ä., der, nachdem er 1489 Meister geworden war, die Werkstatt übernahm, war begabter als sein Vater und leitete, als der bedeutendste Bildhauer der → Dürer-Epoche, die Glanzzeit der Hütte ein. Für sein Hauptwerk, das Sebaldusgrab (1508–19, St. Sebaldus, Nürnberg), entwickelte er die Form des Baldachingrabs. Die zwölf Apostel vor den acht Säulen sind eigenhändige Arbeiten Peters d. Ä., in denen sich ◇gotische Formen mit Elementen der ◇Renaissance verbinden. Für das Grab Kaiser Maximilians in Innsbruck schuf er die Figuren der Könige Artus und Theoderich (1513). Seine Söhne führten vermutlich viele seiner Projekte zu Ende. In ihren eigenen Arbeiten griffen sie in zunehmendem Maße italienische Ideen auf und wirkten dadurch an der Verbreitung von ◇Renaissanceformen in Deutschland mit. Hermann d. J. wird neben dem architektonischen Aufbau des Sebaldusgrabs das Fuggergitter mit einem Rundbogenrelief in der Augsburger Fugger-Grabkapelle zugeschrieben. Außerdem schuf er Grabplatten. Peter d. J. dürfte die vielen Kleinplastiken des Sebaldusgrabs gearbeitet haben. Hans' Hauptwerke sind der Apollobrunnen im Hof des Nürnberger Rathauses (1532), das Doppelgrabmal der Kurfürsten Joachim und Johann Cicero im Berliner Dom (1530), das Grabmal Albrechts von Brandenburg (1525, Stiftskirche, Aschaffenburg) und das von Johann dem Beständigen (Schloßkirche, Wittenberg).

Visser, Carel (* 1928)
Niederländischer ◇Bildhauer, studierte an der Technischen Hochschule in Delft (1948–49) und an der Akademie in Den Haag (1949–51); 1952 ließ er sich in Amsterdam nieder. Seine klaren, in der Tradition des niederländischen ◇Konstruktivismus stehenden Arbeiten (meist Eisenplastiken), mit denen er zum bekanntesten zeitgenössischen Bildhauer der Niederlande wurde (zahlreiche öffentliche Aufträge, u. a. für den Amsterdamer Flughafen Schiphol, 1967), lassen sich in zwei (nebeneinanderlaufende und grundsätzliche Probleme von Skulptur behandelnde) Gruppen unterteilen: Zusammensetzen aus Einzelteilen (ab 1954; *Doppelformen,* 1957–58) und Zerteilen einer geschlossenen Form (*Salami,* ab 1964) bzw. Reduzieren auf ein Gerüst (*Schlaffer Kubus,* 1969).

Vitale da Bologna (1308/09–1361)
Italienischer Maler, der erste bedeutende ◇Tafelbild- und ◇Freskomaler in Bologna, dem Zentrum der italienischen ◇Buchmalerei, und Begründer der → Bologneser Malerschule, tätig in Bologna, Udine und der Abtei von Pomposa. V. knüpfte an Entwicklungen in Siena und Florenz, zumal an die → Giotto-Tradition, an, kam aber zu einer durchaus eigenen Farbigkeit und Bewegtheit. Die vier detail- und episodenreichen Tafeln der Antoniuslegende (Pinacoteca, Bologna) zeigen seine persönliche Behandlung der Oberflächenstruktur. Weitere Hauptwerke sind: die *Madonna dei Denti* (1345, Museo Davia-Bargellini, Bologna), ein Fresko mit der Geburt Christi aus S. Maria in Mazzarotta (ebda.) und die Nikolauslegende (Dom, Udine).

Viti, Timoteo (T. da Urbino) (1469/70–1523)
Italienischer Maler, vermutlich Schüler von Giovanni Santi (dem Vater → Raffaels). Nachdem er als Goldschmied begonnen hatte, erlernte er das Malen in der Werkstatt Francesco → Francias in Bologna und kehrte 1495 nach Urbino zurück. Zuerst Francia, dann Raffael verpflichtet, steht er stilistisch v. a. → Signorelli nahe. Am ausdrucksstärksten sind V.s ◇Zeichnungen.

Vitruv (Marcus Vitruvius Pollio) (1. Jh. v. Chr.).
Römischer Architekt und Militärtechniker unter Caesar und Augustus, der Nachwelt v. a. bekannt geworden durch seine zehn Bücher ›De architectura‹, eine Abhandlung, die sich hauptsächlich auf griechische und ◇hellenistische Bauwerke bezieht, zeitgenössischen römischen Bauten hingegen wenig Beachtung schenkt (erschienen um 25 v. Chr.). Das Lehrbuch regte Architekten späterer Zeiten nachhaltig an und war bis ins 15. Jh. in mehr als 70 Abschriften verbreitet. Es behandelt die Stadtplanung (1), Baumaterialien (2), Tempel und die Säulenordnungen (3, 4), öffentliche Bauten (5), Wohnhäuser (6), Fußböden und Stukkaturarbeit (7), Wasserversorgung (8), Geometrie, Meßkunst usw. (9), Zivil- und Militärmaschinen (10).

Vittoria, Alessandro (1525–1608)
Italienischer ◇Bildhauer, ausgebildet in der Werkstatt J. → Sansovinos in Venedig (ab 1543), nach dem Bruch mit Sansovino auch in Vicenza, Padua und Brescia tätig. V. schuf Prunkgräber, Marmorbüsten und vornehmlich Kleinbronzen in ◇manieristischen Proportionen (*Porträtbüste des Ottavio Grimani,* um 1576, Berlin). Sein zuweilen sehr gewandter Stil war stark von seiner → Michelangelo-Bewunderung geprägt, gelangte aber im *Hl. Sebastian* (S. Salvatore, Venedig) über oberflächliche Nachahmung hinaus zu tieferem Verständnis.

Vivarini, Antonio (um 1415–1476/84)
Bartolomeo (um 1432–um 1499)
Alvise (um 1445–1503/05)
Venezianische Malerfamilie; Antonio und Bartolomeo waren Brüder, Alvise war der Sohn Antonios. In der Werkstatt der V.s in Murano entstanden hauptsächlich kunstreiche, sorgfältig komponierte und durchgearbeitete ◇Polyptychen. Antonio V. arbeitete fast immer mit anderen zusammen, zuerst mit → Giovanni d'Alemagna (z. B. in der *Krönung Mariä,* 1444, S. Pantaleone, Venedig) und später mit seinem Bruder. Bei allen Versuchen, zur Plastizität zu gelangen, löste sich A. in seinen ◇Altarbildern doch nie von einer dekorativen ◇gotischen Darstellungsweise. Bartolomeo V. entwickelte in seinen unabhängigen Arbeiten (seit den 1460er Jahren) eine klare Plastizität, die Einflüsse der Frührenaissance aus Padua und besonders von → Mantegna erkennen läßt (so im *Hl. Martin,* Accademia Carrara, Bergamo). Die Werkstatt beschäftigte im Lauf der Zeit immer mehr Gehilfen. In ihr lernte auch Alvise V., vermutlich v. a. bei seinem Onkel, obwohl er auch von → Antonello da Messina und Giovanni → Bellini Anregungen empfing. Er malte peinlich genau und in gläserner Reinheit (so in den Antonius- und Klara-Tafeln der venezianischen Accademia).

Vivin, Louis (1861–1936)
Französischer Postbeamter und Freizeitmaler, nach der Pensionierung (1922) ganz der Malerei verschrieben, wie andere moderne ›Primitive‹ von W. von Uhde entdeckt. Er malte – gelegentlich nach Postkarten – vornehmlich Montmartre- und Sacré-Cœur-Darstellungen, aber auch Blumenstilleben, und zwar objektverliebt und peinlichst exakt, sehr farbig, trotzdem harmonisch. Seine Bilder sind von spielzeugartigem Reiz.

Vlaminck, Maurice de (1876–1958)
Französischer Maler flämischer Herkunft, von Kindheit an mit → Derain bekannt, seit 1901 auch mit → Matisse. De V. und Derain gründeten 1903 eine Ateliergemeinschaft und arbeiteten, wie auch Matisse, in ähnlicher Richtung, so daß aus ihrem Bestreben die Gruppe der ◇Fauves hervorging, die 1905 beim ◇Salon d'Automne ausstellte. Von van → Gogh ausgehend, malte de V. v. a. ◇Landschaften und ◇Stillleben in wilder Pinselführung und kontrastreichen, leuchtenden Farben (*Gärten in Chatou,* 1904, Art Institute of Chicago). Später (um 1908) gelangte er unter dem Einfluß → Cézannes zu einer Harmonisierung der Kompositionen durch gedämpftere Farben und zu einer gewissen kubistischen Konsolidierung der Formen, auch wenn er sich nie dem ◇Kubismus anschloß (*Stilleben mit Blumen und Früchten,* 1911, WRM).

Vlieger, Simon de (um 1600–1652)
Holländischer ◇Landschafts- und ◇Marinemaler, tätig in Delft, Amsterdam, Rotterdam und

Maurice de Vlaminck, *Selbstbildnis,* 1922

Weesp. Schüler von W. van de → Velde d. Ä., beeinflußt von → Porcellis. V. malte vornehmlich die Nordsee, zuerst in Sturmdarstellungen, dann silberhell und in feinen Tonabstufungen (*Ruhiges Wasser,* um 1630, Museum Boymans-van Beuningen, Rotterdam), zuletzt im Sonnenlicht und mit kräftigen Farben, schuf aber auch andere Naturdarstellungen und ◇Radierungen (Wald- und Flußlandschaften, Tiere). V. war mit seinen Landschaften ein großes Vorbild für J. van de → Capelle.

Vogeler, Heinrich (1872–1942)
Deutscher Maler und ◇Grafiker. Seit 1894 war V. in der → Worpsweder Künstlerkolonie tätig, wo er zunächst schwermütige Moorlandschaften malte. Unter dem Einfluß des ◇Jugendstils wandte er sich dem Buchschmuck (v. a. für den Insel-Verlag in Leipzig, u. a. H. v. Hofmannsthal, ›Der Kaiser und die Hexe‹, 1900; O. Wilde, ›Erzählungen und Märchen‹, 1910) und ◇kunstgewerblichen Entwürfen für die verschiedensten kunsthandwerklichen Erzeugnisse zu. V.s Inneneinrichtung für die Güldenkammer im alten Bremer Rathaus gehört zu den bedeutendsten Werken des Jugendstils. Nach dem Ersten Weltkrieg gründete er in Worpswede eine kommunistische Arbeiterschule und unternahm Reisen in die Sowjetunion, wo er sich 1932 endgültig niederließ und in Anlehnung an den ◇Sozialistischen Realismus malte.

Voll, Christoph (1897–1939)
Deutscher ◇Bildhauer und ◇Grafiker, der nach einer Bildhauerlehre 1919/20 an der Kunstgewerbeschule und 1920–23 an der Kunstakademie in Dresden studierte. V.s eindrucksvolle Holzskulpturen stehen sowohl dem ◇Expressionismus der → Brücke wie auch der ◇Neuen Sachlichkeit nahe. Dargestellt sind Zweiergruppen, Kinder und arbeitende Menschen, wobei V. nicht in Mitleid und sozialkritischer Anklage verharrt, sondern auch durch die ausdrucksstarke Körperlichkeit seiner Figuren deren selbstbewußte Würde artikuliert (*Arbeiter mit Kind,* 1920). 1926 Professur an der Kunstschule Saarbrücken, 1933–35 an der Karlsruher Kunstakademie. Für die Pflege des Werknachlasses setzte sich 1939 E. → Munch ein, der während des Zweiten Weltkrieges auch die Auslagerung der Plastiken nach Kopenhagen veranlaßte.

Volterra, Daniele da (D. Ricciarelli) (um 1509–1566)
Italienischer Maler des ◇Manierismus in der Nachfolge → Michelangelos, der gelegentlich auch der ›Hosenmaler‹ genannt wird, da er, einem Befehl Papst Pauls IV. folgend, die Blößen einiger Figuren auf Michelangelos ◇Freskengemälde in der Sixtinischen Kapelle, dem *Jüngsten Gericht,* mit Draperien verdeckte.

Vordemberge-Gildewart, Friedrich (1899–1962)
Deutscher Maler, ließ sich – nach einer Tischlerlehre – 1919 in Hannover nieder, wo er an der Kunstgewerbeschule und der Technischen Hochschule studierte und 1924 → Schwitters, → Arp und vor allem van → Doesburg kennenlernte, unter dessen Einfluß er sich 1925 dem ◇Stijl anschloß und – nach seinen Anfängen mit ◇konstruktivistischen Reliefs – einer geometrisch-◇abstrakten Malerei zuwandte, die durch die Verbindung von flächigen und räumlichen Elementen gekennzeichnet ist (z. B. auf der Bildfläche angebrachte stereometrische Formen, wie z. B. Halbkugeln). 1937 ging er in die Schweiz und 1938 nach Amsterdam (1950 Innenraumgestaltung für die De Bijenkorff-Warenhäuser). Ab 1954 wirkte er als Dozent an der Hochschule für Gestaltung in Ulm.

Vos, Cornelis de (um 1584–1651)
Flämischer ◇Historienmaler und neben → Rubens und van → Dyck der bedeutendste niederländische ◇Porträtmaler, der einfache und unaffektierte Bürgerbildnisse produzierte (so *Der Gildendiener Abraham Grapheus,* 1620, Antwerpen; *Die Familie Hutten,* AP; *Der Waisenhausvorsteher Salomon Cock mit einem Kind,* Staatliche Kunstsammlungen, Kassel). Zusammen mit Rubens, der ihn nachhaltig beeinflußte und von dem er auch Skizzen in Gemälde umsetzte, arbeitete er für den Torre de la Parada (1636–38).

Vos, Maerten (Marten) de (1531–1603)
Flämischer Maler des ◇Manierismus, ab 1551 in Italien, wo er Schüler von F. → Floris in Rom und von → Tintoretto in Venedig war. Nach der Rückkehr nach Antwerpen (1558) wurde er Meister der Lukas-Gilde und deren Vorsteher (1572). V.' Bedeutung ergibt sich aus der Vielzahl von Stichen nach seinen Bildern. *Der hl. Lukas malt die Muttergottes* (1602, Antwerpen) ist ein Zeugnis für die stark italianisierende Manier seiner religiösen Bilder, während seine ◇Porträts den traditionellen einheimischen Stil fortführen (*Gilles Hoffmann und seine Frau Margaretha van Nispen,* 1570, Rijksmuseum, Amsterdam).

Vos, Paul de (1596–1678)
Flämischer Maler von Jagdszenen, Tieren und ◇Stilleben; Bruder des Cornelis de → Vos. Er arbeitete gemeinsam mit → Rubens und → Snyders, war aber eher ein guter Handwerker als ein Meister der Erfindungskraft.

Vostell, Wolf (* 1932)
Deutscher ◇Grafiker und ◇Happening-Künstler, der während eines Amerikaaufenthalts mit → Kaprow zusammenarbeitete und danach das ◇Décollage-Happening als ◇neodadaistische Aktionsform entwickelte. In seiner Grafik benutzt V., der zunächst mit Abreißbildern von Plakatwänden begann, die Technik des ◇Verwischens und Übermalens von ◇Fotomontagen, ein Verfahren, das für die Vertreter des ◇Neuen Realismus zum wichtigsten Vehikel gesellschaftskritischer Aussage wurde. In den 1970er Jahren beschäftigte sich V. verstärkt mit ◇Video, wobei er zunächst im Décollage-Prinzip Fernsehmonitoren, häufig auch in deformierter Form, in seine Arbeiten einbrachte. In den 1980er Jahren entstanden kombinierte ◇Installationen aus Malerei und Videomonitoren, mit denen V. auf die politischen und sozialen Probleme der Gegenwart hinweist.

Vouet, Simon (1590–1649)
Französischer ◇Barockmaler, der mehr als 20 Jahre lang den Geschmack seiner Zeitgenossen prägte. Der Sohn eines Malers ließ sich 1613 in Italien nieder, er lebte hauptsächlich in Rom, mit Ausnahme von Aufenthalten in Genua, Venedig und Neapel. Sein Stil verrät ein eigenständiges Talent und ein profundes Studium der italienischen Malerei, besonders der → Caravaggios und → Veroneses. Schon bald genoß er die Förderung höchster Kreise, so z. B. die des Papstes Urban VIII. 1627 folgte er einem Ruf König Ludwigs XIII., nach Frankreich zurückzukehren, wo er Erster Maler bei Hof wurde. Diese Position geriet nur einmal, 1640–42, in Gefahr aufgrund einer künstlich herbeigeführten Rivalität mit → Poussin. Seine anspruchsvollsten Arbeiten entstanden für Finanzgrößen, besonders für Séguir: Dekorationsmalereien in gemäßig-

Simon Vouet, *Allegorie des Reichtums* (Ausschnitt), um 1640

tem italienischen Barockstil. V.s elegante späte Malerei bereitete mit den Weg für den ◇Klassizismus der Folgezeit (*Allegorie des Reichtums,* um 1640, Louvre). Fast alle französischen Maler der nachfolgenden Generation, einschließlich → Le Brun, → Le Sueur und → Mignard, waren entweder seine Schüler oder seine Mitarbeiter.

Vranckz, Sebastien (Sebastiaen Vrancx) (1573–1647)
Flämischer Maler von kleinfigurigen ◇Schlachten- und Soldatenbildern sowie von Interieurs, beeinflußt von der zeitgenössischen italienischen Malerei und dem Werk Pieter → Bruegels d. Ä. Trotz starker Nachfrage stellte V. keine Gehilfen und Schüler ein. Stilistisch bilden seine Arbeiten mit ihrer genauen Beobachtungsgabe und ihrem peniblen Detailreichtum einen Übergang zwischen ◇Manierismus und dem Realismus des 17. Jh.s.

Vredeman de Vries, Hans (Jan) (1527–nach 1604)
Deutsch-niederländischer Baumeister, Maler und Ornamentzeichner, Schüler von C. → Floris, tätig in Antwerpen, Amsterdam, Mecheln, Hamburg, Danzig, Prag. Sein Ansehen gründete sich auf perspektivische Architekturmalereien und ◇Illustrationen für Abhandlungen über ◇Perspektive. Er schuf außerdem ◇Ornamentvorlagen und die Dekorationsentwürfe für die feierlichen Einzüge Karls V. und Philipps II. in Antwerpen.

Vrelant, Willem (vor 1410–1481)
Altniederländischer ◇Miniaturist, der 1456 das Bürgerrecht von Brügge erwarb, die Miniaturisten- und Illustratorengilde gründete und neben vielen anderen für Philipp den Guten in Brügge arbeitete. Die Miniatur der *Verkündigung* mit dem betenden Philipp (Traktat über die Verkündigung, 1461, Bibliothèque Royale, Brüssel) ist ein Beispiel seines steifen, linearen Stils.

Vries, Adriaen de (um 1560–1626)
Holländischer Bronzebildhauer und ◇Porträtmaler, Schüler von → Giovanni da Bologna in Florenz, in Turin für Herzog Karl Emmanuel von Savoyen, ab 1593 für Kaiser Rudolf II. tätig, ab 1601 kaiserlicher Kammerbildhauer in Prag, das er für einige Jahre verließ, um für die Stadtkirche von Bückeburg das Taufbecken (1615) und für das dänische Schloß Frederiksborg den großen *Neptunsbrunnen* (1613–1616, heute Park von Drottningholm) zu arbeiten. Der *Merkur*- und der *Herkulesbrunnen* für Augsburg (1599, 1602) sind in ihrem Phantasiereichtum und in den anmutigen Figuren deutlich bolognesisch geprägt. V. gehörte auch mit seinen späteren Arbeiten (so *Hl. Sebastian und sitzender Christus als Schmerzensmann,* 1607, Galerie des Fürsten Liechtenstein, Vaduz; *Allegorie auf die Türkensiege Rudolfs II.,* 1609, KhW; ◇Skulpturen für den Garten des Palais Waldstein in Prag, 1622–27) zu den bedeutendsten europäischen ◇Bildhauern des späten ◇Manierismus, in dem sich bereits Elemente des frühen ◇Barock bemerkbar machen.

Vries, Herman de (* 1931)
Niederländischer Kunstschriftsteller, Maler und ◇Objektkünstler, der 1959–61 im Kontext der Gruppen → Nul und → Zero mit weißen Bildern, Objekten und ◇Collagen in Erscheinung trat. 1965 Beschäftigung mit ◇Konkreter Poesie und ab 1974 mit Zufallsuntersuchungen in Gestalt von dokumentierten Wandlungen der Wirklichkeit und natürlichen Veränderungsprozessen. 1975 Ausstellung von Stadt und Umgebung der laotischen Stadt Luang Prabang im Sinne einer Aufhebung der Grenzen zwischen Kunst und Nichtkunst. Ab 1979 Hinwendung zur Pflanzensoziologie mit Ausstellung von Natursegmenten wie *Großes Rasenstück,* 1979 als ◇spurensichernde Herbarien, die in ihrer Ausponderierung von Wand, Boden und Raum einen ◇allegorischen Verweishorizont auf ein wünschenswertes ökologisches Gleichgewicht von Natur und Kultur entfalten.

Vroom, Cornelis Hendriksz. (1591–1661)
Holländischer Maler, Sohn von Hendrik Cornelisz. → Vroom. Er verlegte sich in Anlehnung an → Elsheimer auf stimmungsvolle Waldlandschaften, ein Typus der ◇Landschaftsmalerei, der von seinem Schüler → Ruisdael weiterentwickelt wurde.

Vroom, Hendrik Cornelisz. (1566–1640)
Holländischer Maler, Vater von Cornelis Hendriksz. → Vroom, der zuerst als ◇Fayencemaler Europa bereiste, in Rom unter den Einfluß von → Bril geriet und sich nach seiner Rückkehr nach Holland als erster auf ◇Marinebilder spezialisierte. V. malte präzis ausgeführte Seeschlachten und entwarf in England eine ◇Kar-

tonfolge für zehn Wandteppiche zum Gedenken an den Sieg über die spanische Armada.

Vuillard, Edouard (1868–1940)
Französischer Maler, ausgebildet in Paris an der Académie Julian, später an der Ecole des Beaux-Arts. Mit → Bonnard befreundet und in dessen Atelier arbeitend, geriet V. in Opposition zum offiziellen Akademismus des 19. Jh.s. 1889–99 gehörte er den → Nabis an (*Mutter und Schwester des Künstlers,* um 1893, Museum of Modern Art, New York) und experimentierte mit dekorativen Effekten unter Verwendung flacher ◇synthetischer Formen und später einer dichten durchgängigen Strukturierung. Seine Wandbilder in kühlen, herben Farben behielten diese dekorative Haltung bei, während die Ölgemälde immer naturalistischer, deskriptiver, ja anekdotischer wurden. Das Licht, für Bonnard eine Quelle der Farbe, war für V. ein Mittel, ◇intimistische Interieurs herauszuarbeiten, in denen die Atmosphäre jener Zeit festgehalten ist (*Café Wepler,* um 1905, Cleveland Museum of Art, Cleveland [Ohio]).

Edouard Vuillard, *Der Freier* oder *Interieur in L'Etang-la-Ville,* 1893

Vulca aus Veji (tätig um 490 v. Chr.)
Etruskischer ◇Bildhauer, der nach → Plinius die ◇Terrakotta-Jupiterstatue mit dem Donnerkeil in der Rechten für den Jupitertempel des römischen Kapitols schuf. In Veji wurden mehrere etruskische Statuen gefunden (eine der besterhaltenen, der Apoll von Veji, wird V. zugeschrieben).

W

Wachweger, Thomas (* 1943)
Deutscher Maler, der 1963–70 an der Hochschule für Bildende Künste in Hamburg studierte. Dem Stil der ◇Neuen Wilden zugehörig, wurde W. in den frühen 1980er Jahren v. a. durch Gemeinschaftsarbeiten mit Ina → Barfuss bekannt, die in obsessiver Bildsprache das Konfliktpotential zwischen weiblichen und männlichen Daseinsformen thematisieren.

Wadsworth, Edward (1889–1949)
Englischer Maler, ausgebildet in Bradford und an der Slade School of Art. Seine nachimpressionistischen Werke stellte W. zunächst kurzzeitig in Verbindung mit den → Omega Workshops, dann mit den ◇Vortizisten in London aus (1912–14) und war Angehöriger von → Unit One (1933). Seine kultivierten Temperabilder der 1930er Jahre in Anlehnung an de → Chirico bilden einen wichtigen Beitrag zum englischen ◇Surrealismus.

Wagner, Otto (1841–1918)
Österreichischer Architekt, der an der Technischen Hochschule in Wien und an der Bauakademie in Berlin studierte. 1894 wurde W. Professor an der Kunstakademie in Wien. Sein von funktionaler Zweckmäßigkeit geprägter Baustil mit materialgerechten Konstruktionsprinzipien machte ihn zum Wegbereiter des modernen Bauens. Zu seinen Schülern zählten Adolf Loos (1870–1931) und J. M. → Olbrich.

Walden, Herwarth (Georg Levin) (1878–1941)
Deutscher Kunstkritiker und Schriftsteller, floh als Jugendlicher nach Florenz, wo er Musikwissenschaft studierte. 1904 gründete er den ›Berliner Verein für Kunst‹ und förderte als Verlagsredakteur Autoren wie Thomas Mann, Rilke und Wedekind. 1910 gründete er die Avantgarde-Zeitschrift ›Der → Sturm‹, die bis 1932 erschien und sich für Kunstrichtungen wie ◇Futurismus, ◇Expressionismus und ◇Kubismus einsetzte; ab 1912 auch Organisation von ›Sturm-Ausstellungen‹, in denen zeitgenössische Künstler von europäischem Rang gezeigt wurden. 1931 ging W. als Lehrer an das Fremdspracheninstitut nach Moskau, wo er 1941 verhaftet wurde.

Waldmüller, Ferdinand Georg (1793–1865)
Österreichischer ◇Landschaftsmaler, Hauptvertreter des frühnaturalistischen ◇Biedermeier, zunächst Theatermaler, ergänzte durch Kopieren alter Meister seine Ausbildung und reiste häufig nach Italien. W., der später Akademieprofessor wurde und gegen die Unzulänglichkeiten der akademischen Ausbildung polemisierte, begann mit ◇klassizistischen ◇Porträts, fand dann aber zu einem persönlichen Stil in sachlichen, detaillierten und farblich meisterlichen Bürgerporträts. Späte ◇Genredarstellungen (*Heimkehr,* 1859, Hamburger Kunsthalle) und insbesondere Landschaften (Wienerwald, Prater, Salzkammergut) bilden den Höhepunkt in seinem Schaffen: Arbeiten, in denen er den etwas kleinlichen Realismus überwand und die malerischen Möglichkeiten bis zur Formauflösung vorantrieb (*Vorfrühling im Wienerwald,* 1864, Berlin).

Ferdinand Georg Waldmüller, *Alte Ulmen im Prater,* 1831

Walker, Frederick (1840–1875)
Englischer Maler und ◇Illustrator, für den ›Cornhill‹ und andere Zeitschriften tätig (ab 1860). W. schuf ◇Aquarelle idealisierter ländlicher Themen in dichten, opaken Farben und eindrucksvolle ◇Ölbilder mit ähnlichen Sujets.

Walkowitz, Abraham (1880–1965)
Amerikanischer Maler und ◇Zeichner russischer Herkunft, der nach dem Studium an der National Academy of Design und bei → Laurens an der Pariser Académie Julian (1906–10) bei der ◇Armory Show (1913) und bei → Stieglitz ausstellte. Er trat mit (von → Rodin und → Matisse beeinflußten) kraftvollen, zuletzt in reine Rhythmen aufgelösten Zeichnungen hervor (v. a. von Isadora Duncan).

Wall, Jeff (* 1946)
Kanadischer Fotokünstler, der 1964–68 Kunstgeschichte an der Universität von Vancouver studierte und sich in dieser Zeit auch malerisch betätigte. 1969–71 Arbeiten im Bereich ◇konzeptueller Kunst. 1970–73 Studium am Courtauld Institute of Art an der University of London zur Vorbereitung der kunstgeschichtlichen Promotion. Seit 1977 Lichtkästen mit Großdiapositiven, die von innen mit fluoreszierendem Licht erhellt werden und genau kalkulierte Alltagsszenen, Landschaften, ◇Porträts und Innenräume zeigen. Die markante Beleuchtung unterstreicht den vom Künstler inszenierten Realitätsausschnitt der ◇Fotografie und konzentriert die Aufmerksamkeit des Betrachters auf den prägnant gewählten Augenblick der Ablichtung, der auf diese Weise eine typische Aussage über die bürgerliche Gesellschaft von heute vermittelt.

Wallis, Alfred (1855–1942)
Englischer naiver Maler, arbeitete seit 1892 als Fischer in St. Ives, Cornwall, und begann erst 1928, nach dem Tod seiner Frau, mit der Malerei. Seine Sujets entnahm er seiner Umgebung: Schiffe, das Meer und Landschaften, die er genau kannte. Entdeckt wurde er von → Nicholson und Christopher → Wood, den er beeinflußte.

Walter von Durham (tätig 2. Hälfte 13. Jh.)
Englischer Maler, Hofmaler in London. Über ihn sind zwar viele Zeugnisse vorhanden, von seinen Werken aber ist kaum etwas erhalten. W. soll die jetzt fast nicht mehr erkennbaren Dekorationen am Sockel des Grabs von Königin Eleonore (1290) und am Krönungsstuhl gemalt haben, dazu Teile der Painted Chamber von Westminster (wovon es seit dem Brand von 1834 nur noch Kopien des 19. Jh.s gibt). Die ◇Wandmalereien im südlichen Seitenschiff und in der Chapel of St. Faith in der Westminster Abbey werden gleichfalls W. zugeschrieben, und möglicherweise ist er auch mit dem ◇Retabel in der Westminster Abbey in Verbindung zu bringen.

Walther, Franz Erhard (* 1939)
Deutscher ◇Zeichner und ◇Installationskünstler, studierte 1957–59 an der Werkkunstschule in Offenbach, 1959–61 an der Städelschule Frankfurt a. M. und 1962–64 an der Düsseldorfer Kunstakademie bei K. O. → Götz. W. beschäftigte sich schon in den 1960er Jahren während seines Studienaufenthaltes in den USA mit dem experimentellen Erfinden von prozeßhaften Erfahrungen an Materialien (z. B. geschichtetes, geleimtes Papier) und Objekten (meist aus festen, handgenähten Textilien) und entwickelte sog. systematische ›Werksätze‹, die dem Publikum in Prozeßdemonstrationen als »Instrumentarien« von Objekterfahrung zur Eigenbenutzung unter Anleitung des Künstlers verfügbar gemacht wurden (*1. Werksatz,* 1963–68: vorwiegend textile Materialien; *2. Werksatz,* 1969: große, begehbare Metallobjekte mit offener Benutzung). Seit 1979 entstehen die farbigen *Wandformationen* aus neutralen und starkfarbigen Baumwollstoffen, mit denen W. die plastisch-skulpturale Kraft spezifischer Farben erprobt. Der Instrumentalcharakter der früheren Arbeiten verbindet sich hier mit der intensiven Eigenpräsenz der Installationen zu einem komplexen Erfahrungs- und Beziehungsfeld, bei dem die sich in die Installation hineinbegebende menschliche Gestalt integrierter Bestandteil der skulpturalen Gesamtwirkung wird.

Wanderer, Die siehe → **Peredwischniki**

Wang Fu (1362–1416)
Chinesischer Maler aus Wuxi (Prov. Jiangsu), geistig und stilistisch den → Vier großen Landschaftsmeistern der Yuan-Zeit (1271–1368) – insbesondere → Ni Zan und → Wu Zhen – verwandt. Seine Landschaften waren zwar nicht am Hof, dafür aber bei Gelehrten und Literaten geschätzt. Er betätigte sich auch als Dichter und Bambusmaler.

Wang Hui (1632–1717)
Chinesischer Maler aus Changshu (Prov. Jiangsu). Als Schüler von → Wang Shimin und → Wang Jian zählt er zu den Vier Wang und damit zu den ›orthodoxen‹ Malern der Qing-Zeit (1644–1911/12). Er entwickelte, orientiert an den Arbeiten seiner Lehrer, ◇kalligraphische

Formen für ein breites Spektrum von Song- und Yuan-Stilen. Seine besten Arbeiten entstanden in den 1660er und 1670er Jahren. Am Hof genoß er außergewöhnliche kaiserliche Gunst (1691–98), doch fehlt den Gemälden seiner späteren Jahre bei aller Kraft und Produktivität die frühere frische Eingebung.

Wang Jian (1598–1677)
Chinesischer Maler aus Taicang (Prov. Jiangsu), der wie sein Freund → Wang Shimin als einer der führenden ›orthodoxen‹ Maler der Qing-Zeit (1644–1911/12) gilt. Sein Malstil unterscheidet sich kaum von dem seines Freundes, und auch er war Lehrer → Wang Huis.

Wang Meng (um 1309–1385)
Chinesischer Maler aus Wuxing (Prov. Zhejiang) und Neffe → Zhao Mengfus. Seine Landschaften wurden von chinesischen Malereiautoren als ›dicht und elegant‹ bezeichnet und sind die farbenfreudigsten unter den Werken der → Vier großen Landschaftsmeister. Er thematisiert den Raum – ihn im Bild einsetzend oder negierend –, wobei es stets um die Darstellung einer inneren Welt geht. W. M. liefert keinen Ruhepunkt im Bild, stürzt den Betrachter vielmehr in eine Rastlosigkeit, und dennoch sind die einzelnen Elemente seiner Bilder schlicht und von außerordentlichem Reiz.

Wang Shimin (1592–1680)
Chinesischer Maler und Beamter aus Taicang (Prov. Jiangsu), Schüler von → Dong Qichang. Er zählt zu den Vier Wang und gilt als einer der führenden Vertreter der ›orthodoxen‹ Schule der Qing-Zeit (1644–1911/12), die sich an Dong Qichang orientierten und besonders die Gemälde der Song- und Yuan-Zeit (→ Vier große Landschaftsmeister) studierten. W. S. schuf u. a. ein Album mit verkleinerten Kopien von Meisterwerken jener Epochen (heute National Palace Museum, Taipeh) und malte überwiegend Landschaften im Stil von → Huang Gongwang. Charakteristisch für die Malerei der ›orthodoxen‹ Qing-Maler sind die Unterbrechung von Umrißlinien durch ›Punkte‹ oder kurze Striche sowie Flächen aus Texturstrichen und unruhigen Lavierungen. W. S. unterrichtete später → Wang Hui.

Wang Wei (666/701–759/761)
Chinesischer Maler, ◇Kalligraph, Dichter und Musiker aus (Taiyuan) Qi (heute Qixian, Prov. Shanxi), unter der Tang-Dynastie (618–907) gleichermaßen durch seine malerischen wie seine poetischen Arbeiten berühmt. Er gilt allgemein als Begründer der ◇monochromen chinesischen Tuschmalerei (◇chinesische Kunst), wie → Li Sixun als Begründer des sog. Blau-Grün-Stils gilt. W. W.s Landschaften sind locker, fast ◇impressionistisch gemalt. Die *Wangchuan-Bildrolle,* deren einzelne Szenen jeweils in Gedichten beschrieben sind, ist in einer grafischen Fassung des 16. Jh.s und vielen späteren Kopien erhalten. Das *Bildnis des Fu Sheng* (Ōsaka City Museum), das ihm herkömmlicherweise zugeschrieben wird, zeigt im Gegensatz zur kraftvollen Manier → Wu Daozis eine zarte und feinfühlige Pinselführung.

Wang Xizhi (321–379)
Chinesischer Maler und ◇Kalligraph aus Nanjing (Prov. Jiangsu), Abkömmling einer Familie, die seit Generationen berühmte Schriftkünstler hervorgebracht hatte. Neben Figuren- und Tierbildern (keines erhalten) vervollkommnete er als der bedeutendste Vertreter der chinesischen ◇Kalligraphie die Pinselschrift, und seine Arbeiten in regulärer Kurrent- und Kursivschrift (◇Schrift) für Kaiser Taizong (Regierungszeit 626–49) gesammelt und grafisch reproduziert – dienten allen späteren Schriftkünstlern als unübertroffene Vorbilder.

Wang Yuan (tätig um 1310–50)
Chinesischer Maler aus Hangzhou (Prov. Zhejiang), Schüler von → Zhao Mengfu, tat sich in der Blumenmalerei hervor, in der er sich → Huang Quan zum Vorbild nahm. Er soll auch andere Sujets (Landschaften und Figuren) gemalt haben, erhalten sind jedoch nur einige Vogel- und Blumenbilder.

Wang Yuanqi (1642–1715)
Chinesischer Maler aus Taicang (Prov. Jiangsu), Enkel des → Wang Shimin, jüngster der Vier Wang und, obwohl seine Bildkompositionen zu den ideenreichsten und freiesten der chinesischen Malerei gehören, damit einer der ›orthodoxen‹ Maler der Qing-Zeit (1644–1911/12). Wichtig für W. Y. war nicht zuletzt der formale Bildaufbau, der Einsatz dichter und leerer Flächen, die Wiederholung von Elementen, die Bereitschaft, mit Equilibrum und Gleichgewichtslosigkeit zu spielen. W. Y. wird in der Literatur auch mit → Cézanne verglichen.

Wang Zhen (1036 – nach 1089)
Chinesischer Landschaftsmaler der Nördlichen Song-Zeit (960–1127) aus Taiyuan (Prov. Shanxi), übernahm den farbigen Stil → Li Sixuns und Li Zhaodaos. Die wenigen von ihm erhaltenen Werke sind monumentale Landschaften.

Ward, James (1769–1859)
Englischer Maler und ◇Kupferstecher, der nach seiner Ausbildung bei J. R. → Smith von seinem Schwager, George → Morland, zu ◇romantischen ◇Landschaften sowie Tier- und ◇Genreszenen veranlaßt wurde. Seine dramatischen Szenen mit kämpfenden Tieren und Jagdsujets in stürmischer Landschaft (z. T. mit ◇allegorischem Hintergrund) übten eine nachhaltige Wirkung auf → Géricault aus (*Daniel in der Löwengrube,* Zeichnung o.J., Tate Gallery, London).

Warhol, Andy (1928–1987)
Amerikanischer Maler, ◇Grafiker und Filmemacher, der als Hauptvertreter der ◇Pop Art größten Einfluß auf die zeitgenössische Kunstszene ausgeübt hat. W. studierte 1945–49 Bildgestaltung am Carnegie Institute of Technology in Pittsburgh und ging dann nach New York, wo er erfolgreich als Werbegrafiker tätig war. Bereits 1952 erhielt er eine erste Auszeichnung des ›Art Directors' Club Medal‹ für seine Gestaltung von Zeitungsannoncen, der weitere Auszeichnungen folgten. 1956 entstanden die *Personality*-Schuhzeichnungen, Blattgold-◇Collagen von Schuhen, deren Dekorationen typische Charakterzüge berühmter Persönlichkeiten einfangen sollten, 1959 (gemeinsam mit Nathan Gluck) Geschenkpapiere, die mit Hilfe handgefertigter Stempel hergestellt wurden. 1960 entstanden die ersten Gemälde mit ◇Comic-strip-Figuren wie Batman, Dick Tracy und Superman, 1962 gefolgt von den *Campbell's Suppendosen, Desaster-* und *Do it Yourself*-Bildern, die im für W.s Schaffen typischen Siebdruck-Verfahren erstellt wurden und den Künstler in kürzester Zeit zur einflußreichsten Gestalt der amerikanischen Pop Art werden ließen. Seine Arbeiten veränderten radikal die herrschenden Auffassungen von Kunst und Ästhetik, und durch eine Art Rückzug des Originalitäts- und Kreativitätsanspruchs (»Maschinen haben weniger Probleme. Ich wäre gerne eine Maschine. Sie nicht auch?«) nahm er bereits ◇konzeptuelle Tendenzen der späteren Kunstentwicklung vorweg. Die in seiner ›Factory‹ (Wohn- und Arbeitsstätte für ihn und

Andy Warhol, *Die sechs Marilyns,* 1962

seine Helfer bzw. Freunde) angefertigten Arbeiten, die sich mit der Künstlichkeit der Konsumkultur u. a. auch durch die ◇serielle Vervielfachung des Bildgegenstandes auseinandersetzten, umfassen den gesamten Bereich des Alltäglichen und Trivialen (Coca-Cola-Flaschen, Dollarnoten, Blumen) und den zeittypischer ›Images‹ (wie Elvis Presley, Marilyn Monroe, Liz Taylor, Jackie Kennedy, Mao und Goethe). Dazu entstanden Serien über Selbstmörder, Autounfälle, Elektrische Stühle, Schädel, Automarken, Hammer und Sichel. Ab 1963 wandte sich W. dem Film zu, quasi als Erweiterung des Mediums Bild (*Sleep,* 1963; *Empire* 1964; *Trash,* 1969) und ab 1967 multimedialen Veranstaltungen mit der Gruppe ›Velvet Underground‹. 1971 wurde W.s erstes Theaterstück *Pork* im La Mama Experimental Theatre Club, New York, aufgeführt. Ab 1978 schuf W. *Oxydationsbilder,* Serien über Schatten, *Retrospektiv*-Bilder und

Umkehrungen sowie ab 1984 Details aus Renaissancegemälden und *Rorschach*-Bilder, in denen die Möglichkeiten des Siebdrucks in vielfältigster Weise ausgeschöpft wurden.

Wasmann, Friedrich (1805–1886)
Deutscher Maler, ausgebildet in Hamburg, Dresden und München, wo er bei → Cornelius arbeitete. In Rom schloß er sich in den 1830er Jahren dem Kreis der → Nazarener (besonders → Overbeck) an. Seine besten späteren Arbeiten sind gewöhnlich kleinformatige, nazarenisch inspirierte, einfache ◇Öl- und Bleistiftporträts sowie ◇Landschaftsskizzen (*Bauernhof bei Dorf Tirol,* um 1840, Niedersächsische Landesgalerie, Hannover).

Wassenhove, Joos van (Joos van Gent; Justus van Gent) (um 1435 – nach 1480)
Flämischer Maler, Meister in Antwerpen (1460) und Gent (1464), wo er bis 1469 bezeugt ist, dann in Italien (u. a. in Rom) und ab 1473 in Diensten des Herzogs Federigo di Montefeltro in Urbino, für den er eine *Kommunion der Apostel* malte (1473–74, Urbino). Der Anteil W.s, Pedro → Berruguetes, → Melozzos da Forlì und anderer an den für den Herzog gemalten 28 Halbfigurenbildern berühmter Männer (14 heute im Louvre) und einer Darstellung der ›Sieben Freien Künste‹ (zwei erhalten, NGL) ist umstritten. Seine voritalienischen Gemälde sind unmittelbar von den Hauptgestalten der damaligen holländischen Malerei beeinflußt. In Italien wurden seine Arbeiten zwar monumentaler, dennoch bewahrte er seinen nordeuropäischen Sinn für Details und Lichteffekte.

Watanabe Kazan (1793–1841)
Japanischer → Nanga-Maler, der auch ◇Porträts im westlichen Stil anfertigte, wurde aufgrund seines Namens als westlich orientierter Wissenschaftler und ab 1838 als oppositioneller Politiker in seiner künstlerischen Bedeutung überschätzt.

Watanabe Shikō (1683–1755)
Japanischer Maler, der nach einer Ausbildung im → Kanō-Stil stark von → Ogata Kōrin beeinflußt wurde, obwohl seine Arbeiten einen Realismus aufweisen, der sie von der → Rimpa-Schule abhebt und etwas von der → Maruyama- und der → Shijō-Schule vorwegnimmt. → Maruyama Ōkyo kopierte einige Werke W. S.s.

Waterhouse, John William (1849–1917)
Englischer Maler, studierte 1871–74 an den Royal Academy Schools. Anfangs unter dem Einfluß → Alma-Tademas, wandte er sich in den 1880er Jahren den → Präraffaeliten zu und schuf an → Burne-Jones und → Rossetti erinnernde Bilder mit vorwiegend mythologischen und literarischen Themen (*La belle dame sans merci,* 1893; *Hylas und die Nymphen,* 1896).

Watteau, Jean-Antoine (1684–1721)
Französischer Maler und ◇Zeichner, eine der eigenwilligsten und verblüffendsten Persönlichkeiten der Kunstgeschichte. Um seine Verbindung des künstlerischen Erbes mit den Moden seiner Zeit klassifizieren zu können, mußte die Académie Royale eine neue Kategorie erfinden: Maler von ◇Fêtes galantes. W. war seit 1702 in Paris, wo er zuerst bei → Gillot lernte (1704–05), dann bei dem Dekorationsmaler Claude Audran arbeitete und außerordentlicher Professor an der Akademie wurde (1712). W. verließ Paris zweimal: einmal besuchte er Valenciennes (1709), das andere Mal London (1719–20). Sein

Jean-Antoine Watteau, *Mezzetin,* um 1717–21

durchgängiges Thema ist die Vergänglichkeit des Lebens und der Liebe, und dies führt er in arkadischen Szenerien vor Augen, die etwas von den formalen und koloristischen Werten → Rubens' – hervorragende Kopien im Palais du Luxembourg –, aber auch → Tizians und → Veroneses mit der melancholischen Grundstimmung → Giorgiones kombinieren (so in der *Einschiffung nach Kythera,* 1717, Louvre, andere Fassung Berlin). In den Sammlungen seiner Gönner fand W. reichlich Gelegenheit, die Gemälde der großen italienischen Meister eingehend zu studieren und zu kopieren. Unter W.s Theaterdarstellungen nimmt das Pierrotbild *Gilles* (Louvre, siehe Ft. 18) einen besonderen Platz ein, das alles Tändelnde, Verspielte weit hinter sich läßt und die gängigen Urteile über das ›oberflächliche‹ ◇Rokoko Lügen straft. Dessen Formen- und Themenvorrat ist schon zu Beginn des 18. Jh.s bei W. nahezu vollständig vorhanden und zugleich psychologisch vertieft. V. a. in den späten Arbeiten W.s verschmelzen die leuchtenden Farben zu einem schimmernden Ganzen, in dem die Figuren Gewicht und Materialität verlieren. Weitere Hauptwerke, deren Chronologie teilweise umstritten ist: *Die Hirten* (Berlin), *Frühstück im Freien* (ebda.), *Gesellschaft im Park* (ebda. und Louvre), *L'Indifferent* (Louvre), *La Finette* (ebda.), *Das Liebesfest* (Dresden), *Der verlegene Antrag* (Eremitage), *Italienische Komödianten* (NGW). Eines seiner letzten großen Gemälde ist das *Firmenschild des Kunsthändlers Gersaint* (1720, Berlin); in nur acht Tagen gemalt, stellt es einen Triumph der Beobachtung und Komposition dar, wobei Ausführung und Farbbehandlung schon ◇impressionistische Tendenzen vorwegnahmen. Viele Bilder W.s sind wegen technischer Mängel verlorengegangen. W. war auch ein bedeutender Zeichner (von ihm existieren etwa 300 ◇Zeichnungen, meist in ◇Rötel oder schwarzer ◇Kreide).

Watts, George Frederic (1817–1904)
Englischer Maler und ◇Bildhauer, an den Royal Academy Schools (ab 1835) und in Italien ausgebildet (1843–47), wo er u. a. die venezianischen Meister des 16. Jh.s genau studierte. Er gewann zwei Preise in den Wettbewerben zur Ausgestaltung des neuen Parlamentsgebäudes und bemühte sich um die Wiederbelebung der ◇Wandmalerei. Seine dem ◇Symbolismus nahestehenden mythologischen (*Endymion,*

George Frederic Watts,
Algernon Charles Swinburne, 1865

1869–1903) und ◇allegorischen Bilder (*Der Sämann der Weltsysteme,* 1872; *Die Hoffnung,* verschiedene Fassungen, u. a. 1886, NGL) sind edel und anspruchsvoll; bekannt wurde er auch mit hervorragenden ◇Porträts bekannter englischer Zeitgenossen (Browning, Carlyle, Gladstone, → Rossetti und → Morris). Charakteristisch für seine Malweise sind dicke, durch ◇Lasurauftrag verwischte Farben mit einer körnigen Oberfläche (die sich auch bei seinen ◇Skulpturen findet).

Watzek, Hans (1848–1903)
Österreichischer Fotograf, der an den Kunstakademien von Leipzig und München studierte und sich seit 1890 mit der ◇Fotografie beschäftigte. Zusammen mit Heinrich Kühn und Hugo Henneberg entwickelte er den farbigen Gummidruck, den er für eine an ◇impressionistische Malerei angelehnte Kunstfotografie auswertete.

Wawrin, Isolde (* 1949)
Deutsche Malerin, die 1966–69 eine Lehre als Schriftlithographin absolvierte, anschließend als ◇Grafikerin tätig war, 1971–74 an der Kunstakademie in Karlsruhe bei → Kalinowski und → Lüpertz und 1974–77 an der Düsseldorfer Kunstakademie bei → Rinke studierte. I. W.s Arbeiten sind geprägt von linearbetonten kleinteiligen Zeichen, die starke Assoziationen an die magische Wirkung von Kultemblemen naturbezogener Kulturen hervorrufen. Auch der Bildträger, meist Papier – zu Objekten oder fließenden Bah-

nen verarbeitet –, erhält bei I. W. eine haptisch-suggestive Ausstrahlung.

Wchutemas (Wysschije chudoschestwenno-technitscheskije masterskije)
Höhere künstlerisch-technische Werkstätten, Lehranstalt in Moskau, 1920 aus den 1. und 2. Freien Künstlerischen Werkstätten (Swobodnyje chudoschestwennyje masterskije [SWOMAS]), die ihrerseits aus dem Stroganow-Institut für angewandte Kunst und der Moskauer Schule für Malerei, Bildhauerei und Architektur hervorgegangen waren, entstanden. Vergleichbare Lehranstalten gab es u. a. in Petrograd, Witebsk, Kasan, Charkow. Ähnlich dem ◇Bauhausprinzip war das Studium in einen obligatorischen Grundkurs mit wissenschaftlichen und künstlerischen Disziplinen und in eine spezialisierte Ausbildung an den Fakultäten Malerei, Bildhauerei, Architektur, Polygraphie, Textil, Keramik, Holz, Metall gegliedert. An den Moskauer Wchutemas unterrichteten u. a. G. → Klucis, A. → Rodtschenko, L. → Popowa, W. → Tatlin. Enge Verbindungen bestanden zum INChUK (Institut Chudoschestwennoi Kultury, Institut für künstlerische Kultur). 1926 wurden die W. zum Wchutein (Wysschi chudoschestwenno-technitscheski institut) reorganisiert, 1930 aufgelöst.

Weber, Max (1881–1961)
Amerikanischer Maler und ◇Bildhauer russisch-polnischer Abstammung, kam 1891 in die USA, studierte am Pratt Institute (1898–1901) und ging 1905 nach Paris, wo er an der Académie Julian und bei → Matisse arbeitete und sich mit → Picasso, → Delaunay, → Nadelman und v. a. Henri → Rousseau befreundete. Anfang 1909 kehrte er zurück nach New York, wo er bei → Stieglitz ausstellte. Beeinflußt von → Cézanne, dem ◇Kubismus (*Spiral Rhythm*, 1915, eine der ersten ◇abstrakten ◇Skulpturen in Amerika), später auch von ◇Expressionismus und primitiver Kunst, entstanden sowohl farbintensive, formalisiert-abstrakte Stadtsujets (*Chinesisches Restaurant,* 1914, Whitney Museum of American Art, New York) wie introspektive Phantasien über das jüdische Leben und jüdische Legenden.

Weegee (Artur Fellig) (1899–1968)
Amerikanischer ◇Fotograf polnischer Herkunft, der als wandernder ›Straßenfotograf mit Pony‹ in New York begann und als Fotojournalist der Verbrechen und Großstadtkatastrophen bekannt wurde, die er, im Schlepptau der Polizei und informiert über Polizeifunk, an Ort und Stelle ablichtete. W. zeigte die Kehrseite der Gesellschaft, das Außenseiterschicksal, das er mit krasser Schärfe ohne jede Beschönigung dokumentierte.

Weenix, Jan Baptist (1621–1663)
Holländischer ◇Genremaler, ausgebildet u. a. bei → Bloemaert, war 1642–46 in Italien und malte für Kardinal Pamphilj. Er schuf effektvolle südliche ◇Landschaften in lebhaften Farben, Jagdstilleben, ◇Interieurs und ◇Porträts. Sein Sohn, Jan Weenix (1640/42–1719), war ebenfalls Genremaler und spezialisiert auf ◇Stilleben mit lebendem oder totem Wild.

Wegman, William (* 1943)
Amerikanischer Maler, ◇Zeichner, Foto- und ◇Videokünstler, der 1961–65 am Massachusetts College of Art, Boston, und 1965–67 an der University of Illinois studierte. Bekannt wurde W. mit witzigen, die übliche Realitätswahrnehmung ironisierenden Bildgeschichten aus meist mehreren ◇Fotografien, v. a. im Zusammenhang mit seinem Hund ›Man Ray‹. Typisch für W.s Arbeit – auch im malerischen Bereich und im Video – ist eine scheinbar absurde, unsinnige Bilderrätsel-Sprache, die sich jedoch auf den zweiten, genaueren Blick als äußerst hintersinniger Humor erweist.

Weibel, Peter (* 1944)
Österreichischer Logistiker, Schriftsteller, Filmemacher, ◇Aktions- und ◇Videokünstler, der an der Sorbonne in Paris Literatur studierte. In den 1960er Jahren Vertreter des Expanded Cinema und zusammen mit Valie → Export Verfilmung der Materialaktionen von → Muehl, → Brus, → Nitsch und Oswald Wiener. 1969 begann W. mit Videoarbeiten. Neben zahlreichen Videoskulpturen und -installationen, die die Strukturen von Wahrnehmung und Kommunikation untersuchen, stellt W. auch Videotapes her, die zunächst die TV-Sprache dekonstruieren, in den 1980er Jahren jedoch eine autonome Sprache des elektronischen Bildes auf der Grundlage komplexer digitaler Maschinen entwickeln (z. B. *Gesänge des Pluriversums*, 1986–88). In jüngster Zeit experimentiert W. mit den Möglichkeiten von horizontaler Kamera-Aufsicht und vertikaler Projektion auf dem Monitor, wobei er

Farb- und Lichttheorie mit einbezieht (*Wasserwürfel,* 1988). Seit 1990 Professur an der Städelschule, Frankfurt a. M. Zahlreiche theoretische Publikationen.

Weichi Yiseng (tätig 7. Jh.)
Chinesischer Maler, vermutlich aus Khotan (Autonome Regierung Xinjiang), kam um 627 nach Chang'an (heute Xi'an; Prov. Shaanxi) und genoß dort wie sein Vater Weichi Bona großes Ansehen als Maler von Landschaften und buddhistischen Sujets. Letztere waren geprägt von außerordentlichem Naturalismus, erzielt mittels fester Konturen und kräftiger Farbakzente. Beide Maler schufen zahlreiche ◇Wandgemälde in den Tempeln Chang'ans.

Weiner, Lawrence (* 1940)
Amerikanischer Künstler, lebt in Amsterdam und New York. Nach Anfängen in der Art des ◇Systemic Painting gelangte er (ähnlich wie → Barry) durch Reduzierung des Objekthaften zu nur noch sprachlich fixierten Arbeiten im Sinne der ◇Konzeptuellen Kunst: anfangs durchaus praktisch umsetzbar – ein dem jeweiligen Besitzer der Arbeit überlassener Vorgang (*Zwei Minuten lang Farbe aus einer normalen Farbspraydose direkt auf den Boden gesprüht,* 1968) – später nur noch gedanklich und assoziativ nachvollziehbar (*Langsam gestiegenes Wasser,* 1970; *Vielleicht wenn rückübersetzt,* 1971; *Von Holz zu Stein,* 1975). Viele seiner Arbeiten erschienen in Buchform.

Weiss, David (* 1946)
Schweizer Künstler, der 1963–65 die Kunstgewerbeschule in Zürich und Basel besuchte. Zusammenarbeit mit Peter → Fischli als Fischli/Weiss an ◇Videofilmen und ◇Objektinstallationen.

Weissenbruch, Hendrik Johannes (1824–1903)
Johannes (1824–1880)
Niederländische ◇Landschaftsmaler und ◇Aquarellisten. Durch ihre frühe Beschäftigung mit Lichteffekten in Freiluftszenen kamen sie in Verbindung mit der → Haager Schule. Französischer Einfluß macht sich vornehmlich bei Hendrik Johannes bemerkbar, der auch oft in Paris ausstellte.

Welt der Kunst siehe → **Mir Iskusstwa**

Wen Tong (1018–1079)
Chinesischer Maler aus Zizhou (im Osten des heutigen Kreises Yanting; Prov. Sichuan), Gelehrter und Beamter, Vetter und Freund von → Su Shi, der seine Integrität stets betonte. Der auch als ◇Landschaftsmaler bekannte W. T. gilt v. a. als bedeutendster Meister von Bambusbildern in ◇monochromer Tusche.

Wen Zhengming (Wen Bi) (1470–1559)
Chinesischer Maler und ◇Kalligraph aus Suzhou (Prov. Jiangsu), bedeutendster Schüler von → Shen Zhou und wie → Tang Yin ein Meister der → Wu-Schule, einer der namhaftesten Künstler der Ming-Zeit (1368–1644). Wie sein Lehrer studierte er alte Meister und arbeitete in verschiedenen Stilen. So bilden seine lyrischen Seen- und Hügellandschaften, Motive seiner Heimat, einen Kontrast zu seinen späteren Kiefern- und Zypressen-Studien, die sich mit ihrer kraftvollen, bewegten Pinselschrift deutlich vom konventionalisierten Zeitgeschmack abheben. Die bedeutendsten unter seinen zahlreichen Nachfolgern waren sein Sohn Wen Jia (1501–1583) sowie sein Neffe Wen Boren (1502–1575).

Wenren siehe → **Literatenmaler**

Wenzinger, Christian (1710–1797)
Deutscher ◇Bildhauer, Maler und Baumeister des ◇Rokoko. Sein Hauptwerk ist die Ausstattung der Stiftskirche in St. Gallen (1757–61); ferner ist das Grabdenkmal des General von Rodt im Freiburger Münster (1743–49) zu nennen.

Werefkin, Marianne Wladimirowna von (1860–1938)
Russische Malerin, die ab 1886 als Privatschülerin bei → Repin in St. Petersburg studierte. 1891 begann ihre Freundschaft mit → Jawlensky, dem sie 1896 nach München folgte. Dort gehörte sie zu den Gründungsmitgliedern der → ›Neuen Künstlervereinigung München‹. Obwohl sie 1911 die von → Kandinsky und → Marc vollzogene ◇Sezession des → Blauen Reiters nicht mitmachte, stellte sie ab 1913 mit dieser Gruppe aus. 1914 zog sie in die Schweiz, wo sie der Künstlervereinigung ›Der große Bär‹ beitrat. Ihr Malstil ist eine Mischung aus ◇romantischem ◇Symbolismus und ◇expressionistischer Farbigkeit, wobei sie v. a. die Verbindung der Farben Blau und Grün bevorzugte.

Werff, Adriaen van der (1659–1722)
Holländischer Maler, Schüler von Eglon van der Neer, später beeinflußt vom ◇Klassizismus der französischen Hofmalerei, pfälzischer Hofmaler (ab 1696). W.s kleinformatige, elegante Bilder, mit sorgfältiger Modellierung und porzellanartiger Farbgebung gemalt, sind meist mythologische, religiöse und arkadische Darstellungen. Demselben Themenrepertoire widmete sich auch sein Bruder, Pieter van der Werff (1665–1722).

Werkbund, Deutscher siehe → **Deutscher Werkbund**

Werner, Theodor (1886–1969)
Deutscher Maler, studierte 1908–09 an der Akademie in Stuttgart. W. lebte überwiegend in Berlin und ab 1959 in München und war befreundet mit → Miró und → Braque, deren Einfluß auf seine ◇informellen Bilder mit ihren für die 1950er Jahre in Deutschland typischen sich überlappenden und zersprengten Formen unverkennbar ist. Zu seinen bekanntesten Werken gehört das große ◇Wandbild in der Hochschule für Musik in Berlin (1954).

Werve, Claus de (tätig ab 1380, † 1439)
Altniederländischer ◇Bildhauer, Neffe und Nachfolger → Sluters, an dessen großer Kreuzigung (1399–1401, Champmol) er mitarbeitete. Nach Sluters Tod erhielt W. den Auftrag, nicht vollendete Werke fortzuführen (z. B. das 1384 begonnene Grab Philipps des Kühnen, das er 1410 fertigstellte). Später arbeitete er für Philipp den Guten.

Wesselmann, Tom (* 1931)
Amerikanischer Maler, der am Hiram College, an der Universität von Cincinnatti, an der Art Academy of Cincinnatti und an der Cooper Union, New York, studierte. 1962 nahm er an der berühmten Ausstellung der Sidney Janis Gallery in New York, ›The New Realists‹, teil. Mit seiner bekannten Serie der *Great American Nudes* (ab 1962) wurde er zu einem bedeutenden Repräsentanten der amerikanischen ◇Pop Art. Diese ◇Assemblagen sind zunächst im ◇Combine-Painting-Verfahren collagiert (◇Ölmalerei und ◇Email) und verbinden in ◇Cartoon-Manier isolierte Teile weiblicher ◇Akte auf riesigen Leinwandflächen mit Konsumrequisiten wie Heizkörpern, Badewannen, Radios u. ä. Dabei entstehen raumplastische Wandtafeln, die im Unterschied zum ◇Environment nur die frontale Ansicht gestatten. Im Verlauf seiner Arbeit an den ◇stillebenhaften *Great American Nudes* vergrößerte W. seine Bildformate so sehr, daß er aus Mangel an entsprechend großen Assemblagerequisiten seine Markenartikelobjekte selbst fabrizieren mußte. Dadurch erreicht die Komposition eine noch größere Perfektionierung in der designgerechten Farbgebung und in der glatten Kühle einer total entindividualisierten und ikonographischen Reklameästhetik.

West, Benjamin (1738–1820)
Amerikanischer Maler, ging nach erster Ausbildung in den Vereinigten Staaten 1760 nach Europa und verbrachte drei Jahre in Italien (v. a. in Rom), wo er von → Mengs beeinflußt wurde. 1763 ließ er sich in England nieder, wurde Hofmaler Georgs III. und nach dem Tod → Reynolds' Präsident der Royal Academy (1793–1815), an der er viele seiner Landsleute ausbildete. Er malte religiöse und ◇Historienbilder in ◇klassizistischem Stil, arbeitete aber in *Der Tod des Generals Wolfe* (1770, National Gallery of Canada, Ottawa) überraschenderweise mit zeitgenössischer Kleidung. In späteren Jahren wurden seine Bilder ◇romantischer und bombastischer (*Saul und die Hexe von Endor,* 1777, Wadsworth Atheneum, Hartford [Connecticut]) (siehe Abb. S. 594).

Weston, Edward (1886–1958)
Amerikanischer ◇Fotograf, der am Illinois College of Photography studierte. 1911 eröffnete er ein Porträtstudio in Kalifornien, wo er sich auf Kinder- und Ballettaufnahmen spezialisierte. In den 1920er Jahren wandte sich W. vom weichen Fotostil ab und bevorzugte scharfe Einstellungen, die er mit einer großformatigen Kamera erzielte. Bekannt wurde W. mit detailgenauen Natur- und Landschaftsaufnahmen, die eine große Nähe zur Fotokonzeption von → Renger-Patzsch aufweisen.

Wewerka, Stefan (* 1928)
Deutscher Architekt und ◇Objektkünstler, der bei Bruno Taut studierte und mit den ◇Dadaisten befreundet war. 1961 gab W. seinen Architektenberuf auf und widmete sich ganz einer ◇neodadaistischen, kapriolenreichen Objektkunst. Bekannt wurde er insbesondere durch seine ironischen Stuhlverwandlungen: Normale Stühle

Benjamin West,
Der Tod des Generals Wolfe, 1770

wurden durch schiefe Winkel verzerrt und funktionsunbrauchbar, obwohl sie als Stühle in ihrer Erscheinung zu erkennen sind. Die Deformation wird hier in den eigenwilligen Architekturen und Möbelentwürfen zum Verweis auf die paradoxe Vielschichtigkeit von Dingdefinition, Dingbenutzung und Dingerscheinung. Seit 1970 Zusammenarbeit mit der Möbelfirma TECTA als ◇Designer von Möbeln, Mode und Schmuck, wobei sich das Moment der Ironie mit perfekter Eleganz verbindet.

Weyden, Rogier van der (1399/1400–1464)
Altniederländischer Maler, Schüler von → Campin in Tournai (1427–32), dort 1432 Meister, ab 1435 Stadtmaler in Brügge, 1450 wahrscheinlich in Florenz und Rom. W. kam zu internationalem Ruhm und darf als einer der bedeutendsten Maler seiner Zeit gelten, der sich durch Konzentration auf das Geistige und Symbolische von seinem großen Vorgänger Jan van → Eyck abhob. Unzweifelhaft ist keines der vielen erhaltenen Bilder bezeugt (◇Altäre, Einzeltafeln, Madonnen, ◇Porträts), aber die große *Kreuzabnahme Christi* (um 1438, Prado) gilt allgemein als Ausgangspunkt für Zuschreibungen. In ihr werden das geringe Interesse an räumlicher Tiefe (damit auch an der Landschaft und ihren Details) und die starke Betonung linearer Rhythmen deutlich erkennbar, die den hohen emotionalen Gehalt seiner Werke herausarbeiten. Insgesamt ist W. weniger naturalistisch als seine Zeitgenossen, dafür aber stärker psychologisch orientiert. Zusätzlich zu einer bedeutsamen Entwicklung religiöser Halbfigurengruppen (u. a. im *Bracque-Triptychon,* Louvre) schuf W. um 1460 einen neuen ◇Diptychon-Typus, bestehend aus einem Flügel mit dem Stifter, der zur Jungfrau mit dem Kind auf dem anderen Flügel betet (allerdings kein Beispiel erhalten). Seine historische Bedeutung als einflußreichster Maler des 15. Jh.s nördlich der Alpen leitete sich von einer vollendeten Formbeherrschung her, die sich unmittelbar zur Nachahmung anbot. Das Absehen von naturalistischen Entwicklungen brachte zugleich ein Neuaufgreifen der ◇gotischen Formensprache mit sich (auch etwa in den Rahmenarchitekturen oder den Nischen um die Figuren, die gern wie reliefartig im Vordergrund agieren), einer Formensprache, die sich bei allen neuen Gebärden-, Kompositions- und Farbkontrastelementen Geltung verschafft, so daß W. zum exemplarischen Sinnbild für den langwierigen und differenzierten Übergang von der Gotik zur ◇Renaissance wurde (*Dreikönigsaltar,* AP). Weitere Zuschreibungen sind eine *Verkündigung* (Louvre), die *Gerechtigkeitsbilder* für das Brüsseler Rathaus (um 1440, nicht erhalten, erschließbar aus ◇Tapisserien in Bern), ein Marienaltar (Capilla Real, Granada, und MM), eine Madonna mit Heiligen (Städel), eine *Grablegung Christi* (Uffizien), ein Johannesaltar

Rogier van der Weyden,
Kreuzabnahme Christi,
um 1438

(Berlin), ein *Jüngstes Gericht* (mit dem Kanzler Rolin und seiner Frau, Beaune, Hospital) und der *Bladelin-Altar* (Berlin).

Whistler, James Abbott McNeill (1834–1903)
Amerikanisch-englischer Maler, ◇Grafiker und Schriftsteller, aufgewachsen in Rußland (1843–49 erster Zeichenunterricht an der St. Petersburger Akademie) und in den USA, lebte 1855–59 und wieder 1892–96 in Paris (wo er Schüler im Atelier → Gleyres war und 1858 mit → Fantin-Latour und Alphonse → Legros die ›Société des Trois‹ gründete), ab 1859 aber überwiegend in London, abgesehen von Reisen nach Valparaiso (1866), Venedig (1879/80) und in die Bretagne. Beeinflußt vom ◇Impressionismus und von japanischen ◇Holzschnitten, schuf er stimmungsvolle Arbeiten mit gedämpften Farbharmonien (oft mit musikalischen Titeln, wie *Symphony in White No. II. The White Girl,* 1864, Tate Gallery, London). Auch seine bedeutenden ◇Porträts (ab 1870) betonen das Poetisch-Stimmungshafte und Ästhetische, wie auch seine Themse- und Venedig-◇Radierungen v. a. lyrische Lichtkompositionen sind. Nacht und Dämmerung bildeten W.s poetischste Atmosphäre, besonders in den nahezu abstrakten ›Nocturnes‹ (*Nocturne in Blue and Gold. The Old Battersea Bridge,* um 1864, ebda.), an denen sich der Prozeß mit → Ruskin entzündete (über den W. in seiner berühmten Veröffentlichung ›The Gentle Art of Making Enemies‹, 1890, berichtet). Ruskin beschuldigte W., ein »Stutzer« zu sein, der »der Öffentlichkeit einen Farbtopf ins Gesicht geworfen hat«, womit er auf W.s *Nocturne in Black and Gold. The Falling Rocket* (1874, Detroit Institute of Arts) anspielte. W. gewann den Prozeß, war aber durch die Kosten finanziell ruiniert. W., mit Mallarmé befreundet, war ein führender Kopf der ◇L'art-pour-l'art-Ästhetik (›Ten O'Clock Lecture‹, 1885), stand ◇Aesthetic Movement nahe und wurde mit der Ausgestaltung des *Peacock Room* (1874, Freer Gallery of Art, Washington, D. C.) zu einem Wegbereiter des ◇Jugendstils (siehe Abb. S. 596).

White, John (tätig 1585–1593)
Englischer Maler, der mit der Expedition von Sir Richard Grenville nach Nordamerika segelte, einer der ersten Siedler in Virginia wurde und das Land sowie die Reise zeichnerisch festhielt. Er malte die ersten ◇Aquarelle mit nordamerikanischen Motiven, den Ureinwohnern, der Flora und Fauna. Die danach von de Brys angefertigten ◇Kupferstiche erschienen in dem ›Brief and True Report of the New Found Land of Virginia‹ (Frankfurt a. M., 1590). W.s Stil ist einfach und lebendig (*Eskimofrau mit Baby,* um 1608, British Museum, London).

Wiener Dioskurides (um 500)
Eine in Byzanz entstandene prunkvolle Abschrift des Pflanzenbuches von Pedanios Dioskurides (tätig 1. Jh. n. Chr.), deren ◇Miniaturen (in ◇Deckfarben) – wie auch bei anderen ◇byzanti-

James Abbott McNeill Whistler, *Symphony in White No. II: The White Girl,* 1864

nischen ◇Handschriften – deutlich die Anlehnung an ◇antike Vorlagen verraten (Österreichische Nationalbibliothek, Wien)

Wiener Genesis (5./6. Jh.)
Eine in Antiochia oder Konstantinopel entstandene Purpurhandschrift der Genesis (Österreichische Nationalbibliothek, Wien), deren ◇Miniaturen – wie auch bei anderen ◇byzantinischen ◇Handschriften – sich an (verschollene) ◇antike Vorlagen anlehnen.

Wiener Krönungsevangeliar
Mittelalterliche Prachthandschrift der karolingischen ◇Buchmalerei (neben der Stephansburse und dem Schwert Karls d. Gr. Bestandteil der sog. ›Aachener Reichskleinodien‹, bis 1794 Bestandteil des Aachener Domschatzes, seit 1801 in Wien). Das W. K. entstand in der (wohl in Aachen zu lokalisierenden) Palastschule Karls, die sich – im Gegensatz zur mehr an syrischen Vorbildern orientierten, etwas älteren Hofschule – an frühe ◇byzantinische Vorbilder anlehnte. Die den einzelnen Evangelien vorangestellten Evangelistenporträts knüpfen an die in Byzanz übliche Sitte an, ◇Evangeliare ebenso mit ›Autorenporträts‹ zu versehen, wie man etwa ◇Handschriften ◇antiker Theaterstücke Bühnendichter-◇Porträts voranstellte. Einen ähnlichen Rückgriff auf frühe Vorbilder verraten die Arbeiten der Schule von Reims (z. B. der → Utrecht-Psalter).

Wiener Schule
Bezeichnung für eine Gruppe österreichischer Künstler (überwiegend Schüler von Albert Paris Gütersloh an der Wiener Akademie), die mit ihren, unter bewußter Anlehnung an ältere Kunst (◇Manierismus) und deren Techniken entstandenen, traumhaft-barocken Wunschhalluzinationen in den 1960er Jahren eine neue Form des phantastischen ◇Surrealismus in der Art → Dalís vertraten, allerdings ohne dessen Hintergründigkeit. Zur W. S. zählen → Brauer, → Fuchs, → Hausner, Wolfgang Hutter (*1928) und → Lehmden.

Wiertz, Antoine Joseph (1806–1865)
Belgischer Maler, ausgebildet in Brüssel und Rom (ab 1832). Nach der Rückkehr nach Brüssel nutzte W. das Mäzenatentum des neu geschaffenen belgischen Staates (der ihm ein eigenes Atelier baute). Doch statt Themen der belgischen Geschichte darzustellen (wie z. B. de Keyser und Wappers), malte er ◇eklektizistisch an → Michelangelo und → Rubens orientierte kolossale Bilder mit moralistisch-apokalyptischen Visionen, deren Betrachtung z. T. zu den Klängen eines unsichtbaren Chores vorgenommen werden sollte. W., der schon als Zwanzigjähriger seine Idee der Monumentalmalerei publizierte und erstmals in Rom praktizierte (*Kampf der Griechen und Trojaner um den Leichnam des Patroklos,* 1845, Wiertz-Museum, Brüssel), malte je nach Bedarf sinnlich, naturalistisch, kultiviert, moralisierend, ◇klassizistisch-edel, sublim oder melodramatisch (*Gedanken und Visionen eines abgeschlagenen Kopfes,* 1853–64, ebda.). Nach seinem Tod wurde sein Brüsseler Atelier in ein Museum umgewandelt.

Wijnants (Wynants), Jan (um 1630–1684)
Holländischer ◇Landschaftsmaler. Die ◇Staffagefiguren in seinen gelblichbraun schimmernden Dünen- und Uferlandschaften (oft mit Weidenstämmen im Vordergrund) stammen meist von → Wouwerman oder → Lingelbach. Stilistisch sind die Bilder typisch für die Generation → Cuyps.

Wildens, Jan (1586–1653)
Flämischer ◇Landschaftsmaler, beeinflußt von → Rubens und → Bril, dem er seine leuchtende Farbgebung verdankt. Für Figurenkompositionen von Rubens und → Snyders malte W. häufig die Landschaftshintergründe.

Wiley, William (* 1937)
Amerikanischer Filmemacher, ◇Objekt- und ◇Aktionskünstler, der in den frühen 1960er Jahren der ◇Fluxus-Bewegung nahestand. In seiner Objektkunst begann W. mit ◇Assemblagen im Stile der ironisch-erotischen, provokativen ◇Funk Art, die sich an der Westküste Amerikas als kritische Gegenbewegung zur ◇Pop Art ausbildete. Allmählich jedoch paarte sich diese Form der Objektkunst in der zunehmenden Beschränkung auf naturhafte Materialien wie z. B. Sackleinen und Bambus, die zu zeichenhaften Symbolen komponiert wurden, mit einer nostalgischen Romantik, die sich in ihrem geschichtsmythischen Deutungshorizont der ◇Spurensicherung näherte.

Wilhelm, Paul (1886–1965)
Deutscher Maler, der ab 1903 an der Kunstgewerbeschule in Dresden studierte, 1905 an die dortige Akademie wechselte und Schüler Gotthardt → Kuehls wurde, jedoch dessen sprühenden ◇Impressionismus nicht übernahm. W. strebte statt dessen in seinen ◇Landschaften nach vereinfachten Formen im Anschluß an → Manet und dem ◇Expressionismus nahen lebhaften Farben. Bekannt sind v. a. seine London-Bilder, die er auf einer langen Englandreise in den 1930er Jahren malte.

Wiligelmo da Modena (Wiligelmus, Guglielmo) (1. Viertel 12. Jh.)
Italienischer ◇Bildhauer, der – zusammen mit seinen Schülern – nach 1099 (wahrscheinlich erst nach dem Erdbeben von 1117) die Bauplastik am Dom von Modena schuf, v. a. die ◇Reliefs der Westfassade, die ersten großfigurigen erzählenden Plastiken des ober- und mittelitalienischen Mittelalters. Ein Fries zeigt Genesisdarstellungen von der Schöpfungsgeschichte bis zur Sintflut (ein interessanter Widerhall dieses Frieses findet sich an der ◇romanischen Fassade der Kathedrale von Lincoln). W. ist deutlich von der römischen ◇Skulptur geprägt, aber ebenso von der französisch-spanischen Kunst der Pilgerstraßen (Toulouse) und wohl auch von der apulischen Bildhauerei (Thron von Bari). Arbeiten aus der Werkstatt W.s sind die Propheten am Hauptportal des Doms von Cremona. Die Kathedrale von Saint-Denis griff die Anbringung vertikal angeordneter Apostelreihen unter flachen Arkaden an den Portalpfosten wieder auf.

Wilkie, Sir David (1785–1841)
Schottischer ◇Genre-, ◇Historien- und ◇Porträtmaler, ausgebildet in Edinburgh und an den Londoner Royal Academy Schools. Seine kleinformatigen Genrebilder leiten sich von holländischen Malern wie → Teniers und → Ostade her. Populär sind vor allem Darstellungen wie *Der blinde Geiger* (NGL). W. reiste ausgiebig, lernte die spanischen Meister des 17. Jh.s kennen, von denen seine späteren Arbeiten Atmosphäre und Kontrastreichtum übernahmen, besuchte Istanbul und das Heilige Land und starb auf der Heimreise auf See.

William de Brailes (tätig Mitte 13. Jh.)
Angelsächsischer ◇Illuminator von ◇Handschriften, tätig für kleine Klöster, nachweisbar anhand signierter Selbstbildnisse, beispielsweise in einem *Jüngsten Gericht* (Blatt im Fitzwilliam Museum, Cambridge [Mass.]), wo ihn der hl. Michael aus den Flammen rettet. W. arbeitete wahrscheinlich in Oxford (1260) und beschäftigte Gehilfen, die den für ihn charakteristischen lebhaften und ziemlich naiven Stil kopierten, der zwar nicht mehr zur ◇Romanik gehört, aber auch noch nicht völlig ◇gotisch ist.

Williams, Emmett (* 1925)
Amerikanischer Dichter und Künstler, studierte u. a. Anthropologie in Paris. Seit 1973 Professur am NSCAD in Halifax. Seine Dichtungen stehen der ◇Konkreten Poesie nahe; über → Spoerri, mit dem er 1957–59 zusammenarbeitete, und über → Filliou, mit dem er eng befreundet war, kam er mit ◇neodadaistischen Strömungen und der ◇Fluxusbewegung in Berührung, deren Koordinator für Europa er Anfang der 1960er Jahre war.

Willumsen, Jens Ferdinand (1863–1958)
Dänischer Maler, ◇Bildhauer, ◇Grafiker, Architekt und Keramiker, kam in Paris während des Studiums in Kontakt mit den ◇Symbolisten, war aber gleichzeitig auch ein Anhänger Paul → Gauguins und des ◇Synthetismus. Die ◇expressionistische Formensprache und verfrem-

dende Farbigkeit in seinem Spätwerk leiten sich von El → Greco her. W.s Arbeiten befinden sich heute u. a. im Willumsen-Museum, Frederikssund (Seeland).

Wilson, Richard (1714–1782)
Englisch-walisischer Maler, in London (ab 1729) bei Thomas Wright als ◇Porträtmaler ausgebildet. In Italien (ab 1749) – erst in Venedig, dann in Rom – traf er mit C.-J. → Vernet und → Zuccarelli zusammen, der ihn zur ◇Landschaftsmalerei brachte. W. wandte sich dem Stil → Claude Lorrains zu, arbeitete in den Hügeln der Campagna und ließ sich von ihren besonderen Lichteffekten inspirieren. Nach seiner Rückkehr nach England entstanden dramatische Szenen, Ansichten von pittoresken Landsitzen und v. a. atmosphärereiche idealisierte Landschaften, die thematisch von imaginären Szenerien nach Art der in Italien gemalten bis zu Ansichten walisischer Berge reichten. Mit diesen Arbeiten wurde W. – neben → Reynolds – zum Begründer der englischen Landschaftsmalerei des 18. Jh.s (*Hounslow Heath,* 1770, Tate Gallery, London). W. hatte großen Einfluß auf → Turner, → Cotman, → Constable und → Crome.

Winckelmann, Johann Joachim (1717–1768)
Deutscher Kunstgelehrter und Altertumsforscher, theoretischer Mitbegründer des ◇Klassizismus, zumal in seiner deutschen Version (»Edle Einfalt und stille Größe«). Die ›Gedanken über die Nachahmung der griechischen Werke in der Malerei und Bildhauerkunst‹ (1755) unterstreichen die griechische Herkunft des klassischen Kunst- und Schönheitsideals. In Rom (ab 1755), wo W. Bibliothekar von Kardinal Albani (1758) und Präsident der Altertümer sowie Skriptor der vatikanischen Bibliothek (1763) war, erwarb er – ohne daß er nach Griechenland gekommen wäre – umfassende Kenntnisse der ◇antiken Kunst und wurde dadurch, daß er die üblichen Künstlerbiographien durch stilgeschichtliche Untersuchungen ersetzte und auf die Entstehungsbedingungen von Kunst in Gesellschaft und Religion einging, zum Begründer der neueren Archäologie und der vergleichenden Kunstgeschichte. W., der u. a. → Mengs förderte, prägte mit seinem Hauptwerk, der ›Geschichte der Kunst des Altertums‹ (1764), auf Generationen hinaus das Griechenlandbild und den Kunstbegriff bis tief ins Bürgerliche, ja Kleinbürgerliche hinein.

Windheim, Dorothee von (* 1945)
Deutsche Plastikerin, die 1965–71 an der Hochschule für Bildende Künste in Hamburg studierte. Während eines Florenzaufenthaltes (1971–75) war sie Mitarbeiterin bei der ◇Fresko-Restaurierung im Gabinetto del Restauro, Palazzo Pitti. Dort erprobte sie 1972 anhand von Restaurationsbüchern die Technik der Freskosicherung und entwickelte daraus ihre Arbeiten der Wandabnahme, eine Form von ◇Spurensicherung, die von dokumentierenden Fotoarbeiten begleitet wird. Die Oberflächenbeschaffenheit alter Wände und Mauern übt dabei einen faszinierenden Reiz auf die Künstlerin aus, da sich in ihr geschichtliche Spuren, kultureller Wandel manifestieren. Im Abnehmen der Putzschichten enthüllt sich Verborgenes, findet sich vergangene Architektur wie Bogen und Fenster, die ihrer Funktion beraubt sind. Reale Architekturteile und Mauerfragmente werden so zu zeichenhaften Wegweisern in eine vergangene Realität.

Wint, Peter de (1784–1849)
Englischer ◇Landschaftsmaler holländisch-amerikanischer Abstammung, der 1802 in London zu dem ◇Kupferstecher John Raphael Smith in die Lehre kam. Da es für kleine Landschaftsaquarelle einen sicheren Markt gab, verlegte sich W. auf dieses Genre. In ◇Pleinairmalerei schuf W. seine ◇Aquarelle auf ausgedehnten Reisen durch die Landschaften Englands, wobei sein bevorzugtes Sujet jedoch die Szenerie der Stadt Lincoln blieb (*Lincoln von Süden,* Usher Art Gallery, Lincoln). In den 1830er Jahren fand W. zu großzügiger und beschwingter Pinselführung, um die atmosphärischen Schattierungen einzufangen, ein früher Vorgriff auf den ◇Impressionismus.

Winter, Fritz (1905–1976)
Deutscher Maler, 1927–30 Schüler von → Klee, → Kandinsky und → Schlemmer am ◇Bauhaus. Die von W. als Naturkraftsymbole gedachten frühen ◇abstrakten Bilder (*Triebkräfte der Erde,* 1944), die seine Zeit als Bergmann und seine Kriegserlebnisse verarbeiten, stehen in der Tradition des → Blauen Reiters (v. a. des späten → Marc) und des Bauhauses. Ursprünglich mit halborganischen Formen arbeitend, verwendete W. später vornehmlich schwarze Zeichen und Balken auf kräftig leuchtenden Farben und näherte sich dem Stil der ◇Ecole de Paris.

Winterhalter, Franz Xaver (1805–1873)
Deutscher ◇Porträtmaler, zuerst Schüler seines Onkels, dann am Lithographie-Institut → Pilotys in München ausgebildet, tätig in Karlsruhe und in Paris. Nach anfänglichen ◇Genremalereien trat er bald als Porträtist der höchsten Gesellschaftskreise Europas hervor (Bilder von Napoleon III., Kaiserin Eugénie, Königin Victoria und Prinzgemahl Albert sowie der österreichischen Kaiserin Elisabeth). Die Kostüme seiner äußerst dekorativen Darstellungen ließ er häufig durch seinen Bruder, Hermann Winterhalter (1808–1891), ausführen.

Witlatschil, Michael (* 1953)
Deutscher ◇Objekt- und ◇Installationskünstler, studierte 1973–77 an der Kunstakademie Karlsruhe bei E. → Schumacher und am Institut für Kunsterzieher, Münster, bei T. → Ulrichs. W. schafft Stelen aus Metall, die in einem trickreichen Balanceakt, den W. häufig auch als ◇Performance inszeniert, auf Glasplatten bei äußerster Labilität zum Stehen gebracht werden. Balance ist für W., ähnlich wie auch für → Serra, ein grundsätzliches Problem, vergleichbar dem Verhältnis von Gewicht, Last, Druck und Zug.

Witte, Emanuel de (um 1617–1692)
Holländischer Maler, Schüler von van → Aelst, tätig in Rotterdam, Delft und Amsterdam. Zunächst als ◇Porträtmaler tätig, wurde er später zum bedeutendsten holländischen Maler von Kircheninterieurs (häufig mit Predigtzuhörern), die sich durch eine differenzierte Lichtbehandlung, Raumatmosphäre und kluge Ausschnittwahl auszeichnen (*Amsterdamer Oude Kerk während der Predigt,* um 1660, NGL).

Emanuel de Witte, *Kircheninneres,* 1674

Witte, Pieter de (Pietro Candid) (um 1548–1628)
Flämischer Maler, ging wahrscheinlich schon in jungen Jahren nach Italien, wo er Gehilfe → Vasaris bei der Ausmalung des Vatikans war (Sala Regia, begonnen 1570). W. malte ◇Ölbilder und ◇Fresken für den Palazzo Pitti in Florenz und – ab 1586 Hofmaler in München – ◇allegorische ◇Wand- und ◇Deckenbilder für die Residenz und das Schleißheimer Schloß sowie ◇Gobelinentwürfe und ◇Altarbilder (*Martyrium der hl. Ursula,* 1588, St. Michael, München), in denen der Einfluß des ◇Manierismus zu erkennen ist.

Witten, Hans (Meister H. W. [?]) († um 1525)
Deutscher ◇Bildhauer, der zunächst in Chemnitz, später in Annaberg (1508–22) nachweislich tätig war. Auf eine frühe klassische Periode folgten Werke von starker Emotionalität (*Pietà,* 1510/15, Goslar). Kraft und Vitalität prägen die *Tulpenkanzel* (1510/15, Freiberger Dom), die auf eine Erzählung über den Propheten Daniel zurückgreift. Wieweit W. mit dem Meister H. W. aus Sachsen identisch war, ist bis heute nicht eindeutig geklärt.

Witz, Konrad (1400/10–1445)
Schweizer Maler, erstmals 1431 in Basel bezeugt, dort 1433 Bürger und 1434 Zunftmitglied, schuf seine Hauptwerke zur Zeit der Basler Konzile (1431–49). Seine insgesamt etwa 20 Tafeln wurden erst allmählich wieder zusammengetragen. Sie lassen erkennen, daß er nicht nur der fortschrittlichste schweizerische Maler seiner Zeit, sondern einer der bedeutendsten altdeutschen Maler war, der – geschult an Jan van → Eyck und → Campin – mit monumentalen und plastischen Gestalten den ◇Weichen Stil hinter sich ließ und durch die Wirklichkeitstreue und die Raumerfassung seiner Malerei nachhaltig stilbildend wirkte. Die in enge Räume gestellten und mit starken Lichteffekten wiedergegebenen Figuren des *Heilsspiegelaltars* (um 1435, neun Tafeln im Kunstmuseum, Basel, zwei weitere im Musée Municipal, Dijon, und eine in Berlin) sind

vereinfacht, untersetzt und plastisch herausgearbeitet, die Gewänder in ihren Formen verallgemeinert und in kräftigen Farben gehalten. Eine detailreichere, wirklichkeitsnähere Malweise entwickelte W. in den beiden Tafeln des *Petersaltars* (1444, Musée d'Art et d'Histoire, Genf), deren eine das biblische Thema des *Wunderbaren Fischfangs* in der ersten identifizierbaren europäischen Landschaft (nämlich der des Genfer Sees) zeigt. Außerdem stammen von W. drei weitere Altarflügel (*Verkündigung,* Germanisches Nationalmuseum, Nürnberg; *Joachim und Anna,* Kunstmuseum, Basel; *Katharina und Magdalena,* Musée des Beaux-Arts, Straßburg) und eine *Verehrung Mariä* (Museo e Gallerie Nazionali di Capodimente, Neapel).

Wolgemut, Michael (1434–1519)
Deutscher Maler und Zeichner für den ◇Holzschnitt, Schüler von → Pleydenwurff, dessen Werkstatt er übernahm (1473). W., von den Niederländern und von → Schongauer beeinflußt, gehörte zu den bedeutendsten Nürnberger Künstlern seiner Zeit und brachte v. a. den Holzschnitt zur Eigenständigkeit. Davon profitierte sein namhaftester Schüler, → Dürer, der 1486–90 bei W. lernte und arbeitete. Zu den gesicherten Gemälden W.s gehören die ◇Hochaltäre der Zwickauer Marienkirche (1476–79, ein Beispiel spannungsvoller, naturnaher Malerei mit genau beobachteten Landschaften), der Nürnberger Heiligkreuzkirche (*Katharinenaltar,* um 1486), der Nürnberger Friedenskirche (*Passionsaltar* oder *Peringsdörfer-Altar,* 1485–88) und v. a. der Schwabacher Stadtkirche (1506–08). W. schuf eindrucksvolle ◇Porträts, die sich durch eine nüchterne psychologisierende Charakterwiedergabe auszeichnen (*Hans Perckmeister,* 1496, Germanisches Nationalmuseum, Nürnberg). Außerdem sind rund 600 Holzschnitte erhalten, ein Teil in dem ›Schatzbehälter‹ von 1491, ein anderer in der ›Schedelschen Weltchronik‹ von 1493 (die u. a. auch Arbeiten Pleydenwurffs und Dürers enthält).

Wollheim, Gert Heinrich (1894–1974)
Deutscher Maler und ◇Grafiker, der an der Großherzoglichen Hochschule für bildende Künste in Weimar studierte. Als Soldat im Ersten Weltkrieg lernte W. die Grauen des Krieges kennen und hielt sie in kleinformatigen Bleistiftzeichnungen fest. Nach dem Krieg entstand eine Reihe von Antikriegsbildern (*Im Schützengraben,* 1918) unter dem Einfluß des Freundes → Pankok. 1919 Übersiedlung mit Pankok zunächst in das ländliche Ostfriesland, dann nach Düsseldorf, wo sie zu den Mitbegründern des → Jungen Rheinlands gehörten. Bekannt wurde W. mit seiner ◇expressionistischen Grafik und seinem *Porträt von Otto Pankok,* das Johanna → Ey 1921 in ihrer Galerie ausstellte.

Wols (Alfred Otto Wolfgang Schulze) (1913–1951)
Deutsch-französischer Maler, ◇Grafiker, Musiker und ◇Fotograf mit vielfach unterbrochener künstlerischer Entwicklung. Am ◇Bauhaus lernte er eine Zeitlang Fotografie bei → Moholy-Nagy, ab 1932 war er in Paris, wo er sechs Jahre später anfing zu malen. Während des Zweiten Weltkriegs interniert, konnte er zeitweilig nur aquarellieren und zeichnen. Erst nach 1945 entfaltete er, gefördert von Sartre und einem Kunsthändler, seine unverwechselbare ◇tachistische Malerei: phantastisch-surreale Gebilde, an → Klee, aber auch an mikroskopische Schnitte erinnernd, Formen zwischen Traumbildern und biomorphen Vorgängen. W. wurde wegweisend für die Entfaltung einer lyrisch-abstrakten Malerei im Nachkriegsdeutschland.

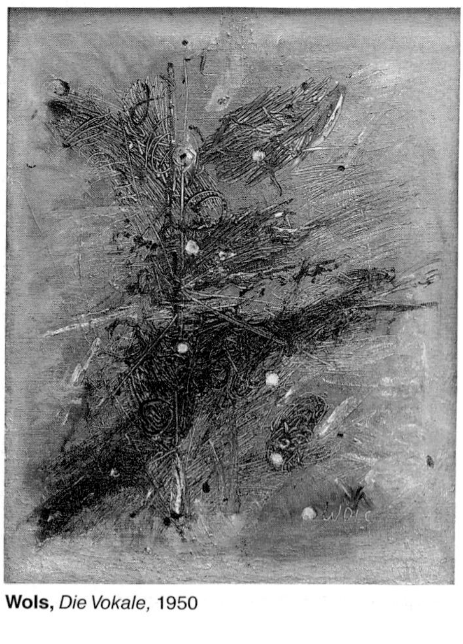

Wols, *Die Vokale,* 1950

Grant Wood, *Amerikanische Gotik,* 1930

Wood, Grant (1892–1942)
Amerikanischer Maler, ausgebildet in Chicago, Minneapolis, Paris und München. Als führender Regionalist der ◇American Scene versuchte er seine Heimat in einer realistisch-strengen Klarheit darzustellen, wie sie ihm aus der amerikanischen ◇Volkskunst und von alten flämischen Meistern wohlvertraut war, wobei ihm die Menschen weitaus besser gelangen (*Amerikanische Gotik,* 1930, Art Institute of Chicago) als die weniger überzeugenden, stilisierten ◇Landschaften.

Woodrow, Bill (* 1948)
Englischer ◇Objektkünstler, der 1967–68 an der Winchester School of Art, 1968–71 an der St. Martin's School of Art, London, und 1971–72 an der Chelsea School of Art, London, studierte. Aus Industriematerialien und Fundstücken des Alltagskonsums schuf W. in den frühen 1980er Jahren poetisch-ironische Plastiken als Situationsmodelle, die dem Betrachter durch die Metamorphose ihrer Gestaltung eine individuelle Geschichte erzählen (*By the Light of Day,* 1986). In den ausgehenden 1980er Jahren aus Einzelelementen »zusammengenähte« Stahlskulpturen, die in der Kombination mit sprachlichen Elementen den narrativen Horizont der frühen ◇Skulpturen erweitern und sich zu komplexen ◇Environments ausdehnen (*Wagenspur,* 1990).

Woodville, Richard Caton (1825–1855)
Amerikanisch-englischer ◇Genremaler, orientierte sich an niederländischen Genredarstellungen, studierte und arbeitete in Düsseldorf (1845–55), hielt sich aber auch in Paris und London auf (ab 1851). Seine Klarheit, Gediegenheit, Farbreinheit, Raumkonzeption, Licht- und Charakterdarstellung sind mehr den Niederländern als der harten, strengen Realistik der → Düsseldorfer Schule zu verdanken.

Woolner, Thomas (1825–1892)
Englischer ◇Landschafts- und Tiermaler, als Student der Royal Academy Schools in Italien (ab 1842), als ◇Bildhauer Angehöriger der → Präraffaeliten. Da seine Arbeiten auf Ablehnung stießen, ging er 1852 nach Australien, kehrte aber 1854 wieder zurück. Auch seine Tennyson-Büste und die Carlyle- und Browning-Porträtmedaillons fanden keine Anerkennung. W. stellte in der Royal Academy aus (1843–93), wurde dort Mitglied (1874) und war Professor für Bildhauerei (1877–79), hat aber niemals wirklich gelehrt.

Worpsweder Künstlerkolonie
1895 in Worpswede, nahe bei Bremen, gegründete Künstlerkolonie, der Fritz → Mackensen, Otto → Modersohn, Hans am Ende, Fritz → Overbeck, Paula → Modersohn-Becker, Heinrich → Vogeler u. a. angehörten. Auf der Suche nach dem einfachen Leben entdeckte man die herbe norddeutsche Moor- und Heidelandschaft um Worpswede und deren schlichte, bäuerliche Bevölkerung als Sujet für die künstlerische Darstellung.

Wotruba, Fritz (1907–1976)
Österreichischer ◇Bildhauer, beteiligte sich erstmals 1931 an großen Ausstellungen. 1938 emigrierte er in die Schweiz und kehrte nach 1945 nach Österreich zurück. Seine ◇Skulpturen, zuerst hauptsächlich in Stein, gingen von der klassischen Statuarik aus, erprobten archaische Formen und fanden nach 1945 ihre eigene Ausdrucksweise: kantige Blöcke, die sich rhythmisiert übereinandertürmen, aber auch weich modellierte Bronzen, organische ›menschliche Kathedralen‹. W. nahm mit seinem Werk Einfluß auf die Künstlergeneration der 1950er Jahre, v. a. auf → Hoflehner und → Avramidis.

Wouwerman, Philips (1619–1668)
Holländischer Maler, Schüler seines Vaters,

Paulus Wouwerman, Frans → Hals' und möglicherweise des Pferdemalers Pieter Verbeek. Er malte aber auch ◇italianisierende ◇Landschaften im Stile → Bamboccios. Von W., der zeit seines Lebens in Haarlem arbeitete, sind rund 1000 Bilder erhalten: Landschaften mit Jagdgesellschaften und Reiterszenen (auch mit dörflichen ◇Staffagen), wobei die atmosphärereichen, geschickt komponierten Landschaften zum Besten gehören, was auf diesem Gebiet in der holländischen Malerei entstand, und entsprechend häufig nachgeahmt wurden (*Der Schmied,* Rijksmuseum, Amsterdam; *Pferdeschwemme unter dem Kastell,* Dresden; *Vor dem Marketenderzelt,* NGL). Gelegentlich malte W. auch ◇Genreszenen und religiöse Darstellungen.

WPA/FAP (Works Progress Administration/ Federal Arts Project)
Das bundesstaatliche Kunstprojekt der Vereinigten Staaten entwickelte sich aus drei vorangegangenen Regierungsprojekten zur Unterstützung von Künstlern während der wirtschaftlichen Depression. Aus den Mitteln von WPA erhielten annähernd 4000 Künstler Honorare für Arbeiten unterschiedlicher Fachbereiche. Dazu gehörten zeichnerische und malerische Darstellungen amerikanischer dekorativer Kunst für ›The Index of American Design‹, Amerika-◇Fotografien, Errichtung von Kunsterziehungsinstituten und Unterricht an ihnen sowie ◇Wand- und ◇Staffeleibilder und ◇Skulpturen für öffentliche Gebäude. Da das Thema ›Amerika‹ bei dem Projekt so stark betont war, bildete die Wandmalerei der ◇American Scene die bekannteste ›WPA-Kunst‹. Viele politische radikale Künstler malten jedoch sozialkritische und Protestdarstellungen. Den Haupteinfluß auf die Wandmaler übten ◇Renaissance-◇Fresken sowie → Orozco und → Rivera aus. Obgleich das allgemeine Niveau der Arbeiten mittelmäßig war, gab es bemerkenswerte Ausnahmen, etwa → Shahn und → Gorky. Und da bei der Mittelvergabe kein Unterschied zwischen ◇abstrakten und gegenständlich malenden Künstlern gemacht wurde, waren → Pollock und de → Kooning gleichermaßen beteiligt.

Wright, Joseph (1734–1797)
Englischer Maler, Schüler → Hudsons in London, nach seiner Rückkehr nach Derby (1758) als ◇Porträtmaler tätig. In den 1760er Jahren

Joseph Wright, *Die Schmiede,* 1772

wandte er die Lichteffekte → Honthorsts im Stile → Caravaggios an, um realistische Darstellungen wissenschaftlicher Experimente in dunkler Umgebung mit dramatischem Leben zu erfüllen (*Das Experiment mit der Luftpumpe,* 1768, Tate Gallery, London). W.s Arbeiten spiegeln die spekulativen Interessen seiner Auftraggeber Wedgwood und Arkwright wider. Nach einem Italienaufenthalt (1774–76) kehrte er nach Bath zurück, in der Hoffnung, der Nachfolger → Gainsboroughs an der Akademie zu werden, und ließ sich dann wieder in Derby nieder.

Wrubel, Michail Alexandrowitsch (1856–1910)
Russischer Maler, Student an der Akademie von St. Petersburg (1880–84), wirkte an der Restauration der Kyrillkirche von Kiew aus dem 12. Jh. mit, eine Tätigkeit, die ihn mit dem flachen, rhythmischen ◇byzantinischen Dekorationsstil vertraut machte, wie er später für seine Arbeiten charakteristisch wurde (*Tamaras Tanz,* 1890). Nach einer Venedigreise erhielt er den Auftrag, Lermontows Dichtung ›Der Dämon‹ zu illustrieren, deren mystisch-symbolische Thematik ihn bis an sein Lebensende (in einem geistigen Zusammenbruch) verfolgen sollte. In Moskau (1889) trat W. in die → Abramzewo-Künstlerkolonie ein und beteiligte sich an den ersten →

Mir-Iskusstwa-Ausstellungen. Seine Monumentalgemälde, ◇Aquarelle und Bleistiftzeichnungen fanden zu seinen Lebzeiten jedoch nur wenig Beachtung.

Wu Daozi (tätig 710–760)
Chinesischer Figurenmaler aus Yangzhai (heute Yuxian; Prov. Henan), oft als Begründer der buddhistischen Figurenmalerei Chinas bezeichnet und anerkannt als größter Meister der Tang-Zeit (618–907). Charakteristisch für seine Malweise ist die Kraft des reinen Pinselstrichs und der Verzicht auf – oder nur minimale Verwendung von – Farben, während die konservativen Hofmaler wie → Zhou Fang noch mit hellen Mineralfarben arbeiteten und feine Striche setzten. W. D. schuf auch symbolische Bilder und Landschaftsdarstellungen, aber keines seiner Werke blieb erhalten.

Wu Li (1632–1718)
Chinesischer Maler aus Changshu (Prov. Jiangsu), zählt zu den ›orthodoxen‹ Malern der Qing-Zeit (1644–1911/12). Wie bei den Vier Wangs (→ Wang Shimin) bestimmen ◇kalligraphische Rhythmen seine Pinselführung; wie Wang Shimin unterbricht er die Konturen durch die Wiederholung von ›Punkten‹ (dian). W. L. s Malweise wird oft als ›trocken und intellektuell‹ bezeichnet, charakterisiert von einer sparsamen Verwendung der Tusche. W. L. wurde Jesuit, empfing 1688 die Priesterweihe. In Macao beschäftigte er sich mit westlichen Kunstformen, die seine eigene Malerei jedoch offenbar nicht beeinflußten.

Wu-Schule
Mingzeitliche (Ming-Zeit: 1368–1644) Schule der chinesischen Malerei in der Tradition der → Literatenmaler der Nördlichen Song- und der Yuan-Zeit, benannt nach dem Kreis Wu (bei Suzhou; Prov. Jiangsu). Dichterisches Empfinden, die Vertrautheit mit alten Malstilen und die ◇kalligraphische Meisterschaft lassen oft lyrische, weiche und zugleich kraftvolle Landschaften entstehen, wobei meist die traditionelle Betonung der Linie beibehalten wird. Als prägende Vertreter der W.-S. gelten → Shen Zhou und sein Schüler → Wen Zhengming.

Wu Wei (1459–1508)
Chinesischer Maler der → Zhe-Schule aus Jiangxia (Prov. Hubei), herausragender Anhänger → Dai Jins. Der kraftvolle Stil von W. W.s figürlichen Darstellungen geht letztlich auf Anregungen aus dem Werk des Tang-Figurenmalers → Wu Daozi zurück. Sein eigenwilliges Temperament aber drückt sich v. a. in seinen ›impressionistischen‹ Landschaften aus. Er führte den Pinsel oft rauh und impulsiv, verlieh seinen Arbeiten aber Ausdruck und Tiefe durch blaue oder hellbraune Farben, die er über die Tuschelavierung zog. Typisch für sein Schaffen ist z. B. die Handrolle *Die Vergnügungen des Fischerdorfes* (Privatbesitz, Washington, D. C.).

Wu Zhen (1280–1354)
Chinesischer Maler aus Jiaxing (Prov. Zhejiang), einer der → Vier großen Landschaftsmeister der Yuan-Zeit (1271–1368). Beeinflußt von → Jurans Werk, arbeitete er mit kräftig-vollen sowie mit feinen Pinselstrichen und setzte die Technik der ◇Lavierung ein, um seinen Bildern Atmosphäre zu verleihen. Eines der Lieblingsthemen W. Z.s, der häufig kopiert wurde, sind Landschaften mit Fischern, oft verbunden mit kurzen Gedichten über diesen Beruf – eine Anspielung auf sein eigenes mühevolles Leben. W. Z. schuf auch ausgezeichnete Bambusbilder.

Wyck, Jan (1640–1700)
Holländischer Maler, unterrichtet von seinem Vater, den er auch nach England begleitete. Dort spezialisierte er sich auf ◇Schlachtenszenen und ◇Jagdstücke und arbeitete an einem Buch über Jagd und Falknerei mit.

Wyeth, Andrew Newell (* 1917)
Amerikanischer Maler, Schüler seines Vaters Newell Convers Wyeth. In der Wahl seiner Motive beschränkt sich W. ganz auf seine private Umwelt und malt nur Menschen und Ansichten aus seiner ländlichen Umgebung. Mit seinen peinlich genauen ◇Temperabildern oder ◇Aquarellen, die in der Tradition des amerikanischen Realismus stehen und die trotz ihrer trockenen Objektivität etwas vom ◇Magischen Realismus besitzen, wurde er zu einem der populärsten Maler der USA.

X

Xia Gui (tätig 1190–1225)
Chinesischer Maler der Südlichen Song-Dynastie aus Qiantang (heute Hangzhou; Prov. Zhejiang), wirkte unter Kaiser Ningzong (Regierungszeit: 1195–1224) an der kaiserlichen Malakademie. Gemeinsam mit → Ma Yuan gilt er als Begründer der → Ma-Xia-Schule. X. G. reduzierte die malerische Komposition, vereinfachte Zeichnung und Form aufs äußerste. Er deutete Stofflichkeit von Dingen oft nur mehr an, ohne sie indes zu verhehlen. Gerühmt wird X. G. nicht zuletzt für seinen meisterlichen Umgang mit der Tusche, deren Möglichkeiten er in allen Nuancen – vom kaum wahrnehmbaren Hauch bis ins tiefste Schwarz – ausschöpfte.

Xiao Yuncon (1596–1673)
Chinesischer Landschaftsmaler aus Wuhu (Prov. Anhui), beeinflußt von seinem bedeutenderen Zeitgenossen → Hongren. Viele seiner Arbeiten wurden als Holzdrucke reproduziert, wozu sich seine klar konturierten Felsdarstellungen geradezu anboten.

Xie He (tätig 479–501)
Chinesischer Kunsttheoretiker, Verfasser der Schrift ›Gu huapin lu‹ (›Klassifizierender Katalog alter Malerei‹) mit den berühmten ›sechs Regeln‹: 1. Schaffung einer lebenswahren Stimmung, 2. Strukturbildung durch Pinselführung, 3. Wiedergabe des So-Seins der Dinge, 4. passende Farbgebung, 5. Bildkomposition, 6. Nachahmung und Kopie.

Xu Daoning (tätig 11. Jh.)
Chinesischer Maler aus Hejian (Prov. Hebei). »Tüchtiger Landschaftsmaler in der Nachfolge → Li Chengs. Am Anfang seiner Laufbahn legte er größten Wert auf minuziöse Präzision, später, im Alter, kam es ihm nur noch auf Einfachheit der Zeichnung und schwungvolle Linienführung an. Mit jäh aufragenden Felsformationen und starken, unbeugsamen Baumknorren schuf er seine eigene ›Schule‹ und seinen eigenen Stil« (so Guo Ruoxu in seinem ›Tuhua jianwen zhi‹).

Xu Wei (1521–1593)
Chinesischer → Literatenmaler der Ming-Zeit (1368–1644) aus Shanyin (Prov. Zhejiang), bedeutender ◇Kalligraph. Sein exzentrisches Leben, das ihn in Armut sterben ließ, spiegelt sich auch in seinen Arbeiten wider, die von Spontaneität und einer unorthodoxen, kraftvoll-freien Malweise geprägt sind. Er goß z. B. Tusche über das Papier und formte ihren zufälligen Verlauf dann zu vegetabilen Formen aus. Bekannt wurden etwa seine Bambusbilder und die Querrolle *Vier Jahreszeiten* (Östasiatiska Museet, Stockholm).

Xu Xi (tätig 10. Jh.)
Chinesischer Blumen- und Vogelmaler aus Zhongling (heute Nanchang; Prov. Jiangxi) oder Jiangning (heute zu Nanjing gehörend; Prov. Jiangsu), zur Zeit der ›Fünf Dynastien‹ (907–979) und v. a. in der folgenden Song-Zeit sehr geschätzt. Der Katalog der Sammlung Kaiser → Huizongs, Anfang des 12. Jh.s erstellt, führt über 250 seiner Werke auf.

Y

Yamamoto Baiitsu (1783–1856)
Japanischer Literatenmaler der → Nanga-Schule, in deren Stil er u. a. detaillierte, fast der → Shijō-Schule entsprechende Blumenstücke schuf.

Yan Liben (tätig 640–673)
Chinesischer Hofmaler, hochrangiger Beamter der frühen Tang-Dynastie (618–907) aus Wannian (Prov. Shaanxi), dessen Familie schon seit der Sui-Zeit (581/89–618) dem Kaiserhof diente. Zwei erhaltene Werke zeigen deutlich die verschiedenen Stile, die Y. L.s Malweise kennzeichnen. Auf der Querrolle *Bildnisse der 13 berühmten Kaiser* (Museum of Fine Arts, Boston) sind 13 Kaiser der Westlichen Han- bis Sui-Zeit jeweils mit Gefolge porträtiert. Kräftige Pinselstriche verleihen den Herrschern ausdrucksstarke Individualität, faltenreiche Gewänder schaffen ein dekoratives Element, wobei die Körperhaltung von untergeordneter Bedeutung ist. Die Querrolle *Eine ausländische Gesandtschaft kommt zur Tributzahlung* (National Palace Museum, Taipeh) hingegen prägen feine und zartfarbene Pinselstriche, wobei die einzelnen Personen in verschiedenen Posen abgebildet sind und dadurch eine lebendige Darstellung entsteht.

Yáñez de la Almedina, Fernando
(nachweisbar etwa 1506–um 1536)
Spanischer Maler, der aus Almedina (La Mancha) stammte, möglicherweise Schüler von → Raffael oder → Leonardo in Italien. 1531 war er in Spanien als ein bedeutender Meister anerkannt. Für die Albornes-Kapelle in der Kathedrale von Cuenca schuf er einen Altar, der seine Abhängigkeit von Leonardo und → Garofalo bezeugt. Gemeinsam mit dem Maler Fernando de los Llanos (tätig 1504–1520) arbeitete er auch an dem 1509 vollendeten ◇Hochaltar (*Marienaltar*) in der Kathedrale von Valencia (sieben der zwölf Altargemälde mit *Szenen aus dem Leben Mariä* werden Y. zugeschrieben).

Yao Shou (1423–1495)
Chinesischer Landschaftsmaler und ◇Kalligraph aus Jiashan (Prov. Zhejiang), dessen Pinseltechnik derjenigen des → Wu Zhen ähnelt. Er war ein enger Freund → Shen Zhous.

Yeats, Jack Butler (1871–1957)
Irischer Maler, ◇Grafiker und Schriftsteller, Bruder des Dichters William Butler Y. (1865–1939); studierte an der Westminster School of Art. Y. stellte v. a. irische Szenen dar, die er in Federzeichnungen und ◇Aquarellen festhielt, seit den 1930er Jahren auch in ◇Ölbildern, wobei es ihm mehr um die Wiedergabe atmosphärischer Stimmungen als um Detailtreue ging. Die zunehmende Intensität der Farbgebung rückte seine Arbeiten in die Nähe des ◇Expressionismus.

Yi In-sang (tätig frühes 18. Jh.)
Koreanischer Maler, Dichter und ◇Kalligraph, dessen bekannteste Arbeit die *Sitzende Gestalt unter einer Kiefer* ist. Seine Landschaften verdankten viel der Malerei von → Tschong Son.

YIUP
1969 von Peter → Angermann an der Düsseldorfer Kunstakademie gegründete Studentengruppe innerhalb der → Beuys-Klasse, die sich in humorvoll-witzigen oder grotesk-satirischen ◇Aktionen, Bildern, Texten und Filmproduktionen artikulierte. Der Name der Gruppe bezieht sich auf die rheinische Dialektversion für den Vornamen von Joseph Beuys. Aus Y. gingen später die Gruppe → Normal und die ›Langheimer‹ (1982) hervor, die sich einer persiflagehaften Aktionskunst bedienten.

Yokoyama Taikan (1868–1958)
Maler des ›japanischen Stils‹ (eigentlich eine Art westlicher Synthese von Stilen der Vor-Meiji-Zeit). Berühmt wurde Y. T. durch seine (jetzt häufig gefälschten und kopierten) Tuschmalereien. Außerdem war er Mitbegründer der ersten unabhängigen japanischen Künstlervereinigung ›Nippon Bijutsuin‹ (1898).

Yosa Buson (1716–1783)
Japanischer Malerdichter, einer der bekanntesten Vertreter der Bunjinga- bzw. → Nanga-Schule. Zu seinen bedeutendsten Werken zählen Nacht- und Schneeszenen. → Matsumura Goshun war sein Schüler.

Yoshida Minoru (* 1935)
Japanischer Maler und Plastiker, der an der Universität von Kyōto studierte. Als Hauptvertreter

der → Gutai-Gruppe praktizierte er bereits in den ausgehenden 1950er Jahren eine konstruktiv-◇abstrakte Malerei und Plastik, die Licht und Bewegung thematisierte und organische und mechanische Strukturen gegeneinandersetzte.

Yoshihara Jiro (1905–1972)
Japanischer Maler, der 1954 in Ōsaka die → Gutai-Gruppe gründete und ◇Happenings sowie Malaktionen veranstaltete, die gleiche Ziele verfolgten wie die ◇Aktionskunst und das ◇Action Painting in der amerikanischen und europäischen Kunstszene der ausgehenden 1950er und frühen 1960er Jahre.

Young, La Monte (* 1935)
Amerikanischer Komponist, studierte u. a. 1957–60 an der University of California in Los Angeles und Berkeley. 1960 wandte er sich der ◇Fluxus-Bewegung zu und gab den Sammelband ›An Anthology...‹ heraus, setzte sich dann aber v. a. mit indischer Musik und Philosophie auseinander und schuf umfangreiche ›statische Kompositionen‹, für deren Aufführungen er oft auch zusammen mit seiner Frau Marian Zazeela ›Sound/Light Environments‹ gestaltete (*Dream House,* documenta 5, Kassel 1972).

Youngerman, Jack (* 1926)
Amerikanischer Maler, Vertreter der ◇Hardedge-Farbfeldmalerei. Mit der plakativen Farbgebung der ◇Pop Art schuf Y. in den ausgehenden 1960er Jahren eine signalhafte Malweise, deren geometrische Farbzeichen im Gegensatz zur reinen Abstraktion gegenständliche oder formelhafte Assoziationen hervorrufen.

Yun Shouping (1633–1690)
Chinesischer Maler aus Wujin (Prov. Jiangsu), wie sein Freund → Wang Hui einer der ›orthodoxen‹ Maler der Qing-Zeit (1644–1911/12). Aus Respekt vor dessen überlegenem Können soll er die Landschaftsmalerei aufgegeben haben und wurde in der Folge v. a. als Blumenmaler bekannt (und nachgeahmt). Dennoch sind auch Landschaften von seiner Hand erhalten (*Bambushalle in der Abgeschiedenheit,* National Palace Museum, Taipeh), welche die gleiche zarte Farbgebung und die gleiche Eleganz der Linienführung aufweisen wie seine Blumenbilder und ◇Kalligraphien.

Yvaral, Jean-Pierre (* 1934)
Französischer Maler, Sohn Victor → Vasarélys, der an der Ecole des Arts Appliqués in Paris studierte. Als Mitglied der → Groupe de Recherche d'Art Visuel arbeitete Y. bereits in den frühen 1960er Jahren im Bereich der ◇kinetischen Kunst und der ◇Op Art, wobei er ähnlich wie Vasarély seine Bildstruktur aus dem Vokabular von vertikalen, horizontalen, ondulierten und kreisförmigen Linien aufbaut, die die Netzhaut aufgrund ihrer Trägheit zu bewegten Farbfeldern synthetisiert.

Z

Zadkine, Ossip (1890–1967)
Russisch-französischer ◇Bildhauer, kam 1906 nach England. Studierte u. a. in London und ging 1909 nach Paris, wo er die Ecole des Beaux-Arts besuchte und entscheidende Anregungen durch A. → Rodin und die ◇Kubisten (→ Picasso, → Delaunay, → Lipchitz) erhielt, deren Prinzipien er in die Plastik übertrug (*Weibliche Form,* 1918). Ab etwa 1920 löste er sich allmählich von der Formensprache eines strengen Kubismus (*Die drei Musiker,* 1924) und stellte unter Verwendung weicherer, persönlicherer Formen mythologische (zentrales Motiv: Orpheus; *Orpheus,* 1928) und allgemein menschliche Themen dar. In den 1940er Jahren kam es zu Aushöhlungen und Durchbrechungen seiner Plastiken (*Orpheus,* 1949). Seine bekannteste Arbeit ist das Bronze-Mahnmal *Die zerstörte Stadt* (1951–53) in Rotterdam.

Ossip Zadkine, *Intimität oder Narziß,* 1950

Zammit, Norman (*1931)
Amerikanischer Künstler, der die reine ◇Farbfeldmalerei unter Anwendung modernster Technologie in den ausgehenden 1960er Jahren auf die Plastik übertrug. In seinen transparenten Blöcken aus Acrylkunststoff scheinen feinste Farbpartikel zu schweben. Z. wurde zur Realisation dieser Farbobjekte selbst zum Erfinder, denn ihm gelang es erstmals, den für die Herstellung von Pilotenschutzschirmen für Jagdkampfflugzeuge entwickelten Kunststoff durch einen chemischen Prozeß so einzufärben, daß eine direkte chemische Verbindung und kein Aufkleben der Farbmasse erfolgt.

Zebra
Eine aus den Malern Dieter → Asmus, Peter → Nagel, Nikolaus Störtenbecker (*1940) und Dietmar Ullrich (*1940) bestehende, bereits 1962, noch während ihrer Studienzeit in Hamburg gegründete Gruppe. In Ablehnung der damals vorherrschenden ◇informellen Malerei wandten sie sich einem manieristisch-figurativen, distanziert kühlen, der ◇Hard-edge-Malerei nahestehenden Stil (daher der Name) in der Art des ◇Magischen Realismus zu, der in seiner erstarrten Poesie eine Synthese von natürlicher und künstlicher Gestik erreicht.

Zeitblom, Bartholomäus
(um 1455/60–1518/22)
Altdeutscher Maler, möglicherweise Schüler F. → Herlins, dessen Schwiegersohn er durch seine erste Heirat war; ab 1482 Bürger Ulms, wo er die Werkstatt → Schüchlins übernahm. Z. war ein Hauptmeister der spätgotischen Ulmer Schule; aus seiner vielbeschäftigten Werkstatt gingen zahlreiche große Altäre hervor, an denen oft Gehilfen mitarbeiteten. Zu den Hauptwerken Z.s, dessen Figuren ruhig, statuarisch behandelt und dessen Kompositionen flächig gehalten sind, gehören der *Kilchberger Altar* (um 1482, heute Staatsgalerie, Stuttgart), die ◇Hochaltäre in Blaubeuren (1494–95, mit B. → Strigel) und Bingen (bei Sigmaringen, um 1490) sowie der *Eschacher Altar* (1496, heute Staatsgalerie, Stuttgart), der *Heerberger Altar* (1497–98, ebda.) und der für die Prämonstratenser bei Schorndorf geschaffene *Adelberger Altar* (1511).

ZEN
1949 gegründete freie Verbindung deutscher Künstler, in deren Werken sich die divergieren-

den künstlerischen Formsprachen, aber auch die konstruktive Aufbruchshaltung der deutschen Nachkriegssituation artikulierten. Mitglieder waren u. a. → Baumeister, → Geiger, Brigitte Meier-Denninghoff (* 1923), → Sonderborg, Fred Thieler (* 1916), → Trier und → Winter.

Zenga
Tradition der japanischen Tuschemalerei, Zen-Bilder, als Terminus nicht ganz eindeutig definierbar. Es handelt sich um Tuschebilder in der Tradition chinesischer Chan-(Zen-)buddhistischer Themen, geschaffen von Mönchsmalern (darunter quasi ›Berufsmaler‹ wie → Sesshū, → Tenshō Shūbun oder Künstlern der → Kanō-Schule im Japan der Ashikaga-Zeit (1338–1573). Im engeren Sinn bezeichnet man Bilder als Z., die Zen-Meister allein aus der Zen-Inspiration heraus in Verschmelzung von Ästhetik und Zen-Geist malten. Künstler wie → Hakuin Ekaku und Sengai Gibon (1751–1837) gelten als ›moderne‹ Vertreter des Z.

Zenale, Bernardino (um 1436–1526)
Italienischer Maler, Schüler von → Foppa in Mailand, überwiegend in Oberitalien tätig. Z. war mit → Leonardo befreundet und zu einem bestimmten Maße auch von diesem beeinflußt. Häufig arbeitete er gemeinsam mit → Butinone (◇Freskenzyklus mit *Szenen aus dem Leben des hl. Ambrosius* in S. Pietro in Gesate in Mailand, 1490; ◇Polyptychon mit *Szenen aus dem Leben des hl. Martin* in S. Martino, Treviglio).

Zero
Bahnbrechende künstlerische Strömung Ende der 1950er Jahre in Deutschland. Unter dem Motto Z. (benannt nach dem entscheidenden Augenblick beim Countdown eines Raketenstarts, gleichzeitig eine »Zone des Schweigens vor dem Neubeginn«, eine Möglichkeit zur Konzentration und zum Überlegen: »Z. ist die Stille. Z. ist der Anfang«) schlossen sich 1957 → Mack und → Piene zusammen (erste Abendausstellung, Düsseldorf 1957), 1960 gesellte sich → Uecker hinzu. Mit → Fontana als geistigem Vorbild und beeinflußt von der → Nouvelle Tendance, versuchte man in einer Art »neuem Idealismus« eine harmonische Verbundenheit mit der Natur zu erreichen, und zwar unter ◇puristischer Konzentration auf die Klarheit der Farbe Weiß (die man »durch Raster in Schwingung versetzte«) und der dynamischen Lichtschwingung im Raum (Licht als »die Sphäre allen Lebens, das Element von Mensch und Bild und Mensch«; *Lichtstelen* von Mack, *Lichtballette* von Piene, Licht-Schatten-Wechsel der weißen *Nagelreliefs* von Uecker, *Lichtmühlen* als Gemeinschaftsarbeit). 1966 fand die letzte gemeinsame Ausstellung statt (Städtische Kunstsammlung, Bonn), 1967 löste sich die Gruppe auf.

Zeuxis (tätig 435–390 v. Chr.)
Griechischer Maler aus Herakleia, Schüler des → Apollodoros aus Athen, an dessen ›Schattenmalerei‹ (deren Erfindung Apollodoros zugeschrieben wird) Z. anknüpfte und die er zur ›Illusionsmalerei‹ weiterentwickelte. Keines der Werke des Z. ist erhalten, dafür gibt es zahlreiche literarische Berichte über seine Bilder. Schriftlichen Quellen zufolge (u. a. → Plinius' ›Naturalis historia‹ 35,64) hat Z. für sein Bild einer nackten Helena, das er für den Tempel der Hera Lakinia in Kroton (Unteritalien) schuf, die fünf schönsten Mädchen der Stadt als Modelle ausgesucht, um von jeder das Reizvollste für das Helenabild zu verwenden. Der griechische Schriftsteller Lukian beschreibt sehr genau ein von Z. geschaffenes Bild einer Kentaurenfamilie. Bezeichnend für seine Malweise ist eine durch Plinius überlieferte Anekdote (›Naturalis historia‹ 35,65 f.), der zufolge Z. Weintrauben so naturgetreu gemalt habe, daß die Vögel heranflogen, um daran zu picken.

Zhang Ruitu († 1644)
Chinesischer Maler aus Jinjiang (heute Quanzhou; Prov. Fujian), v. a. durch seine kühne, großzügige ◇Kalligraphie bekannt. Bei seinen Malereien bevorzugte er dunkle Tusche auf Satin. Ebenso wie die Werke anderer Maler der späten Ming-Zeit (1368–1644) verraten sie ausgeprägten stilistischen Individualismus.

Zhang Sengyou (frühes 6. Jh.)
Chinesischer Maler aus Suzhou (Prov. Jiangsu), wie → Gu Kaizhi, Lu Tanwei (5. Jh.) und → Wu Daozi ein hervorragender Figurenmaler. Er verlieh seinen Figuren eine recht ausgeprägte Körperlichkeit (›Fleisch‹). Eine Bildrolle des 11. Jh.s, *Die fünf Planeten und achtundzwanzig Sternbilder* (Ōsaka City Museum), gilt als Kopie eines seiner Werke.

Zhang Yanyuan (9. Jh.)
Verfasser einer 847 n. Chr. veröffentlichten

Schrift, ›Lidai minghua zhi‹ (›Verzeichnis der berühmten Gemälde aller Dynastien‹), die wichtigste Quelle zur chinesischen Malerei von den Anfängen bis ins 9. Jh. (Geschichte der Malerei, Techniken und Bewertungsmaßstäbe, Abhandlungen über einzelne Maler).

Zhang Zeduan (frühes 12. Jh.)
Chinesischer Maler aus Dongwu (heute Zhucheng; Prov. Shandong), der unter → Huizong an der kaiserlichen Akademie der Nördlichen Song wirkte. Seine Berühmtheit verdankt er einer einzigen Querrolle, *Flußaufwärts zum Qingming-Fest* (Palace Museum, Beijing), die mit großer Detailtreue das Leben in der Song-Hauptstadt Bianjing (heute Kaifeng; Prov. Henan) schildert. Dieses Thema wurde v. a. in der Ming- und der Qing-Zeit kopiert und variiert.

Zhao Boju (12. Jh.)
Chinesischer Maler, Verwandter des Herrscherhauses der Song und Mitglied der kaiserlichen Akademie zunächst unter → Huizong in Kaifeng, dann unter Kaiser Gaozong (Regierungszeit 1127–62) in Hangzhou. Zum Vorbild nahm er sich Maler aus der Tang-Zeit (→ Li Sixun) und pflegte den Blau-Grün-Stil. Er gab dieser Malerei durch kräftige Farbkontraste und Sinn für Raumempfinden neue, belebende Impulse.

Zhao Gan (10. Jh.)
Chinesischer Maler aus Nanjing (Prov. Jiangsu), der die Gestaltungsweise ›mit ebener Ferne‹ von → Li Cheng und → Dong Yuan aufs trefflichste umsetzte: Die Z. G. zugeschriebene Querrolle *Eine Flußreise beim ersten Schnee* (National Palace Museum, Taipeh) gibt den Blick über eine weite Wasserfläche frei. Die Gestaltung der Fischer wie auch der Landschaft ist geprägt von großer Empfindsamkeit, der Betrachter spürt geradezu die Einsamkeit und Kälte.

Zhao Mengfu (1254–1322)
Chinesischer Maler aus Wuxing (Prov. Zhejiang), der am Hof der mongolischen Yuan-Dynastie Karriere machte und auch als ◇Kalligraph und Kunsttheoretiker hervortrat. Große Berühmtheit erlangte er mit Darstellungen von Pferden in freier Natur, die zu den eindrucksvollsten ihm zugeschriebenen Arbeiten gehören. In der ◇Landschaftsmalerei versuchte Z. M., durch einen archaisierenden Stil den Geist alter Meister zu erfassen.

Zhao Mengjian (1199–1295)
Chinesischer Maler aus Haiyan (Prov. Zhejiang), der insbesondere Pflaumenblüten und Narzissen malte.

Zhao Zhiqian (1829–1884)
Chinesischer Maler aus Kuaiji (heute Shaoxing; Prov. Zhejiang). Hervorragender ◇Kalligraph und Siegelschneider, zugleich auch Blumenmaler.

Zheng Xie (1693–1765)
Chinesischer Maler aus Xinghua (Prov. Jiangsu), einer der Acht → Seltsamen Meister aus Yangzhou (Prov. Jiangsu). Zu seinen bevorzugten Themen gehörten Bambus, Chrysanthemen und Orchideen, und oft brachte er seine außerordentlich individuelle ◇Kalligraphie in seinen Zeichnungen zwischen Stämmen bzw. Pflanzenstengeln oder auf Felswänden an.

Zhe-Schule
Mingzeitliche Schule der chinesischen Malerei, die akademische Tradition der → Ma-Xia-Schule fortsetzend (allerdings ohne das ›Eineck-Prinzip‹), benannt nach der Prov. Zhejiang (Hauptstadt: Hangzhou). Hier verbinden sich akademische Traditionen mit eigenwilligen, persönlichen Stilen. Allgemeines Charakteristikum der Z.-S. ist ein stilistischer Kontrast in ihren Bildern: Mäandrierende, breite, oft weiche Linien als Konturzeichnung, kombiniert mit lockeren, spielerischen Pinselstrichen zur Wiedergabe unebener Oberflächen (Felsen) und ineinander verworrener Äste, stehen scheinbar im Widerspruch zu präzis-realistisch gemalten Bildpartien. Als prägende Vertreter der Z.-S. gelten → Dai Jin und → Wu Wei.

Zhou Chen (um 1450 – um 1552)
Chinesischer Berufsmaler aus Suzhou (Prov. Jiangsu), der sich in seinen ◇Landschaftsbildern stark an den Werken → Li Tangs orientierte. Er liebte Kontraste zwischen hellen und dunklen Zonen, aber auch ◇genrehafte Szenen, wobei (wie bei seinem *Bettler und Schlangenbeschwörer*) sein Realismus das Karikaturhafte streift, obwohl er vom zeitgenössischen Manierismus weit entfernt war. Er gilt als Lehrer von → Tang Yin und → Qiu Ying. Seine Zuordnung zu bestimmten Malschulen ist umstritten. Als Freund → Wen Zhengmings stand er der → Wu-Schule nahe, wird als ihr zugehörig betrachtet;

andere sehen Z. C. und seine Schüler als eigene Gruppe, die sowohl der Wu- als auch der → Zhe-Schule gegenüberstand. Auf Z. C., der durchaus Anflüge der → Literatenmalerei in seinem Werk spüren läßt, wendet man auch die Bezeichnung Eklektiker und Neuakademiker an.

Zhou Fang (2. Hälfte 8. Jh. n. Chr.)
Chinesischer Maler aus Chang'an (heute Xi'an, Prov. Shaanxi), in chinesischen Quellen als ◇Porträtmaler sowie als Schöpfer von Wandmalereien in buddhistischen Tempeln gefeiert, von denen allerdings nichts erhalten ist. Besonders rühmte man seine farbenreichen Darstellungen von Hofdamen der Tang-Zeit (618–907), die, in prachtvolle Gewänder gehüllt, höfischem Zeitvertreib nachgehen. Z. F. war bestrebt, eine Stimmung zu gestalten, die die Vergänglichkeit des Augenblicks bewußtmacht.

Zhou Wenju (tätig 10. Jh.)
Chinesischer Maler aus Jurong (Prov. Jiangsu), Hofmaler an der Akademie des Kaisers Li Yu (Regierungszeit 961–75) der Südlichen Tang. Als Meister der figürlichen Malerei ebenbürtig mit → Zhou Fang.

Zhou Yigui (1686–1772)
Chinesischer Maler aus Wuxi (Prov. Jiangsu), hoher Beamter und Hofmaler, der hauptsächlich Pflanzen darstellte.

Zhu Da (Bada Shanren) (1625/26–um 1705)
Chinesischer Maler, verwandt dem Herrscherhaus der Ming-Dynastie (1368–1644). Nach deren Sturz zog er sich als Mönch in ein Kloster zurück, gab sich aber einem exzentrischen Leben, insbesondere der Trunksucht, hin, wurde – oder stellte sich – stumm. Er wurde durch originelle Landschaftsdarstellungen, besonders aber durch Tuschezeichnungen von Blumen, Fischen und Vögeln bekannt. Seine Gedichte und Bilder enthalten zahlreiche, in eine Symbolsprache gekleidete, bissige Anspielungen auf die neuen Manju-Herrscher der Qing-Dynastie (1644–1911/12). Z. D. war auch ein hervorragender ◇Kalligraph. Dabei bevorzugte er gebrauchte Pinsel, was seiner Schrift die gleiche Sprödigkeit verlieh wie seinen Malereien.

Zhu Derun (1294–1365)
Chinesischer Maler aus Suiyan (Prov. Henan), der den Landschaftsstil von → Li Cheng und → Guo Xi fortsetzte. Als er noch jung war, machte ihn → Zhao Mengfu mit einem Prinzen aus Korea bekannt, und es ist durchaus möglich, daß seine Malerei frühkoreanischen Landschaftsmalern als Vorbild diente.

Zick, Januarius (1730–1797)
Deutscher Maler, Schüler seines Vaters Johann Z. (1702–1762), bildete sich in Paris (1757) und in Rom bei → Mengs (1758) weiter. Seit 1760 kurtrierischer Hofmaler in Ehrenbreitstein bei Koblenz. Neben ◇Tafelbildern, in denen er Einflüsse → Rembrandts, der italienischen ◇Barockmalerei (→ Caravaggio) und des französischen ◇Rokoko (→ Fragonard) aufnahm, schuf er v. a. Deckenfresken für Sakral- und Profanbauten in Schwaben und Bayern, die den Übergang vom Rokoko und der spätbarock-◇illusionistischen Raumkunst zum frühklassizistischen ◇Zopfstil mit seinen flächenbetonten Kompositionen markieren. Hauptwerke Z.s sind u. a. die ◇Fresken im Schloß zu Engers (1769), in den Klosterkirchen zu Wiblingen bei Ulm (1778–80), Zell bei Riedlingen (1781) und Oberelchingen bei Ulm (1782–83). Er schuf auch ◇Porträts (*Bildnis des Johann von Mechel und seiner Frau,* 1775, Kunstmuseum, Basel) und ◇Genrebilder.

Ziegler, Adolf (1892–1959)
Deutscher Maler, studierte an der Münchner Akademie (1911–24, unterbrochen vom Kriegsdienst), wo er ab 1933 lehrte. Z. betätigte sich bereits früh als Kulturfunktionär im Dritten Reich, wurde 1936 zum Präsidenten der Reichskammer für bildende Künste ernannt und nahm damit entscheidenden Einfluß auf die Kulturpolitik des Nationalsozialismus (u. a. war er maßgeblich an der Aktion ◇Entartete Kunst beteiligt). Als Sujet seiner Bilder bevorzugte er Frauenakte, die er in einer besonders akkuraten Variante des damals üblichen akademischen Realismus darstellte (*Die vier Elemente,* 1937), was ihm den Spottnamen ›Meister des deutschen Schamhaares‹ einbrachte.

Ziem, Félix François Georges Philibert (1821–1911)
Französischer Maler, begann als Architekturstudent zu aquarellieren. 1841 ging er nach Italien, dann nach Rußland. In Paris stellte er 1849 im ◇Salon aus (*Blick auf den Bosporus; Canal Grande, Venedig*). Venedig, das zu einem

Hauptthema im Schaffen Z.s wurde, stattete er von 1845 bis 1895 jährlich einen Besuch ab.

Zille, Heinrich (1858–1929)
Deutscher ◇Zeichner und ◇Karikaturist, wurde als ◇Lithograph ausgebildet und lernte einige Zeit bei → Hosemann. Seit der Jahrhundertwende zeichnete er u. a. für die Zeitschriften ›Simplicissimus‹ und ›Jugend‹. Mit seinen treffsicheren sozialkritischen Schilderungen des Berliner Großstadtlebens, v. a. der Armenviertel, das er in humorvollen (wenn auch oft tragikomischen und bissig-anklagenden) Zeichnungen festhielt, gelangte er zu außerordentlicher Popularität (grafische Zyklen z. B.: ›Hurengespräche‹, 1913; ›Komm, Karlineken, komm‹, 1925; zahlreiche Sammelbände, u. a. ›Das große Zille-Album‹, 1927; ›Bilder vom alten und neuen Berlin‹, 1927). Häufig benutzte Z. auch ◇Fotografien als Arbeitsvorlagen. 1924 wurde er als Professor an die Berliner Akademie der Künste berufen.

Zimmermann, Johann Baptist (1680–1758)
Deutscher Maler und Stukkateur, arbeitete ursprünglich mit seinem Bruder, dem Baumeister Dominikus Z. (1685–1766), zusammen, schloß sich aber später in München → Cuvilliés an, unter dessen Einfluß er Elemente und Formen des französischen ◇Rokoko in das von den Brüdern → Asam entwickelte Dekorationsrepertoire einbrachte (Stukkaturen in den ›Reichen Zimmern‹ der Münchner Residenz und in der Amalienburg im Park von Schloß Nymphenburg). An ◇Fresken schuf er u. a. die Deckenmalereien im ›Großen Saal‹ von Schloß Nymphenburg (1755–57) und in der Wieskirche (1745–54).

Johann Baptist Zimmermann, Deckenfresko in der Klosterkirche Schäftlarn, 1754–56

Zimmermann, Mac (Max) (* 1912)
Deutscher Maler und ◇Grafiker, der in Stettin und Hamburg studierte. 1958–63 war er Professor an der Hochschule für Bildende Künste in Berlin, seit 1963 wirkte er als Professor an der Münchner Akademie. Seine ◇surrealistischen Szenerien sind in ihrer bühnenbildhaften Wirkung von der ◇Pittura metafisica beeinflußt. Die gemalte Dingwelt wird zum chiffrierten Verweis auf die menschliche Psyche. Die Bewegung des ◇Phantastischen Realismus ging aus der Schule Z.s hervor, der u. a. Peter → Ackermann, Peter Collien (* 1938), → Janssen, Reiner Schwarz (* 1940) und Paul Wunderlich (* 1927) zu seinen Schülern zählte.

Zoffany (Zauffaly, Zoffani), Johann Joseph (John) (1733–1810)
Deutsch-englischer Maler, studierte ab 1750 in Rom (u. a. bei → Mengs), kehrte 1758 nach Deutschland zurück, wo er als Hofmaler in den Diensten des Kurfürsten von Trier stand, und ließ sich um 1760 in England nieder. 1768 gehörte er zu den Gründungsmitgliedern der Royal Academy. Bekannt wurde Z. v. a. mit seinen ◇Gesellschaftsstücken und Theaterbildern, häufig Bühnenszenen mit dem berühmten Schauspieler David Garrick, der sein Gönner war. Er schuf auch eine Reihe von ◇Porträts und häuslichen Szenen, in denen er u. a. Mitglieder der königlichen Familie darstellte (*Königin Charlotte mit ihren beiden ältesten Söhnen,* Windsor Castle). Während eines Indienaufenthaltes (1783–89) führte er zahlreiche Auftragsarbeiten aus, 1789 kehrte Z. nach England zurück.

Zola, Emile (1840–1902)
Französischer Romanschriftsteller und Journalist, einer der nachdrücklichsten und bekanntesten Parteigänger → Manets und des ◇Impressionismus – zumal durch die Schrift ›Mon Salon‹ (1866). → Cézanne, den er von Kindheit an kannte, lieferte viele Züge des Helden von Z.s Künstlerroman ›L'Œuvre‹ (1886). Die Polarität von Realismus und Imagination in seiner Ästhetik zeigt sich in dem Satz, das Kunstwerk sei ein Stück Schöpfung, gesehen durch ein Temperament (1865).

Zoppo, Marco (M. di Antonio di Ruggero, genannt ›il Zoppo‹ [ital. ›der Lahme‹]) (1433–1478)
Italienischer Maler, ausgebildet in der Werkstatt → Squarciones in Padua, ging er 1455 nach Ve-

nedig und wirkte 1462–68 in Bologna, ohne aber die paduanische Malweise hinter sich zu lassen. Wichtige Einflüsse auf Z.s künstlerische Entwicklung nahmen → Donatello, A. → Mantegna, außerdem lernte er viel von → Piero della Francesca und später (in den 1470er Jahren) von den Venezianern (Giovanni → Bellini, → Antonello da Messina). Eines seiner Hauptwerke, das ◇Polyptychon *Maria mit Kind zwischen Heiligen* im Collegio di Spagna in Bologna, verbindet das Streben nach Plastizität mit eleganter Linienführung und differenzierter Farbgebung.

Zorach, William (1887–1966)
Amerikanischer ◇Bildhauer und Maler litauischer Abstammung, kam 1893 in die USA, studierte in Cleveland, an der National Academy of Design und an der ◇Art Students' League, an der er ab 1929 auch lehrte. Z., der bei der ◇Armory Show ausstellte (Bilder im Stil des ◇Fauvismus, 1913), wandte sich in den frühen 1920er Jahren der Bildhauerei zu und gehört zu den amerikanischen Bahnbrechern der unmittelbaren bildhauerischen Arbeit in Stein und Holz unter besonderer Berücksichtigung der ursprünglichen Beschaffenheit des Materials. Z. schuf (z. T. monumentale) figürliche Arbeiten mit vereinfachten Formen (*Die Erbauer der Zukunft,* 1939, Weltausstellung New York).

Zorio, Gilberto (*1944)
Italienischer Künstler, wurde Ende der 1960er Jahre mit seinen der ◇Arte povera zugehörigen Arbeiten bekannt. Nach Stücken, die v. a. die Visualisierung energetischer Prozesse beabsichtigen (*Haß,* 1969), flossen ab 1970 verschiedene mythische, aber auch extrem subjektiv-emotionale Inhalte und Motive ein. Sie äußern sich in einer einfachen, klar definierten Bildsprache (*Stern aus Speeren,* 1974), die neben präfabrizierten Objekten auch Elektrizität, Laserstrahlen u. ä. einschließt.

Zorn, Anders Leonhard (1860–1920)
Schwedischer Maler und ◇Grafiker, studierte an der Kunstakademie in Stockholm, 1881 Parisaufenthalt, danach Reisen nach Spanien, England, Portugal, Ungarn, in die Türkei und nach Griechenland. 1896 ließ er sich in Mora, seiner Geburtsstadt, nieder. Z. begann als ◇Aquarellmaler und wandte sich während seines Parisaufenthaltes (1888–96) der ◇Ölmalerei zu. Entscheidende Impulse erhielt er von den französischen ◇Impressionisten. Er schuf v. a. ◇Porträts (darunter zahlreiche Bildnisse von berühmten Künstlern), ◇Aktdarstellungen (*Im Freien,* 1888) und ◇Genrebilder aus seiner Heimat (*Johannistanz in Dalarna,* 1897, Nationalmuseum, Stockholm). Auch seine ◇Radierungen zeigen den Einfluß impressionistischer Prinzipien. Ferner schuf Z. ◇Skulpturen.

Zuccarelli, Francesco (1702–1788)
Italienischer ◇Landschaftsmaler; Z. schuf idyllische pastorale Szenen (v. a. Flußlandschaften), die stilistisch beeinflußt waren von M. → Ricci (*Flußlandschaft mit Wasserträgern,* Staatsgalerie, Stuttgart). Z. wirkte hauptsächlich in Venedig, hielt sich aber auch in England auf, wo er die Gunst des Hofes genoß und zu den Gründungsmitgliedern der Royal Academy gehörte.

Zuccari (Zuccaro), Federico (um 1540–1609)
Italienischer Maler der ◇manieristischen Tradition, Bruder und Schüler des Taddeo → Zuccari. Nach dem Tod seines Bruders vollendete er dessen ◇Freskenzyklus im Palazzo Farnese in Caprarola bei Rom (1566). 1574–75 hielt er sich in England auf, wo er zahlreiche ◇Bildnisse schuf (u. a. porträtierte er Elisabeth I., Maria Stuart und den Earl of Leicester). Zurückgekehrt nach Italien, stellte er das von → Vasari begonnene Kuppelfresko des *Jüngsten Gerichts* im Dom zu Florenz fertig (1575–79). Von ihm stammen außerdem Fresken in der Cappella Paolina im Vatikan und die Altartafeln für die Kirche im Escorial (1585–89 Spanienaufenthalt). 1607 erschien seine Schrift ›Idea de'Pittori, Scultori ed Architetti‹, eine der wichtigsten Quellenschriften zur Kunstauffassung des Manierismus. Er war auch der Gründer der Lukasgilde in Rom.

Zuccari (Zuccaro), Taddeo (1529–1566)
Italienischer Maler, Vertreter des ◇Manierismus, Bruder des Federico → Zuccari. T. wirkte ab 1643 in Rom, wo er sich durch das Studium der Werke → Raffaels und del → Vagas weiterbildete. Zu seinen bedeutendsten Arbeiten zählen die dekorativen ◇Fresken im Palazzo Farnese in Caprarola bei Rom und in der Sala Regia der Sixtinischen Kapelle im Vatikan (*Kaiser Karl V. bei der Einnahme von Tunis,* 1563–65).

Zucchi, Antonio (1726–1795)
Venezianischer Dekorationsmaler im Stil eines eklektischen ◇Klassizismus, der in England für

Robert Adam arbeitete. 1781 heiratete er A. → Kauffmann und ließ sich mit ihr in Rom nieder.

Zuloaga y Zabaleta, Ignacio (1870–1945)
Spanischer Maler und ◇Radierer, bildete sich durch Kopieren der Werke der älteren spanischen Malerei im Prado (El → Greco, → Goya, → Velázquez), deren Tradition er wiederzubeleben suchte. Er schuf großformatige ◇Landschaftsbilder, ◇Porträts und Szenen aus dem spanischen Volksleben.

Zurbarán, Francisco de (1598–1664)
Spanischer Maler, Schüler der Malerschule von Sevilla, 1617 Meister in Sevilla, anschließend in Llerena (Estremadura) tätig, seit 1629 wieder in Sevilla ansässig und dort Stadtmaler, ab 1658 in Madrid. Z. malte vorwiegend Andachtsbilder und Szenen aus dem mönchischen Leben, wobei sich deutlich der Einfluß der spanischen Mystik abzeichnet. Die einfach gehaltenen Figuren leiten sich von der Sevillaner ◇Bildhauerei her, entscheidend aber war v. a. der Einfluß → Caravaggios und dessen ◇Chiaroscuro. Den so zustandegekommenen kargen Realismus exemplifizieren die Bonaventura- und Petrus-Nolaskus-Zyklen (heute u. a. Louvre und Prado). Für Philipp IV., dessen Hofmaler er war, malte Z. die *Taten des Herkules* und zwei ◇Schlachtenbilder (1634, Prado). 1638–39 entstanden Bilder für die Kartause in Jerez de la Frontera (Cádiz, Grenoble) und für das Hieronymitenkloster in Guadalupe. Nach 1650 paßte sich Z. an die gefühlvolle Malweise → Murillos an. Aus dieser Zeit stammen etwa die *Hl. Familie* (1659, Museum für Bildende Künste, Budapest), die *Unbefleckte Empfängnis* (1661, ebda.) und verschiedene Mönchsbildnisse (*Fray Francisco Zumel; Fray Hernando de Santiago,* Real Academia de Bellas Artes de S. Fernando, Madrid).

Francisco de Zurbarán, *Die Marter des hl. Serapion,* 1628

Copyrightnachweis

Abbildungsnachweis der Schwarzweiß-Reproduktionen

Der Verlag dankt folgenden Personen und Institutionen für die freundliche Erlaubnis, die auf den genannten Seiten vorkommenden Abbildungen zu reproduzieren (l = links, r = rechts, o = oben, m = Mitte, u = unten): *S. 7 l: Aachen,* Das Domkapitel (Foto Münchow); *S. 7 r: London,* National Gallery; *S. 9: Paris,* Musée du Louvre (Foto Archives Photographiques); *S. 11: Rimini,* Tempio Malatestiano (Foto Gabinetto Fotografico Nazionale, Rom); *S. 13: Brüssel,* Editions de la Connaissance (Foto Galerie de France); *S. 14: Neapel,* Museo e Gallerie Nazionali di Capodimonte (Foto Alinari); *S. 15: Florenz,* Palazzo Pitti; *S. 16: München,* Bayer. Staatsgemäldesammlungen, Alte Pinakothek; *S. 18 o: Wien,* Österreichisches Museum für angewandte Kunst; *S. 18 u: Köln,* Museum Ludwig (Foto Rhein. Bildarchiv); *S. 19: Florenz,* Galleria degli Uffizi; *S. 20: Florenz,* Museo di San Marco (Foto Alinari); *S. 21: Hannover,* Sprengel Museum; *S. 22: New York,* Metropolitan Museum of Art; *S. 23: Frankfurt a. M.,* Luchterhand Literaturverlag; *S. 25 l: Duisburg,* Wilhelm-Lehmbruck-Museum; *S. 25 r: Wien,* Kunsthistorisches Museum; *S. 27 o: Rom,* Basilica di S. Maria Maggiore (Foto Alinari); *S. 29: München,* St. Anna-Klosterkirche (Foto Werner Neumeister); *S. 31 o: Köln,* Wallraf-Richartz-Museum (Foto Rhein. Bildarchiv); *S. 31 u: Paris,* Musée du Louvre; *S. 34: Mannheim,* Kunsthalle; *S. 35: Florenz,* SS. Annunziata; *S. 36 l: Dresden,* Staatl. Kunstsammlungen, Gemäldegalerie Alte Meister; *S. 36 r: New York,* Museum of Modern Art; *S. 37 l: London,* Tate Gallery; *S. 37 r: London,* Courtauld Institute Galleries; *S. 38: Lübeck,* St. Katharinen; *S. 40: London,* National Gallery; *S. 41 l: New York,* Emily und Jerry Spiegel; *S. 41 r: Pedralbes,* S. Miguel; *S. 42: Chicago,* Art Institute of Chicago; *S. 43: Essen,* Museum Folkwang (Foto Liselotte Witzel); *S. 44: Bayeux,* Centre Guillaume le Conquerant (Foto Giraudon); *S. 45 lu: Paris,* Musée du Louvre (Foto Archives Photographiques); *S. 46: Hamburg,* Kunsthalle; *S. 48: London,* National Gallery; *S. 51: Amsterdam,* Historisch Museum; *S. 52 o: New York,* The Museum of Modern Art (Grace Rainey Rogers Fund; Foto © 1991 The Museum of Modern Art, New York) *S. 52 u: Rom,* S. Maria della Vittoria; *S. 53: Valladolid,* Museo Nacional de Escultura; *S. 54:* Foto Ute Klophaus, Düsseldorf; *S. 56: Detroit,* Institute of Arts; *S. 57: Manchester,* Whitworth Art Gallery; *S. 58: Hannover,* Niedersächsisches Landesmuseum; *S. 60: New York,* Museum of Modern Art (Vermächtnis Lillie P. Bliss); *S. 61: Basel,* Kunstmuseum, Depositum der Gottfried Keller-Stiftung; *S. 63: Paris,* Musée d'Orsay (Foto Réunion des musées nationaux); *S. 64: Moskau,* Staatl. Tretjakow-Galerie; *S. 65: Wien,* Akademie der Bildenden Künste; *S. 67: Florenz,* Galleria degli Uffizi; *S. 68 l: London,* Wallace Collection; *S. 68 r: Washington (D. C.),* National Gallery of Art (Ailsa Mellon Bruce Collection); *S. 69: Paris,* Musée Bourdelle; *S. 71 l: Louvain,* St.-Pieterskerk (Foto ACL, Brüssel); *S. 71 r: Buffalo (N. Y.),* Albright-Knox Gallery; *S. 72: Basel,* Kunstmuseum; *S. 75: New York,* Frick Collection; *S. 76: München,* Bayer. Staatsgemäldesammlungen, Alte Pinakothek; *S. 78 u. 79: Wien,* Kunsthistorisches Museum; *S. 81: Köln,* Wallraf-Richartz-Museum (Foto Rhein. Bildarchiv); *S. 82: Birmingham,* Museum and Art Gallery; *S. 86: Toronto,* Art Gallery of Ontario; *S. 87 o: Heidelberg,* Kurpfälzisches Museum; *S. 87 u: New York,* Metropolitan Museum of Art; *S. 88: London,* Wallace Collection; *S. 89: Rom,* Museo e Galleria Borghese; *S. 91: Florenz,* Galleria degli Uffizi; *S. 92: Venedig,* Museo Correr e Quadreria Correr (Foto Alinari); *S. 93: Rom,* Galleria Doria Pamphilj; *S. 94: Düsseldorf,* Kunstmuseum Düsseldorf im Ehrenhof (Foto Landschaftsverband Rheinland, Landesbildstelle); *S. 95 l: New York,* Metropolitan Museum of Art; *S. 95 r: Florenz,* Cenacolo di S. Apollonia; *S. 97: Florenz,* Loggia dei Lanzi; *S. 99: Amsterdam,* Stedelijk Museum; *S. 100: Paris,* Musée du Louvre (Foto Giraudon); *S. 101: Paris,* Musée du Louvre (Foto Archives Photographiques); *S. 102 lu: Köln,* Galerie Paul Maenz; *S. 102 r: Paris,* Galerie Maeght; *S. 104: Berlin,* Staatl. Museen; *S. 105: Florenz,* Galleria degli Uffizi; *S. 106: London,* National Gallery; *S. 107: Köln,* Wallraf-Richartz-Museum (Foto Rhein. Bildarchiv); *S. 108: Paris,* Musée du Louvre (Foto Giraudon); *S. 110: Hartford (Conn.):* Wadsworth Atheneum; *S. 112 o: London,* Victoria and Albert Museum; *S. 112 u:* The Duke of Buccleuch and Queensberry KT; *S. 113: London,* Tate Gallery; *S. 114 o: Essen,* Museum Folkwang (Foto Liselotte Witzel); *S. 114 u: Amsterdam,* Stedelijk Museum; *S. 115: Paris,* Musée du Louvre (Foto Archives Photographiques); *S. 116: Parma,* S. Giovanni Evangelista; *S. 117: Norwich,* Castle Museum; *S. 118: Paris,* Musée du Louvre (Foto Bulloz); *S. 119: London,* Wallace Collection; *S. 120: Manchester,* Whitworth Art Gallery; *S. 121 u. 122 o: London,* National Gallery; *S. 122 u: Port Sunlight,* Lady Lever Art Gallery; *S. 125: Florenz,* S. Croce; *S. 126: Köln,* Galerie Paul Maenz (Foto Bernhard Schaub); *S. 127: New York,* Museum of Modern Art; *S. 128:* Foto Bernhard Berz; *S. 129 l: Washington (D. C.),* The Phillips Collection; *S. 129 r: Brügge,* Stedelijk Museum (Foto ACL, Brüssel); *S. 130: Brüssel,* Musées Royaux des Beaux-Arts de Belgique; *S. 131: New York,* Museum of Modern Art; *S. 132: Paris,* Musée du Louvre (Foto Réunion des musées nationaux); *S. 133 o: Moskau,* Zentrales Armeemuseum (Foto Paul Bijtebier, Brüssel); *S. 133 u: Paris,* Musée du Louvre (Foto Giraudon); *S. 134: New York,* Museum of Modern Art; *S. 135 r: Buffalo (N. Y.),* Albright-Knox Gallery; *S. 136 o: Paris,* Musée national d'art moderne, Centre Georges Pompidou (Foto Réunion des musées nationaux); *S. 136 u: London,* Tate Gallery; *S. 140: Köln,* Museum Ludwig (Foto Rhein. Bildarchiv); *S. 141: Köln,* Wallraf-Richartz-Museum; *S. 143 ol: London,* National Gallery; *S. 145: Florenz,* Museo Nazionale del Bargello; *S. 147 o: Washington (D. C.),* National Gallery of Art; *S. 149: Siena,* Museo dell'Opera; *S. 150: Philadelphia,* Museum of Art; *S. 151 l: Paris,* Musée national d'art moderne, Centre Georges Pompidou; *S. 151 r: Paris,* Musée national d'art moderne, Centre Georges Pompidou (Foto Réunion des musées nationaux); *S. 153: München,* Bayer. Staatsgemäldesammlungen, Alte Pinakothek; *S. 155: Paris,* Musée du Louvre (Foto Bulloz); *S. 156: Philadelphia,* Museum of Art (Schenkung Mrs Thomas Eakins und Miss Mary A. Williams); *S. 158: München,* Bayer. Staatsgemäldesammlungen, Alte Pinakothek; *S. 159: Liège,* Musée des Beaux-Arts; *S. 161 l: Paris,* Musée du Louvre (Foto Giraudon); *S. 161 ur: New York,* Museum of Modern Art; *S. 164 o: London,* Courtauld Institute Galleries; *S. 164 u:* Vatikan, Monumenti, Musei e Gallerie Pontificie (Foto Hirmer); *S. 165: London,* National Gallery; *S. 166: München,* Bayer. Staatsgemäldesammlungen, Alte Pinakothek; *S. 168: Darmstadt,* Hessisches Landesmuseum; *S. 170: München,* Bayer. Staatsgemäldesammlungen, Schack-Galerie; *S. 173: London,* Westminster Abbey; *S. 175: Köln,* Museum Ludwig (Foto Rhein. Bildarchiv); *S. 177: London,* Wallace Collection; *S. 180: Dresden,* Staatl. Kunstsammlungen, Gemäldegalerie Neue Meister; *S. 183: Liverpool,* Walker Art Gallery; *S. 184: London,* Tate Gallery; *S. 185: London,* National Gallery; *S. 187 o: New York,* Museum of Modern Art; *S. 187 u: London,* Courtauld Institute Galleries; *S. 189: Florenz,* Galleria degli Uffizi; *S. 190: Washington (D. C.),* National Gallery of Art; *S. 191: Paris,* Musée du Louvre (Foto Giraudon); *S. 192 o: Lyon,* Musée des Beaux-Arts (Foto Giraudon); *S. 192 u: Paris,* Palais du Luxembourg (Foto Giraudon); *S. 194 o: Florenz,* Baptisterium S. Giovanni; *S. 194 ru: Paris,* Musée du Louvre; *S. 195: London,* Tate Gallery; *S. 197: Dresden,* Staatl. Kunstsammlungen, Gemäldegalerie Alte Meister; *S. 199: London,* Victoria and Albert Museum; *S. 200: Versailles* (Foto Giraudon); *S. 201: Paris,* Musée du Louvre; *S. 202: Mantua,* Museo Civico Palazzo del Tè (Foto Edwin Smith); *S. 204: Florenz,* Galleria degli Uffizi (Foto Alinari); *S. 205: London,* Courtauld Institute Galleries; *S. 208: New York,* Museum of Modern Art; *S. 209: Madrid,* Museo del Prado; *S. 212: Toledo,* Kirche San Tomé; *S. 213 o: Washington (D. C.),* Smithsonian Institution; *S. 213 u: Edinburgh,* National Gallery of Scotland; *S. 214: London,* Tate Gallery; *S. 215: Paris,* Musée du Louvre; *S. 217: Colmar,* Musée d'Unterlinden; *S. 218: London,* British Museum; *S. 219 l: London,* Wallace Collection; *S. 219 r: Rom,* Villa Ludovisi; *S. 220: Nenningen* (Baden-Württemberg), Friedhofskapelle; *S. 224: Köln,* Wallraf-Richartz-Museum (Foto Rhein. Bildarchiv); *S. 225: Haarlem,* Frans Halsmuseum; *S. 226: London,* National Portrait Gallery; *S. 228: Limoges,* Mme Marthe Prévot; *S. 230 u: Köln,* Museum Ludwig (Foto Rhein. Bildarchiv); *S. 235: Brüssel,* Bibliothèque Royale; *S. 236: Otterlo,* Rijksmuseum Kröller-Müller (Foto Cor van Weele); *S. 237: London,* Victoria and Albert Museum; *S. 238: Köln,* Wallraf-

Richartz-Museum (Foto Rhein. Bildarchiv); *S. 239: New York,* Harry N. Abrams Family Collection; *S. 241 u. 242: London,* National Gallery; *S. 244: Philadelphia,* Museum of Art; *S. 245: London,* National Gallery; *S. 246: New York,* Whitney Museum of American Art; *S. 251: Port Sunlight,* Lady Lever Art Gallery; *S. 252: Köln,* Galerie Michael Werner (Foto Guido Havemann); *S. 253:* Foto Eric Pollitzer, Garden City Park (N. Y.); *S. 254: Paris,* Musée du Louvre (Foto Archives Photographiques); *S. 255: München,* Bayer. Staatsgemäldesammlungen, Alte Pinakothek; *S. 256: Zürich,* Kunsthaus; *S. 282: Mönchengladbach,* Städtisches Museum Abteiberg; *S. 283 u. 284 o: London,* Tate Gallery; *S. 285: Köln,* Wallraf-Richartz-Museum (Foto Rhein. Bildarchiv); *S. 286:* Foto Schmitz-Fabri, Köln; *S. 290: Paris,* Nina Kandinsky Collection; *S. 293: London,* Royal Academy of Arts; *S. 294: Dublin,* Trinity College; *S. 295: Hamburg,* Kunsthalle; *S. 297: London,* Saatchi Collection (Foto Jochen Littkemann, Berlin); *S. 298: Köln,* Kölnisches Stadtmuseum; *S. 299 ro: London,* Marlborough Fine Art Ltd.; *S. 300: Köln,* Galerie Zwirner (Foto Walter Klein, Düsseldorf); *S. 301: London,* Tate Gallery; *S. 302: Wien,* Österreichische Galerie; *S. 303: Baltimore,* Museum of Art; S. 305: Bonn, Städtisches Kunstmuseum (Foto Wolfgang Morell); *S. 307 o: New York,* The Joseph Hirshhorn Foundation; *S. 307 u: Baltimore,* Museum of Art (Schenkung Mr und Mrs Albert Lion); *S. 309: New York,* Metropolitan Museum of Art; *S. 313: Dresden,* Staatl. Kunstsammlungen, Gemäldegalerie Neue Meister (Foto Deutsche Fotothek, Dresden); *S. 318:* Vatikan, Monumenti, Musei e Gallerie Pontificie; *S. 320 l: Nantes,* Musée des Beaux-Arts; *S. 320 r: Saint-Quentin,* Musée Antoine Lécuyer (Foto Bulloz); *S. 321: Paris,* Musée national d'art moderne, Centre Georges Pompidou; *S. 322: New York,* Metropolitan Museum of Art; *S. 324: Philadelphia,* Museum of Art; *S. 325: New York,* Museum of Modern Art; *S. 326 o: Hamburg,* Kunsthalle; *S. 326 u: London,* Tate Gallery; *S. 327: London,* Courtauld Institute Galleries; *S.328 o: Paris,* Comédie Française; *S. 328 m: München,* Städtische Galerie im Lenbachhaus; *S. 328 u: London,* National Gallery; *S. 330: Paris,* Musée du Louvre (Foto Giraudon); *S. 333: London,* Tate Gallery; *S. 336 o: New York,* Museum of Modern Art (Geschenk der Original Editions); *S. 336 u: Essen,* Museum Folkwang (Foto Liselotte Witzel); *S. 337: Chantilly,* Musée Condé (Foto Giraudon); *S. 338: London,* British Museum; *S. 339 l: Zürich,* Kunsthaus; *S. 339 r: London,* National Gallery; *S. 340: Paris,* Musée du Louvre; *S. 341: New Haven (Conn.),* Yale University Art Gallery; *S. 342: Köln,* Kölner Dom (Foto Rhein. Bildarchiv); *S. 344 o: London,* National Gallery; *S. 344 u: Assisi,* S. Francesco; *S. 345 o: Siena,* Palazzo Pubblico; *S. 345 u:* Mit freundlicher Genehmigung Ihrer Majestät Königin Elisabeth II. von Großbritannien und Nordirland, Haupt des Commonwealth; *S. 350: München,* Bayer. Staatsgemäldesammlungen, Staatsgalerie moderner Kunst; *S. 352 u: London,* Tate Gallery; *S. 355: Paris,* Musée du Jeu de Paume (Foto Giraudon); *S. 357: London,* National Gallery; *S. 358: Herning,* Kunstmuseum; *S. 359: München,* Städtische Galerie im Lenbachhaus; *S. 360: Köln,* Wallraf-Richartz-Museum; *S. 363: Southampton,* City Art Gallery; *S. 364: Siena,* Palazzo Pubblico; *S. 365: Neapel,* Museo e Gallerie Nazionali (Foto Alinari); *S. 367: Brüssel,* Musées Royaux des Beaux-Arts; *S. 368: Kopenhagen,* Statens Museum for Kunst; *S. 373: Köln,* Wallraf-Richartz-Museum (Foto Rhein. Bildarchiv); *S. 377: Brügge,* St.-Janshospitaal (Memling-Museum); *S. 378: Rom,* Villa Albani (Foto Alinari); *S. 379: Berlin,* Staatl. Museen, Nationalgalerie; *S. 380:* Foto Karin Thomas, Bergisch Gladbach; *S. 382: Rom,* St. Peter; *S. 383:* Vatikan, Sixtinische Kapelle (Foto Alinari); *S. 385: London,* Tate Gallery; *S. 386: Paris,* Musée du Louvre; *S. 388: Buffalo (N. Y.),* Albright-Knox Gallery; *S. 389 l:* Privatbesitz, Bremen (Foto Lars Lohrisch); *S. 389 r: London,* Courtauld Institute Galleries; *S. 390: Eindhoven,* Stedelijk Van Abbe Museum; *S. 391: Den Haag,* Gemeentemuseum (Leihgabe S. B. Slijper); *S. 392: Paris,* Musée d'Orsay (Foto Giraudon); *S. 394 u. 395 l: London,* Tate Gallery; *S. 395 r: Paris,* Musée du Louvre (Foto Archives Photographiques); *S. 397 o: Paris,* Musée du Louvre; *S. 397 u: London,* National Gallery; *S. 401: Nürnberg,* Germanisches Nationalmuseum; *S. 402 o: Sterzing,* Pfarrkirche (Foto Bildarchiv Foto Marburg); *S. 402 u: Oslo,* Nasjonalgalleriet; *S. 403: München,* Bayer. Staatsgemäldesammlungen, Alte Pinakothek; *S. 407:* Elisabeth Nay-Scheibler, Köln; *S. 410: New York,* Solomon R. Guggenheim Museum; *S. 411: London,* Tate Gallery; *S. 413: Hamburg,* Kunsthalle; *S. 415:* Archiv DuMont Buchverlag Köln; *S. 418: New York,* The Museum of Modern Art (Foto © 1991 The Museum of Modern Art, New York); *S. 419 o: Roswell (New Mexiko),* Museum and Art Center (Schenkung Mr und Mrs Donald Winston, Mr und Mrs Samuel H. Marshall und Mr und Mrs Frederick Winston); *S. 419 u: Ottawa,* National Gallery of Canada; *S. 420:* Mit freundlicher Genehmigung ihrer Majestät Königin Elisabeth II. von Großbritannien und Nordirland, Haupt des Commonwealth; *S. 423: Chicago,* Art Institute (The Joseph Winterbotham Collection); *S. 424 l: München,* Bayer. Staatsgemäldesammlungen, Neue Pinakothek; *S. 424 r: New York,* Solomon R. Guggenheim Museum; *S. 425: St. Wolfgang (Salzkammergut),* St. Wolfgang; S. 427 u. 431: London, National Gallery; *S. 434: Köln,* Museum Ludwig (Foto Rhein. Bildarchiv); *S. 436:* Vatikan, Sixtinische Kapelle; *S. 439: London,* British Museum; *S. 440 l: Köln,* Wallraf-Richartz-Museum; *S. 440 r: Chicago,* Art Institute; *S. 441: New York,* Museum of Modern Art (Vermächtnis Lillie P. Bliss); *S. 443: Urbino,* Galleria Nazionale delle Marche; *S. 444 u. 446: London,* National Gallery; *S. 447: Florenz,* Baptisterium; *S. 448: Birmingham,* Museum and Art Gallery; *S. 450: Mailand,* Museo Poldi Pezzoli; *S. 453 l: Florenz,* S. Felicità; *S. 453 r: Moskau,* Staatl. Tretjakow-Galerie; *S. 454:* Foto Werner Neumeister, München; *S. 456: Chatsworth,* The Devonshire Collection, abgebildet mit frdl. Genehmigung der Trustees of the Chatsworth Settlement; *S. 457: Olympia,* Archäologisches Museum;

S. 459: Paris, Musée du Louvre (Foto Archives Photographiques); *S. 460: Paris,* Panthéon; S. 462: London, British Museum; *S. 464: London,* National Gallery; *S. 467: Hartford (Conn.),* Wadsworth Atheneum (Schenkung Susan Morse Hilles); *S. 468: Paris,* Musée du Louvre (Foto Réunion des musées nationaux); *S. 470: London,* National Gallery; *S. 471: Rom,* Palazzo Pallavicini-Rospigliosi; *S. 472 o: London,* Courtauld Institute Galleries; *S. 472 u: Moskau,* Staatl. Tretjakow-Galerie; *S. 473: London,* National Portrait Gallery; *S. 474: Glasgow,* Art Gallery and Museum; *S. 476: Köln,* Museum Ludwig (Foto Rhein. Bildarchiv); *S. 477: Creglingen,* Herrgottskirche; *S. 479: New York,* Museum of Modern Art (Abby Aldrich Rockefeller Fund); *S. 481: Florenz,* Museo dell'Opera del Duomo; *S. 482: London,* Tate Gallery; *S. 484: Essen,* Museum Folkwang; *S. 485: London,* National Portrait Gallery; *S. 487: London,* Tate Gallery; *S. 488 l: Florenz,* Galleria degli Uffizi; *S. 489: London,* Tate Gallery; *S. 491 l: London,* Victoria and Albert Museum; *S. 491 r: New York,* Museum of Modern Art; *S. 493: London,* National Gallery; *S. 494: Sagorsk,* Dreieinigkeits-Sergius-Kloster; *S. 496: Hamburg,* Kunsthalle; *S. 497:* im Besitz des Künstlers (Foto Reiner Ruthenbeck, Düsseldorf); *S. 498: Cleveland (Ohio),* Museum of Art; *S. 501: Köln,* Galerie Paul Maenz; *S. 503: London,* National Portrait Gallery; *S. 504: London,* National Gallery; *S. 505: Berlin,* Staatl. Museen; *S. 507 l: Minneapolis,* Institute of Arts; *S. 507 r: München,* Bayer. Staatsgemäldesammlungen, Neue Pinakothek; *S. 508: Düsseldorf,* Kunstsammlung Nordrhein-Westfalen (Foto Walter Klein, Düsseldorf); *S. 511: Colmar,* Martinskirche; *S. 512: Bottrop,* Josef Albers Museum; *S. 514: New Haven (Conn.),* Yale University Art Gallery (Collection Société Anonyme); *S. 515: Rom,* S. Pietro in Montorio; *S. 517:* Foto Bildarchiv Foto Marburg; *S. 519: London,* National Gallery; *S. 522: London,* Tate Gallery; *S. 523: Florenz,* Galleria degli Uffizi; *S. 524: New York,* Museum of Modern Art; *S. 525 o: Paris,* Musée du Louvre; *S. 525 u: Köln,* Wallraf-Richartz-Museum (Foto Rhein. Bildarchiv); *S. 530: Amsterdam,* Stedelijk Museum; *S. 531: München,* Bayer. Staatsgemäldesammlungen, Neue Pinakothek; *S. 535: New York,* Whitney Museum of American Art; *S. 537: Krakau,* Marienkirche (Foto Bildarchiv Foto Marburg); *S. 539: London,* Royal Academy of Arts; *S. 541: London,* Tate Gallery; *S. 544: Hannover,* Sprengel Museum; *S. 545: Köln,* Wallraf-Richartz-Museum (Foto Rhein. Bildarchiv); *S. 546: St. Petersburg,* Staatl. Russisches Museum; *S. 551: Venedig,* S. Maria del Rosario; *S. 552: Paris,* Musée du Louvre; *S. 554: München,* Bayer. Staatsgemäldesammlungen, Alte Pinakothek; *S. 558: London,* Courtauld Institute Galleries; *S. 561: Köln,* Wallraf-Richartz-Museum (Foto Rhein. Bildarchiv); *S. 563: Petworth,* Petworth House (National Trust); *S. 565: London,* National Gallery; *S. 566 o: Krefeld,* Kaiser Wilhelm Museum; *S. 566 u: Köln,* Museum Ludwig; *S. 568: Paris,* Musée national d'art moderne, Centre Georges Pompidou; *S. 572: München,* Bayer. Staatsgemäldesammlungen, Staatsgalerie moderner Kunst; *S. 573: London,* National Gallery; *S. 575: Amsterdam,* Rijksmuseum; *S. 576: Venedig,* Galleria dell'Accademia; *S. 577: Florenz,* Museo Nazionale del Bargello; *S. 582: Paris,* Musée du Louvre (Foto Giraudon); *S. 584: Northampton (Mass.),* Smith College Museum of Art; *S. 585: Hamburg,* Kunsthalle; *S. 590: London,* National Portrait Gallery; *S. 594: Ottawa,* National Gallery of Canada; *S. 595: Madrid,* Museo del Prado; *S. 596: London,* Tate Gallery; *S. 599: Köln,* Wallraf-Richartz-Museum (Foto Rhein. Bildarchiv); *S. 600: Köln,* Museum Ludwig (Foto Rhein. Bildarchiv); *S. 601: Chicago,* Art Institute; *S. 602:* Sammlung Mr und Mrs Paul Mellon; *S. 607: Köln,* Museum Ludwig (Foto Rhein. Bildarchiv); *S. 611: Schäftlarn,* Klosterkirche (Foto Werner Neumeister, München); *S. 613: Hartford (Conn.),* Wadsworth Atheneum

Abbildungsnachweis der Farbtafeln

Umschlagvorderseite: *or: Florenz,* Galleria degli Uffizi; *ol: Düsseldorf,* Kunstsammlung Nordrhein-Westfalen; *ur: Kassel,* Staatliche Kunstsammlungen, Gemäldegalerie Alte Meister; *ul:* Knokke-le-Zoute, Sammlung N. Nellens; Umschlaginnenklappe: *o: Mannheim,* Städtische Kunsthalle; *ml: New York,* The Museum of Modern Art (Foto © 1991 The Museum of Modern Art, New York); *mr: Chicago,* The Art Institute (Schenkung Mrs Gilbert W. Chapman; Foto © 1991 The Art Institute of Chicago. All Rights reserved); *ul: Paris,* Musée d'Orsay (Foto Réunion des musées nationaux); *ur: Amsterdam,* Stedelijk Museum; *Ft. 1: München,* Hirmer Verlag; *Ft. 2, 3: Siena,* Palazzo Pubblico (Foto SCALA); *Ft. 4: Florenz,* Galleria degli Uffizi (Foto Alinari); *Ft. 5: Nürnberg,* Germanisches Nationalmuseum; *Ft. 6: Chantilly,* Musée Condé (Foto Giraudon); *Ft. 7: Florenz,* Galleria degli Uffizi (Foto SCALA); *Ft. 8: Venedig,* Galleria dell'Accademia; *Ft. 9: Buochs,* Gemeinnützige Stiftung Leonard von Matt; *Ft. 10: Rom,* S. Maria del Popolo (Foto Alinari); *Ft. 11: Paris,* Musée du Louvre; *Ft. 12: Wien,* Kunsthistorisches Museum; *Ft. 13, 14: Madrid,* Museo del Prado; *Ft. 15, 16, 17, 18, 19, 20: Paris,* Musée du Louvre (Fotos Réunion des musées nationaux); *Ft. 21: Lyon,* Musée des Beaux-Arts; *Ft. 22: Essen,* Museum Folkwang; *Ft. 23, 24:* Privatbesitz; *Ft. 25: Philadelphia,* Museum of Art; *Ft. 26: Düsseldorf,* Kunstsammlung Nordrhein-Westfalen; *Ft. 27: Wuppertal,* Von der Heydt-Museum; *Ft. 28: Düsseldorf,* Kunstsammlung Nordrhein-Westfalen; *Ft. 29: Bourg-la-Reine,* Werner Spies; Umschlagrückseite: *ol: Mailand,* ehemals Galerie Schwarz; *or: Köln,* Museum Ludwig (Foto Rhein. Bildarchiv); *ul: London,* Privatbesitz; *ur: Düsseldorf,* Kunstsammlung Nordrhein-Westfalen.

Alle übrigen Vorlagen entstammen dem Archiv des Verlages Thames & Hudson.

Wichtige Nachschlagewerke zur Kunst und Kultur im DuMont Buchverlag:

DUMONT TASCHENBÜCHER

Künstlermonographien

Uwe M. Schneede	**René Magritte** (Band 4)
Christian Geelhaar	**Paul Klee** (Band 8)
Jens Christian Jensen	**C. D. Friedrich** (Band 14)
Horst Keller	**Marc Chagall** (Band 23)
Jens Christian Jensen	**Carl Spitzweg** (Band 26)
Hans Holländer	**Hieronymus Bosch** (Band 28)
Uwe M. Schneede	**George Grosz** (Band 32)
Evert van Uitert	**Vincent van Gogh** (Band 35)
Bob Haak	**Rembrandt** (Band 37)
Walter Pach	**Renoir** (Band 40)
Wilfried Hansmann	**Balthasar Neumann** (Band 184)
William C. Seitz	**Claude Monet** (Band 239)
Kai-Uwe Hemken	**El Lissitzky** (Band 248)
Andreas Franzke	**Dubuffet** (Band 249)
Friedrich W. Fischer	**Max Beckmann** (Band 258)
Hajo Düchting	**Franz Marc** (Band 263)
J. Heusinger von Waldegg	**James Ensor** (Band 264)
Christa Murken-Altrogge	**Paula Modersohn-Becker** (Band 267)
Gustav Vriesen	**Robert Delaunay** (Band 271)

DuMont Dokumente: Gesamtübersicht

Albus, Volker/Borngräber, Christian
DesignBilanz

Alpers, Svetlana
Rembrandt als Unternehmer

Arnheim, Rudolf
Anschauliches Denken
Zur Einheit von Bild und Begriff

Backes, Klaus
Hitler und die bildenden Künste

Baumgart, Fritz
DuMont's Kleine Kunstgeschichte

Baumgart, Fritz
Stilgeschichte der Architektur

Baumeister, Willi
Das Unbekannte in der Kunst

Bischoff, Ulrich (Hrsg.)
Romantik und Gegenwart

Boulboullé, Guido/Zeiss, Michael
Worpswede
Kulturgeschichte eines Künstlerdorfes

Braunfels, Wolfgang
Abendländische Klosterbaukunst

Braunfels, Wolfgang
Abendländische Stadtbaukunst

Braunfels, Wolfgang
Kleine italienische Kunstgeschichte

Budde, Rainer
Köln und seine Maler 1300–1500

Burckhardt, Lucius
Die Kinder fressen ihre Revolution

Buttlar, Adrian von
Der Landschaftsgarten
Gartenkunst des Klassizismus und der Romantik

Coubier, Heinz
Europäische Stadt-Plätze

Decker, Edith
Paik Video

Eckstein, Hans
Die Romanische Architektur

Faust, Wolfgang Max / Vries, Gerd de
Hunger nach Bildern
Deutsche Malerei der Gegenwart

Franzke, Andreas
Skulpturen und Objekte von Malern des 20. Jahrhunderts

Göttler, Gerhard
Die Tuareg
Kulturelle Einheit und regionale Vielfalt eines Hirtenvolkes

Grabar, Oleg
Die Alhambra

Hansmann, Wilfried
Baukunst des Barock

Hansmann, Wilfried
Gartenkunst der Renaissance und des Barock

Hofmann, Werner
Nana
Mythos und Wirklichkeit

Jappe, Georg (Hrsg.)
Ressource Kunst
Die Elemente neu gesehen

Kitzinger, Ernst
Byzantinische Kunst im Werden

Klee, Felix (Hrsg.)
Paul Klee Tagebücher 1898–1918

Klimkeit, Hans-Joachim
Die Seidenstraße

Kowa, Günter
Architektur der englischen Gotik

Küppers, Harald
DuMont's FARBEN-ATLAS
Über 5500 Farbnuancen mit Kennzeichnung und Mischanleitung

Küppers, Harald
Harmonielehre der Farben
Theoretische Grundlagen der Farbgestaltung

DuMont Dokumente: Gesamtübersicht

Kultermann, Udo
Die Architektur im 20. Jahrhundert

Lucie-Smith, Edward
DuMont's Lexikon der Bildenden Kunst
Begriffe und Stilrichtungen

Maenz, Paul
Art Deco 1920–1940

Meulen, Jan van der / Hohmeyer, Jürgen
Chartres
Biographie der Kathedrale

Murken, Axel Hinrich
Vom Armenhospital zum Großklinikum

Neumann, Wolfgang
Die Berber
Vielfalt und Einheit einer alten nordafrikanischen Kultur

Emil Nolde Mein Leben
Herausgegeben von der Stiftung Seebüll
Ada und Emil Nolde

Nußbaum, Norbert
Deutsche Kirchenbaukunst der Gotik
Entwicklungen und Bauformen

Panofsky, Erwin
Studien zur Ikonologie
Humanistische Themen in der Kunst der Renaissance

Pawlik, Johannes (Hrsg.)
Goethe Farbenlehre
Didaktischer Teil
Textauswahl mit einer Einführung und neuen Farbtafeln

Pawlik, Johannes
Praxis der Farbe
Bildnerische Gestaltung

Pawlik, Johannes
Theorie der Farbe

Pawlik, Johannes / Straßner, Ernst
Bildende Kunst
Begriffe und Reallexikon

Plagemann, Volker (Hrsg.)
Kunst im öffentlichen Raum
Anstöße der 80er Jahre

Read, Herbert (Hrsg.)/Stangos, Nikos
DuMont's Künstler-Lexikon

Reuther, Manfred
Das Frühwerk Emil Noldes
Hrsg. von der Stiftung Seebüll Ada und Emil Nolde

Rewald, John
Die Geschichte des Impressionismus

Rewald, John
Von van Gogh bis Gauguin

Richter, Hans
Dada – Kunst und Antikunst
Der Beitrag Dadas zur Kunst des 20. Jahrhunderts

Romain, Lothar (Hrsg.)
Kunstfonds e. V.
Modell einer Förderung

Sager, Peter
Neue Formen des Realismus
Kunst zwischen Illusion und Wirklichkeit

Schneede, Uwe M. (Hrsg.)
Künstlerschriften der 20er Jahre

Schwitters, Kurt
Anna Blume und andere
Literatur und Grafik
Hrsg. von Joachim Schrenk

Selle, Gert
Design-Geschichte in Deutschland

Stützer, Herbert Alexander
Die italienische Renaissance

Szczesny, Stefan (Hrsg.)
Maler über Malerei
Einblicke – Ausblicke. Künstler-Schriften zur Malerei

Thomas, Karin
Bis Heute: Stilgeschichte der bildenden Kunst im 20. Jahrhundert

Thomas, Karin
Zweimal deutsche Kunst nach 1945

Thomsen, Christian W.
LiterArchitektur
Wechselwirkungen zwischen Architektur, Literatur und Kunst im 20. Jahrhundert

Vogt, Paul
Geschichte der deutschen Malerei im 20. Jahrhundert

DuMont Dokumente: Gesamtübersicht

Waldberg, Patrick
Der Surrealismus

Wescher, Herta
Die Geschichte der Collage
Vom Kubismus bis zur Gegenwart

Wick, Rainer
Bauhaus-Pädagogik

DuMont Dokumente – Archäologie

Bittel, Kurt
Hattuscha
Hauptstadt der Hethiter, Geschichte und Kultur einer altorientalischen Großmacht

Jansen, Michael
Die Indus-Zivilisation

Moortgat, Anton
Die Kunst des Alten Mesopotamien
Sumer und Akkad

Moortgat, Anton
Die Kunst des Alten Mesopotamien
Babylon und Assur

Radt, Wolfgang
Pergamon
Geschichte und Bauten, Funde und Erforschung einer antiken Metropole

Reden, Sibylle von
Die Megalith-Kulturen
Zeugnisse einer verschollenen Urreligion
Großsteinmale in: England – Frankreich – Irland – Korsika – Malta – Nordeuropa – Sardinien – Spanien

Schneider, Lambert/Höcker, Christoph
Die Akropolis von Athen
Antikes Heiligtum und modernes Reiseziel

DuMont Dokumente – Film/Foto

Neusüss, Floris M. (Hrsg.)
Fotografie als Kunst – Kunst als Fotografie
Das Medium der Fotografie in der bildenden Kunst Europas ab 1968

Tausk, Petr
Die Geschichte der Fotografie
im 20. Jahrhundert

DuMont Dokumente – Graphik

Adriani, Götz (Hrsg.)
Paul Cézanne Zeichnungen

Dieterich, Anton (Hrsg.)
Goya – Visionen einer Nacht
Zeichnungen

Geelhaar, Christian (Hrsg.)
Paul Klee Zeichnungen
Reise ins Land der besseren Erkenntnis

DuMont Dokumente – Musik

Klüppelholz, Werner
Mauricio Kagel 1970–1980

Klüppelholz, Werner
Kagel 1991

Konold, Wulf
Bernd Alois Zimmermann

Schnebel, Dieter
Mauricio Kagel Musik Theater Film

Schnebel, Dieter (Hrsg.)
Karlheinz Stockhausen
Texte zur elektronischen und instrumentalen Musik
Band 1: Aufsätze 1952–1962
zur Theorie des Komponierens

Karlheinz Stockhausen
Texte zu eigenen Werken, zur Kunst Anderer, Aktuelles
Band 2: Aufsätze 1952–1962
zur musikalischen Praxis

Karlheinz Stockhausen
Texte zur Musik 1963–1970
Band 3: Einführung und Projekte, Kurse, Sendungen, Standpunkte, Nebennoten

Karlheinz Stockhausen
Texte zur Musik 1970–1977
Band 4: Werk-Einführung. Elektronische Musik, Weltmusik, Vorschläge und Standpunkte, zum Werk Anderer

Karlheinz Stockhausen
Texte zur Musik 1977–1984
Band 5: Komposition

Karlheinz Stockhausen
Texte zur Musik 1977–1984
Band 6: Interpretation

Die Gemäldesammlung des Louvre

Von Lawrence Gowing. Mit einer Einführung von Michel Laclotte. 686 Seiten mit 862 farbigen Abbildungen, Register, Leinen mit Schutzumschlag

»Mit 862 farbig abgebildeten Einzelwerken, dazu vielen Detailausschnitten, wird in diesem Buch allein schon zahlenmäßig ein bisher unerreichtes Optimum geboten.
In der glücklichen Personalunion als Kunsthistoriker und Maler vermittelt Sir Lawrence Gowing wissenschaftliche Erkenntnisse mit der Sensibilität und Erfahrung des praktizierenden Künstlers.
Wie schon Cézanne den Louvre als das ›Buch‹ bezeichnete, ›in dem wir alle lesen lernen‹, so wird der vorliegende Prachtband zum geistigen Gebäude, welches die Entwicklung der abendländischen Malerei umschließt, und der Autor der jedem Kunstwerk beigeordneten einfühlsamen Essays zum anregenden Führer durch Zeit und Raum.«

Wiener Zeitung

Die Gemäldesammlung des Musée d'Orsay

Von Robert Rosenblum. Mit einem Vorwort von Françoise Cachin. 688 Seiten mit 830 farbigen Abbildungen, Register, Leinen mit Schutzumschlag

»Das vorliegende Buch bringt den Sammlungsbestand des Musée d'Orsay in der gleichen Ausstattung wie der Band ›Die Gemäldesammlung des Louvre‹ mit über 800 Farbabbildungen in verblüffender Bildqualität ins Haus. Der umfangreiche Bildband vermittelt dank einer hervorragenden Auswahl und Gestaltung kongenial das neue Bild der Kunst der Jahre 1848–1907. Das Buch atmet das für den Leser spannend mitzuverfolgende Abenteuer, daß einer der eminentesten lebenden Kunsthistoriker auf die reichste Sammlung der Kunstepoche, mit der er sich beschäftigt, losgelassen wurde und sich davon anregen ließ, endlich eine Neuerschließung der Epoche zu geben.« *PARNASS*

Die Gemäldesammlung der Eremitage in Leningrad

Von Colin Eisler. Mit einer Einführung von B. B. Pjotrowski und W. A. Suslow. 653 Seiten mit 683 farbigen Abbildungen, Register, Leinen mit Schutzumschlag

»Die von Colin Eisler editierte Ausgabe ›Die Gemäldesammlung der Eremitage in Leningrad‹ gibt mit 683 ausgewählten Wiedergaben einen imposanten Einblick in die Malerei vom 15. Jahrhundert bis zur Oktoberrevolution.
Die Gliederung in übergreifende Themen, wie zum Beispiel religiöse Malerei, Landschaft, Interieur, Stilleben ermöglichen oft überraschende Einblicke, die in Leningrad auf den ersten Blick nicht möglich sind.« *Elsmhorner Nachrichten*